Bildatlas der Malerei

Stefano Zuffi

Bildatlas der Malerei

MALER

WERKE

KUNSTLANDSCHAFTEN

E. A. SEEMANN

Bibliografische Information Der Deutschen Bibliothek
Die Deutsche Bibliothek verzeichnet diese Publikation in der Deutschen Nationalbibliografie; detaillierte bibliografische Daten sind im Internet über http://dnb.ddb.de abrufbar.

ISBN 3-86502-095-X

Erstveröffentlichung 2001 by Electa, Mailand, Elemond Editori Associati
Titel der Originalausgabe: Grande Atlante della Pittura dal Mille al Duemila

Projektmanagement:
Berliner Buchwerkstatt, Vera Olbricht
Übersetzung:
Marianne Glaßer, Röslau
Lektorat:
Katrin Boskamp-Priever, Leipzig
Satz und Herstellung:
Berliner Buchwerkstatt, Ulrike Sindlinger
Umschlaggestaltung:
Sabine Golde, Leipzig
Druck und buchbinderische Verarbeitung:
Artes Gràficas, Toledo S.A.

Gedruckt auf alterungsbeständigem Papier mit chlorfrei gebleichtem Zellstoff.

Die Schreibweise folgt den Regeln der neuen Rechtschreibung.

Zum Aufbau des Buches:

Der Band gliedert sich in 140 doppelseitig präsentierte Themenbereiche, 35 Sonderseiten zu Meisterwerken der Malerei auf schwarzem Fond sowie einen Anhang mit chronologischen und geografischen Tafeln, einem vergleichenden Zeitstrahl, Künstlerbiografien und -register. Ein farbiges Leitsystem am oberen Seitenrand ermöglicht die schnelle Orientierung und Zuordnung zu den Kunstlandschaften:

- Spanien und Iberische Halbinsel
- Frankreich
- Italien
- Niederlande
- Mitteleuropa und Skandinavien
- Großbritannien und USA
- Allgemeine und länderübergreifende Themen

S. 14–15
David Teniers der Jüngere
Ansicht der Galerie des Erzherzogs Leopold in Brüssel, um 1650
Schleißheim, Schloss

S. 366–367
Hieronymus Bosch
Der dritte Schöpfungstag, Außenflügel des Triptychons *Der Garten der Lüste*, 1500–1510
Madrid, Prado

Inhalt

Vor der Reise

Mit der kreativen Leistung, Zeichensysteme und Mittel zur Kommunikation zu erfinden, trennt sich womöglich die Entwicklung der Menschheit endgültig von der jeder anderen Art. Es ist überaus faszinierend, diese Zeichen die Jahrtausende entlang zurückzuverfolgen, sie von der Gegenwart aus zu deuten, durch sie in Kontakt mit vergangenen Zeiten und Kulturen zu treten und dort auf Begriffe und Gefühle zu stoßen, die wir kennen. Viele dieser »Botschaften« kommen von den visuellen Künsten, die der Erfindung der Schrift vorausgehen und dann parallel zu ihrer Vervollkommnung verlaufen. Während der geschriebene Text sich an ein privilegiertes Publikum wendet, das sein »Geheimnis« kennt, stehen die bildenden Künste (ebenso wie Musik, Tanz und die verschiedenen Formen des Theaters) grundsätzlich allen offen. Ob das, was wir »Kunst« nennen, aus einer praktischen Notwendigkeit heraus entstanden ist, können wir nicht definitiv feststellen. Die Tierabbildungen in den prähistorischen Höhlen hatten möglicherweise eine beschwörende Funktion oder dienten dazu, die Jungen in der Jagd zu unterweisen. Aber zur gleichen Zeit wurden auch Schüsseln mit geometrischen Zeichen verziert, was keiner direkten Notwendigkeit entsprach, sondern der Sehnsucht nach »Schönem« und »Persönlichem«, die jedem Menschen zu jeder Zeit und an jedem Ort bekannt ist.

Künstler, Auftraggeber und Publikum

Jede Form der Kommunikation hat einen eigenen Code, aber alle Botschaften setzen mindestens zwei Personen voraus: einen »Sender« und einen »Empfänger«, in unserem Fall Künstler und Publikum. Der Künstler lernt und arbeitet in der intellektuellen Sphäre des Publikums, dem er sich stellen muss. Das Kunstwerk entsteht also im Zusammentreffen von Kreativität und Begabung des Einzelnen mit dem kollektiven Geschmack. Diese Begegnung kann harmonisch und komplementär verlaufen oder in Konflikt und gegenseitigem Missverstehen enden (der typische Fall des »peintre maudit«, von Caravaggio bis ins 20. Jahrhundert), ist aber eine bis heute unabänderliche Grundbedingung der Kunst.

Will man die visuellen Künste besser verstehen, muss man jedoch in den Dialog zwischen Künstler und Gesellschaft ein weiteres Element einschieben. Zwischen beiden steht fast immer ein Drittes: »nach oben« (vor der Entstehung des Werks) der Auftraggeber und »nach unten« (zwischen Herstellung und Verkauf) die Präsentation des Kunstwerks auf dem Markt. Für ein historisch richtiges Verständnis zahlreicher Meisterwerke vom Mittelalter bis zum 18. Jahrhundert ist es häufig notwendig, Identität, Erwartungen und kulturellen Kontext der Auftraggeber zu kennen. Häufig erlegten sie, die Fürsten, Kleriker, Händler oder öffentlichen Einrichtungen – heute würden wir sie Sponsoren nennen –, den Künstlern Beschränkungen auf, vom Gebrauch bestimmter Materialien bis zur Abbildung von Einzelheiten oder Figuren. Oft, wenn die Kunstwerke öffentlich ausgestellt werden sollten, musste die Person des Auftraggebers (vergleichbar der Marke des Sponsors) durch symbolische Hinweise hervorgehoben werden, und zwar durch einen speziellen Code, der in der Wahl der Farben, der Platzierung im Kunstwerk und in der Verwendung bestimmter Embleme bestand. Heute können wir ihn nur teilweise entschlüsseln, damals hingegen war er wohl leicht verständlich.

Dabei darf man die Auftraggeber aber weder als Hindernis für die Kreativität des Künstlers noch als rein materielle Voraussetzung für deren Karriere sehen. Häufig trieb ihre Intelligenz und Unvoreingenommenheit die Entwicklung der Kunst entscheidend voran.

Die Französische Revolution ist auch in der Kunst ein deutlicher Bruch mit der Vergangenheit. Hier kam ein langer historischer Prozess zu seinem Ende. Die Auftraggeber entstammten vor allem Adel und Klerus, deren Macht jetzt durch den Aufstieg des Bürgertums stark verringert wurde. Für die Welt der bildenden Künste bedeutet dies einen Übergang von der Auftragskunst zur Marktkunst. Vereinfacht gesagt, weiß der Künstler jetzt nicht mehr, wer seine Werke kaufen wird, und bietet diese entweder selbst oder häufiger über Vermittler (Galerien, Auktionen, Ausstellungen) dem Publikum zum Kauf an.

Der scheinbar freiere Markt ist in Wirklichkeit für den Künstler ebenso einschränkend wie das Verhältnis zum Auftraggeber. Sein Werk muss jetzt vor allem dem Publikumsgeschmack entsprechen und von der Kritik positiv bewertet werden. Doch auch hier, wie bereits bei den Auftraggebern, muss man unterscheiden: Besonders kühne Galeristen haben im 20. Jahrhundert die Entwicklung der Avantgarde vorangetrieben, während große Kunstkritiker dem Publikum in entscheidender Weise Künstler und Werke nahe brachten.

Sinn, Bildgegenstand und Bedeutung

Das Verhältnis zwischen Künstler, Publikum, Markt und Kritik verweist auf das Konzept der Kommunikation im weitesten Sinn. Ein Kunstwerk kann wie Literatur oder Lyrik oder jede komplexe Botschaft auf viele verschiedene Weisen verstanden werden. Es gibt keine einzig richtige

Hintergrund: Dosso Dossi
Jupiter, Merkur und Virtus, 1529
Wien, Kunsthistorisches Museum

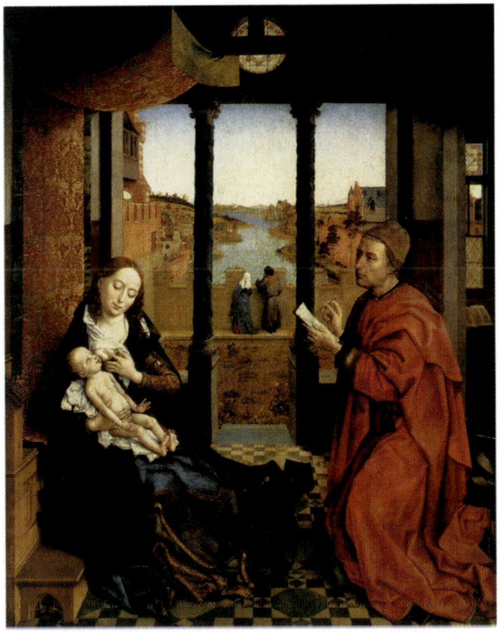

Rogier van der Weyden
Der heilige Lukas porträtiert die Madonna,
um 1435–1438
Boston, Museum of Fine Arts

Interpretation, sondern Bedeutungsschichten, die ineinander greifen, sich miteinander verbinden und sich dabei gegenseitig bereichern. Die Aufgabe des Kunsthistorikers ist die Rekonstruktion, Erforschung und Analyse der materiellen, historischen, sozialen, biografischen und kulturellen Bedingungen, unter denen ein Kunstwerk entsteht.
Kunst als visuelle Kommunikation wendet sich nicht nur an den Intellekt, sondern auch an die Sinne. Darin unterscheidet sich Kunst wesentlich von Literatur: Dort ist das Material irrelevant und der Wert eines literarischen Werks bleibt gleich, ob es als wertvolle Ausgabe oder als Taschenbuch vorliegt. Beim Kunstwerk hingegen wird der Inhalt (die Bedeutung) durch das Sichtbare (Ausdrucksmittel und Stil) mitgeteilt. Diese beiden Kommunikationsebenen, die geistige und die visuelle, müssen jedoch durch genauere Informationen aufeinander abgestimmt werden. Vor allem müssen Personen und Episoden ohne erklärende Beschriftungen zu erkennen sein, denn der des Lesens Unkundige wäre sonst nicht in der Lage, sie zu verstehen. Dies scheint eine überholte Forderung, aber noch heute ist in Film und Fernsehen zu beobachten, dass »Gute« und »Schlechte« sofort unterscheidbar und die Charaktere der »Soap« unverwechselbar sind. Die Kunst macht hierzu reichlich Anleihen bei der Tradition der Ikonographie (griechisch etwa: Erzählen mit Bildern). Wiederkehrende Figuren wie Christus oder die Madonna werden mit sehr identischen körperlichen Merkmalen, Kleidern und Farben dargestellt, selbst über verschiedene Stilrichtungen und Epochen hinweg. Andere Personen erhalten bestimmte Attribute (Gegenstände, Tiere, Kleidungsstücke, Insignien, körperliche Merkmale), etwa die Schlüssel des heiligen Petrus oder der Löwe des heiligen Markus. Ihr hoher Wiedererkennungswert verleiht ihnen eine Bedeutungsmacht, die diese Attribute gleichzeitig zu etwas Eigenständigem, von der Person Losgelöstem macht: In den beiden genannten Fällen sind sie zu selbstständigen Wappenzeichen des Kirchenstaats und Venedigs geworden.
Man muss allerdings hinzufügen, dass diese traditionell verwendeten Bildzeichen für ein vorwiegend christlich geprägtes Publikum bestimmt sind. Für Angehörige anderer Kulturen können sie unverständlich sein, wie auch buddhistische oder hinduistische Kunst dem westlichen Betrachter gewöhnlich verschlossen bleibt.
Hat man den Bildgegenstand, das Thema, erst richtig erkannt, kann sich die Frage nach einer weiteren Bedeutung, einer subtileren, tieferen Kommunikationsebene stellen. Manche Bilder mit großer emotionaler Wirkung, etwa Picassos *Guernica*, erhalten ihre Bedeutung allerdings nicht allein dadurch, dass sie ein historisches Ereignis bloß schildern, sondern es auf eine universelle Ebene heben. Andererseits sind im Fall von Botticellis *Frühling* alle Personen identifizierbar, aber über den komplexen Sinngehalt des Bildes sind sich die Wissenschaftler uneinig.

Das Konzept der »Leitkunst« und die Hierarchie der Ausdrucksformen

Wenn wir von Kunstgeschichte sprechen, meinen wir häufig – auch unwissentlich – die Geschichte der Malerei. Diese begriffliche Unschärfe ist in der zweiten Hälfte des 19. Jahrhunderts entstanden, und zwar durch die Entwicklung des Kunstmarktes (man denke an die Wirkung der Impressionisten) und die Verbreitung der Fotografie als ein für zweidimensionale Bilder bestens geeignetes Reproduktionsmittel. Neue Museen und ein wachsender Ausstellungsbetrieb erfordern transportable Objekte wie Bilder, die gegenüber sperrigen und schweren Skulpturen im Vorteil sind. Nicht immer hat in der Kunstgeschichte die Malerei die Hauptrolle gespielt; in anderen Epochen

Hintergrund:
Pieter Bruegel der Ältere
Maler und Kenner,
um 1565
Wien, Graphische
Sammlung Albertina

drücken sich Kultur und Geschmack in der Bevorzugung ganz anderer Künste aus. Der Wettstreit unter den Künsten ist bereits jahrhundertealt. In der Renaissance unterschied man zwischen den edlen »Zeichenkünsten« (Malerei, Bildhauerei, Architektur) und allen anderen Techniken wie Goldschmiedekunst, Kunsttischlerei, Töpferei oder Weberei, die als »niedere«, dem Handwerk näher stehende Künste angesehen wurden. Während Maler, Bildhauer oder Architekt einen höheren sozialen Rang erhalten, bleiben Töpfer, Tischler, Goldschmied, Weber und sogar der Kupferstecher und Graveur auf der Stufe des spezialisierten Technikers, weil die Ausübung ihrer Tätigkeit zuallererst die vollständige Beherrschung der Materialien und Werkzeuge erfordert. Innerhalb dieser Einteilung werden selbst die höheren Künste noch weiter nach Material und Gegenstand unterschieden. Auf dem Höhepunkt der Renaissance wird Michelangelo als Universalkünstler, als idealer Bezugspunkt gesehen, und seine Ansichten über Malerei und Bildhauerei werden zum Maßstab. So gilt etwa der Freskenmaler als mutiger und »männlicher« als derjenige, der nur auf Holz oder Leinwand malt. Außerdem soll nach Michelangelo der Künstler nach dem höchsten Gegenstand streben: der Darstellung des Menschen selbst, isoliert oder innerhalb einer »Geschichte«. Religiöse Szenen und literarische oder mythologische Themen haben daher einen hohen Rang; weniger hoch stehend, aber bei Publikum und Sammlern durchaus geschätzt, sind Szenen aus dem täglichen Leben, Landschaftsbilder und Stillleben.

Erst ab der zweiten Hälfte des 19. Jahrhunderts, auch nach dem durchschlagenden Erfolg der Impressionisten, fallen diese Grenzen und der Gegenstand eines Kunstwerks verliert an Bedeutung. Es kommt sogar zu einer Umkehrung: Religiöse oder literarische Motive verschwinden fast völlig.

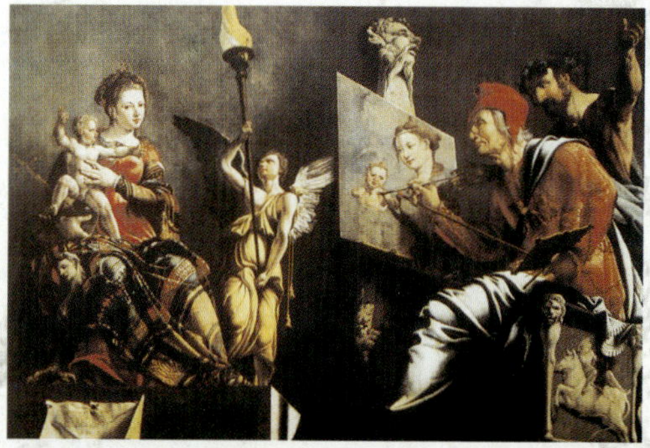

Maarten van Heemskerck
Der heilige Lukas porträtiert die Madonna,
1532
Haarlem, Frans Hals
Museum

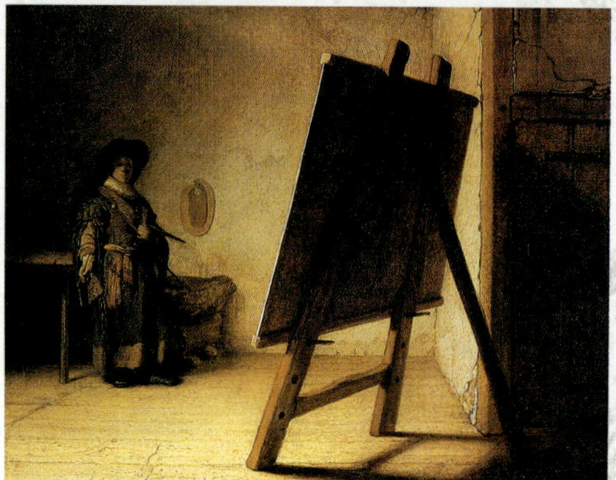

Rembrandt Harmensz.
van Rijn
Der Künstler in seiner Werkstatt, um 1629
Boston, Museum of
Fine Arts

Abstrakt und gegenständlich

Wenn man von »Bildgegenstand« spricht, bezieht man sich auf ein bestimmtes Gebiet der Kunst, nämlich die gegenständliche Kunst. Diese Unterscheidung ist wichtig, weil sich vor allem seit dem letzten Jahrhundert eine deutliche Trennung zwischen der Kunst, die Szenen, Personen und erkennbare Gegenstände abbildet, und der abstrakten Kunst abzeichnet.

Das Abstrakte ist keine Entdeckung des 20. Jahrhunderts. Seit ihrer Entstehung ist der Kunst die Gleichzeitigkeit von realistisch inspirierten Bildern und einer von der Natur losgelösten Kreativität zu Eigen. Geometrische Muster, stilisierte Zeichen und Ornamentrapporte finden sich seit der Vorgeschichte und wechseln ab mit naturalistischen und gegenständlichen Perioden. Die griechisch-römische Kunst ist vor allem auf die Nachahmung der Natur ausgerichtet, während in der Zeit der Völkerwanderung und einem Großteil des Mittelalters das Bild vereinfacht und auf das Wesentliche reduziert wird, bis zum Verschwinden alles Körperlichen. Auf der anderen Seite sind die hebräische und islamische Kunst durch das Verbot, von Gott ein Bildnis zu machen, fast ausschließlich abstrakt. Auch im christlichen Europa haben über Jahrhunderte hinweg immer wieder Theologen und Intellektuelle, Revolutionäre und Politiker gegen die Macht der Kunst gekämpft: von den Bilderstürmen im Byzantinischen Reich bis zum Bilderverbot Martin Luthers, von der »Verbrennung der Eitelkeiten« Savonarolas Ende des 15. Jahrhunderts in Florenz bis zur Zerstörung echter oder vermeintlicher königlicher Symbole während der

Pierre Subleyras
Das Atelier des Künstlers,
nach 1740
Wien, Gemäldegalerie der Akademie der bildenden Künste

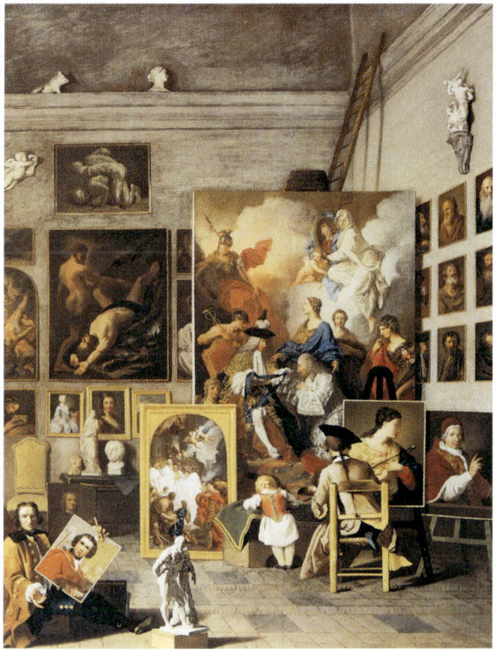

Französischen Revolution, von den Raubzügen Napoleons bis zur Vernichtung »Entarteter Kunst« durch die Nationalsozialisten.
Insgesamt gehört jedoch seit dem 14. Jahrhundert der überwiegende Teil der westlichen Kunst der gegenständlichen Richtung an. Anfang des 20. Jahrhunderts, vor allem durch den Ersten Weltkrieg, werden die traditionellen Werte radikal infrage gestellt. Die bewusste, programmatische Entstehung der abstrakten Kunst in verschiedenen Ländern Europas ist vielleicht die herausragendste Neuerung des letzten Jahrhunderts auf visuellem Gebiet.

Punkt, Linie, Fläche: Ausdruck und Spur des Künstlers
Die Kunst, sei sie abstrakt oder gegenständlich, erfordert für ihr Entstehen eine Oberfläche. Nach einer antiken, von der griechischen Philosophie aufgegriffenen Legende bilden die Schatten, die auf den Boden oder eine Mauer fallen, den ersten Impuls für das Entstehen von Kunst: ein »Double« der menschlichen Gestalt, reduziert auf die Fläche, eine Silhouette ohne Tiefe. Darin unterscheidet sich die Kunst klar von der Natur: Jeder reale Gegenstand hat ein Volumen und drei Dimensionen (Höhe, Breite, Tiefe), während die Malerei nur über zwei Dimensionen verfügt. Will der Künstler die Natur nachahmen, so braucht er Methoden, handwerkliche »Tricks«, um die fehlende dritte Dimension zu simulieren. Ein historisches Dilemma der Kunst besteht zwischen Nachahmung der Natur (griechisch *mímesis*) und eigenständiger Schöpfung (»Idea«).
Zuallererst steht der Maler vor einer glatten Fläche: Ein Blatt Papier, eine Tafel, ein Stück Pergament, eine Wand, Leinwand oder geglättetes Holz geben den Raum vor, der dem Künstler zur Verfügung steht. Diese Fläche ist aber nicht neutral und zum Verschwinden unter dem Gemälde bestimmt. Nein, sie gehört untrennbar zum Kunstwerk, wie Untergrund und Spielfeldgröße zu einer Sportart gehören. Der Künstler muss das »Terrain« nicht nur im Zusammenhang mit der verwendeten Technik interpretieren (für ein Fresko braucht es andere Zeiträume, Orte und Werkzeuge als für eine Miniatur), sondern auch und vor allem auf der Grundlage dessen, was er malen will oder soll, und des visuellen Verhältnisses zwischen Kunstwerk und Publikum. Im letzten Jahrhundert haben Künstler weniger traditionelle Materialien gewählt, etwa Sackleinen, Zellophan, Schwamm oder auch Spiegel, und diese manchmal bewusst sichtbar belassen. In der Vergangenheit musste der Bildträger sorgfältig vorbereitet werden, vor allem bei der Tafelmalerei und bei Fresken. Ist die Vorbereitungsphase abgeschlossen, beginnt mit dem ersten Pinselstrich der schöpferische Akt: In diesem psychologisch bedeutsamen Moment konzentriert sich die Energie des Kunstlers. Nicht zufallig hat ihm die Kunst des 20. Jahrhunderts besondere Aufmerksamkeit gewidmet und sogar in den Bezeichnungen die Nähe zur Musik gesucht und umgekehrt. Vom ersten Punkt (der

Dirck Jacobsz.
Jacob Cornelisz. van Oostsanen malt das Bildnis seiner Frau, um 1550
Toledo (Ohio), Toledo Museum of Art

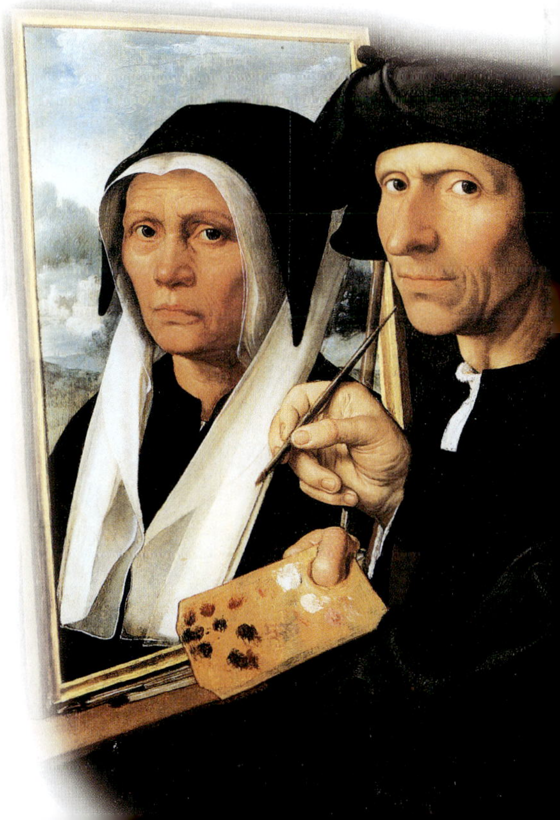

ersten Note, dem ersten Akkord) entwickelt sich eine »Melodielinie« – und allmählich nimmt die »Komposition« Gestalt an.

Dem entspricht der Gedanke von einem »Zeichen« oder einer Spur, also der Nachvollziehbarkeit des schöpferischen Prozesses. Bedeutsam ist hier van Gogh, der die einzelnen Pinselstriche voneinander trennt und uns einen nach dem anderen verfolgen lässt. Jeder von ihnen hat seine eigene dramatische Bedeutung: Auch wenn sie alle am Ende zu einem Bild verschmelzen, sind van Goghs hinterlassene Spuren auf der Leinwand zugleich Momente eines künstlerischen Ausdrucks wie jedes Wort und jede Geste eines Schauspielers. Van Gogh folgt allerdings keiner Technik, sondern einer inneren Notwendigkeit. Daneben stehen im gleichen kulturellen Umfeld die Experimente Seurats mit einer Maltechnik, bei der noch der kleinste Punkt des Künstlers für sich erkennbar und von den anderen isoliert bleibt.

Die Malerei Seurats erzeugt, anders als die van Goghs, einen Eindruck diffusen, umhüllenden Lichts. Auf der Grundlage physikalischer Studien und Erkenntnissen der Fotografie setzt Seurat zahlreiche kleine Punkte in den verschiedensten Farben aneinander, die zwar getrennt bleiben, aus der Entfernung aber zu verschmelzen scheinen und nun einheitliche Farbflächen bilden. Ganz anders als van Gogh versucht Seurat, den Effekt des einzelnen kleinen Pinselstrichs in einem Gesamteindruck aufzuheben.

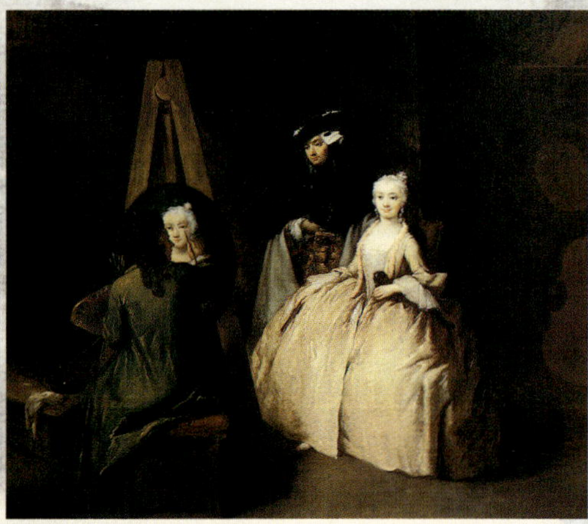

Pietro Longhi
Der Maler in seinem Atelier, um 1740
Venedig, Museo del Settecento Veneziano
Ca' Rezzonico

Hintergrund:
Gerrit Dou
Selbstporträt mit Staffelei, um 1640
Privatsammlung

Giuseppe Maria Crespi
Der Künstler im Atelier,
1715–1720
London, Walpole Gallery

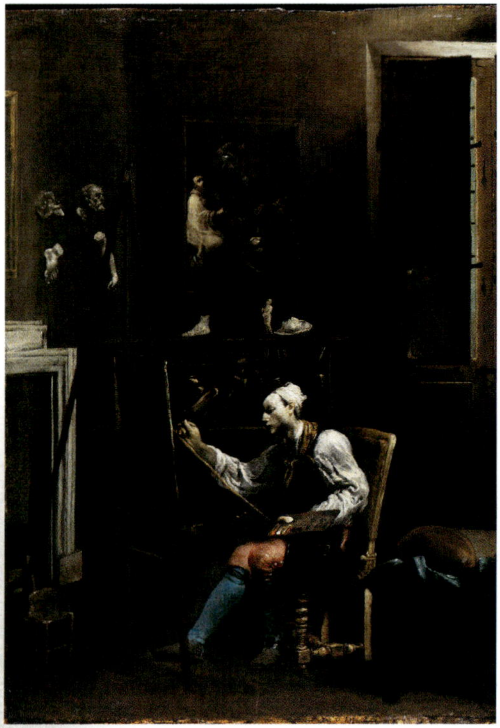

Zeichnung, Farbe und Licht

Van Gogh verstärkt also die expressive Wirkung von Einzelwahrnehmungen, indem er sich ganz von der »objektiven« Realität löst. Seurat hingegen studiert die physikalischen Gesetze der Lichtbrechung und -streuung und wendet sie in der Malerei an, um einen Effekt von Licht und Farbe zu erzielen.

Die Farbe ist neben der Zeichnung seit jeher eines der wichtigsten Elemente der Kunst. Anders als bei einigen Tierarten nimmt das menschliche Auge die Veränderungen von Licht, Material und Kontur durch Farbunterschiede wahr. Die Verwendung von Farbe in der Kunst ist ebenfalls Nachahmung der Natur, zum Beispiel die »Imitation« von Blumen und Früchten in einem Stillleben oder, wie bei den Impressionisten, der Effekt eines Sonnentags im Freien. Ausgehend von der italienischen Renaissancekunst (vor allem Leonardo und Giorgione) versuchen die Impressionisten mit der Verschmelzung

von Licht und Farbe die atmosphärische Wirkung der Luft und des Lichts einzufangen: Schatten werden beispielsweise nicht nur in Schwarz ausgeführt, sondern in einer dichten und genauen Struktur aus verschiedenen Farbtönen.
Andererseits ist die Nachahmung der Realität nur eine der Möglichkeiten, die Farbe bietet. Farben besitzen schon von sich aus einen reichen Sinngehalt, der teilweise nur gefühlsmäßig begründet ist (etwa dass Rot festlicher wirkt als Blau oder Schwarz), teilweise auf Traditionen zurückgeht, die sich mit der Zeit gefestigt haben. Vom Mittelalter bis zur kommerziellen Werbung unserer Tage verbindet man mit vielen Farben eine bestimmte Bedeutung.
Alle Farben sind Mischungen aus drei Primärfarben: Blau, Rot und Gelb. Werden diese rein auf das Bild aufgebracht, haben sie eine explosive Kraft. So werden sie von futuristischen und abstrakten Malern (Boccioni, Kandinsky, Mondrian) ausgiebig verwendet, aber mit ganz verschiedenen Ergebnissen. In den Bildern der Futuristen stehen Rot, Gelb und Blau für eine moderne, positive Lebendigkeit, für die hektische Aktivität der »città che sale«, der »aufsteigenden Stadt«; in Kandinskys Kompositionen stehen sich Farbflächen mit heftigen und ungeordneten Kontrasten gegenüber; bei Mondrian teilt ein Netz aus geraden Linien in strenger Einfachheit die Bildfläche in rechteckige und quadratische Formen.
So sind wir wieder bei einer alten Streitfrage, die in der Entwicklung der Kunst, vor allem im Italien des 16. Jahrhunderts, eine wichtige Rolle spielte: Ist die Zeichnung wichtiger oder die Farbe? Künstler und Kunsttheoretiker spalten sich in zwei Parteien: In der Toskana gibt man der Zeichnung den Vorrang und sieht sie als Ausgangspunkt für die Kunst, als das Mittel, mit dem der Künstler die Form bemisst, bändigt und darstellt. Die Venezianer dagegen folgen Tizian, dem unübertrefflichen Meister der Farbe, denn erst durch die Farbe erhalten die Figuren und die Natur Leben und Glaubwürdigkeit. Der Streit um Zeichnung oder Farbe geht so weit, dass er sich schließlich auf die Bedeutung von Kunst überhaupt auswirkt – für die Toskaner die Erschaffung einer »künstlichen Natur«, für die Venezianer ein »Ausdruck von Leben«. Die Folgen sind deutlich: In der toskanischen Malerei wird alles von einer Linie begrenzt und klar umrissen, während in der venezianischen Kunst die Übergänge sehr viel fließender sind, eine differenzierte Abfolge von Lichtwerten und Farbtönen. Diese koloristische Wirkung wird möglich durch die Entwicklung des Materials, die Verwendung von Ölfarben und die Einführung von Leinwand statt Holz als Untergrund.

Die Komposition
Die Anordnung des visuellen Materials zu einem komplexen Bild wird häufig vernachlässigt. Komposition meint wörtlich das Zusammenbringen der Gegenstände, Figuren, Bauwerke und so weiter in einen einzigen Kontext; sie entspricht, nicht nur im linguistischen Sinne, der Syntax und ist wie diese ein wichtiger Baustein in der Sprache der visuellen Künste. Auch bei der Komposition müssen zuerst die äußeren Bedingungen des Werks berücksichtigt werden: Technik, Materialien, Abmessungen und das Verhältnis zur Umgebung. Die Bildmotive werden nach drei Kriterien gewichtet: der ikonographischen Tradition, der Notwendigkeit, bestimmte Figuren hervorzuheben, und der Phantasie des Künstlers. Die Ausarbeitung origineller Kompositionsstrukturen ist ein Kennzeichen für einen Meister und zeigt wie der Gebrauch von Farben und Zeichnung seine Größe.
Im Allgemeinen soll bei der Komposition die Aufmerksamkeit des Betrachters auf das Wesentliche eines Bildes, die Hauptfigur, das entscheidende Detail, die zentrale Begebenheit gelenkt werden. Meist wird die Hauptperson

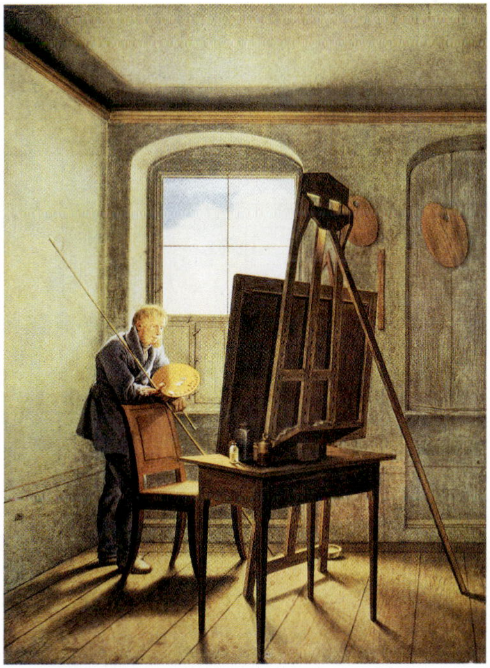

Georg Friedrich Kersting
Caspar David Friedrich in seinem Atelier, 1812
Berlin, Staatliche Museen zu Berlin – Preußischer Kulturbesitz, Nationalgalerie

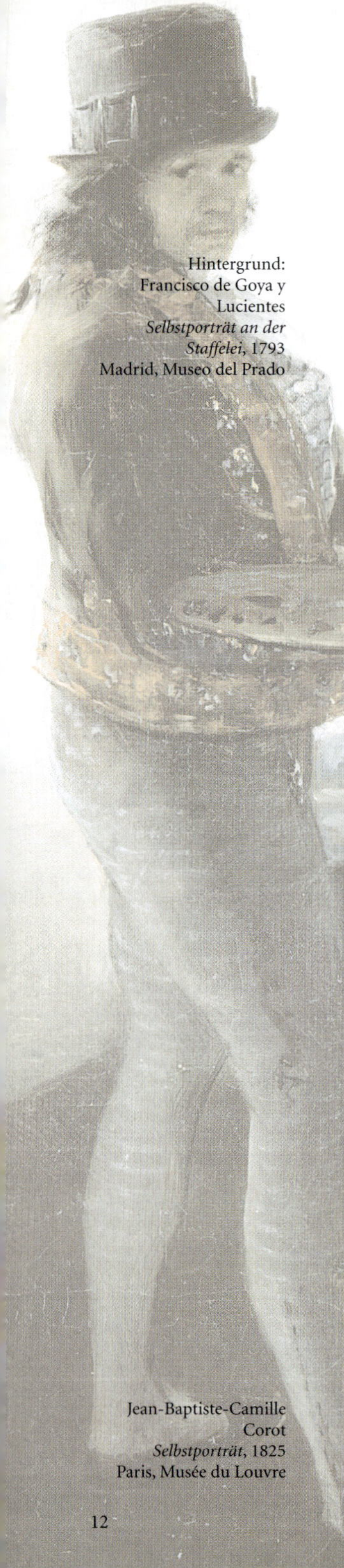

Hintergrund:
Francisco de Goya y Lucientes
Selbstporträt an der Staffelei, 1793
Madrid, Museo del Prado

im Zentrum des Bildes platziert, wo die perspektivischen Fluchtlinien zusammenlaufen; die begleitenden Figuren und andere Bildmotive werden symmetrisch und ausgewogen angeordnet, um nicht zu sehr von der Hauptfigur abzulenken. Wie die Hersteller von Werbeplakaten sehr genau wissen, folgt der Blick des Betrachters charakteristischen Linien und seine Aufmerksamkeit konzentriert sich entlang der Mittelachse, etwas oberhalb der horizontalen Mitte. Daher bedienen sich die Künstler verschiedener Mittel wie Stufen, Podeste, Gestelle oder Throne, um die Hauptfigur hervorzuheben. So entsteht die typische pyramidale oder dreiecksförmige Anordnung der Figuren, wie man sie bei Madonnendarstellungen mit zwei oder mehreren Heiligen in aller Regel findet.
Die Komposition gewinnt ab dem 15. Jahrhundert an Bedeutung: Jetzt wird für die Altäre anstelle des Triptychons oder Polyptychons eine einzelne quadratische oder rechteckige Tafel benützt, auf der die Personen direkt in Beziehung zueinander treten; nun ist es wichtig, eine architektonische oder natürliche Umgebung zu schildern, die alle Figuren vereint und ihre räumliche Anordnung vorgibt. Herausragendes Beispiel hierfür ist die *Pala Montefeltro* von Piero della Francesca, die eine Gruppe von dreizehn Personen in einer Renaissancekirche zeigt. Die Größenverhältnisse des Gebäudes sind auf den menschlichen Körper bezogen und die Darstellung ist perspektivisch so genau, dass man die tatsächlichen Maße der Kirche bestimmen könnte. Das berühmte Detail des im Hintergrund aufgehängten Straußeneies ist, abgesehen von der symbolischen Bedeutung, eine Demonstration vollkommener künstlerischer Beherrschung der Darstellung räumlicher Tiefe. Die Augen fast aller Personen befinden sich auf einer einzigen horizontalen Linie; die Figuren korrespondieren in der räumlichen Anordnung mit der Architektur – mit einer entscheidenden Ausnahme: Rechts vor den Heiligen kniet in seiner glänzenden Rüstung der Herzog von Urbino, Federico da Montefeltro. Piero della Francesca hat das Bildnis des Auftraggebers so eingefügt, dass es nicht die Atmosphäre mystischer Harmonie stört, aber aus der Symmetrie heraustritt und sich dadurch klar von den anderen Figuren abhebt.
Dieses System erweist sich als sinnvoll bei einem Altarbild, das man von vorne betrachtet, etwa den Hauptaltar einer Kirche; von der Seite betrachtet dagegen kann es unstimmig, schief wirken. Einige Künstler haben das Problem einer ungünstigen Hängung und Betrachterposition sehr originell gelöst: Caravaggio wählte für die *Berufung des heiligen Matthäus* auf der Seitenwand einer relativ engen Kapelle eine längliche Komposition: Die Personen sitzen um einen Tisch, die Geste von Christus und die Antwort des Heiligen sind durch einen neuartigen diagonalen Lichteinfall miteinander verbunden.

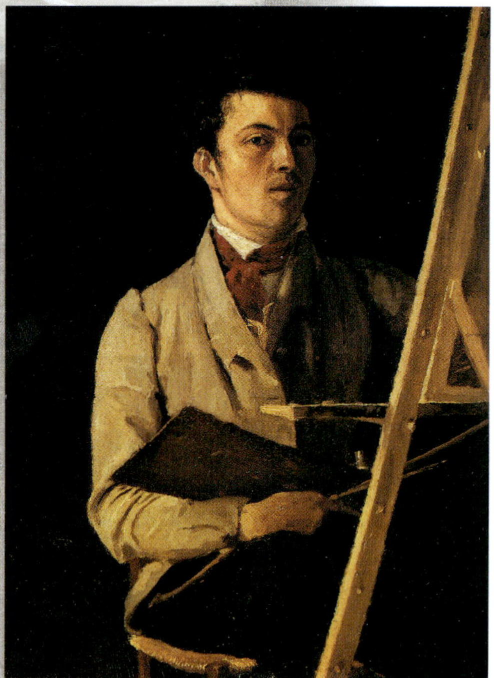

Jean-Baptiste-Camille Corot
Selbstporträt, 1825
Paris, Musée du Louvre

Giovanni Battista Tiepolo
Alexander der Große und Campaspe im Atelier des Appelles, um 1726–1727
Montreal, Museum of Fine Arts

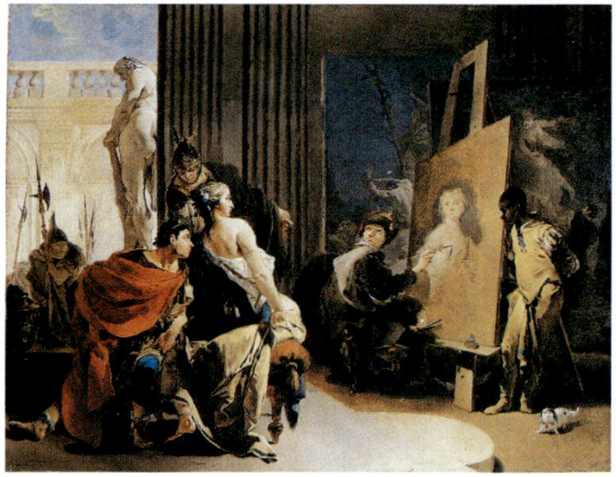

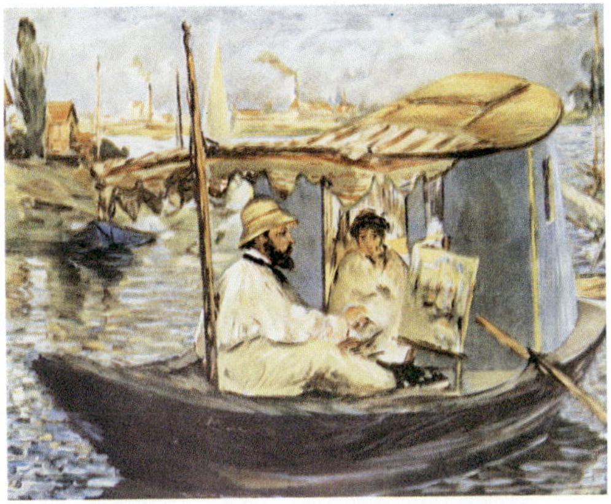

Edouard Manet
Die Barke, 1874
München, Bayerische Staatsgemäldesammlungen, Neue Pinakothek

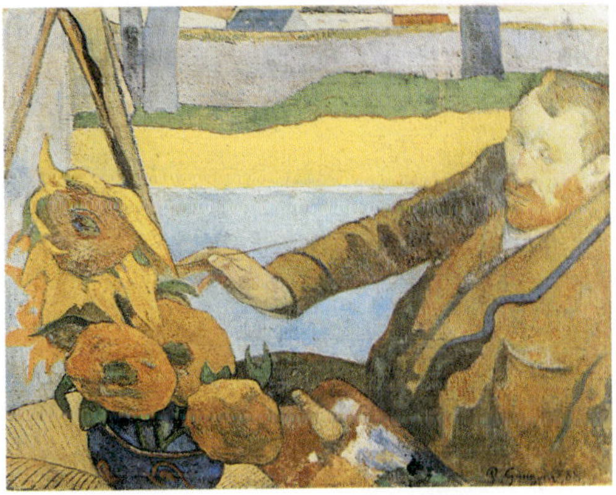

Paul Gauguin
Vincent van Gogh malt Sonnenblumen, 1888
Amsterdam, Van Gogh Museum

Im 20. Jahrhundert spielen durch Reduktion oder Wegfall erkennbarer gegenständlicher Elemente kompositorische Rhythmen eine noch größere Rolle. Auch wegen der Nähe zur musikalischen Terminologie geben einige Künstler wie Kandinsky und Mondrian ihren Gemälden sogar den Titel »Komposition«.

Form und Inhalt, Technik und Kreativität

Lange unterschied man in der Kunstkritik, allgemeiner noch in der Ästhetik, zwischen »Form« und »Inhalt« und sah manchmal sogar in der Kunstgeschichte einen Wechsel zwischen Epochen, in denen formale Aspekte im Vordergrund standen, und Zeiten, in denen man Gefühle, Leidenschaften und Ideen direkt ausdrückte. Diese Unterscheidung, die man sogar im Werk eines Künstlers oder auch innerhalb ein- und desselben Kunstwerks traf, verliert heute an Bedeutung. Man ist jetzt eher der Meinung, dass die »Form« unverzichtbar zum »Inhalt« gehört. Der Künstler wägt ab zwischen möglichen Ausdrucksmitteln, den Anforderungen seiner Zeit und Publikumserwartungen und kann so direkt mit dem Betrachter kommunizieren und das Bedeutungsspektrum seines Werks erweitern. Sieht man die Form nur als eine simple Hülle, unter der sich der Inhalt verbirgt, beraubt man die Kunst ihrer primären und herausragenden Bedeutung als eines Objekts, das sich buchstäblich »sehen lässt«.

Wieder einmal hilft uns die Wortgeschichte zum Verständnis. »Technik« leitet sich ab von griechisch *tékne* – Kunst. In der ursprünglichen Bedeutung des Wortes können also die korrekte Anwendung »technischer« Normen mit der »künstlerischen« Kreativität bestens harmonieren, um uns über die Jahrhunderte hinweg als unentbehrliche Empfindung von Schönheit zu berühren.

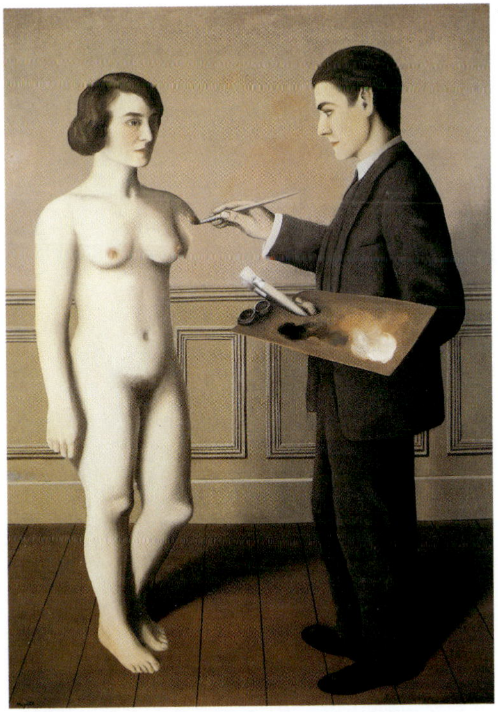

René Magritte
Der Versuch des Unmöglichen, 1928
Courtesy Galerie Isy Brachot, Brüssel-Paris

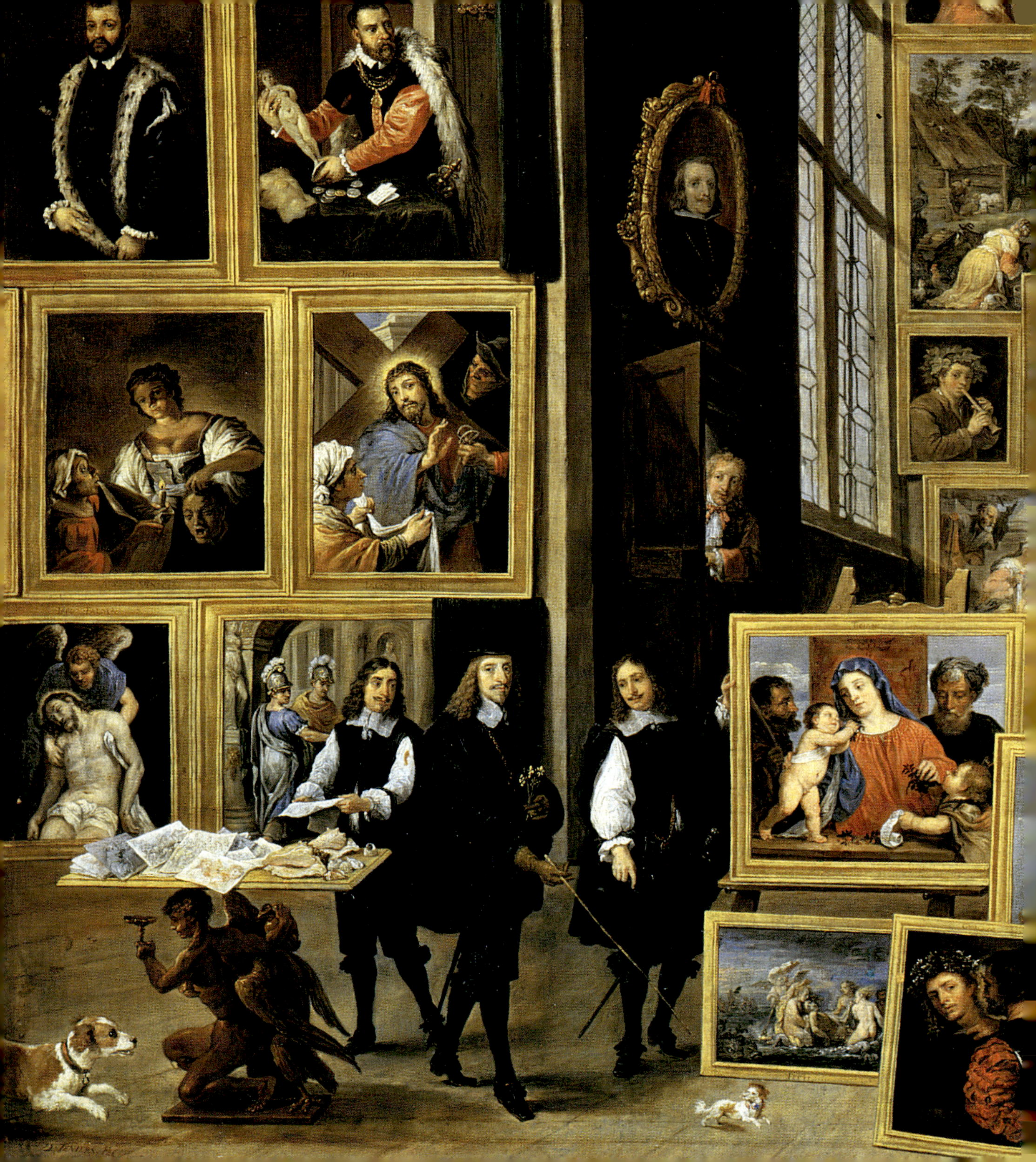

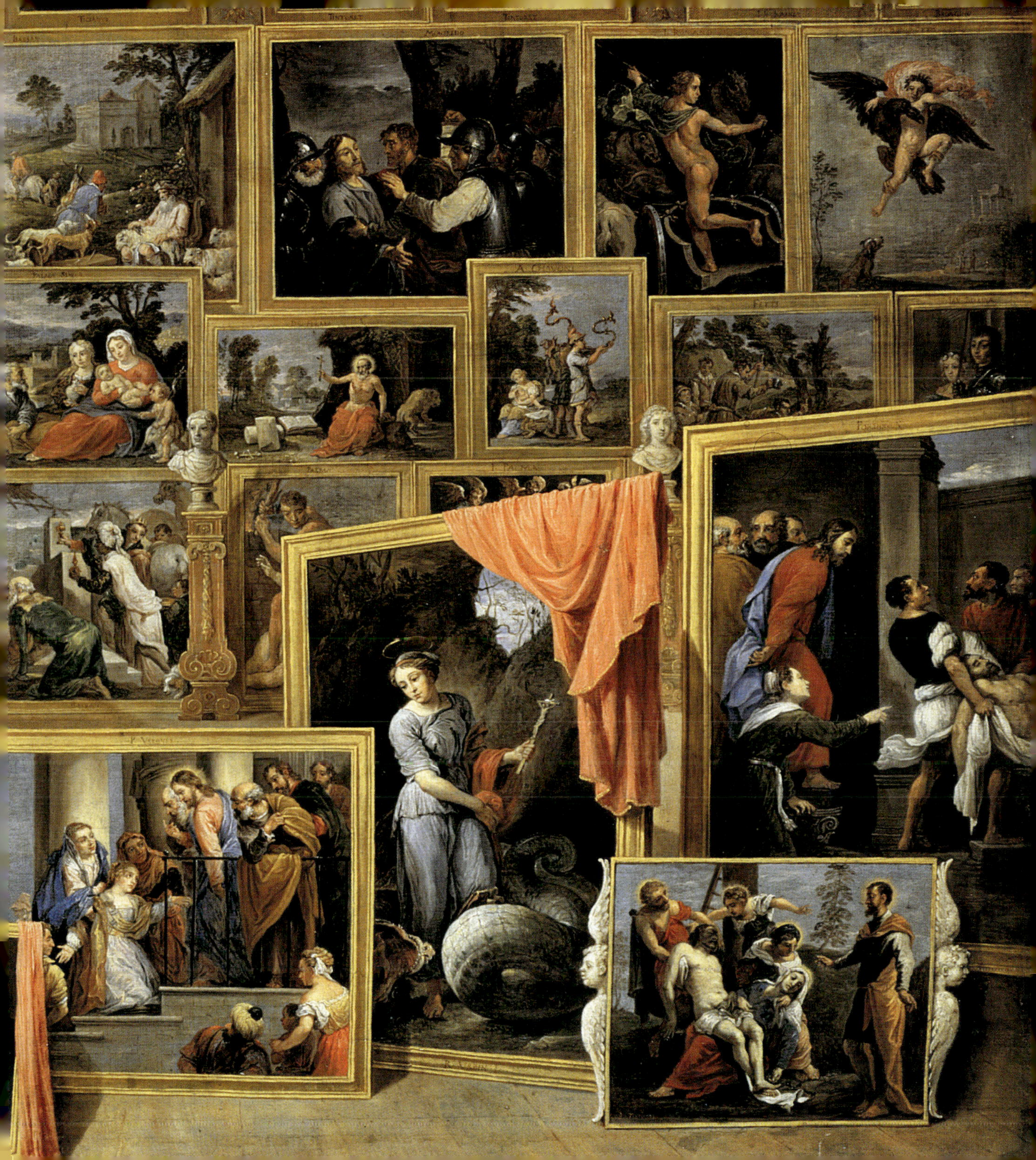

Spanien

11. Jahrhundert

Der Jakobsweg

Malerei und Buchmalerei für ein neues Europa
Einen wichtigen Beitrag zur »gemeinsamen Sprache« der Romanik leisten die großen Pilgerwege. Die Gläubigen des christlichen Mittelalters zogen zu den Gräbern zweier Apostel: über den Jakobsweg zum Grab des heiligen Jakobus in Spanien und über den Frankenweg, die Via Francigena, zum Grab des heiligen Petrus in Rom. Mit einem neuen Sinn für Wirklichkeit und Handlung beginnt die westliche Kunst sich von der Byzantinischen Kultur zu lösen. Andererseits entwickeln die Künstler, um ihre Botschaften verständlicher zu gestalten, ein faszinierendes System aus Darstellungsmustern, Zeichen und Symbolen für die sich stets wiederholenden Erzählungen; die Figuren (Christus, die Madonna, die Apostel) werden immer ähnlich gemalt oder geschnitzt, während bestimmte Tiere, Pflanzen, Drachen und Fabeltiere für menschliche Laster und Tugenden stehen. Die weite Verbreitung dieser Darstellungsmuster bedeutet aber nicht stilistische Einförmigkeit, sondern von Region zu Region finden sich je nach lokalen Besonderheiten oder bedeutenden Künstlern große Unterschiede im Ausdruck.

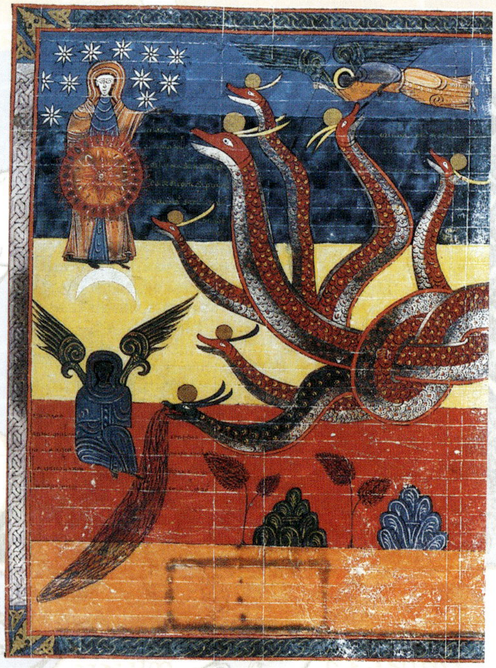

Illuminierte Seite aus dem *Beato de Fernando I*, Detail, 1047
Madrid, Biblioteca Nacional

Hintergrund:
Die vier apokalyptischen Reiter, Illumination aus dem *Beatus de Saint-Sever*, Mitte des 11. Jahrhunderts
Paris, Bibliothèque Nationale

Im Zentrum der spanischen Buchmalerei der Romanik steht die Illustration der Apokalypse: ein außergewöhnliches Repertoire seltsam-phantastischer Bilder in vollen, leuchtenden Farben.

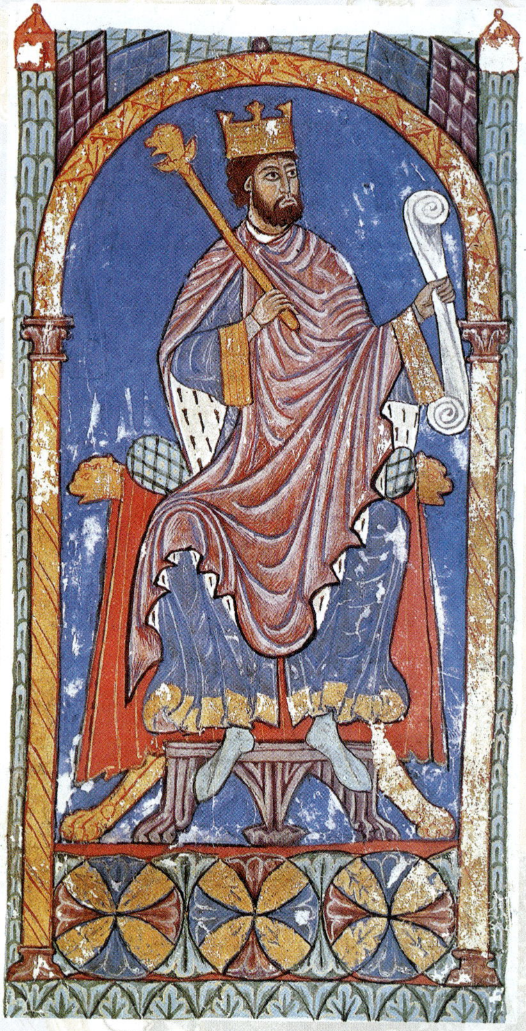

Alfons VII. von Kastilien auf dem Thron, Miniatur aus dem *Gran Libro de los privilegios*, 12. Jahrhundert
Santiago de Compostela, Archivo de la catedral

In der Romanik zeigt sich in Spanien auch innerhalb der christlichen Kunst der Kontakt mit der islamischen Vorstellungswelt, die zur gleichen Zeit in Andalusien wunderbare Meisterwerke der Architektur und Dekoration hervorbringt.

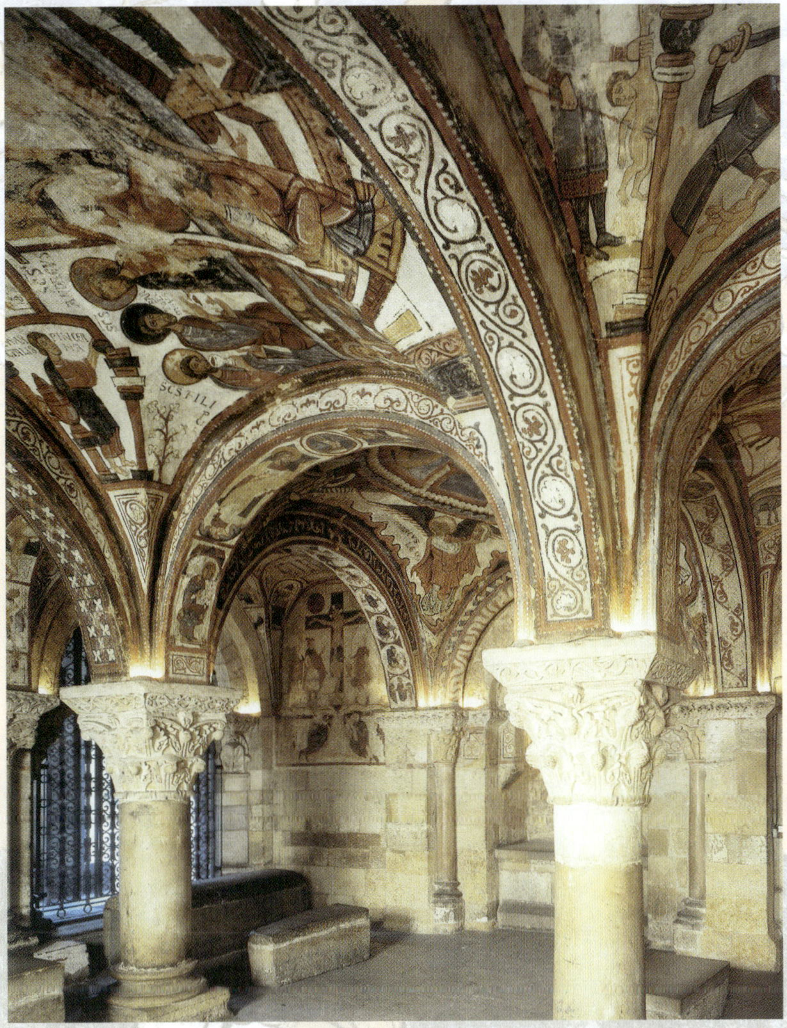

Innenansicht des Panteón de los Reyes, um 1063–1100
León, San Isidoro

León ist bis heute eine der bedeutendsten Städte am Jakobsweg: In dem mit der Kirche San Isidoro verbundenen königlichen Pantheon findet man einen der besterhaltenen und faszinierendsten Freskenzyklen des romanischen Europa. Das monumentale Gemälde unterscheidet sich durch eine ganz spezifische Ausdrucksform von der Handschriftenillustration: Die Szenen breiten sich majestätisch-festlich auf weißem Hintergrund aus, von kunstvollen Ornamentbändern in Felder unterteilt.

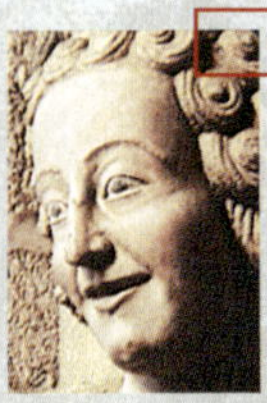

Und bei der Ankunft lächeln die Propheten den Pilgern zu

Der historische Eingang der Kathedrale von Santiago, der Pórtico de la Gloria, zeigt noch heute Skulpturen aus dem 11. Jahrhundert voll sprühender Fröhlichkeit: Der ersehnte Gruß für die Pilger, wenn sie nach Wochen endlich ihr Ziel erreichten – den »campus stellae«, den Ort, wohin der Legende nach ein Stern leitet und wo der Leichnam des Jüngers Jesu Ende des ersten Jahrhunderts auf wundersame Weise entdeckt wurde. Der Weg zum Grab des Apostels Jakobus Major in Galizien, fast dem westlichsten Punkt des europäischen Kontinents, ging von vier zentralen Punkten in Frankreich aus, wo sich die Pilger verschiedener Länder versammelten und Züge bildeten, um gemeinsam den Gefahren der langen Reise zu trotzen. Unterhalb der Pyrenäen trafen die vier Wege zusammen. Entlang des Wegs befanden sich in regelmäßigen Abständen Hospize und Herbergen, Häuser für Kranke, Klöster und Gasthäuser; viele dieser Gebäude sind noch erhalten. Man erkannte die Pilger an ihrem Stock, dem weiten Mantel und dem charakteristischen breitkrempigen Hut. Ein weiteres Erkennungszeichen war die Kamm- oder »Jakobsmuschel«. Als Erkennungs- und Frömmigkeitszeichen zierte sie Steinfassaden entlang des Wegs und wurde so zum Wegweiser, zur tröstlichen Gegenwart.

Mittel- und Süditalien

11.–12. Jahrhundert

Der Einfluss von Montecassino

Bilder erzählen Geschichten

Der persönliche Geschmack großer Kirchenmänner, ihre Aufträge und ihre Interessen haben die Entwicklung der Kunst im 11. Jahrhundert wesentlich mitbestimmt. In Saint-Denis hegte Abt Suger eine Vorliebe für kostbare Steine und bunte Glasfenster; in Hildesheim ließ Bischof Bernward kolossale Werke aus Bronze gießen, etwa die Relieftüren und die Christussäule des Doms; in Clairvaux entwarf der heilige Bernhard mit seiner Missbilligung jeden Schmucks für die Zisterzienserabteien eine Architektur, die schon auf den Stil der Gotik vorausdeutete; in Cluny ließen die Äbte die gemeißelten Kapitelle und eine komplexe Architektur erschaffen; in Montecassino schließlich förderte der Benediktinerabt Desiderius (ab 1086 Papst Viktor III.) die Malerei, von monumentalen Freskenzyklen bis hin zu wunderbaren Illuminationen, die geduldige Mönche in den Skriptorien anfertigten. So entwickelt sich in Mittel- und Süditalien eine besondere Form byzantinisierender Malerei. Unter der Führung von Abt Desiderius bekommen die Bilder einen ganz neuen erzählerischen Charakter, die Szenen erweitern sich, »Illustration« tritt aus den Buchseiten heraus auf die Wände, findet Geschmack an Geschichte und Wirklichkeit. Vielleicht ist es kein Zufall, dass gerade in Montecassino das älteste Dokument in italienischer Sprache aufbewahrt wird, ein Rechtstext, der noch heute große Sprachkraft besitzt. Im Zweiten Weltkrieg haben Bomben die Abtei völlig zerstört; der Klosterkomplex wurde im Zustand des 16. und 17. Jahrhunderts wieder aufgebaut.

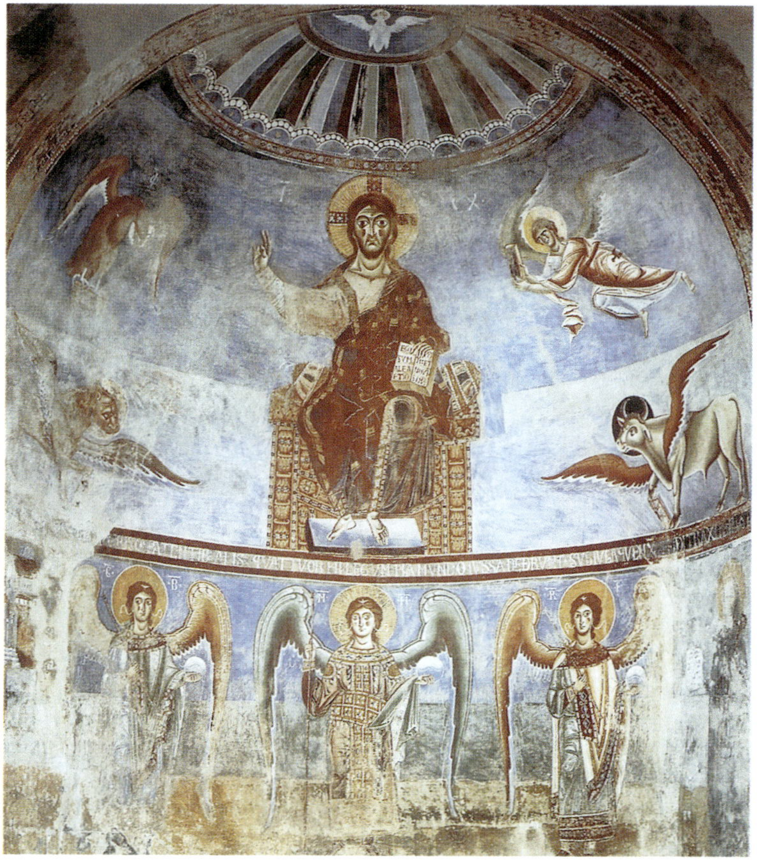

Maiestas Domini mit Erzengeln und dem Benediktinerabt Desiderius, 1072–1086
Sant'Angelo in Formis (Caserta), San Michele Archangelo

Durch die Zerstörung der Fresken und Mosaiken von Montecassino ist dieser Gemäldezyklus von besonderer Bedeutung. Die von Abt Desiderius in Auftrag gegebene Folge von Szenen aus dem Leben Christi zeigt das Bestreben, religiöse Begriffe durch Kunst zu vermitteln.

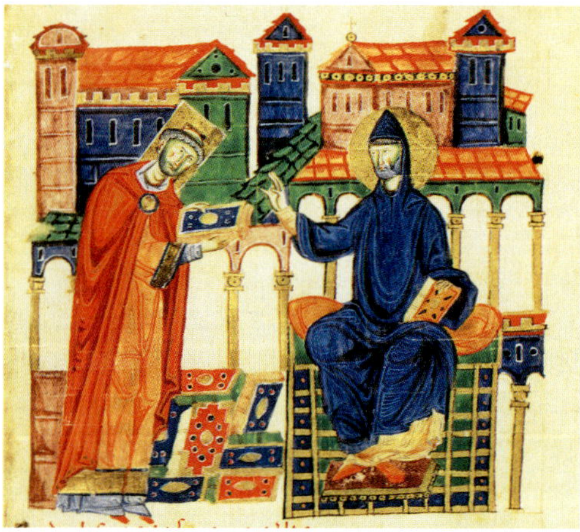

Abt Desiderius übergibt dem heiligen Benedikt die Bücher und Klosterbauten, illuminierte Seite aus dem Lektionar des Desiderius von Montecassino, um 1080
Vatikan, Biblioteca Apostolica Vaticana

Bewegendes Zeugnis für Desiderius' Absicht, dem Glauben neue Räume und Ausdrucksweisen zu schaffen: Vor allem nach der großen Kirchenspaltung (1054) und mit dem Aufkommen der Kreuzzugsbewegung wird es notwendig, eine vielfältige und umfassende Ausdrucksform zu finden. Die Malerei entfernt sich nach und nach vom traditionellen, gelehrten Bezug auf das »Griechische« (im Sinn von byzantinisch, orientalisch) und bewegt sich auf eine vielleicht weniger komplexe, aber leichter verständliche »Sprache« hin.

Alberto Sozio
Kreuzigung, Detail, 1187
Spoleto (Perugia), Santa Maria Assunta

Ein Jahrhundert nach Desiderius drücken sich in dem großartigen Kreuz im Dom von Spoleto Kraft und Energie der Malerei aus.

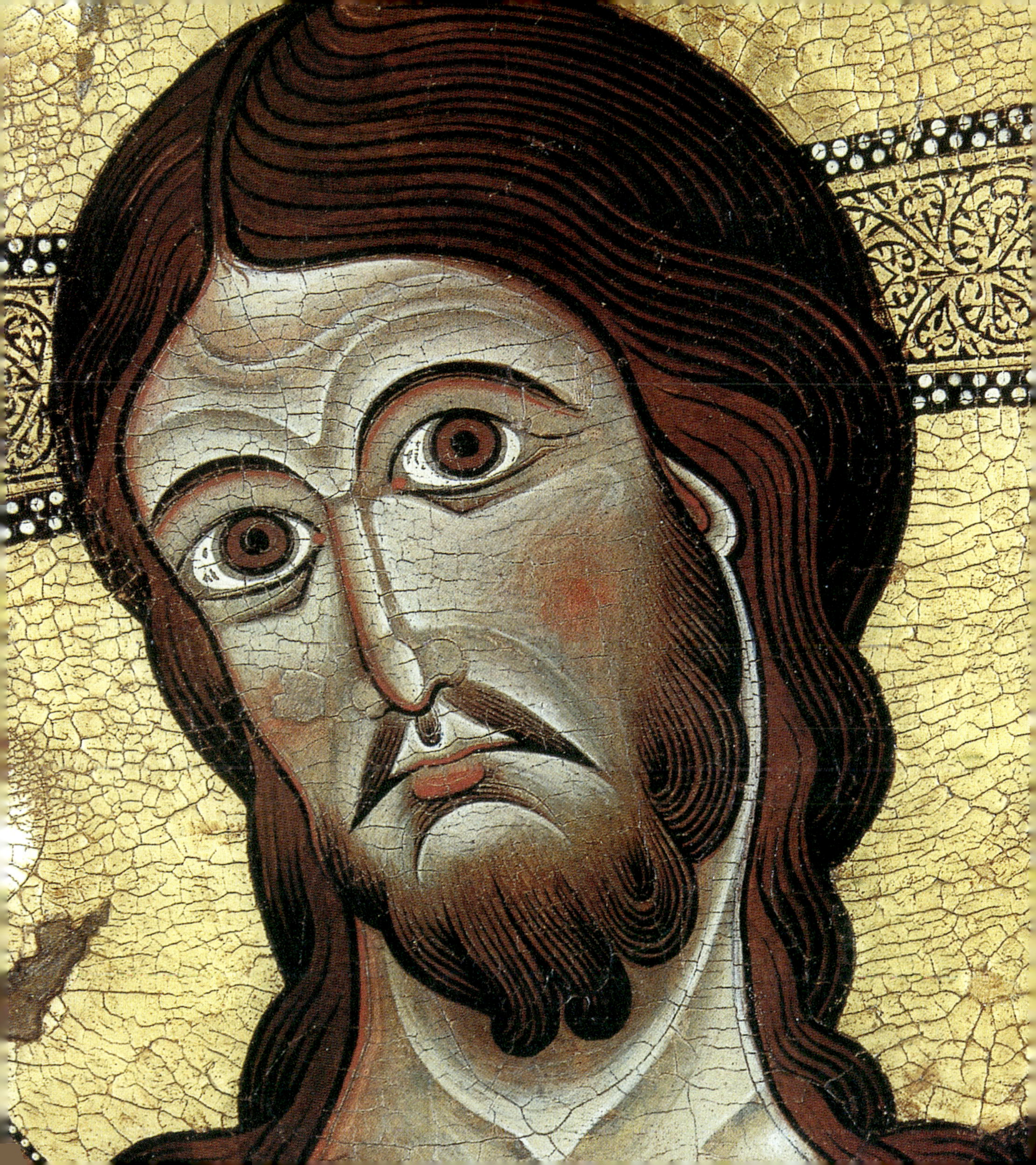

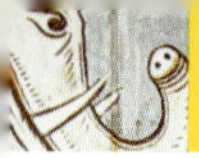

Rätien und Alpenpässe

11.–12. Jahrhundert

Die romanischen Fresken

Steinigung des heiligen Stephanus, 12. Jahrhundert
Müstair, St. Johann

In Müstair, einem wichtigen religiösen Zentrum an der Straße zwischen Graubünden und dem Vinschgau, ist ein großer Zyklus romanischer Fresken von sehr lebendigem Erzählgeist erhalten, leider teilweise beschädigt durch frühere unsachgemäße Restaurierungen.

Die Sprache der Bilder für das christliche Europa
Einst waren unter Roms Verwaltung, seiner Sprache und seinem Gesetz völlig verschiedene Völker vereint. Mehr als die Geografie hat die Geschichte einen Graben zwischen Germanien und Mittelmeerraum gezogen: Die Alpenpässe sind das Scharnier zwischen zwei Welten, die immer wieder zusammenstoßen und sich nach dem Zerfall des Römischen Reiches kaum wieder erkennen. Eine wichtige Verbindungsarbeit unter den christlichen Völkern leisten die Bilder der Religion, die allen gehören, nicht nur einer kleinen Elite intellektueller Kleriker, sondern auch der Masse der Analphabeten, die durch zahlreiche Dialekte und Sprachen voneinander getrennt sind. In den kleinen Zentren des alten Rätien in Graubünden und Südtirol entstehen die Voraussetzungen für eine *Biblia pauperum*, die Bibel der Armen und Ungebildeten: sehr alte Wandmalerei-Zyklen, wo volkstümliche, fast ungelenke, aber leidenschaftliche Figuren die Heilsgeschichte erzählen, die Geheimnisse des Glaubens illustrieren und den Worten der Heiligen Schrift eine konkrete, sichtbare Bedeutung verleihen. Heute mag dies nicht sehr bemerkenswert erscheinen, aber in den Wäldern der Alpen, wo die Pfade des mittelalterlichen Europas verliefen, war die Darstellung der nicht allgemein bekannten Szenen in einer für jeden verständlichen Sprache eine der großen, glanzvollen kulturellen Leistungen des Westens im Mittelalter.

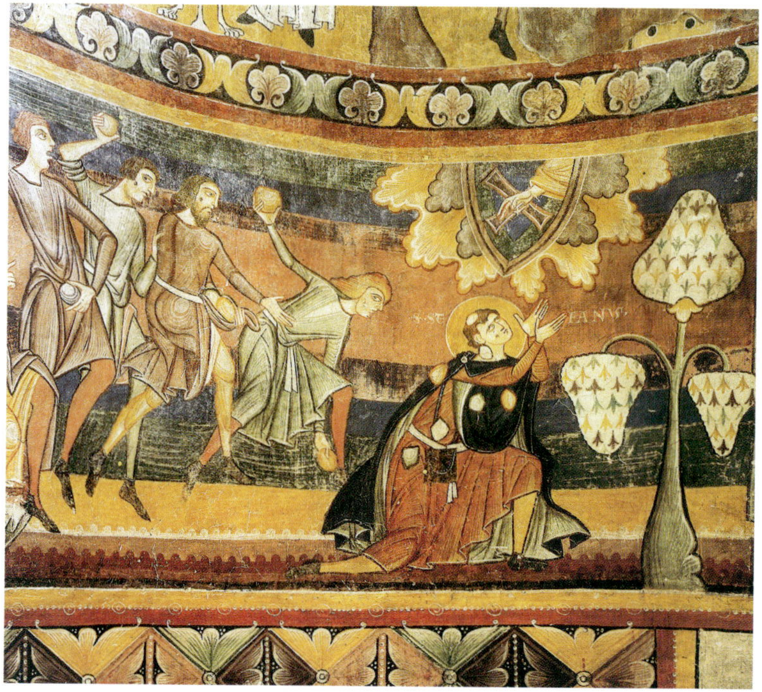

Szenen aus dem Leben Christi und *Meeresungeheuer*, Deckenbilder, um 1130–1140
Zillis (Graubünden), St. Martin

Die Decke der Kirche in Zillis, einem graubündischen Dorf an der Straße vom Tessin nach Chur in der Nähe des Splügenpasses, besteht aus 153 hervorragend erhaltenen bemalten Bildtafeln. Hauptthema ist das Leben Christi. Die äußeren Bilderreihen zeigen keine Szenen, sondern seltsame Fabelwesen, Meeresungeheuer und Sirenen. In den Wellen eines endlosen Meeres tummeln sich die Geschöpfe des Bösen, während an den vier Ecken der Decke (die so zu einer symbolischen Weltkarte wird) Engel die vier Winde verkörpern und das Jüngste Gericht ankündigen. Elemente aus der mittelalterlichen Buchmalerei, der byzantinischen und ottonischen Kunst bereichern den kraftvollen, synthetischen Stil ohne Wirkungsverlust.

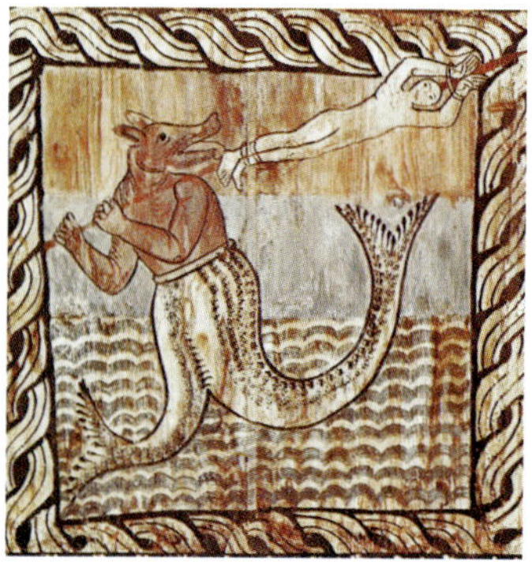

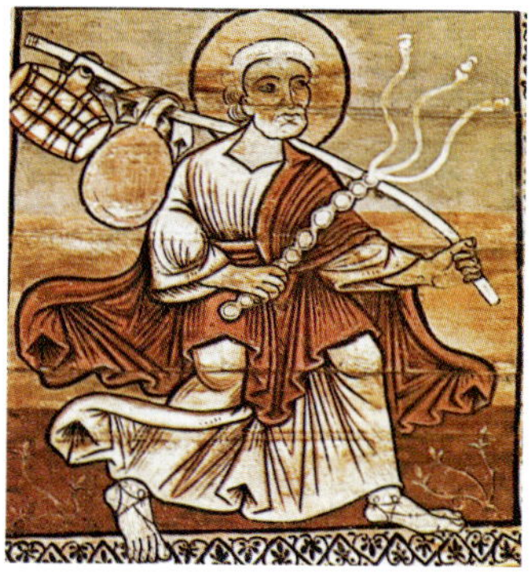

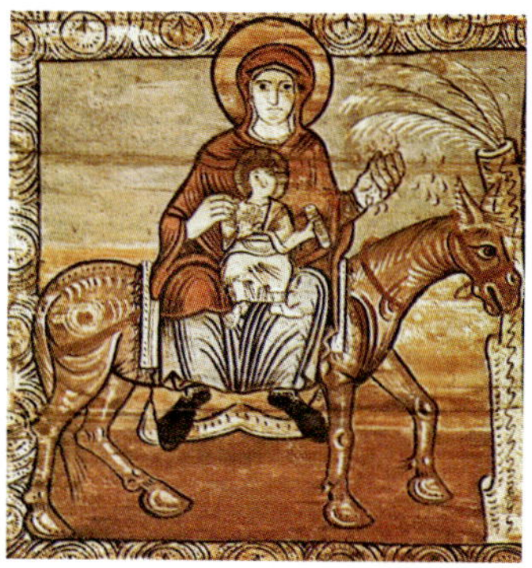

Der Sieg der Erzengel über den Drachen der Apokalypse, Ende des 11. Jahrhunderts Civate (Lecco), San Pietro al Monte

Die Kirche San Pietro al Monte auf einem Hügel über der Straße von Splügen und dem Comer See ist ein Schmuckstück romanischer Kunst. Vollständig erhaltene Stuckarbeiten und wertvolle Fresken berichten vom Sieg des Guten über das Böse; auf dem Höhepunkt durchbohren die Engel den höllischen Drachen, retten den Sohn des Apokalyptischen Weibes und entrücken ihn zu Gott.

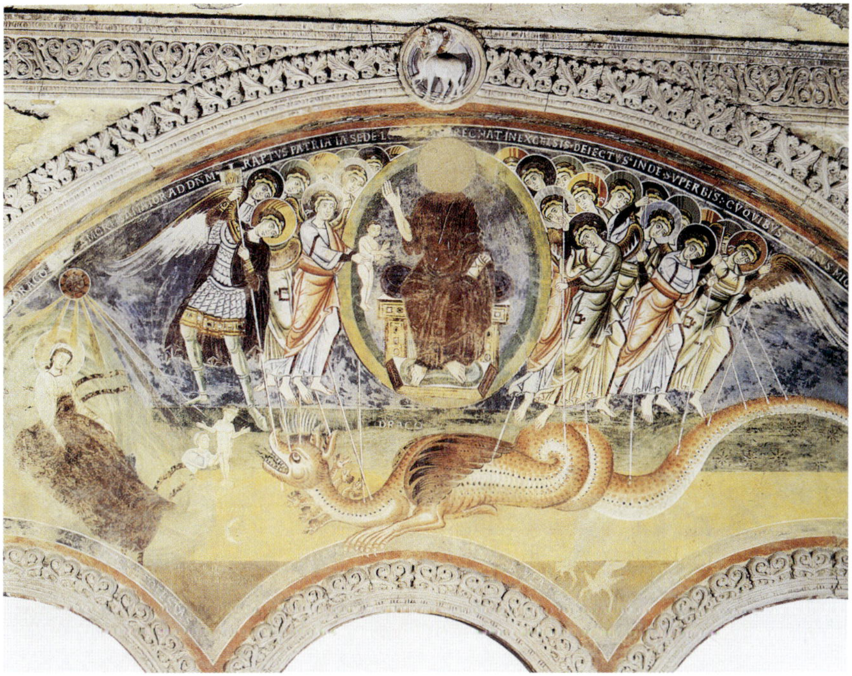

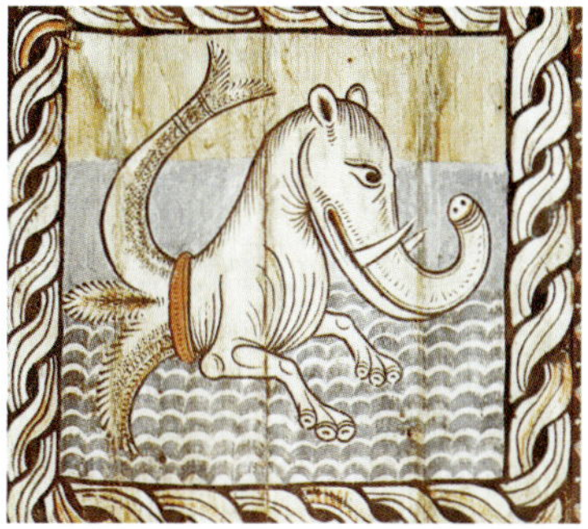

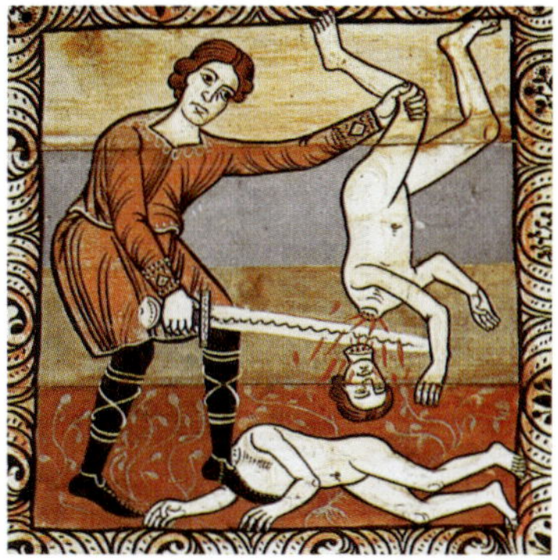

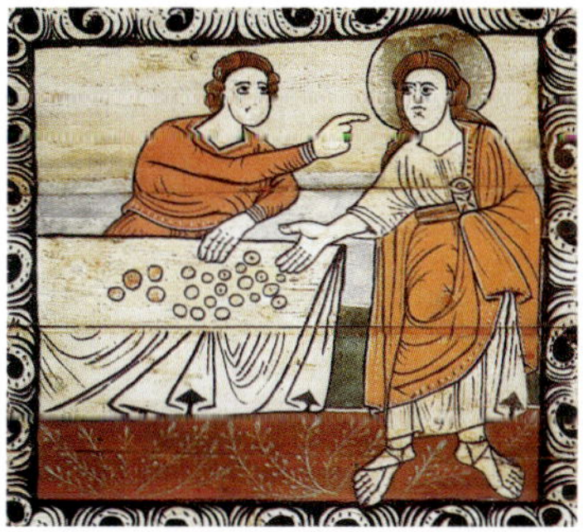

Szenen aus dem Leben Christi und Meeresungeheuer, Deckenbilder, um 1130–1140 Zillis (Graubünden), St. Martin

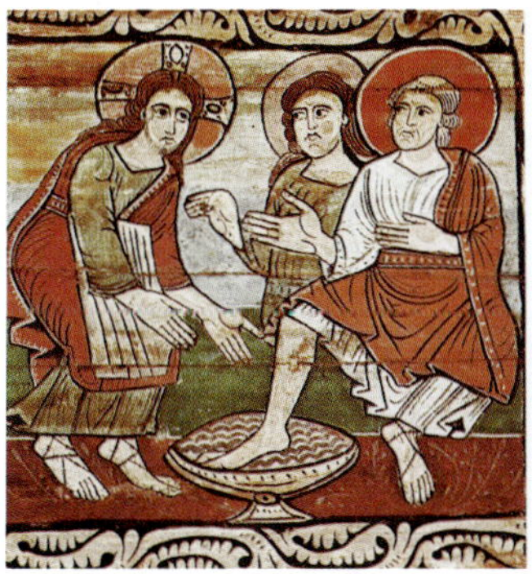

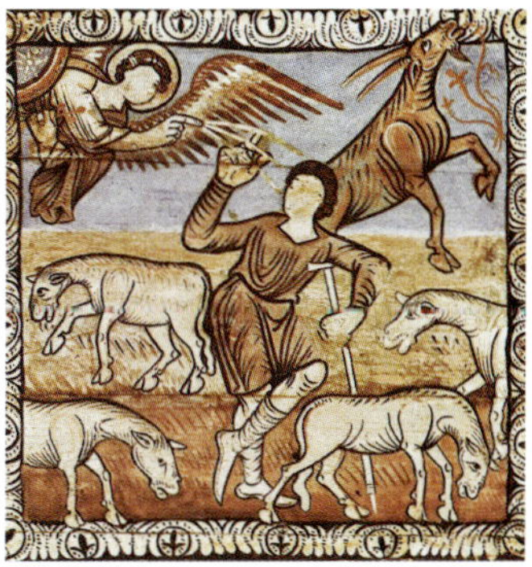

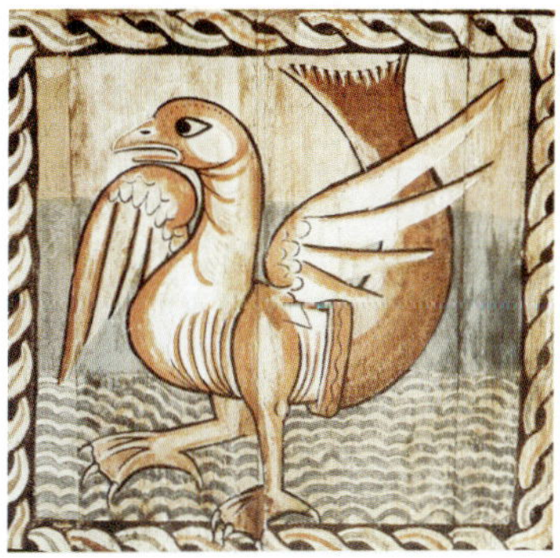

Venedig

12.–13. Jahrhundert

Die Mosaiken von San Marco

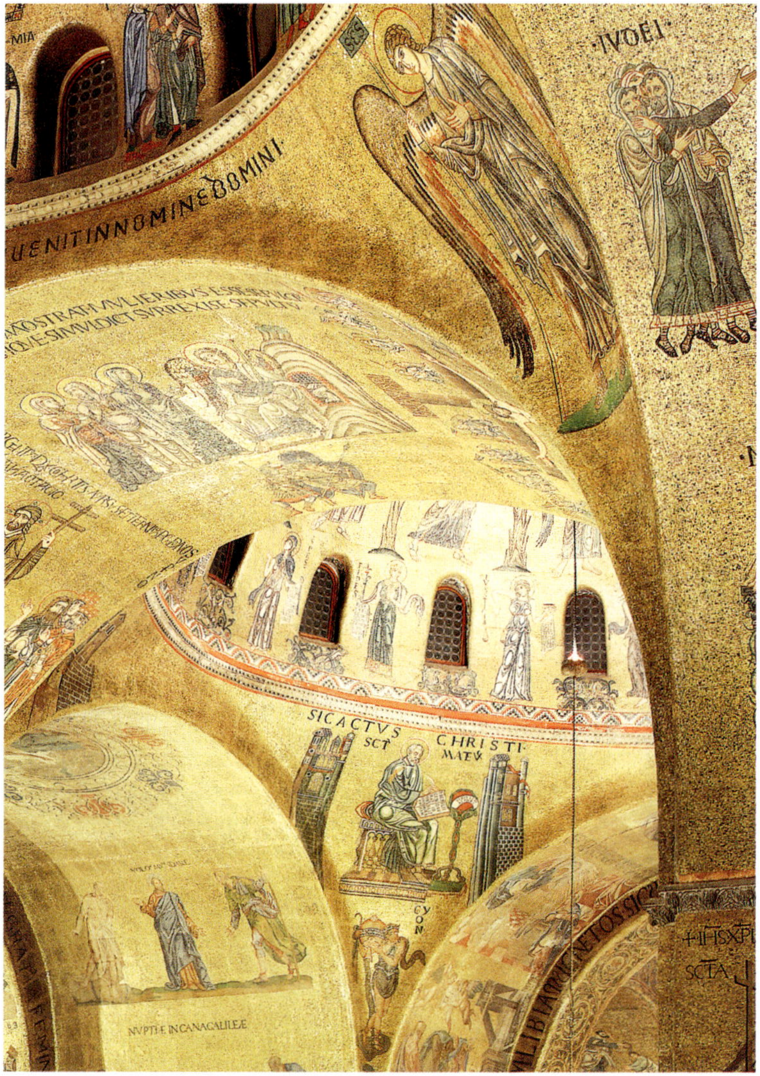

Gold aus dem Orient am Ufer der Adria
Die Anfang des 9. Jahrhunderts mit Ankunft der Reliquien des neuen Schutzheiligen begonnene Markuskirche wird durch ihren Stil, der Orient und Okzident, byzantinische und römische Welt verbindet, zum Symbol der historischen und kulturellen Berufung Venedigs. Das Wunder verbreitet sich wie eine Welle auf den ruhigen Wassern der Lagune bis zu den Nachbarinseln wie Torcello und Murano, wo sich weitere wichtige mittelalterliche Bauwerke und Mosaikenzyklen finden. Die Wände der Basilika bedecken wundervolle Mosaiken aus dem 12. bis 16. Jahrhundert: Obwohl alle auf funkelndem Goldgrund, sind sie stilistisch nicht gleich, sondern zeigen bei näherer Betrachtung die Entwicklung der venezianischen Malerei von den rein byzantinischen Ursprüngen bis zu den fließenden Formen der Gotik, vom Aufkommen der Perspektive im toskanischen Humanismus des 15. Jahrhunderts bis zur glorreichen Renaissance. Besonders bedeutend sind die Mosaiken aus dem 13. Jahrhundert. Nach dem Untergang Konstantinopels 1204 betrachteten die Venezianer ihre Stadt als ein »zweites Byzanz« und – stolz auf ihre Unabhängigkeit – sowohl in politischer als auch in religiöser Hinsicht als Alternative zu Rom und dem Reich.

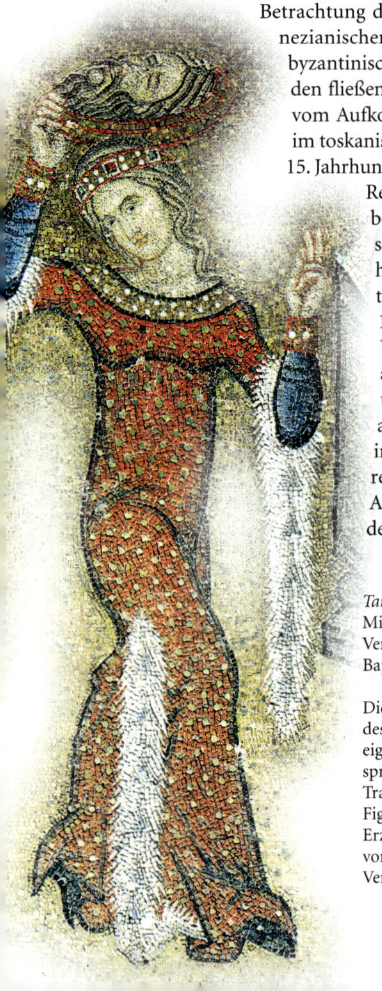

Tanz der Salome,
Mitte des 14. Jahrhunderts
Venedig, San Marco,
Baptisterium

Die wundervollen Mosaiken des Baptisteriums sind ein eigenartiges gotisches Einsprengsel in der byzantinischen Tradition: Ihre biegsamen Figuren folgen einem bewegten Erzählrhythmus und Salome ist von einem Hauch exotischer Verführung umgeben.

Szenen aus der Passion Christi,
erste Hälfte des
12. Jahrhunderts
Venedig, San Marco,
Mittelschiff

Das Gold blendet den Besucher und lässt ihn die Architektur des Gebäudes kaum wahrnehmen. Die Mosaiken des Mittelschiffs gehören zu den ältesten der Basilika und folgen einem strengen ikonographischen Programm: Erzählt wird die Erlösung des Menschen, und zwar von Osten nach Westen, dem Lauf der Sonne folgend, die im übertragenen Sinn die Geschichte des Schicksals der Menschheit ist. Ein weiterer Erzählstrang beginnt in der Chorkuppel und verläuft über die drei Kuppeln des Mittelschiffs mit folgenden Szenen: Segnender Christus, die Himmelfahrt Christi (Mittelkuppel), Passionsgewölbe und das Pfingstwunder.

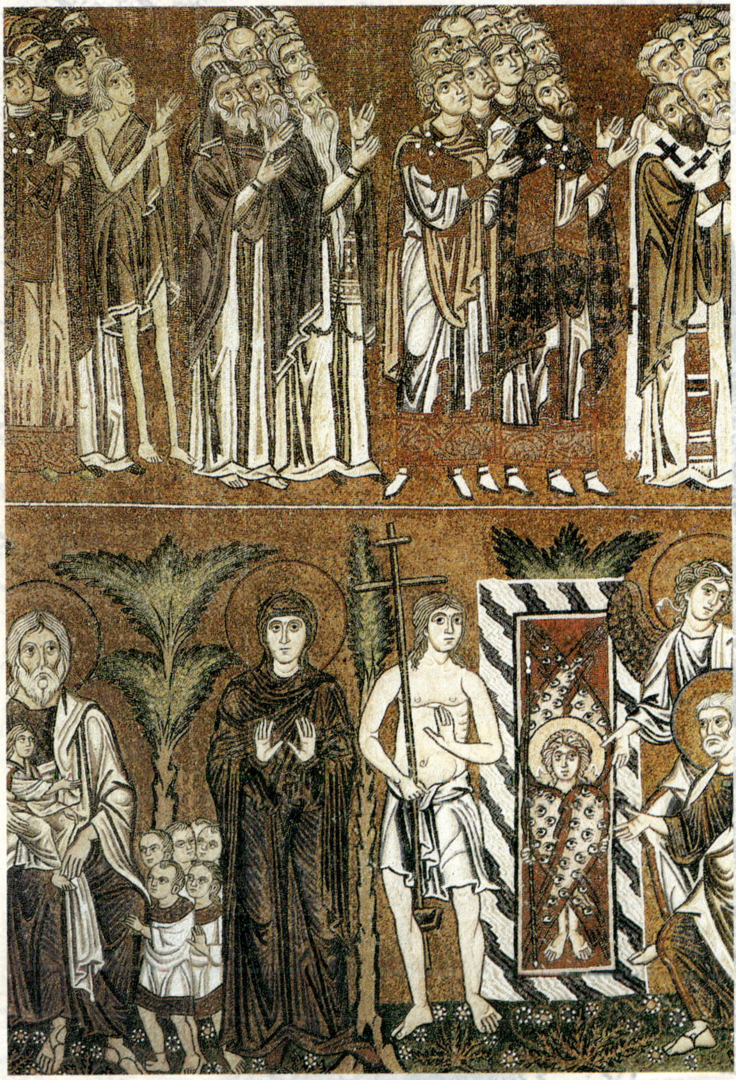

Jüngstes Gericht, Detail,
12.–13. Jahrhundert
Torcello, Santa Maria Assunta,
Apsiswölbung

Das große Mosaik im Inneren der wunderbaren Kathedrale von Torcello ist eines der Meisterwerke byzantinischer Kunst in der Lagune. Die übereinander angeordneten Streifen sind von herrlicher kompositorischer Klarheit. Der Ausschnitt zeigt im oberen Teil die Scharen der Seligen, unterteilt in Jungfrauen, Märtyrer, Mönche und Bischöfe. Unten symbolisiert eine blühende Wiese unter den Füßen der Figuren den Paradiesgarten. Erzvater Abraham empfängt die Seelen der Gerechten; rechts davon die betende Madonna, der gute Schächer mit dem Kreuz, das von einem Seraphim bewachte Tor des Paradieses und schließlich der heilige Petrus mit einem Engel.

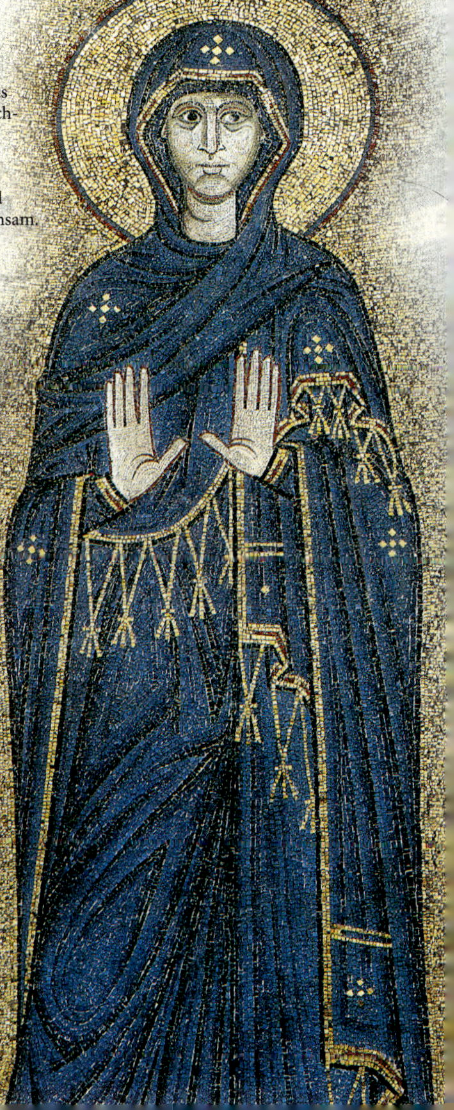

Betende Jungfrau Maria,
erste Hälfte des
13. Jahrhunderts
Murano, Santi Maria
e Donato, Apsis

Die längliche, stilisierte Gestalt der Madonna, das Werk venezianisch-byzantinischer Künstler, wirkt vor dem leeren Goldhintergrund geheimnisvoll einsam.

Palermo, Monreale, Cefalù

12. Jahrhundert

Das arabisch-normannische Sizilien

»Ein Werk, das von alters her kein König vollbracht hat und das einen jeden in Staunen versetzt, der davon Kenntnis erhält«
Nach jahrelangen Kriegen gegen das Byzantinische Reich erobern im Jahr 902 die Araber Sizilien. Die größte Insel des Mittelmeerraums wird nun ein blühender Garten, in dem kunstvolle islamische Bauwerke entstehen. 1061 begründet Normannenkönig Roger I. eine Dynastie, die unter dem 1130 in Palermo gekrönten Roger II. ihren glanzvollen Höhepunkt erreicht. Für einige Jahrzehnte gelingt dem Normannenkönig mit einer Politik der Toleranz ein friedliches Zusammenleben der muslimischen, byzantinischen und westlichen Gemeinschaft, eine bis heute schwierige Aufgabe. Faszinierendstes Ergebnis jenes außergewöhnlichen geschichtlichen und kulturellen Moments sind die Mosaiken des Königspalastes und der Kathedrale in Monreale, auf die sich die zitierten Worte Rogers II. beziehen. Die Wände der großen Kirche sind auf über 8000 Quadratmetern mit Mosaiken auf Goldgrund ausgekleidet; biblische Geschichten werden zu einem bewegenden Bericht von der Geschichte der Welt und der Menschheit.

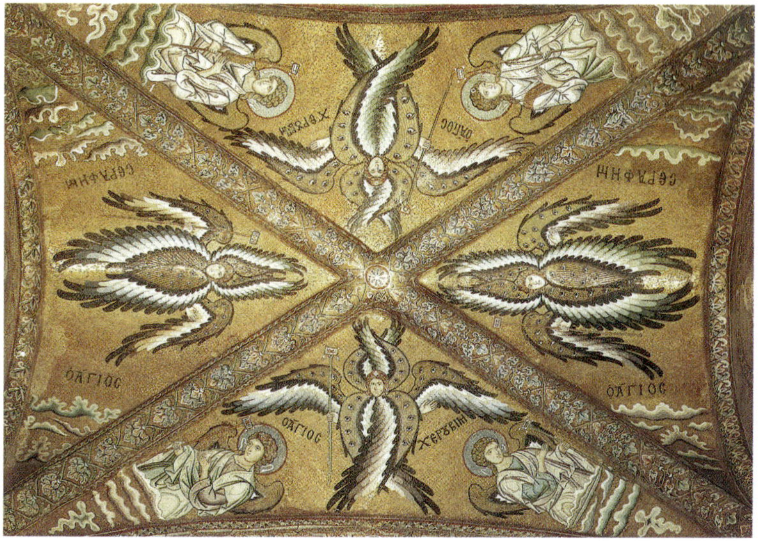

Seraphim und Engel, zweite Hälfte des 12. Jahrhunderts
Cefalù, Dom

Durch ihre Architektur und das Wandmosaik in Chor und Apsis ist die Kathedrale von Cefalù ein berühmtes Modell des so genannten arabisch-normannischen Stils, der die Einflüsse beider Kulturen vereint, in der Darstellung jedoch hauptsächlich Regeln und Repertoire der byzantinischen Kunst aufnimmt. Noch stärker als in Monreale vereinen sich hier Zeit, Raum, Handlung und Kraft des Bildes in der riesigen Figur des Weltenherrschers, des Pantokrators, die sich über die Wölbung der Konche ausbreitet.

Leoparden, Pfauen und Kentauren, um 1170
Palermo, Normannenpalast, Sala di Ruggero

In der Vermischung von königlichen Symbolen und Fabelwesen ist das Erbe der persischen Kunst spürbar.

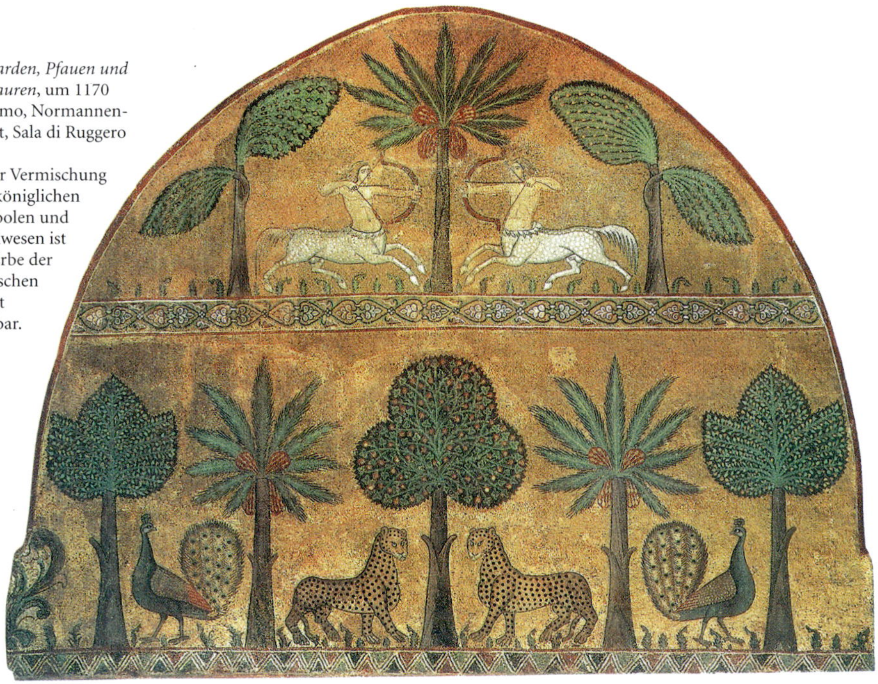

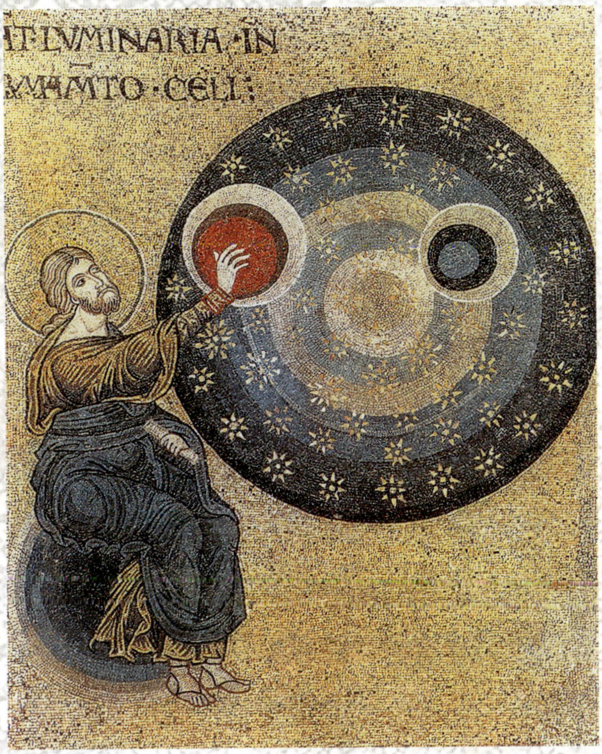

Erschaffung des Firmaments, 1172–1176
Monreale, Kathedrale

In der Kathedrale von Monreale überschwemmt das Gold der Mosaiken die Apsiden, fließt unter den Bögen hindurch, hebt die Simse hervor und dringt bis in die Fenster: eine fast hypnotische Wirkung, die Raumwahrnehmung und Zeitgefühl schwinden lässt. Die Geschichten des Alten und Neuen Testaments stehen in einer Art unbeweglicher, ewiger Gegenwart; die Erzväter der Bibel leben hier und jetzt zwischen den Lebenden in Erwartung letzter Dinge. Das ikonographische Programm (Gott als Vater oder Sohn erscheint 53 Mal) ist besonders ausgetüftelt: Der geistige Urheber, höchstwahrscheinlich ein Benediktinermönch, kennt die Geheimnisse des Glaubens und interpretiert sie in kühner Weise; der Schöpfer der Mosaiken seinerseits ist ein frühes Genie der Kommunikation durch Bilder. Ohne den erzählerischen Rhythmus des ganzen Ensembles zu vernachlässigen, komprimiert er die Kraft der Botschaft in jeder einzelnen Episode. Verblüffend wahrheitsgetreue Szenen des alltäglichen Lebens wechseln ab mit vieldeutigen Bilderfindungen.

Geburt Christi, um 1150
Palermo, Santa Maria dell'Ammiraglio

Diese Kirche, nach der Gründerin des nahen Benediktinerklosters auch »la Martorana« genannt, wurde ab 1143 unter König Roger II. erbaut. Sie beherbergt einen wundervollen Mosaikenzyklus in elegantem byzantinischen Stil mit Szenen aus dem Leben der Madonna. In der Szene der Geburt legt die Jungfrau das fest eingewickelte Kind in die Krippe. Im unteren Teil prüft die Hebamme die Wassertemperatur für das Bad des Jesuskindes.

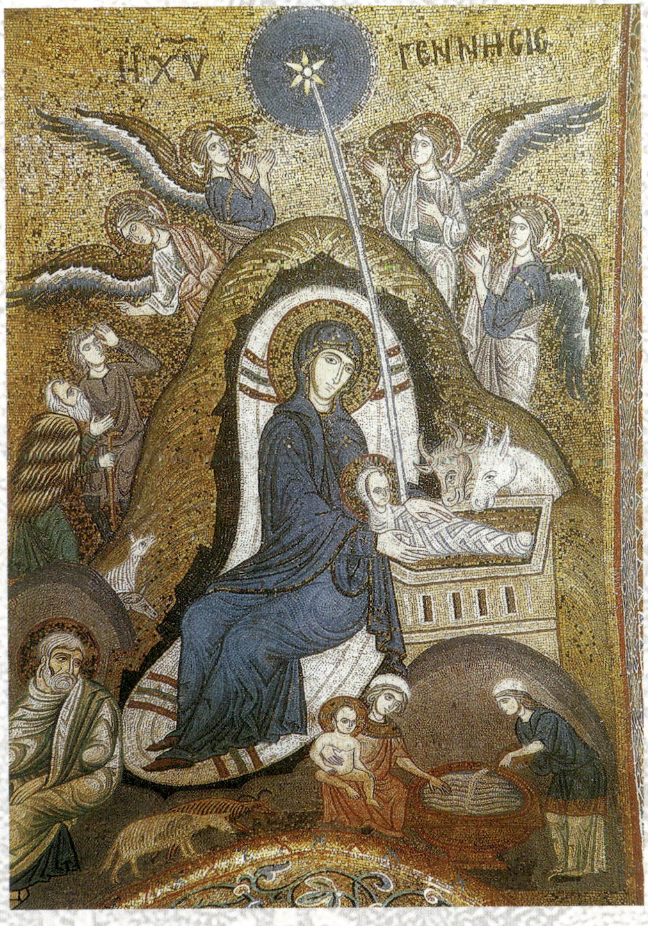

Katalonien

12.–13. Jahrhundert

Fresken und Gemälde der Pyrenäen

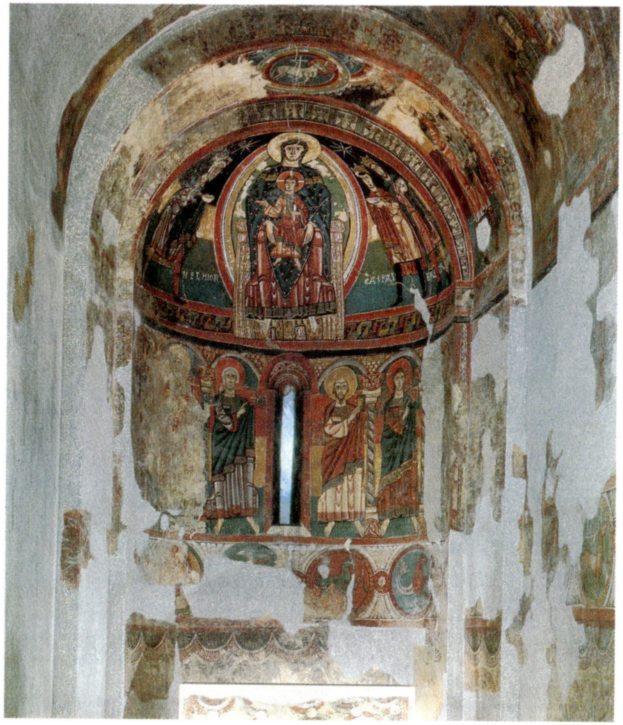

Eine feste, klangvolle Stimme im Chor der europäischen Romanik

In der Romanik ist die bildende Kunst eng mit dem Gebäude verbunden: Die Bauzier der Portale, Kapitelle und Reliefs und im Inneren die Freskenzyklen und Gemälde entstehen nicht isoliert, sondern im Einklang mit der Architektur der Kirchen. In manchen Fällen hat man Kunstschätze aus entlegenen Orten entfernt und, um sie vor Zerstörung zu schützen, in Museen gebracht. Ein spektakulärer Fall ist Katalonien, wo zwischen 1919 und 1923 in kleinen Pyrenäenkirchen neben den gemalten Altartafeln ganze Freskenzyklen abgetragen und nach Barcelona ins Museum gebracht wurden, das in jüngster Zeit Gae Aulenti umgestaltet hat. Eine umstrittene Vorgehensweise, trennt sie doch Malerei und Architektur; jedoch kann man so in einem großen Museum die eindrucksvollen Werke der Bildkultur einer Grenzregion wieder entdecken, in der die Wege Europas sich kreuzen: Der oberitalienische Stil ist mit Elementen der französischen Bildhauerei und der Buchmalerei durchsetzt, bewahrt aber einen deutlichen lokalen Akzent.

Madonna auf dem Thron mit Kind und Heiligen, Fresko aus Santa María in Taüll sowie Hintergrund: *Maiestas Domini*, Fresko aus Sant Climent in Taüll, beide um 1120
Barcelona, Museu Nacional d'Art de Catalunya

Der kleine Ort Taüll ist sozusagen die »Hauptstadt« der Romanik in den Pyrenäen: Von hier stammen die beiden größten und besterhaltenen Zyklen, möglicherweise das Werk eines lombardischen Meisters in Zusammenarbeit mit den Baumeistern der Kirchen.

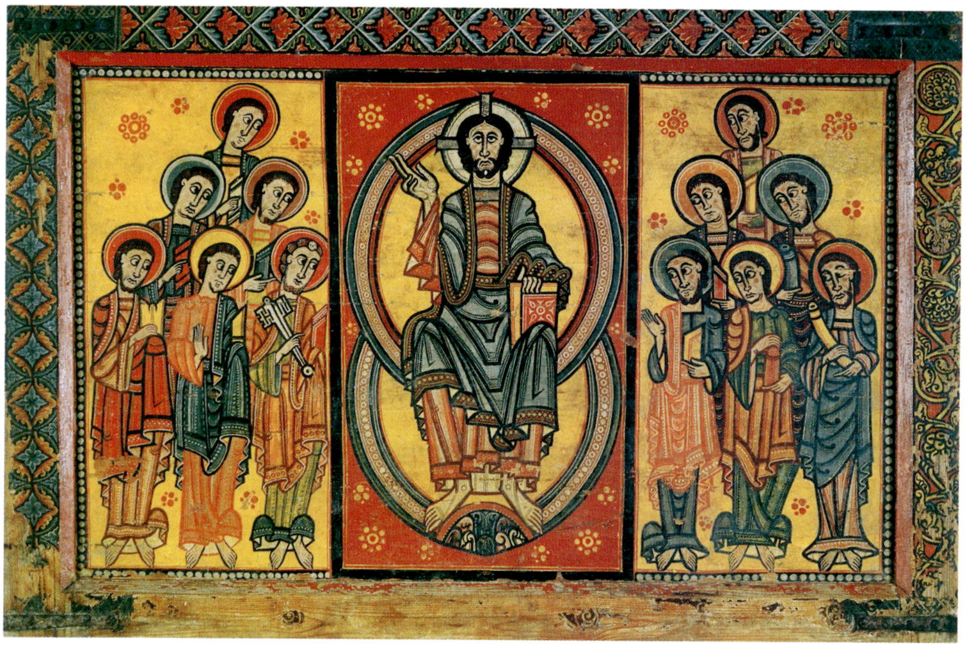

Thronender Christus umgeben von den Aposteln, Antependium aus Seu d'Urgell, 12. Jahrhundert
Barcelona, Museu Nacional d'Art de Catalunya

Die auf Holz gemalten Altarbekleidungen zeigen den Einfluss der Buchmalerei der Zeit.

Antependium aus Gésera, 13. Jahrhundert
Barcelona, Museu Nacional d'Art de Catalunya

Die ungewöhnliche, volkstümliche, anatomisch fehlerhafte Darstellung (die Füße erscheinen verkehrt herum) ist voller Ausdruckskraft und wurde sogar von Picasso rezipiert.
Sie zeigt Johannes den Täufer in der Wüste vor einem Dornbusch, in den seitlichen Feldern übereinander Gläubige, wilde Tiere und Fabelwesen, die für die feindliche Natur der Wüste stehen. Durch den guten Erhaltungszustand erkennt man in den vergoldeten Mantelfalten den Einfluss der Goldschmiede- und Emailkunst.

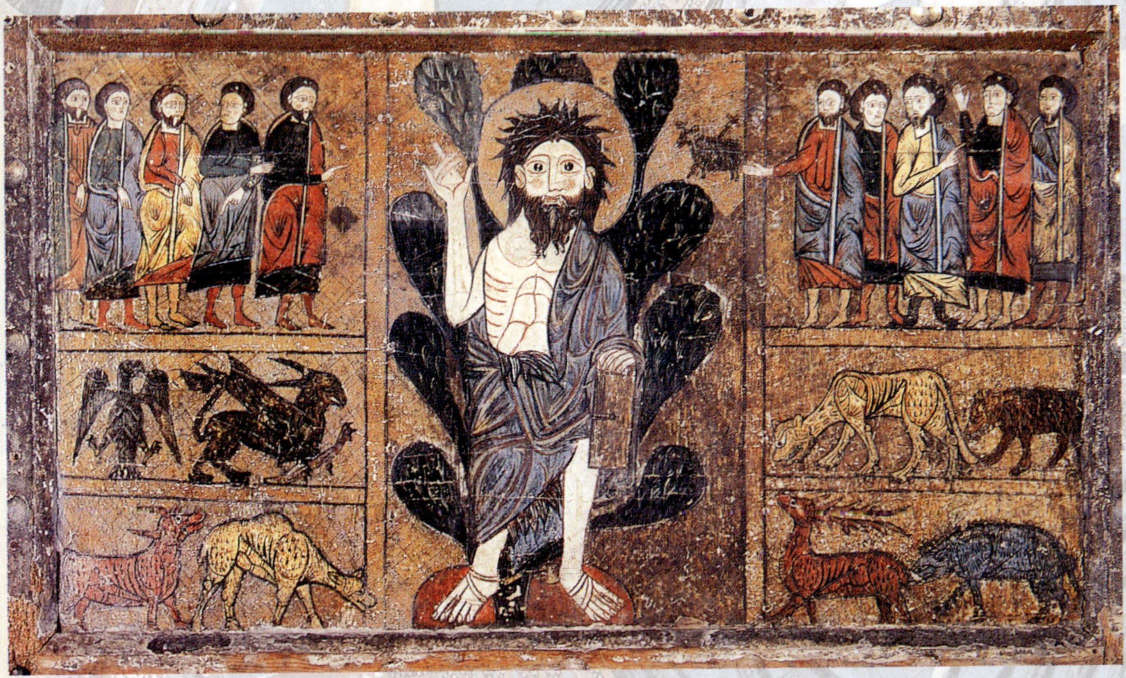

Rom

11.–13. Jahrhundert

Das Mittelalter in der Ewigen Stadt

Dunkle Jahrhunderte, goldene Wunder
Trotz Geschlechterkämpfen und inneren Konflikten entstehen im mittelalterlichen Rom stetig neue Wunder der Kunst. Der 1099 gewählte Papst Paschalis II. führt große Wiederherstellungsarbeiten an den alten Basiliken durch, während die Mosaikkunst in den weiträumigen Apsiskompositionen und den bunten Einlegearbeiten der Fußböden einen Gipfel der Eleganz erreicht. In der zweiten Hälfte des 13. Jahrhunderts erlebt Rom in seiner wiedergewonnenen Rolle als Hauptstadt der Kunst einen weiteren Aufschwung: Vor dem ersten Heiligen Jahr stellen sich große toskanische Künstler wie Cimabue, Arnolfo di Cambio und Giotto an die Seite der römischen Maler Pietro Cavallini, Filippo Rusuti und Jacopo Torriti. Letztere üben nach dem Schwinden des byzantinischen Einflusses eine große Wirkung auf Giotto und die italienische Malerei aus. Dem Fresken- und Mosaikenschöpfer Pietro Cavallini kommt dabei die größte Bedeutung zu, vor allem wegen seiner innovativen Farbwahl. Noch immer strittig ist seine Teilnahme an der Oberkirche von Assisi und der Cappella Sancta Sanctorum in Rom. Mit dem unglücklichen Pontifikat Papst Bonifaz' VIII. und der Verlegung des Papstsitzes nach Avignon (1309) bricht die Blütezeit wieder ab.

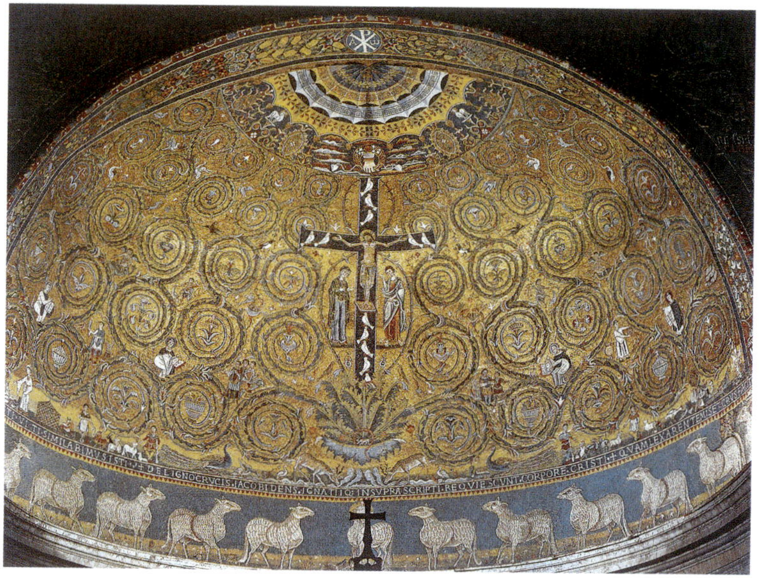

Triumph des Kreuzes, Mosaik in der Apsiskuppel, 1128
Rom, San Clemente

In dem »abstraktesten«, geistigsten der römischen Mosaiken erwächst das Kreuz aus einem Akanthusstrauch, von dem regelmäßige blaugrüne Voluten als vegetabile Arabesken auf goldenem Grund ausgehen. Dazwischen erscheinen biblische Figuren: Kirchenlehrer, Tauben und das Apokalyptische Lamm weisen auf die Erlösung hin.

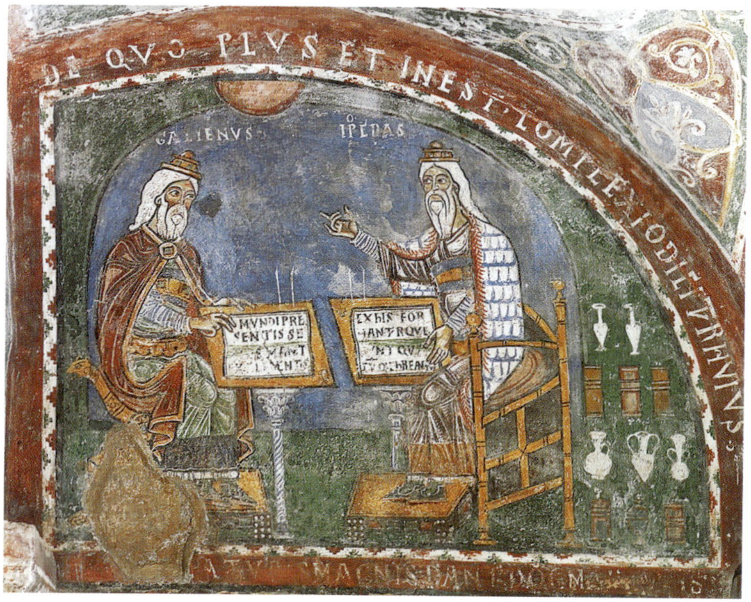

Magister Conxolus (?)
Die Ärzte Hippokrates und Galenus, 1231–1255
Anagni, Krypta des Domes

Anagni, im Mittelalter häufig Sommersitz der Päpste, besitzt einen großartigen romanischen Dom; die Krypta beherbergt einen der größten und schönsten Freskenzyklen in der Umgebung Roms aus der Zeit vor Pietro Cavallini. Der Schöpfer ist noch byzantinischen Vorbildern verbunden; möglicherweise handelt es sich um jenen Conxolus (Conxulus), der später die Fresken zum Leben des heiligen Benedikt in Sacro Speco (Subiaco) malte.

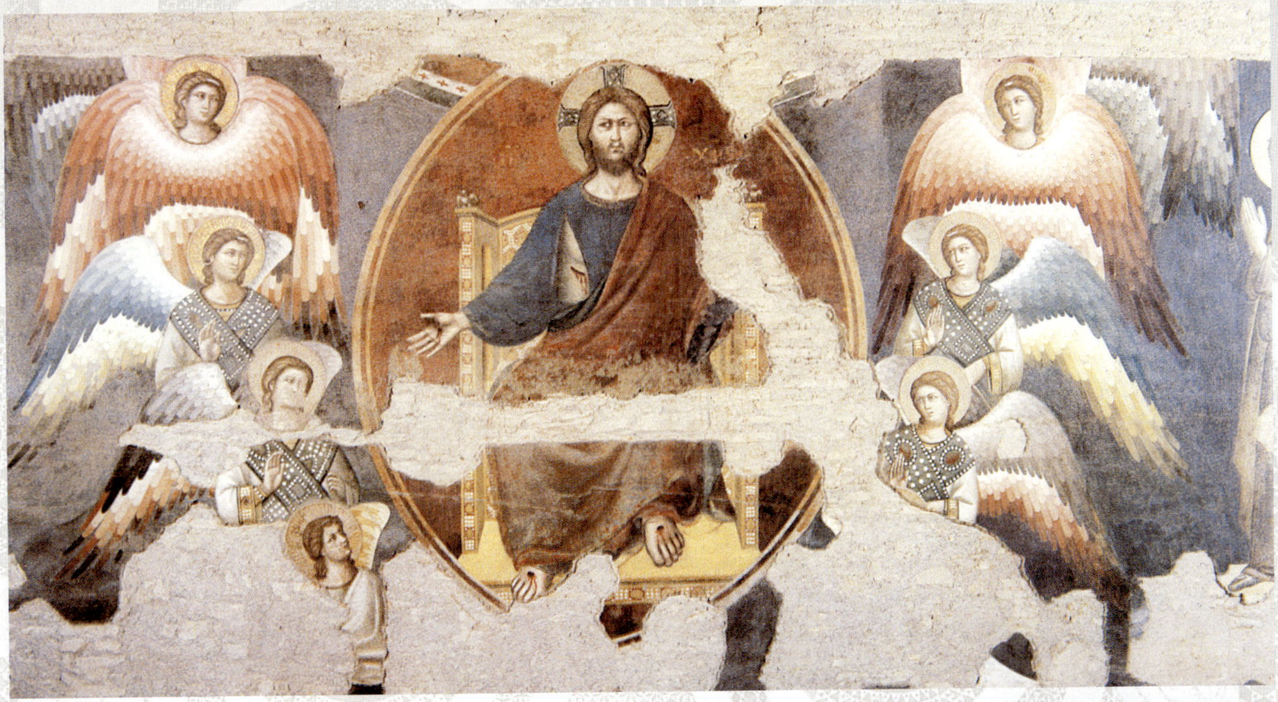

Pietro Cavallini
Jüngstes Gericht, um 1293
Rom, Santa Cecilia in Trastevere

Obwohl nur teilweise erhalten, offenbart das Bild dieses Weltenrichters inmitten der Engelsscharen die monumentale Kraft Cavallinis: Die strenge Frontalität gehört zur byzantinischen Tradition, während warme chromatische Farbgebung und Schattenspiel eindeutig neu sind.

Kreuzigung des heiligen Petrus, letztes Viertel des 13. Jahrhunderts
Rom, Lateranpalast, Cappella Sancta Sanctorum

»Es ist kein heiligerer Ort in der Stadt«, besagt eine Inschrift: Sancta Sanctorum, dieses vollständig erhaltene Schmuckstück der römischen Kunst des 13. Jahrhunderts, ist die alte päpstliche Kapelle im Lateranpalast, Papstsitz vor dem Umzug in den Vatikan. Der 1279 von Papst Nikolaus III. Orsini geweihte gotische Saal besitzt einen ungewöhnlichen Cosmatenboden (Hintergrund) und wertvolle Mosaiken und Fresken eines anonymen römischen Meisters unter dem Einfluss Cimabues (der 1272 in Rom weilte); einige Wissenschaftler halten sie für ein Frühwerk von Pietro Cavallini. Hintergrund für die Kreuzigung des Petrus mit dem Kopf nach unten ist eine einzigartige Stadtvedute.

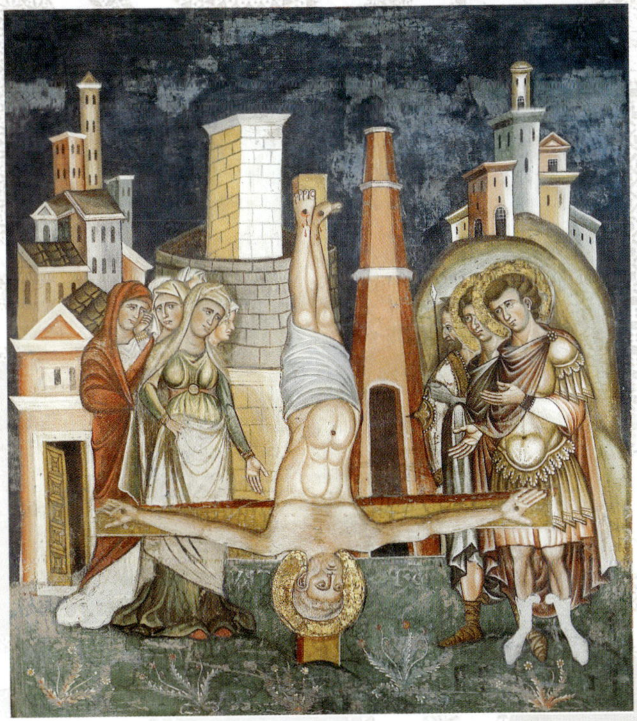

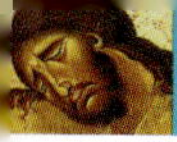

Florenz, Assisi

Notizen 1272–1302

Cimabue

»Als Mahler sah man Cimabue glühn, / Jetzt sieht man über ihn den Giotto ragen, / Und Jenes Glanz in trüber Nacht verglühn«
Schon in Dantes *Göttlicher Komödie* Anfang des 14. Jahrhunderts, dann 1550 in Giorgio Vasaris Viten und noch jahrhundertelang in Schriften über die Kunst wird Cimabue als Vater der italienischen Malerei betrachtet. Mit ihm beginnt die florentinische Schule, die Anfang des 14. Jahrhunderts – wie in der Literatur – ihre toskanische »Sprache« in ganz Italien durchsetzt. Diese Auffassung entspricht nur teilweise der Wahrheit – nicht immer ist die zentrale Bedeutung der Toskana gegenüber anderen Regionen gerechtfertigt, und andere große Künstler des 13. Jahrhunderts dürfen nicht übersehen werden –, doch ist sie bis heute die vorherrschende Lesart des Ursprungs der italienischen Kunst. Vor allem die abrupte Wendung in der Bildkultur zeigt den Übergang vom byzantinischen Einfluss zu einer Kunst, die in der Beobachtung und Interpretation der Wirklichkeit die weit zurückliegende, aber nicht minder wirksame Lektion der Antike aufnimmt.
Nach einem Romaufenthalt (1272) beginnt Cimabue mit den Fresken in der Basilika von Assisi. Werke wie die *Kreuzigung* in der Oberkirche zeigen trotz ihres schlechten Erhaltungszustandes bereits einen gefestigten Stil von dramatischer Ausdruckskraft, die auch in den Madonnengemälden (Louvre, Uffizien und Bologna), den Kruzifixen (wie dem beschädigte Kreuz von Santa Croce in Florenz) und in den Mosaikentwürfen für das Baptisterium in Florenz und den Dom von Pisa sichtbar ist.

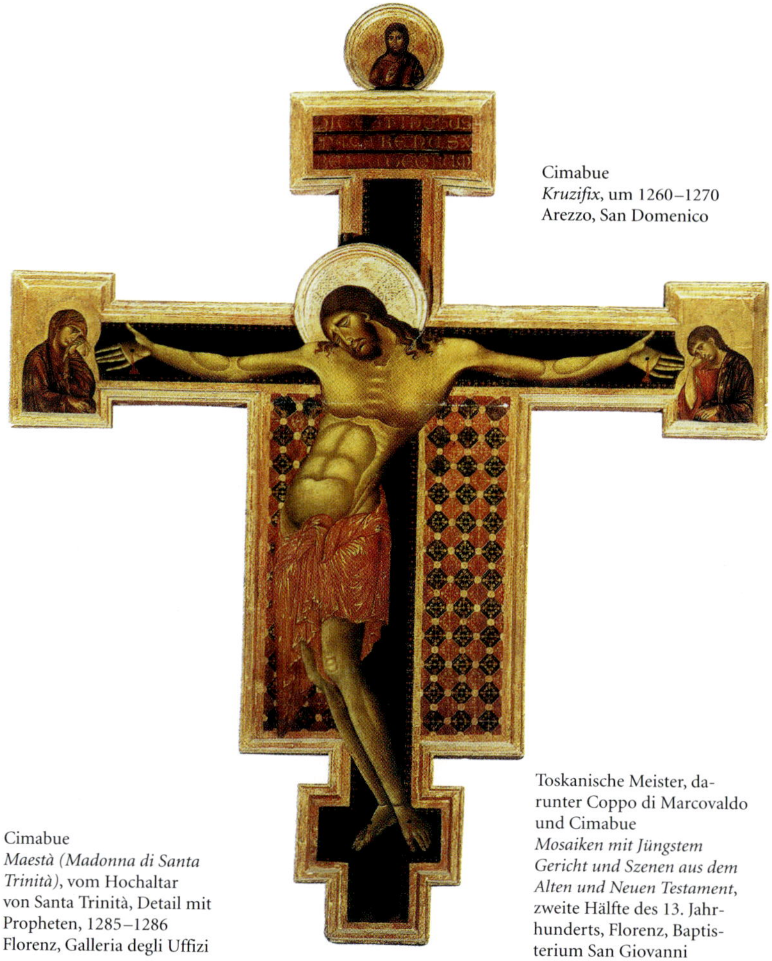

Cimabue
Kruzifix, um 1260–1270
Arezzo, San Domenico

Toskanische Meister, darunter Coppo di Marcovaldo und Cimabue
Mosaiken mit Jüngstem Gericht und Szenen aus dem Alten und Neuen Testament, zweite Hälfte des 13. Jahrhunderts, Florenz, Baptisterium San Giovanni

Cimabue
Maestà (Madonna di Santa Trinità), vom Hochaltar von Santa Trinità, Detail mit Propheten, 1285–1286
Florenz, Galleria degli Uffizi

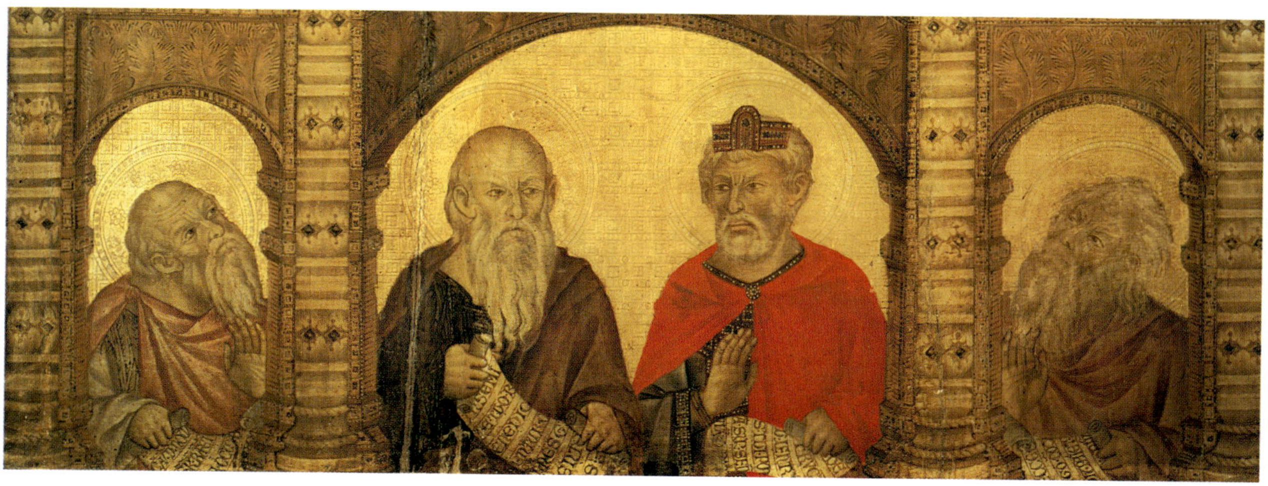

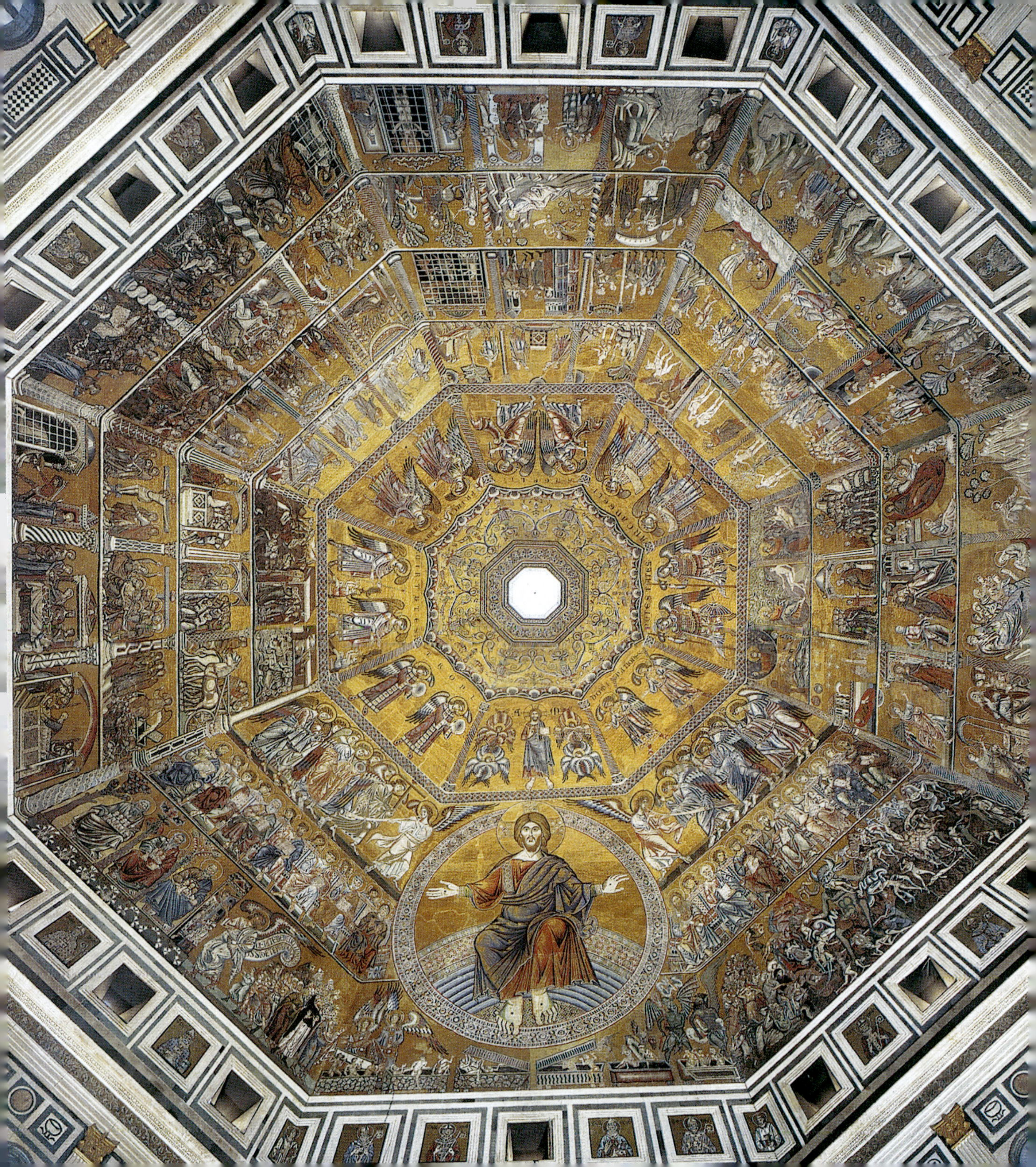

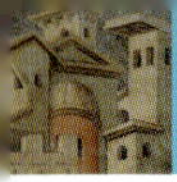

Florenz, Assisi, Padua

1267–1337

Giotto

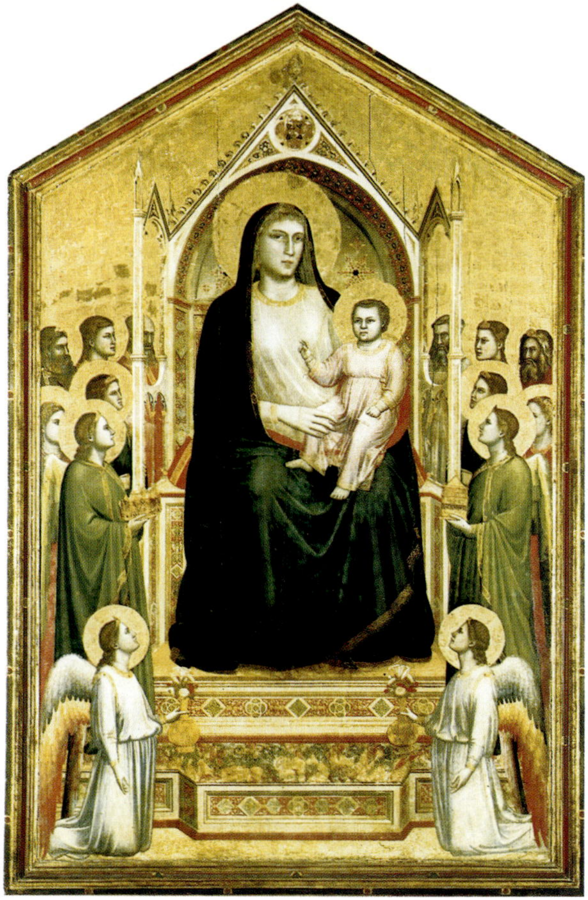

Vertrauen zum Menschen und in die Geschichte
Mit Giotto di Bondone kommt es zu einem entscheidenden Umschwung in der Malerei; sie wird frei von den Regeln und Konventionen der tausendjährigen byzantinischen Tradition und geht zu einer natürlichen, erzählerischen Darstellungsweise über. Giottos Laufbahn beginnt in Assisi: In den Fresken zum Leben des heiligen Franziskus zeigt er den Heiligen in sehr konkreter landschaftlicher oder architektonischer Umgebung zusammen mit anderen Figuren und versucht, nicht nur Ereignisse, sondern auch Gefühle auszudrücken. Hierzu malt er die Personen auch gern im Hintergrund oder von hinten. Seine Ausdruckskraft findet stets neue Möglichkeiten, wie die Stationen seiner langen und erfolgreichen Karriere zeigen. Besonders bedeutend sind die Fresken in der Cappella degli Scrovegni in Padua (um 1304) und in Santa Croce in Florenz. In seinen letzten Lebensjahren ist er als Baumeister tätig und beginnt den Campanile des Florentiner Doms. Als Zeitgenosse und Mitbürger Dantes bringt er die tiefen Gefühle wieder auf die Bühne der Kunst und gibt dem Einzelnen seine Identität und eine Rolle in der Geschichte zurück. Jede Figur nimmt einen Raum ein, hat ein Volumen; so gilt er als Vorläufer der in der Renaissance entwickelten Perspektive.

Giotto di Bondone
Thronende Madonna (Pala d'Ognissanti), 1306–1310
Florenz, Galleria degli Uffizi

Dieses vor kurzem restaurierte Werk gehört zur toskanischen Tradition der Goldgrund-Madonnen mit polygonalen Abschluss. Die schweren, auf den Linien geometrischer Körper basierenden Volumina der Figuren zeichnen sich ab vor einem Thron von eleganter gotischer Architektur.

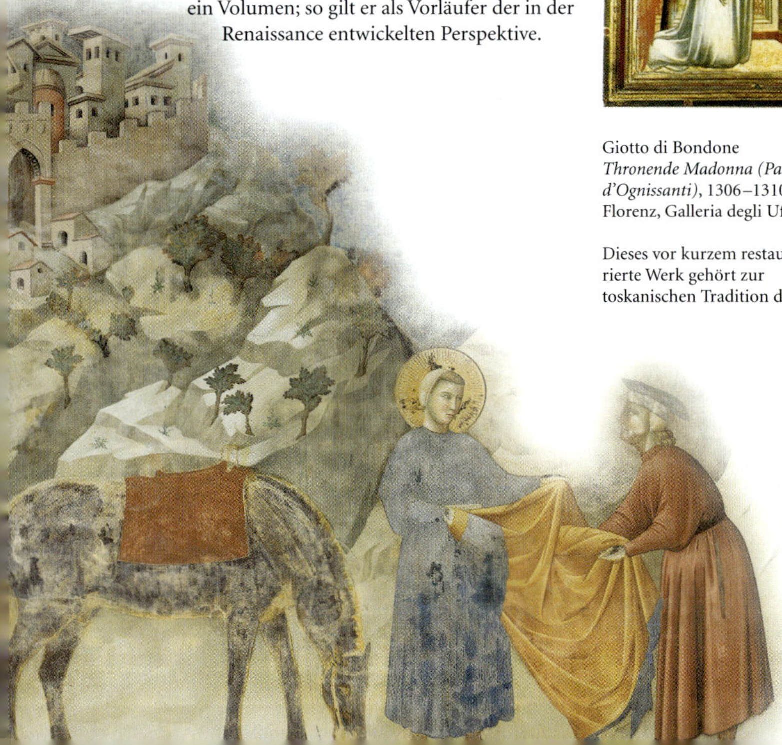

Giotto di Bondone
Die Mantelgabe des heiligen Franz von Assisi, 1297–1299
Assisi, Oberkirche San Francesco

Die Zweifel einiger Wissenschaftler an Giottos Urheberschaft nehmen diesen Hauptwerken der europäischen Gotik, den Fresken mit Szenen aus dem Leben des heiligen Franziskus nichts von ihrer Faszination.

Giotto di Bondone
Innenansicht der Cappella degli Scrovegni, 1304–1306
Padua

Die Fresken von Padua zeigen ein neues Gefühl für den Raum, in dem der Einzelne lebt und sich bewegt.

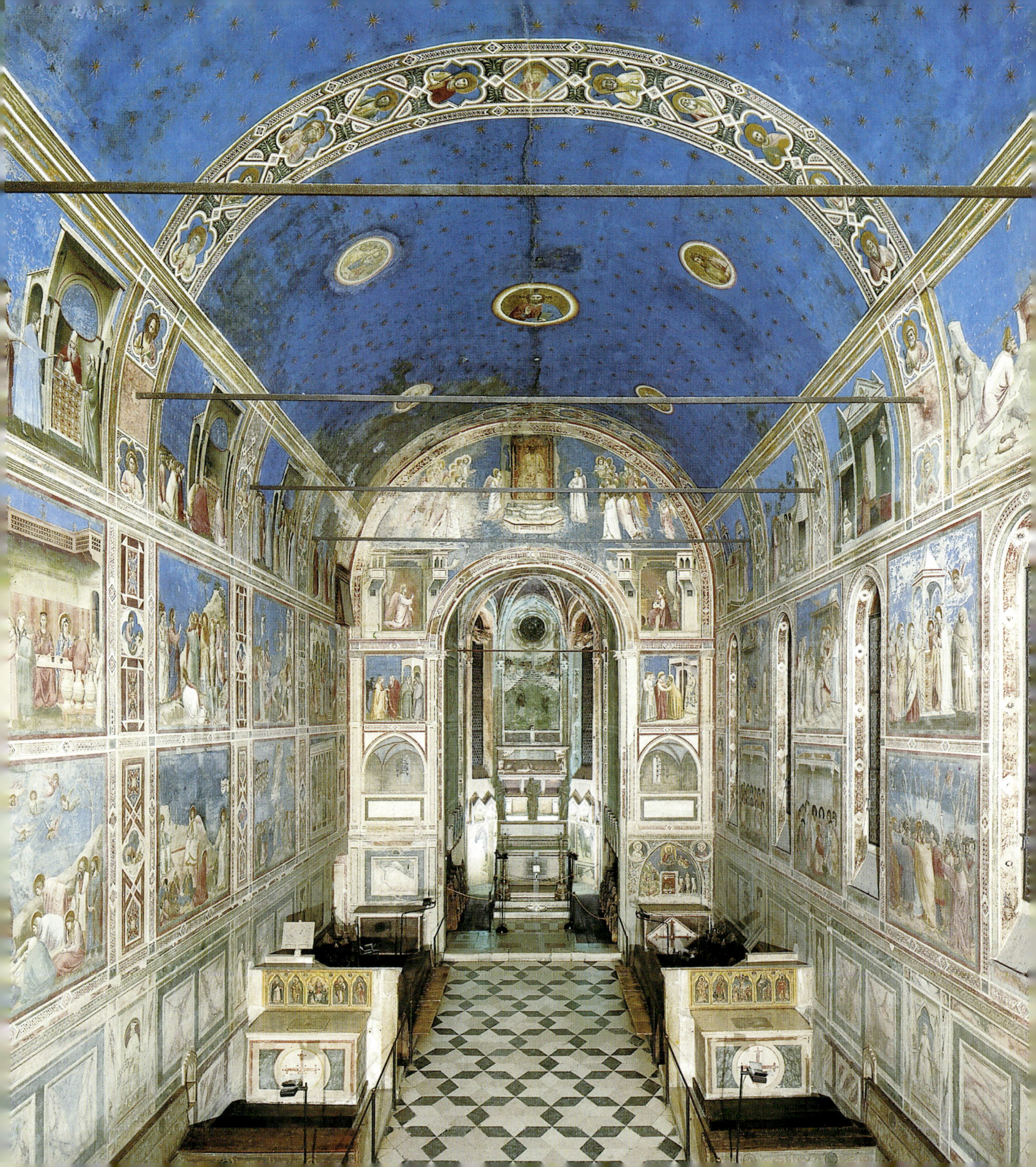

Giotto

1304

Die Beweinung Christi

Höhepunkt und ausdrucksstärkste Szene der Passionsgeschichte ist die Beweinung Christi in der unteren Reihe der linken Wand in der Kapelle von Padua. Die Cappella degli Scrovegni wurde auf den Ruinen des römischen Amphitheaters von Padua erbaut und ist eines der bedeutendsten Denkmäler mittelalterlicher Kunst. Giottos Fresken im Innern bezeichnen durch den wiedererlangten Sinn für den Raum einen Wendepunkt in der Geschichte der Malerei. Die »Modernität« seines definitiv von der byzantinischen Tradition losgelösten Stils fügt sich in ein reiches und komplexes Bedeutungssystem ein. Wie in der *Göttlichen Komödie* des Zeitgenossen Dante die einzelnen Gesänge und Personen innerhalb der großartigen Struktur des Werks entstehen, bilden Giottos Fresken eine große Einheit mit einem einzigen, typisch spätmittelalterlichen Thema: dem Heilsweg des Menschen. Die Hauptperson steht also außerhalb der Erzählung; es ist der Betrachter, der einer Art grandiosem göttlichen Schauspiel beiwohnt. Die Szenen aus dem Leben Jesu und der Maria sind die Vorgeschichte, die Voraussetzung der Erlösung; die gegenläufige Serie von Personifikationen der Laster und Tugenden steht für die Gegenwart, die dauernde Polarität von Gut und Böse; das Jüngste Gericht schließlich ist das endgültige Schicksal der Menschheit.

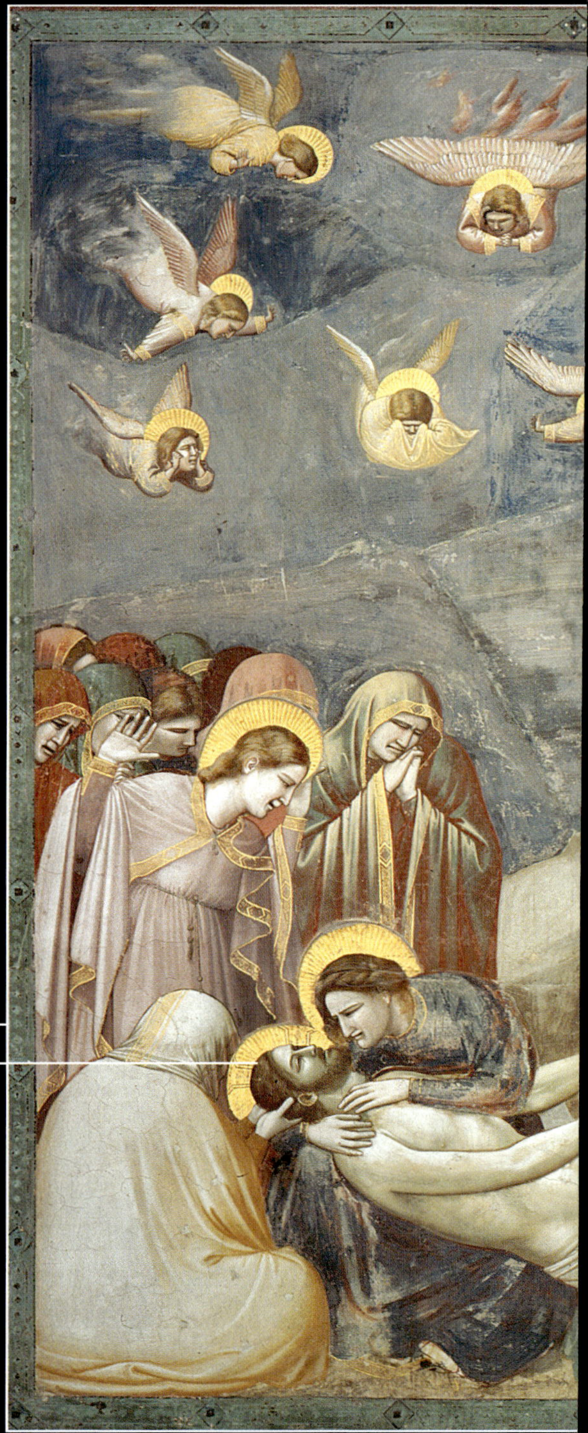

In den Passionsszenen greift Giotto zu einem tragischen Ton. Eine Steigerung ist deutlich, beinahe fassbar: Der Vergleich mit Cimabues Werk drängt sich auf. Jener hatte mit übermenschlicher Gewalt und Dramatik den kosmischen, ewigen Konflikt zwischen Gut und Böse in Szene gesetzt. Giotto hingegen bleibt dem Menschen verhaftet, der Darstellung seiner Leiden, Angst und Verzweiflung. Die *Beweinung* ist über mehrere Personengruppen auf verschiedenen Ebenen räumlich gestaffelt.

Die Gesetztheit und Würde der als schwere, voluminöse Körper konzipierten Personen ist vergleichbar mit den Meisterwerken der antiken Bildhauerei und, zeitlich näher an Giotto, den Marmorreliefs von Nicola und Giovanni Pisano. Dramatischer Mittelpunkt des Bildes ist die Umarmung von Maria und dem toten Jesus; weiter nach außen schwächen sich die Gefühle wie Wellen auf dem Wasser immer mehr ab. Einen ähnlichen Effekt erzielt Leonardo da Vinci in seinem *Letzten Abendmahl*.

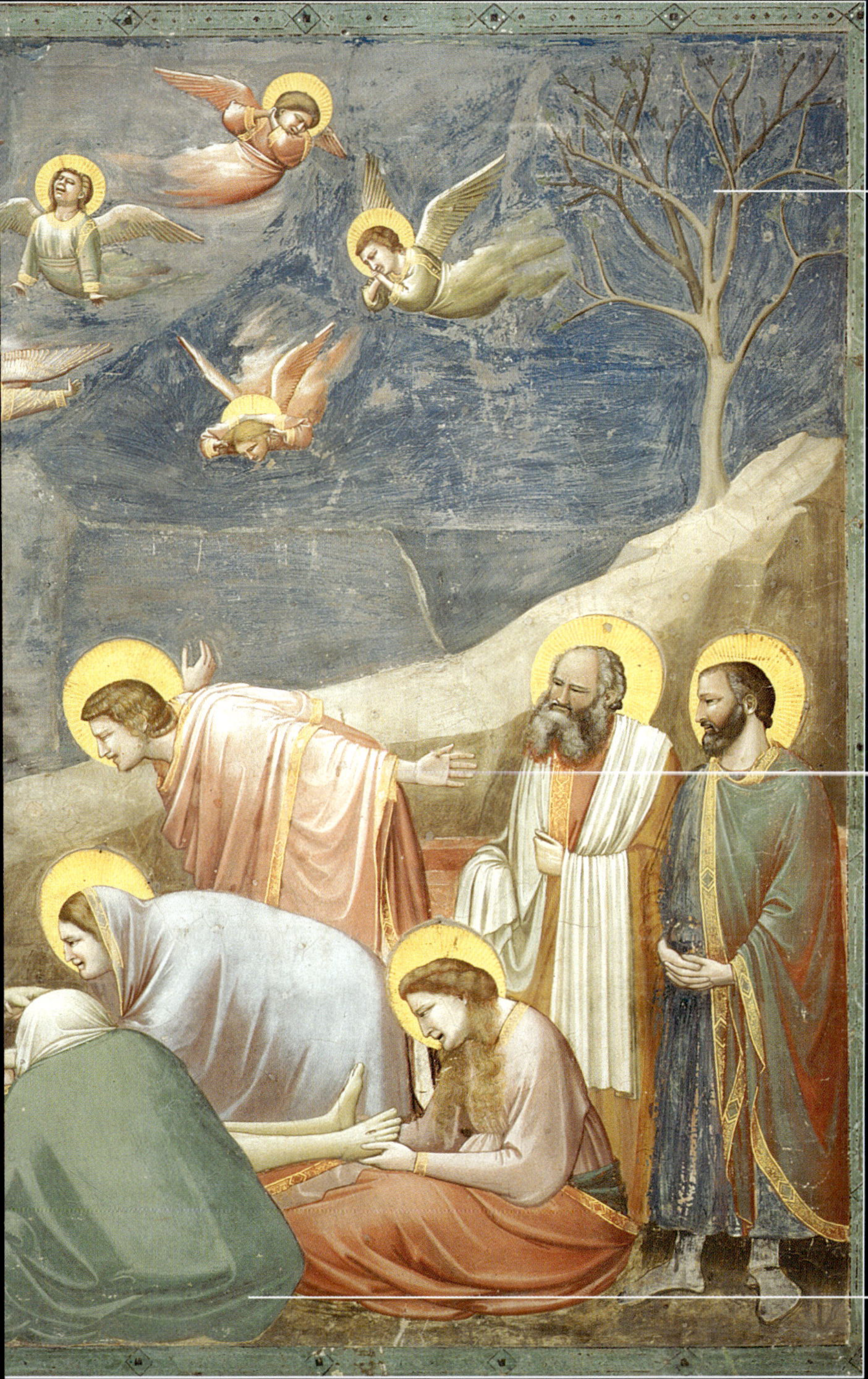

In den landschaftlichen Hintergründen und sorgfältig entworfenen architektonischen Versatzstücken treten fast vergessene, auf Überreste aus der weit zurückliegenden Antike begrenzte Eindrücke wieder auf die Bühne der europäischen Kunst: Man erblickt perspektivische Linien und die Tiere, Pflanzen, Felsen und Wolken unterstreichen den Eindruck der Naturnähe. Auch die Engel am Himmel zeigen eine menschliche Verzweiflung. Die absteigende Linie des Hangs zur Rechten lenkt den Blick auf den szenischen Mittelpunkt; dieses kompositorische Element wandte Giotto schon in den Fresken von Assisi an.

Die Figur des heiligen Johannes mit dem in die Tiefe des Bildes ausgebreiteten Armen zeigt Giottos Interesse, den Raum zu messen, zu überschreiten und einen dreidimensionalen Effekt zu erzeugen.

Die frommen Frauen im Vordergrund werden als massive geometrische Körper von hinten gezeigt: eine kühne Darstellungsweise, galt es doch in der byzantinischen Kunst als unschicklich, den hinteren Teil des menschlichen Körpers abzubilden. Giotto wertet den Menschen in seiner Ganzheit wieder auf, mit Geist, Seele und dem ganzen Leib. Maria Magdalena berührt mit den Händen und fast auch mit ihrem langen blonden Haar die Füße Christi. Hier spielt Giotto auf die Geschichte an, bei der Magdalena im Haus des Pharisäers Simon die Füße Jesu mit kostbarem Nardenöl übergießt und dann mit den Haaren trocknet.

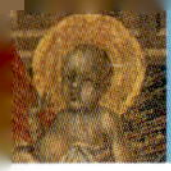

Siena

1308–1348

Duccio bis Brüder Lorenzetti

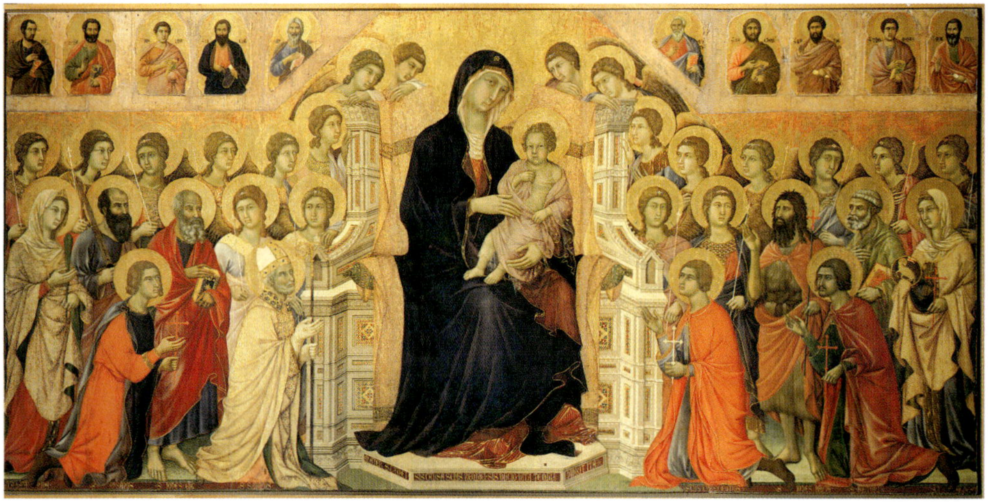

Duccio di Buoninsegna
Maestà, 1308–1311
Siena, Museo dell'Opera del Duomo

Das gewaltige, beidseitig bemalte Retabel wurde als grandioses Meisterwerk und Symbol für Siena bejubelt und in einer Prozession von Duccios Werkstatt zum Hochaltar des Doms getragen. Im Lauf der Geschichte gingen der ursprüngliche Rahmen und einige Randpartien verloren; der Hauptteil ist jedoch fast unversehrt. Unten ein Ausschnitt aus der Hauptszene.

Strahlende Kunst für eine blühende Stadt

In Siena und Florenz, zwei in zeitweise blutigem Streit liegenden Städten, wird die Debatte um die Kunst im 14. Jahrhundert am lebhaftesten geführt. Giottos schlichter Monumentalität setzt Siena einen freien, lebendigen Geschmack, Freude am täglichen Leben, den Ausdruck von Gefühlen und Stolz auf eine täglich schöner werdende Stadt entgegen. Alle größeren sienesischen Maler des 14. Jahrhunderts arbeiten eine Zeit lang in Assisi. Bedeutendster Meister ist Duccio di Buoninsegna, von der Stadt beauftragt, die *Maestà* für den Hochaltar des Doms zu schaffen. Seine Schüler sind Simone Martini, der seine Laufbahn in Avignon bei den Päpsten und Petrarca beschließt, und die Brüder Pietro und Ambrogio Lorenzetti, Schöpfer zahlreicher Gemälde und Fresken. Die gesellschaftliche und kulturelle Entwicklung Sienas bricht Mitte des 14. Jahrhunderts plötzlich ab: Drei Hungerjahre und die schreckliche Geißel der Schwarzen Pest (1348) werfen ganz Europa nieder und treffen die toskanische Stadt schwer. Der Pesttod der Brüder Lorenzetti steht für das Ende einer Epoche.

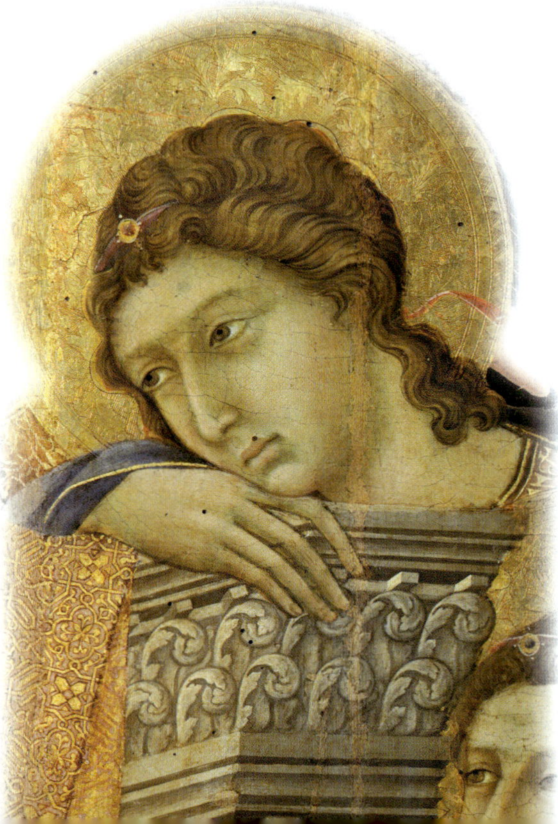

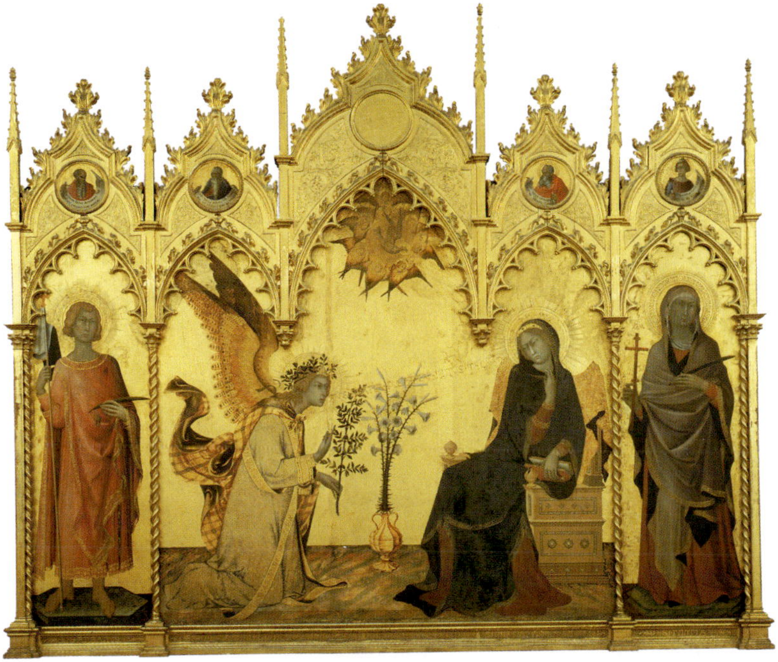

Simone Martini
Verkündigung, 1333
Florenz, Galleria degli Uffizi

Anders als die Brüder Lorenzetti bemüht sich Simone Martini nicht verstärkt um architektonische Hintergründe oder perspektivische Experimente. Goldglanz umhüllt die aristokratischen, beinahe irrealen Figuren, während die Lilienvase in der Mitte ein Stück Realität ins Bild bringt. Das Spannungsverhältnis zwischen dem ungestümen Gabriel und der bestürzten Maria wird mit absoluter, fast abstrakter Perfektion realisiert.

Pietro Lorenzetti
Mariä Geburt, 1342
Siena, Museo dell'Opera del Duomo

Pietro Lorenzetti ist deutlich an der Darstellung der täglichen Wirklichkeit interessiert. Die Einheit des Raums (betont durch die Zimmerdecke und das Bett der heiligen Anna) setzt sich über die Dreiteilung des Triptychons hinweg. Gesten und Gefühle der Personen sind bewegend wahrheitsgetreu dargestellt.

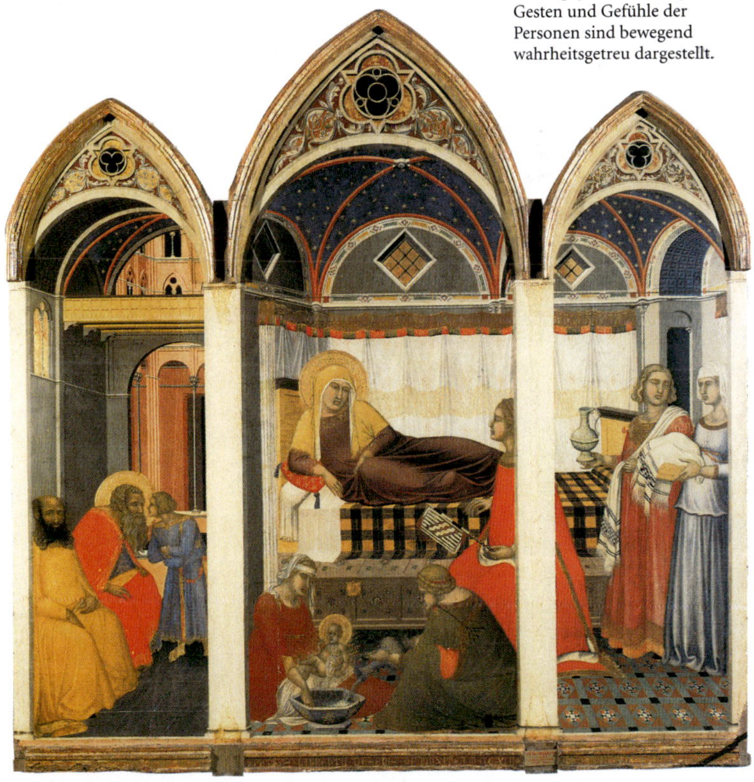

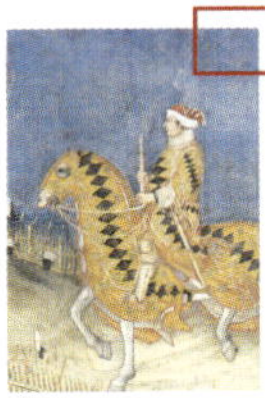

Kunst, Politik und Geschichte

Für eine Stadt wie Siena, Zentrum einer kleinen, politisch isolierten Region, ist die Malerei des 14. Jahrhunderts ein Mittel stolzer Selbstbestätigung. Während Kunst- und Architekturarbeiten rund um den Dom in lebhaftem Gange sind, spiegelt sich das gesellschaftliche und politische Leben in europaweit einzigartigen Kunstaufträgen. Wenige Jahre nach der Prozession für die Maestà *will die Stadt mit dem Domkapitel gleichziehen und beauftragt den berühmten Simone Martini mit einem Werk für den Palazzo Pubblico; für eine Wand des Saals schafft dieser das unvergessliche »historische«* Reiterbildnis des Feldherrn Guidoriccio da Fogliano. *Ambrogio Lorenzetti malt für den Saal des »Neunerrats« die faszinierenden Allegorien der* Guten und Schlechten Regierung, *ein politisches Manifest voller Frische und Lebendigkeit. Schließlich werden sogar die Deckel der amtlichen Rechnungsbücher (»biccherne«) von den größten Künstlern der Stadt mit kostbaren Frontispizen geschmückt.*

Ambrogio Lorenzetti

1337–1339

Die Gute Regierung in der Stadt

Um die Vorzüge einer guten Regierung ins Licht zu rücken, beauftragt die Stadt Siena im 14. Jahrhundert die bekanntesten Künstler mit einer Reihe von Kunstwerken. Im Hauptsaal des Palazzo Pubblico finden sich die Fresken Simone Martinis; für einen benachbarten Saal hat Ambrogio Lorenzetti einen Zyklus von hoher inhaltlicher Bedeutung gemalt. Als politische Allegorien stehen sich die *Gute und Schlechte Regierung* gegenüber, umgeben von entsprechenden Tugenden und Lastern; auf den Längswänden zeigen erzählerische Szenen die Auswirkungen beider Regierungsformen. Auf der teilweise zerstörten Wand der *Schlechten Regierung* sind Verbrechen, Unruhen und Krankheiten zu sehen, während die fast intakte Seite der *Guten Regierung* ein lebhaftes Bild des täglichen Lebens im 14. Jahrhundert zeigt. Sehr phantasievoll versammelt Lorenzetti alle Szenen in einem einzigen, teils städtischen und teils ländlichen Ambiente. Der berühmte Vertreter der sienesischen Schule wird zunächst von Duccio geprägt, unterhält aber auch Kontakte zu Giotto und reist mehrmals nach Florenz. Nach eher statischen, im Ausdruck jedoch bereits lebhaften Jugendwerken gewinnt er in den 20er Jahren an Sicherheit und erschafft schließlich monumentale Gruppen, komplexe Schauplätze und dynamische Szenen. In der fröhlichen Allegorie der *Guten Regierung* zeigt sich ein selbstständiger, reifer Stil. Leben und Laufbahn Ambrogio Lorenzettis enden wie die seines Bruders Pietro 1348 mit der Schwarzen Pest.

Die politische Botschaft des Bildes ist nicht direkt auf Siena bezogen, sondern bewusst allgemein gehalten; Ambrogio Lorenzetti stellt eine Art »idealer Stadt« unter dem Schutz einer guten Regierung dar. Trotzdem zeigen die gotischen Bauwerke deutlich den zeitgenössischen regionalen Stil; oben links erkennt man außerdem den Campanile und die Kuppel des Doms.

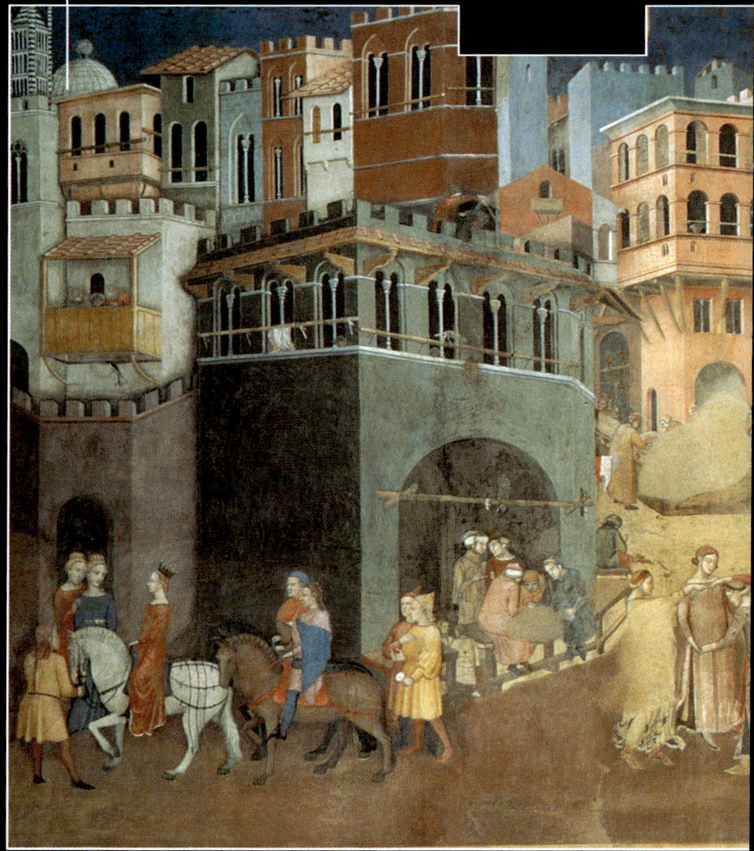

Unter der Guten Regierung gedeiht die Stadt; Maurer bauen immer neue und schönere Häuser. Am Bild der arbeitenden Handwerker erkennt man wie an all den liebevollen Personendarstellungen der Szenerie die Einfühlsamkeit Ambrogios als Interpret der Wirklichkeit.

Eine dicke, mit Tortürmen verstärkte Stadtmauer schützt die Bürger und trennt die städtische Welt vom Land. Deutlich erkennbar ist das Fehlen der Kommunikation zwischen Stadt- und Landbewohnern; beide scheinen verschiedenen Welten anzugehören.

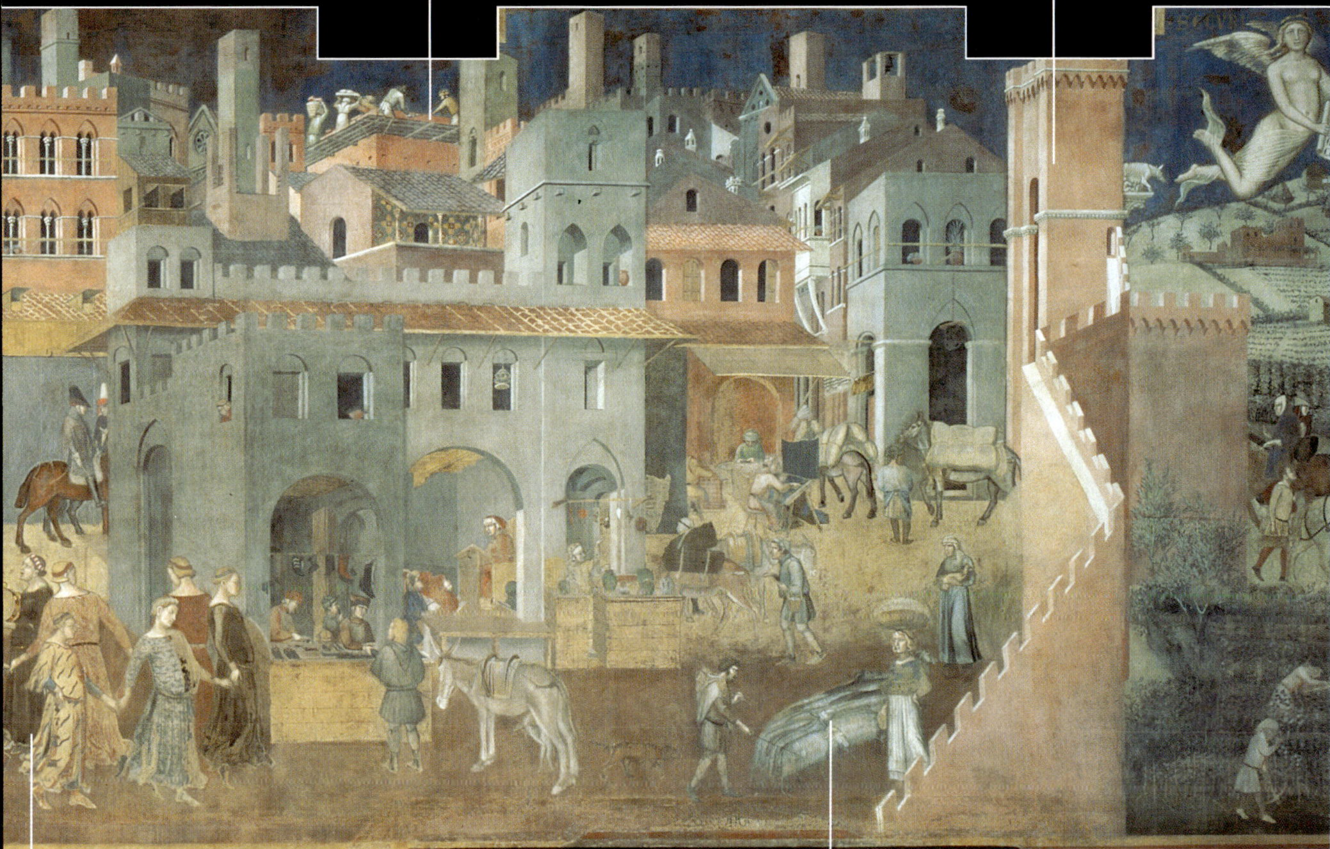

Die Gruppe tanzender Mädchen tritt deutlich aus dem Gewimmel der mit Alltagsdingen beschäftigten Menschen auf dem Platz hervor. In der eng am Siena des 14. Jahrhunderts orientierten Schilderung nimmt der Tanz eine gleichnishafte Bedeutung ein, verstärkt durch das Größenverhältnis, das die Mädchen von den anderen Personen abhebt. Neun Tanzende sind es, wie die neun Musen der Antike: Mit diesem Bezug auf die Klassik drückt Lorenzetti aus, dass in der Eintracht auch die Kunst erblüht.

Nur in einer friedlichen Stadt geht die Bevölkerung einer lebhaften Tätigkeit nach: Jeder nimmt einen Platz, eine Rolle ein, die Berufe und Handwerke ergänzen einander ohne erkennbare gesellschaftliche Hierarchie. Händler und Maurer, Lehrer und Advokaten, Spaziergänger und Kleriker verbindet eine fröhliche, fruchtbare Eintracht.

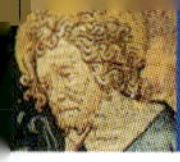

Avignon, Paris

1309–1378

Das 14. Jahrhundert in Frankreich

Glanz der Malerei unter Päpsten und Königen
Im Jahre 1309 von Clemens V. zum Papstsitz erwählt, wird Avignon zum Bezugspunkt aller europäischen Höfe. In dem festungsartigen Gebäude finden sich große Versammlungs- und Festsäle neben schlichteren Räumen, die von den verschiedensten gemalten Dekorationen bestimmt werden: von religiösen Themen über Darstellungen aus dem täglichen Leben bis hin zu reinen Pflanzenmotiven. Das Vorbild Avignons führt zu einem Umschwung des höfischen Geschmacks in Europa, der sich einer neuen Form des gotischen Stils zuwendet, der so genannten Internationalen Gotik; in ihr verbinden sich die Welt des Mittelalters und die in Ausbreitung begriffene Kultur des klassischen Humanismus auf faszinierende Weise. Natürlich erreicht der neue Stil den französischen Hof als einen der Ersten, und zwar weniger in Form von Gemälden als durch Buchmalereien und Tapisserien.

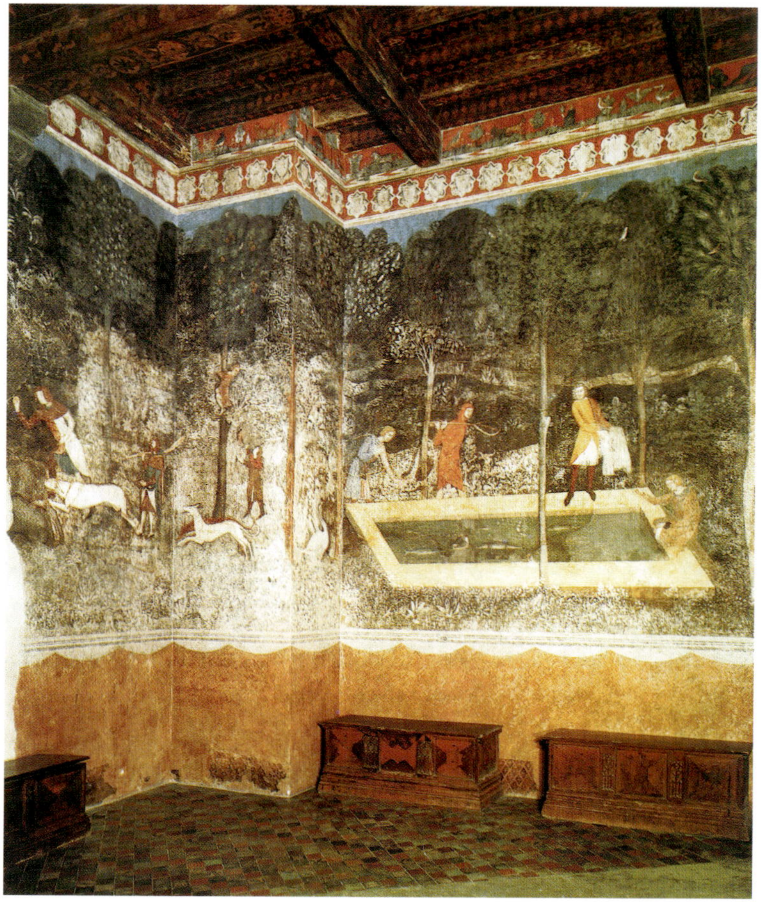

Matteo Giovannetti und Gehilfen
Szenen mit höfischer Jagd und Fischfang, 1343
Avignon, Papstpalast, Chambre du Cerf

Der Großteil der erhaltenen Dekorationen des Papstpalasts stammt von dem Maler Matteo Giovannetti aus Viterbo, der in den 40er Jahren des 14. Jahrhunderts in Avignon wirkte. Die Motive interpretiert er phantasievoll und leicht, mit überraschenden Variationen in Ton und Rhythmus.

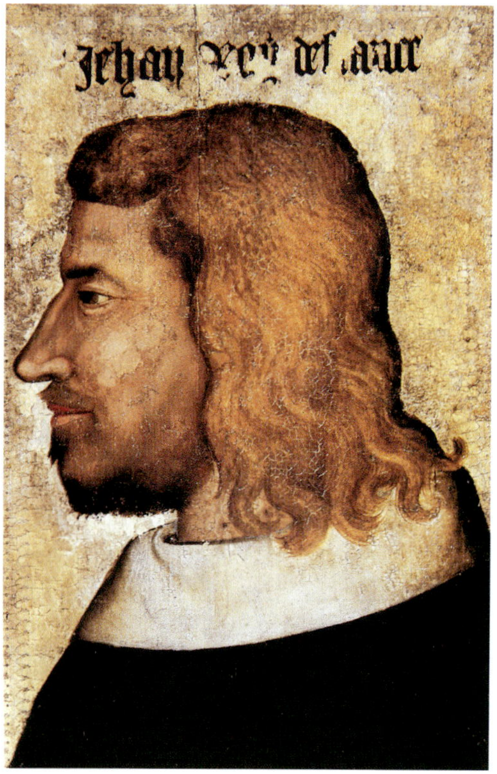

Unbekannter französischer Maler
Porträt König Johanns des Guten, um 1349
Paris, Musée du Louvre

Die gotische Kultur entdeckt das irdische Leben und Werte wie Vertrauen und Verantwortung neu: Auf die Bühne der Kunst treten wieder zeitgenössische Persönlichkeiten, die in ihrer Zeit lebend dargestellt werden, und ihr Umfeld. Das Porträt des französischen Königs ist eines der frühesten in der Geschichte der Malerei. Bei einem Avignonaufenthalt widmet der Dichter Francesco Petrarca Simone Martinis Bildnis der geliebten Laura ein Sonett und führt die Begriffe Ähnlichkeit und Erinnerungswert ein, auf die sich über Jahrhunderte die Porträtkunst stützt. Jenes Bild ist verschollen, aber Martinis Stil mit den weichen Konturen, den feinen Gesichtszügen und sorgfältigen Farbübergängen ist Vorbild für die ältesten Porträts der Tafelmalerei in der französischen Kunst.

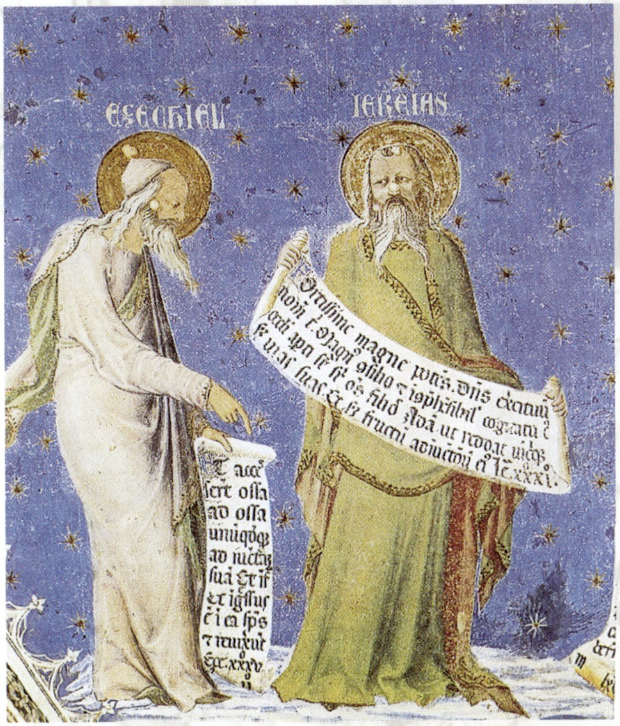

Matteo Giovannetti
Die Propheten Ezechiel und Jeremias, 1352
Avignon, Papstpalast, Salle d'Audience

Die besser erhaltenen Fresken zeigen deutlich Giovannettis Verbindung zu dem Sieneser und Vorläufer der höfischen Gotik Simone Martini, der ebenfalls in Avignon wirkte; seine Fresken für die Kathedrale Notre-Dame-des-Doms sind leider fast alle verschollen.

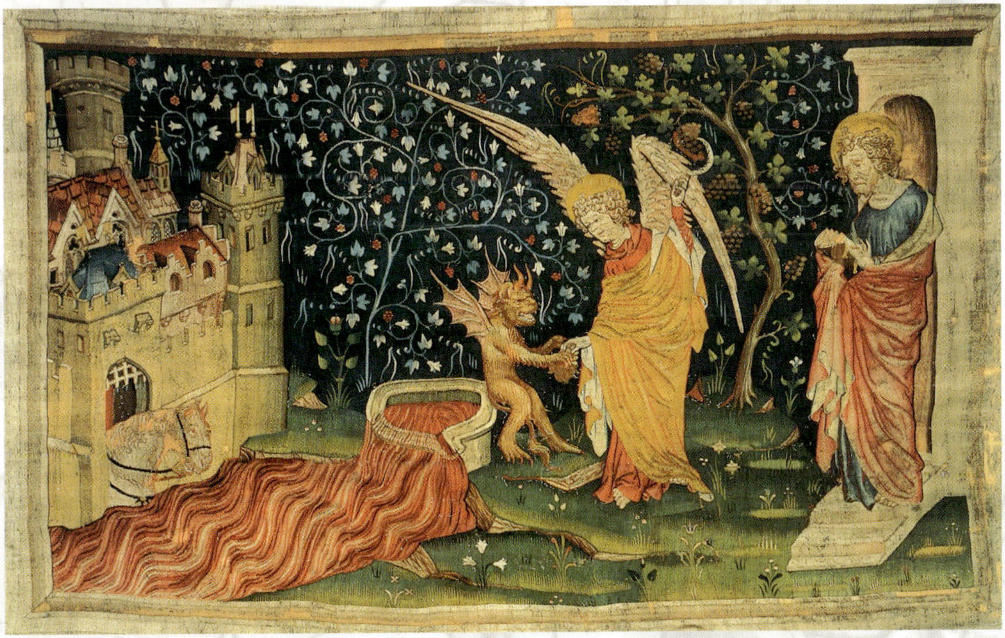

Hennequin de Bruges
Der Engel mit der Sichel und die Kelter des Zorns,
Tapisserie aus der *Apokalypse von Angers*, 1374–1381
Angers, Musée du Château

Die mehr als siebzig Tapisserien zur Apokalypse, in Auftrag gegeben von Herzog Ludwig I. von Anjou, dem jüngeren Sohn Johanns des Guten, sind ein Höhepunkt der europäischen Gotik. Anfang der 70er Jahre des 14. Jahrhunderts entwarf der flämische Maler und Illuminator Hennequin de Bruges (Jean de Bondol) die riesigen Vorlagen, von 1373 bis 1379 führte der Pariser Bildwirker Nicolas Bataille sie aus. Hennequin übernimmt und vergrößert Apokalypsenszenen aus der Buchmalerei des 14. Jahrhunderts; die gotische Vorstellungswelt voll ungewöhnlicher Einfälle, die Drôlerien, inspirieren ihn zu einer Kombination von schrecklichen Fabelwesen und bewegenden Alltagsdetails. Die gesamte Tapisserie wird an Dutzenden von Webstühlen gleichzeitig in sieben Jahren fertig gestellt. Der Bezug zur Buchmalerei zeigt sich in der Konzeption der Tapisserie als zweidimensionale Fläche, auf welcher die Szene dargeboten wird. Landschaftshintergründe, Figuren und Gebäude werden vergleichsweise flach dargestellt, fast ohne Raumdimension. So steht man vor einer vertikalen »Wand«, von der die Ereignisse mit gewaltiger Wucht herabzustürzen scheinen. Hier erreichen Großzügigkeit und Ritterlichkeit, Romantik, Einbildungskraft und Schrecken des Mittelalters ihren faszinierenden Höhepunkt.

Böhmen

1346–1378

Der Glanz des Reiches von Karl IV.

Der Prager Hof im Zentrum der Internationalen Gotik
Karl IV., ab 1346 König von Böhmen und ab 1355 Kaiser des Heiligen Römischen Reiches, ist eine der bedeutendsten Persönlichkeiten des 14. Jahrhunderts in Europa. Durch ihn wird Prag zum Handelsknotenpunkt zwischen Ost und West: Die berühmte Karlsbrücke symbolisiert diese neue Rolle. Durch das Zusammentreffen der verschiedensten Kulturen in Prag (verstärkt durch die Gründung der Karlsuniversität 1348) erhält die Kunst starke Anregungen: Die Kaiserinsignien sind nur das berühmteste unter den Werken der böhmischen Goldschmiede, während am Veitsdom, einer der größten Baustellen der Hochgotik, die beiden berühmten Baumeister Matthias von Arras und Peter Parler arbeiten. Durch Tommaso da Modenas Aufenthalt auf der Burg Karlstein 1350 dringen Giottos robuste Formen nach Böhmen, aber die örtlichen Maler bevorzugen die eleganten geschwungenen Linien französischer und deutscher Miniaturen. Früher als in anderen Zentren gelingt in der böhmischen Malerei die raffinierte Verbindung von Wirklichkeit und Einbildungskraft, Komposition und Erzählsinn, Mystik und Alltag, die unverkennbare phantastische Sprache der höfischen Gotik. Der Tod Karls IV. wirft die böhmische Kunst weit zurück; nach der Verbrennung des Jan Hus kommt es zu Bürgerkriegen.

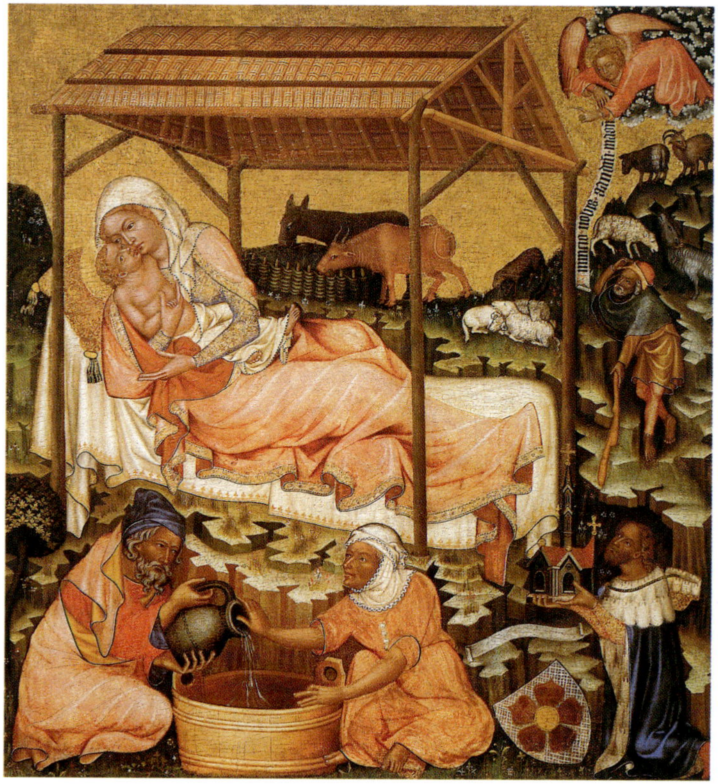

Meister von Hohenfurth (Vyšši Brod)
Geburt Christi, um 1350
Prag, Národní Galerie, St.-Agnes-Kloster

Meister Theoderich
Die heiligen Agnes, Wolfgang, Ambrosius und ein heiliger Kardinal, 1357–1367
Prag, Národní Galerie, St.-Agnes-Kloster

Theoderich ist der Schöpfer eines großen Gemäldezyklus für die Heilig-Kreuz-Kapelle der Burg Karlstein: die *Kreuzigung*, Fresken mit Marien- und Christusszenen sowie 128 sehr originelle halbfigurige Heiligenbilder, von denen einige in die Prager Nationalgalerie gebracht wurden. Die fast ikonenartigen Bilder haben wohl auch einen mystischen Gehalt, aber Theoderich charakterisiert die Heiligen geistreich und treffend und nutzt dafür auch den Rahmenbereich.

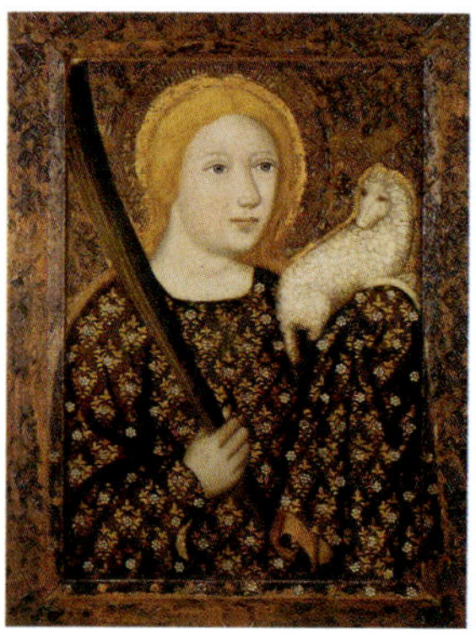

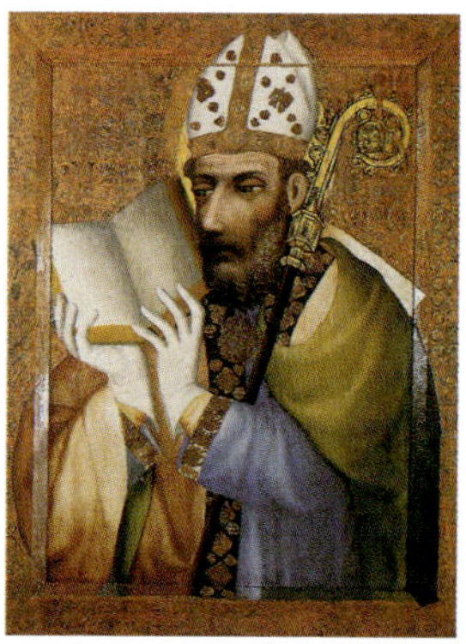

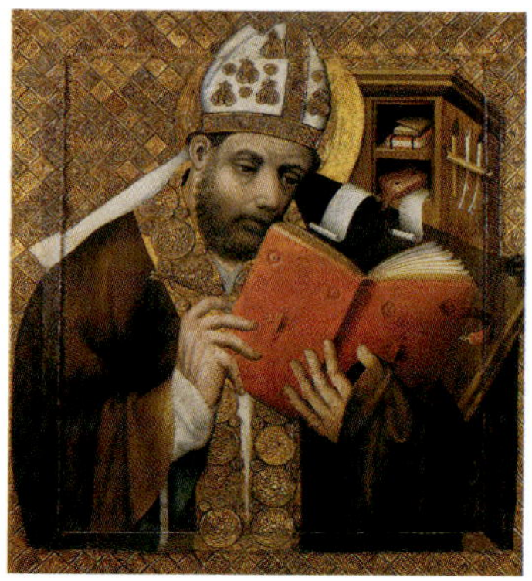

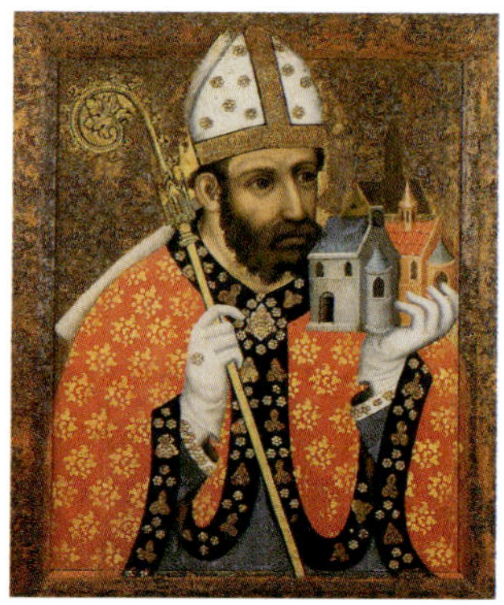

Meister der Madonna
von St. Veit
Madonna, 1396
Prag, Národní Galerie,
St.-Agnes-Kloster

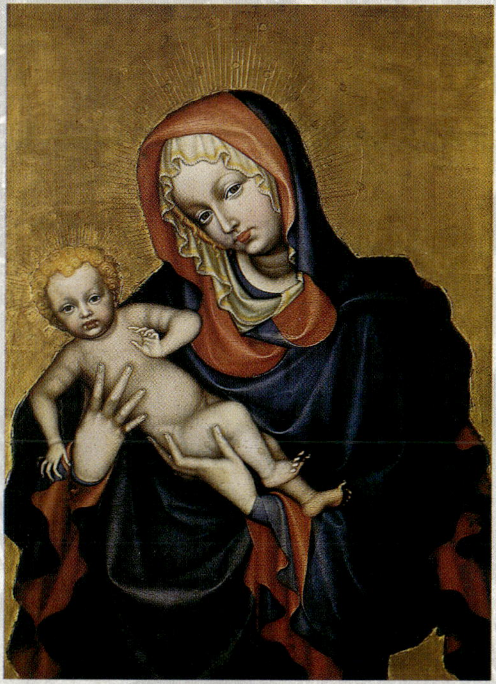

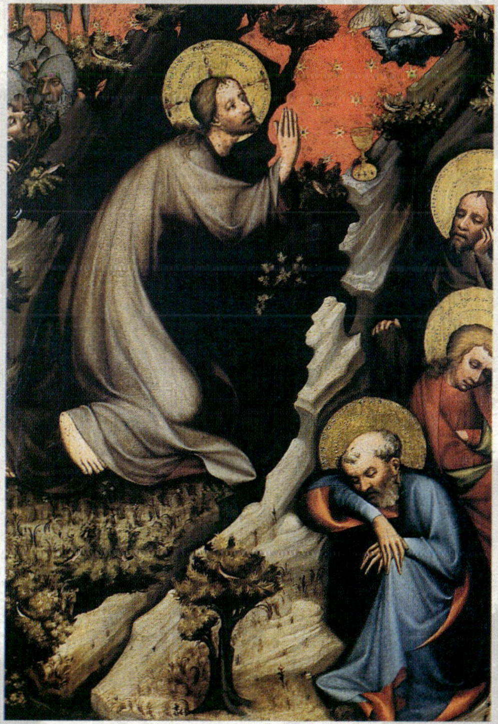

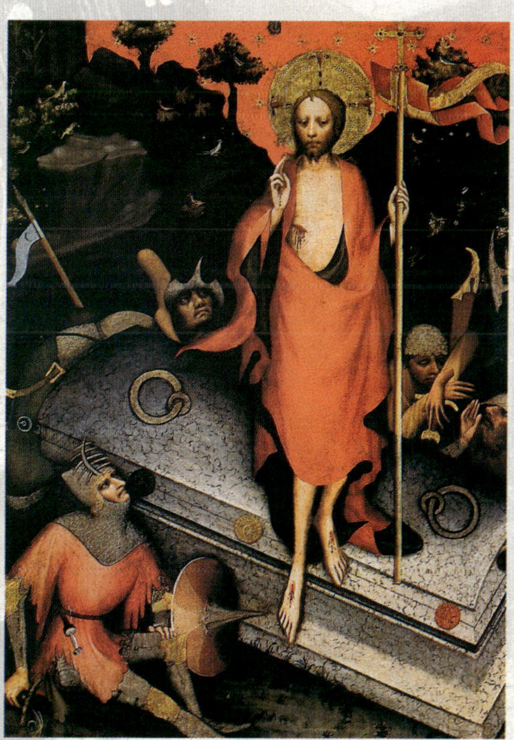

Meister von Wittingau
(Třeboň)
Christus im Garten Gethsemane und *Auferstehung*,
um 1380
Prag, Národní Galerie,
St.-Agnes-Kloster

Der unbekannte, gegen Ende des 14. Jahrhunderts tätige, kraftvolle Maler ist in der Kunstgeschichte als »Meister von Wittingau« bekannt, nach dem deutschen Namen des Städtchens, für das der Altar gemalt wurde, und gehört sicher zu den Größten seiner Zeit in Europa. Der drängende, klare kompositorische Rhythmus wird betont durch äußerste Sensibilität im Umgang mit Helligkeit und ungewöhnlichen Farben.

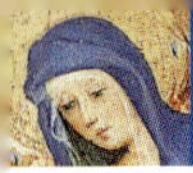

Dijon, Burgund, Flandern

1363–1476

Das Herzogtum Burgund

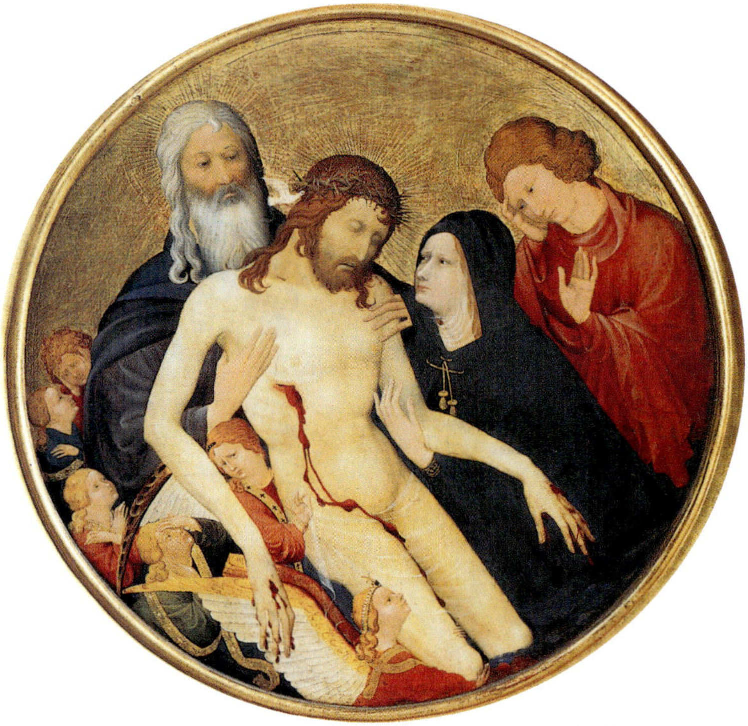

Jean Malouel
Beweinung Christi mit Heiliger Dreifaltigkeit (La Grande Pieta Ronde), 1400–1410
Paris, Musée du Louvre

Die weichen Gewandfalten und fließenden Gesten passen genau zu der Tondo-Form.

Gold und Lapislazuli für das ausgehende Mittelalter
Die künstlerische Landschaft im Frankreich des 14. Jahrhunderts ist vielfältig. Avignon beschert die Papstresidenz einen Aufschwung, während in Paris wegen des Hundertjährigen Kriegs in der zweiten Hälfte des Jahrhunderts weniger Kunstwerke in Auftrag gegeben werden. Dafür erlebt das Herzogtum von Burgund einen raschen Aufstieg: Von Philipp dem Kühnen bis zu Karl dem Kühnen wird durch geschickte Heiratspolitik ein blühender unabhängiger Staat geschaffen, der von den reichen Handelsstädten Flanderns bis nach Nordostfrankreich reicht. Die Herzöge, ihre Familienmitglieder und andere Würdenträger geben zahlreiche Kunstwerke in Auftrag; ihnen verdanken wir einige der wertvollsten Arbeiten der Buchmalerei, Bildhauerei, Malerei und Bildwirkerei zwischen Ende des 14. und dem letzten Viertel des 15. Jahrhunderts. Die burgundische Kunst zeichnet sich aus durch eine verhaltene Eleganz, tadellose Technik und raffinierte Materialien. Von den europäischen Höfen wird das Herzogtum Burgund bewundert und beneidet, weil es eine neue Form der Internationalen Gotik ausbildet und sich als Verbindung zwischen der Welt des Mittelalters und dem klassischen Humanismus darstellt.

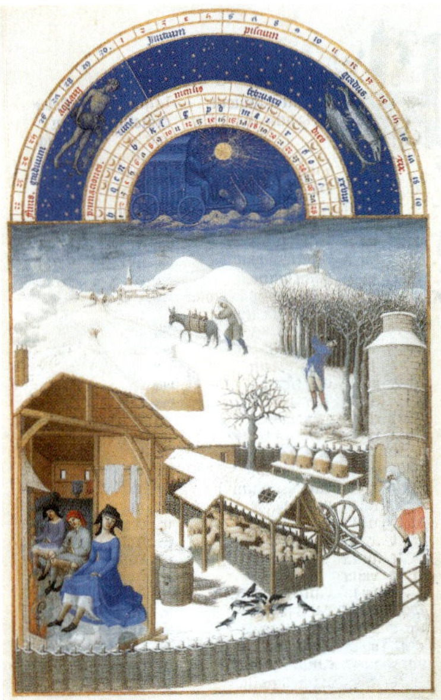

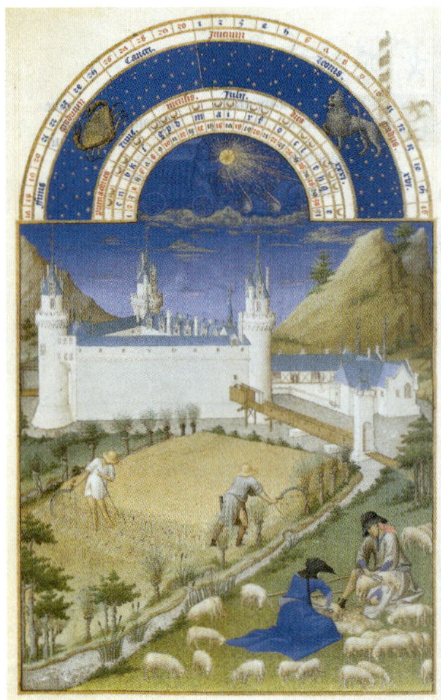

Brüder von Limburg
Die Monatsbilder Februar und Juli aus dem Stundenbuch *Les Très Riches Heures du Duc de Berry*, 1410–1416
Chantilly, Musée Condé

Vor einem Hintergrund von Feldern, Wiesen und Schlössern zeigen die wunderbaren Miniaturen der Brüder von Limburg sehr eindrücklich die Arbeit der Bauern und Hirten im Jahreslauf, dazwischen die Vergnügungen der Edelleute. Zu dieser Handschrift gehört auch das bekannte astrologische Bild im Hintergrund der nächsten Seite.

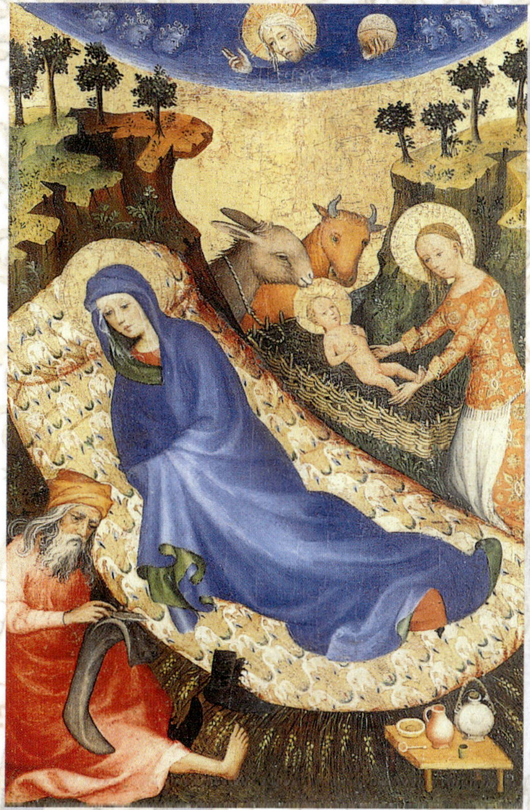

Unbekannter maasländischer Maler
Geburt Christi, Innenflügel eines Polyptychons für Philipp den Kühnen, um 1400
Antwerpen, Museum Mayer van den Bergh

Die Aufträge des burgundischen Hofes sind Auftakt für den flämischen »Realismus«. Die religiösen Szenen betonen das menschliche Element: Der heilige Josef schneidet (entsprechend der Hosenlegende) ein Hosenbein auf, um das Kind damit zuzudecken. Die sanfte Maria ruht im Wochenbett und eine weibliche Heilige legt das Kind in die Krippe.

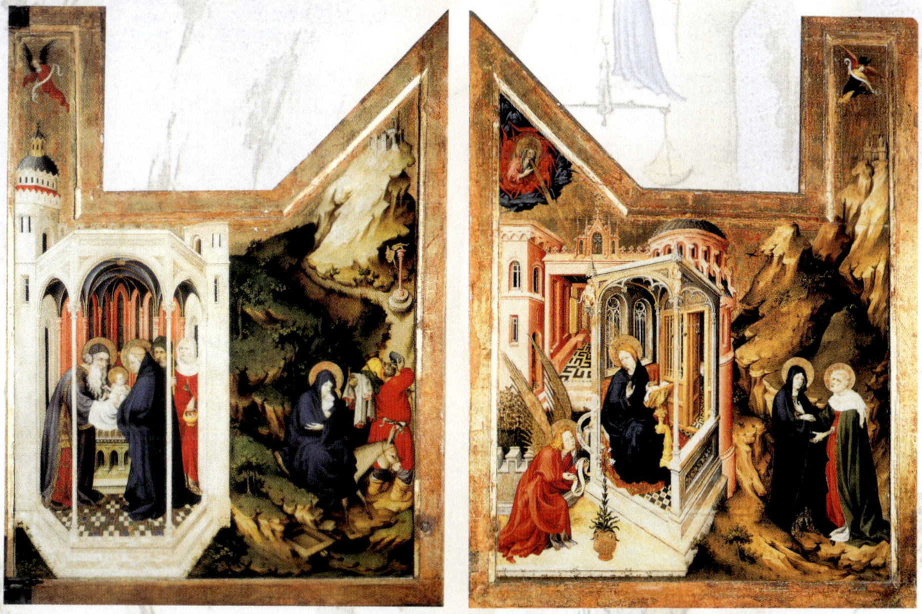

Melchior Broederlam
Darbringung im Tempel und *Flucht nach Ägypten; Verkündigung* und *Heimsuchung*, Seitenflügel des Altars von Champmol, 1392–1399
Dijon, Musée des Beaux-Arts

In der Kartause von Champmol findet sich ein großer Teil der von den Herzögen in Auftrag gegebenen Kunstwerke spätgotischer burgundischer Kunst: neben Gemälden von Broederlam auch die großartigen Skulpturen von Claus Sluter.

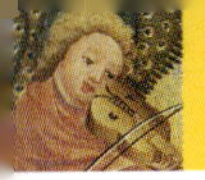

Deutschland und die Hansestädte

1390–1440

Die Meister der deutschen Gotik

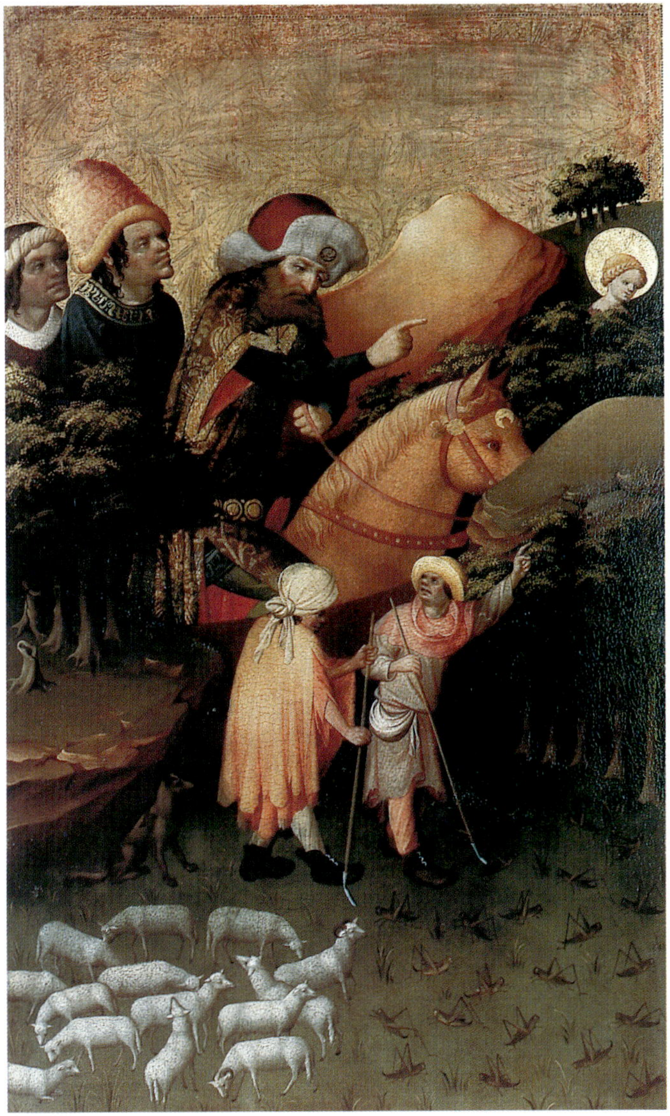

Meister Francke
Verfolgung der heiligen Barbara, Tafel vom Barbaraaltar des Doms zu Turku, 1410–1415
Helsinki, Finlands Nationalmuseum

Ohne Rücksicht auf Größenverhältnisse kombiniert Francke Erzählsinn und feine Details der flämischen und burgundischen Buchmalerei mit der Monumentalität Bertrams.

Eine Zeit voller Zauber und Wunder

Durch die Entstehung der Territorialfürstentümer entwickelt sich Anfang des 15. Jahrhunderts in Deutschland ein sehr lebhaftes kulturelles Klima. In den freien Reichsstädten, den Städten der Hanse und den Zentren von Wirtschaft und Kunst entlang der großen Flüsse entstehen zahlreiche, heute meist anonyme Werke der Malerei. Besonders hervorzuheben sind daher die großen Polyptychen von Meister Bertram (gest. 1415) in Hamburg, der das Erbe der böhmischen Schule in idealer Weise aufnimmt; er inspiriert die Maler in Norddeutschland und im Baltikum des frühen 15. Jahrhunderts. Die empfindsame rheinische Schule, orientiert an den flämischen Meistern und in träumerischer Naturbetrachtung versunken, findet ihren größten Interpreten in Stefan Lochner. Im Süden, rund um das reiche Basel, entwickelt sich der perspektivische, robuste Realismus von Konrad Witz.

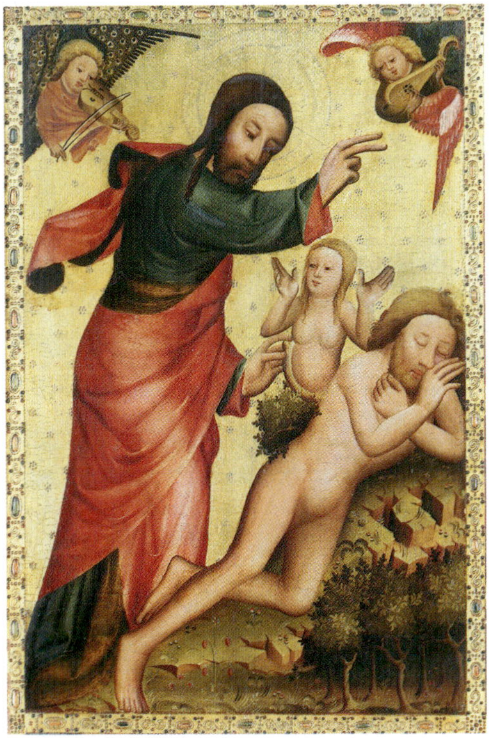

Meister Bertram
Erschaffung Evas, Tafel des Petrialtars, 1379–1383
Hamburg, Hamburger Kunsthalle

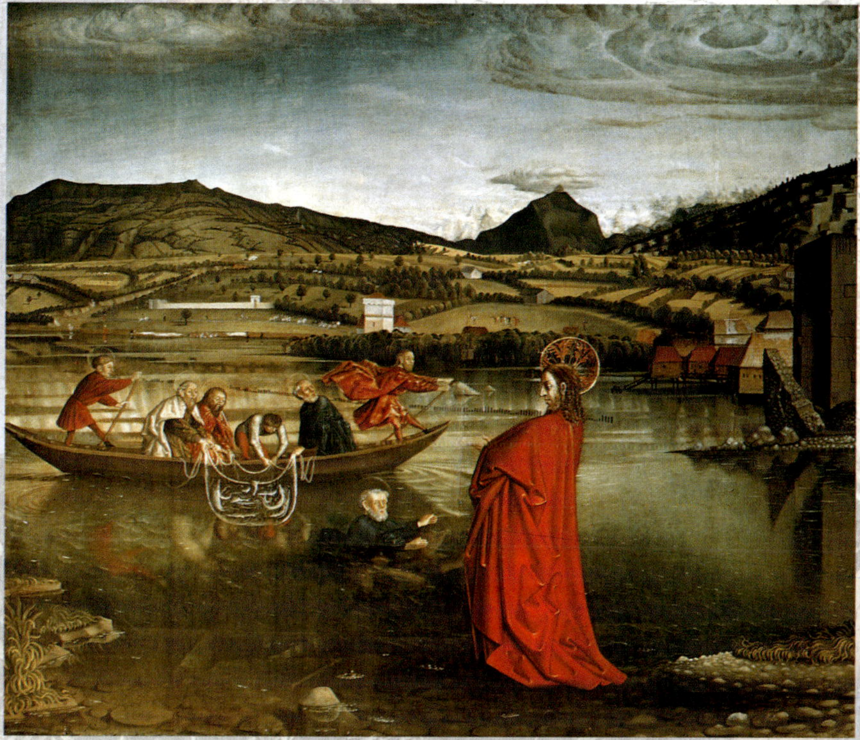

Konrad Witz
Fischzug Petri, Tafel des *Petrusaltars* für die Kathedrale von Genf, 1444
Genf, Musée d'Art et d'Histoire

Die vier großen Genfer Altartafeln sind Höhepunkte im Werk des in Basel wirkenden Schwaben Konrad Witz (um 1400–1446), einer herausragenden Persönlichkeit der süddeutschen Kunst. Seinen Figuren verleiht Witz einen soliden, kräftigen Körperbau, verstärkt durch einen robusten und gleichzeitig feinen Wirklichkeitssinn. Der *Fischzug Petri* ist in der realen Landschaft des Genfer Sees angesiedelt; der Naturraum wird genauestens erkundet, von den Kieseln am Ufer bis zu den fernen Gletschern des Mont Blanc.

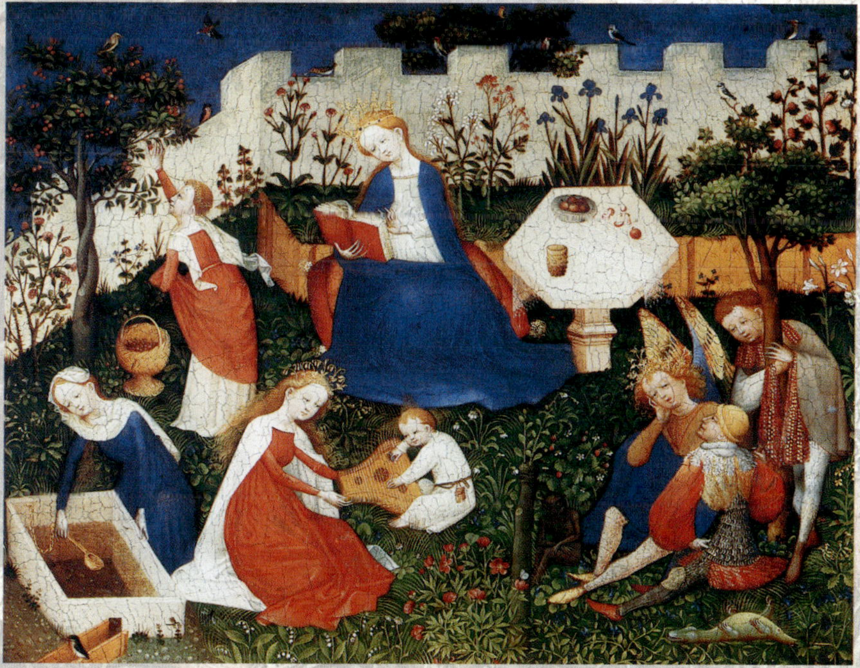

Meister des Frankfurter Paradiesgärtleins
Das Paradiesgärtlein, um 1410
Frankfurt am Main, Städelsches Kunstinstitut

Dieses träumerische Werk eines unbekannten Meisters gehört dem lyrischen Geist der Kölner Schule an. Dort schaffen eine sehr tätige Patrizierschicht und bedeutende kirchliche Auftraggeber die Voraussetzungen für eine Blütezeit der Kunst. Der Geschmack der Kölner Maler ruft den so genannten »Weichen Stil« ins Leben, der zu den besonders lyrischen und formbewussten Stilen der deutschen Malerei überhaupt zählt.

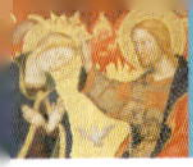

Marken, Venedig, Florenz

1370/80–1427

Gentile da Fabriano

Eine außergewöhnliche Laufbahn zwischen Spätgotik und anbrechendem Humanismus
Im ersten Viertel des 15. Jahrhunderts ist Gentile da Fabriano der gesuchteste Künstler Italiens; er bildet zahlreiche Schüler aus, darunter Pisanello, Jacopo Bellini und Domenico Veneziano. Ein frühes Schlüsselwerk ist die *Marienkrönung* aus dem Kloster von Valle Romita (Mailand, Pinacoteca di Brera). 1408 malt er mehrere, heute verlorene Fresken für den Dogenpalast in Venedig. Nach einem Brescia-Aufenthalt lässt er sich 1419 in Florenz, wo Donatello, Ghiberti und Brunelleschi wirken, nieder. Sein eleganter Stil mit einer Vielzahl kostbarer Details und einer raffinierten technischen Ausführung lässt ein neues Interesse an der Bildhauerei erkennen. Die *Anbetung der Könige* (Galleria degli Uffizi) entsteht 1423; im Jahr 1425 folgt das Polyptychon für die Kaufmannsfamilie Quaratesi (heute in verschiedenen Museen). Nach Aufenthalten in Siena und Orvieto reist Gentile im Januar 1427 nach Rom, wo er im August desselben Jahres stirbt.

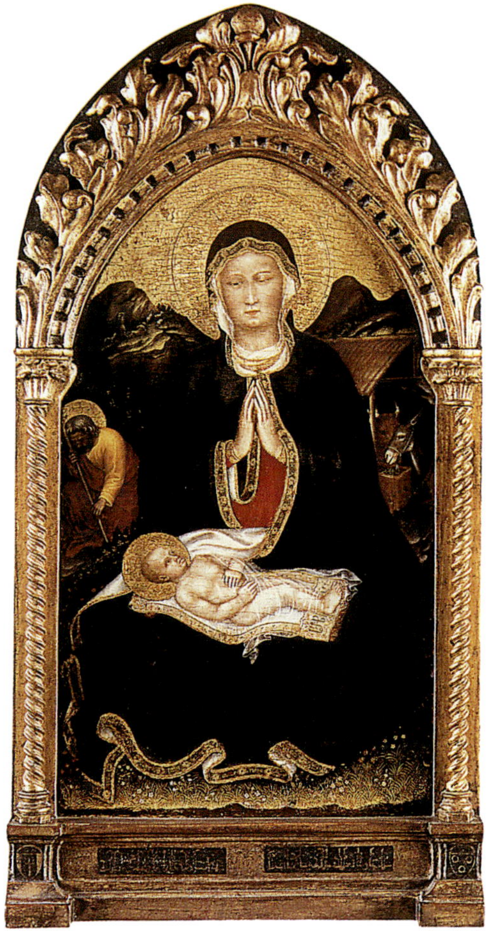

Gentile da Fabriano
Madonna dell'Umiltà, um 1420
Los Angeles, The J. Paul Getty Museum

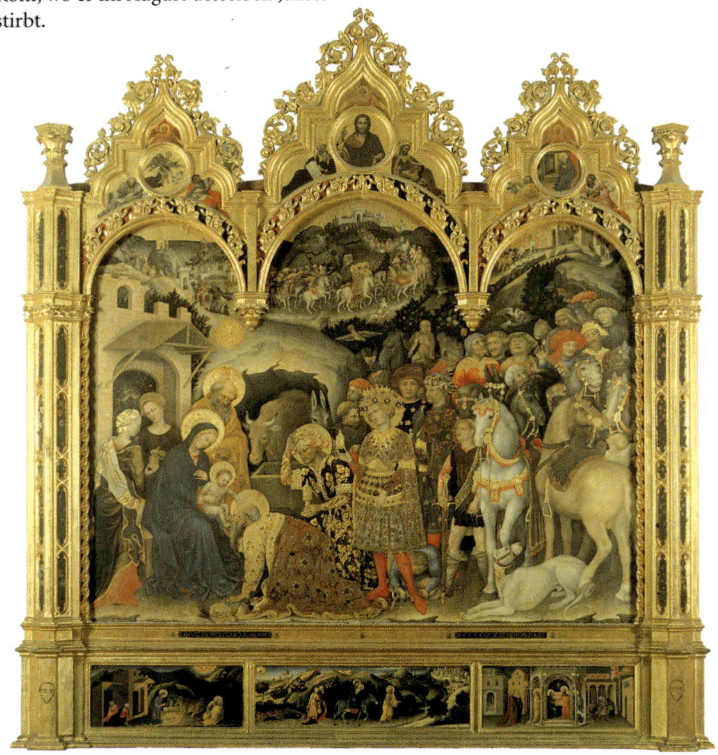

Gentile da Fabriano
Anbetung der Könige, 1423
Florenz, Galleria degli Uffizi

Das von Palla Strozzi, dem damals reichsten Mann von Florenz, in Auftrag gegebene Bild ist das Hauptwerk des Meisters aus Fabriano. Den ritterlichen Traum des höfischen Romans übersetzt er in ein prunkvolles Gemälde mit blonden, schönen Helden, goldgezäumten Pferden, schnellen Windhunden, exotischen Gewändern und üppigen Geschenken. In einer unwirklichen, raffinierten und künstlichen Atmosphäre zieht das Gefolge der Könige in phantastischer Landschaft bis vor das lächelnde, pausbäckige Kind, das von der Mutter und zwei fürstlich anmutenden Begleiterinnen gehegt wird. Der Künstler taucht hier ganz in die Phantasie und den Geschmack der spätgotischen Kunst ein, auch durch die Verwendung wertvoller Materialien: feinstes glänzendes Gold, edelsteinartig schimmerndes Ultramarinblau, leuchtendes Rubinrot.

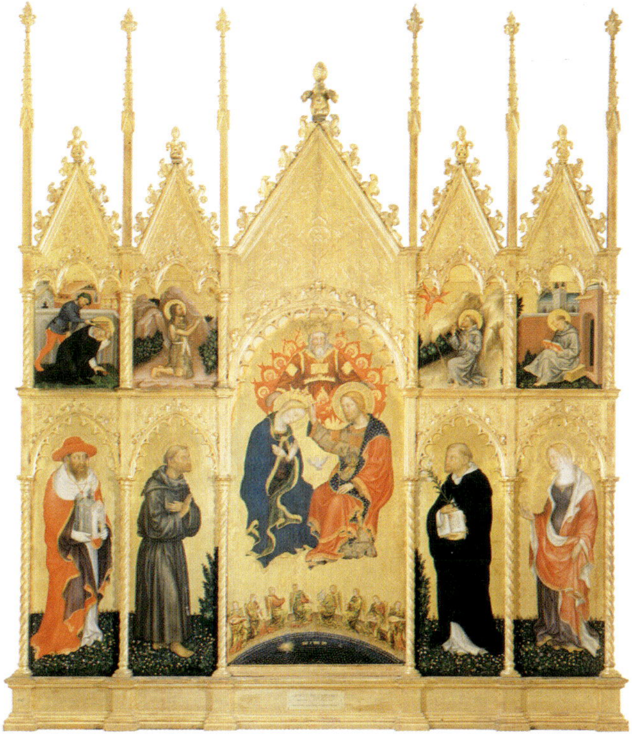

Gentile da Fabriano
Marienkrönung mit Heiligen (Polittico di Valle Romita), 1400–1410
Mailand, Pinacoteca di Brera

Das Jugendwerk des Malers wurde von dem kleinen Ort Valle Romita bei Fabriano in die Brera gebracht. Die Tafeln des Polyptychons sind wie eine vollständige Anthologie der Motive der Internationalen Gotik. Die Hauptszene mit der *Marienkrönung* scheint im Goldglanz des paradiesartigen Hintergrunds zu schweben; kostbare, elegant gezeichnete Gewänder umhüllen die Personen. Die kleinen musizierenden Engel im unteren Teil sitzen auf der Weltkugel; darunter, im Sternenhimmel, findet sich die Signatur des Malers.

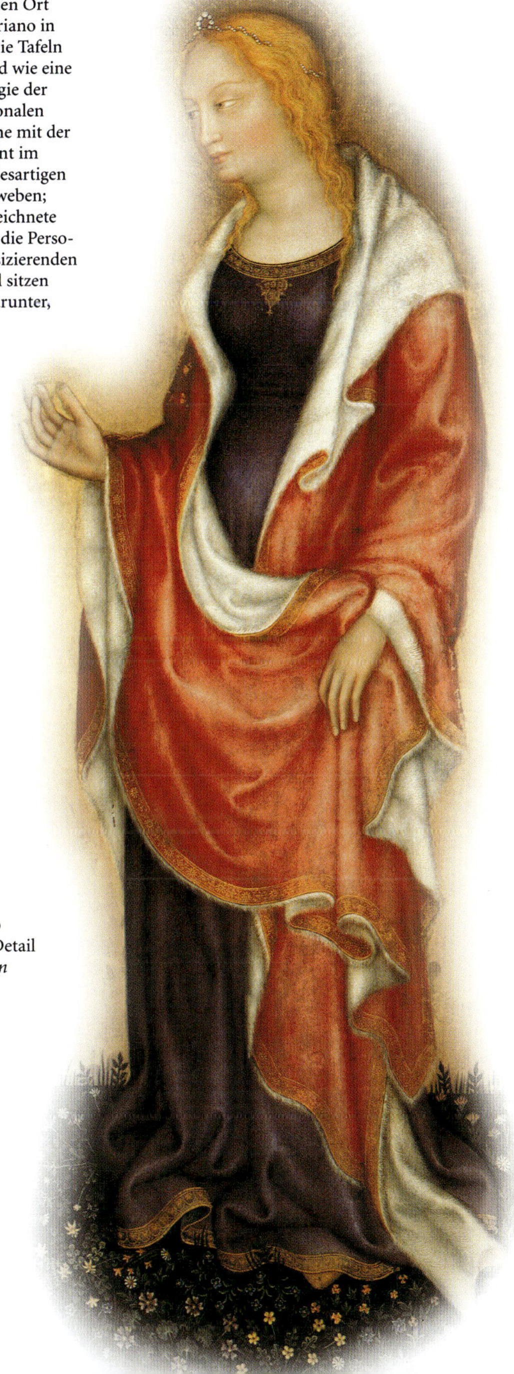

Gentile da Fabriano
Heilige Katharina, Detail aus dem *Polyptychon von Valle Romita*

Die vier Heiligen an den Seiten wandeln auf Gräsern und Blumen eines wundervollen Gartens; weiche Konturen, sanfte Gesichtszüge und eine unwirkliche, märchenhafte Stimmung.

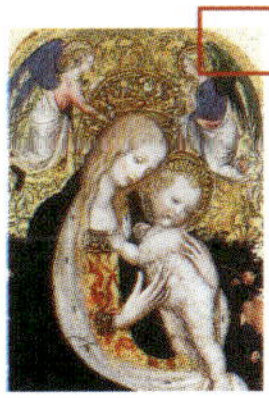

Pisanello, der designierte Erbe

Bei seinem Tod noch vor Fertigstellung der großen Dekorationsarbeiten an der Lateranbasilika übergibt Gentile seinem Schüler Pisanello sein Handwerkszeug: Es ist eine symbolische Staffelübergabe und ein Zeichen für die hohe Sensibilität des Meisters, der unter allen seinen Schülern in Pisanello den geeigneten Nachfolger erkennt. Der um 1395 in Verona geborene und etwa sechzigjährig in Mantua gestorbene Pisanello hatte zwischen 1418 und 1420 zusammen mit Gentile in Venedig gewirkt; nach dessen Tod vollendet er seine Arbeiten in Rom. Danach verlegt er sich auf weltlichere Themen und wird als bezahlter Hofmaler für größere und kleinere Höfe tätig: die Visconti in Mailand, die Malatesta in Rimini, die Este in Ferrara, vor allem aber die Gonzaga in Mantua und die Aragón in Neapel. So ist der späte Glanz der gotischen Höfe Italiens seiner bald ironischen, bald romantischen Kunst anvertraut; da viele Bilder verschollen sind, kennen wir sein Werk nur zum Teil, aber die wenigen Gemälde werden durch seine außergewöhnlichen Zeichnungen und berühmten Medaillen ergänzt. Pisanellos Kunst mit ihrer Aufmerksamkeit fürs Detail, die Natur, den Gefühlsausdruck ist nicht als Gegnerin, sondern als Ergänzung des toskanischen Humanismus anzusehen. Dies zeigen sein Ruhm und die Werke verschiedener Dichter, die nicht nur seine Größe preisen, sondern auch sinnig seinen Stil kommentieren. In der Mitte des Jahrhunderts sinkt durch die Verbreitung der klassischen, humanistischen Kultur auch an den Höfen Norditaliens der Stern Pisanellos; nach seinem Tod wird er fast vergessen.

Köln

um 1410–1451

Stefan Lochner

Die Anmut der Kölner Malerschule
Lochner, vielleicht der größte deutsche Maler vor Dürer, ist Hauptvertreter der Kölner Schule mit ihrer bezaubernden Ausprägung der Internationalen Gotik. Die Personen der biblischen Geschichte werden als Helden einer poetischen, friedvollen Legende gesehen, deren letztes Ziel der Garten des Paradieses, der Gesang der Engel, die ewige Glückseligkeit ist. Nach seiner Ausbildung am Bodensee, im Klima der eleganten höfischen Kunst des Oberrheins, reist Lochner am Rhein entlang nach Norden und kommt nacheinander in Berührung mit der elsässischen, burgundischen und flämischen Schule. Auch die Entwicklung der Perspektive ist ihm bekannt, was einen Kontakt zur italienischen Malerei der Zeit, vor allem zu Fra Angelico vermuten lässt: Die *Verkündung* auf den Seitenflügeln des Altars im Kölner Dom zeigt monumentale Figuren in einem perspektivisch dargestellten häuslichen Umfeld und unterstreicht durch seitlich positionierten Hausrat die Dreidimensionalität. Im Allgemeinen jedoch bevorzugt Lochner den kompakten Goldgrund oder einen blühenden Garten als Hintergrund. In den 30er Jahren lässt er sich in Köln nieder; 1451 stirbt er dort an der Pest.

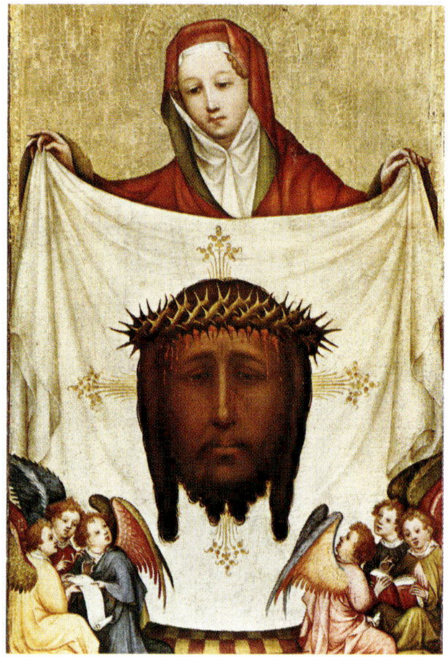

Meister der heiligen Veronika
Heilige Veronika mit dem Schweißtuch Christi, um 1420
München, Bayerische Staatsgemäldesammlungen, Alte Pinakothek

Dieses von Goethe bewunderte Andachtsbild führte im 19. Jahrhundert zur Wiederentdeckung der frühen deutschen Meister. Der Name des Künstlers ist unbekannt, jedoch kann man mit einiger Sicherheit annehmen, dass er von 1395 bis 1425 zwischen Dortmund und Köln tätig war. Durch die zarte Empfindsamkeit der religiösen Szene, den bewussten Umgang mit Farbe und die weichen Konturen von Gesichtern und Gewändern kann er als direkter Vorläufer Lochners betrachtet werden.

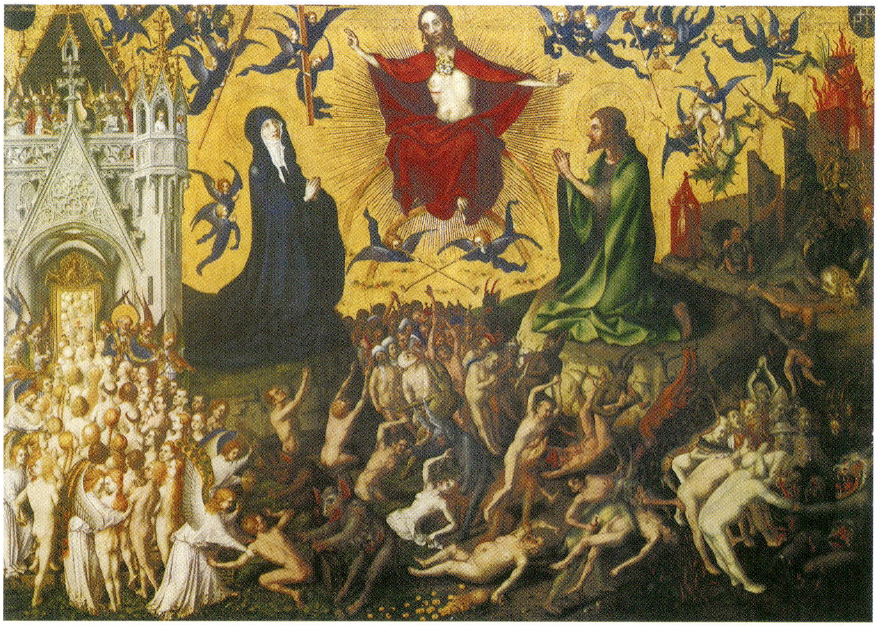

Stefan Lochner
Weltgericht, um 1435
Köln, Wallraf-Richartz-Museum

Hier handelt es sich um die erhaltene Mitteltafel eines Polyptychons für die Kölner Laurentiuskirche. Auf traditionelle Weise verwendet Lochner verschiedene Größenverhältnisse für die göttlichen Figuren und die Menge der zwischen Engeln und Teufeln hin- und hergerissenen Seelen. Neben dem Wirrwarr von Qualen und höllischen Greuelgestalten steht der ruhige, dichte Zug der Seligen vor dem Tor des Paradieses, wo sie der heilige Petrus, unterstützt von Engeln, einlässt. Die Idee des großen gotischen Torturms mit einem Engelsorchester wird von Memling im Danziger Weltgerichtsaltar wieder aufgenommen.

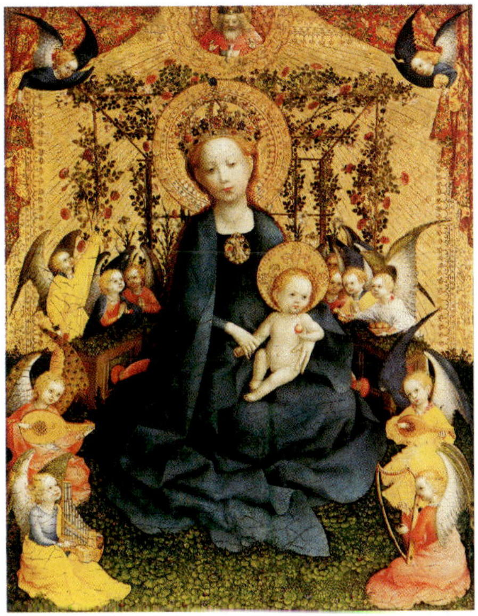

Stefan Lochner
Madonna im Rosenhag,
um 1450
Köln, Wallraf-Richartz-Museum

Mit charakteristischer Zartheit versetzt Lochner das Thema der »Madonna dell'Umiltà« in einen Garten, ein beliebtes Sujet der spätgotischen Kunst in ganz Europa, das der Marienverehrung des Dominikanerordens entspringt.

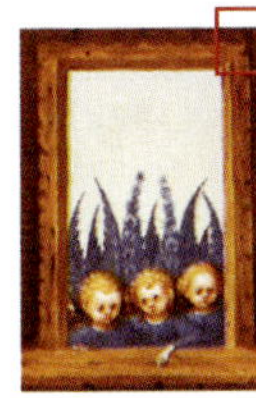

Blau in blau

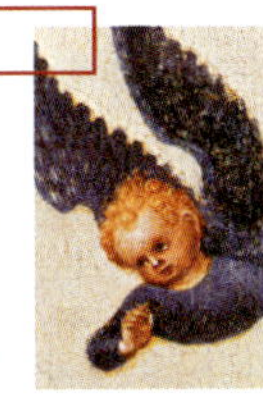

Wie diese beiden Ausschnitte aus dem kleinen Bild Anbetung des Kindes *zeigen (1440–1445, München, Bayerische Staatsgemäldesammlungen, Alte Pinakothek), ist bereits ein Detail in Lochners Werk so unverwechselbar wie seine Signatur: die blonden Kinderengel mit tiefblauen Flügeln und Gewändern. Dieses Blau ist eine sehr wertvolle Farbe, aus Lapislazulipulver gewonnen und noch teurer als Goldgrund. Für den rheinischen Maler symbolisiert sie wohl das Paradies; er benützt sie häufig für den Mantel der Madonna oder die Standarten der Heiligen, und in den Himmel seiner Gemälde setzt er so oft wie möglich Gruppen solcher Engel. Während Gesicht, Arme und Flügel ein gewisses Volumen besitzen, endet der Körper in einem kleinen Schnörkel, einem blauen Komma auf Goldgrund. In ihrer Immaterialität sind Lochners Engel Fabelwesen und gehören einer Phantasiewelt an.*

Stefan Lochner
Anbetung der Könige, Mitteltafel des *Dreikönigsaltars,* 1435–1440
Köln, Dom

Dieser große, vom Kölner Rat in Auftrag gegebene Altar ist Hauptwerk und Resümee der Kunst Stefan Lochners und eines der Meisterwerke europäischer Malerei im vierten Jahrzehnt des 15. Jahrhunderts. Die Hauptszene erinnert an die Reliquien der Heiligen Drei Könige im Dom, die Friedrich I. Barbarossa aus Mailand mitbrachte und die im Dreikönigsschrein des Nikolaus von Verdun aufbewahrt werden. Beim Ausschmücken der wertvollen Heiligenmäntel, der glänzenden Ritterrüstungen und der reich verzierten Schreine der Könige scheint Lochner mit dem großen mittelalterlichen Goldschmied wetteifern zu wollen.

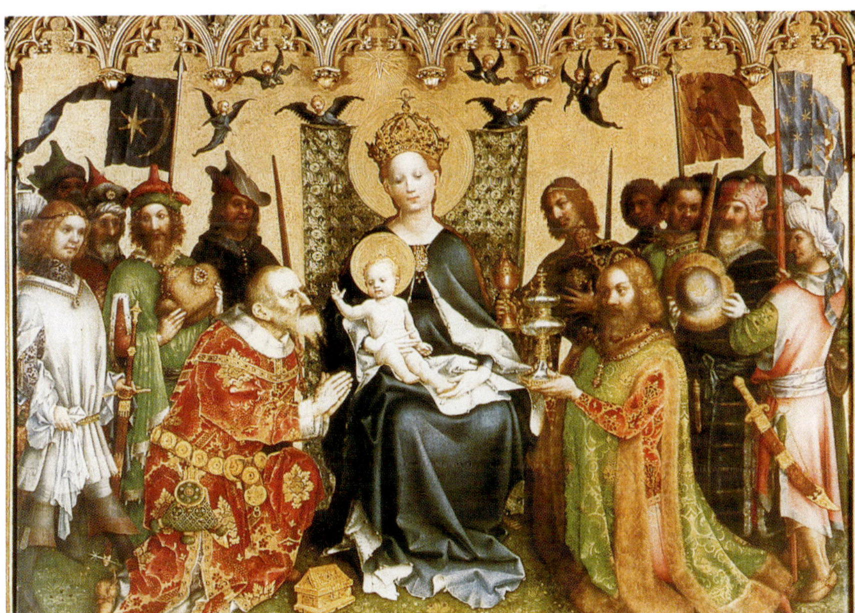

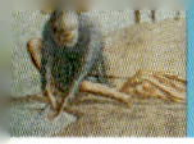

Florenz

1401–1428

Masaccio

Ein Junge vom Land an der Schwelle zur Renaissance

Florenz ist noch von Gentile da Fabrianos *Anbetung der Könige* geblendet, als Masolino da Panicale 1424 mit den Fresken der Brancacci-Kapelle in Santa Maria del Carmine beginnt. Bei ihm ist ein Junge aus dem Arno-Tal: Er heißt Tommaso, aber alle nennen ihn Masaccio. Nach ersten Werken in seiner Heimat wird er sofort zum Mitarbeiter des bekannten Masolino. Schon als Kind verbringt der ruhelose und geniale Maler Stunden in Santa Croce mit dem Abmalen der Fresken Giottos; wenn Brunelleschi und Donatello durch die Straßen gehen, folgt er ihnen und versucht alle Geheimnisse der neuen perspektivischen Kunst zu ergründen. Das schwankende Gerüst der Brancacci-Kapelle wird zu einer Bühne, von wo der erst Dreiundzwanzigjährige mit feierlicher Stimme eine neue Malerei ausruft. Erst ein Jahr ist seit der eleganten Prozession für Gentiles *Anbetung der Könige* vergangen, als der schwere Tritt von Masaccios »biblischen Stammeltern« auf der Erde widerhallt: die *Vertreibung aus dem Paradies* – Adam und Eva verlassen schreiend und weinend den Garten Eden. Auf die linke Wand malt er den *Zinsgroschen*, denkwürdige Hinwendung zur Synthese, zur Kraft, zum stummen, »schrecklichen« Funkeln der Blicke. Aber ihm bleibt nicht viel Zeit. Für Pisa erschafft er noch ein großes Polyptychon und in Florenz das Fresko der *Heiligen Dreifaltigkeit* in Santa Maria Novella, mit konsequenter Befolgung der perspektivischen Lehren von Brunelleschi. Dann bricht er, wieder zusammen mit Masolino, nach Rom auf. Ein plötzlicher, schrecklicher Tod ereilt ihn Anfang 1428 mit gerade 27 Jahren.

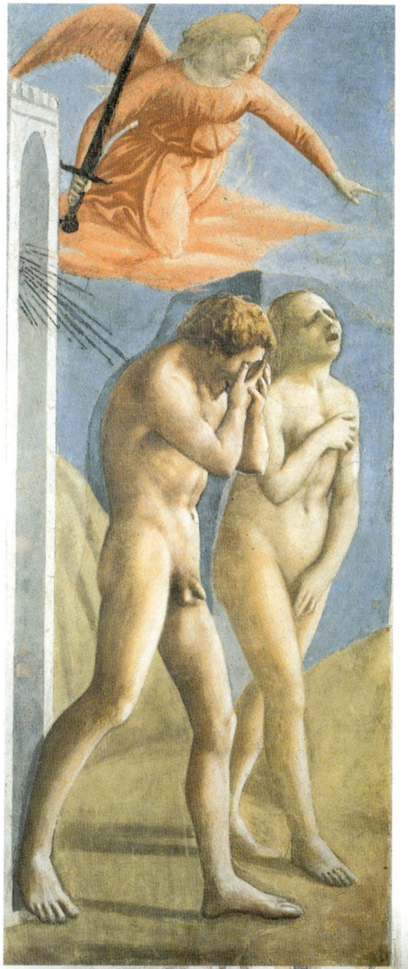

Masaccio
Vertreibung aus dem Paradies, 1424–1425
Florenz, Santa Maria del Carmine, Brancacci-Kapelle

Verzweifelt, schuldbewusst und ohne Eleganz tun Adam und Eva die ersten Schritte auf einer wüsten, unwirtlichen Erde. Ihre Vertreibung ist jedoch die große Chance für die Menschheit. Nun müssen Adam und Eva den Schöpfer nachahmen und die leblose Materie in einen Garten verwandeln, vom Wehklagen zum Handeln übergehen, die Menschheit mit den Kräften des Geistes, der Hände und des Herzens erlösen.

Masolino und Masaccio
Anna Selbdritt, Detail, 1424–1425
Florenz, Galleria degli Uffizi

Erstes, berühmtes Beispiel für die Zusammenarbeit der beiden Künstler. Die Madonna mit einem Körper, der eine nahezu geometrische Form hat, ist Masaccios Werk; seine Madonnen sind immer hell-, fast weißblond.

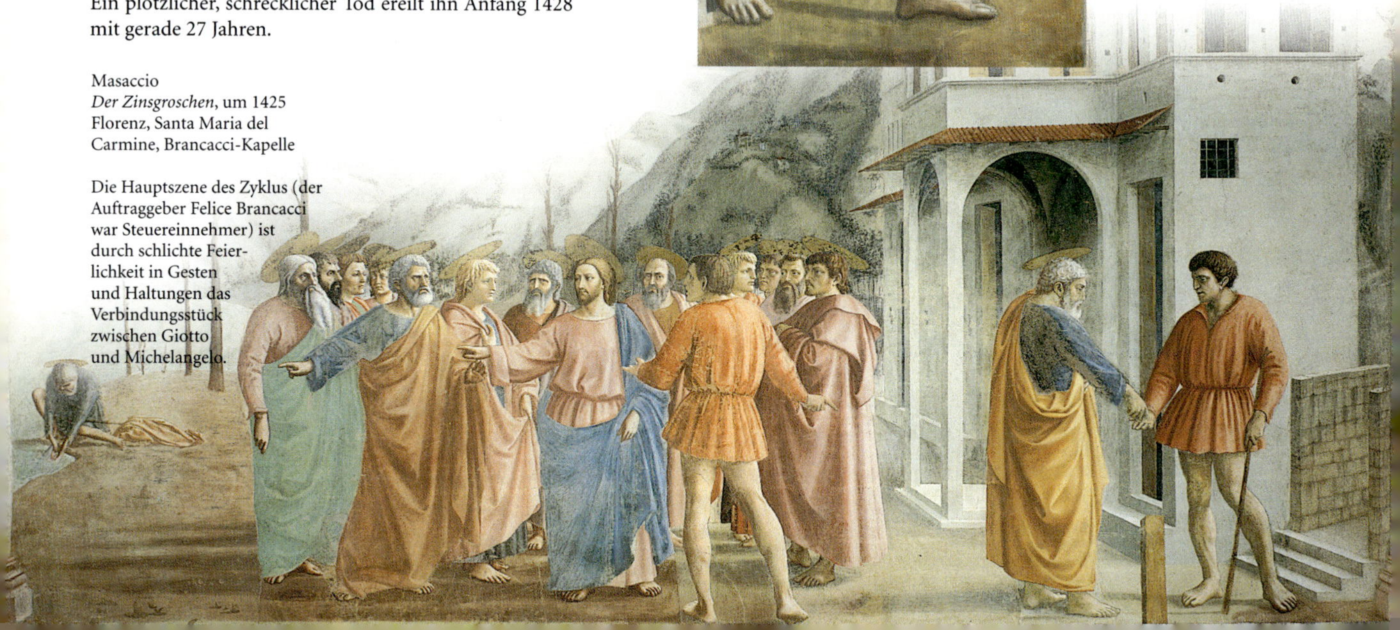

Masaccio
Der Zinsgroschen, um 1425
Florenz, Santa Maria del Carmine, Brancacci-Kapelle

Die Hauptszene des Zyklus (der Auftraggeber Felice Brancacci war Steuereinnehmer) ist durch schlichte Feierlichkeit in Gesten und Haltungen das Verbindungsstück zwischen Giotto und Michelangelo.

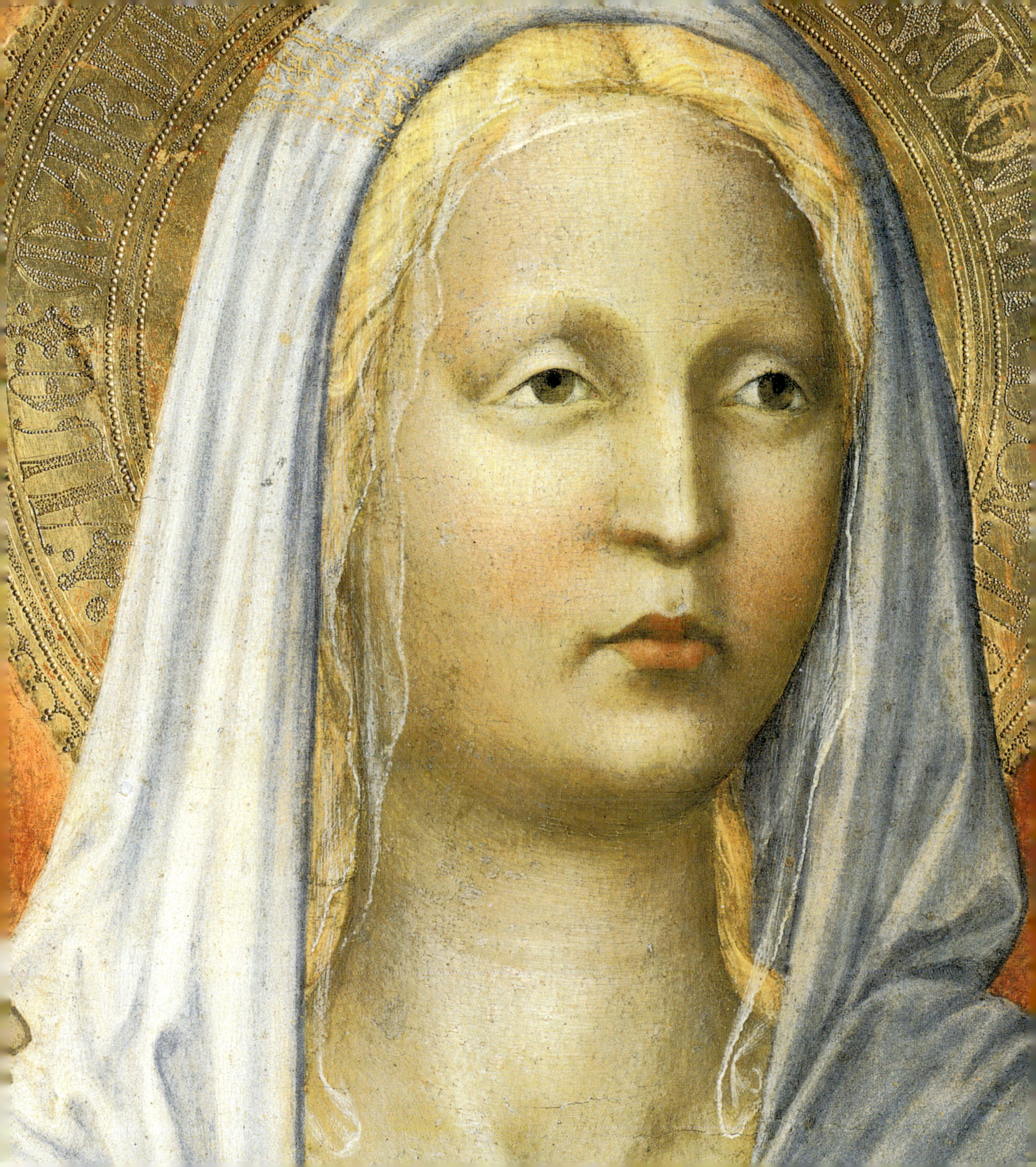

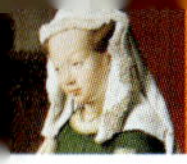

Gent, Brügge

um 1390–1441

Jan van Eyck

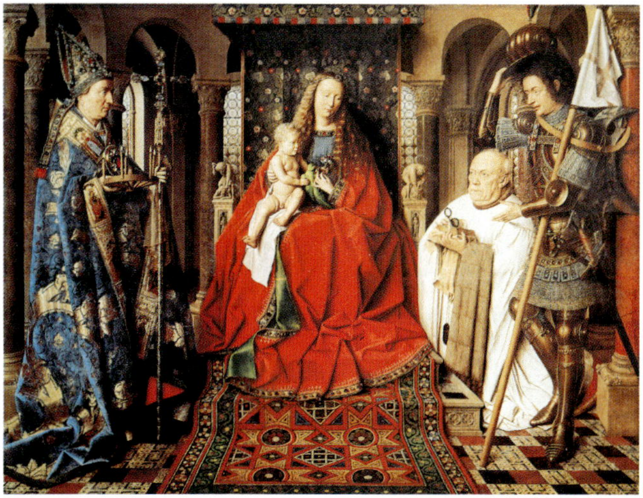

Jan van Eyck
Madonna des Kanonikus van der Paele, 1436
Brügge, Het Groeninge Museum

In diesem Werk hat van Eyck die Vorstellung einer millimetergenauen Wiedergabe der Wirklichkeit auf die Spitze getrieben; er erforscht die Wirkung des Lichts auf Stoffen, Metall, Edelsteinen und auch auf das Inkarnat der Falten im beeindruckenden Gesicht des Stifters.

Jan van Eyck
Mann mit rotem Turban, 1433
London, The National Gallery

Nach Jan van Eyck malen die flämischen Porträtisten Figuren im Dreiviertelprofil mit lebhaftem Ausdruck, bei denen auch die Hände eine Rolle spielen. Die Personen lösen sich vom Hintergrund und treten in Zwiesprache mit dem Betrachter.

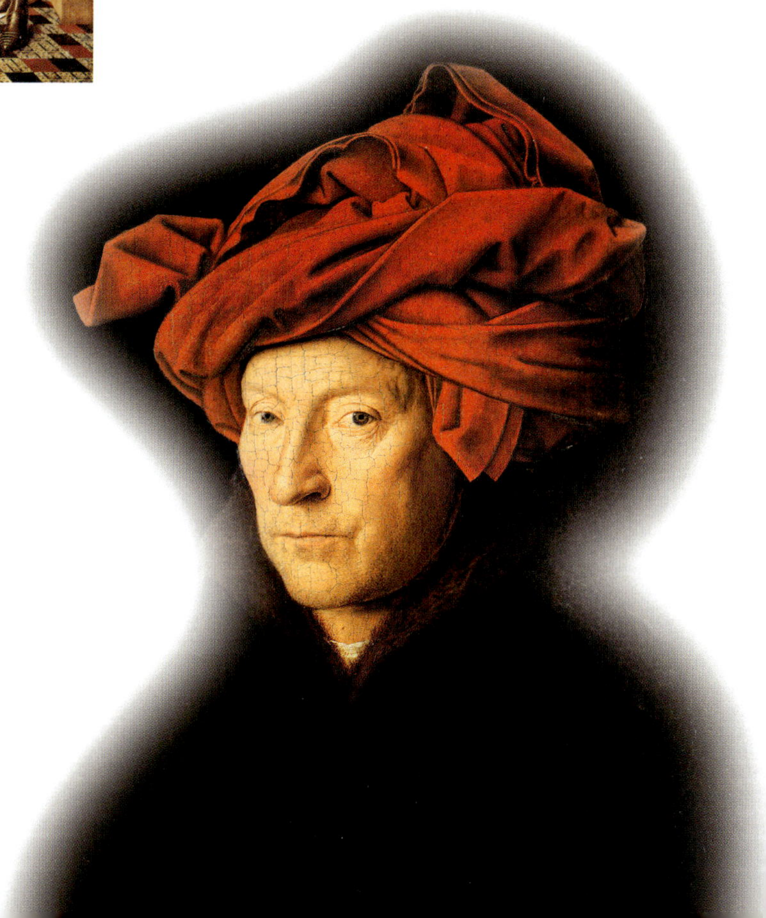

Die unvergleichliche Faszination des Lichts
Jan van Eyck, eine zentrale Persönlichkeit der europäischen Kunstgeschichte, entstammt einer Malerfamilie: Auch die Brüder Hubert und Barthélemy sind Künstler. Jan, der die Technik der Ölmalerei perfektioniert und Hauptvertreter der flämischen Schule ist, steht im Mittelpunkt der Aufmerksamkeit von Künstlern und Intellektuellen. Sein Ruhm erstreckt sich auch auf die Politik: Die Herzöge von Burgund senden ihn in diplomatischer Mission in verschiedene Länder, was seiner Kunst ein europäisches Flair verleiht. Trotzdem bleiben seine Bilder den flandrischen Handelsstädten wie Gent und Brügge verbunden, deren Blüte zu jener Zeit ihren Höhepunkt erreicht. Schon in den Frühwerken zeigt van Eyck, der mit Robert Campin und Rogier van der Weyden in Kontakt stand, große Sorgfalt für die genaue Abbildung der Dinge durch einen äußerst sensiblen Umgang mit Helligkeit. Durch ihn gelangt die Wunderwelt, die bisher den wenigen glücklichen Besitzern der schönsten flämischen und burgundischen Buchmalereien vorbehalten war, in Form von monumentalen Altarbildern an die Öffentlichkeit. Als Nachfolger seines verstorbenen Bruders Hubert bei den Arbeiten am *Genter Altar* schafft Jan van Eyck in den 30er Jahren des 15. Jahrhunderts eine Folge von Meisterwerken der religiösen Malerei; ebenso bedeutend ist sein Beitrag zur Geschichte der Porträtkunst.

Jan van Eyck
Die Hochzeit des Giovanni Arnolfini, 1434
London, The National Gallery

Für das Hochzeitsbild des toskanischen Händlers Giovanni Arnolfini schafft van Eyck ein suggestives Interieur zwischen Realismus und Symbolhaftigkeit. Der Kronleuchter aus vergoldeter Bronze als eigentliches Zentrum der Komposition hebt die Volumina des Zimmers sowie Herkunft und Richtung des Lichteinfalls hervor. Die überschaubare Ordnung des Zimmers, die elegante Kleidung und die feinen Züge der Eheleute drücken den hohen gesellschaftlichen Rang aus, während das langhaarige Hündchen und die hingeworfenen Holzschuhe den häuslichen Charakter hervorheben und auf die für einen Ehebund wichtige Treue hindeuten. Mit dem berühmten Detail des Konvexspiegels hinter den Eheleuten bringt der Maler auch die beiden Trauzeugen mit ins Bild.

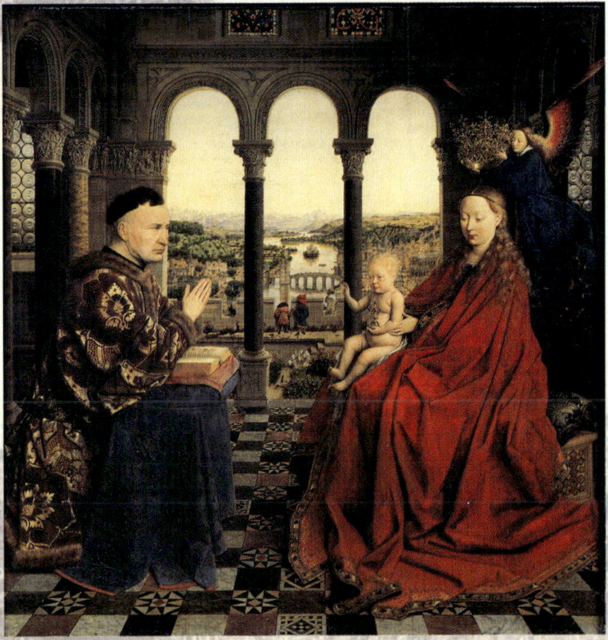

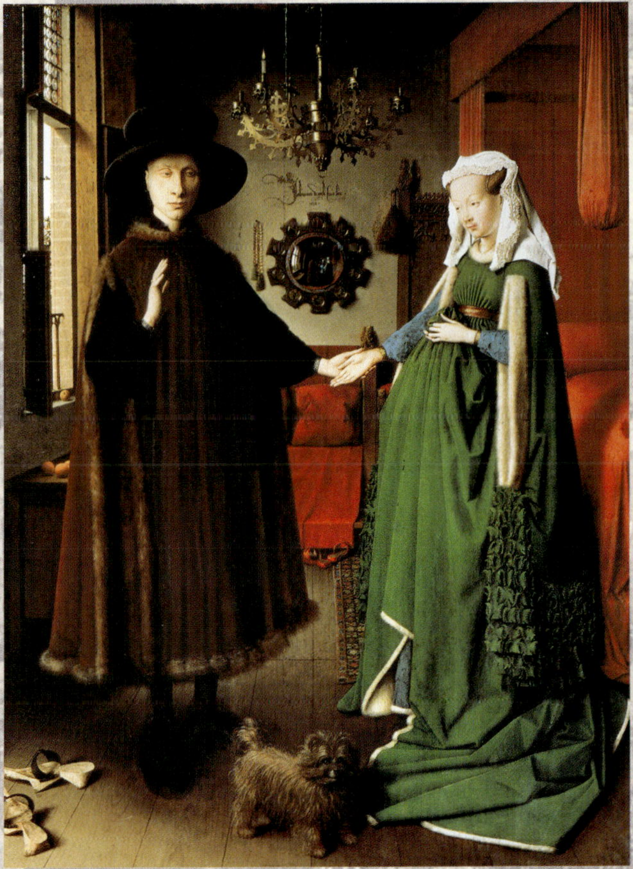

Jan van Eyck
Madonna des Kanzlers Rolin, um 1435
Paris, Musée du Louvre

Der außergewöhnliche Eindruck großer Helligkeit im Bild entsteht durch den bis zum fernen Horizont minutiös und detailreich geschilderten Landschaftsprospekt; der Fluss verläuft in einer Achse mit dem Triforienfenster. Das Detail der beiden Figuren an der Balustrade wird in der flämischen und niederländischen Malerei noch oft imitiert.

Hubert und Jan van Eyck

1425–1432

Der Genter Altar

Der Genter Altar, Monument der flämischen Malerei und Eckstein der europäischen Kunst des 15. Jahrhunderts, befindet sich in der Kathedrale St. Bavo in Gent. Der ursprünglich für die alte Genter Johanneskirche gedachte typische Wandelaltar umfasst zwölf Tafeln, acht davon beidseitig bemalt. 1424 erhielt der ältere Bruder Hubert van Eyck den Auftrag, verstarb jedoch ein Jahr später kurz nach Aufstellung der Mitteltafeln. So ging der Auftrag auf Jan über, der als eigentlicher Schöpfer des 1432 vollendeten Gesamtwerks gilt. Entsprechend seiner von der Frömmigkeit des 15. Jahrhunderts geprägten malerischen Sensibilität ist die Schönheit seines Werkes wie ein Fingerabdruck des Schöpfers aller Dinge: Mit unendlicher Geduld und beeindruckendem Geschick gibt er die verschiedenen Oberflächen, Lichteinfälle und Materialien wieder, preist darin das Wunder der Welt und lehrt uns die kleinste Einzelheit der Natur lieben.

Die vier Segmentgiebel der Flügel zeigen zwei Propheten und zwei Sibyllen als Verkünder der Geburt des Messias. Van Eyck füllt den Raum hinter den Figuren durch verschlungene Schriftbänder.

Mit kunstfertigem Einsatz der Perspektive und geschickter Lichtregie erzeugt van Eyck eine stimmige Einheit der vier Verkündigungstafeln. Die Mystik der Szenerie spiegelt sich in der alltäglichen Umgebung.

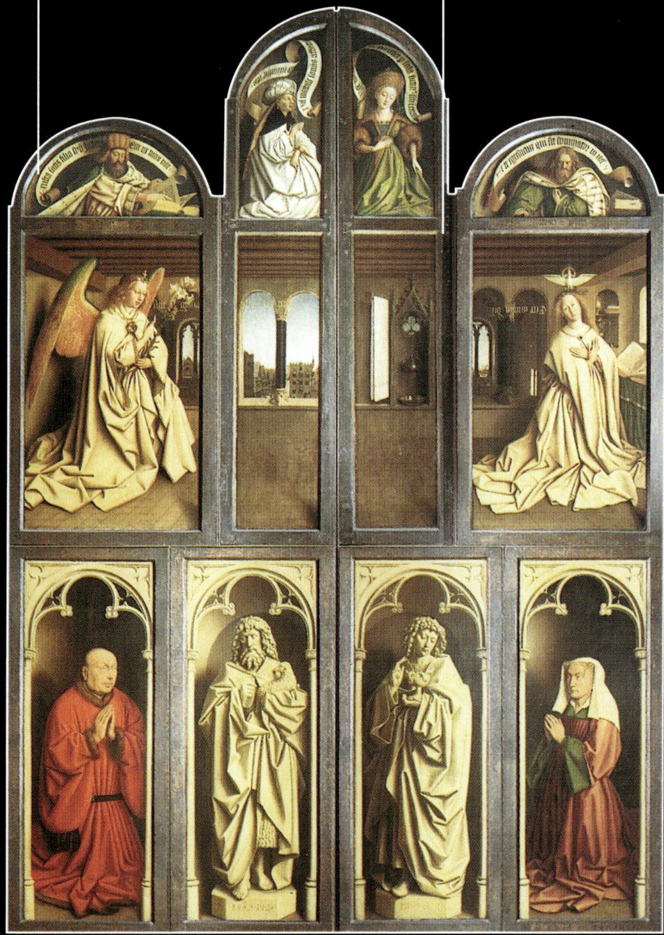

Die Außenseite der Seitenflügel (manchmal fälschlich als »Rückseite« bezeichnet) zeigt den Auftraggeber Jodocus Vijd und seine Frau, die in gotischen Maßwerknischen vor ihren Schutzheiligen knien. Doppeldeutig wirkt das Licht: Einerseits betont es den Unterschied zwischen

Am Rand des Polyptychons, in schmalen, länglichen Tafeln, stellt van Eyck Adam und Eva dar, darüber als gemalte Reliefs das Opfer von Kain und Abel und den Brudermord. Die beiden Akte werden oft als Höhepunkt des Realismus von Jan van Eyck und als Beweis für die aussagekräftige Magie des Lichts hervorgehoben: Adam tritt kraftvoll aus der halbdunklen Nische, Schuldgefühl scheint auf ihm zu lasten. Der angestellte Fuß berücksichtigt den Standpunkt des Betrachters.

Die Lebhaftigkeit der musizierenden Engel gleicht die strenge, reglose Feierlichkeit der Mittelgruppe aus. Der Umgang mit Ölfarben ermöglicht selbst innerhalb der dichten, satten Farben, die schon für sich Symbolwert haben, den Eindruck oszillierenden Lichts. Die Pracht der Stoffe und Musikinstrumente verweist auf die künstlerischen Fähigkeiten des Menschen, der selbst Schönheit erschafft.

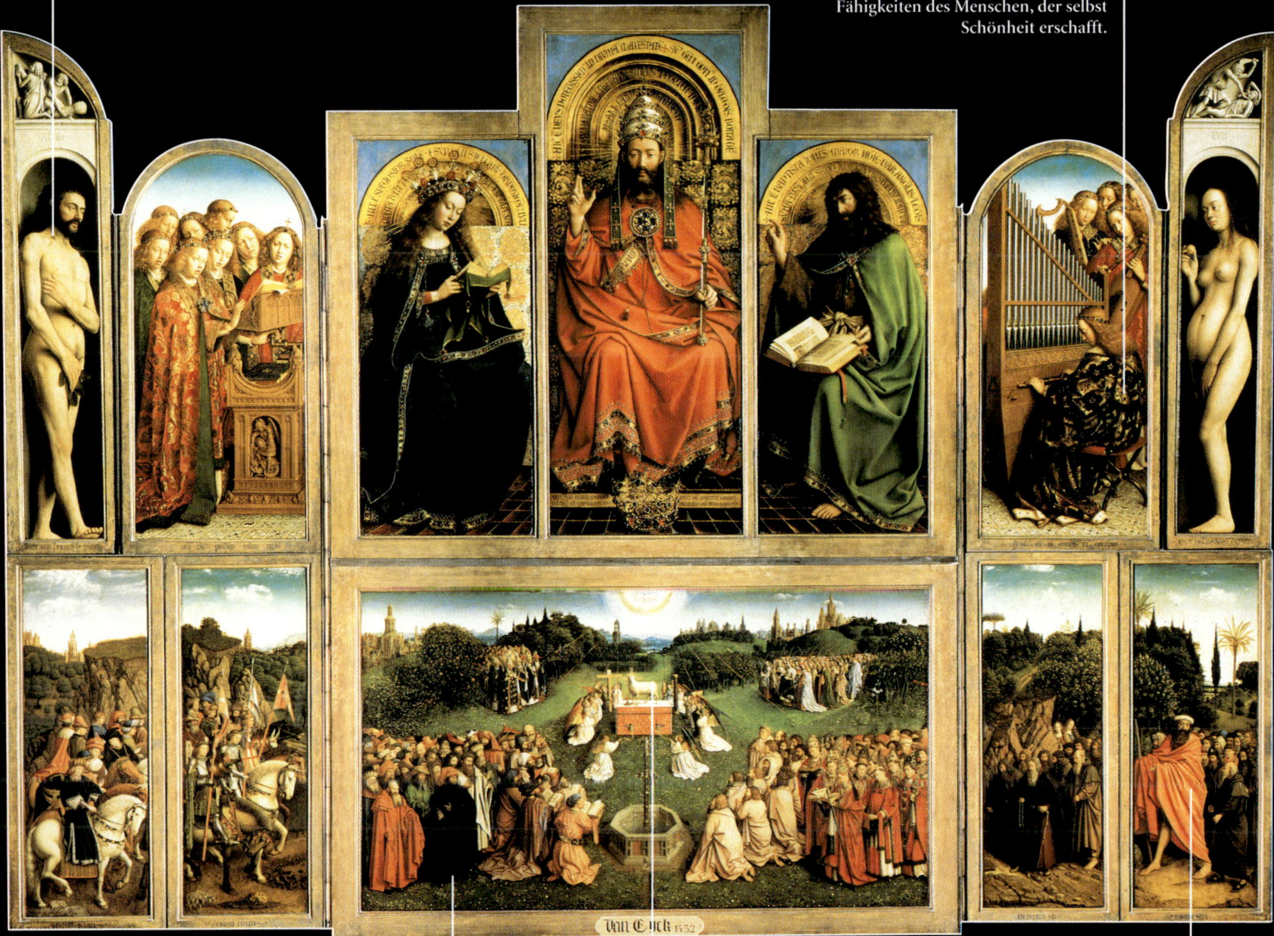

Der unvergessliche Zauber dieses Altars liegt vor allem in der üppigen, reichen Naturdarstellung. Anders als Masaccio und die florentinischen Maler der Frührenaissance konzentriert sich van Eyck nicht nur auf die menschliche Figur: Sein Blick richtet sich auf die Vielfalt der Welt, die er bis ins kleinste Detail abbildet, vom Vordergrund bis zu den Kirchturmspitzen am Horizont. So wird das Bild zu einem Mikrokosmos, einer reichen, vollständigen und selbstgenügsamen Miniaturwelt, in der Göttliches und Menschliches zusammenfinden.

Das zentrale Thema wird in der ganzen unteren Reihe des Polyptychons entwickelt: die Anbetung des Lammes (Symbol für Christus). Dieses steht auf dem Altar in der Mittelachse, zwischen dem Brunnen der Gnade und der Taube des Heiligen Geistes am Himmel. Von mehreren Seiten strebt ihm der breite Zug der Seligen zu.

Die unteren Seitentafeln zeigen Gruppen verschiedener Heiliger (links die Gerechten Richter und die Streiter Christi; rechts Einsiedler und Pilger) in einer einheitlichen Landschaft mit grünenden Hügeln, aber steinigem Weg. Ganz rechts dominiert die riesenhafte Figur des heiligen Christophorus.

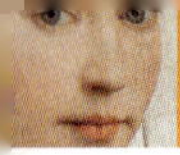

Flandern, Brüssel, Burgund

um 1400–1464

Rogier van der Weyden

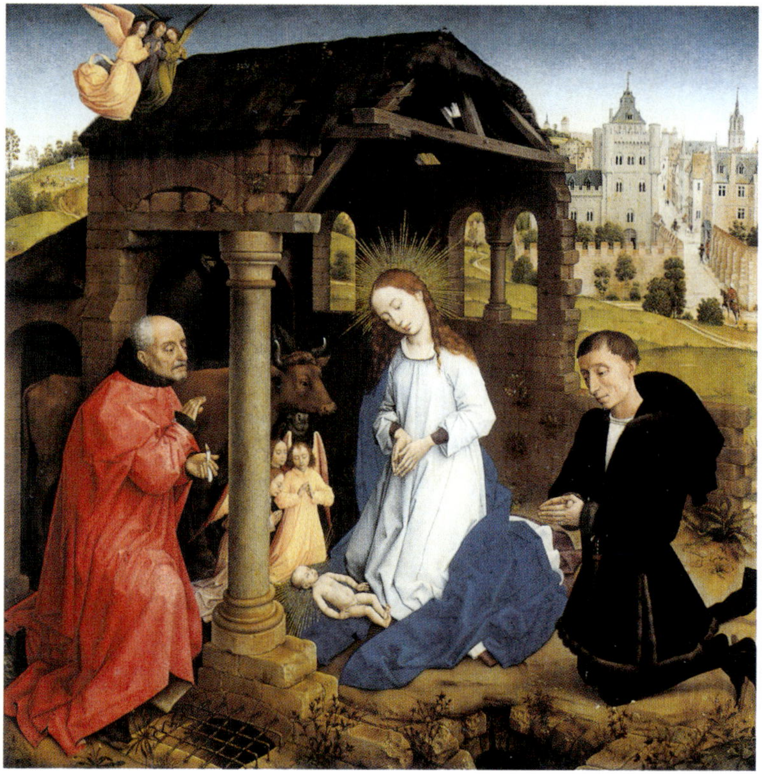

Ein flämischer Meister im Zentrum der europäischen Kunst

Ab 1430 wird Brüssel, die neue Hauptstadt des Herzogtums von Philipp dem Guten, ein neuer Anziehungspunkt der Kultur; bedeutende Bauten wie die Häuser um die berühmte Grande Place und eine eigenständige Malerschule entstehen. Zentrale Persönlichkeit ist der Wallone »Rogelet de la Pasture« (flämisch: Rogier van der Weyden), Schüler Robert Campins und wenig jünger als Jan van Eyck. Durch seine Tätigkeit für Fürsten und Städte des burgundischen Hofs (eines seiner größten und wichtigsten Werke ist das Polyptychon mit dem *Jüngsten Gericht* in Beaune) wird er zum internationalen Künstler: Einerseits importiert er die typisch italienischen religiösen Szenen mit großen, tiefenräumlich gestaffelten Figuren in die flämische Malerei; andererseits exportiert er die flämische Detailfreude und die Technik der Ölmalerei mit dem transparenten, atmosphärischen Effekt mehrerer übereinander aufgetragener Schichten nach Südeuropa. Mit Italien kommt van der Weyden 1449–1450 in Berührung, als er zum Heiligen Jahr nach Rom reist; in Florenz betrachtet er die Werke Masaccios und Fra Angelicos und macht Halt am eleganten Hof der Este in Ferrara, wo er Piero della Francesca und Leon Battista Alberti begegnet.

Rogier van der Weyden
Geburt Christi, Mitteltafel des *Bladelin-Altars (Middelburger Altar)*, 1450–1455
Berlin, Staatliche Museen zu Berlin – Preußischer Kulturbesitz, Gemäldegalerie

Der Auftraggeber Pierre Bladelin, hoher Beamter am Hof von Burgund, ist als Stifter Teil der religiösen Szene.

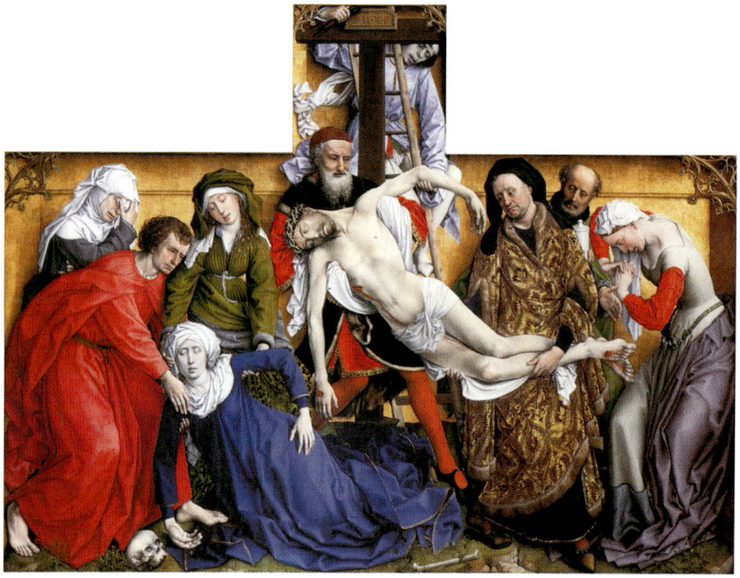

Rogier van der Weyden
Kreuzabnahme, 1430–1435
Madrid, Museo del Prado

In diesem Meisterwerk der europäischen Malerei der Zeit zeigt sich der Unterschied zu van Eyck. Während jener den Raum ins Unendliche erweitert, passt van der Weyden seine großen, auf mehrere Tiefenebenen verteilten Figuren in eine Art schmalen, bühnenhaften Raum ein. Dramatisches Moment ist die Ohnmacht der Maria in einer zum Körper Christi parallelen Kurve.

Rogier van der Weyden
Bildnis einer jungen Frau, Detail, 1432–1435
Berlin, Staatliche Museen zu Berlin – Preußischer Kulturbesitz, Gemäldegalerie

Als feiner Menschenkenner und wirklichkeitsgetreuer Maler ist van der Weyden einer der fähigsten und einflussreichsten Porträtisten Anfang des 15. Jahrhunderts.

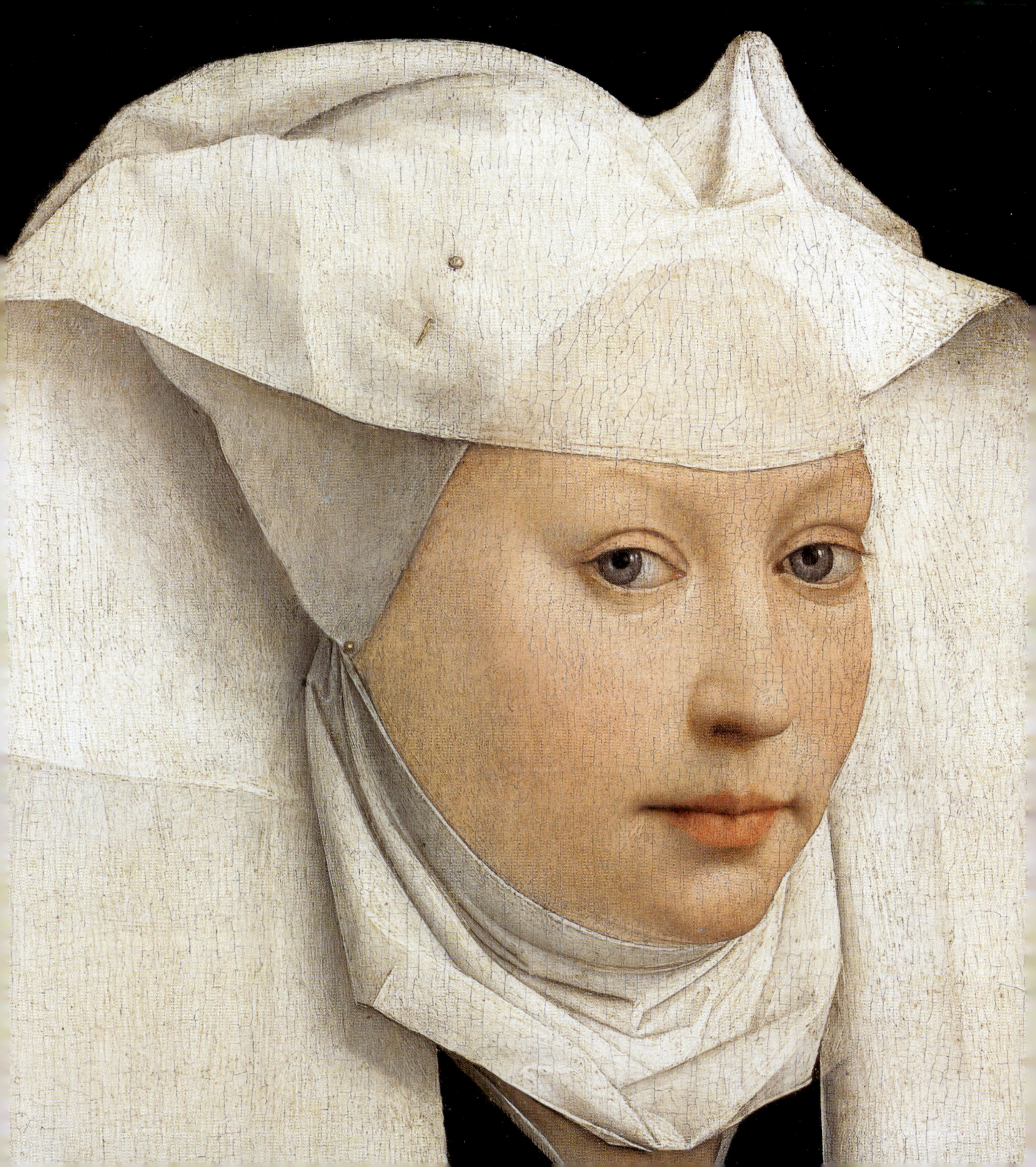

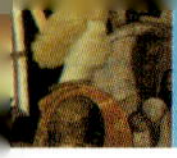

Florenz

um 1395–1455 1397–1475

Fra Angelico und Paolo Uccello

Zwei Wege in der Nachfolge von Masaccio: der offene Himmel, die perspektivisch erfasste Erde

In den 30er Jahren des 15. Jahrhunderts konzentrieren die florentinischen Maler, nach dem tragischen Tod Masaccios ohne Bezugspunkt, ihre Bemühungen auf das gemeinsame Ziel einer neuen Bildkultur, in der sich Entdeckerfreude und nachprüfbare geometrische Regeln die Waage halten. Der Dominikanermönch Giovanni da Fiesole, in der Kunst bekannt als Fra Angelico, schafft den Prototyp der Altartafel; das Schema des Triptychons wird als veraltet aufgegeben. Für seine Fresken im Kloster San Marco und seine leuchtenden Bilder sind feierliche Monumentalität, Raumsinn, ein intellektueller Geist und persönliche Anteilnahme zu spüren, wie sie für die Meisterwerke der italienischen Renaissance typisch sind. Paolo Uccello ist vielleicht der große Unvollendete des florentinischen Humanismus: Entzückt von der reinen geometrischen Spekulation, der »süßen Perspektive«, widmet er sich eher Experimenten zu einzelnen Bildaspekten als der ganzen Komposition. So haben die Fresken des Chiostro Verde, des Kreuzgangs von Santa Maria Novella, oder die für die Medici gemalten drei Schlachtenbilder den seltsamen Zauber von Werken am Scheideweg zwischen Tradition und Moderne.

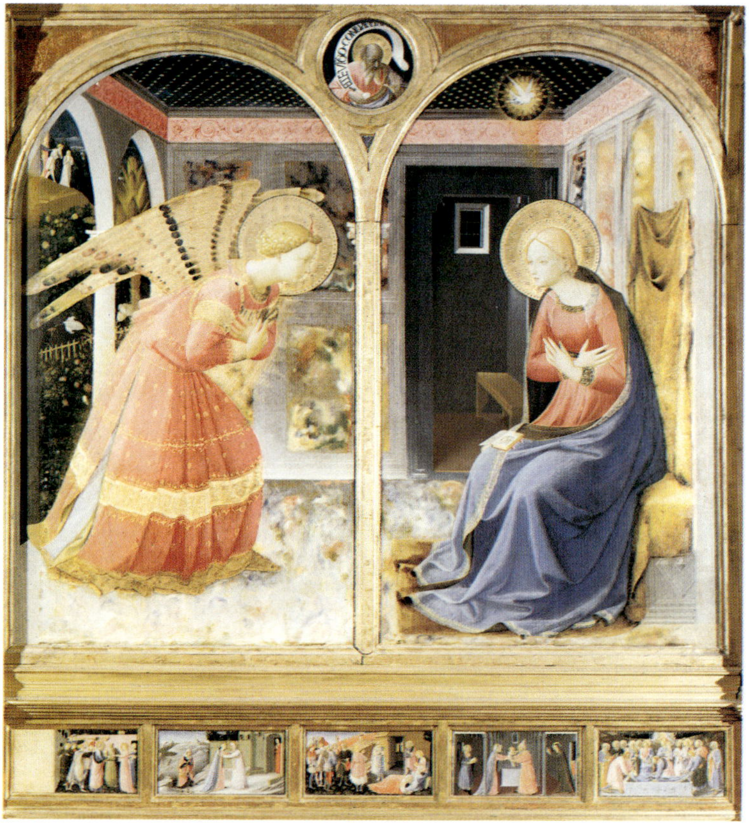

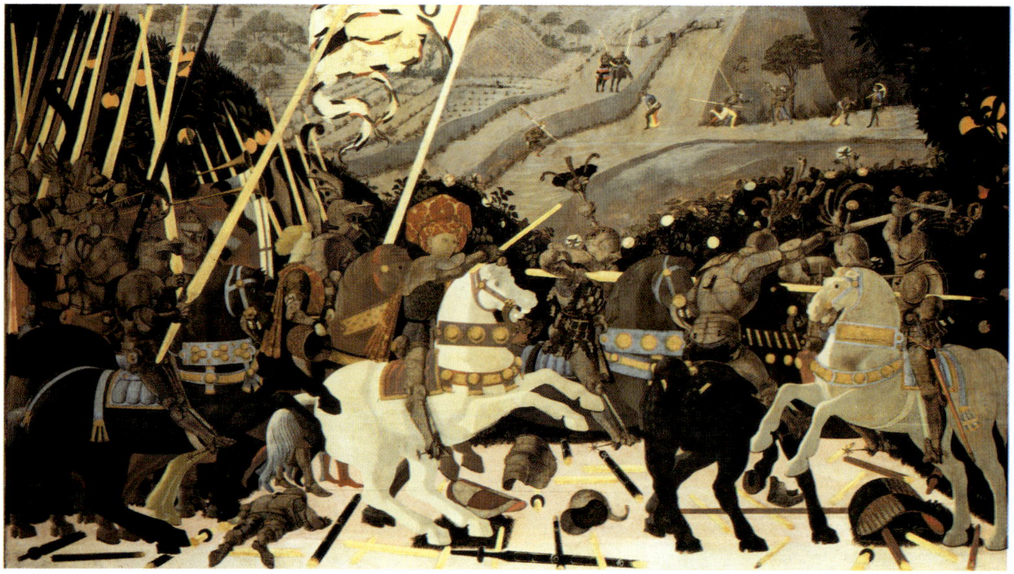

Fra Angelico
Verkündigung, um 1430
San Giovanni Valdarno (Arezzo), Santa Maria delle Grazie

Fra Angelico
Madonna delle Ombre, Detail, um 1450
Florenz, Kloster San Marco

Paolo Uccello
Die Schlacht von San Romano, um 1456
London, The National Gallery

Die Schlacht erscheint wie ein höfisches Turnier, durchgeführt nach ritterlichen Regeln. Jedes Detail (zerbrochene Lanzen, gestürzte Pferde, gefallene Krieger) wird perspektivisch genauestens ausgeführt, aber das Ganze wirkt so irreal und phantastisch wie eine Szene aus einem Roman der Gotik.

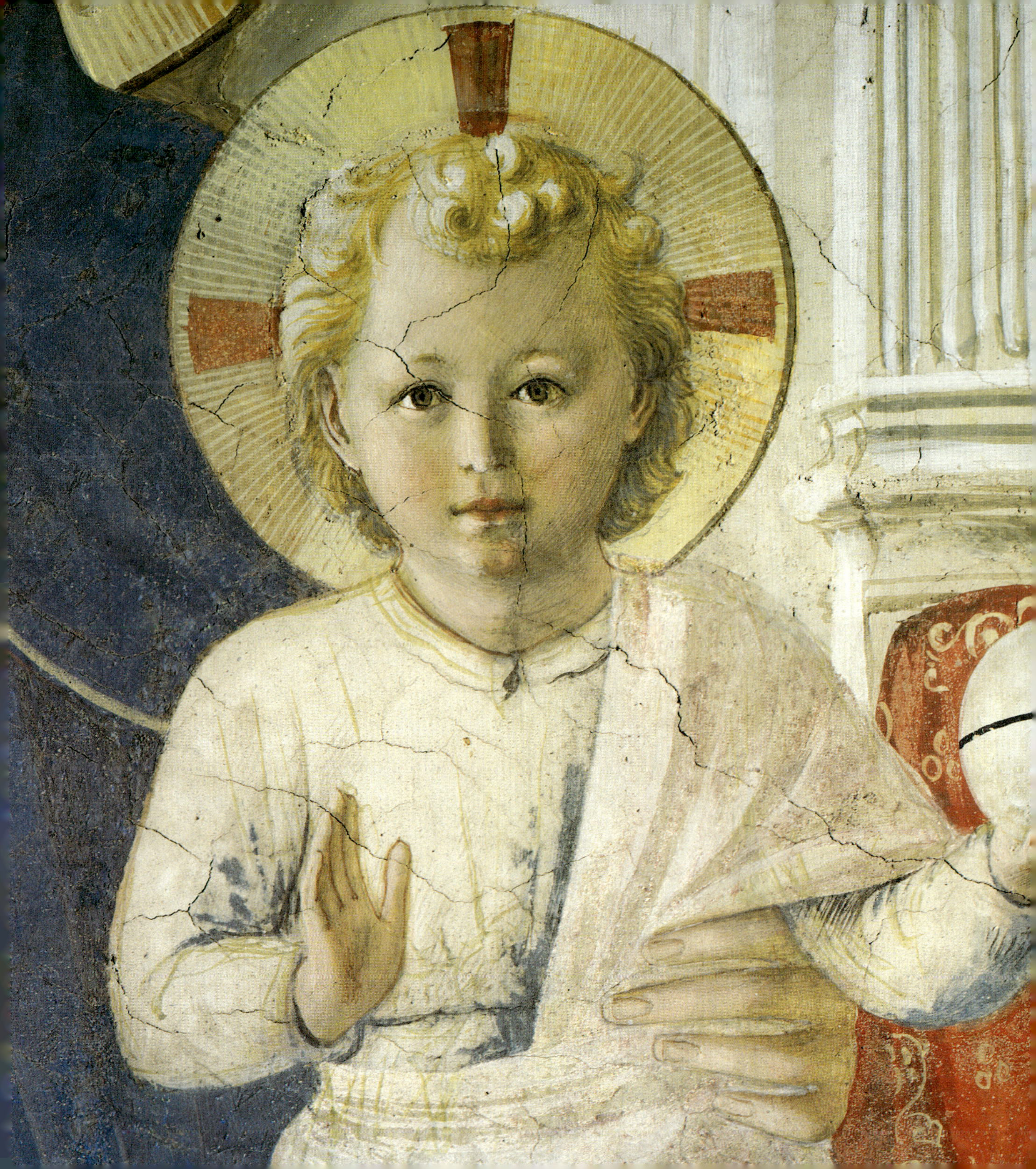

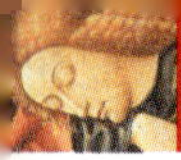

Katalonien, Kastilien, Aragón

1440–1492

Die Ära der Retabeln

Gold und Ruhm für eine entstehende Großmacht

Die großen Gemälde- und Skulpturenkomplexe in den spanischen Kathedralen bringen den Besucher zum Staunen: Polyptychen, in mehreren Reihen über den Altären, verdecken beinahe die Architektur. Sie stammen aus einer geschichtlich und künstlerisch bewegten Epoche Spaniens: Ziel jener Zeit war die territoriale und religiöse Einheit, die am Ende des Jahrhunderts mit den »katholischen Königen« Ferdinand II. von Aragón und Isabella von Kastilien wiedererlangt wurde. Die spanischen Retabeln zeigen eine lokale, oft äußerst originelle Interpretation verschiedener Einflüsse. Im Jahr 1428 bringt Jan van Eyck die flämische Malerei nach Spanien, aber entlang der Mittelmeerstraßen nach Neapel entstehen auch enge Kontakte zum italienischen Raum. Zudem lieben die großen spanischen Maler das Reisen: Der Katalane Jaume Baço Jacomart hält sich in Neapel und Rom auf; der Andalusier Bartolomé Bermejo reist nach seiner Ausbildung in Flandern immer wieder nach Aragón und Katalonien; Pedro Berruguete zieht 1474 nach Urbino an den kosmopolitischen Hof von Federico da Montefeltro. Trotzdem bleibt der Geschmack im Spanien des 15. Jahrhunderts hartnäckig der gotischen Tradition verhaftet, die sogar eine prunkvolle Blütezeit erlebt.

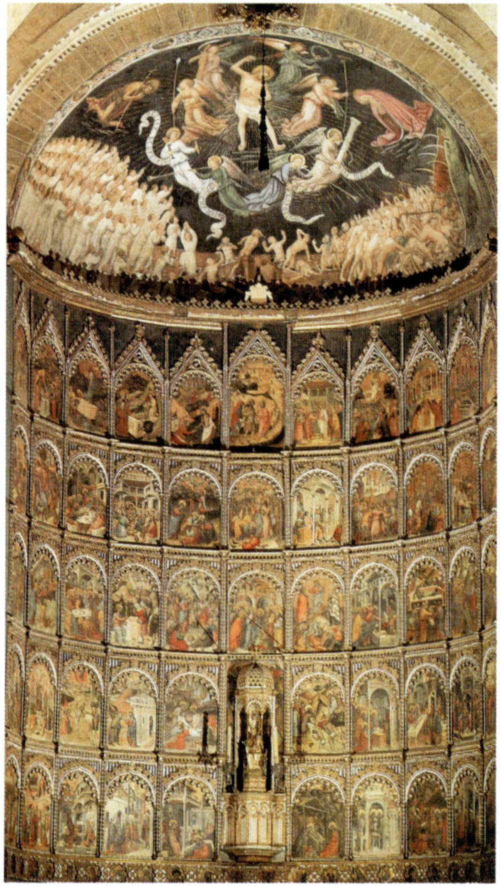

Dello Delli (Nicolás Florentino)
Retabel des Hochaltars und Fresken mit dem *Jüngsten Gericht*, um 1445
Salamanca, Catedral Vieja

Das Polyptychon aus 53 Tafeln ist eines der frühesten und reichsten Retabeln Spaniens.

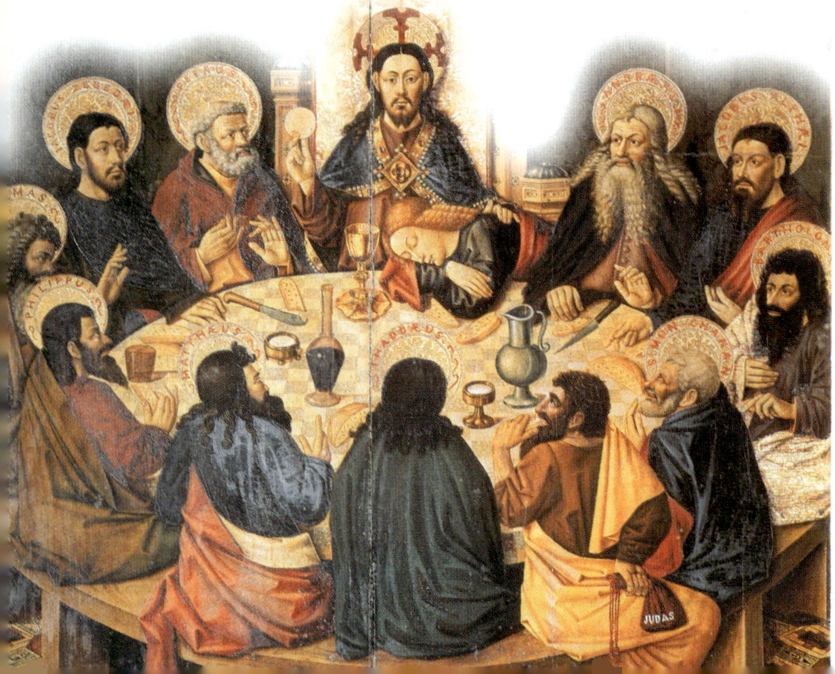

Jaume Baço Jacomart und Mitarbeiter (Joan Reixach?)
Letztes Abendmahl, Mitteltafel des *Retablo de la Santa Cena*, 1446
Segorbe (Castellón), Museo de la catedral

Jacomart, von König Alfons V. von Aragón nach Italien gerufen, ließ das Werk unvollendet.

Bartolomé Bermejo
Heiliger Dominikus als Abt
Mitteltafel des *Retablo de Santo Domingo*, Detail, 1477
Madrid, Museo del Prado

Der in seiner strengen Frontalität beeindruckend feierliche heilige Dominikus trägt einen schweren Chormantel, so reich mit Gold durchwirkt und bestickt, dass er eher das Werk eines Goldschmieds als eines Schneiders scheint. Durch die juwelenbedeckte Mitra, den reich verzierten Krummstab und den im Flamboyant-Stil geschnitzten und vergoldeten Thron entsteht ein prunkvolles, fast überfülltes Bild, zu dem das herbe, feierliche, sehr realistisch gezeigte Gesicht in krassem Gegensatz steht.

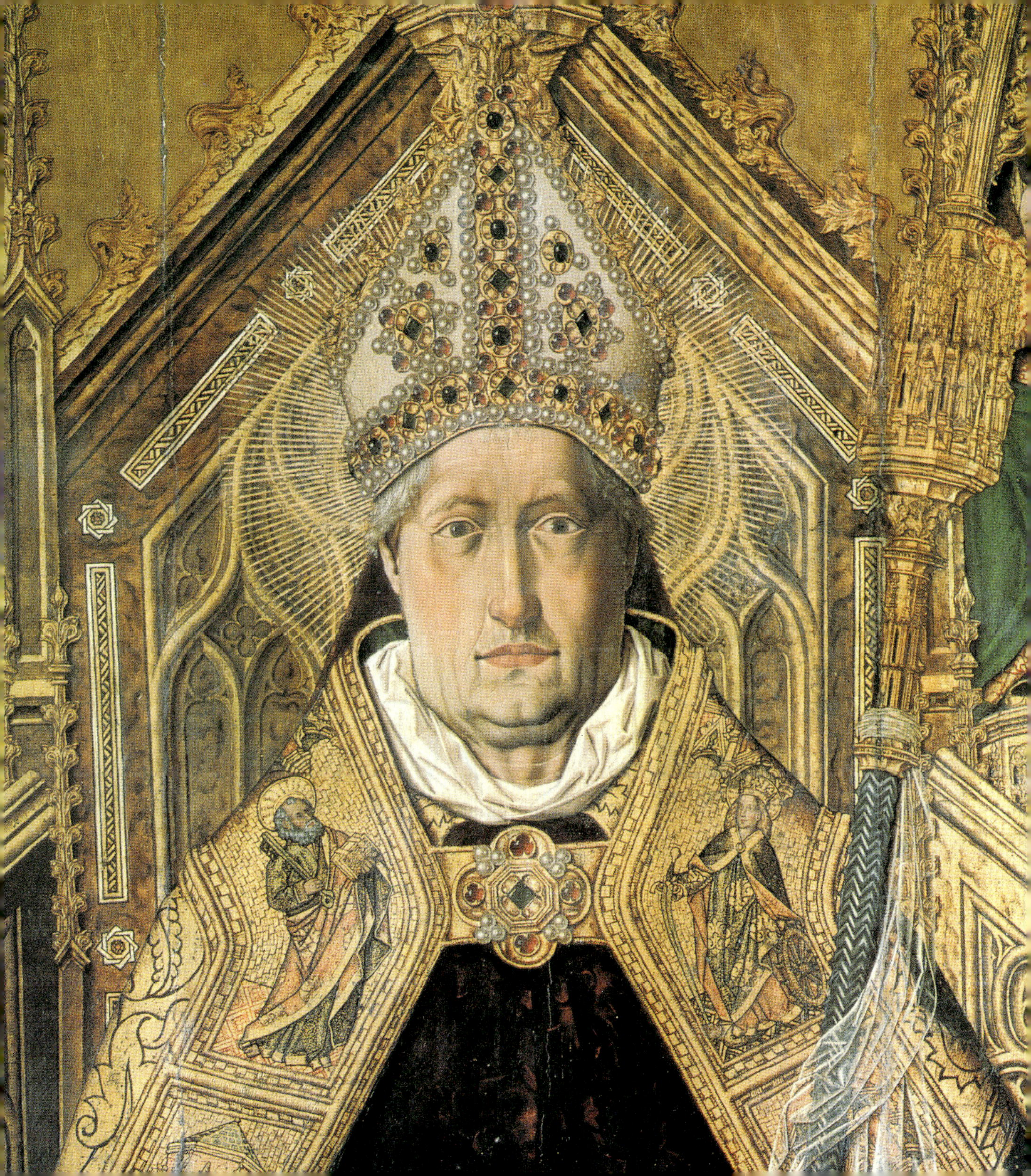

Avignon, Provence

1444–1476

Die südfranzösischen Meister

Mediterranes Licht im Herbst des Mittelalters

Die Päpste haben Avignon wieder verlassen; zurück bleiben Fresken, Erinnerungen, Feindschaften, Nostalgie und Stolz. Auf der Suche nach einem ruhigen Ort im endlosen Krieg gegen England verlegen die französischen Könige mehrmals den Hof. So gewinnt die Provence ihre Vorreiterrolle in der europäischen Kunst und Bildkultur zurück. Die alten Pilgerwege, jetzt bequeme Handelsstraßen, machen Avignon und die Provence zum Zentrum eines dichten Verbindungsnetzes zu Kultur und Wirtschaft des Mittelmeerraums: Von der Côte d'Azur bis ins Rhônetal blüht die südfranzösische Kunst. Wegen der räumlichen und kulturellen Nähe Burgunds dominiert das flämische Vorbild, zumal sich der dritte der van Eyck-Brüder Barthélemy in der Provence niederlässt. Die flämische Zartheit verbindet sich mit der Monumentalität der italienischen Malerei und vor allem mit einem diffusen Sonnenlicht, das im Kontrast zur analytischen Helligkeit des Nordens steht. Die Kompositionen erweitern sich und vereinen auf charakteristische Weise höfischen Prunk und volkstümliches Gefühl.

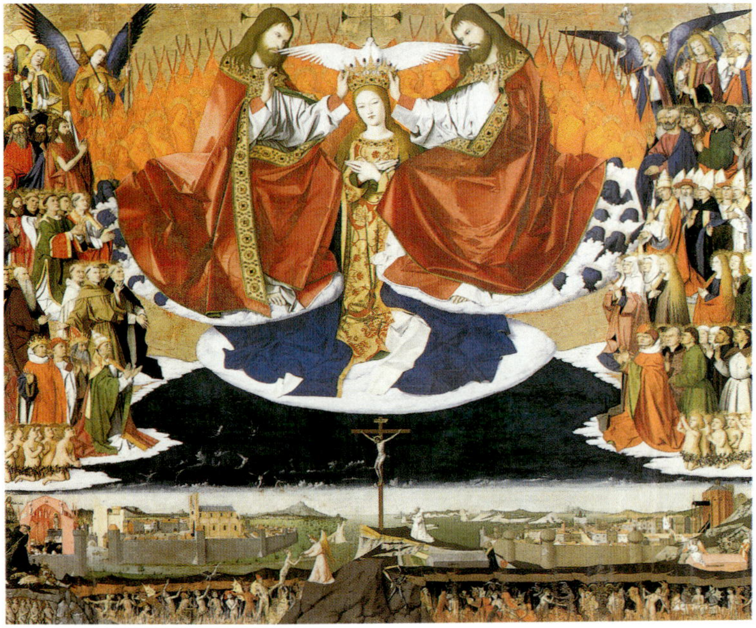

Enguerrand Quarton
Marienkrönung, 1453–1454
Villeneuve-lès-Avignon,
Musée Pierre de Luxembourg

Bei dem größten und originellsten der provenzalischen Meister des 15. Jahrhunderts verbinden sich flämische Genauigkeit, mediterranes Licht und die kompositorische Strenge Piero della Francescas. Das Gemälde ist eine monumentale »Summa« harmonisch vereinter theologischer Begriffe. Quarton ist auch der Schöpfer der *Pietà* von Avignon im Hintergrund der nächsten Seite.

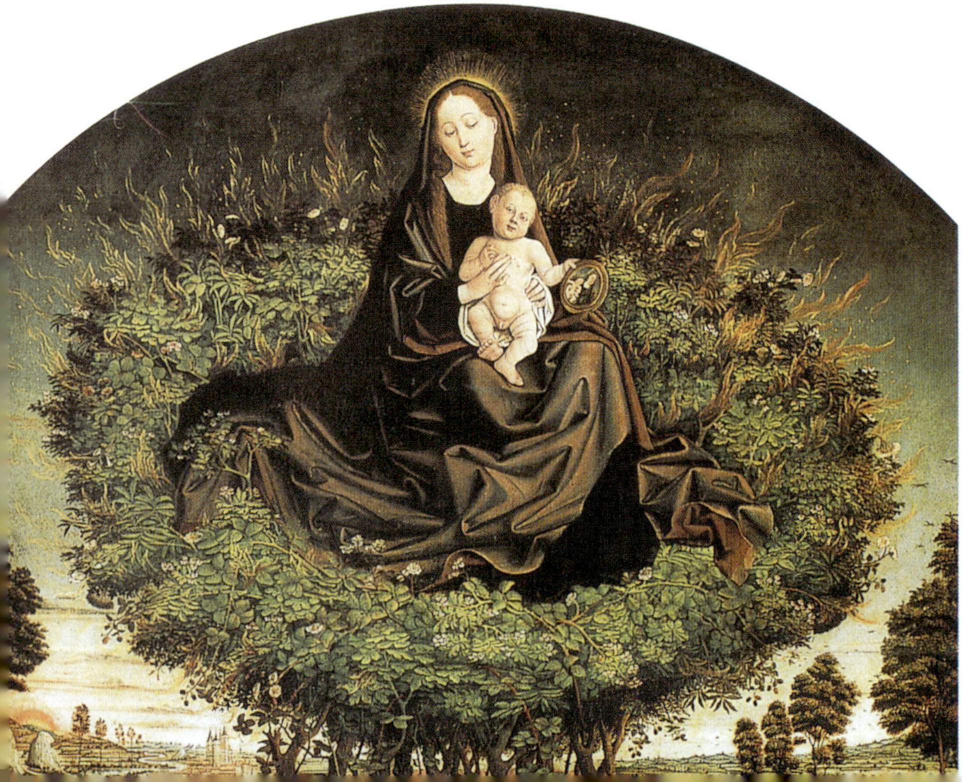

Nicolas Froment
Maria im brennenden Dornbusch, Detail aus der Mitteltafel des Triptychons *Der brennende Dornbusch*, 1475–1476
Aix-en-Provence, St-Sauveur

Dieses Auftragswerk für König René I. von Anjou zeigt Froments Offenheit für italienisches Raumempfinden.

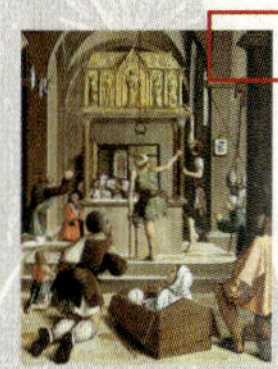

Harte Zeiten auch für die Provence

Nach einer auch während der Weltkriege bestätigten Überlieferung bietet die Provence einen magischen Schutz vor den Dramen der Geschichte. Im 15. Jahrhundert zerrüttet der Hundertjährige Krieg das französische Königreich und verschont auch die südlichen Regionen nicht. Der von der piemontesischen Schule geprägte provenzalische Maler Josse Lieferinxe zeigt in seinem beeindruckenden Bild Bettler, Krüppel, Kranke und Pilger, die sich von der Wunderkraft der Reliquien ein besseres Leben erhoffen.

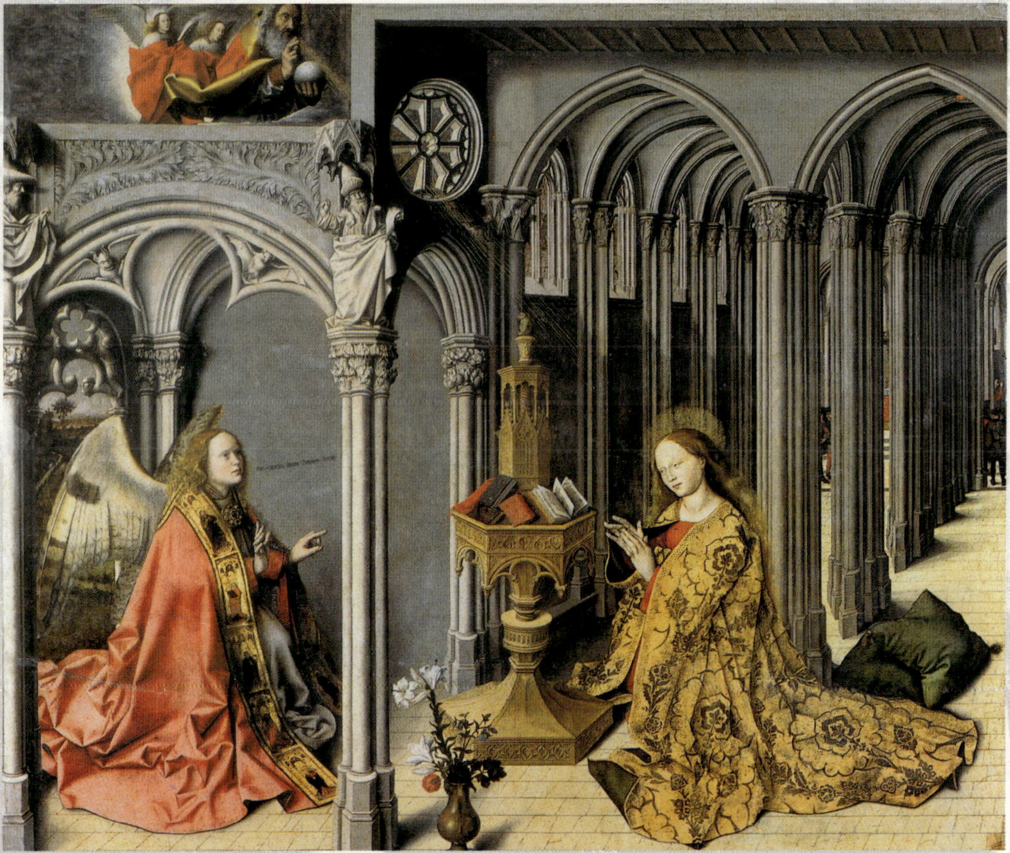

Barthélemy d'Eyck
Verkündigung, 1443–1445
Aix-en-Provence, Ste-Marie-Madeleine

Eines der faszinierendsten Rätsel der Kunstgeschichte war die Identität des »Meisters der Verkündigung von Aix« mit seiner stilistischen Schlüsselposition zwischen Flandern, Provence, Burgund und Italien. Mit aller Wahrscheinlichkeit handelt es sich um Barthélemy, den Bruder von Jan und Hubert van Eyck, der um einer eigenständigen internationalen Laufbahn willen nach Süden auswanderte.

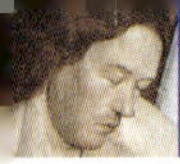

Paris

um 1425 – um 1480

Jean Fouquet

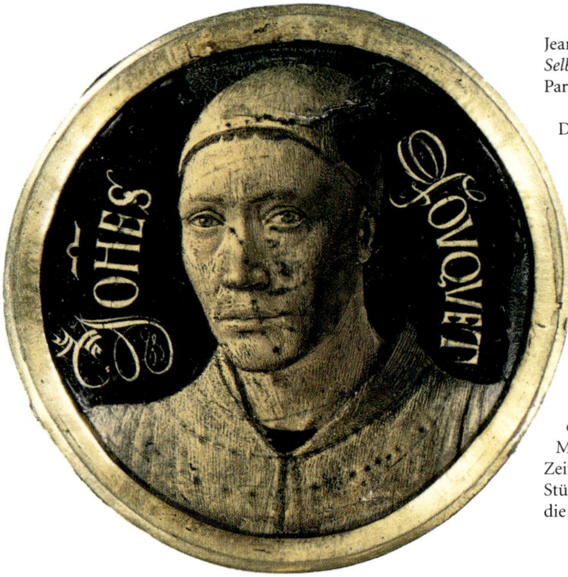

Jean Fouquet
Selbstbildnis, um 1450
Paris, Musée du Louvre

Das kostbare Medaillon in Gold auf schwarzem Grund war wohl ursprünglich in den Rahmen des *Diptychons von Melun* (unten) eingearbeitet. Es ist eines der ersten »eigenständigen« Selbstporträts eines Künstlers aus dem 15. Jahrhundert. Das Format erinnert an eine Münze, aber die Medaillenporträts der Zeit (etwa die wundervollen Stücke Pisanellos) zeigen die Figur im Profil.

Chronist einer Nation, Begründer des französischen Humanismus
Von 1444 bis 1447 unternimmt Fouquet, seit kurzem Hofmaler des französischen Königs, eine lange Italienreise: In Rom, Neapel und Florenz trifft er mit Künstlern zusammen wie Fra Angelico, Domenico Veneziano oder Piero della Francesca. Er informiert sich über die neuen Lehren der Perspektive und rezipiert die Antike. Wieder zurück am französischen Hof kombiniert er gekonnt die flämische naturalistische Genauigkeit mit der in Italien erlernten räumlichen Monumentalität und der nüchternen Klarheit des Lichts. Von der gotischen Tradition ausgehend, lässt der vielseitige, manchmal etwas seltsame Maler wundervoller Miniaturen als künstlerischen Ausdruck des französischen Humanismus eine neue Bildsprache entstehen.

Jean Fouquet
Étienne Chevalier und der heilige Stephanus,
Flügel des *Diptychons von Melun*, um 1450
Berlin, Staatliche Museen zu Berlin – Preußischer Kulturbesitz, Gemäldegalerie

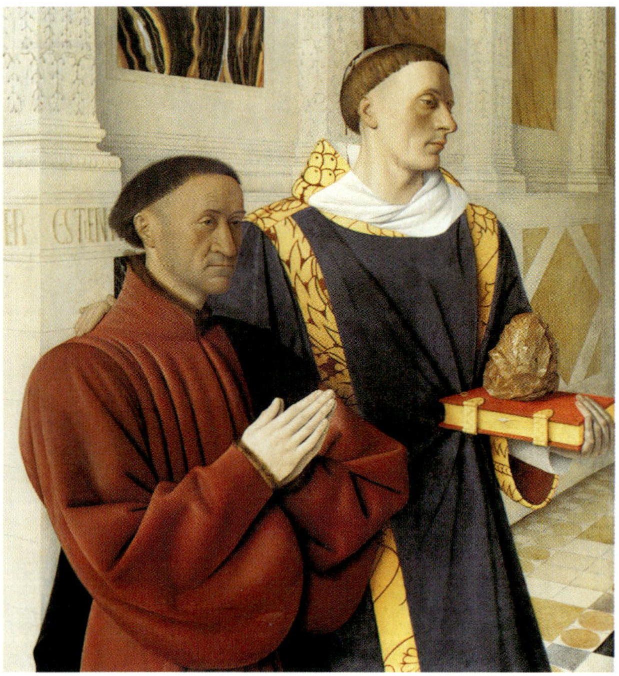

Jean Fouquet
Madonna mit Kind, Flügel des *Diptychons von Melun*, um 1450
Antwerpen, Koninklijk Museum voor Schone Kunsten

Die Madonna trägt die Züge von Agnès Sorel, der Favoritin König Karls VII.; Étienne Chevalier war sein Hofbeamter und Sekretär.

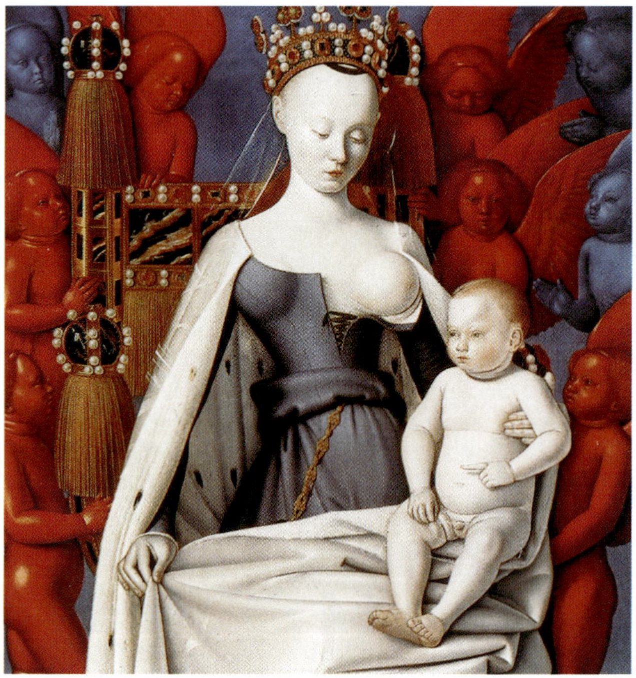

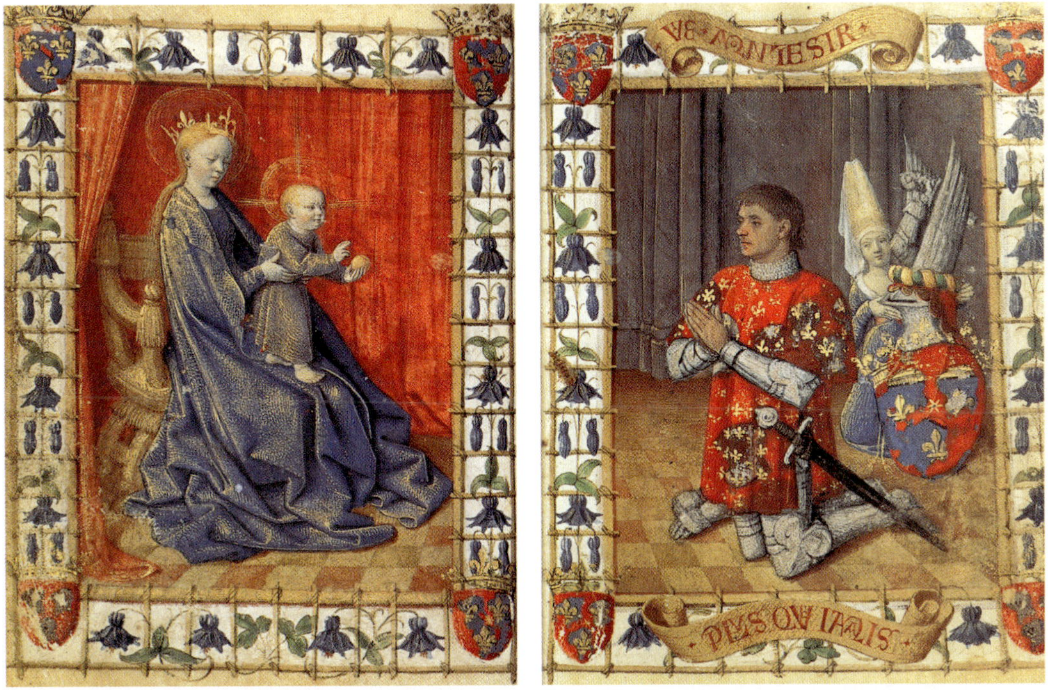

Jean Fouquet
Madonna mit Kind und Simon de Varie als Stifter; illuminierte Seite aus dem *Livre d'heures de Simon de Varie*
Los Angeles, The J. Paul Getty Museum

Fouquet ist einer der größten Miniatoren der Kunstgeschichte: Kennzeichnend für ihn sind die kompositorische Verknüpfung der Bilder, die faszinierend genaue Darstellung der Umgebung, Pflanzenornamente und Gewänder sowie die Technik, die Kleider von Madonna und Kind wie mit Goldlüster geschmückt erscheinen zu lassen.

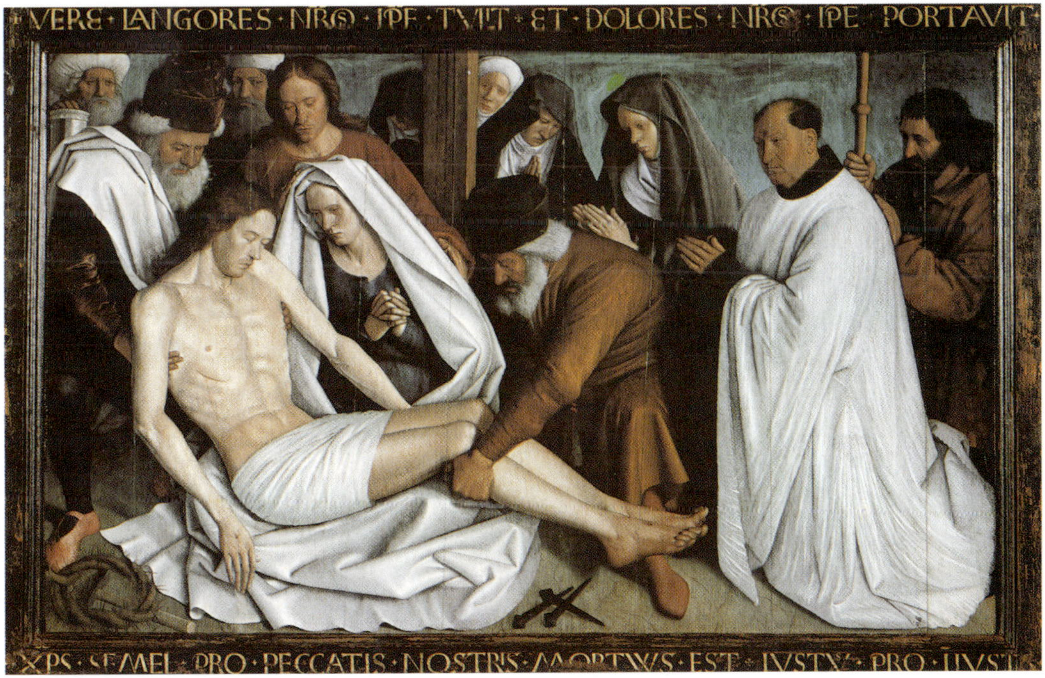

Jean Fouquet
Pietà, um 1444
Nouans-les-Fontaines, St-Martin

Durch den feierlichen, dramatischen Rhythmus erscheint das Gemälde wie die Übertragung einer großen Skulpturengruppe voller pathetischer Energie und porträthafter Genauigkeit, vor allem bei den Hauptfiguren, die des burgundischen Bildhauers Claus Sluter würdig wären. Es ist eines der wenigen vor der Italienreise geschaffenen Bilder.

Toskana, Marken

1416/17–1492

Piero della Francesca

Menschlicher Verstand und »göttliche Proportion«
Piero della Francesca kommt eine zentrale Stellung in der italienischen und europäischen Kunst des 15. Jahrhunderts zu: Der zweiten Generation der Frührenaissance-Maler zugehörig, gelingt ihm die Einheit von Kunst und Geometrie, von strengster Anwendung perspektivischer Regeln und poetischem Ausdruck. Florenz ist sein Ausbildungsort, aber seine Tätigkeit konzentriert sich auf die »Provinz« (Sansepolcro, Arezzo, Rimini, Ferrara, Urbino, Perugia), wodurch er zur Verbreitung der Frührenaissance in Italien beiträgt. Am liebsten lebt er in seiner Geburtsstadt Sansepolcro, zwischen der westlichen Toskana, Umbrien und Urbino. In den 40er Jahren ist er abwechselnd in Sansepolcro tätig und auf Reisen, unter anderem nach Rom; in Ferrara trifft er mit Leon Battista Alberti und möglicherweise mit Rogier van der Weyden zusammen. Ab 1452 arbeitet er an seinem Hauptwerk, der *Kreuzlegende* in Arezzo, das durch die szenische Vielfalt, die monumentale Plastizität der Figuren, die Rationalität des Raumempfindens sowie die Ausdruckstiefe zu einem Grundlagenwerk der Renaissance wird. In den 60er Jahren wirkt er vor allem in Urbino am Hof des Herzogs Federico da Montefeltro. Außer einigen großen Werken fallen in diese Zeit intensive Kontakte mit internationalen Künstlern und die Niederschrift seiner Traktate über Geometrie, Perspektive und Algebra. Ab Mitte der 70er Jahre muss er wohl wegen nachlassender Sehkraft das Malen einstellen, kehrt nach Sansepolcro zurück und widmet sich ganz seinen Schriften. Dieser für das 15. Jahrhundert so typische Künstler stirbt – merkwürdiges Zusammentreffen – am 12. Oktober 1492, dem Tag der Entdeckung der Neuen Welt.

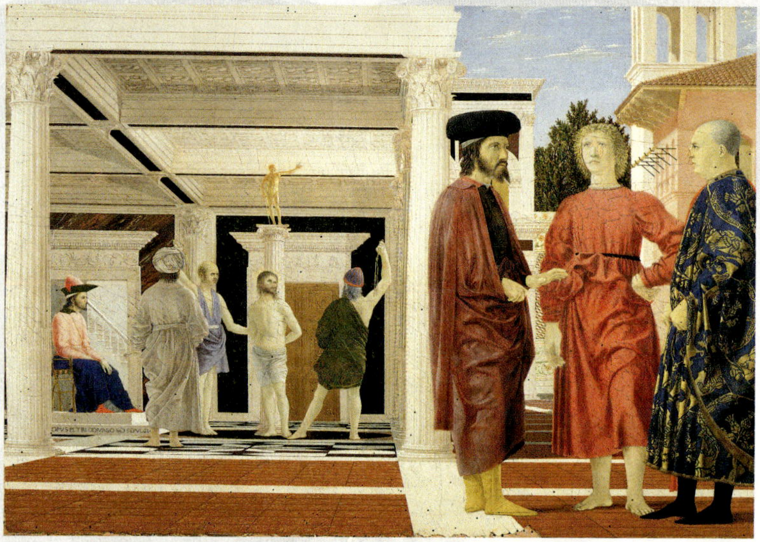

Piero della Francesca
Geißelung Christi, 1450–1460
Urbino, Galleria Nazionale delle Marche

In dieser perfekten Synthese der wichtigsten Merkmale italienischer Kunst der Jahrhundertmitte ist der Raum streng perspektivisch komponiert; die natürliche Lichtgebung hebt die Perspektive und das Verhältnis zwischen Innen und Außen hervor.

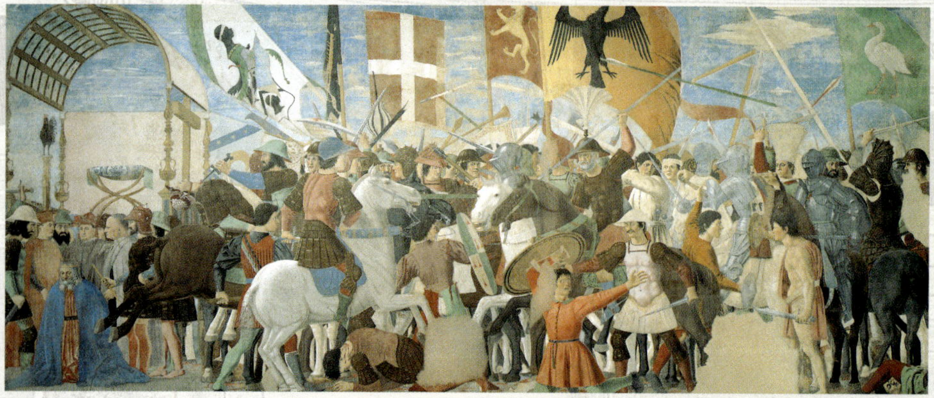

Piero della Francesca
Schlacht zwischen Heraklius und Chosroes, aus der *Kreuzlegende*, 1452–1460
Arezzo, San Francesco

»Gute« und »Böse«, Freund und Feind verflechten sich im Vordergrund zu einem dichten Knäuel; die Bewegungen in dem gnadenlosen Kampf wirken gemessen und geübt wie in der Kampfkunst.

Piero della Francesca
Pala Montefeltro, 1472–1474
Mailand, Pinacoteca di Brera

Die für Herzog Federico da Montefeltro gefertigte Tafel befand sich ursprünglich in der Kirche San Bernardino in Urbino. Die verschiedenen Wesenszüge des Malers – auf der einen Seite der Theoretiker der Geometrie und Verfasser grundlegender Traktate zur Perspektive, auf der anderen Seite der kreative Künstler mit seinem Streben nach dem idealen Bild – lassen sich hier aufspüren. Die Szene findet in einer Renaissance-Kapelle statt, deren Proportionen auf die Personen abgestimmt sind. Zurückhaltend modelliert das Licht die Figuren und verleiht der Gruppe die Feierlichkeit eines himmlischen, nach den Regeln einer präzisen Hierarchie aufgestellten Hofstaats. Die Madonna thront in der Mitte auf einem Podium, umgeben von vier Engeln, erkennbar an der Rundung der Flügel über den Schultern; im Vordergrund kniet fromm und ehrfürchtig der Herzog. In der Muschelkalotte hängt an einer Kette das berühmte Straußenei (eine Anspielung auf die Geburt Christi und das Wappen der Montefeltro): In ihm vereinen sich Symbolwert und beeindruckende perspektivische Darstellung.

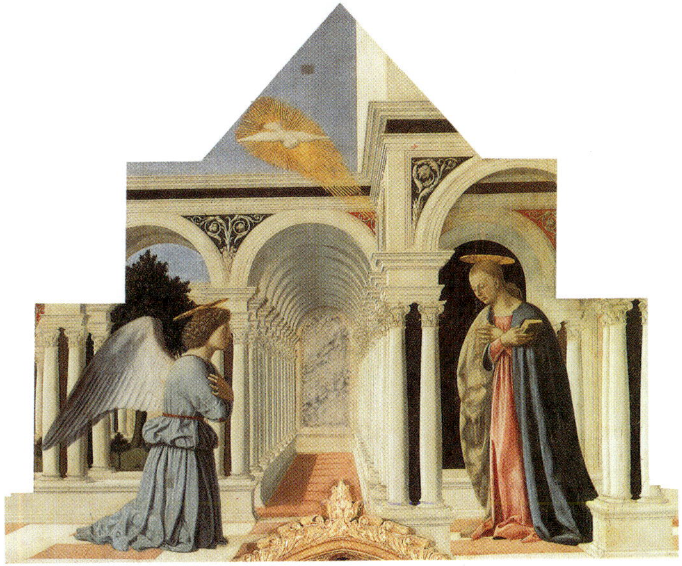

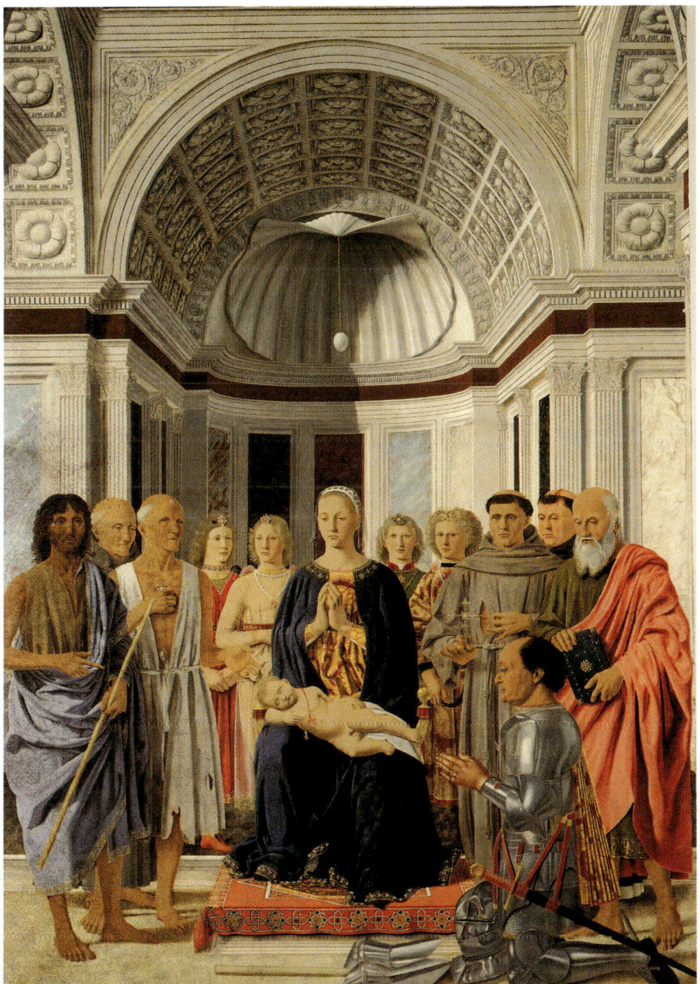

Piero della Francesca
Verkündigung, Aufsatz des *Polittico delle Monache di Sant'Antonio*, 1460–1465
Perugia, Galleria Nazionale dell'Umbria

Der stufenförmige Rahmen wurde im 18. Jahrhundert »zugeschnitten«, aber die Szene ist immer noch von bewegender Klarheit. Grundelement ist der wundervolle Säulengang; er bringt die Figuren in Beziehung zueinander, zeigt die Richtung des Lichteinfalls und vermittelt zwischen dem Garten (links) und der ausgewogenen, intellektuellen Konstruktion des Kreuzgangs.

Die Herzöge von Urbino

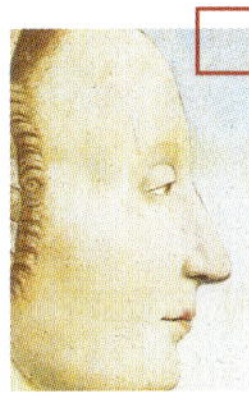

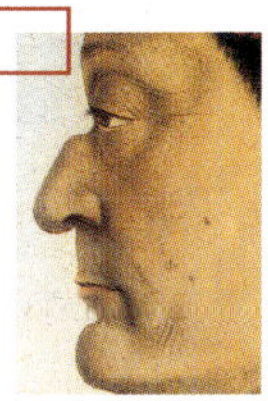

Bis Mitte des 15. Jahrhunderts war Urbino eine Kleinstadt aus Steinhäusern in den grünen Hügeln der Marken zwischen Romagna, Toskana und Umbrien. Die Herrschaft der Montefeltro verwandelt es in eine »Palaststadt«. Federico da Montefeltro und seine Frau Battista Sforza, von Piero auf dem berühmten Diptychon abgebildet, führen einen kleinen, aber kulturell bedeutenden Hof. Federico, der bei einem Turnier ein Auge verloren hat und daher immer im Profil gezeigt wird, ist ein echter Fürst: gelehrt, aufgeklärt, heiter. Ab 1465 baut er das Familienschloss wieder auf: Unter dem aus Dalmatien stammenden Luciano Laurana und dem Sieneser Francesco di Giorgio Martini entsteht der größte und besterhaltene weltliche Bau Europas aus dem 15. Jahrhundert. Hierher streben Künstler aus allen Regionen Italiens, aber auch aus Spanien und Flandern: Pedro Berruguete, hochberühmte Bildhauer und Schnitzer, Piero della Francesca und Joos van Gent, Paolo Uccello und andere. In seinem Palast verwirklicht Herzog Federico (gestorben 1482; Nachfolger wird Sohn Guidobaldo) die Vorstellung von der »idealen Stadt« der Renaissance, deren Ordnung allein durch die »göttliche Proportion« und das Vorbild der Natur bestimmt wird. Dieses Milieu prägte zwei der bedeutendsten Künstler der Hochrenaissance: Bramante und Raffael.

Piero della Francesca

um 1455

Salomo und die Königin von Saba

Der 1452 von Piero della Francesca begonnene und etwa zehn Jahre später vollendete Freskenzyklus im Chor von San Francesco in Arezzo ist eines der bedeutendsten Werke der italienischen Renaissancemalerei und ein monumentales Beispiel für ausgewogene Proportionen, Maß und Ordnung. Die Szenen entstammen der *Legenda Aurea* aus dem 13. Jahrhundert, einer von dem Dominikanerbruder Jacobus de Voragine zusammengestellten Sammlung von Heiligenlegenden. Die Geschichte von der Auffindung des Kreuzes von Adams Tod bis zu Kaiser Konstantin schildert Piero jedoch nicht in der genauen zeitlichen Reihenfolge, sondern bevorzugt eine rhythmische Struktur mit optischen Symmetrien zwischen den Wänden. So wechseln Momente ritueller Feierlichkeit mit wilden Schlachten, Passagen lyrischer Betrachtung mit lebhaften Erzählszenen. Über allem herrscht der Geist des Meisters, der die Momente von Handlung und Ruhe mit geradezu mathematischer Logik einsetzt. Pieros Größe besteht darin, dass inmitten der intellektuellen Strenge der Funken des Gefühls, der Zärtlichkeit und des Schreckens aufblitzt. Die Welt der Emotionen beeinträchtigt nicht die geometrische Klarheit des Werks, sondern erwärmt es und verleiht ihm gleichsam eine Seele.

Piero bemüht sich immer wieder um schlichte Körperlichkeit, widmet sich jedoch auch den Einzelheiten mit unendlicher Geduld, etwa bei der Gruppe fröhlicher Mägde im Gefolge der Königin. Insgesamt ist das große Gemälde von einem Wechsel zwischen bewegten und ruhigen Szenen, Personengruppen und Leerstellen, Außen und Innen geprägt; Ende des 19. Jahrhunderts nehmen Seurat und später die Pittura metafisica sich daran ein Beispiel.

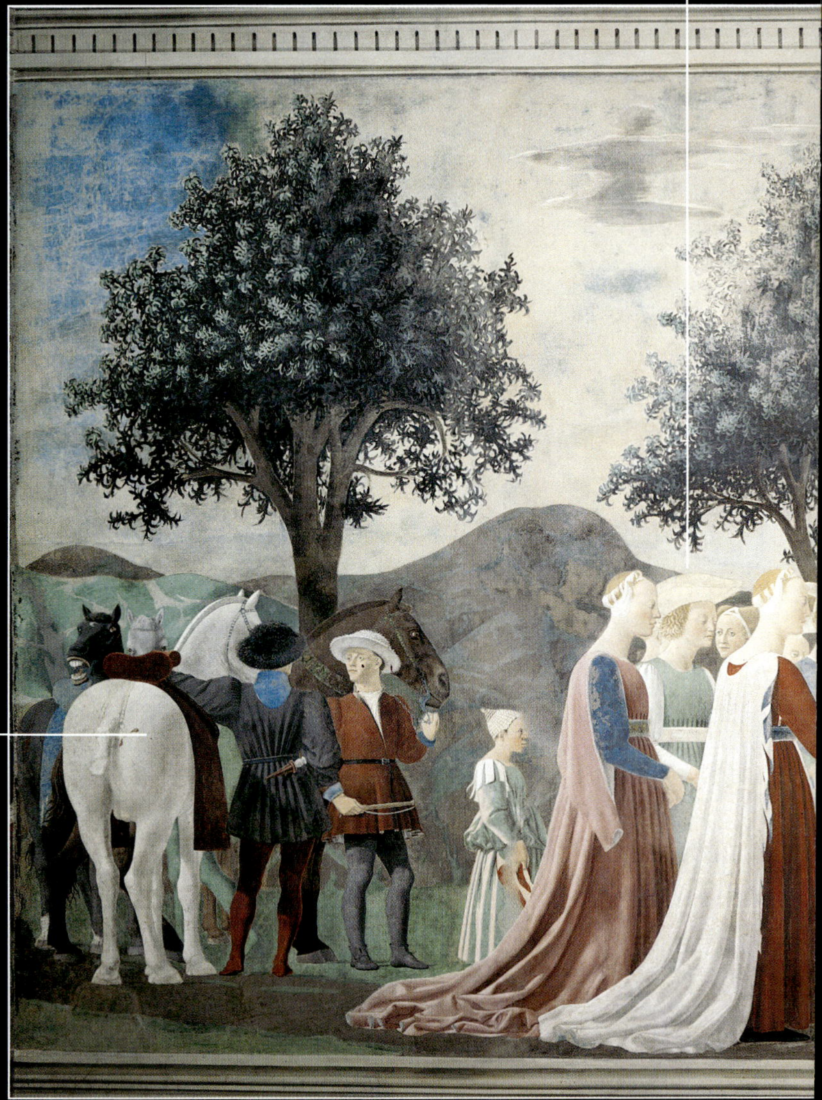

Nach einer komplizierten Restauration des ganzen Zyklus, der durch die wiederholte Beschädigung der Wände über die Jahrhunderte nötig wurde, sind die lebhaften Farben und die meisterhafte Lichtregie wieder sichtbar geworden; man erkennt in der Anordnung von Schatten und Farben zugleich ein Spiel mit geometrischen Formen (das schwarze Pferd von vorn gegen das weiße Pferd von hinten). Einige Details wie das faltenreiche Gewand

Eine wundervolle kannelierte Säule mit Kompositkapitell trennt das Innere des Königspalasts von der weiten, frühlingshellen Hügellandschaft, die der Gegend um Arezzo nachempfunden ist.

Unter den Würdenträgern des Königs Salomo hat Piero sich selbst abgebildet, in Blickkontakt mit dem Betrachter; sein einziges allgemein anerkanntes Selbstporträt.

Die alttestamentliche Szene der Begrüßung der Königin von Saba und Salomos nimmt offensichtlich Bezug auf die Gruppe von Christus und den Aposteln in Masaccios *Zinsgroschen*; Piero entwickelt sie in noch monumentalerem Maßstab in einem Gebäude absolut klassischen Stils.

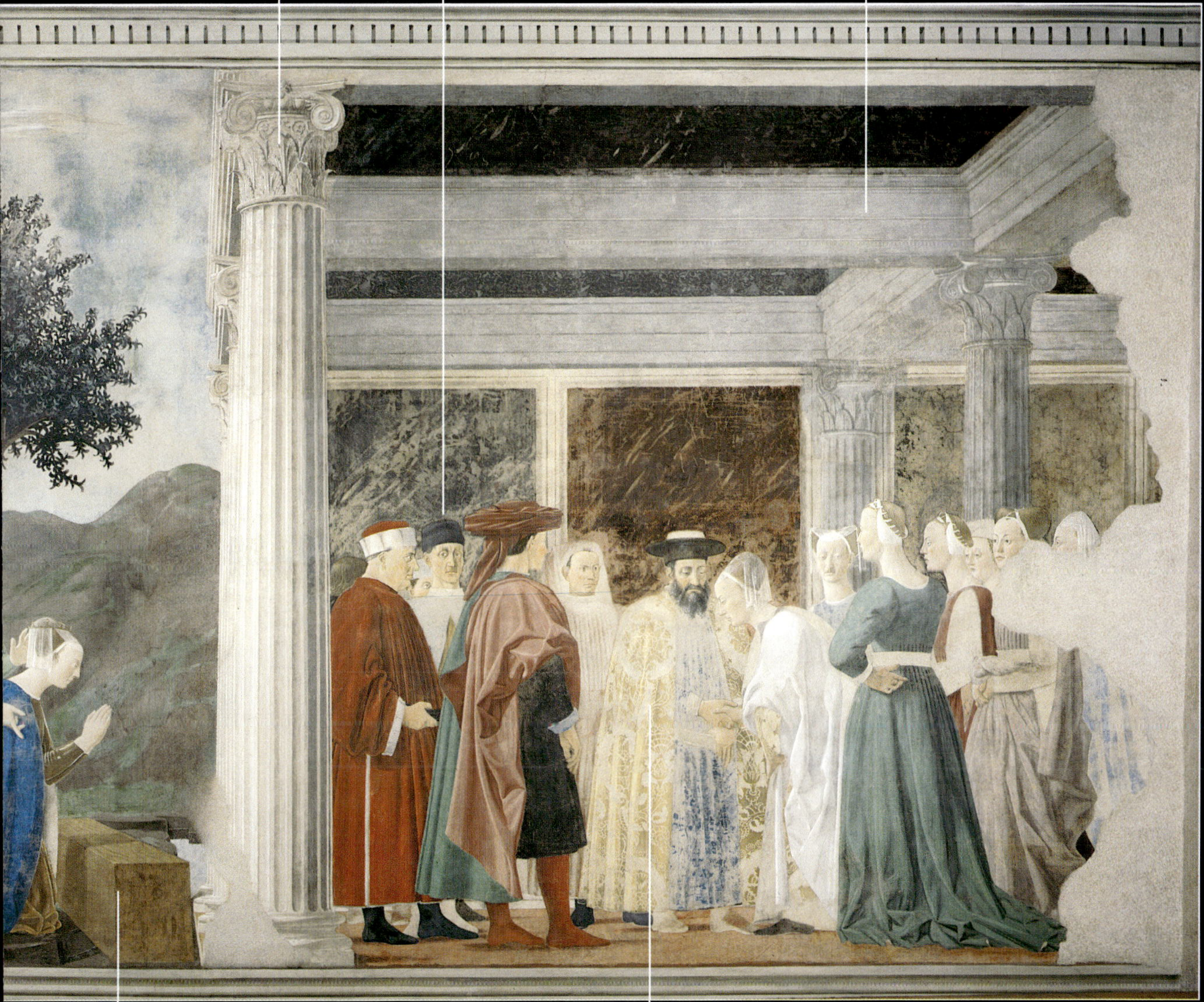

Eine der berühmtesten und feierlichsten Szenen des Zyklus: Der *Legenda Aurea* zufolge kniet die Königin von Saba vor der Begegnung mit Salomo vor einem Balken nieder, in dem sie das spätere Holz für das Kreuz Christi erkennt.

In der Hauptszene kennzeichnen die verhaltene Mimik und Gestik den Punkt, an dem Piero seine Vorgänger Giotto und Masaccio erreicht, aber auch übertrifft. Nach der Pionierphase der Frührenaissance ist die komplexe Darstellungsweise, in der Figuren und Architektur, Natur und Verstand, Licht und Bewegung eine Rolle spielen, nun endgültig gewonnen.

Brügge
1435/40–1494
Hans Memling

Ein Dichter der Sanftmut inmitten von Tuchhändlern
Der in Deutschland geborene Hans Memling gehört zur zweiten Generation flämischer Meister und steht für die Reifezeit der Schule von Brügge. Seine Ausbildung macht er in Köln, wo er die Werke Stefan Lochners bewundert. Dann geht er nach Brüssel und wird engster Mitarbeiter Rogier van der Weydens. Nach dessen Tod (1464) lässt er sich in Brügge nieder und wirkt dort dreißig Jahre lang. Memlings Stärken sind eine perfekte Technik und ein starkes Empfinden für Anmut und Maß. Eingebettet in das umtriebige Leben der Handelsstadt Brügge, ist er jedoch wenig experimentierfreudig: Sein Werk verändert sich im Lauf seines Lebens nicht wesentlich und steht daher exemplarisch für die flämische Malerei des 15. Jahrhunderts. Reisen sind nicht nachweisbar, jedoch enge Kontakte zu florentinischen Auftraggebern (Vertretern der Medici-Bank in Brügge): Für die Tani malt er sein erstes großes Werk, das Triptychon mit dem *Jüngsten Gericht* (heute Danzig), für die Portinari ebenfalls ein Triptychon und mehrere Porträts. Memling führt in die Porträtkunst das Dreiviertelprofil mit Landschaftshintergrund ein, eine Form, die in der flämischen und italienischen Kunst weite Verbreitung findet. Bewegend sind seine religiösen Werke, die oftmals mehrere Episoden in einem einzigen Kontext versammeln.

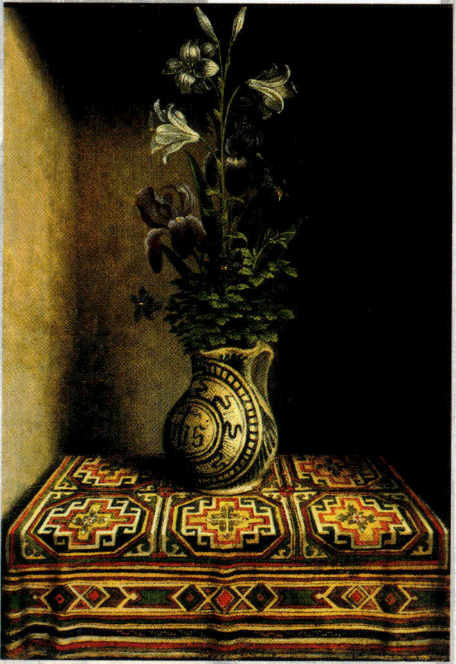

Hans Memling
Stillleben mit Krug und Blumen auf einem Teppich, 1485–1490
Madrid, Museo Thyssen-Bornemisza

Diese überraschende Komposition über hundert Jahre vor der eigentlichen Entstehung des Stilllebens befindet sich auf der Rückseite eines Porträts.

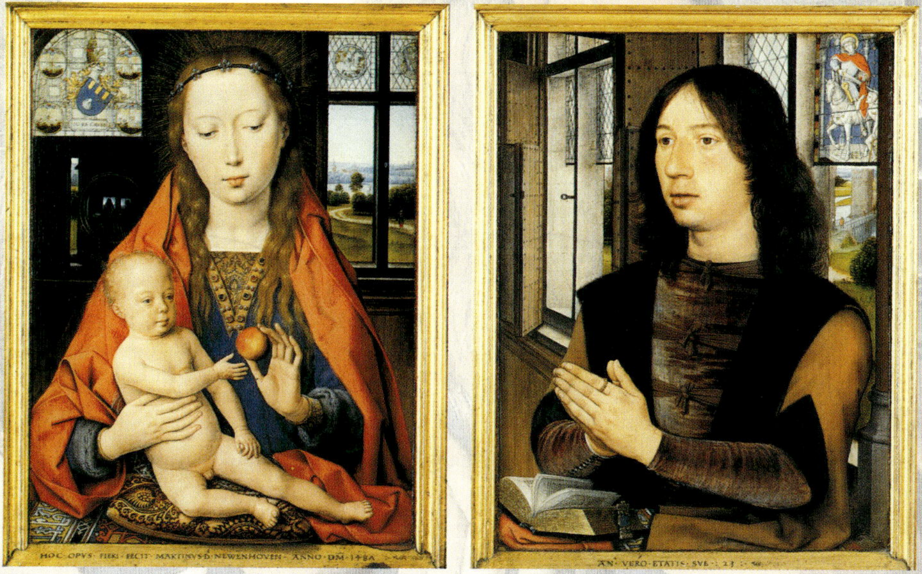

Hans Memling
Diptychon des Maarten van Nieuwenhove, 1487
Brügge, Memlingmuseum – Sint Janshospitaal

Hier vereinen sich Memlings Porträtkunst und seine mystische Frömmigkeit.

Hans Memling
Bathseba im Bade, 1485–1490
Stuttgart, Staatsgalerie Stuttgart

Memling versetzt die biblische Geschichte in das wohlhabende und geschäftige Brügge seiner Zeit. Jedes Detail zeigt die Annehmlichkeiten des Heims: Eine hilfsbereite Dienerin hält der jungen Dame ein weißes Hemd auf, während diese zerstreut in ihre Pantoffeln schlüpft. Ein bürgerliches Idyll voller Realismus und nicht ohne einen Hauch sinnlicher Intimität.

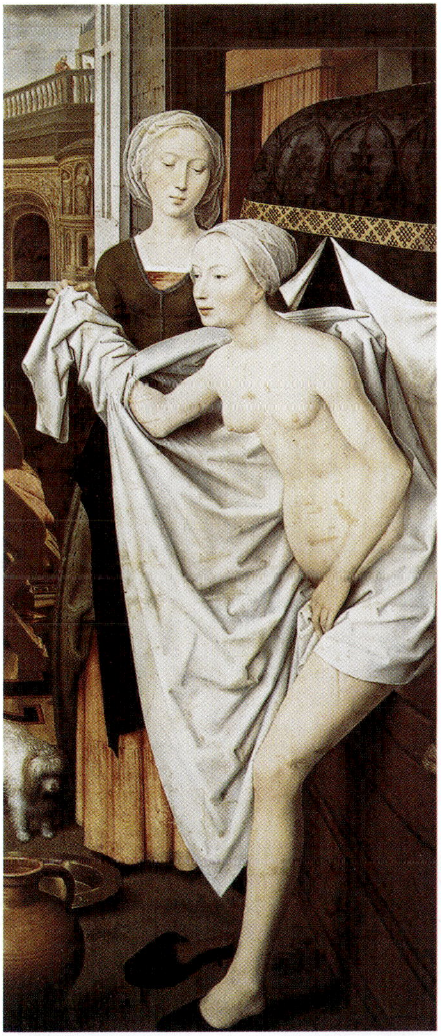

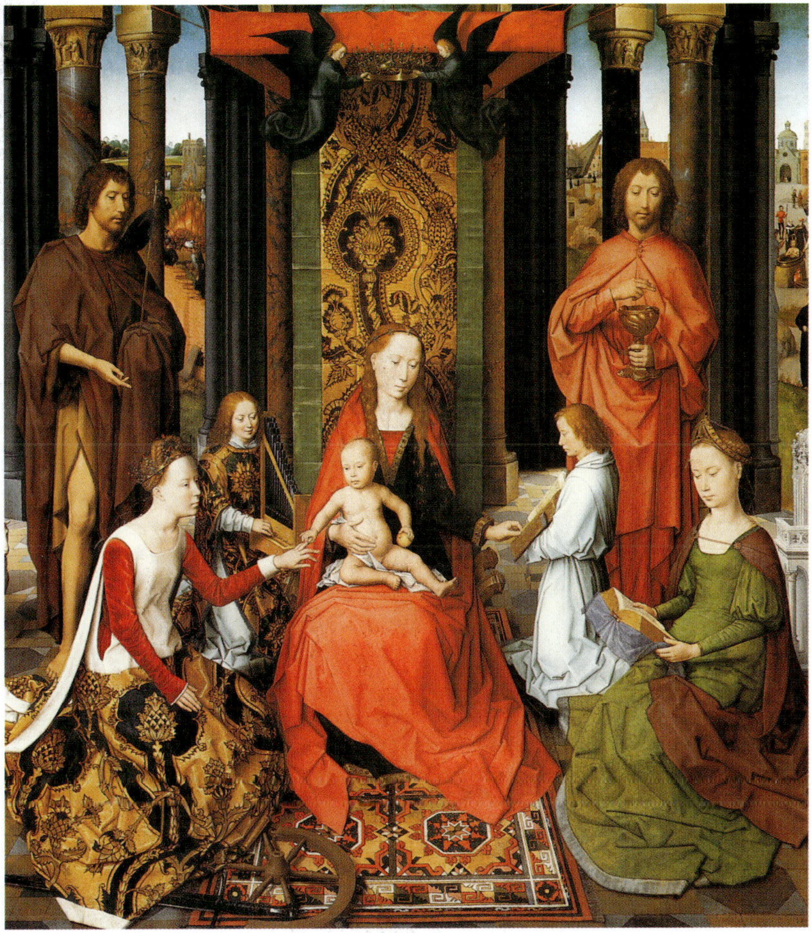

Hans Memling
Mystische Vermählung der heiligen Katharina, Mitteltafel des *Maria-und-Johannes-Altars*, 1474–1479
Brügge, Memlingmuseum – Sint Janshospitaal

Das großartige Triptychon ist eines der Hauptwerke des Malers. In den kostbaren Stoffen und Mustern, die auf der weiträumig und luftig komponierten Mitteltafel zu sehen sind, empfiehlt sich die Tuchstadt Brügge.

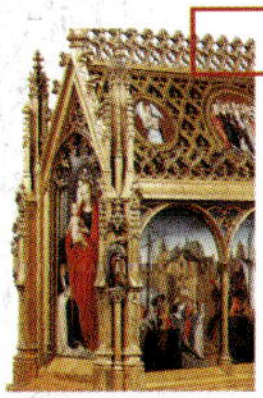

Der Schrein der heiligen Ursula

Unter den Schätzen des Memling gewidmeten Museums im alten Johannes-Hospital in Brügge nimmt der Schrein der heiligen Ursula eine Sonderstellung ein. Der Reliquienschrein mit gotischen Architekturformen, Maßwerk, Fialen und Krabben unter den seitlichen Bögen hat kleine Gemälde mit der märchenhaft-traurigen Legende der heiligen Ursula, jener blonden, in zahlreiche Liebes-, Glaubens- und Reiseabenteuer verwickelten Prinzessin. Der um 1489 vollendete Schrein ist nur wenige Jahre älter als der venezianische Gemäldezyklus von Carpaccio.

Hans Memling

1466–1473

Weltgerichtsaltar

Dieses wundervolle Triptychon, Memlings erstes großes Werk, wurde für Jacopo Tani, den Direktor der Medici-Bank in Brügge gemalt. Von dort wurde es nach Florenz eingeschifft, da die Seeroute zwischen Brügge und dem Tyrrhenischen Meer schneller und sicherer schien als der Transport über Land. Doch vor der englischen Küste überfällt der Ostseepirat Paul Beneke das Schiff, raubt es aus und nimmt das Bild als Beute nach Danzig mit. So beginnt die Odyssee eines der meistumkämpften Werke Europas: Im Lauf der Jahrhunderte wird es von den Medici, von Papst Pius II. und vom preußischen König beansprucht; nach den Polnischen Kriegen wird es von Napoleon in den Louvre gebracht, dann von Göring nach Thüringen und schließlich von der Roten Armee in die Eremitage. Nun ist es dank polnischer Hartnäckigkeit nach über fünf Jahrhunderten wieder nach Danzig gelangt, ins elegante Muzeum Narodowe im alten gotischen Trinitätskloster. Als Werk aus der Reifezeit eines Künstlers und einer Stadt zeigt das Bild die Qualitäten und Besonderheiten der flämischen Malerei des 15. Jahrhunderts: die Präzision im Detail, die Technik der Ölmalerei (einzigartig der Glanz von Michaels Rüstung und der Kugel unter Christi Füßen), die keuschen, aber realistischen Akte und das große Interesse für die menschliche Physiognomie und den Ausdruck der Emotionen. Das Triptychon ist um die Mittelachse mit Christus als Weltenrichter und dem Erzengel Michael völlig symmetrisch aufgebaut. Auf der einen Seite brennt das höllische Feuer, auf der anderen Seite kehrt Ruhe ein, lösen sich die verkrampften Glieder, trocknen die Tränen, glätten sich die Gesichter. Während sich sonst die Aufmerksamkeit von Malern und Betrachtern auf die scheußlichen Höllengestalten richtet, bietet uns Memling eines der schönsten Bilder vom Paradies.

Der als gotisches Kirchenportal gestaltete Eingang ins Paradies erinnert an die Architektur Brügges. Über dem Relieftondo mit der Erschaffung Evas begrüßt ein Engelsorchester die Seligen.

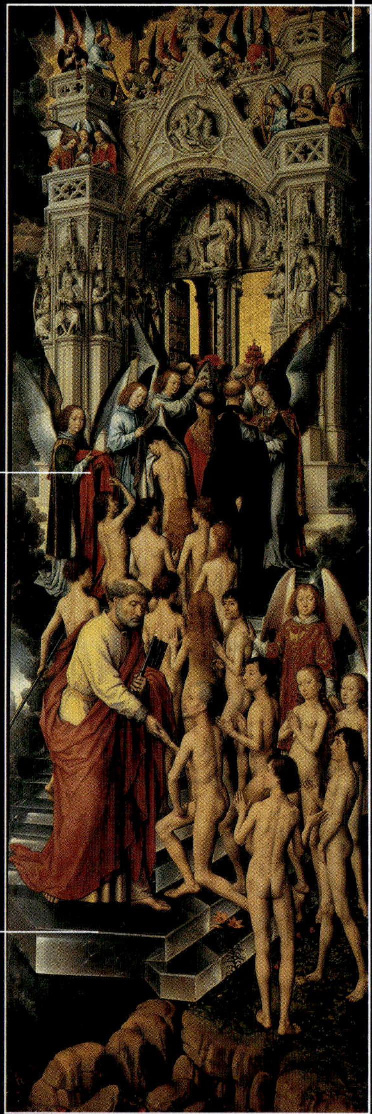

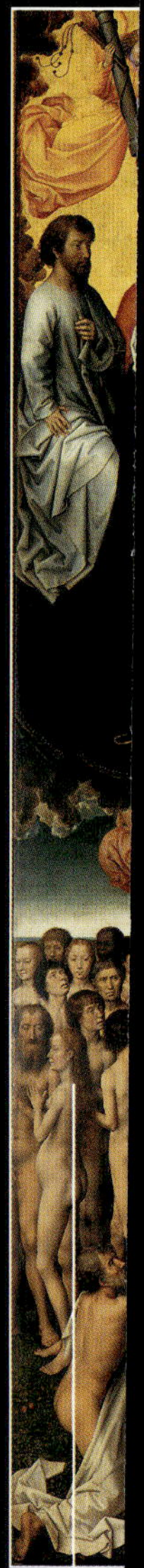

Am oberen Ende der Treppe bekommen die nackten Erlösten, die von Klerikern angeführt werden, prachtvolle Gewänder: ein Bischof seine Mitra, zwei Mönche ihre Ordensgewänder. Das Tor geht auf: Dahinter erkennen wir den Glanz des ewigen Lichts.

Beim Eingang zum Paradies erreicht Memling den Gipfel seiner schöpferischen und poetischen Kraft. In origineller Weise entwickelt er eine Szene aus dem etwa dreißig Jahre älteren *Weltgericht* Stefan Lochners weiter. Ehrfürchtig treten die Seligen vor eine Treppe ganz aus Kristall, die vom Himmel herabführt. Der heilige Petrus hilft den Glückseligen die glänzenden Treppenstufen zum Paradies hinauf.

Während sich die endgültige Vernichtung der Welt ankündigt, entflammt auf der kahl und unwirtlich gewordenen Erde der Streit der Engel und Dämonen um die hilflosen und erschreckten Seelen.

Memling vereint die ikonographische Weltgerichts-Tradition der deutschen und flämischen Kunst mit einer eigenen Lesart der Offenbarung und anderer Bibeltexte über das Ende der Welt. Zentrum und Schlüssel der Komposition ist der leuchtende Regenbogen, alttestamentliches Zeichen für den Bund Gottes mit den Menschen.

Schreckliche Strafen für die Sünder schildert Memling auf der rechten Seite des Triptychons. Der Höllenschlund, auf den schwarze Teufel die sich verzweifelt Wehrenden zutreiben, hat sich bereits aufgetan und verschlingt die Verlorenen im Feuer ewiger Verdammnis.

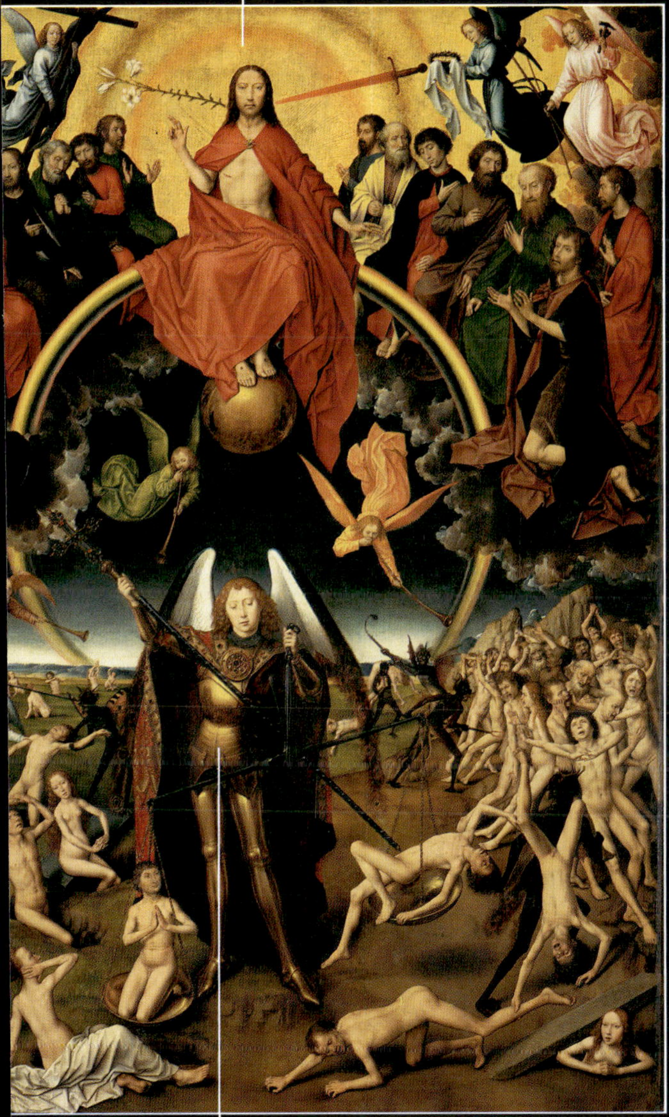

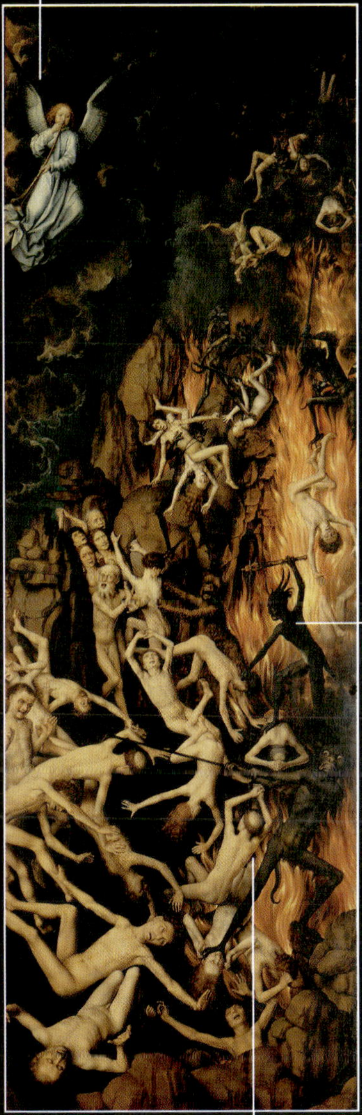

Das Triptychon ist als einheitliche Szene auf drei Tafeln konzipiert. Die hell geränderten Wolken der Mitteltafel setzen sich auf dem rechten Bild fort. Memling legt weniger Wert auf die Darstellung von Qualen und teuflischen Wesen als andere Maler; er nützt seine Porträtkunst für die Schilderung der verdammten Seelen, die mit verzerrten Gesichtern, zusammengepressten Zähnen und schreckensgeweiteten Augen ins ewige Feuer stürzen.

Beherrschende Figur ist der Erzengel Michael, der die Seelen wiegt und scheidet. Trotz der Dramatik der Situation verleiht Memling seinen weiblichen Figuren einen Hauch Sinnlichkeit.

Oftmals erkennt man an der Tonsur, dass unter den Verdammten auch Kleriker sind.

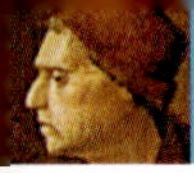

Sizilien, Neapel, Venedig

um 1430–1479

Antonello da Messina

Bindeglied zwischen Flandern und Italien
Antonello da Messina spielt eine wichtige Rolle für das Verständnis der »Mittelmeerrouten« und ihrer Bedeutung für die internationale Kunst in der Mitte des 15. Jahrhunderts; sein Lebenslauf führt ihn vom Austausch mit den flämischen und provenzalischen Meistern über Piero della Francesca schließlich zur venezianischen Schule, auf die er befruchtend wirkt. Seine Ausbildung erlebt er um 1450 im kosmopolitischen Klima Neapels bei Colantonio (Niccolò Antonio) und vor allem im Kontakt mit den königlichen Sammlungen flämischer Kunst. Schon in den ersten Werken gelingt es ihm, Detailfreude innovativ mit räumlicher Weite zu verknüpfen. Zwischen Reisen und Arbeitsphasen in Sizilien entwickelt sich Antonello schnell zum eigenständigen Künstler; er schafft neue Versionen des Kreuzigungsthemas und eine Serie eindrücklicher männlicher Porträts, deren namenlos gebliebene Figuren ein faszinierendes Geheimnis umgibt. Bei einer Reise nach Norden trifft er in Rom und Urbino mit Piero della Francesca zusammen. Den Höhepunkt seiner Laufbahn erreicht er 1474–1476 in Venedig: Dort gibt er der Malerei einen entscheidenden Impuls, den Giovanni Bellini aufnimmt.

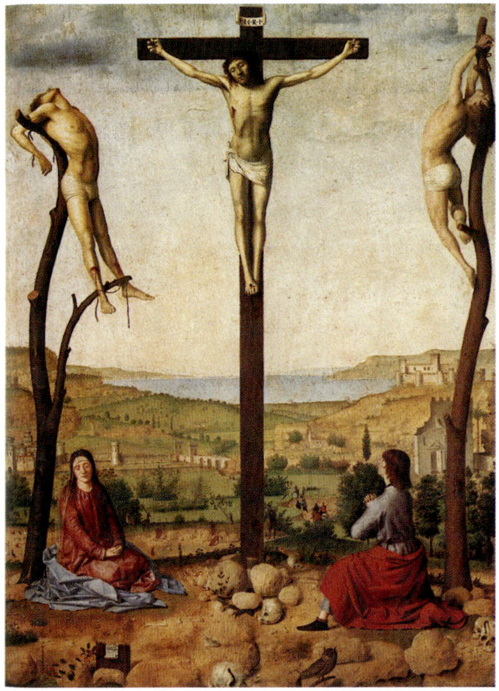

Antonello da Messina
Kreuzigung, 1475–1476
Antwerpen, Koninklijk Museum voor Schone Kunsten

Die komplexeste und dramatischste von Antonellos zahlreichen Kreuzigungsszenen: Im Kontrast zur detailgetreu beschriebenen Landschaft steht der große »Leerraum« des Himmels, vor dem sich die drei Kruzifixe gespenstisch abzeichnen.

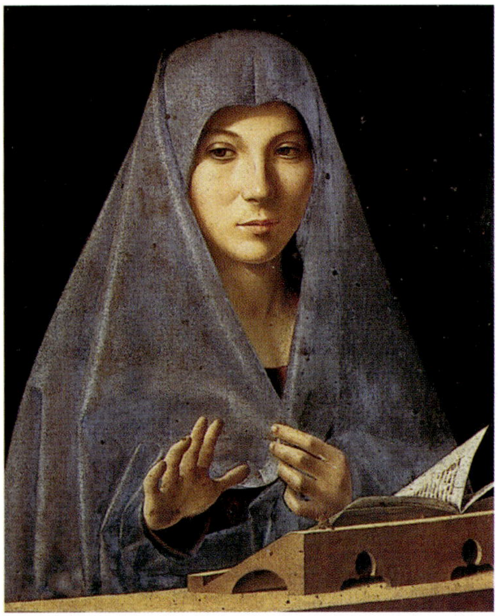

Antonello da Messina
Maria der Verkündigung, um 1477
Palermo, Galleria Regionale della Sicilia

Dieses Bild, vielleicht das bekannteste der sizilianischen Malerei überhaupt, drückt äußerst suggestiv Gefühle der Reinheit, Bescheidenheit und Anteilnahme aus, auch wenn Gesten und Gesichtsausdruck verhalten wirken: Antonellos sehr persönliche Interpretation der geometrischen Strenge Piero della Francescas mit größter Vereinfachung von Farben und Volumina.

Antonello da Messina
Der heilige Hieronymus im Gehäuse, Detail, um 1474–1475
London, The National Gallery

Dieses Bild ist ein in der italienischen Kunst so einzigartiger Beweis für Perspektive und Detailgenauigkeit, dass man einen der großen flämischen Meister für seinen Urheber hielt. Der Lichteinfall in die verschiedenen Räume, die Natur vor den Fenstern im Hintergrund, die auf den Buchseiten widerscheinende Welt des Wissens und die verinnerlichte Bewegung der Erkenntnis steigern den Zauber des Werks.

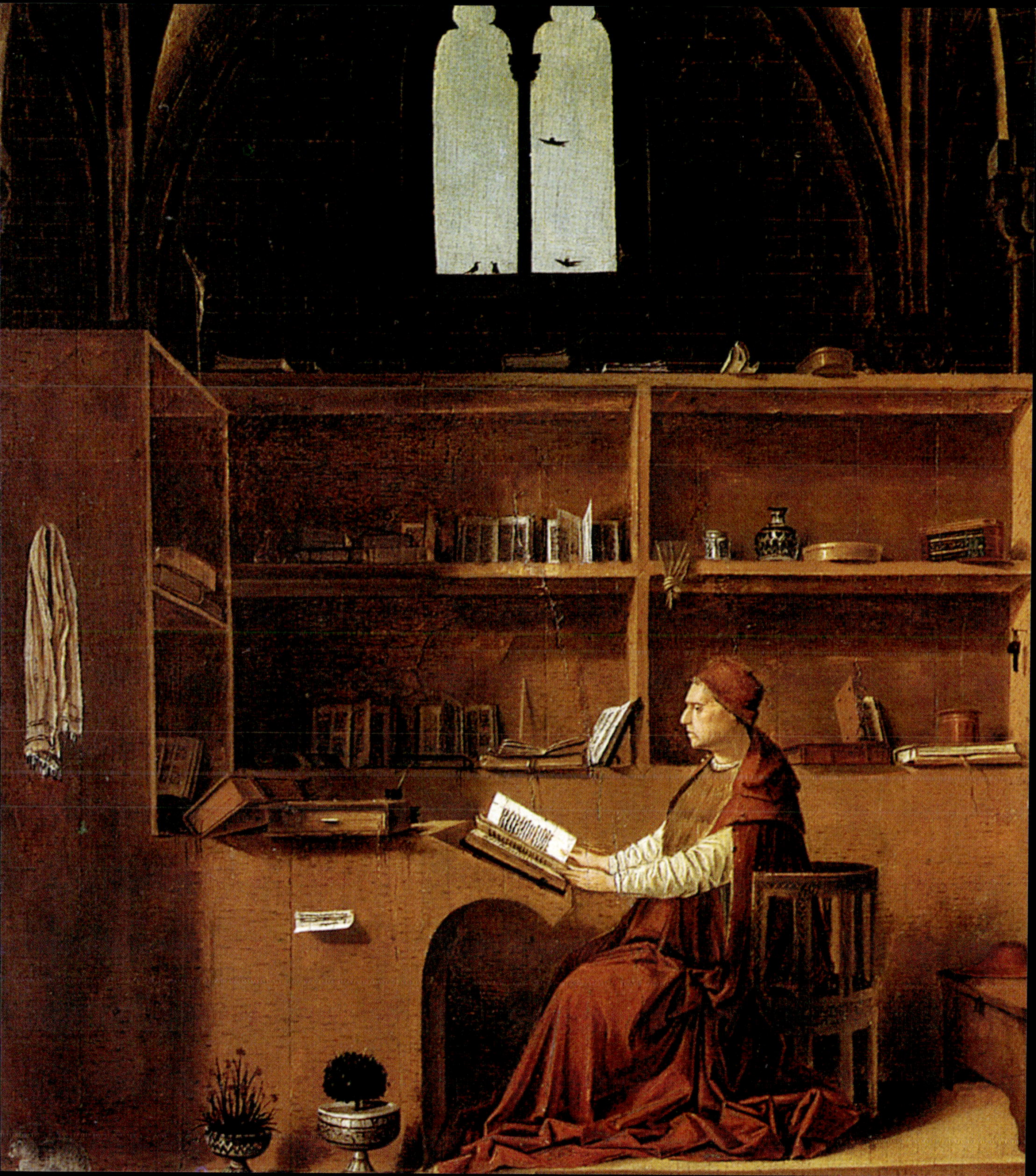

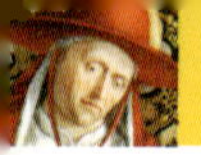

Elsass, Tirol

1453–1491 1430/35–1498

Martin Schongauer – Michael Pacher

Die deutsche Malerei vor dem Wendepunkt
Kennzeichnend für die deutsche Malerei in der zweiten Hälfte des 15. Jahrhunderts sind zwei Meister aus Regionen, die verschiedene Kulturen in sich vereinen. Keiner der beiden ist »richtiger« Deutscher: Schongauer kommt aus Colmar im Elsass, das von der flämischen und burgundischen Kunst durchdrungen ist; Pacher stammt aus Südtirol (Bruneck) und hat sich während eines Padua-Aufenthalts im Umkreis von Donatello und Mantegna mit Strömungen wie Humanismus und Perspektive vertraut gemacht. Auf verschiedenen Wegen führen die beiden Maler die deutsche Kunst auf die Erneuerung der Renaissance zu; kurz nach ihrem Tod wird Dürer ihr Erbe.
Schongauer, der Schöpfer lieblicher Madonnen und harmonischer religiöser Szenen, ist ein Pionier des Kupferstichs; seine Drucke verbreiten sich sofort in Europa, einen der bekanntesten kopiert der junge Michelangelo. Die feierlichen Kompositionen Pachers sind von florentinischer Rationalität und Monumentalität, erfüllt von dem hellen Licht und den leuchtenden Farben der Spätgotik.

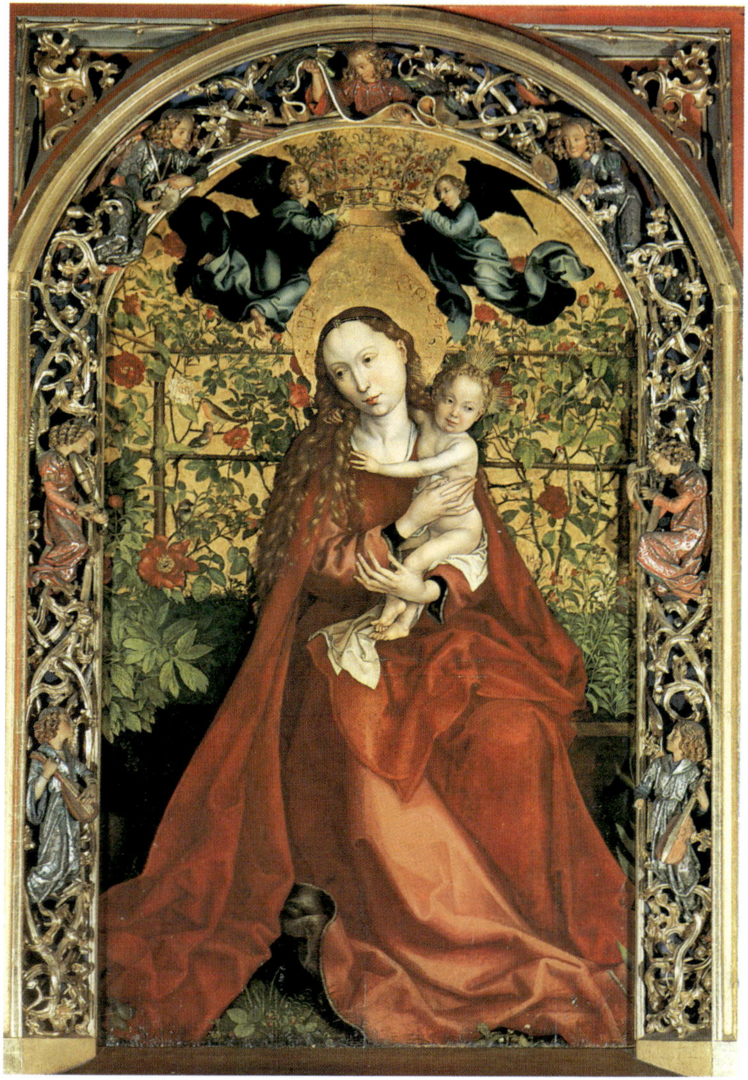

Martin Schongauer
Madonna im Rosenhag, 1473
Colmar, St-Martin

Im elsässischen Kulturraum steht Schongauer in Kontakt mit kirchlichen Institutionen, darunter der Isenheimer Antoniterkonvent, für den später Matthias Grünewald seinen Altar schafft.

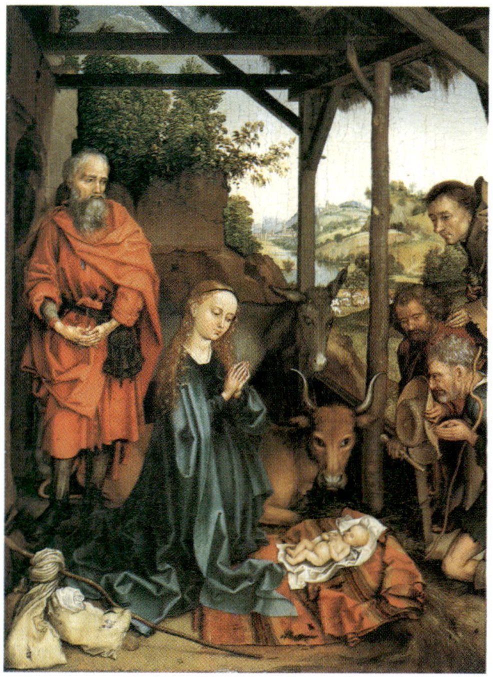

Martin Schongauer
Geburt Christi, um 1472
Berlin, Staatliche Museen zu Berlin – Preußischer Kulturbesitz, Gemäldegalerie

In der Zartheit der Empfindung noch der Spätgotik verhaftet, zeigt Schongauer hier große Detailgenauigkeit bei der Wiedergabe von Stoffen und Gesichtern.

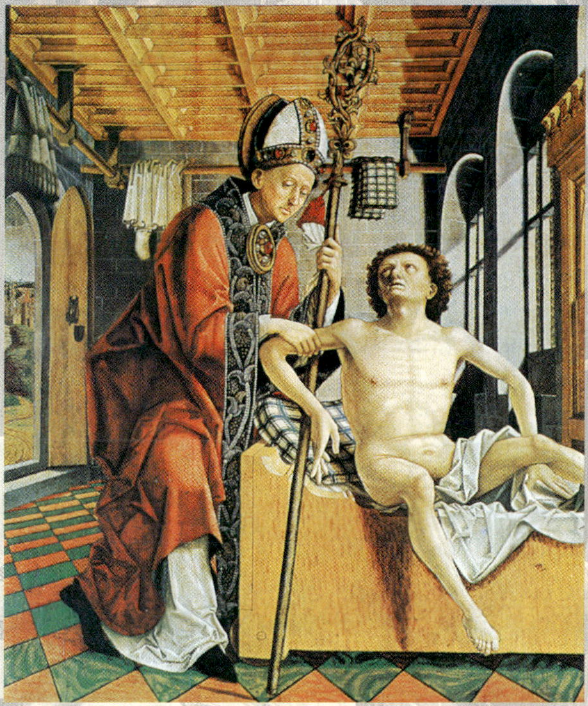

Michael Pacher
Der heilige Augustinus befreit einen Gefangenen, Außenflügel des *Kirchenväteraltars*, um 1482
München, Bayerische Staatsgemäldesammlungen, Alte Pinakothek

Pachers Bilder zeigen vollendete Perspektivkonstruktionen von gotischen Innenräumen; Architektur und Ausstattung sind typisch für den Alpenraum. Die perfekt proportionierten Figuren haben die klaren Linien und den tiefen Ausdruck der Kunst des Nordens.

Hintergrund:
Michael Pacher
St Wolfgang im Gebet, Außenflügel des *Kirchenväteraltars*, um 1483
München, Bayerische Staatsgemäldesammlungen, Alte Pinakothek

Michael Pacher
Kirchenväteraltar, Mitteltafel und Seitenflügel, um 1482
München, Bayerische Staatsgemäldesammlungen, Alte Pinakothek

Dieser wundervolle Altar wurde für die Augustinerchorherren in Neustift bei Brixen geschaffen. Die Malereien sind vollständig erhalten; verschollen sind die Skulpturen am Rand, ebenfalls von Pacher ausgeführt, der sich auf Lindenholz spezialisiert hat.

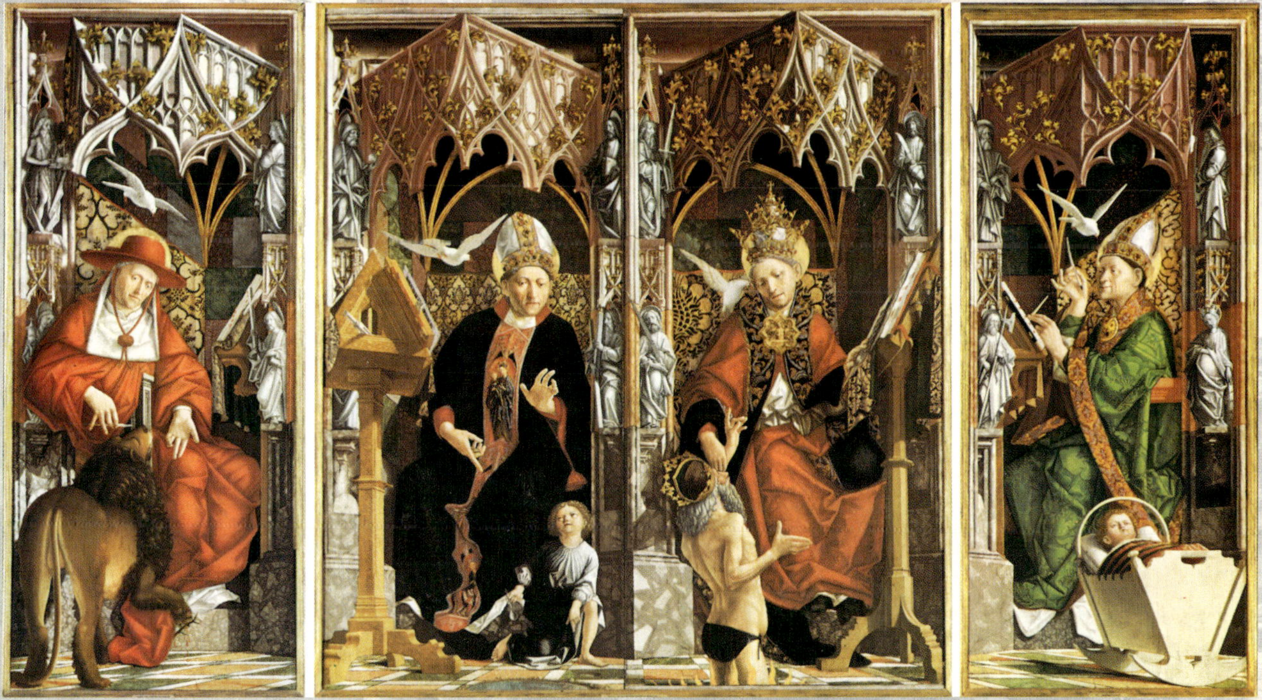

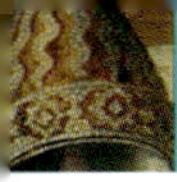

Urbino, Mantua, Ferrara

1453–1499

Die Höfe der Renaissance

Der Dialog zwischen »Zentrum« und »Peripherie«, Schlüssel der italienischen Kunst

Die Vielzahl der Kulturzentren in Italien ist in anderen Ländern ohne Vergleich – im 15. Jahrhundert gibt es zahllose kleinere und fünf größere Stadtstaaten: Mailand, Venedig, Florenz, Rom und Neapel. Die Regierungen versuchen durch die Förderung von Kunst und Kultur an Prestige zu gewinnen, vor allem in der zweiten Hälfte des 15. Jahrhunderts. An vielen Höfen bilden sich durch den Dialog mit Künstlern aus anderen Städten eigene Kunstschulen. Bestdokumentiertes und faszinierendstes Beispiel ist der Hof von Herzog Federico da Montefeltro in Urbino. Künstlerischer Mittelpunkt ist hier der Maler Piero della Francesca, dessen Malerei in Urbino ein unübertreffliches Gleichgewicht von geometrischen Regeln, Monumentalität und Klarheit erlangt. Ein ähnlich internationales Klima herrscht in Ferrara; die Este beherbergen Meister wie Pisanello, Piero della Francesca, Leon Battista Alberti und Rogier van der Weyden und fördern so die Bildung der Ferrareser Malerschule (unter der Führung von Cosmè Tura). Anders ist die Situation in Mantua: Die Gonzaga erwählen 1460 Andrea Mantegna zu ihrem Hofmaler; dieser verwandelt den kleinen lombardischen Hof über fast fünf Jahrzehnte hinweg in eine äußerst fortschrittliche Werkstatt der Renaissancekunst.

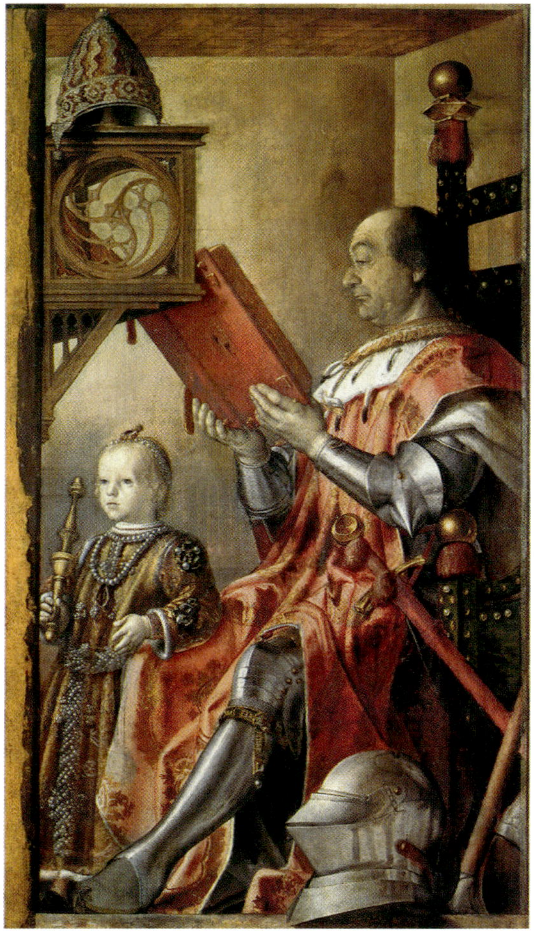

Pedro Berruguete
Federico da Montefeltro mit seinem Sohn Guidobaldo, 1474–1477
Urbino, Galleria Nazionale delle Marche

Im wundervollen Palast von Urbino wird über das Aussehen einer »idealen Stadt« diskutiert, über die Perspektive und über das historische und moralische Erbe der »Uomini illustri«. Als Maler sind neben Piero della Francesca auch Paolo Uccello, der Flame Joos van Gent und Pedro Berruguete (um 1450 – um 1504) hervorzuheben, von dem dieses liebenswürdige offizielle Doppelporträt stammt.

Andrea Mantegna
Familie und Hofstaat von Ludovico III. Gonzaga, 1465–1474
Mantua, Palazzo Ducale, Camera degli Sposi

Die Dekoration der »Camera degli Sposi« ist das berühmteste Beispiel weltlicher Kunst an den italienischen Renaissance-Höfen: Spätgotische Kleinteiligkeit wird abgelöst von weiträumigen Szenen mit einem Sinn für die Perspektive und von der Rückkehr zur genauen Naturbeobachtung.

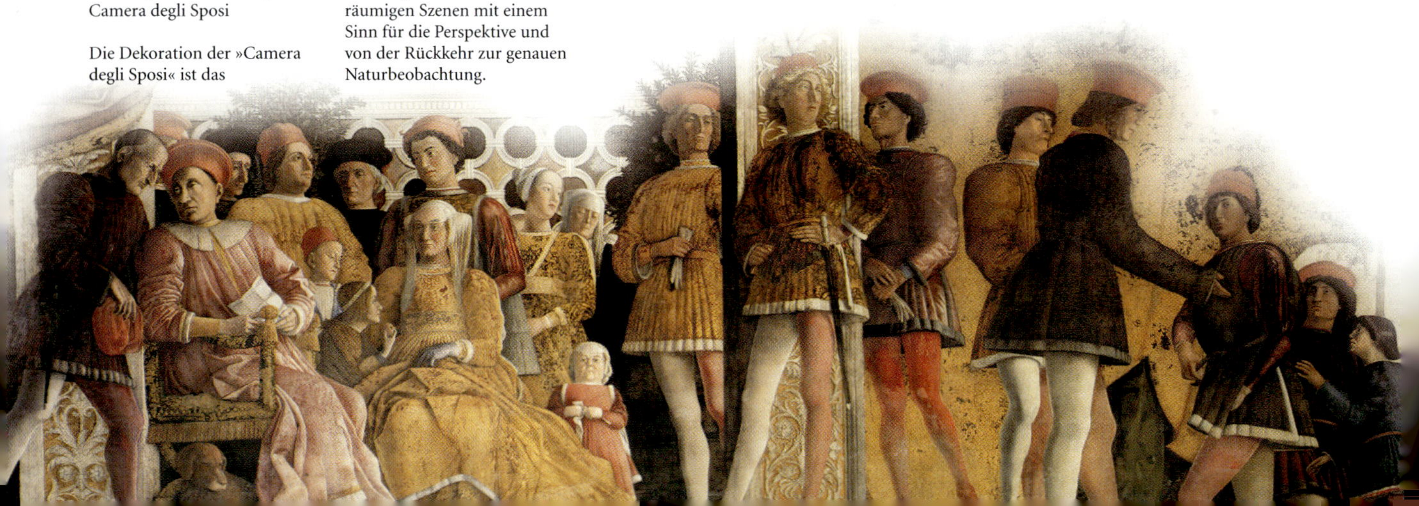

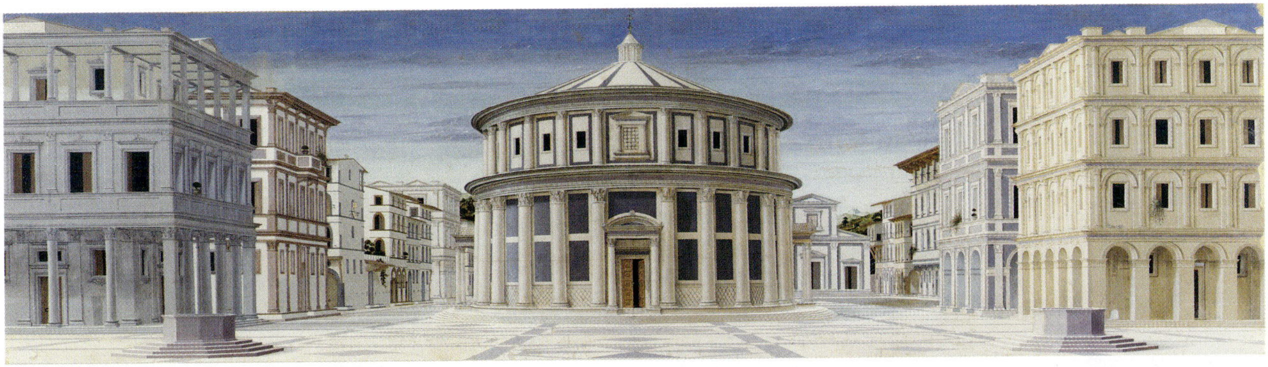

Unbekannter Maler (Luciano Laurana oder Francesco di Giorgio Martini)
Die ideale Stadt, um 1480
Urbino, Galleria Nazionale delle Marche

Als Quintessenz des Humanismus zeigt dieses Bild den Sinn für Rationalität und Maß, der die italienische Kunst des 15. Jahrhunderts bestimmt.

Piero della Francesca
Sigismondo Pandolfo Malatesta vor dem heiligen Sigismund, 1451
Rimini, Tempio Malatestiano

Dem kriegerischen Geschlecht der Malatesta, die in Rimini herrschen, gelingt es, neben zahlreichen anderen Künstlern auch zwei Genies des Humanismus nach Rimini einzuladen: Leon Battista Alberti und Piero della Francesca.

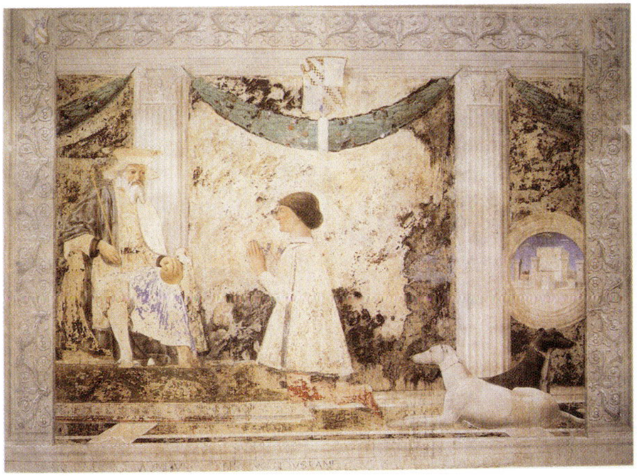

Cosmè Tura
Allegorie des Frühlings (Die Muse Erato), um 1460
London, The National Gallery

Bei der faszinierenden Gestalt auf dem Thron mit den Kupferdelphinen handelt es sich nicht um eine »Allegorie des Frühlings«, wie der ältere Titel besagt, sondern um eine der für das »Studiolo«, das Studierzimmer der Este im Palazzo Belfiore gemalten Musen. Die raffinierte, heute leider verstreute Dekoration ist das gemeinsame Werk mehrerer für die Herzöge von Ferrara tätiger Künstler: Unter ihnen hebt sich der extravagante, ruhelose Cosmè Tura hervor (um 1430–1495), einer der originellsten europäischen Maler des 15. Jahrhunderts.

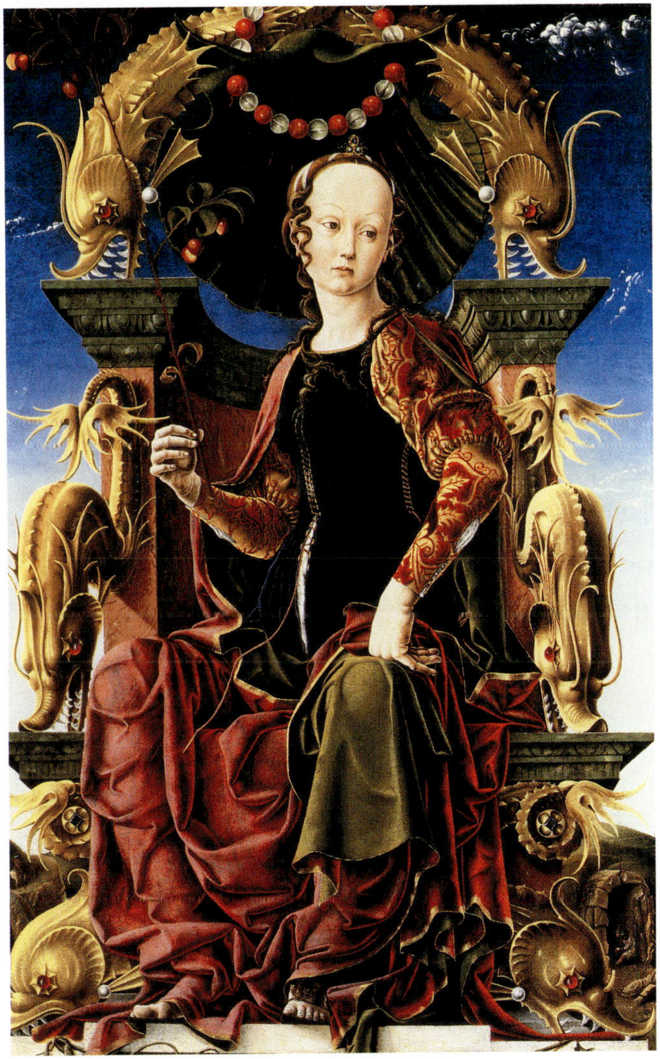

Padua, Mantua

1431–1506

Andrea Mantegna

Ein höfischer Maler unterzeichnet griechisch
Andrea Mantegna, Sohn eines einfachen Tischlers, hat das Glück, in Padua ausgebildet zu werden und dort mit toskanischen Meistern wie Donatello und Paolo Uccello zusammenzutreffen. Schon früh zeigt er ein »modernes« Talent und ist aufgeschlossen gegenüber den Neuerungen der Perspektive. Seine Fresken in der Cappella Ovetari in Padua, die Heirat mit Giovanni Bellinis Schwester Nicolosia, die ihn mit der bedeutendsten venezianischen Künstlerfamilie verbindet, und der monumentale Altar für San Zeno in Verona (1457–1459) am Ende seiner Jugendzeit sind Stationen seiner Karriere. 1460 geht er als Hofmaler nach Mantua: Bis zu seinem Tod lebt und arbeitet er – mit Ausnahme einer Studienreise nach Rom (1489–1490) – in der Stadt der Gonzaga. Mit Mantegna verändert sich der höfische Geschmack grundlegend: weg vom phantastischen Schmuck der Spätgotik, hin zu einem auf die Antike bezogenen perspektivischen Humanismus. Die *Camera degli Sposi* (Hintergrund der folgenden Seite) ist deutlichstes Beispiel seines Stils und seiner analytischen Malweise. Trotz der Kontakte zu Bellini und später zu Leonardo übernimmt Mantegna nie die Technik des malerischen Kolorits und des Sfumato, sondern zieht die zeichnerische, unbestechliche Präzision vor. Fast alle Werke Mantegnas sind heute wie viele der Gemälde aus den fürstlichen Sammlungen der italienischen Renaissance über die ganze Welt verstreut.

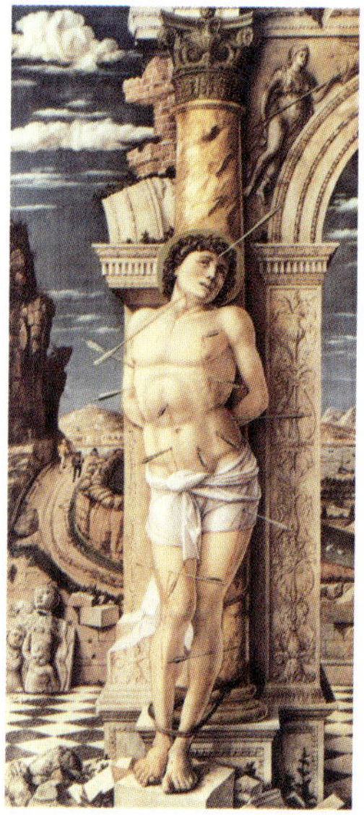

Andrea Mantegna
Heiliger Sebastian, um 1459
Wien, Kunsthistorisches Museum

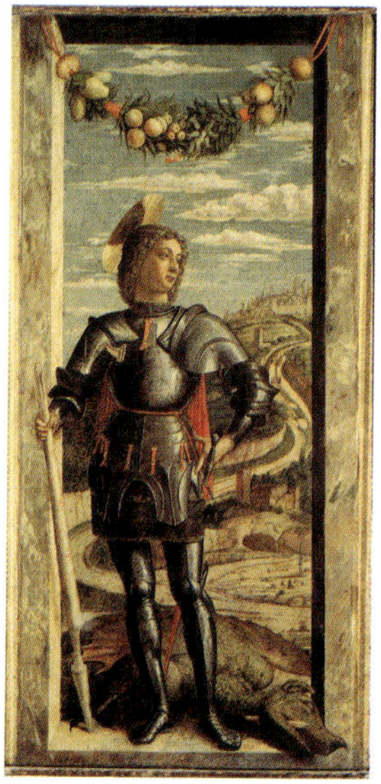

Andrea Mantegna
Heiliger Georg, 1467
Venedig, Gallerie dell'Accademia

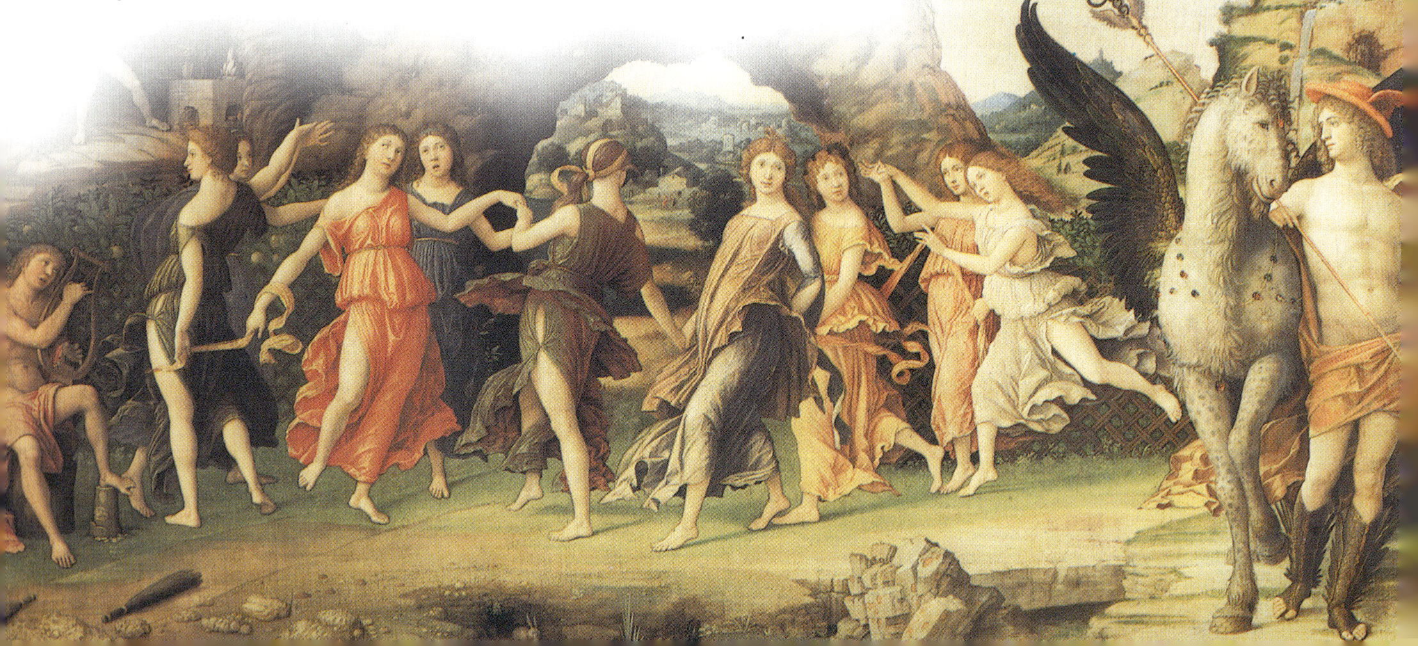

Andrea Mantegna
Parnass, 1497
Paris, Musée du Louvre

Das erste Bild aus der Dekoration des wunderschönen »Camerino« der Isabella d'Este in Mantua.

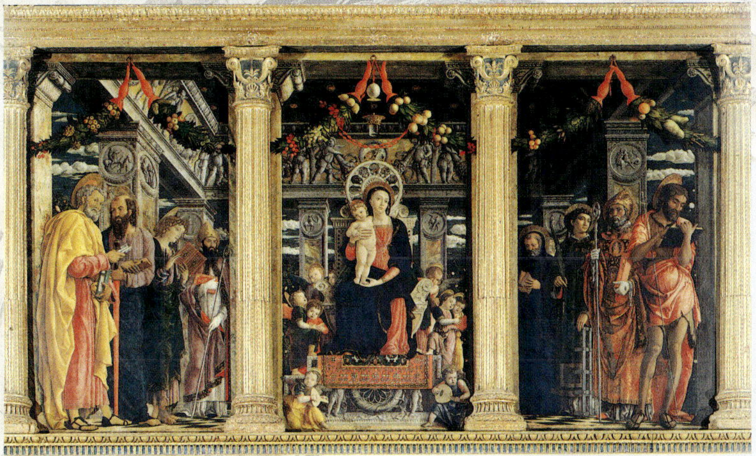

Andrea Mantegna
Polyptychon von San Zeno (Pala di San Zeno), 1456–1459
Verona, San Zeno

Über den dreigeteilten Rahmen hinweg macht Mantegna aus der Altartafel eine monumentale Einheit. Die Pfeilerhalle lässt im Hintergrund den Himmel erkennen und ist mit Festons aus Blättern und Früchten behängt. Die Figuren der feierlichen Personengruppe sind grafisch fein charakterisiert.

Andrea Mantegna
Toter Christus, um 1500
Mailand, Pinacoteca di Brera

Dieses strenge, beeindruckende Werk malte Mantegna möglicherweise gegen Ende seines Lebens für die eigene Gruft. Es handelt sich um ein sehr experimentelles Bild, sowohl in technischer Hinsicht (eines der wenigen Leinwandgemälde der Zeit) als auch durch die stark verkürzte Perspektive. Der schonungslos detailgenau dargestellte Körper Christi liegt in Totenstarre aufgebahrt, während die maskenhaften Gesichter der Trauernden in einer Ecke zusammengedrängt sind. Das ganze Bild dominiert ein düsterer erdiger Farbton. Mantegna spitzt hier das Interesse für die kompromisslose Wirklichkeit zu, ohne jede Konzession an das weiche Kolorit, das sich damals in der venezianischen Kunst verbreitete.

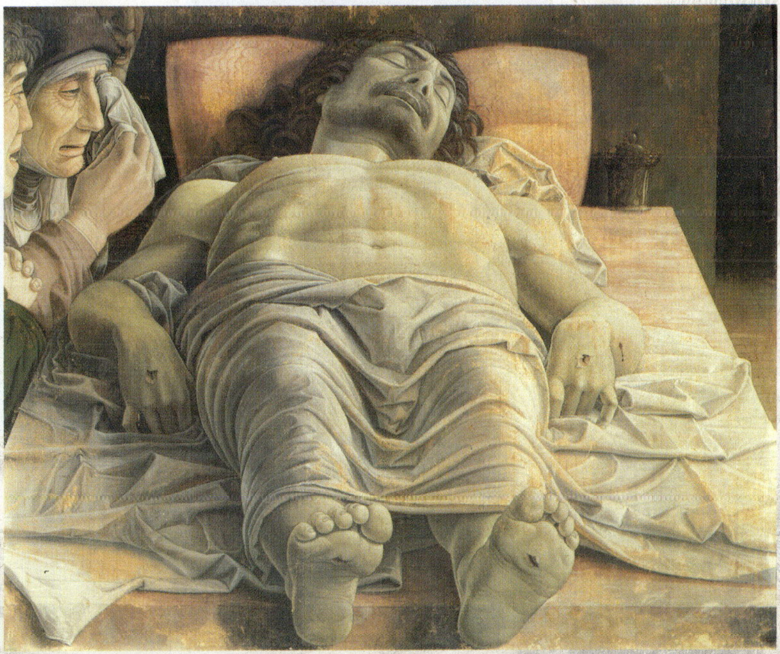

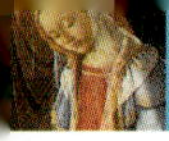

Florenz

1445–1510

Sandro Botticelli

Ein Meister des Stils und der Ruhm des Magnifico
Der *Frühling* steht für das Florenz von Lorenzo de' Medici, genannt »il Magnifico«, und macht Botticelli zur Hauptperson eines künstlerischen Höhepunkts. Jedoch wäre es unrichtig, Botticellis Kunst auf die seiner Reifezeit zu reduzieren: Seine lange Laufbahn reicht vom Humanismus bis zum Manierismus. Als Schüler Fra Filippo Lippis (ab 1464) und Mitarbeiter Verrocchios übt sich der junge Botticelli in Variationen zum Thema Madonna mit Kind. Im Jahr 1472 wird er Mitglied der florentinischen Malergilde und bekommt Zugang zum Umfeld der Medici; er fertigt Bildnisse der Herrscherfamilie und Gemälde wie die *Anbetung der Könige* (1475, Galleria degli Uffizi). Mit dem *Frühling* beginnt sein berühmter Freskenzyklus, zu dem auch die *Geburt der Venus* und *Minerva und der Kentaur* gehören. 1482 wird er nach Rom gerufen, wo er drei Fresken für die Sixtinische Kapelle malt. Nach der Reise ist er Haupt der Florentiner Schule. Mit dem Tod von Lorenzo il Magnifico endet eine Epoche; die Predigten Savonarolas bringen Botticelli zu einem radikalen Umdenken. Zu seiner letzten, intensiven Schaffensphase gehören Werke von tief empfundener Religiosität, etwa die beiden Versionen der *Grablegung* und die *Mystische Geburt Christi* (1500, London, The National Gallery).

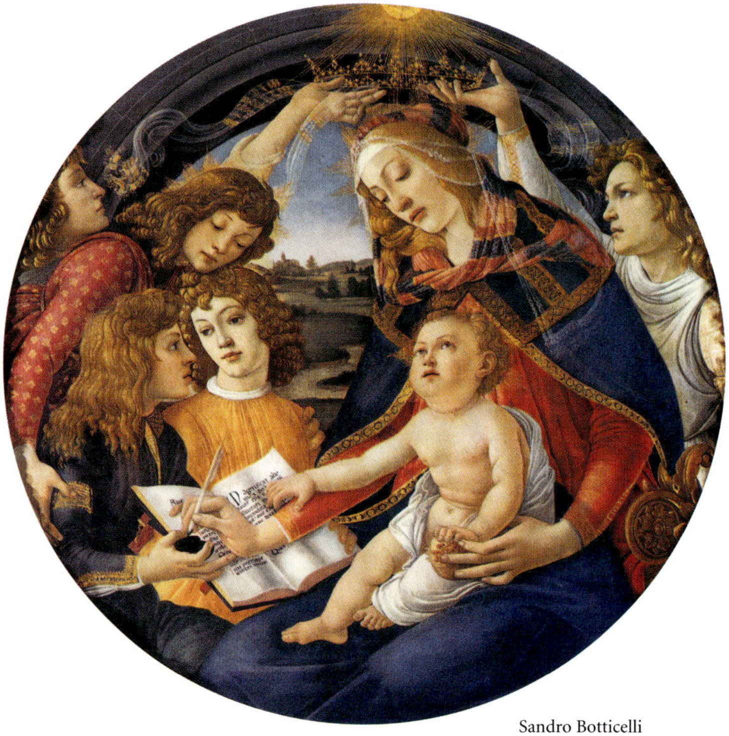

Sandro Botticelli
Madonna del Magnificat,
1483–1485
Florenz, Galleria degli Uffizi

Der Tondo ist charakteristisch für die florentinische Renaissance-Malerei, und Botticelli bewältigt meisterhaft die perspektivische und kompositorische Herausforderung der runden Form. Diese wundervolle Madonna ist nach dem Magnificat benannt, dem Mariengebet auf den Buchseiten in den Händen der Engel.

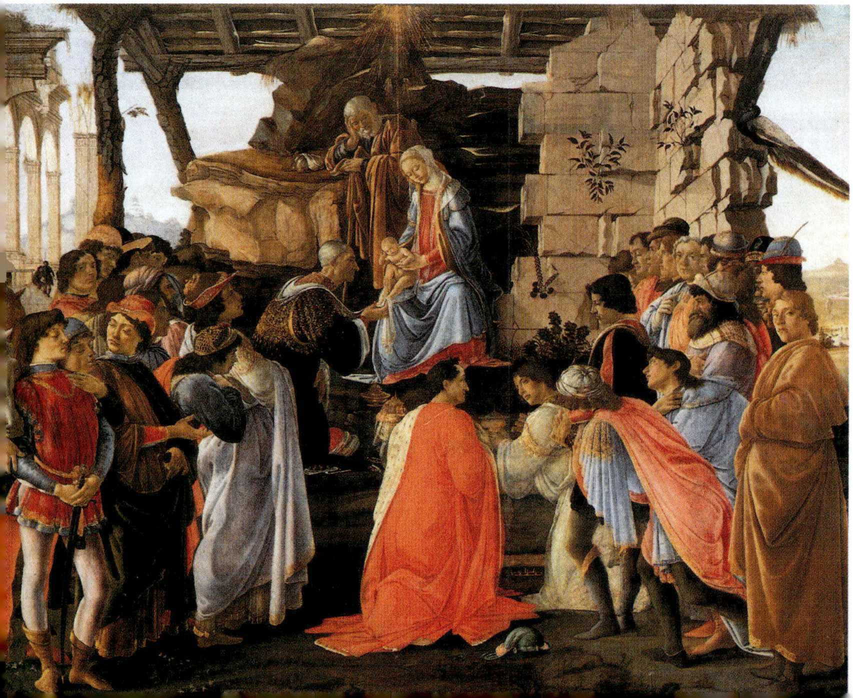

Sandro Botticelli
Anbetung der Könige, 1475
Florenz, Galleria degli Uffizi

Der Besuch der Könige im Stall von Bethlehem ist ein beliebtes Thema der Auftraggeber; alle Medici sind unter den Figuren abgebildet. Bei dem jungen Mann im gelben Mantel ganz rechts handelt es sich um ein Selbstbildnis des Malers.

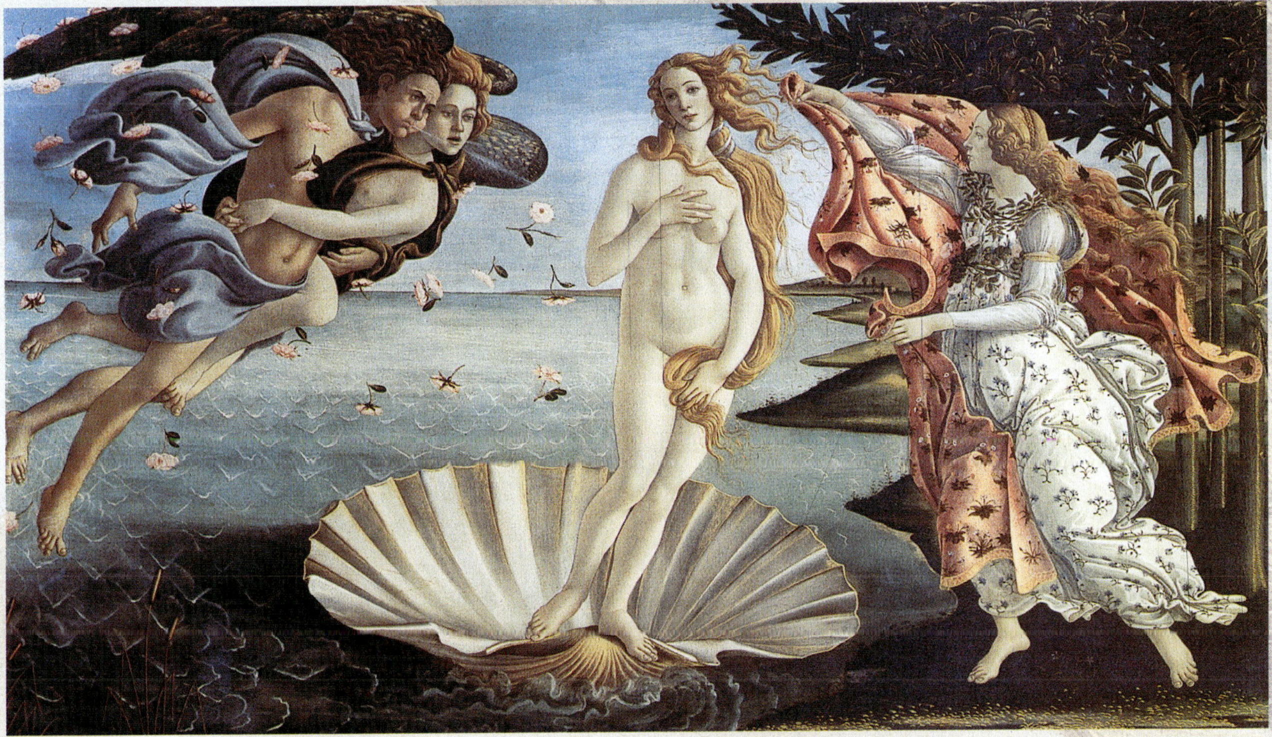

Sandro Botticelli
Geburt der Venus, 1484–1486
Florenz, Galleria degli Uffizi

Mit den großen weltlichen Allegorien für die Medici findet die bewusste Rückwendung zu den Mythen, Gestalten und Werten der Antike statt; in der humanistischen Gesellschaft verschmelzen Dichtung, Kunst, Denken und Lebensfreude in wunderbarer Weise.

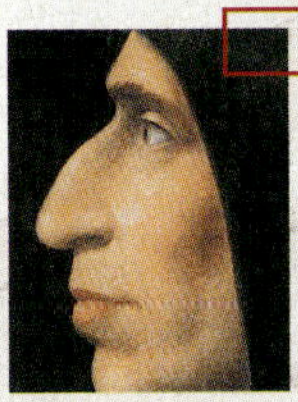

Predigten und Scheiterhaufen des Girolamo Savonarola

Der frühe Tod Lorenzo de' Medicis 1492 stürzt Florenz in eine tiefe moralische und politische Krise. Die donnernden Predigten des Dominikaner-Priors von San Marco, Girolamo Savonarola (links porträtiert von seinem Mitbruder Fra Bartolommeo), reißen die Stadt aus einem Traum. Sechs Jahre lang herrschen in Florenz Buße und Meditation. Savonarola als neuer geistlicher Führer geißelt die jüngste Vergangenheit als eine Zeit des unerträglichen Sittenverfalls. Es kommt zu Büßerzügen und Ausschreitungen der »piagnoni«, frommer Gruppen mit strengen Lebensregeln: »Sittenlose« Bücher und Kunstgegenstände, darunter weltliche Gemälde Botticellis, werden auf den Plätzen in großen Scheiterhaufen verbrannt. Auf einem solchen Scheiterhaufen richtet man 1498 schließlich auch Savonarola hin. Für die Malereigeschichte ist die Zeit ein Schock: Botticelli stürzt sie in eine seelische Krise, die sich schmerzlich an der Verzweiflung in seinen letzten Werken zeigt.

Sandro Botticelli

um 1482

Frühling

Die großen profanen Allegorien, deren erste und komplexeste der *Frühling* ist, stellen den Gipfel von Botticellis Schaffen dar. Mit dem florentinischen Maler und seinen Auftraggebern findet das christliche Abendland tausend Jahre nach dem Fall des Römischen Reiches wieder zu großflächigen mythologischen Gemälden zurück. Außer den beiden großen, berühmten Szenen in den Uffizien, der Venus mit den drei Grazien und Flora (traditionell *Frühling* genannt) und der *Geburt der Venus*, gibt es zwei andere, kleinere: *Minerva und der Kentaur* (Galleria degli Uffizi) und *Mars und Venus* (London, The National Gallery). Die Gemälde hatten ein didaktisches Ziel: Bestimmt für den jungen Lorenzo di Pierfrancesco de' Medici, Cousin von Lorenzo il Magnifico, sollten sie Tugend und Schönheit lehren. Die genaue Datierung der Bilder (um das Jahr 1480) sowie die vollständige ikonologische Deutung beschäftigen die Forschung bis heute: Verbildlichung der Werke von Angelo Poliziano, Darstellung der neuplatonischen Philosophie des Marsilio Ficino oder humanistischer Rückgriff auf Werke der antiken Literatur sind nur einige der Vorschläge. Insgesamt ist die Bedeutung der weltlichen Allegorien Botticellis jedoch klar: die Harmonie von Mensch und Natur durch den Sieg der Vernunft, der Intelligenz und der Schönheit über Rohheit und Waffen – im Grunde das Programm des gesamten italienischen Humanismus, der jedoch durch die Streitigkeiten und Rivalitäten zwischen den zahlreichen Kleinstaaten in sich widersprüchlich ist.

Die Gruppe der drei im Tanz gleichsam verflochtenen Grazien ist das Abbild von Eintracht und Heiterkeit. Links vertreibt der Gott Merkur mit seinem Stab die Wolken vom Himmel. Alle Figuren befinden sich auf einer Ebene mit geringer Ausdehnung in die Tiefe.

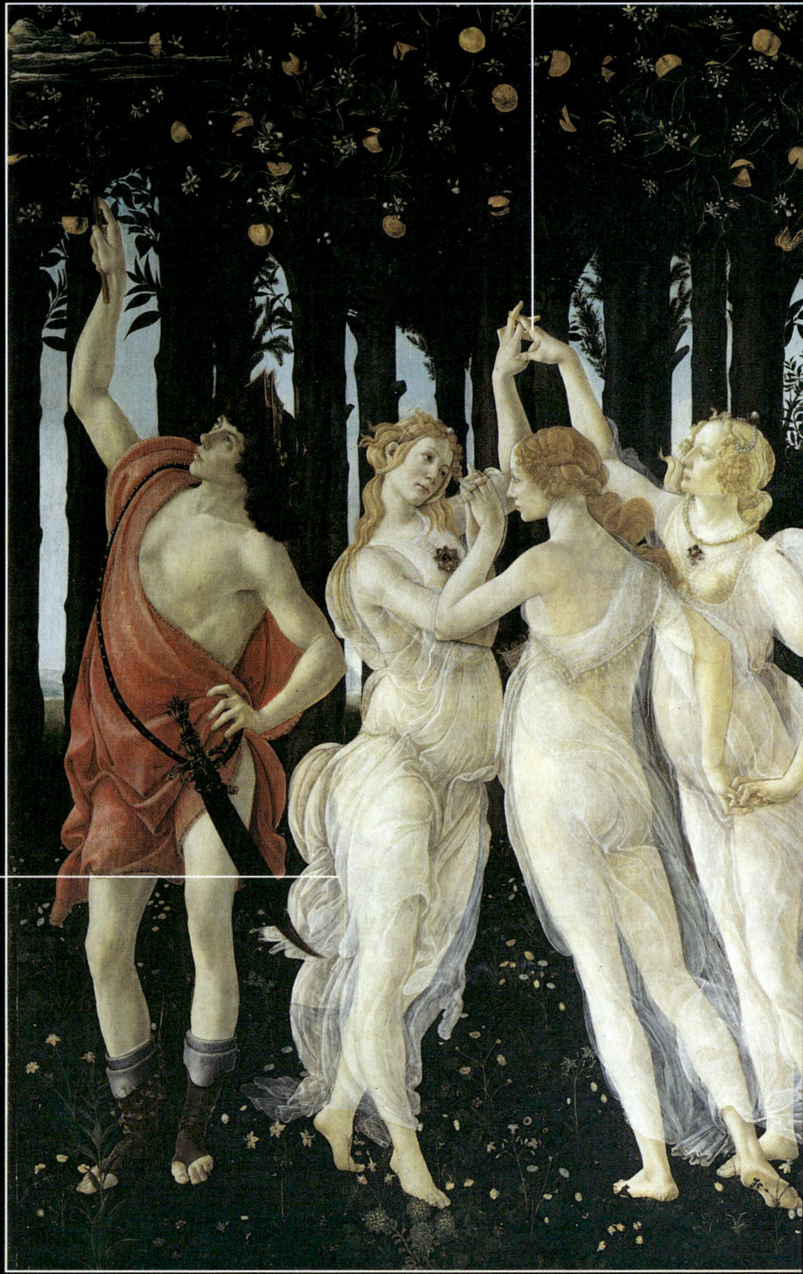

Durch die dünnen, transparenten Schleier der Grazien entsteht ein raffiniertes, verführerisches Formenspiel. Botticelli nützt die Technik der flämischen Meister: Er verzichtet auf die deckende, gefirnisste Tempera und trägt mit Leinöl als Bindemittel mehrere Schichten übereinander auf, sodass die untere Farbe durchscheint. Verständlich wird auch, welchen Skandal Botticellis weltliche, mythologische Gemälde zur Zeit des Bußpredigers Savonarola auslösten.

Über der Gestalt der Venus schwebt der kleine Amor mit dem Pfeil der Liebe. Die helle Venus tritt mit beruhigender Geste aus dem dichten, dunklen Grün des Gebüschs, hinter dem wieder der helle Himmel zu sehen ist: Diese wechselnde Abfolge von Hell und Dunkel findet sich auch in den ersten florentinischen Werken Leonardos.

Die Kulisse der Bäume teilt den Raum ein und drängt die Personen wie bei einem Bildteppich in den Vordergrund.

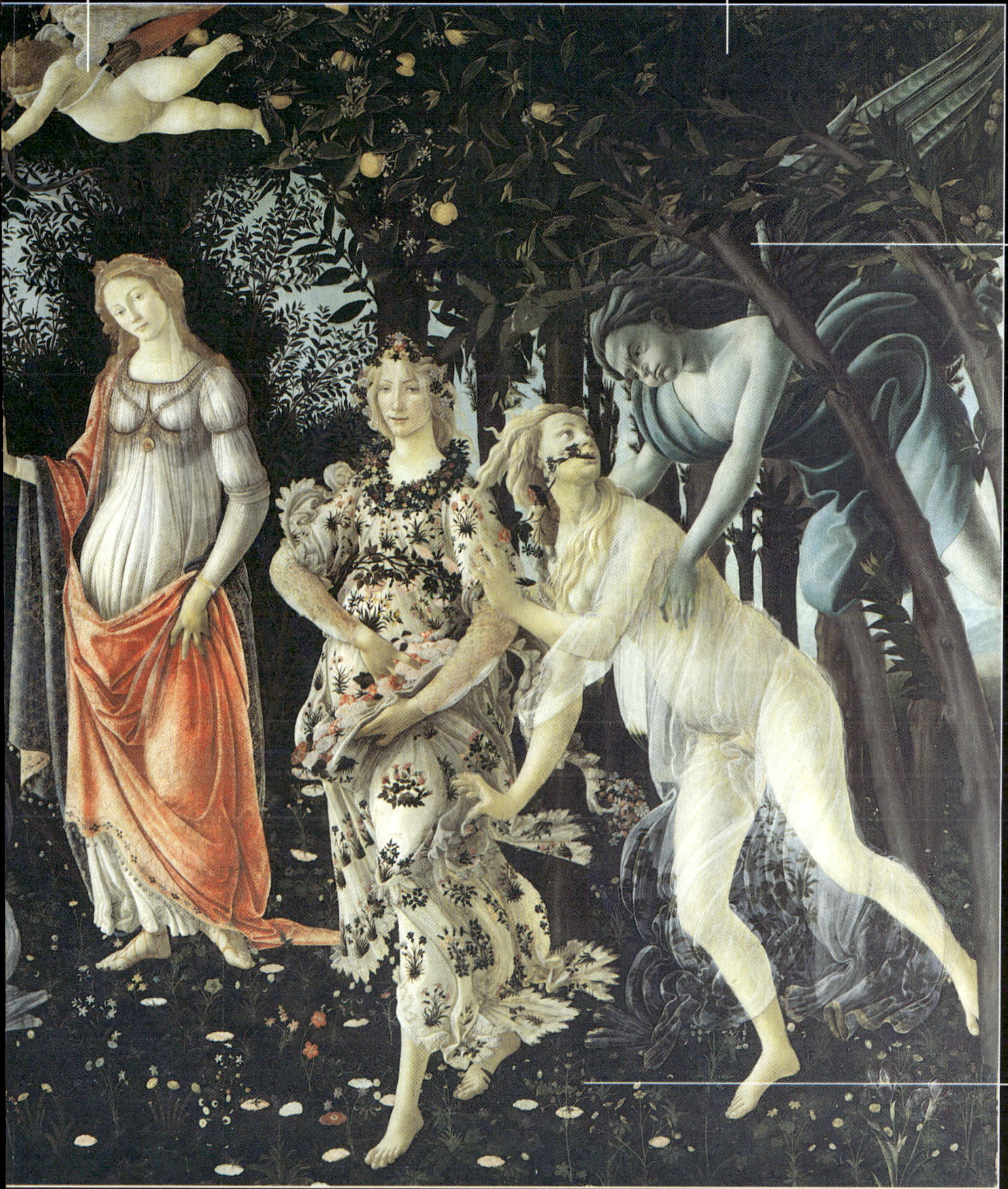

Der stürmische Frühlingswind Zephyr verfolgt die Nymphe Chloris; als er sie berührt, verwandelt sie sich in Flora und bestreut die Welt mit Blumen. Außer dem literarischen und klassischen Thema Liebe bezeugt der *Frühling* auch den Geschmack, der im letzten Viertel des 15. Jahrhunderts in Florenz herrscht: An die Stelle der mathematisch genau erforschten Perspektive tritt ein feiner grafischer Linearismus. Botticelli wird zu einer zentralen Figur der Florentiner Schule und erhält den ehrenvollen Auftrag, drei Fresken für die Wände der Sixtinischen Kapelle in Rom anzufertigen.

Die blühende Wiese mit etwa 150 verschiedenen, exakt dargestellten Pflanzenarten zeigt eine Detailgenauigkeit, die fast den Werken flämischer Meister gleichkommt; jene waren unter anderem durch Händler und Vertreter der Medici-Bank (Arnolfini, Tani, Portinari) nach Florenz gelangt.

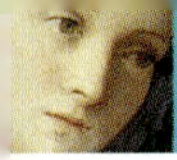

Venedig

um 1430–1516

Giovanni Bellini

Die Anfänge der venezianischen Malerei
Obwohl Giovanni Bellini, Schüler und Mitarbeiter seines Vaters Jacopo, erst mit über dreißig Jahren selbstständig zu arbeiten beginnt, wird er zum Reformator der Kunst in der Lagune und bringt die Wende zur Renaissance. Einige seiner Frühwerke sind direkt von entsprechenden Kompositionen seines Schwagers Andrea Mantegna inspiriert, doch schon bald zeigt Giovanni Bellini eine andere Aufmerksamkeit für das Licht und die atmosphärische Wirkung. Mit dem *Polyptychon des heiligen Vinzenz Ferrer* (Venedig, Santi Giovanni e Paolo) wird er der Öffentlichkeit bekannt und kann sich bald mit den größten mittelitalienischen Künstlern messen. Die Ankunft Antonello da Messinas in Venedig gibt der Suche nach weichen Lichteffekten, allerdings in großformatigen, feierlichen Kompositionen, einen Impuls. Ab 1483 ist Giovanni Bellini offizieller Künstler der Republik, anerkanntes Haupt der venezianischen Schule und Besitzer einer erfolgreichen Werkstatt, in der zwei Künstlergenerationen ausgebildet werden, darunter Lotto und Tizian. Sein breit gefächertes Werk umfasst viele Versionen des beliebten Themas *Madonna mit Kind*, Porträts und Altartafeln. Anfang des 16. Jahrhunderts erzielt er noch feinere Farben und intensivere Lichteffekte. Nach Giorgiones neuesten Bildfindungen öffnet sich Bellini auch für weltliche Themen.

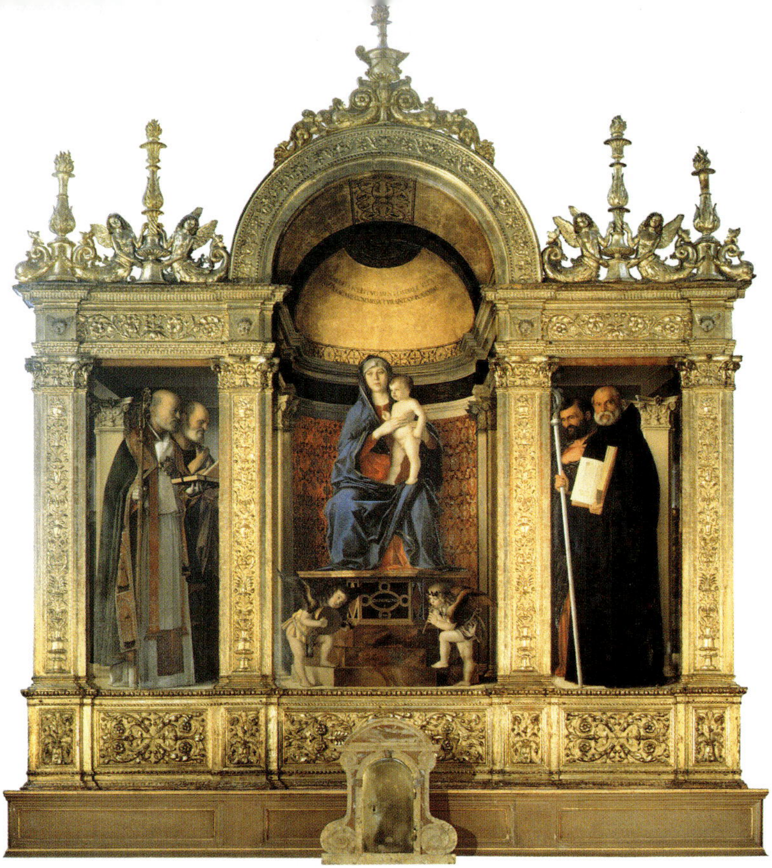

Giovanni Bellini
Pala di Pesaro (Pesaro-Altar), 1488
Venedig, Santa Maria Gloriosa dei Frari, Sakristei

Das hervorragend erhaltene Triptychon mit der Madonna und dem Kind, den heiligen Nikolaus, Petrus, Markus und Benedikt, hat noch immer den ursprünglichen, ebenfalls von Bellini gestalteten Holzrahmen: Die Architektur stimmt genau mit der des gemalten Hintergrunds überein.

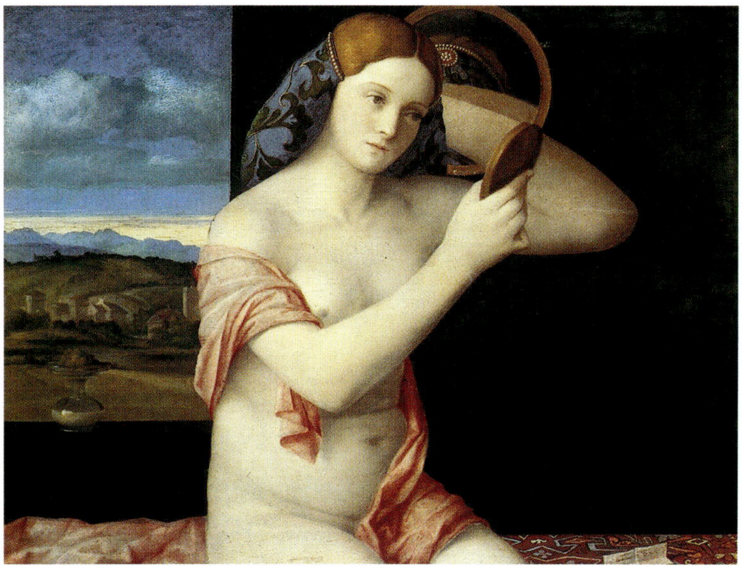

Giovanni Bellini
Junge Frau bei der Toilette, 1515
Wien, Kunsthistorisches Museum

Ein Jahr vor seinem Tod malt Bellini seinen ersten und einzigen großen weiblichen Akt, lichtumschmeichelt und von keuscher, sanfter Reinheit: der höchste Beweis für seine unerschöpfliche Erfindungskraft.

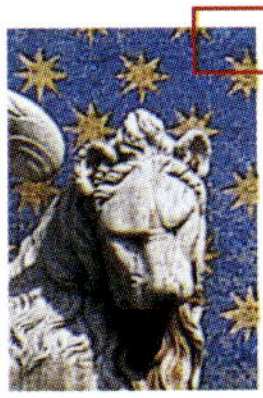

Die Maler der Serenissima

Auf dem von Mauro Codussi erbauten Uhrturm des Markusplatzes wacht einer der unzähligen geflügelten venezianischen Löwen über die Zeit. Von dort oben konnte er zusehen, wie Giovanni Bellini sein Amt als offizieller Maler der Republik Tizian übergab. Eine angesehene Aufgabe mit sehr wenigen Pflichten (es musste praktisch nur der Doge porträtiert werden) und einem hohen, auf der Salzsteuer beruhenden Einkommen sowie zahlreichen Vergünstigungen, etwa der eigenen Steuerbefreiung. Giovanni Bellini hat das Amt von 1483 bis zu seinem Tod im Dezember 1516 inne; eine Woche später folgt ihm der junge Tizian nach. Sechzig Jahre lang ist dieser im Amt, bis auf eine kurze Unterbrechung, mit der ihn der Senat für die verspätete Abgabe eines Gemäldes für den Dogenpalast bestraft. So stehen an der Spitze der berühmten venezianischen Schule von 1483 bis 1576, also fast während der ganzen Renaissance, nur zwei große Meister.

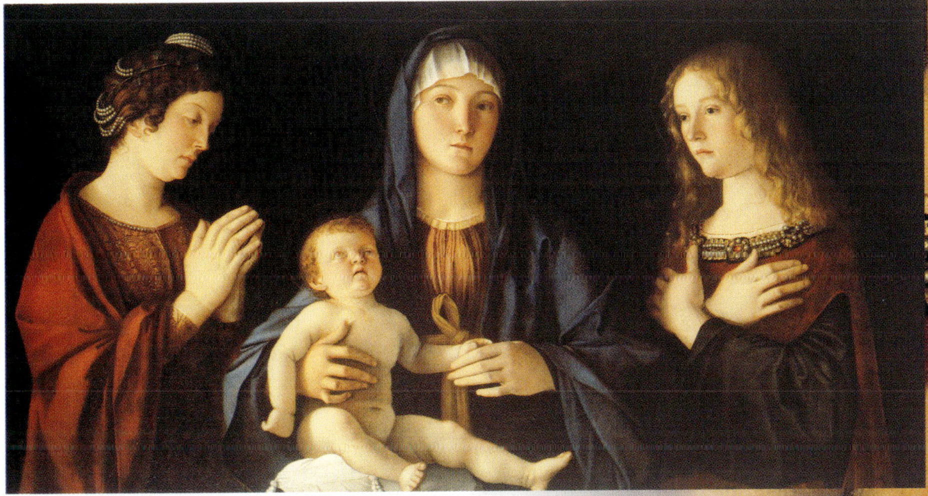

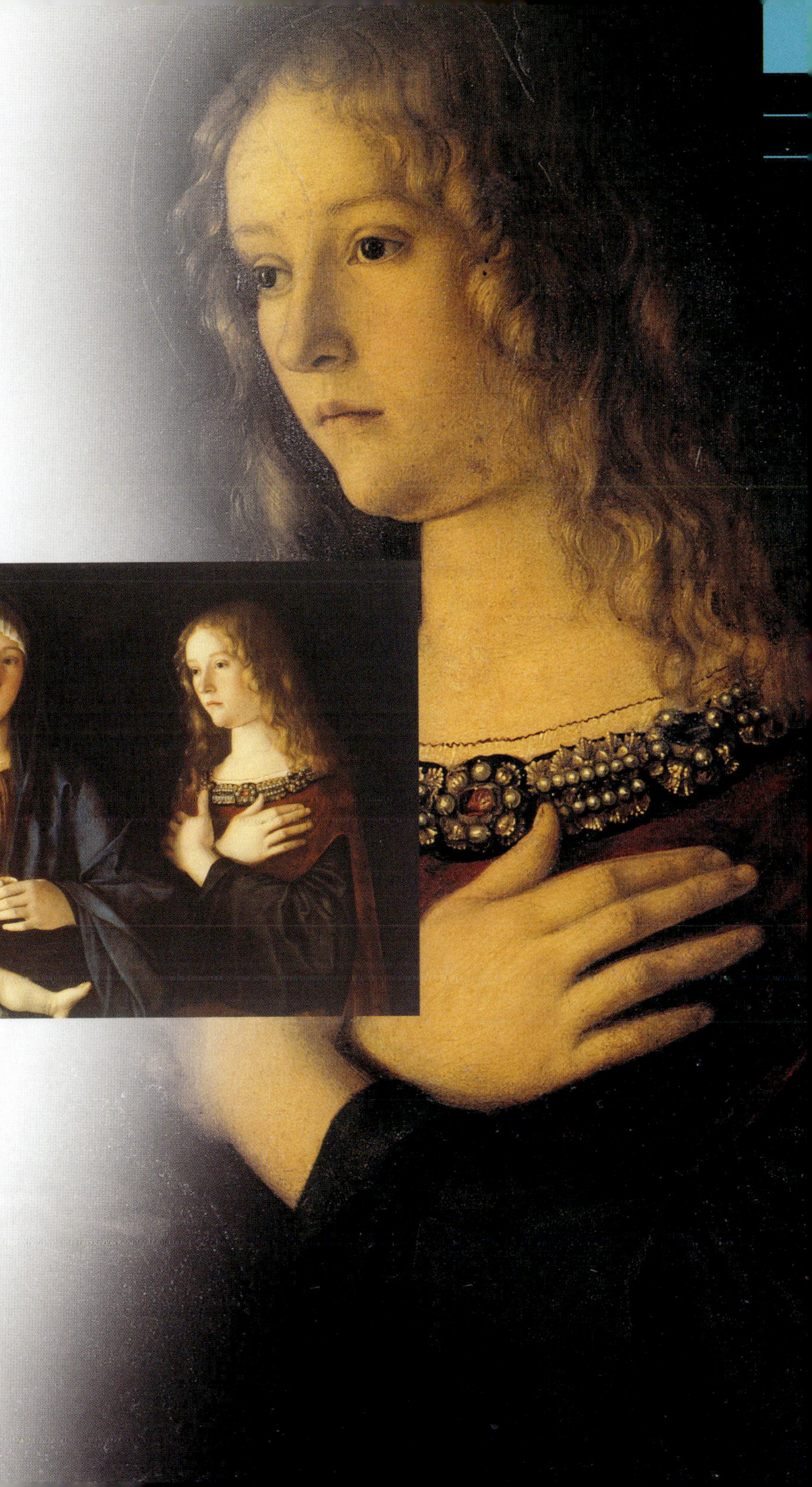

Giovanni Bellini
Madonna mit Kind und den heiligen Katharina und Maria Magdalena, um 1500
Venedig, Gallerie dell' Accademia

Bellinis Sensibilität für den Lichteinfall findet sich nicht nur bei Außenräumen und sonnendurchfluteten Landschaften, sondern auch wie hier bei Gemälden mit dunklem oder neutralem Grund. So ist die rechts aus dem Dunkel auftauchende Magdalena ein Abbild der reinen Schönheit.

Venedig

1480–1520

Die Renaissance der Serenissima

Das Schauspiel von Licht, Farbe und Natur

Ende des 15. Jahrhunderts kommt Zypern zu Venedig; damit erreicht die Republik ihre größte territoriale Ausdehnung. Die Serenissima gehört zu den Großmächten des Mittelmeers, ihre politische und wirtschaftliche Organisation ist beispielhaft. Die Kunst bleibt bis Mitte des 15. Jahrhunderts dem byzantinischen Vorbild (siehe die großartigen Mosaiken der Markuskirche) oder den phantasievollen Formen der Frühgotik verhaftet. Mit Giovanni Bellini kommt ein entscheidender, charakteristischer Umschwung. Jetzt bestimmen die Suche nach atmosphärischer Wirkung durch Licht, Farbe und Landschaft und das Zurücktreten der klaren Umrisslinie die venezianische Malerschule. Die Generation von Giorgione, Lotto, Tizian und Sebastiano del Piombo perfektioniert die Technik des venezianischen Kolorits: Mehrere Farbschichten werden nacheinander aufgetragen und die Farben wie in der Natur atmosphärisch weich miteinander verschmolzen. Eine wichtige Rolle spielen die Scuole, Bruderschaften mit tausenden von Mitgliedern: Sie geben große narrative Gemäldezyklen mit Legenden ihrer Patronatsheiligen in Auftrag und fördern so die Malerei.

Vittore Carpaccio
Legende der heiligen Ursula: Traum der heiligen Ursula, 1495
Venedig, Gallerie dell'Accademia

Der Gemäldezyklus für die Scuola di Sant'Orsola ist das berühmteste Werk Carpaccios (um 1460–1526). Hier tritt ein Engel mit dem Palmenzweig der Märtyrer in das Schlafgemach der jungen Königstochter und sagt ihr im Traum ihren baldigen Tod voraus. Gegenstände und Möbel um die schlafende Ursula sind mit liebevoller Sorgfalt abgebildet; es handelt sich um das wirklichkeitsgetreueste Interieur eines reichen venezianischen Hauses vom Ende des 15. Jahrhunderts.

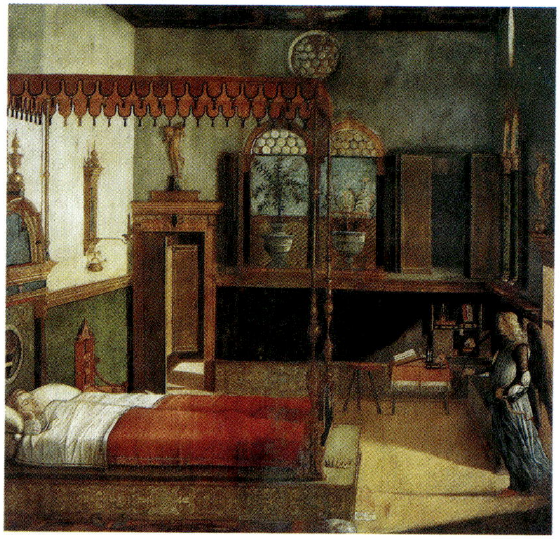

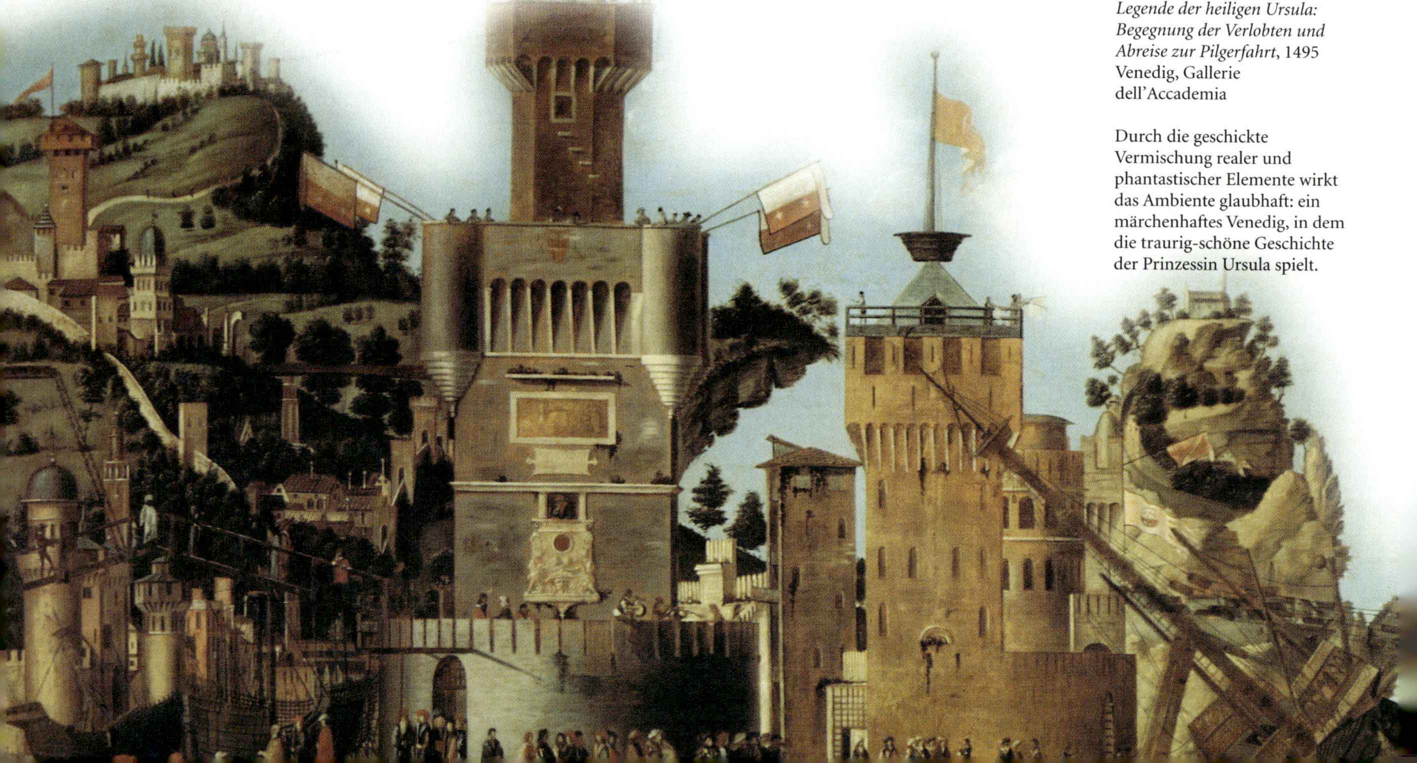

Vittore Carpaccio
Legende der heiligen Ursula: Begegnung der Verlobten und Abreise zur Pilgerfahrt, 1495
Venedig, Gallerie dell'Accademia

Durch die geschickte Vermischung realer und phantastischer Elemente wirkt das Ambiente glaubhaft: ein märchenhaftes Venedig, in dem die traurig-schöne Geschichte der Prinzessin Ursula spielt.

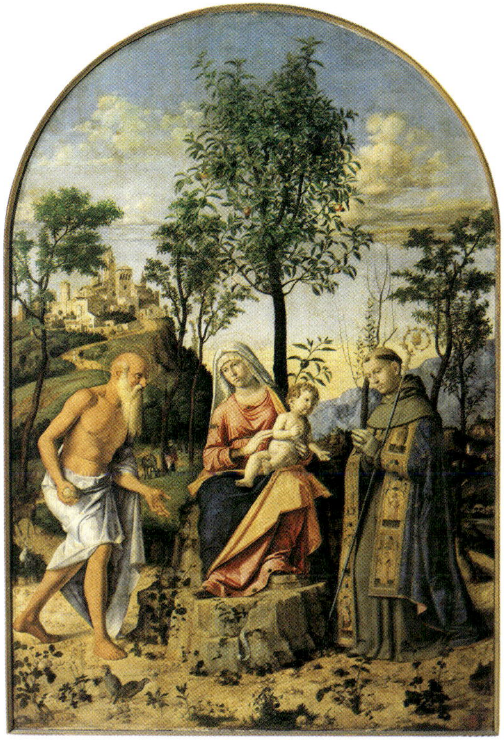

Cima da Conegliano
Madonna unter dem Orangenbaum, 1495–1497
Venedig, Gallerie dell'Accademia

Der vom Festland stammende Cima (um 1459 – um 1517) wird durch seine großen, friedvollen Altartafeln mit ihren leuchtenden Landschaften, ruhigen Gesten und klaren Konturen zu einem berühmten Vertreter der venezianischen Schule. Sein an der Malerei des Nordens orientierter Stil wird jedoch durch die Verbreitung des venezianischen Kolorits infrage gestellt. Bezeichnend ist der Vergleich mit der um eine Generation jüngeren Altartafel von Palma il Vecchio, der ebenfalls aus der Provinz (Bergamo) stammt und der lebhaften, ansprechenden Farbenfreude Tizians verbunden ist.

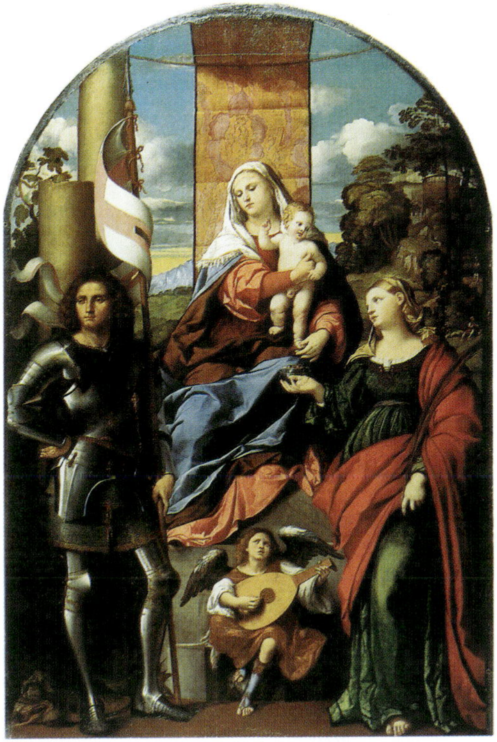

Jacopo Palma il Vecchio
Madonna mit den heiligen Georg und Lucia, 1521
Vicenza, Santo Stefano

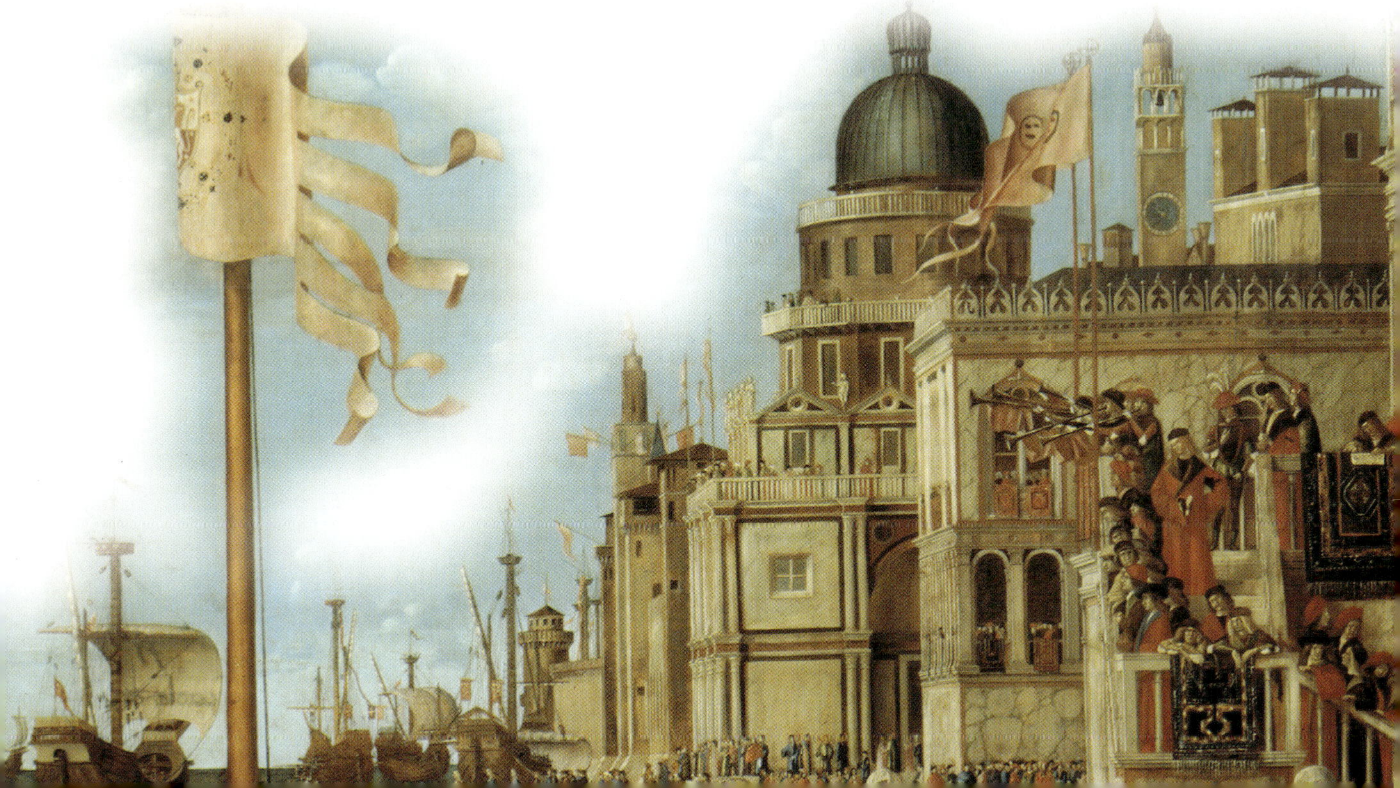

Portugal

1495–1521

Der Emanuel-Stil

Neue Kontinente in der Kunst und im Meer

Unter König Emanuel I. und mit der Entdeckung neuer Kontinente und Handelsrouten durch die Seefahrer treten Kunst und Geschichte Portugals in die charakteristischste Phase. Nach dem König ist auch der »Emanuel-Stil« benannt, die letzte, phantasiereichste Epoche der Gotik am westlichen Ende des europäischen Kontinents. Auch Königin Eleonora, Witwe von Juan II. und Emanuels Schwester, lässt Klöster mit kühner Architektur und reichem Skulpturen- und Ornamentschmuck bauen. Dabei entsteht eine Malerschule, die sich von der zeitgenössischen, an Italien orientierten spanischen Malerei abhebt und über das Meer eher mit Antwerpen verbunden ist. Nach dem Tod des Königs und der Königin Eleonora bricht die Emanuelische Blütezeit plötzlich ab: Wie die Kapellen des Klosters Batalha bleibt sie unvollendet.

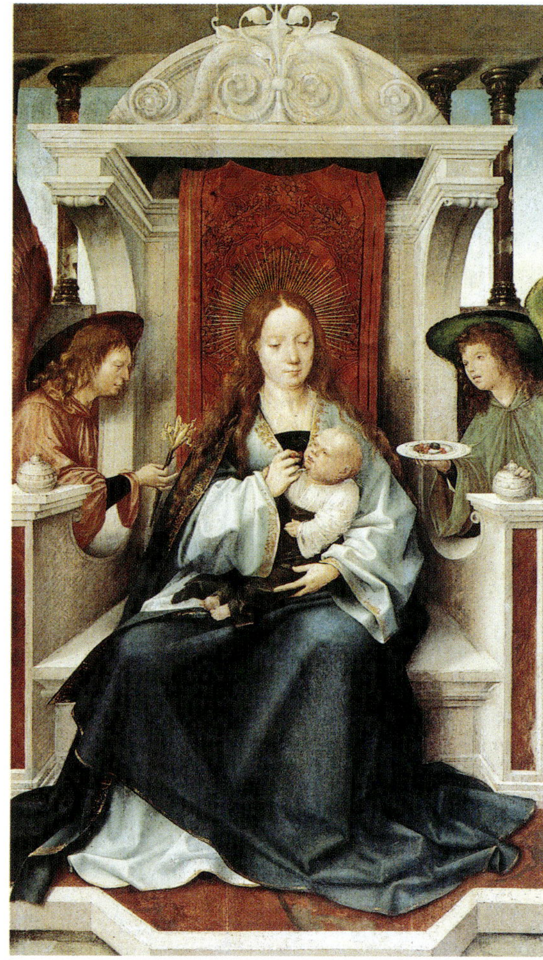

Unbekannter portugiesisch-flämischer Maler
Madonna mit Kind und Engeln, 1515–1518
Lissabon, Museu Nacional de Arte Antiga

Unter Emanuel I. herrscht reger Kontakt zwischen den portugiesischen Malern und der Schule von Antwerpen.

Nuño Gonçalves
Doppeltriptychon des heiligen Vinzenz, um 1460
Lissabon, Museu Nacional de Arte Antiga

Nuño Gonçalves (1450–1492), berühmter Vorläufer der portugiesischen Schule, ist eine der rätselhaftesten Gestalten des 15. Jahrhunderts in Europa; vermutlich starb er im schicksalhaften Entdeckungsjahr 1492. Außer Lobeshymnen von Schriftstellern gibt es über ihn sehr wenige Überlieferungen; neben einigen strittigen Werken ist mit seinem Namen nur dieser außergewöhnliche, deutlich flämisch beeinflusste Gemäldezyklus verbunden. Die Altartafeln zur Verehrung des heiligen Vinzenz von Zaragoza zeigen den Heiligen jeweils mit der Geistlichkeit und der Ritterschaft, etwa sechzig sehr genau geschilderten Figuren wie in einem Gruppenporträt.

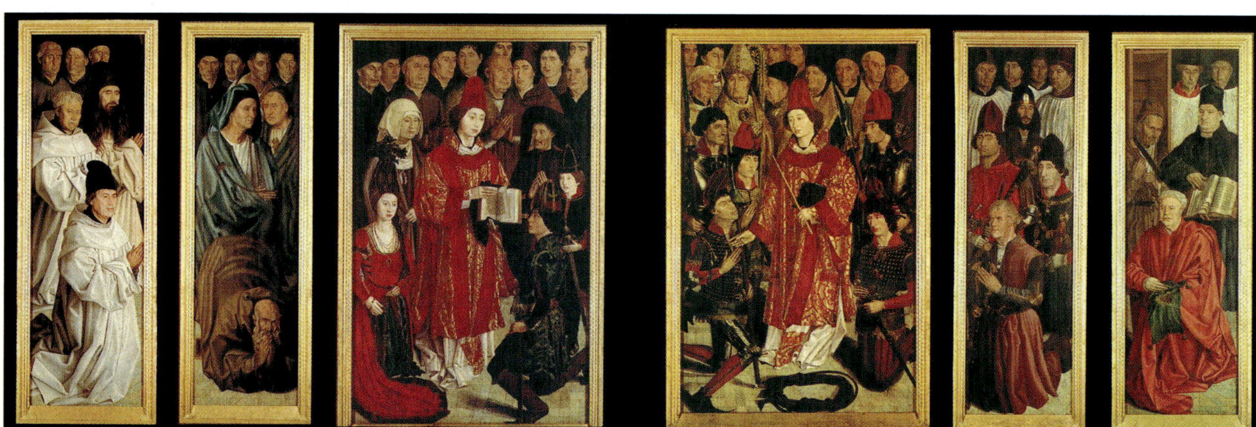

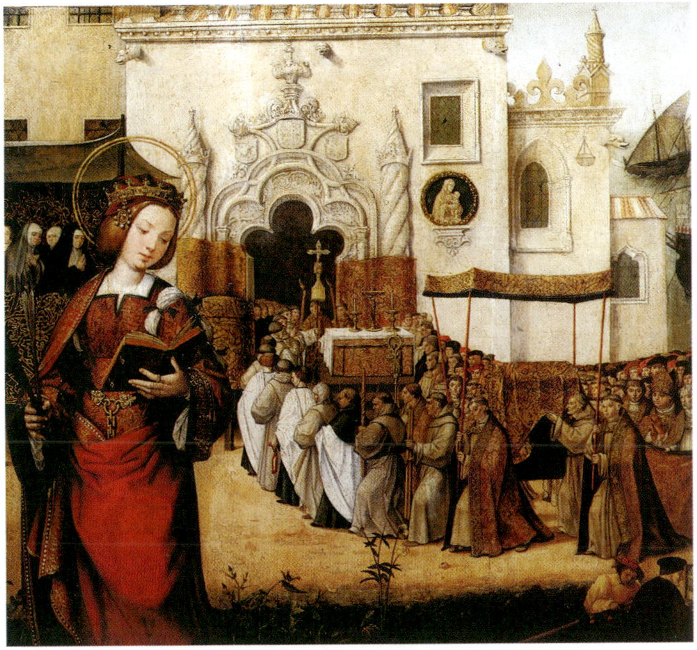

Eduardo o Português
(Zuschreibung)
Ankunft der Reliquien der heiligen Auta im Konvent Madre de Deus in Lissabon, um 1522
Lissabon, Museu Nacional de Arte Antiga

Im Hintergrund ist das Portal des Konvents Madre de Deus in typisch Emanuelischem Stil dargestellt.

Eduardo o Português
(Zuschreibung)
Der Engel erscheint den heiligen Klara, Agnes und Coletta, 16. Jahrhundert
Lissabon, Museu Nacional de Arte Antiga

Das Gemälde variiert in eleganter Weise ein um 1500 von Quentin Massys für das Klarissinnenkloster Setúbal gemaltes und in den Klöstern der Franziskanerschwestern sehr berühmtes Bild. Eduardo o Português, Schüler von Massys, übernimmt die Figuren des flämischen Meisters genau, verändert den Hintergrund jedoch stark.

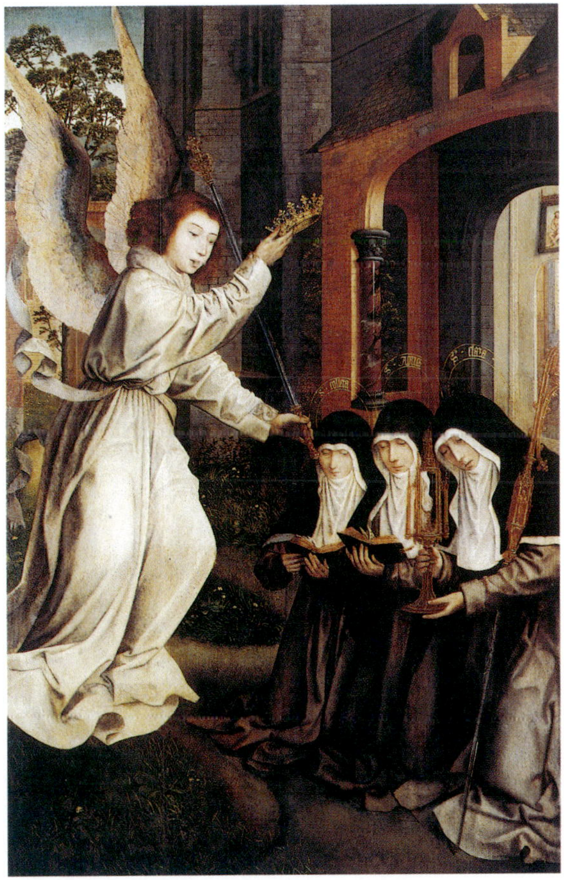

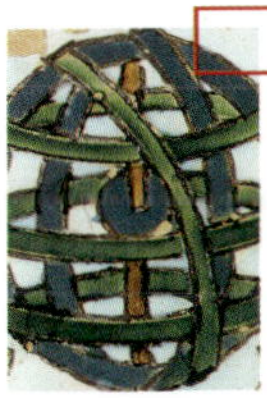

Wo die Erde endet und das Meer beginnt

So lautet das Motto über dem Cabo da Roca, dem westlichsten Punkt des europäischen Kontinents und Aussichtspunkt auf den Ozean. Von ihrem geografisch schmalen Territorium aus blicken die Portugiesen aufs Meer und versuchen – zur Zeit König Emanuels – die bekannten Grenzen der Welt zu überschreiten und den Weg nach Indien zu finden. Ein Abriss der wichtigsten Ereignisse: 1497/98 umsegelt Vasco da Gama Afrika am Kap der Guten Hoffnung, 1500 entdeckt Cabral Brasilien (das viele für das seit dem Sündenfall verlorene Paradies auf Erden hielten), von 1519 bis 1522 umsegelt Magellan nach einem achtunddreißigtägigen Kampf vor Kap Hoorn die Welt. Die großen Seeabenteuer hinterlassen eine deutliche Spur im portugiesischen Geist, in der Kunst und Kultur. Auch äußerlich stößt man überall auf Seefahrtmotive: Netze, Taue, Masten, Ruder, Weltkugeln, Segelhandbücher, Messinstrumente, Steuerruder, Schiffsmodelle, Segel, Astrolabien und Sextanten gehören zum Repertoire der dekorativen Bildhauerei und der »azulejos«, spezieller bunter Fayencefliesen, dem typischen und schönsten Schmuck Portugals und der überseeischen Länder.

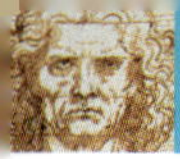

Florenz, Mailand, Amboise

1452–1519

Leonardo da Vinci

»Wenn der Maler Schönheiten sehen will, die imstande sind, ihn verliebt zu machen, ist er fähig, solche zu schaffen«

Leonardo da Vinci, Inbegriff der italienischen Renaissance und des modernen Menschen, bringt in die Malerei viele Fähigkeiten ein: Er ist Erfinder, Architekt, Ingenieur, Städtebauer, Anatom, Botaniker, Astronom, Kunsttheoretiker und Dichter. Für ihn ist die Malerei die Summe aller Wissenschaften und ermöglicht eine demiurgische Welterkenntnis, ja fast Weltschöpfung. Leonardo wird in Florenz zusammen mit Perugino und Botticelli in der Werkstatt Verrocchios ausgebildet. Er sammelt Kenntnisse in der Malerei, Bildhauerei und Dekoration. Schon als Kind hält er Ideen, Beobachtungen und Skizzen fest. Ende der 70er Jahre ist er einer der vielversprechendsten Künstler von Florenz, unterwirft sich aber nicht den geltenden Regeln der Kunstszene. 1482 geht er an den Hof von Ludovico Sforza, genannt »il Moro», nach Mailand. Die Lombardei wird seine zweite Heimat: Er verbringt dort mit einer Unterbrechung 24 Jahre (1482–1499; 1506–1513). Es entstehen die *Madonna in der Felsengrotte* und das *Abendmahl.* Beim Fall des Herzogtums Mailand (1499) kehrt er nach Florenz zurück, wetteifert mit Michelangelo bei den (verlorenen) Fresken des Palazzo Vecchio und beginnt mit der *Mona Lisa.* Ab 1506 wieder in Mailand malt er die *Heilige Anna Selbdritt.* Auf Einladung von König Franz I. geht er nach Frankreich, schafft dort seine letzten Werke und stirbt auf Schloss Cloux bei Amboise.

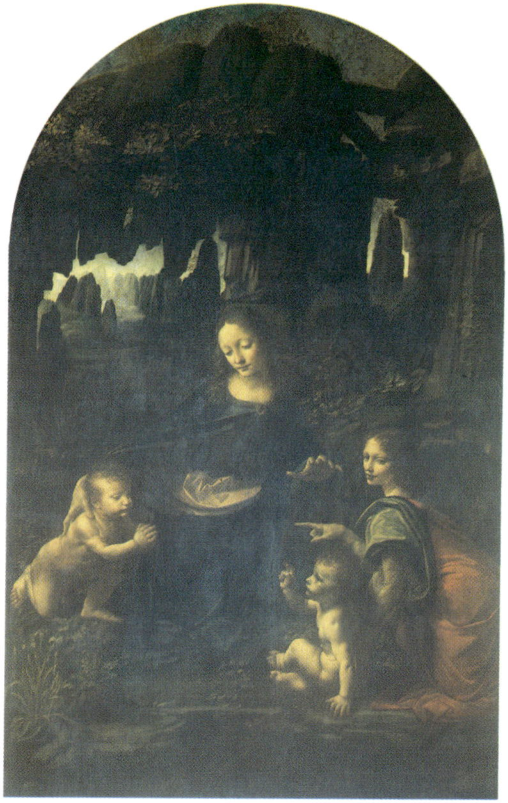

Leonardo da Vinci
Madonna in der Felsengrotte,
1483–1486
Paris, Musée du Louvre

Das erste große Werk aus Leonardos Mailänder Zeit ist der Bescheidenheit zweier Maler zu verdanken: Die Brüder de Predis hatten den Auftrag für ein Retabel erhalten, überließen jedoch dem berühmten Gast aus Florenz die Mitteltafel. Nach der Fertigstellung wurde man sich über die Bezahlung nicht einig; so behielt Leonardo das Werk und lieferte nur einige Jahre später eine Kopie ab. Ganz innovativ ist die Felslandschaft mit der faszinierenden, aber natürlich wirkenden Vielfalt von Lichtquellen, Spiegelungen und Luftperspektive.

Leonardo da Vinci
Verkündigung, um 1474
Florenz, Galleria degli Uffizi

Trotz der Ungeschicklichkeit des Anfängers zeigt sich sofort Leonardos Distanz zur eleganten, aber etwas inhaltsleeren Malweise der florentinischen Schule. Im Hintergrund der Szene gelingt die Schilderung feuchten, nebligen Klimas.

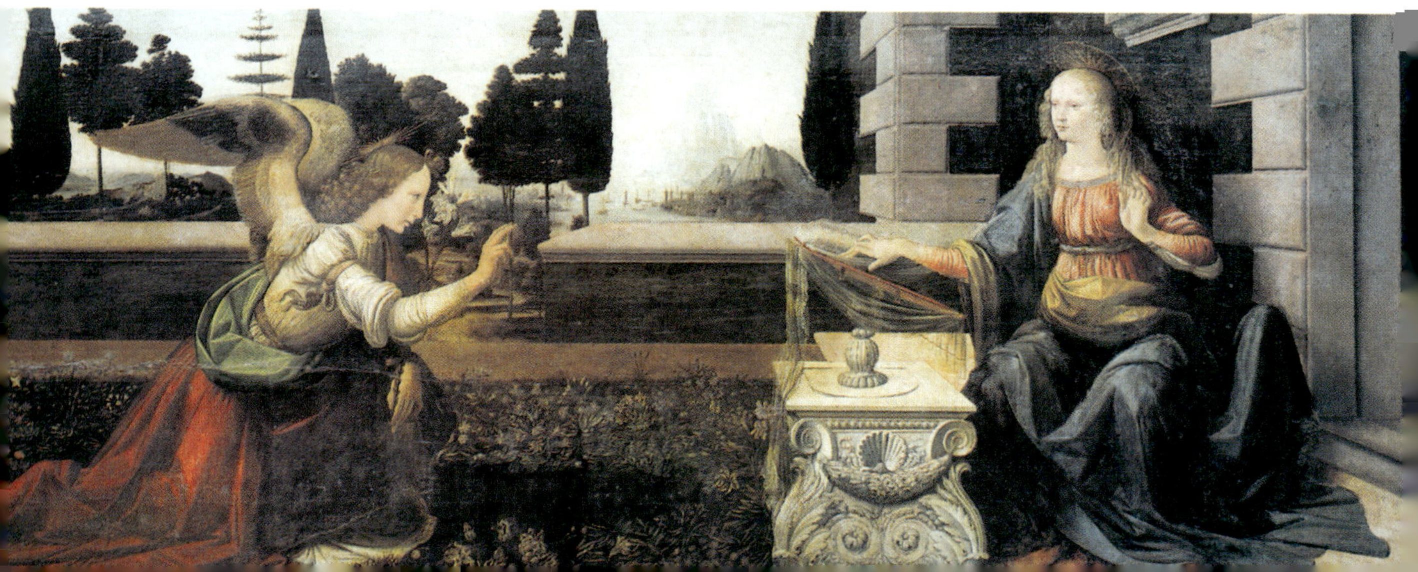

Leonardo da Vinci
Heilige Anna Selbdritt,
um 1510–1513
Paris, Musée du Louvre

Dieses während der zweiten Mailänder Zeit nach einem in Florenz angefertigen Karton begonnene, in Frankreich vollendete Werk zeigt die Merkmale der Reifezeit Leonardos und die Suche nach der Einheit von Mensch und Natur in einem ununterbrochenen Fließen zwischen Himmel, Wasser, Felsen, Wiesen, Tieren, Gesichtern und Gefühlen.

Hintergrund:
Leonardo da Vinci
Der Mensch des Vitcuv, um 1490
Venedig, Gallerie dell' Accademia

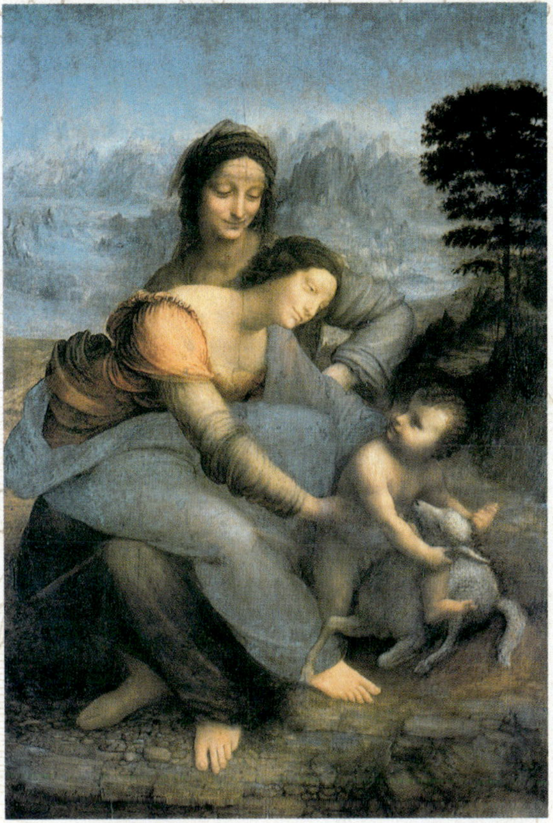

Leonardo da Vinci
Leonardo da Vinci*da*),
1503/06–1513
Paris, Musée du Louvre

Das berühmteste Porträt der Welt ist Ergebnis eines langen, mühevollen Schaffensprozesses. Leonardos Gewohnheit war es, seine Werke mit äußerster Geduld auszuarbeiten und im Lauf der Jahre mehrmals zu ändern. Das rätselhafte Lächeln der Gioconda entsteht durch eine unendliche Zahl übereinander aufgetragener Farbschichten.

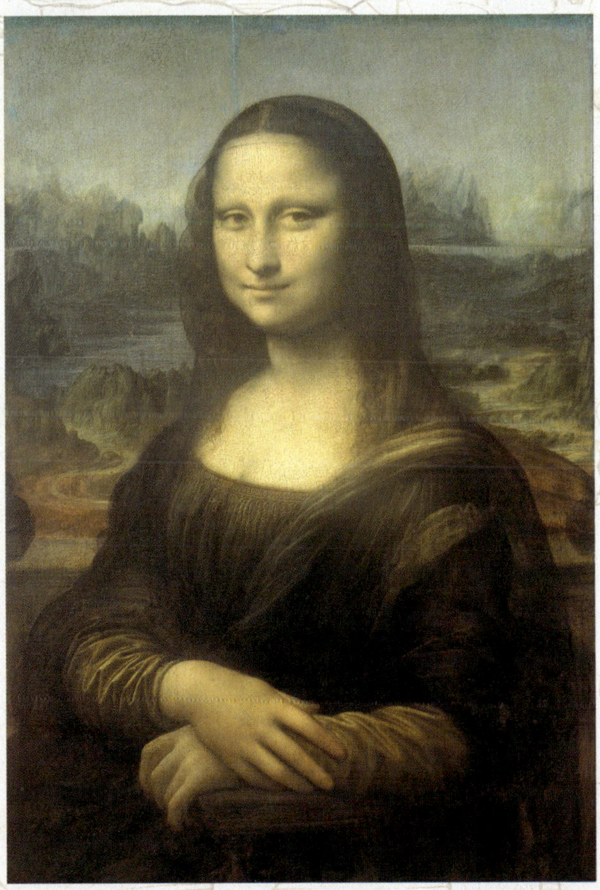

Ein Hofmaler?

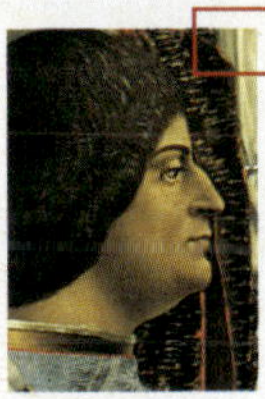

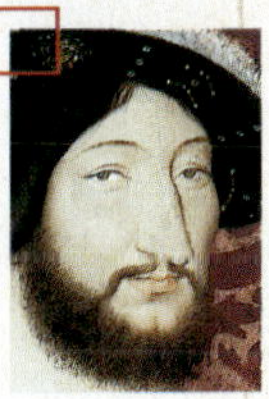

Fast sein Leben lang steht Leonardo »in Diensten« mächtiger Herrn: des Herzogs von Mailand, des Königs von Frankreich, aber auch der Gräfin von Mantua und des Papstsohns Cesare Borgia. Für sie erledigt er die typischen Aufträge eines Hofmalers: nicht nur Bildnisse und Gemälde, sondern auch Wappen, Fest- und Bühnendekorationen, Theaterkulissen und Landkarten. Als er dreißigjährig das Florenz von Lorenzo il Magnifico verlässt und nach Mailand an den Hof von Ludovico il Moro (links) geht, stellt er sich diesem in einem Bewerbungsschreiben als Erfinder, Ingenieur, Militärtechniker und »in Friedenszeiten« großer Künstler vor. Der gleichaltrige Ludovico war ehrgeiziger Herrscher eines »modernen« Staates, ließ sich aber noch im prunkvollen Stil der höfischen Gotik als Herzog feiern. Mit über sechzig geht Leonardo nach Amboise und bewirkt einen kulturellen Umschwung in Frankreich; König Franz I. (rechts) wendet sich der italienischen Renaissance zu. Das Leben am französischen Hof ist eine Art »goldene Rente« für Leonardo, der als Patriarch und Prophet verehrt wird. Es wird erzählt, dass der König den sterbenden Künstler umarmt habe.

Leonardo da Vinci

1494–1497

Abendmahl

Das Abendmahl, ein Auftragswerk von Ludovico il Moro, befindet sich im Refektorium des Klosters Santa Maria delle Grazie in Mailand. Leonardo, seit zwölf Jahren Wahl-Mailänder, malt hier nicht, wie bei Fresken üblich, auf den frischen Putz, sondern über zwei Grundierungsschichten auf die trockene Wand (»al secco«), um korrigieren zu können. Außerdem verändert er völlig die traditionelle Komposition der Szene. Bisher fand auf allen Abendmahlsbildern das Mahl Jesu mit den Jüngern vor einer Wand als Hintergrund statt; meist saß Judas auf der anderen Seite des Tisches. Leonardo hingegen zeigt alle Figuren in Dreiergruppen auf einer Ebene; dahinter öffnet sich ein weiter perspektivischer Raum. Auch die Gesichter und Gesten der überlebensgroßen Personen gestaltet Leonardo anders. Im Evangelium gipfelt die Szene in dem Satz: »Einer unter euch wird mich verraten.« Diese Worte Christi, Mitte und treibende Kraft des Bildes, lassen die verschiedensten Gefühle auflodern: Wut, Niedergeschlagenheit, Schmerz, Verwunderung, Angst. Indem jeder Apostel eine andere »Seelenregung« zeigt, schildert Leonardo eine bereits individuelle Psychologie.

Nach der letzten Restaurierung des *Abendmahls* ist der regelmäßige, perspektivisch dargestellte Wandschmuck besser zu erkennen: Es handelt sich um flämische Bildteppiche mit Millefiori-Muster, die mit zahlreichen Nägeln an den Mauern befestigt sind.

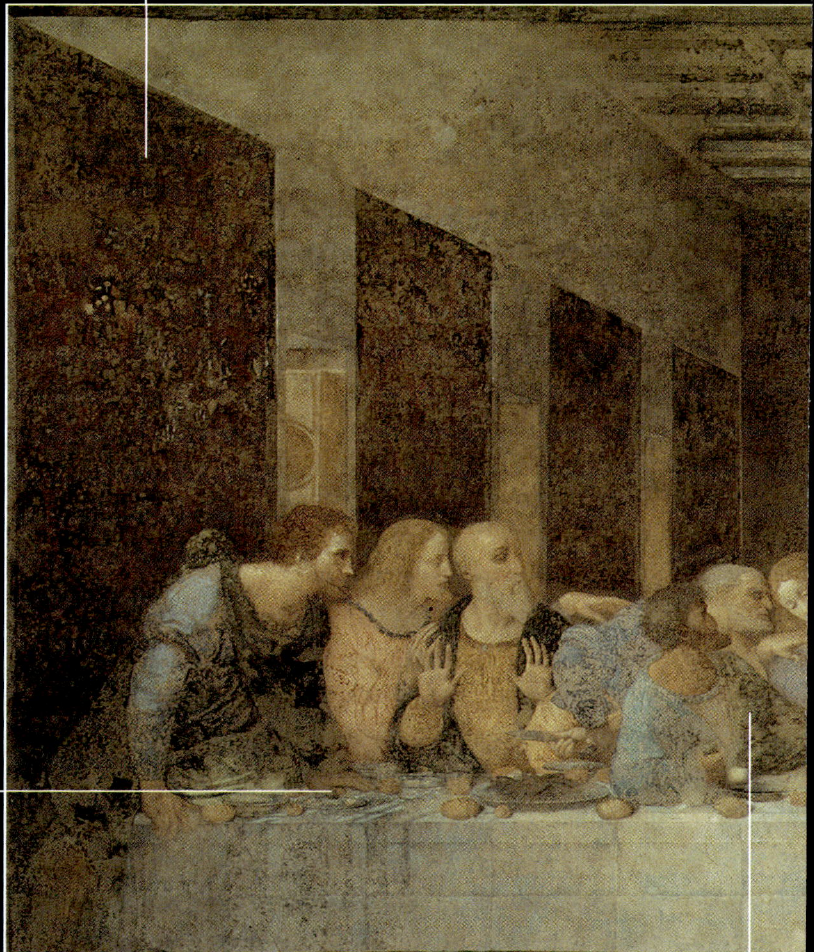

Deutlich erkennt man das bestickte Tischtuch, Zinngeschirr, Gläser, Wasser- und Weinkrug und große Platten. Die äußerst realistisch gemalten Details können als wichtige Vorläufer für die Entstehung des Stilllebens betrachtet werden.

Der Verräter Judas stützt sich als einzige Person mit dem Ellenbogen auf den Tisch und beugt sich nach vorn: So dreht sich das Gesicht zur Seite und liegt im Schatten. Mit der Hand umklammert er den Beutel mit den dreißig Silberlingen für den Verrat. Von hinten stößt ihn beinahe Petrus, der mit einer heftigen Bewegung und erhobenem Messer zu Christus hindrängt und ihn verteidigen will.

Die Kassettendecke zeigt die Richtung des Lichteinfalls und die perspektivische Verkürzung der Linien. Die Ähnlichkeit mit den architektonischen Motiven, die Bramante für die Kirche von Santa Maria delle Grazie wählte, zeigt das Bemühen um eine stilistische Einheit des Ganzen.

Thomas zeigt fragend mit dem Finger nach oben. An dieser Geste erkennt man den Jünger (der ungläubige Thomas wird später seinen Finger in die Wunden des auferstandenen Christus legen), doch wird er in den Werken Leonardos unterschiedlich dargestellt. In einer Art sympathischer Karikatur zeigt Raffael in seiner *Schule von Athen* Leonardo mit einem nach oben gerichteten Zeigefinger.

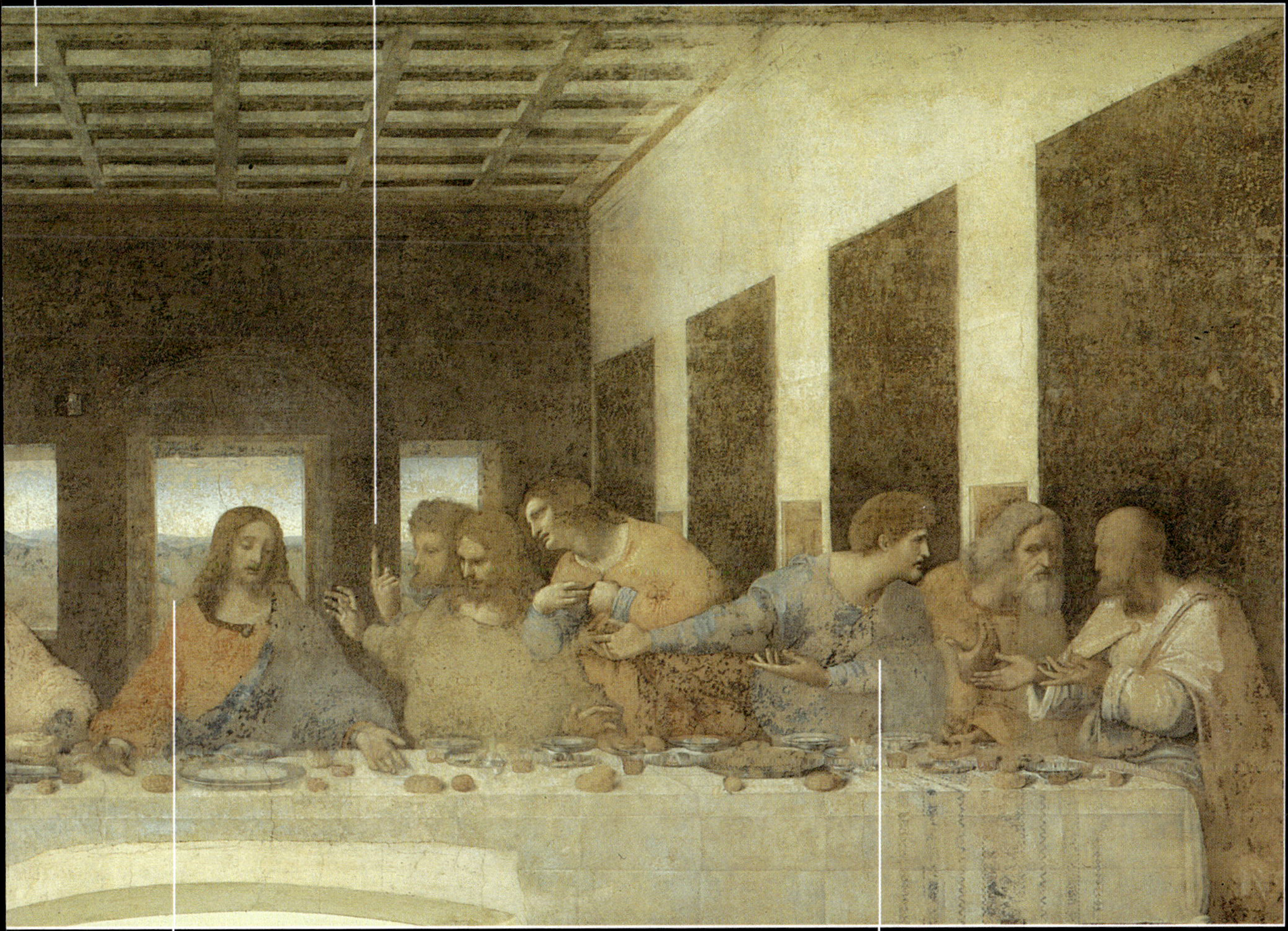

Durch drei große Fensteröffnungen im Bildhintergrund dringt das warme, poetische Licht eines milden Spätnachmittags herein. Die Helligkeit der entfernten, aber deutlich erkennbaren lombardischen Landschaft im Bild kommt so zu dem wirklichen Licht im Refekto-

Um eine neue Kommunikationsebene zu erreichen, die nicht auf künstlerischen Traditionen beruht, sondern die reale zwischenmenschliche Situation ausdrückt, sucht Leonardo nach Neuerungen. Er ist sich der Grenzen der Malerei (die er »stumme Dichtung« nennt) wohl bewusst und greift zu neuen, ungewohnten, fast respektlosen Mitteln: Auf der

Hieronymus Bosch

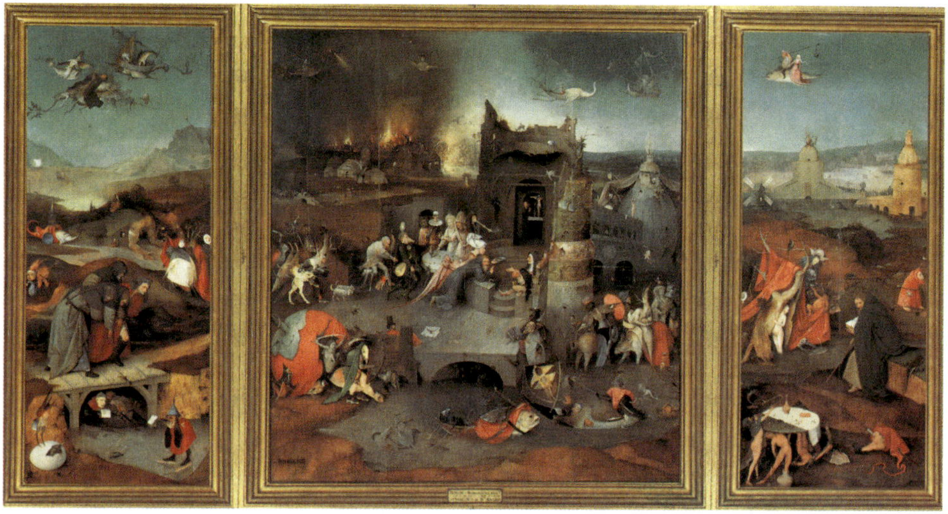

Hieronymus Bosch
Versuchung des heiligen Antonius, 1505–1506
Lissabon, Museu Nacional de Arte Antiga

Dieses Triptychon aus der Reifezeit zeigt den heiligen Antonius, attackiert von Dämonen und Teufeln, die eine »Schwarze Messe« feiern; links hebt ein krötenartiger Dämon den Heiligen in die Luft und lässt ihn dann fallen; rechts versucht sich der Eremit in die heiligen Texte zu vertiefen, während um ihn herum teuflische Spukgestalten und Elemente aus Alchemie und Hexerei ihr Unwesen treiben.

Flussabwärts mit dem »Narrenschiff«

Jeroen Anthoniszoon van Aken: So heißt der rätselhafteste Künstler der ganzen westlichen Tradition, der schließlich mit dem Namen seiner Geburtstadt 's-Hertogenbosch unterzeichnet (heute in Südholland). Sein Leben verläuft ruhig, ohne Erschütterungen oder große Ereignisse; nur eine lange Süditalienreise unterbricht die Einförmigkeit in 's-Hertogenbosch. In seiner Kunst vermischen sich Volksweisheiten und humanistische Elemente, Einflüsse anderer Maler und Religiöses, Wissenschaft und Alchemie: Der *Malleus Maleficarum*, die Predigten des Johannes Ruysbroek, die *Vision des Tundalus*, die *Ars moriendi*, das *Narrenschiff* von Sebastian Brant und die *Legenda Aurea* von Jakobus de Voragine gehören zu den Quellen, aus denen Boschs kreativer Geist in freier Weise schöpft. Die Vielzahl der Einflüsse weist auf eine heterogene, noch mittelalterlich geprägte Bildung hin, aber durch den völlig freien Gebrauch wird die Position des Malers unklar. Werke nach ikonographischer Tradition wechseln mit gotteslästerlichen und teuflischen Versionen religiöser Themen, sodass man ihm sogar Sympathien für häretische Sekten unterstellt hat. Aus alledem entsteht eine sehr persönliche Malerei, die zwar deutlich mit der Epoche verbunden ist, aber bleibende moralische Werte formuliert.
Die für Boschs Gemälde charakteristischste Form ist das Triptychon, auf dem er in Zeit und Raum die Erzählung entwickelt und für Vorgeschichte oder Kommentar auch die Außenflächen der Tafeln nutzt.

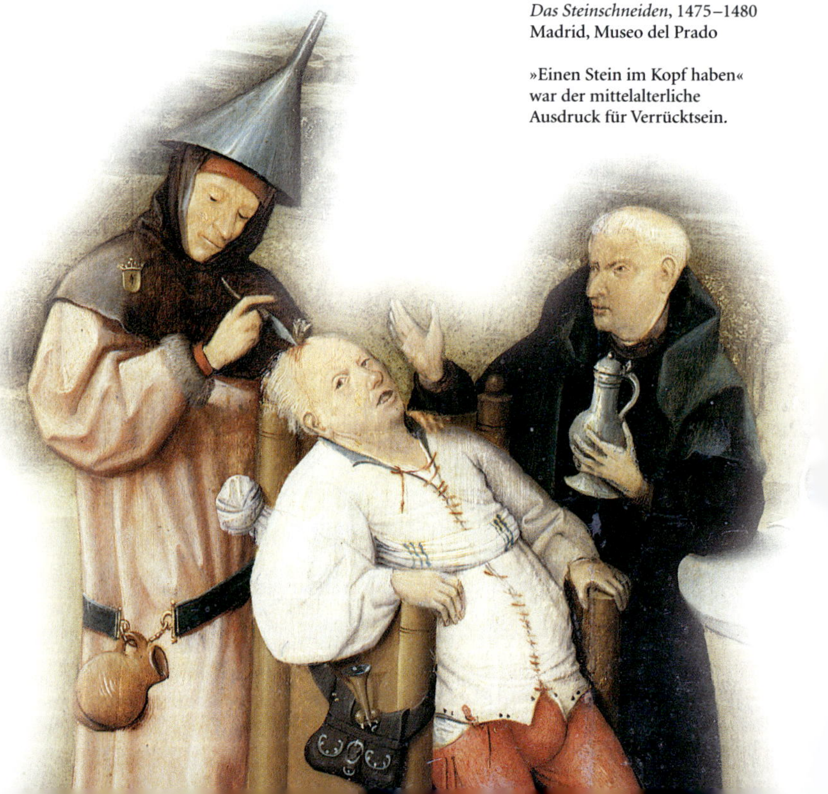

Hieronymus Bosch
Das Steinschneiden, 1475–1480
Madrid, Museo del Prado

»Einen Stein im Kopf haben« war der mittelalterliche Ausdruck für Verrücktsein.

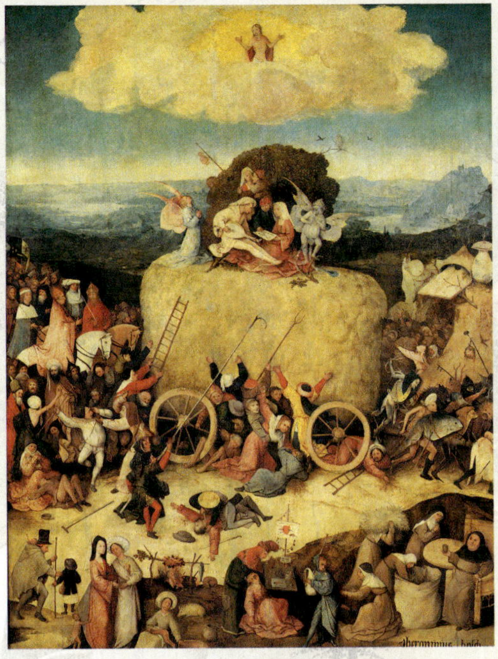

Hieronymus Bosch
Heuwagen-Triptychon,
Mitteltafel, 1500–1502
Madrid, Museo del Prado

Ein flämisches Sprichwort sagt: »Die Welt ist ein Heuhaufen; jeder nimmt, so viel er fassen kann«. Im Zentrum des Bilds steht die von Sinneslust verdorbene, dem Wahnsinn verfallene Menschheit auf dem Weg zur ewigen Verdammnis. Das Heu, Symbol für die Gier des Menschen, wird von einer Gruppe skurriler Gestalten, Mischwesen zwischen Mensch und Tier, langsam zur Hölle gezogen; auch der Papst, der Kaiser und andere Mächtige folgen dem Zug. Oben auf dem Heuwagen, über dem Tumult, befinden sich die Menschen, die in Unzucht leben: Ein bäuerliches Paar liebkost sich im Hintergrund, weitere Personen widmen sich einer lasziven Musik, der Dämon mit Trompetennase und Pfauenschwanz steht für die Eitelkeit.

Hieronymus Bosch
Kreuztragung, 1503–1504
Gent, Museum voor Schone Kunsten

Beunruhigende, unerbittlich überzeichnete Gestalten drängen sich um Christus: Das Böse versteckt sich nicht mehr hinter Symbolen, sondern ist in den Menschen Fleisch geworden. Verzerrte Gesichter, krumme Nasen, tief liegende Augen und zahnlose Münder steigen aus dem dunklen Bildgrund auf, von dem sich die farbigen Kopfbedeckungen abheben, und lassen keinen freien Raum. In der Komposition der neunzehn Personen entsteht eine Art Sog, der sich schließlich im friedvollen Gesicht des Christus an der Diagonale des Kreuzes beruhigt. Bei den Gesichtern lassen sich Parallelen zu Leonardos Kopfstudien feststellen.

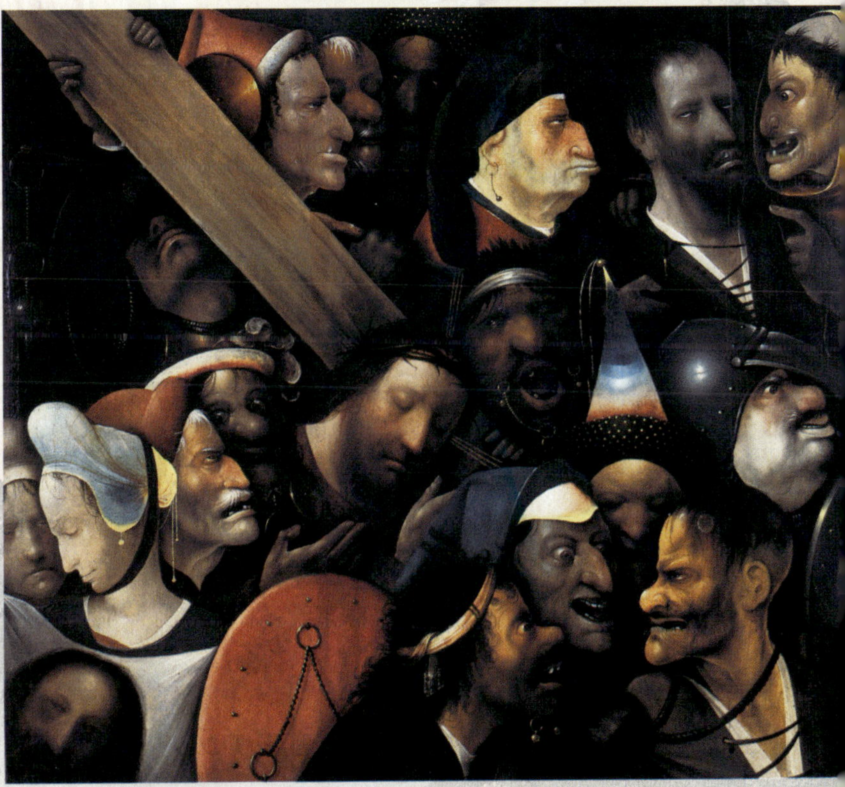

Hieronymus Bosch

1503–1504

Garten der Lüste

Boschs rätselhaftes und vielschichtiges Gemälde ist eines der besterforschten und meistinterpretierten in der abendländischen Kunst; es gehört zu der weltgrößten Sammlung von Werken des holländischen Meisters im Prado in Madrid. Da Thema und Auftraggeber des außergewöhnlichen Werks nicht sicher dokumentiert sind, wurden verschiedene Hypothesen aufgestellt, von Esoterik bis zu Alchemie, von der Übertragung literarischer Texte zu einer Verbindung des Malers mit Sekten chiliastischer Häretiker. Die meisten ikonographischen Besonderheiten finden sich auf der Mitteltafel, nach der das Werk benannt ist, aber auch die Flügel zeigen interessante und originelle Szenen. Die insgesamt vier Meter breiten und 2,2 Meter hohen Tafeln müssen nacheinander betrachtet werden, beginnend mit dem Garten Eden und der Erschaffung Evas. Mit ihr entstehen jedoch monströse Geschöpfe, die das illusorische Glück der Mitteltafel mit den Menschen teilen und rechts in der düsteren Höllenszene wiederkehren. Die ungehorsame, in Sünde gefallene Menschheit wird nach dem Gesetz der Vergeltung unbarmherzig bestraft. Seltsamerweise finden sich in der Höllenszene auch Musikinstrumente (Laute, Harfe, Drehleier), die den Dämonen als Folterinstrumente dienen.

Das biblische Bild vom Paradies als wunderschönem Garten enthält völlig neue Elemente: Neben den Bäumen und Früchten finden sich seltsame mineralische Versteinerungen.

Die Ähnlichkeit des Naturraums verbindet die mittlere und die linke Tafel zu einer Einheit: Die beiden Episoden handeln am gleichen Ort, und die Unkeuschheit erscheint so als logische Folge der Erschaffung der Frau.

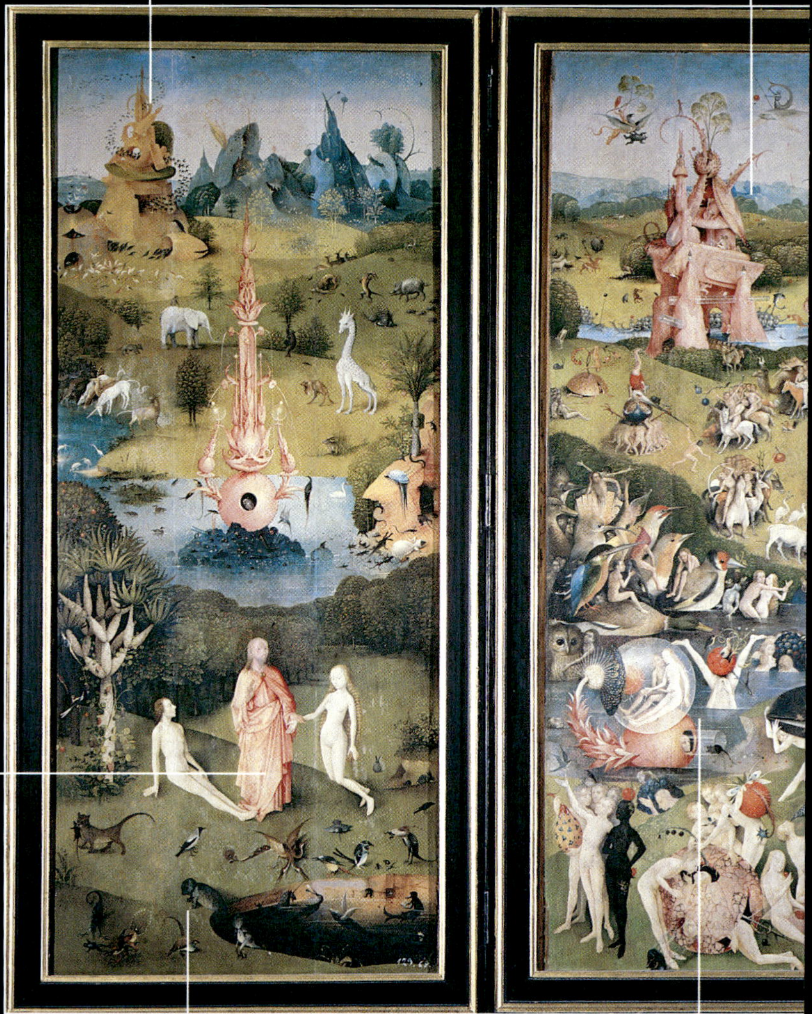

Die Ikonographie der linken Tafel ist ungewöhnlich: Anders als in seinen anderen Paradiesdarstellungen bildet Bosch hier nicht die Schöpfung, den Sündenfall und die Vertreibung ab, sondern nur die Erschaffung Evas; hier liegt der Schlüssel zum Verständnis des moralischen Hauptthemas dieses Gemäldes, der Unkeuschheit.

Der dunkle, von unheimlichen Geschöpfen umgebene Teich nimmt in seiner düsteren Farbigkeit bereits die infernalische Version des rechten Flügels vorweg.

Die Sünde der Wollust wird von einem Liebespaar in lasziver Haltung begangen, das in einer riesigen, aus einer exotischen Wasserblume herauswachsenden durchsichtigen Blase sitzt. Die Glaskugel ist entweder im Zusammenhang der Alchemie zu verstehen, wo mit solchen Instrumenten gearbeitet wurde, oder steht für ein altes Sprichwort: »Glück ist wie Glas; wenn es glänzt, zerbricht es.«

Die Mitte des Paradiesgartens bildet ein kreisrunder Teich: der Jungbrunnen. Um ihn herum reiten nackte Gestalten auf Fabelwesen.

Auf den Tafeln des Triptychons wimmelt es von Tieren; einige davon sind im Paradies und auch in der Hölle zu finden. Aus Bestiarien bekannte Tiere exotischer Länder wie Elefanten oder Giraffen stehen geläufigeren Arten gegenüber, die wohl wegen ihrer symbolischen Bedeutung gewählt wurden; neben Fabeltieren finden sich Mischwesen aus der Phantasie des Malers, der bewusst die moralisierenden Bestiarien (Tierbücher) für seine eigene Polemik einsetzt. In Boschs Welt verbirgt sich das Böse unweigerlich hinter jeder Erscheinungsform des Lebens.

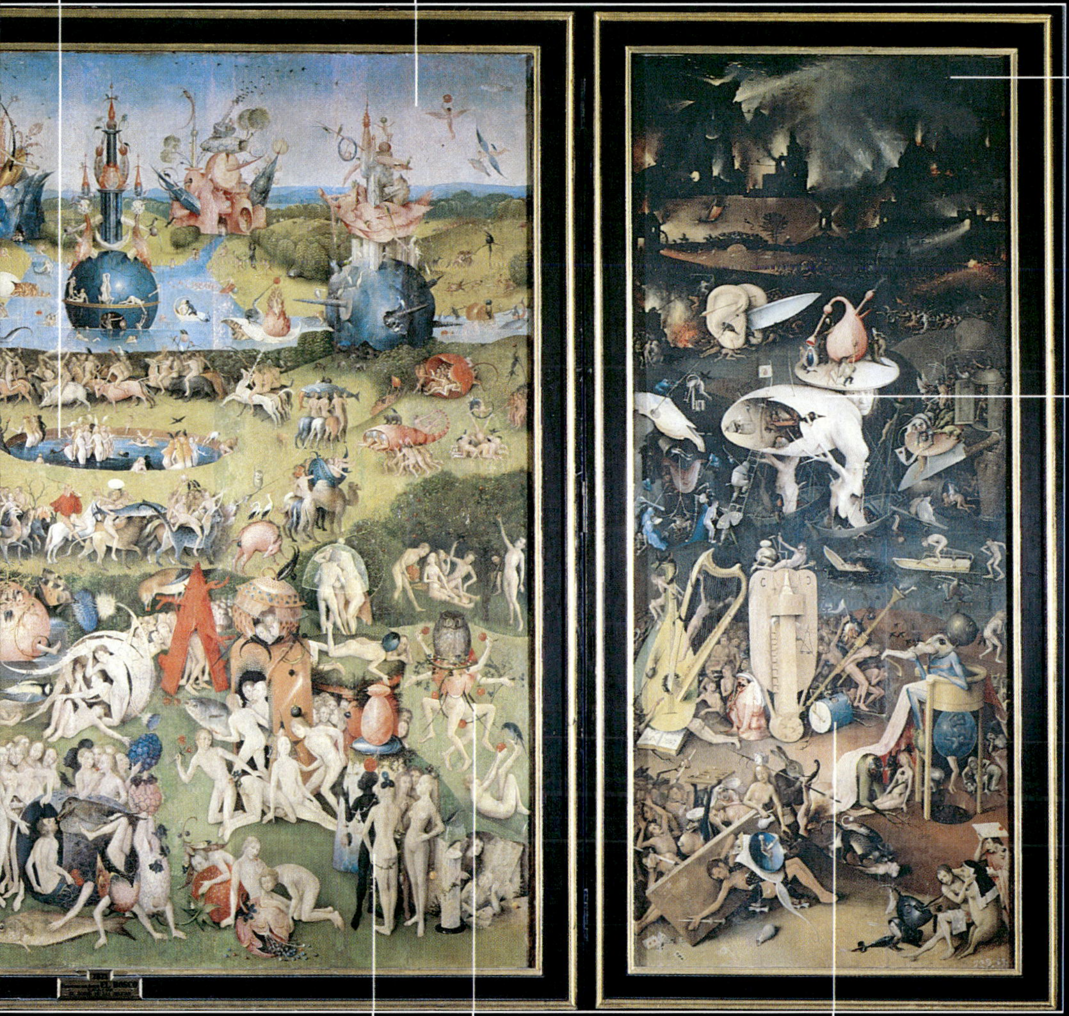

Im Kontrast zum hellen Himmel der anderen beiden Tafeln ist der Hintergrund der Hölle dunkel und wird nur vom düsteren Schein eines unauslöschlichen Feuers erhellt.

Im Zentrum der Tafel entwirft Bosch ein groteskes Selbstbildnis: als Mischwesen aus Mensch und Baum, die Wurzelarme auf zwei Boote gestellt, in dem hohlen Körper eine Art höllisches Wirtshaus, wo die Teufel »Brotzeit« machen. Der Kopf trägt eine drehbare Plattform mit einem Dudelsack, Symbol des Bösen und der Wollust. Links erscheint ein riesiges Paar Ohren, von Pfeilen durchbohrt und einer Messerklinge durchschnitten. Von den vielen möglichen Bedeutungen scheint die Anspielung auf die Taubheit des Menschen für das biblische Wort »Wer Ohren hat zu hören, der höre« überzeugend.

Unter Boschs Figuren erscheinen manchmal Menschen mit unterschiedlicher Hautfarbe: In der Alchemie steht die Farbe Schwarz für das ursprüngliche Stadium der Materie. Die Frau rechts wird gelegentlich für das provokative Abbild einer Nonne gehalten.

Die roten Beeren, Erdbeeren und Waldfrüchte überall auf dem Bild stehen für die Gier nach irdischen Gütern und sind ein weiteres Symbol für menschliche Laster und Begierden.

Satan ist ein Wesen mit Vogelkopf und einem Topf als Hut (Symbol für unersättlichen Hunger), das die Verdammten verschlingt und dann als Exkremente in eine Grube fallen lässt. Ein Geiziger ist dazu verdammt, in die gleiche Grube Goldmünzen auszuscheiden, während ein anderer Sünder seine Mahlzeit erbricht, offenbar die Strafe für Gier. Unter Satans Thron sitzt reglos eine nackte Frau mit einer Kröte auf der Brust, die ihr Gesicht als Strafe für die Eitelkeit in einem Spiegel am Hinterteil eines Dämons betrachten muss.

Giorgione

Die wunderbare Entdeckung des natürlichen Lichts
Giorgione ist keine mythische oder romantische Persönlichkeit, sondern ein Künstler in einem Umfeld, das zu verschlüsselter Sprechweise, geheimen Symbolen und zur Naturverherrlichung neigt; als Schüler Giovanni Bellinis bekommt er Impulse von den durch Venedig reisenden »Ausländern« wie Leonardo und Dürer. Kennzeichnend für sein Werk ist die Suche nach einer freundlichen und warmen Naturstimmung: Die Konturen von Figuren und Landschaft erscheinen aufgelöst, erhalten keine lineare Abgrenzung der Bildelemente, sondern sind durch Farb- und Helligkeitsabstufungen gekennzeichnet. Giorgiones ganzes Schaffen fällt in das erste Jahrzehnt des 16. Jahrhunderts – dann beendet die Pest seine kurze Laufbahn. Ausgangspunkt ist die Altartafel von Castelfranco Veneto (1504) mit ihrer sanften, von natürlichem Licht überstrahlten Landschaftsvedute. Giorgione betreibt eine gut gehende Werkstatt: 1508 malt er zusammen mit seinem Schüler Tizian die Fresken für die Fassade des Fondaco dei Tedeschi am Canal Grande, dessen Malereien fast alle verloren sind. Die meisten Gemälde Giorgiones gelangten in die Sammlungen der venezianischen Patrizier: Porträts und religiöse Themen in weitläufigen Landschaften, aber auch weltliche Bilder, mythologische oder literarische Themen – ikonographische Neuerungen, für die Giorgione lyrische Vorbilder schafft. Nach seinem Tod vollenden zwei seiner bekanntesten Schüler, Tizian und Sebastiano del Piombo, einige seiner Werke.

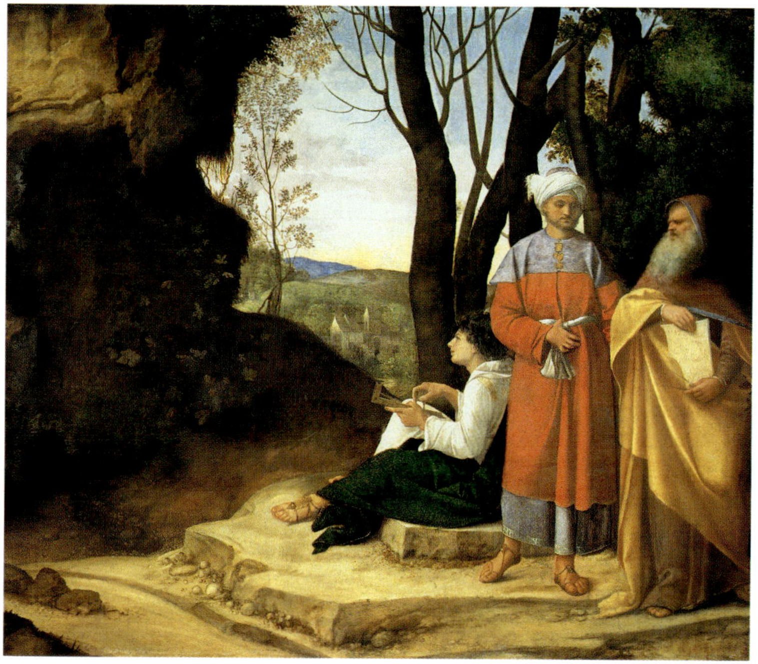

Giorgione
Die drei Philosophen, um 1505
Wien, Kunsthistorisches Museum

Drei nach Alter, Kleidung und Aussehen unterschiedliche Personen haben sich an einem Waldsaum niedergelassen. Einer der vielen Interpretationen zufolge schildert Giorgione hier die Heiligen Drei Könige auf dem Weg nach Bethlehem: Der Jüngste betrachtet aufmerksam die Landschaft, die beiden anderen sind in eine Unterhaltung vertieft. So werden die Könige zur Allegorie für drei verschiedene Geisteszustände, drei Momente der inneren »Reise«, die jeder Mensch durch seine verschiedenen Lebensalter hindurch erlebt.

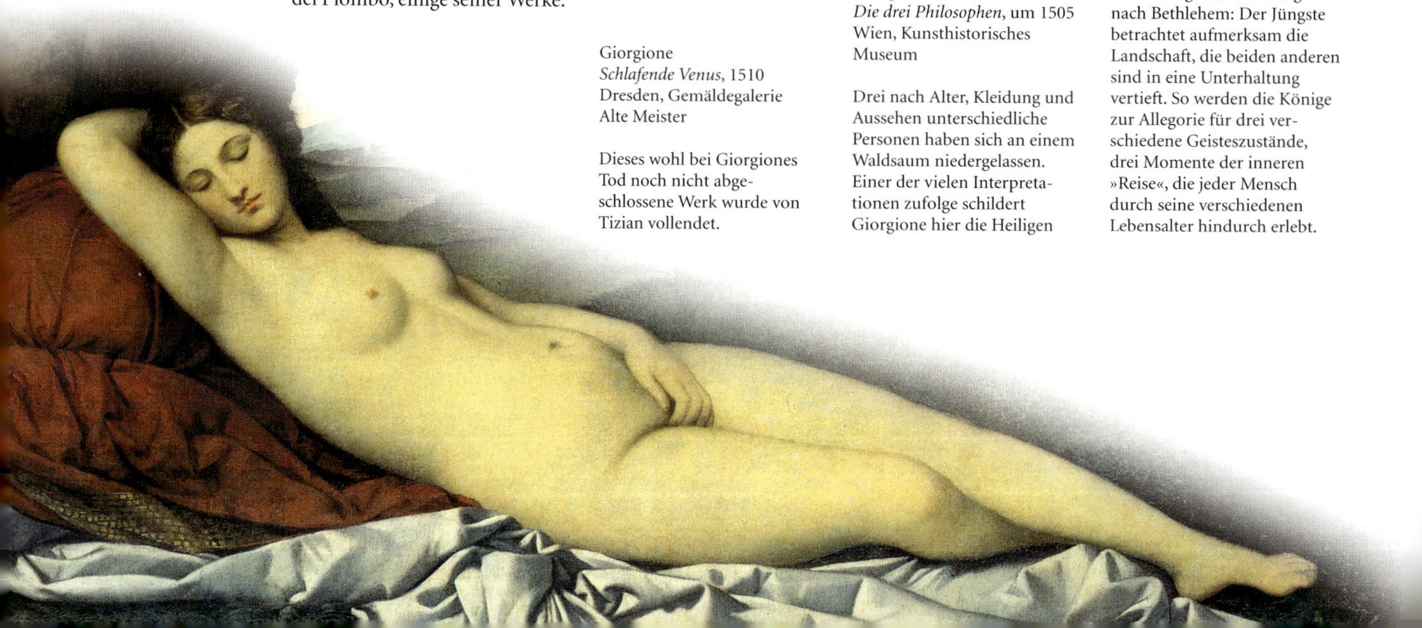

Giorgione
Schlafende Venus, 1510
Dresden, Gemäldegalerie Alte Meister

Dieses wohl bei Giorgiones Tod noch nicht abgeschlossene Werk wurde von Tizian vollendet.

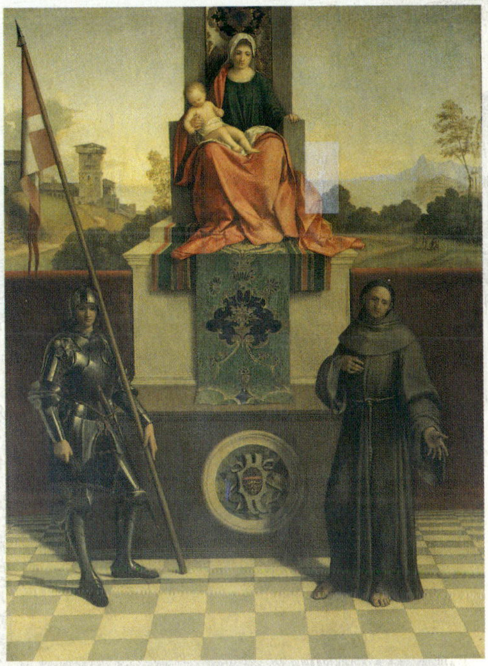

Giorgione
Thronende Madonna mit den heiligen Franziskus und Liberalis, 1504
Castelfranco Veneto, San Liberale

Diese kleine, in Giorgiones Geburtsstadt verbliebene Altartafel ist ein wichtiger Punkt in der Entwicklung des Bildtypus der Sacra Conversazione. Die stille, schöne und nachdenkliche Madonna scheint zwischen dem Damast des Throns und den noch leuchtenderen Herbstfarben zu schweben. In dem ununterbrochenen Fluss der Farben geht das Gold in Rot über, das Grün ins Blassblau einer vergehenden Jahreszeit. Das Licht der Landschaft gleitet sanft über die gelblichen Steine des Turms im Hintergrund, wird vom Samtüberhang der Brüstung absorbiert, dringt zwischen die engen Falten des einfachen Gewandes des heiligen Franziskus und lässt die dunkle Rüstung des heiligen Liberalis aufglänzen, die sich zwischen Silber und Schwarz bewegt wie die Nacht nach diesem träumerischen Nachmittag.

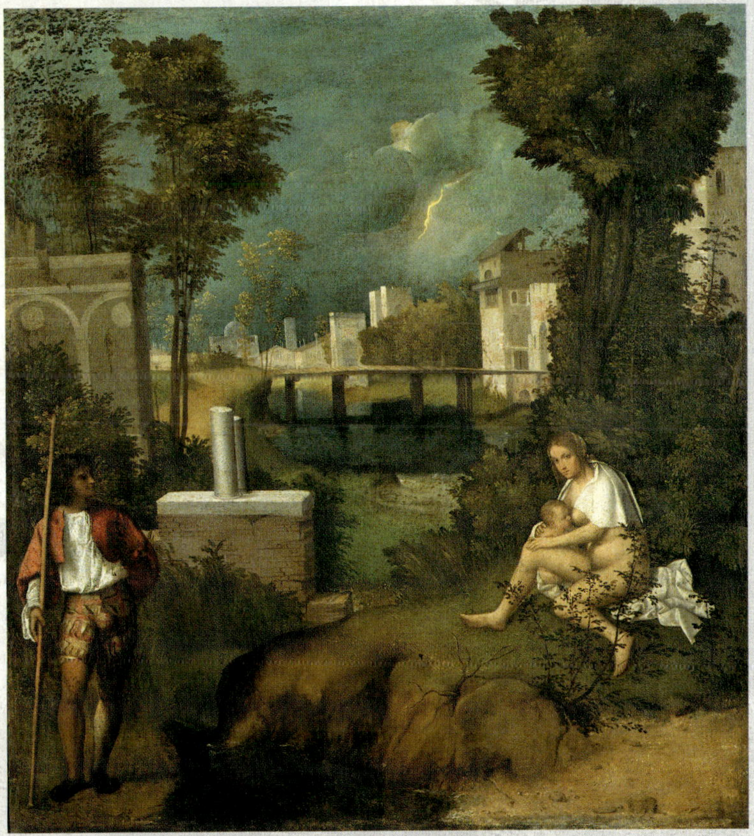

Giorgione
Das Gewitter, um 1506
Venedig, Gallerie dell'Accademia

Dieses Gemälde, das den Zauber der Natur erhebt, ist eines der meistdiskutierten Werke der Kunstgeschichte. Nach der heute geläufigsten, vom Vergleich mit anderen Werken der Zeit gestützten Interpretation sind in den beiden Personen Adam und Eva nach der Vertreibung aus dem Paradies und der Blitz als das Flammenschwert des Erzengels zu sehen. Doch jenseits aller ikonographischen Deutungen bleibt das Wunder der Natur und das Staunen in ihrem Angesicht, das vielleicht vor Giorgione nie so deutlich ausgedrückt worden ist.

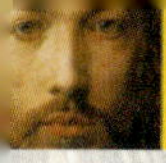

Nürnberg

1471–1528

Albrecht Dürer

»Die Schönheit, was das ist, das weiß ich nicht«
Immer im Zentrum historischer Debatten, Gesprächspartner von Fürsten, Künstlern und Denkern, unbestrittener Mittelpunkt seiner Zeit: Albrecht Dürer ist eine faszinierende Persönlichkeit. Nach seiner Lehrzeit in Nürnberg unternimmt der Neunzehnjährige einige Studienreisen (nach Basel, Straßburg, Wien und Venedig), die seine Bildkultur auf europäisches Niveau heben. Als Mensch von anziehender Schönheit und hohem Selbstbewusstsein zu einer Zeit, als man Künstler noch für spezialisierte Handwerker hielt, zeigt sich Dürer als gebildeter Künstler. Von 1505 bis 1507 ist er wieder in Italien: eine Art Gipfeltreffen des bedeutendsten deutschen Künstlers, der soeben zu größter Reife gelangt, mit der italienischen Renaissancekultur auf dem Höhepunkt ihres Glanzes, aus dem um 1515 eine der aufregendsten Episoden der europäischen Malerei entsteht; Dürers stets von grafischer Genauigkeit gekennzeichnetes Werk gelangt zu höchstem Ruhm. In ihm entsteht der Wunsch, eine ideale und gleichzeitig natürliche Schönheit zu schaffen. Eine weitere Reise führt ihn 1521 nach Antwerpen und in die Niederlande zu Quentin Massys und Lucas van Leyden. In seinen letzten Jahren sucht der »Universalkünstler« nach einem Gleichgewicht inmitten der Unruhen, die Deutschland erschüttern.

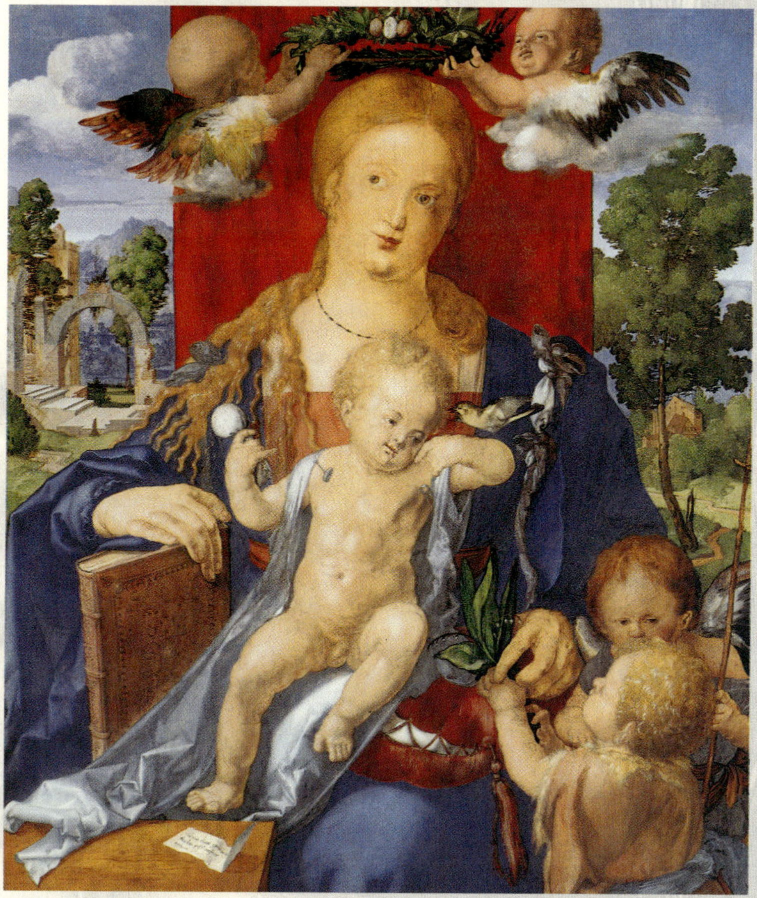

Albrecht Dürer
Madonna mit dem Zeisig, 1506
Berlin, Staatliche Museen zu Berlin – Preußischer Kulturbesitz, Gemäldegalerie

Die Madonna ist das Hauptthema von Dürers Bildern, Zeichnungen und Stichen. Diese wundervolle Version ist eng verbunden mit seiner zweiten Venedigreise und der Berührung mit Bellini und Lotto.

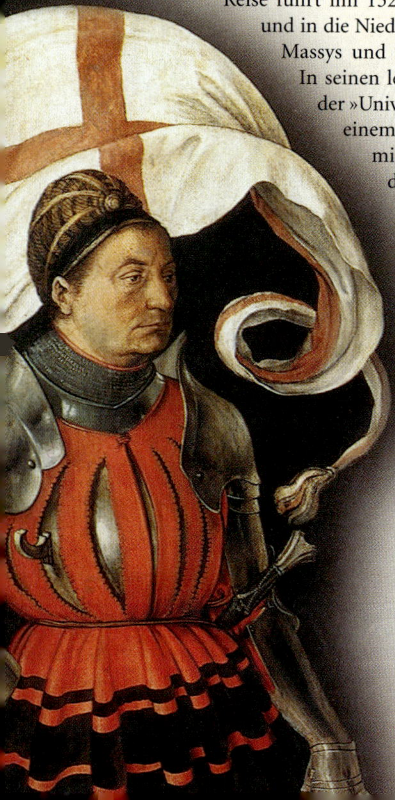

links und auf der folgenden Seite:
Albrecht Dürer
Heiliger Georg und heiliger Eustachius, Seitentafeln des *Paumgartner-Altars*, 1502–1504
München, Bayerische Staatsgemäldesammlungen, Alte Pinakothek

Eines von Dürers ersten großen Werken ist ein Triptychon, dessen Mitteltafel die Geburt Christi zeigt. Die geharnischten Heiligen auf den Seiten sind an ihren Attributen erkennbar: Der besiegte Drache kennzeichnet den heiligen Georg, die Fahne mit dem Hirschkopf den heiligen Eustachius. Sicherlich handelt es sich um Bildnisse der Auftraggeber, der Paumgartner-Brüder.

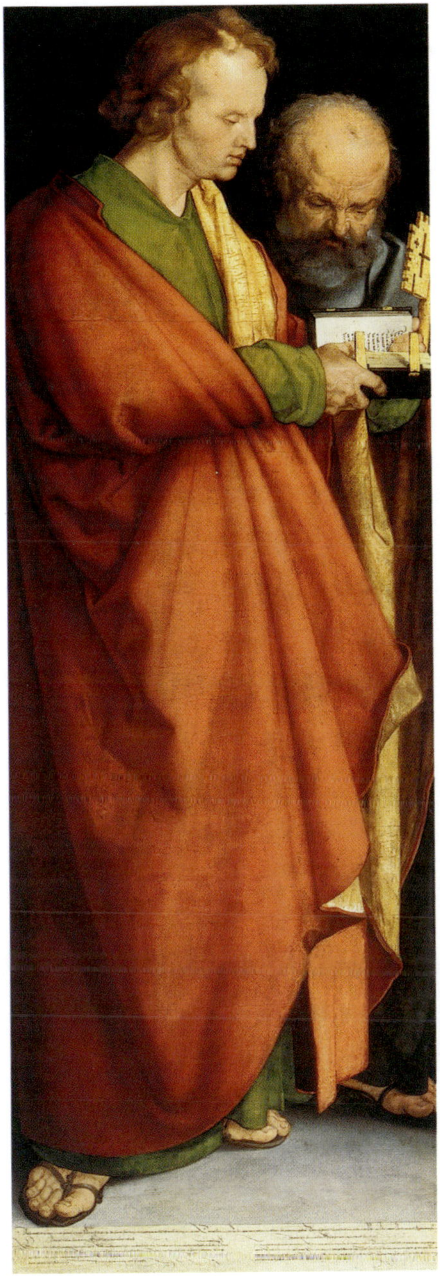

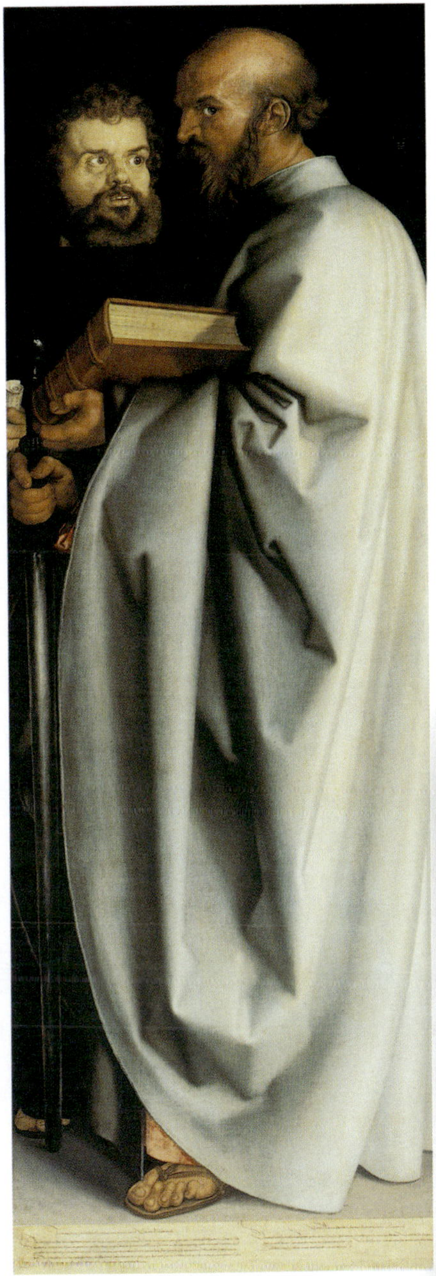

Albrecht Dürer
Die vier Apostel, 1526
München, Bayerische Staatsgemäldesammlungen, Alte Pinakothek

Diese beiden, von Dürer selbst der Stadt Nürnberg gestifteten Tafeln sind das geistige Testament des Malers. In den letzten Jahren versucht Dürer, die geschichtlichen Ereignisse und seelischen, gesellschaftlichen und religiösen Veränderungen seiner Zeit zu deuten. In ihm reift eine Haltung, die viele Jahre lang verborgen war, eine düstere Ahnung wird Wahrheit: Die Kunst hat Grenzen, die humanistischen Utopien stimmen nicht mit der Realität überein. Seine letzten großen Werke lassen die Bemühung erkennen, den Nachkommen ein genaues Zeugnis seiner selbst zu überliefern, aber auch das Scheitern einiger Ideale, denen er sein Leben gewidmet hat. Nach der Nähe zu Giovanni Bellini und Leonardo steht Dürer jetzt neben dem fast gleichaltrigen Michelangelo und ist einer der verbittertsten und desillusioniertesten Künstler im Europa der Reformation.

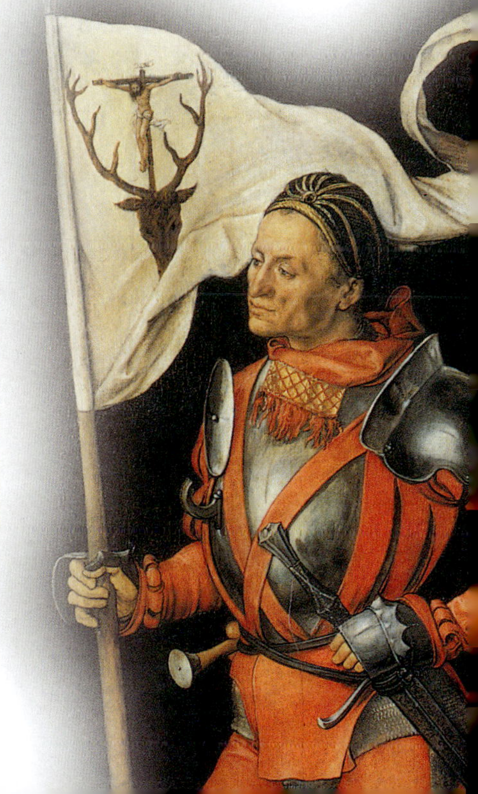

Albrecht Dürer

1511

Allerheiligenbild

Den Auftrag zu diesem Bild, das im Wiener Kunsthistorischen Museum aufbewahrt wird und auch den Titel »Anbetung der Dreifaltigkeit« trägt, erteilte der reiche und fromme Nürnberger Kaufmann Matthäus Landauer für die Kapelle des »Zwölfbruderhauses«, eines Heims für ältere, bedürftige Handwerker. Der Auftrag beinhaltete auch einen prunkvollen Rahmen aus vergoldetem Holz, entworfen von Dürer selbst und gefertigt von einem Nürnberger Schnitzer. Im Jahr 1585 erwarb Kaiser Rudolf II. das Bild für die kaiserlichen Sammlungen; der Rahmen verblieb in Nürnberg. Sowohl das im oberen Teil des Rahmens dargestellte Jüngste Gericht als auch die Schar der Heiligen auf dem Gemälde gehören zum ikonographischen Programm der Civitas Dei, des Gottesstaates, das auf die Schrift *De civitate Dei* des heiligen Augustinus zurückgeht. In der halbkreisförmigen Komposition der himmlischen Figuren um die Heilige Dreifaltigkeit herum schöpft Dürer aus den fruchtbarsten Quellen deutscher Bildkultur, vor allem bei den leuchtenden Farben; gleichzeitig wetteifert er mit den größten italienischen Vorbildern. Trotz der Weite der abgebildeten Landschaft und der südalpinen »klassischen« Komposition zeigt das Gemälde viele winzige Details, die für die Malerei nördlich der Alpen typisch sind – so entsteht eine wegweisende Verbindung aus nördlicher und südlicher Kunst.

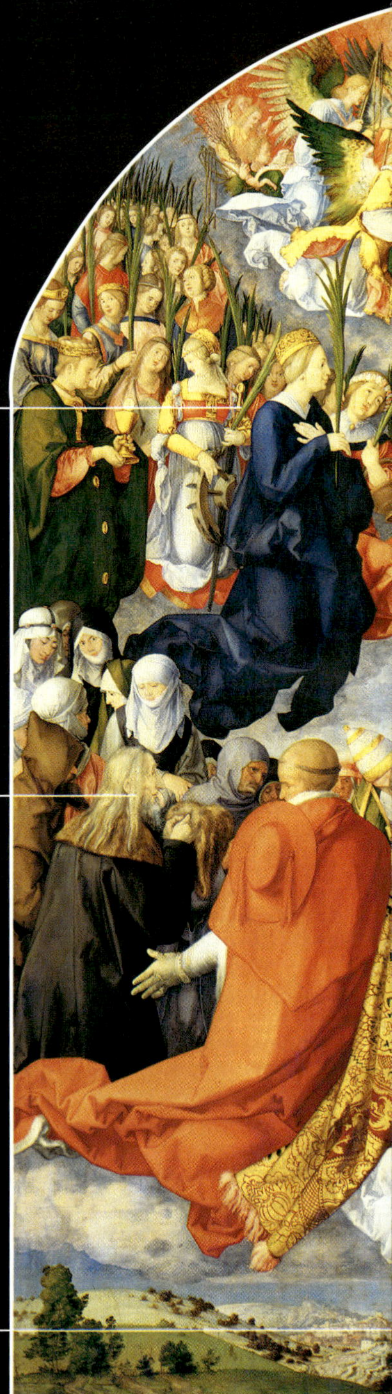

Die halbkreisförmige Anordnung der Heiligen um eine Mittelachse (Heilige Dreifaltigkeit) ist vergleichbar mit der Anordnung in Raffaels Fresko *Disputà* in den Stanzen des Vatikans (1508). Fast alle weiblichen Heiligen tragen den Palmenzweig, Symbol des Martyriums, aber gleichzeitig auch sichtbares Zeichen für den festlichen Einzug Christi in Jerusalem.

Links erkennt man das Porträt des Auftraggebers Matthäus Landauer in ehrfurchtvoller Gebetshaltung. Das schlichte dunkle Gewand steht in starkem Gegensatz zu den funkelnden Kleidern der Heiligen zu seiner Rechten: Hieronymus im purpurnen Kardinalsgewand und Gregor der Große im goldenen Papstornat.

Die Landschaft mit dem breiten stillen See erinnert an den Anblick des Gardasees, den Dürer bei seinen Reisen nach Venedig genoss.

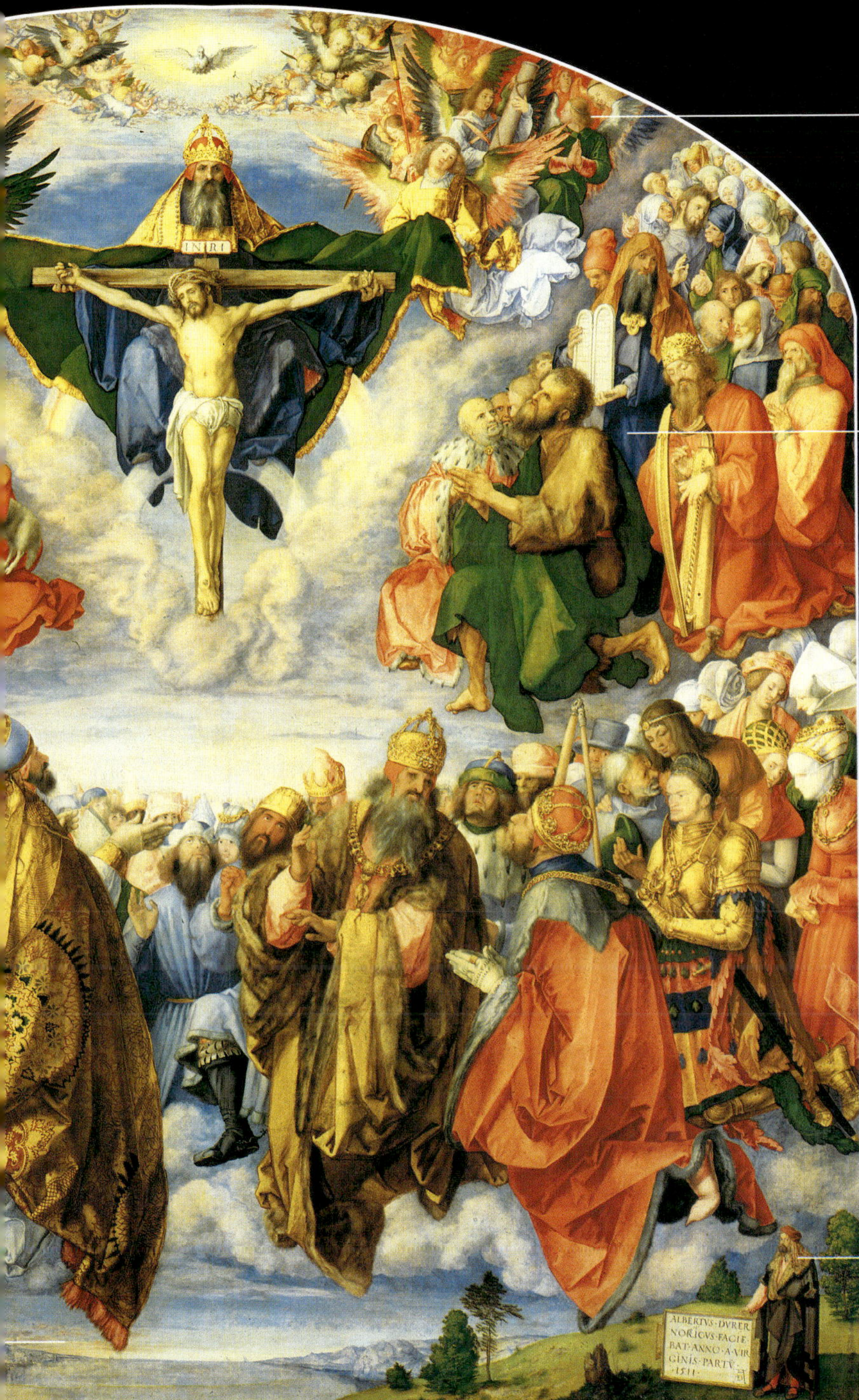

Die Engel mit den Leidenswerkzeugen sind von explosivem Farbenreichtum; die fast bis zum gewaltsamen Effekt reichende Farbenvielfalt erinnert an die Werke des Zeitgenossen Matthias Grünewald.

Unter den Figuren aus dem Alten Testament (Mose mit den Gesetzestafeln; David mit der Harfe; Salomo in einem königlichen Gewand mit Hermelinkragen) und den Heiligen (manchmal in zeitgenössischer Kleidung) bildet Dürer eine Vielfalt von Menschentypen ab. Eine außergewöhnliche Porträtgalerie, die in der Vergangenheit als »shakespearehaft« bezeichnet wurde, weil sie einzelne Charaktere in eine gleichsam orchestrierte Erzählstruktur einbindet.

In der rechten unteren Ecke erscheint das Selbstporträt des Malers mit einer Steintafel, die in lateinischer Inschrift Namen und Jahreszahl trägt. Als ein Mensch von anziehender, außergewöhnlicher Schönheit pflegte Dürer sein Selbstbild mit Sorgfalt.

Florenz, Rom

1475–1564

Michelangelo Buonarroti

»Und sag der Welt, daß ich kein Maler sei, und nicht am rechten Platz; das sage frei«
So lauten die letzten Worte eines Sonetts, das Michelangelo während der Arbeit an den Fresken der Sixtinischen Kapelle in Rom schrieb. Im Zentrum der Christenheit und beim Erschaffen eines der weltgrößten Kunstwerke fühlt sich der Fünfunddreißigjährige unwohl und behauptet ausdrücklich, kein Maler zu sein; wenige Zeilen zuvor bezeichnet er seine Malerei als tot. Michelangelo ist mit seinem kritischen Bewusstsein in einer Zeit, in der sich die Renaissance auf ihrem Höhepunkt befindet, zugleich Zeuge ihrer Krise. Nicht nur durch seine großen Bildhauerarbeiten, auch mit seinen Bauwerken und Gemälden ist er die beherrschende Persönlichkeit der europäischen Kunst des 16. Jahrhunderts. Seine Ausbildung findet im Florenz der Medici in der Werkstatt des Domenico Ghirlandaio statt und bereitet ihn eher auf eine Malerlaufbahn vor. Jedoch verlegt sich der junge, im humanistischen Klima unter Lorenzo il Magnifico aufgewachsene Michelangelo bald auf die Marmorbildhauerei und schafft schon vor 1500 monumentale Werke wie die *Pietà* in St. Peter in Rom und wenig später den *David* in Florenz. Anfang des 16. Jahrhunderts betätigt er sich wiederholt als Maler: Zuerst in der Arno-Stadt, wo er bei den (verlorenen) Dekorationen des Palazzo Vecchio mit Leonardo wetteifert und den *Tondo Doni* schafft, sein einziges vollendetes Tafelbild; dann in Rom, wo er auf Wunsch von Papst Julius II. die Decke in der Sixtinischen Kapelle ausmalt, eine dramatische Synthese der Menschheitsgeschichte und gleichzeitig Lobpreis der schönen Schöpfung. Nach dieser aufreibenden, zwischen 1508 und 1512 kaum unterbrochenen Arbeit gibt er für über zwanzig Jahre die Malerei auf und widmet sich der Bildhauerei und Architektur (Neue Sakristei in San Lorenzo, Florenz). In den 30er Jahren greift er wieder zum Pinsel und schafft unter vielen Mühen und Zweifeln das *Jüngste Gericht* in der Sixtinischen Kapelle; es folgen zwei weitere Fresken in der Cappella Paolina im Vatikan (*Kreuzigung des heiligen Petrus*; *Bekehrung des heiligen Paulus*) sowie in den letzten Jahren zwei letzte, aus dem Nachdenken über den Tod entstandene Pietà-Statuen aus Marmor, die sich heute in Florenz und Mailand befinden.

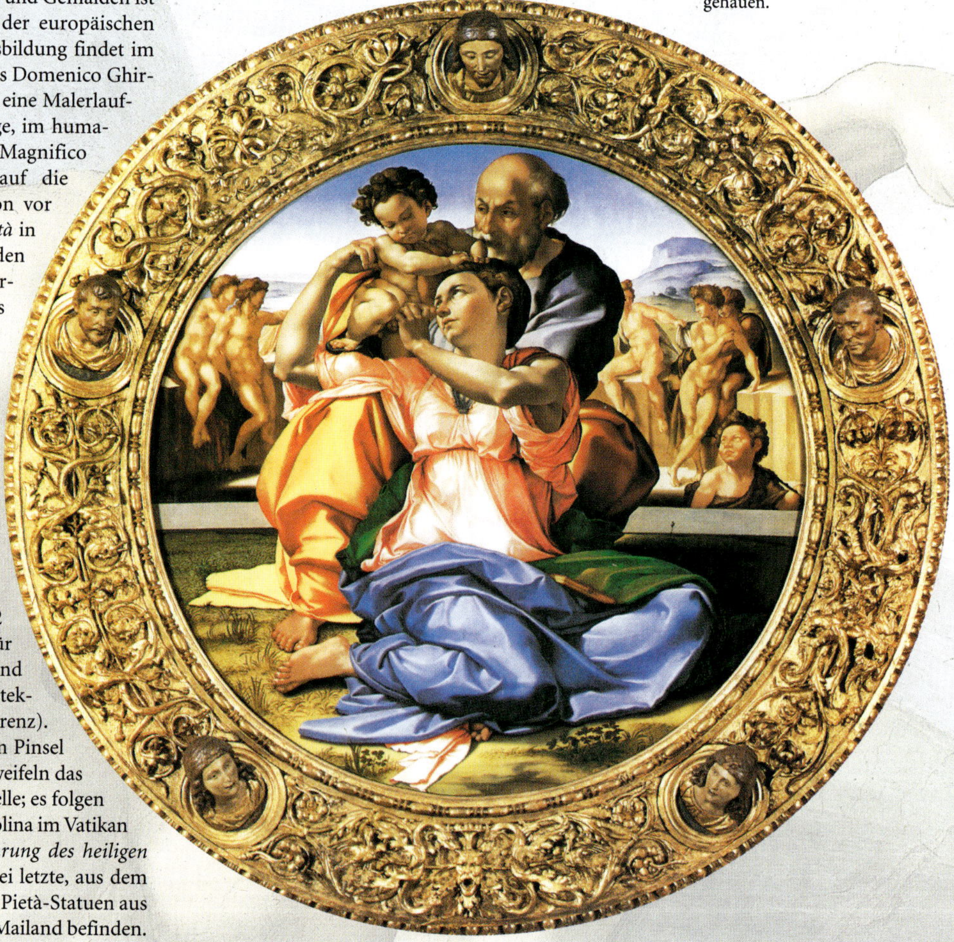

Michelangelo
Heilige Familie mit dem Johannesknaben (Tondo Doni), um 1504
Florenz, Galleria degli Uffizi

In Auseinandersetzung mit Leonardo und seinen Stilmitteln des Chiaroscuro (Helldunkel) und des Sfumato ist Michelangelos Malerei glanzvoll und klar, fast bis zur Übertreibung, als sei jedes Stück aus glänzendem Metall gehauen.

Michelangelo
Jüngstes Gericht, 1537–1541
Vatikan, Vatikanische Museen, Sixtinische Kapelle, Altarwand

Mit völliger geistiger Freiheit und leidenschaftlicher Anteilnahme schafft Michelangelo eines der beeindruckendsten und umstrittensten Werke der Kunstgeschichte, sozusagen das Gegenstück zu den Schöpfungsszenen im Gewölbe der Sixtinischen Kapelle. Die Geste des Weltenrichters Christus, der die Erwählten von den Verdammten scheidet, ähnelt der Geste Gottvaters, der Land und Wasser trennt. In dem hellen Himmel ohne Zeit- und Raumdimension ist die Erscheinung des Christus treibende Kraft einer Szene mit über 400 Figuren. Eine beeindruckende Menge fast ausschließlich nackter Körper hängt zwischen Hölle und Paradies in einem Schrecken erregenden Chaos, das aber doch von einer Vorsehung regiert wird. Die nackten Körper haben nichts Heroisches mehr: Es sind die Hüllen erschreckter, erschöpfter, verzweifelter, vom Schall der Trompeten betäubter Menschen. Doch trifft das Jüngste Gericht neben dem Fleisch auch den Geist: Mit dem Menschen, den Michelangelo selbst in den nackten Jünglingen an der Decke verherrlicht hat, geht es zu Ende; die Zeit der Illusionen ist vorbei.

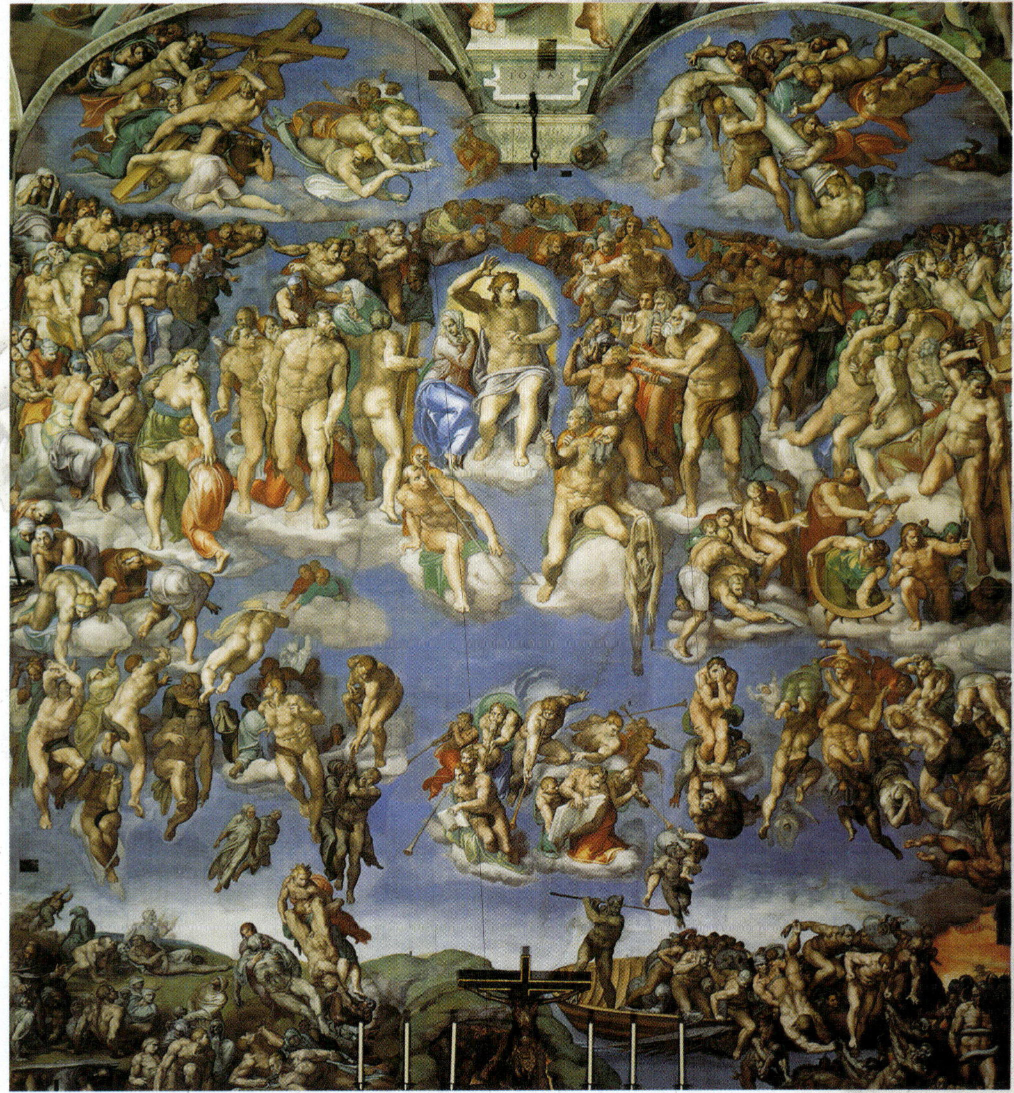

Michelangelo Buonarroti

1508–1512

Gewölbe der Sixtinischen Kapelle

Die um 1480 von Papst Sixtus IV. erbaute Sixtinische Kapelle liegt im Komplex der Vatikanischen Museen; in ihr finden die höchsten Zeremonien der katholischen Kirche statt, darunter die Papstwahl. Die Fresken für die Seitenwände wurden während der Erbauungszeit von Künstlern wie Botticelli, Perugino und Ghirlandaio gemalt.

Die Decke zeigte ursprünglich einen Sternenhimmel. Im Jahr 1508 bewegt Papst Julius II. mit größter Hartnäckigkeit Michelangelo dazu, für die über 1000 Quadratmeter der Decke einen neuartigen Freskenzyklus zu schaffen. Obwohl sich Michelangelo als Bildhauer und nicht als Maler empfindet, beginnt er mit dem Werk, das ihn körperlich auszehrt und weltberühmt macht. Viereinhalb Jahre lang arbeitet er auf dem Gerüst, oft auf dem Rücken liegend, und bekommt dabei Rückgratverkrümmung, Arthritis, Krämpfe in den Armen und Augenentzündungen, weil ihm die Farben auf das Gesicht tropfen. Am 11. Oktober 1512 ist die Arbeit beendet.

Ausgehend von den Vorfahren Christi in den Lünetten und vier großen Szenen aus dem Alten Testament in den Eckzwickeln, entwirft Michelangelo eine monumentale Komposition aus Bildern und gemalter Architektur, die in den Figuren der Propheten und Sibyllen und den Szenen aus der Genesis gipfelt. Nie verliert er dabei den Gesamteindruck aus den Augen, der überwältigend ist. Verbindend wirkt vor allem die helle, glänzende, starke Farbe, die nach den Restaurierungsarbeiten wieder voll zur Geltung kommt.

Die neun zentralen Szenen zeigen Episoden aus der Schöpfungsgeschichte, von der Erschaffung der Welt bis zur Arche Noah, in großen und kleinen rechteckigen Feldern; neben den kleinen sind jeweils zwei nackte athletische Figuren abgebildet.

Die nackten Jünglinge mögen wie weltliche »Eindringlinge« in das ikonographische Programm des Gewölbes erscheinen, doch haben sie eine tiefe Bedeutung: den Lobpreis der Schöpfung durch die Schönheit des »zum Bilde Gottes« erschaffenen menschlichen Körpers.

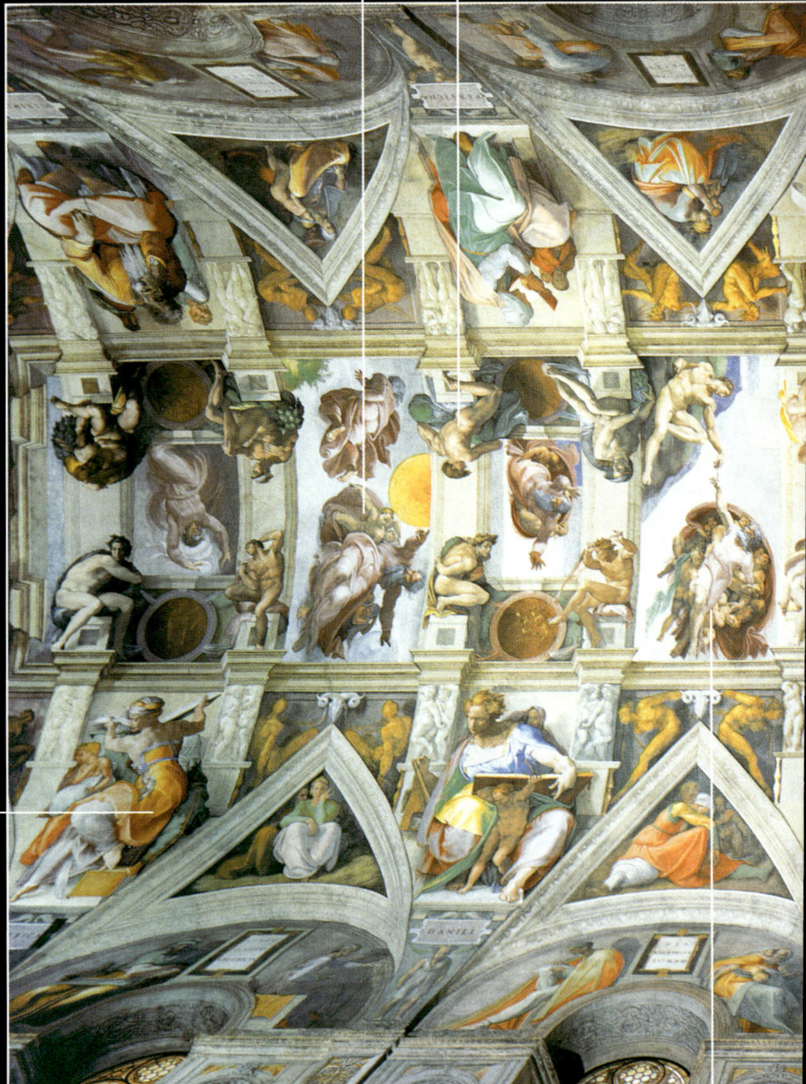

Den Rahmen des Gewölbes bildet ein Wechsel von Propheten und Sibyllen, derjenigen Personen also, welche die Ankunft des Messias vorhersahen und weissagten. Die Figuren sind von gigantischen Ausmaßen, aber Michelangelo variiert Haltung, Äußeres und Bewegungen in genialer Weise. Wie die Gelehrten des Altertums, mit Büchern oder Schriftrollen in den Händen, sitzen die Figuren in gleichförmigen Nischen auf steinernen Bänken.

Die unwiderstehliche Macht und Willenskraft Gottvaters beherrscht das Gewölbe. Der Schöpfer schwebt über der Schöpfung und seinen Kreaturen. Jede Geste ist ein Befehl, jeder Augenblick ein Ausfluss von Kraft, die ihren Gipfel in der Erschaffung Adams erreicht, dem kosmischen Funken, der in dem schmalen und doch unermesslichen Spalt zwischen dem Finger Gottes und dem des ersten Menschen überspringt.

Normalerweise wird ein Freskenzyklus nicht allein von einer Person, sondern von einer Gruppe ausgeführt, aber nachdem Michelangelo in der Darstellung der *Sintflut* zwei florentinische Maler auf die Probe gestellt hatte (Giuliano Bugiardini und Francesco Granacci), beschloss er, die anstrengende Arbeit im Alleingang zu erledigen.

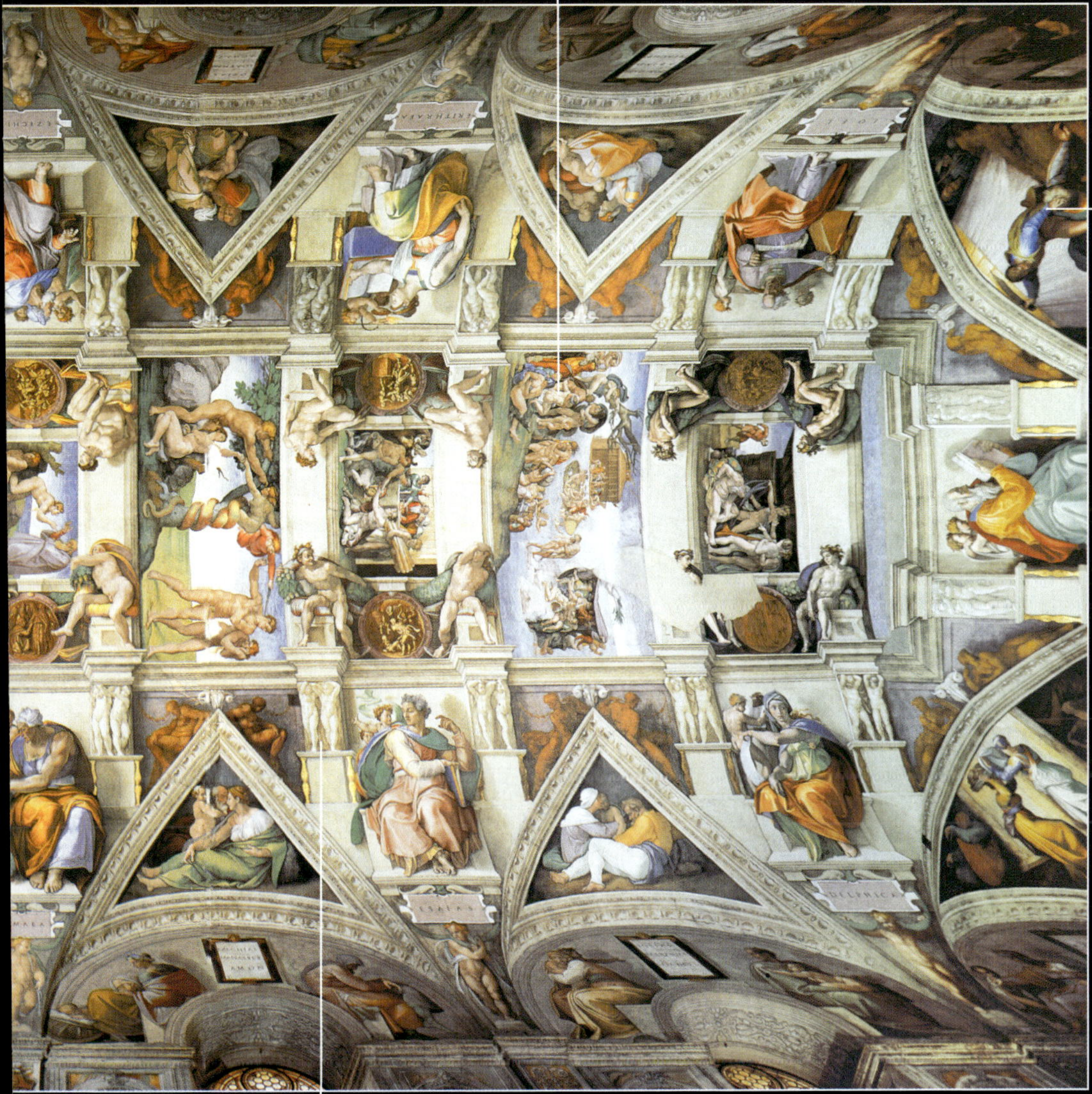

Die vier Eckzwickel zeigen ebenfalls biblische Szenen: David und Goliath, Judith und Holofernes, der Tod Hamans, Moses und die Eherne Schlange. Hauptthema ist das Eingreifen Gottes zugunsten seines auserwählten Volkes und die Bestrafung der Feinde. Die Auswahl der Szenen hat eine aktuelle Bedeutung: Sie ist mit dem Scheitern der Feldzüge von Papst Julius II. verbunden. Neben der militärischen und politischen Niederlage hatten diese Kriege gravierende Auswirkungen auf die kirchlichen Finanzen. So griff man zu dem von Luther bekämpften »Ablassverkauf«, der schließlich zur Spaltung der Kirche führte.

Wenn man sich Propheten, Sibyllen, nackte Jünglinge und biblische Szenen einmal »wegdenkt«, wird Michelangelos neuartige Konzeption einer gewaltigen Scheinarchitektur in ihrer ganzen Macht sichtbar. Der Raum wird unterteilt von fünf paarigen Gurtbögen, von Sockeln gestützt; diese wiederum ruhen auf Postamenten, geschmückt mit Putten und schmalen goldenen Säulen.

Urbino, Florenz, Rom

1483–1520

Raffael

Die göttliche Gabe ewiger Jugend

Im Jahr 1483 wird Raffaello Santi in Urbino als Sohn des angesehenen und gebildeten Künstlers Giovanni Santi geboren, dicht neben dem Herzogspalast der Montefeltro. Schon als Kind erhält er eine vielseitige künstlerische Bildung, bei der die Probleme der räumlichen Darstellung ebenso wie die Schilderung von Empfindungen, Lichtverhältnissen und Gesichtern eine Rolle spielen. Der frühreife, sehr talentierte Junge vervollständigt seine Ausbildung in den Marken und in Umbrien mit einem Aufenthalt bei Pietro Perugino.

1504 geht der einundzwanzigjährige Raffael nach Florenz, um sich mit Leonardo und Michelangelo zu messen. Er schafft kleinformatige Werke wie Porträts und Madonnendarstellungen, doch sind es bereits außergewöhnliche Gemälde, in denen sich eine reiche Bildkultur mit einem einfachen, natürlichen Stil verbindet.

1508 ruft Papst Julius II. ihn nach Rom; er beginnt mit der Freskenserie in den Stanzen des Vatikans. Mit beeindruckender Schnelligkeit verändert er Jahr für Jahr seinen Stil: Von der klaren Setzung der *Stanza della Segnatura* (1508–1511) geht er zum drängenden, dramatischen Rhythmus der *Stanza d'Eliodoro* über (1511–1514) und schafft dann mit der *Stanza dell'Incendio di Borgo* (1514) und mit den *Loggien* die Grundlagen des Manierismus. Hinzu kommen Altartafeln, Porträts und Werke im Geist der klassischen Antike. 1520, bei der Arbeit an der *Verklärung*, stirbt Raffael mit nur 37 Jahren. In seinem kurzem Leben hat er das feine, kostbare Gleichgewicht ruhiger Perfektion, natürlichen und gleichzeitig idealen Stils, spontaner und bezaubernder Schönheit erreicht. Der göttlichste aller Maler liegt im Pantheon begraben.

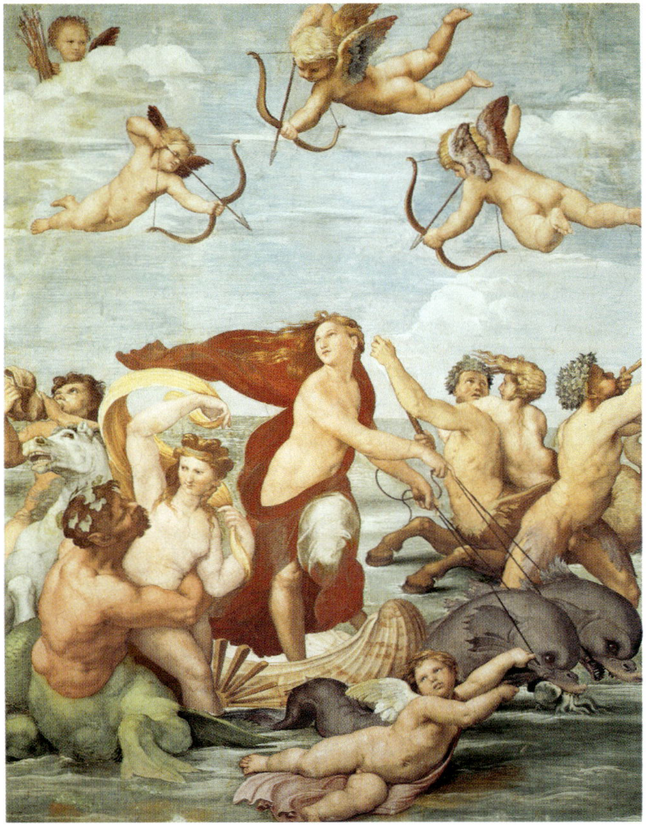

Raffael
Triumph der Galatea, 1511
Rom, Villa Farnesina

Das Auftragswerk für den Bankier Agostino Chigi ist von kristalliner Klarheit und ein Zeichen für Raffaels Liebe zu Kunst und Literatur der Antike.

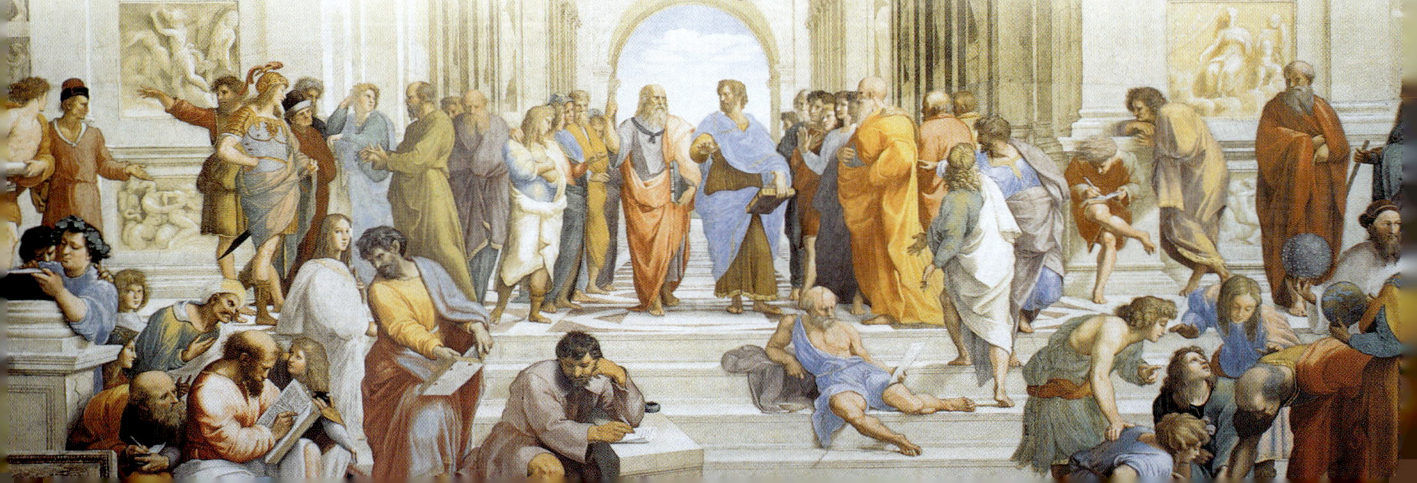

Raffael
Die Schule von Athen, 1510
Vatikan, Vatikanische Museen, Stanza della Segnatura

Plato und Aristoteles stehen an der Spitze der antiken Philosophen. Plato (ein idealisiertes Bild Leonardos) zeigt zum Himmel, Aristoteles streckt die Hand zur Erde aus. Die Personengruppe um die beiden ist durch die Vielfalt von Gesten, Haltungen und Ausdrucksweisen eine der lebhaftesten und komplexesten der Kunstgeschichte.

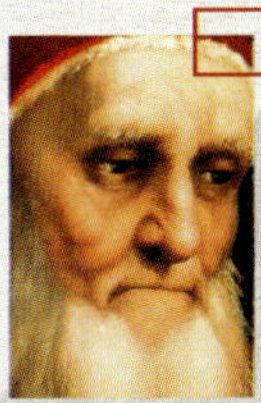

Zwischen zwei Päpsten

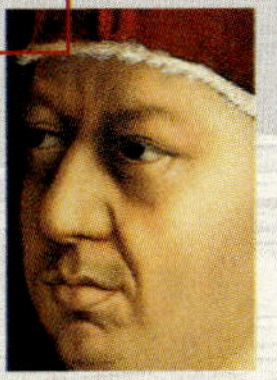

Raffaels römische Jahre stehen im Zeichen zweier großer Päpste, hier von ihm selbst porträtiert. Der ungeduldige, ehrgeizige, reizbare Julius II. (links) erteilt den Auftrag für die Stanzen, die Raffael beginnt, während Michelangelo an den Fresken der Sixtinischen Kapelle arbeitet und Bramante das Fundament für St. Peter legt. 1513 folgt auf dem Heiligen Stuhl eine ganz andere Persönlichkeit: Leo X. (rechts), Sohn von Lorenzo il Magnifico und Liebhaber von Kunst und Schönheit. Für ihn setzt Raffael die Arbeit an den Stanzen fort, koordiniert die Dekoration der Vatikanischen Loggien *und fertigt die Kartons für die Bildteppiche mit Petrus- und Paulusszenen an.*

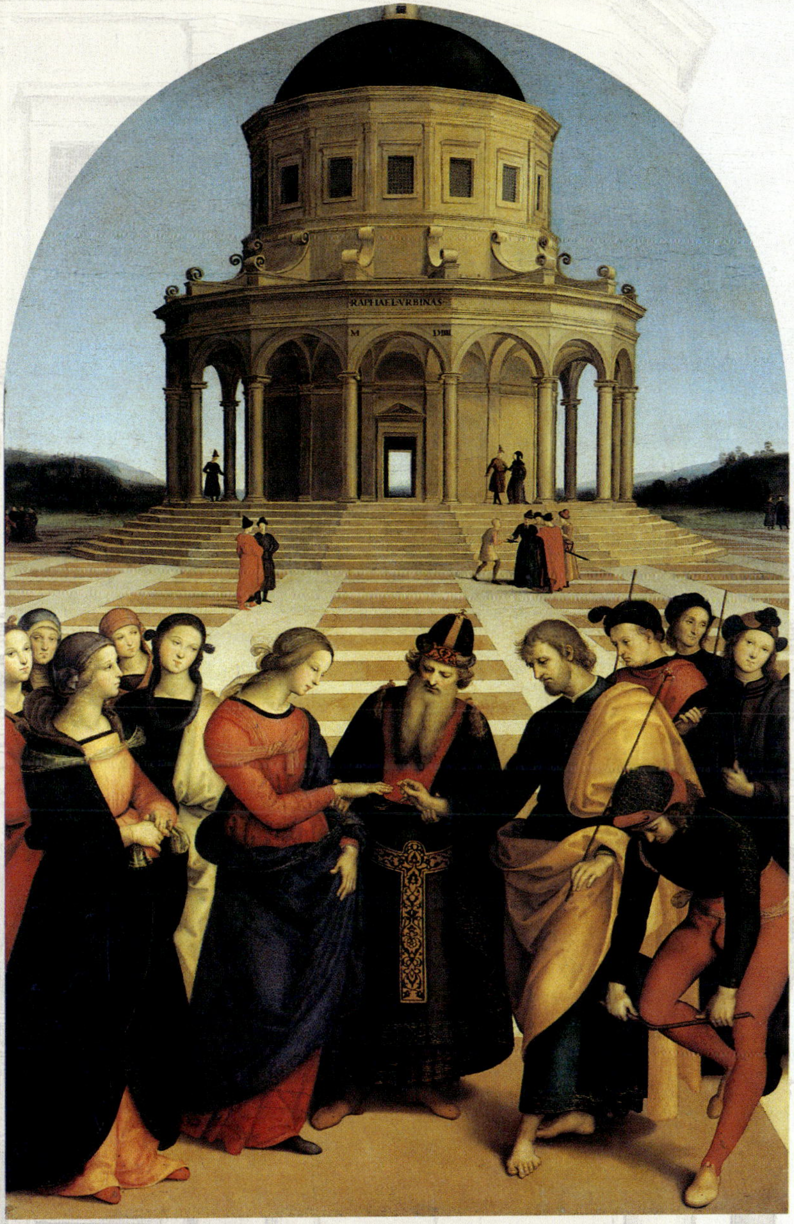

Raffael
Vermählung Mariä
(Lo Sposalizio), 1504
Mailand, Pinacoteca di Brera

Dieses für eine Kirche in Città di Castello gemalte Bild ist das Hauptwerk von Raffaels Jugendzeit. Die Szene findet auf dem Platz vor einem großen Tempel statt und geht in eine ferne Landschaft mit Hügeln, Wiesen und Wäldern über, die sich im hellen Punkt der geöffneten Doppeltür des Tempels konzentriert. In dieser Harmonie von Architektur und Natur sind die Figuren mit großer Einfachheit in mehreren Halbkreisen angeordnet, die der Form der Kuppel und des Gemäldes folgen. Über allem liegt eine schwebende Anmut, verschleiert von melancholischer Poesie. Kein Gesicht tritt hervor, kein Gefühl überwiegt, nicht einmal bei den abgewiesenen Bewerbern, die ihre Stäbe zerbrechen. In schönen klassischen Buchstaben signiert Raffael mit Jahr und Namen und dem Beinamen »Urbinas«.

Raffael

1513

Madonna della Seggiola

Ein Fresko auf einer Hauswand in Urbino ist eines der ersten Werke Raffaels: das zarte Profil einer sehr jungen Maria, die das schlafende Kind an sich drückt. Damit beginnt der Maler dem Thema *Madonna mit Kind* nachzugehen und ruft dabei jedes Mal die sehnsüchtige Erinnerung an die Umarmung seiner eigenen Mutter wieder herauf, die er 1491, mit erst achteinhalb Jahren, verloren hat. Eine einnehmende Schönheit mit natürlichem, heiterem Lächeln ist die erste einer fesselnden Variationenfolge über das berühmteste und meistverwendete Thema der Malerei. Mit seinen Madonnen schafft Raffael eine Galerie aus kleinen Gesten und feinsten Zärtlichkeiten, beweist aber auch seine Fähigkeit, Haltungen, Gruppen, Landschaften, Lichtverhältnisse und Situationen zu verändern und immer mehr auch auf andere Figuren auszuweiten.
Die *Madonna della Seggiola* im Palazzo Pitti (Galleria Palatina) in Florenz entsteht auf dem Höhepunkt dieses Prozesses. Nach den üblichen Kriterien bewertet, kann sie als außergewöhnliche Synthese zwischen Leonardos *Mona Lisa* und dem *Tondo Doni* von Michelangelo beschrieben werden; und doch handelt es sich um ein »anderes« Bild, das eine ganz ungewöhnliche Wirkung hat. Hier betrachten nicht »wir« die Madonna, sondern »sie« sieht uns an und zieht uns in einen Strudel von Gefühl und Lächeln, von Zärtlichkeiten und Blicken hinein, der in der Kunstgeschichte ohnegleichen ist.

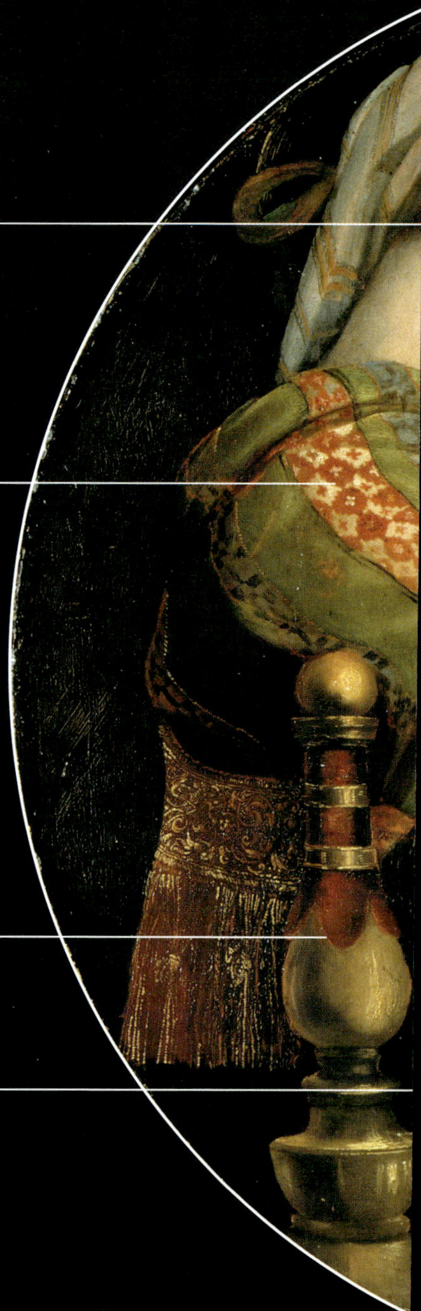

Die Augen der Madonna richten sich direkt auf »uns«. Dieser unvergessliche, durch die Kreisbewegung des Tondo-Formats verstärkte Blick stellt einen fast hypnotischen Kontakt mit dem Betrachter her.

Kleidung und Kopfbedeckung der Madonna haben etwas seltsam Exotisches. Die sehr wirkungsvollen Farben sind zu jener Zeit eher kühn gewählt und fallen aus dem Rahmen der ikonographischen Tradition, in der die Madonna immer blau und rot gekleidet ist.

Das Gemälde ist nach dem eleganten Stuhl (seggiola) benannt, auf dem die Madonna sitzt. Bei aufmerksamer Betrachtung erkennt man, dass es sich um ein wertvolles Möbelstück aus vergoldetem Holz mit einer Rückenlehne aus gold- und purpurfarbenem Brokat handelt. Also nicht nur ein einfacher »Stuhl«, wie der Titel zunächst suggeriert. Raffael arbeitet hier mit doppelter Wirkung: Die Komposition mit ihren kostbaren Details ist elegant, rührt aber gleichzeitig an durch Einfachheit und eine Art häuslicher Atmosphäre. Der gedrechselte Pfosten mit dem goldenen Knauf nimmt die Kreisbewegung des Bildes auf und verstärkt sie.

Das Jesuskind nimmt das Zentrum des Bildes ein: Die Linie zwischen Nase, Ellbogen und linkem Bein ist die vertikale Mittelachse. Jedoch »korrigiert« Raffael in der Regel den zu starren geometrischen Aufbau, indem er den Eindruck unmittelbarer Wirklichkeit erzielt. Mit den strampelnden Füßen sieht das pausbäckige Kind etwas unwillig aus, als ob die Mutter es allzu fest an sich drückt.

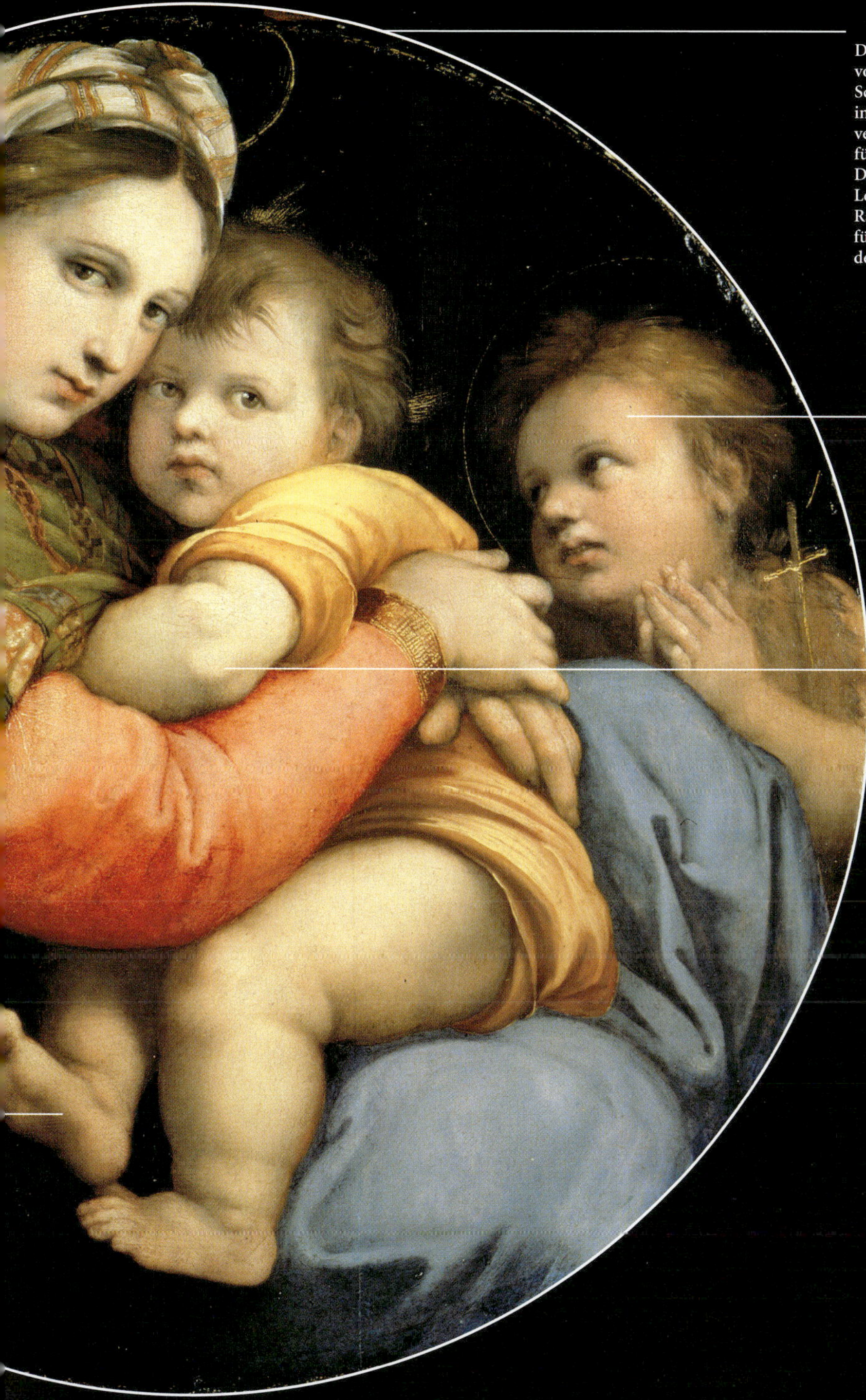

Die Tondo-Form stellt den Maler vor erhebliche kompositorische Schwierigkeiten; auch deshalb wird es in der toskanischen Renaissance oft verwendet – als Übung und Beweis für die perfekte perspektivische Darstellung. In den Bereich der Legenden gehört die Überlieferung, Raffael habe dieses Bild als Bezahlung für eine Nacht in einem Wirtshaus auf den Boden eines Fasses gemalt.

Der heilige Johannes als Kind, erkennbar an dem kleinen Rohrkreuz und dem rauen Fellgewand, zeigt den gleichen »genetischen« Ursprung der Schönheit wie die Madonna und das Kind. Durch seine Gegenwart bekommt das Bild sein Gleichgewicht.

Der Ellbogen des Jesuskinds ist genau die geometrische Mitte des Tondos. Durch die Lichtregie tritt er deutlich hervor, als handle es sich um eine leicht konvexe Fläche, was Raffaels beeindruckende künstlerische Beherrschung über eine ganz natürlich wirkende Komposition beweist. Die Kreisbewegung der Figurengruppe wird so verstärkt; der heilige Johannes als Kind wirkt leicht zurückgesetzt und etwas verformt.

Florenz
1510–1529
Anfänge des Manierismus

Zweifel, Neuerungen und Spannungen im Zentrum der Renaissance

Angesichts einer sich schnell verändernden Welt fühlen die Künstler die Notwendigkeit, Ausdrucksformen und -regeln ganz neu zu überdenken. Es entsteht eine neue Bewegung, der Manierismus, der im Lauf des Jahrhunderts zur vorherrschenden Kunstströmung wird. Bindeglied zwischen dem Stil der großen Meister des ersten Jahrzehnts und der aufkommenden »maniera« ist Andrea del Sarto (1486–1530), den Vasari als »Maler ohne Fehler« bezeichnet: Seine Werkstatt bringt die kühnsten Neuerer hervor. Andrea del Sarto steht in der Mitte zwischen den alten humanistischen Gewissheiten und den Spannungen des Manierismus: Seine Figuren wirken ausdrucksvoll, während er bei der Komposition von Figurengruppen das Dreieck-Schema der Sacra Conversazione aus dem 15. Jahrhundert frei variiert. Unter seinen Schülern bei den Freskenarbeiten in Santa Annunziata hebt sich schon bald Jacopo Carucci, genannt Pontormo, hervor (1494–1557); schon in den ersten Werken gestaltet er seine Personen sehr beredt und löst sich von Botticellis und Peruginos Tradition des »psychologisch Unbestimmten«. Pontormo nimmt auch neue Einflüsse auf, etwa Stiche von Dürer. Dem Impuls der mit der Reformation beginnenden Zeit folgend, schafft er kühne Neuerungen in der religiösen Malerei – sie wird gespannter, dramatischer, beunruhigender denn je. Diese expressive Phase bricht 1529 ab, als der Einmarsch der kaiserlichen Truppen in Florenz Pontormo in eine Krise stürzt. Der andere große Schüler Andrea del Sartos ist Rosso Fiorentino (Giovanni Battista di Jacopo, 1494–1540), der erst am Ende seiner Laufbahn zu internationalem Ruhm gelangt. Stilistisch legt er einen weiten Weg zurück: vom florentinischen Einfluss Pontormos und Andrea del Sartos über Michelangelo in Rom bis hin zu Parmigianino. Ab 1523 wohnt er in Rom: Seine Malerei nimmt feierliche Rhythmen und einen geschliffenen Glanz an. Der Sacco di Roma (1527) verstört auch Rosso. 1530 geht er nach Paris und dekoriert für Franz I. die Galerie in Schloss Fontainebleau (1532–1537); von dort aus breitet sich der Manierismus über Europa aus.

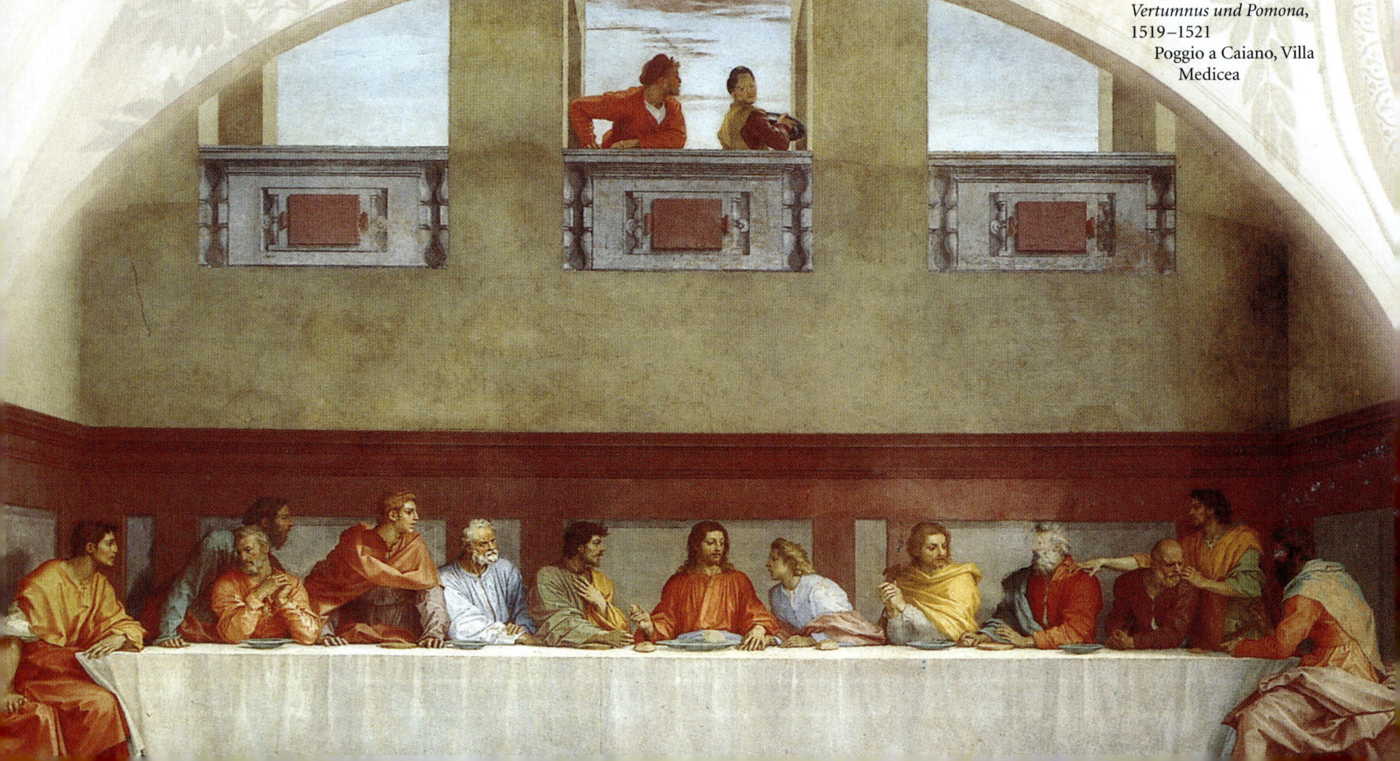

Andrea del Sarto
Abendmahl, 1519
Florenz, San Salvi, Museo del Cenacolo di Andrea del Sarto

Die letzte große Abendmahlsdarstellung der florentinischen Renaissance: Mit Bezug auf Leonardos Vorbild entsteht eine höchst elegante Komposition, ausdrucksvoll, aber nicht übersteigert.

Hintergrund:
Jacopo Pontormo
Vertumnus und Pomona, 1519–1521
Poggio a Caiano, Villa Medicea

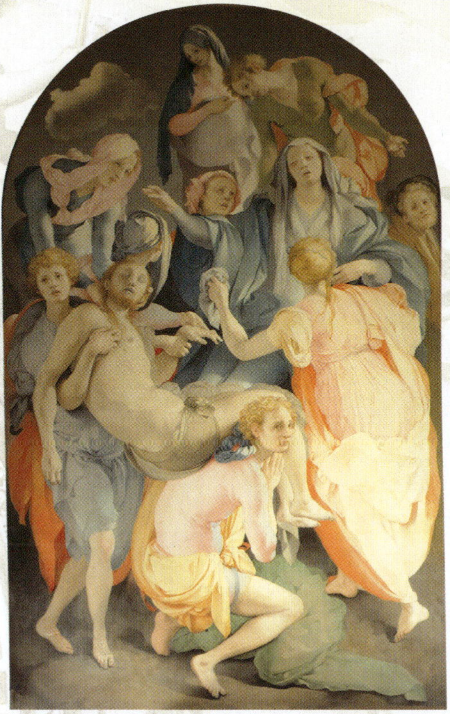

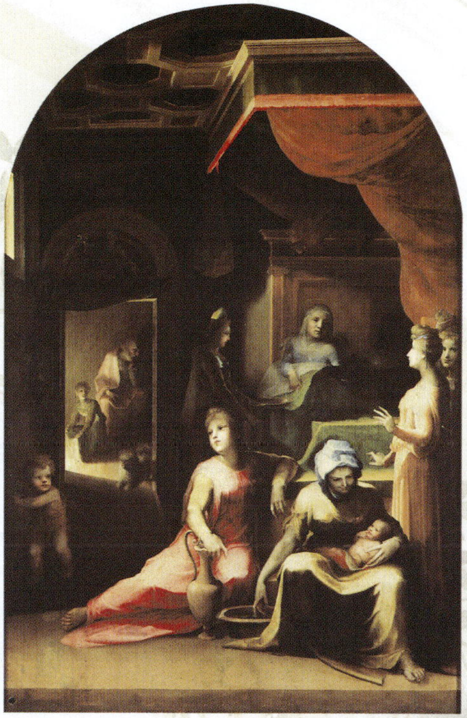

Domenico Beccafumi
Mariä Geburt, 1530
Siena, Pinacoteca Nazionale

In der Stilentwicklung des fast nur in Siena tätigen Beccafumi (1486–1551) sind verschiedene Einflüsse sichtbar, jedoch eingebunden in die Suche nach magischen, visionären Effekten mit strahlendem Licht, changierenden Farben und spektakulären Kompositionen. In den späteren Jahren treten die monumentalen Altartafeln zugunsten von kleineren, intimeren Werken zurück. Unverkennbar bleibt jedoch das Kolorit mit sehr gegensätzlichen tonalen Effekten von warmem Licht und fahler Düsternis. In diesen Werken zeigt sich der Unterschied zwischen Beccafumi und seinen florentinischen Zeitgenossen: Trotz großer Experimentierfreudigkeit greift er auch auf Vorbilder des späten 15. Jahrhunderts zurück, etwa Werke Peruginos.

Pontormo
Grablegung, um 1525
Florenz, Santa Felicità,
Cappella Barbadori-Capponi

Die innovativste und beeindruckendste Altartafel im Florenz des beginnenden 16. Jahrhunderts und ein wahres »Manifest« des entstehenden Manierismus. Die rationale Komposition der Renaissance-Malerei verschwindet; es entsteht eine ambivalente Ordnung ohne stabile architektonische oder perspektivische Bezugspunkte. Die Personen, durch Gestik und Kontur stark charakterisiert, scheinen ziellos durch einen unbestimmten Raum zu irren, während ein kaltes, schneidendes Licht die Farben fahl und unwirklich erscheinen lässt.

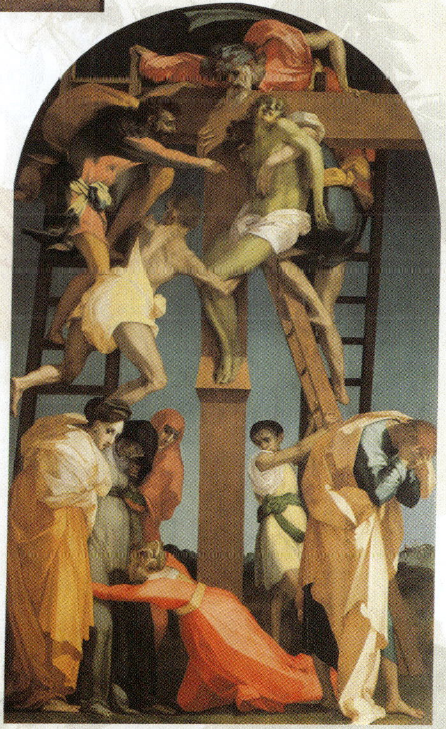

Rosso Fiorentino
Kreuzabnahme, 1521
Volterra, Pinacoteca e Museo Civico

Rossos Personen haben oft einen seltsamen, fast diabolischen Ausdruck (nach Vasari »grausam und verzweifelt«), der die Auftraggeber sprachlos macht. Die Tafel von Volterra ist beispielhaft für die beinahe gewaltsame Verformung der Figuren und den metallischen, aggressiven Farbenglanz. Um ein gewaltiges, irreales Gerüst aus Leitern und glatten Balken sind versteinerte Personen in theatralischer Haltung versammelt. Beeindruckend ist der fahle Himmel, der bleischwer und undurchdringlich über der Szene liegt.

Rheinland, Elsass
um 1480–1528
Matthias Grünewald

Neue Horizonte für Malerei und Bewusstsein

Der von einem Biografen aus dem 17. Jahrhundert überlieferte Name »Grünewald« beruht auf einer Verwechslung. In den Dokumenten wird der Maler »Mathis Neithardt«, »Nithart« oder »Gothart« genannt. Ab 1510 ist er zwischen Mainz und Frankfurt tätig; 1512 beginnt er mit dem Werk, das zum Inbegriff seines künstlerischen Schaffens werden wird, dem *Isenheimer Altar*. 1516 tritt Grünewald in den Dienst des Erzbischofs und Kardinals Albrecht von Mainz, Markgraf von Brandenburg und Auftraggeber Dürers, Cranachs und Holbeins. Die Kontakte zu den anderen deutschen Malern werden enger; 1520 nimmt er zusammen mit Dürer an der Krönung Karls V. in Aachen teil. Immer noch im Dienst des Mainzer Erzbischofs beschäftigt er sich intensiver mit der Reformation. Nach der Niederlage des Bauernheers von Thomas Müntzer muss er Mainz verlassen und geht nach Frankfurt, wo er sich dem Farbenhandel und der Herstellung einer pharmazeutischen Seife widmet. 1527 wird er in Halle »Wasserkunstmacher«; 1528 stirbt er. Grünewalds Werke sind Zeugnisse eines Menschen, der in die Krise der Erneuerung von Religion und Gesellschaft zutiefst involviert ist, und künden von einer dramatischen Zeit.

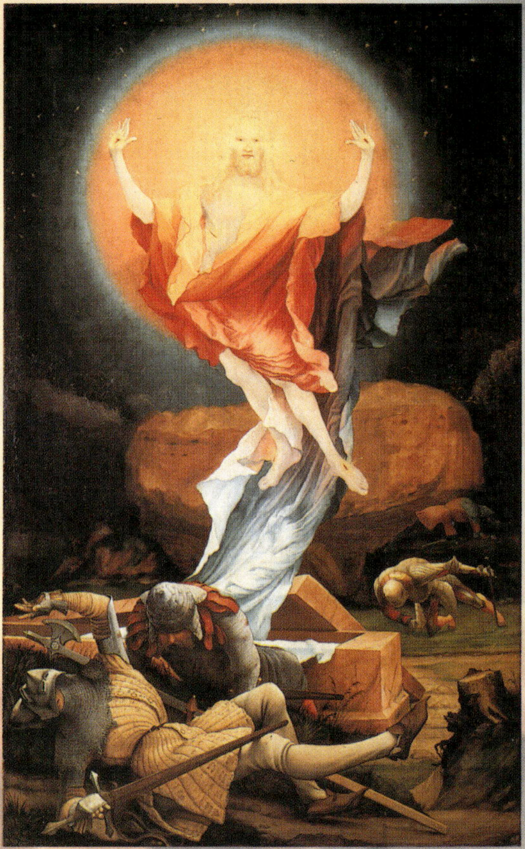

Matthias Grünewald
Auferstehung Christi, erste Öffnung des *Isenheimer Altars*, rechter Flügel, 1512–1516
Colmar, Musée d'Unterlinden

Mit beeindruckendem Kolorit lässt Grünewald aus dem leeren Grab einen Wirbel aufsteigen, der einer Eissäule gleicht und sich im Höhersteigen durch ein inneres Feuer zu erwärmen und mit Farbe zu füllen scheint, bis er in einer irisierenden Kugel rund um das vom Licht verwandelte Gesicht Christi gleichsam explodiert.

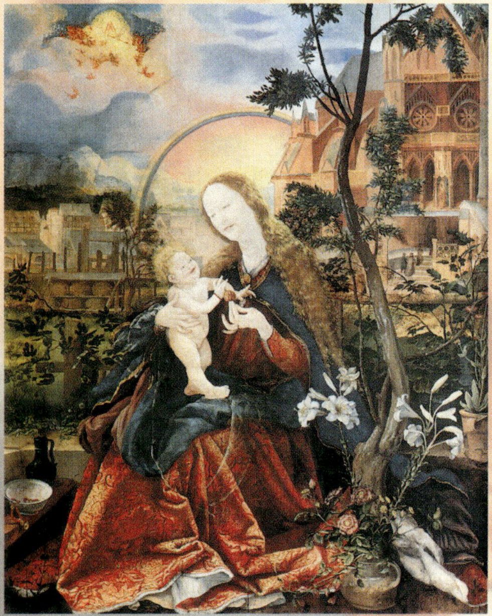

Matthias Grünewald
Stuppacher Madonna, Mitteltafel des *Maria-Schnee-Altars*, um 1520
Stuppach, Pfarrkirche

Matthias Grünewald
Isenheimer Altar, geschlossener Altar, Mitteltafel: *Kreuzigung*; Seitenflügel: *heiliger Sebastian, heiliger Antonius*; Predella: *Grablegung*, 1512–1516
Colmar, Musée d'Unterlinden

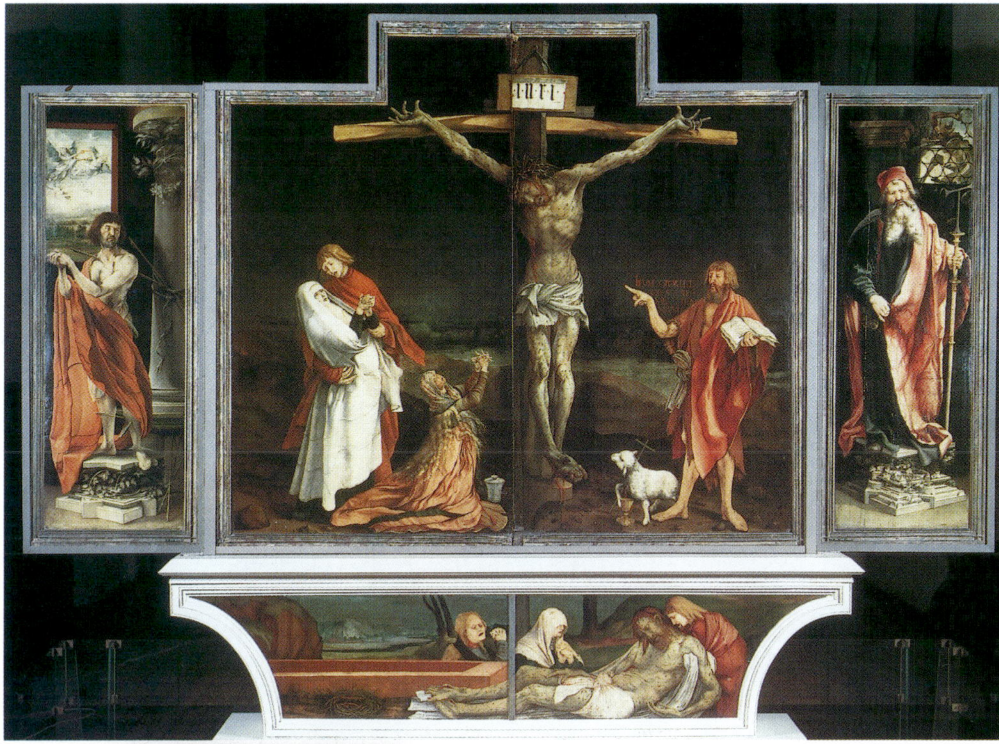

Der überlebensgroße Christus, wundenbedeckt, bleich, zerschlagen, von einer fast abstoßenden erdigen Farbe, auf dem Kopf die Dornenkrone, Hände und Füße von Nägeln durchbohrt, ist eine der grausamsten Darstellungen der ganzen Kunstgeschichte. Man fühlt die Karfreitagsstimmung mit dem schwachen Kerzenschein um das Grab, dem nackten Altartisch und darüber dem Bild dieses großen Christus, blutüberströmt und schrecklich vor dunklem Himmel. Am Ostersonntag dann, wenn die Glocken wieder läuteten, wurde der Altar geöffnet und es erschien der Freude und Hoffnung verheißende Regenbogen der *Auferstehung*, Erinnerung an den Bund Gottes mit Noah.

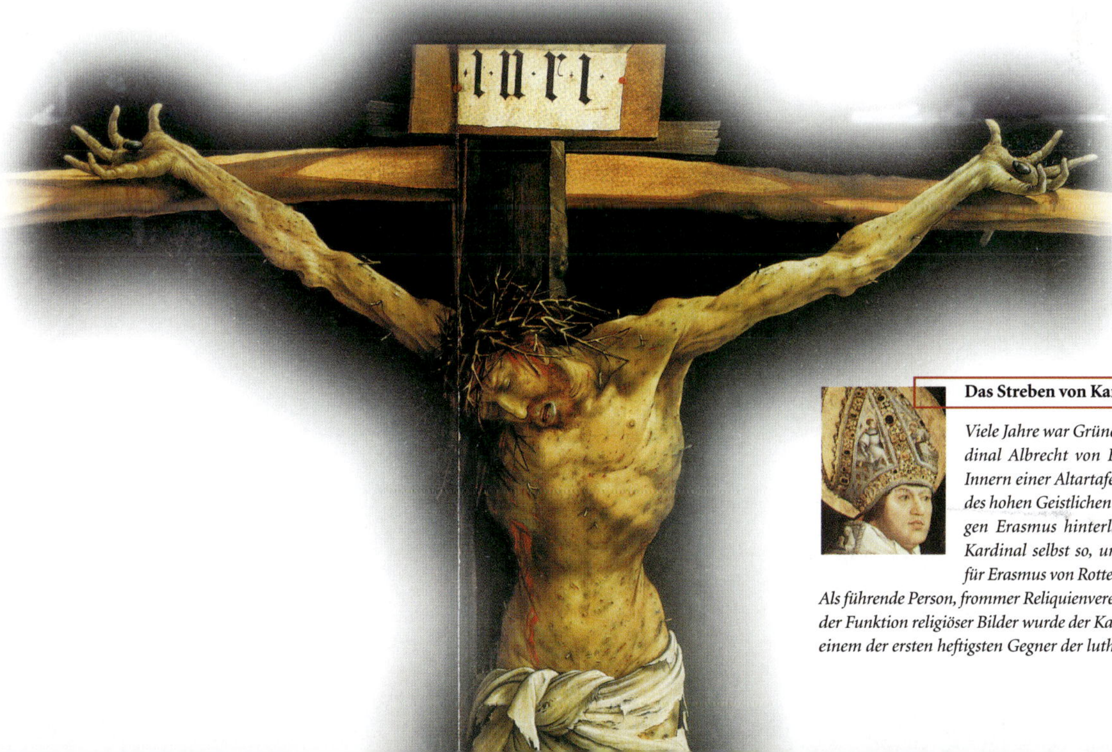

Das Streben von Kardinal Albrecht

Viele Jahre war Grünewald am Hof von Kardinal Albrecht von Brandenburg tätig; im Innern einer Altartafel hat er uns ein Porträt des hohen Geistlichen in der Gestalt des heiligen Erasmus hinterlassen. Dies wollte der Kardinal selbst so, um seine Wertschätzung für Erasmus von Rotterdam zu auszudrücken. Als führende Person, frommer Reliquienverehrer und überzeugt von der Funktion religiöser Bilder wurde der Kardinal von Halle aus zu einem der ersten heftigsten Gegner der lutherischen Reformation.

Matthias Grünewald

1512–1516

Isenheimer Altar

Die im Musée d'Unterlinden in Colmar aufbewahrten Tafeln bildeten den Hochaltar des Isenheimer Antoniterkonvents. Er gilt als eines der größten Werke der europäischen Renaissance; gleichzeitig wurde er indirekt zum Stein des Anstoßes in der deutschen Kunst: Er wurde zum bedeutenden Vorbild für den Expressionismus des 20. Jahrhunderts, der von den Nationalsozialisten als »entartete Kunst« verworfen wurde.

Der Heilige Geist dringt aus den Wolken herab und ergießt sich über Maria. Grünewalds Altar bietet eine endlose Vielfalt von wunderbaren Effekten, transparenten, überlagerten, changierenden Farben, blendendem Licht neben tiefem Dunkel, die seine verblüffende Originalität ausmachen.

Grünewalds Tafeln sind Teil eines Wandelaltars mit schwenkbaren Flügeln; der Mittelschrein und die Predella enthalten Statuengruppen von Nikolaus Hagenauer. Entsprechend dem Verlauf des Kirchenjahres (Advent, Fastenzeit, Ostern) wurde er jeweils auf- oder zugeklappt. Das ikonographische Programm gab wohl der Auftraggeber Guido Guersi vor, der aufgrund seiner Kenntnisse auch der spätmittelalterlichen Mystik die Themen passend zusammenstellte. Diese Schauseite des Altars zeigt in einer ungewöhnlichen mystischen Allegorie die Geburt Christi; sie wird begleitet von einem Engelsorchester in leuchtenden Farben.

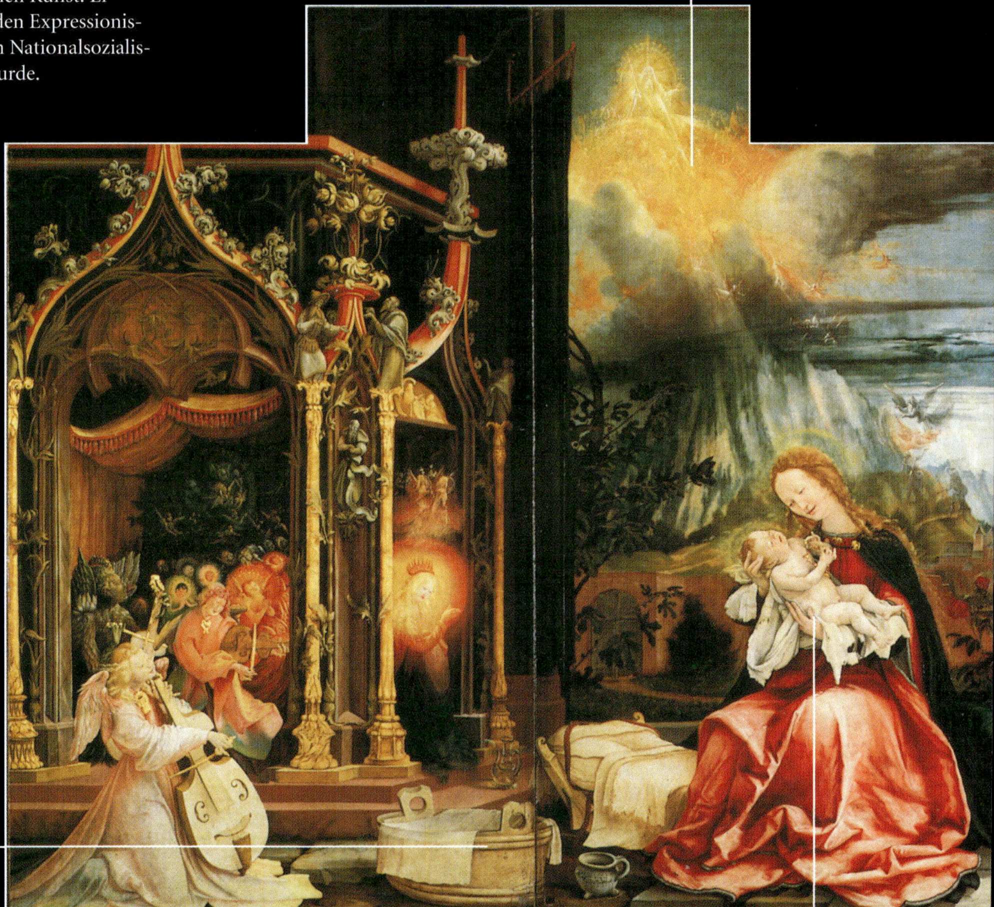

Auf großartige Weise überlappen sich bei Grünewald zwei verschiedene Bildsprachen; in die visionärsten Szenen bringt er ganz realistische Details ein, wie hier Bottich und Nachttopf. So entsteht auf dem mystischen Höhepunkt ein ganz plötzlicher, fast unangemessen wirkender Alltagsbezug.

Als aufmerksamer Beobachter der Wirklichkeit idealisiert Grünewald das Jesuskind nicht, sondern bildet einen ganz gewöhnlichen wimmernden Säugling ab. Vielleicht durch diese Aufrichtigkeit, die sich von der konventionellen Darstellung des Jesuskinds entfernt, wird das tiefe Glück auf dem Gesicht der Maria zu einem sehr menschlichen und glaubwürdigen Loblied der Mutterschaft.

Der Konvent von Isenheim im Elsass war das Mutterhaus des Antoniterordens, der nach der Regel des heiligen Augustinus lebte und sich der Fürsorge und Wohlfahrt Kranker verschrieben hatte: Die Antoniter galten als die besten Ärzte der Zeit, vor allem bei der Behandlung epidemischer Krankheiten wie dem »Antoniusfeuer“ (Ansteckung durch das Mutterkorn), der Syphilis, der Pest oder auch der Epilepsie. Der Altar ist dem heiligen Antonius Abbas geweiht, der hier in der Begegnung mit dem heiligen Paulus Eremita dargestellt ist.

Der erhaben-friedvollen Begegnung der beiden Einsiedler steht der infernalische Tanz von Dämonen in der Versuchung des heiligen Antonius gegenüber. Weit oben in den Wolken steht Gott bei, denn das göttliche Licht wird die Dämonen am Ende in die Flucht schlagen. Die Versuchung des heiligen Antonius ist Anfang des 16. Jahrhunderts eines der verbreitetsten Themen in der Kunst nördlich der Alpen: Bemerkenswerte Beispiele sind die Bilder von Bosch, Schongauer und Lucas van Leyden.

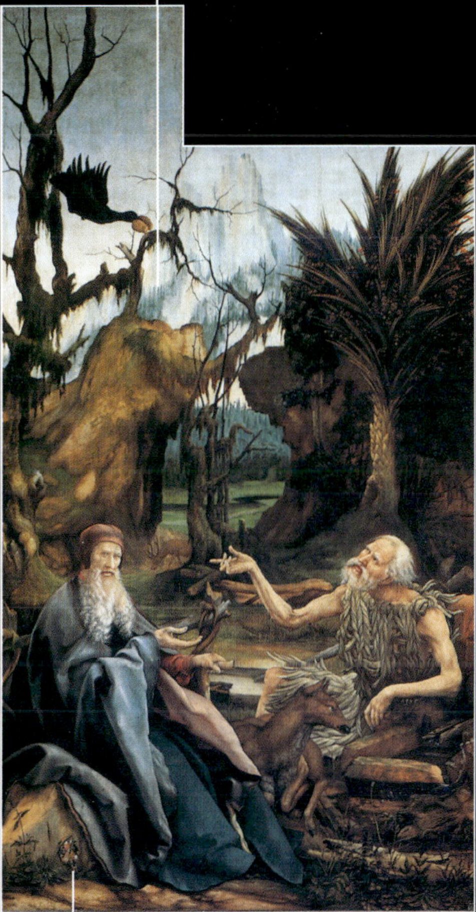

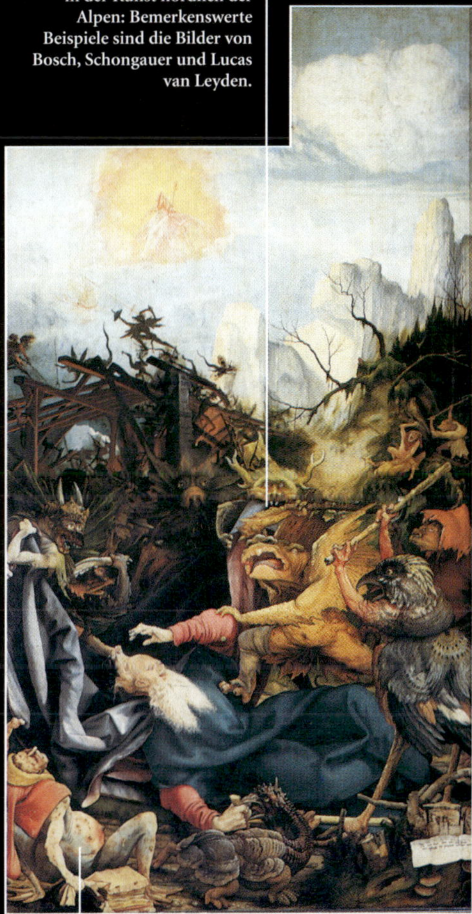

In einer Ecke erscheint das Wappen des Auftraggebers, des sizilianischen Adligen Guido Guersi, Prior des Isenheimer Antoniterkonvents; er starb am 20. Februar 1516 gleichzeitig mit der Vollendung des Werks.

Auf den Tafeln zeigt sich Grünewalds medizinisches Interesse. Einer der Teufel in der Versuchungsszene erscheint wie ein Kranker aus den Hospitälern des Ordens. Halb liegend, mit angeschwollenem Leib und beulenbedeckt nimmt er nicht am Angriff der Dämonen teil, sondern scheint vom Fieber und von den schmerzenden, eiternden Wunden besiegt.

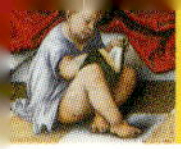

Bayern, Sachsen

1510–1531

An der Schwelle zur Reformation

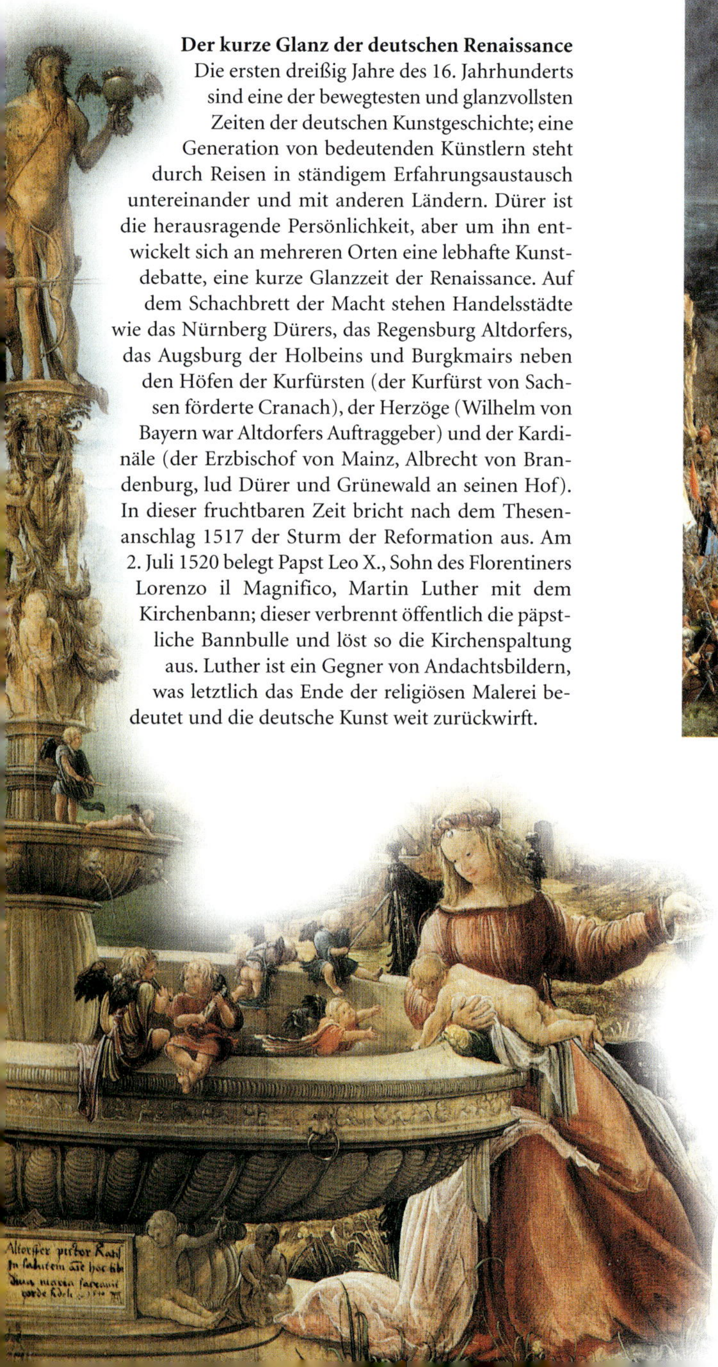

Der kurze Glanz der deutschen Renaissance
Die ersten dreißig Jahre des 16. Jahrhunderts sind eine der bewegtesten und glanzvollsten Zeiten der deutschen Kunstgeschichte; eine Generation von bedeutenden Künstlern steht durch Reisen in ständigem Erfahrungsaustausch untereinander und mit anderen Ländern. Dürer ist die herausragende Persönlichkeit, aber um ihn entwickelt sich an mehreren Orten eine lebhafte Kunstdebatte, eine kurze Glanzzeit der Renaissance. Auf dem Schachbrett der Macht stehen Handelsstädte wie das Nürnberg Dürers, das Regensburg Altdorfers, das Augsburg der Holbeins und Burgkmairs neben den Höfen der Kurfürsten (der Kurfürst von Sachsen förderte Cranach), der Herzöge (Wilhelm von Bayern war Altdorfers Auftraggeber) und der Kardinäle (der Erzbischof von Mainz, Albrecht von Brandenburg, lud Dürer und Grünewald an seinen Hof). In dieser fruchtbaren Zeit bricht nach dem Thesenanschlag 1517 der Sturm der Reformation aus. Am 2. Juli 1520 belegt Papst Leo X., Sohn des Florentiners Lorenzo il Magnifico, Martin Luther mit dem Kirchenbann; dieser verbrennt öffentlich die päpstliche Bannbulle und löst so die Kirchenspaltung aus. Luther ist ein Gegner von Andachtsbildern, was letztlich das Ende der religiösen Malerei bedeutet und die deutsche Kunst weit zurückwirft.

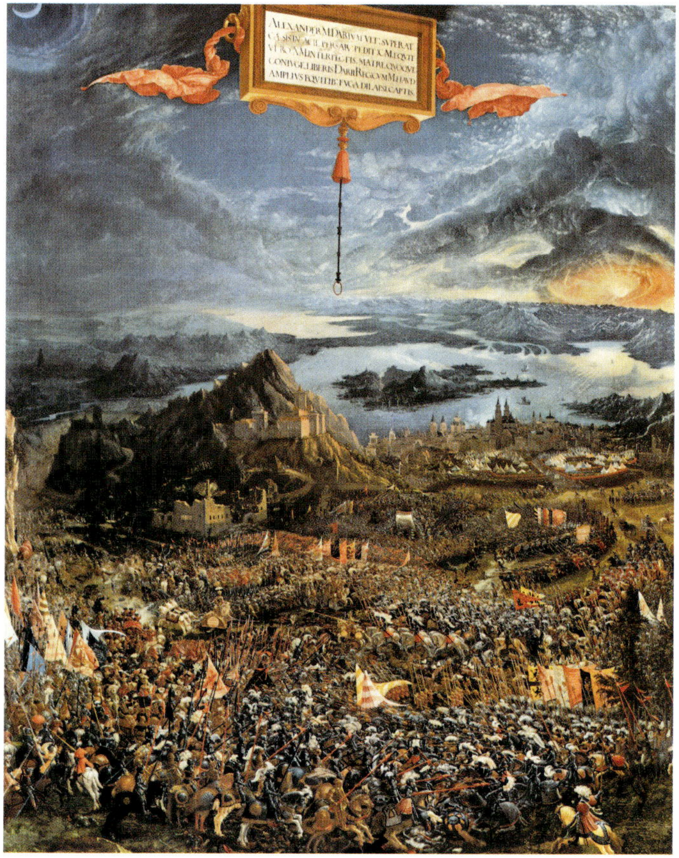

Albrecht Altdorfer
Alexanderschlacht (Schlacht bei Issos), 1529
München, Bayerische Staatsgemäldesammlungen, Alte Pinakothek

Dieses Auftragswerk für Herzog Wilhelm IV. von Bayern zeigt von einem erhöhten Standpunkt aus eine der faszinierendsten Landschaften der Kunstgeschichte, die vielleicht der Gegend um Salzburg nachempfunden ist. Stimmungsvoll geht hinter endlosen Bergketten die Sonne unter, die Mondsichel steht schon am Himmel. Durch die sehr differenzierte Zeichnung sind Aufmarsch, Truppenbewegungen und Heereslager deutlich erkennbar: Alexander der Große stürzt in goldener Rüstung der Kutsche nach, mit welcher der Perserkönig Darius fliehen will.

Albrecht Altdorfer
Ruhe auf der Flucht, Detail, 1510
Berlin, Staatliche Museen zu Berlin – Preußischer Kulturbesitz, Gemäldegalerie

Um den vor allem in Regensburg tätigen Altdorfer (um 1480–1538) gruppiert sich die süddeutsche Donauschule, die durch stimmungsvolle Naturdarstellung und abgeklärten Realismus hervortritt: Gänzlich originell ist das Bild der Madonna, die das nackte Jesuskind über den Rand eines Brunnens voll kleiner Engel hält.

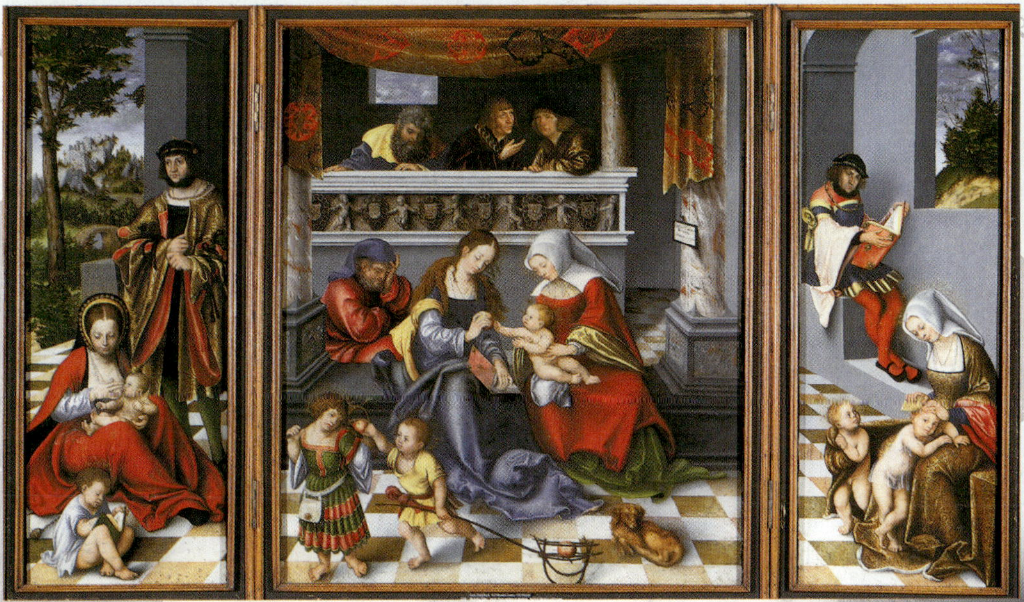

Lucas Cranach der Ältere
Die Heilige Sippe (Torgauer Fürstenaltar), 1509
Frankfurt am Main, Städelsches Kunstinstitut

Nach den Anfängen der Donauschule lädt Kurfürst Friedrich der Weise von Sachsen im Jahr 1505 Lucas Cranach (1472–1553) nach Wittenberg ein. Bis zu seinem Tod fast fünfzig Jahre später ist er für den sächsischen Hof tätig und wird zu einem der langlebigsten und aktivsten deutschen Renaissancemaler; seine Stilentwicklung geht vom erzählerisch-expressiven Frühwerk bis hin zur dekorativen, fast grafisch-abstrakten Intellektualität der Spätzeit. Sein Werk umfasst Altarbilder und klassische Akte, Porträts und Allegorien, Jagdszenen und reformatorische Propaganda. Als einer der ersten Künstler wird er zum Anhänger der Reformation und porträtiert mehrmals Luther (Hintergrund), Katharina von Bora und Melanchthon.

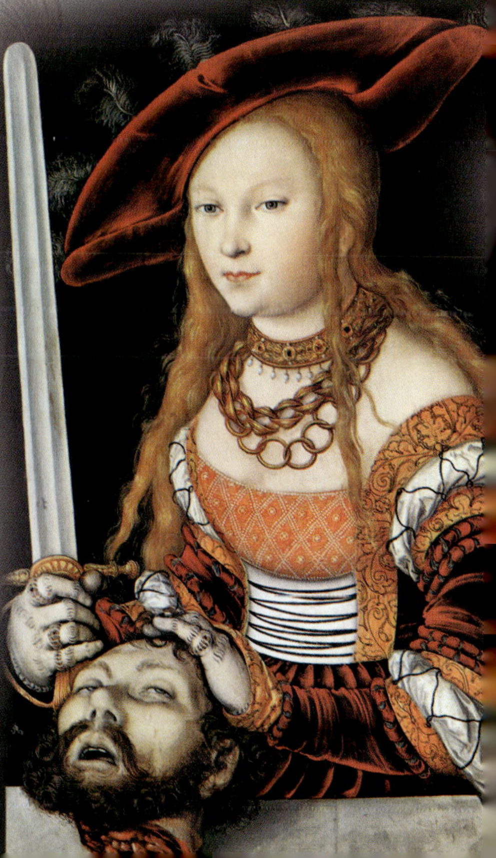

Lucas Cranach der Ältere
Judith mit dem Haupt des Holofernes, um 1530
Wien, Kunsthistorisches Museum

Die unvergessliche Figur der Judith, Paradebeispiel für äußerst genaue Darstellung der Stofflichkeit und prunkvoll verwendetes Rot, ist sozusagen die deutsche Antwort auf den frühen italienischen Manierismus.

Basel, London

1497/98–1543

Hans Holbein der Jüngere

Der klare Blick, die sichere Hand des Zeugen
Hans Holbein der Jüngere, Sohn und Schüler von Holbein dem Älteren, wird in Augsburg geboren und ausgebildet; seine Laufbahn beginnt jedoch wie die seines Bruders Ambrosius 1519 in Basel und Luzern. Nach einer Lombardeireise prägt der Stil Leonardos seine weiblichen Figuren und ersten Porträts, die bereits von hervorragender Beobachtungsgabe und darstellerischer Treffsicherheit zeugen. In den 20er Jahren schafft Holbein vor allem religiöse Werke, darunter den beeindruckenden *Toten Christus* der Basler Kunsthalle, sowie Kartons für Glasfenster und Stiche. 1526–1528 hält er sich auf Einladung des Humanisten Thomas Morus zum ersten Mal in England auf. Dann reist er nach Italien, wo er Lottos Porträts kennen lernt. 1531 treibt ihn die Reformation endgültig nach London, wo er Hofmaler Heinrichs VIII. und des Adels am königlichen Hof wird und später bei einer Pestepidemie stirbt. Holbeins Bilder zeigen deutlich die Rangabzeichen der Porträtierten, bleiben aber nicht beim Äußeren stehen: Konkrete, körperliche Plastizität, innere Anteilnahme und untrüglicher Realitätssinn machen Holbein zu einem der bedeutendsten und ausgewogensten Bildnismaler der europäischen Kunst. Zu Heinrich VIII. entsteht ein sehr enges Verhältnis, fast eine Art geistige Komplizenschaft.

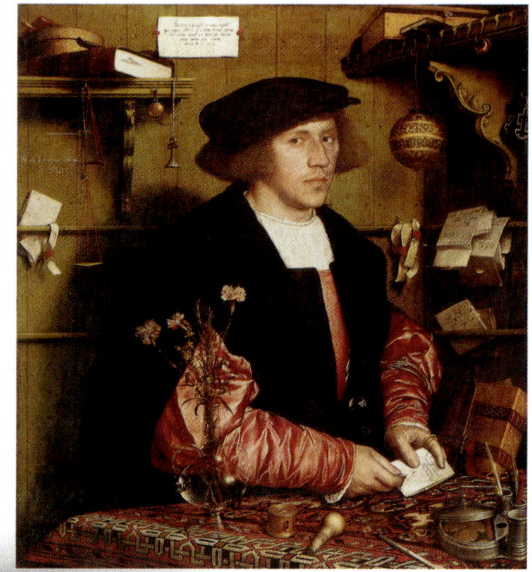

Hans Holbein der Jüngere
Porträt des Kaufmanns Georg Gisze, 1532
Berlin, Staatliche Museen zu Berlin – Preußischer Kulturbesitz, Gemäldegalerie

Seltene Gegenstände, wissenschaftliche Instrumente, Bücher und Blumenvasen sind für Holbeins Porträts sehr charakteristisch; Holbein verleiht ihnen in gewisser Weise Würde und kompositorische Bedeutung als Gegengewicht zur abgebildeten Person. In diesem Zusammenhang kann man Holbein auch als Vorläufer des Stilllebens sehen.

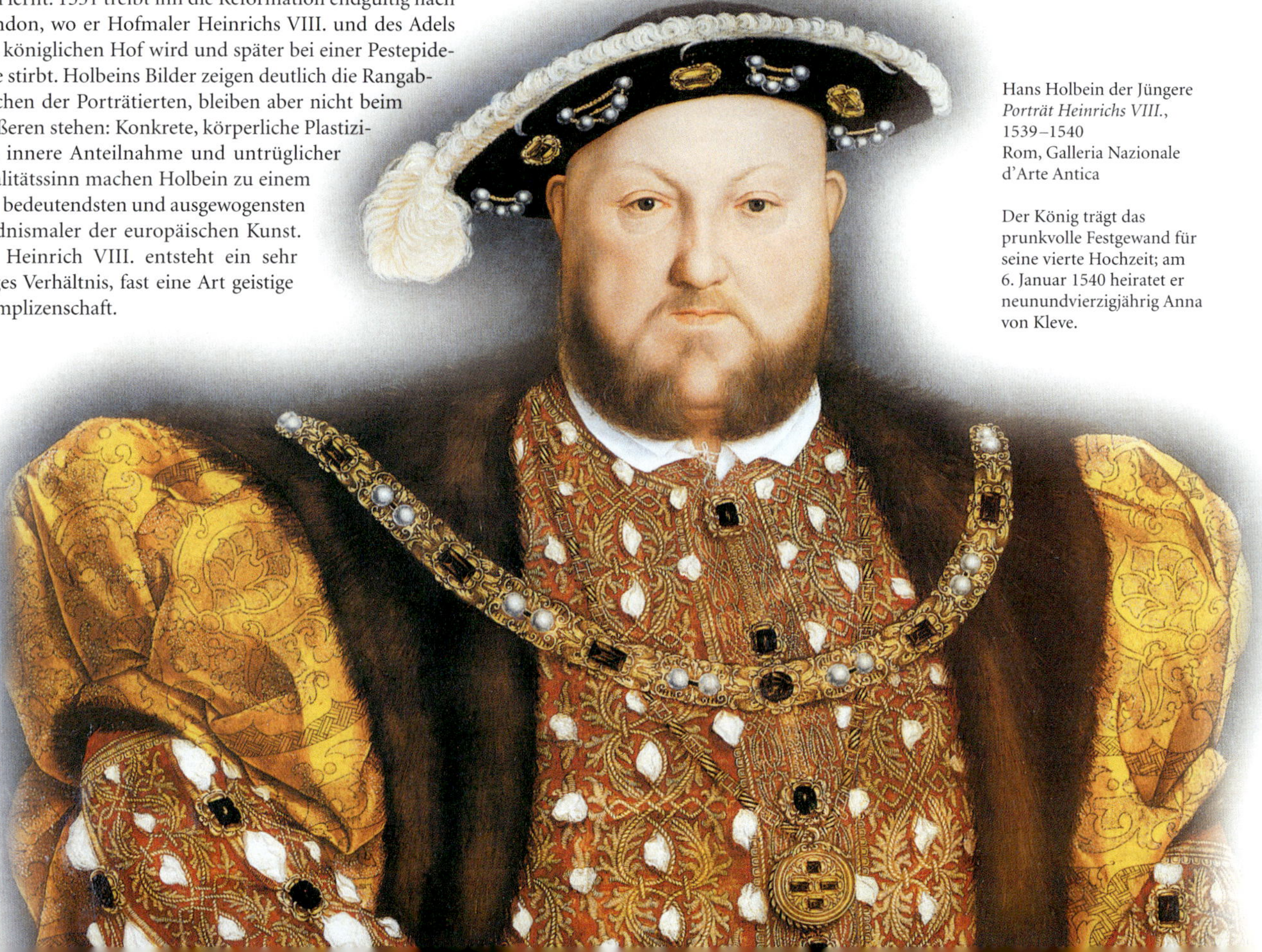

Hans Holbein der Jüngere
Porträt Heinrichs VIII., 1539–1540
Rom, Galleria Nazionale d'Arte Antica

Der König trägt das prunkvolle Festgewand für seine vierte Hochzeit; am 6. Januar 1540 heiratet er neunundvierzigjährig Anna von Kleve.

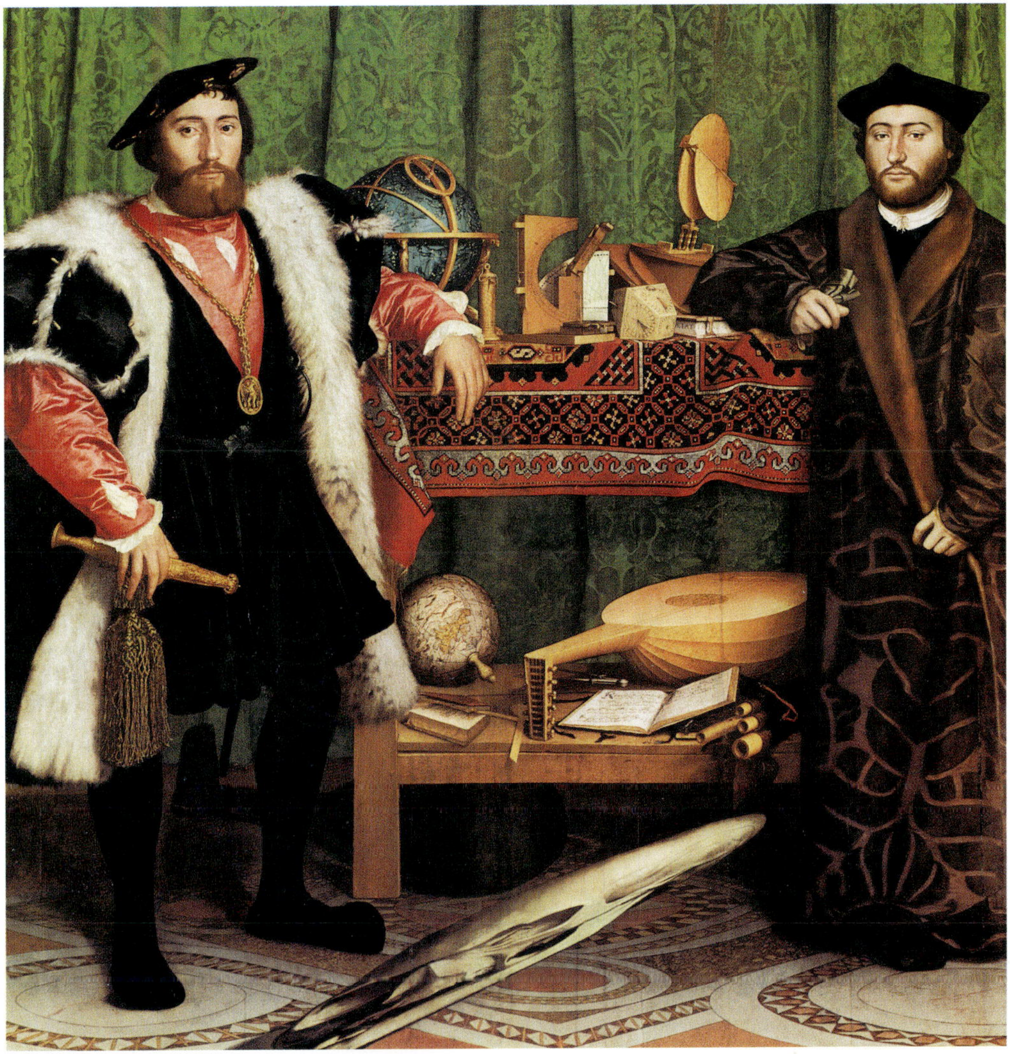

Hans Holbein der Jüngere
Doppelporträt von Jean de Dinteville und Georges de Selve (Die Gesandten), 1533
London, The National Gallery

Das Werk entsteht aus einem fast banalen Anlass heraus: An Ostern 1533 besucht Georges de Selve (rechts, in dunklen, aber raffinierten kirchlichen Gewändern) den französischen Gesandten in London, seinen Freund Jean de Dinteville. Die beiden jungen Diplomaten, 25 und 29 Jahre alt, waren schnell aufgestiegen: De Selve, von Kind an auf die Bischofswürde hin erzogen, war am Heiligen Stuhl und dann in Venedig akkreditiert und bemühte sich um eine Versöhnung von Protestanten und Katholiken; de Dinteville, Grandseigneur von Polisy, war einer der meistgeschätzten außenpolitischen Mitarbeiter des französischen Königs. In dem eindrucksvollen Gemälde geht Holbein jedoch über die bloße Darstellung dieser beiden Persönlichkeiten hinaus. Mit lässiger Eleganz stützen sich die beiden auf ein Pult mit wissenschaftlichen Geräten und wertvollen Musikinstrumenten, deren Anordnung allein schon von Bedeutung ist. Das Grundthema ist ernst: Vanitas – die Vergänglichkeit von Schönheit, Kunst und Harmonie. Darauf bezieht sich auch der zunächst undeutliche Gegenstand im Vordergrund – ein menschlicher Schädel in »Anamorphose«, einer verzerrten perspektivischen Darstellungsweise, die auch Leonardo verwendet.

Das Porträt des Erasmus von Rotterdam: Maler in Schwierigkeiten

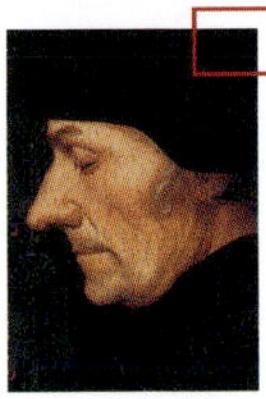

Die 1500 veröffentlichten Adagia *spiegeln ihren Verfasser wider: Die Sammlung alter Sprichwörter enthält Volkskultur, gelehrte Zitate, gesunden Menschenverstand und humanistische Erhabenheit über die Leidenschaften. Erasmus von Rotterdam ist der meistbewunderte Gelehrte nördlich der Alpen: 1510 verschafft ihm das* Encomium moriae (Lob der Torheit) *großen Ruhm. Als kritisches Gewissen der Christenheit wird er nicht zum Anhänger der Reformation, sondern bemüht sich um einen vernunftgeleiteten und konstruktiven Dialog. Viele Künstler des Nordens streiten sich um die Ehre, ihn abzubilden, stehen aber vor dem Problem, dass sich der Geist eines Gelehrten nur schwer im Bild erfassen lässt. Quentin Massys hebt den Charakter des Schriftstellers hervor, Dürer gibt in der Inschrift auf dem Stich von 1526 zu, dass der Geist des Humanisten Erasmus sich eher in seinen Schriften wiederfindet als in seinem Porträt. Nur Holbein scheint den Schlüssel zu finden und porträtiert Erasmus gleich drei Mal. Auf dem berühmtesten dieser Bilder (1523, Musée du Louvre) erscheint er im Profil, ins Schreiben eines Textes vertieft.*

Venedig, Bergamo, Marken

um 1480–1556

Lorenzo Lotto

Ein Dorn im Herzen der Renaissance

An einem Frühlingstag 1549 versteigert in einer ärmlichen Calle in Venedig der gealterte Lorenzo Lotto seine wenigen Habseligkeiten und begibt sich auf die letzte Etappe seiner endlosen Odyssee. Lotto ist ein venezianischer Maler: Immer wieder sagt er sich dies, wenn er am künstlerischen Leben der Stadt teilnehmen will und zurückgewiesen wird. Als Schüler Giovanni Bellinis bevorzugt der junge Lotto eine klare Zeichnung, die an die Kunst des Nordens erinnert. Seine Laufbahn ist von Anfang an auf die Provinz konzentriert: Das kluge, kraftvolle Gesicht des Bischofs von Treviso, Bernardo de' Rossi, ist das erste einer Reihe von psychologisch einfühlsamen Bildnissen, die zu den Anfängen der modernen Porträtkunst gehören. Es folgt ein Aufenthalt in den Marken und 1509 der Ruf nach Rom. Wie immer kommt Lotto zum falschen Moment: Der noch nicht Dreißigjährige erträgt den Vatikan von Papst Julius II. und den Vergleich mit den anderen Künstlern nicht und entflieht. 1513 wird er dann nach Bergamo gerufen; von dort aus knüpft er ein Netz von Beziehungen zu anderen Künstlern wie Leonardo, Correggio, Gaudenzio Ferrari und Hans Holbein. 1526 fühlt er sich bereit, die Herausforderung Venedig anzunehmen; doch schlägt ihm in seiner Geburtsstadt die Gleichgültigkeit der Öffentlichkeit und die Feindseligkeit des Kreises um Tizian entgegen. In über zwanzig Jahren malt Lotto für die Kirchen von Venedig nur drei Werke, die als »bemerkenswertes Beispiel für schlechtes Kolorieren« geschmäht werden. Den Maler quälen nach eigenen Worten »seltsame Verstörungen«. Wieder sucht er Zuflucht in den Marken: 1549 klopft er an die Tür der Santa Casa in Loreto. Mit zitternder Hand schafft er die letzten, bewegenden Werke; dann verstirbt er 1556 oder 1557 in aller Stille – »sittsam und als guter Christ«, wie Vasari eine Dekade später berichtet: »Seine Seele [übergab er] Gott dem Herrn« und verbrachte seine letzten Jahre »glückselig und voll seelischer Ruhe; und was mehr bedeutet, sie ermöglichten ihm, so glaubt man, die Güter des ewigen Lebens zu erwerben«.

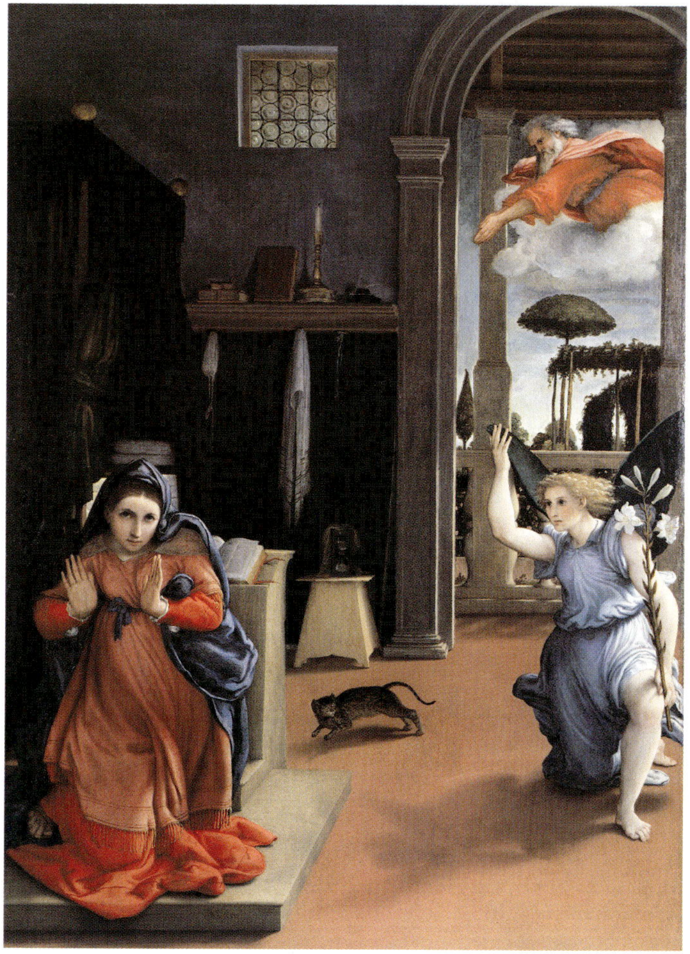

Lorenzo Lotto
Verkündigung, 1527
Recanati, Pinacoteca Comunale

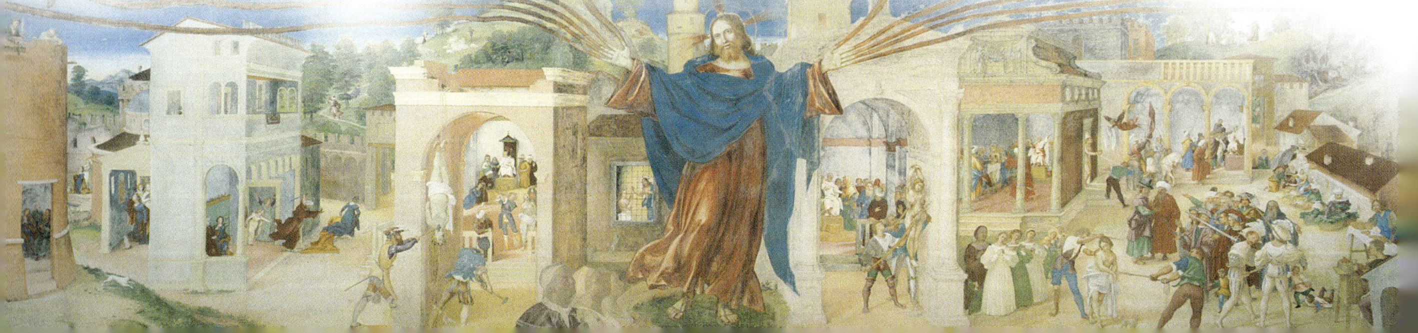

Lorenzo Lotto
Szenen aus dem Leben der heiligen Barbara, 1524
Trescore Balneario (Bergamo), Sante Barbara e Brigida, Cappella Suardi

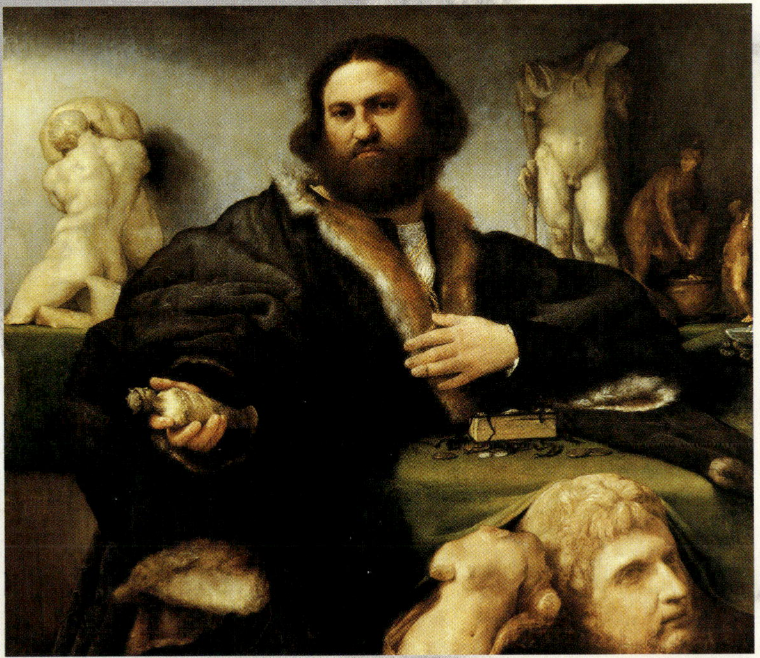

Lorenzo Lotto
Porträt des Andrea Odoni, um 1527
Hampton Court, Royal Collection

Lottos Zeit in Venedig verlief alles andere als glücklich; einzig wirklich erfreulich war die Unterstützung des Kaufmanns Andrea Odoni, eines Mannes mit sehr erlesenem Geschmack und einer Kunstsammlung, die von antiken Kunstwerken bis zur fortschrittlichsten Kunst der Zeit reichte. Das Porträt zeigt den Sammler inmitten der Fragmente antiker Schönheit in einem weichen und warmen Licht, das dem alten Marmor Leben einzuhauchen scheint. Die zerbrochenen Statuen und Reliefs umweht ein Hauch Melancholie, ein Wissen um das Vergehen der Schönheit.

Lorenzo Lotto
Bildnis eines Jünglings vor weißem Vorhang, 1505
Wien, Kunsthistorisches Museum

Ein Porträt aus Lottos Frühzeit in Treviso. Schon bald erweist er sich als einer der treffsichersten und originellsten Porträtisten des 16. Jahrhunderts in Europa. Haltung, Gesichtsausdruck, Stofflichkeit und Lichteinfall wirken niemals gewöhnlich, jede Figur hat ein faszinierendes, manchmal zerrissenes Innenleben. Lotto erfasst mit Präzision das Äußere, vor allem aber liegt ihm an dem, was Leonardo »Seelenregung« nennt. Zu dem starken Kontrast zwischen dem strengen schwarzen Gewand und dem wertvollen Silberbrokat des Hintergrunds kommen kleine Details wie die brennende Lampe oben rechts.

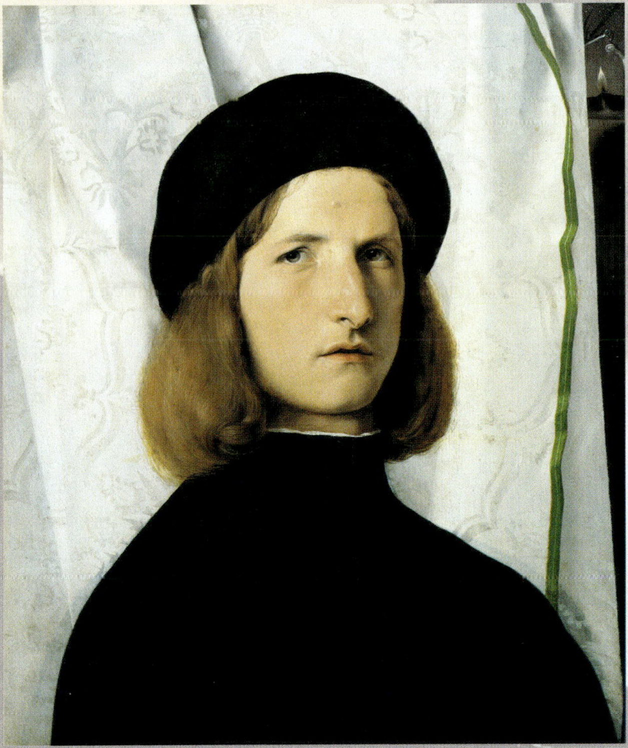

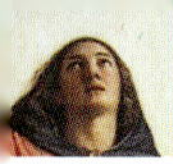

Venedig

um 1490–1576

Tizian

»Wer Maler sein will, muss drei Farben kennen: Weiß, Rot und Schwarz, und sie in Händen halten«
Sein ganzes langes Leben lang ist Tizian durch Farbenreichtum und kompositorische Erfindungsgabe ein absoluter Meister der Malerei. Als Schüler Giovanni Bellinis und Mitarbeiter Giorgiones erlangt er schon um 1515 die unangefochtene Vorherrschaft in der venezianischen Schule, beliebt bei den Gebildeten, geschätzt von den Sammlern, immer gefragter auch an den Höfen. In den 20er Jahren ist sein Ruhm grenzenlos: Neben bedeutenden Werken in Venedig malt er zahlreiche Bilder für die Gonzaga und Este und wird einer der gefragtesten Bildnismaler Europas; Pietro Aretino ist sozusagen sein »Agent«. 1533 erwählt Kaiser Karl V. Tizian zu seinem »pintor premero«: Eine über dreißigjährige Beziehung zum spanischen Hof entsteht. Erst in den 40er Jahren zieht der Manierismus Tizian nach Rom, wo er Michelangelo begegnet. Wieder in Venedig verschließt er sich bis auf zwei Deutschlandreisen an der Seite Karls V. in eine kreative Isolation. So entstehen neue Werke mit völlig freiem Gestus und Kolorit. In der Spätzeit seines langen Lebens überschreitet Tizian die gesellschaftlichen und kulturellen Grenzen des Renaissancekünstlers: Seine Darstellungen der Dramen und Liebesgeschichten der antiken Götter beweisen nicht nur ein unvergleichliches künstlerisches Talent, sondern eine bewegende, poetische und ernüchterte Deutung des menschlichen Schicksals.

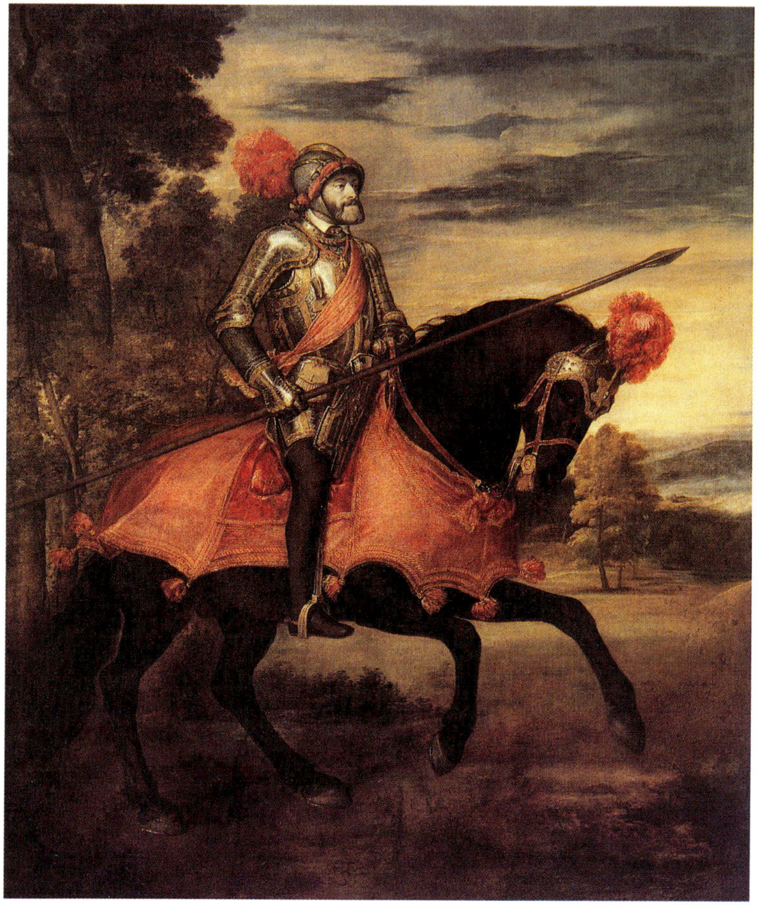

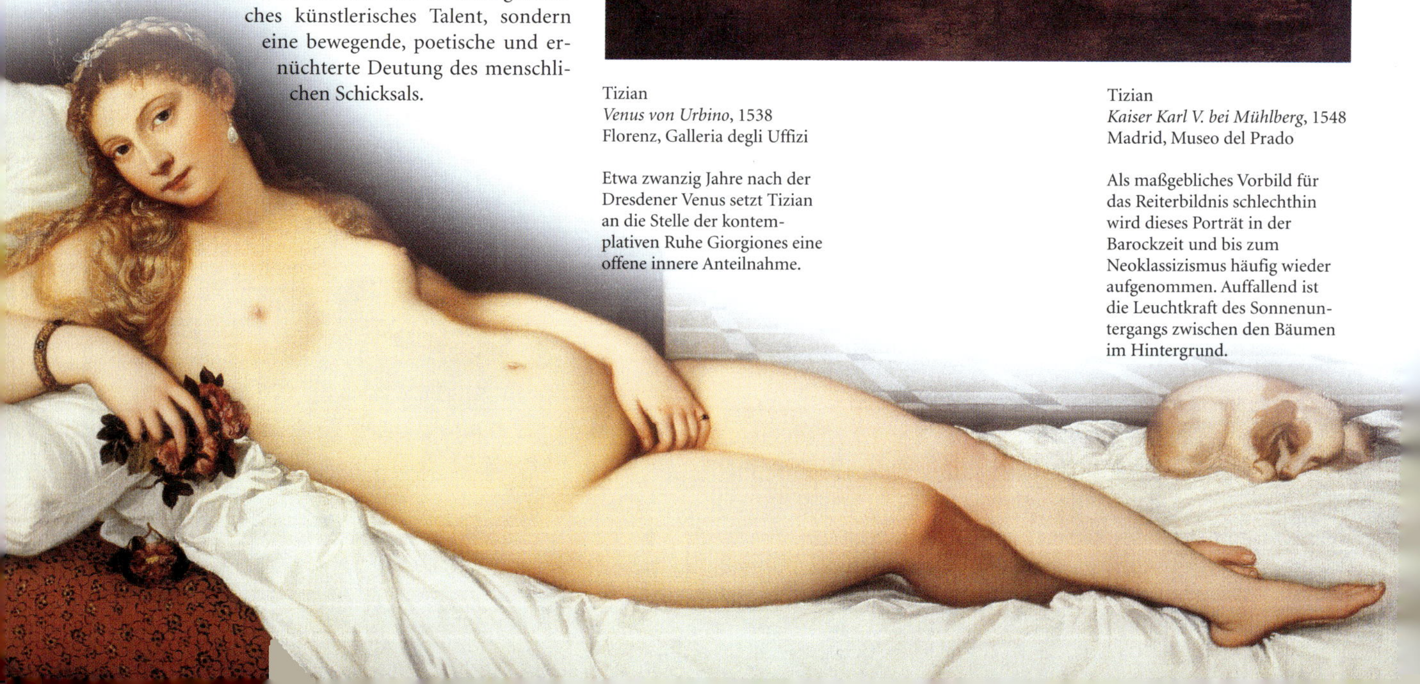

Tizian
Venus von Urbino, 1538
Florenz, Galleria degli Uffizi

Etwa zwanzig Jahre nach der Dresdener Venus setzt Tizian an die Stelle der kontemplativen Ruhe Giorgiones eine offene innere Anteilnahme.

Tizian
Kaiser Karl V. bei Mühlberg, 1548
Madrid, Museo del Prado

Als maßgebliches Vorbild für das Reiterbildnis schlechthin wird dieses Porträt in der Barockzeit und bis zum Neoklassizismus häufig wieder aufgenommen. Auffallend ist die Leuchtkraft des Sonnenuntergangs zwischen den Bäumen im Hintergrund.

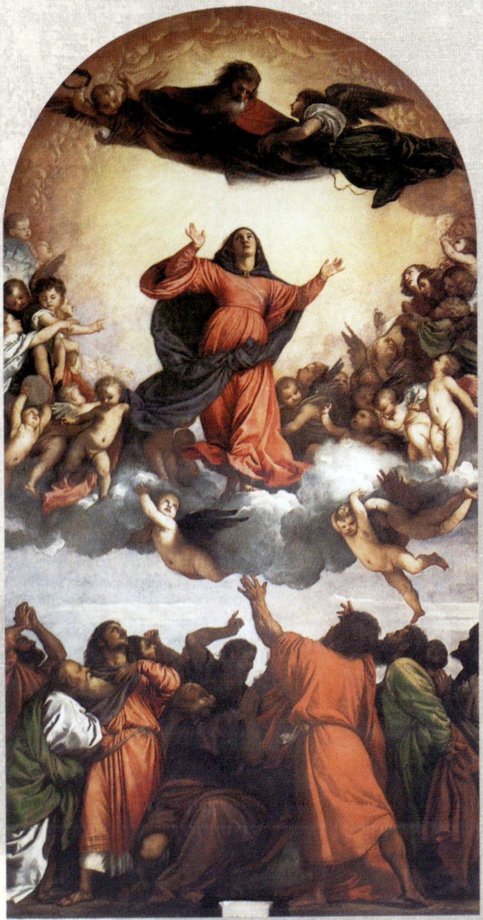

Tizian
Himmelfahrt Mariä (Assunta), 1516–1518
Venedig, Santa Maria Gloriosa dei Frari

Die Enthüllung der *Assunta* am 18. Mai 1518 ist ein denkwürdiger Moment für die venezianische Malerei. Erste Reaktionen sind Erstaunen und Bestürzung: Der Auftraggeber, Pater Germano Casale, fragt sich, ob diese rohen Fischer auch genügend »Würde« besitzen, um die Apostel darzustellen, der österreichische Gesandte will das Bild kaufen; währenddessen sagten nach den Worten Lodovico Dolces (1557) »die alltäglichen Maler und das unwissende Volk, welche bis dahin nichts anderes als die leblosen und kalten Arbeiten des Giovanni Bellino, des Gentile und des Vivarini gesehen hatten, [...] dem Bilde Tizians alles erdenklich Schlechte nach«. Bewunderer und Nachahmer gewann die neue, vom venezianischen Malerfürsten eingeführte Richtung erst, als »der Neid sich gelegt, und die Wahrheit ihnen nach und nach die Augen geöffnet hatte«.

Hintergrund:
Tizian
Selbstbildnis, 1562 (?)
Berlin, Staatliche Museen zu Berlin – Preußischer Kulturbesitz, Gemäldegalerie

Tizian
Pietà, 1576
Venedig, Gallerie dell'Accademia

Dieses unvollendet gebliebene, düstere Spätwerk hätte auf Tizians Grab stehen sollen (die Figur des Nikodemus rechts ist ein Selbstporträt), und zwar in Santa Maria Gloriosa dei Frari, für die er fünfzig Jahre früher die *Assunta* gemalt hatte. Der fast neunzigjährige Tizian betreibt hier mit äußerster Konsequenz die Rücknahme der Form zugunsten der Pastosität der Farbe.

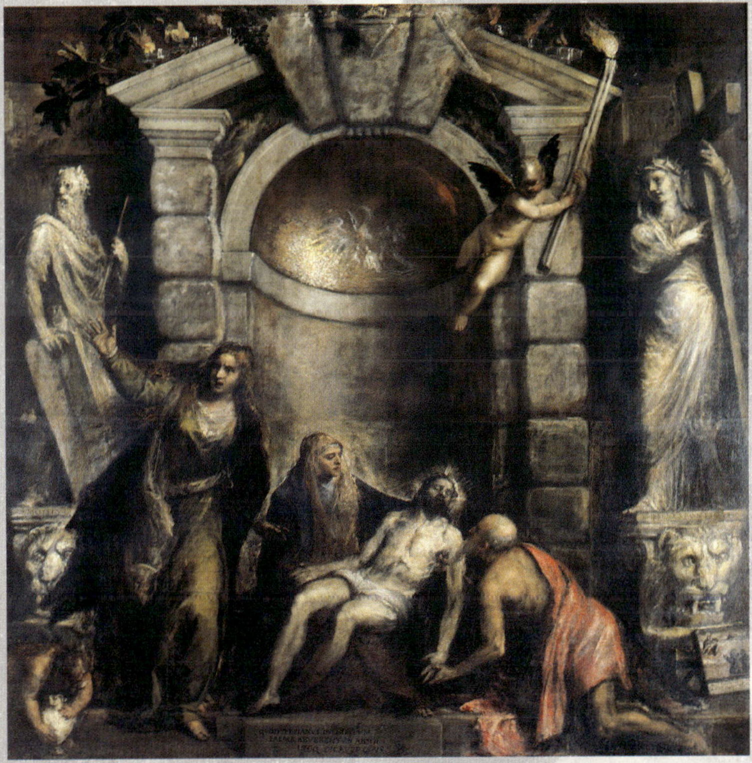

Tizian

1514

Himmlische und irdische Liebe

Bei diesem in der Galleria Borghese in Rom aufbewahrten Gemälde mit dem Titel aus dem 18. Jahrhundert handelt es sich eigentlich um ein großzügiges Hochzeitsgeschenk des venezianischen Patriziers Nicolò Aurelio an seine Braut Laura Bagarotto. Das Bild entstand zu einem besonderen Zeitpunkt: Im Jahr 1514 verwüstet ein Großbrand den Rialto-Markt und Mittelpunkt des venezianischen Handelslebens. Im Zusammenhang mit den Spannungen mit dem spanischen Reich und dem Krieg gegen die Türken in Dalmatien und Friaul symbolisiert dies das Ende einer Epoche und die Notwendigkeit, die wirtschaftliche Struktur, das öffentliche Bauwesen und selbst die Alltagsgewohnheiten in Venedig tief greifend zu verändern. Giovanni Bellini trägt 1514 mit seinem *Bacchanal (Götterfest)* für Alfonso d'Este, den Herzog von Ferrara, zur Durchsetzung mythologischer Themen in der venezianischen Kunst bei. Die Antwort Tizians, der die Nachfolge des alten Bellini als offizieller Künstler der Republik anstrebte, ist die *Himmlische und irdische Liebe*. Es enthält eine Vielzahl kühner Neuerungen, beginnend mit dem auffälligen, für ein allegorisches Thema und für den weiblichen Akt entschieden ungewöhnlichen Format. Im Vergleich zu Giorgiones vorsichtigen Farbabstufungen gewinnt hier die Farbe an Dichte und Konsistenz und ist voller Ausdruckskraft. Den Senat der Serenissima, der sonst gegenüber Reformen auf künstlerischem Gebiet eher vorsichtig ist, scheint die Neuartigkeit von Tizians Gemälde zu überzeugen: Noch im selben Jahr erhält der Maler aus Cadore den Auftrag, ein erstes Gemälde für den Dogenpalast anzufertigen. Der Erfolg ist jetzt greifbar nahe.

Die kleinen Kaninchen verbildlichen den Wunsch nach Fruchtbarkeit, sind aber auch ein nettes realistisches Detail in dem dichten, frischen und lebenssprühenden Landschaftshintergrund.

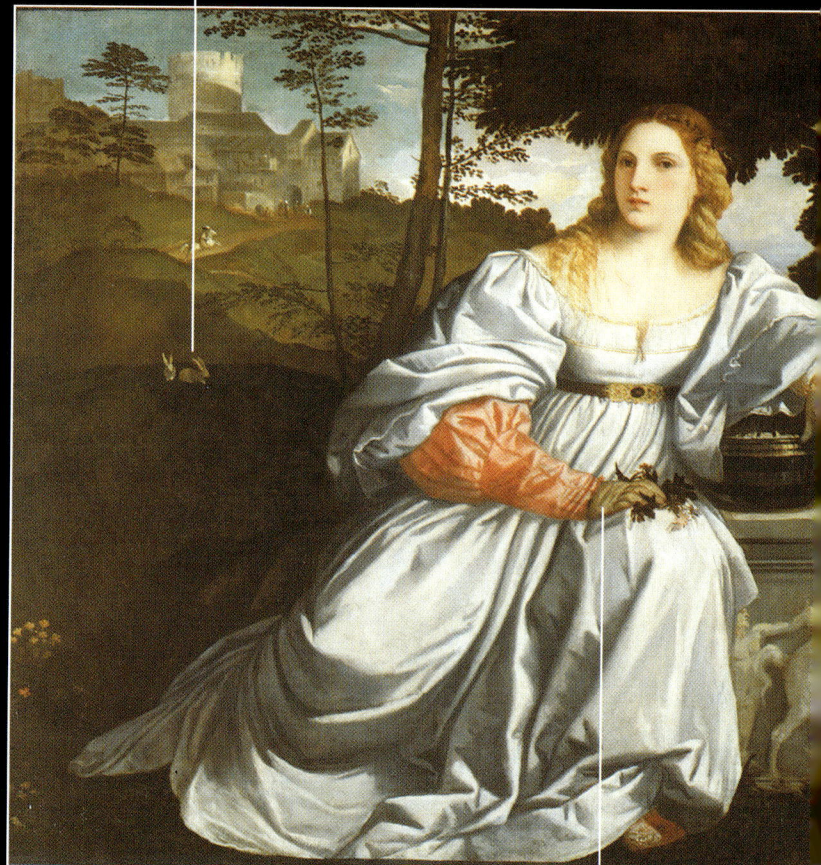

Die bekleidete junge Frau ist ganz eindeutig eine Anspielung auf die Hochzeit; dafür sprechen das weiße Kleid, die Handschuhe, der Gürtel, der Myrtenkranz, die offenen Haare und die Rosen. Es handelt sich jedoch nicht um ein Porträt der Laura Bagarotto im Brautkleid, sondern um eine Allegorie der Ehe als einer Vereinigung, die Fruchtbarkeit und Liebe verheißt.

Cupido taucht seinen Arm in das Wasser zwischen den beiden Personifikationen der Liebe. Der Gehalt des Gemäldes ist allegorisch, aber Tizians Kraft geht bei weitem über die bloße Übersetzung eines komplexen literarischen Programms oder die Illustration der neuplatonischen Philosophie hinaus: Das Bild preist Schönheit und Liebe. Ein Schriftsteller des 16. Jahrhunderts sagt über Tizian: »Sein Pinsel gebiert stets den Ausdruck des Lebens.«

Der bukolischen Heiterkeit von Giorgiones Landschaften stellt Tizian einen sehr bewegten Hintergrund entgegen: Wolken, Wind, Figuren, Tiere, Bäume und Wasser gehören zum unerschöpflichen Lebensrhythmus der Welt.

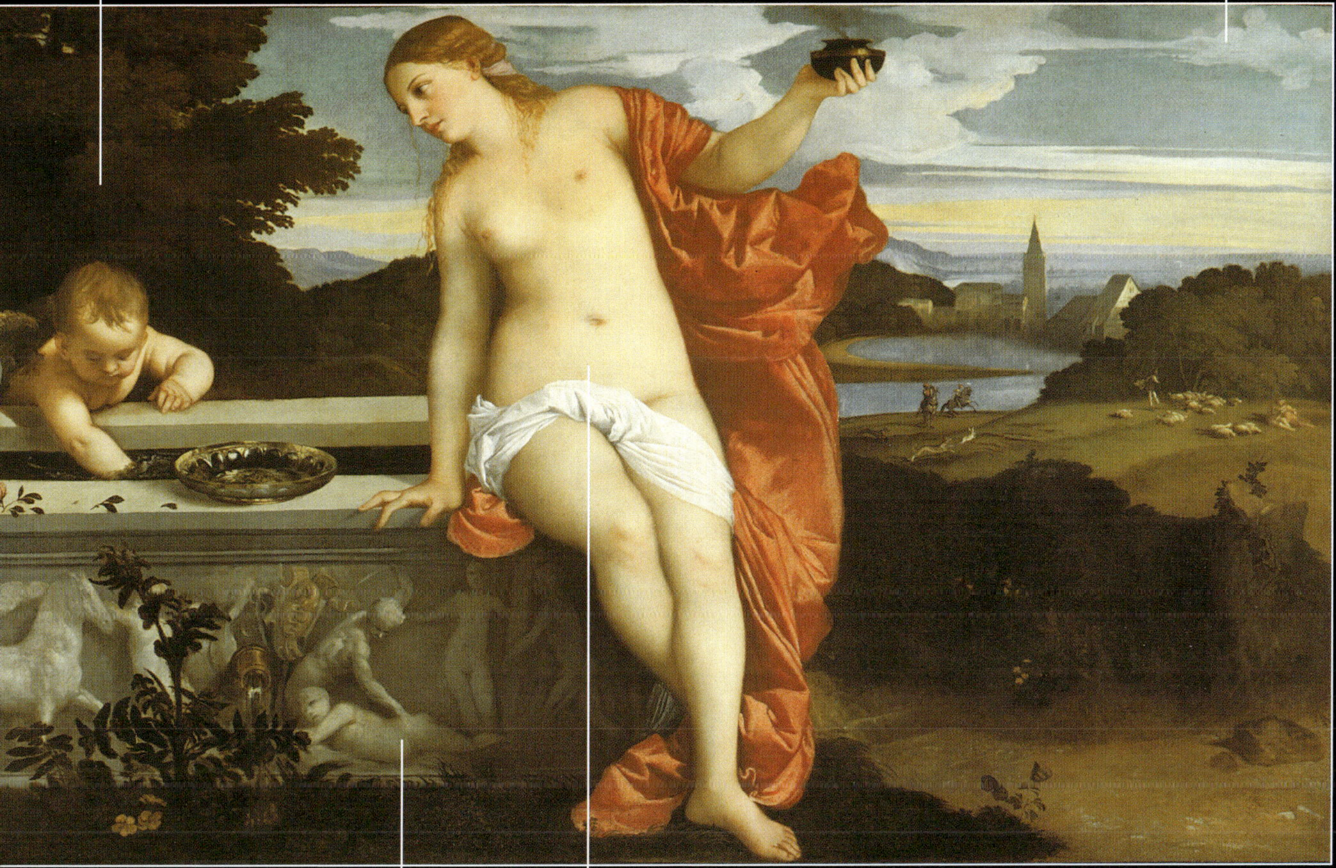

Die Mädchen stützen sich auf einen als Brunnen genutzten antiken Sarkophag. In einem Bild, das die Liebe erhebt, wirkt dieser Marmor, der für den Tod steht und eine gewaltsame Szene zeigt, etwas überraschend. Möglicherweise spielt er auf die ungerechtfertigte Gefangennahme von Lauras Vater Bertuccio Bagarotto im Jahr 1509 an. Seine Funktion als Quelle reinen Wassers bedeutet, dass auch aus dem Tod neues Leben entstehen kann. Auf dem Sarkophag erscheint das Wappen der Aurelio; das Becken hingegen spielt auf die Heraldik der Familie Bagarotto an.

Die beiden schönen Frauen, die sich wie Zwillinge gleichen, sind völlig gegensätzlich gekleidet: Die eine trägt ein prunkvolles Gewand, die andere ist fast unbekleidet. Die Deutungen der Wissenschaft gehen auseinander, haben jedoch eines gemeinsam: Nach klassischer und mittelalterlicher ikonographischer Tradition bedeutet das Nebeneinanderstehen zweier Figuren, einer nackten und einer bekleideten, nicht Gegensatz (wie der irreführende Titel des Bildes besagt), sondern Komplementarität. Anders als man zunächst meinen könnte, steht die bekleidete Frau für die eheliche Liebe, die nackte Frau aber erhebt diese Liebe auf eine himmlische, ewige Ebene, verbildlicht durch die Lampe.

Parma

1489–1534 1503–1540

Correggio und Parmigianino

Schönheit gegen Eleganz

Das heitere Parma am Rande der Poebene wird in den 20er und 30er Jahren des 16. Jahrhunderts zu einem bedeutenden Zentrum. Mit zwei Künstlern (Antonio Allegri nimmt den Namen seines Geburtsorts Correggio an, Francesco Mazzola trägt den Spitznamen Parmigianino) entsteht ein Dialog zwischen einer weiten, strahlenden, großzügigen Schönheit und einer intellektuell verschlüsselten Eleganz. Ohne direkte Konkurrenz zu anderen Meistern entwickelt Correggio die Renaissance auf einem sehr individuellen »dritten« Weg weiter und findet zu einem fließenden, lichtvollen, sehr unmittelbaren Stil. Durch die Lieblichkeit seiner Gesichter und seine überraschende perspektivische Kühnheit wird er ein wichtiger Vorläufer der Barockmalerei. Der gespannte, geschliffene, geistige Stil seines Schülers Parmigianino ist ein Kontrapunkt dazu; der frühreife, talentierte Maler schafft eine verfeinerte Form des entstehenden Manierismus.

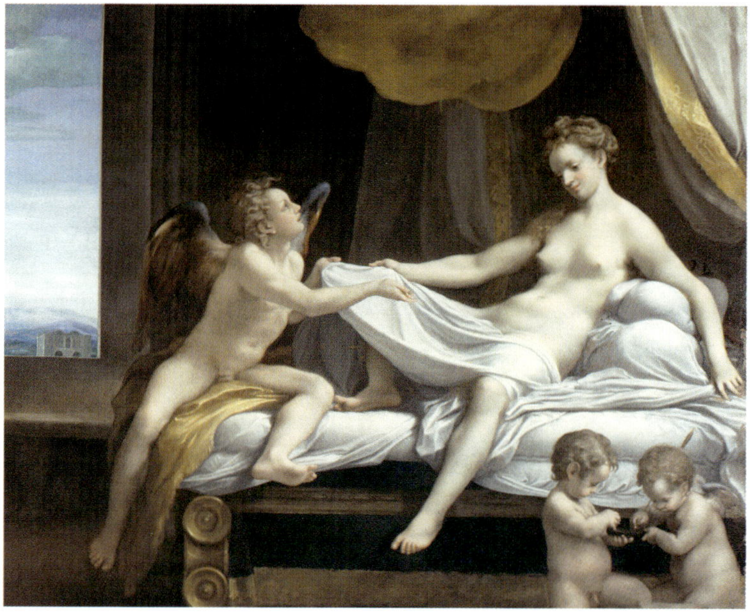

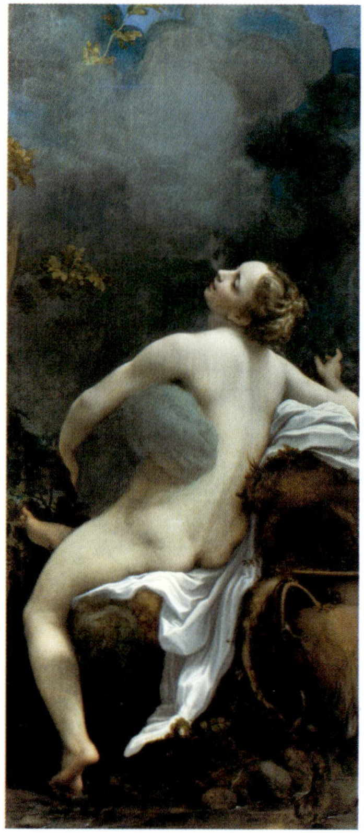

Correggio
Danae, um 1531
Rom, Galleria Borghese
rechts:
Jupiter und Io, um 1531
Wien, Kunsthistorisches Museum

Die beiden Gemälde gehören neben der *Entführung des Ganymed* in Wien und der *Leda mit dem Schwan* in Berlin zu dem Zyklus der Liebesabenteuer des Jupiter. In dieser wundervollen Szene hat sich der olympische Gott in eine Wolke verwandelt, umarmt die Nymphe und küsst sie. Die göttliche Wolke umfasst mit sanfter, unwiderstehlicher Umarmung den glatten Körper des Mädchens.

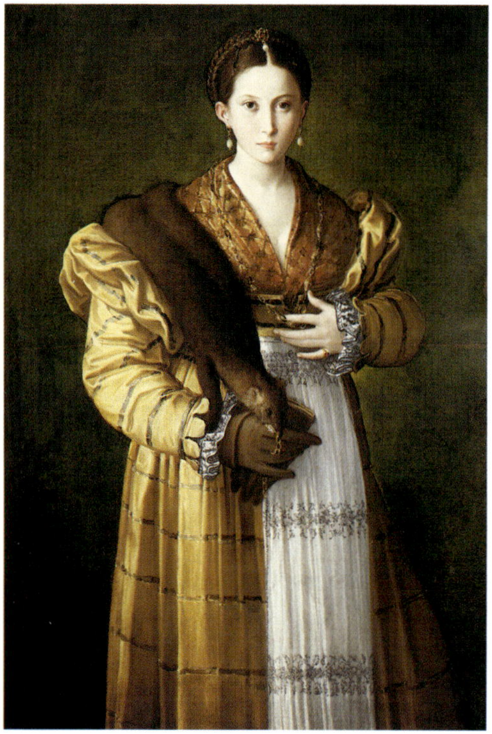

Parmigianino
Porträt einer Dame (Antea), 1524–1527
Neapel, Museo Nazionale di Capodimonte

Der raffinierte Farbauftrag mit beinahe magischen, irrealen Effekten macht Parmigianino zu einem hervorragenden und faszinierenden Bildnismaler. Hinter ihrer Strenge und kühlen Reglosigkeit zeigen seine Personen häufig Zweifel und Spannung.

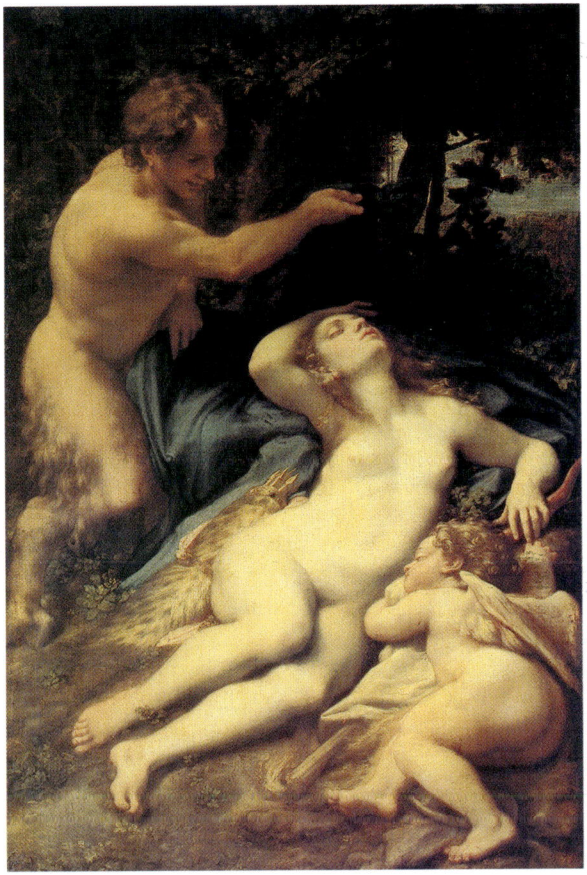

Correggio
Jupiter und Antiope, um 1528
Paris, Musée du Louvre

Durch Anmut, Heiterkeit und den robusten Schönheitssinn Correggios bleiben Szenen wie diese weit jenseits einer groben erotischen Wirkung.

Correggio
Madonna mit Kind und Heiligen (Madonna di San Gerolamo), 1523
Parma, Galleria Nazionale

Correggio erneuert die Komposition und Ausdrucksmöglichkeiten des Altarbildes, ohne jedoch die Regeln des Manierismus zu übernehmen. Ausgehend von Leonardo (die Züge der Madonna und das Sfumato der Konturen) stellt er Gefühle der Sanftmut, der Hingabe, des heiteren Vertrauens dar. Für dieses Werk wurde er auf eine sehr »ländliche« Weise bezahlt: Er erhielt 400 Lire imperiali, zwei Karren Reisig, einige Maß Weizen und ein Schwein.

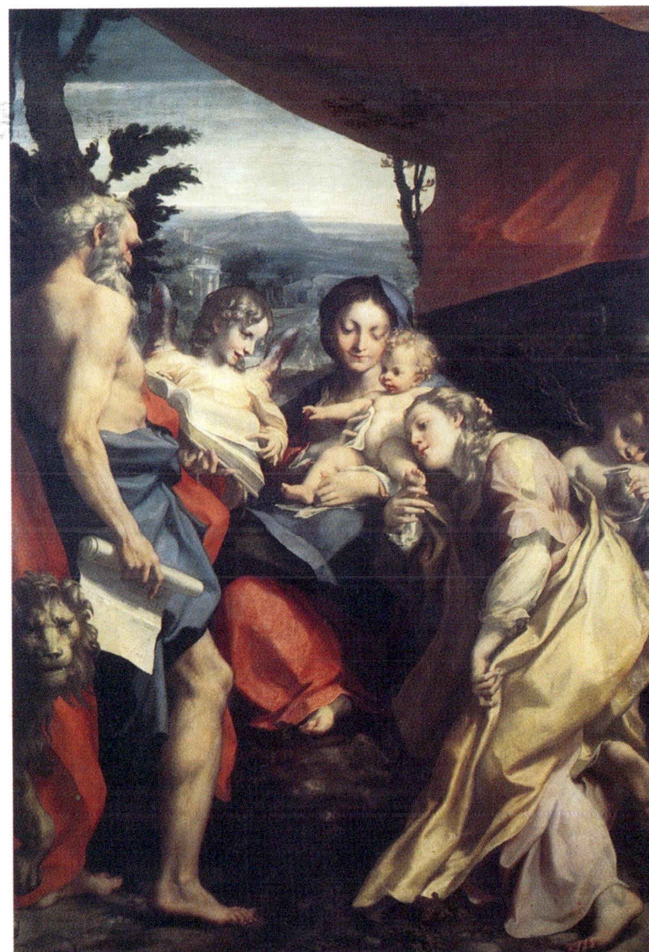

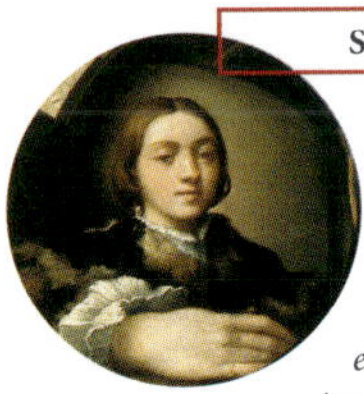

Selbstbildnis im Konvexspiegel

Mit kaum zwanzig Jahren malte Parmigianino dieses erstaunliche Bildnis (heute Wien), ein virtuoses Meisterstück, in dem er bei Gesicht, Händen und Hintergrund den Distorsionseffekt eines Konvexspiegels simuliert. Parmigianino nahm das Bild als besondere »Visitenkarte« seines Könnens nach Rom mit. Dort, im belebten Kunstklima des Hofes von Papst Clemens VII., malt er Bildnisse von klarer, raffinierter Geschlossenheit neben manieristischen religiösen Bildern. Nach dem Sacco di Roma 1527 verbringt er einige Jahre in Bologna, kehrt 1531 nach Parma zurück und steht wieder Correggio gegenüber. Im Geist eines raffinierten, stilisierten Klassizismus malt er die Fresken in der Kirche Santa Maria della Steccata; typisch für diese Zeit sind die unnatürlich gelängten, schlangenförmig gewundenen Figuren. In den letzten Jahren seines Lebens verschließt er sich zunehmend und widmet sich alchemistischen Experimenten.

Die großen Gemäldezyklen

Triumph der Freskomalerei zwischen Renaissance und Manierismus

Im 16. Jahrhundert bestätigt sich die Vorliebe der italienischen Malerei für das Fresko: Auch Schriftsteller (wie Giorgio Vasari) sind der Meinung, die wahre Meisterschaft eines Künstlers zeige sich an seiner Fähigkeit, Fresken zu schaffen, was Erfindungskraft und sichere Beherrschung der Technik erfordert. Eine Ausnahme ist Venedig, wo wegen der Feuchtigkeit Fresken selten sind und auf Leinwand gemalte Zyklen vorherrschen. Auch außerhalb der großen Zentren kann man an den Fresken die Auseinandersetzung zwischen den Stilrichtungen verfolgen. Schon vor dem Sacco di Roma (1527) bringen »römische« Maler wie Giulio Romano oder Parmigianino die Formen eines klassischen Manierismus nach Norden; andere wie Correggio, Gaudenzio Ferrari, Lorenzo Lotto oder Pordenone entwickeln in der »Provinz« einen sehr populären Stil.

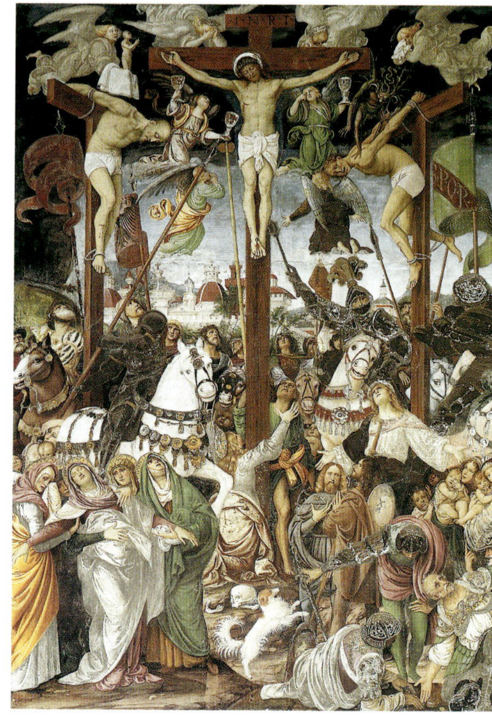

Gaudenzio Ferrari
Kreuzigung, Detail aus dem *Passionszyklus*, 1513
Varallo Sesia (Vercelli), Santa Maria delle Grazie

Die Hauptszene auf der großen Trennwand zwischen Presbyterium und Apsis der Klosterkirche am Anfang des Kreuzwegs zum Sacro Monte von Varallo ist sozusagen ein Präludium der volkstümlichen und zugleich edlen Darstellung des Kreuzigungsgeschehens in den Kapellen auf dem Sacro Monte. In der *Kreuzigung* vermischen sich deutlich volkstümliche Elemente (Helme, Rüstungen und Schmuck sind plastisch hervorgehoben) und stilistische Anleihen bei Perugino oder Leonardo. Verstärkt wird das Ganze durch die dramatische und poetische Begabung Gaudenzios (um 1475–1546), der alle Figuren in eine emotionale Stimmung integriert. Die Geschichten des Evangeliums überträgt er in seine Zeit: Rechts unter dem Kreuz sind zwei Männer aus Varallo mit einem lustigen Hündchen und zwei hübsche Frauen mit Kindern auf dem Arm zu sehen, Bilder von liebenswürdiger Alltäglichkeit, die in schroffem Gegensatz zu den verzerrten Fratzen der um die Kleider Christi würfelnden Soldaten stehen.

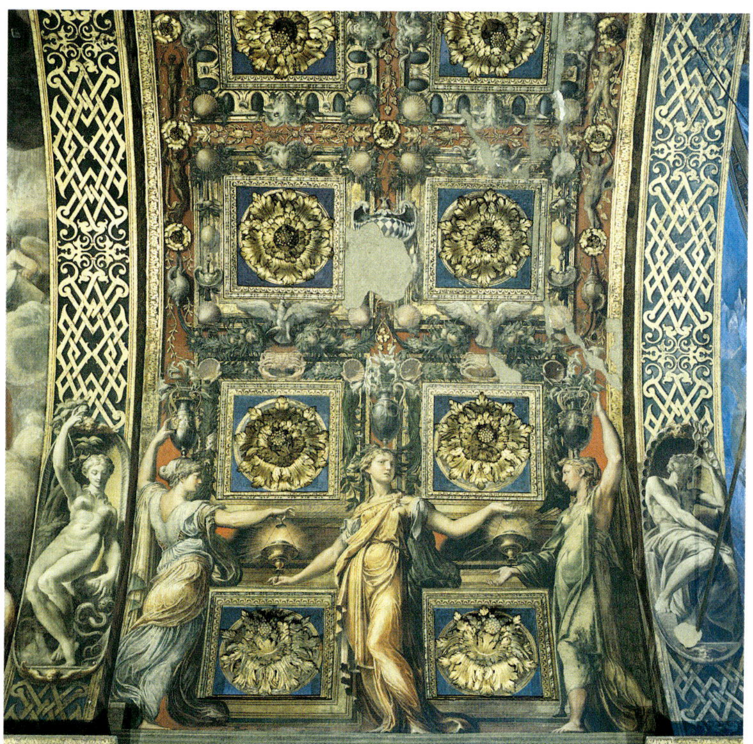

Parmigianino
Die klugen und die törichten Jungfrauen, Detail, Deckenfresko im Chor, 1535–1539
Parma, Santa Maria della Steccata

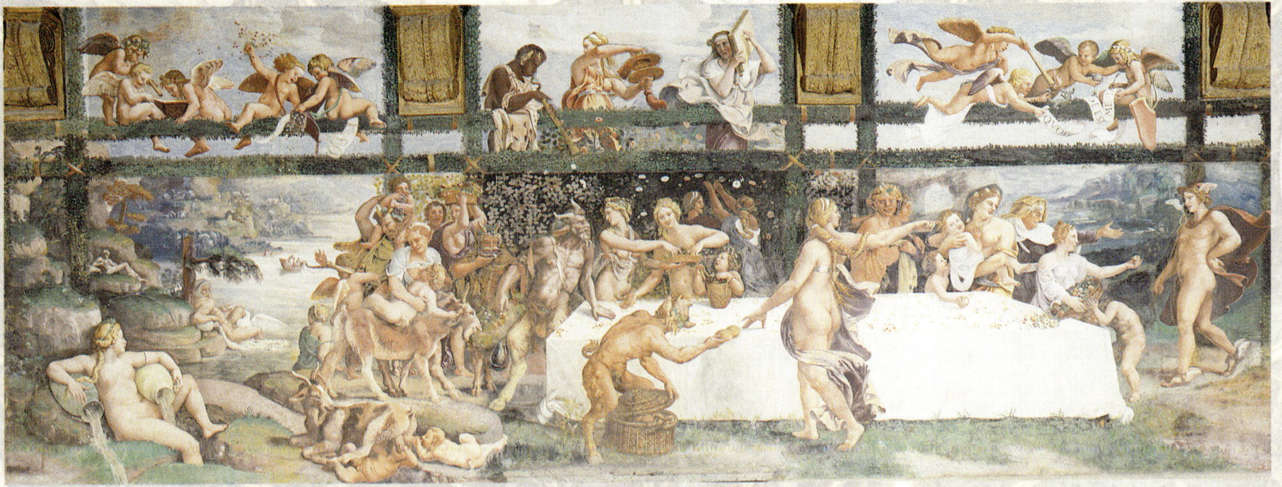

Giulio Romano
Il banchetto rustico,
1526–1528
Mantua, Palazzo del Tè,
Sala di Psiche

Bei Bau und Dekoration der Sommerresidenz der Gonzaga, dem schönsten Beispiel für den Manierismus in Norditalien, beweist der Architekt und Maler Giulio Romano (um 1499–1546), Schüler von Raffael, eine unerschöpfliche Phantasie; jeder Saal ist eine neue Überraschung.

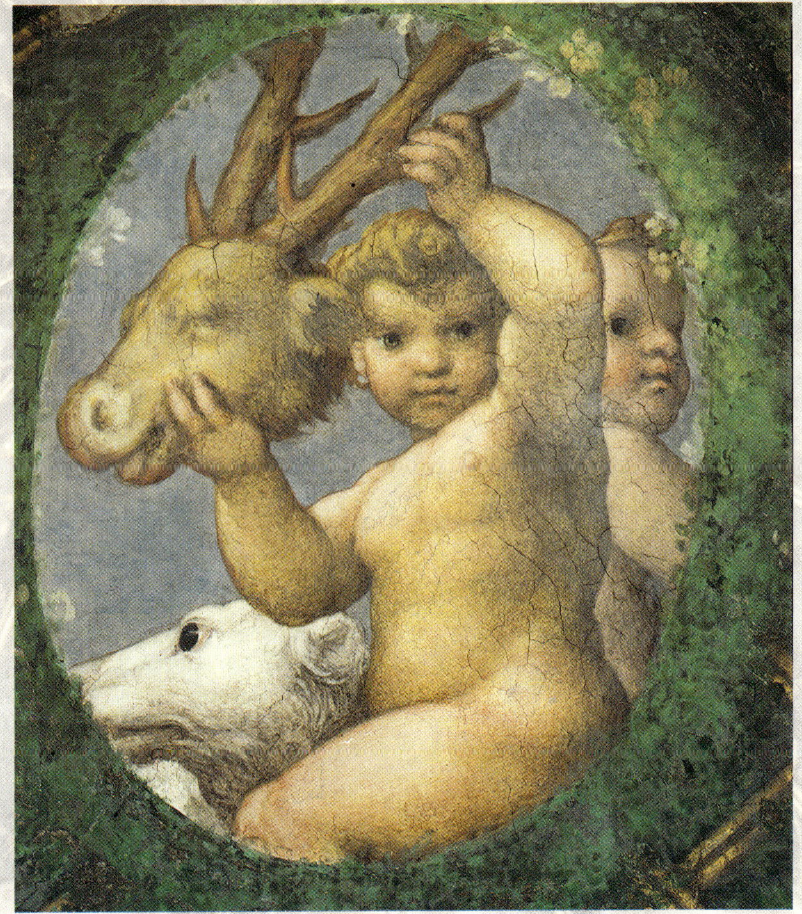

Correggio
Ansicht der *Camera della Badessa* (Hintergrund) und *Putto mit Jagdtrophäe*, Detail aus dem Gewölbe, 1519
Parma, Kloster San Paolo

Dieses außergewöhnliche, für den Renaissance-Geschmack beispielhafte Ambiente blieb über Jahrhunderte verborgen: Man hielt es für unschicklich, dass eine Äbtissin in einem sehr weltlichen, von der Figur der Diana (auf dem Kamin) beherrschten und durch die illusionistischen Fresken des Gewölbes in eine Laube verwandelten Salon literarische Gespräche führte. Wunderschön und gleichzeitig leicht beunruhigend wirken die Ton-in-Ton-Malereien oben an den Wänden.

Antwerpen, Utrecht, Leiden
1510–1560
Italiens Einfluss in den Niederlanden

Antwerpen, eine neue Hauptstadt der europäischen Kunst

In den ersten Jahrzehnten des 16. Jahrhunderts vollzieht sich auch in der flämisch-niederländischen Malerei eine epochale Wende. Nach dem Niedergang der letzten Generation von großen Meistern gewinnt eine Strömung der Erneuerung Raum, die auf Reisen in den Süden die Neuheiten der italienischen Kunst aufnimmt, aber mit dekorativer Üppigkeit und einer Vielzahl typisch beschreibender Details nach flämischem Muster interpretiert. Die Hafenstadt Antwerpen an der Scheldemündung gewinnt an Ruhm und wird zur kulturellen und wirtschaftlichen Hauptstadt der Nordseeküste. Maler wie Bosch, Massys, Mabuse und van Scorel machen Studienreisen nach Venedig und Rom und erwerben dort den monumentalen Sinn für die Perspektive, treffen aber auch Künstler aus anderen Ländern. Doch empfangen die Maler aus dem Norden in Italien nicht nur neue Impulse, sondern leisten auch einen entscheidenden Beitrag zur Malerei der Hochrenaissance und zum Entstehen des Manierismus. Die Antwerpener »Romanisten« bilden eine klar abgegrenzte Strömung und stehen im Dialog mit den Kunstzentren des Nordens, wo der Einfluss Dürers überwiegt.

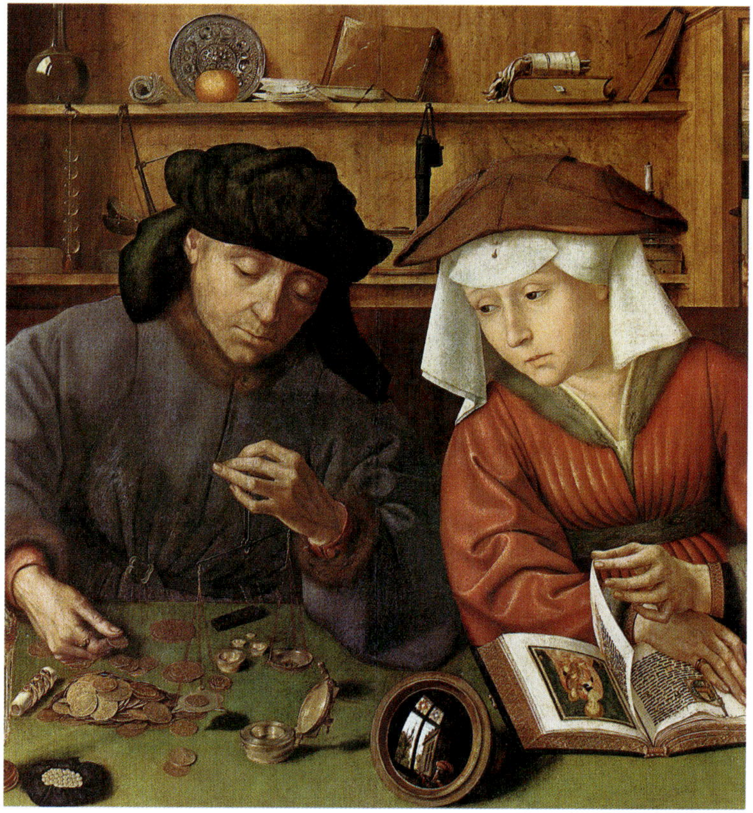

Quentin Massys
Der Geldwechsler und seine Frau, 1514
Paris, Musée du Louvre

Anders als die älteren Meister braucht Massys (1466–1530) nicht mehr den Rahmen einer religiösen Szene, sondern zeigt mit mitreißender Lebhaftigkeit ein glaubwürdiges und direktes Bild.

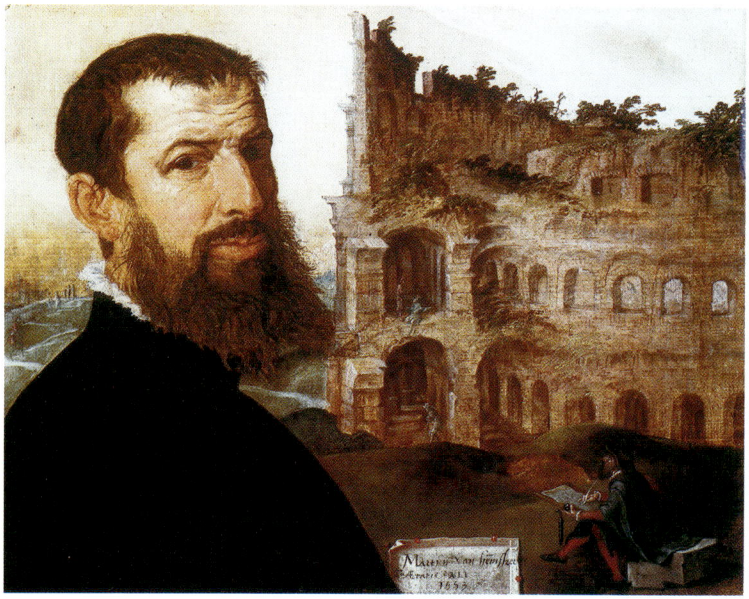

Maarten van Heemskerck
Selbstbildnis mit Kolosseum, 1553
Cambridge, Fitzwilliam Museum

Das Bild ist eigentlich ein doppeltes Selbstporträt: Mit einem Quäntchen Ironie stellt sich der Maler in seinen reiferen Jahren in schlichter schwarzer Kleidung dar; in Erinnerung an seinen Romaufenthalt zwanzig Jahre zuvor zeigt er sich aber gleichzeitig als der kleine Zeichner im Hintergrund vor der riesigen Ruine des Kolosseums.

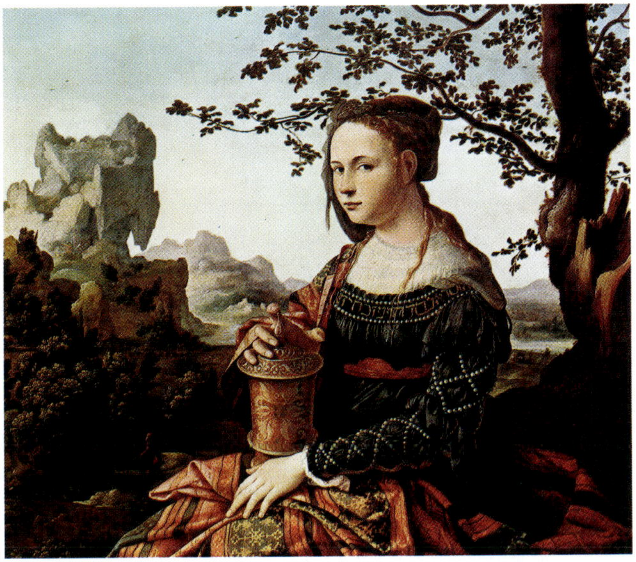

Jan van Scorel
Maria Magdalena, um 1528
Amsterdam, Rijksmuseum

Wichtige Etappen seiner Laufbahn sind Nürnberg, wo er Dürer kennen lernt, Venedig und vor allem Rom. Dort, unter dem niederländischen Papst Hadrian VI. aus Utrecht, nimmt Jan van Scorel Motive von Raffael und Michelangelo auf und wird Konservator der päpstlichen Antikensammlung. Wieder in Holland nutzt er die vielfältigen kulturellen Erfahrungen und entwickelt eine Malerei, die sich fast ganz von der flämischen Tradition löst und deutlich dem Manierismus zuwendet.

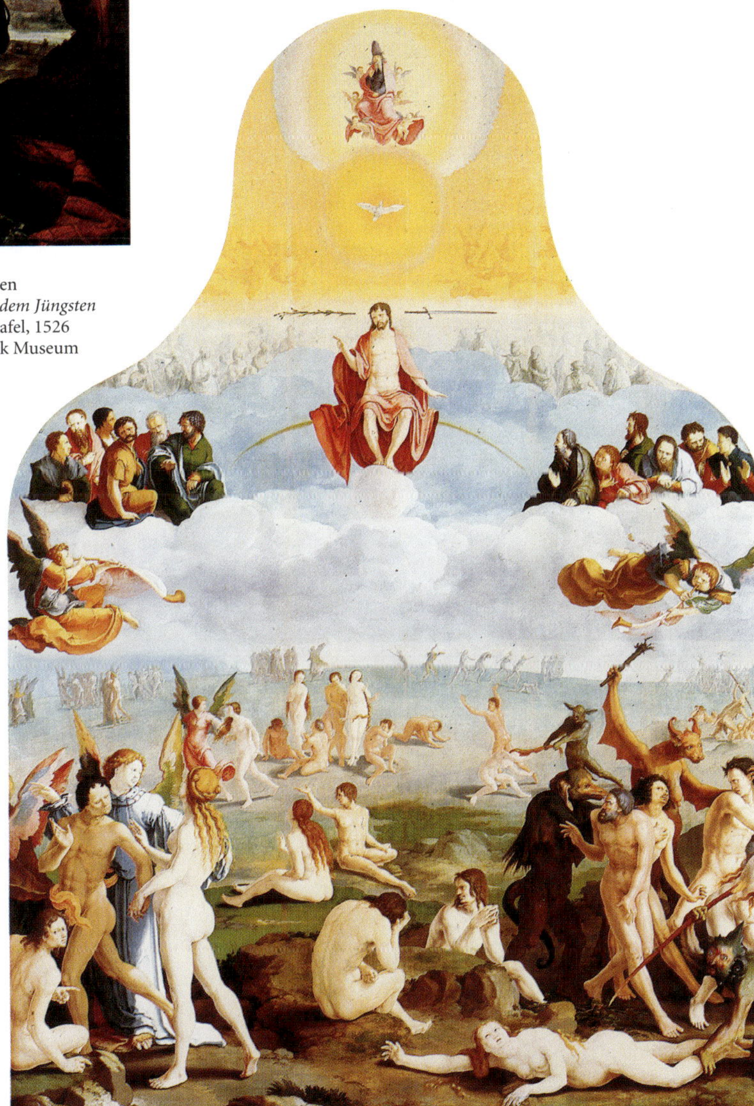

Lucas van Leyden
Triptychon mit dem Jüngsten Gericht, Mitteltafel, 1526
Leiden, Stedelijk Museum De Lakenhal

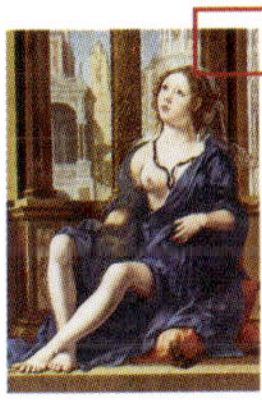

Mabuses Neuerungen

Jan Gossaert, einer der charakteristischsten und einflussreichsten Romanisten der flämischen Renaissance, nennt sich Mabuse nach dem alteren Namen seiner Geburtsstadt Maubeuge. Ab 1503 ist er Mitglied der Antwerpener Malergilde, 1508 folgt er dem Herzog Philipp von Burgund nach Rom. So entsteht schon sehr früh ein besonderer Stil, in dem Detailfreude und Realismus der flämischen Tradition des 15. Jahrhunderts noch nicht gänzlich verschwunden sind, gleichzeitig jedoch die neue italienische »maniera« bewusst einbezogen wird, nicht nur bei Perspektive und Darstellung der Architektur, sondern auch in der Monumentalität der Figuren, dem Sinn für das Licht und der Beziehung zwischen Personen und Umgebung. Seine ältesten Werke sind voller dekorativer und ornamentaler Elemente, in denen sich die Spätgotik mit dem beginnenden Manierismus zu verbinden scheint. »Moderner«, aber immer noch von einer lebhaften beschreibenden Erfindungskraft sind die Werke mit klassischen oder mythologischen Themen wie Neptun und Amphitrite *(Berlin) oder aus der Spätzeit die* Danae *(1527, München). Im Jahr 1527 unternimmt er zusammen mit Lucas van Leyden eine denkwürdige Reise; die beiden Maler besuchen mit dem Schiff die großen Städte von Flandern, Brabant und Seeland.*

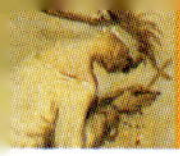

Antwerpen, Brüssel

1525/30–1569

Pieter Bruegel der Ältere

Der ewige Kreislauf des menschlichen Lebens

Das private Leben und die künstlerische Aktivität Pieter Bruegels des Älteren verläuft in wichtigen kulturellen Zentren und in einer ereignisreichen Zeit. Trotzdem sind von seiner Biografie nur Bruchstücke überliefert, was die Erforschung seiner Persönlichkeit schwierig macht. Da er jedoch seine Werke signiert und datiert hat, sind die Gemälde, Zeichnungen und Drucke zeitlich einzuordnen. Obwohl Bruegel Mitglied der Antwerpener Malergilde ist, bleibt ihm der klassizistische Stil der dortigen Schule fremd, ebenso wie die italienische Renaissance. Künstlerisch tritt er zum ersten Mal 1552 mit Landschaftszeichnungen in Erscheinung; wenig später geht er auf eine Italienreise (anzusetzen zwischen 1552 und 1556), von der er vor allem bewegende Erinnerungen an die Überquerung der Alpen mitbringt. Nach einer Phase, die dem Kupferstich gewidmet ist, entscheidet er sich für die Malerei und geht 1563 nach Brüssel. Hier werden seine beiden Söhne geboren, die ebenfalls Maler werden: Pieter der Jüngere und Jan (geboren 1568), Schöpfer wunderbarer Stillleben. Im Jahr 1565 entsteht der Zyklus der so genannten *Jahreszeiten*, sein komplexestes Werk. In Brüssel gewinnen Bruegels Bilder eine neue monumentale Festigkeit und verlieren die für seine Frühzeit typische Verliebtheit ins Detail. Jedoch unterbricht sein früher Tod am 5. September 1569 diese viel versprechende Entwicklung.

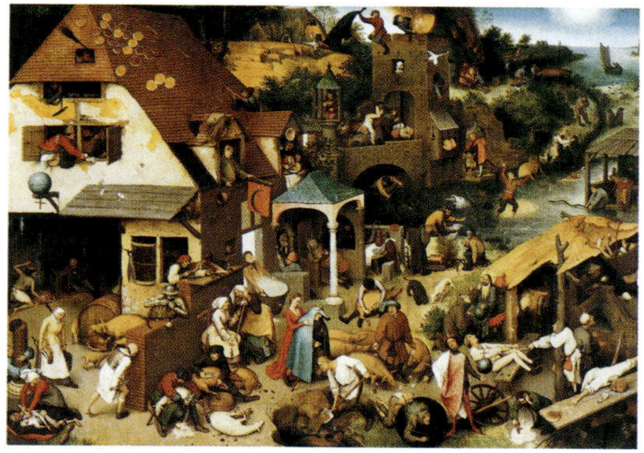

Pieter Bruegel der Ältere
Die niederländischen Sprichwörter, 1559
Berlin, Staatliche Museen zu Berlin – Preußischer Kulturbesitz, Gemäldegalerie

Bruegels Bildinhalte basieren wie die seines »geistigen Lehrers« Bosch großenteils auf volkstümlichen Traditionen, Sprichwörtern und Redewendungen. In diesem außergewöhnlichen Bild bildet er in einer einzigen Landschaft die Inhalte von über hundert Sprichwörtern ab, die um das Thema der menschlichen Einfalt kreisen und vom Landleben inspiriert sind.

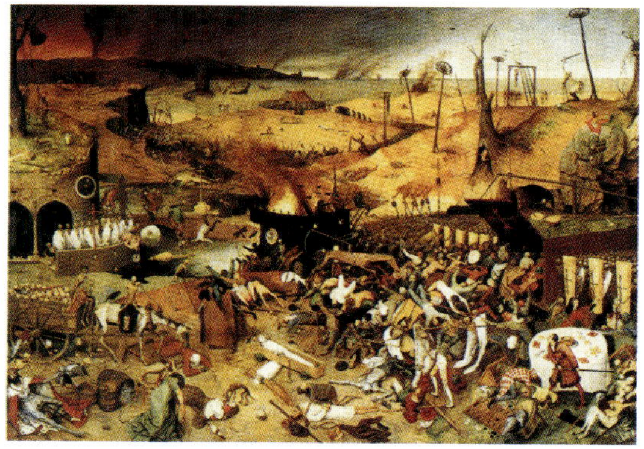

Oben und auf der nächsten Seite:
Pieter Bruegel der Ältere
Triumph des Todes, um 1562
Madrid, Museo del Prado

Obwohl ein volkstümliches Thema erscheint es in der zweiten Hälfte des 16. Jahrhunderts veraltet. Doch Bruegel greift häufig auf »unmoderne« Sujets zurück, um ihre Bedeutung unabhängig von der aktuellen Situation zu zeigen. Mittelpunkt der Szene ist der unheilvolle Karren des Todes, der Junge und Alte, Könige und Kardinäle, Ritter und Bauern, Narren und junge Mädchen dahinrafft. Die Landschaft ist voll von Zeichen der Verwüstung und Qual.

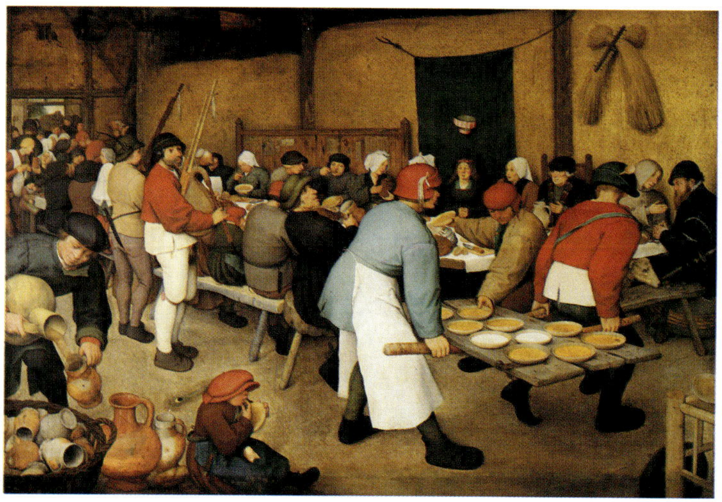

Pieter Bruegel der Ältere
Bauernhochzeit, um 1568
Wien, Kunsthistorisches Museum

Die pausbäckige, verschämt lächelnde Braut sitzt in der Mitte der Tafel vor einem grünen Tuch. Der Bräutigam ist vielleicht der junge Mann, der sich mit verdrehten Augen den Bauch vollstopft. Das Mahl ist eine »häusliche« Version des *Schlaraffenlands*; die Gerichte werden von den Dienern aufgetragen und die Speisenden greifen gierig zu.

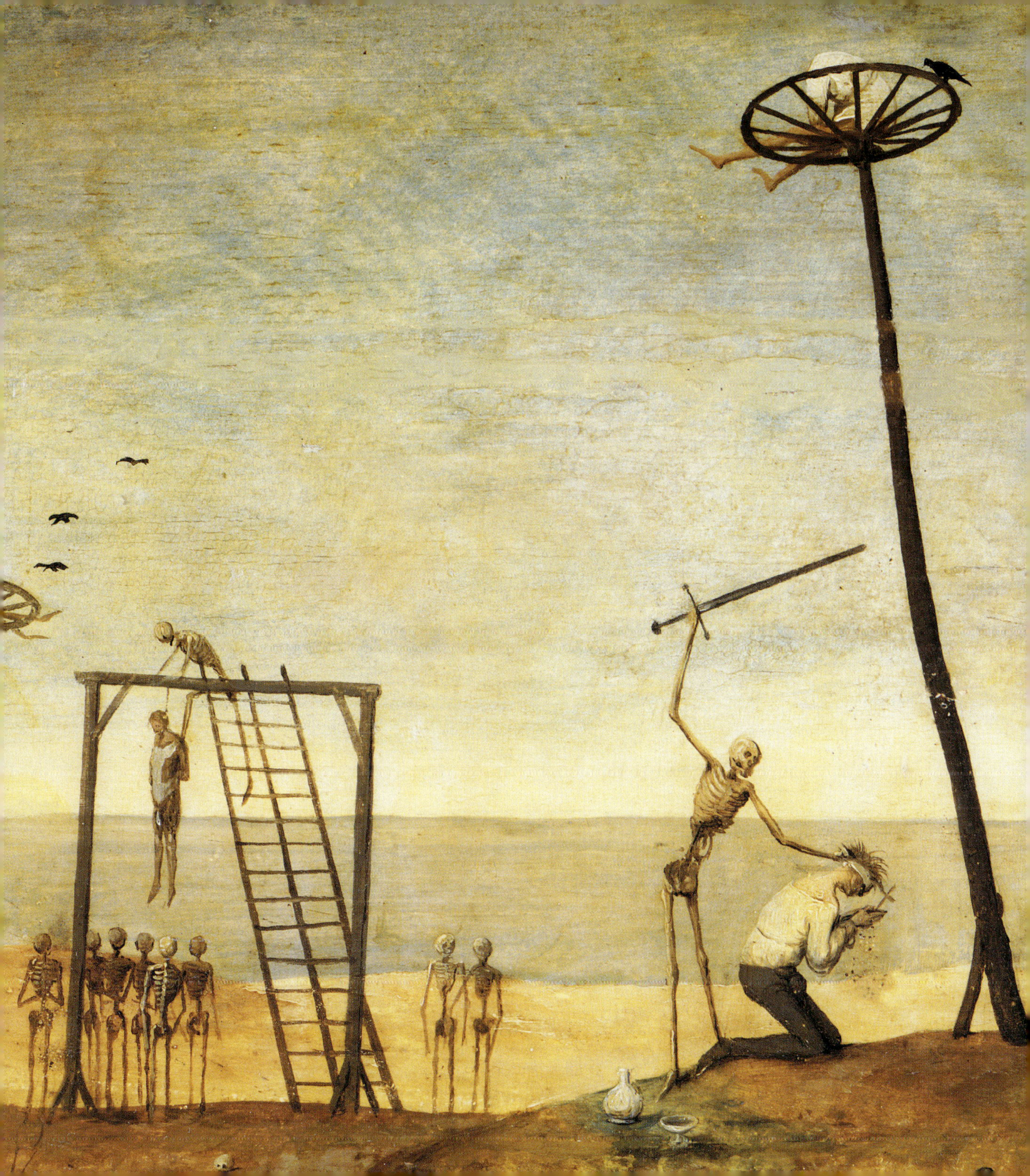

Pieter Bruegel der Ältere

1565

Jahreszeiten

Die mit überraschender Sensibilität und Natürlichkeit geschilderten Unterschiede von Klima und Licht sind das Auffallendste an Bruegels Zyklus, auch wenn sich die Tafeln an verschiedenen Standorten befinden. Der *Düstere Tag (Vorfrühling)* ist im Kolorit – verglichen mit dem Schnee im Winter in der Szene unten – ein hervorragender Beweis für die Vielseitigkeit Bruegels, eines Künstlers von großer bedachtsamer Originalität, der zu Unrecht manchmal als ein naiver Maler des 16. Jahrhunderts gesehen wird.

Bruegels Zyklus der so genannten *Jahreszeiten* ist der eigentliche Kern seines reifen Schaffens. Kaiser Rudolf II. erwarb ihn für die Prager Sammlungen, da er genau dem eigenwilligen Sammlergeschmack des Habsburgers entsprach. Bei der Verwüstung Prags im Dreißigjährigen Krieg wurde er verstreut und ist zum Teil verloren. Über seine ursprüngliche Form gibt es zahlreiche Vermutungen; möglicherweise bestand er aus sechs Tafeln, auf denen je zwei Monate einer Jahreszeit zusammengefasst waren. Fünf Tafeln sind erhalten: die *Kornernte (Spätsommer)* im Metropolitan Museum of Art in New York, die *Heuernte (Frühsommer)*, jetzt wieder in einer Privatsammlung der Tschechischen Republik (vorher in Prag, Národní Galerie) und drei Tafeln im Kunsthistorischen Museum in Wien: der *Düstere Tag (Vorfrühling)*, die *Jäger im Schnee (Winter)* und die *Heimkehr der Herde (Herbst)*. Die Bilder haben in etwa die gleichen Maße (160 cm breit und 120 cm hoch); kleine Abweichungen sind auf die verschiedenen Schicksale und Aufbewahrungsorte zurückzuführen.

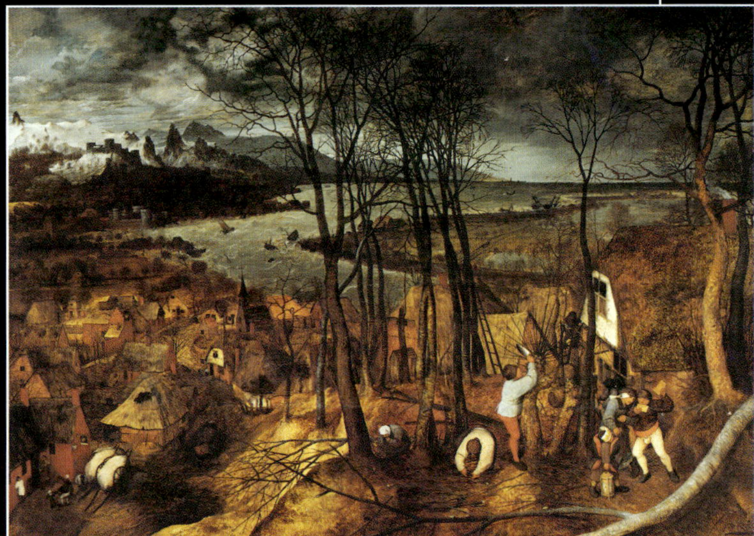

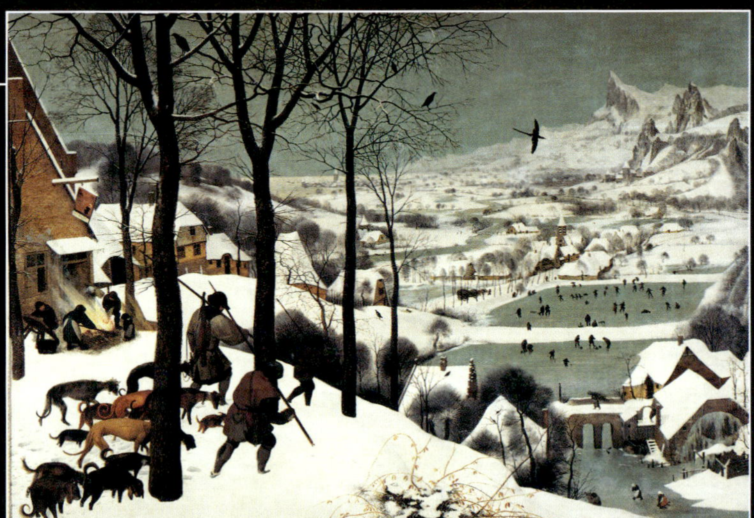

Die Tafel zu den kältesten Monaten des Jahres, *Jäger im Schnee (Winter)*, ist die berühmteste des Zyklus. Bruegel stellt die Szene von einem erhöhten Betrachterstandpunkt aus dar und betont den Grundkontrast zwischen dem Weiß des Schnees und den schwarzen Silhouetten der Körper, Bäume und Gebäude. Ein ganz einfaches Schema, das vor allem bei der Landschaft im Hintergrund die hervorragende Helldunkelmalerei des Meisters zeigt. In wenigen anderen Kunstwerken ist es dem Künstler gelungen, das Empfinden eiskalter Luft und bevorstehenden Schneefalls, wie er hier um die höchsten Gipfel liegt, so zu vermitteln. Die nackten Zweige der Bäume bilden eine Art schwarzen Schirm, der auf den kompakten Himmel projiziert wird. Unten im Tal drängt sich am Fuß der riesigen Berge das kleine Dorf zusammen. Die spielenden Kinder auf dem zugefrorenen Teich geben der ganzen Szene ein wenig Fröhlichkeit und Lebendigkeit.

Die *Heimkehr der Herde (Herbst)* komponiert Bruegel gewissermaßen in einer Kreisform, die den Vordergrund mit dem fernsten Hintergrund verbindet. Dieses Schema findet sich auch in anderen Bildern des Malers: In der Welt des Landlebens und der Natur wird die Bewegung der Figuren und der Wolken am teils bedeckten, teils klaren Himmel zur Metapher für den Kreislauf von Zeit und Jahreszeiten.

Die *Heuernte (Frühsommer)* hat den fröhlichen Rhythmus eines ländlichen Fests. Auch hier hebt die erhobene Betrachterposition die außergewöhnliche Landschaftsdarstellung hervor. Den aus dem ländlichen, flachen Flandern stammenden Bruegel hatte die Überquerung der Alpen auf seiner Italienreise stark beeindruckt. Die Erinnerung an die zerklüfteten Felsgipfel nimmt in den Bildern Gestalt an; Vorstellung und Wirklichkeit verbinden sich auf äußerst eindrückliche Weise.

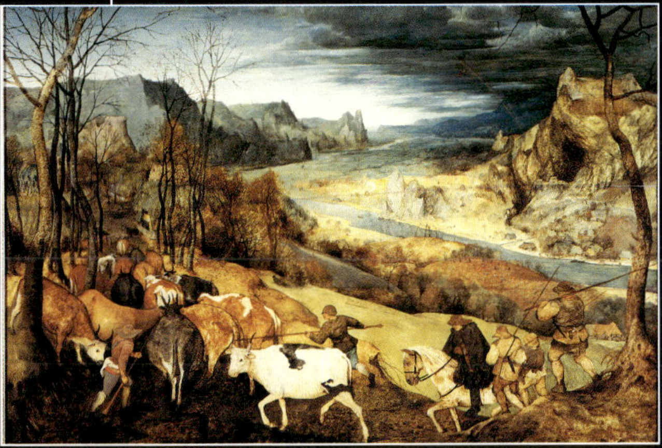

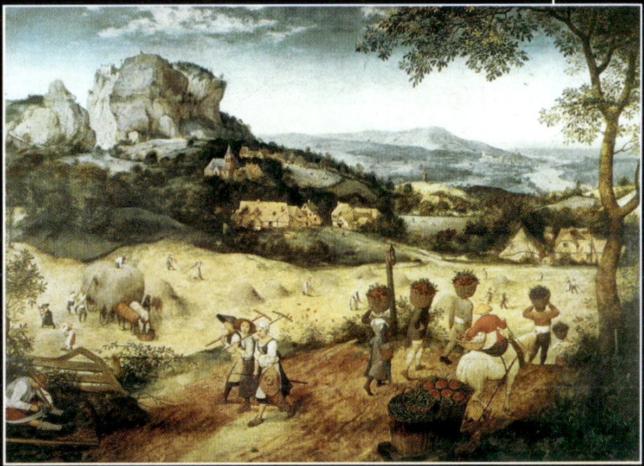

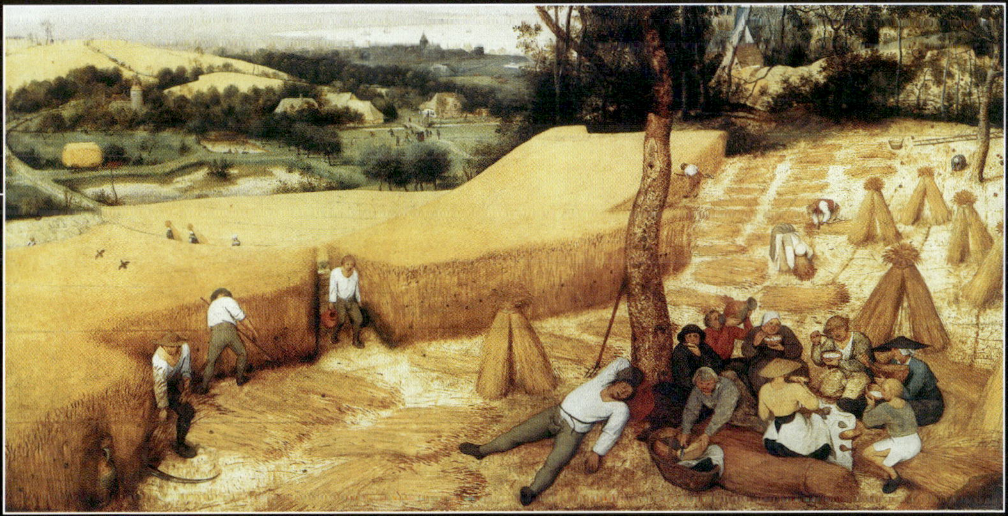

In der *Kornernte (Spätsommer)* ist die ganze Fülle des Sommers zu spüren. Die Schwüle und die Mattigkeit der Bauern kontrastieren mit dem hellen Gelb der Felder; der Blick geht immer weiter in ein Landschaftspanorama von bewegender Tiefe hinein. Mehr als die anderen Gemälde des Zyklus scheint dieses Bild vom Geist des menschlichen Zusammenlebens inspiriert, was sich in der Darstellung des Klimas und der Natur widerspiegelt.

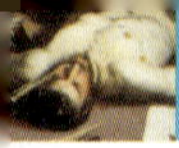

Venedig

1519–1594

Jacopo Tintoretto

»Farbe von Tizian, Zeichnung von Michelangelo«
Jacopo Robusti, genannt Tintoretto, kleinwüchsig und Sohn eines Textilfärbers, ist der produktivste und lebhafteste venezianische Maler der zweiten Hälfte des 16. Jahrhunderts. Schon in den ersten Jahren seiner langen Laufbahn bringt er große Gebärden, muskulöse Figuren und eine ausgefallene manieristische Perspektive in seine Bilder ein, bewahrt jedoch die venezianische Vorliebe für Farbe und Licht. Sein Programm fasst er auf einem Schild an der Wand seiner Werkstatt zusammen: »Farbe von Tizian, Zeichnung von Michelangelo«. Mit dieser eklektischen, ehrgeizigen Wahl trifft er in Venedig den Publikumsgeschmack: Er schafft Dutzende von Werken für Kirchen, Arbeiten für die Scuole Grande (di San Marco; di San Rocco), und schließlich überträgt man ihm sogar die Dekoration des Dogenpalasts nach dem Brand des Jahres 1577. Tintorettos Rolle für die ausgehende venezianische Renaissance ist entscheidend und gleichzeitig umstritten. Seine innovativen Lösungen wirken bald eintönig, als viele kleinere Künstler sie übernehmen. Doch ist es nicht Tintorettos Schuld, dass bei seinem Tod die venezianische Schule wie entleert ist. Er hat es selbst gefühlt: Seine letzten Werke nach dem Tod Tizians und Veroneses sind von Geheimnis, Magie und Visionen jenseitiger Welten erfüllt.

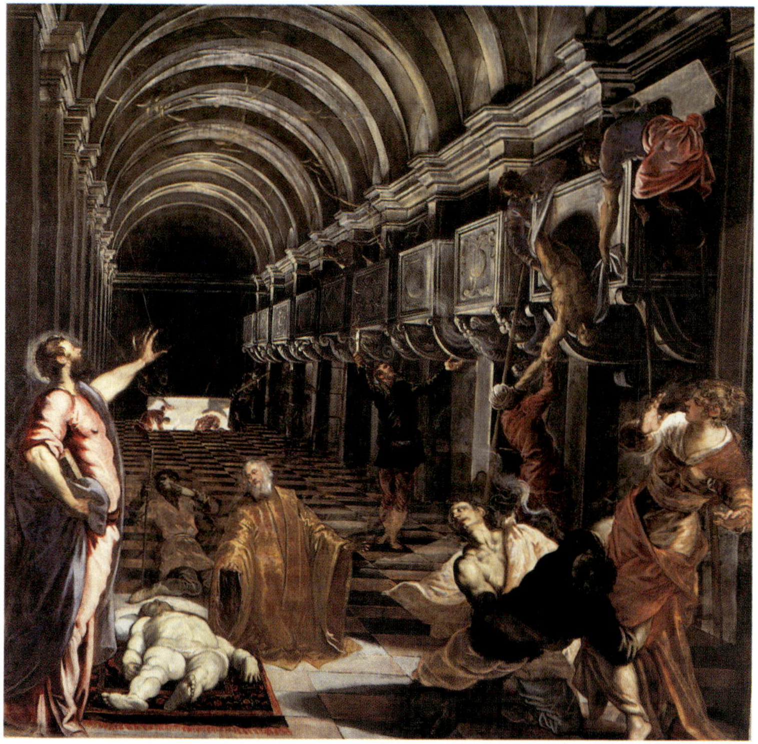

Jacopo Tintoretto
Auffindung des Leichnams des heiligen Markus, 1562–1566
Mailand, Pinacoteca di Brera

Der Hang zu einer ungewöhnlichen Perspektive und die Leichtigkeit, mit der seine Personengruppen im Raum angeordnet sind, erklären sich durch ein »Geheimnis« des Malers: Zur Simulation der Szenen baute Tintoretto bühnenartige Holzmodelle, stellte darin Puppen aus Wachs und Stoff auf und beleuchtete sie auf verschiedene Weise. Links neben dem Leichnam ist die Erscheinung des heiligen Markus zu sehen.

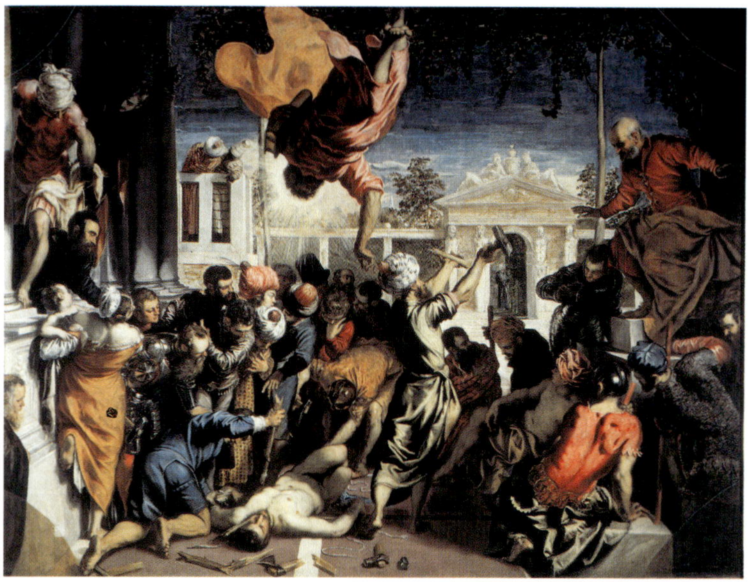

Jacopo Tintoretto
Der heilige Markus befreit einen Sklaven, 1548
Venedig, Gallerie dell'Accademia

Dieses Bild für die Scuola Grande di San Marco macht den dreißigjährigen Tintoretto zum Mittelpunkt der venezianischen Schule.

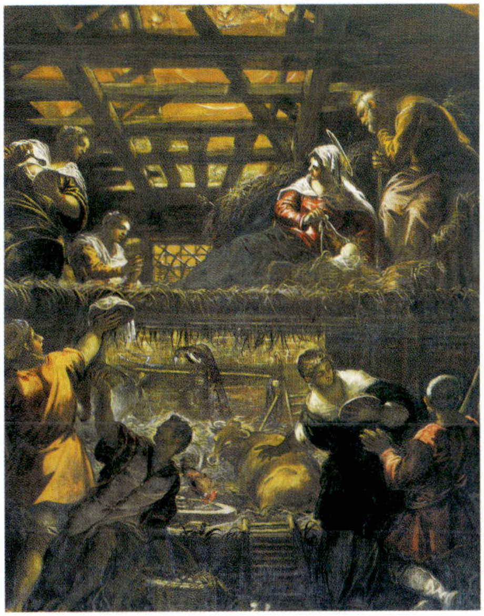

Jacopo Tintoretto
Geburt Christi, 1577–1578
Venedig, Scuola Grande
di San Rocco, Obergeschoss,
Großer Versammlungssaal

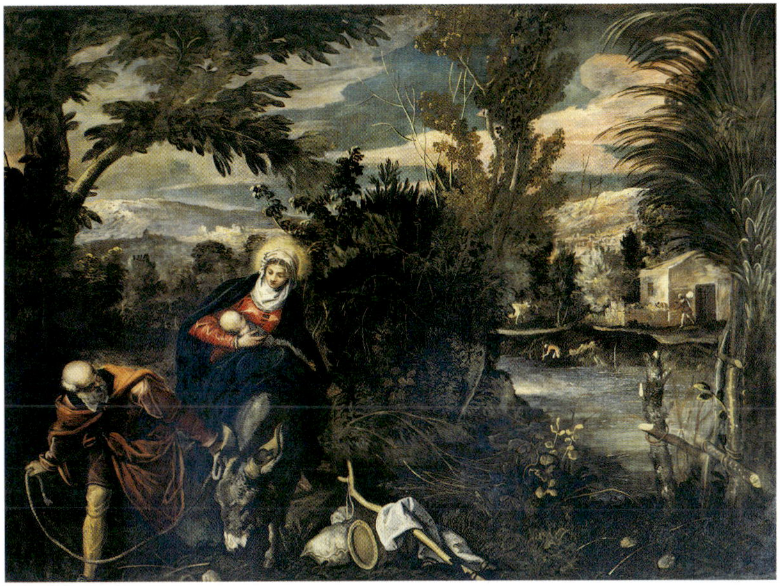

Jacopo Tintoretto
Flucht nach Ägypten,
1583–1588
Venedig, Scuola Grande di
San Rocco, Unterer Saal

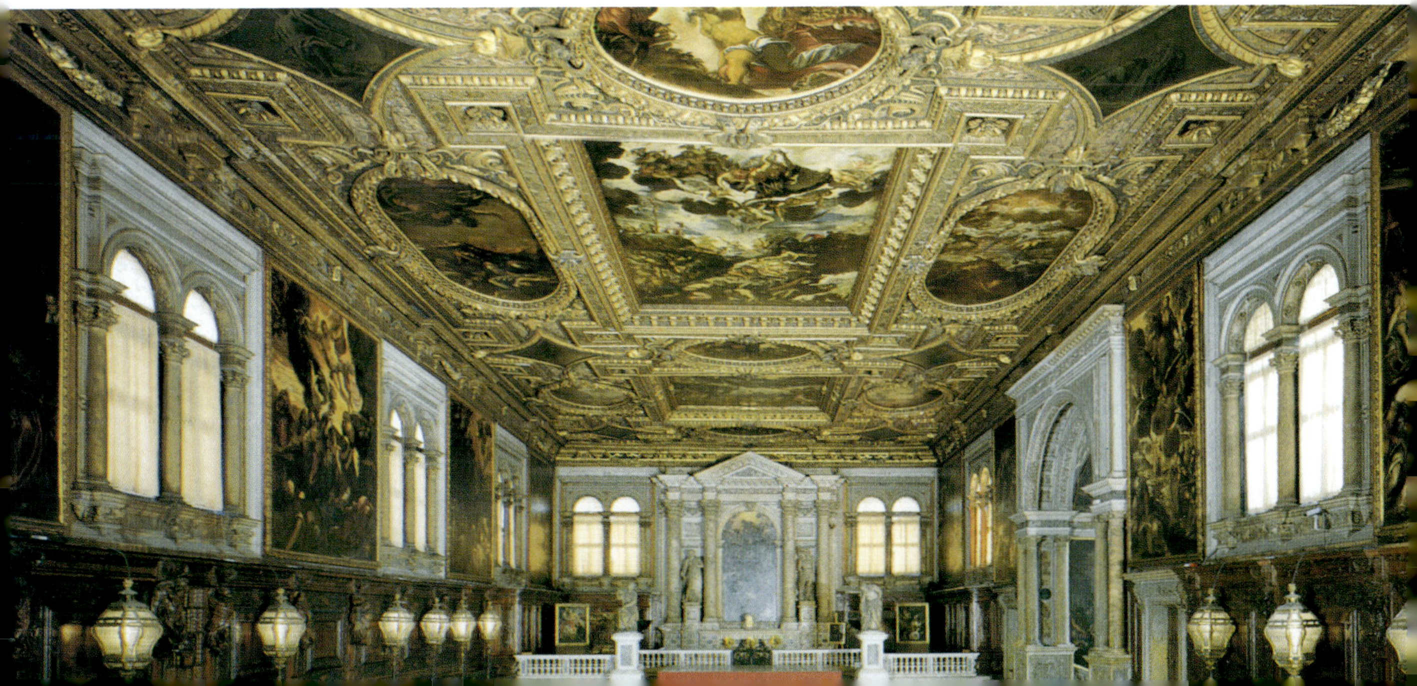

Jacopo Tintoretto
Venedig, Scuola Grande
di San Rocco, Obergeschoss,
Großer Versammlungssaal

1564 bewirbt sich Tintoretto erfolgreich um die Dekoration dieser Scuola. Es beginnt eine Arbeit, die über zwanzig Jahre lang den Großteil seiner Schaffenskraft beansprucht. In den drei Sälen der Schule zeigen Dutzende von Bildern den Übergang von seinem anfänglichen deskriptiven Realismus zur visionären Endphase.

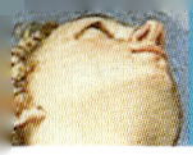

Venetien

1528–1588

Veronese

»Wir Maler nehmen uns die Freiheit der Dichter und Verrückten«
Dieser Ausdruck kreativer Freiheit steht im Protokoll des Inquisitionstribunals, vor dem Veronese begründen muss, warum ein Abendmahlsbild über fünfzig Personen zeigt. Dem Maler gelingt es, jedem Bild eine lichte Fröhlichkeit zu verleihen. Literarische Themen, abstruse Allegorien, Altartafeln und die beliebten »Cene« (Gastmähler) scheinen ihm jedes Mal Anlass zu sein, die Freude am Leben und Malen zu zeigen. Paolo Caliari, genannt Veronese, wird in seiner Geburtsstadt Verona ausgebildet und nimmt dann in seiner Jugend an Gemeinschaftsaufträgen mit steigender Bedeutung teil, die ihn schließlich 1533 nach Venedig in den Dogenpalast führen (Sala del Consiglio dei Dieci). Von da an ist er einer der wichtigsten »öffentlichen« Maler Venedigs. Seine klare, prachtvolle Malerei, die auf klassischen Symmetrien und lichten Farben beruht, bringt ihm bedeutende Aufträge ein: drei Tondi für die Decke der Libreria Marciana (1556), die Dekoration der Kirche San Sebastiano (1556–1567 mit Unterbrechungen) und die *Hochzeit zu Kana* (1562, Paris, Musée du Louvre) für das Refektorium von San Giorgio Maggiore. In diese Zeit fällt auch die Zusammenarbeit mit Andrea Palladio an der Villa Maser. Die Hauptsäle des Gebäudes, lichtvolles Werk des Architekten aus Vicenza, sind mit leuchtenden Fresken Veroneses dekoriert, der ein Loblied auf Schönheit, Jugend und reiche Ernten singt. In den 60er Jahren folgt eine ganze Serie wundervoller Bilder für die Kirchen Venedigs. Das Befremden der Inquisition angesichts des *Gastmahls im Hause des Levi* (1573, Venedig, Gallerie dell' Accademia) bremst Veroneses Überschwang. Seine religiöse Malerei wird nachdenklicher und nimmt am Ende sogar sehr verinnerlichte Züge an.

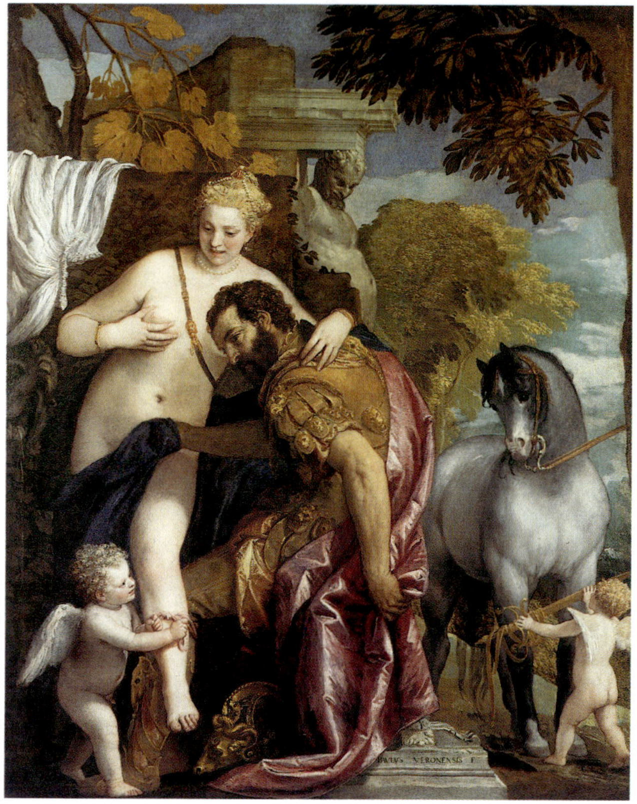

Veronese
Venus und Mars durch Amor verbunden, um 1580
New York, The Metropolitan Museum of Art

Vermutlich wurde das Bild für die berühmte Kunst- und Wunderkammer Kaiser Rudolfs II. in Prag gemalt.

Veronese
Gastmahl im Hause des Levi, 1573
Venedig, Gallerie dell'Accademia

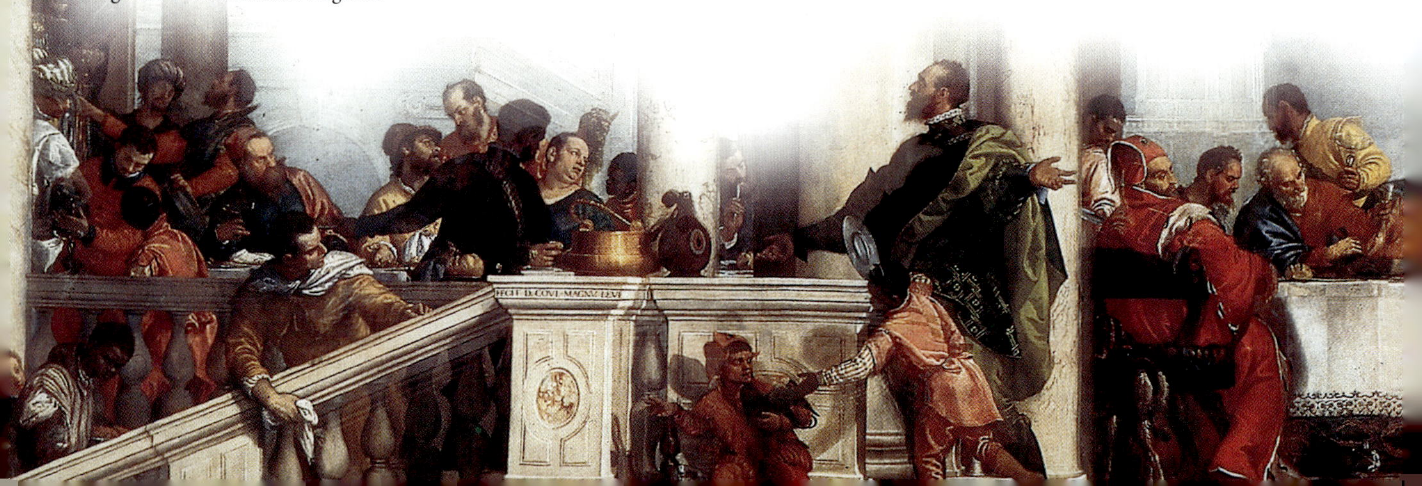

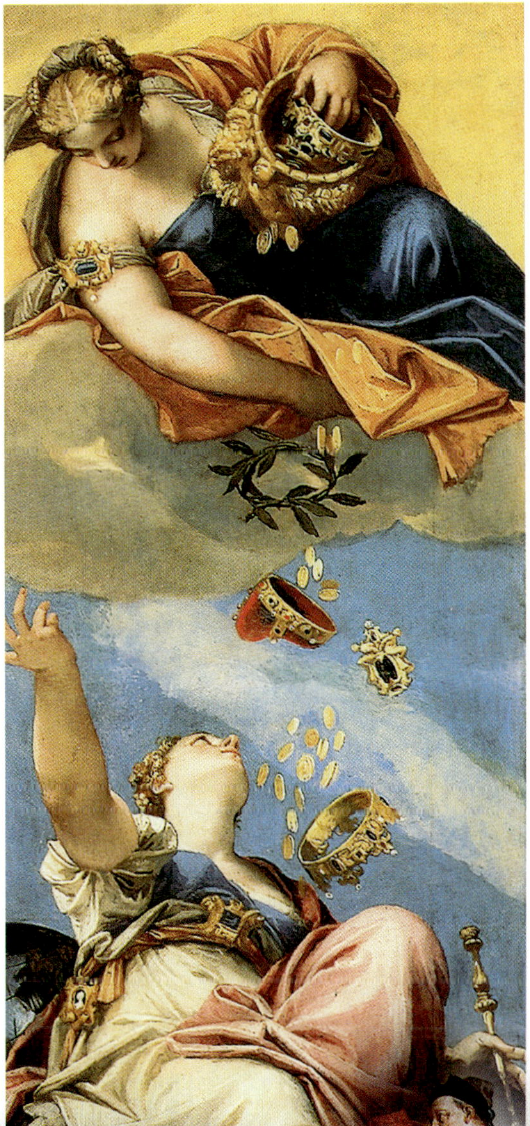

Veronese
Juno streut Gaben über Venetia aus, 1553–1554
Venedig, Dogenpalast, Sala del Consiglio dei Dieci

Mit kaum zwanzig Jahren ist Veroneses Ruhm im Territorium der Republik Venedig groß: So beschließt er, sich in der Serenissima niederzulassen, und erhält dort bald Lob, Ehre und wichtige Aufträge. Zusammen mit Zelotti dekoriert er im Dogenpalast die Decken einiger Säle des Consiglio dei Dieci, dem mächtigen Rat der Stadt. Unter seinen Bildern hebt sich diese lichtvolle Allegorie ab, die zu Recht ein Symbol für den Glanz Venedigs im 16. Jahrhundert wurde.

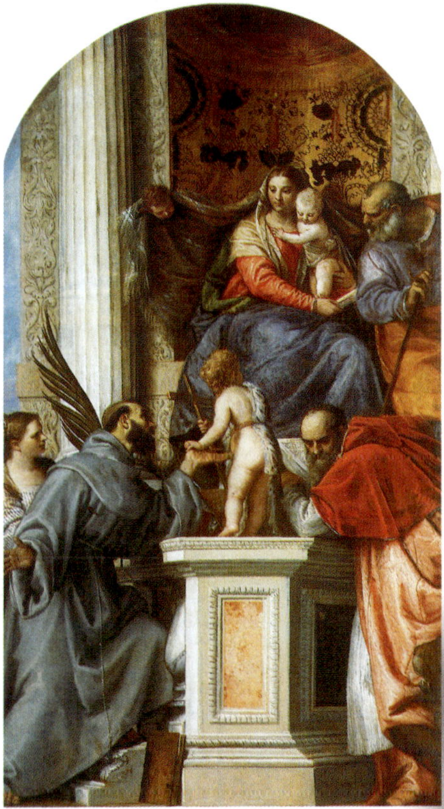

Veronese
Pala di San Zaccaria, 1562
Venedig, Gallerie dell'Accademia

Veronese verfügt über ein reiches Repertoire von Modellen, in denen sich seine Beschäftigung mit der Kunst des Manierismus in breit angelegten Kompositionen, lichtvollen Formen und großen, aber nicht übertriebenen Gesten zeigt.

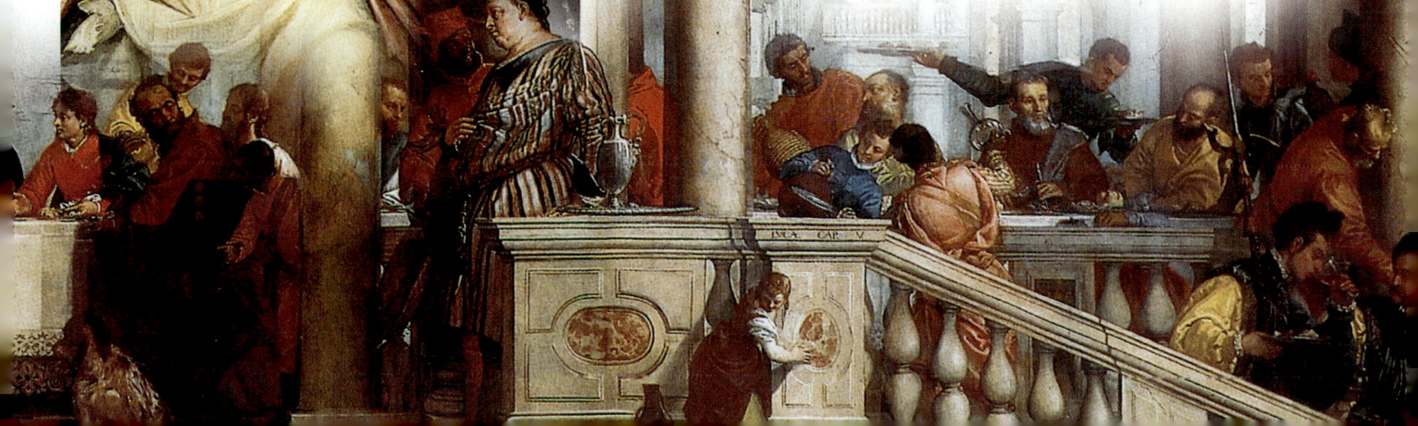

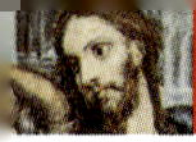

Kreta, Venedig, Toledo

1541–1614

El Greco

Ein visionärer Odysseus im Spanien der Gegenreformation

Nach seiner Ausbildung bei dem kretischen Ikonenmaler Michail Damaskinos wird Domenikos Theotokópoulos schon 1560 in seiner Heimat als »Meistermaler« bezeichnet. Wenig später siedelt er nach Venedig um. Im Kontakt mit Tizian, Tintoretto und Jacopo Bassano bekommt er einen Sinn für reiche, leuchtende Farben und Geschmack an raffinierten Kompositionen. Um 1572 reist er nach Rom und studiert die Werke Michelangelos. 1577 geht er nach Toledo, das seine Wahlheimat wird; dort nennt man ihn nach seiner fernen, nie vergessenen Heimat »El Greco«. Er sucht Kontakt zum spanischen Hof, aber Philipp II. schätzt seine Werke nicht: Das *Martyrium des heiligen Mauritius* (1583, Madrid, El Escorial) wird ein Misserfolg. Nun verlegt sich El Greco auf die religiöse Kunst der Gegenreformation: Mit seinen Altartafeln, Andachtsbildern und Porträts zeichnet sich in der spanischen Kunst eine Wende von der Renaissance zum Barock ab. Seine visionären Werke zeigen bizarr gelängte Figuren, phosphoreszierende Farben und Schwindel erregende Kompositionen. Für Toledo malt El Greco unter anderem das *Begräbnis des Grafen Orgaz* und die *Entkleidung Christi*. Später überwindet er mit einem suggestiv-gespannten Stil die herkömmlichen Ausdrucksformen. Neben den großen Gemälden im Prado ist der *Laokoon* hervorzuheben (Washington), sein einziges Werk mit mythologisch-literarischem Thema, mit dem das »Goldene Zeitalter« der spanischen Malerei beginnt.

El Greco
Fray Hortensio Félix Paravicino, 1609
Boston, Museum of Fine Arts

El Grecos Handschrift ist trotz der Vielfalt seines Werks unverkennbar. Auch in den Porträts meint man eine Art Fieber, eine verhaltene Erregung wahrzunehmen; die Augen funkeln, die Haut wirkt blutlos, die aristokratischen Hände sind lang und schmal. Die Pinselstriche und rastlos hin- und hergleitenden Lichter machen vor allem das Innenleben der Figur sichtbar; die Komposition scheint alle Grenzen zu sprengen.

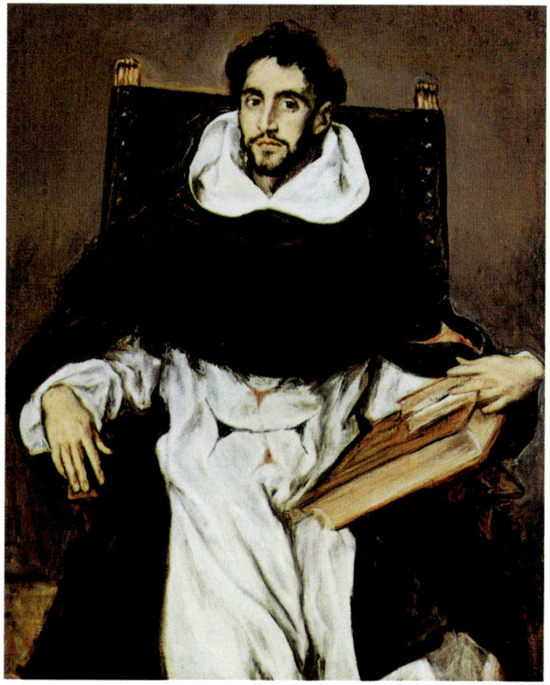

El Greco
Vertreibung der Wechsler aus dem Tempel, um 1600
London, The National Gallery

Ein Lieblingsthema des Malers, das er mehrmals in seiner Laufbahn verarbeitet hat: An den verschiedenen Versionen kann man seine Stilentwicklung verfolgen.

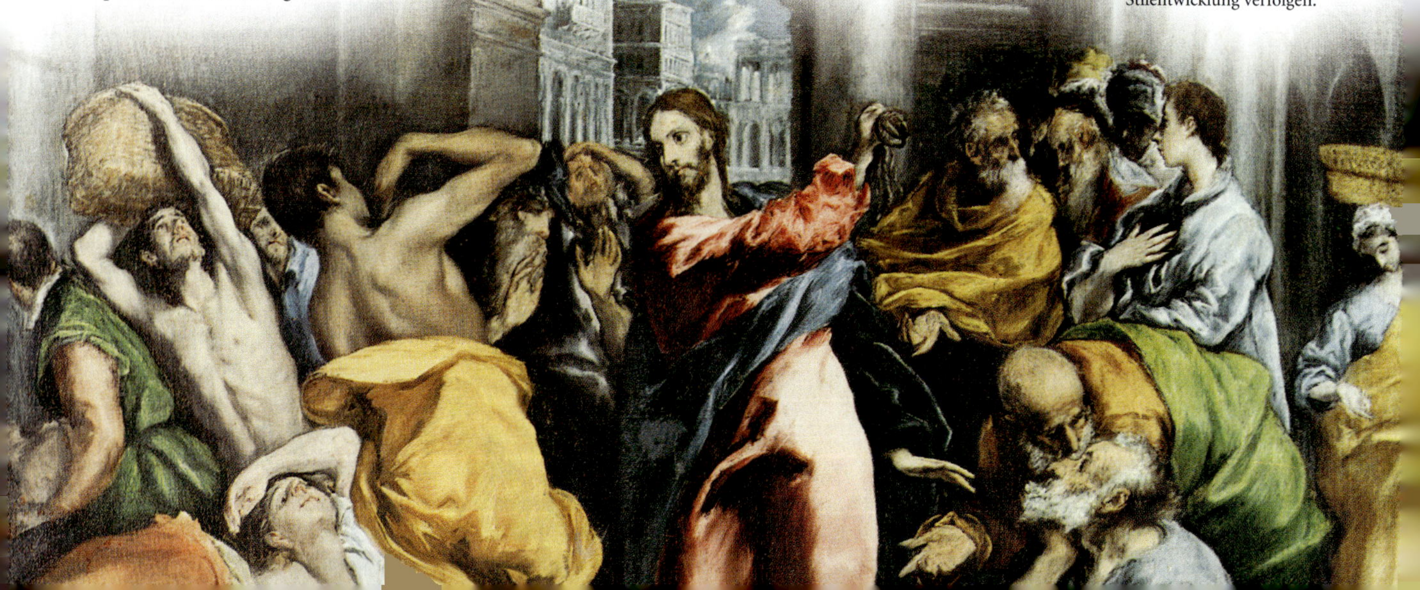

El Greco
Auferstehung, um 1590
Madrid, Museo del Prado

Gegen 1600 bekommen die Szenen eine charakteristische vertikale Richtung, eine fast irreale Deformation voller mystischer Spannung und phosphoreszierender Lichter.

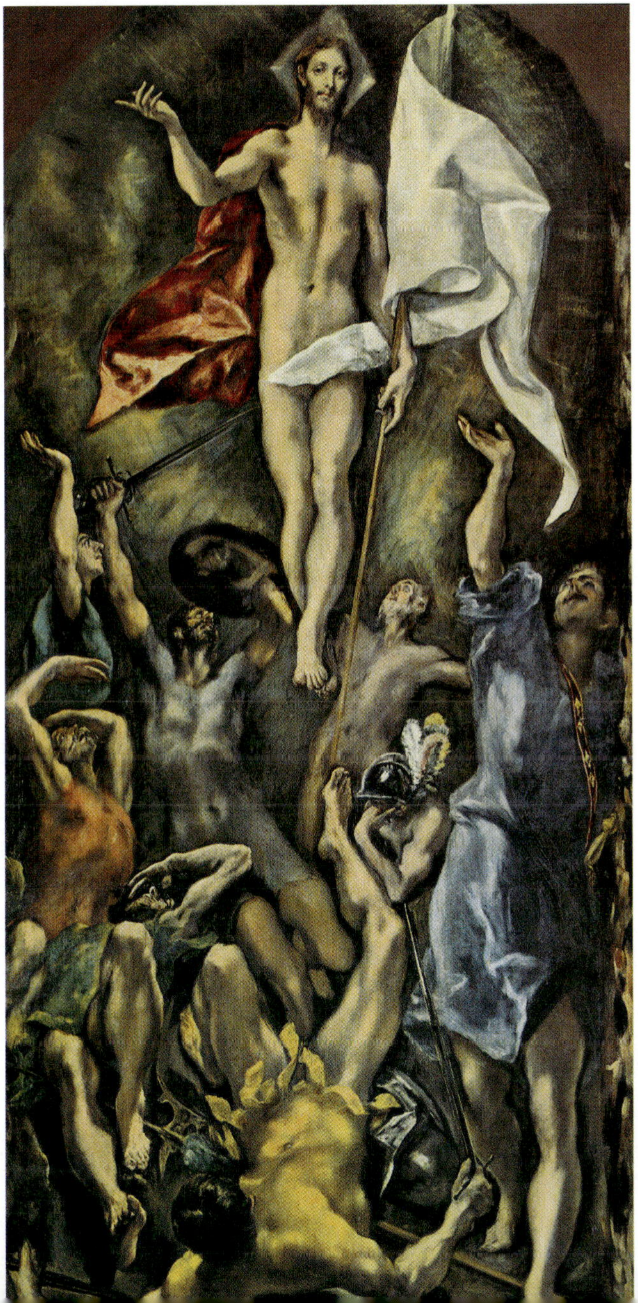

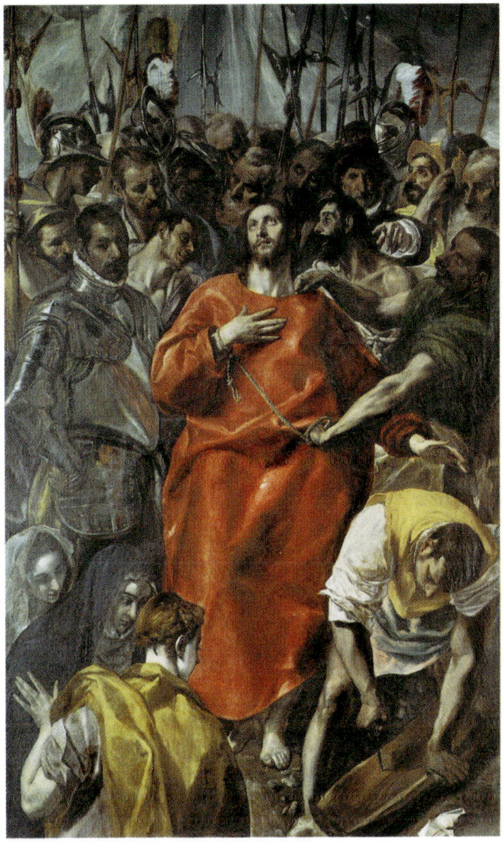

El Greco
Entkleidung Christi
(El Espolio), 1577–1579
Toledo, Sacristía de la catedral

Diese gedrängte, auf den ersten Blick überladen wirkende Komposition wird später von Goya und Picasso bewundert und imitiert.

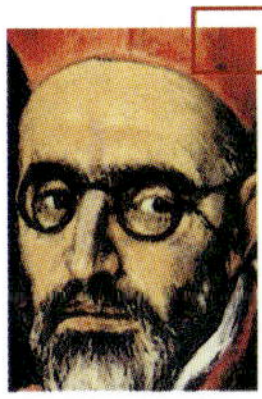

Das wachsame Auge der Inquisition

Das Porträt von Kardinal Don Fernando Niño de Guevara (1596, New York, The Metropolitan Museum of Art) erinnert unmittelbar und beeindruckend an die Epoche El Grecos. Nach dem Konzil von Trient (1563) verlangt man den Malern Werke ab, die zur Frömmigkeit des Volks beitragen und deren Figuren Tugendvorbilder für die Gläubigen sein sollen. Alles Abweichende und allzu Phantasievolle wird von der Inquisition geprüft; die Bilder müssen genau der kirchlichen Lehre und den biblischen Texten entsprechen. Möglicherweise verfolgt El Greco 1573 in Venedig den spektakulären Prozess gegen Veronese. Daneben wird Spanien in der zweiten Hälfte des 16. Jahrhunderts von den großen Mystikern wie Theresa von Avila oder Johannes vom Kreuz mit ihren Visionen und Ekstasen geprägt.

El Greco

1586–1588

Begräbnis des Grafen Orgaz

Das große Gemälde ist in der bescheidenen Kirche Santo Tomé in Toledo verblieben, für die es geschaffen wurde. Es zeigt ein Wunder vom Anfang des 14. Jahrhunderts: Danach sind beim Tod des frommen Ritters Don Gonzalo Ruiz, dem Grafen des Städtchens Orgaz, die heiligen Stephanus und Augustinus erschienen und haben den Toten selbst bestattet; den Anwesenden hat sich der Himmel geöffnet und ein strahlender Christus ist im Kreis von Engeln und Heiligen erschienen. Durch die sehr gute historische und archivalische Dokumentation zu dem großartigen Bild sind Auftragsvergabe und Ausführung genau zu verfolgen. Es entstand aufgrund eines Vertrags von 1586; in der Folge kam es zwischen dem Maler und dem Pfarrer zu Uneinigkeiten wegen des Preises. El Greco schildert das Ereignis sehr genau, kommt aber trotzdem zu einem überraschenden Ergebnis. Er hat seine volle Reife erlangt und bringt auf originelle Weise die verschiedenen Etappen seines langen, bewegten Lebens in das Bild ein. Man erkennt Bezüge auf die byzantinische Ikonenfrömmigkeit, auf das Kolorit Tizians, auf die römischen Werke Raffaels und Michelangelos, auf die magischen Lichteffekte Tintorettos und Jacopo Bassanos und auf die Deformationen des Manierismus in den Posen und vielleicht sogar Einflüsse Dürers. Trotzdem ist das *Begräbnis des Grafen Orgaz* keine bloße Zusammensetzung fremder Elemente, sondern ein neues Werk. El Greco verleiht der ganzen Szene eine spürbare Unruhe: Die Gesichter wirken fiebrig, die Hände sind unsicher, die Augen feucht. In der großen, straffen Komposition herrscht er über die Farbmaterie und erzielt nie da gewesene Effekte: Beeindruckend ist der Übergang vom Realismus der glänzenden Rüstung des Grafen zu den kaum fasslichen Transparenzeffekten bei den himmlischen Heerscharen. Mit Recht schreibt der Auftraggeber, der Pfarrer von Santo Tomé, am Ende ins Kirchenregister: »Das Gemälde ist eines der exzellentesten, die es in Spanien gibt (...) und um es anzusehen kommen die Fremden mit großer Bewunderung.«

Die Szene mit Christus als Weltenrichter im Kreis von Madonna und Heiligen erinnert an Michelangelos Jüngstes Gericht, das El Greco in Rom aufmerksam studierte.

Die Komposition besteht aus zwei Teilen: Erde und Himmel. El Greco nützt alle Möglichkeiten, um diese Trennung hervorzuheben: Licht, Farben, Figurenproportionen, Dichte der Pinselstriche. Während die Personen im unteren Teil stofflich konsistent und fast skulpturenhaft wirken, verschwinden die Heiligen zwischen den Wolken mehr und mehr hinter mystischen Schleiern.

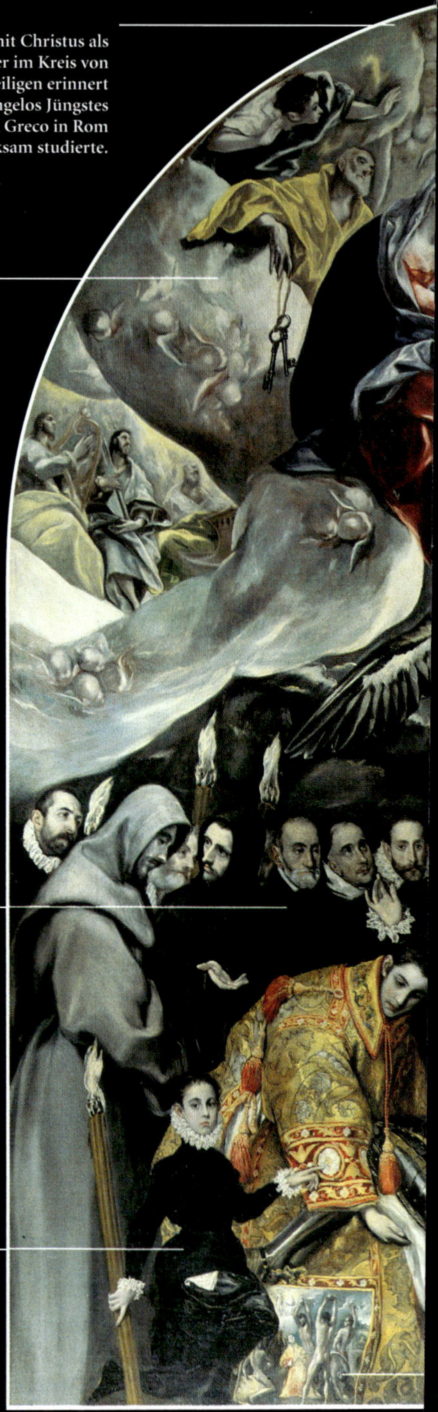

Die Porträts von würdigen Edelleuten in strengen, dunklen Gewändern sind eine denkwürdige Galerie von Persönlichkeiten im Spanien der Gegenreformation und deuten schon auf die Blütezeit von Literatur und Theater im 17. Jahrhundert hin.

Der kniende Junge ist Jorge Manuel, Sohn und späterer (wenig bedeutender) Mitarbeiter El Grecos. Aus dem Aufschlag seines schwarzen Gewands schaut ein Brief mit seinem Geburtsjahr 1578 und der griechischen Unterschrift des Malers hervor: Damit drückt El Greco scherzhaft aus, dass er sowohl das Bild als auch den Sohn »gemacht hat«. Anders als die meisten Figuren blickt der Junge den Betrachter direkt an, zeigt mit dem Finger auf den Leichnam des Grafen und lenkt so die Aufmerksamkeit auf das Thema des Gemäldes.

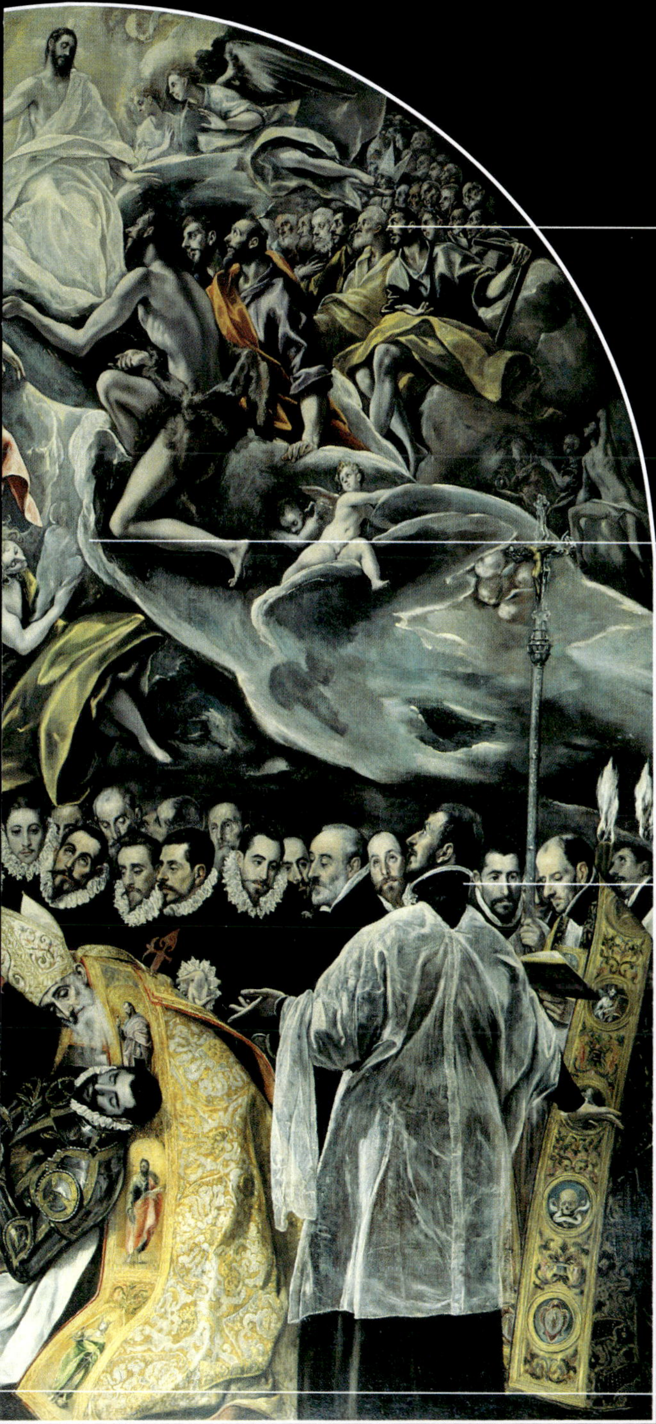

Unter den Heiligen und Engeln um Christus hat man König Philipp II. erkannt. El Greco versucht wiederholt, den finsteren, anspruchsvollen Monarchen günstig zu stimmen, jedoch erfolglos: Seine Gemälde für den Escorial fanden keine Zustimmung. Auch hier mit diesem Detail (das wie die Schmeichelei eines Höflings erscheinen kann) greift El Greco auf einen berühmten, dem König wohl bekannten Vorgänger zurück: In der *Anbetung der Heiligen Dreifaltigkeit (La Gloria)* im Prado in Madrid hatte Tizian Kaiser Karl V. abgebildet.

Im Mittelpunkt der Szene, zwischen der Erde und der entschwindenden Vision vom Paradies, trägt ein Engel die Seele des Grafen, die einem Kokon oder einem in Tüchern gewickelten Kind gleicht, gen Himmel; bei diesem Detail greift El Greco auf die byzantinische Ikonographie der Anfänge seiner Malerlaufbahn zurück.

Äußerst virtuos wirkt das leichte weiße Chorhemd des von hinten gezeigten Priesters, durch welches das schwarze Gewand hindurchscheint. Hier lässt sich El Greco von einem Werk des venezianischen Meisters Jacopo Bassano inspirieren, mit dem er während seines langen Venedigaufenthalts in Kontakt stand. Auch die gelängten Flammen der Fackeln des Trauerzugs erinnern an die venezianische Malerei der zweiten Hälfte des 16. Jahrhunderts (Tizian, Tintoretto und wieder Bassano).

Die Erscheinung der heiligen Stephanus und Augustinus ist der visuelle Mittelpunkt des Werks. Beide tragen feierliche golddurchwirkte und reich bestickte liturgische Gewänder (Augustinus das Bischofsgewand, Stephanus das Diakonskleid). Auf der Dalmatika des Stephanus ist sein Martyrium, die Steinigung, abgebildet.

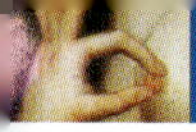

Fontainebleau

1527–1594

Der Manierismus in Frankreich

Der kalte Reiz einer geistigen Erotik
Nach dem Sacco di Roma 1527 zieht der französische König Franz I. berühmte italienische Maler, Stukkateure, Bildhauer und Architekten an seinen Hof und erteilt ihnen große Aufträge. Bedeutend ist hier vor allem Rosso Fiorentino, der die Fresken für die Galerie von Schloss Fontainebleau malt. Ihm folgen der Architekt Sebastiano Serlio, der Maler Niccolò dell'Abbate und der Bildhauer Benvenuto Cellini. Am Königsschloss entsteht die Schule von Fontainebleau als internationale Werkstatt der neuen »maniera«; um 1540 wird diese zu einer Art offizieller Hofkunst mit einem Formenkodex, mit dem bald alle Fürsten Europas ihre unerschütterliche, absolutistische Macht demonstrieren. Adliges Ideal, höfische Etikette und Herrscherpotenz drücken sich durch eine verfestigte, fast gefrorene Form aus: Der Rückgriff auf klassische Vorbilder wie antike Statuen oder Stiche von Werken Raffaels ist schwer erkennbar und wird daher zu einer Art verschlüsselter Sprache; nur eine sehr gebildete »Elite« kann den kühlen Reiz dieser »zeitlosen« Bilder schätzen, in denen das Äußere der Personen hinter dem Bestreben zurücktritt, erhabene, idealisierte Modelle zu zeigen.

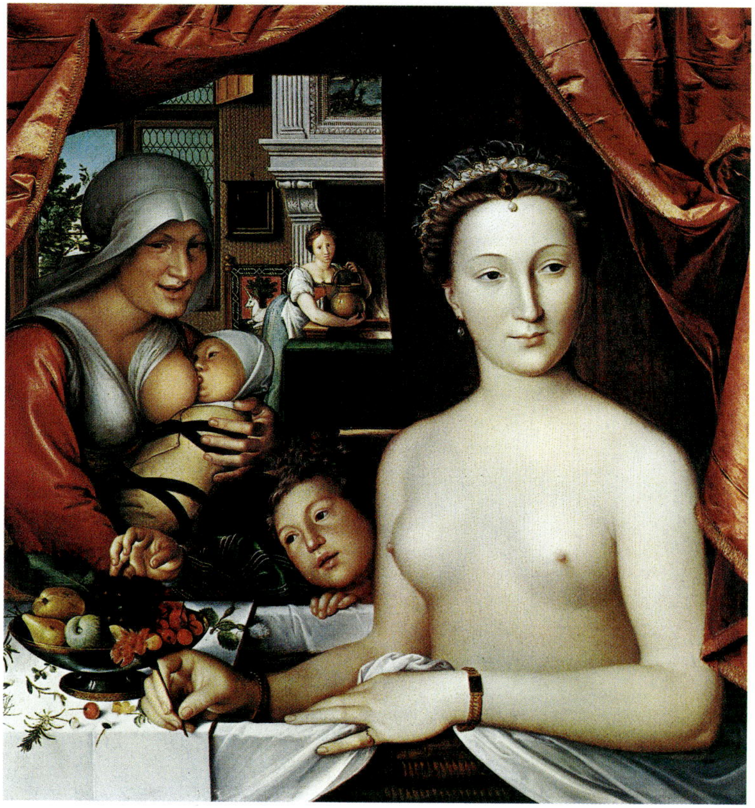

François Clouet
Dame im Bade (Diane de Poitiers?), um 1570
Washington, National Gallery of Art

Als Porträtist von Franz I. und Hofmaler seiner Nachfolger Henri II. und Karl IX. ist Clouet (1515–1572) der wichtigste französische Maler des 16. Jahrhunderts.

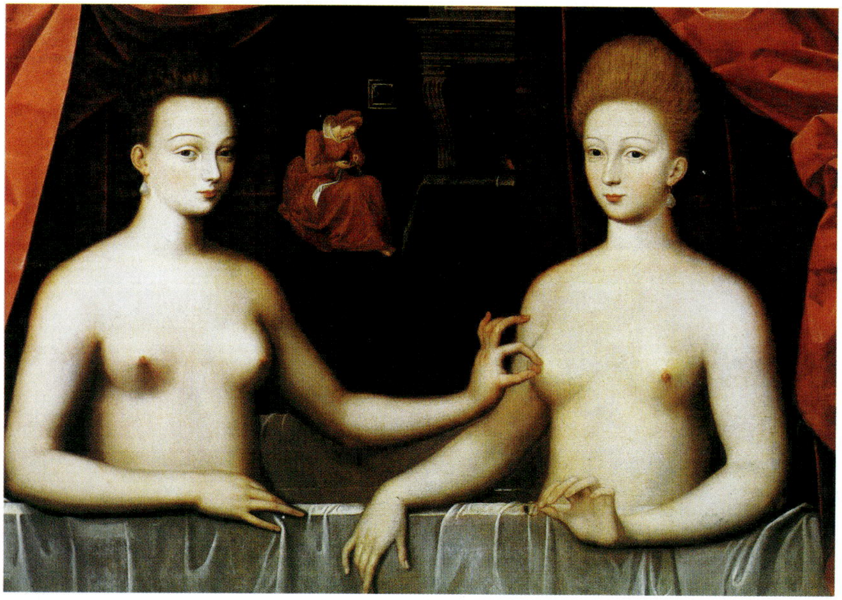

Unbekannter französischer Maler
Gabrielle d'Estrées und eine ihrer Schwestern im Bad, um 1594
Paris, Musée du Louvre

Die Schule von Fontainebleau steht für einen besonderen Kunststil; man greift gerne auf klassische Modelle zurück und sucht durch die Darstellung von nackten weiblichen Figuren und minutiös abgebildeten Details sehr forciert nach visuellen Reizen.

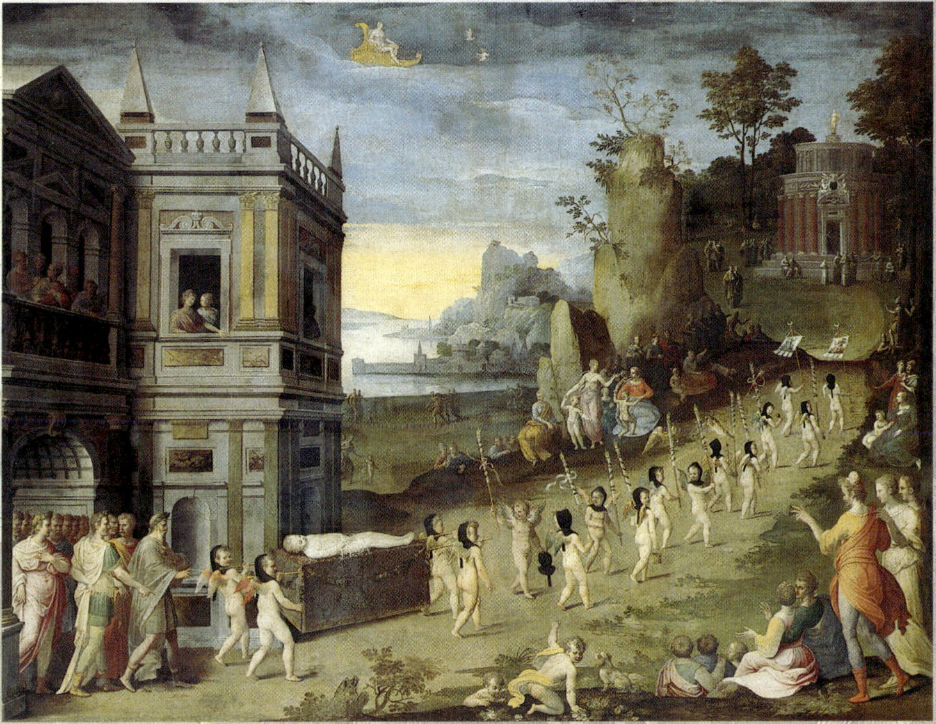

Antoine Caron (Umkreis)
Allegorie: Der Trauerzug Amors, um 1560–1570
Paris, Musée du Louvre

Lieblingsthemen der weltlichen Malerei von Fontainebleau sind gelehrte Anspielungen auf den Mythos der Liebe, der wie in der zeitgleichen Dichterschule der Pléiade oft symbolisch interpretiert wird. Der Trauerzug zieht zum Tempel der Diana im Hintergrund, begleitet von Venus, der Mutter Amors, in einem Wagen am Himmel, der von Tauben gezogen wird.

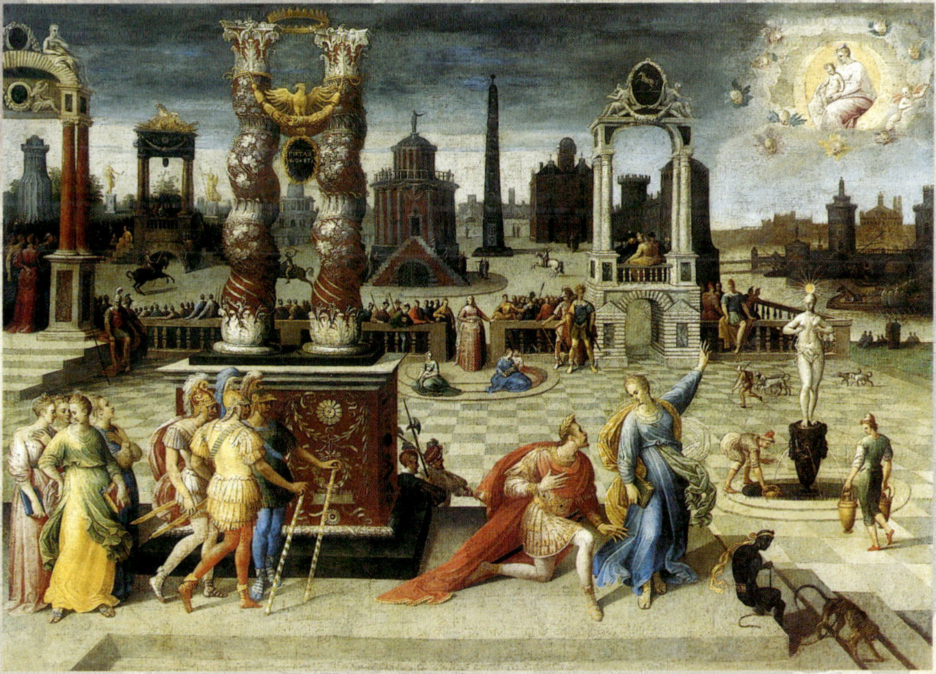

Antoine Caron
Kaiser Augustus und die Sibylle von Tibur, um 1571
Paris, Musée du Louvre

Themen und Stil der Malerei von Fontainebleau sind stark aneinander angeglichen, sodass die verschiedenen Maler nicht immer genau auseinander zu halten sind: Einige Bilder können bis heute nicht zugeordnet werden. Zu den leichter identifizierbaren Künstlerpersönlichkeiten gehört Antoine Caron (1521–1599), eigensinniger und phantasievoller Schöpfer von mythologischen und literarischen vielfigurigen Szenen und extravaganten Gebäuden.

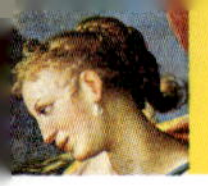

Prag

1583–1618

Rudolf II. und der Manierismus

Der sinnliche und geistige Reiz der Kunst
Ganz unerwartet macht im Jahr 1583 Kaiser Rudolf II. Prag zur Hauptstadt des Reiches und nicht Wien. So entsteht am Ende des Jahrhunderts das bedeutendste Zentrum der Malerei in Nord- und Mitteleuropa. Mit fast pathologischer Sammelleidenschaft trägt Rudolf im kabbalistischen Prag des Rabbi Löw und seines Golems sagenhafte Schätze, wunderliche Objekte, erlesene Kunstwerke und kuriose Naturalien zusammen, dazu Meisterwerke der Goldschmiedekunst und der Holzschnitzerei. An den Prager Hofwerkstätten entsteht eine Schule mit einem trotz der verschiedenen Herkunftsorte der Maler sehr charakteristischen Stil; zu ihr gehören Joseph Heintz aus Basel (1564–1609), Hans von Aachen aus Deutschland (1552–1615), Giuseppe Arcimboldo aus Italien (1527–1593) und Bartholomäus Spranger aus Antwerpen (1546–1611). Gemeinsam sind ihnen die Kenntnis der italienischen Malerei und die erotischen Themen mit sinnlichem Reiz, die auch den Tod des Kaisers überdauern. Der Bruch erfolgt 1618, als mit dem Prager Fenstersturz der Dreißigjährige Krieg beginnt; die Schweden verwüsten die Residenzstadt und verschleppen die Sammlung.

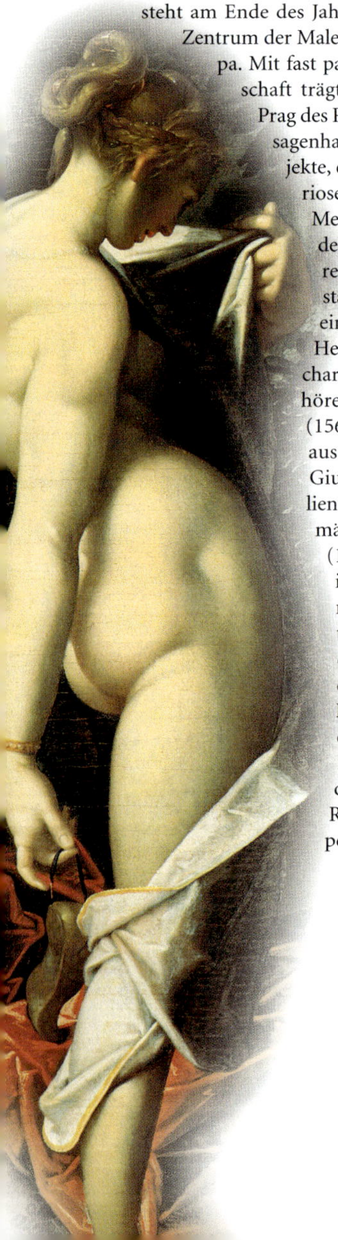

Bartholomäus Spranger
Hermaphrodit und Salmakis,
Detail, um 1582
Wien, Kunsthistorisches Museum

Nach einer langen Reise nach Fontainebleau und durch Italien findet Spranger in Prag unter Rudolf II. zu einer Synthese der Eigenheiten des internationalen Manierismus.

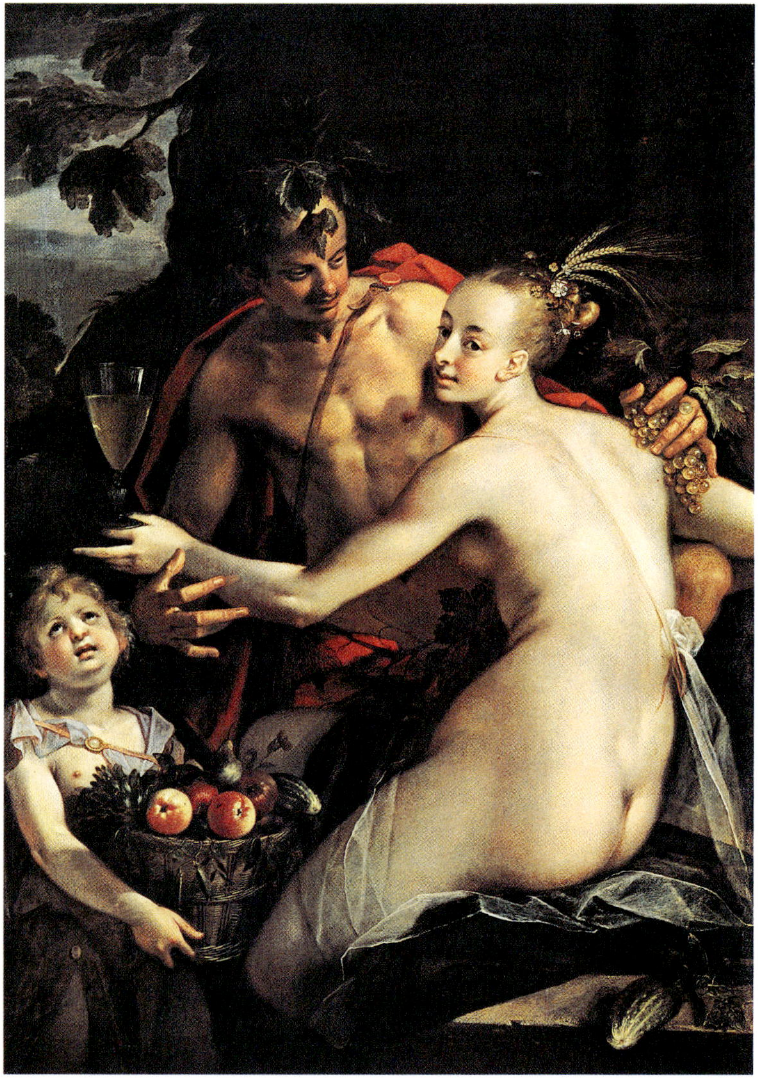

Hans von Aachen
Bacchus, Ceres und Amor,
um 1600
Wien, Kunsthistorisches Museum

Dieses Hauptwerk des Malers ist ein Beispiel für die Entwicklung des Manierismus von einer künstlerischen »Avantgarde« zur ausgesprochen höfischen Kunst. Die kräftige, am Geschmack Rudolfs II. ausgerichtete Sinnlichkeit zeigt sich in einer verhaltenen, formal perfekten Komposition mit raffiniert gewählten kulturellen und bildlichen Bezügen. Besondere Beachtung verdient der stilllebenartige Obstkorb Amors.

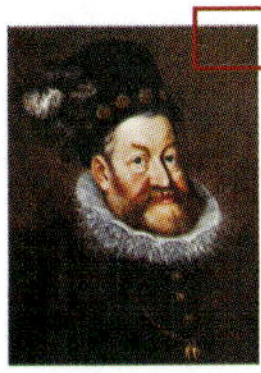

Die tausend Gesichter des Kaisers

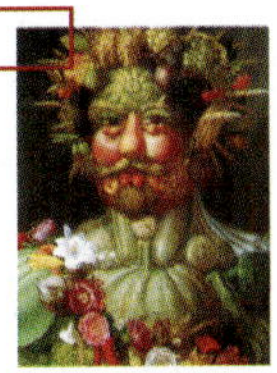

Links das Porträt Rudolfs II. von Hans von Aachen mit seinen typisch habsburgischen Gesichtszügen. Aber auch rechts handelt es sich um ein Porträt jenes seltsamen und geheimnisvollen Habsburgerkaisers, und zwar von Giuseppe Arcimboldo (1591). Der lombardische Maler zeigt den Förderer alchemistischer Experimente und wissenschaftlicher Forschungen in Gestalt des mythologischen Gottes Vertumnus, der die verschiedensten Naturformen annehmen kann. Der seltsame zusammengesetzte Kopf ist eine virtuos dargestellte Ansammlung von Blumen und Früchten in einer Art üppigem Wachstum. Ursprünglich bildete das Gemälde den Mittelpunkt einer Reihe von Werken Arcimboldos zu den vier Jahreszeiten und den vier Elementen. So wurde Rudolf zum Ausgangspunkt einer Allegorie für eine künstliche Welt.

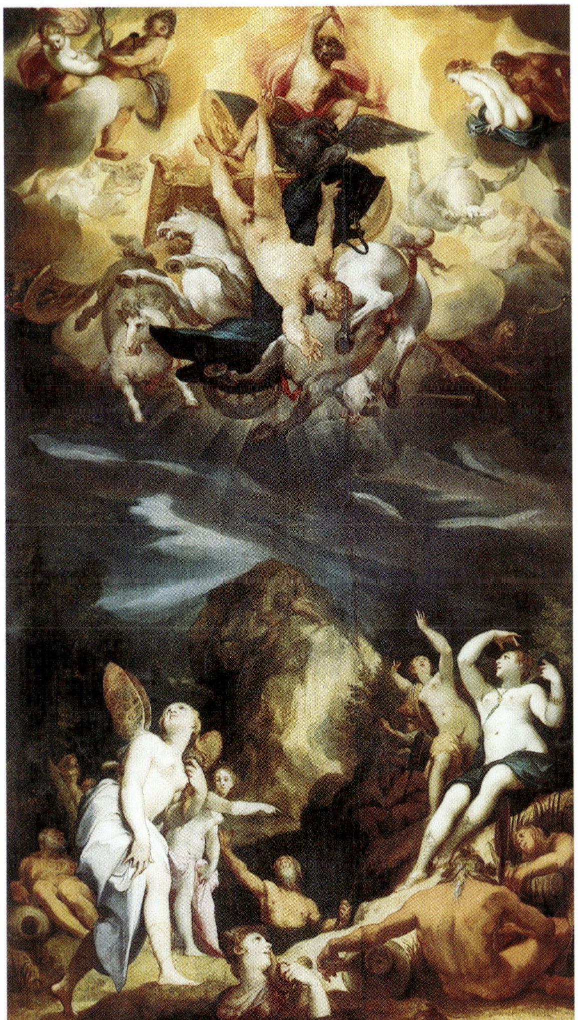

Joseph Heintz der Ältere
Sturz des Phaeton, 1596
Leipzig, Museum der bildenden Künste

Heintz kombiniert hier die raffiniertesten Einfälle der späten Renaissance: Das Thema ist eher unbedeutend und stellt lediglich den Vorwand dar, ein Werk mit zahlreichen literarischen Anspielungen und klaren Bezügen auf die antike Skulptur zu schaffen.

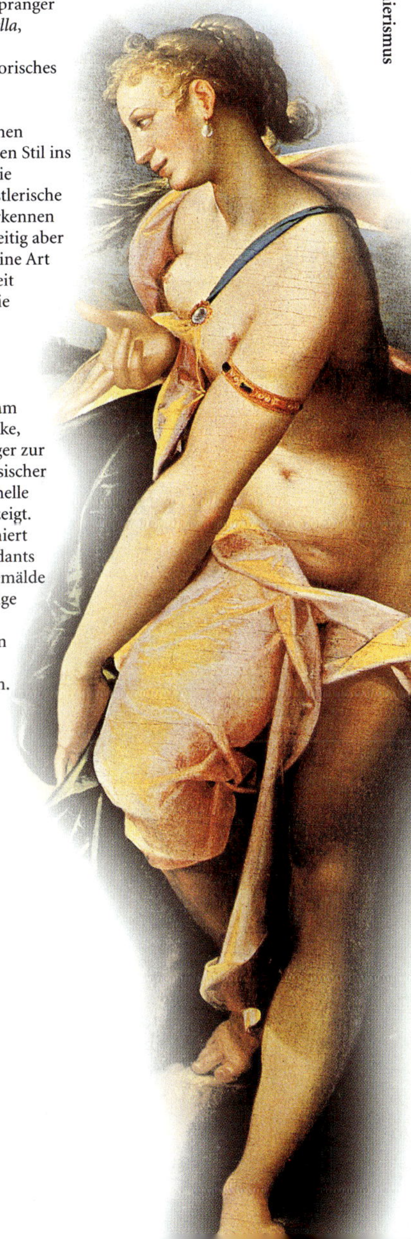

Bartholomäus Spranger
Glaucus und Skylla,
um 1582
Wien, Kunsthistorisches Museum

Spranger ruft einen geistig-raffinierten Stil ins Leben, in dem die Gebildeten künstlerische Anspielungen erkennen können; gleichzeitig aber gelingt es ihm, eine Art kühle Sinnlichkeit zu vermitteln, die umso provozierender wirkt, je distanzierter sie scheint. Der Kaiser schätzte am meisten die Werke, in denen Spranger zur Illustration klassischer Mythen große, helle weibliche Akte zeigt. Besonders raffiniert sind die als Pendants konzipierten Gemälde (rechts und vorige Seite links) mit ihrem bewussten Spiel mit den üppigen Formen.

Ende des 16. Jahrhunderts

Die Entstehung des Stilllebens

Eine Neuheit verändert den Kunstmarkt

Gegen Ende der Renaissance bekommt die Kunst ein breiteres Publikum: Käufer sind nicht mehr nur Adlige und Geistliche, sondern auch wohlhabende Bürger oder reich gewordene Handelsleute. So öffnet sich die Malerei für Neues: Bilder mit unbelebten Gegenständen und ohne menschliche Figuren werden zu einer eigenen Gattung und erlangen durch die Meisterschaft großer Maler volle Wertschätzung. Auf dem Kunstmarkt werden sie rasch zur gefragten Ware. Die traditionelle Hierarchie der Gattungen, bei der an oberster Stelle der männliche Akt und das Historienbild stehen, wird infrage gestellt. Grundlegend ist Caravaggios Äußerung, es sei ebenso schwierig, ein gutes Bild mit Blumen zu malen wie mit Figuren; ein vielleicht unübertreffliches Beispiel hierfür liefert er mit dem *Fruchtkorb* (Mailand). Das Stillleben (in den romanischen Sprachen heißt es »natura morta« – tote Natur) findet weite Verbreitung, vor allem in Nord- und Mitteleuropa.

Besondere Beachtung verdienen die Stillleben der spanischen Maler Zurbarán und Sánchez Cotán, die einen trockenen, strengen, stark mystischen Charakter haben.

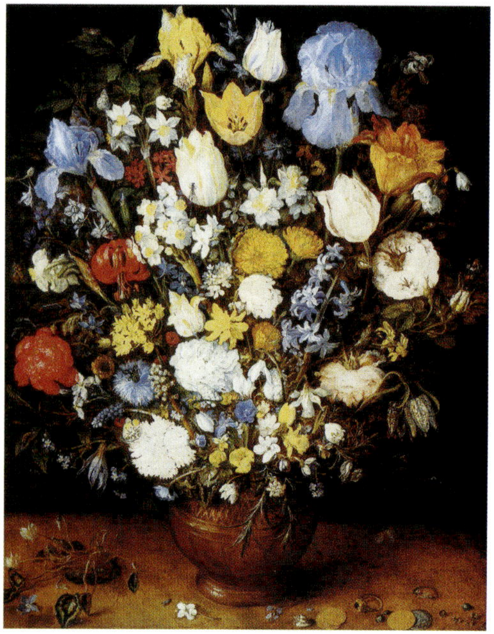

Jan Bruegel der Ältere
Kleiner Blumenstrauß in einem Tongefäß, um 1607
Wien, Kunsthistorisches Museum

Der Ruhm von Jan Bruegel dem Älteren (1568–1625), Sohn Pieter Bruegels des Älteren, ist vor allem mit seiner Fähigkeit verbunden, außergewöhnlich schöne üppige Blumensträuße zu malen, manchmal mit anderen kleinen Merkwürdigkeiten wie Münzen, Insekten oder Juwelen. Von Antwerpen und Brüssel aus beschreibt er seinem großen Förderer, dem mailändischen Kardinal und Erzbischof Federico Borromeo, welche Mühe es bereitet, Sträuße aus Dutzenden verschiedener Blumen zusammenzustellen: Er malt nach der Natur, muss also die manchmal Monate auseinander liegende Blütezeit der verschiedenen Arten abwarten. Durch sein gutes Verhältnis zur Statthalterin der Niederlande, der Erzherzogin Isabel Clara Eugenia, bekommt er Zutritt zu den königlichen Gewächshäusern, wo edle Arten gezüchtet werden, unter anderem die ersten Tulpen in Europa.

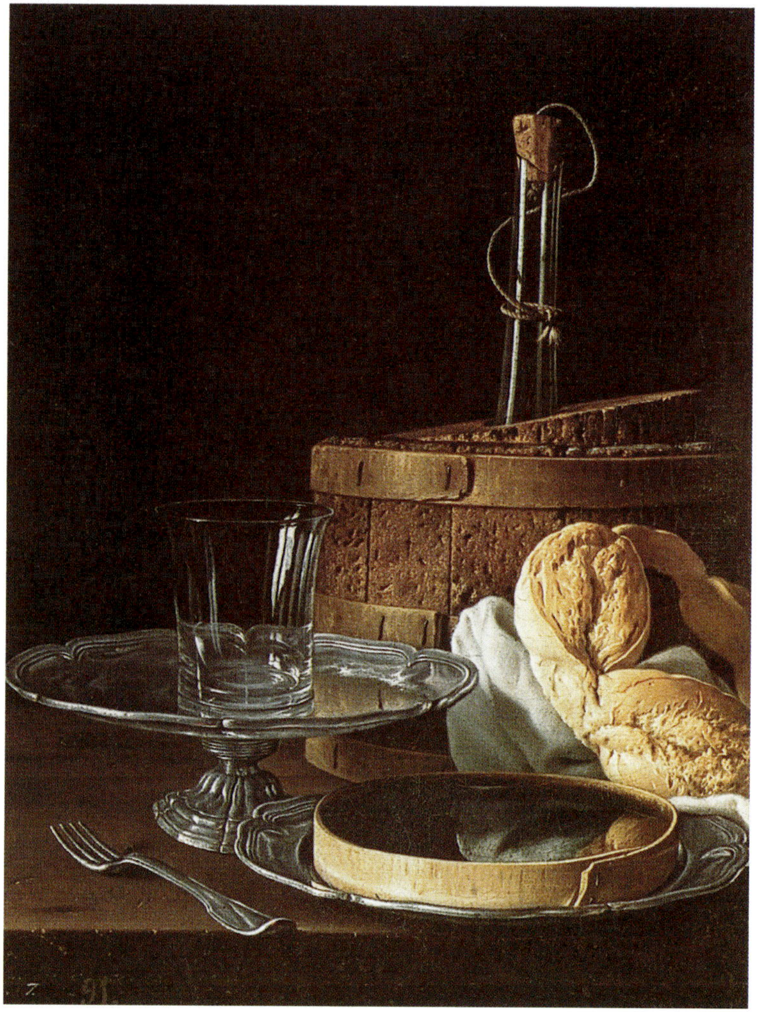

Luis Eugenio Meléndez
Stillleben mit Konfektschachtel, Brotlaib und anderen Gegenständen, 1770
Madrid, Museo del Prado

Beeindruckende Transparenz und Wirklichkeitstreue machen die Bilder von Meléndez (1716–1780), des wohl größten spanischen Malers des 18. Jahrhunderts vor Goya, sehr faszinierend, aber auch etwas beunruhigend.

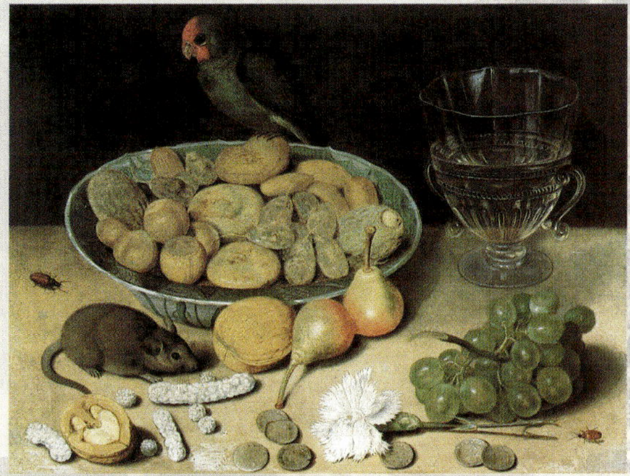

Georg Flegel
Stillleben mit Maus und Papagei
München, Bayerische Staatsgemäldesammlungen, Alte Pinakothek

Die Werke des in Böhmen geborenen und vielleicht in den Niederlanden ausgebildeten Georg Flegel (1566–1638) zeigen einen Sinn für Ordnung, Ruhe und Harmonie. Flegel findet Gefallen am sorgfältig dargestellten Gegenstand. Er ist einer der bedeutendsten Interpreten des frühen Stilllebens mit religiösem und symbolischem Gehalt.

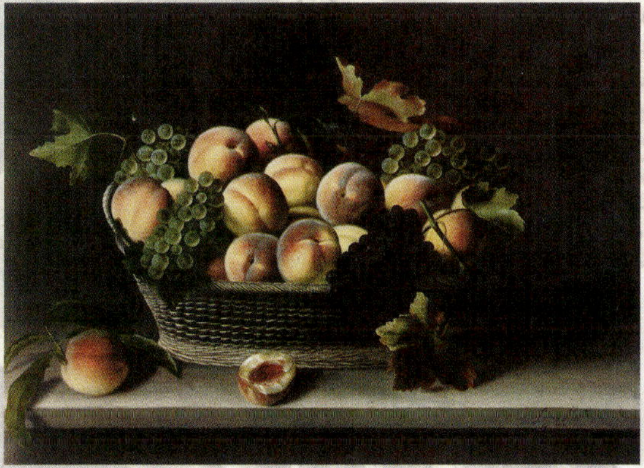

Louise Moillon
Korb mit Pfirsichen und Trauben, 1631
Karlsruhe, Staatliche Kunsthalle

Als auch die ersten Frauen Künstlerinnen werden, ist das Stillleben die beliebteste Gattung. Die gefühlvolle französische Malerin versucht, die haptische Qualität der Oberfläche genau wiederzugeben: Die beinahe fühlbar flaumige Haut der Pfirsiche beweist wirkliche Virtuosität.

Evaristo Baschenis
Stillleben mit Saiteninstrumenten, 1660–1670
Bergamo, Accademia Carrara

Baschenis (1616–1677), ein zurückhaltender Priester aus Bergamo, spezialisiert sich auf Arbeiten mit Musikinstrumenten, die er mit großer Meisterschaft und einem Hauch melancholischer Trauer um den verklungenen Ton wiedergibt. Baschenis gehört zu den zahlreichen und erfolgreichen Stilllebenmalern der Lombardei. Ein früher Vertreter ist Vincenzo Campi aus Cremona; im Hintergrund ein Detail aus seiner *Obstverkäuferin* (um 1590, Mailand, Pinacoteca di Brera).

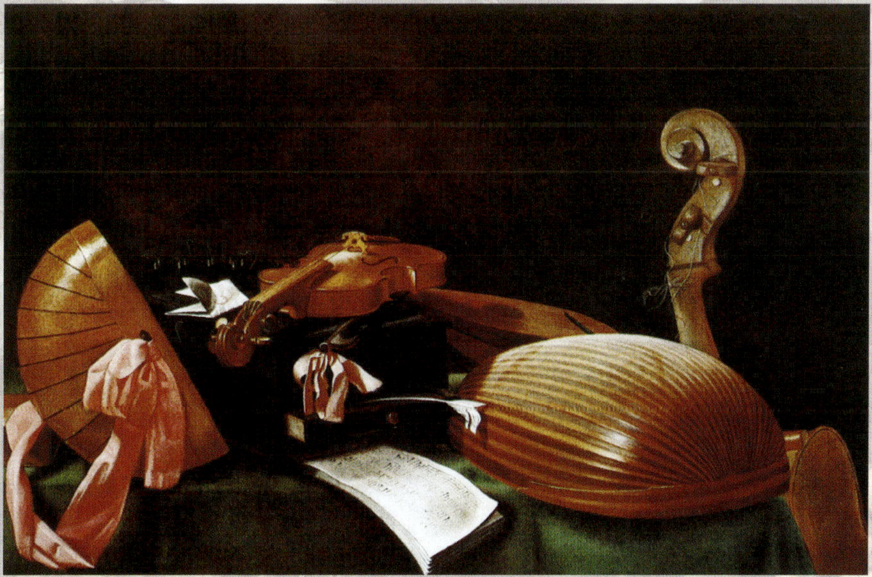

Rom, Neapel, Sizilien

1571–1610

Caravaggio

Odyssee eines Künstlers zwischen Hunger und Ruhm
Der in Mailand geborene, aber meist in Rom ansässige Michelangelo Merisi da Caravaggio, genannt Caravaggio, gibt der Kunst eine ganz andere Richtung. Seine radikale Neuerung ist die Wirklichkeit, unverschönert und unverfälscht, dem täglichen Leben auf der Straße abgeschaut. In seinen Bildern tauchen Burschen, Betrüger, Zigeunerinnen und andere zwielichtige Gestalten auf, eine Neuheit, die sich bald in Europa verbreitet. Man empört sich über Caravaggios fehlendes »Decorum« (die Angemessenheit) und verschmäht seine Bilder wegen ihrer Wirklichkeitstreue. Doch in Rom gelangen Gemälde auf die Altäre, die eine neue Epoche einläuten. Das seitlich einfallende Licht enthüllt Szenen voller dramatischer Handlung, deren tiefe Religiosität sich im Alltäglichen und Wahren verbirgt. Caravaggio steht auf dem Höhepunkt seines Ruhms, als er 1606 in Rom auf dem Spielfeld einen Gegner tötet und, zum Tode verurteilt, fliehen muss. Er gelangt nach Neapel, Malta, Sizilien, wieder nach Neapel und stirbt 1610 am Strand von Porto Ercole. An all diesen Stationen entstehen Kunstwerke, in denen sich eine zunehmende Angst ausdrückt. Doch die Revolution der Malerei ist vollbracht – und sie betrifft nicht nur die Künstler, sondern vor allem den Betrachter: Ihm verleiht Caravaggio eine bedeutende Rolle, nicht mehr die eines Beobachters, sondern eines direkt in die Handlung einbezogenen Zeugen.

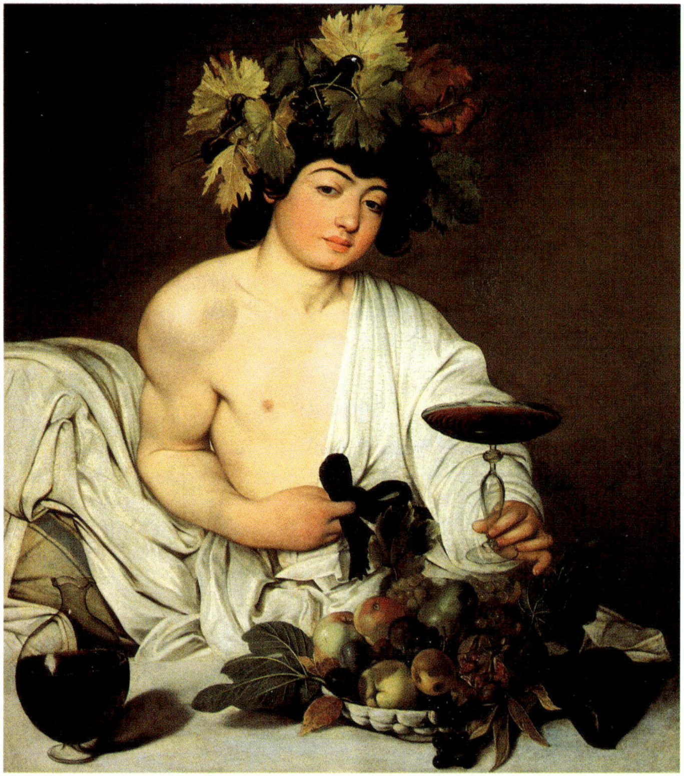

Caravaggio
Bacchus, 1594–1596
Florenz, Galleria degli Uffizi

Von Anfang an will Caravaggio Wirklichkeit und Natürlichkeit wiedergewinnen. Wegen seines unvergleichlichen Talents wird er als eigentlicher Begründer der Gattung »Stillleben« betrachtet; seine Werke sind bei den Sammlern sehr begehrt. Er selbst betont: »Es ist eine ebenso große Mühe, ein gutes Bild von Blumen wie von Figuren zu schaffen.« Das einzige seiner Gemälde, das keine lebenden Figuren enthält, ist unten abgebildet; von Anfang an gehörte es zu der Gemäldesammlung von Kardinal Federico Borromeo in Mailand, die man 1618 als »Pinacoteca Ambrosiana« der Öffentlichkeit zugänglich machte.

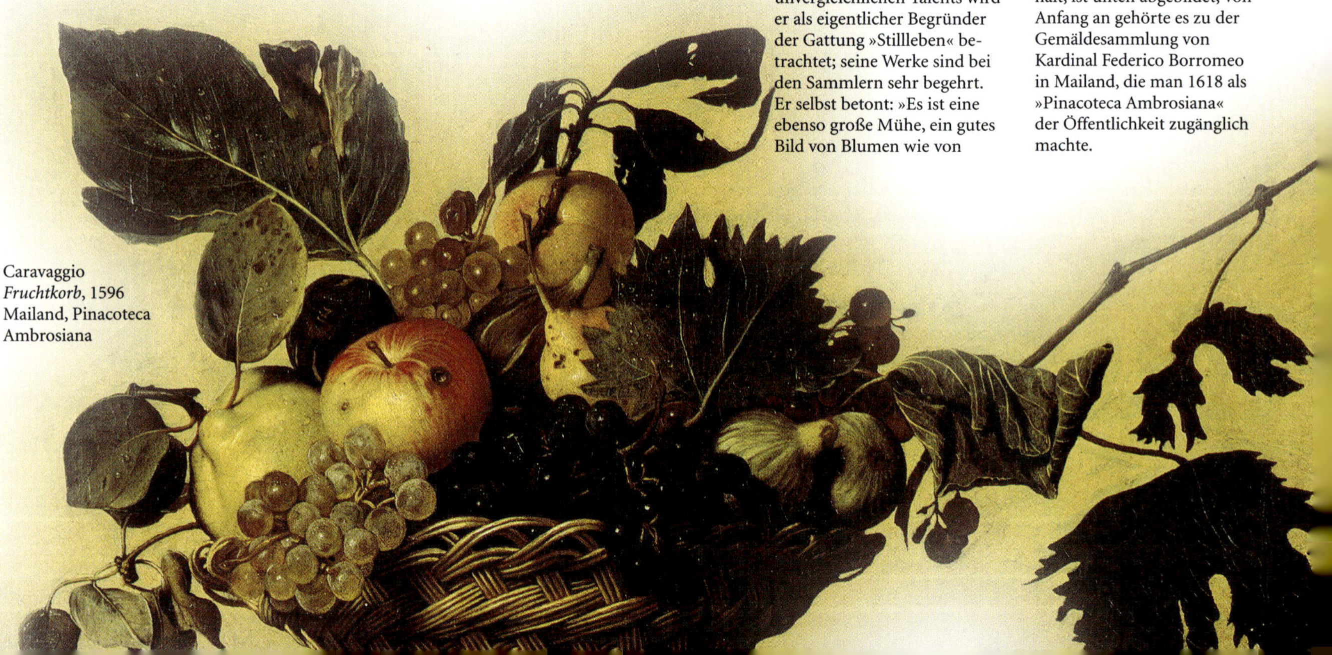

Caravaggio
Fruchtkorb, 1596
Mailand, Pinacoteca Ambrosiana

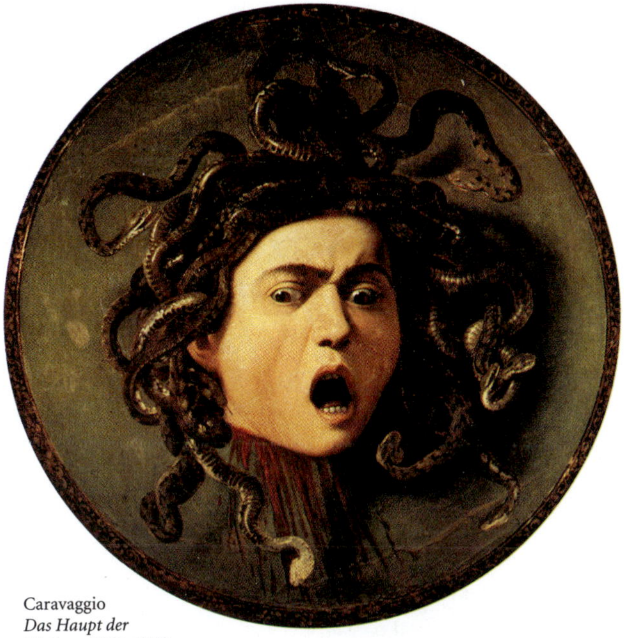

Caravaggio
Das Haupt der Medusa, 1596–1598
Florenz, Galleria degli Uffizi

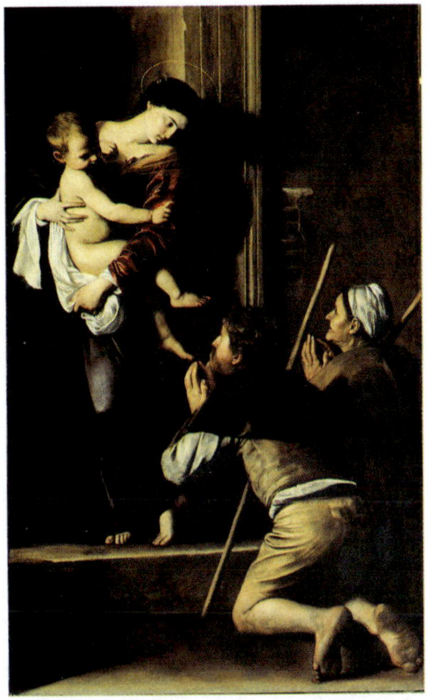

Caravaggio
Madonna dei Pellegrini, 1603–1605
Rom, Sant'Agostino

Die Szene wirkt bescheiden, aber sehr gefühlsintensiv: Maria wird als einfache Frau gezeigt, weit entfernt von der traditionellen Ikonographie; die eigentlichen Hauptpersonen des Bildes sind die beiden armen, zerlumpten Pilger, die dem Betrachter im Vordergrund ihre wunden, schmutzigen Füße zeigen, ein realistisches Detail, das Caravaggios Zeitgenossen sehr empörte.

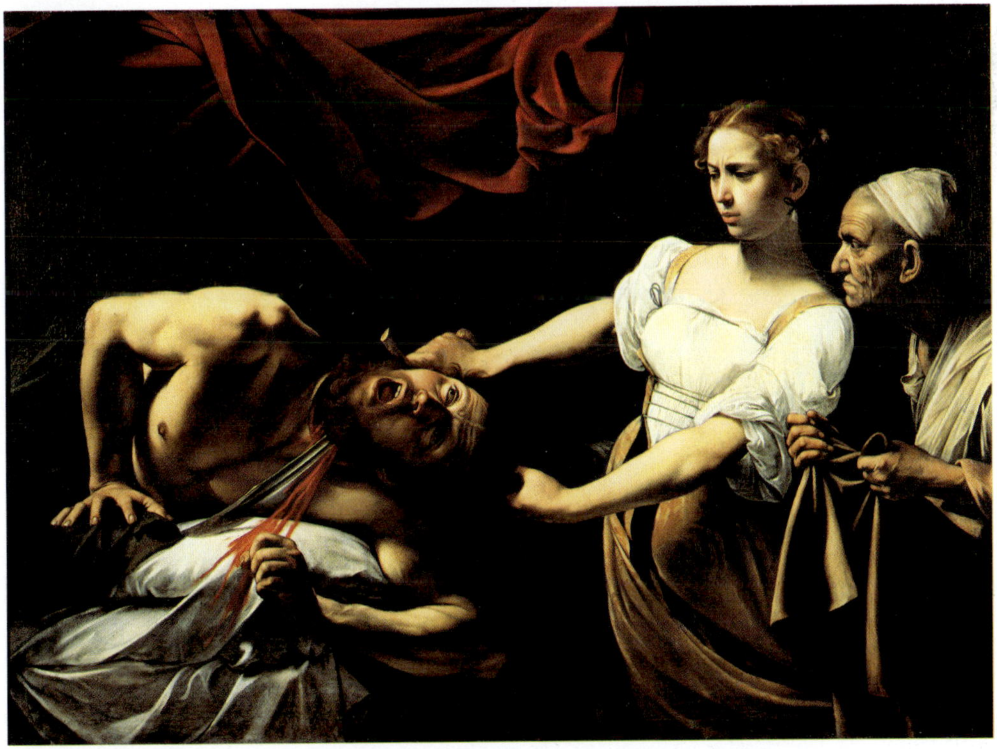

Caravaggio
Judith und Holofernes, 1595–1596
Rom, Galleria Nazionale d'Arte Antica

Diese dramatische Szene gehört zu einer klar abgegrenzten Gruppe von Bildern, die zu Beginn des Kontakts zu Kardinal del Monte entstanden; die Figuren sind hier ungewöhnlich klar, fast hart gezeichnet (etwa das Gesicht der alten Magd). Ein genaues, untrügliches Licht macht die grausamsten Details sichtbar: Der abgehauene Kopf und das äußerst realistisch strömende Blut sind sozusagen ein Leitmotiv von Caravaggios künstlerischem Schaffen. Wiederholt stellt er Enthauptungen dar (Medusa, Judith, David und Goliath, Johannes der Täufer), was zunächst ohne jeden Bezug erscheint und dann, nach seiner Verurteilung zum Tod durch Enthauptung im Jahr 1606, eine schreckliche hintergründige Bedeutung erhält.

Caravaggio

1599–1602

San Luigi dei Francesi

Die 1518 von Giulio de' Medici begonnene und 1589 vollendete Kirche San Luigi dei Francesi gehört der französischen Gemeinde in Rom. Die Cappella Contarelli im Inneren, die Begräbniskapelle des französischen Adligen Mathieu Cointrel (italianisiert zu Contarelli), beherbergt den bedeutendsten Gemäldezyklus Caravaggios; er ist dem Namenspatron des Auftraggebers, dem heiligen Matthäus, gewidmet. An der Dekoration der Kapelle sind über Jahrzehnte hinweg zahlreiche Künstler beteiligt; schließlich trifft man die kühne Entscheidung, drei Bilder bei Caravaggio in Auftrag zu geben: die Altartafel mit dem heiligen Matthäus, der das Evangelium niederschreibt, und die beiden Seitentafeln mit den wichtigsten Szenen aus seinem Leben. Caravaggio macht einen ersten Entwurf von dem heiligen Matthäus und dem Engel, den die geistlichen Auftraggeber jedoch als unschicklich betrachten und zurückweisen. Bevor er eine neue Fassung angeht (die endgültige Version von 1602 ist sicher geschmeidiger als die erste), malt Caravaggio um 1600 die beiden anderen Gemälde. Sie kennzeichnen eine epochale Wende in der Kunstgeschichte: Mit erschreckender Direktheit stellt Caravaggio den Betrachter vor ein äußerst dramatisches Geschehen.

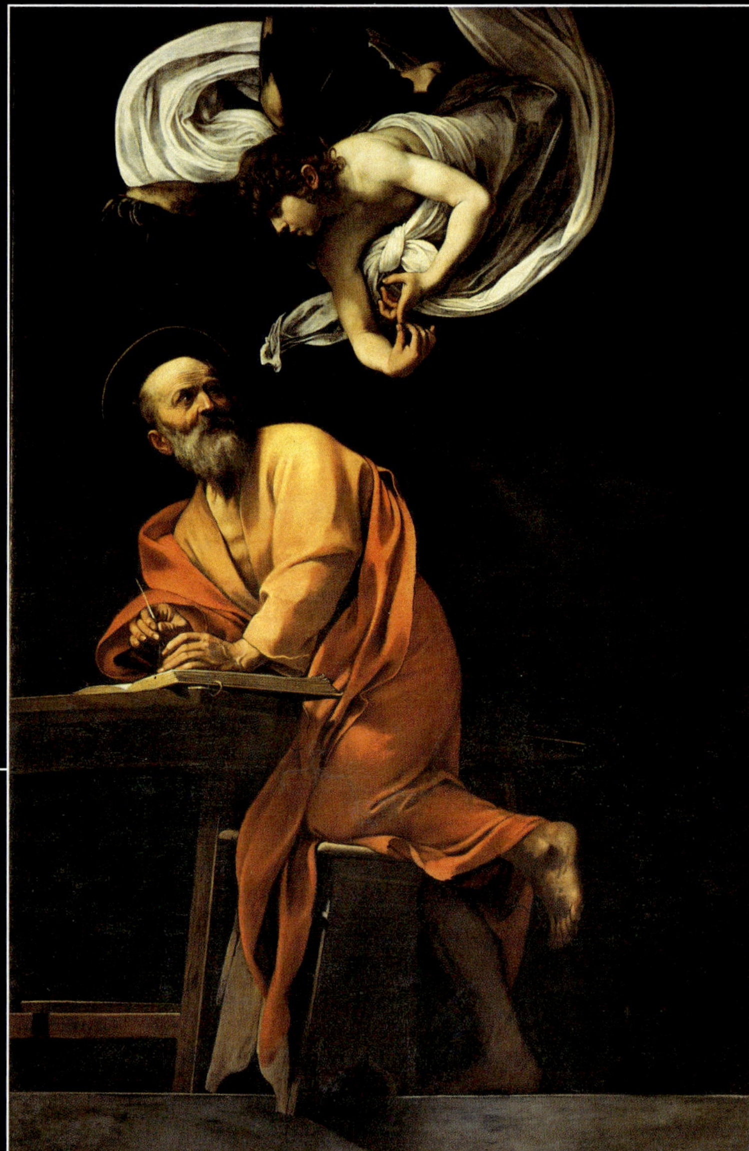

Das Altarbild der Cappella Contarelli ist Caravaggios zweite Version des Themas: In der ersten (in Berlin während des Zweiten Weltkriegs verbrannt) hielt man die Haltung des Heiligen und des Engels für unschicklich. In dieser von den Auftraggebern akzeptierten Fassung schreibt der Evangelist (in unkonventioneller Haltung und auf seinem wackeligen Stuhl in einem empfindlichen Gleichgewicht) die Worte des Engels nieder, die ihm dieser diktiert und erklärt. Der schöne Himmelsbote hebt sich hell von dem dunklen Bildhintergrund ab.

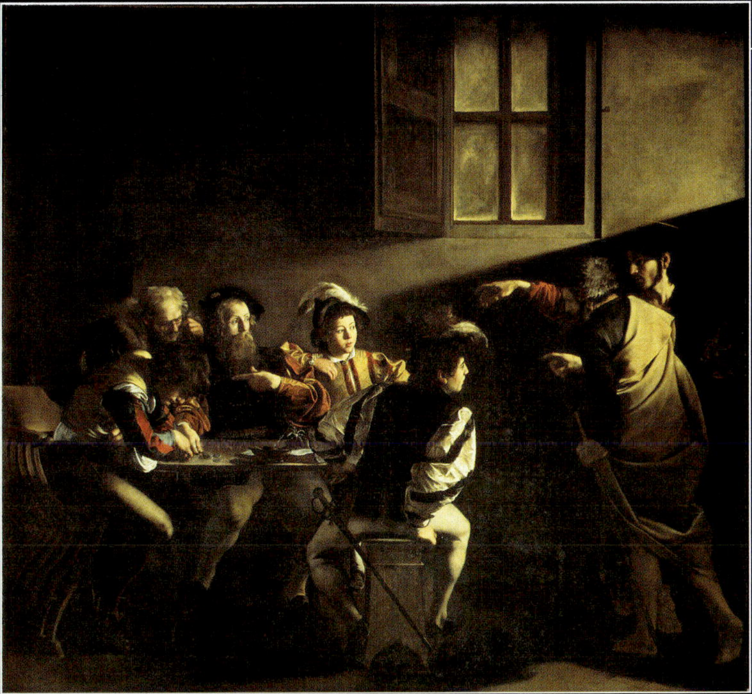

Christus überrascht den Zöllner Matthäus mit seinen Gefährten in einer einfachen Wechselstube und ernennt ihn zum Apostel. Zwischen den beiden Hauptfiguren entsteht ein wortloser, aber eindeutiger Austausch von Gesten, der an Michelangelos *Erschaffung Adams* im Gewölbe der Sixtinischen Kapelle erinnert: Ganz rechts zeigt Jesus (teilweise verdeckt von dem heiligen Petrus) mit der rechten Hand auf Matthäus, der erstaunt und fragend wiederum auf sich selbst zeigt. Die Reaktionen der Umsitzenden sind unterschiedlich: hier die Gleichgültigkeit der federgeschmückten jungen Männer, dort die Gier der Geld zählenden Soldaten. Der sehr genau kalkulierte Lichteinfall ist der Schlüssel zum Verständnis des Werks: Das Licht kommt von rechts und gibt an der verkrusteten Wand und dem staubigen Fenster die Richtung vor, welcher der Blick des Betrachters folgen soll. In diesem bescheidenen, realistischen Umfeld ist das Licht ein Symbol für die göttliche Gnade, die plötzlich in den Alltag hereinbricht.

Das Martyrium des Heiligen ist die erregendste und dramatischste der Szenen: Der Mörder dringt brutal in die Kirche ein und reißt den Priester während der Messe die Altarstufen hinunter. Als Mailänder erinnert sich Caravaggio an Leonardos *Abendmahl* und zeigt die »Seelenregungen« einer Personengruppe, die in ein tragisches Ereignis verwickelt ist. Der Mörder schreit, der gestürzte Heilige stöhnt, ein Messdiener läuft entsetzt davon, die anderen ziehen sich fluchtartig zurück. Um den Märtyrer entsteht eine Leere, während über der Kirche das Dunkel des Grauens liegt. Von oben erscheint ein einzelner Engel und reicht dem Heiligen einen Palmenzweig, Symbol des Martyriums und des Eingangs ins Paradies; es bleibt offen, ob der Heilige den Arm hebt, um den Zweig zu fassen oder um sich verzweifelt gegen den Mörder zu wehren. Der blasse Dreißigjährige mit schwarzem Spitzbart und finsterem Gesicht hinten links ist Caravaggio, der sich als Augenzeugen der Szene darstellt.

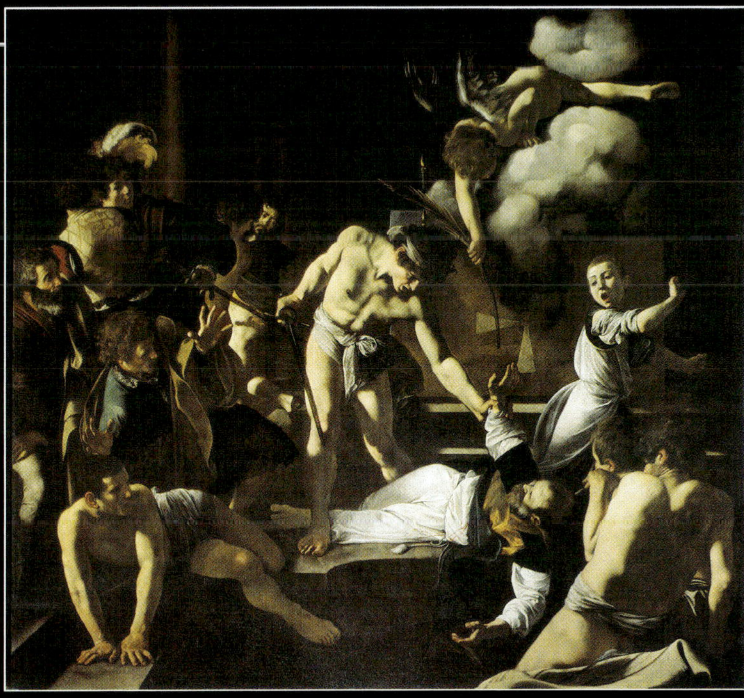

17. Jahrhundert
Europa in der Barockzeit

Zwischen Kosmos und Mikrokosmos
Das 17. Jahrhundert ist für Europa eine Zeit tief greifender politischer, gesellschaftlicher und kultureller Veränderungen: Die alten Mächte stecken in der Krise (das spanische Reich ebenso wie die italienischen Kleinstaaten), jenseits des Ozeans entstehen auf den fernen Kontinenten neue Länder. Es ist ein Jahrhundert der Überraschungen: Die Kunst bringt gerade in den Jahren der wissenschaftlichen Entdeckungen einen phantasievollen Stil hervor; in der Wirtschaft entsteht eine bürgerliche Unternehmerschicht, während die Herrscher unvergleichliche Paläste errichten; Kultur und Geschmack Italiens verbreiten sich über ganz Europa, während das Land selbst im internationalen Handel an den Rand gedrängt wird. Mit allen Widersprüchen ist die Barockzeit eine Epoche des Reichtums auf allen Gebieten: Ideen und Künstler gehen auf Reisen, und während in den Ländern neue Malerschulen entstehen (etwa in Holland unter Rembrandt oder in Spanien unter Velázquez), verbreiten sich gewisse Stilmerkmale auch über ganz Europa. Die bildenden Künste aller Länder orientieren sich an einigen großen Meistern wie Caravaggio, Bernini, Poussin und Rubens; in der Malerei bezieht man sich entweder auf die realistische Helldunkelmalerei Caravaggios oder auf den phantasievoll-bunten Stil des Barock oder auch auf die häusliche Intimität der Holländer.

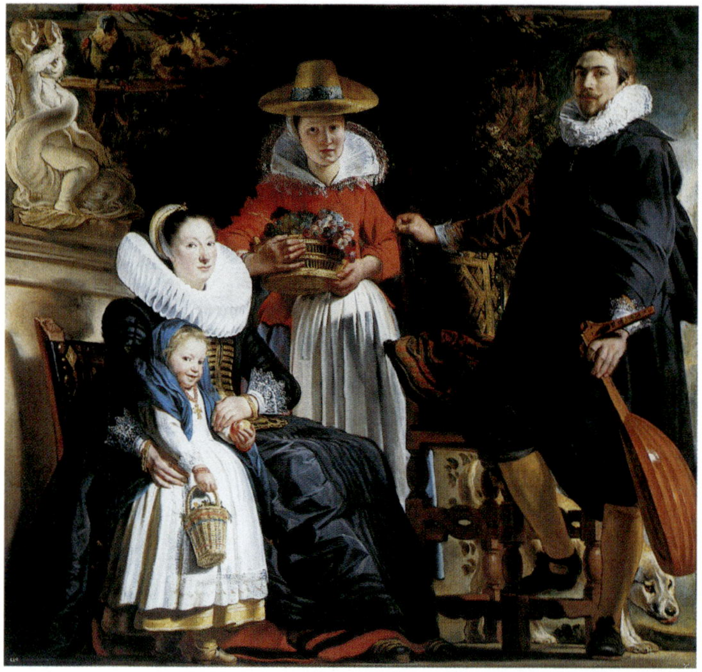

Jacob Jordaens
Die Familie Jordaens in einem Garten, 1621–1622
Madrid, Museo del Prado

Die Antwerpener Schule ist eine der ruhmreichsten Strömungen des europäischen Barock, aber die Malerei von Jacob Jordaens (1593–1678) tritt besonders hervor. Der Künstler stellt sich nicht an der Staffelei oder in Arbeitskleidung dar, vielmehr posiert er in einem raffiniert-eleganten Gewand; in der Hand hält er nicht die Palette, sondern eine Laute. Die Familie genießt die Frische eines sommerlich blühenden Gartens mit Springbrunnen; eine junge Dienerin bringt ein Körbchen mit leuchtenden Trauben. Entzückend ist das schüchtern lächelnde blonde Mädchen mit den leicht geröteten Wangen und einer Mischung aus Scheu und Neugier im Blick – fast wie eine Figur von Renoir.

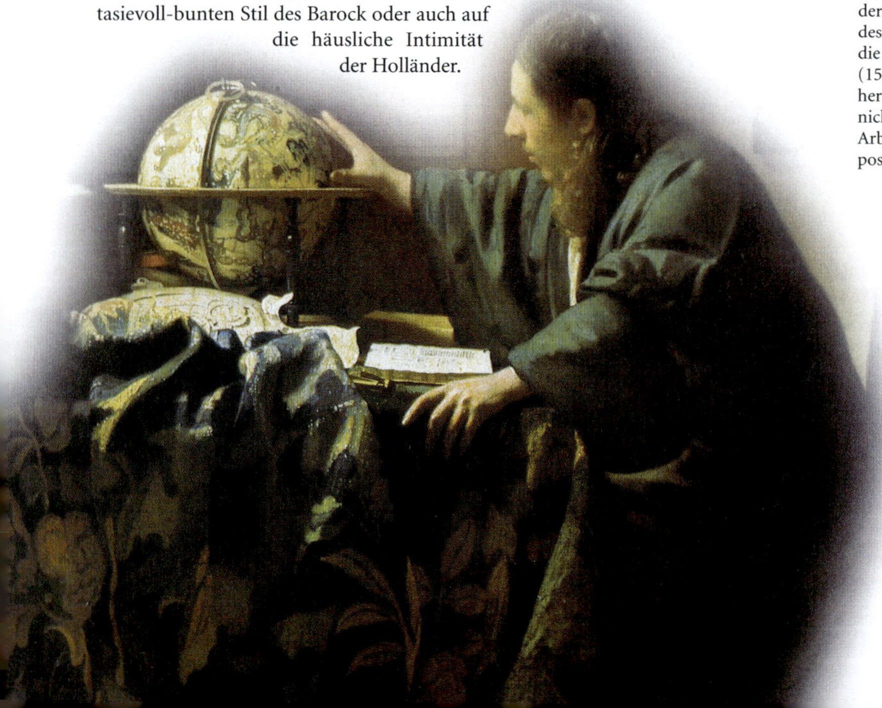

Jan Vermeer van Delft
Der Astronom, um 1670
Paris, Musée du Louvre

Durch seine persönliche Verbundenheit mit Antoni van Leeuwenhoek, einem Forscher im Bereich der Mikroskopie, bekommt Vermeer eine besondere Sensibilität für Denker und Wissenschaftler; über seine Bilder breitet sich das Licht des Wissens durch die Schilderung von Intelligenz, Fleiß, Intuition und Konzentration.

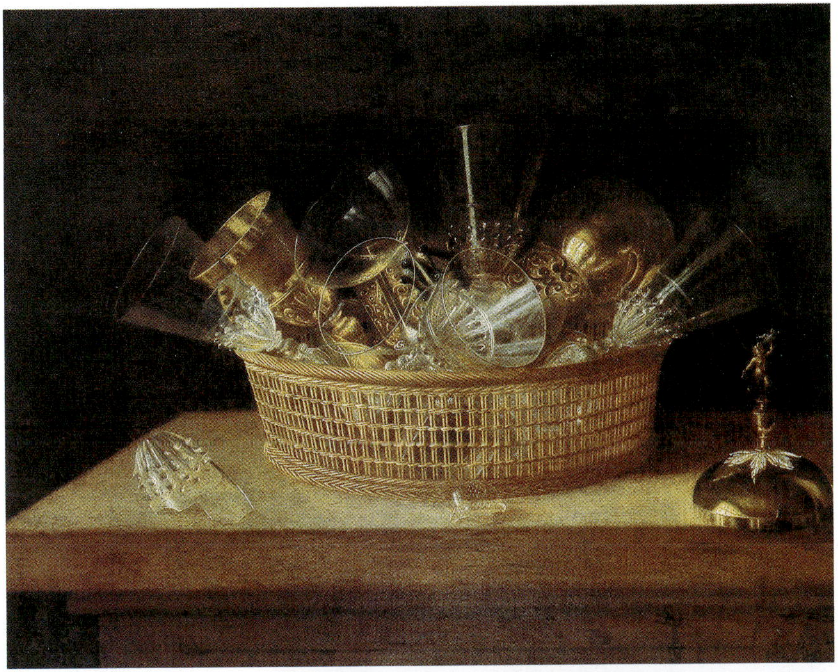

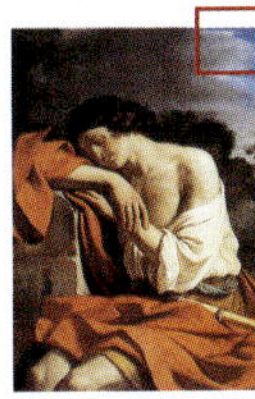

Die Liebhaber des Sternenhimmels

Während Galilei mit dem Fernrohr in den Sternenhimmel blickte und Zweifel und Theorien über die »großen Systeme der Welt« formuliert, hat die italienische Kunst weder »kosmische« Bilder wie die von Adam Elsheimer noch Beziehungen zur Wissenschaft wie die Freundschaft Vermeers mit van Leeuwenhoek (oder auch zwischen Rembrandt und Doktor Tulp) aufzuweisen; vielleicht schon ein Zeichen ihres bevorstehenden Niedergangs. Hier tritt man über die Antike, die Mythologie und die klassische Literatur in Beziehung zum Sternenhimmel. Beispiel ist ein Bild von Guercino (heute in der Galleria Doria Pamphilj in Rom): Der schlafende Hirte mit dem Fernrohr im Schoß ist der mythische Endymion, der Frau Luna liebt und von den Göttern die Gabe ewiger Jugend bekommt, die er aber im Schlaf verbringen muss. Die italienische Kunst blickt also weiterhin durch die Linse der klassischen Literatur ins All; Galilei wird gezwungen, seiner Lehre abzuschwören. Der Himmel bleibt nach wie vor ein Geheimnis, und noch Anfang des 19. Jahrhunderts fragt sich Giacomo Leopardi, der größte Dichter der italienischen Romantik: »Was tust du, Mond am Himmel? Sag es mir, was tust du, stiller Mond?«

Sebastian Stoskopff
Korb mit Gläsern, 1644
Straßburg, Musée des Beaux-Arts

Die ganz verschiedenen Gläser in dem Strohkorb bilden eine raffinierte, erstaunlich geschickt abgebildete kleine Sammlung. Eins der empfindlichen Gefäße ist zerbrochen und unbrauchbar geworden; hier kommt die Vergänglichkeit der Schönheit ins Bild.

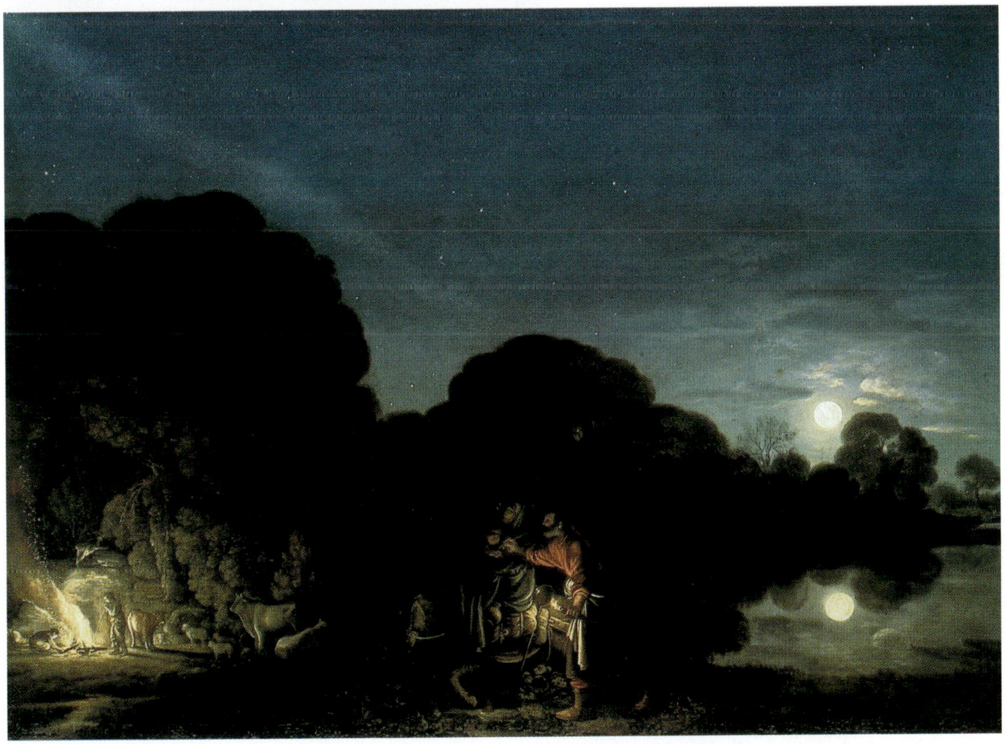

Adam Elsheimer
Flucht nach Ägypten, 1609
München, Bayerische Staatsgemäldesammlungen, Alte Pinakothek

Die bezaubernde nächtliche Elegie ist zweifellos das bekannteste Werk des deutschen Malers (1578–1610). Die genaue Wiedergabe des klaren Vollmondhimmels mit der Milchstraße und den Sternbildern ist ein Zeichen von Elsheimers Aufmerksamkeit für die Welt der Wissenschaft, vor allem die Studien Galileis.

Antwerpen

1577–1640

Peter Paul Rubens

Die fleischliche Freude am Leben und Malen
Die Malerei von Peter Paul Rubens erfasst Anfang des 17. Jahrhunderts die Kunst wie ein Sturmwind. Nach einem langen Aufenthalt in Italien kehrt er 1609 nach Antwerpen zurück und klettert schnell die Stufenleiter des Erfolgs empor. Der großzügige, reiche Künstler voller Lust am Malen und an der Farbe eignet sich die verschiedensten Themen und Formate an. Seine Werkstatt ist mit über hundert Mitarbeitern eine einflussreiche Manufaktur und beliefert ganz Europa. Zwischen 1620 und 1640 ist Rubens der gefragteste Künstler. Die Kunst erhebt ihn über die Kriege; er hält sich in Rom, Paris und London auf, kehrt aber immer nach Antwerpen zurück. Sein produktives Verhältnis zu den Herrschern erinnert an das der großen italienischen Renaissancemaler; sein expansiver, sinnlicher Stil dringt in alle fürstlichen Kunstsammlungen, die nicht vollständig sind, wenn sie kein Werk von Rubens vorweisen können.

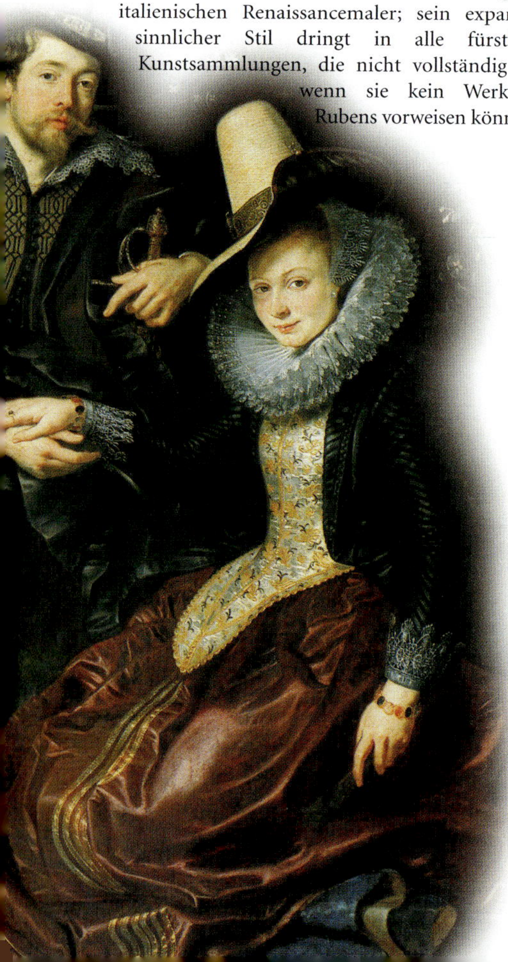

Peter Paul Rubens
Selbstbildnis mit Isabella Brant in der Geißblattlaube, 1609–1610
München, Bayerische Staatsgemäldesammlungen, Alte Pinakothek

Durch die exakte Ausführung treten die vielen Details in Natur und Kleidung hervor, die Liebe, Treue und den hohen gesellschaftlichen Rang des Malers und seiner ersten Ehefrau Isabella Brant symbolisieren. Rubens spricht fließend fünf Sprachen und ist ein Mann von besten Umgangsformen und natürlicher Eleganz, die er bei häufigen Hofaufenthalten vervollkommnet; seine ungewöhnliche Tätigkeit als Maler steht einer gesellschaftlichen Position gegenüber, die ihn stark von den »peintres maudits« und verarmten Künstlern wie Caravaggio und in fortgeschrittenem Alter auch Rembrandt unterscheidet.

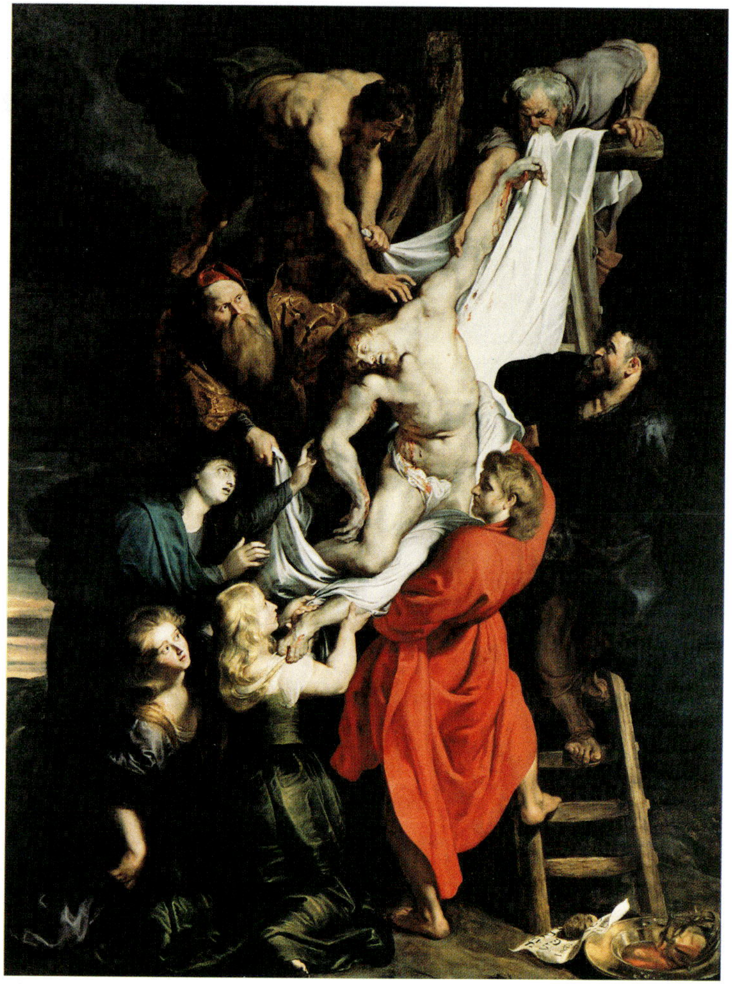

Peter Paul Rubens
Kreuzabnahme, Mitteltafel, 1612
Antwerpen, Onze-Lieve-Vrouwekathedraal

Diese monumentale, dramatische Komposition greift in ihrer mitreißenden Ausdruckskraft auf die italienischen Vorbilder (Tizian, Caravaggio) zurück.

Peter Paul Rubens
Der Einsiedler und die schlafende Angelica, 1630
Wien, Kunsthistorisches Museum

Dieses kleine, aber sehr schöne Werk aus der Reifezeit illustriert eine Szene aus *L'Orlando Furioso* des Renaissancedichters Ludovico Ariosto. Die schlafende Angelika wird von einem Dämon, den die Zauberkunst eines Einsiedlers lenkt, auf eine Insel gebracht. Die Darstellungsweise ist von ausgesuchter Feinheit und erinnert fast an das Frühwerk; von einem allgemeineren Standpunkt aus kann man das Bild jedoch als stilistische Mitte zwischen Tizian und Delacroix betrachten.

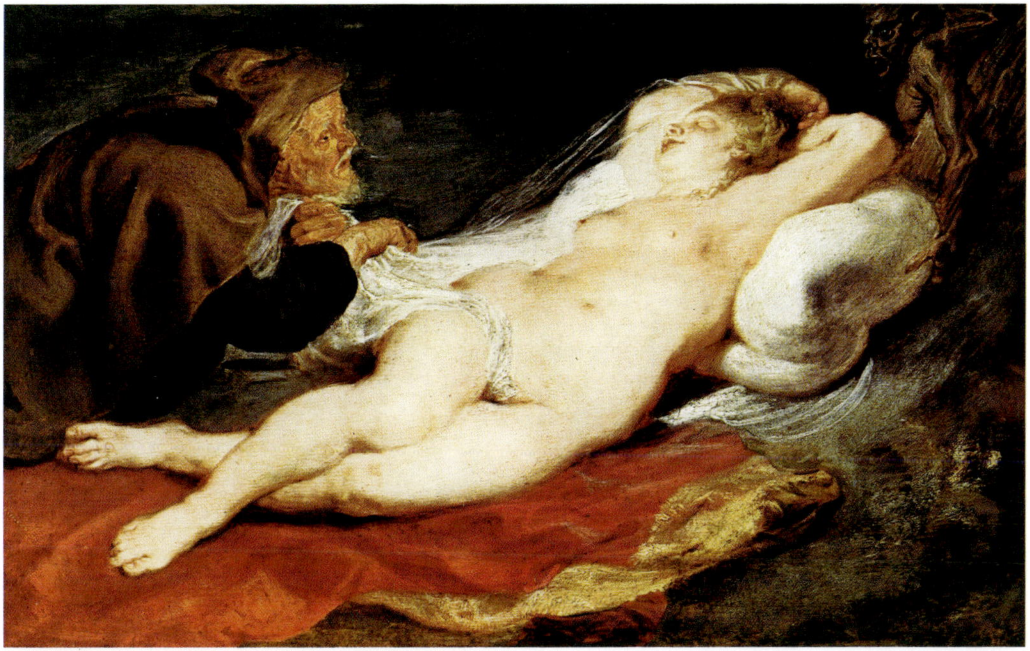

Peter Paul Rubens
Die vier Weltteile, um 1612
Wien, Kunsthistorisches Museum

Dieses Bild ist eine beispielhaft barocke Allegorie für die vier damals bekannten Erdteile; wertvoll wird es durch die genau beobachteten wilden Tiere, etwa das Krokodil und die Tigerin mit den säugenden Jungen; an den Kais des Antwerpener Hafens wurde es sicher mit Staunen betrachtet. Tiere, Pflanzen und archäologische Anspielungen deuten auf die Kontinente hin, deren weibliche Personifikationen von den entsprechenden Hauptflüssen umarmt werden: links Europa und der bärtige Flussgott der Donau, in der Mitte Afrika als dunkelhäutige Frau mit dem fruchtbaren Nil (mit Ährenkranz), rechts vorne Asien und der kraftvolle Ganges, dahinter Amerika und der Amazonas.

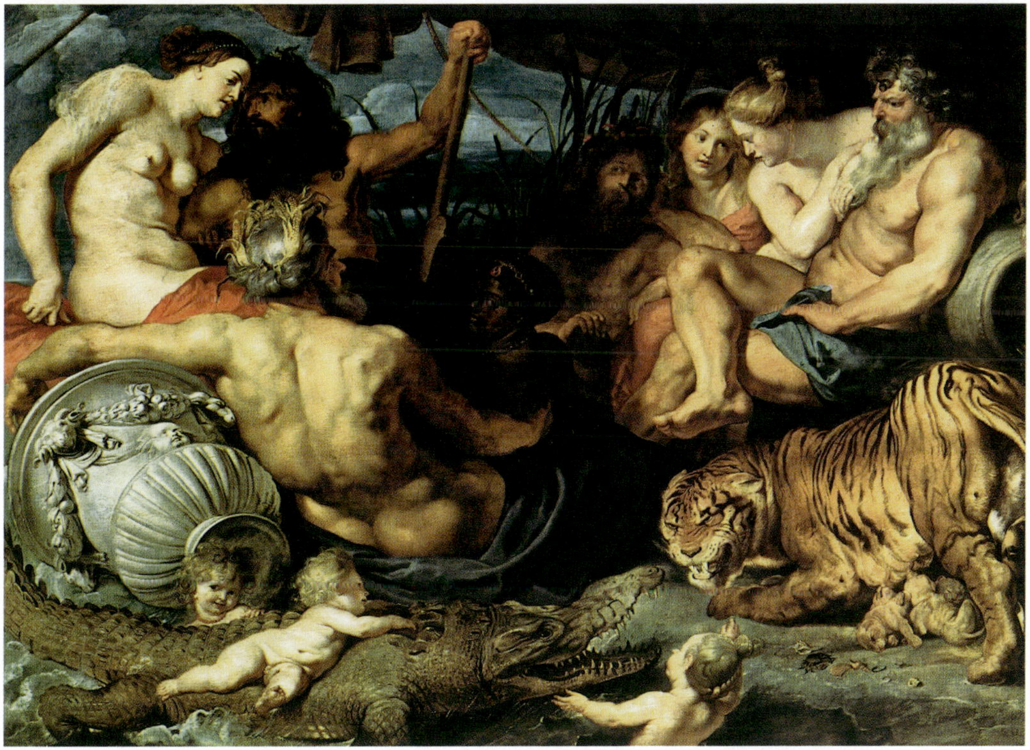

Peter Paul Rubens

um 1618

Raub der Töchter des Leukippos

In den Bildern zu mythologischen Themen zeigt sich Rubens' Kunstauffassung in ihrer ganzen Kraft, vor allem wenn der Maler sie zum Anlass nimmt, mit sichtlichem Genuss gewaltige, sinnliche weibliche Akte abzubilden. Interpretiert wird das in der Münchener Alten Pinakothek ausgestellte Gemälde traditionell als eine Illustration des Mythos von den Zwillingen Castor und Pollux, Söhne von Leda und Zeus (der sich in einen Schwan verwandelte). Die Szene nach Texten von Theokrit und Ovid zeigt, wie die Zwillinge die Töchter des Leukippos, Phöbe und Hilaeira, entführen; es kommt zu einem Streit mit den Verlobten der Mädchen, bei dem Castor getötet wird; am Ende verwandeln sich die Brüder in das Sternbild Zwillinge. Wenn die Interpretation zutrifft, liegt hier die einzige bedeutende Darstellung dieser Entführung vor. Seit kurzem schlägt die Wissenschaft aber einen anderen Bildtitel vor, da die jungen Männer nicht wie Zwillinge wirken und die Pferde verschiedenfarbig sind: Möglicherweise ist es nicht die Entführung der Töchter des Leukippos, sondern der häufigere (fast etwas gewöhnliche) Raub der Sabinerinnen. In jedem Fall geht es um Liebe und Gewalt, und tatsächlich blickt der Cupido links eher verdächtig. Doch tritt das Thema entschieden hinter der gewichtigen Komposition und üppigen malerischen Ausführung zurück. Die mythologische Darstellung erreicht hier ihren Gipfel: nicht in Form einer intellektuellen Eleganz, sondern als sinnliche Welle von Formen und Farben.

Durch die Pferde kommt eine animalische Kraft und Gewalt in das Bild, während die Dioskuren, besonders der im Profil gezeigte, sehr eng an klassische Modelle angelehnt sind. Natürlich orientiert sich Rubens' »Klassizismus« vor allem an der hellenistischen Bildhauerei, wo sich Leidenschaft gleichfalls durch dynamische Form ausdrückt.

Die riesige Gruppe aus den beiden Mädchen, den Götterzwillingen, den Pferden und Amoretten entwirft Rubens als einzigen kraftvollen Block. Unter der Herrschaft des Malers dreht sich das Gefüge wie ein riesiger Mechanismus, eine Art lebendes Räderwerk, bleibt dabei jedoch völlig im Gleichgewicht.

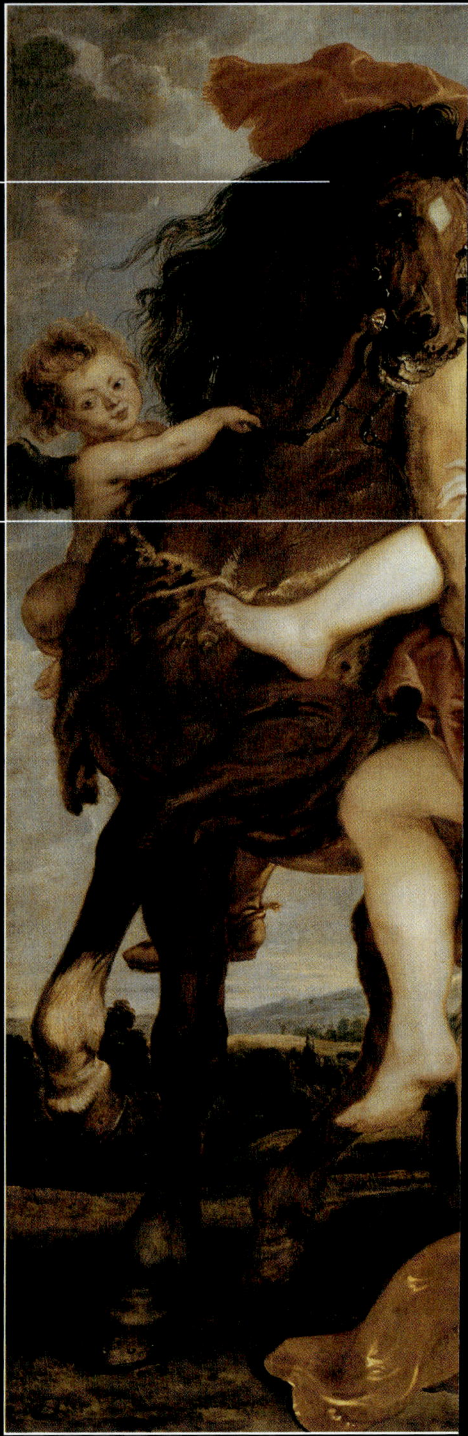

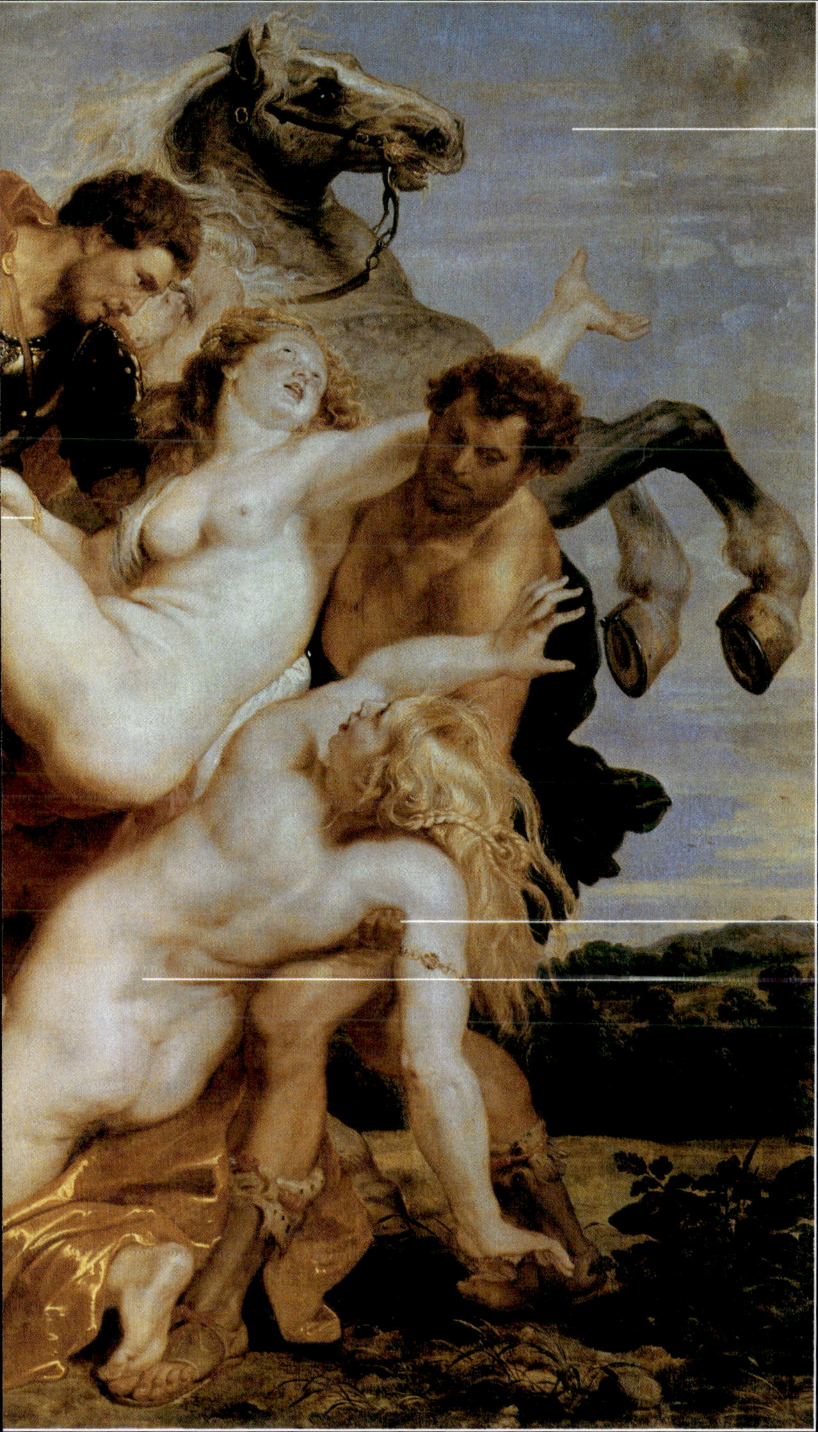

Das riesige Pferd, das sich mit glänzendem Auge und weißlichen Nüstern vor dem Himmelsgrund aufbäumt, wird fast identisch von Velázquez in seinen Reiterbildnissen der spanischen Regenten wieder aufgenommen.

Die üppigen nackten Körper der Mädchen breiten sich frei im Raum aus und nehmen den schwachen Sonnenschein auf: Rubens spielt mit Lichtreflexen und greift beim Glanz der Seide und des blonden Haars des noch am Boden befindlichen Mädchens auf das venezianische 16. Jahrhundert zurück. An dem Armband eng um den Oberarm und der Hand des Mannes unter der Achsel erkennt man, wie kräftig und gleichzeitig weich Rubens das Fleisch der jungen Frau auffasst, die für den heutigen Schönheitssinn sicher etwas zu füllig ist, aber in der Barockzeit dem ästhetischen Ideal des (männlichen!) Publikums genau entsprach.

Auch bei den dichten, kräftigen Farben der Hügellandschaft voller Wind, vorüberziehenden Wolken und wogenden Baumwipfeln erinnert sich Rubens an die Lektionen der venezianischen Kunst, vor allem an Tizian, den er überaus schätzt. Als ein seltsamer Zufall erscheint es, dass Rubens genau neun Monate nach Tizians Tod geboren ist.

Anthonis van Dyck

Gesicht und Seele des europäischen Adels
Der herausragende Barockporträtist van Dyck ist einer der feinsinnigsten Maler des frühen 17. Jahrhunderts. Als echtes Wunderkind hat er schon 1615, erst sechzehnjährig, eine eigene Werkstatt. Sobald er Mitglied der Lukasgilde wird, bekommt er Zugang zum Kreis um Rubens, aber nicht als Schüler, sondern als direkter Mitarbeiter des Meisters; ab 1620 wird der Bildnismaler in ganz Europa berühmt. 1621 siedelt er nach einer kurzen Englandreise nach Italien um und lebt bis 1626 hauptsächlich in Genua, das lebhafte Handels- und kulturelle Beziehungen zu Flandern unterhält. Von dort aus macht er Studienreisen nach Venedig, Rom und Palermo. Mit erst 27 Jahren kehrt er nach Antwerpen zurück, konkurriert direkt mit Rubens und arbeitet auf dem gleichen Gebiet wie der Meister: Er malt einige monumentale, sehr gelungene Altartafeln und wird 1628 Hofmaler der Erzherzogin Isabel Clara Eugenia, Statthalterin der Niederlande. Trotz des Erfolgs in seiner Heimat entschließt er sich 1632, nach England zu gehen. In London erwählt ihn König Karl I. zum Hofmaler. Mit einem großen Kreis von Schülern fertigt er in seinen englischen Jahren hunderte von Porträts, die für die Entwicklung der englischen Malerschule grundlegend werden. Bis auf einige Aufenthalte auf dem Kontinent (Antwerpen 1634, Paris im letzten Lebensjahr) lässt er sich endgültig in England nieder und wird auch in den Adelsstand erhoben.

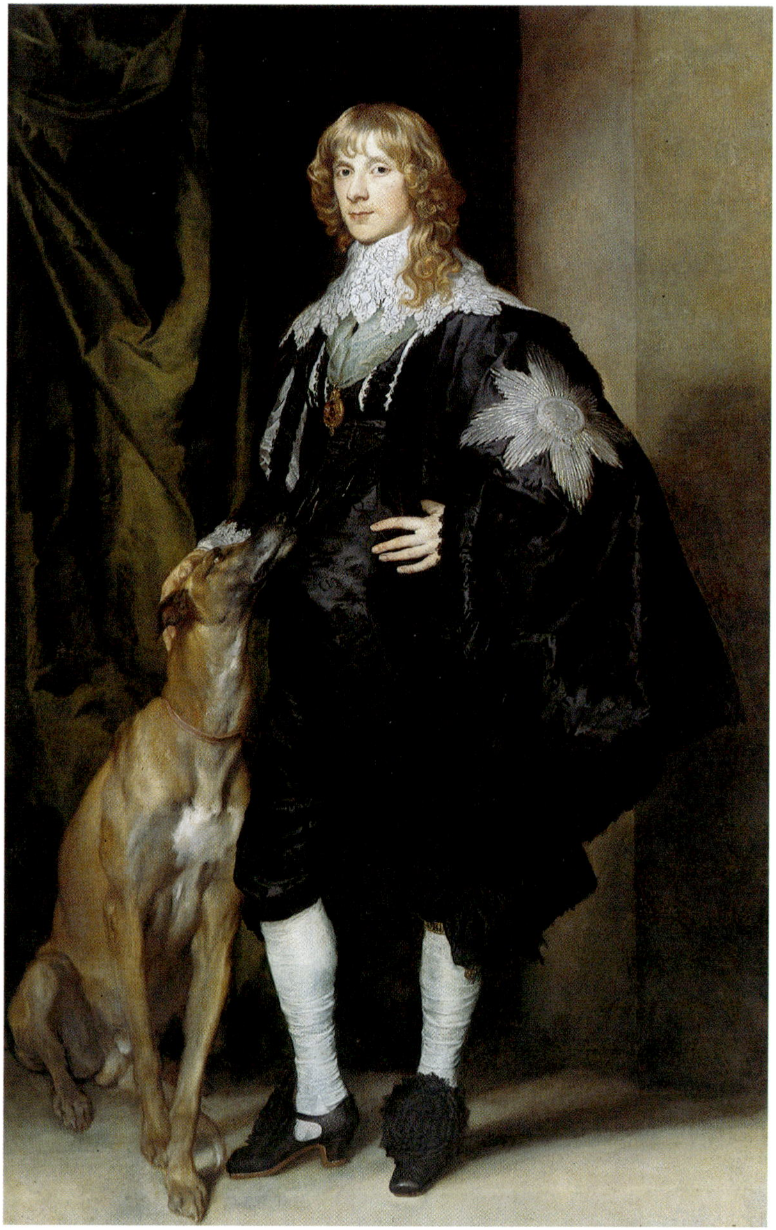

Anthonis van Dyck
James Stuart, Herzog von Lennox und Richmond,
um 1634
New York, The Metropolitan Museum of Art

Die zahlreichen Bilder aus van Dycks Zeit in England sind für die Geschichte des Adelsporträts sehr bedeutend. Die schlaksige und nonchalante Figur des jungen Gentleman mit dem raffinierten, schwach blau schimmernden Gewand wird betont durch den sehnigen Windhund.

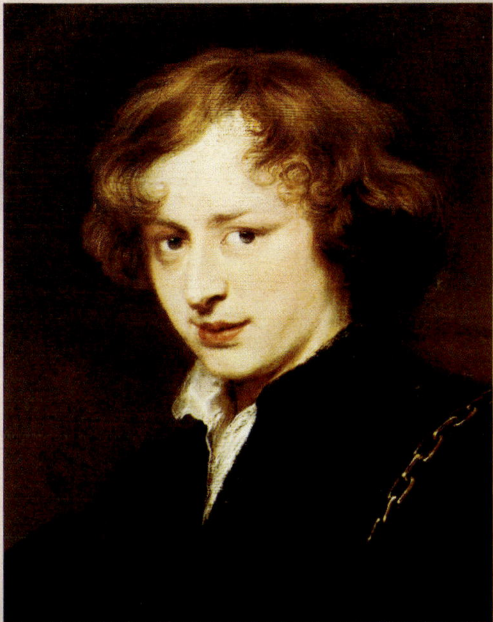

Anthonis van Dyck
Selbstbildnis, 1621–1622
München, Bayerische Staatsgemäldesammlungen, Alte Pinakothek

Der junge, gut aussehende und überaus begabte van Dyck hat sich mehrmals selbst dargestellt. All diese Bilder wirken frisch und mit flottem, lebhaftem Pinselstrich ausgeführt; der am Anfang seiner Karriere stehende Jüngling blickt voller Vertrauen und mit einer Art sympathischer Anteilnahme in die Welt. Natürlich gibt es diverse Liebesgeschichten über den Maler; im Atelier soll er schöne Frauen empfangen haben, etwa die verführerische Elena Grimaldi Cattaneo (Hintergrund).

Anthonis van Dyck
Bildnis der Marchesa Balbi, 1622–1623
Washington, National Gallery of Art

In seinen Genueser Jahren porträtiert van Dyck die Mitglieder des Adels: Gebrechliche Alte und zarte Kinder, junge Edelfräulein und würdevolle Herren wechseln sich vor der Staffelei des Malers ab. Gesicht und Hände malt er nach Modell und ergänzt die prunkvollen Gewänder in der Werkstatt. Eine Redensart sagt, Genua habe im 17. Jahrhundert keinen König gehabt, sondern viele Königinnen. Und tatsächlich haben van Dycks Genueser Damen im Gesichtsausdruck und den prunkvollen Kleidern etwas Herrschaftliches.

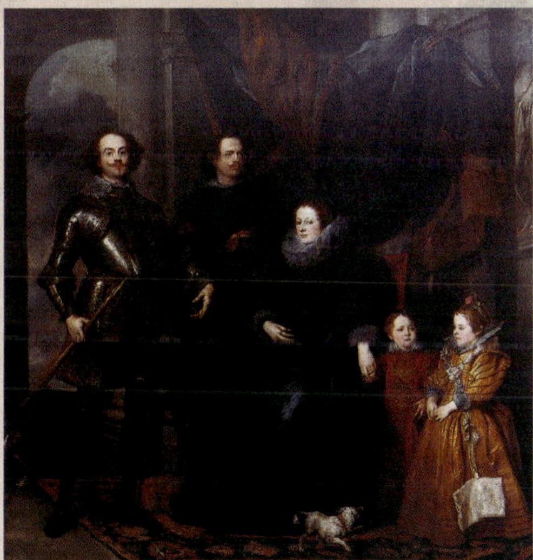

Anthonis van Dyck
Bildnis der Familie Lomellini, 1625
Edinburgh, National Gallery of Scotland

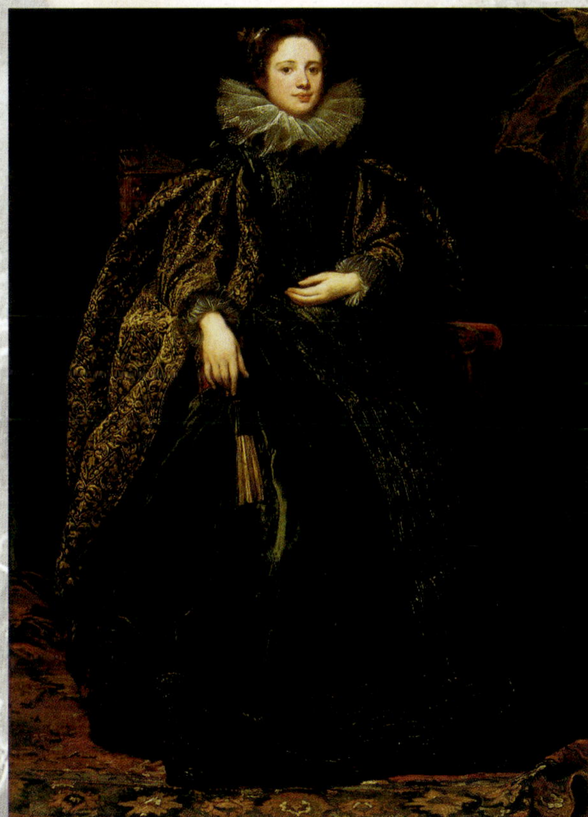

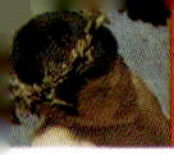

Sevilla, Madrid

1599–1660

Diego Velázquez

Der Genius der Farbe im melancholischen spanischen Glanz

In der Malerei von Diego Velázquez spiegelt sich ein ganzes Jahrhundert, eine Art zu leben und zu regieren; jedoch treten die abgebildeten Empfindungen, Situationen und Personen aus der Zeit heraus und werden zu Archetypen. Velázquez wächst im lebhaften Kunstklima Sevillas auf und debütiert schon früh mit so genannten »bodegónes«, Genreszenen mit Stillleben-Elementen, in deren Komposition und Helldunkelmalerei sich der Einfluss Caravaggios zeigt. Der Graf von Olivarez aus Sevilla, leitender Minister Philipps IV., beruft 1623 seinen Landsmann als Hofmaler nach Madrid. Velázquez arbeitet hauptsächlich als Porträtist und folgt darin dem Beispiel Tizians. Auf einer ersten Italienreise (1629–1631) wird seine Technik noch geschmeidiger und flexibler. Nach der Rückkehr schafft er in Madrid zahlreiche Bilder für die Königsresidenzen und porträtiert die verschiedensten Personen des Hofes, nicht nur den König und die Fürsten, sondern auch Zwerge und Narren. Nach der zweiten Italienreise (1649–1651) überdenkt er seine Malweise neu: Wie Rembrandt malt er jetzt mit großen, pastosen Pinselstrichen voller Materie und Ausdrucksintensität. Seinen völlig freien Stil entdecken die französischen Maler des 19. Jahrhunderts wie Manet wieder; er bleibt ein Bezugspunkt auch für Picasso und die modernen Kunstströmungen.

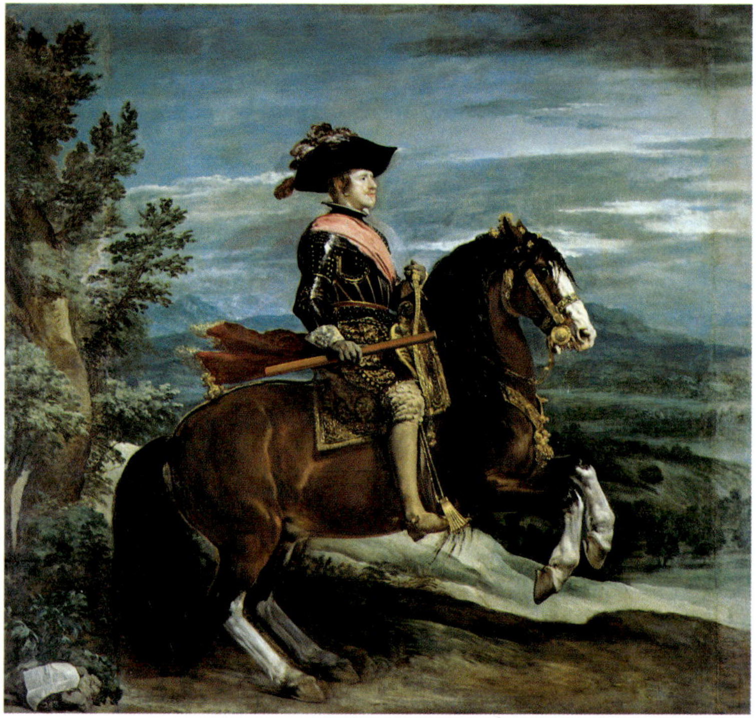

Diego Velázquez
Philipp IV. zu Pferde, um 1635
Madrid, Museo del Prado

Das Bild ist inspiriert von Tizians Reiterbildnis Karls V. (1548). Wie bei dem Vorbild wird Philipp IV. in Rüstung und im Profil gezeigt, aber die dramatische Atmosphäre der Schlacht ersetzt Velázquez durch die klare Ruhe einer Übung der hohen Reiterschule vor einer offenen, weitläufigen Landschaft.

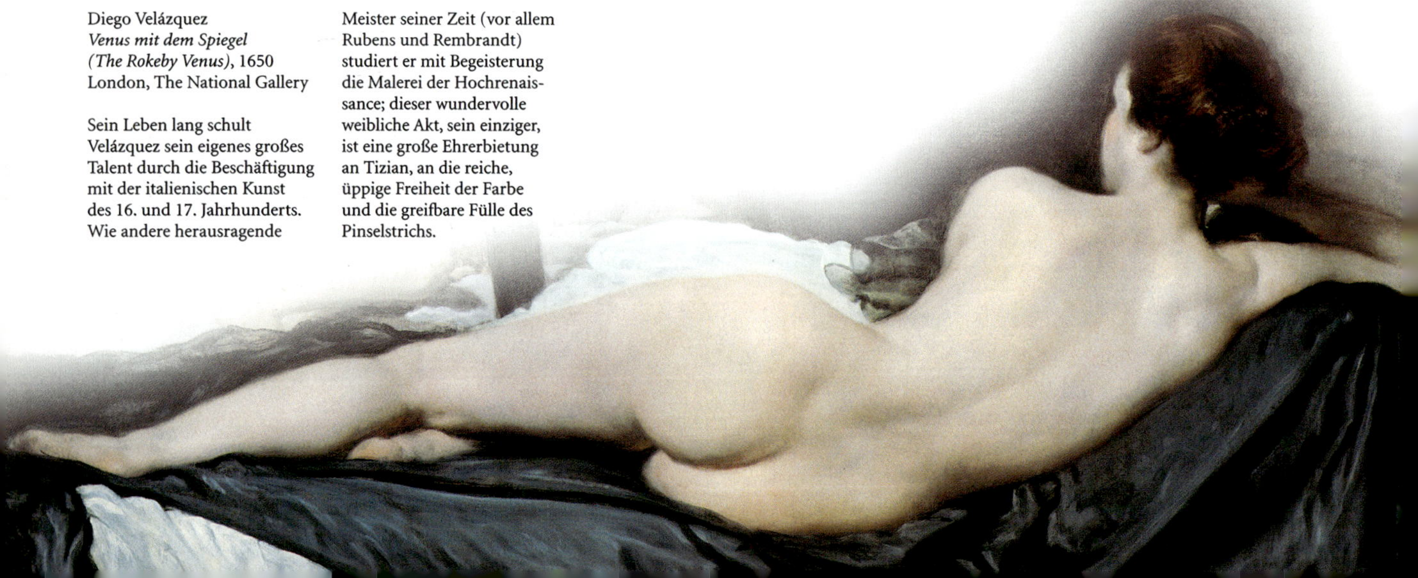

Diego Velázquez
Venus mit dem Spiegel (The Rokeby Venus), 1650
London, The National Gallery

Sein Leben lang schult Velázquez sein eigenes großes Talent durch die Beschäftigung mit der italienischen Kunst des 16. und 17. Jahrhunderts. Wie andere herausragende Meister seiner Zeit (vor allem Rubens und Rembrandt) studiert er mit Begeisterung die Malerei der Hochrenaissance; dieser wundervolle weibliche Akt, sein einziger, ist eine große Ehrerbietung an Tizian, an die reiche, üppige Freiheit der Farbe und die greifbare Fülle des Pinselstrichs.

Diego Velázquez
Triumph des Bacchus (Los Borrachos), 1628–1629
Madrid, Museo del Prado

Die fröhlichen Trinker mögen an die flämisch-holländische Genremalerei erinnern, aber ohne die Distanz und manchmal auch Ironie, die bei anderen Malern der Zeit anklingt: Im Gegenteil zeigt das Lächeln der Männer aus dem Volk Velázquez' Zuneigung für die Menschen, ganz gleich ob Könige oder Prinzen, Narren oder Bauern.

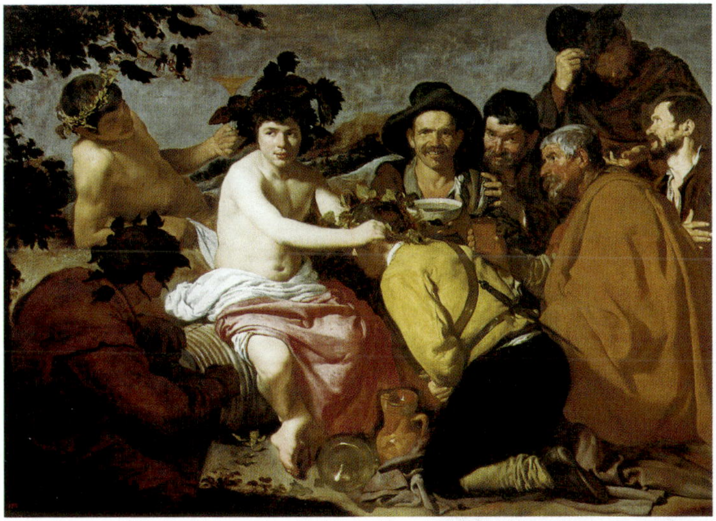

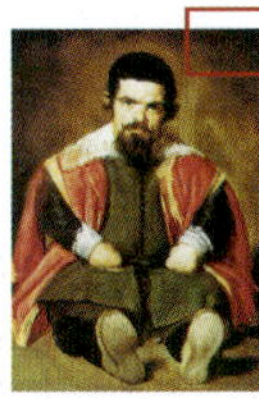

Die Hofnarren

Eine Besonderheit von Velázquez' Kunst ist sein seltsamer »Hof der Wunder« mit Zwergen, Komikern und »locos« (Narren), deren Aufgabe es war, die Königsfamilie zu unterhalten. Schon in den Fresken der italienischen Renaissancehöfe wurden Narren abgebildet (Camera degli Sposi in Mantua und im Palazzo Schifanoia in Ferrara), aber nie zuvor hatten diese Figuren einen so großen Raum eingenommen. Manchmal zeigt Velázquez sie als Ganzfigur in gleicher Größe und Haltung wie den König; oft stellt der Maler ihre komischen Grillen, Possen und Grimassen dar, ohne jedoch sentimental oder spöttisch zu werden. Am beeindruckendsten unter diesen Porträts sind die Bildnisse der Zwerge. Hier macht sich Velázquez in keiner Weise über die Missbildung lustig und hebt sie auch nicht ironisch hervor. Im Gegenteil, er zeigt ihre große Würde, besondere Sensibilität und überlegene Intelligenz. Die Gesichter über den puppenhaften Körpern zeigen beeindruckende Kommunikationsfähigkeit und innere Kraft, vor der die im Barock verbreiteten Porträts von blutleeren, übernervösen Höflingen noch mehr verblassen.

Diego Velázquez
Die Übergabe von Breda (Las Lanzas), 1633–1635
Madrid, Museo del Prado

Dieses Meisterwerk der historischen Malerei erinnert an eine Episode aus dem Krieg von 1625 zwischen Spanien und Holland: Justinus von Nassau übergibt nach seiner Niederlage dem Sieger Ambrosius Spinola symbolisch den Schlüssel der Festung Breda. Vor einer verlassenen, vom Feuerrauch durchzogenen Landschaft treffen die beiden Feldherrn mit Liebenswürdigkeit und Respekt füreinander zusammen. Beide sind vom Pferd gestiegen. Velázquez schildert den Vorgang schnörkellos und trifft den Kern des Ereignisses, nämlich den menschlichen Aspekt. So zeigt sich auch bei den Soldaten nichts Triumphierendes, wenig unterscheidet Sieger und Besiegte: Der Krieg ist für die Soldaten eine schmutzige, mühsame Arbeit und lässt wenig Raum für Heldentum.

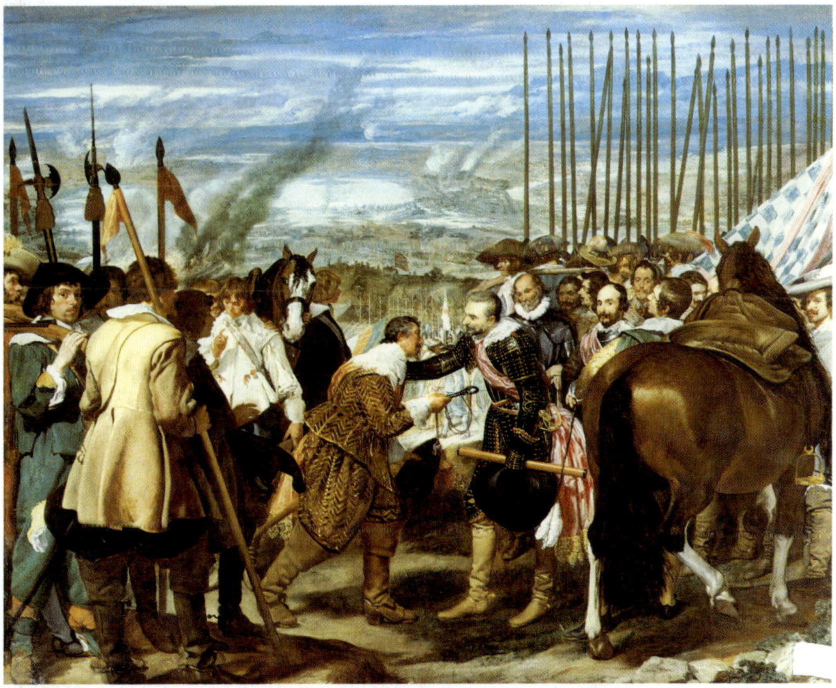

Diego Velázquez

1656

Las Meniñas

Dieses Werk, eine Synthese der spanischen Kunst des 17. Jahrhunderts und zu Recht als Schmuckstück des Madrider Prado betrachtet, stammt aus der Spätzeit Velázquez' nach seiner zweiten Italienreise. Es zeigt eine am Hof übliche Szene: In einem Saal des Königspalasts, in dem der Maler seine Werkstatt eingerichtet hatte, erweisen die Hofdamen der Infantin Margarita die Ehre; diese ist das Zentrum der Komposition. Zur Entstehungszeit des Gemäldes ist Margarita Teresa, ein Kind aus Philipps IV. zweiter Ehe mit Maria Anna von Österreich, fünf Jahre alt. Die Zwerge rechts, Maria Bárbola und Nicolasito Pertusato, der einem Hund auf den Rücken tritt, gehören zu Velázquez' bemerkenswerten Hofnarrengestalten. Die Komposition wird noch komplexer durch die Gesichter von König und Königin, die im Hintergrund des Saals in einem Spiegel zu sehen sind. Der Maler zieht uns in ein raffiniertes Hin und Her zwischen verschiedenen Räumen und Situationen hinein: Die völlig real erscheinende »klassische« Hofszene erweist sich als eine hintergründige Illusion.

Die Vieldeutigkeit der Komposition wird verstärkt durch das Selbstbildnis des Künstlers, der sich beim Malen eben dieses Gemäldes zeigt. Jedoch ist die große Leinwand vom Betrachter abgewandt: Aus dieser Sicht könnte Velázquez die Personen nur von hinten abbilden. Das Spiel zwischen innen und außen, vorne und hinten wird zu einem Labyrinth.

Hauptfigur der Szene ist die Infantin Margarita. Velázquez hat das älteste Kind König Philipps IV. bis zu ihrer Vermählung mehrmals porträtiert. Hier zeigt er ein zartes fünfjähriges Mädchen, das vom Vater die schönen blonden Haare geerbt hat. Inmitten der umgebenden Hofdamen – Doña María Agostina Sarmiento, die ihm ein Tablett reicht, und Isabela de Velasco – wirkt es schon fast wie eine Herrscherin. In den späteren Bildern der Infantin Margarita bekommt das rosige Kindergesicht nach und nach die typisch habsburgische Physiognomie mit dem unschön vorspringenden Unterkiefer.

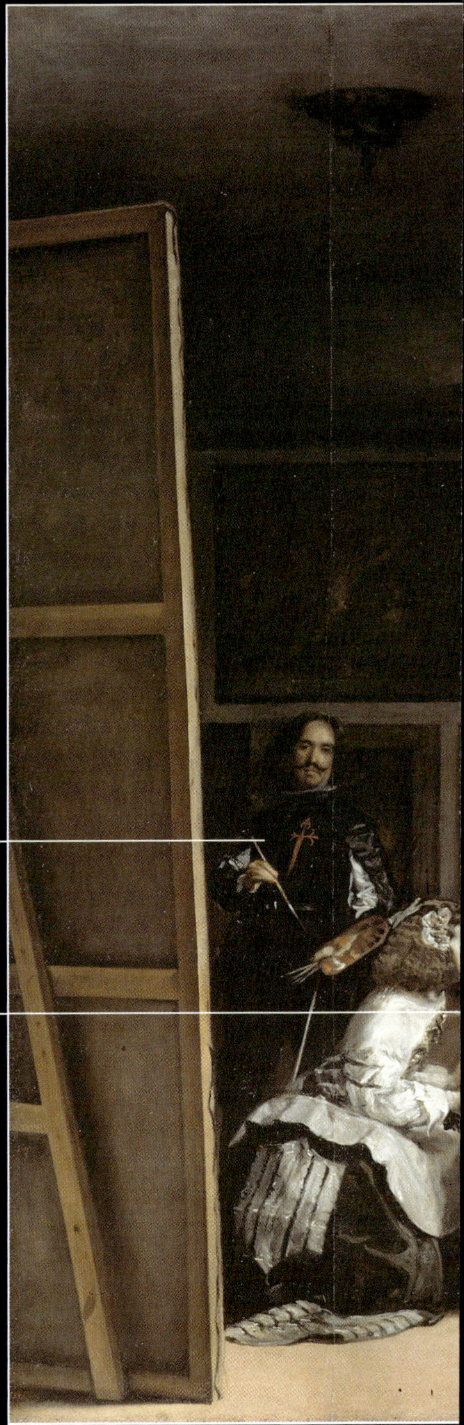

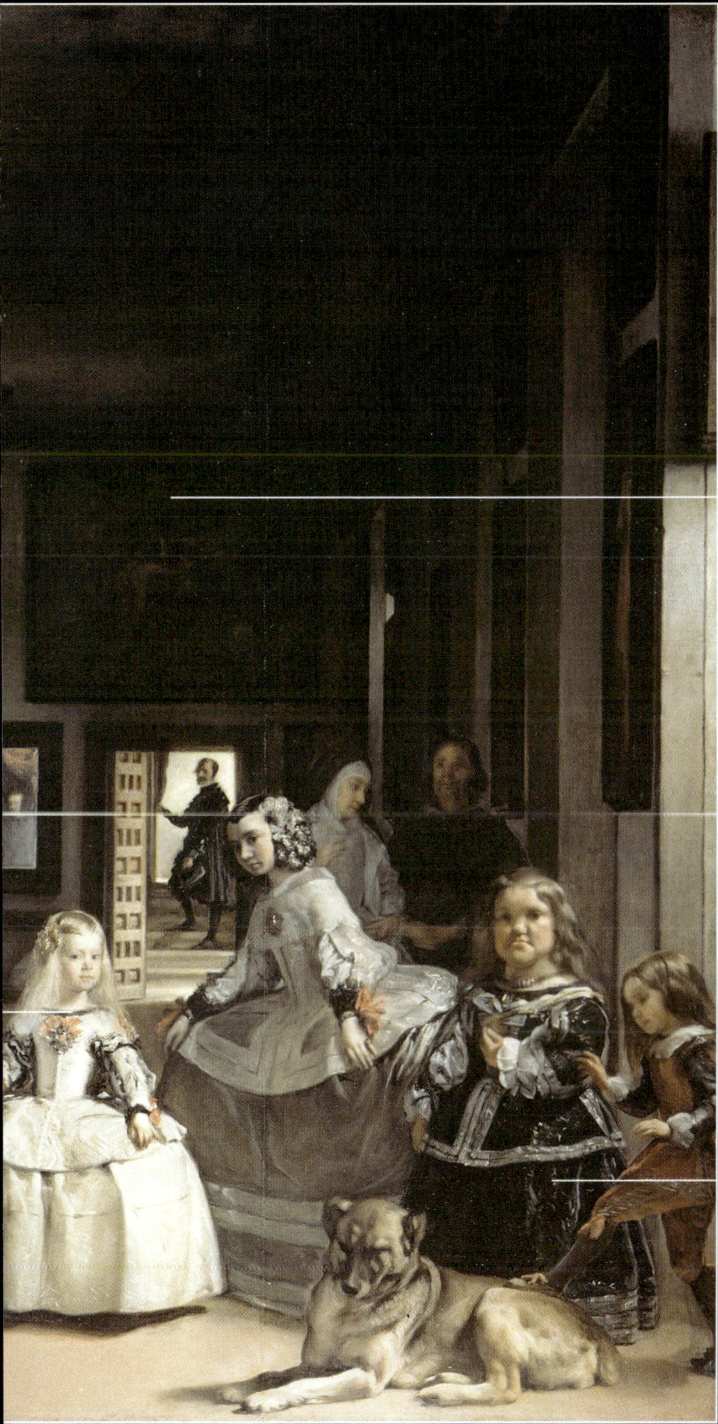

Velázquez lässt die Szene in einem realen Raum des Alcázar in Madrid stattfinden, und zwar in der Galerie der Wohnung von Prinz Baltasar Carlos im Untergeschoss, deren Fenster auf den kaiserlichen Garten hinausgehen. Nach dem frühen Tod des Prinzen war der Raum dem Maler als Werkstatt zugeteilt worden, auch wegen der Nähe zu den königlichen Räumen. An den Wänden hängen große mythologische Gemälde, Kopien von Rubens und Jordaens, die Velázquez' Schwiegersohn Juan Bautista Martínez del Mazo anfertigte.

König Philipp IV. und Königin Maria Anna von Österreich sind gleichzeitig Zuschauer und Teil der Szene: Ihr Bild im Spiegel (das an Jan van Eycks viel früheres Gemälde *Die Hochzeit des Giovanni Arnolfini* erinnert) zeigt, dass sie »auf der anderen Seite« des Bildes, also neben dem Betrachter stehen müssen.

Die Zwerge Maria Bárbola und Nicolasito Pertusato tragen kostbare Kleider. Die Hofnarrenbilder sind ein sehr charakteristischer Bestandteil von Velázquez' Porträtschaffen und werden von Goya und Manet sehr bewundert.

Spanien

1598–1700

Das »Goldene Zeitalter«

Ruhm und Ernüchterung

Für Kunstgeschichte und Literatur ist das 17. Jahrhundert in Spanien das »siglo de oro«, das Goldene Zeitalter, mit dem das iberische Reich eine zentrale Bedeutung erlangt. Die Malerei orientiert sich hauptsächlich an Velázquez, dem herausragendsten Künstler seiner Zeit. Mit ihm setzen sich alle spanischen Maler auseinander, vor allem seine Landsleute: Viele der großen Meister kommen aus der Schule von Sevilla, etwa Zurbarán, Murillo und Valdés Leal. Jeder von ihnen stellt eine eigene Weltsicht dar, worin sich die große Bandbreite des spanischen Barock spiegelt. Der Traum vom Ruhm und die mühselige Gegenwart, der Stolz, Mittelpunkt eines Weltreichs zu sein, und die alltäglichen Schwierigkeiten eines von der Sonne verbrannten Landes: Spanien ist voller Widersprüche, die man entweder tragikomisch sehen kann wie Cervantes' Don Quichote oder durch Flucht in Mystik und Vergessen bewältigt. »Das Leben ein Traum« heißt das düstere Versdrama von Calderón de la Barca: Die spanische Malerei des 17. Jahrhunderts zeigt in bewegender Weise Träume und Leben, Schimären und Realität.

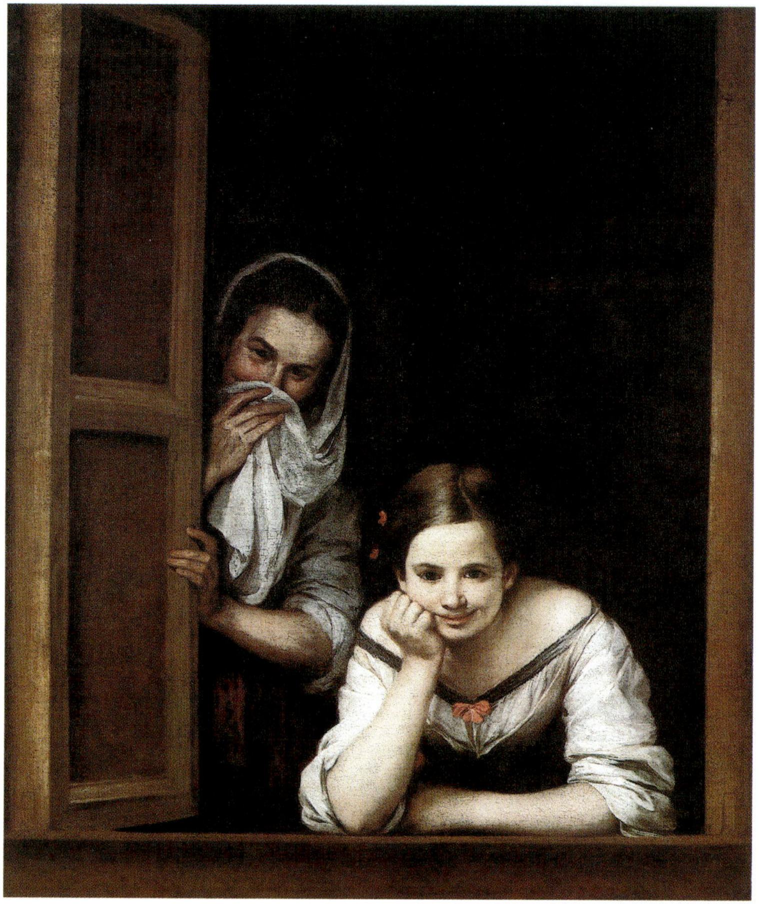

Bartolomé Esteban Murillo
Mädchen am Fenster, um 1670
Washington, National Gallery of Art

Neben religiösen Bildern voll tiefer, leidenschaftlicher Frömmigkeit hat Murillo bedeutsame volkstümliche Genreszenen geschaffen, die häufig von belustigter Anteilnahme und raffinierter Maltechnik gekennzeichnet sind.

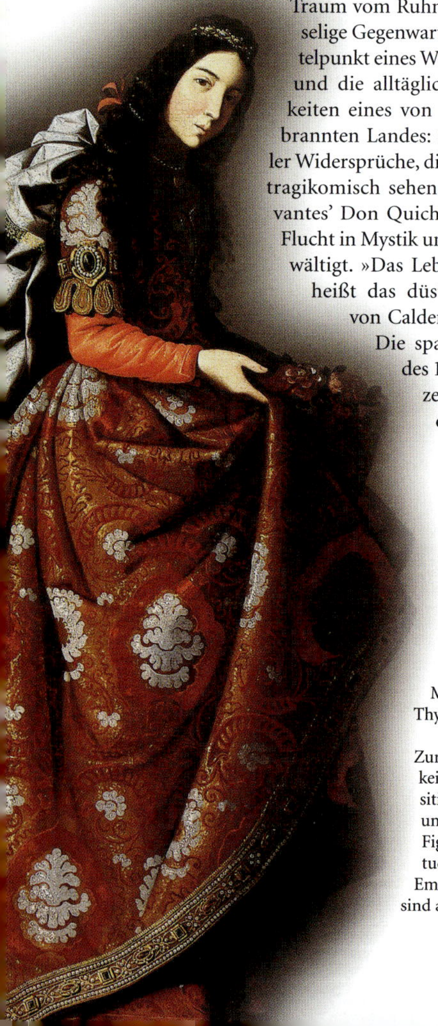

Francisco de Zurbarán
Heilige Casilda von Toledo, 1630–1635
Madrid, Museo Thyssen-Bornemisza

Zurbarán (1598–1664) liebt keine dynamischen Kompositionen, sondern bevorzugt unbewegte Szenen und Figuren, bei denen spirituelle Intensität und innere Emotionen bedeutsamer sind als Mimik und Handlung. Sehr charakteristisch sind seine Bilderfolgen von heiligen Männern und Frauen, die in besonderen Gesten und konzentriertem Ausdruck erstarrt scheinen. Faszinierend (um nicht zu sagen verstörend) sind vor allem die Bilder von heiligen Mädchen oder Jungfrauen in prunkvollen Gewändern; überrascht, fast verdutzt stehen sie dem Betrachter gegenüber, in einem kraftvollen Licht, das an Caravaggio erinnert.

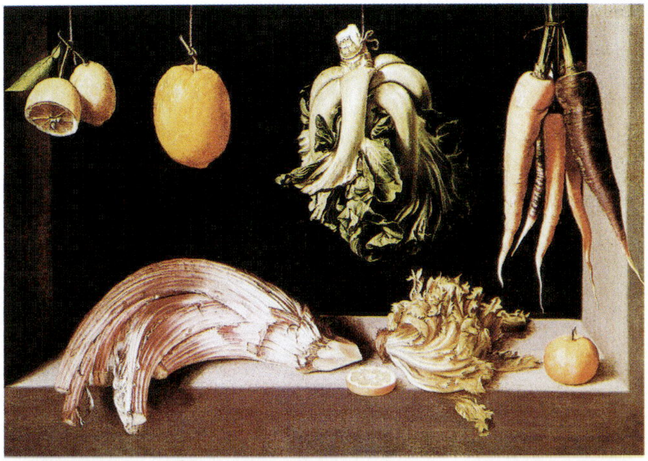

Juan Sánchez Cotán
Stillleben, 1602–1603
Madrid, Sammlung José Luis Várez Fisa

Weit entfernt von Lärm und Getümmel anderer Bilder der Zeit sind die spanischen Stillleben ein Moment einsamer Kontemplation, eine konzentrierte und faszinierende Synthese.

Wenige einfache Gegenstände, ein Stück Gemüse, das vor einer schwarzen Wand hängt, werden für den mystisch-religiösen Kartäusermönch Sánchez Cotán (1560–1627) ein Fenster zum Absoluten, ein Gegenstück zu den auffallenderen und komplexeren religiösen Barockgemälden, das jedoch nicht weniger bedeutend ist.

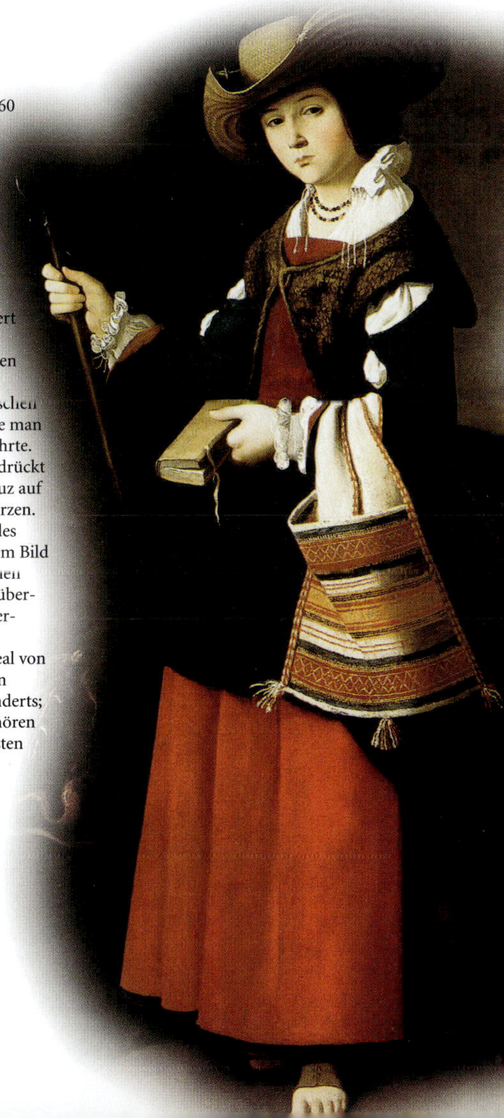

Francisco de Zurbarán
Heilige Margarete von Antiochien, 1635–1640
London, The National Gallery

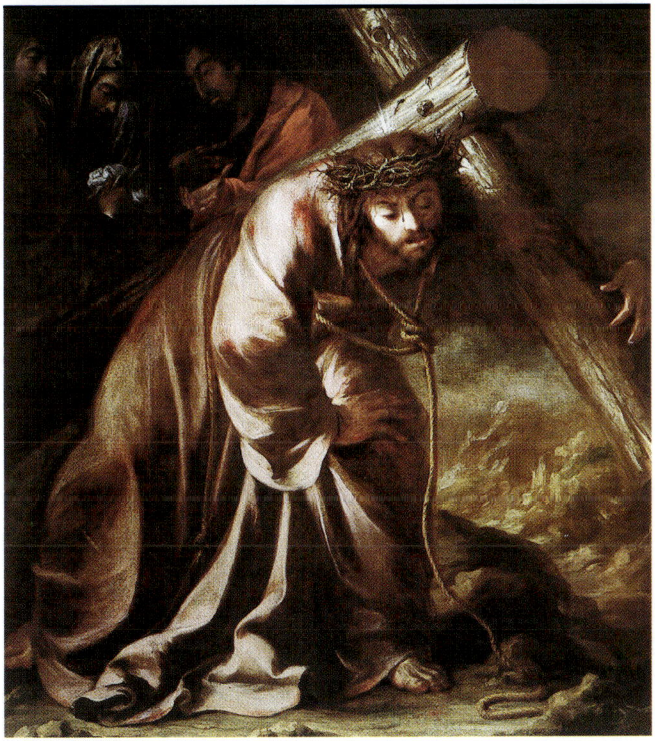

Juan de Valdés Leal
Kreuztragung, 1657–1660
Madrid, Museo del Prado

Valdés Leal (1622–1690) steht für eine Strömung von selbstquälerischer Religiosität. Wie bei der volkstümlichen Kreuzwegszene orientiert er sich in Übereinstimmung mit der spanischen Frömmigkeit ganz klar an den großen, pathetischen Skulpturengruppen, die man bei Prozessionen mitführte. Christus scheint wie erdrückt von dem schweren Kreuz auf den Betrachter zuzustürzen. Die rauhe Oberfläche des Holzes hebt sich aus dem Bild heraus; unter den Dornen ist Christi Gesicht blutüberströmt. Seine bittere, verzweifelte Frömmigkeit unterscheidet Valdés Leal von den anderen spanischen Malern des 17. Jahrhunderts; einige seiner Werke gehören zu den beeindruckendsten der Barockmalerei.

Neapel

1606–1705

Die neapolitanische Schule

Von Caravaggio zu Luca Giordano

Die Überschrift kennzeichnet ein für die Kunst, die Architektur und das ganze Leben in Neapel sehr ereignisreiches Jahrhundert. 1606 trifft Caravaggio zum ersten Mal in Neapel ein; zum zweiten Mal ist er 1609–1610 in der Stadt, kurz vor seinem tragischen Tod. Diese Aufenthalte sind nicht nur für die Entwicklung seiner eigenen Werke, sondern auch für die Malerei Neapels von Bedeutung. 1705 stirbt Luca Giordano, ein Künstler von genialer Vielseitigkeit und eine Schlüsselfigur für den Übergang der italienischen Kunst vom 17. zum 18. Jahrhundert. Dazwischen, während des ganzen 17. Jahrhunderts, bringt die neapolitanische Schule immer wieder kraftvolle Maler hervor und wird zu einem der wichtigsten Zentren der europäischen Kunstproduktion: von den großen Dekorationsfresken der Barockkirchen zu den Stillleben und Genrebildern der Privatsammlungen. Die hemdsärmelige Art, mit der die neapolitanischen Maler den Realismus, das Helldunkel und die starke emotionale Anteilnahme Caravaggios aufnehmen, überträgt sich auch auf viele religiöse Kunstwerke. Mit der Ankunft des Spaniers Jusepe de Ribera (1591–1652) werden die Themen abwechslungsreicher und bekommen eine Art volkstümliche Unmittelbarkeit. Durch die Besuche großer Meister des emilianischen Klassizismus wie Guido Reni und Domenichino, die an den Fresken der Cappella di San Gennaro arbeiten, gelangen Cavallino (1616–1654) und andere Maler zu einer ausgesuchten Raffinesse; nach der Ankunft des Mattia Preti (1613–1699) wird die Farbwahl heller und reicher. Höhepunkt dieser Zeit ist Luca Giordano (1634–1705) mit seiner unerschöpflichen kreativen Phantasie.

Mattia Preti
Die Ermordung Amnons beim Gastmahl des Absalom,
um 1660
Neapel, Museo Nazionale di Capodimonte

Im Jahr 1656, während einer schrecklichen Pestepidemie, kommt Mattia nach Neapel; er verbringt dort eine kurze, aber entscheidende Zeit, nämlich seine bedeutendste und produktivste Phase: In den fünf Jahren entstehen fast alle wichtigen Werke, bei denen er eine beeindruckende Erfindungskraft und Ausführung zeigt. Auf ungewöhnliche, aber wirkkräftige Weise vereint er das Helldunkel Caravaggios mit der prunkvollen Fülle des 16. Jahrhunderts; durch ihn verändert sich die neapolitanische Schule und bewegt sich auf den Eklektismus Luca Giordanos zu.

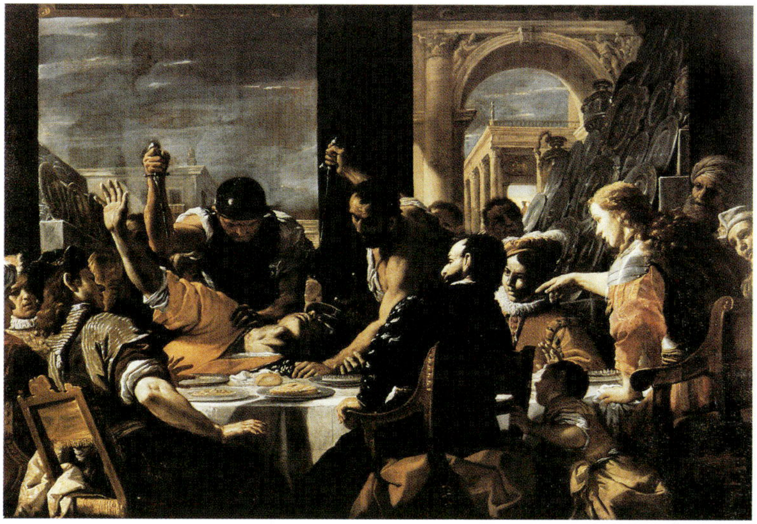

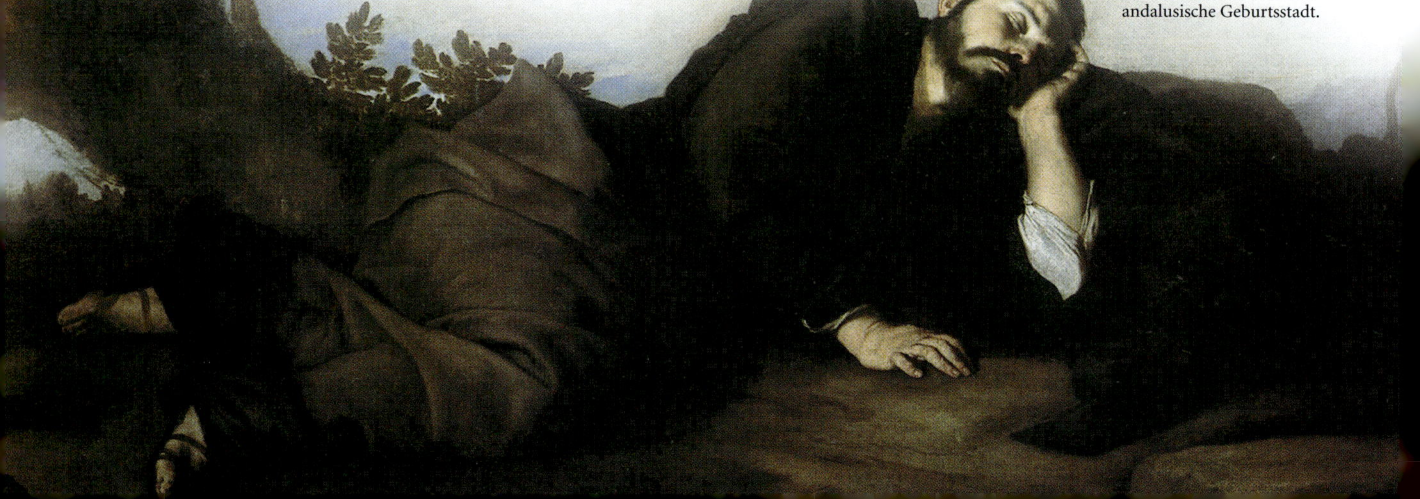

Jusepe de Ribera
Jakobs Traum, 1639
Madrid, Museo del Prado

Als »Vermittler« zwischen der spanischen und italienischen Malerei ist Ribera einer der originellsten Interpreten Caravaggios. Die meiste Zeit arbeitet er in Italien, aber für spanische Auftraggeber. Besonders bedeutsam für seine Laufbahn ist der spanische Vizekönig von Neapel, der Herzog von Osuna; er ruft den Maler zu sich ins Zentrum der neapolitanischen Kunstszene und beauftragt ihn mit großen Gemälden für Játiva, seine andalusische Geburtsstadt.

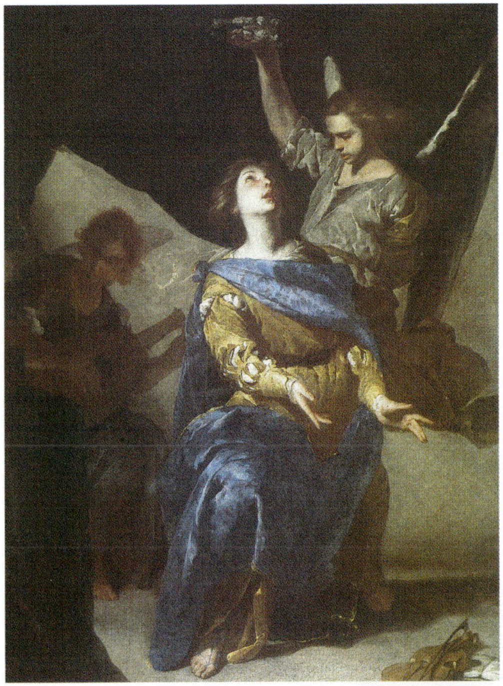

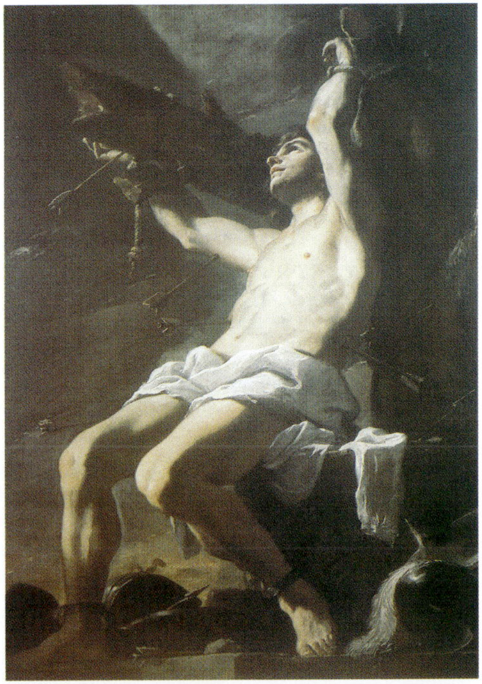

Mattia Preti
Heiliger Sebastian, um 1660
Neapel, Museo Nazionale
di Capodimonte

Preti lässt sich schwer einer bestimmten Schule zuordnen, auch wenn er im Großen und Ganzen mit der neapolitanischen Malerei verbunden ist. Nach der Ausbildung in der Familienwerkstatt in Kalabrien geht der begabte, extrovertierte Maler noch sehr jung nach Rom und wird dort in der Kunstszene und vom Adel bemerkt. Mattia wird immer erfolgreicher: Mit nur 29 Jahren schlägt man ihn 1642 zum Ritter des Malteserordens; diese Ehre war fast 40 Jahre früher Caravaggio zuteil geworden. Dieser ist auch stilistisch das Vorbild des jungen Malers; er übernimmt den direkten Realismus und die Helligkeit des lombardischen Meisters.

Bernardo Cavallino
Heilige Cäcilie, 1645
Neapel, Museo Nazionale
di Capodimonte

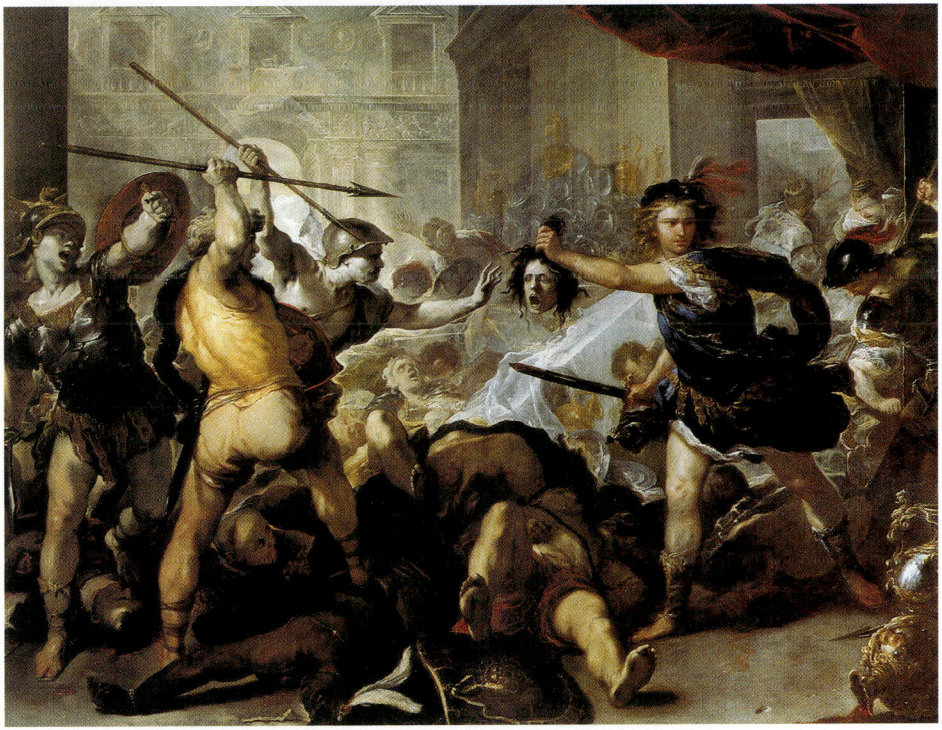

Luca Giordano
Perseus verwandelt Phineas und seine Gefährten zu Stein, 1680
London, The National Gallery

Fasziniert vom Aufsehen erregenden Stil Pietro da Cortonas und von der venezianischen Tradition, der zur gleichen Zeit auch Mattia Preti folgt, gibt Luca Giordano sein anfängliches Helldunkel auf und malt lichte, inspirierte und kraftvolle Bilder. Nach zahlreichen Werken für die Kirchen Neapels erreicht sein neuer Stil, eine gelungene Synthese verschiedener Erfahrungen, bei seiner zweiten Reise nach Florenz und Venedig einen spektakulären Gipfelpunkt: Er überschreitet die Grenzen der klassischen Malerei und schafft freie, bewegte Figuren, die fast schon auf die Kunst des 18. Jahrhunderts hindeuten.

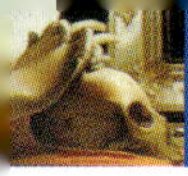

Lothringen

1593–1652

Georges de La Tour

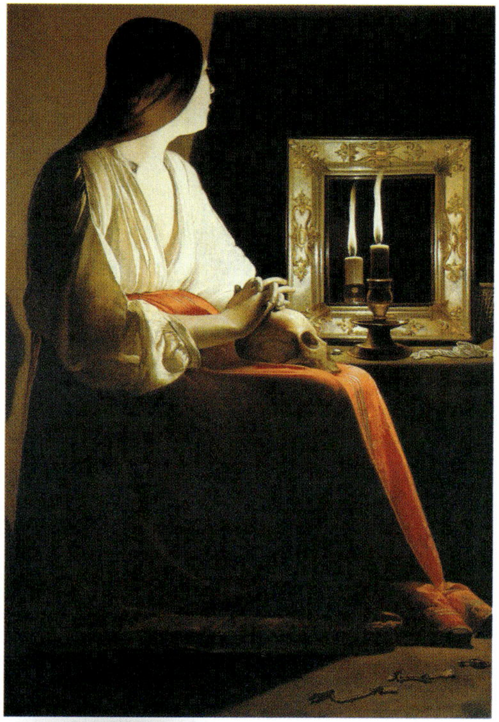

Georges de La Tour
Die büßende Magdalena,
1638–1643
New York, The Metropolitan Museum of Art

Die büßende Magdalena ist de La Tours Lieblingsthema. Diese Version mit der im Spiegel verdoppelten Kerze ist vielleicht die poetischste; die Sünderin verändert ihr Leben in tiefster Einsamkeit. Mit den Händen streicht sie über einen Totenschädel, Symbol für die Vanitas, die Vergänglichkeit alles Irdischen. Sehr geschickt erweckt de La Tour durch die Anordnung den Eindruck, Magdalena sehe ihr Bild im Spiegel, während der Betrachter nur die Kerze erblickt: So wird die Andacht zur Selbstbetrachtung, im Spiegel verbirgt sich das Innere.

Ein Leben bei Kerzenschein

Lothringen, das in der Geschichte von Frankreich und Deutschland beansprucht wurde, verbirgt eifersüchtig einen ebenso faszinierenden wie seltsamen Künstler. Von den Werken de La Tours sind in Museen nur etwa dreißig erhalten, aber alle haben eine anrührende und überraschende Wirkung; nur zwei davon sind genau datiert. Über das Leben eines zu seiner Zeit offenbar berühmten Künstlers (»peintre du roi«), der sein Leben aber ruhig in Lunéville, der Geburtsstadt seiner Frau verbrachte, ist wenig bekannt. Eine Romreise ist nicht dokumentiert, doch ist die direkte Kenntnis der Kunst Caravaggios ein durchgängiges Motiv seiner Malerei. Besonders stark ist die Verbindung zu dem Italiener in der Themenwahl der ersten Jahre: Die Szenen zeigen Randfiguren und Außenseiter wie Narren, Zigeunerinnen, Bettler, Spielleute oder Possenreißer. Mit über vierzig findet de La Tour dann sein eigenes, unverwechselbares Thema: das Kerzenlicht. In den Nachtstücken herrscht tiefste Dunkelheit, die von der flackernden Flamme schwach erhellt wird. Das Licht hebt die Gesichter, Gefühle und Gesten deutlich aus dem umgebenden Dunkel hervor. De La Tour bevorzugt unbewegliche, versunken wirkende Figuren oder langsame, gelassene Gesten und erfasst sie mit einfühlender Poesie.

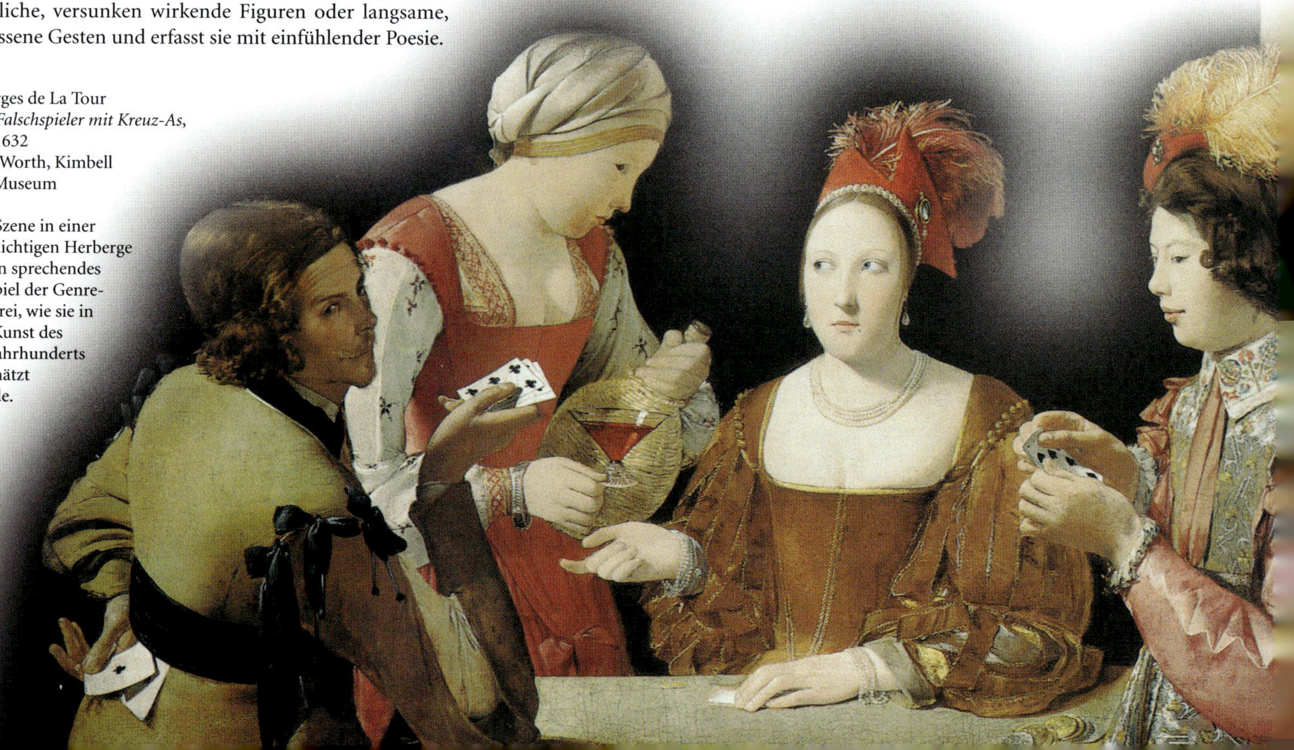

Georges de La Tour
Der Falschspieler mit Kreuz-As,
um 1632
Fort Worth, Kimbell Art Museum

Die Szene in einer zwielichtigen Herberge ist ein sprechendes Beispiel der Genremalerei, wie sie in der Kunst des 17. Jahrhunderts geschätzt wurde.

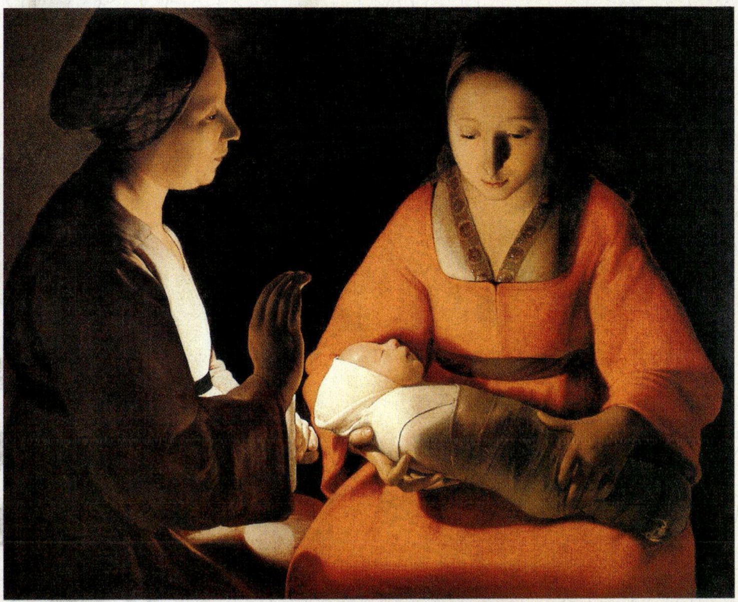

Georges de La Tour
Das Neugeborene, um 1648
Rennes, Musée des Beaux-Arts

Vielleicht hat im ganzen 17. Jahrhundert in Europa nur Vermeer den Alltag ähnlich poetisch dargestellt. Es handelt sich womöglich nicht um eine Madonna mit Kind, sondern einfach um eine Mutter, die sanft ihren schlafenden Säugling wiegt.

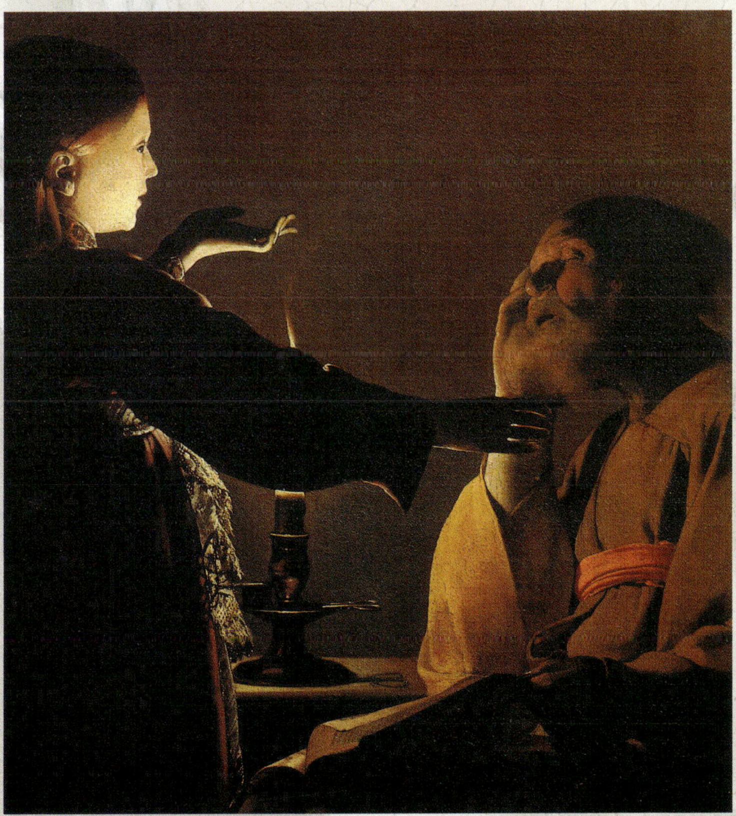

Georges de La Tour
Josephs Traum, 1640–1645
Nantes, Musée des Beaux-Arts

Hier und auch beim Neugeborenen entwickelt der lothringische Maler das Nachtstück bei Kerzenschein weiter und fügt ein neues Element hinzu: Die Kerze ist da, jedoch teilweise verdeckt von einer Hand und einem Arm. So entstehen fast magische Widerschein- und Gegenlichteffekte.

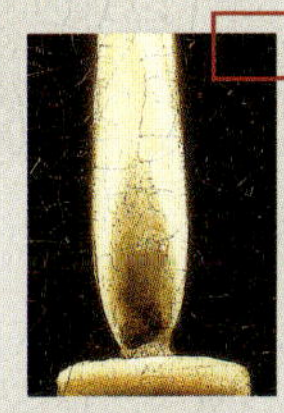

Kerzen und Blendwerk

Wenn es um Lichtquellen geht, darf man sich nicht blenden lassen. Sehr oft, wenn in Nachtstücken von Malern des 17. Jahrhunderts brennende Kerzen oder Fackeln vorkommen, spricht man automatisch von »Caravaggismus«. Dabei ist aber zu bedenken, dass der italienische Maler nur sehr selten Lichtquellen direkt gezeigt hat: Er bevorzugt seitlichen Lichteinfall von einer Lichtquelle außerhalb des Bilds. Die für de La Tour so charakteristischen Kerzen sind eine eigenständige Weiterentwicklung von Caravaggios Stil und kein direkter Rückgriff.

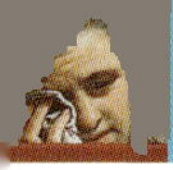

Rom, Bologna

1590–1652

Die Bologneser Schule

»Felsina pittrice« – Bologna malt: zwei Generationen von großen Künstlern

Mit Annibale Carracci wird der von den emilianischen Meistern vertretene Klassizismus zu einer Strömung des 17. Jahrhunderts; auch französische Maler wie Nicolas Poussin nehmen ihn auf. Entstanden ist er auch durch die Gründung von Maler-Akademien, in denen die Schüler eine breit gefächerte, vielseitige Ausbildung erhalten, sodass sie auch komplizierte Themen aus Mythologie oder griechisch-römischer Literatur richtig interpretieren können. Aus Bologna, der zweitgrößten Stadt des Kirchenstaats, kommt eine Reihe bedeutender Maler; die meisten von ihnen haben eine längere Zeit in Rom verbracht. Nach den Brüdern Carracci ist Guido Reni Oberhaupt der Schule: In seinen Werken zeigt sich eine Malerei, die auf der »Idea« beruht, auf der Kontrolle der Gefühle durch die Form und auf einem Gleichgewicht aller Bestandteile des Gemäldes: Licht, Farbe, Zeichnung, Ausdruck und Komposition. Fast zwei Jahrhunderte lang, bis in die zweite Hälfte des 19. Jahrhunderts, gilt sein reiner, diamantener Stil mit seiner vollkommenen Ausgewogenheit von formaler Sorgfalt und Ausdrucksdichte, Themennähe und harmonischer Ausführung als unbedingter Bezugspunkt.

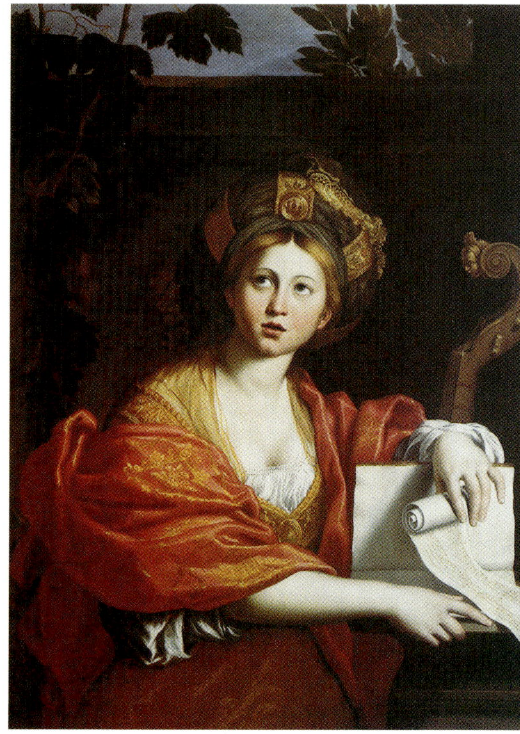

Domenichino
Die Cumäische Sibylle,
um 1610
Rom, Pinacoteca Capitolina

Domenichino (1581–1641), einer der großen Klassizisten Bolognas, die nach Rom übersiedelten, zeigt ganz offen seine Bewunderung für Raffael, den er als unübertreffliches Beispiel des modernen »Klassikers« sieht.

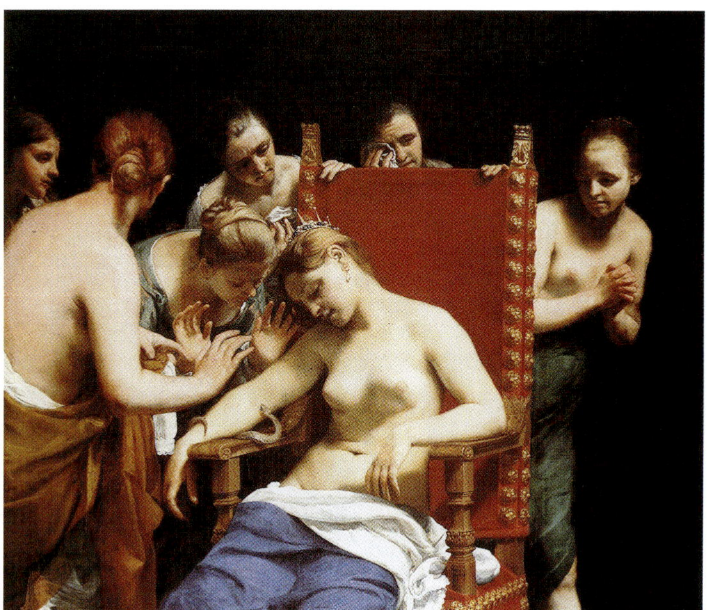

Guido Cagnacci
Selbstmord der Kleopatra, 1658
Wien, Kunsthistorisches Museum

Cagnacci (1601–1663) ist der sinnlichste der emilianischen Maler: Seine Frauenakte enthalten eine für das europäische 17. Jahrhundert sehr offene erotische Note. Seine Laufbahn endet ungewöhnlich: Während fast all seine älteren Kollegen nach Rom oder Neapel gingen, wendet sich Cagnacci nach Norden und lebt ab 1658 am Hof Leopolds I. in Wien – ein kleines, aber interessantes Anzeichen dafür, dass Italien seine zentrale Bedeutung in der Kunst nach und nach verliert.

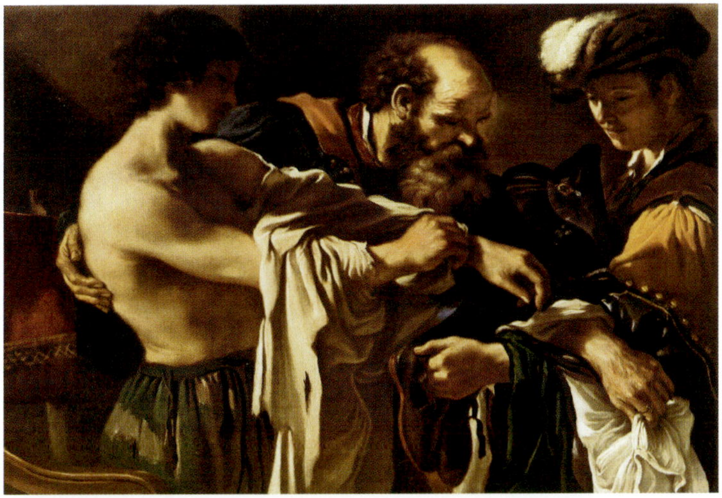

Guercino
Heimkehr des verlorenen Sohnes, 1619
Wien, Kunsthistorisches Museum

Die Werke aus Guercinos langer Laufbahn (1591–1666) mögen widersprüchlich wirken: Dem stürmischen, dramatischen Helldunkel seiner frühen Malerei stehen die geschliffen klaren, ganz klassizistischen Spätwerke gegenüber. Guercino steht hier exemplarisch für die Entwicklung der italienischen Malerei des 17. Jahrhunderts. Das kraftvolle Helldunkel der Jugendwerke mit den starken Kontrasten und einer Art »Fleckenmalerei« ähnelt nur scheinbar dem Stil Caravaggios; in Wirklichkeit ist es eine Weiterentwicklung der Kunst aus Ferrara und von Tizian.

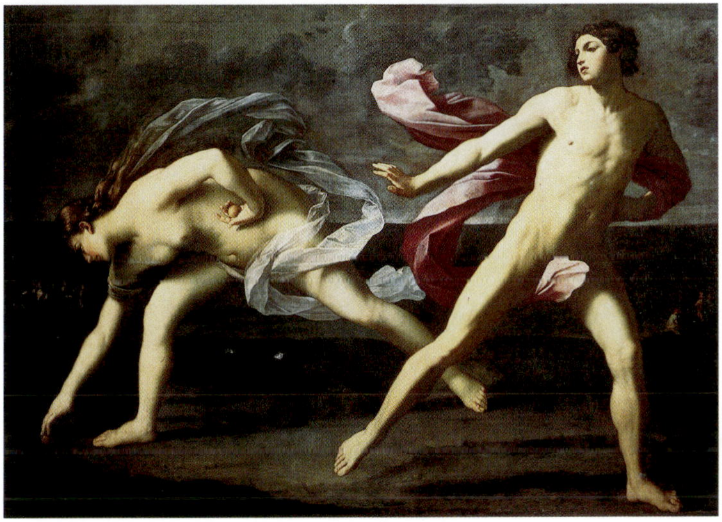

Guido Reni
Atalante und Hippomenes, 1622–1625
Neapel, Museo Nazionale di Capodimonte

Eines der dichtesten und gelungensten mythologischen Gemälde Guido Renis (1575–1642). Für das Thema bietet sich eine dynamische Interpretation an, aber der Maler wählt eine sinnige stilistische Verschlüsselung: die sich kreuzenden beleuchteten Körper der beiden Gegner mit entgegengerichteten Bewegungen vor dem braunblauen Hintergrund von Boden und Himmel. Es handelt sich um den Mythos vom Wettlauf zwischen der unbesiegbar schnellen Atalante und dem schlauen Hippomenes, der auf die weibliche Eitelkeit vertraut und einige Goldkugeln fallen lässt. Atalante bleibt stehen, um sie aufzusammeln; der schlanke Jüngling eilt an ihr vorbei und wird Sieger. In dem Gemälde voll kühlem Kalkül vermitteln nur die flatternden Gewänder den Eindruck von Bewegung.

Annibale Carracci
Pan und Diana, Detail der Fresken der Galleria Farnese, 1597–1602
Rom, Palazzo Farnese

In der langwierigen, mühseligen Dekoration der Galleria Farnese gipfelt die Laufbahn Annibale Carraccis (1560–1609), des Begründers der Schule von Bologna und der Accademia degli Incamminati. Gleichzeitig sind die Fresken Schlussstrich unter die italienische Renaissance und triumphaler Beginn des Klassizismus als einer der Hauptströmungen des europäischen Barock.

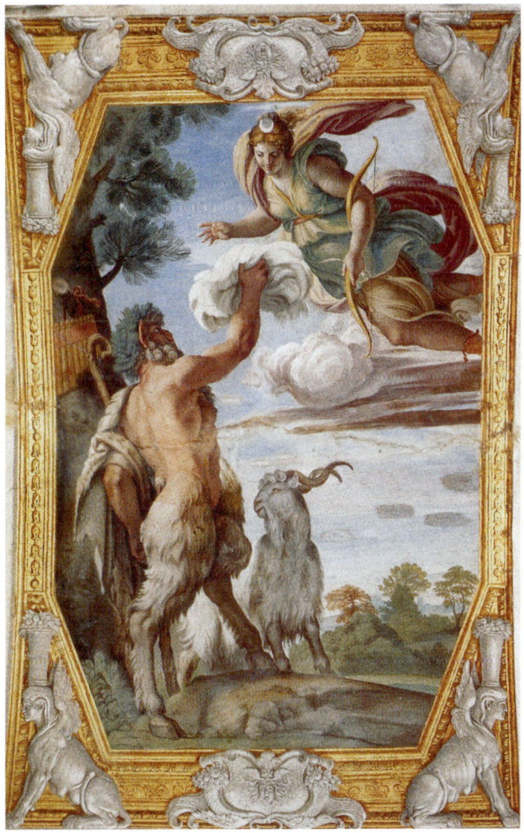

Italien

1600–1650

Städte und Meister des Barocks

Konzert mit vielen Solisten

Alle Wege führen nach Rom, heißt es – für die Barockmalerei trifft dieser Satz jedenfalls zu. Trotzdem gibt es auch im 17. Jahrhundert in der italienischen Kunst viele kleine Zentren mit aktiven Schulen und eine Vernetzung von Stilrichtungen, Erkenntnissen und Neuerungen; von Bologna und Neapel wurde bereits gesprochen. Venedig und Florenz erleben eine weniger bedeutende Phase, aber unter den großen Malern auch in anderen Städten sind zahlreiche venezianische und toskanische Künstler. In Mailand entsteht unter der geistlichen und kulturellen Führung von Carlo und Federico Borromeo eine Generation mit dem Bestreben, die religiöse Malerei zu erneuern. In Genua unterstützt der Adel eine wachsende Gruppe von Malern mit flämischen Vorbildern; in Turin, der Hauptstadt des Königreichs Savoyen, belebt die Entwicklung der Architektur auch die Malerei. Wenn auch weniger deutlich als im 15. Jahrhundert, entstehen in der italienischen Malerei viele anregende und selbstständige kleinere Zentren.

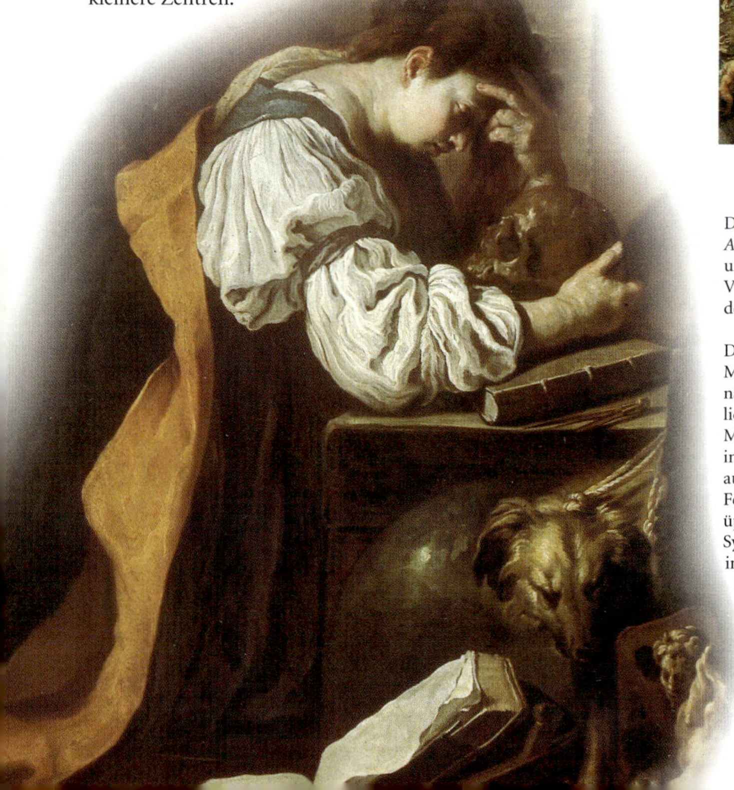

Domenico Fetti
Allegorie der Melancholie, um 1622
Venedig, Gallerie dell'Accademia

Dem Gemälde liegt eine beliebte Methode der Kunst zugrunde, nämlich die Mischung aus Wirklichkeitstreue (bei dem schönen Mädchen) mit raffinierten intellektuellen Anspielungen auf das allegorische Thema. Fetti (1589–1623) verarbeitet in üppiger barocker Form einen Symbolgehalt, den schon Dürer in einem berühmten Kupferstich behandelt hat: die bildliche Darstellung des so genannten »melancholischen« Temperaments nach der traditionellen medizinisch-philosophischen Lehre der Renaissance.

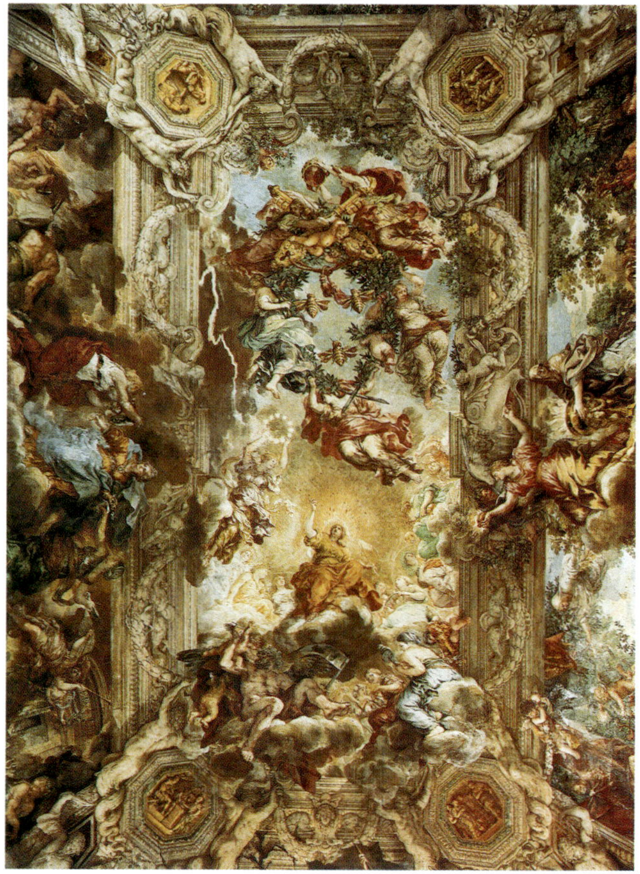

Pietro da Cortona
Allegorie auf das Pontifikat Urbans VIII., 1633–1639
Rom, Palazzo Barberini

Als großer römischer Barockarchitekt und phantasievoller Maler ist Pietro da Cortona (1596–1669) ein leuchtendes Beispiel für die theatralischste und emphatischste Richtung im Europa des 17. Jahrhunderts. Nun sind die drei Hauptströmungen der Kunst des Jahrhunderts vollständig: der Naturalismus Caravaggios, der akademische Klassizismus Carraccis und Renis, schließlich der prunkvolle Barock Berninis und Pietro da Cortonas.

Bernardo Strozzi
Die Köchin, um 1620
Genua, Galleria di Palazzo Rosso

Ein »Brückenschlag« zwischen Italien und Flandern: Küchenstücke sind nämlich in der flämisch-holländischen Malerei des 17. Jahrhunderts sehr verbreitet und die *Köchin* hat viele Vorgängerinnen im Norden. Trotzdem zeigen sich in Geist und Stil Strozzis (1581–1644) bedeutende Neuerungen. Wie die flämischen Meister bildet er die Federn, Gegenstände aus Metall und andere Oberflächen sorgfältig ab. Jedoch richtet sich seine Aufmerksamkeit vor allem auf das sympathische Mädchen, dessen freundliche Menschlichkeit im Feuer und auf den Gegenständen der Küche widerscheint.

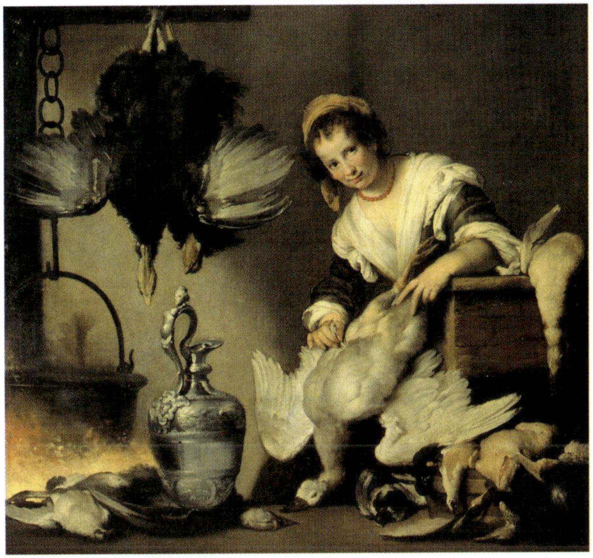

Tanzio da Varallo
Der heilige Karl Borromäus reicht Pestkranken die Eucharistie, 1611–1612
Domodossola, Santi Gervasio e Protasio

Als ein lokaler Vertreter des lombardischen 17. Jahrhunderts kombiniert Tanzio (1580–1635) stark volkstümliches Pathos und monumentale Festigkeit. Bei den Klerikern hinter dem Heiligen handelt es sich um treffsichere Porträts.

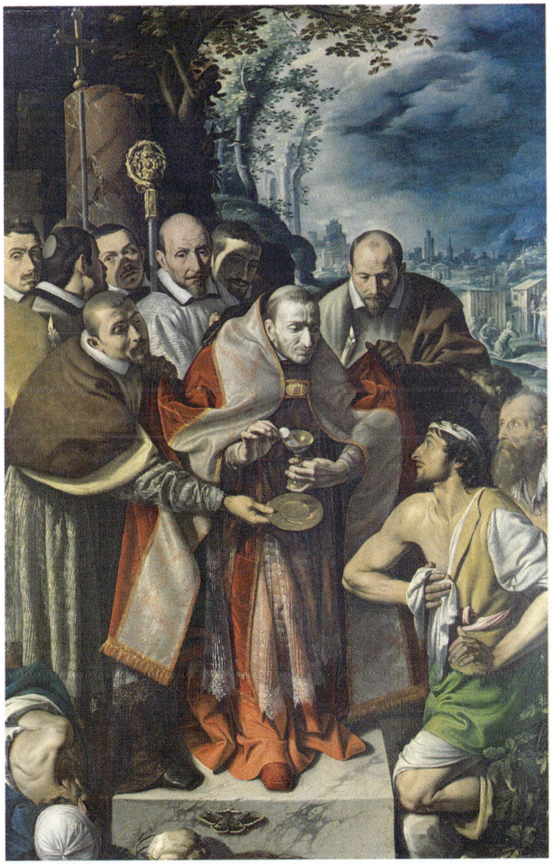

Orazio Gentileschi
Verkündigung, 1623
Turin, Galleria Sabauda

Der toskanische Maler ist ein kluger Mittler zwischen den Ansprüchen eines adligen Publikums und der »Modernität« eines unmittelbaren, warmen, aber nie rohen oder gemeinen Realismus.

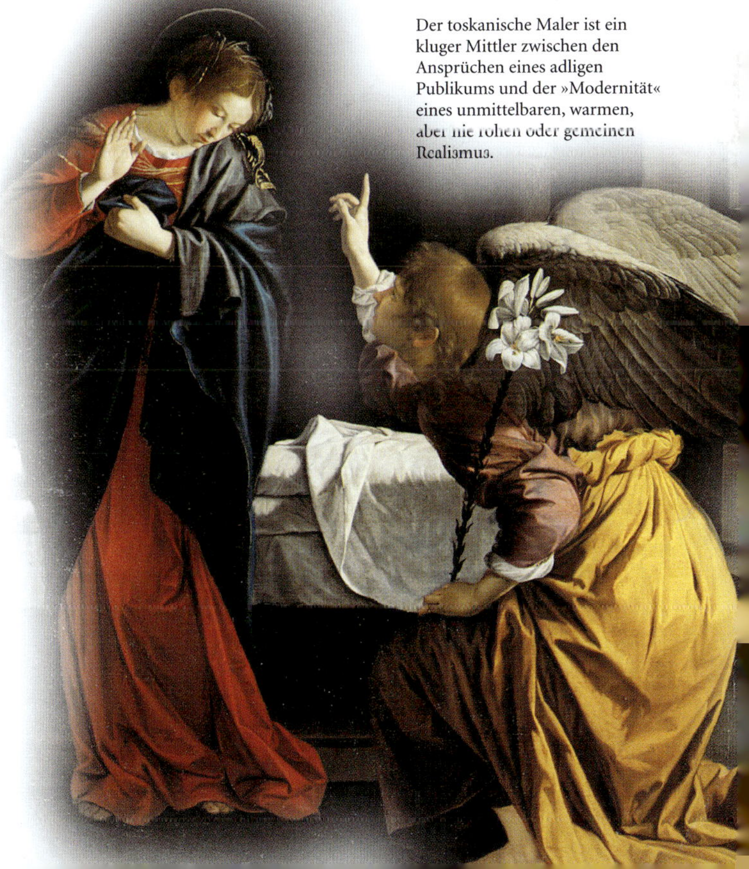

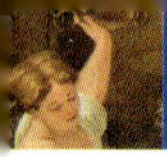

Paris, Rom

1594–1665

Nicolas Poussin

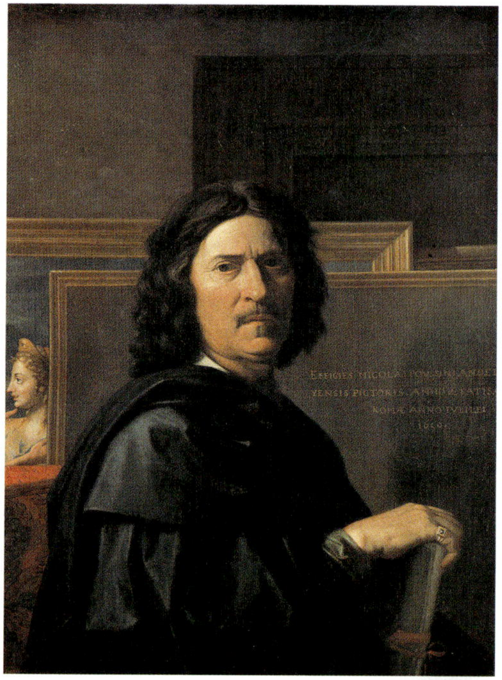

Nicolas Poussin
Selbstbildnis, 1650
Paris, Musée du Louvre

Der aus einem verarmten Adelsgeschlecht stammende Poussin trifft nach einer stürmischen Jugend in Paris den italienischen Dichter Giambattista Marino, den »Virtuosen« der Barocklyrik. Auf seinen Rat geht er 1624 nach Rom; er nähert sich dem Kreis der Klassizisten aus Bologna und bekommt Aufträge von Kardinal Barberini. Den Kontakt zum französischen Publikum verliert er jedoch nicht: Bei einem kurzen Parisaufenthalt (1640–1642) ernennt ihn Kardinal Richelieu zum »premier peintre du roi« (ersten Maler des Königs).

Der »klassischste« der Barockmaler

In ganz Europa ist das 17. Jahrhundert von Widersprüchen und Überschwang geprägt, aber in Frankreich sind diese Kontraste noch stärker. Wissenschaft und Philosophie legen die Grundlagen der modernen Forschungsmethoden und preisen den Reichtum von Geist und Verstand; zugleich füllt sich der Hof des Sonnenkönigs Ludwig XIV. mit dem wahnwitzigsten Luxus. Nicolas Poussin ist der Prototyp des gebildeten, intellektuellen Künstlers: Einen großen Teil seines Lebens verbringt er in Rom, sodass er der »italienischste der französischen Maler« genannt wird. Seine Gemälde sind Ausdruck des Klassizismus des 17. Jahrhunderts und geprägt von Rückgriffen auf antike Vorbilder und Motive aus der italienischen Renaissance, vor allem aber auf Raffael und Tizian. Hervorzuheben sind seine Landschaften, teilweise von der Gegend um Rom inspiriert, aber erhoben zu beispielhafter allumfassender Harmonie. Durch Poussin werden die Neuerungen der Schule von Bologna (Carracci, Reni) zu einer Art »offizieller« Malerei: Zwei Jahrhunderte lang, bis Ende des 19. Jahrhunderts, folgen die meisten Kunstakademien in aller Welt dem klassischen Vorbild.

Nicolas Poussin
Bacchanal, 1631–1633
London, The National Gallery

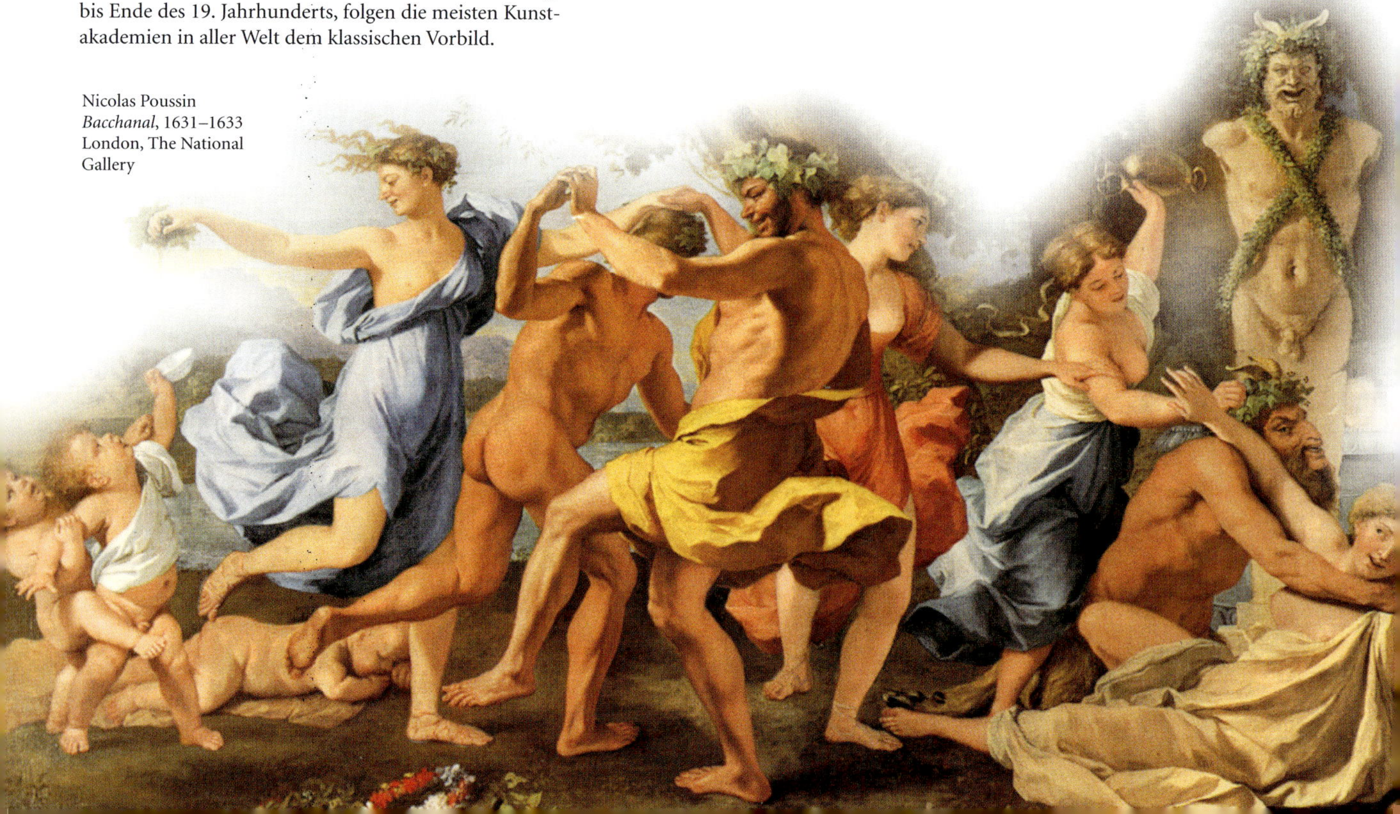

Nicolas Poussin
Landschaft mit Orpheus und Eurydike, 1648
Paris, Musée du Louvre

Poussins Landschaften sind Sinnbilder für den Klassizismus mit seiner hohen Gelehrsamkeit. Sie stehen fast im Gegensatz zur Wucht und Volkstümlichkeit der Malerei Caravaggios und seiner Nachfolger. Die Meister des Klassizismus müssen aber nicht nur hervorragende Maler sein, sondern auch humanistisches Wissen und gute Kenntnisse der literarischen, mythologischen und historischen Themen besitzen. Hier kommt außerdem der römische Ursprung von Poussins klassizistischer Prägung zum Vorschein: Im Hintergrund ist die Engelsburg zu sehen.

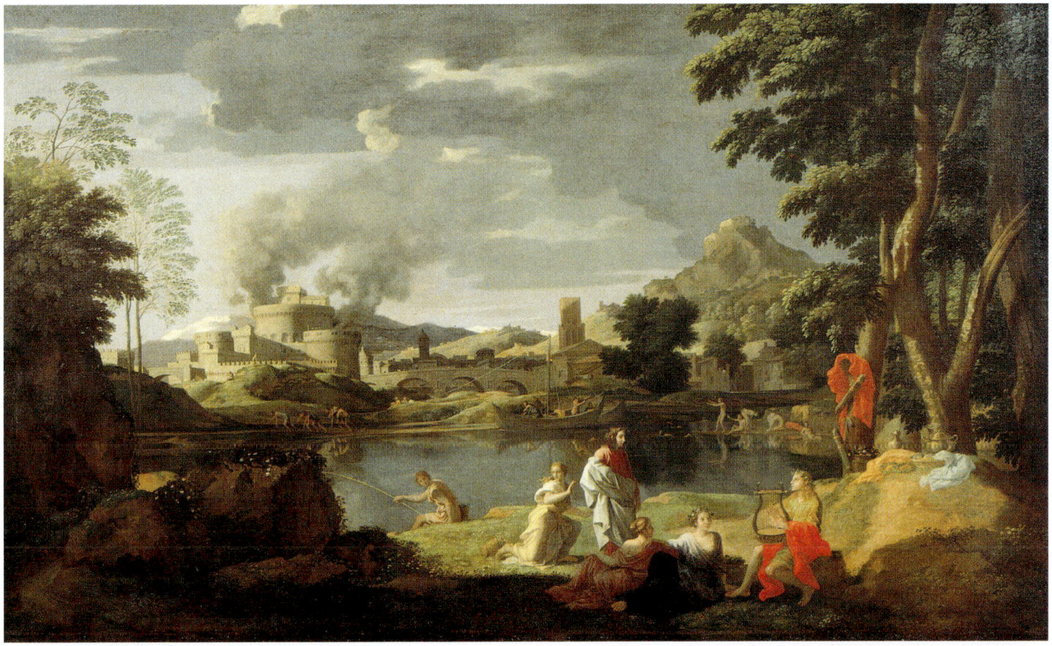

Nicolas Poussin
Landschaft mit Polyphem, 1649
Sankt Petersburg, Staatliche Eremitage

An einer von Poussins berühmtesten Landschaften zeigt sich seine Auffassung von der Antike. Keine Spur von Homers dramatischer Erzählung: Der Riese Polyphem erscheint im Hintergrund und aus der Rückansicht; an den Hügel gelehnt spielt er Flöte. Die idyllische Szene erinnert allenfalls an die bukolische Welt Vergils und an einen Zustand harmonischer Einheit von Mensch, Gott und Natur.

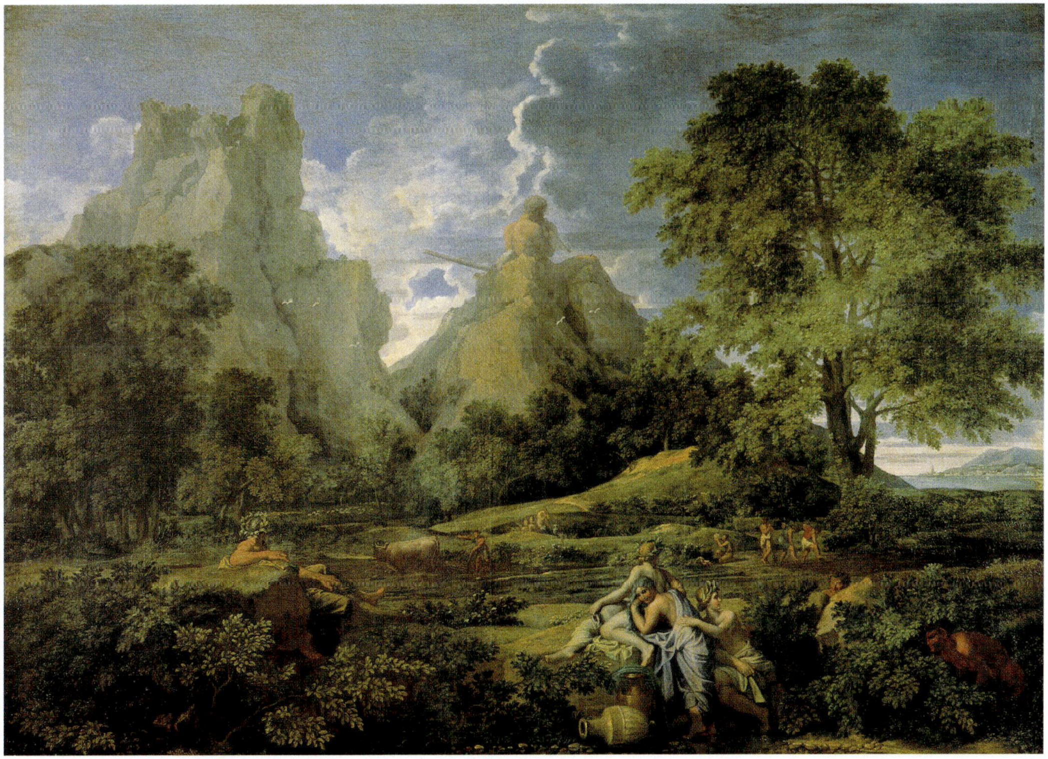

Lothringen, Rom

1600–1682

Claude Lorrain

Klassisches Ideal und Magie des Lichts in der Landschaft
Claude Lorrain, dessen Bedeutung für die ganze Landschaftsmalerei mindestens bis zu Corot und den deutschen und englischen Romantikern reicht, verbringt ab dem Alter von dreizehn Jahren fast sein ganzes Leben in Rom, wo er zur Gruppe der bolognesischen Klassizisten stößt und in Kontakt mit den französischen Künstlern steht. Er spezialisiert sich ausschließlich auf das Landschaftsbild: Das Latium mit seinen Ruinen und prächtigen Bäumen, dem stillen Meer und den fernen Bergen wird Thema seiner verzauberten, idealisierten Bilder. Die direkte Naturbeobachtung »korrigiert« er durch Hinzufügung von Personen, Episoden aus der Mythologie oder bedeutungsvollen Bauten (manchmal real existierende Ruinen, schon vor den archäologischen Ansichten der folgenden Jahrhunderte), durch sorgfältige Lichtgebung und durch die Vereinigung von Phantasie und Wirklichkeit.

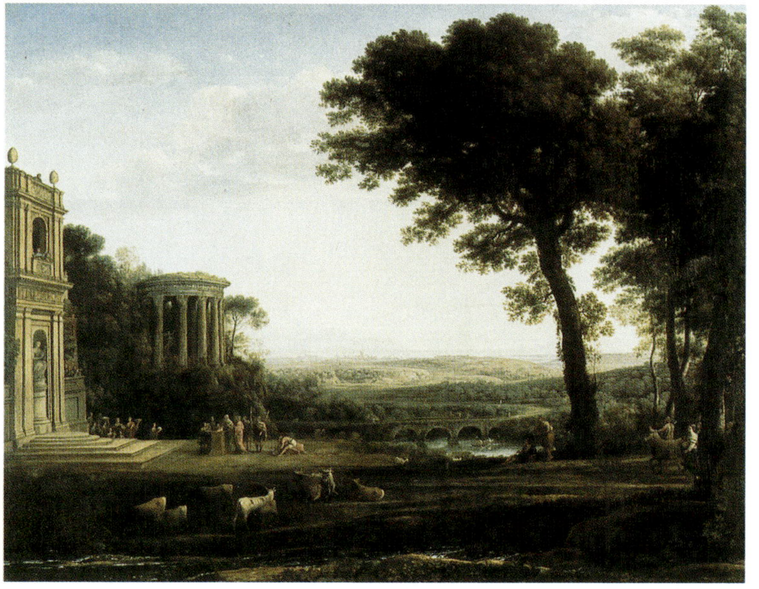

Claude Lorrain
Landschaft mit Opfer an Apollo, 1662–1663
Cambridgeshire, Anglesey Abbey

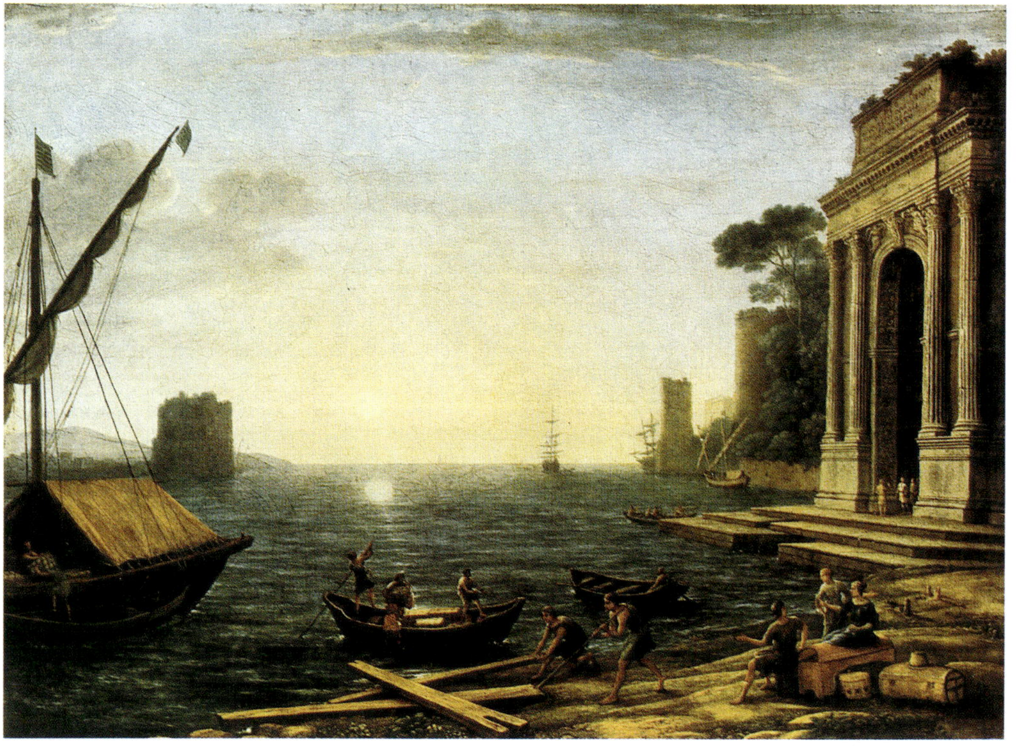

Claude Lorrain
Seehafen bei Sonnenaufgang, 1674
München, Bayerische Staatsgemäldesammlungen, Alte Pinakothek

Der Sonnenschein auf den schwachen Wellen von Häfen, Küstengewässern oder stillen Seen ist ein wiederkehrendes Thema von Lorrains Landschaftsbildern; besonders hier sucht er nach einer engen Kontinuität zwischen Raum und Licht, das schon ähnlich wie später bei Turner bald blendend hell, bald schwächer aufscheint.

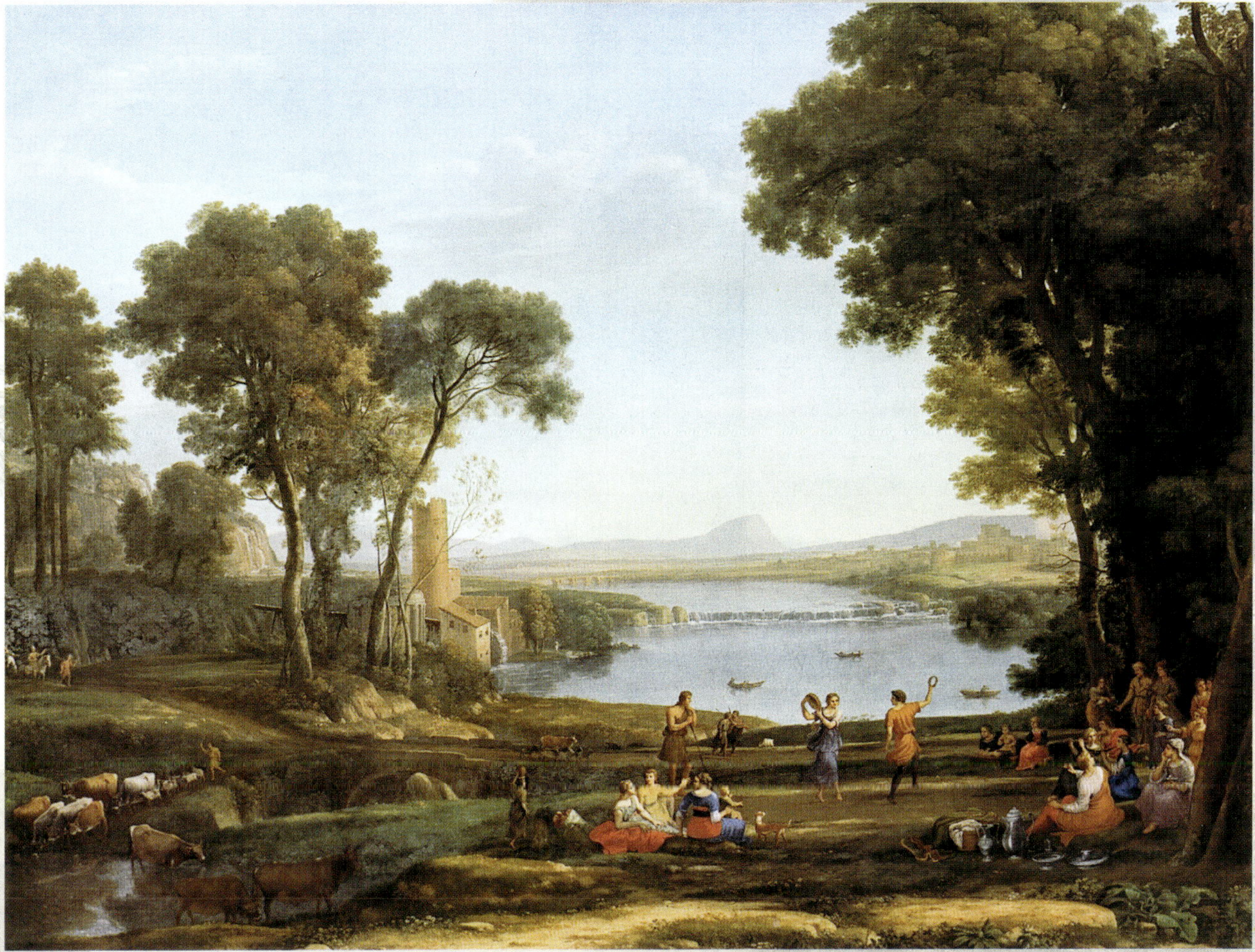

Claude Lorrain
Landschaft mit tanzenden Figuren (Vermählung von Isaak und Rebekka), 1648
London, The National Gallery

In den Gemälden der Reifezeit werden unter dem Einfluss Annibale Carraccis und Domenichinos die Landschaften weiter und heiterer. Die aus dem Volk stammenden tanzenden Figuren (offensichtlich ebenfalls idealisiert) werden fester Bestandteil der »italienischen« Landschaftsbilder der folgenden Jahrhunderte.

Die schöne Stadt

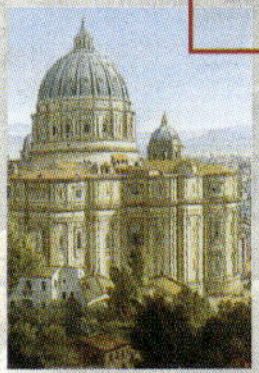

Die Campagna, die römische Landschaft, setzt sich auf dem europäischen Kunstmarkt durch; beinahe könnte man von einer eigenen Gattung sprechen, deren Grundlagen der Stil und die Orte der »idealen Landschaft« der Maler aus Emilia-Romagna und der französischen Maler im 17. Jahrhundert wären. Die Vedutenmalerei beginnt um 1675 mit der Ankunft des Holländers Gaspar van Wittel (Gaspare Vanvitelli) in Rom (1651–1736, links St. Peter auf einer seiner Veduten). Mit seinem Realitätssinn vermeidet Wittel jede Idealisierung; wahrscheinlich hat er sogar die Camera obscura eingeführt, ein Instrument zur Landschaftsbeobachtung, das mit einer ähnlichen Technik das Bild auf die Fläche projiziert wie im lichtdichten Gehäuse des Fotoapparats. Die Campagna bleibt bis zu Corot und Turner aktuell: als Perspektivübung für junge Künstler, als gut verkäufliches Bildthema oder als sehnsüchtige, romantische Betrachtung von Natur und Vergangenheit.

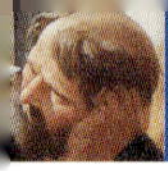

Paris, Versailles

1640–1715

Das Zeitalter der Grandeur

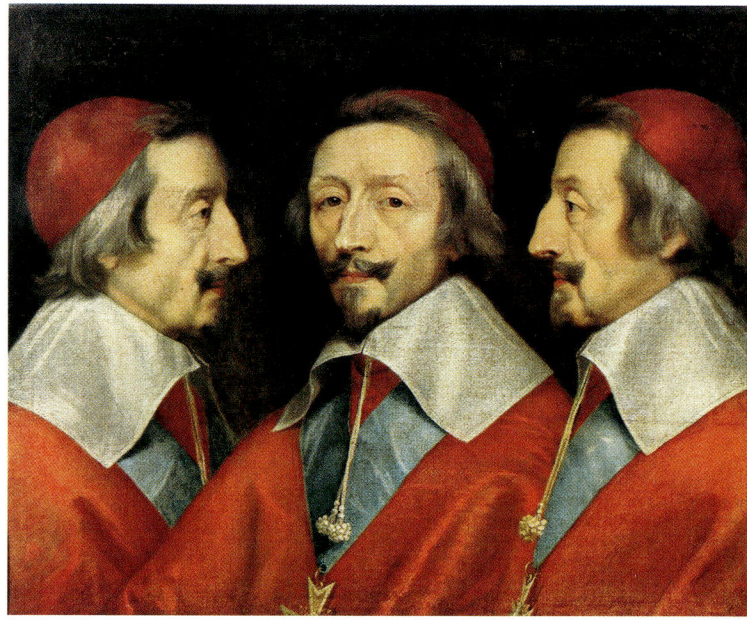

»Der Staat bin ich«
Die Größe des französischen Hofs wird in der Zeit der Barockmalerei deutlich sichtbar. Auch durch den Dialog mit anderen Ländern (eine Gruppe französischer Künstler ist in Rom ansässig, Rubens und Bernini reisen nach Paris) ist die Pariser Malerschule eine der vielfältigsten in Europa. In der ersten Hälfte des Jahrhunderts überwiegt der Klassizismus Poussins und der hohe, strenge Ton des von Richelieu geförderten Philippe de Champaigne; dann zeichnet sich während der Regierungszeit Ludwigs XIV. (1661–1715) eine künstlerische Wende ab. Nun ist die Kunst Ausdruck absolutistischer Macht – der Sonnenkönig stellt sich und sein Bild in den Mittelpunkt des Interesses, er wird zu einem Schauspiel; selbst der unbedeutendste Moment seines Lebens wird in einer prunkvollen Zeremonie präsentiert. In Versailles wird auf weltliche Weise die in den römischen Barockkirchen angestrebte Einheit von Architektur, Bildhauerei und Malerei verwirklicht. Viele Aufträge gehen an Charles Le Brun, den Direktor der Académie Royale de Peinture et de Sculpture und der Königlichen Gobelin- und Möbelmanufakturen; die offiziellen Porträts fertigt Rigaud an.

Philippe de Champaigne
Dreifachbrustbild des Kardinals Richelieu, 1642
London, The National Gallery

Der kühle, schweigsame, beharrliche und geschickte Kardinal Richelieu entscheidet über das Schicksal des Einzelnen und der Nation; er lenkt die französische Politik während der Herrschaft Ludwigs XIII. In der strengen, ganz nach innen gerichteten Kunst Philippe de Champaignes (1602–1674) erkennt er sich auf seltsame Weise wieder und erteilt ihm zahlreiche bedeutende Aufträge. Das Dreifachbrustbild ist keine künstlerische Übung, sondern möglicherweise ein Modell für einen Bildhauer, der die Büste des hohen Herrn anfertigen sollte.

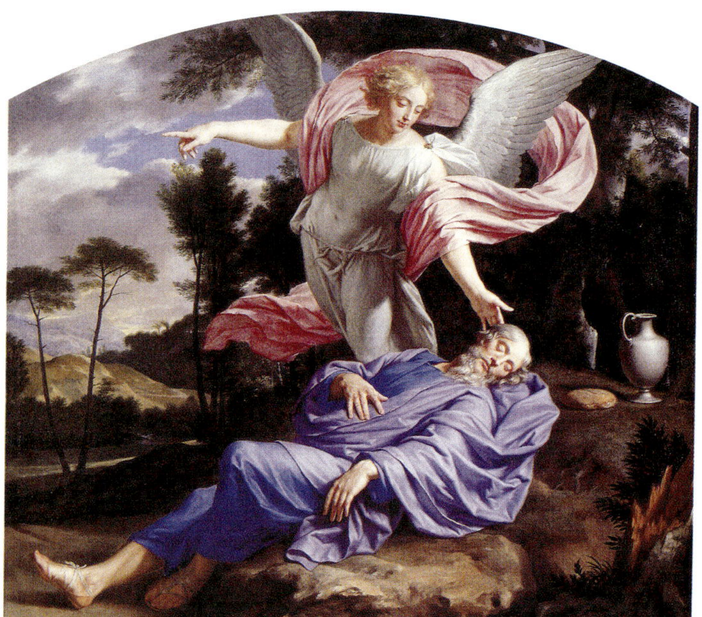

Philippe de Champaigne
Traum des Elias, um 1660
Le Mans, Musée de Tessé

Mit seinem strengen Moralismus steht der Maler den jansenistischen Kreisen von Port-Royal nahe.

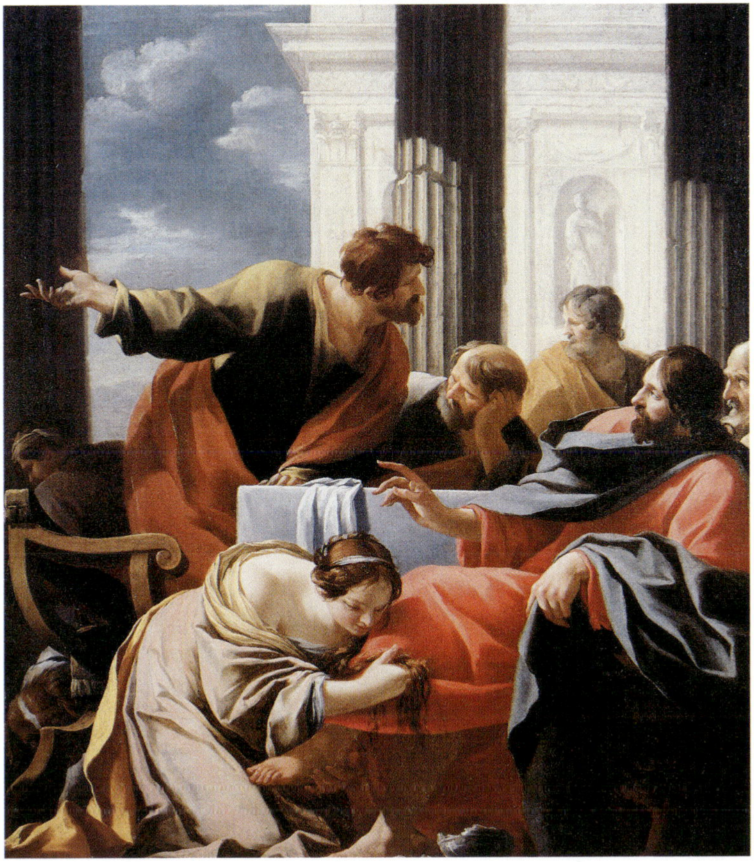

Simon Vouet
Maria Magdalena im Haus des Simon, um 1630
Privatsammlung

Vouet (1590–1649) gehört zur großen Gruppe französischer Barockmaler, die einen großen Teil ihrer Laufbahn in Italien verbringen. Schon 1613 ist er in Venedig, geht dann nach Rom und kombiniert das Helldunkel Caravaggios mit starken theatralischen Effekten. 1627 wählt man ihn zum Direktor der Accademia di San Luca; danach zieht er feierliche, lichte Kompositionen vor. Wieder in Paris wird er erster Hofmaler Ludwigs XIII.

Hyacinthe Rigaud
Ludwig XIV., König von Frankreich, 1701
Paris, Musée du Louvre

Über die Maßen prunkvoll und feierlich verkörpert der Sonnenkönig den »Typ« des Monarchen; fast scheint er ein Schauspieler der Comédie Française zu sein. Mit seinem großartigen Hermelinmantel posiert er in einem erstickenden, mit Stoffen überladenen Ambiente, immer umgeben von den herrscherlichen Wappen: goldene Lilien auf blauem Grund.

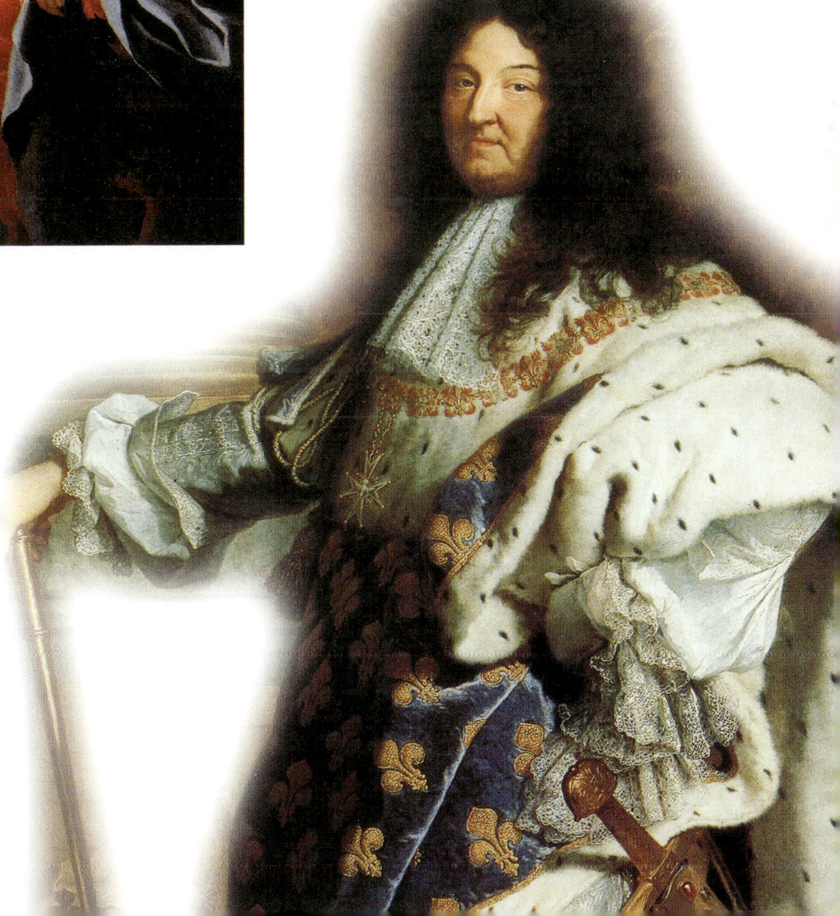

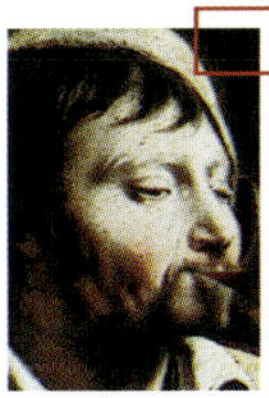

Die Bauern der Brüder Le Nain

Die elegischen ländlichen Szenen der drei Brüder Antoine, Mathieu und Louis Le Nain sind im Frankreich des 17. Jahrhunderts eine Ergänzung zum pompösen Klassizismus der offiziellen Malerei. Die in der Provinz aufgewachsenen Brüder orientieren sich an flämischen Vorbildern, aber mit einer Art stiller, mystischer Frömmigkeit von kargem Ernst, die Millets romantische Bilder oder gar van Goghs Bergarbeiter vorwegzunehmen scheint. Louis (1593–1648), der begabteste der drei, hat einen bescheidenen Erfolg: 1629–1630 geht er nach Rom, dann nach Paris und malt für Kunstmarkt und Sammler.

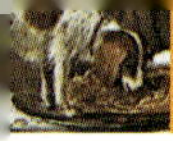

Amsterdam, Delft, Leiden, Utrecht

1582–1670

Die holländischen Maler

Die Blütezeit einer jungen Nation
Ende des 16. Jahrhunderts nach dem schweren Krieg gegen Philipp II. von Spanien erlangt die Republik der Vereinigten Niederlande ihre Unabhängigkeit; tonangebend unter den sieben Provinzen ist Holland. Plötzlich gehören die Vereinigten Niederlande, eine vom »stadhouder« des Hauses Oranien-Nassau geführte Republik souveräner Provinzen, zu den europäischen Großmächten. Auf ein bisher unbedeutendes kleines Volk, das in einer flachen Landschaft mit vielen Kanälen und Windmühlen in ständigem Kampf gegen das Meer liegt, richten sich innerhalb weniger Jahrzehnte Bewunderung und Neid ganz Europas. Durch die Westindische Kompanie sind die Häfen von Amsterdam und Rotterdam Anfang des 17. Jahrhunderts blühende Geld- und Warenumschlagplätze, und das holländische Volk mit seinem sicheren, weit verbreiteten Reichtum findet viele Gründe für Zusammenhalt und Nationalstolz. Spiegel der holländischen Kultur des 17. Jahrhunderts ist die Malerei. Sie erzählt viele Geschichten aus einem friedvollen Leben: Fleißige Frauen fegen und putzen das Haus und warten auf ihre Männer; auf den zugefrorenen Kanälen einsamer, weiter Landschaften laufen fröhliche Kinder Schlittschuh; reiche, wohlgenährte Kavaliere nehmen mit alten Waffengesellen gerne einen Trank zu sich; Künstler und Arbeiter versammeln sich in Zünften und Vereinen. Man erblickt behäbige, treue Dorfärzte, schlaue Bauern, Pfeifenraucher, zarte Mädchen mit gestärkten Hauben, gefüllte Marktstände, Gewürze aus dem Orient auf den Kais und vor allem schmucke, helle, ordentliche Zimmer, glänzende Fußböden, auf denen Kinder ein Spielzeug vergessen haben, Tische, von denen die Essenden gerade aufgestanden sind, mit einer vertrockneten Zitrone, einer Obstschale aus chinesischem Porzellan, den Krümeln eines ungeschickt geschnittenen Kuchens, dem Kern einer geknackten Nuss. Der aufmerksame Betrachter entdeckt immer neue Details: Hier schimmert ein Zinngefäß, dort blitzen die runden Glasscheiben der Fenster, das Sträßchen vor dem Haus ist sauber gefegt, die weißblauen Fliesen aus Delfter Keramik dienen als Scheuerleiste, der Schrank mit den Intarsien und den gebleichten, sorgsam gefalteten Laken duftet nach Lavendel. Kaum jemals in der Kunstgeschichte nimmt ein ganzes Volk in der Malerei so viel Raum ein.

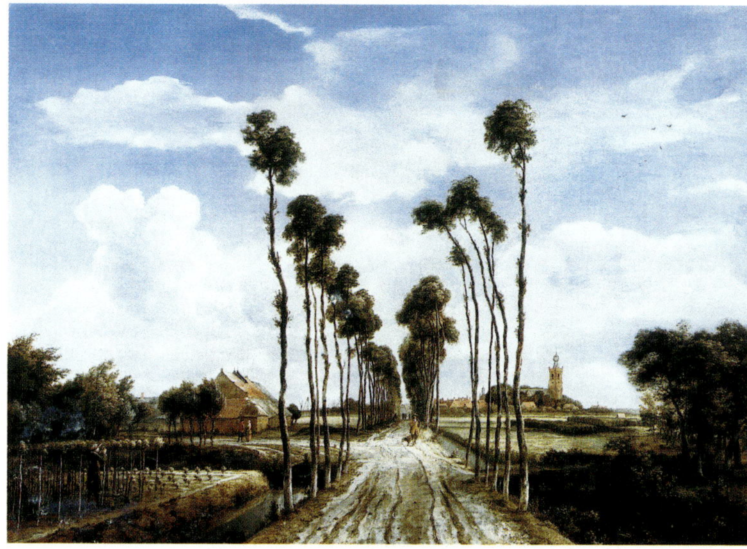

Meindert Hobbema
Die Allee von Middelharnis, 1689
London, The National Gallery

Die holländischen Künstler haben die Landschaftsmalerei bis über die Mitte des 19. Jahrhunderts hinaus sehr geprägt.

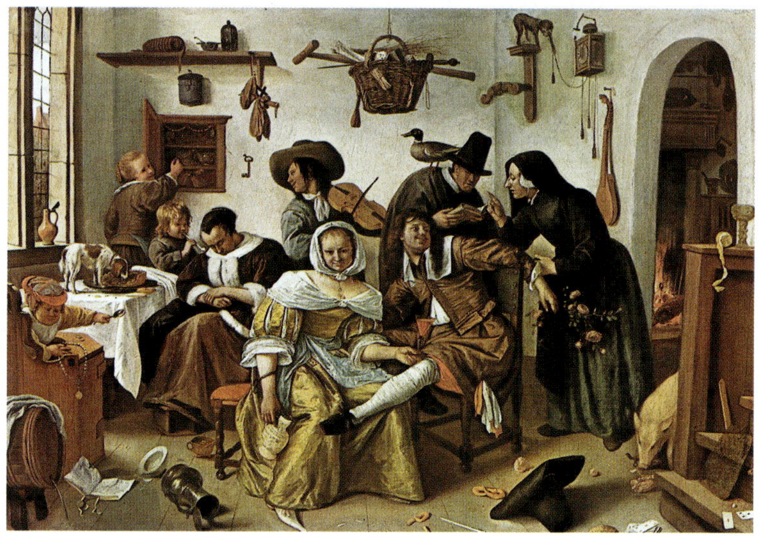

Jan Steen
Die verkehrte Welt, um 1665
Wien, Kunsthistorisches Museum

Als katholischer Maler in einem calvinistischen Land zeigt Steen ungewöhnliche, stark gleichnishafte Szenen, in denen die natürliche und gesellschaftliche Ordnung sich völlig umkehrt. Die moralisierende, strenge Harmonie zerbricht; es entstehen fröhliche Trinkgelage, Unordnung dringt in den häuslichen Raum ein, Kinder kreischen, ein Hund nascht vom Tisch, die Leute benehmen sich unanständig. Hier zeigt das milde, fromme Holland sein anderes Gesicht: das der Dorffeste, Kirchweihen, Trinkereien, des Eros.

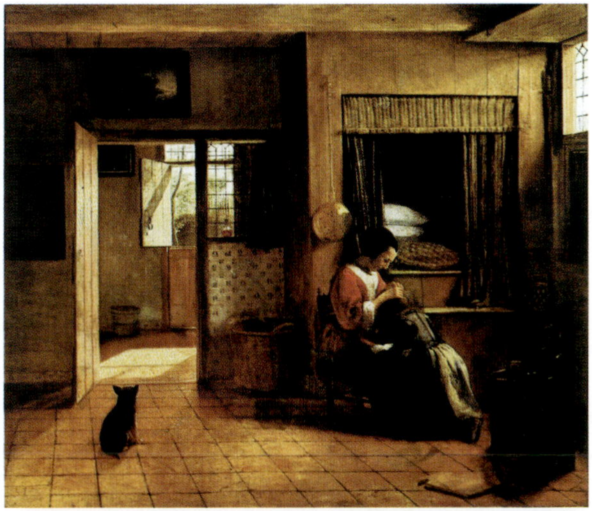

Pieter de Hooch
Die Mutter, um 1660
Amsterdam, Rijksmuseum

Eine elegische häusliche Poesie liegt über der Welt de Hoochs, in der jeder Gegenstand zu einer Art höherer Ordnung gehört und das Leben einem ruhigen, gleich bleibenden Rhythmus folgt. De Hooch (1629 – um 1684) zeigt mit stiller Faszination saubere Böden, Schränke mit zusammengelegter, duftender Wäsche, schöne Gärtchen und gefegte Schwellen: Die holländische Gesellschaft des 17. Jahrhunderts findet in ihm ihren begeisterten und deutlichsten Interpreten.

Frans Hals
Der lachende Kavalier, 1624
London, The Wallace Collection

Die ersten Porträts von Frans Hals (um 1580–1666) sind sozusagen die Quintessenz der Barockkunst: Die prunkvoll gekleideten Personen mit ihrer edlen Haltung nehmen sprechende, theatralische Posen ein. Die Einzelheiten der Kleidung und vor allem der kecke Gesichtsausdruck dieses Mannes zeigen Vertrauen in die eigenen Fähigkeiten und allgemein in die geschichtliche Situation.

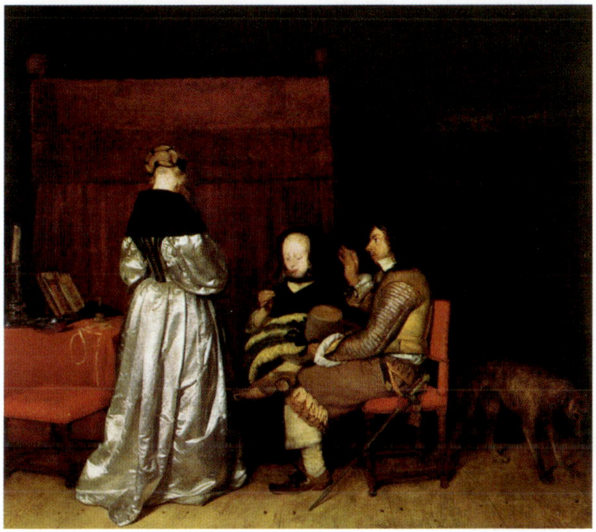

Gerard Terborch
Interieur mit Figuren (Die väterliche Ermahnung), um 1650
Amsterdam, Rijksmuseum

Interieurs mit Figuren sind bei Terborch (1617–1681) häufig zu finden. Charakteristisch ist für ihn der mondähnliche Silberglanz des Seidenkleids, das bescheiden im ruhigen Halbdunkel des häuslichen Interieurs schimmert.

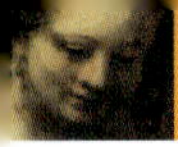

Leiden, Amsterdam

1606–1669

Rembrandt Harmensz. van Rijn

Die Macht der Farbe, die Tiefe der Seele

Rembrandts Kunst ist ein Gleichnis des menschlichen Daseins; deutlichstes und bewegendstes Zeugnis hierfür stellt die lange Reihe von Selbstbildnissen aus vierzig Jahren dar. Der Müllersohn debütiert in seiner Geburtsstadt Leiden mit kleinformatigen, sehr fein und präzise ausgeführten Bildern mit biblischen oder literarischen Themen. Durch den Umzug nach Amsterdam wächst sein Ruhm und gleichzeitig auch sein Wohlstand. In den ersten Ehejahren mit Saskia van Uylenburgh erlebt er höchstes Glück; statt der kleinflächigen Jugendwerke schafft er nun in Auseinandersetzung mit Rubens und den Meistern der italienischen Renaissance monumentale Kompositionen. Mit der Nachtwache 1642 gipfelt sein Ruhm; im gleichen Jahr beginnt jedoch mit Saskias Tod eine Reihe von Missgeschicken, die ihn in den völligen Ruin treiben. Sein reiferer Stil steht dem Spätwerk Tizians nahe; Bilder von fast unfassbarer menschlicher Intensität und Gefühlstiefe entstehen. Der Tod des geliebten Sohns Titus 1668 ist der letzte Schicksalsschlag; ein ergreifendes Leben und eine unwiederholbare Zeit der Kunstgeschichte gehen zu Ende.

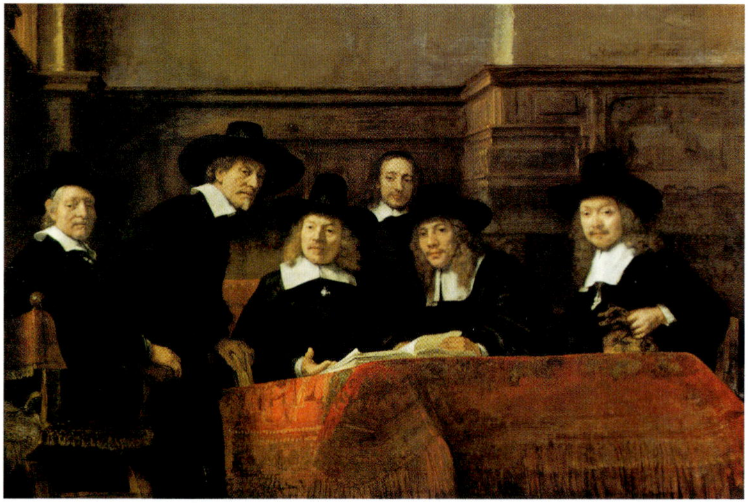

Rembrandt Harmensz. van Rijn
Die Staalmeesters, 1662
Amsterdam, Rijksmuseum

Dreißig Jahre nach der *Anatomiestunde* greift Rembrandt auf das Thema des Gruppenporträts zurück.

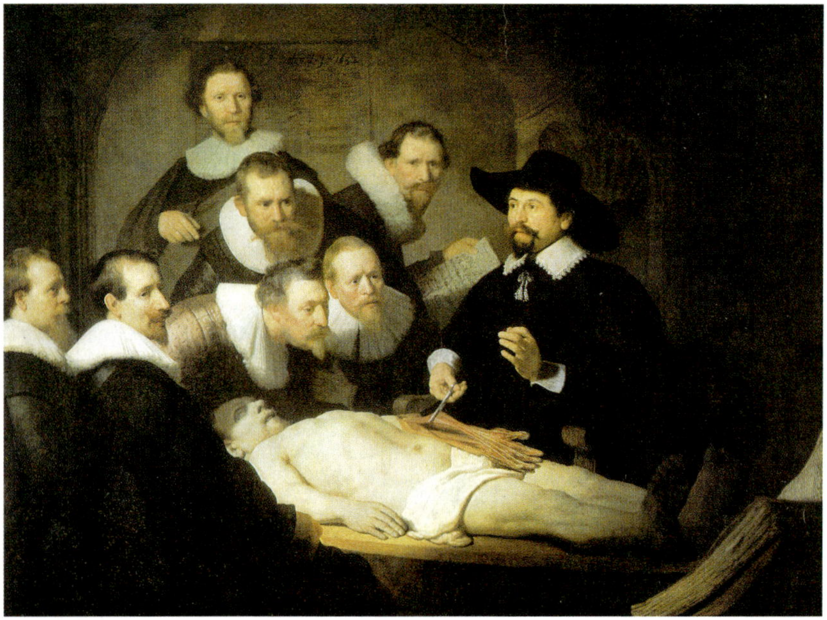

Rembrandt Harmensz. van Rijn
Die Anatomiestunde des Dr. Nicolaes Tulp, 1632
Den Haag, Mauritshuis

Das für die Amsterdamer Chirurgengilde gemalte Bild zeigt eine Unterrichtsstunde des Doktor Tulp, der den linken Arm einer Leiche seziert und die Sehnen offen legt – an seiner eigenen linken Hand demonstriert er die Bewegungen der Finger. Die anatomische Genauigkeit macht deutlich, dass Rembrandt sich mit der Materie selbst beschäftigt hat; sein Interesse für den Körper ist mit dem Leonardos vergleichbar.

Rembrandt Harmensz. van Rijn
Bildnis des Jan Six, 1654
Amsterdam, Sammlung Six

In Rembrandts Porträtgalerie wirkt jedes Gesicht persönlich und unverwechselbar: Der große Maler erfasst Blicke, Gesten, Tätigkeiten und feinste Regungen und gibt sie mit geschmeidigem, treffendem Pinselstrich wieder.

Hintergrund:
Rembrandt Harmensz. van Rijn
Badende Frau, 1654
London, The National Gallery

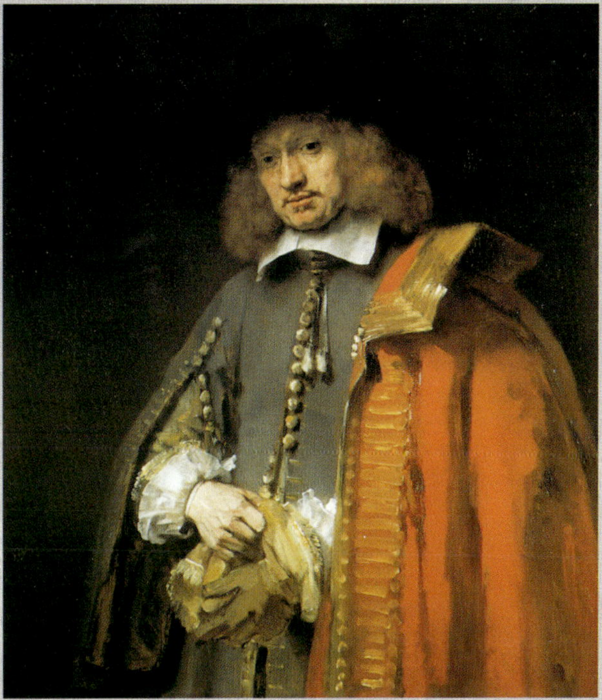

Rembrandt Harmensz. van Rijn
Die jüdische Braut, Detail, 1666
Amsterdam, Rijksmuseum

Mit meisterhafter Handhabung von Licht, Farbe und Farbmaterie lässt Rembrandt Zärtlichkeit, Gefühl und Liebe spürbar werden.

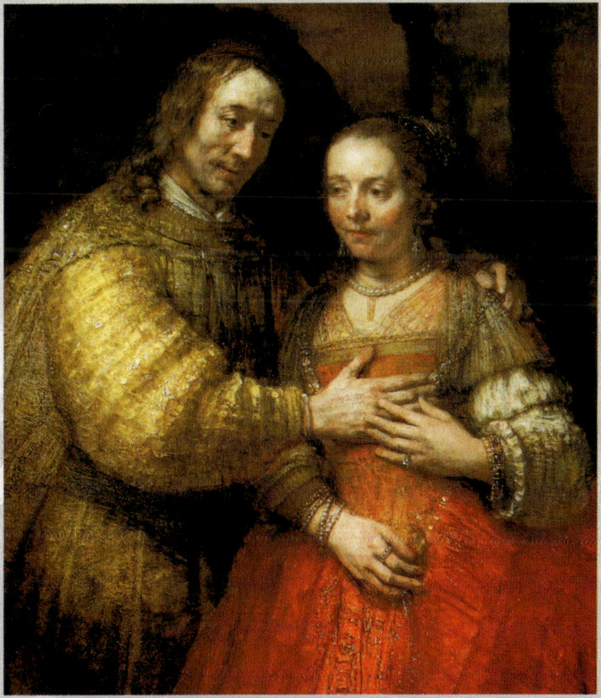

Geschichte eines Lebens

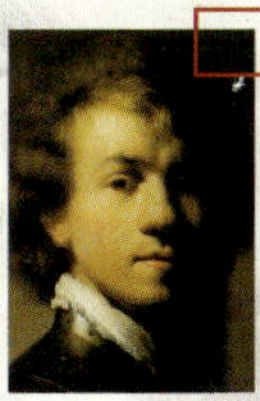

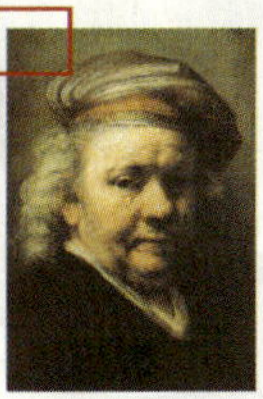

Zwei Bilder, beide im Mauritshuis in Den Haag, umfassen Rembrandts ganze Lebensgeschichte. Die vierzig Jahre, die zwischen dem jugendlichen Selbstbildnis mit der Halsberge *(1629) und dem im Todesjahr gemalten letzten* Selbstbildnis *vergangen sind, haben Gesicht und Körper des Malers tief gezeichnet; aus dem aufrechten, kecken Jüngling ist ein gebrechlicher und gebeugter alter Mann geworden. In den gröber gewordenen, aber wiedererkennbaren Zügen tritt die große Nase hervor. Die Maltechnik verändert sich: An die Stelle der kleinen, präzisen Pinselstriche der Jugend, die den Lichtreflex auf dem Metall hervortreten lassen, tritt eine pastose Farbe voller Materie, die das Licht schluckt. Rembrandt verbirgt nicht die Zerstörung, die Zeit und Schicksal auf seinem Gesicht hinterlassen haben, doch in seinem Blick leuchtet noch eine anrührende Würde, das Bewusstsein des Menschen und Künstlers.*

Rembrandt Harmensz. van Rijn

1642

Die Nachtwache

Der Titel von Rembrandts großformatigem Gemälde lautet eigentlich: *Die Kompanie des Hauptmanns Frans Banning Cocq und des Leutnants Willem van Ruytenburgh*. Doch hat sich für dieses Werk, das zu den berühmtesten der Kunstgeschichte gehört, der Name *Die Nachtwache* eingebürgert. Das Gemälde war als traditionelles Gruppenbild für den Versammlungssaal der Amsterdamer Bürgerwehr bestimmt; die bürgerlichen Schützenkompanien waren während der Unabhängigkeitskriege entstanden, hatten jetzt aber fast nur noch Erinnerungswert. Mit Dynamik sind auf dem Bild zahlreiche Personen gruppiert und erzeugen den Eindruck von Lebendigkeit. Durch die hell aufscheinenden Lichtreflexe, das Kolorit, die eindringlich porträtierten Personen und die perfekt gemeisterte schwierige Komposition steht das Gemälde für den Zenit von Rembrandts Schaffen. Tragischerweise entsteht *Die Nachtwache* genau zu dem Zeitpunkt, an dem das Unglück des Malers beginnt: Erst dreißigjährig stirbt seine geliebte Gattin Saskia an Tuberkulose. So tritt das Jahr 1642 in der Biografie und Kunst Rembrandts deutlich hervor: Sein persönliches Leben stürzt nun in einen fast bodenlosen Abgrund, während seine Malerei durch das existenzielle Erleben eine unermessliche Intensität und Tiefe erreicht und sich ins Absolute erhebt.

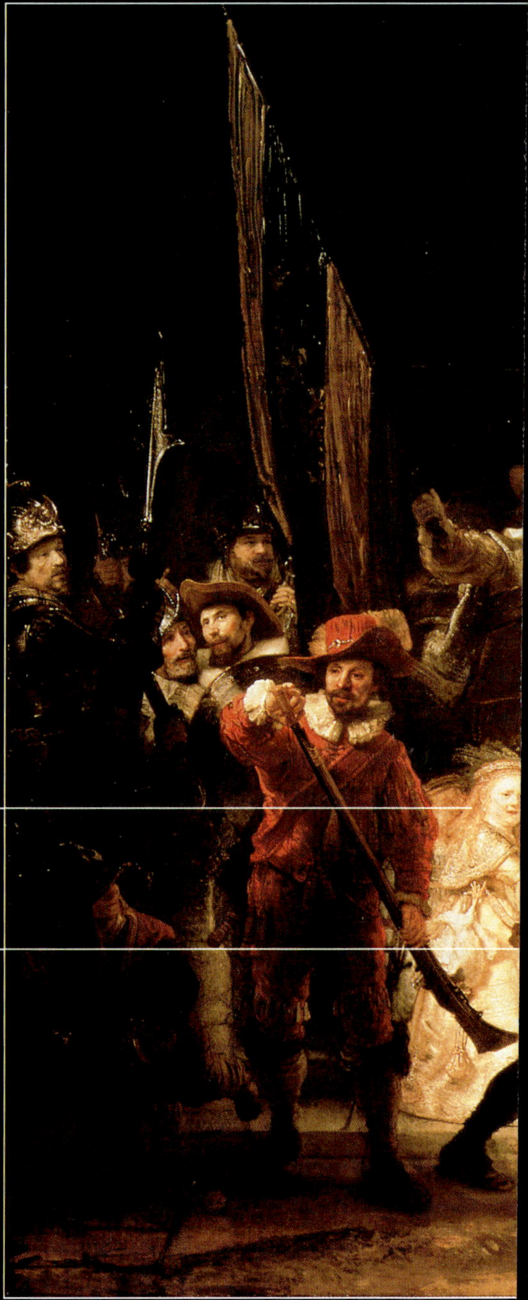

Da der Vertrag und andere Dokumente aus jener Zeit erhalten sind, können viele Figuren genau identifiziert werden. Die Mitglieder der Schützenkompanie zahlten entsprechend ihrem Rang und ihrer Position im Bild einen Anteil an Rembrandts Honorar. Trotzdem bleiben einige Personen und Details unklar, etwa die helle weibliche Gestalt, an deren Gürtel ein Huhn zu identifizieren ist. Möglicherweise ist sie als Marketenderin und der Vogel als eine Anspielung auf den Familiennamen des Hauptmanns zu verstehen.

Mittelpunkt des Geschehens ist Hauptmann Frans Banning Cocq in seinem schlichten, eleganten, von der rot-orangefarbenen Schärpe und dem breiten Spitzenkragen aufgehellten, dunklen Gewand. Mit entschlossener Handbewegung gibt er seinem Leutnant, Willem van Ruytenburgh, den Befehl, die Kompanie zum Aufbruch antreten zu lassen; die Bürgerwehren hatten zu Rembrandts Zeiten oftmals nur noch repräsentative Aufgaben.

Hinter dem Fähnrich, oberhalb des Gesichts von Frans Banning Cocq, erscheint kaum sichtbar die Gestalt eines kleinen Mannes. Man erkennt nur ein Auge und die Mütze, aber schon diese Details erlauben die Deutung, dass es sich um Rembrandt selbst handelt, der sich hier unter die Figuren seines größten Werks mischt.

Die Szene spielt vor einer großen Halle mit einem Bogen über dem Eingang; hier befand sich die Wache, in der das Bild ursprünglich hing.

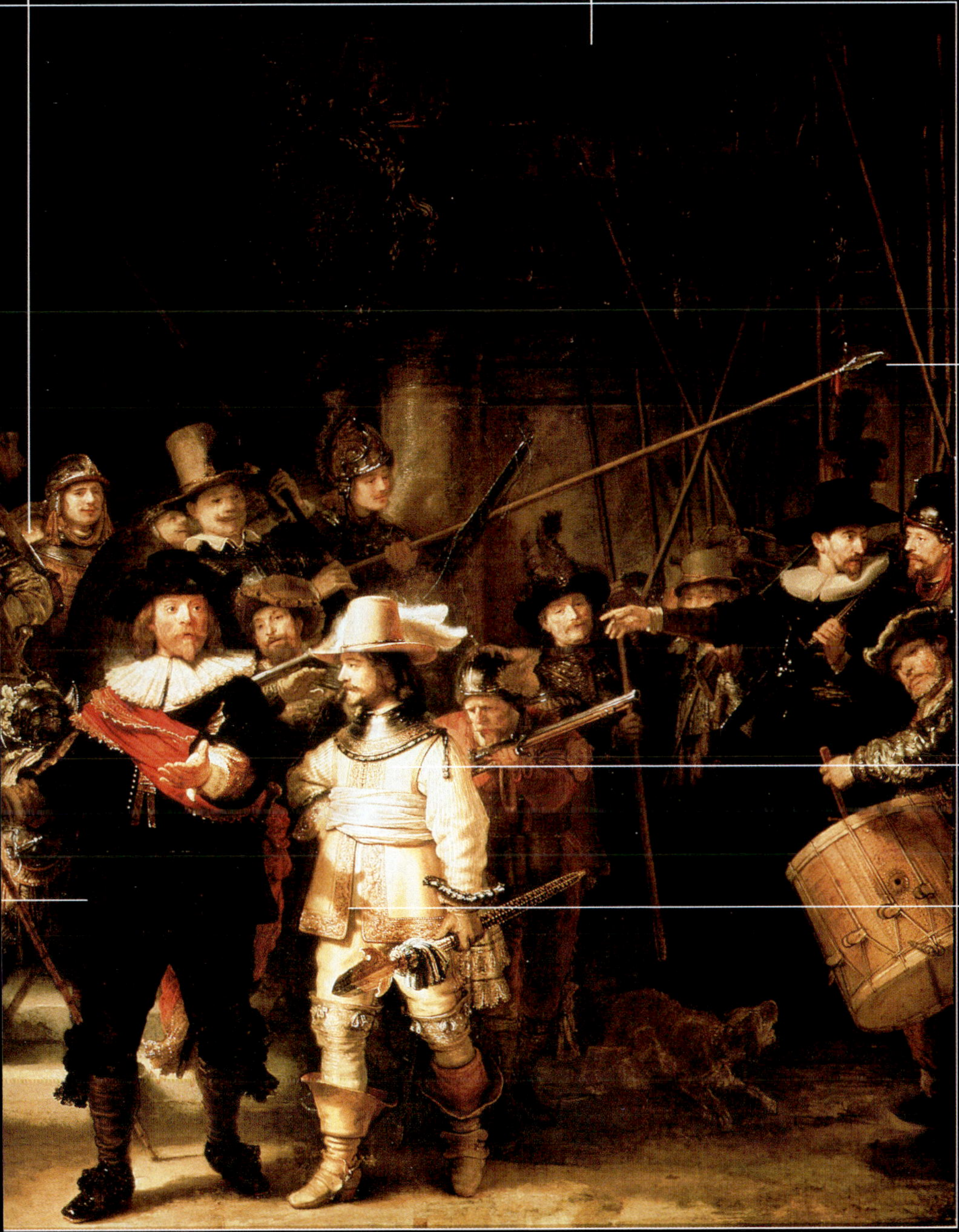

Die Mitglieder der Kompanie sind engagierte Bürger aus dem reichen Amsterdam. Sie bilden eine willige Schar mit der Aufgabe, die öffentliche Ordnung zu stützen und im Notfall zu verteidigen, aber ohne jeden politischen Einfluss. Rembrandt hebt mit etwas Ironie diesen Widerspruch hervor: Die Stangen kreuzen sich richtungslos, ganz anders als bei der geordneten Lanzenreihe in Velázquez' *Die Übergabe von Breda*. Darüber hinaus hat die lange diagonale Stange eine optische Funktion: Sie lenkt den Blick auf den Bildmittelpunkt.

Die hellste Figur des Bilds ist sicherlich Leutnant Willem van Ruytenburgh mit seinem prunkvoll bestickten Gewand.

Auf dem unteren Teil des eleganten Rocks des Leutnants zeichnet sich deutlich der Schatten von Hauptmann Cocqs Hand ab; man erkennt die Richtung des Lichteinfalls und dass die Szene von einer undefinierbaren Lichtquelle beleuchtet ist. Die effektvolle Hell-Dunkel-Malerei ist für Rembrandts Kunst charakteristisch.

Delft

1632–1675

Jan Vermeer van Delft

Das alltägliche Wunder des Lichts

Jan Vermeer, der Maler der Seele, der Stille und des Lichts, verbringt sein ganzes kurzes Leben in der kleinen Stadt Delft, wo er als Wirt und Kunsthändler seine vielköpfige Familie ernährt; vielleicht deshalb ist von ihm nur eine kleine Zahl von Werken bekannt. Schon die ersten Bilder, mittelformatige Gemälde mit religiösen und mythologischen Szenen im Stil der Delfter Schule, zeigen einen überaus feinen Pinselstrich. Durch Kontakte mit verschiedenen Künstlern der Zeit, unter anderem Gerard Terborch, kommt Vermeer 1656 zur Genremalerei; bedeutende Werke entstehen. Seine Technik offenbart große Geduld und Feinheit; vor allem im Einsatz des Lichts und in der Detailgenauigkeit wird die flämische Malerei des 15. Jahrhunderts mit ganz neuer Sensibilität weiterentwickelt. Vermeer lebt einfach, pflegt aber wichtige Freundschaften, vor allem mit Antoni van Leeuwenhoek, dem großen Delfter Wissenschaftler und Erfinder des Mikroskops. Hier liegt vielleicht ein Schlüssel, um das Wunder seiner Malerei zu verstehen: Durch das Licht enthüllt sich jedem, der Augen, Herz und Geduld hat, das geheime Leben der kleinen Dinge.

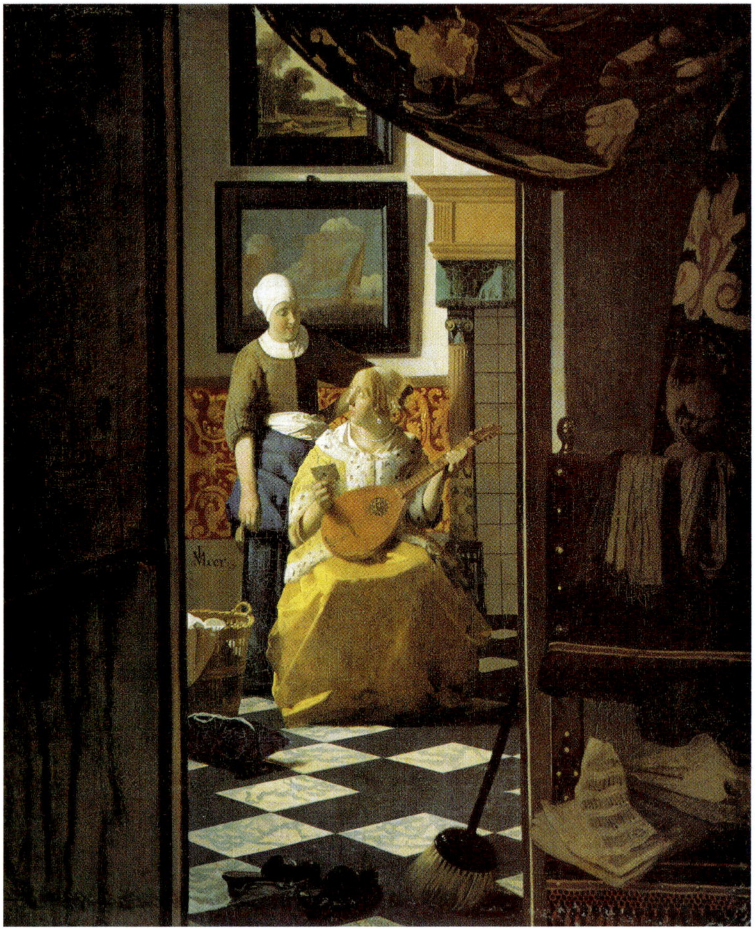

Jan Vermeer van Delft
Der Liebesbrief, 1669–1670
Amsterdam, Rijksmuseum

Fast am Ende seines kurzen Lebens nimmt Vermeer hier einen besonderen Standpunkt ein. Der Betrachter hat das Gefühl, im Halbdunkel eines Vorzimmers zu stehen, wo noch der Besen und die Schuhe des Hausmädchens liegen; hinter schweren Vorhängen erblickt er das perspektivisch genau dargestellte lichtvolle Zimmer. Durch den Liebesbrief werden die beiden Frauen über die gesellschaftlichen Grenzen hinweg zu Komplizinnen: Zwischen Dienerin und Herrin entspinnt sich ein stummes Gespräch aus Zweifel und Bestätigung.

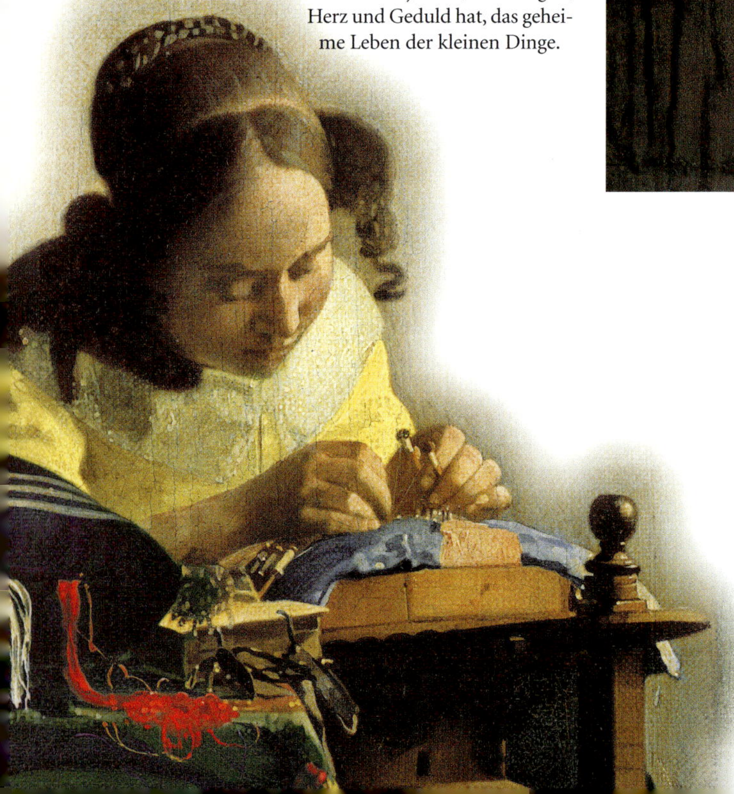

Jan Vermeer van Delft
Die Spitzenklöpplerin, um 1670
Paris, Musée du Louvre

Eines der berühmtesten Gemälde Vermeers, obwohl es eher untypisch für ihn ist: Anders als bei den sonstigen Interieurs steht hier das klöppelnde Mädchen im Vordergrund und ist durch seine Proportionen Zentrum des Bilds, während der Raum als neutrales Ambiente zurücktritt. Vielleicht verleiht gerade diese Einfachheit dem Bild einen fragilen, kostbaren Reiz.

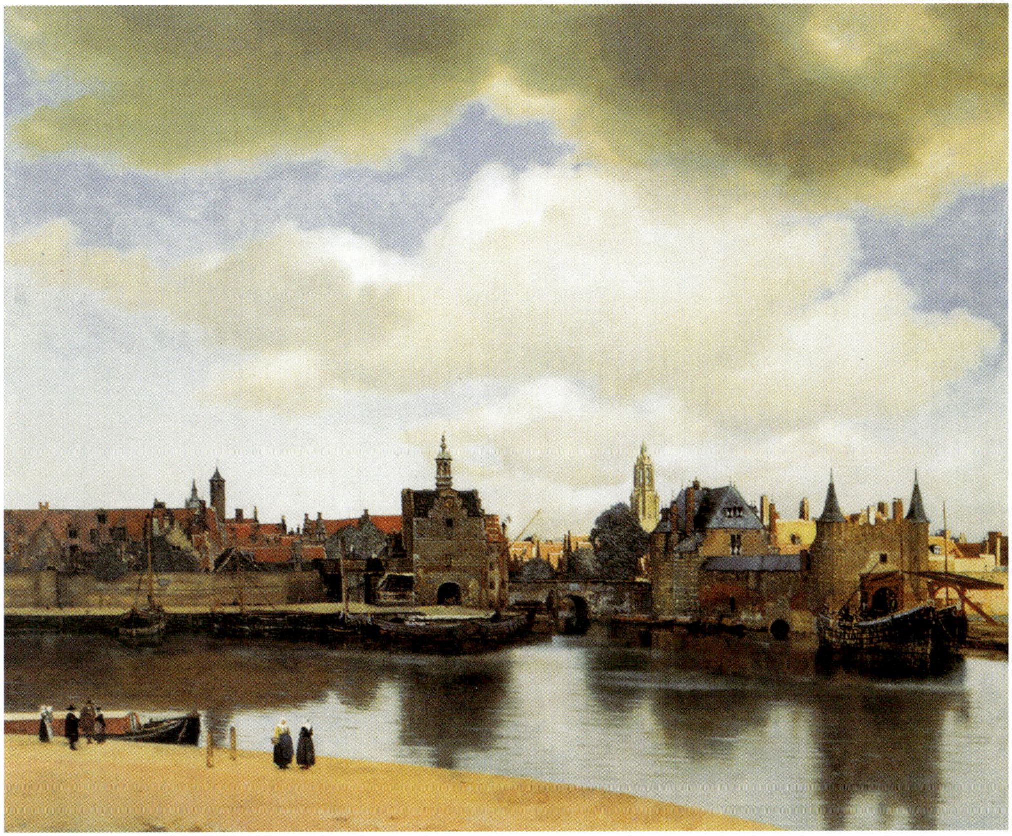

Jan Vermeer van Delft
Ansicht von Delft, um 1660–1661
Den Haag, Mauritshuis

Unter den raren Landschaften Vermeers ist diese freundliche Vedute seiner Geburtsstadt ein Meisterwerk; Proust liebte sie sehr und sie war auch der Ausgangspunkt für die Wiederentdeckung des Malers außerhalb der Fachwelt. Vermeers Poesie und sein Stil werden hier besonders deutlich: Das Bild ist keine realistische Stadtansicht; nur einige Gebäude sind wirklichkeitsgetreu abgebildet, und zwar von einem Standpunkt außerhalb der Stadtmauern und Kanäle um das historische Zentrum von Delft. Vermeer bezieht die Wirklichkeit ein und verändert sie nach der Phantasie, dem Gefühl und der freien Erinnerung.

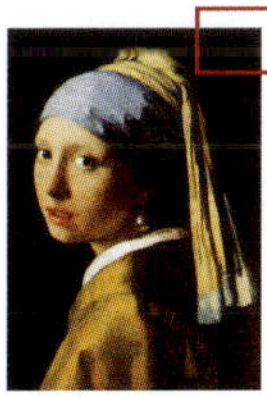

Ein Mädchen, eine Perle, ein Geheimnis

Vermeer kann nicht als Bildnismaler im eigentlichen Sinn gelten, ebenso wenig wie als Landschaftsmaler. Doch finden sich in seinem Werk wundervolle Porträts, Stillleben und Landschaften, von denen jedes für sich den Künstler zu einem Meister der jeweiligen Gattung machen würde. Sein Schaffen ist eine friedvolle, beharrliche Suche nach dem Geheimnis der weiblichen Seele, aber immer voll Zartgefühl und Respekt. Um seine Figuren ranken sich die verschiedensten Vermutungen; man versuchte sie zu benennen, in ihnen gar die Ehefrau, Schwester oder andere weibliche Verwandte des Malers zu sehen. Paradebeispiel hierfür ist das Mädchen mit dem Turban im Mauritshuis in Den Haag. Obwohl nicht identifizierbar, wurde es zum Symbol für Vermeers Malerei. Das Bild ist von großer Präzision und unmittelbarer Frische; auch hier zeigt der Maler das Wunder des Lichts, das in die Farbmaterie dringt, sie von innen zu erwärmen scheint, ihr ein Eigenleben schenkt und sich in Details wie dem Perlenohrring konzentriert.

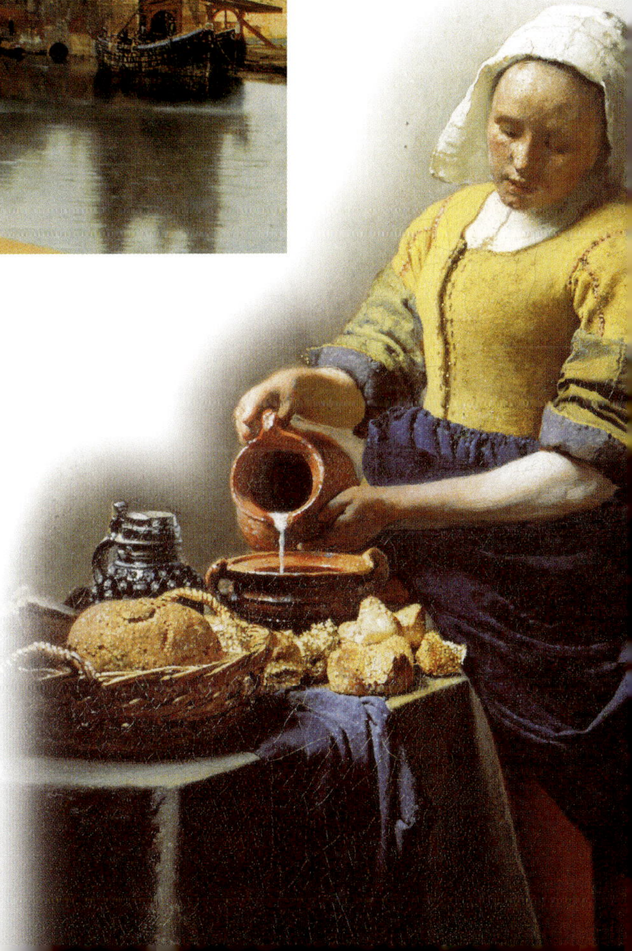

Jan Vermeer van Delft
Das Milchmädchen (Die Küchenmagd), um 1658–1660
Amsterdam, Rijksmuseum

Jan Vermeer van Delft

um 1670

Die Malkunst (Der Maler in seinem Atelier)

Das im Kunsthistorischen Museum in Wien aufbewahrte Gemälde wird gewöhnlich auf die letzten Jahre von Vermeers kurzem Leben datiert; es ist geprägt von Stille, Konzentration, fast metaphysischer Reinheit; die verdünnte Atmosphäre wird verstärkt durch die genaue Anordnung der einzelnen Elemente auf einem imaginären räumlichen Raster und den Wechsel komplementärer Farbflächen. Als Spätwerk des Künstlers ist es eine Art geistiges Testament. Der Maler zeigt sich selbst von hinten an der Staffelei sitzend; gleichzeitig jedoch stellt er sich an die Seite des Betrachters, nimmt dessen Blickpunkt ein und hebt den schweren Vorhang zur Linken, um besser ins Atelier blicken zu können. In der milden Helligkeit des lichten Zimmers steht eine junge Frau wie eine klassische Muse Modell. Über allem herrschen Friede, Schönheit und Kontemplation, die zur Handlung wird.

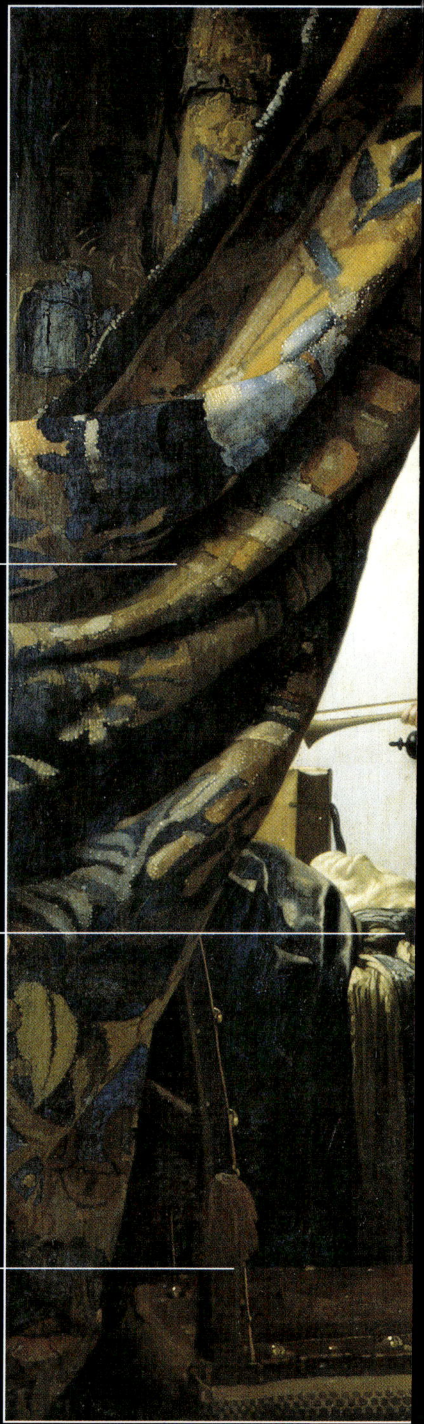

Der schwere zurückgeschlagene Stoff dient als Bühnenvorhang und postiert den Betrachter in einem anderen Raum, der dunkler ist als das Zimmer, in dem die Szene spielt. Diese Methode verwendet Vermeer in seinen letzten Werken einige Male; auch von anderen Malern wie Pieter de Hooch ist sie bekannt.

Kompositorisch erinnert die *Malkunst* an Vermeers andere Interieurs: der Lichteinfall durch ein Fenster zur Linken, die reglose Figur in der Raummitte, ein Tisch, auf dem faszinierende Gegenstände in kunstvoller Unordnung zu einer Art Stillleben arrangiert sind. Gelb- und Blautöne sind die Lieblingsfarben des Delfter Malers; das schwarzweiße Muster des Bodens hingegen legt mit perspektivischer Genauigkeit die Größe des Zimmers fest.

In diesem äußerst lyrischen Werk, in dem alles Empfindungen hervorruft, hat selbst die Abwesenheit einer Person große Bedeutung: Der leere Stuhl im Vordergrund und die Landkarte im Hintergrund sind vielleicht versteckte, aber vielsagende Hinweise auf jemanden, der erst noch kommen soll.

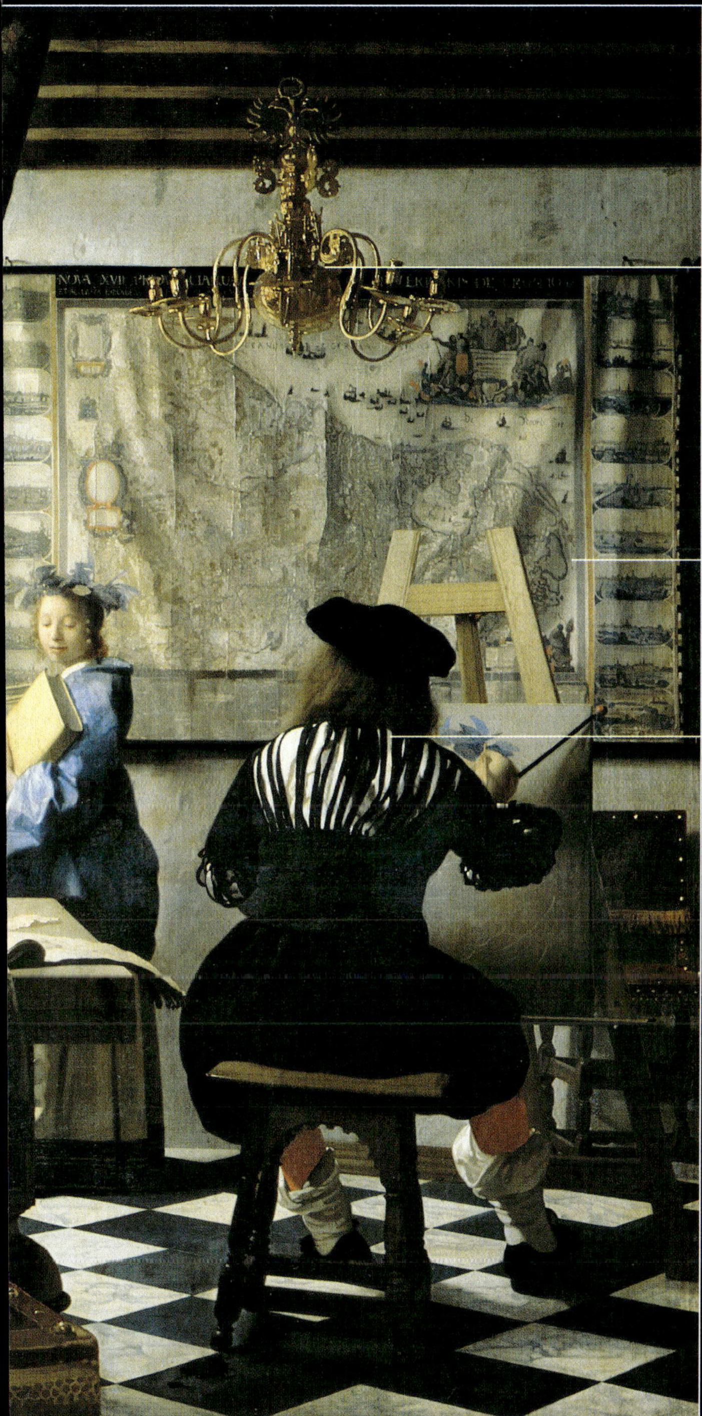

Der goldene Kronleuchter, Blickfang des oberen Teils, ist mit unglaublicher Feinheit gezeichnet; seine kompositorische Funktion ist in etwa mit der des Straußeneis in Piero della Francescas *Pala Montefeltro* vergleichbar, vielleicht auch mit dem nicht unähnlichen Leuchter in Jan van Eycks *Hochzeit des Giovanni Arnolfini.*

An der hinteren Wand hängt eine große, detailgenaue Landkarte Hollands. In der unangefochtenen Geschicklichkeit der holländischen Kartographen zeigt sich ihr Stolz auf die Unabhängigkeit der Vereinigten Niederlande: Landkarten fanden sich häufig in holländischen Häusern und waren ein Zeichen von Nationalgefühl.

Durch einen seltsamen Zufall ist über Vermeers Aussehen nichts überliefert – außer diesem Selbstbildnis von hinten. Der Maler bildet mit ganzer Konzentration die blaue Kopfbedeckung des Modells ab; währenddessen ruht seine Hand auf einem Malerstock, den die Künstler um der Präzision willen und als Stütze der Malhand benutzten. Der Schemel scheint nicht sehr bequem; da der Maler ganz vorn sitzt, hebt sich der linke Fuß. So sieht also Vermeer aus. Niemand kann sicher sagen, ob es sich um ein realistisches Bild aus seinem Berufsleben oder um eine freie, poetische Sicht fern vom banalen Alltag handelt. Zwar ist der Rahmen der Handlung ein historisches holländisches Ambiente des 17. Jahrhunderts: Einrichtung, Möbel, Details und Kleidung sind völlig realistisch dargestellt. Und doch überschreiten Vermeers Werke die Grenzen von Zeit und historischem Ort: Sie werden zu zeitlosen Abbildern von Empfindungen und Leidenschaften. Durch die verfeinerte Maltechnik mit dem äußerst vollendeten Einsatz der Lichteffekte bleiben sie frisch, lebendig und aktuell.

Paris

1699–1779

Jean-Siméon Chardin

Ein Meister von Stille und Licht zwischen Vermeer und Cézanne

Im 18. Jahrhundert nimmt der Pariser Maler Chardin eine ganz gegensätzliche Position zur höfischen Kunst und den Hauptströmungen der französischen Malerei ein. Vielleicht als einziger großer Künstler der Zeit macht er weder die obligatorische Romreise noch studiert er regulär an einer Akademie. Seine Aufmerksamkeit richtet sich auf die flämische und holländische Genremalerei des 17. Jahrhunderts; so findet er Geschmack an der Poesie des Alltags. Die leichten, leuchtenden Töne der »galanten« Malerei bleiben ihm fremd; er wählt eine gedämpfte Farbenskala. Während die zeitgenössischen Hofmaler im Gebüsch der herrschaftlichen Gärten und in den Alkovenbetten des Adels nach erotischen Motiven suchen, beobachtet Chardin mit innerer Anteilnahme das Gefühlsleben des mittleren Bürgertums. Alltagsgewohnheiten, wiederkehrende Tätigkeiten und verhaltene Gefühle wechseln mit Stillleben aus ganz gewöhnlichen Dingen. Doch ist seine Kunst keineswegs karg, sondern reich an menschlichen Werten und Darstellungsweisen, die schon auf das 19. und einen Teil des 20. Jahrhunderts vorausgreifen.

Obwohl Chardin in der französischen Kunst eine Ausnahme bildet, ist er keineswegs isoliert. Wegen seiner wundervollen, 1728 auf der Place Dauphine ausgestellten Stillleben wird er als einer der besten Maler für »Tiere, dinghafte Gegenstände, kleine naive Sujets« bezeichnet und zum Ratgeber der Akademie ernannt. Immer wieder tritt er in der Pariser Kunstszene auf: 1737 zeigt er im neu gegründeten »Salon«, einer jährlich wiederkehrenden Ausstellung, bei der die Neuheiten der bildenden Kunst vorgestellt wurden und Künstler und Publikum in Kontakt kamen, gleich sieben Bilder und hat großen Erfolg. Zu diesen Werken gehörte das *Mädchen mit Federball* (Florenz, Galleria degli Uffizi) im Hintergrund dieser Seite. Nun wird er verantwortlich für den Salon (wie auch für die Akademie) und übernimmt bedeutende Aufgaben. Offenbar erkannte Chardin, wie wichtig die Zustimmung des Publikums ist: Um die Ausstellungen entwickelt sich ein brillantes, manchmal polemisches Schrifttum mit Rezensionen der größten Schriftsteller und Kritiker, darunter auch Diderot und andere Aufklärer. Die Verbreitung dieser Schriften führt zu weiteren Kontakten zwischen den Künstlern und den gebildeten Gesellschaftsschichten.

Jean-Siméon Chardin
Die Rübenputzerin, 1738
München, Bayerische Staatsgemäldesammlungen, Alte Pinakothek

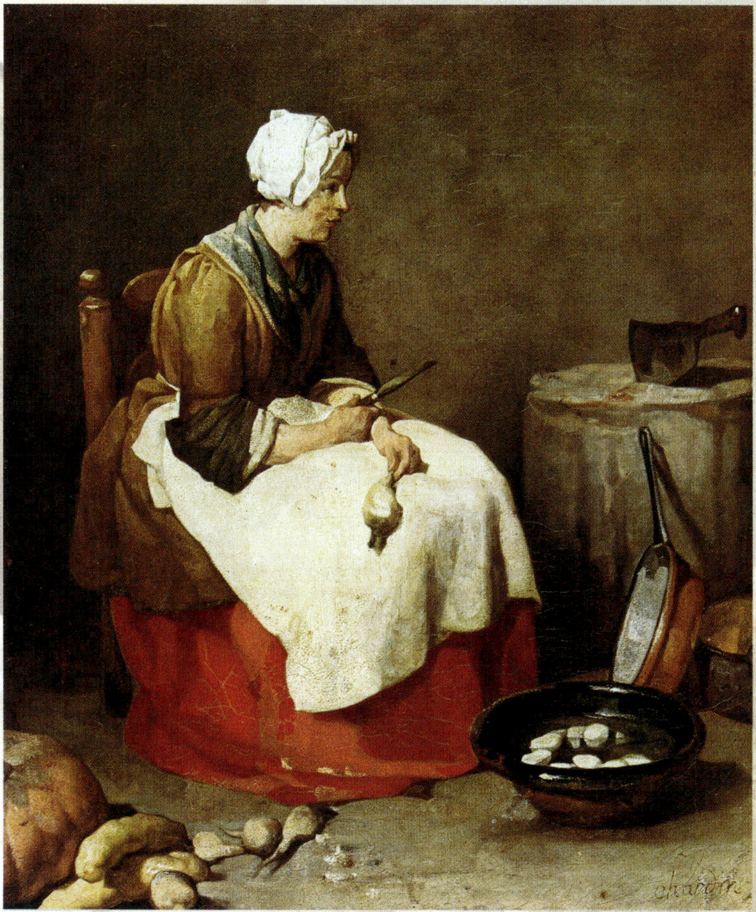

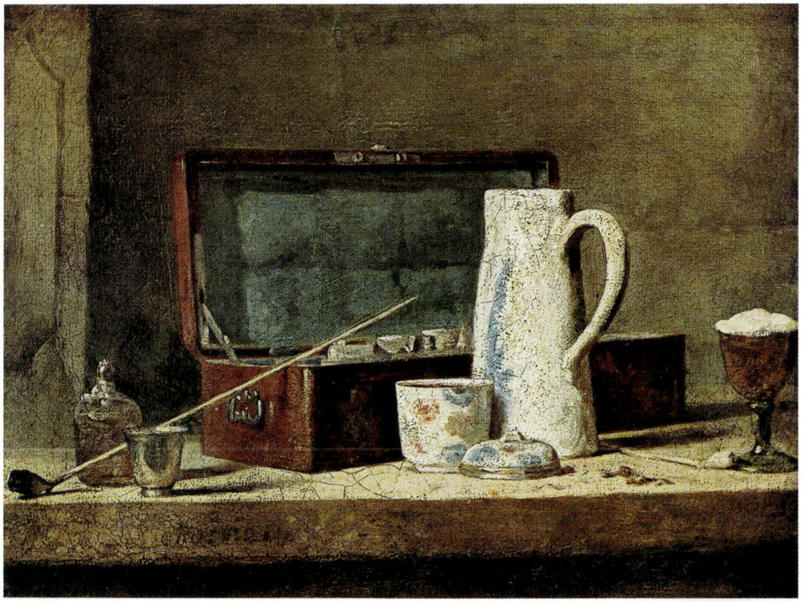

Jean-Siméon Chardin
Die Tabatiere (Pfeifen und Trinkgefäß), um 1737
Paris, Musée du Louvre

Chardins erste Frau verstarb 1737. Nach ihrem Tode wurde ein Inventar erstellt, das auch Rauchutensilien wie die hier geschilderte Tabakkiste, Kristallflakons, Silberbecher und Pfeifen benennt. So scheint es, als habe Chardin in diesem Stillleben eine genaue Aufstellung von Dingen gemacht, die seine Frau hinterlassen hat. Es wird deutlich, dass er sich der tiefen, anrührenden Poesie seiner Stillleben, gerade der weniger »kommerziellen« wie diesem, bewusst war. Durch die verhaltenen, kostbaren Blau- und Weißabstufungen und leicht verschwimmenden Konturen entsteht der Eindruck, als lege sich der Staub des Vergessens leise auf die Gegenstände.

Jean-Siméon Chardin
Die Küchenmagd, 1739
Paris, Musée du Louvre

Das im Salon von 1739 ausgestellte Bild besticht durch seine brillante Komposition. Durch die tiefe Perspektive der offenen Tür und des Kupferkessels wird die Küchenmagd in den Vordergrund gerückt; abwesend steht sie da, als seien ihre Gedanken weit von der alltäglichen Wirklichkeit ihrer Umgebung entfernt.

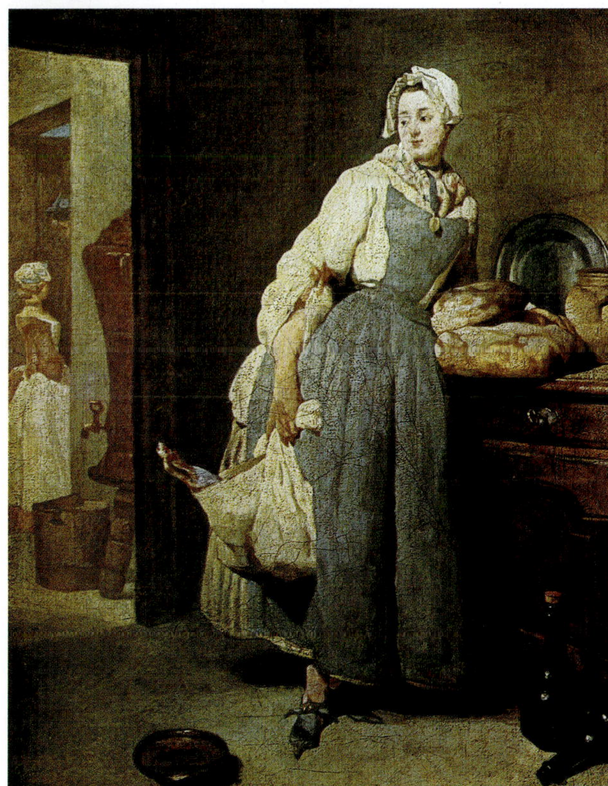

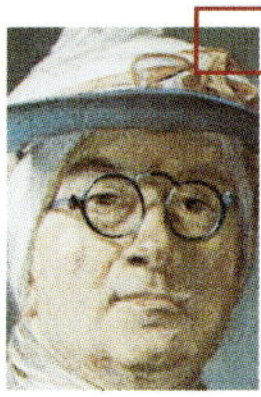

Ein ungewöhnliches Selbstbildnis

Beim Malen dieses Selbstporträts war Chardin 76 Jahre alt; gleich darauf beschloss er, es im Salon von 1775 neben dem Bildnis seiner zweiten Ehefrau Marguerite Pouget auszustellen, die er vor 31 Jahren geheiratet hatte. Es hätte die Summa eines Lebens sein können; jedoch zeigt sich der Maler mit seiner feinsinnigen Liebe zur Wirklichkeit aus einer unerwarteten Sicht. Zuerst meint man ein »Arbeitsbild« zu sehen: Der Maler trägt eine auffallende Brille, einen Augenschirm gegen grelles Licht und eine aus einem Tuch gewickelte Kopfbedeckung. Aber vielleicht ist es eine Verkleidung; Marcel Proust hat bemerkt, dass sich Chardin hier mit bizarrer Originalität in Kleidung und Haltung eines älteren englischen Touristen darstellt. Das Werk ist übrigens in Pastellfarben gemalt, die Chardin erst seit wenigen Jahren benutzte. Ohne Zweifel ist es noch immer von besonderem Reiz und beweist, dass große Künstler nie berechenbar sind.

Paris

1684–1721

Antoine Watteau

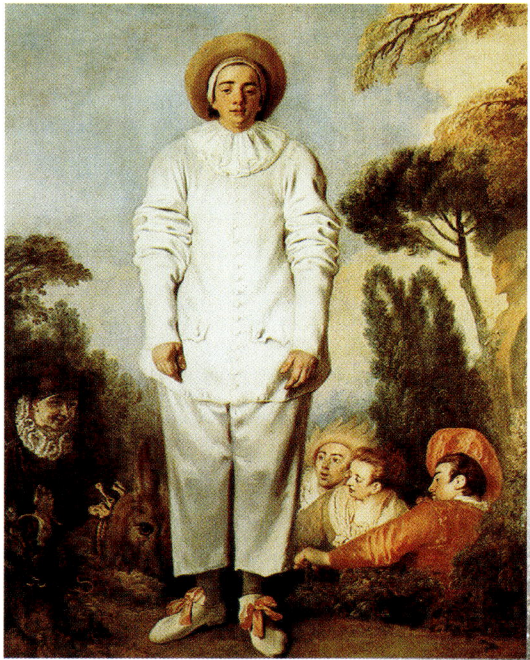

Antoine Watteau
Pierrot, genannt Gilles, um 1718
Paris, Musée du Louvre

Als aufmerksamer Theaterfreund kennt Watteau die Regeln der Maskerade, der Inszenierung und der richtigen Form: Die Welt der Commedia dell'arte wird zu einer Bühne der Unsicherheit und Doppeldeutigkeit, des Ephemeren und der Zerbrechlichkeit. Gilles, eine Art gefühlvoller Arlecchino, offenbart eine bedrohliche, durchlittene Einsamkeit.

Sehnsucht nach einer Insel der Seligen

Als Einundzwanzigjähriger geht der in Valenciennes geborene Watteau nach Paris. Hier hat er die Möglichkeit, sich den minutiösen, feinsinnigen Naturalismus der Flamen und Holländer des 17. Jahrhunderts anzueignen, außerdem die großen Gemäldesammlungen im Palais du Luxembourg und im Louvre zu studieren. Seine genaue Wahrnehmung der historischen und gesellschaftlichen Entwicklung ist grundlegend für Stil- und Themenwahl. Vordergründig scheint er einer der frühesten »galanten« Maler des Rokoko zu sein: Seine Figuren bewegen sich voller Leichtigkeit in schattigen Parks und entzückenden Landschaften, die mit leichten, lichtvollen Pinselstrichen mehr angedeutet als abgebildet werden. Seine Themen bilden den im 18. Jahrhundert beliebten Motivkreis, allen voran die beispielhafte, in zwei Versionen (Louvre und Berlin) bekannte *Einschiffung nach Kythera*, der mythischen Liebesinsel, mit der Watteau die Zulassung zur Akademie erhielt. In seinen »fêtes galantes« illustriert er heiter scheinende Sujets, galante Vergnügungen, Bälle, Liebesszenen, Stunden im Freien, Maskenfeste und Theaterstücke. Betrachtet man aber Watteaus Bilder genauer, erkennt man darin eine Art Wehmut, eine tiefe Melancholie selbst in den vergnüglichsten Szenen.

Antoine Watteau
Gesellige Unterhaltung im Freien, 1717–1718
Dresden, Gemäldegalerie Alte Meister

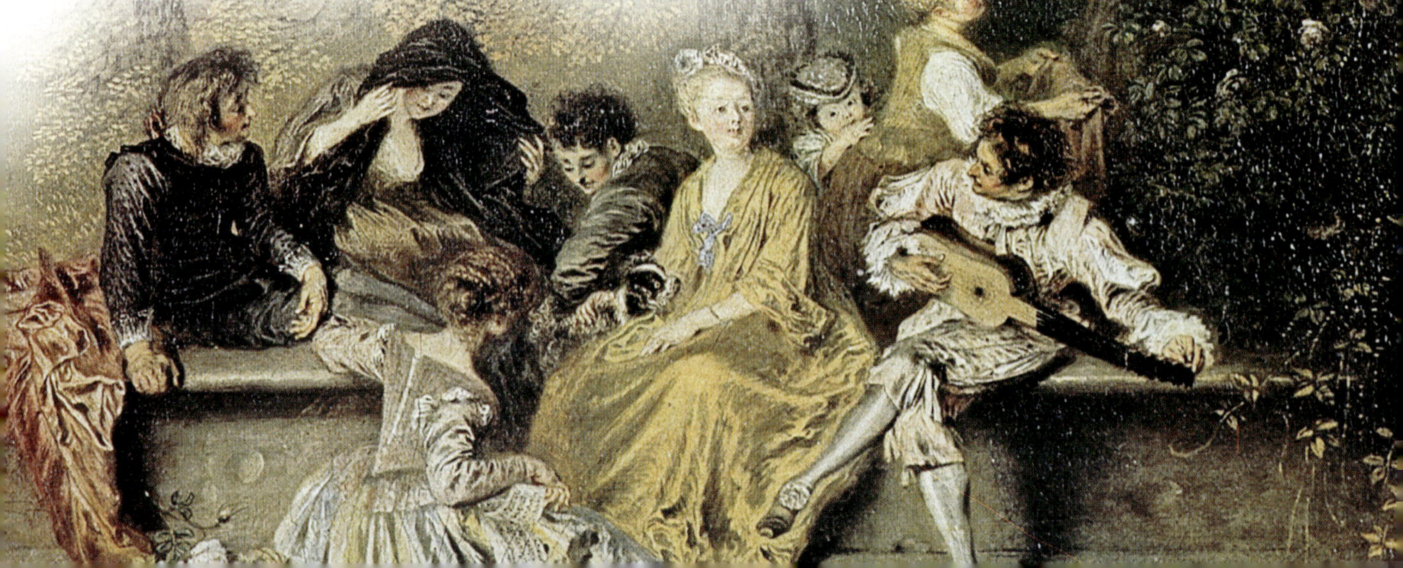

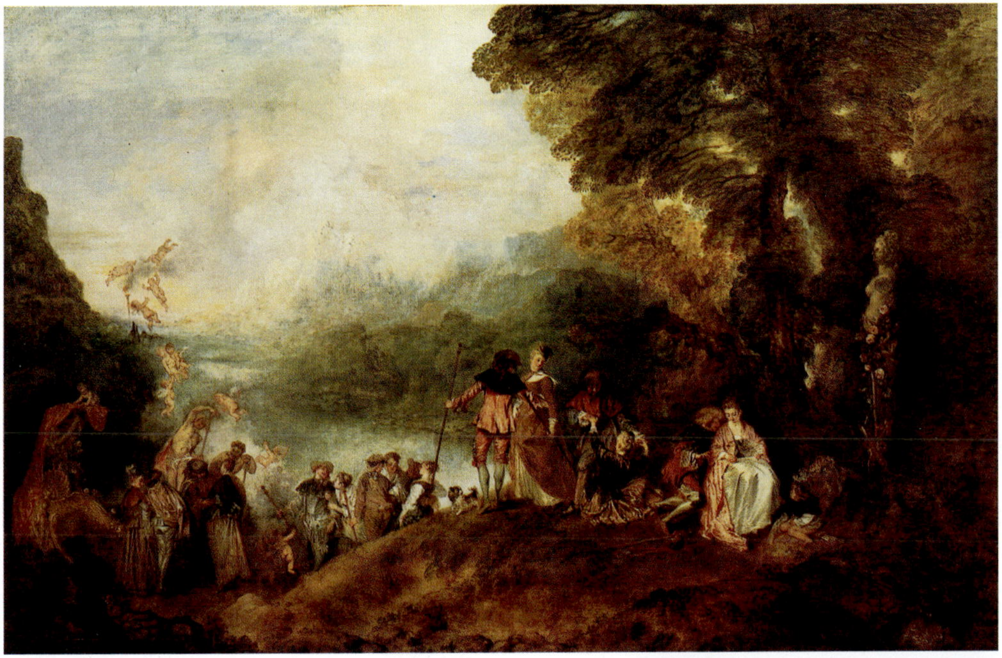

Antoine Watteau
Einschiffung nach Kythera, 1717
Paris, Musée du Louvre

Dieses Werk steht für die Sehnsucht, aus der Wirklichkeit in ein erträumtes arkadisches Land der Liebe zu fliehen, die sich im Bild der mythischen Insel Kythera verdichtet. Es muss von rechts nach links betrachtet werden: Ausgangspunkt ist eine klassische Venussäule mit Kletterrosen (Kythera ist der Venus geweiht). Ein Liebespaar macht vor der Statue Halt, andere brechen gerade auf, um den kurzen Abhang zu einer Barke hinunterzusteigen. Eine jubelnde Schar von Amoretten im Flug empfängt die Liebenden, welche die leichte, kostbare Gondel zur Insel besteigen.

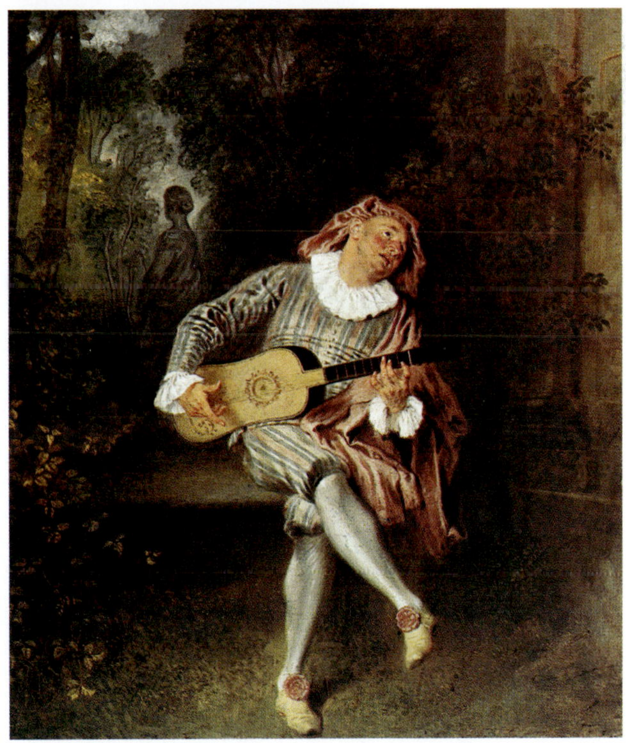

Antoine Watteau
Mezzetin, 1717–1719
New York, The Metropolitan Museum of Art

Mezzetin, gefühlvolle Figur der Commedia dell'arte, bringt ein vermutlich nutzloses Abendständchen: Die Statue zwischen den Bäumen kehrt ihm den Rücken und scheint die Kälte und Unnahbarkeit der Geliebten anzukündigen.

Antoine Watteau

1721

Das Firmenschild des Kunsthändlers Gersaint

Dieses Bild schuf Watteau gegen Ende seines kurzen Lebens, bereits geschwächt von der Tuberkulose, der er ein Jahr später erliegen sollte; aufbewahrt ist es in Schloss Charlottenburg in Berlin, einem wahren Tempel der Malerei Watteaus. Mit seiner für ein Genrebild ungewöhnlichen Breite von mehr als drei Metern ist es streng perspektivisch durchstrukturiert und hat für die europäische Malerei des 18. Jahrhunderts geradezu beispielhafte Funktion. Entstanden ist es als Dekoration für die Kunsthandlung »Au Grand Monarque« von Watteaus Freund Gersaint, bei dem er ab 1719 lebte. Es wurde verschiedentlich gedeutet: als geistiges und stilistisches Vermächtnis Watteaus, als Symbol der Staffelübergabe zwischen verschiedenen Epochen der Kunst oder der Geschichte, als lebhaftes Plädoyer für eine andere Art der Malerei oder für die Entwicklung des Kunstmarkts, der sich für das Großbürgertum öffnete. Diese Bedeutungsvielfalt zusammen mit einer leichten, hellen, brillanten Malweise ist charakteristisch für Watteau, ebenso die ernüchterte und ironischgeistreiche Stimmung in der augenscheinlich ganz realistisch dargestellten, beinahe banalen Situation.

Eines der größten Bilder in Gersaints Laden zeigt eine mythologisch-erotische Szene: In einem Röhricht verfolgt ein Satyr eine Nymphe. Themen und Stil der an den Wänden hängenden Gemälde zeugen vom Geschmack des frühen 18. Jahrhunderts: vorwiegend Landschaften, mythologische Szenen und weibliche Akte, gemalt mit der charakteristischen Leichtigkeit und den hellen Farben der Zeit. Die dunklen, strengen Porträts stammen eindeutig aus dem vorherigen Jahrhundert. Auch religiöse Gemälde sind zu erkennen (zweimal die Anbetung der Heiligen Drei Könige, vielleicht italienischer Schule, und ein betender Mönch), doch zumeist in die oberen Reihen verbannt und nicht direkt im Blickfeld.

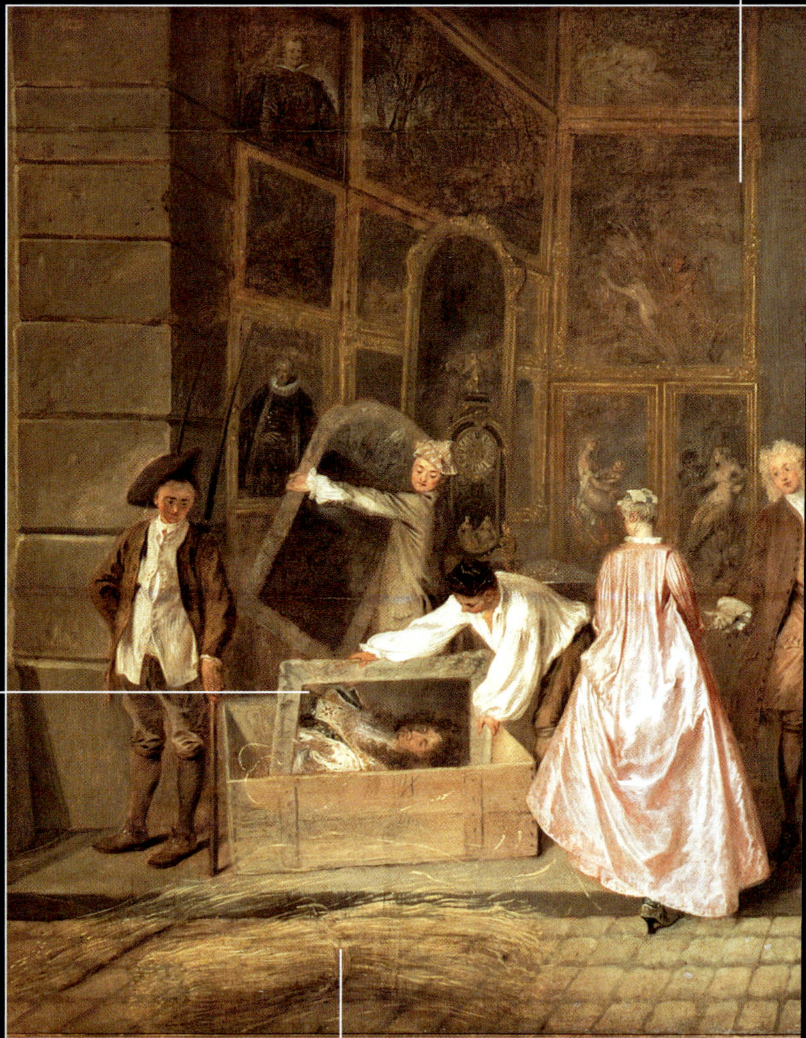

Die Kunsthandlung Gersaint trug den Namen »Au Grand Monarque« zu Ehren des Sonnenkönigs; seine lange Regierungszeit war 1715 zu Ende gegangen. Mit hintersinniger Geste legt ein Bediensteter das jetzt altmodische Bild Ludwigs XIV. aus dem 17. Jahrhundert in eine Kiste, eine deutliche Anspielung auf eine radikale Veränderung in Geschmack und Geschichte Frankreichs.

Das Bündel Stroh im Vordergrund dient für die Verpackung, hat aber als künstlerisches Bildmittel auch die

Etwa in der Bildmitte bittet ein junger Edelmann (vielleicht Watteau selbst) mit galanter Geste eine Dame in die Galerie. Das silbrig-rosa schimmernde Kleid unterstreicht die eleganten Bewegungen der Frau, die auf die Schwelle tritt und sich nach links wendet, um die »Grablegung« des Porträts Ludwigs XIV. zu beobachten.

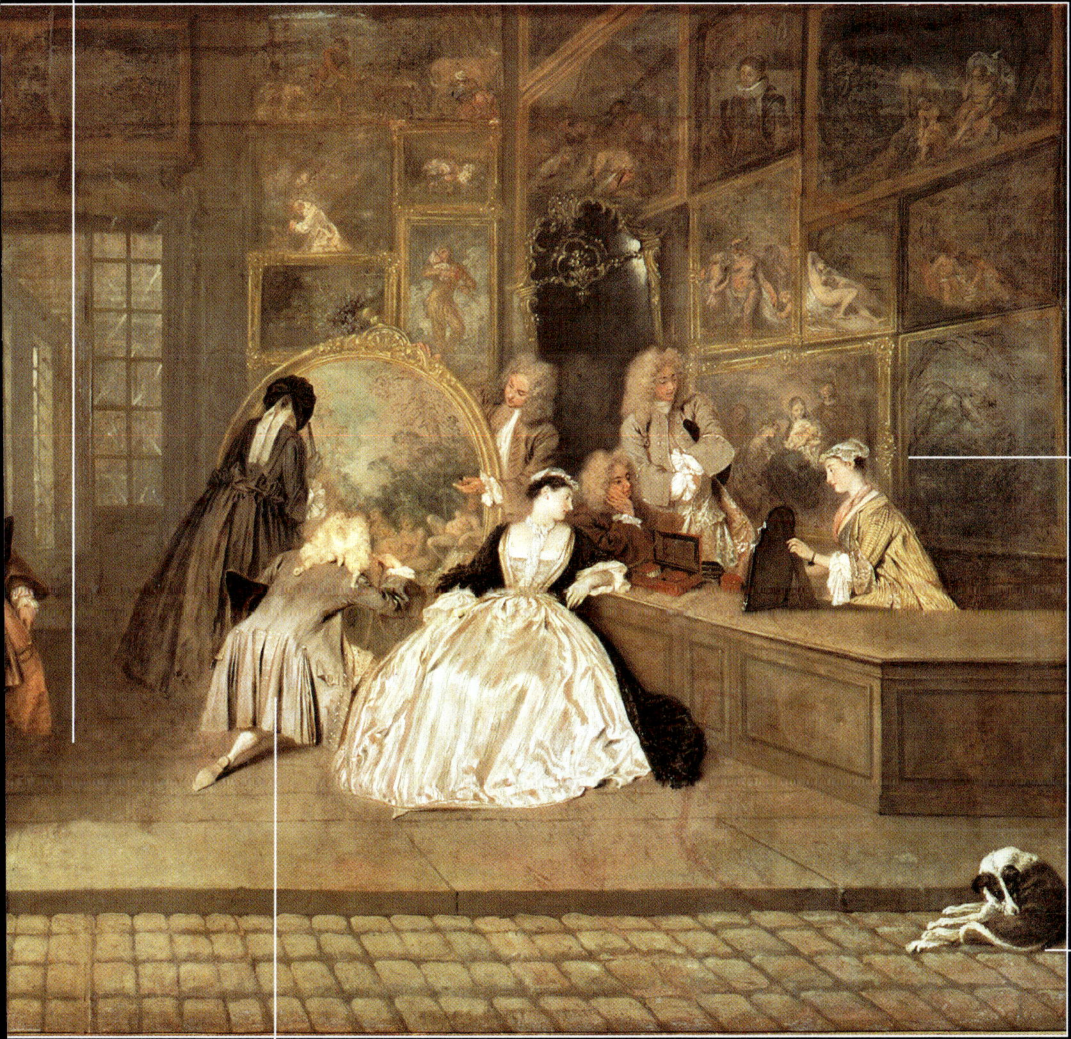

Madame Gersaint erklärt einer Gruppe von Kunstliebhabern, die ein wenig Langeweile nicht verhehlen, die Besonderheiten eines kleinen Gemäldes. Der Ladentisch bildet einen exakten perspektivischen Winkel: Wie man an dem Gebäude erkennt, ist das Bild nur scheinbar symmetrisch. Die Pflastersteine der Straße und die Glastür in der Mitte vermitteln den Eindruck völliger Regelmäßigkeit, der aber durch die sehr geschickte Komposition entsteht.

Der Hund, der sich auf dem Straßenpflaster kratzt, ist ein unmittelbares, ganz realistisches Element und unersetzlich, um eine Komposition, die sonst allzu stilisiert oder gekünstelt wirken könnte, wieder »auf den Boden« der Realität einer Pariser Straße zu bringen.

Zur Identität der Käufer, Experten und Sammler, die die Bilder betrachten, wurden verschiedene Hypothesen aufgestellt. Als Vorläufer von Hogarth, aber mit mehr Grazie als der englische Maler, zeichnet Watteau ein leicht ironisches Bild der hohen Gesellschaft. Die beiden »Kunstliebhaber« betrachten mit ihren Monokeln ein großes ovales Bild mit badenden Nymphen, Beispiel für den galanten Stil, der sich im französischen Rokoko verbreitete. Dahinter rühmt Gersaint persönlich die Vorzüge des Gemäldes.

18. Jahrhundert

Das Europa der Grand Tour

Auf der Suche nach einer »Education sentimentale«
In Europa machen sich Adlige und Künstler auf Reisen. Charakteristisch für die Kultur des 18. Jahrhunderts ist der Wunsch nach direkter Erfahrung und Bildung durch Kulturreisen und internationalen Austausch. Um die Persönlichkeit und seinen Geschmack zu bilden, nimmt man lange, oft sehr unbequeme Reisewege in Kauf. Hauptziel der Monate oder Jahre dauernden Grand Tour der adligen Engländer, Franzosen und Deutschen war Italien, manche jedoch gelangten sogar bis ins ferne Russland und seine neu erblühende Hauptstadt Sankt Petersburg. Die in den ersten Reiseführern und von ausgewiesenen Kunstkennern empfohlenen Ziele werden zu obligatorischen Etappen. In Italien gibt es eine ganze Reihe von Orten, die man gesehen haben muss; trotzdem wird das Land im 18. Jahrhundert mit einer anderen Einstellung bereist. Früher kam man hierher, um sich über die Neuheiten eines fortschrittlichen Landes zu informieren; jetzt besucht man ein schönes, aber rückständiges Land, das in einer lichtvollen, ergreifenden Landschaft teils unwissend Schätze aus der Vergangenheit verbirgt. Trotz des regen gesellschaftlichen Lebens in einigen Städten mit aristokratischen Empfängen und prunkvollen Schauspielen litt Italien Jahr für Jahr stärker unter einer Krise in den verschiedensten Bereichen; die Bauten verfielen. Die Reisenden aus den Ländern, in denen industrielle Revolution und Aufklärung gerade begannen, erblickten ein ländliches Italien mit Bauern und Hirten in seltsamen Kleidern. Hier fanden sie günstige Gelegenheiten zum Kauf von Kunstwerken, nicht nur neuen Bildern oder Skulpturen (äußerst gefragt waren die Veduten der Venezianer, die dann an ausländische Höfe geladen wurden), sondern auch Sammlungen älterer Meisterwerke, die von verarmten Adelsfamilien zum Kauf angeboten wurden.

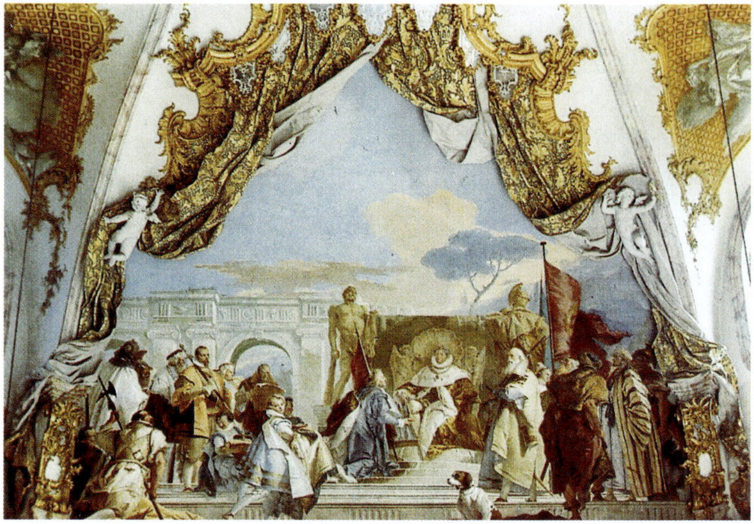

Giovanni Battista Tiepolo
Die Belehnung Bischof Herolds und die Bestätigung der an die Würzburger Bischöfe verliehenen Privilegien, 1751–1753
Würzburg, Residenz, Kaisersaal

Während der europäische Adel und gebildete Kreise Italien besuchten, stellten die Höfe des Auslands italienische Künstler ein. Der lange Aufenthalt Tiepolos am Hof des Fürstbischofs von Würzburg beginnt mit den Fresken des Kaisersaals, einem Ausbruch von Freude und Licht. Durch die weiß-goldenen Stuckarbeiten von Antonio Bossi, die seitlich geraffte Vorhänge bilden, wird aus dem ikonographischen Programm eine festliche Dekoration. Tiepolo gruppiert seine kostbar gekleideten Personen vor einer Loggia als Hintergrundarchitektur.

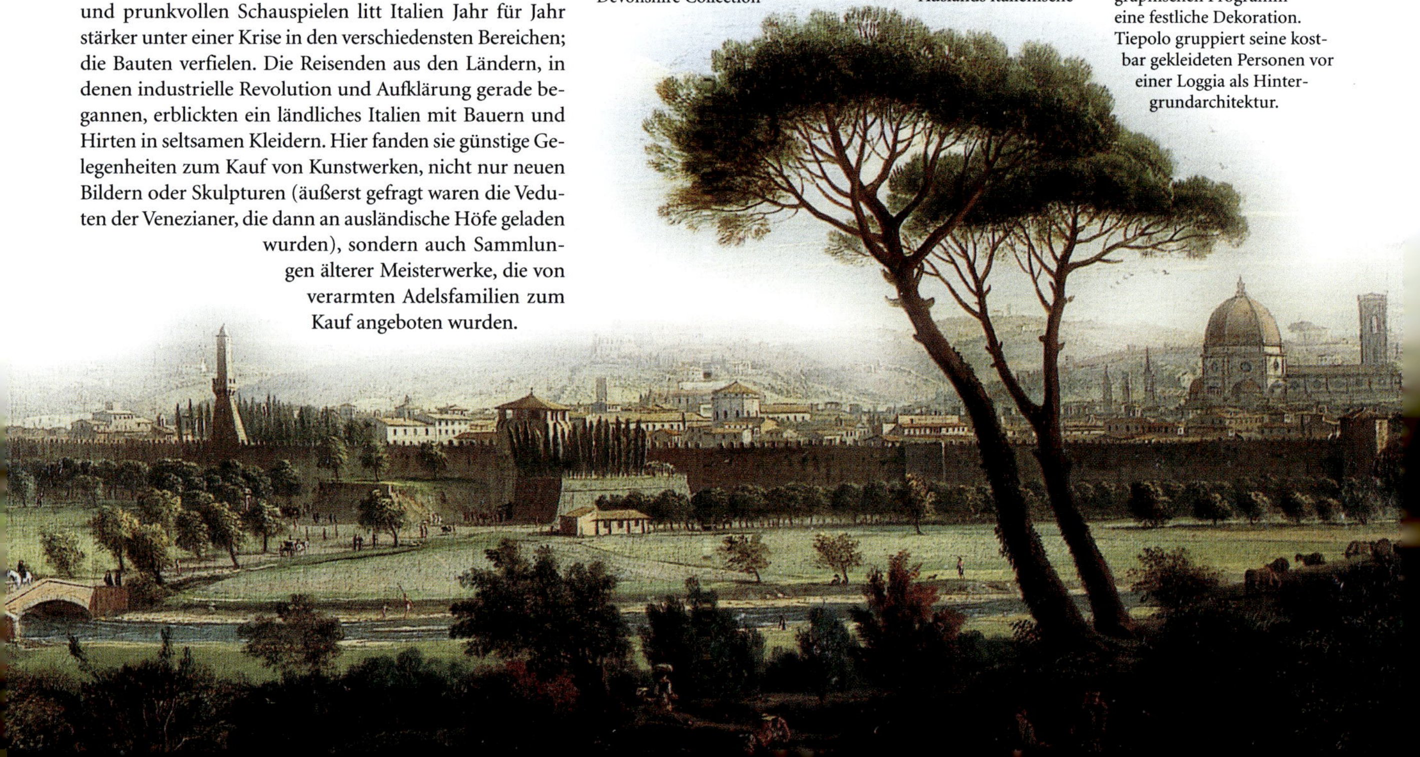

Gaspar van Wittel
(Gaspare Vanvitelli)
Ansicht von Florenz von der Via Bolognese aus, um 1695
Chatsworth House (Derbyshire), The Devonshire Collection

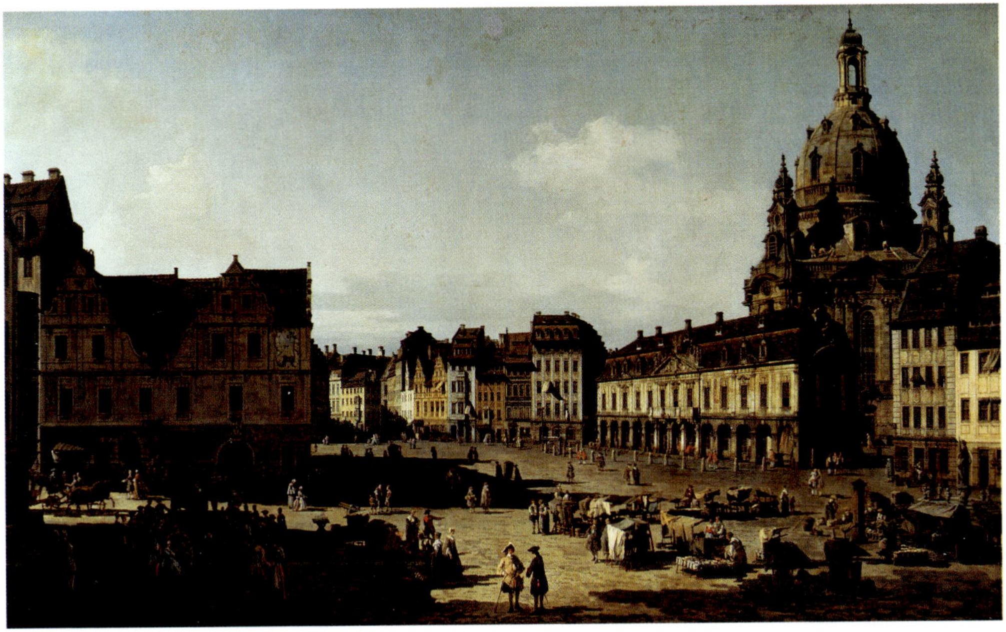

Bernardo Bellotto,
gen. Canaletto
Der Neumarkt in Dresden von der Moritzstraße aus, 1751
Dresden, Gemäldegalerie Alte Meister

Die Vedute ist vielleicht das künstlerische Ergebnis der Reiselust im 18. Jahrhundert. In der zweiten Hälfte des 17. Jahrhunderts als Teilgebiet der Landschaftsmalerei entstanden, nimmt sie eine schnelle und eigenständige Entwicklung, vor allem durch den großen Erfolg bei Sammlern und Aristokraten auf ihrer Grand Tour. Der Venezianer Bellotto (1720–1780), der sich wie sein Onkel Canaletto nannte, ist einer der größten europäischen Vedutenmaler. Als echter Kosmopolit verlässt er Italien mit nur 27 Jahren und verbringt sein ganzes Leben an den Höfen Mitteleuropas: Wien, München, Dresden und Warschau.

Bernardo Bellotto,
gen. Canaletto
Wien, vom Belvedere aus gesehen, 1759–1760
Wien, Kunsthistorisches Museum

Mit diesem großen Auftragswerk für die Kaiserin Maria Theresia entsteht eine oft wiederholte Ansicht der österreichischen Hauptstadt.

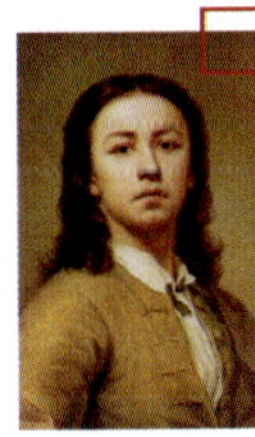

Von der Grand Tour zum Klassizismus

Im Lauf des 18. Jahrhunderts illustrieren die Künstler verschiedene Gefühle beim Anblick antiker Denkmäler: die Wehmut angesichts der verfallenden Pracht oder das schlichte Streben nach Wissen. In der von den Reisenden geschätzten akademischen Malerei steht die formale Schlichtheit und geistige Angemessenheit im Vordergrund, eine einfache, aber nicht karge Eleganz. Auf dieses Konzept greift Anton Raphael Mengs (1728–1779) zurück. Nach seiner Ausbildung in Dresden ist er in den römischen Künstlerkreisen aktiv; während Winckelmann damit beschäftigt ist, die Kunst des Altertums zu klassifizieren, sucht Mengs nach einem Schema für die Malerei. So bildet sich gegen 1770 eine strenge Norm für Auswahl und Verwendung von Themen und Modellen heraus: Die Zeit des Klassizismus beginnt.

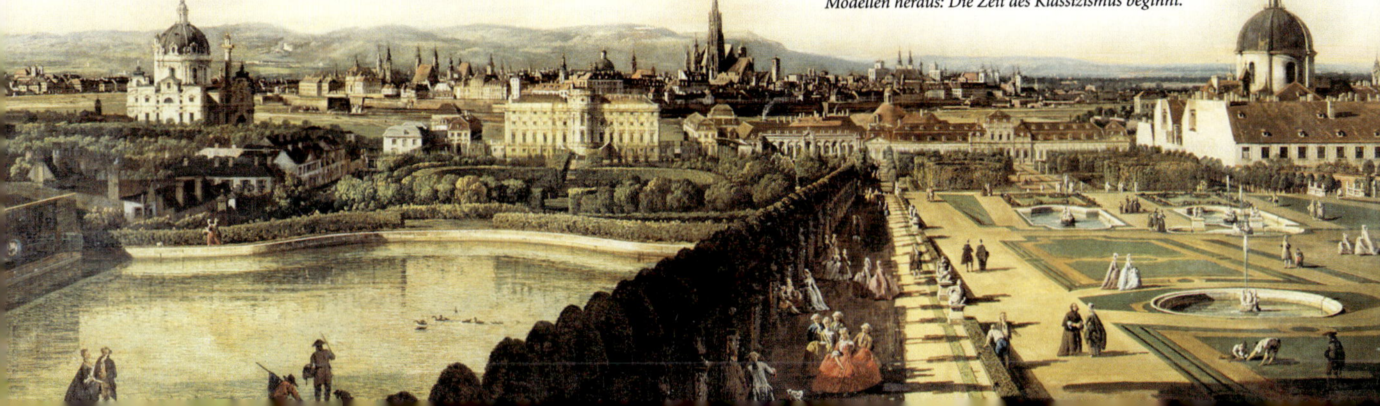

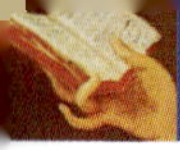

Paris

1703–1770 1732–1806

Boucher und Fragonard

Die Wonnen des französischen Rokoko
Unter König Ludwig XV. setzt sich das Genre der erotisch-galanten Malerei durch; es entsprach am besten dem Geschmack des Hofs, in dessen Mittelpunkt Madame de Pompadour stand. Bedeutendster Maler ist François Boucher mit seinen frischen, leichten, lichtvollen Bildern: In arkadischer Landschaft, aber dennoch weit entfernt von der klassizistischen Ideallandschaft des 18. Jahrhunderts, treiben ländlich verkleidete Damen und Galane ihre gewollt naiven Spiele. Der Bezug zur gleichzeitig entstehenden Schäferdichtung ist offensichtlich. Größere Spontaneität zeigen die Interieurs, kurze Einblicke in die Kammern, Schlafzimmer und Boudoirs der Bürger; Boucher erfasst kleine Alltagsszenen und intime Momente nicht ohne eine Art augenzwinkernden Voyeurismus. Jean-Honoré Fragonard greift auf Szenen aus dem 16. Jahrhundert zurück. Wie Tiepolo knüpft er an die alte venezianische Tradition, deren leuchtende Farben und unruhige Pinselführung an und erzeugt mit Anspielungen und Andeutungen eine schmeichelnde subtil-erotische Stimmung. Nach 1770 folgt er der allgemeinen Entwicklung der französischen Kunst, wendet sich mehr und mehr von sinnlichen Themen ab und hin zu einer zarten, präromantischen Entdeckung des Gefühls.

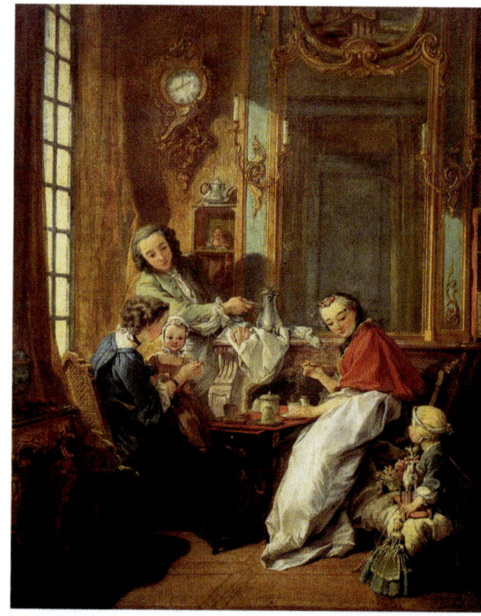

François Boucher
Das Frühstück, 1739
Paris, Musée du Louvre

Dieses von der holländischen Malerei des 17. Jahrhunderts angeregte liebliche Bild zeigt möglicherweise die Familie des Künstlers in einem Moment entspannter Intimität. Faszinierend ist die genaue Wiedergabe von Einrichtung, Kleidung und Gegenständen, die der neuesten Rokokomode entsprechen.

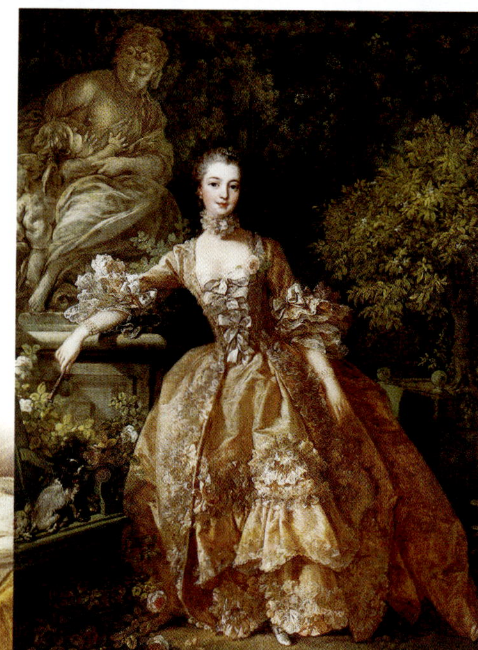

François Boucher
Madame de Pompadour, 1759
London, The Wallace Collection

Madame de Pompadour, die als Favoritin von König Ludwig XV. ganz den Geschmack der Zeit bestimmt und große Kunstwerke und Einrichtungsgegenstände anfertigen lässt, ist Bouchers große Auftraggeberin.

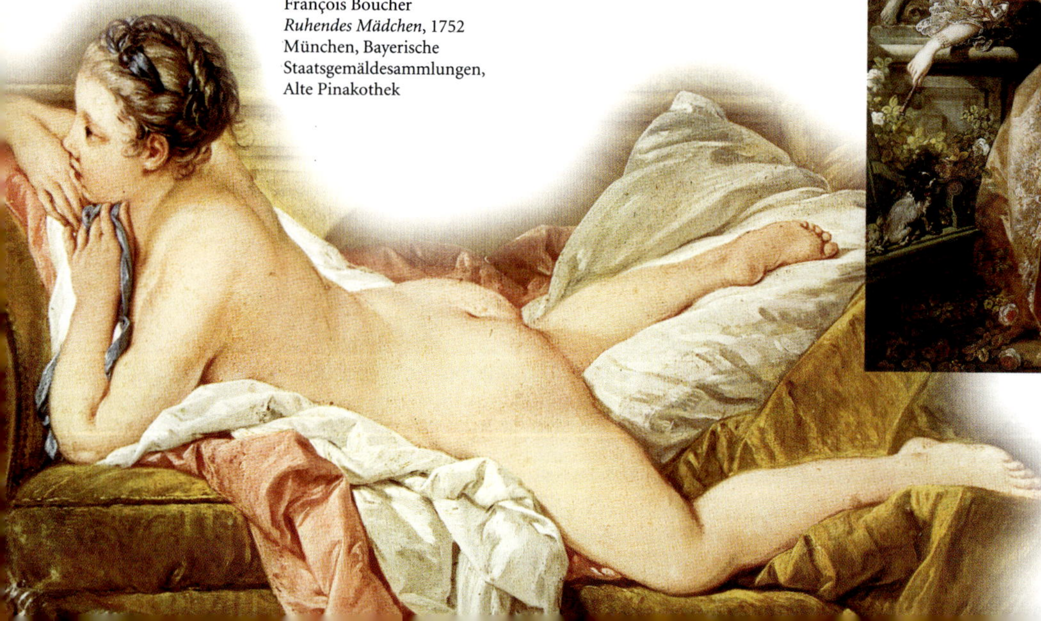

François Boucher
Ruhendes Mädchen, 1752
München, Bayerische Staatsgemäldesammlungen, Alte Pinakothek

Jean-Honoré Fragonard
Lesende Frau, um 1776
Washington, National Gallery of Art

Dieser anziehende intime Moment gehört zu den berühmtesten Bildern der zweiten Hälfte des 18. Jahrhunderts. Fragonards Farbenfrische, die er durch das Studium der venezianischen Malerei erworben hat, scheint auf Renoir vorauszuweisen.

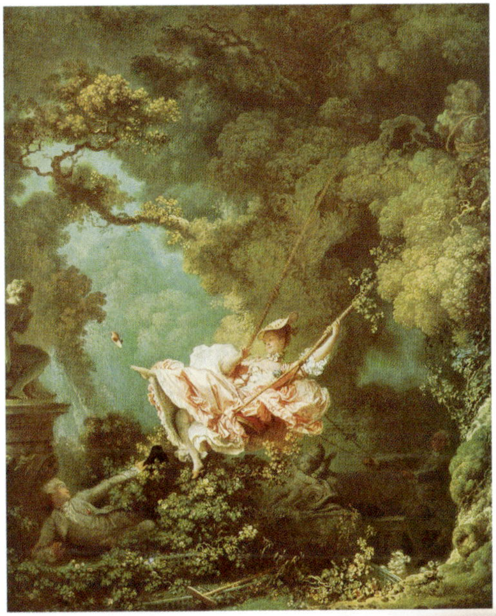

Jean-Honoré Fragonard
Die Schaukel, 1766
London, The Wallace Collection

Fragonard greift das Genre der »fêtes galantes« wieder auf, setzt aber an die Stelle von Watteaus unterschwelliger Melancholie eine kühne, vergnügte Freizügigkeit. Das Bild zeigt die klassische Dreiecksbeziehung: Während der ahnungslose Ehemann an den Seilen der Schaukel zieht, verbirgt sich der heimliche Liebhaber in den blühenden Büschen, um die junge Dame aus einem besonders günstigen Blickwinkel zu betrachten; durch den davonfliegenden Schuh kommt ein Hauch Ironie ins Bild.

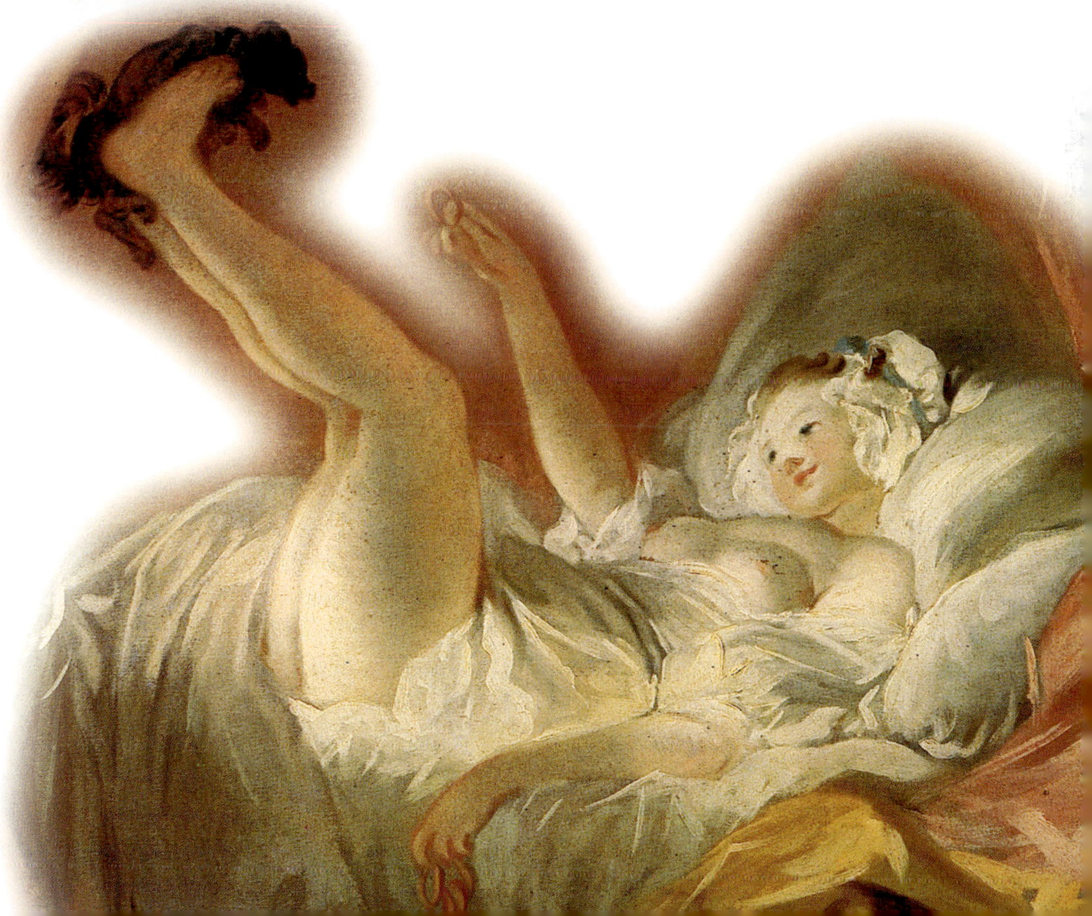

Jean-Honoré Fragonard
La Gimblette (Mädchen mit Hund), um 1770
Paris, Fondation Cailleux

Die provokante, anspielungsreiche Szene zeigt ein halb entkleidetes Mädchen mit einem Zuckerkringel *(gimblette)* in der Hand, das auf dem zerwühlten Bett mit einem Hündchen spielt.

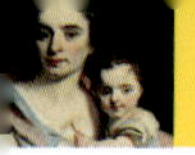

Süddeutschland, Österreich

1700–1780

Das deutsche Rokoko

Aufflammende Phantasie und Farbe

Im 18. Jahrhundert entwickelt sich in dem von Kriegen heimgesuchten Mitteleuropa keine einheitliche Malerschule; dies geschieht erst im nächsten Jahrhundert, als in Österreich und den katholischen Gegenden Deutschlands Architektur, Bildhauerei (Stuck und Holzschnitzerei) und natürlich auch Malerei erblühen. Es beginnt eine sehr lebhafte Zeit, die man in zwei Strömungen einteilen kann: einerseits die monumentalen Dekorationsarbeiten in Fürstenhäusern oder den wiederaufgebauten großen Abteien (hier stehen die Brüder Asam im Vordergrund); andererseits zahlreiche kleine Bilder, Skizzen für größere Werke oder auch Gemälde von unmittelbarer Frische, wie aus einem Guss. Zu den vielen großen Rokokokünstlern des 18. Jahrhunderts zählen die Österreicher Paul Troger (1698–1762) und Franz Anton Maulbertsch. In der zweiten Hälfte des Jahrhunderts geht von Deutschland ein moralisierender Einfluss auf die Kunst aus. Ausgerechnet in dem Land mit den kühnsten und phantasievollsten Rokoko-Bauwerken entstehen die theoretischen Grundlagen und ersten konkreten Beispiele für eine strenge, an den klassischen Vorbildern gemessene Kunst.

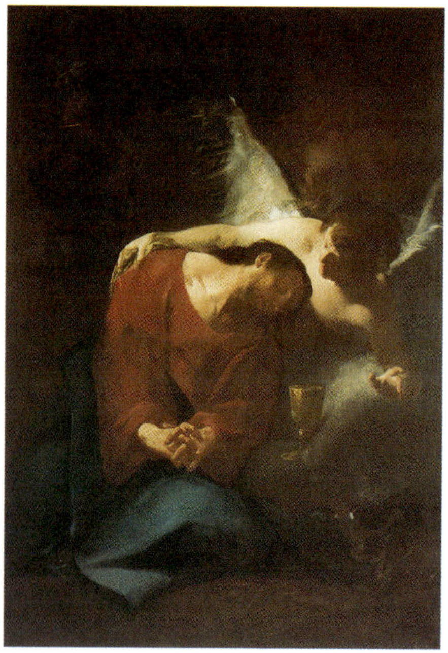

Paul Troger
Christus am Ölberg, um 1730
Brixen, Diözesanmuseum
Hofburg Brixen

In einer malerisch sehr raffinierten Form mit gelängten, lichtumhüllten Figuren entfalten sich großes Pathos und dramatische Eindringlichkeit.

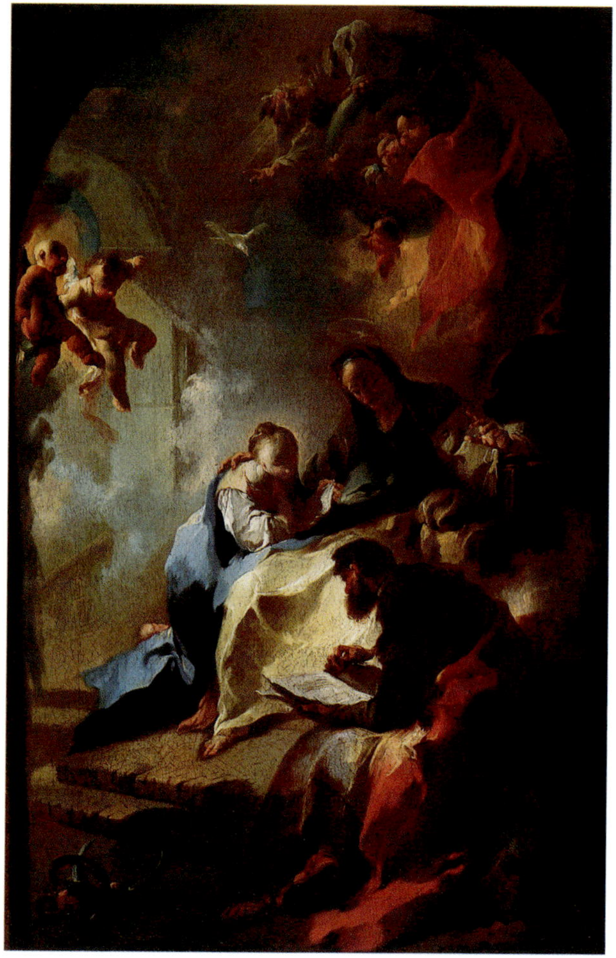

Franz Anton Maulbertsch
Unterweisung Mariä, um 1755
Karlsruhe, Staatliche Kunsthalle

Kennzeichnend für Maulbertsch (1724–1796) sind bewegte, skizzenhaft schnelle Staffeleibilder, die aber auf jeden Fall als eigenständige Werke zu betrachten sind. In seinen Händen wird das Thema zu einem Feuerwerk der Phantasie mit einer am Himmel schwebenden Engelsschar, einem Licht, das manche Stellen zum Glühen bringt, andere im Dunkeln lässt, und einer packenden, vom Maler brillant gemeisterten Dynamik.

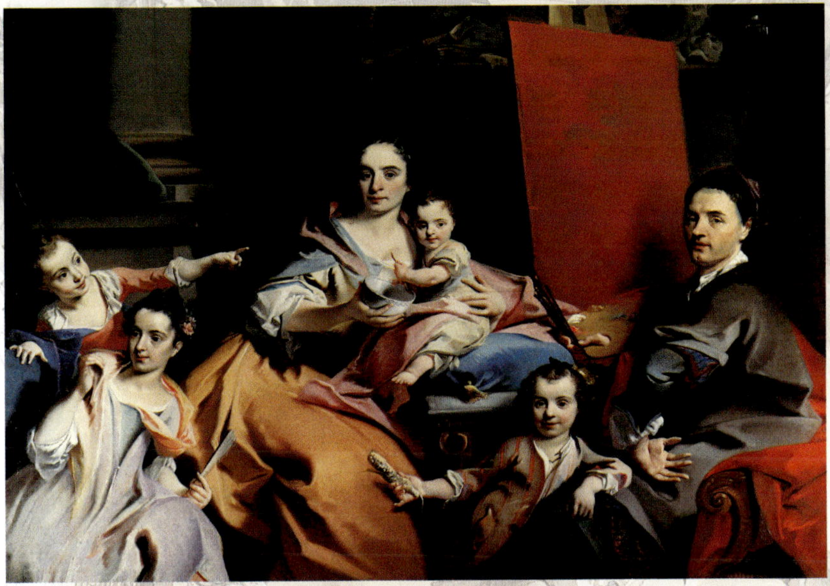

Carlo Innocenzo Carloni
Selbstbildnis mit Familie, 1728
Privatsammlung

Carloni (1686–1775) erhält seine Ausbildung in Rom im Kontakt mit den neuesten spätbarocken Strömungen von Maratta bis Luca Giordano. Tätig ist er jedoch meist außerhalb Italiens, in den deutschsprachigen Ländern. International bekannt wird er 1715, als Prinz Eugen von Savoyen ihn zur Mitarbeit am Wiener Belvedere beruft. Dreißig Jahre verbringt der brillante, erfolgreiche Maler in Böhmen, Österreich und Deutschland und entwickelt dabei eine internationale Ausdrucksweise, die typisch für das Rokoko ist: große feierliche Allegorien, ausgeführt mit kompositorischer Freiheit, malerischer Leichtigkeit und leuchtenden Farben.

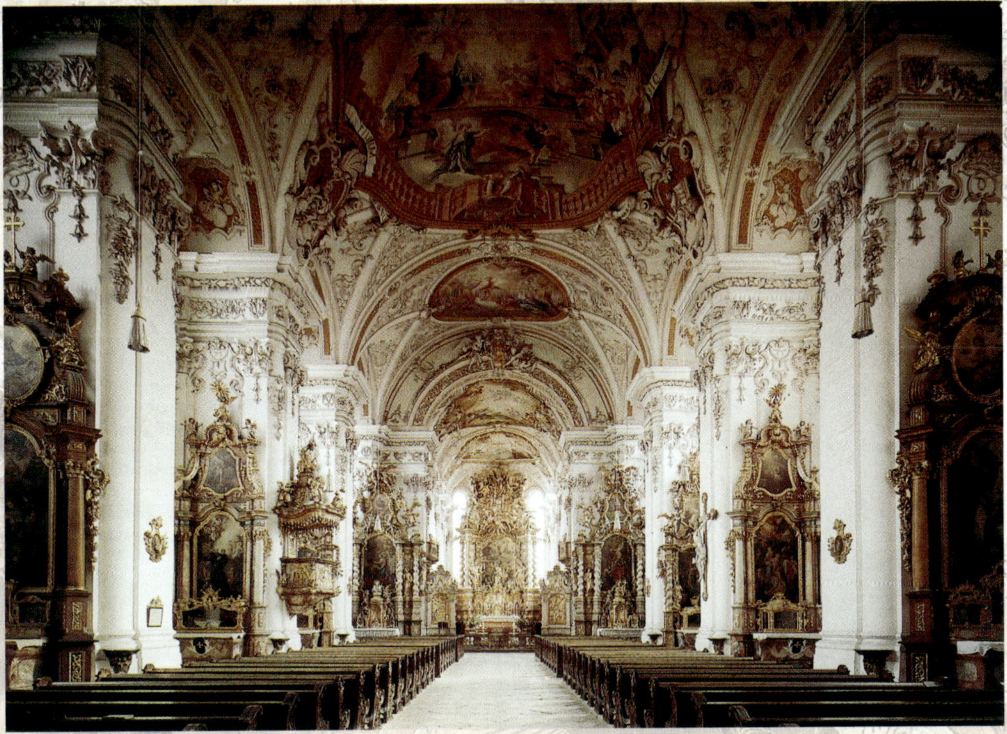

Cosmas Damian und Egid Quirin Asam
Fresken der Klosterkirche Aldersbach, 1720–1725
Aldersbach, Klosterkirche

Die Brüder Asam sind die wichtigsten Künstler der großen Rokokodekoration in Süddeutschland. Egid Quirin (1692–1750) schafft Altäre, Statuengruppen und Stuckornamente; Cosmas Damian (1686–1739) hingegen ist eher als Maler tätig und entwickelt bei den Formen, Farben und Perspektiven mit offenem Himmel die Erfahrungen seiner Romreise in freier Weise weiter. Die lichtvollen Dekorationen in den Rokokoklöstern der Brüder Asam haben einen besonderen bühnenhaften Charakter und erschließen sich in der Bewegung; man geht durch die weiten Räume und erhält immer neue aufregende Eindrücke.

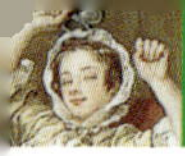

London

1697–1764

William Hogarth

»Castigat ridendo mores«: die Gesellschaftssatire entsteht

Im 17. Jahrhundert gelangt die englische Malerei nicht über ein gewisses Mittelmaß hinaus: Alle bedeutenderen Werke werden von Künstlern aus dem Ausland geschaffen, die eine längere oder kürzere Zeit in England verbringen. Anfang des 18. Jahrhunderts erscheint mit William Hogarth die erste eigenständige Malerpersönlichkeit. Auch als Kupferstecher und Autor eines Traktats zur Ästhetik »The Analyse of Beauty« (Die Analyse der Schönheit) tritt Hogarth in Erscheinung. Als Porträtmaler ist er sehr gefragt, jedoch erfindet er auch ein neues Thema: die Gesellschaftssatire oder, wie er es nennt, das »modern moral subject«. Mit unverhüllter didaktischer Absicht und belustigter, aber scharfer Polemik geißelt Hogarth alle Schichten: verarmte Adlige, plumpe, aufstiegssüchtige Bürger, zerlumpte Leute aus dem Volk, hedonistische Kleriker, bleiche Soldaten. Es entstehen karikaturhafte vielfigurige Szenen mit überzeichneten Physiognomien; in den erzählerischen Details herrscht eine Art Horror Vacui, sodass es dem Künstler zuweilen selbst nötig erscheint, schriftliche Erklärungen anzufügen; diese sind vor allem für die Würdigung seiner sehr gelungenen Stiche wichtig.

William Hogarth
Selbstbildnis, 1745
London, Tate Gallery

Dieses Selbstbildnis ist eine komplexe Poetik des Malers: Bei vielen seiner Werke müssen die bewusst und gewitzt eingesetzten metaphorischen Details sehr genau verstanden werden. Der Oberkörper des Künstlers »stützt« sich auf einen Stoß Bücher von Shakespeare, Milton und Swift; der Hund steht für seine Naturtreue; auf der Palette des Malers ist die geschwungene »Linie der Schönheit und Anmut« zu sehen, auf der nach Hogarth Schönheit und Harmonie basieren.

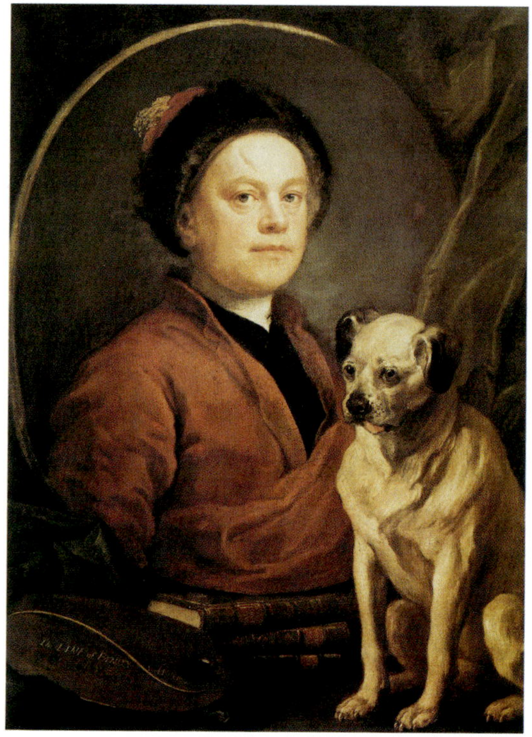

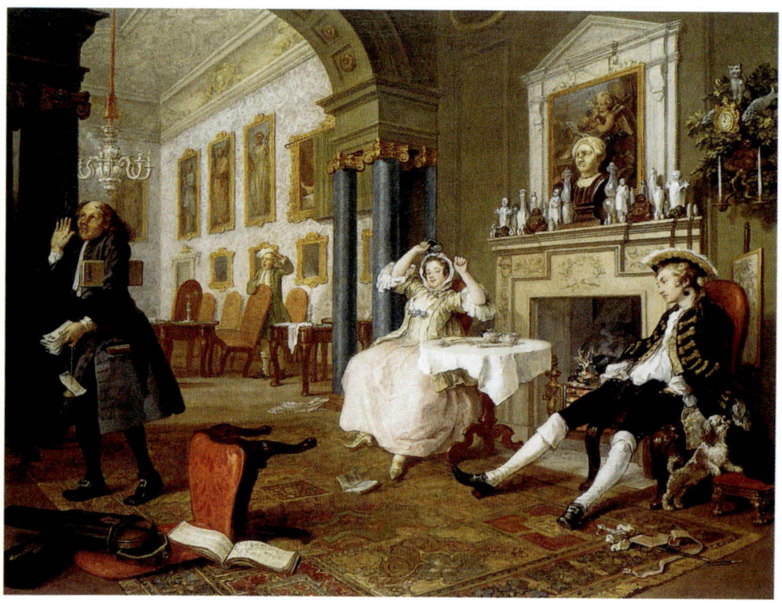

William Hogarth
Nach der Heirat, aus der Serie *The Marriage à la Mode*, 1743–1745
London, The National Gallery

Der Zyklus *The Marriage à la Mode*, sechs satirische Szenen über Hogarths Lieblingsthema, den gesellschaftlichen Aufstieg, ist sein reifstes Werk. Häusliche Interieurs werden in der englischen Malerei so beliebt, dass als Gegenstück zum Porträt ein eigenes Genre entsteht, das »Conversation Piece«.

William Hogarth
Das Krabbenmädchen, um 1740
London, The National Gallery

Hogarths Technik geht vom Studium der holländischen Malerei des 17. Jahrhunderts aus und basiert auf einem sehr frischen, schnellen und unruhigen Pinselstrich, der hier an Frans Hals erinnert.

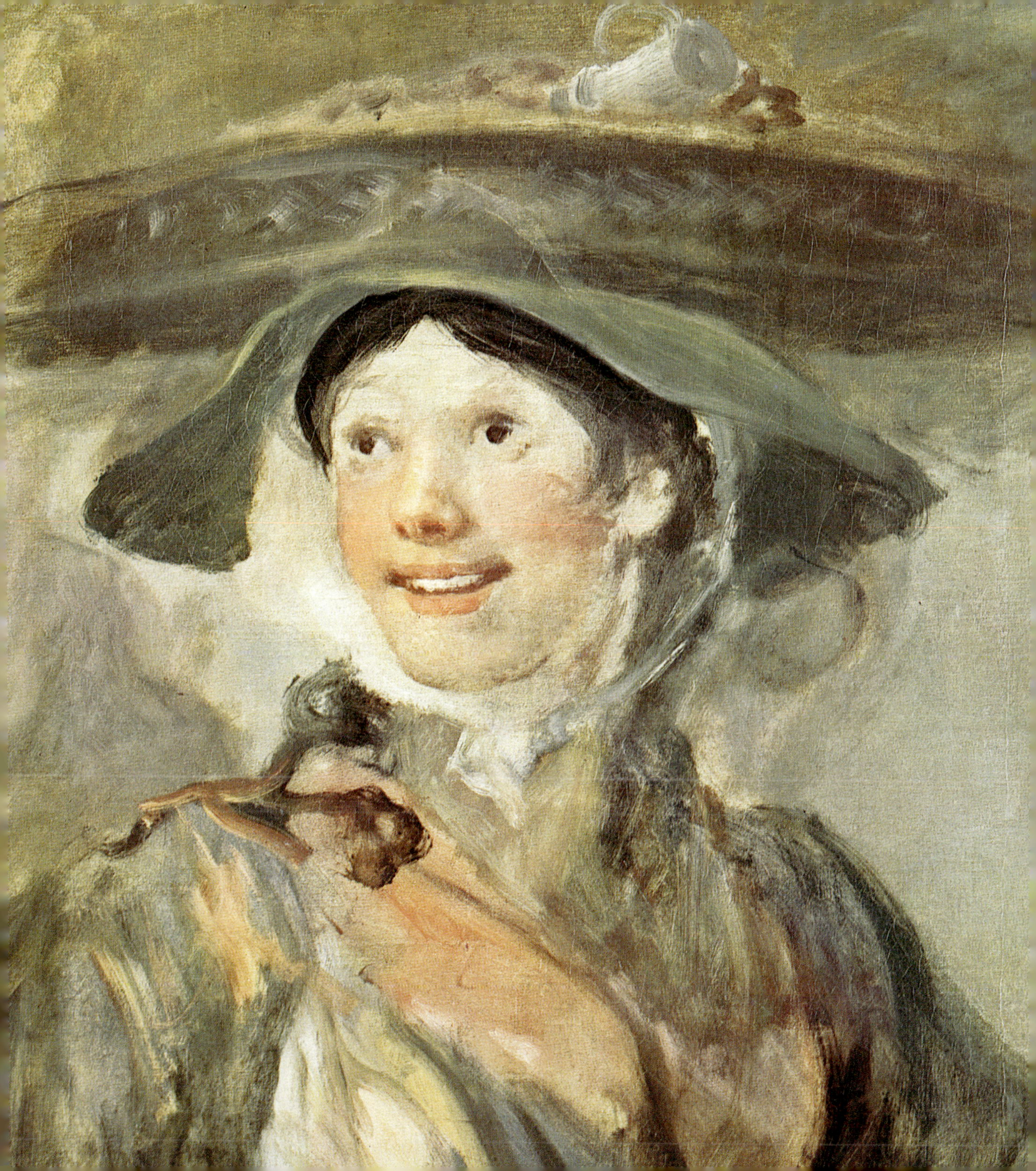

William Hogarth

1733–1735

Das Leben eines Liederlichen

Diese acht Bilder der Serie *The Rake's Progress*, einer beißenden Parabel auf den Niedergang eines Aufsteigers, befinden sich seit 1802 im Londoner Sir John Soane's Museum. Sir John Soane konnte sie von dem Vorbesitzer, einem strengen Colonel, für 598 Pfund 10 Schilling erwerben, fast hundert Pfund weniger als der reuige Offizier dafür bezahlt hatte. Vorher hatte Lord Beckford, der Bürgermeister von London, die Gemälde dem Maler direkt abgekauft. In der kontinentalen Kunst der Zeit findet sich kaum eine Parallele zu Hogarth: Er ist erzählerisch und boshaft, ironisch und lehrhaft, vor allem aber unabhängig und frei von Beeinflussung, Voreingenommenheit und irgendwelchen Vorbildern. Als großer Theaterfreund und Porträtist von Regisseuren, Impresarien und berühmten Schauspielern inszeniert der englische Maler eine gleichsam dramatische Handlungsfolge und gibt den Hauptpersonen der Szenen voller deutlicher oder hintergründiger Anspielungen einen Namen und ein charakteristisches Äußeres: szenisches Material, das Strawinsky für seine Oper »Der Wüstling« ins Libretto übertragen hat.

In der ersten Szene *(Die Erbschaft)* tritt als Hauptperson der junge Tom Rakewell auf, dessen geiziger Vater gestorben ist. Selbst das kleinste Detail des Zimmers weist auf die Knauserigkeit des Toten hin. Während ein Schneider dienstfertig bei dem Erben Maß nimmt und ein Verwalter einige Münzen rafft, erscheint an der Tür tränenüberströmt Sarah Young mit ihrer wütenden Mutter. Tom hat sie geschwängert und ihr die Heirat versprochen; jetzt hält er ihr verlegen eine Hand voll Münzen als Entschädigung hin.

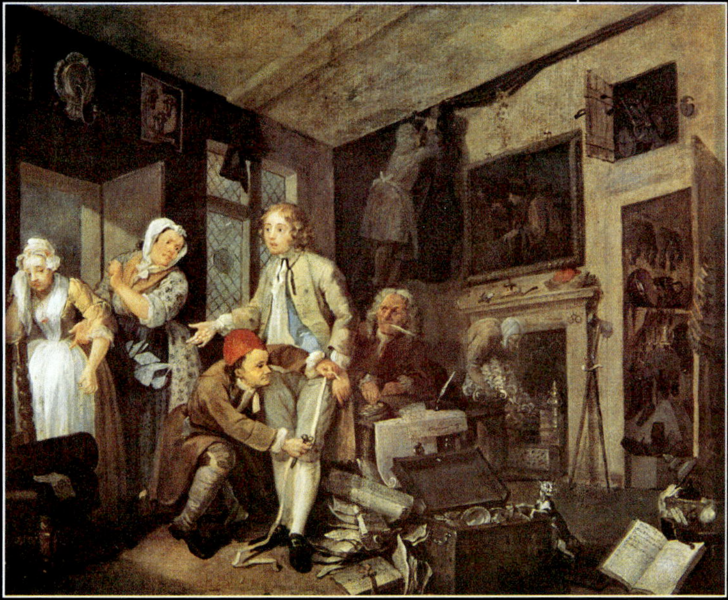

In der zweiten Episode *(Das Erwachen)* sieht man Tom noch mit Nachtmütze inmitten der gesellschaftlichen Verpflichtungen eines erfolgreichen jungen Gentleman. Der Musiklehrer am Cembalo komponiert ein neues Werk. Der ältliche Fechtmeister zeigt unter den sehr befremdeten Blicken des Stockkämpfers die »en garde«-Position. Im Kontrast zu dem feisten Mann im roten Rock erscheint der aufgeputzte Tanzmeister auf Zehenspitzen mit einer Übungsgeige in der Hand. In der zweiten Reihe hält ein Architekt den Plan für einen Garten im englischen Stil in der Hand; Tom liest das Empfehlungsschreiben des gefährlich aussehenden Manns im roten Rock, der sich als Leibwächter vorstellt. Dahinter bläst ein Jagdhundeführer in sein Horn; im Vordergrund kniet ein Jockey mit einer langen Peitsche und einem überdimensionalen Pokal. Eine überwältigend komische, aber auch bittere kleine Szene: Das Vermögen des »Liederlichen« schwindet schnell dahin.

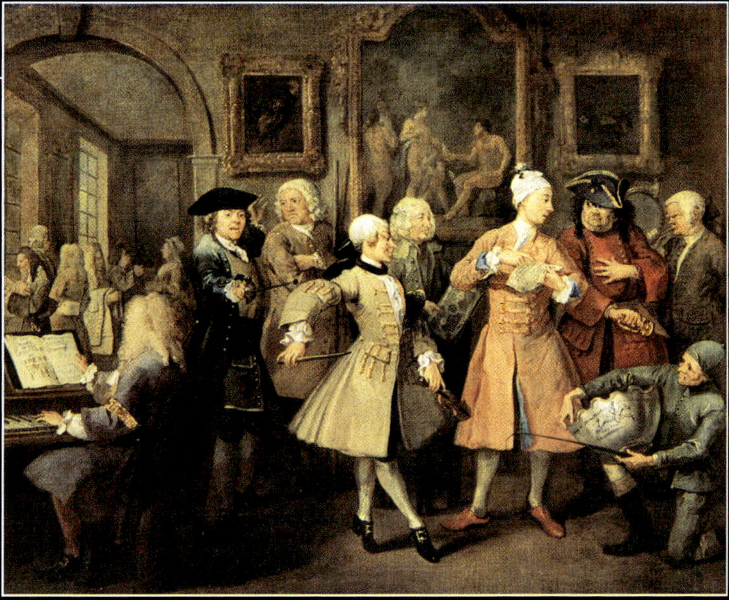

In der dritten Episode *(Rakewell im Wirtshaus)* sitzt der nach einer Schlägerei etwas lädierte Rakewell zur Rechten; zwei Prostituierte nehmen sich seiner an und stehlen bei dieser Gelegenheit gleich seine Uhr. Der Raum wirkt schäbig: Ein Paar liebäugelt miteinander, andere liederliche Frauen trinken, spucken, erzählen Witze, eine weitere entkleidet sich im Vordergrund. Neben der Tür bringt ein schwangeres Mädchen ein Lied dar.

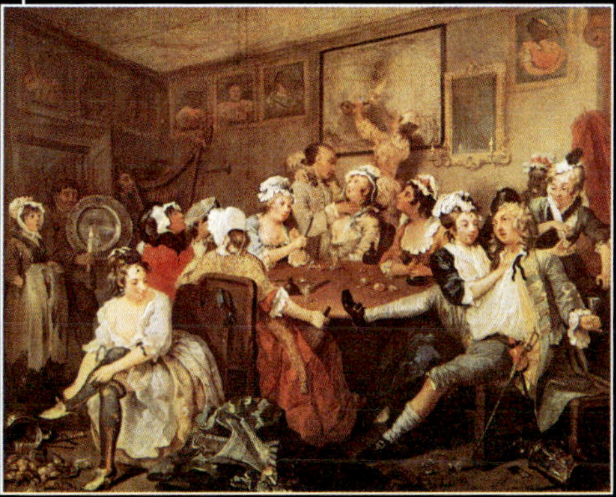

In der vierten Episode *(Tom Rakewell wird von dem Gerichtsvollzieher gestellt)* begibt sich Rakewell in seiner Sänfte zu einer weiteren gesellschaftlichen Vergnügung. Dass die Szene am 11. März, dem walisischen Nationalfeiertag spielt, erkennt man daran, dass die aus Wales stammenden Männer rechts und in der Mitte einen Lauchstängel am Hut tragen. Der Gerichtsvollzieher zieht Tom aus der Sänfte; auch Sarah Young kann ihm nicht helfen.

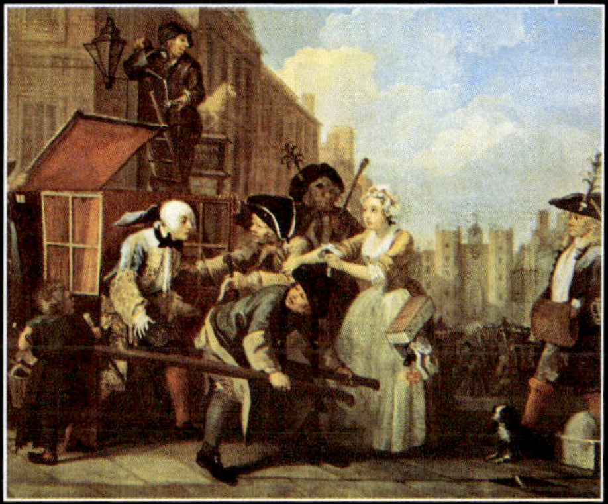

Die fünfte Szene zeigt die *Hochzeit*. Um wieder zu Geld zu kommen, schließt Tom eine Vernunftehe. Vor einem feisten Standesbeamten streift er einer sehr alten Frau den Ring über und äugt dabei zur hübschen Kammerfrau hinüber. Zwei Hunde spielen die Szene nach. Im Hintergrund versuchen Sarah Young und ihre Mutter die Feier zu unterbrechen, werden aber von der wütenden Wächterin fortgewiesen.

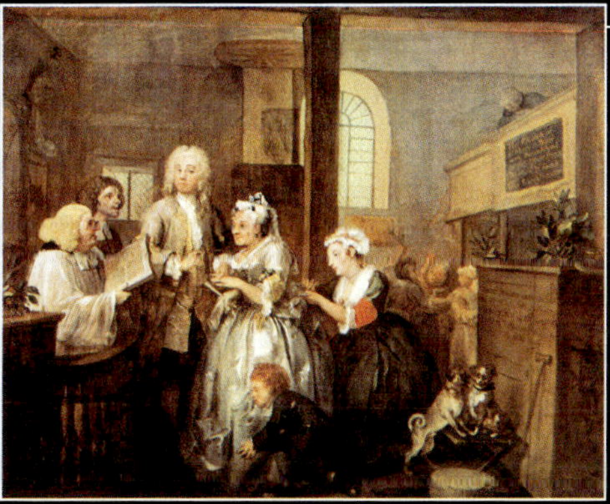

Im sechsten Bild *(Der Spielsaal)* erblickt man eine größere Anzahl von Menschen, deren Gesichter und Gesten vom Laster entstellt sind; kniend verflucht der Liederliche sein Unglück. Fast niemand bemerkt, dass eine Katastrophe bevorsteht: Vom Hintergrund dringt schon der Rauch des Brands ein, der das Lokal zerstören wird.

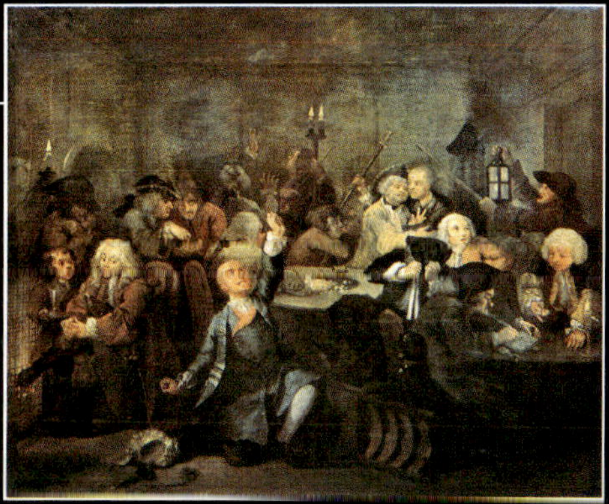

Im siebten Bild *(Das Gefängnis)* ist Tom wegen Spielschulden inhaftiert worden; mit schreckgeweiteten Augen sitzt er da, seine ältere Angetraute neben ihm. Sarah Young ist beim Anblick des einstigen Verführers in Ohnmacht gefallen.

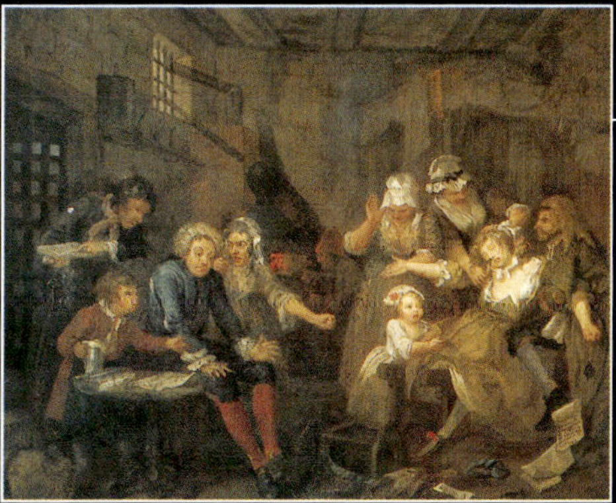

Im letzten Akt *(Das Irrenhaus)* liegt Tom notdürftig bedeckt am Boden; zwei Pfleger binden ihn. Die weinende Sarah Young erweist sich als tragische Heldin der Geschichte. Zwei Damen besichtigen zum Zeitvertreib die Irren: Ihr schreckliches Lächeln steht in starkem Kontrast zur elenden Gestalt des Tom Rakewell.

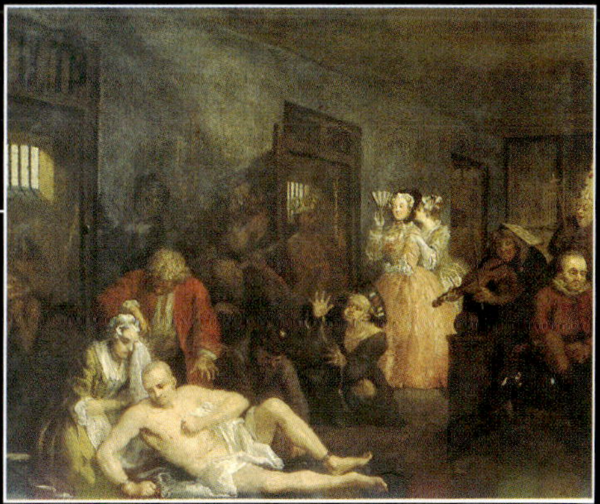

Aufstieg und Fall der Serenissima

Der letzte Flug des geflügelten Löwen
Verarmt durch die Verlagerung der Handelsrouten, geschwächt durch Gebietsverluste ans Osmanische Reich und mit ständig sinkenden Bevölkerungszahlen scheint Venedig das ganze 18. Jahrhundert hindurch auf das unvermeidliche Ende zu warten, das mit der Eroberung durch Napoleon 1797 eintritt. Dem politischen Niedergang steht eine außerordentliche Blütezeit von Literatur, Musik, Theater und Kunst entgegen: Für einige Jahrzehnte gehört Venedig wieder zu den Zentren europäischer Kultur und wirkt als Vorbild. Es bleibt ein Hauptziel der Grand Tour und seine Kunstprodukte (außer Gemälden auch Glas, Tuch, Spitze und Möbel) stehen für Raffinesse, Eleganz und Reichtum. Bevor sich 1770 der Klassizismus verbreitet, macht es Paris den Rang als Hauptstadt des aristokratischen Geschmacks und wichtigster Knotenpunkt des Kunst- und Sammlermarkts streitig. Schlüssel für den Erfolg des »venezianischen Stils« an Europas Höfen ist der Rückgriff auf die prunkvollsten, feierlichsten Vorbilder des 16. Jahrhunderts (vor allem Tizian und Veronese); diese Tradition war im 17. Jahrhundert vernachlässigt worden. Die venezianische Schule bringt auf jedem Gebiet der Malerei große Künstler hervor: Ricci, Piazzetta und Tiepolo sind die Meister der religiösen und weltlichen Dekoration; Canaletto, Bellotto und Guardi schaffen meisterliche Veduten; Pietro Longhi und Giovanni Domenico Tiepolo entscheiden sich für die Gesellschaftssatire; die Pastelltechnik der Bildnismalerin Rosalba Carriera findet in ganz Europa Anklang.

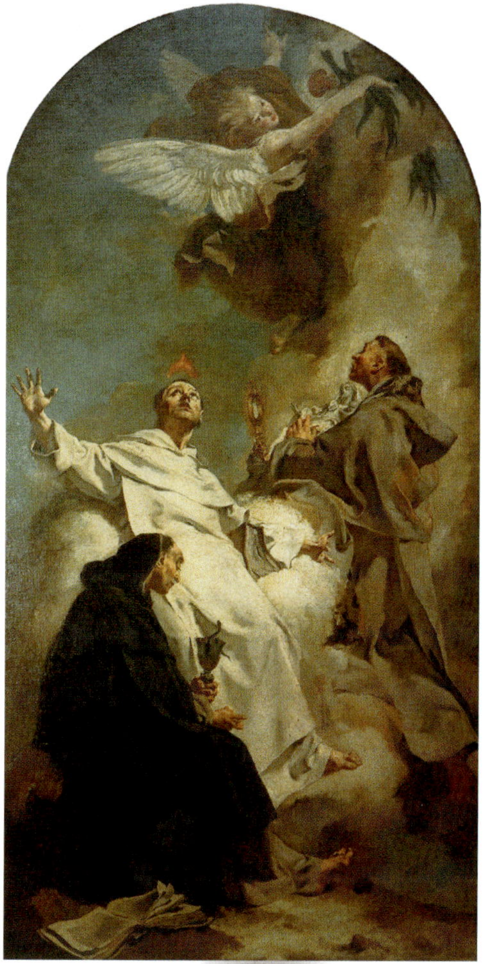

Giovanni Battista Piazzetta
Die heiligen Vinzenz Ferrer, Hyazinth und Louis Bertrand, 1738
Venedig, Santa Maria del Rosario (Chiesa dei Gesuati)

Die schöne Chiesa dei Gesuati an den Zattere gehört mit drei wundervollen Altartafeln von Sebastiano Ricci, Giovanni Battista Tiepolo (von dem auch die Fresken im Gewölbe stammen) und Piazzetta zu den Höhepunkten der venezianischen Malerei des 18. Jahrhunderts. Piazzetta setzt kraftvolle Akzente mit dem aufsteigenden Engel, dem Farbenspiel der drei Gewänder (weiß, schwarz und braun) und den emphatischen Gesichtern der Dominikanerheiligen.

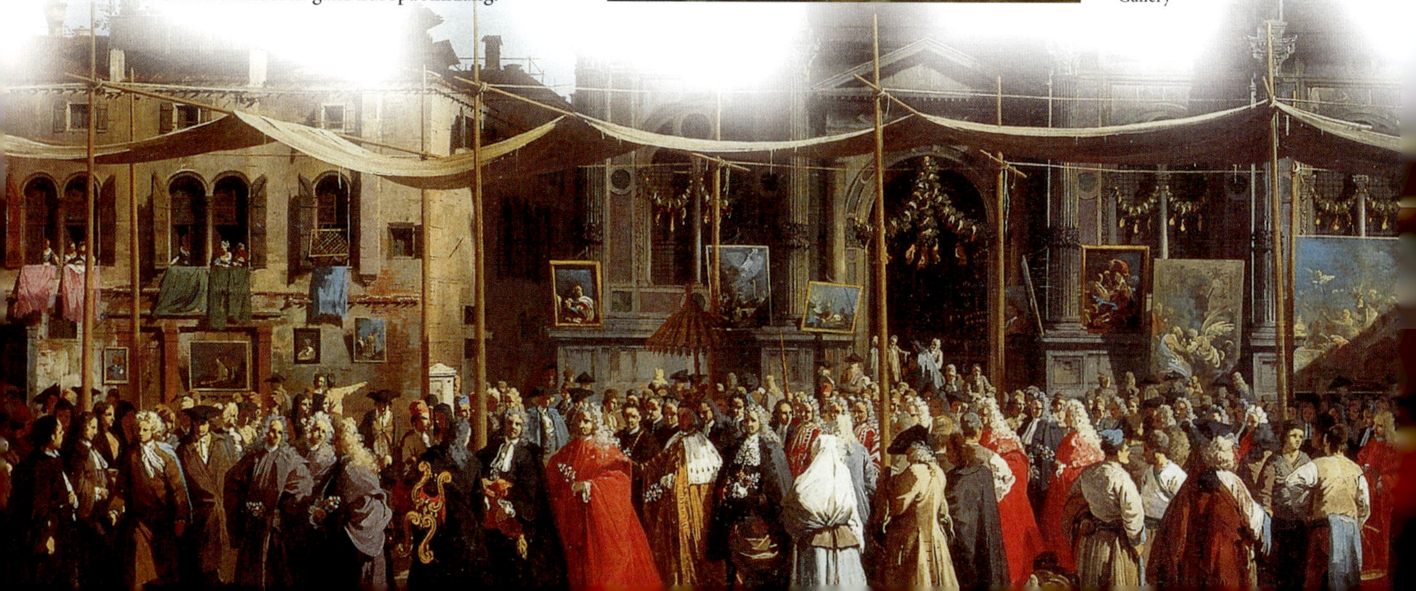

Giovanni Antonio Canal, gen. Canaletto
Festtag des heiligen Rochus, 1735
London, The National Gallery

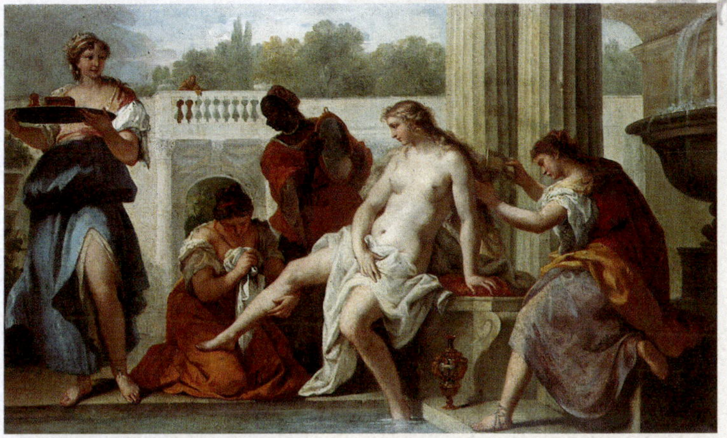

Sebastiano Ricci
Bathseba im Bade, 1720
Budapest, Szépművészeti Múzeum

In dieser hellen, vom Maler verschiedentlich wiederholten Komposition sind die Charakteristika der Malerei des 18. Jahrhunderts trefflich zusammengefasst. Das biblische Thema ist nur ein Vorwand für eine großartige, ansprechende weltliche Szene, in deren Mittelpunkt der helle Körper des von Zofen umgebenen schönen Mädchens steht.

Hintergrund:
Giovanni Domenico Tiepolo, *Pulcinellen auf dem Drahtseil*, 1793
Venedig, Museo del Settecento Veneziano Ca' Rezzonico

Francesco Guardi
Die Graue Lagune, um 1770
Mailand, Museo Poldi-Pezzoli

Dem Venedig Canalettos mit seinen wundervollen Palazzi, die sich in den Kanälen spiegeln, setzt Guardi (1712–1793) das melancholische Stimmungsbild einer Stadt entgegen, deren ärmliche Bewohner schwer arbeiten müssen, während sich Unheil am Horizont zusammenzubrauen scheint.

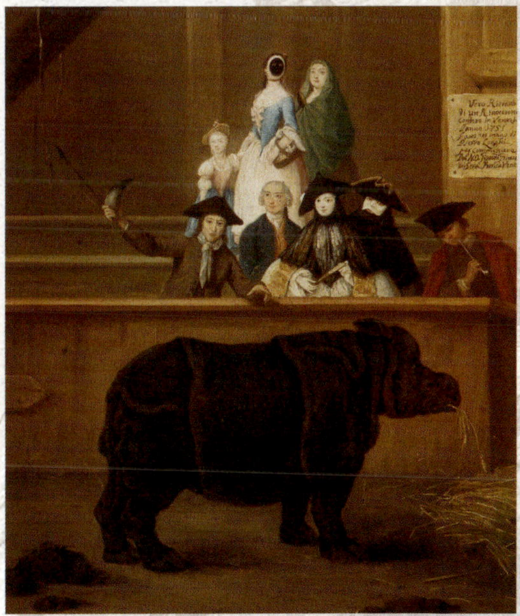

Pietro Longhi
Das Rhinozeros, um 1751
Venedig, Museo del Settecento Veneziano Ca' Rezzonico

Mit einer Inschrift am rechten Bildrand versehen, erinnert das Gemälde an die Aufsehen erregende Ausstellung dieses exotischen Tiers, das europaweit zu einer Attraktion wurde. Das Gemälde Longhis (1702–1785) zeigt neben der robusten Masse des Rhinozeros (dessen Exkremente der Maler ebenso sorgfältig abbildet) auch die Reaktionen der Zuschauer, die neugierig auf das Jahrmarktsereignis blicken.

Venedig, London

1697–1768

Canaletto

Das Bild Venedigs wird zum Mythos
Zusammen mit seinem Zeitgenossen und Landsmann Tiepolo bringt Giovanni Antonio Canal, genannt Canaletto, der europäischen Malerei das helle Licht der venezianischen Kunst. Seine ganz für das Ausland bestimmten Stadtveduten (nicht ohne Grund besitzt Venedig sehr wenige Werke Canalettos) werden auf dem Kunstmarkt schnell zu sehr begehrten Objekten und sind es auch zweihundertfünfzig Jahre später noch. In seiner Jugend malt Canaletto zusammen mit seinem Vater Theaterdekorationen für Venedig und Rom. Diese Tätigkeit hinterlässt eine deutliche Spur in seinem Werk; immer ist er bestrebt, suggestive, räumliche, bühnenbildartige Prospekte zu schaffen. Seine Ansichten sind mindestens zum Teil mithilfe der Camera obscura entstanden. Damit, aber vor allem durch seine absolute Genauigkeit, sein wunderbares Licht und Kolorit nimmt er in der europäischen Kunst eine zentrale Stellung ein. 1746 siedelt er nach London um und malt dort über lange Jahre abwechselnd Veduten von Venedig (anhand seiner überaus genauen Skizzenbücher) und große Szenen aus der englischen Hauptstadt und den Landsitzen. 1757 kehrt er nach Venedig zurück und wird dort als unübertrefflicher Meister der Prospekte betrachtet, die er bis zu seinem Tod zeichnet und malt.

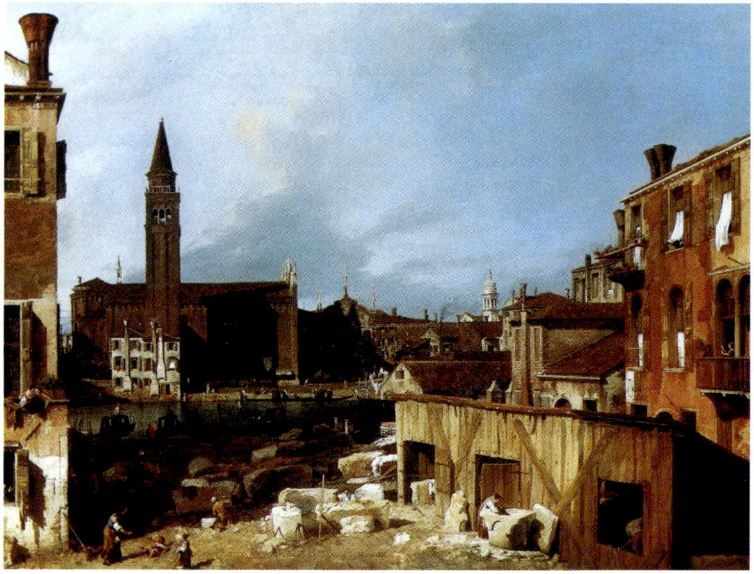

Giovanni Antonio Canal,
gen. Canaletto
Campo San Vitale und Santa Maria della Carità in Venedig (Das Quartier der Steinmetzen), um 1727
London, The National Gallery

An dem Verhältnis zwischen den arbeitenden Steinmetzen und den umgebenden Gebäuden zeigt sich, dass Canaletto einen neuen Sinn für Raum und Licht hat.

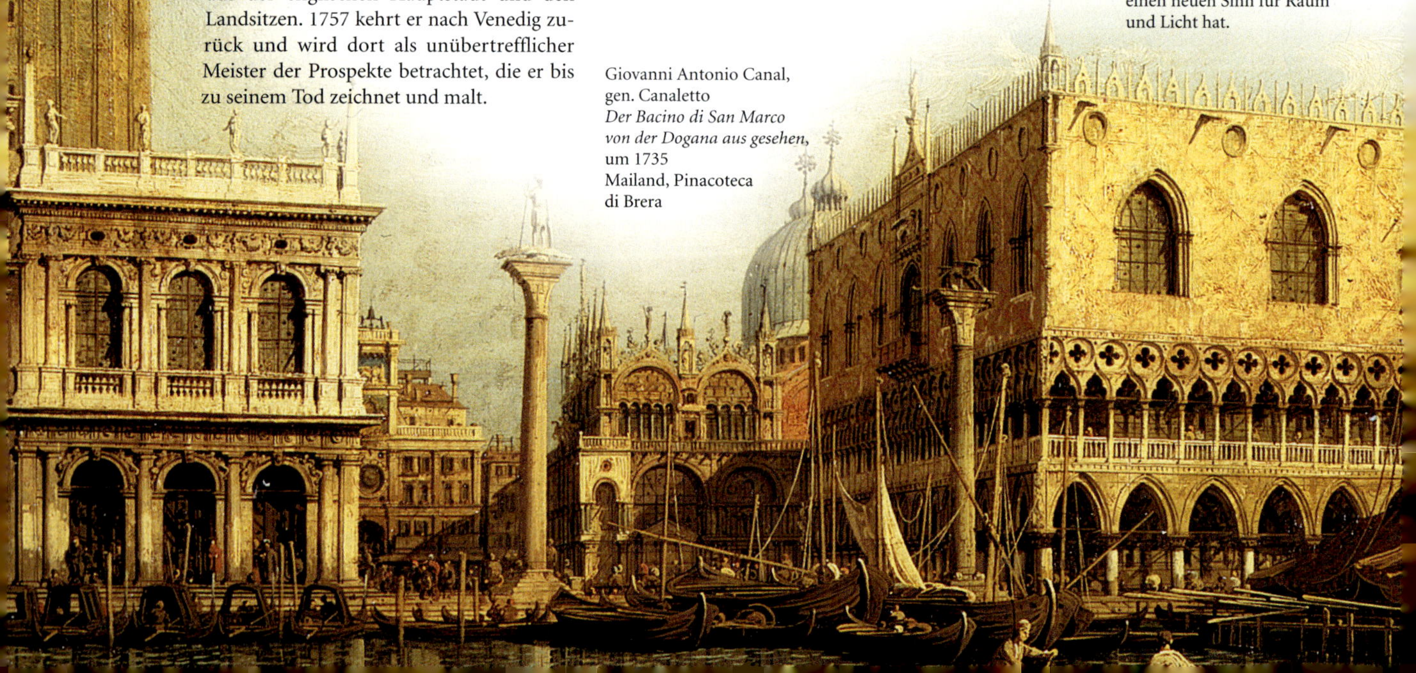

Giovanni Antonio Canal,
gen. Canaletto
Der Bacino di San Marco von der Dogana aus gesehen,
um 1735
Mailand, Pinacoteca di Brera

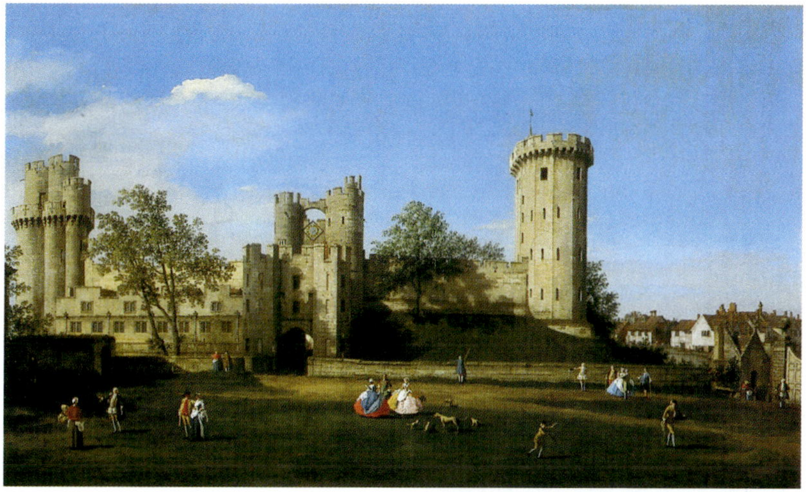

Giovanni Antonio Canal,
gen. Canaletto
Ostfassade von Warwick Castle,
um 1751
Birmingham, Birmingham
Museum and Art Gallery

Canaletto preist die Schönheit der englischen Landschaft an klaren, lichtvollen Tagen und erfasst genau das Verhältnis zwischen Parks und historischen Gebäuden. Diese Anordnung wird zum Schlüssel für das Verständnis der ganzen englischen Landschaftsmalerei, zumindest bis Constable und Bonington.

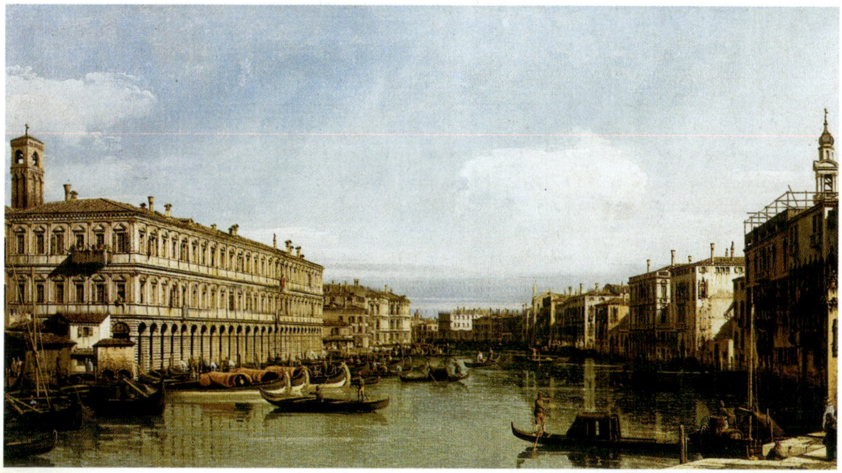

Giovanni Antonio Canal,
gen. Canaletto
Canal Grande, 1730–1735
Köln, Wallraf-Richartz-
Museum

Um 1728 beginnt Canaletto, für Reisende aus dem Ausland Veduten von Venedig mit wichtigen Gebäuden und heiterem Himmel zu malen. Der Erfolg ist überwältigend: Der englische Konsul in Venedig, Josef Smith, bestellt Dutzende von Bildern (später alle von König Georg III. erworben) und macht den berühmten Maler unter den englischen Sammlern bekannt.

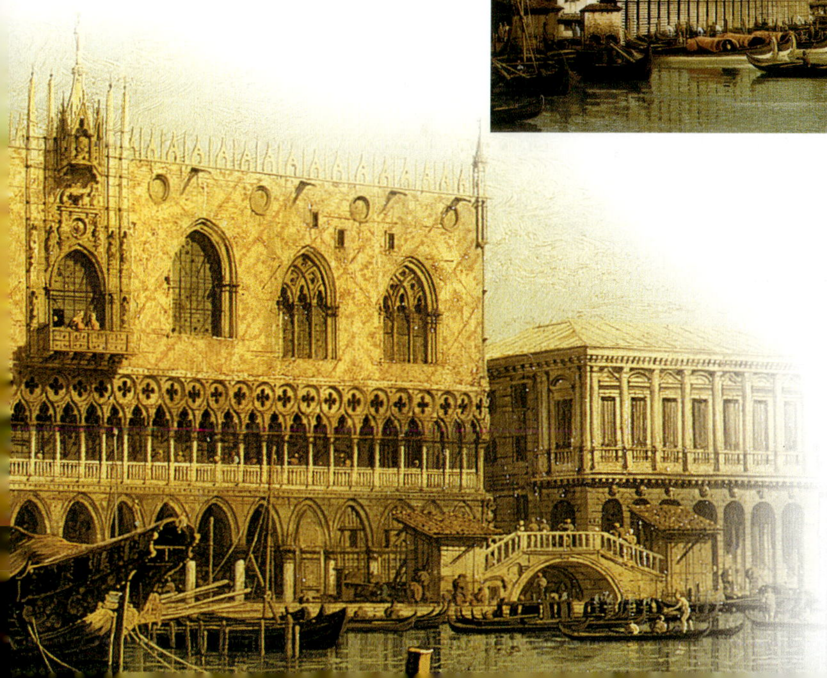

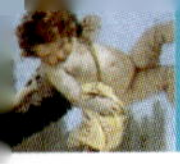

Venedig, Würzburg, Madrid

1696–1770

Giovanni Battista Tiepolo

Giovanni Battista Tiepolo
Das Sonnengespann des Apoll, olympische Götter, Meerwesen und Allegorien der vier Weltteile, Detail, 1740
Mailand, Palazzo Clerici

Mit der Decke des Salons im Palazzo Clerici, von Tiepolo bei einem seiner Aufenthalte in der Lombardei gemalt, setzt seine volle Ausdruckskraft ein. Die Komposition ist überaus phantastisch und bewegt, aber die einzelnen Figuren haben eine warme, robuste Körperlichkeit.

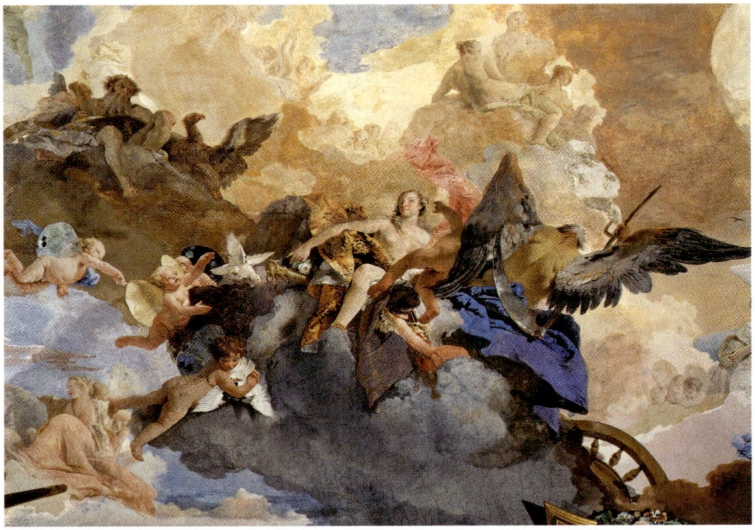

Mit den Flügeln der Phantasie

Tiepolo ist vor allem wegen seiner Fresken für Paläste und fürstliche Residenzen bekannt, ist aber ein vielseitiger Maler, der mit Themen, Techniken und Größenverhältnissen virtuos umgehen kann. Angezogen von den Werken Piazzettas und Sebastiano Riccis gibt er die düsteren Farben der barocken Palette auf und malt lichtvolle Szenen nach dem Vorbild der venezianischen Renaissance. Seinen ersten Erfolg erzielt er mit der Dekoration der Galerie im Erzbischöflichen Palais von Udine (1727), einer Explosion festlichen Lichts. Nun folgen Aufträge von Privatleuten und Geistlichen: Für alle schafft Tiepolo Gemälde und Fresken voller Freude und Phantasie, in denen Elemente aus dem Theater mit stilistischen Anleihen bei Veronese bereichert werden. Auf dem Gipfel seines Ruhms werden Tiepolos Arbeiten noch einfallsreicher; in den Werken für die Scuola Grande di Santa Maria del Carmine und den Palazzo Labia in Venedig lässt er seiner Liebe zur Allegorie freien Lauf. Im Jahr 1750 geht er nach Würzburg: Die Fresken in der Residenz sind der unbestrittene Höhepunkt des Rokoko. 1762 reist Tiepolo mit Mitarbeitern, darunter sein Sohn Giovanni Domenico, nach Madrid und malt dort Fresken für mehrere Säle des königlichen Palasts, unter anderem den Thronsaal. Doch kommen seine phantastischen Bilder durch den Klassizismus aus der Mode; bei seinem Tod in Madrid ist der große Maler fast vergessen.

Giovanni Battista Tiepolo
Neptun überreicht Venetia seine Gaben, 1748–1750
Venedig, Dogenpalast, Sala del Consiglio dei Dieci

Auch Tiepolo hat Anteil am Mythos Venedigs: Für den Dogenpalast malt er eine der letzten Allegorien der Serenissima.

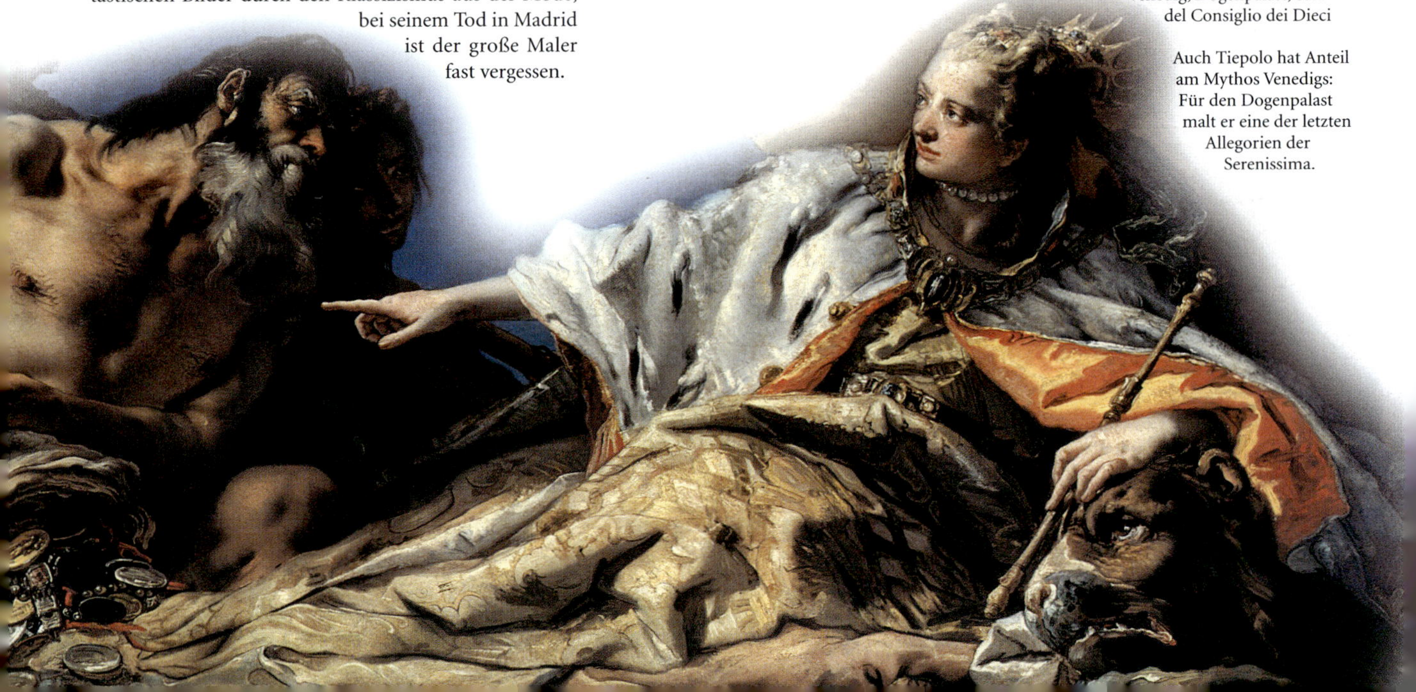

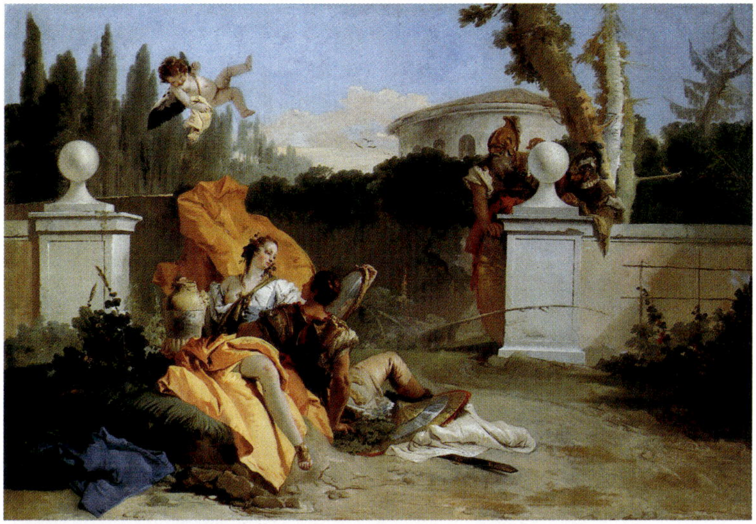

Giovanni Battista Tiepolo
Rinaldo und Armida werden von Ubaldo und Carlo überrascht, um 1745
Chicago, The Art Institute of Chicago

Das Bild gehört zu einem Zyklus von vier Gemälden (alle Chicago) über die Liebesszene aus Torquato Tassos *La Gerusalemme Liberata*, das Tiepolo sehr mochte und mehrmals illustriert hat; in einem Ambiente von anrührender Schönheit vermischen sich Verführung und Wehmut, Zauber und liebende Hingabe.

Giovanni Battista Tiepolo
Junge Frau mit Papagei, 1761
Oxford, Ashmolean Museum

Dieses lichtdurchflutete Gemälde, beinahe ein Symbol für die Anmut des 18. Jahrhunderts, ist kein Porträt, obwohl Tiepolo auch auf diesem Gebiet tätig war. Das Bild des zarten rosigen Mädchens ist allenfalls mit den über zweihundert Jahre älteren sinnlichen weiblichen Halbfiguren Tizians zu vergleichen.

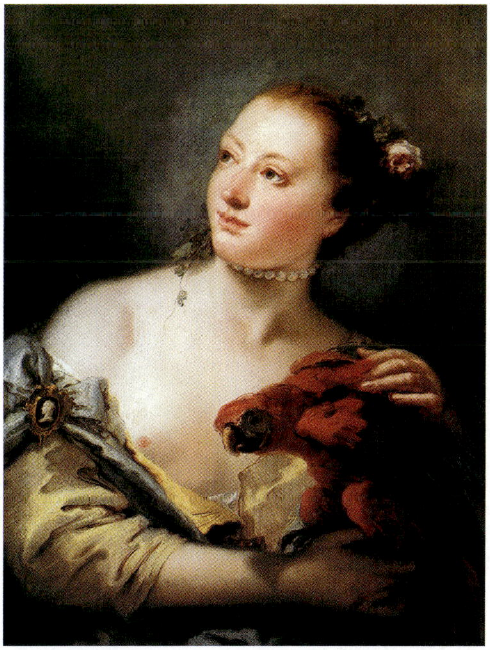

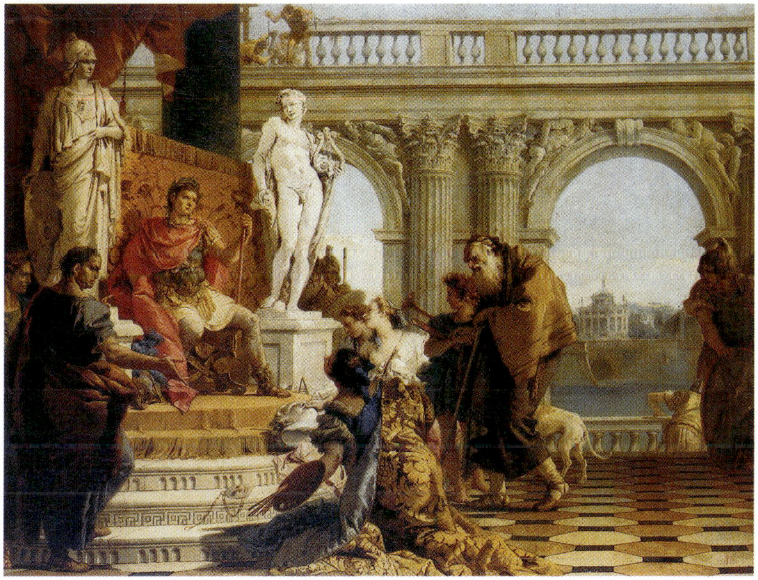

Giovanni Battista Tiepolo
Gaius Maecenas stellt Augustus die Künste vor, 1744
Sankt Petersburg, Staatliche Eremitage

Dieses Bild gab der geschätzte Kenner Francesco Algarotti für den Grafen Brühl in Auftrag, eine bedeutende Persönlichkeit am sächsischen Hof: Der Palast im Hintergrund zeigt die Dresdner Residenz des Grafen am Elbufer. Der imposante Portikus, der von Palladio stammen könnte, erinnert an Veroneses Gastmähler und ist ein weiterer Rückgriff auf die venezianische Renaissancekunst. Die leuchtenden Farben und das überströmende Licht (nach den Worten eines Kritikers aus dem 18. Jahrhundert »eine Sonne, die vielleicht beispiellos ist«), die drapierten Gewänder, die deklamatorischen Gesten und die erzählerischen Episoden am Rande beweisen, dass Tiepolo zu Recht als bedeutendster Meister der großen Rokokodekoration in Europa gilt.

1750–1780

Das Zeitalter der Aufklärung

Vertrauen zum »Licht« des Verstandes

In den bildenden Künsten verliert im 18. Jahrhundert der barocke Stil an Bedeutung; neue Formen des Sammelns, der Ausstattung und des künstlerischen Arbeitens entstehen. Zudem erweitert sich der Horizont der nationalen Kunstschulen, zunächst vor allem der englischen. An die Stelle des barocken Gesamtkunstwerks, des bühnenhaften Zusammenwirkens von Architektur, Malerei und Bildhauerei tritt eine eher rationale, kontrollierte, maßvolle Form. Statt angesichts des »Wunders« von Kunst und Natur zu staunen, demonstriert man jetzt, ganz wie in der Literatur, der Philosophie und den Naturwissenschaften, eine heitere Ruhe, eine klare und oft etwas ironische Fähigkeit zur Beobachtung von Welt und Geschichte mithilfe neuer Messinstrumente und systematischer Gliederung im Stil der Encyclopédie von Diderot und D'Alembert. In der Kunst ist die Aufklärung eine jeweilige Reaktion auf die lokale kulturelle Entwicklung. Trotzdem weist die europäische Malerei des 18. Jahrhunderts gewisse Gemeinsamkeiten auf, weniger im Stil als im Inhalt: Themen sind die Wissenschaft, die Moral der Gesellschaft und die Freude am Lesen und Reisen.

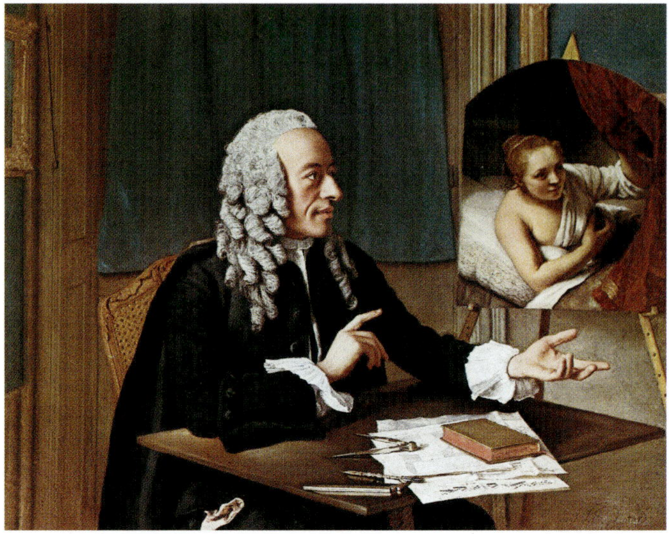

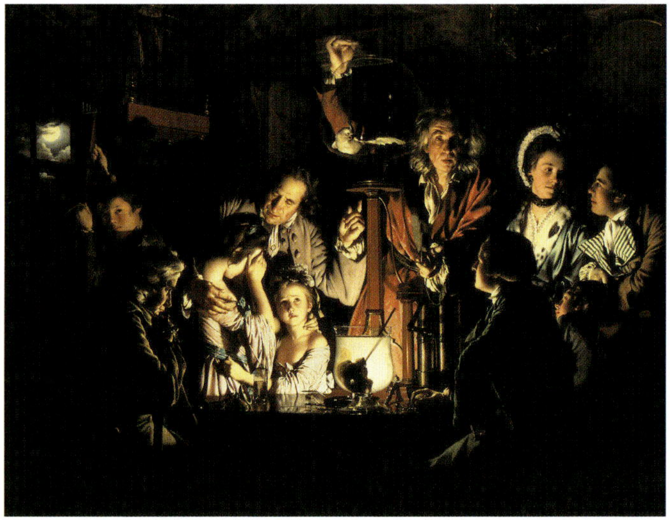

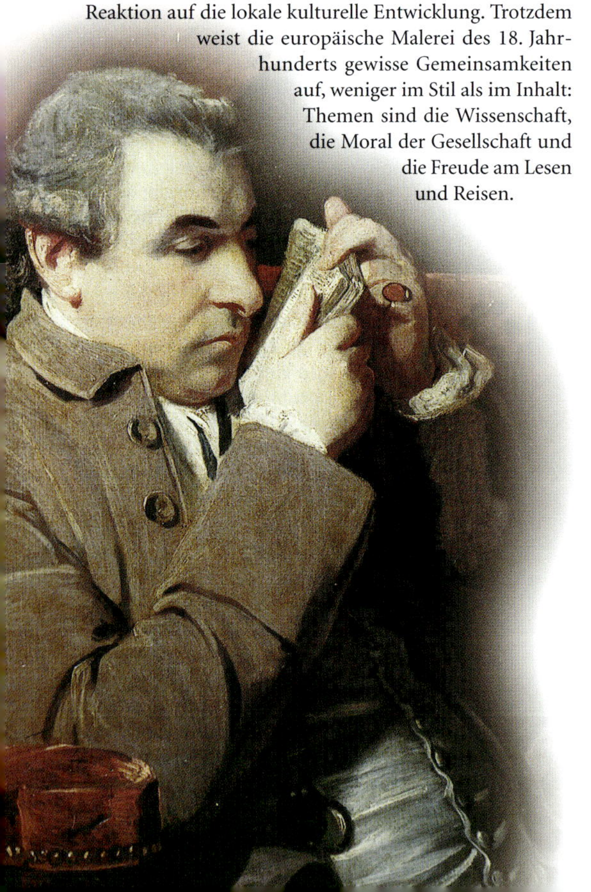

Joshua Reynolds
Bildnis des Giuseppe Baretti, 1773
Privatsammlung

Hier hat der international bedeutende Gelehrte und gefürchtete Literaturkritiker Baretti die Ehre, vom »Malerfürsten« der englischen Aufklärung porträtiert zu werden.

Jean-Étienne Liotard
Bildnis des François Tronchin, 1757
Cleveland, The Cleveland Museum of Art

Der in Genf geborene und ausgebildete Liotard (1702–1789) ist ein kosmopolitischer Maler und beherrscht verschiedenste Techniken. Seine Porträts sind lebens- und geistvolle Bilder: Hier erklärt der Dargestellte gerade ein Werk Rembrandts.

Joseph Wright of Derby
Das Experiment mit der Luftpumpe, 1768
London, The National Gallery

In Anlehnung an Rembrandts Anatomiestunde hebt der englische Maler mit ein wenig Ironie den halb überraschten, halb entsetzten Gesichtsausdruck der Zuschauer hervor; der Wissenschaftler ähnelt auf beunruhigende Weise einem dämonischen Zauberer.

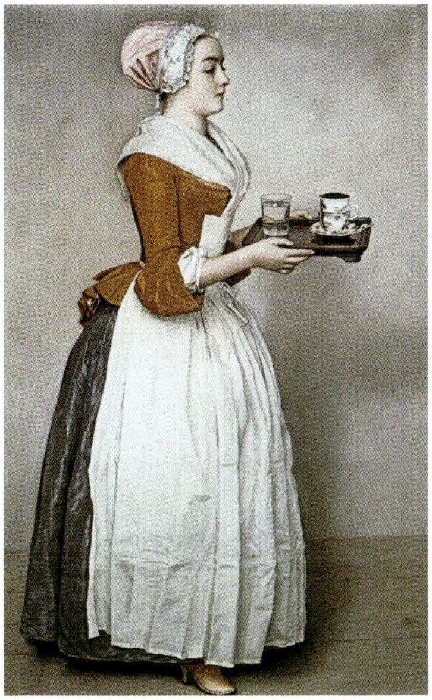

Jean-Étienne Liotard
Das Schokoladenmädchen, 1744–1745
Dresden, Gemäldegalerie Alte Meister

In Venedig erwarb Francesco Algarotti dieses köstliche Bild für die königlichen Sammlungen in Dresden. Liotard macht hier ungewöhnliche Versuche: Rein technisch gesehen handelt es sich um ein Pastell auf Pergament, doch hat es die Größe eines Leinwandgemäldes und den Glanz der Porzellanmalerei. Die lebhafte, wachsame junge Dienerin scheint auf ähnliche Personen im Werk Mozarts vorauszuweisen.

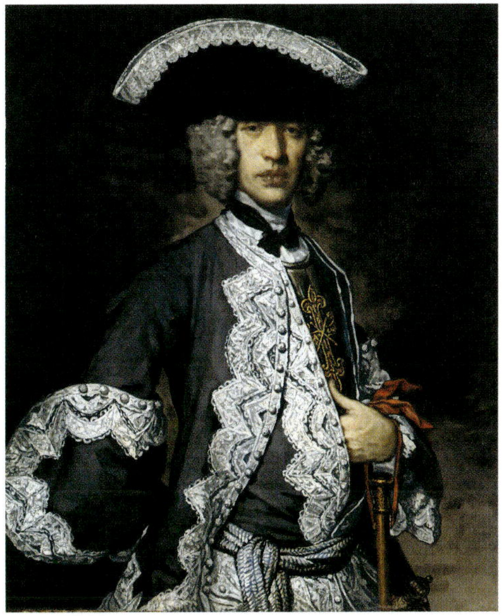

Vittore Ghislandi, gen. Fra Galgario
Porträt eines Ritters des Sacro Militare Ordine Costantiniano di San Giorgio (Edelmann mit Dreispitz), um 1730
Mailand, Museo Poldi-Pezzoli

An diesem blassen Ordensritter, dem anämisch wirkenden Vertreter einer etwas aus der Mode gekommenen Gesellschaftsschicht, zeigt sich die herausragende Porträtkunst von Fra Galgario (1655–1743) aus Bergamo; bei ihm finden sich außerdem frühe Beispiele für gesellschaftliche Themen in der Kunst und Kultur Norditaliens.

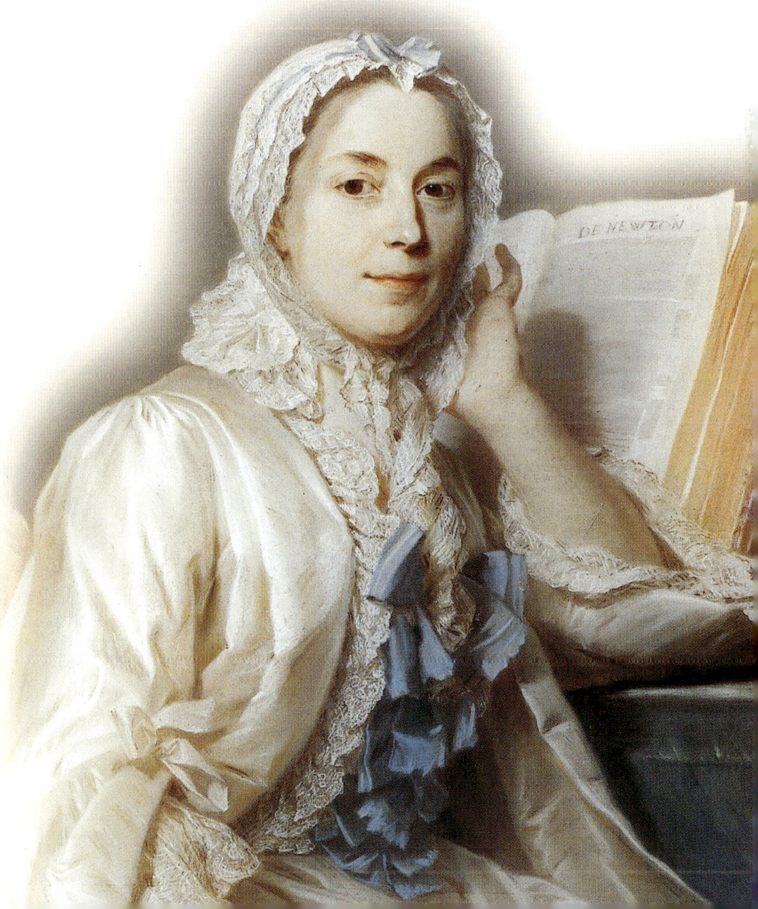

Maurice-Quentin de La Tour
Bildnis der Mademoiselle Ferrand, 1753
München, Bayerische Staatsgemäldesammlungen, Alte Pinakothek

Auf dem Gesicht dieser jungen Frau im bequemen, raschelnden seidenen Hauskleid, die kurz von der Lektüre eines dicken Bands Newton aufblickt, zeigt sich das typische Lächeln der Aufklärung. Der Gelehrte Francesco Algarotti hatte übrigens 1737 (zehn Jahre nach dem Tod des englischen Wissenschaftlers) eine gelungene Zusammenfassung mit dem Titel *Newtonianismo per le dame* veröffentlicht, wichtiges Beispiel eines voraufklärerischen Werkes für die weibliche Leserschaft.

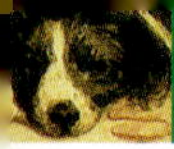

London

1723–1792 1727–1788

Reynolds und Gainsborough

Die Blüte des englischen Porträts
Die industrielle Revolution verändert in der zweiten Hälfte des 18. Jahrhunderts die englische Gesellschaft und führt zu einem neuen Verhältnis des Bürgertums zur Kunst: Das bisher Adel und Klerus vorbehaltene Porträt ist jetzt auch der Mittelschicht zugänglich. So tritt an die Stelle des für das Adelsporträt typischen feierlichen Pathos ein eher sachlicher Realismus. Die bedeutendsten Vertreter dieser Gattung, die in Holbeins und van Dycks Londonaufenthalten wurzelt, sind Joshua Reynolds und Thomas Gainsborough. Reynolds, erster Präsident der Royal Academy of Arts, hält das Porträt für eine »vulgäre und beschränkte« Gattung, der nur ein genialer Künstler Würde verleihen kann: Er bevorzugt lebensgroße Ganzkörperporträts; durch ihre natürliche Würde ähneln seine Figuren oftmals historischen Figuren oder Gestalten aus der Mythologie. Einen anderen Stil vertritt Gainsborough: Er bemüht sich um Wirklichkeitsnähe, und seine Figuren bewegen sich ungekünstelt in ihrer Umgebung. An der Rivalität der beiden Künstler, die sich fast zur Feindschaft auswächst, entzündet sich die Kunstdebatte; eine eigene angelsächsische Schule entsteht.

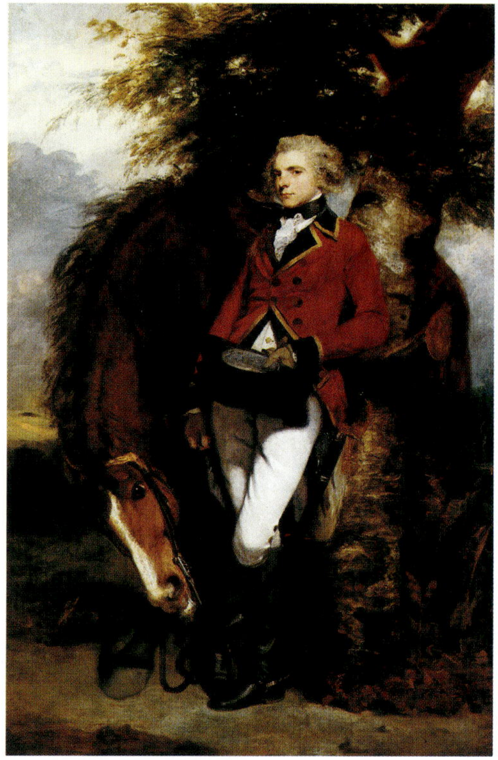

Joshua Reynolds
Bildnis des Colonel George K. H. Coussmaker, Grenadier Guards, 1782
New York, The Metropolitan Museum of Art

Charakteristisches Beispiel für den gehobenen Stil des Malers: Der aristokratische junge Colonel posiert in absichtsvoller Nonchalance; die Sicherheit und Festigkeit seiner Haltung setzt sich in Baumstamm und Pferdehals fort.

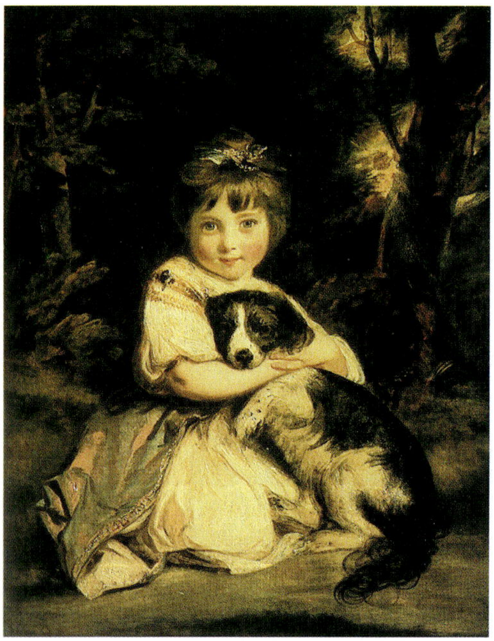

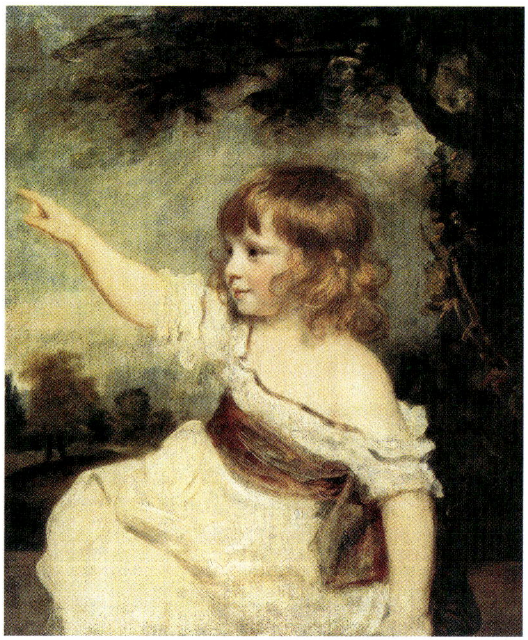

Joshua Reynolds
Bildnis der Miss Bowles mit ihrem Hund, 1775
London, The Wallace Collection

Master Hare, 1788–1789
Paris, Musée du Louvre

Zwei reizende Kinderporträts; in diesem Genre, das die englischen Maler allgemein von den Künstlern des Kontinents unterscheidet, erweist sich Reynolds als unübertrefflich. Phantasie, leichter Pinselstrich, wohl dosiertes Licht und fröhliche Frische stehen in liebenswürdigem Gegensatz zum strengeren »offiziellen« Schaffen des Malers.

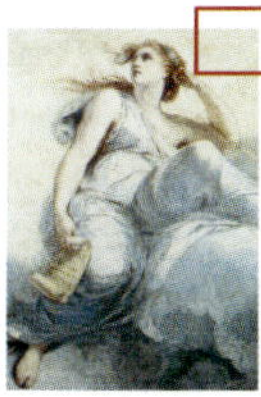

The Royal Academy of Arts

Seit 1780 empfängt Reynolds' Allegorie der Theorie *die Besucher der Londoner Royal Academy of Arts. Die für die Entstehung der angelsächsischen Schule sehr bedeutende Einrichtung wurde 1768 auf Anregung des Architekten William Chambers im Londoner Burlington House gegründet. Als ihr erster Präsident beweist Reynolds hervorragende organisatorische und didaktische Fähigkeiten. Nach einem langen Studienaufenthalt in Italien wird er zum Vertreter des »grand manner« genannten epischen Stils, der sich am hohen Vorbild Raffaels orientiert und fern ist von der Nachlässigkeit des Rokoko. Es geht Reynolds aber nicht um eine steife, konventionelle Malerei; er erkennt die Notwendigkeit, eine Jahrhunderte alte Lücke zu füllen und den jungen englischen Künstlern die unverzichtbaren technischen und kulturellen Grundlagen zu geben. Dies wird vor allem für die ersten Schüler aus den nordamerikanischen Kolonien entscheidend, etwa Benjamin West und John Singleton Copley. In der ersten Zeit der Royal Academy erhalten die jungen Künstler zwar eine Allgemeinbildung, die schon am beginnenden Klassizismus ausgerichtet ist; weil aber eine lokale Tradition fehlt, genießen die angelsächsischen Akademieschüler eine größere Ausdrucksfreiheit als ihre Kollegen auf dem Kontinent. Eine ganz besondere Stellung nimmt im England des 18. Jahrhunderts der Dialog zwischen Malerei und Literatur ein, was im übrigen Europa erst im 19. Jahrhundert geschieht. Die englischen Maler setzen sich weniger mit den Klassikern der Kunst als mit denen der Literatur auseinander: Von Ossian zu Shakespeare, von Milton zu Dante inspiriert sie die Dichtung dazu, sich in den Bereich des Traums, des Unbewussten und Phantastischen hineinzubegeben.*

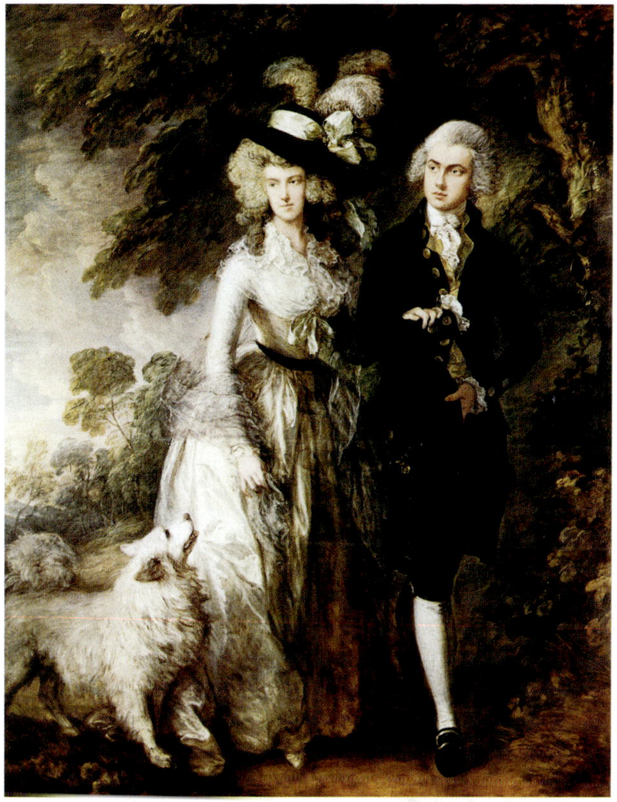

Thomas Gainsborough
Der Morgenspaziergang, 1785
London, The National Gallery

Was bei Reynolds klar, präzise und fest ist, wirkt bei Gainsborough nervös und beweglich. Er schätzt die Lichtreflexe auf Seide und glatten Stoffen, die dunklen Töne des Samts und die Zartheit der Spitze. Wie Reynolds malt Gainsborough oft Ganzkörperbildnisse, setzt aber den statischen Modellen seines Gegenspielers bewegte Figuren im Zwiegespräch mit der Natur entgegen. Das Gefühl für die Landschaft ist sehr charakteristisch für diesen Maler und greift schon auf ein neues Genre voraus, das während der Romantik in England sehr erfolgreich wird.

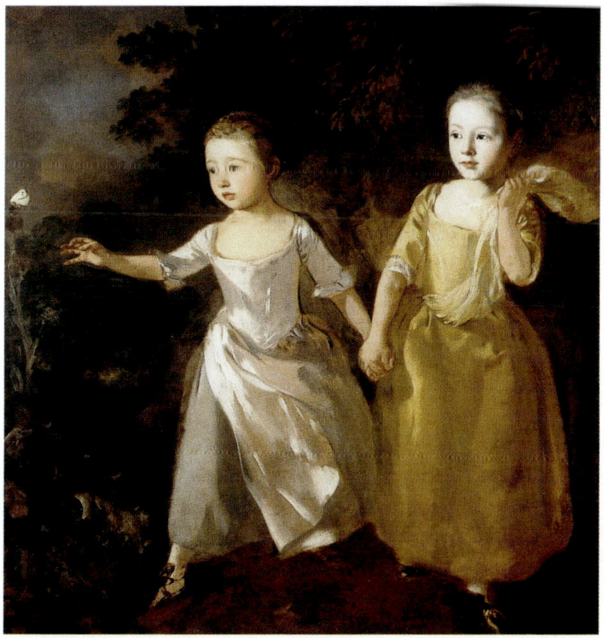

Thomas Gainsborough
Die Töchter des Künstlers fangen einen Schmetterling,
1755–1756
London, The National Gallery

Mehrmals porträtiert Gainsborough seine Töchter im Lauf ihrer körperlichen und geistigen Entwicklung: Hier sind die beiden noch klein, aber die größere scheint sich schon nicht mehr so sehr für das kindliche Spiel der Schwester zu interessieren, die einen Schmetterling zu fangen versucht.

Anfänge der amerikanischen Schule

Kunst und Geschichte: vom englischen Vorbild zur Unabhängigkeit

Auch nach der Unabhängigkeitserklärung 1776 suchen die Künstler des jungen Amerika in Europa nach Anregungen; die Londoner Royal Academy bleibt wichtigste Ausbildungsstätte. In Amerika entsteht eine neue, sehr charakteristische Schule: Die Traditionen der europäischen Malerei werden mit großem Talent auf ganz neue Themen angewandt. Bezugspunkt für die jungen Künstler in den Vereinigten Staaten ist der Amerikaner Benjamin West (1738–1820), der sich nach einer Romreise in London niederlässt. Nach Reynolds' Tod wird er zum Präsidenten der Royal Academy gewählt; er widmet sich der Darstellung zeitgenössischer Ereignisse in würdevollem klassizistischen Stil. In seinem Haus nimmt er zahlreiche Künstler aus Übersee auf, kümmert sich um ihre Ausbildung und ermuntert sie, die große europäische Malereitradition in ihrem Ursprungsland kennen zu lernen. Auf seine Einladung hin geht auch John Singleton Copley (1738–1815) aus Boston nach London und arbeitet dort als erfolgreicher Porträtist und Historienmaler. Typisch amerikanisch ist der realistische Stil, der Copleys Porträts eine lebendige Unmittelbarkeit verleiht, wie sie das Bürgertum Neuenglands besonders schätzt.

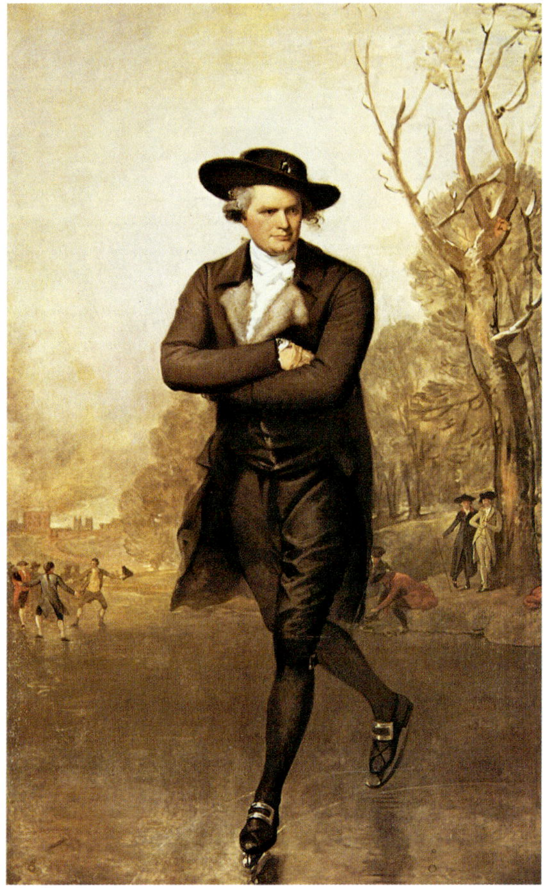

Gilbert Stuart
Der Schlittschuhläufer, 1782
Washington, National Gallery of Art

Zwei Persönlichkeiten, die nach der obligatorischen Ausbildung bei Benjamin West in London in die Vereinigten Staaten zurückkehren, sorgen dort für den Erfolg der Porträtmalerei: Gilbert Stuart (1755–1828) malt zahlreiche Porträts von englischen und amerikanischen Politikern, auch das offizielle Bildnis des ersten Präsidenten und Nationalhelden George Washington. John Trumbull (1756–1843) widmet sich daneben auch der Historienmalerei und schafft für die Rotunde des Kapitols einen Zyklus über die Unabhängigkeitskriege.

Benjamin West
William Penns Vertrag mit den Indianern, 1771–1772
Philadelphia, The Pennsylvania Academy of Fine Arts

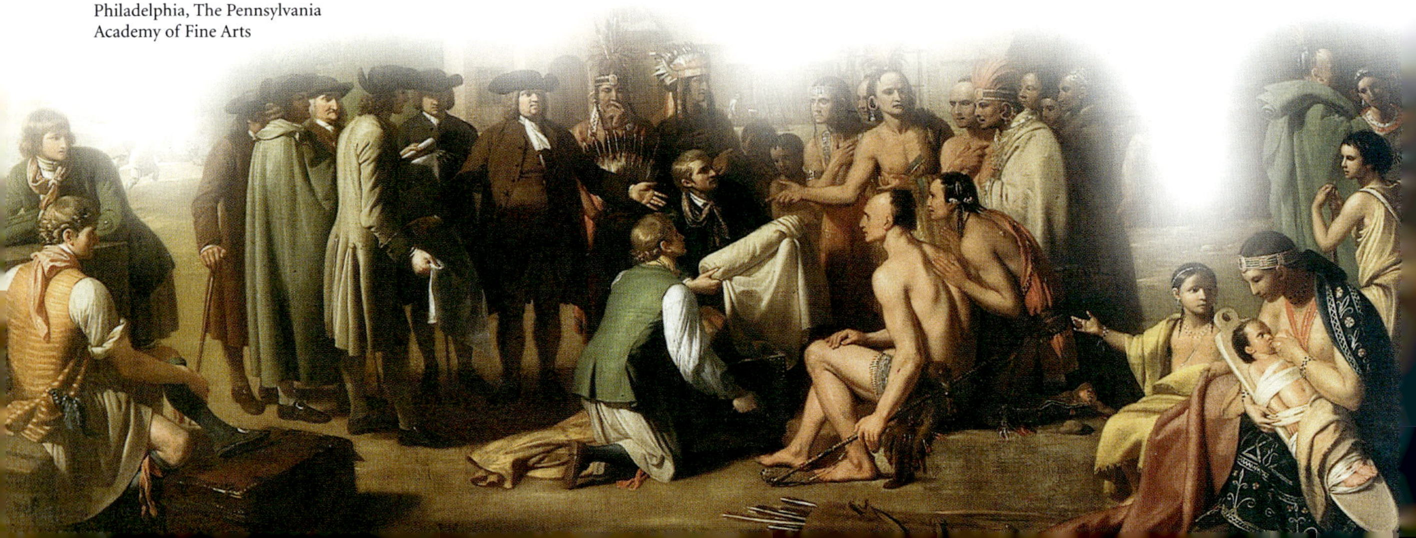

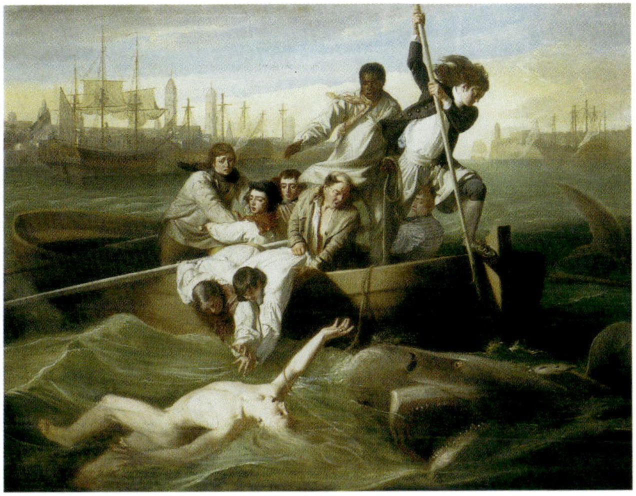

John Singleton Copley
Brook Watson und der Hai,
1778
Washington, National Gallery of Art

Den Auftrag zu diesem Bild gab Watson selbst zur Erinnerung an ein schreckliches Erlebnis, das er in seiner Jugend beim Schwimmen vor dem Hafen von Havanna hatte und bei dem er das rechte Bein verlor; es wurde in London gemalt und in der Royal Academy ausgestellt. Deutlich spürbar ist eine epische und exotische Note: Das zwar tragische, aber doch nur persönliche Erlebnis bekommt die Größe und Gültigkeit einer biblischen Szene. Erzählerische Emphase zusammen mit perfekter Technik kennzeichnet die amerikanische Bildkultur; im 20. Jahrhundert überträgt sie sich von der Malerei auf den Film.

Benjamin West
Bildnis des Colonel Guy Johnson,
um 1776
Washington, National Gallery of Art

Guy Johnson, englischer Beauftragter für die Angelegenheiten der Indianer in den amerikanischen Kolonien, brachte bei seiner Rückkehr den Häuptling der Mohawk als Sekretär mit nach Hause. In Wests Schilderung entspricht er ganz dem Typus des »guten Wilden« mit sanftem, gutwilligem Gesicht. Indianisch sind auch einige Details an der Kleidung des Colonels wie die Mokassins und der Federhut.

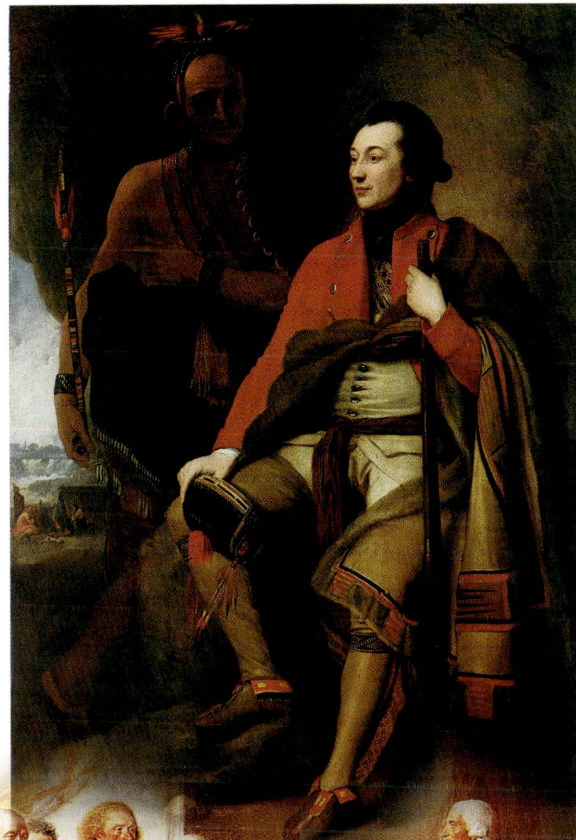

John Trumbull
Die Unterzeichnung der Unabhängigkeitserklärung,
1776, mit Hinzufügungen von 1820
New Haven, Yale University Art Gallery

Nach dem Sieg der amerikanischen Kolonien im Unabhängigkeitskrieg geben die Behörden aller Staaten Bilder zur Feier des Tages in Auftrag: Wie in der europäischen Historienmalerei festigt sich in diesen Gemälden die »offizielle« Ikonographie der Personen und Ereignisse.

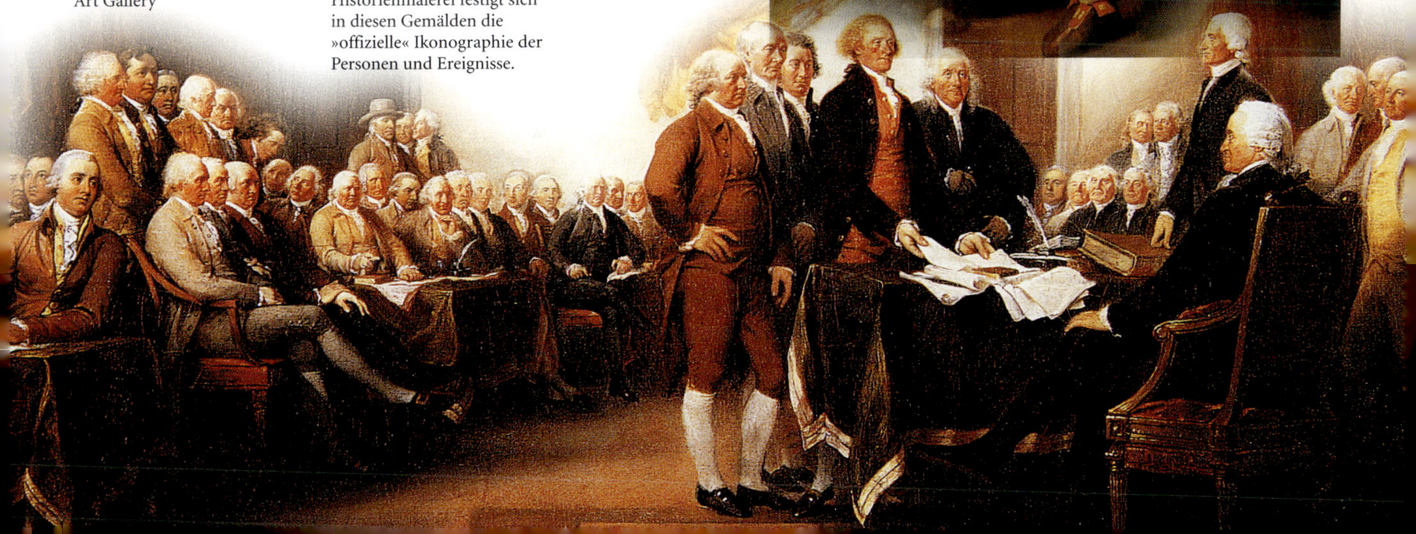

Die visionäre Malerei

Wenn die Vernunft nicht mehr genügt
Die Aufklärung geht in den Klassizismus über; man sucht nach reinen, idealen Formen, nach klassischer Einfachheit. Gleichzeitig jedoch brechen schon Ende des 18. Jahrhunderts emotionale, irrationale Elemente in die Kunst ein, die eine neue, präromantische Sensibilität kennzeichnen. Aus der Ablehnung der aufklärerischen Vorstellungen und dem unwiderstehlichen Sehnen, die Vernunft zu überschreiten, entsteht der Wunsch, den Menschen im Inneren zu entdecken und sich in den Abgrund des Unbewussten zu stürzen. Eine phantastische, irreale, verinnerlichte Malerei wird zum Ausdruck der Unruhe einer Generation im Umbruch. Hauptvertreter dieser Strömung, die sich um 1800 in Europa ausbreitet, sind zwei Engländer: der gebürtige Schweizer Johann Heinrich Füssli (1741–1825) und William Blake (1757–1827). Der Stil von Füsslis visionären Bildern ist zweifacher Herkunft: Bewegungen und Formen seiner Figuren erinnern an klassische Modelle, die dramatisch-visionäre Stimmung entspricht der romantischen Vorliebe für das Makabre, Irrationale und Dämonische. Dies sind auch die Eigenheiten von Blakes Werk, das zudem Illustrationen der biblischen Historie und der Schriften von Dante, Milton und Shakespeare enthält. Hauptgegenstand seiner Gemälde und Illustrationen ist gewissermaßen die Freiheit der Einbildungskraft, allerdings in Verbindung mit einer offensichtlichen Bewunderung der klaren Linien und figürlichen Schönheit der Klassik.

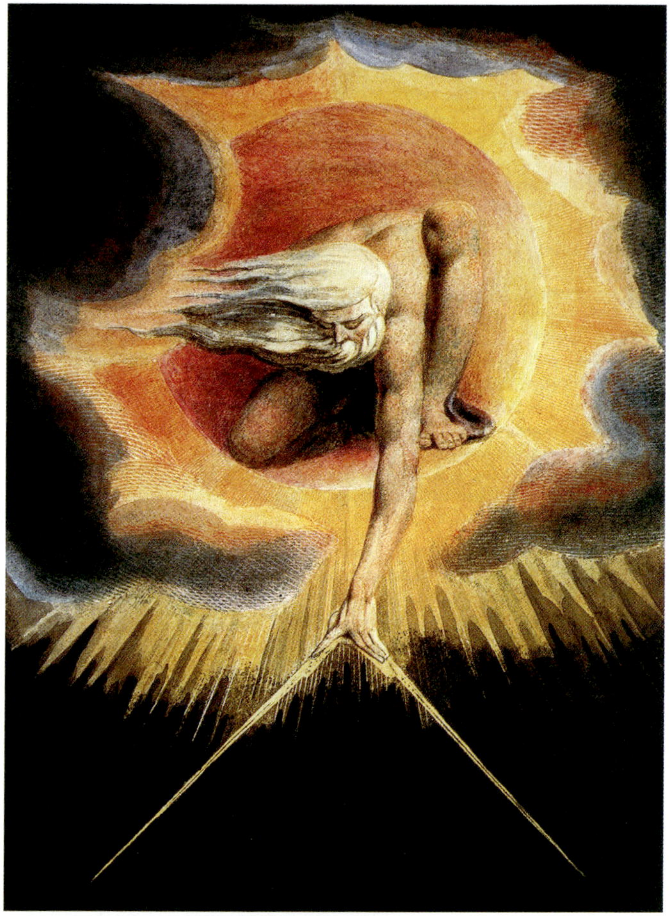

William Blake
Der Alte der Tage misst die Zeit, Illustration zu *Europe: A Prophecy*, 1794
London, The British Museum

In Blakes Werken entstehen durch mystische Inspiration ganz neue Bilder, die in der Ikonographie ohne Vorläufer sind.

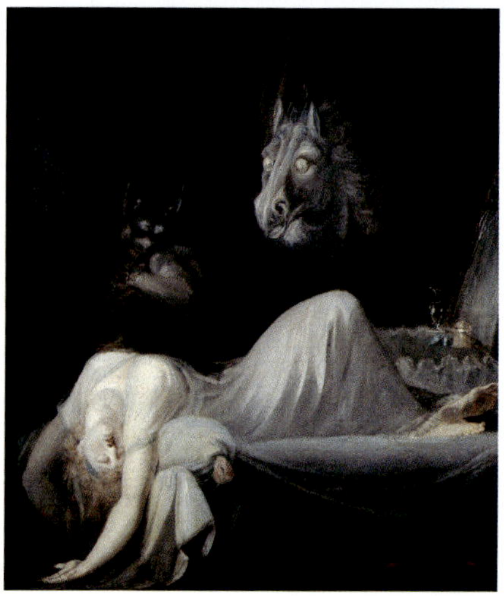

Johann Heinrich Füssli
Der Nachtmahr, 1790–1791
Frankfurt am Main, Freies Deutsches Hochstift/ Frankfurter Goethe-Museum

Das Thema Traum und Albtraum, das Füssli der Lektüre der großen englischen Dichter wie Shakespeare und Milton entnimmt, zieht sich durch sein ganzes Werk. Zum ersten Mal wird hier der Bereich des Unterbewussten thematisiert und studiert; die Nachtgespenster werden zu konkreten, Furcht erregenden Gestalten. In diesem berühmten Bild stören zwei beunruhigende Erscheinungen den Schlaf des Mädchens: ein riesiger Pferdekopf mit hervorquellenden weißen Augen und ein hässliches kleines Monster, halb Teufel, halb Affe. Typisch aufklärerisch ist die strenge intellektuelle Kontrolle, die Füssli in seinen Werken ausübt: Die erschreckende Seite des Bilds wird ausgeglichen durch die studierte Haltung des Mädchens, die an die römischen Skulpturen erinnert, welche der Künstler bei seinem Italienaufenthalt betrachtet hatte.

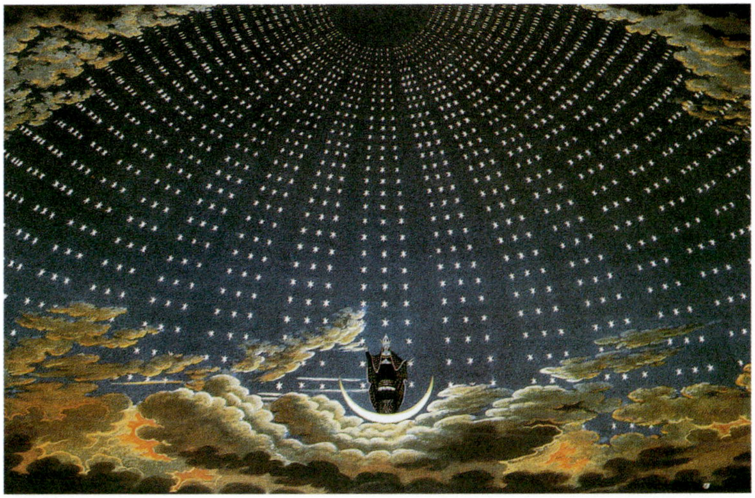

Karl Friedrich Schinkel
Eingang zum Palast der Königin, Entwurf für das Bühnenbild zu Mozarts *Zauberflöte*, 1815
Berlin, Universität der Künste, Bibliothek

Als interessanter Maler, vor allem aber großer Architekt und Bühnenbildner, gehört Schinkel (1781–1841) zu den Hauptvertretern der deutschen Kunst des beginnenden 19. Jahrhunderts, in der vermehrt romantische Elemente auftauchen, jedoch mit klassischen Bezügen vermischt. Wie seine berühmten Dekorationen für Mozarts *Zauberflöte* zeigen, schöpft Schinkel mit größter Freiheit aus der Vergangenheit und erzielt ein geheimnisvolles Gleichgewicht zwischen Klassizismus und Neugotik, altägyptischen Vorstellungen und kosmischen Phantasien.

Johann Heinrich Füssli
Titania liebkost den eselsköpfigen Zettel, 1780–1790
Zürich, Kunsthaus

Als aufmerksamer Leser Shakespeares illustriert Füssli sehr feinsinnig das Erwachen der Elfenkönigin, eine bezaubernde und zauberische Szene aus dem »Sommernachtstraum«.

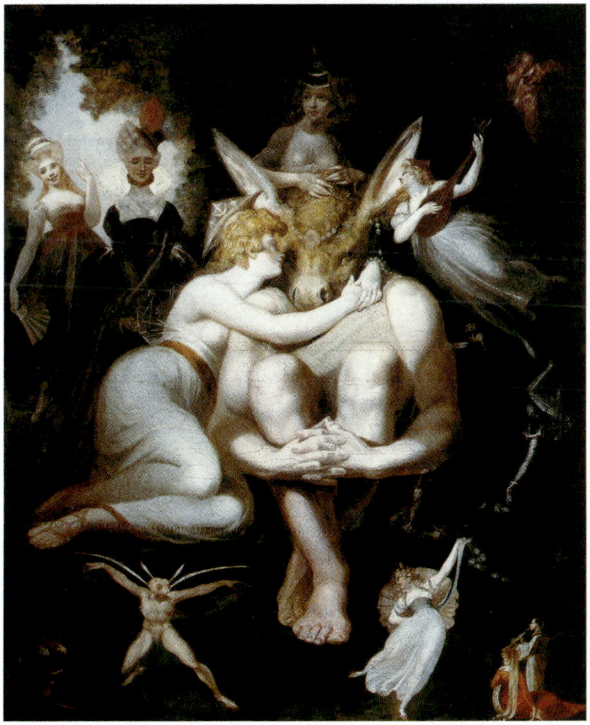

Francisco de Goya y Lucientes
Der Koloss, 1808–1812
Madrid, Museo del Prado

Goyas Phantasie, die durch seine zunehmende Taubheit und die Schrecken des Krieges während der napoleonischen Besatzung Spaniens verdüstert wurde, erdenkt grässliche Ungeheuer, vor denen die Menschheit erschreckt zu fliehen versucht.

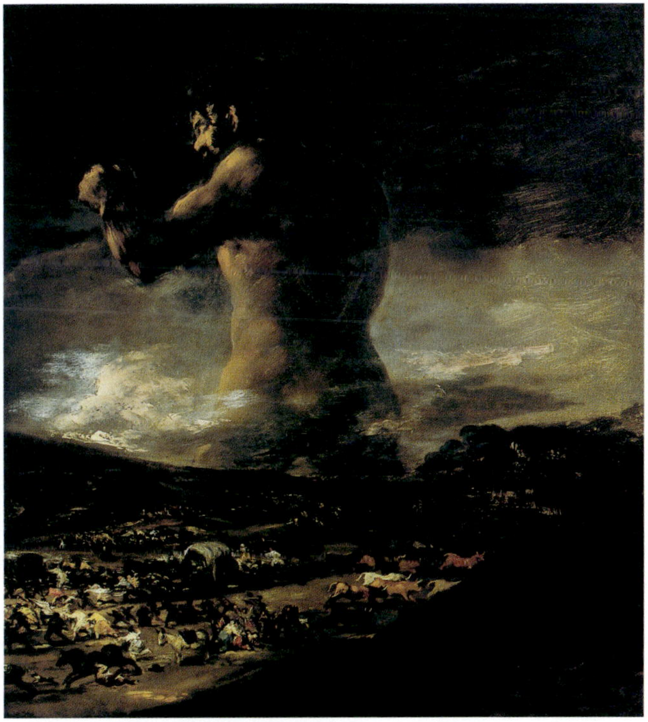

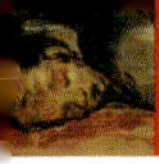

Madrid

1746–1828

Francisco de Goya y Lucientes

Das entzauberte Bild einer neuen Welt

Goya, der mit der Politik des bourbonischen Hofs eng verbunden und für moralische und gesellschaftliche Fragen empfindsam ist, erhält eine vielseitige Ausbildung, die sich über die verschiedensten Techniken vom monumentalen Fresko bis zur Miniatur und von der Radierung bis zur Altartafel erstreckt. Nach einer Lehrzeit in Zaragoza sammelt er in Madrid Erfahrungen als Künstler, anfangs an den Höfen von König und Adel. An die Stelle seines anfänglichen Realismus tritt nach und nach ein sarkastisch-blasphemischer, manchmal entstellender Stil. Goya ist kein objektiver Porträtist und lässt seine Sympathien und Antipathien durchdringen. Am Ende des Jahrhunderts ist er von der gängigen Stilrichtung ganz isoliert; jetzt bevorzugt er moralische Themen, dramatische Bilder des menschlichen Lebens und visionäre Szenen von düsterer, unruhiger Vorstellungskraft. Typisch für diese Zeit sind seine Radierungen. Gespenstischer Höhepunkt seiner Laufbahn sind die Wandbilder, die er 1820 für sein »Quinta del Sordo« genanntes Landhaus anfertigte. 1823 emigrierte er nach Bordeaux, wo er in seinen letzten Lebensjahren tätig war.

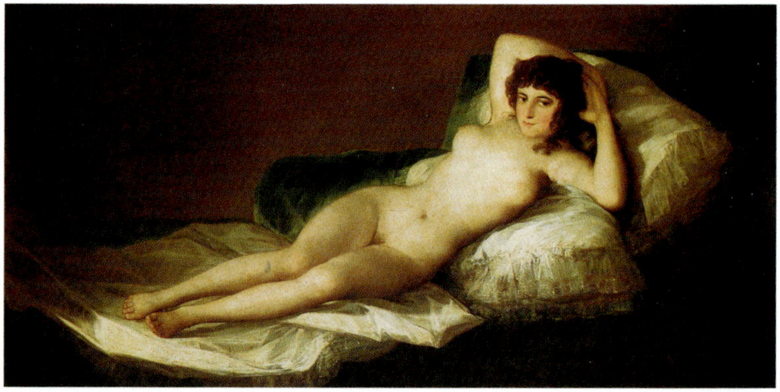

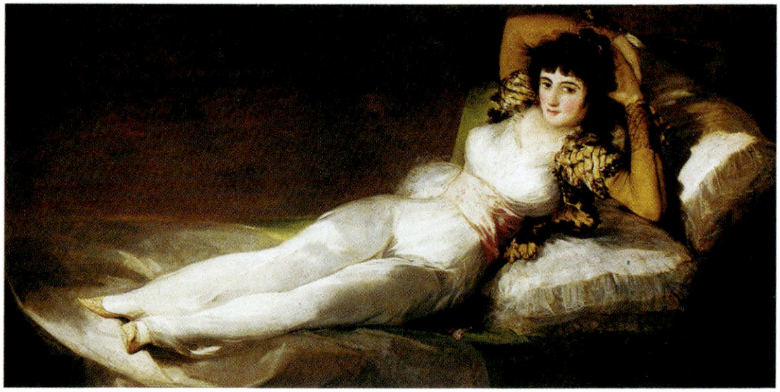

Francisco de Goya y Lucientes
Die nackte Maja und
Die bekleidete Maja, um 1803
Madrid, Museo del Prado

Sehr wahrscheinlich stellt die bekleidete Maja eine Art Abdeckung für das Bild der nackten Maja dar. Die Identität des Modells ist nicht geklärt; vielleicht ist es die Herzogin von Alba. Auftraggeber ist möglicherweise der sehr mächtige und anspruchsvolle Minister Manuel Godoy.

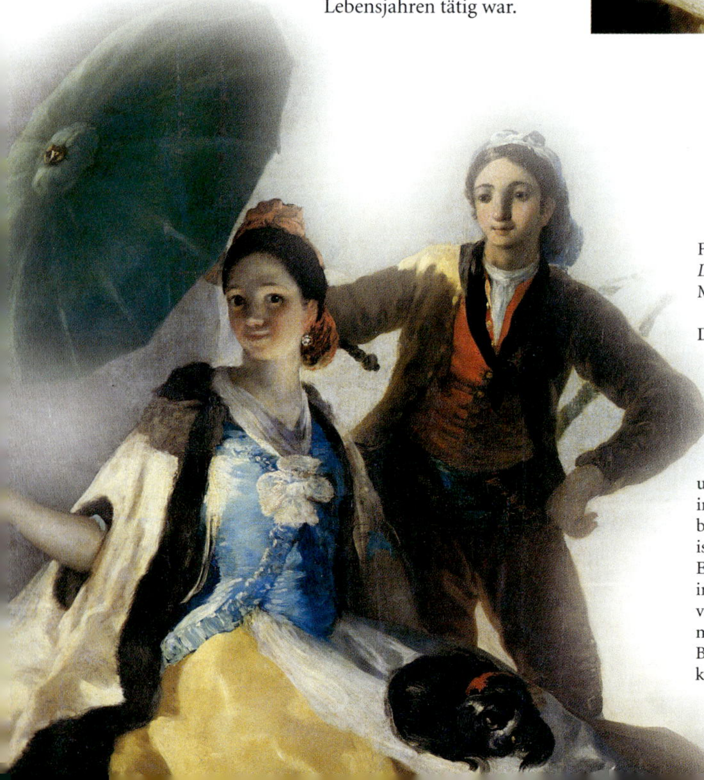

Francisco de Goya y Lucientes
Der Sonnenschirm, 1777
Madrid, Museo del Prado

Dieses Bild gehört zu einer Reihe von Kartons für die königliche Teppichmanufaktur (1776–1780) mit heiter-arkadischen Szenen: ruhige Spiele, angenehme Vergnügungen und eine galante Stimmung, in der noch eine gewisse Verbindung zum Rokoko spürbar ist, jedoch auch schon der Einfluss der desillusionierten, ironischen Werke von Giovanni Domenico Tiepolo, der mit seinem Vater Giovanni Battista nach Madrid gekommen war.

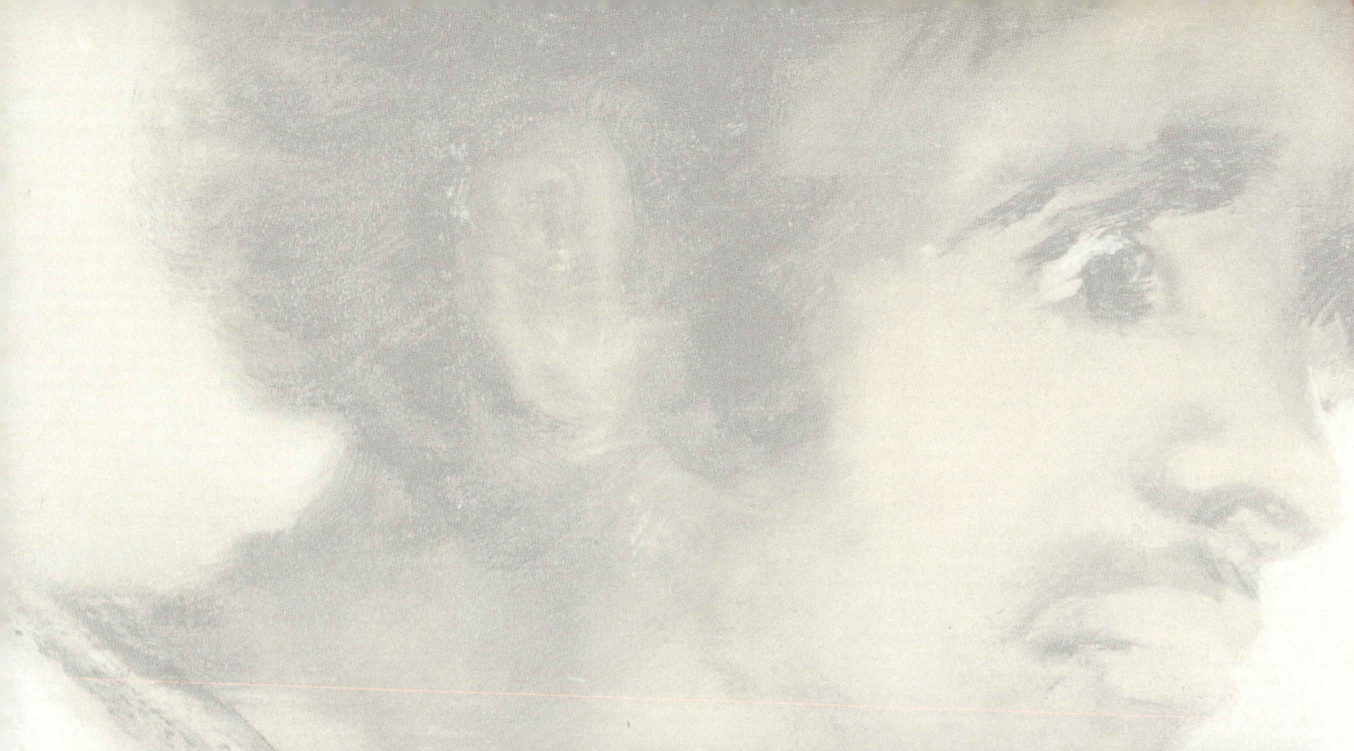

Francisco de Goya y Lucientes
Die Erschießung der Aufständischen am 3. Mai 1808, 1814
Madrid, Museo del Prado

Im Jahr 1808 erhob sich die Madrider Bevölkerung gegen die napoleonischen Besatzungstruppen, aber der Aufstand wurde blutig niedergeschlagen. Als die Bourbonen 1814 auf den Thron zurückkehren, erhält Goya den Auftrag, die »heroischen Ereignisse unserer glorreichen Erhebung gegen den Tyrannen von Europa« zu illustrieren. Ein feierliches Thema also, das der Maler jedoch ganz unkonventionell angeht. In der Erschießungsszene ist die Dunkelheit auch auf die Geister herabgesunken; gesichtslose Soldaten gehorchen mechanisch dem Exekutionsbefehl; die Verurteilten sind vom Grauen überwältigt. Es sind keine Helden, die sich opfern, sondern Leute aus dem Volk, die von den Ereignissen überrascht werden: Sie flehen um Gnade; in Goyas Schilderung wird auf schreckliche Weise deutlich, wie blutig der Verlauf der Geschichte sein kann. Ein weißes Hemd, das bald von Kugeln durchbohrt wird, wird zum Banner des Protests gegen den Krieg.

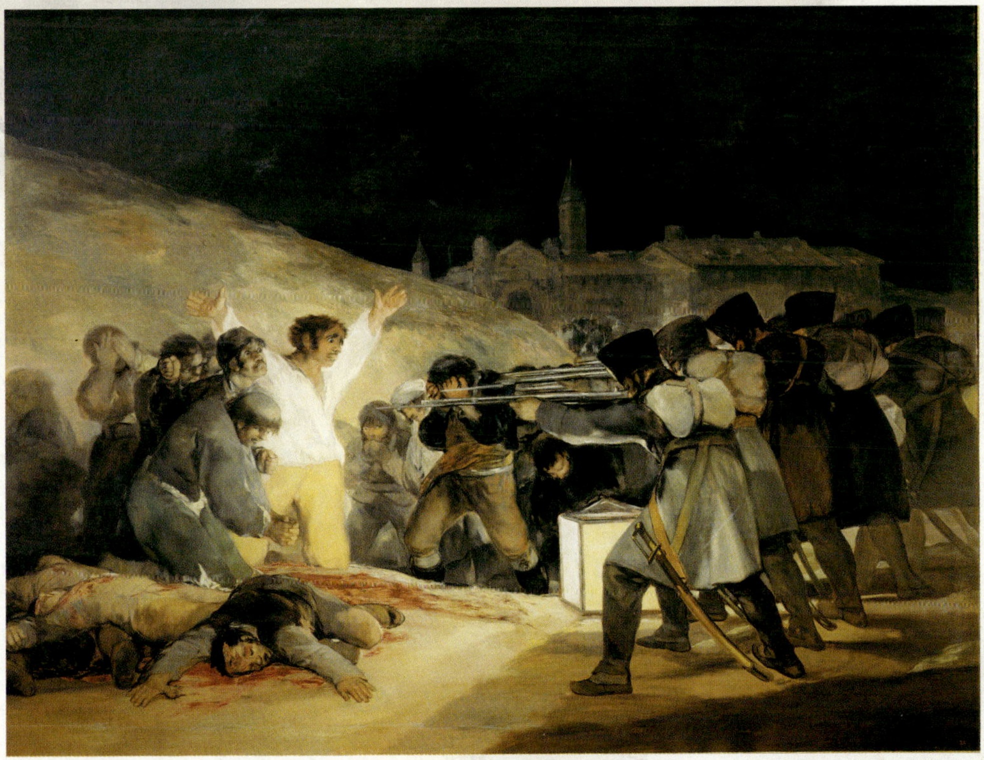

Francisco Goya y Lucientes

1820–1821

Die »Schwarzen Bilder«

Als Goya sich 1820 und 1821 in seinem kleinen Landhaus bei Madrid langsam von einer schweren Krankheit erholt, ist er über siebzig Jahre alt, müde und resigniert. Während seiner Jugend brach Goya von hier aus zu seiner geliebten Jagd auf; nun ist er völlig gehörlos geworden, weshalb man das Haus »Quinta del Sordo«, Wohnung des Tauben nennt. Auf den Wänden zweier Räume hat Goya mit Ölfarben auf Putz einen beeindruckenden Zyklus von visionären, angstvollen Szenen gemalt, die man wegen des dunklen Kolorits, aber auch wegen des düsteren Inhalts als »Pinturas negras« – schwarze Bilder – bezeichnet. Die 1873 abgetragenen Gemälde befinden sich im Madrider Museo del Prado in gesonderten Räumen; die ursprüngliche Anordnung wurde rekonstruiert. Sie haben keine fortlaufende Handlung, sondern sind jeweils eigenständig wie bei einem schrecklichen Albtraum, in dem eine Reihe dämonischer Erscheinungen eine entgleiste, entfesselte Menschheit heimsucht. Nicht immer kann man das Thema erkennen, sondern nur von einer Stimmung tragischer Verzweiflung sprechen. Auf das Titelblatt einer bekannten Sammlung von Radierungen schrieb Goya das Motto: »Der Schlaf der Vernunft gebiert Ungeheuer«.

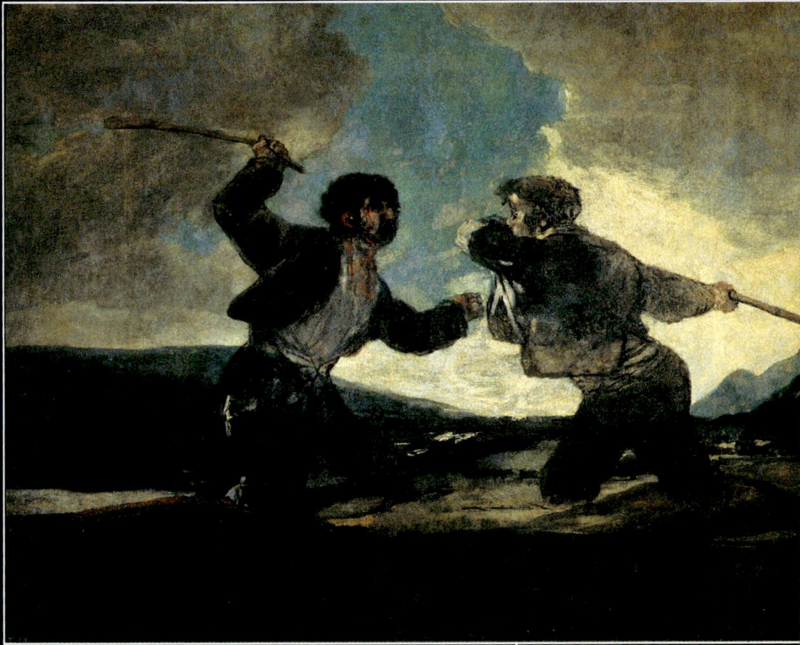

Mit völliger schöpferischer Freiheit wechselt Goya bei diesem persönlichen Gemäldezyklus zwischen vielfigurigen Visionen, düsteren Bildern, schwer deutbaren Darstellungen und kleinformatigen, schlichter wirkenden Szenen. Gerade eine von diesen zeigt das vielleicht ergreifendste Bild der ganzen Serie: Ein kleiner Hund versinkt im Treibsand. Sein unschuldiges, verwundertes Gesicht ist noch sichtbar, wird aber bald endgültig verschluckt und vergessen werden, begraben in einer düsteren graubraunen Szenerie unter einem riesigen, bleischweren Himmel ohne Tiefe und Gedächtnis.

Bis an die Knie im Schlamm steckend, kämpfen zwei Bauern mit Stöcken. Die Situation ist dramatisch und widersprüchlich zugleich: Statt einander aus dem Schmutz zu helfen, bringen sich die beiden Männer gegenseitig um, eine ausweglose Situation. Das Bild kann als Metapher für die von blutigen Kriegen heimgesuchten europäischen Staaten gesehen werden, noch eher jedoch – und in noch bittererem Sinne – als Bild des menschlichen Wahnsinns, der blinden, zerstörerischen Gewalt.

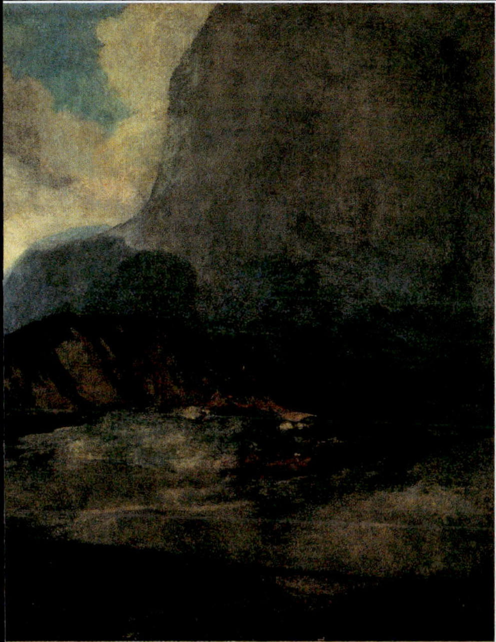

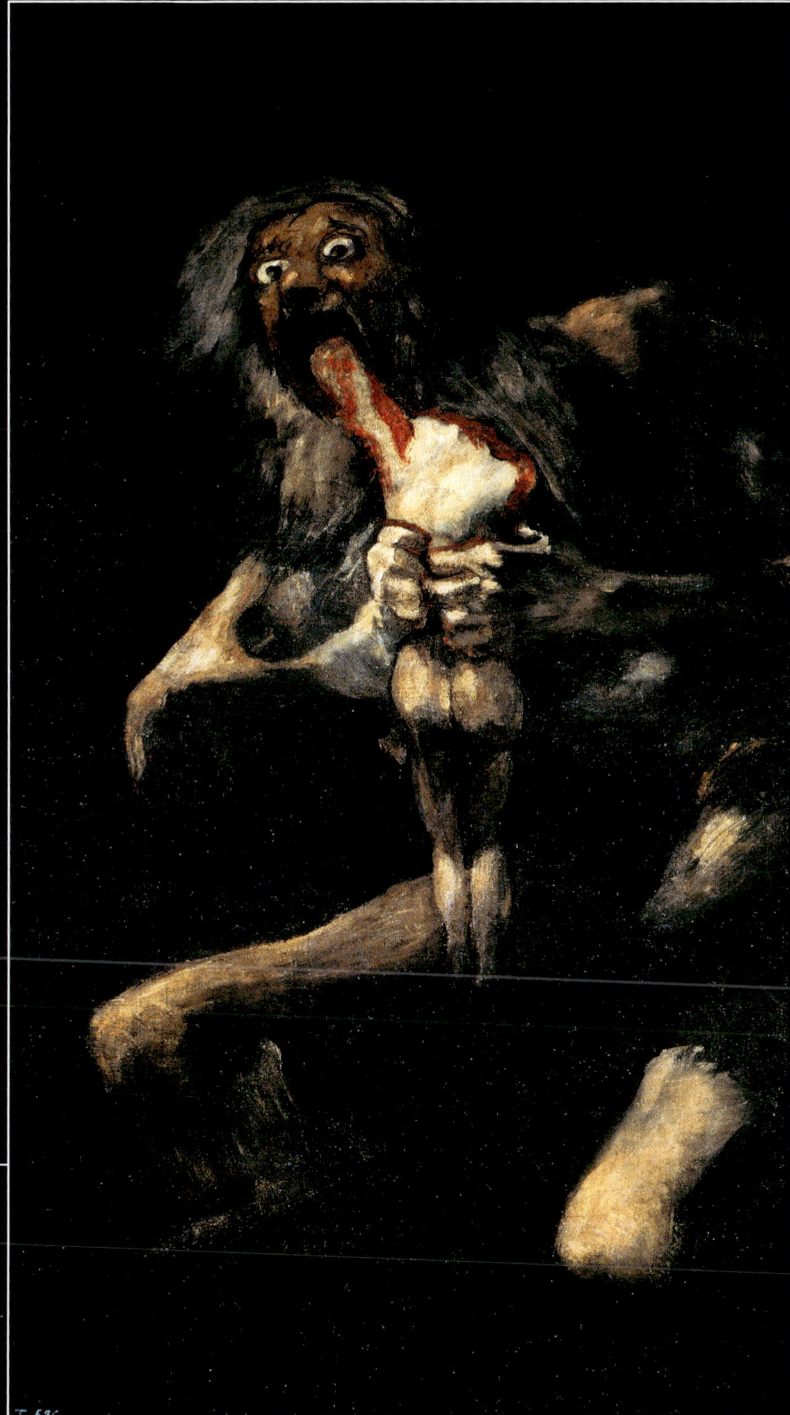

Eines der schrecklichsten Bilder der ganzen Kunstgeschichte nimmt den Mythos des Gottes Chronos zum Ausgangspunkt, der seine Kinder verschlingt. Das literarische Thema verwandelt sich hier in einen visionären Albtraum, in ein grauenvolles, riesiges Monster, das sich auf die erbärmliche, nackte Menschheit stürzt und sie in blutige Stücke reißt.

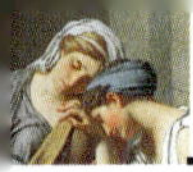

1770–1820

Der Klassizismus

Das offizielle Bild von Kultur und Macht
Im letzten Viertel des 18. Jahrhunderts und unter Napoleon wird die klassizistische Kunst zum vorherrschenden Stil. Sie ist gewissermaßen die Vollendung der Aufklärung; ihr Ziel ist es, dem »unvernünftigen« Überschwang des Barock ein Ende zu setzen, unter ausdrücklicher Hinwendung zur Antike. Diese Tendenz wird unterstützt von den Ausgrabungsarbeiten in Italien, Griechenland und Ägypten, die dem gebildeten Publikum eine Bestätigung für die Größe der antiken Kulturen liefern und erhabene Vorbilder ans Licht bringen. Die größten Wissenschaftler und Förderer der klassizistischen Kultur kommen aus dem deutschen Raum. Ein Archäologe (Winckelmann) und ein Maler (Mengs) gehören zu denen, die sich für die antike Kunst begeistern und ihre methodische Erforschung betreiben. In der Malerei wird der Franzose Jacques-Louis David (1748–1825) zum Vorbild für mindestens zwei Generationen von europäischen Künstlern. Wie das Porträt des berühmten Chemikers Lavoisier mit seiner Frau im Hintergrund der nächsten Seite zeigt, war David auch ein hervorragender Bildnismaler. Beispielhaft summieren sich während seiner langen Tätigkeit die typischen Elemente der klassizistischen Kunst: die Bewunderung der Antike, der Anspruch, politische und moralische Botschaften zu übermitteln, die Suche nach der »richtigen« Form und später auch die Apotheose Napoleons. Vor allem in dessen Ära erreicht der Klassizismus mit dem Empire-Stil seinen Höhepunkt und wird zum alleinigen Maßstab für Geschmack und Schicklichkeit. Zuweilen wird die klassizistische Kunst als »kalt« und intellektuell empfunden, doch war es ihr Verdienst, in Geschichte und klassischer Literatur unvergängliche Figuren, Themen und Gefühle zu finden, die der menschlichen Seele für immer tief eingeprägt sind, wenn auch in antike Gewänder gehüllt.

Jacques-Louis David
Der Schwur der Horatier, 1784–1785
Paris, Musée du Louvre

Mit diesem in Rom gemalten Programmbild des entstehenden Klassizismus illustriert David eine Szene aus der antiken Geschichte, in der aber Auffassungen der Gegenwart deutlich werden, etwa die Einheit der Handlungen, die Existenz politischer Ziele sowie der Unterschied zwischen den kriegerisch gesinnten Männern und ihren Ehefrauen.

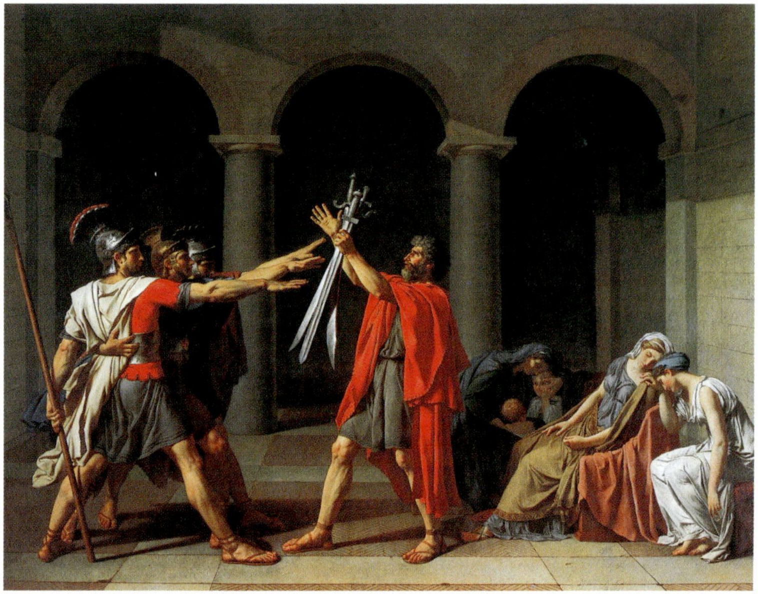

Andrea Appiani
Der Parnass, 1811
Mailand, Villa Reale

In der napoleonischen Ära gehört Mailand zu den Hauptstädten der Kunst- und Möbelproduktion.

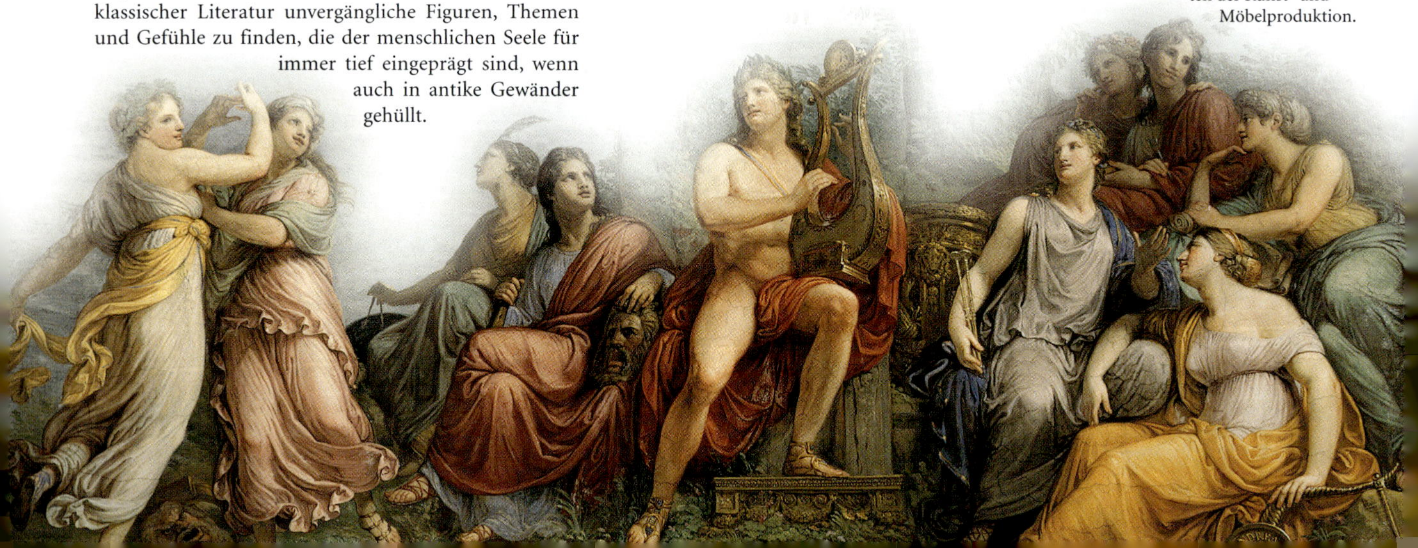

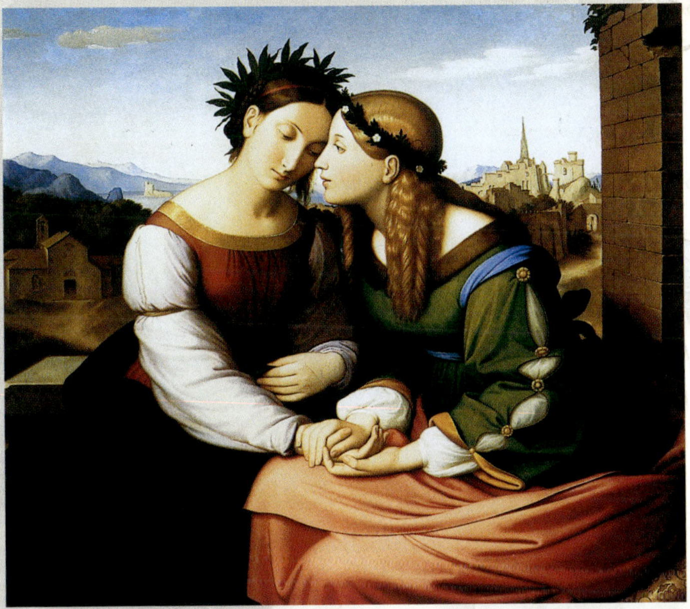

Johann Friedrich Overbeck
Italia und Germania (Sulamith und Maria), 1812–1828
München, Bayerische Staatsgemäldesammlungen, Neue Pinakothek

Das Thema und die sehr lange Bearbeitungszeit umfassen praktisch die ganze Bewegung der »Nazarener«. Im Jahr 1810 geht Overbeck zusammen mit anderen jungen deutschen Malern nach Rom in das leer stehende Kloster Sant'Isidoro auf dem Monte Pincio. Hier begründet er einen eigenen Künstlerbund, der von fast mönchischen Regeln bestimmt wird und dessen Ziel es ist, die Ästhetik und Religiosität der italienischen Frührenaissance aufleben zu lassen und mit der Tradition der deutschen Gotik zu verbinden.

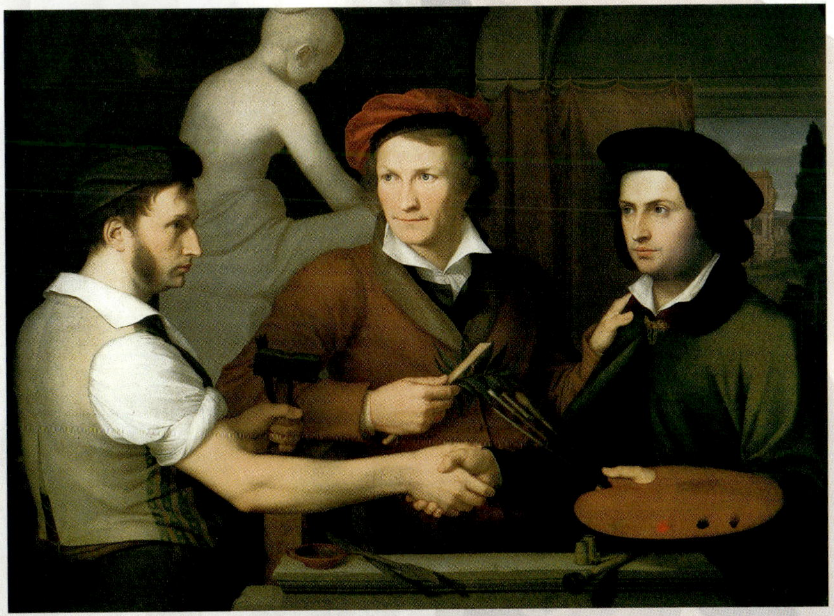

Wilhelm von Schadow
Selbstbildnis mit dem Bruder Rudolf und Bertel Thorvaldsen, 1815–1816
Berlin, Staatliche Museen zu Berlin – Preußischer Kulturbesitz, Nationalgalerie

Das Postulat von der Einheit der »germanischen« Tradition und der mediterranen Klassik taucht in der deutschen Kultur immer wieder auf, von der ottonischen Antikenrezeption bis zur Euphorie des 20. Jahrhunderts. Im Klassizismus folgen viele Gebildete dem Beispiel Goethes. Meistbewunderter Künstler ist der dänische Bildhauer Thorvaldsen, der antike Statuen mit Sorgfalt restauriert, kopiert und nachempfindet.

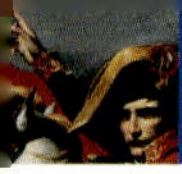

Paris

1789–1815

Die napoleonische Ära

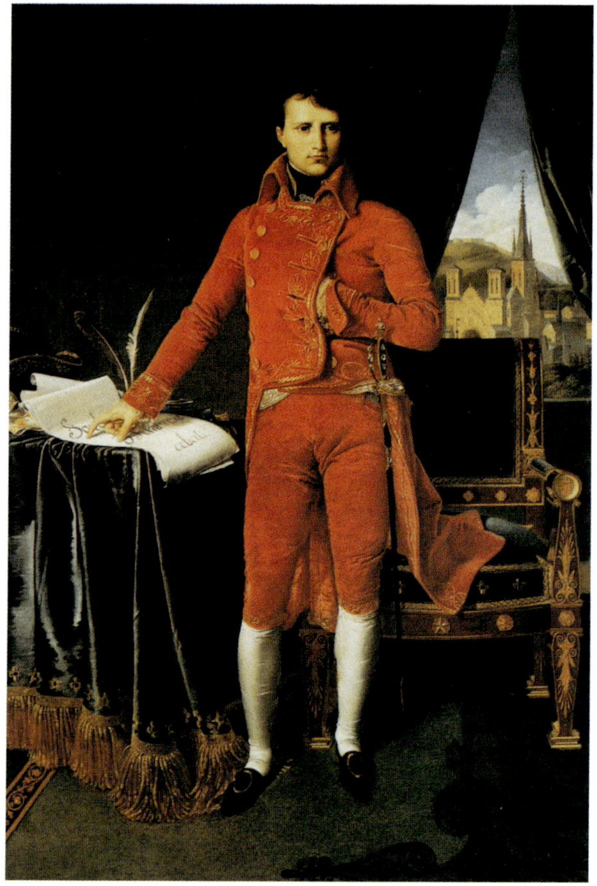

Jean-Auguste-Dominique Ingres
Napoleon als Erster Konsul, 1804
Lüttich, Musée d'Armes

Dieses Werk zu Ehren des noch jungen, aber bereits sehr mächtigen Napoleon wurde von der Stadt Lüttich in Auftrag gegeben (die im Hintergrund sichtbar ist). Es wird bereichert durch fein gezeichnete Details an Kleidung und Möblierung

Propaganda und Kunst im Dienst des Herrschers
Sowohl die Arbeit des Künstlers als auch Geschmack und Anspruch des Publikums verändern sich beim Übergang vom 18. zum 19. Jahrhundert tief greifend. Im Mittelpunkt der Aufmerksamkeit steht weltweit die Gestalt Napoleons. Ein halbes Jahrhundert nach der Aufklärung und ihren Auffassungen von Maß und Ordnung proklamiert Napoleon wieder eine gewaltige, erhabene Kunst von kaiserlicher Größe und Pracht. Eine Reihe von Symbolen (Adler, Lorbeeren, Zepter, Throne, Anspielungen auf die Feldzüge, Monogramme) tauchen immer und überall auf und werden für den Werbefeldzug des »Empereurs« benützt. Indem Napoleon den Prunk und die Symbole der Vergangenheit wieder zum Leben erweckt, wird er zum ersten »modernen« Diktator; auch die Vielzahl geschnitzter oder gemalter Porträts gehört zu einer Strategie des Personenkults, der vielleicht mit Davids Reiterbildnis im Hintergrund der folgenden Seite seinen Höhepunkt erreicht.

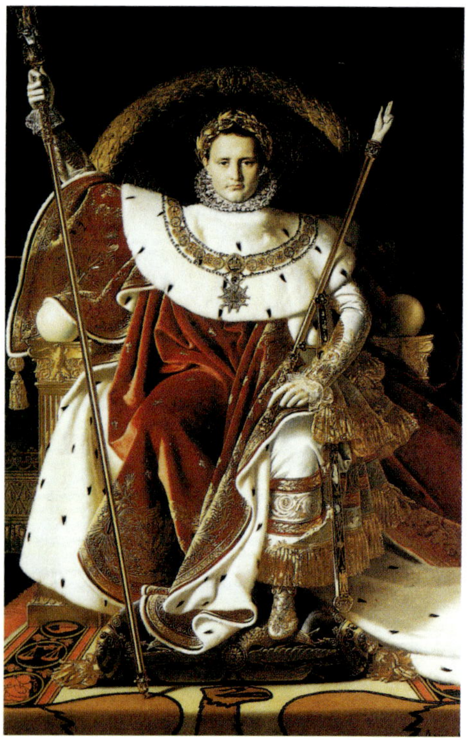

Jean-Auguste-Dominique Ingres
Napoleon als thronender Jupiter, 1806
Paris, Musée de l'Armée

Ingres hatte 1801 den Prix de Rome gewonnen, jedoch verzögerten die politischen Ereignisse lange seine Abreise: Das spektakuläre Porträt von Napoleon als Kaiser entsteht auf dem Höhepunkt von Bonapartes politischem Ruhm und zu dem Zeitpunkt, als Ingres die Erlaubnis zur Fahrt nach Italien erhält. Achtzehn Jahre lang bleibt der Maler in der Ewigen Stadt und verfolgt nur noch aus der Ferne Aufgang, Zenit und Untergang von Napoleons Stern.

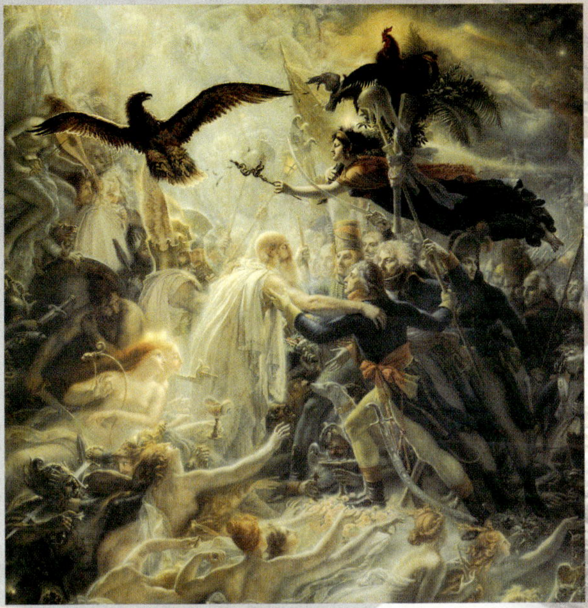

Anne-Louis Girodet de Roucy-Trioson
Ossian und seine Krieger empfangen die Schatten der französischen Helden, 1802
Paris, Musée National du Château de Malmaison

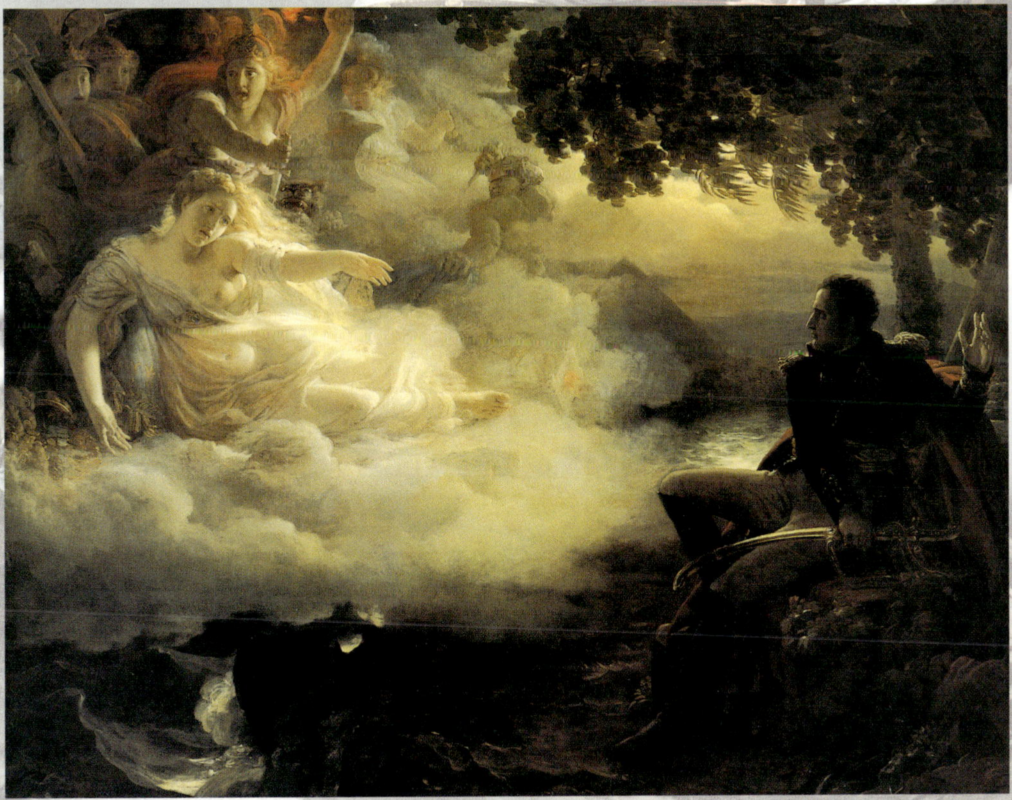

Jean-Pierre Franque
Allegorie Frankreichs vor der Rückkehr Bonapartes aus Ägypten, 1810
Paris, Musée du Louvre

Dresden

1774–1840

Caspar David Friedrich

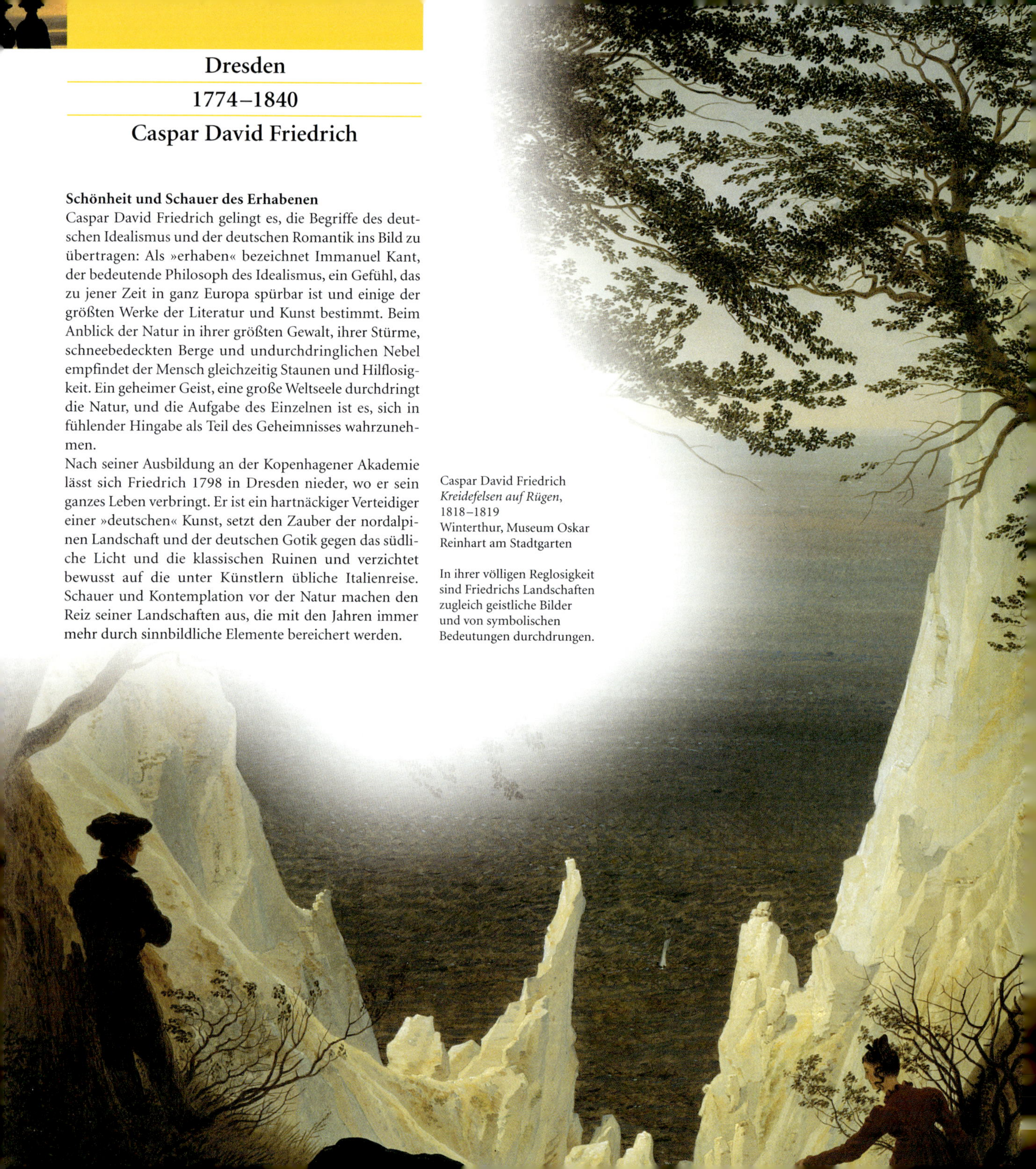

Schönheit und Schauer des Erhabenen

Caspar David Friedrich gelingt es, die Begriffe des deutschen Idealismus und der deutschen Romantik ins Bild zu übertragen: Als »erhaben« bezeichnet Immanuel Kant, der bedeutende Philosoph des Idealismus, ein Gefühl, das zu jener Zeit in ganz Europa spürbar ist und einige der größten Werke der Literatur und Kunst bestimmt. Beim Anblick der Natur in ihrer größten Gewalt, ihrer Stürme, schneebedeckten Berge und undurchdringlichen Nebel empfindet der Mensch gleichzeitig Staunen und Hilflosigkeit. Ein geheimer Geist, eine große Weltseele durchdringt die Natur, und die Aufgabe des Einzelnen ist es, sich in fühlender Hingabe als Teil des Geheimnisses wahrzunehmen.

Nach seiner Ausbildung an der Kopenhagener Akademie lässt sich Friedrich 1798 in Dresden nieder, wo er sein ganzes Leben verbringt. Er ist ein hartnäckiger Verteidiger einer »deutschen« Kunst, setzt den Zauber der nordalpinen Landschaft und der deutschen Gotik gegen das südliche Licht und die klassischen Ruinen und verzichtet bewusst auf die unter Künstlern übliche Italienreise. Schauer und Kontemplation vor der Natur machen den Reiz seiner Landschaften aus, die mit den Jahren immer mehr durch sinnbildliche Elemente bereichert werden.

Caspar David Friedrich
Kreidefelsen auf Rügen,
1818–1819
Winterthur, Museum Oskar
Reinhart am Stadtgarten

In ihrer völligen Reglosigkeit sind Friedrichs Landschaften zugleich geistliche Bilder und von symbolischen Bedeutungen durchdrungen.

Caspar David Friedrich
Der Mönch am Meer, 1808–1810
Berlin, Staatliche Museen zu Berlin – Preußischer Kulturbesitz, Nationalgalerie

Friedrichs »abstraktestes« Werk, bei dem Motive und Farben fast völlig fehlen: Ein übermächtiger, dicht mit grauen Wolken bedeckter Himmel wölbt sich über einem kleinen Stück Strand, an dem sich die dunklen Wellen brechen. Die winzige Figur des Mönchs in dieser düsteren Szenerie ist ein weiteres Symbol für das mystische Verhältnis zwischen Gott und Natur.

Caspar David Friedrich
Abtei im Eichwald, 1809
Berlin, Staatliche Museen zu Berlin – Preußischer Kulturbesitz, Nationalgalerie

Als Programmbild der deutschen Romantik stellt dieses Gemälde eine Alternative zu den besonnten mediterranen Ruinen des Klassizismus dar; die entlaubten Bäume wirken wie die Grabsteine eines Friedhofs um die verlassene Ruine, während die begrenzte Farbpalette ein Gefühl von Verlassenheit, Trostlosigkeit und Melancholie widerspiegelt.

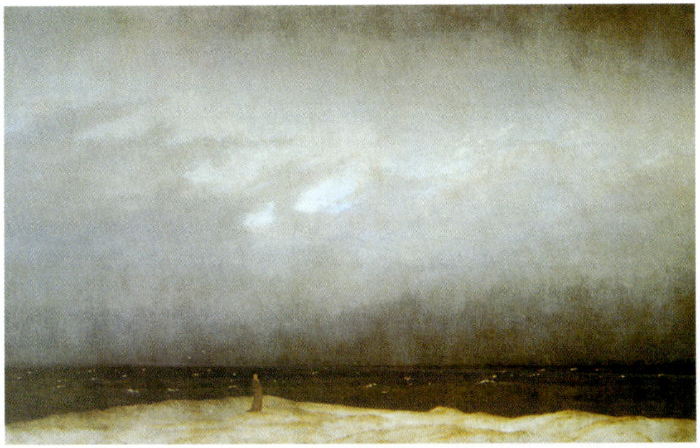

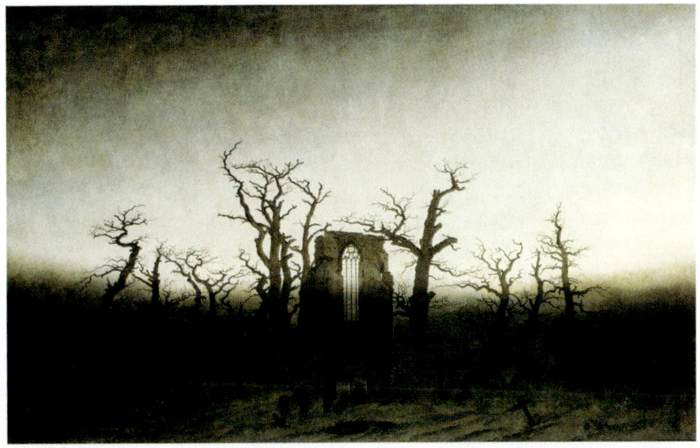

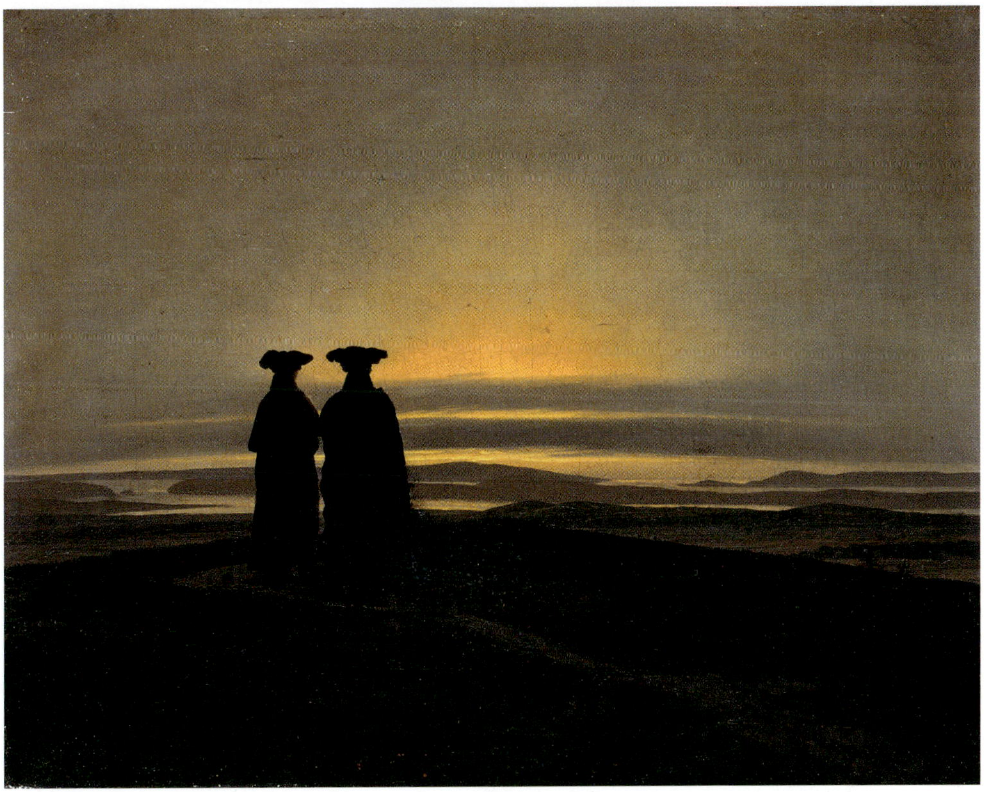

Caspar David Friedrich
Der Sonnenuntergang (Brüder), 1830–1835
Sankt Petersburg, Staatliche Eremitage

Wie viele Dichter der deutschen Romantik, etwa Novalis und Goethe, fühlt sich Friedrich vom Unendlichen angezogen. Der Blick des Betrachters geht durch das Gemälde hindurch und verliert sich in einer undurchsichtigen Ferne, die den letzten Sonnenschein aufnimmt und den Horizont verwischen lässt.

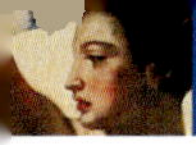

Géricault und Delacroix

Théodore Géricault
Das Floß der Medusa,
1818–1819
Paris, Musée du Louvre

Im Jahr 1816 sinkt vor der westafrikanischen Küste das Schiff »Medusa«. Etwa 150 Menschen retten sich auf ein wackliges Floß und sind viele Tage lang unter Schrecken auf dem Meer unterwegs; am Ende überleben nur etwa fünfzehn von ihnen. Betroffen von diesem tragischen Ereignis, das wie eine Metapher für den Untergang von Napoleons Stern erscheint, schafft Géricault ein Gemälde von außergewöhnlichen Maßen und höchster Kraft.

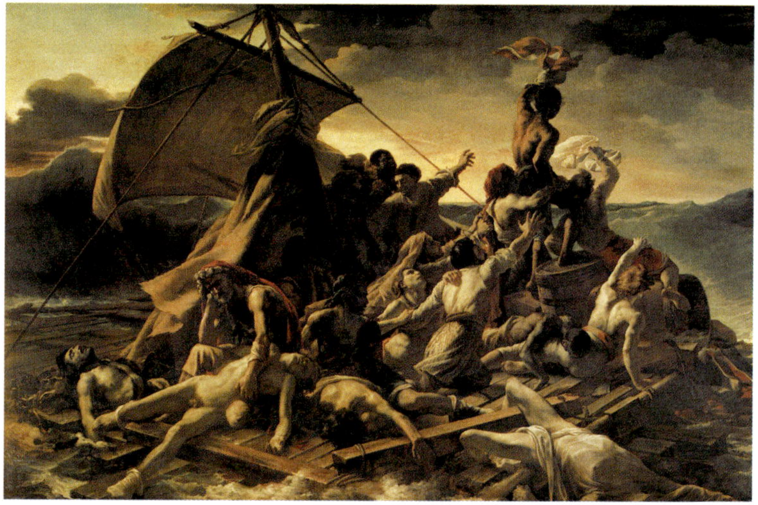

Patriotismus und exotischer Duft der Romantik
Die Romantik breitet sich Anfang des 19. Jahrhunderts in ganz Europa aus. Es entstehen Gruppen von Künstlern und Dichtern mit gemeinsamen Idealen, aber sehr deutlichen lokalen Eigenheiten. Man kehrt zum Gefühlsausdruck zurück, der zu lang unterdrückt worden ist: zuerst vom barocken Überschwang, dann von der aufgeklärten Vernunft und schließlich von den klassizistischen Regeln. Jetzt geben sich Dichter und Künstler ganz ihrer Liebe und Leidenschaft, ihrer patriotischen Begeisterung, ihren Ängsten und Herzensregungen hin, wenn auch in ganz unterschiedlicher Weise. In Frankreich findet diese Bewegung einen großartigen Interpreten in Delacroix. Mit seinem Erfindungsreichtum wird er zum Schöpfer des künstlerischen Manifests der Romantik: *Die Freiheit auf den Barrikaden*. Die Hauptfigur verkörpert das freie Frankreich; sie erscheint halb nackt mit der phrygischen Mütze (Symbol der Französischen Revolution) auf dem Kopf und der Fahne in der einen, dem Gewehr in der anderen Hand. Géricault hingegen fängt in seinen Porträts von Geisteskranken wirre, trübe und leere Blicke ein und zeichnet ein desillusioniertes Bild. Wie der Untergang der »Medusa« für den Untergang Napoleons stehen kann, so stehen die »Irren« für den gewöhnlichen Menschen, der in Lastern befangen und sich selbst überlassen ist.

Théodore Géricault
Ein Kranker mit dem Größenwahn, 1822–1823
Winterthur, Sammlung Oskar Reinhart »Am Römerholz«

Théodore Géricault
Irrsiniger Kidnapper, 1822
Springfield, Museum of Fine Arts

Théodore Géricault
Die Irre (La Folle monomane du jeu),
1820–1824
Paris, Musée du Louvre

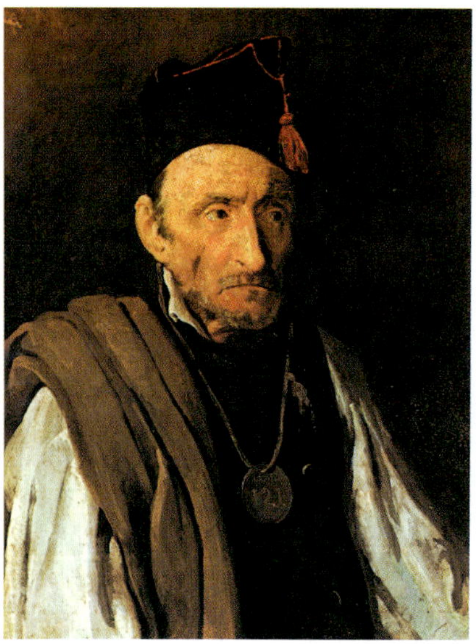

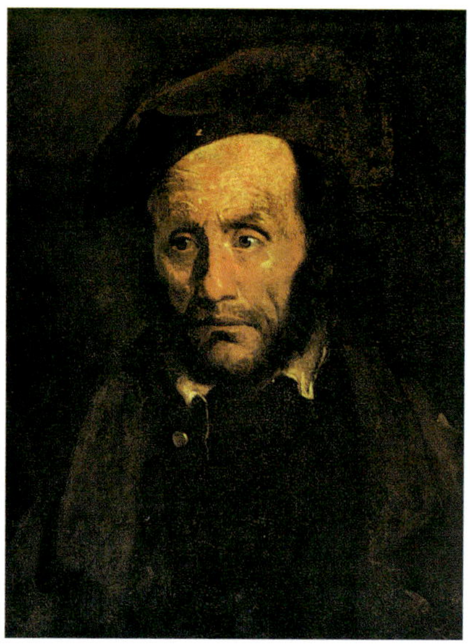

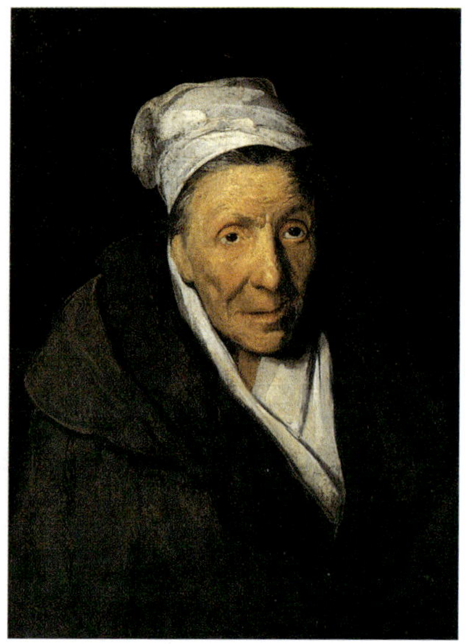

Eugène Delacroix
Algerische Frauen in ihrem Gemach, 1834
Paris, Musée du Louvre

Die exotischen Gewänder, die erotische Ausstrahlung der ruhenden dunkelhäutigen Mädchen und die kühlen Schatten und matten Lichter des Harems machen aus diesem Bild eines der frühesten und bedeutendsten Beispiele für den Orientalismus, der sich ab der Romantik durch die Kultur des 19. Jahrhunderts zieht und bis in unser Jahrhundert reicht. Auf dem Höhepunkt seiner künstlerischen Reife schafft Delacroix ein ungewöhnliches Bild mit einer gewissen verbotenen Sinnlichkeit.

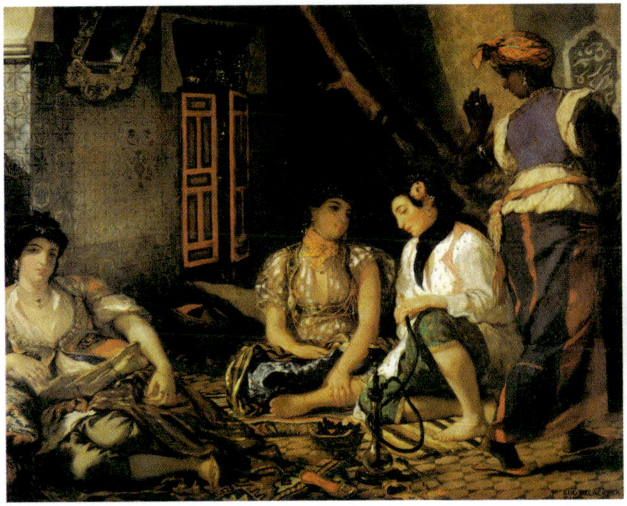

Théodore Géricault
Die Irre mit der Schmetterlingshaube (Monomanie de l'envie), 1820–1824
Lyon, Musée des Beaux-Arts

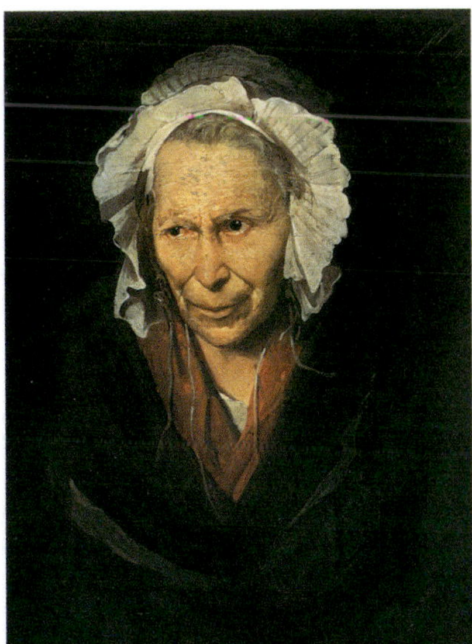

Théodore Géricault
Der Kleptomane (Monomanie du vol), 1821–1824
Gent, Museum voor Schone Kunsten

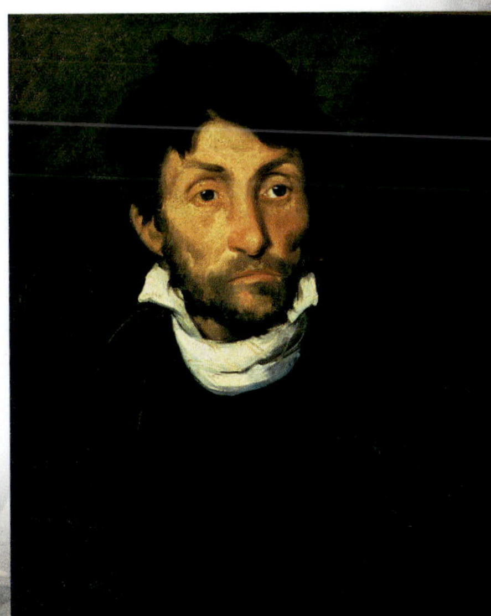

Eugène Delacroix
Die Freiheit auf den Barrikaden (Der 28. Juli 1830), 1830
Paris, Musée du Louvre

Als Ergebnis einer heterogenen romantischen und literarischen Bildung ist dieses Bild eine seltsame Mischung aus Realismus und Propaganda, Rhetorik und klarer Geschichtsbeobachtung.

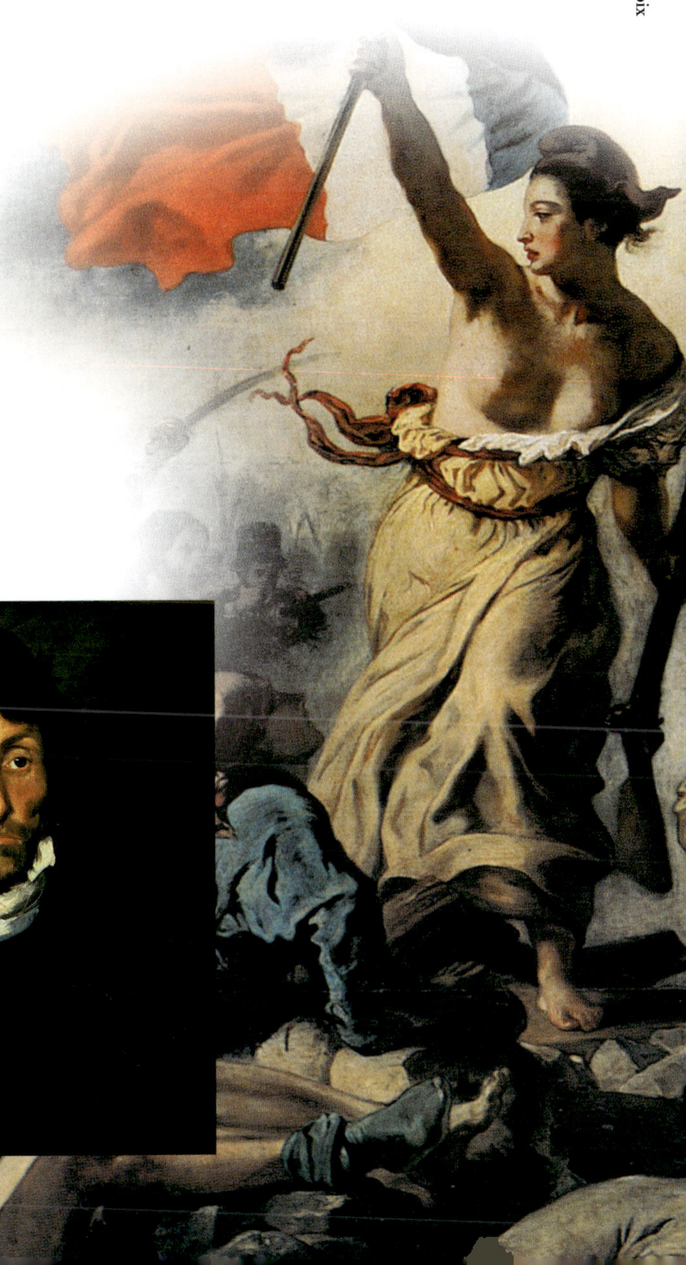

Deutschland, Dänemark, Österreich
1810–1860
Das Biedermeier

Private Tugenden, ehrliche Freuden
Biedermeier ist ursprünglich der Name einer erfundenen satirischen Gestalt, eines treuherzigen, tugendhaften schwäbischen Schulmeisters, der damals in der Zeitschrift »Fliegende Blätter« auftauchte. Ein Vertreter der Mittelschicht also, des deutschen Bürgertums, an das sich der Biedermeierstil auch richtet. Napoleon ist wie ein Sturm über Europa hinweggefegt; die umstürzlerische Romantik hat eine Zeit lang die bürgerlichen Gemüter gefährlich verwirrt und beunruhigt; nun entsteht das Biedermeier als »häusliche« Form des edlen Empire-Stils. Bei genauer Betrachtung erkennt man, dass der Formenkodex, in erster Linie bei Möbeln und Inneneinrichtung, dem des Klassizismus verwandt ist, aber die verschiedenen Teile der Dekoration wirken in friedlicher, fließender, vereinfachter Weise zusammen. In der Malerei entwickelt sich das Biedermeier vor allem im deutschen Sprachraum, Deutschland und dem Königreich Österreich-Ungarn. Die Sujets sind leicht verständlich, wenn nicht gar banal: gesetzte Familienporträts, äußerst korrekt ausgeführte Stillleben, kleine Alltagsszenen, die teilweise an die holländische Malerei des 17. Jahrhunderts erinnern, gemäßigte, kontrollierbare Gefühle. Insgesamt zeigt sich in den Bildern eine zufriedene Gesellschaft ohne große Höhenflüge der Phantasie und mit klar abgegrenztem Horizont. Interessant ist auch das Nationalgefühl: Es drückt sich nicht heroisch oder individuell aus, sondern im gemeinsamen Geschmack einer ganzen gesellschaftlichen Schicht.

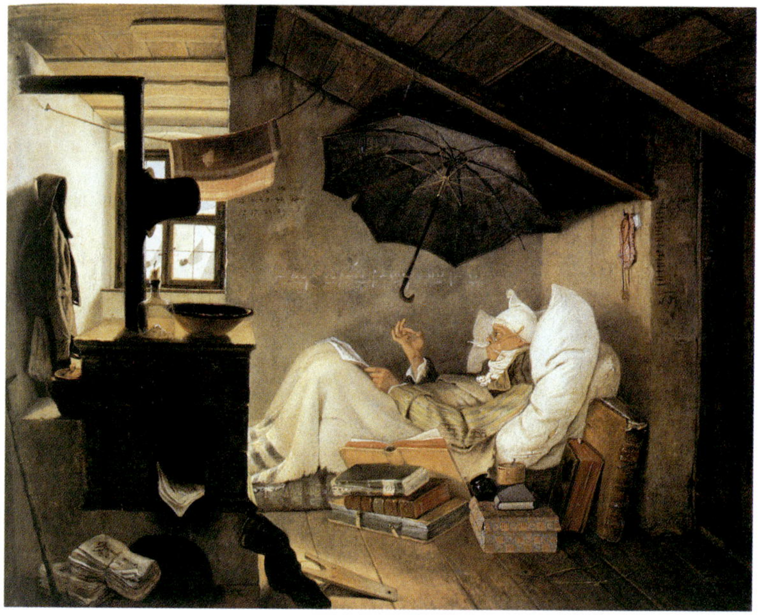

Carl Spitzweg
Der arme Poet, 1837
München, Bayerische Staatsgemäldesammlungen, Neue Pinakothek

Die berühmten Bilder Carl Spitzwegs (1808–1885) sind oft liebevolle Karikaturen der zeitgenössischen Gesellschaft.

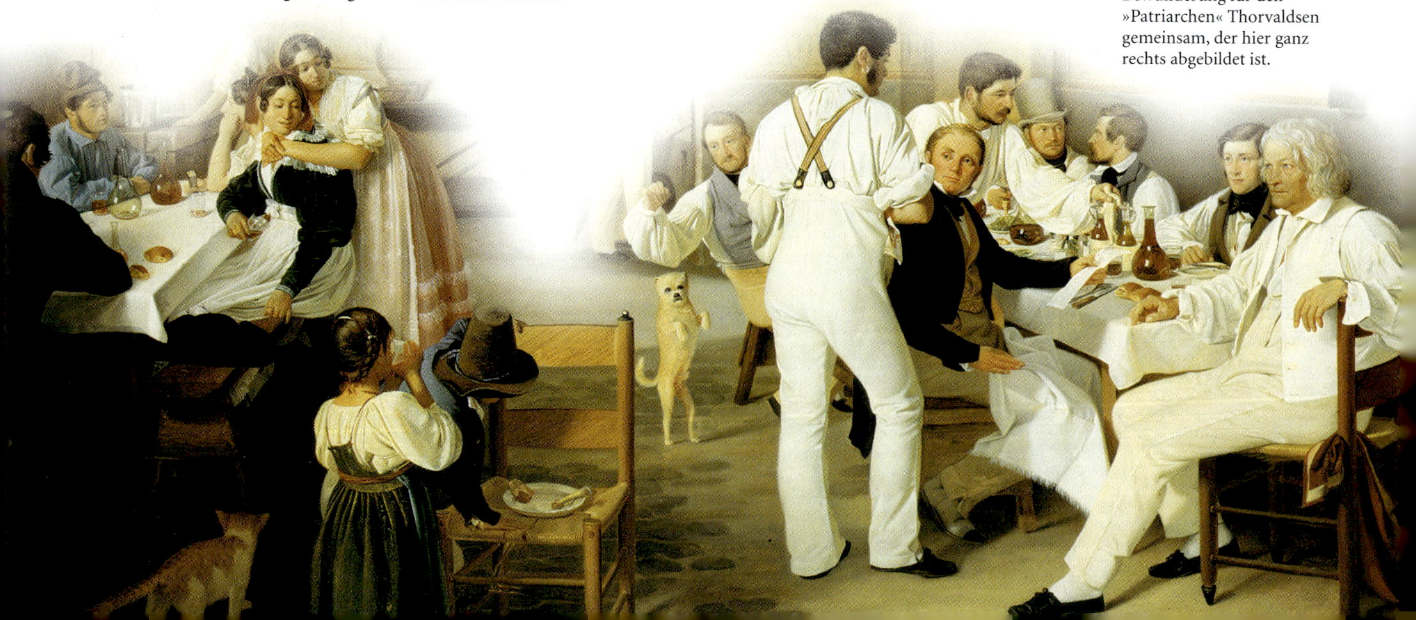

Ditlev Conrad Blunck
Künstler in einer römischen Osteria, 1836
Hillerød, Frederiksborgmuseet

In der Biedermeierzeit entsteht in Dänemark eine bedeutende, produktive Malerschule; ihre Mitglieder haben die Studienreise nach Rom und die Bewunderung für den »Patriarchen« Thorvaldsen gemeinsam, der hier ganz rechts abgebildet ist.

Johann Friedrich August Tischbein
Madame Dufour-Feronce mit Sohn, 1802
Kassel, Staatliche Museen, Neue Galerie

Der aus einer wichtigen deutschen Künstlerfamilie stammende Tischbein (1750–1812) greift schon in der Zeit des Klassizismus auf die Einfachheit des Biedermeier voraus.

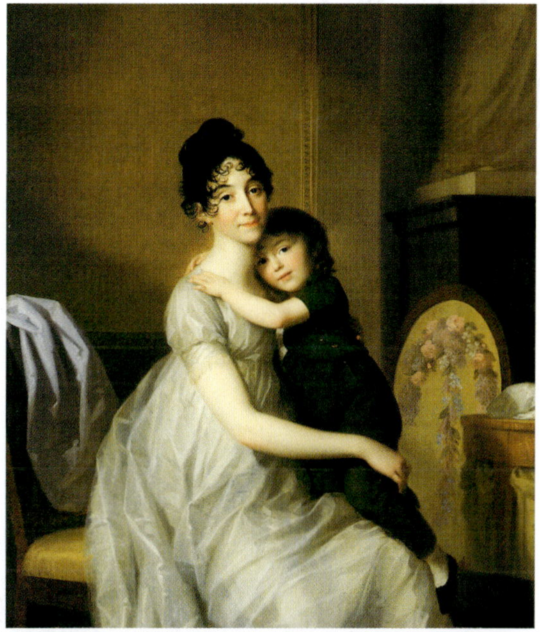

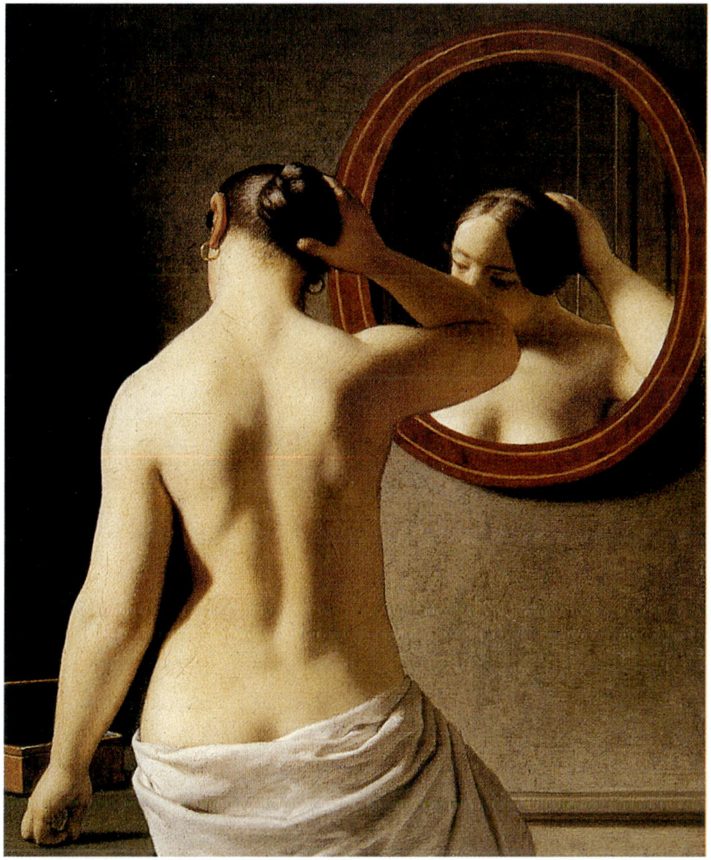

Christoffer Wilhelm Eckersberg
Rückenakt (Die Morgentoilette), 1841
Kopenhagen, Den Hirschsprungske Samling

Eckersberg (1783–1853), der sensibelste unter den Malern des dänischen Biedermeier, drückt mit einer exzellenten Technik die zarten Gefühle und maßvollen Gesten bürgerlicher Intimität aus.

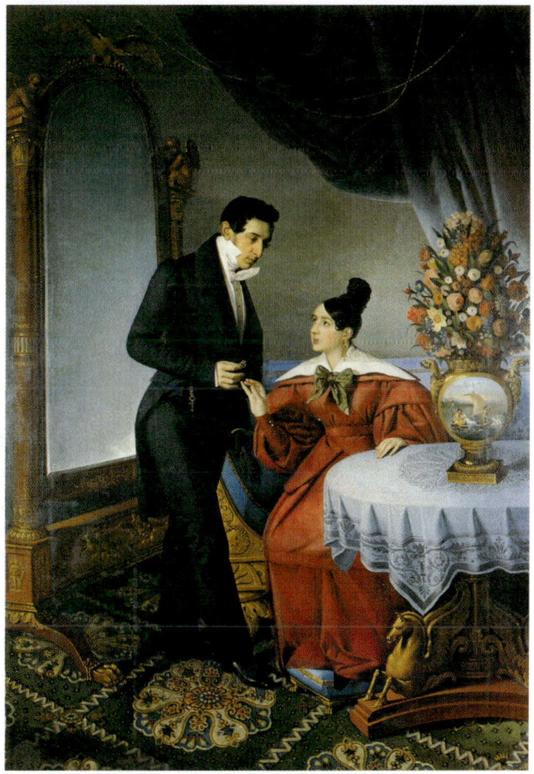

Jozef Tominc
Die Verlobten (I fidanzati), 1830
Gorizia, Museo provinciale di Palazzo Attems

Auf gefällige Weise erfassen die Porträtisten des frühen 19. Jahrhunderts die Welt der häuslichen Gefühle. Der aus Gorizia stammende Tominc (1790–1866), charakteristischer Vertreter der »provinziellen« Bildkultur des Habsburgerreichs, zeigt außerdem ein schönes Beispiel für ein Biedermeierzimmer.

Die englischen Landschaftsmaler

Der Begriff des »Pittoresken«
Im 18. und 19. Jahrhundert wird die Landschaftsmalerei in England zu einem wahren »Nationalstil«; von Canalettos Londoner Aufenthalt Mitte des 18. Jahrhunderts bis hin zu Turners langem und ruhmreichem Schaffen folgt ohne Unterbrechung ein Künstler höchsten Niveaus auf den anderen. Ein Grund für den Erfolg der Malerei ist neben der guten Ausbildung an der Royal Academy auch in der Dichtung der Zeit zu sehen: Mit den Balladen von Coleridge und Wordsworth entsteht ein neues Naturverständnis voller Gefühl und Geheimnis. Mit Begeisterung schließen sich die englischen Künstler der romantischen Ästhetik an: Es entsteht der Begriff der »pittoresken Landschaft«, der später entwertet und trivialisiert wird, bis er fast gleichbedeutend mit »Bildpostkarte« ist; ursprünglich steht er jedoch für landschaftliche Gegebenheiten, welche die Empfindungen des Malers anregen. Charakteristisch für die englische Landschaftsmalerei ist schließlich noch die Aquarelltechnik.

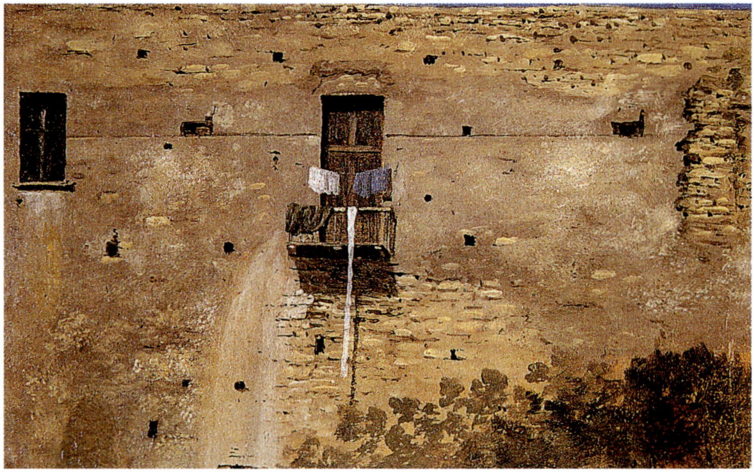

Thomas Jones
Mauer in Neapel, 1782
London, The National Gallery

Jones entwickelt ein besonderes Gespür für belanglose Motive und ihre formalen Herausforderungen.

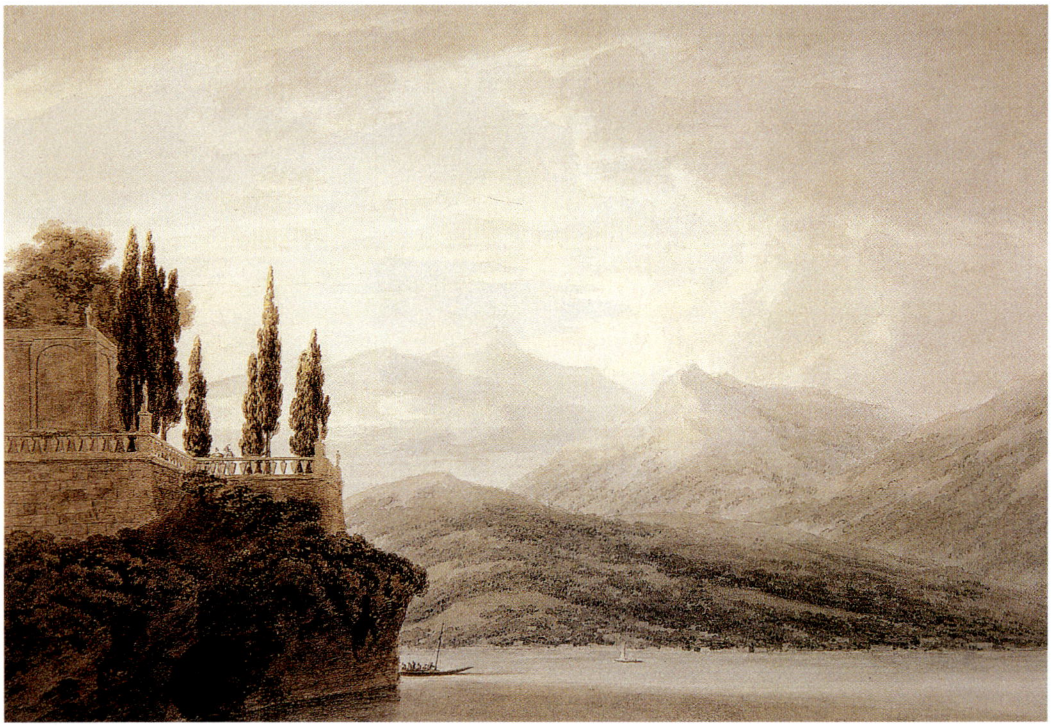

John Robert Cozens
Die Isola Bella auf dem Lago Maggiore, 1783
London, The British Museum

Auch durch seine Auswahl von »pittoresken« Orten in Italien und der Schweiz ist Cozens der Vorläufer der romantischen englischen Landschaft. Eine seelische Krankheit unterbricht seine Laufbahn; er stirbt 1797 in einer Anstalt für Geisteskranke. Trotzdem hat er eine sehr entscheidende Wirkung auf die Entwicklung der englischen Schule.

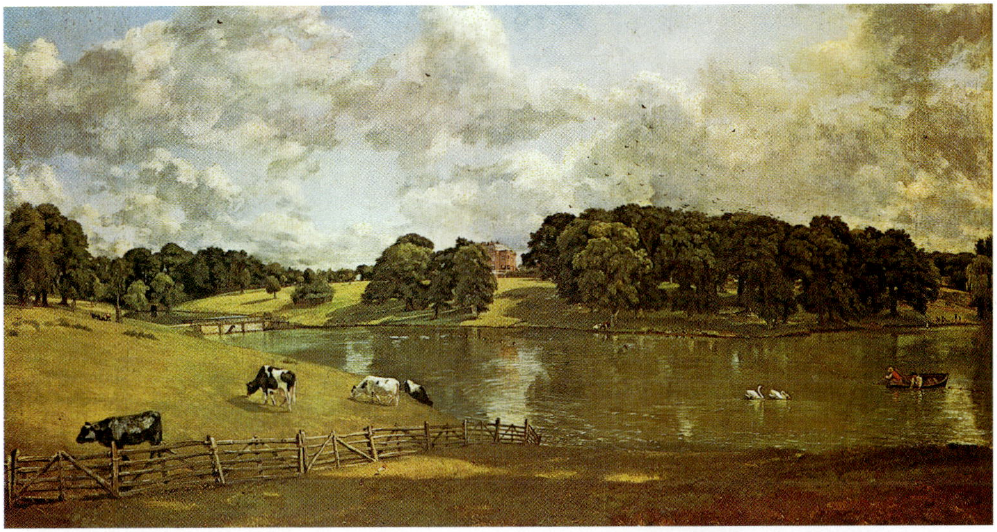

John Constable
Wivenhoe Park, 1816
Washington, National Gallery of Art

Eine von Constables Lieblingslandschaften; über längere Zeit malt er immer wieder verschiedene Versionen zum gleichen Thema und versucht so, sich einer »objektiven« Wahrheit anzunähern, die jedes Detail und jeden Lichtreflex genauestens erfasst.

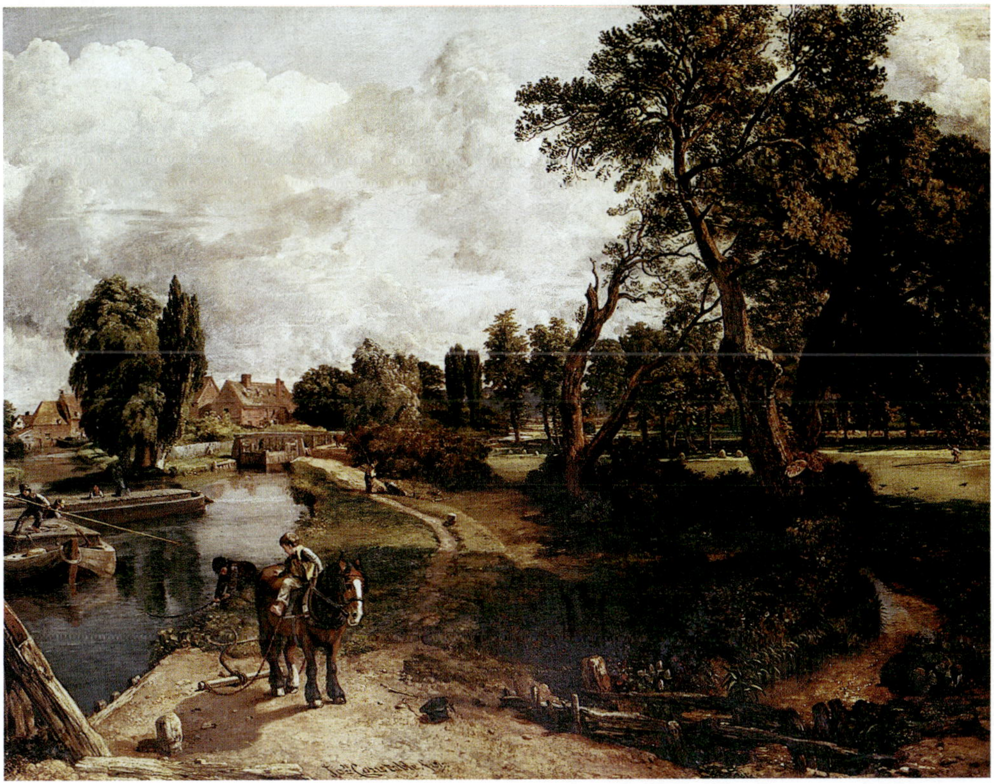

John Constable
Flatford Mill, 1817
London, Tate Gallery

Anders als die Bilder vieler Maler, die auf langen Reisen durch fremde Länder entstehen, sind Constables Landschaften meist von Suffolk inspiriert, wo er geboren ist. Zwar will der Maler ein klares, präzises Bild von der natürlichen Wirklichkeit liefern; doch kann er eine gewisse Zuneigung zu den bäuerlichen, oft sonnenbeschienenen Szenerien mit wenigen, ruhigen menschlichen Figuren nicht verbergen.

London

1775–1851

Joseph Mallord und William Turner

Joseph Mallord William Turner
Buttermere Lake mit Teilansicht von Cromack Water, Cumberland, 1798
London, Tate Gallery

Schon in den Jugendwerken zeigt sich Turners charakteristisches großes Interesse an Lichtreflexen auf dem Wasser: Der Regenbogen aus den Spektralfarben des Sonnenlichts, das sich in den Wassertropfen bricht, gehört zu den Naturschauspielen, die ihn am stärksten faszinieren.

Eine radikale Wende in der Landschaftsmalerei
Obwohl er das Talent eines Wunderkinds besitzt, ist Turner intelligent und geduldig genug, um an langen Kursen der Royal Academy teilzunehmen: Zeichnung, Radierung, Aquarell, Topographie, Malerei sind vorbereitende Disziplinen für die Landschaftsmalerei. Er ist ein Bewunderer der klassischen Meister wie Lorrain und Poussin, der Niederländer des 17. Jahrhunderts sowie ein großer Naturliebhaber; gegenüber der regen Gruppe englischer Landschaftsmaler geht er einen entscheidenden Schritt nach vorn. Auf einer Reise in die Schweiz empfindet er beim Anblick der schneebedeckten Alpen das romantische Gefühl des »Erhabenen«; fortan konzentriert er sich auf die Ergründung von atmosphärischen Effekten und Naturwundern. Um Empfindungen zu vermitteln, entfernt er sich von der analytischen Genauigkeit Constables (und früher Canalettos). Als von den Sammlern geschätzter Maler und herausragende Persönlichkeit der Royal Academy setzt er sich mit der Kunst der Vergangenheit auseinander, verbindet sie aber mit modernen Gegebenheiten: In der letzten Phase seiner Laufbahn malt der Künstler, der in seiner Jugend Hannibal und Äneas dargestellt hatte, im Bemühen um die Darstellung von Feuchtigkeits- und Dampfeffekten zum ersten Mal einen qualmenden Zug.

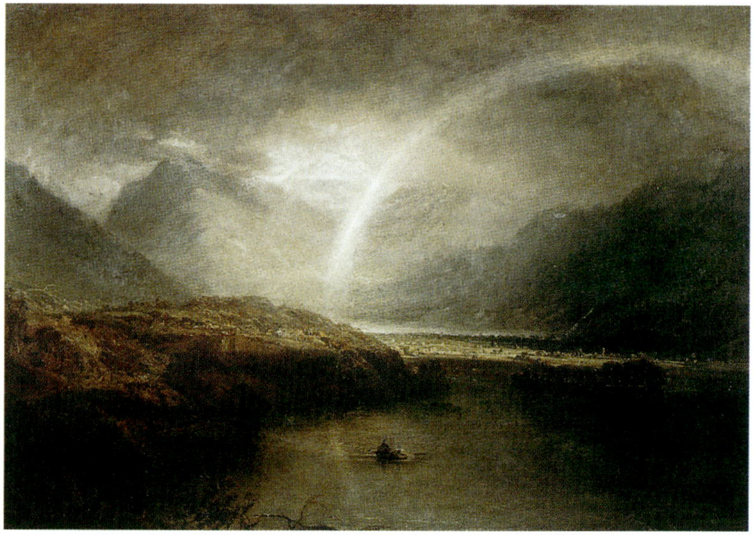

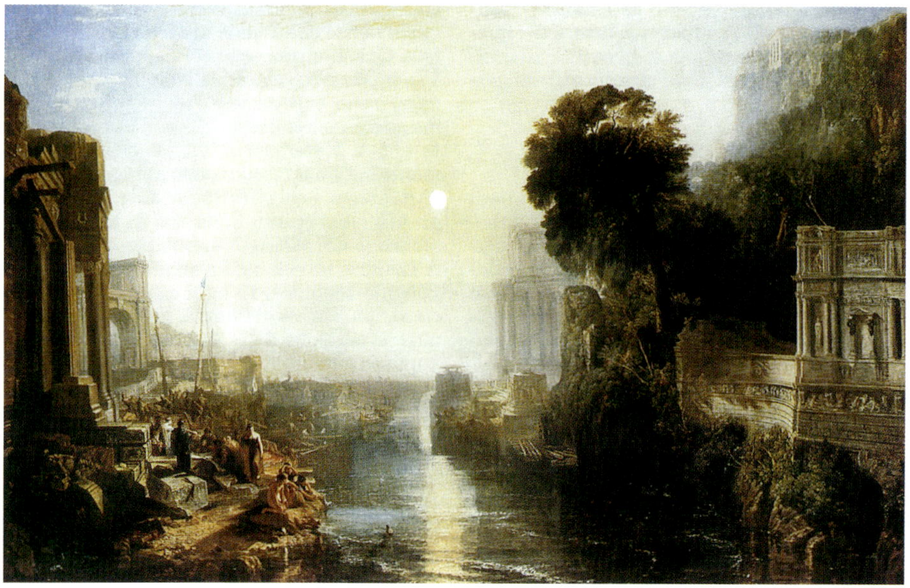

Joseph Mallord William Turner
Dido erbaut Karthago, 1815
London, The National Gallery

Dieses Bild mochte Turner besonders und hielt es für sein größtes Werk; in einer ersten Niederschrift seines Testaments legte er sogar fest, dass er darin eingehüllt begraben werden wollte. Trotz vieler Anfragen wollte er es nie verkaufen und stiftete es der Londoner National Gallery unter der Bedingung, dass man es neben einem Seestück von Claude Lorrain ausstellte, von dem es offenkundig inspiriert war. Klassische Themen sind häufig bei Turner; mehrmals wählt er Begebenheiten aus Geschichte oder Literatur als Sujets für seine Landschaftsbilder. Überdies stattet er bei den Ausstellungen in der Royal Academy seine Werke mit Motiven aus der antiken oder modernen Dichtung aus.

Joseph Mallord William Turner
Julia und ihre Amme, 1836
Privatsammlung

Drei Mal reiste Turner nach Venedig (1819, 1833 und 1840) und dachte immer wieder an die Stadt aus Licht, Wasser, Melancholie und hellem Glanz zurück. Zwiespältig ist jedoch sein Verhältnis zu Canaletto, der für die Entstehung der englischen Landschaftsmalerei bedeutsam war und von dem sich Turner distanziert.

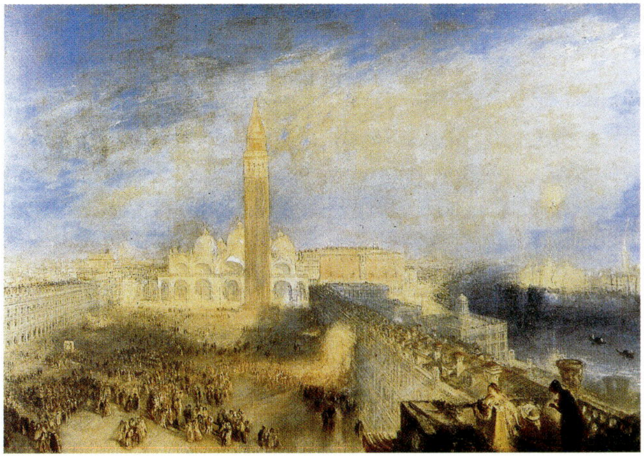

Joseph Mallord William Turner
Das Sklavenschiff (Sklavenhändler werfen die Toten und Sterbenden ins Meer – der Taifun nähert sich), 1839–1840
Boston, Museum of Fine Arts

An diesem Bild scheiden sich die Geister; John Ruskin bezeichnete es als »das edelste Meer, das je vom Menschen gemalt worden ist«. Der Sonnenuntergang, typisch für Turners Reifezeit, verleiht der Szene etwas Unheilvolles.

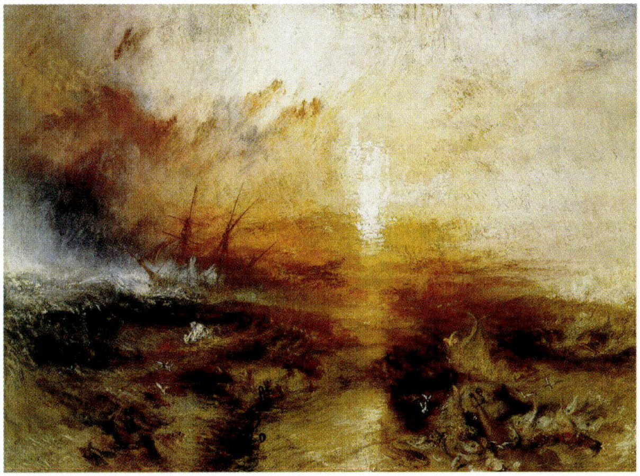

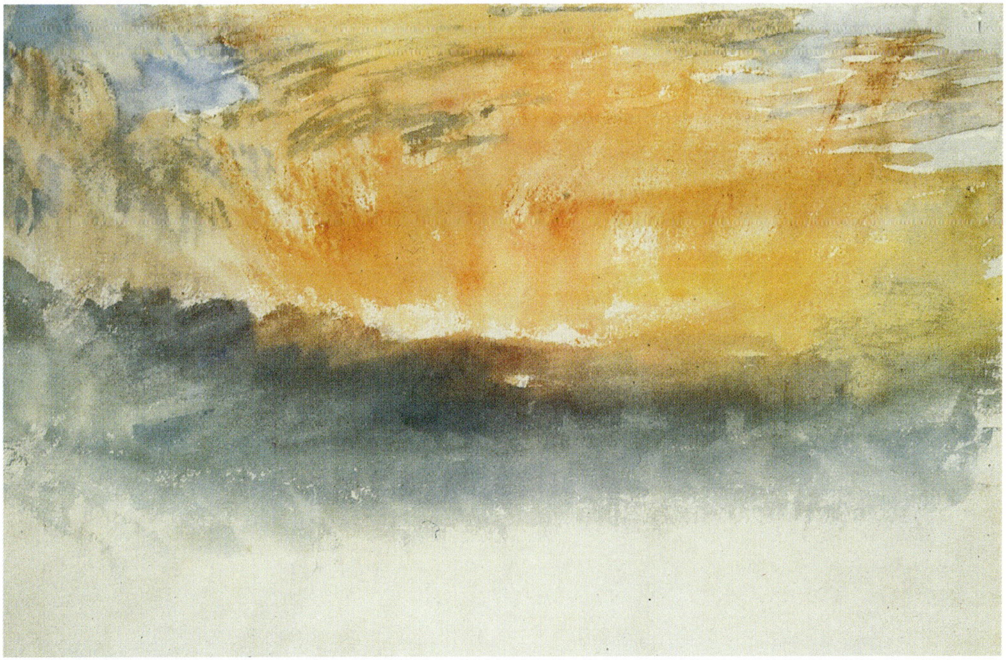

Joseph Mallord William Turner
Glühender Sonnenuntergang, 1825–1827
London, Tate Gallery

Turner fühlte sich von der ursprünglichen Kraft der Elemente angezogen und betrachtete oft mit einer Mischung aus Begeisterung und Furcht die Naturgewalten. In Bildern wie diesem nähert er sich der abstrakten Malerei.

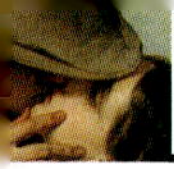

1810–1870

Die Blütezeit der Akademien

Übung macht den Meister?
Ein Kennzeichen des frühen 19. Jahrhunderts, das mit der Suche nach neuen Ausdrucksformen und ihrer Durchsetzung in der Öffentlichkeit in Verbindung steht, ist die Entstehung zahlreicher Kunstakademien in ganz Europa. Jetzt bilden sich die jungen Künstler nicht mehr wie früher in Werkstätten aus, sondern werden an den Akademien unterwiesen, nun auch mit einem besonderen Augenmerk auf Kulturgeschichte und Literatur. Darüber hinaus machen es sich viele Akademien zur Aufgabe, die Kunst der jeweiligen Stadt oder Region zu studieren und zu erhalten, entweder durch theoretischen Unterricht oder vor allem durch die Schaffung von Museen mit lokalem Schwerpunkt. Im Gegenzug ist der Unterricht an den Akademien zwangsläufig traditionsverhaftet und bietet wenig Spielraum für die Kreativität des Einzelnen. So ist nach der Jahrhundertmitte eine wachsende Unzufriedenheit bis hin zur Auflehnung gegen die Grundsätze der akademischen Lehre zu beobachten; eine der augenfälligsten Folgen sind die Bemühungen der Impressionisten um eine Malerei »en plein air« mit Licht und Farben der freien Natur.

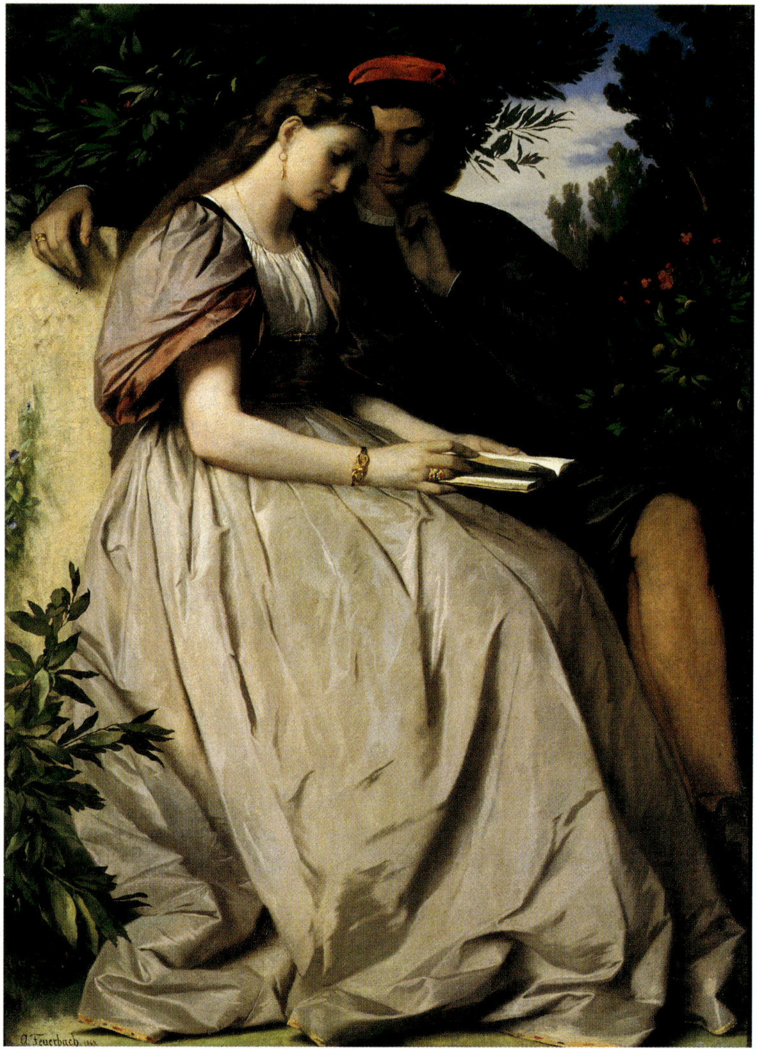

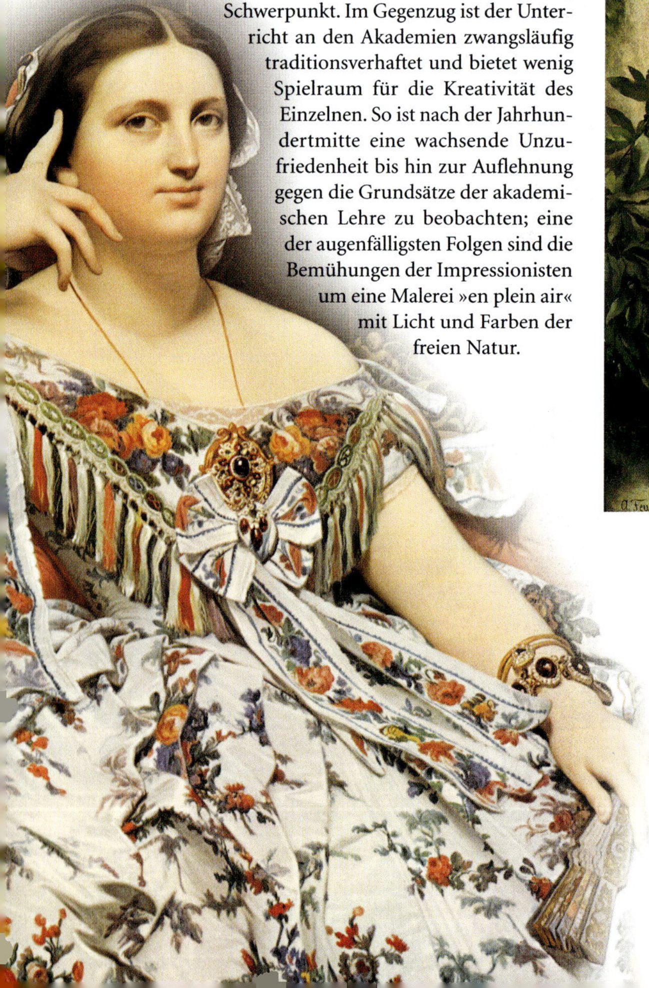

Jean-Auguste-Dominique Ingres
Bildnis Inès Moitessier, 1856
London, The National Gallery

Mit ihrer hohen technischen Perfektion und stilistischen Brillanz ist die Kunst von Ingres (1780–1867) kennzeichnend für den Akademismus des 19. Jahrhunderts. In ihr drückt sich die Suche nach höheren, unvergänglichen Werten aus, und zwar auf der Grundlage einer klassischen und an Raffael orientierten Tradition, deren Erbe Ingres mit Stolz und Verantwortung übernimmt.

Anselm Feuerbach
Paolo und Francesca, 1863
München, Bayerische Staatsgemäldesammlungen, Schack-Galerie

Als Kosmopolit war Anselm Feuerbach (1829–1880) in München, Antwerpen, Paris, Venedig und Rom tätig. Durch seine elegante, eklektische akademische Bildung nimmt er viele verschiedene Stilrichtungen auf und interpretiert sie neu, von der venezianischen Renaissance bis zu den großen Meistern Rubens und van Dyck.

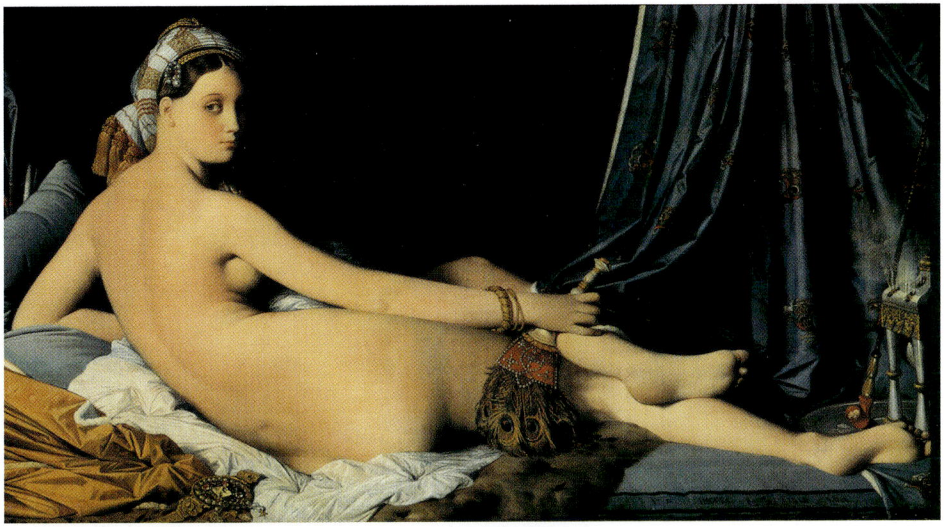

Jean-Auguste-Dominique Ingres
Die große Odaliske, 1814
Paris, Musée du Louvre

Ingres setzt sich bewusst mit der Geschichte auseinander und schafft seine eigene Version eines in der Malerei wiederholt bearbeiteten Themas: des liegenden weiblichen Akts. Allerdings bringt er mit Bezug auf die Gegenwart die verführerische Orientmode ein. Während Delacroix daraus romantische Motive bezieht, bleibt Ingres beim hohen Ton klassischer Reinheit.

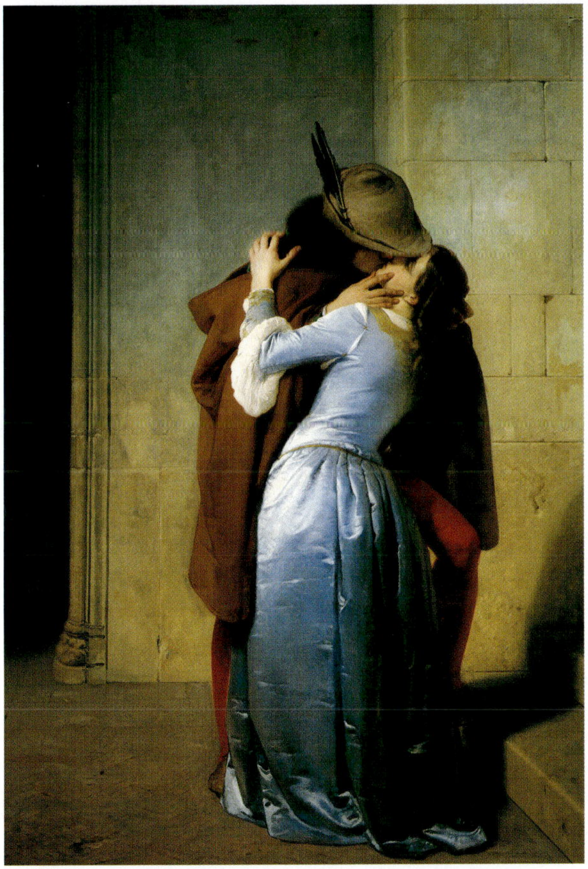

Francesco Hayez
Der Kuss, 1859
Mailand, Pinacoteca di Brera

Dieses Gemälde von Hayez (1791–1882) ist das Programmbild der italienischen Romantik, deren Emphase kaum von den mittelalterlichen Gewändern der Figuren im Zaum gehalten wird. Wie bei den zur gleichen Zeit entstehenden Opern Giuseppe Verdis verbirgt sich hinter dem scheinbar spontanen Gestus und der perfekt gemeisterten Technik eine politische Allegorie: der Bruderkuss zwischen Italien und Frankreich.

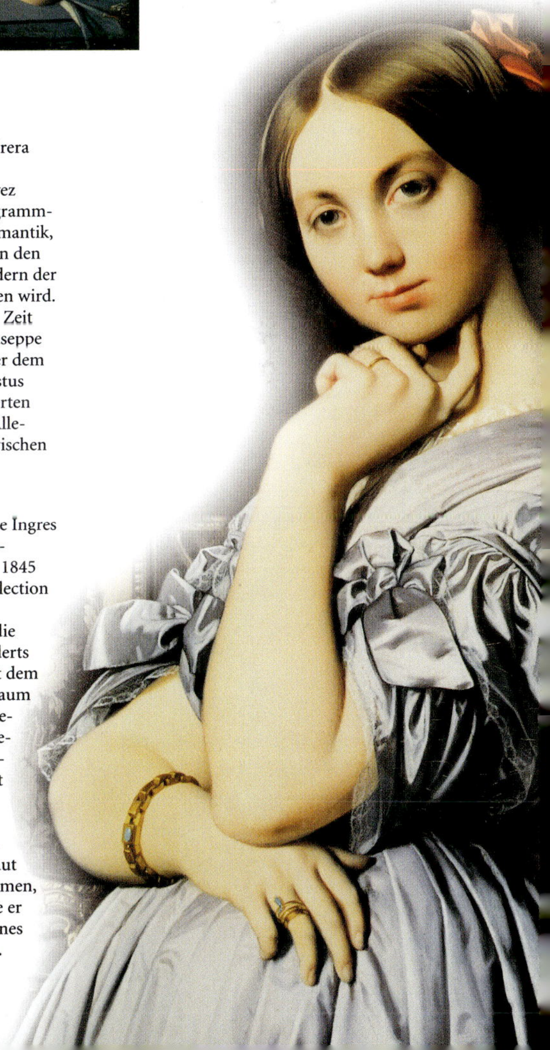

Jean-Auguste-Dominique Ingres
Bildnis Vicomtesse Louise-Albertine d'Haussonville, 1845
New York, The Frick Collection

In Ingres' Porträts zeigt die Malerei des 19. Jahrhunderts eine besondere Seite. Mit dem diskreten Zauber eines kaum angedeuteten Lächelns bezieht der Künstler den Betrachter in einen Schwindel erregenden Wettstreit zwischen Malerei und Natur mit ein, ein virtuoses Crescendo von Spiegeln und Stoffen, Haut und Schmuck, Licht, Blumen, Kissen und Porzellan, die er fast mit dem Geschick eines Miniaturmalers abbildet.

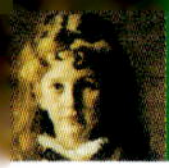

USA

1830–1900

Das 19. Jahrhundert in Amerika

Die neue Westgrenze der Kunst

In den Vereinigten Staaten steht das 19. Jahrhundert für die Entstehung und Entwicklung der Industrie sowie für die großen Einwanderungsströme; Amerika wird zu einem Schmelztiegel der verschiedensten Rassen. Schon 1860 zählt New York über eine Million Einwohner.

Die amerikanische Malerei orientiert sich in der ersten Jahrhunderthälfte weiterhin an Europa; an die Stelle des im 18. Jahrhundert üblichen Studienorts London tritt bis zum Ausbruch des Zweiten Weltkriegs Paris. Einflüsse Constables, des französischen Realismus und der Schule von Barbizon vermischen sich in der entstehenden Hudson River School, der ersten amerikanischen Kunstbewegung. Zwischen 1825 und 1875 erlebt sie ihre Blütezeit und findet ihr Vorbild in Thomas Cole (1801–1848). Das Hudson-Tal und viele unberührte Landschaften, Flüsse, Berge und Täler des ganzen Kontinentes finden Eingang in eine Malerei, die eine romantische, religiös verbrämte Landschaftskunst entwickelt, angereichert mit einem guten Teil amerikanischem Nationalstolz. Daneben entwickelt sich um die Jahrhundertmitte auch die Genremalerei; Hauptvertreter ist hier George Caleb Bingham (1811–1879), der sein Werk dem Leben der Menschen auf den Lastkähnen des Missouri widmet, parallel zu den Beschreibungen Mark Twains. Das Leben der Atlantikfischer schildern hingegen die Seestücke von Winslow Homer (1836–1910), der durch seine antiakademische Haltung und seine freie, unkonventionelle Malweise unter den amerikanischen Malern einen ersten Platz einnimmt. In der zweiten Hälfte des 19. Jahrhunderts gehen einige der wichtigsten amerikanischen Künstler (etwa Mary Cassatt, Sargent und Whistler) nach Paris und London und setzen sich mit dem Impressionismus und den nachfolgenden Strömungen auseinander.

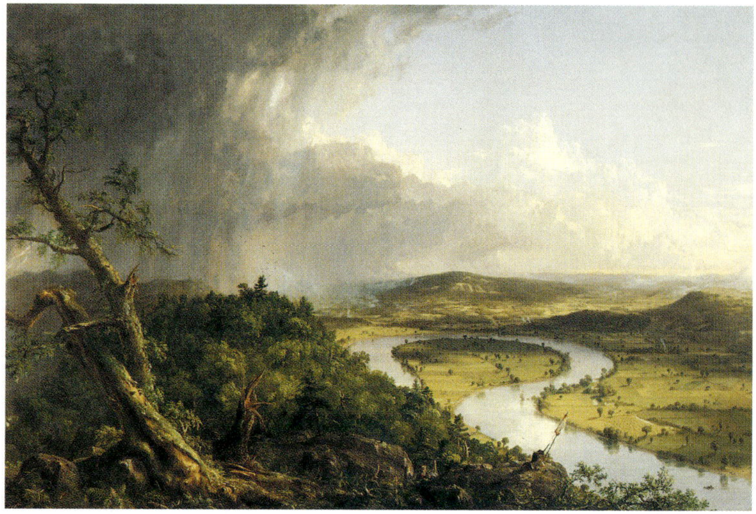

Thomas Cole
Blick vom Mount Holyoke, Northampton, Massachusetts, nach einem Gewitter (The Oxbow), 1846
New York, The Metropolitan Museum of Art

Die Landschaft, die nach einem Gewitter im Sonnenlicht glänzt, ist ein Beispiel für Coles religiös überhöhte Naturauffassung.

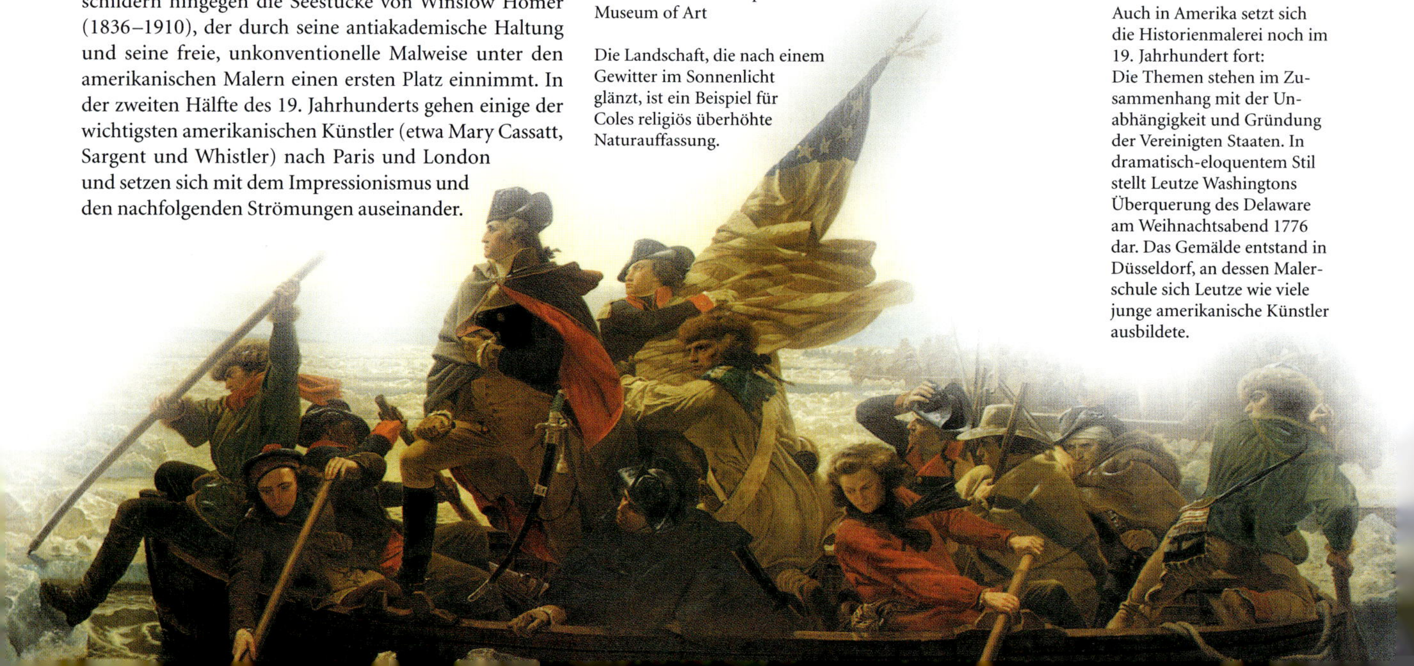

Emanuel Gottlieb Leutze
Washington überquert den Delaware, 1851
New York, The Metropolitan Museum of Art

Auch in Amerika setzt sich die Historienmalerei noch im 19. Jahrhundert fort: Die Themen stehen im Zusammenhang mit der Unabhängigkeit und Gründung der Vereinigten Staaten. In dramatisch-eloquentem Stil stellt Leutze Washingtons Überquerung des Delaware am Weihnachtsabend 1776 dar. Das Gemälde entstand in Düsseldorf, an dessen Malerschule sich Leutze wie viele junge amerikanische Künstler ausbildete.

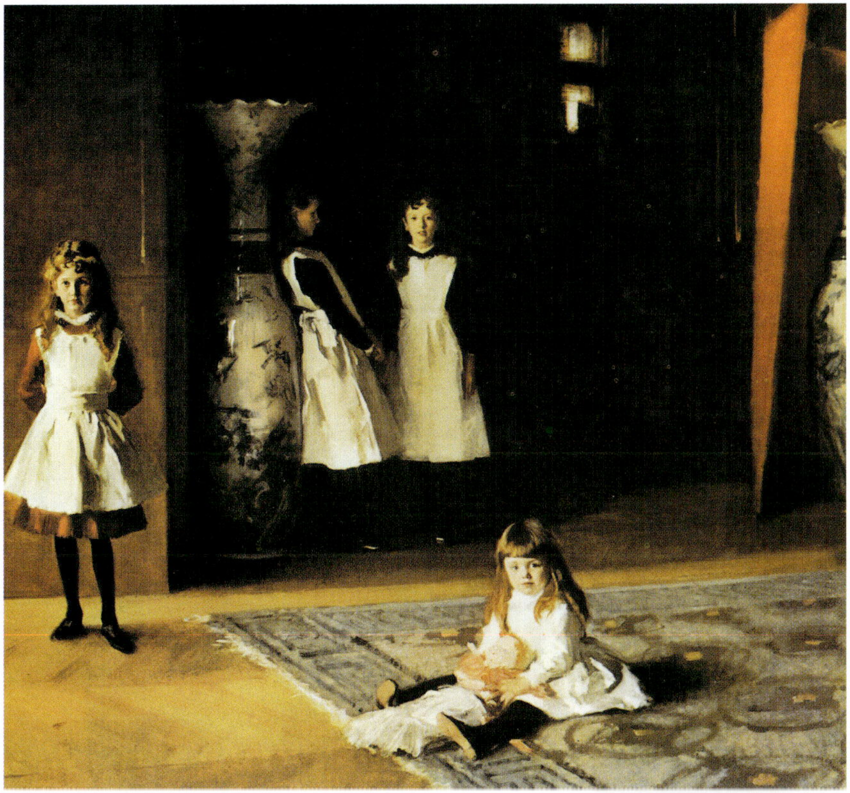

John Singer Sargent
Die Töchter von Edward Darley Boit, 1882
Boston, Museum of Fine Arts

Sargents (1856–1925) von Velázquez und Manet beeinflusste wundervolle Porträts der hohen amerikanischen Gesellschaft zeigen wie die zeitgenössischen Romane von Henry James die selbstbewusste Führungsschicht der schnell aufsteigenden Weltmacht der Vereinigten Staaten.

James Abbott McNeill Whistler
Arrangement in Grau und Schwarz Nr. 1 (Die Mutter des Künstlers), 1871
Paris, Musée d'Orsay

Diese Ikone der amerikanischen Kunst entstand im Londoner Viertel Chelsea, wo Whistler seit 1859 lebte. Anders als die Malerei der Präraffaeliten basieren Whistlers Bilder auf der Kombination und dem Wechselspiel der Farbflächen; häufig bezeichnet er sie deshalb lediglich als »Arrangement« oder »Symphonie« aus verschiedenen Farbtönen.

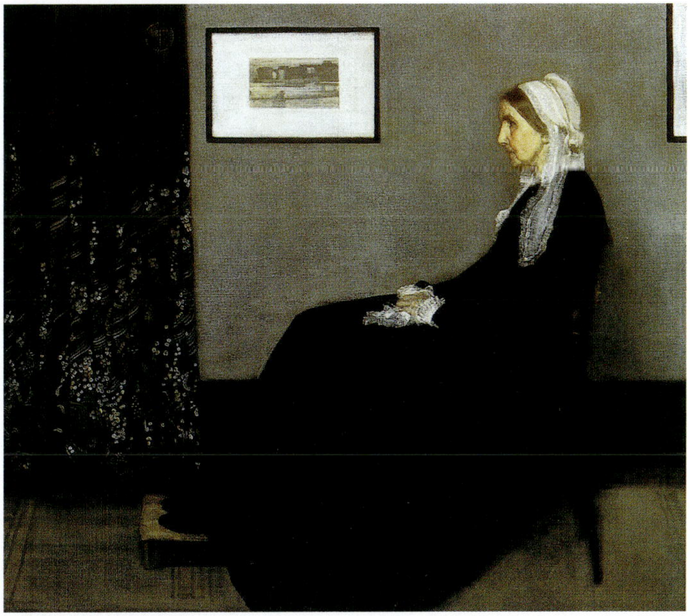

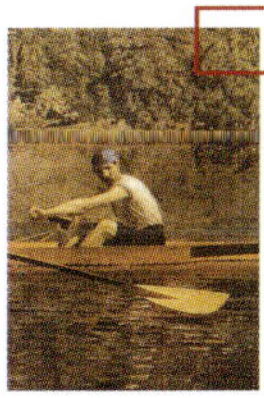

Freizeitthemen und Sportlerbildnisse

Thomas Eakins (1844–1916), selbst begeisterter Ruderer, malt dieses Bild 1872, dem Jahr seiner Rückkehr vom obligatorischen Parisaufenthalt im Umfeld Manets. Eakins zeigt zwei berühmte Ruderer, die Brüder Biglin, bei einer Zweier-Regatta. Während sich Degas im Pariser Hippodrom von Longchamp unter die Leute mischt, trägt Eakins wesentlich zur Entwicklung eines neuen Themas bei, der Darstellung von Sportwettkämpfen. Der Sport wird vom Zeitvertreib einer adligen Elite zu einer Betätigung für breitere Schichten und schließlich, von England ausgehend, zur wichtigsten Freizeitbeschäftigung. Mit den ersten olympischen Spielen 1896 kommt es zu einer Zeitenwende: In der Malerei zum Thema Sport wird die Erhöhung des idealen athletischen Kämpfers der Antike durch das Element des Wettkampfs ersetzt. Die Darstellung von Ruderern, Ringern, Läufern, Boxern, Tennis-, Fußball- und Rugbyspielern, Schwimmern und Tauchern macht die genaue Beobachtung des menschlichen Körpers und die Wiedergabe von Bewegung nötig: Stabhochspringer und Reiter sind auf den ersten Fotografien zu erblicken.

Geschmack und Ängste des viktorianischen Zeitalters
Am 28. Juni 1838, mit nur 19 Jahren, wird Victoria Königin von England und Herrscherin eines Reiches, das unter ihrer Führung seine größte Ausdehnung über alle fünf Kontinente erreicht. Für die englische Geschichte beginnt eine lange und nachhaltige Epoche: Neben der wirtschaftlichen Entwicklung sorgt man sich um die Moral. Der Glaube an die Wissenschaft und den technischen Fortschritt führt zu gravierenden gesellschaftlichen Problemen, mit denen man sich auseinander setzen muss.
Die 1848 gegründete Bruderschaft der Präraffaeliten ist der künstlerische Ausdruck dieses viktorianischen Zeitalters. Zu ihr gehören unter anderen William Holman Hunt, Dante Gabriel Rossetti und John Everett Millais. Nach dem Vorbild der Nazarener proklamieren die Präraffaeliten die Rückkehr zu einer klaren, reinen Malerei, die sich stilistisch auf die Kunst des Mittelalters und die italienischen Meister vor Raffaels neuer »maniera« bezieht. Ihre unruhige Religiosität, häufig mit einem Hauch verwirrender Sinnlichkeit durchmischt, stößt auf wenig Gegenliebe bei Publikum und Kritikern.

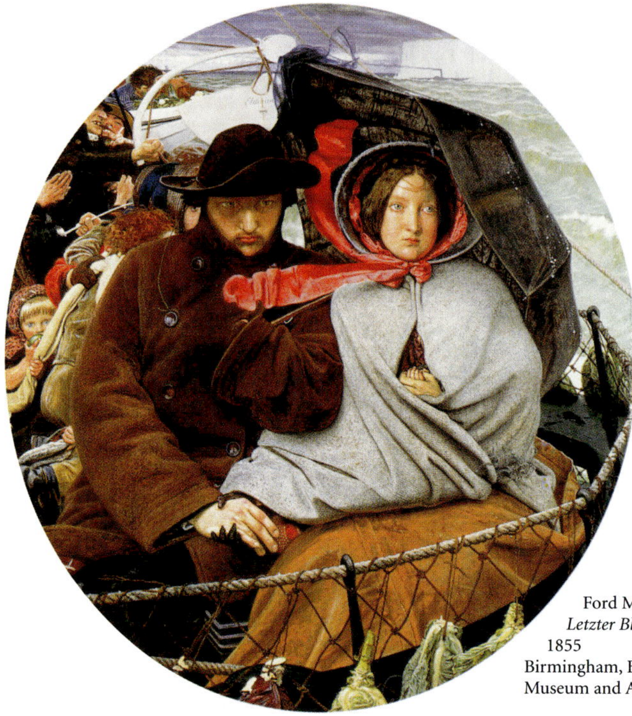

Ford Madox Brown
Letzter Blick auf England, 1855
Birmingham, Birmingham Museum and Art Gallery

An dieser trostlosen Melancholie der beiden wehmütigen, gerührten Auswanderer offenbart sich ein ungewöhnlicher Aspekt der Industrie- und Arbeitergesellschaft im viktorianischen England. Auch Brown selbst (1821–1893) hatte den Plan gehegt, nach Indien auszuwandern. Der Maler war nie engeres Mitglied der Präraffaeliten, stand ihnen aber durchgehend nahe; zudem war er als Einziger aus der Gruppe in Italien gewesen.

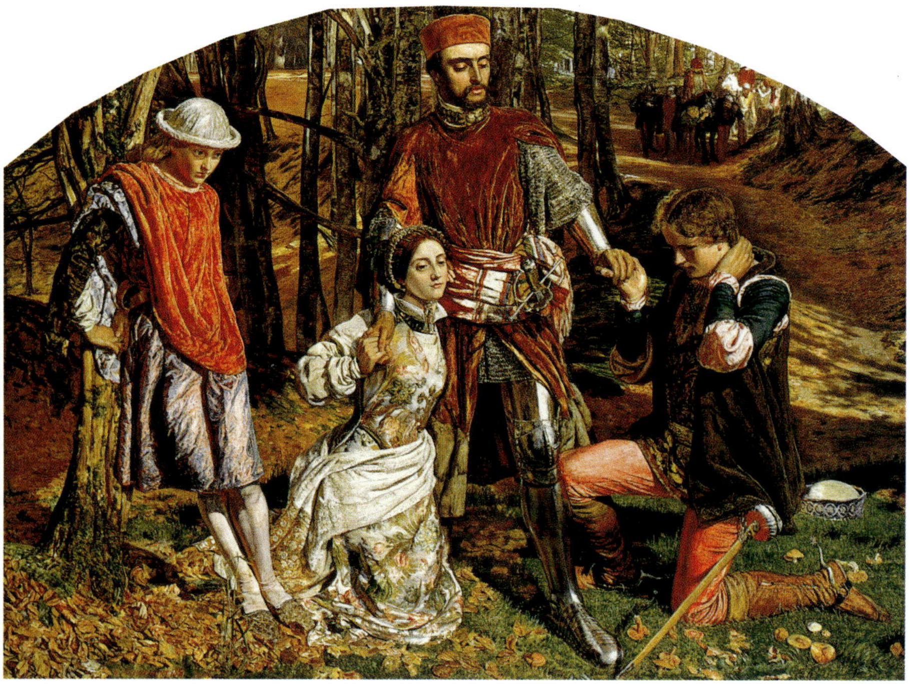

William Holman Hunt
Valentin befreit Sylvia, 1850–1851
Birmingham, Birmingham Museum and Art Gallery

Das Bild illustriert eine Szene aus einer Tragödie Shakespeares, *The Two Gentlemen of Verona*. Vor Arbeitsbeginn hatte sich Hunt (1827–1910) mit seiner gewohnten Aufmerksamkeit für das Detail genau über Kleidung und Waffen der damaligen Zeit informiert.

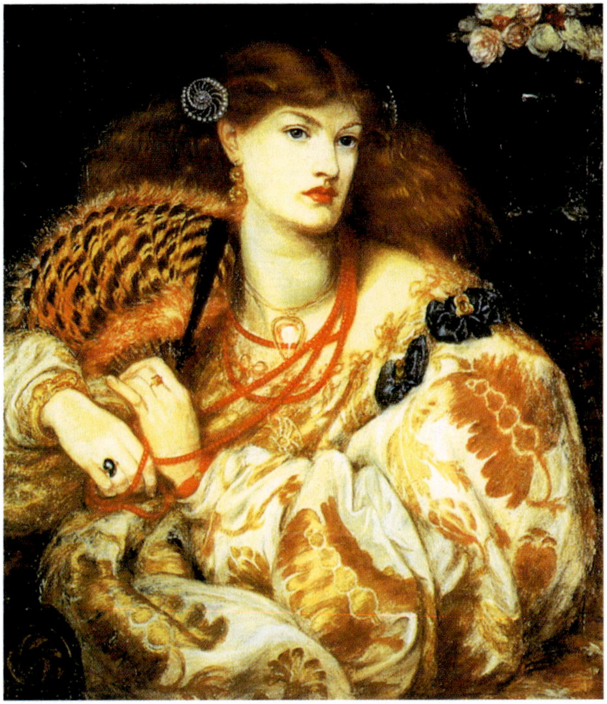

Dante Gabriel Rossetti
Monna Vanna, 1866
London, Tate Gallery

Dieses eindeutig von Tizian inspirierte Gemälde hieß ursprünglich »Venus veneta«. Rossettis Femmes fatales zeigen das Verhältnis des Malers zu Frauen, das seit dem Selbstmord seiner Frau nach der Totgeburt einer Tochter 1862 beeinträchtigt war. Sein Leben lang wird Rossetti (1828–1882) von Schuldgefühlen verfolgt und leidet unter Albträumen und Depressionen. Unter den üppigen malerischen Formen ist eine tiefe Trauer zu spüren.

John Everett Millais
Das blinde Mädchen, 1854–1856
Birmingham, Birmingham Museum and Art Gallery

Der frühreife, äußerst talentierte Millais (1829–1896) bringt gefühlvolle Themen und anrührende Kinderporträts in die Kunst der Präraffaeliten ein.

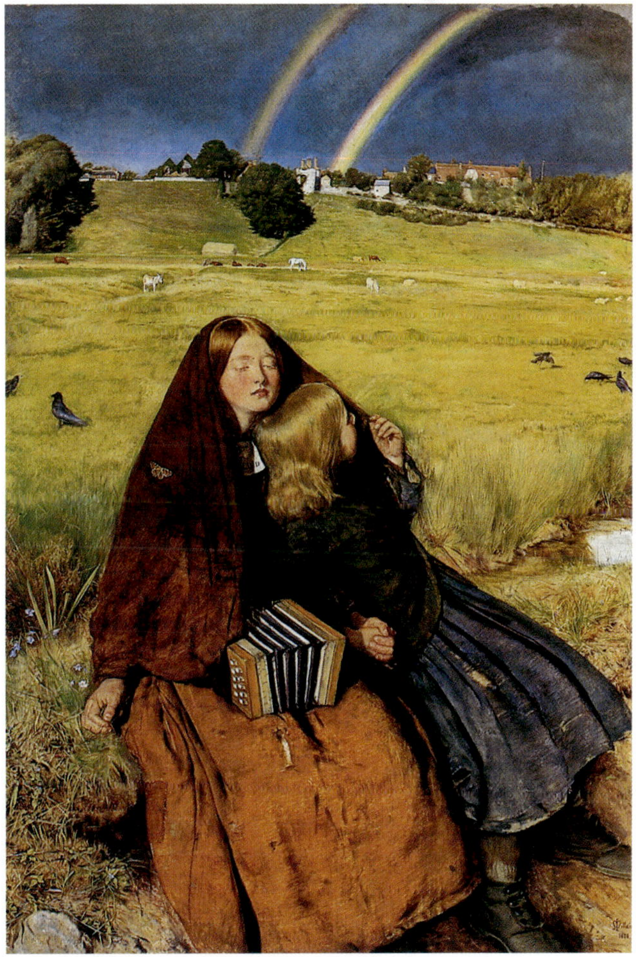

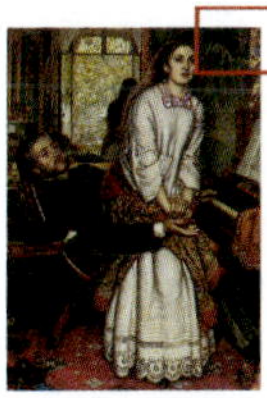

Das erwachte Gewissen

Ein Gemälde Hunts, das 1853 und 1854 entstand und in der Tate Gallery aufbewahrt wird, wurde zum Symbol des literarischen, »philanthropischen« Moralismus der viktorianischen Gesellschaft, allein schon durch seinen Titel: Das erwachte Gewissen *führt zur Erlösung einer jungen Prostituierten; sie scheint plötzlich zu erkennen, dass sie auf dem Weg ins Verderben ist. Das Mädchen sitzt auf den Knien eines jungen Kavaliers, der eine Romanze trällert und auf dem Klavier dazu spielt. Hunt beschreibt sorgfältig jedes Detail der nach viktorianischem Geschmack überladenen Einrichtung. An vielen Stellen bringt er Symbole für Aggressivität, Verführung und verlorene Ehre ein. Einige davon sind fast unsichtbar: Etwa trägt das Mädchen zum Zeichen dafür, dass es sich nicht um ein verheiratetes Paar handelt, einen Ring an jedem Finger außer am Ringfinger. Wie von einer unerwarteten Erleuchtung getroffen ringt sie die Hände, während der Mann sie offenbar zu halten versucht.*

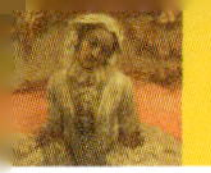

Deutschland

1840–1880

Menzel und der deutsche Realismus

Konsistenz, Glaubwürdigkeit und Fortschritt

Um 1840 lässt auch in Deutschland der Einfluss der Romantik nach: Die Ideale der Nazarener erscheinen jetzt völlig losgelöst von den Kräften der Gegenwart, und das Publikum erkennt sich nicht mehr in der Unruhe Caspar David Friedrichs wieder. Während der Biedermeierstil dem Geschmack des wachsenden bürgerlichen Publikums entspricht, wünschen sich die höheren Gesellschaftsschichten, vor allem die preußischen Junker, eine konkrete, direkte, an der Realität orientierte Malerei, die ein Abbild der deutschen Gesellschaft liefert, wie es Theodor Fontane später in seinen Romanen tut. Im deutschen Realismus stimmen die Künstler in kultureller und sozioökonomischer Hinsicht weitgehend mit ihrem Publikum überein, anders als in Frankreich, wo Courbet, Daumier und die Impressionisten bewusst provozieren. Größter Maler des deutschen Realismus und bedeutende Figur in der europäischen Kunstszene nach der Jahrhundertmitte ist Adolf von Menzel (geboren 1815 in Breslau, gestorben neunzigjährig in Berlin). Seine private und künstlerische Laufbahn spiegelt genau die Entwicklung des Realismus wider: seine bescheidenen Familienverhältnisse, erste Arbeiten als Illustrator, Studienreisen nach Italien, die Beteiligung an der Revolution von 1848, seine Tätigkeit als Dozent an der Berliner Akademie, wiederholte Kontakte zu den Pariser Impressionisten, die Bewunderung für den technischen Fortschritt und die feierliche Erhebung der wachsenden Macht Deutschlands unter Bismarck.

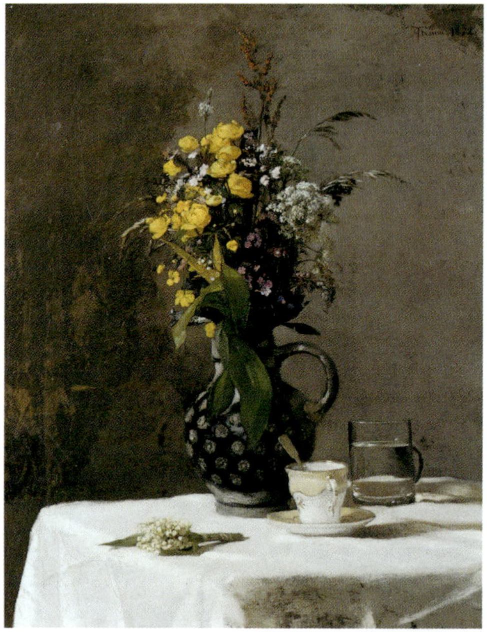

Hans Thoma
Feldblumenstrauß, 1872
Berlin, Staatliche Museen zu Berlin – Preußischer Kulturbesitz, Nationalgalerie

In Kontakt mit dem Naturalismus Courbets bemüht sich Thoma (1839–1924) bei den Themen und der bildlichen Darstellung um Einfachheit: »Gute Bilder sehen doch eigentlich immer so aus, als ob sie gewachsen, als ob die Natur sie hervorgebracht hätte, oder als ob sie gebaut wären.«

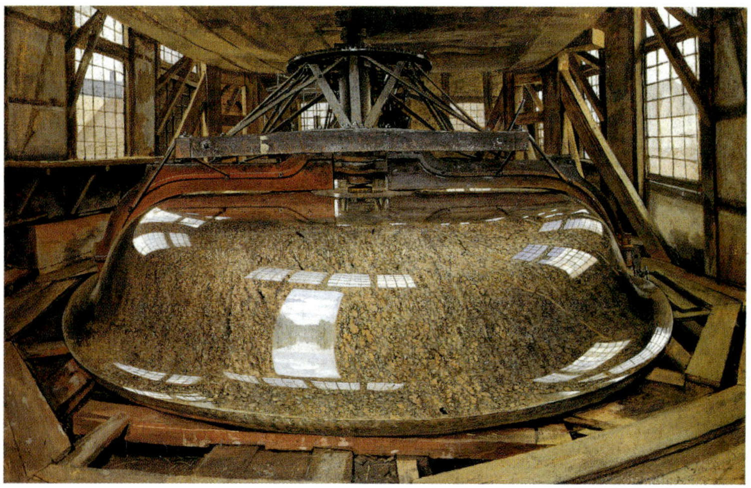

Johann Erdmann Hummel
Das Schleifen der Granitschale, 1831
Berlin, Staatliche Museen zu Berlin – Preußischer Kulturbesitz, Nationalgalerie

Als eines der ersten »Industriebilder« zeigt dieses Gemälde fast überrealistisch genau eine Phase in der Bearbeitung eines Granitblocks: Der Findling aus den Rauenschen Bergen wird zu einer großen Schale für den Platz vor dem Alten Museum in Berlin geschliffen.

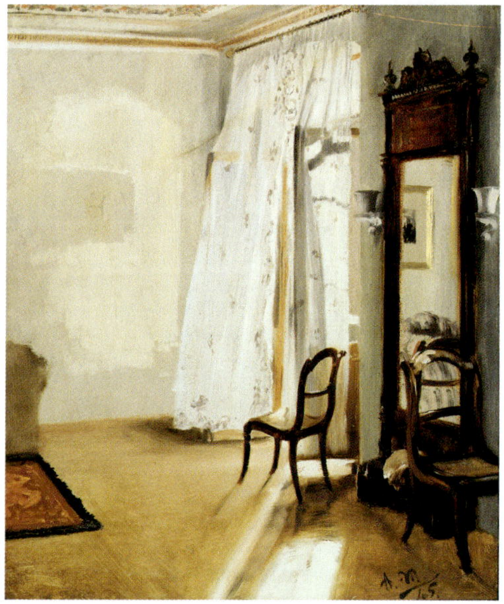

Adolf von Menzel
Das Balkonzimmer, 1845
Berlin, Staatliche Museen zu Berlin – Preußischer Kulturbesitz, Nationalgalerie

In diesem Werk aus der Anfangsphase zeigt sich Menzel bereits als Realist: Das Bild stellt mit Wärme und Einfachheit, aber auch sehr kontrollierten Lichteffekten ein Biedermeierzimmer dar, das rechts gespiegelt wird.

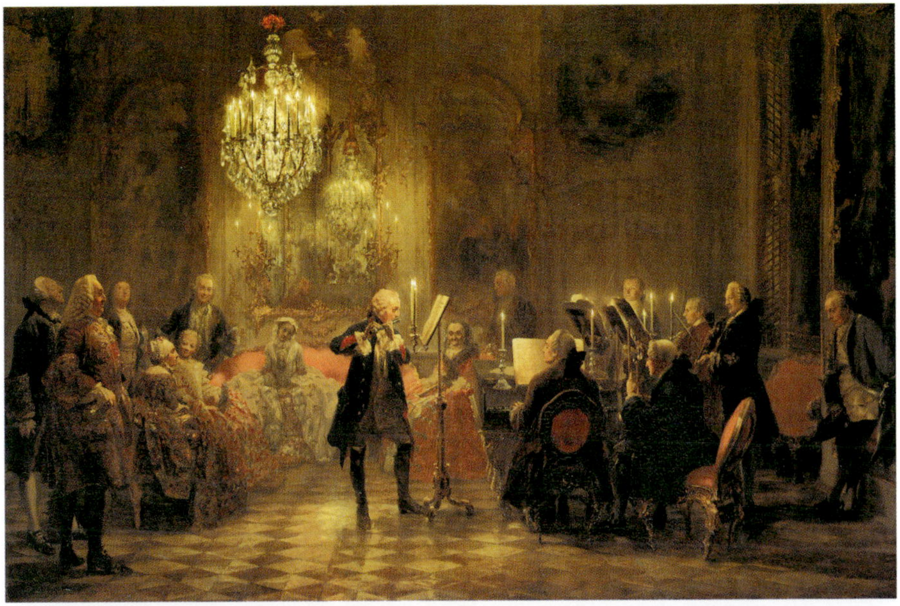

Adolf von Menzel
Das Flötenkonzert, 1852
Berlin, Staatliche Museen zu Berlin – Preußischer Kulturbesitz, Nationalgalerie

Das politische, militärische und wirtschaftliche Wachstum Berlins und Preußens wird auch durch die Feier der Person Friedrichs des Großen gefördert, der als »Landesvater« gesehen wird.

Adolf von Menzel
Das Eisenwalzwerk, 1875
Berlin, Staatliche Museen zu Berlin – Preußischer Kulturbesitz, Nationalgalerie

Moderne Themen ziehen Menzel immer an; hier überhöht er die Arbeit im Eisenwerk. Die Arbeiter am Hochofen werden mit den Zyklopen in der Schmiede des Vulkan verglichen. Menzel ruft aus: »Hitze, Anstrengung, Lärm und Erregung spritzen regelrecht vom Bild auf den Betrachter.«

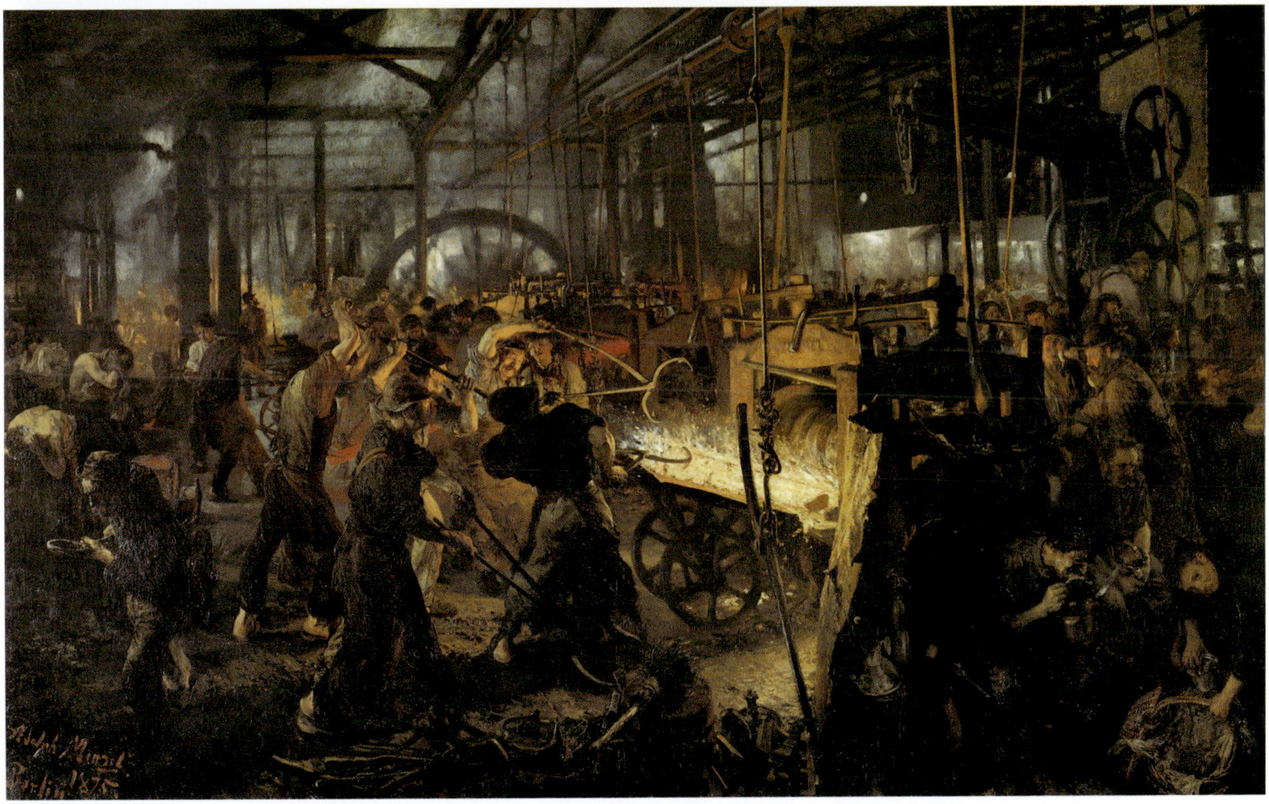

Französischer Realismus: Courbet

Auf der Suche nach neuen Helden
Das Jahr 1855 kann als wichtigstes Datum der realistischen Strömung in Frankreich gesehen werden. Gustave Courbet (1819–1877) stellt gegenüber vom Pariser Salon, in einem schäbigen Gebäude mit der Aufschrift »Pavillon du Réalisme« über dem Eingang, zahlreiche Werke aus, die man zur offiziellen Ausstellung nicht zugelassen hatte. Durch diese Initiative erhält eine Bewegung ihren Namen, die schon einige Jahre existiert, aber noch nicht benannt und als Einheit gesehen worden ist. »Realismus« kann einfach die getreue Abbildung der Realität bedeuten; Courbet proklamiert jedoch keine rein äußerliche Imitation, sondern eine wahre Malerei, die sich gegen die moralisierenden Inhalte der akademischen Kunst wendet. Jetzt werden die Armen, Verlassenen und Arbeiter gemalt; nicht zufällig findet der Realismus nach den gesellschaftlichen und politischen Erhebungen von 1848 in Europa Anklang und Verbreitung. Die in der Romantik beliebten Themen, etwa die Exotik, das Erhabene und das Transzendentale, werden durch Situationen ersetzt, die dem konkreten täglichen Leben näher sind. Neben Courbet, dessen dunkle, düstere Malerei mit ihren oft anstößigen Themen dauernd Konflikte mit Kritikern und bürgerlichen Idealen hervorruft, gehören zum Realismus der eher mystisch ausgerichteten Jean-François Millet (1814–1875) und Honoré Daumier (1808–1879), ein beißender Karikaturist von Politik und Justiz, aber auch ein Maler der Allerärmsten.

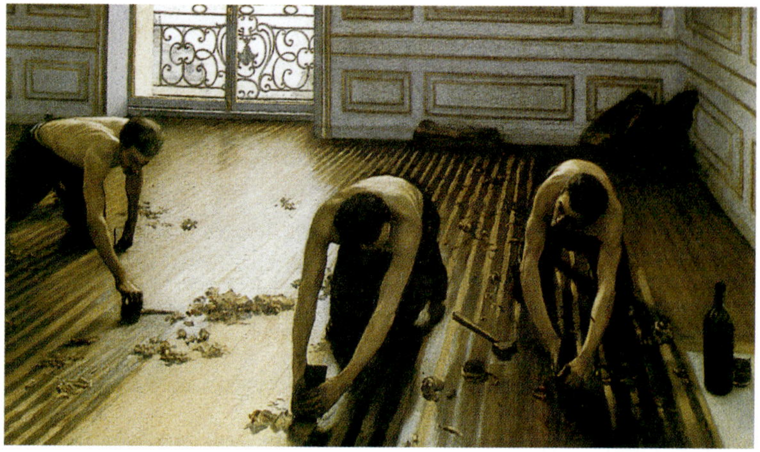

Gustave Caillebotte
Die Parkettschleifer, 1875
Paris, Musée d'Orsay

Eine deutlich realistische Komponente erhält sich in der französischen Malerei sehr lange und fließt bis in den Impressionismus ein.

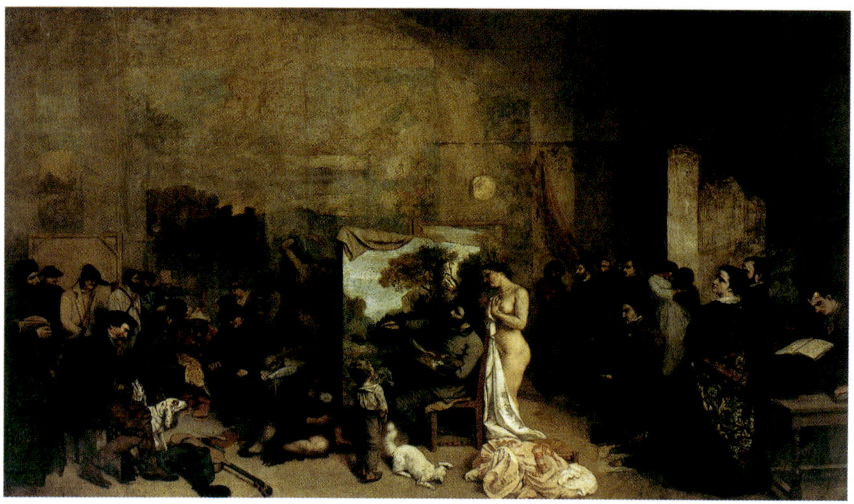

Gustave Courbet
Das Atelier des Malers, 1854–1855
Paris, Musée d'Orsay

In diesem Selbstporträt manifestiert sich ein neues Verständnis der Rolle des Künstlers in der Gesellschaft. Courbet an der Staffelei malt eine Landschaft; neben ihm stehen ein nacktes Modell, eine weiße Katze und ein Kind, Symbole der Reinheit und Arglosigkeit. Um sie herum sind zwei symmetrische Figurengruppen angeordnet: rechts Verwandte, Freunde und Schüler, links Persönlichkeiten des täglichen Lebens. Der Künstler in der Mitte ist Interpret und Mittler dieser Realität: Die Malerei füllt sich mit ideologischen und moralischen Inhalten.

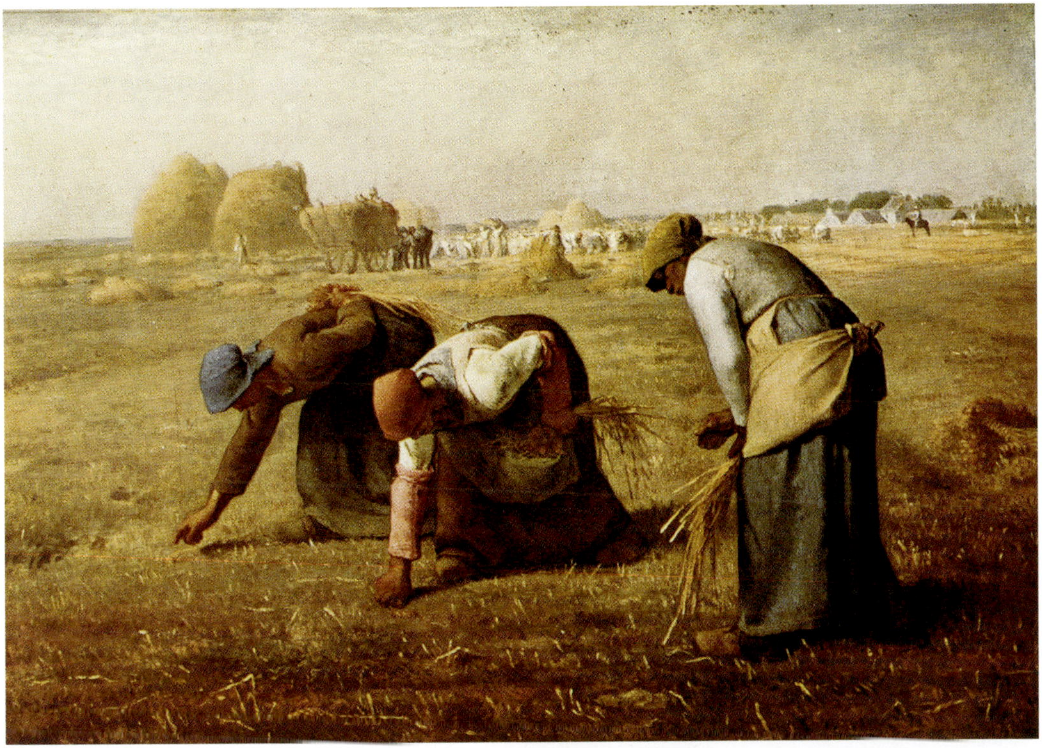

Jean-François Millet
Die Ährenleserinnen, 1857
Paris, Musée du Louvre

Millets charakteristischste Phase fällt in die fünfziger Jahre; es entstehen große Gemälde mit bäuerlichen Themen. Die Feldarbeiter werden in den Mittelpunkt von heroischen Bildfindungen gestellt, die das ländliche Leben religiös überhöhen. In diesem berühmten Bild verleihen der weite Horizont und die mittägliche Ruhe auf den Feldern der Mühsal dieser Ährenleserinnen mit gebeugtem Rücken etwas Romantisch-Edles.

Gustave Courbet
Die Kornsieberinnen,
1854–1855
Nantes, Musée des Beaux-Arts

Der Unterschied zwischen diesen erschöpften Arbeiterinnen und Millets Ikonen der Landarbeit ist augenfällig.

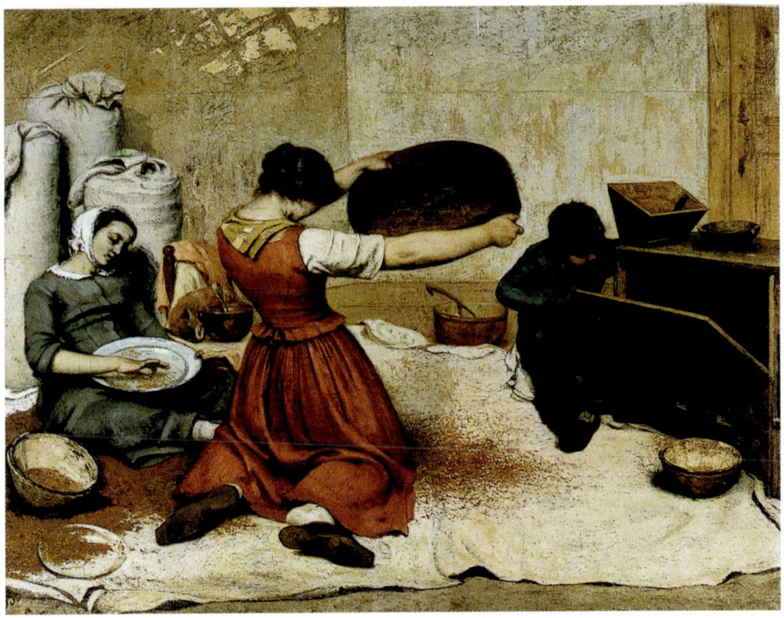

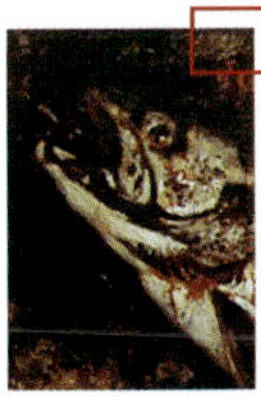

»In vinculis faciebat«

Der lateinische Satz bedeutet etwa: »In Ketten gemalt«; er findet sich unterhalb von Courbets Signatur auf diesem Bild, das erst 1872 entstand (heute Kunsthaus Zürich). Unter den Kiemen einer an der Angel hängenden Forelle verbirgt sich ein dramatisches Selbstporträt, das letzte der Selbstbildnisse des Künstlers. Courbet war aus politischen Gründen verhaftet worden und musste in die Schweiz auswandern. Nun identifiziert er sich mit diesem Fisch im Todeskampf, der blutend aus seinem Element gerissen wird und keine Fluchtmöglichkeit hat. Durch die lebendige, fühlende Wiedergabe des Tiers und durch die für Courbet typische Palette aus dumpfen, graubraunen, erdigen Tönen entsteht ein Meisterwerk an Unmittelbarkeit.

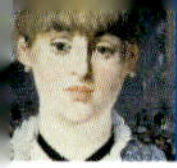

Paris

1832–1883

Edouard Manet

Liebe zu den Klassikern, Skandal der Modernität
Manet ist der kultivierteste unter den Impressionisten: Der frischen Luft zieht er die Atmosphäre der Museen vor. Er wächst in einer gutbürgerlichen Pariser Familie auf und soll ursprünglich Marineoffizier werden; Maler wird er nur unter der Bedingung, dass er reguläre klassische Studien absolviert. In den 50er Jahren macht er große Reisen zu den Museen in ganz Europa und wird zum Bewunderer Tizians, Rembrandts, Velázquez' und Goyas. Wieder in Paris, kommt er mit den Kreisen des literarischen Realismus um Baudelaire und Zola in Berührung und beginnt großfigurige Gemälde mit zeitgenössischen Themen zu schaffen; die Figuren heben sich durch starke dunkle Konturen vom neutralen Hintergrund ab. In kurzer Zeit wird er einer der umstrittensten Künstler. Um 1863 bekennt er sich mit skandalumwitterten Werken wie *Olympia* und *Frühstück im Freien* zur Ausdrucksfreiheit des Künstlers, der nicht nur »hohe« traditionelle Themen, sondern jedes Sujet bearbeiten darf. In diesem Konzept ist die moderne Kunst schon im Keim angelegt. In den 70er Jahren schließt er sich den Impressionisten an: Seine Palette wird heller, aber sein Stil bleibt an den großen Meistern orientiert, deren Werke er persönlich oder über Dritte kennt.

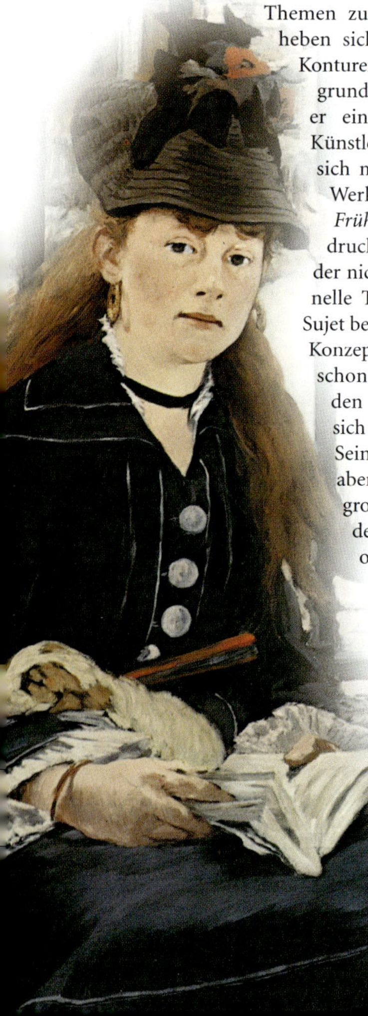

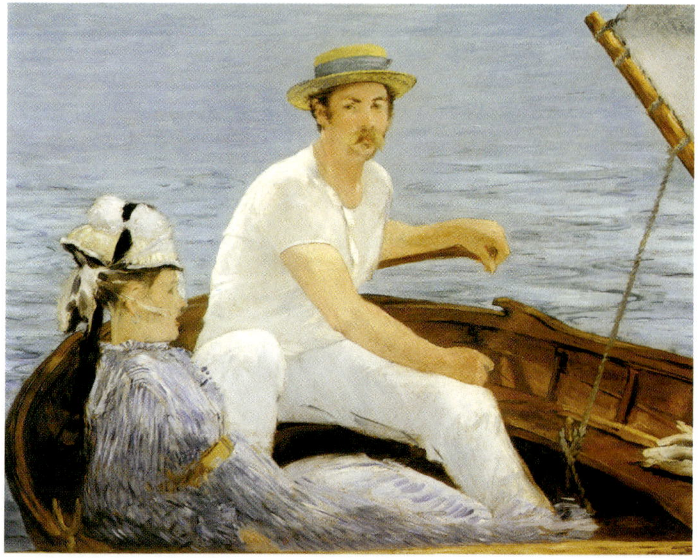

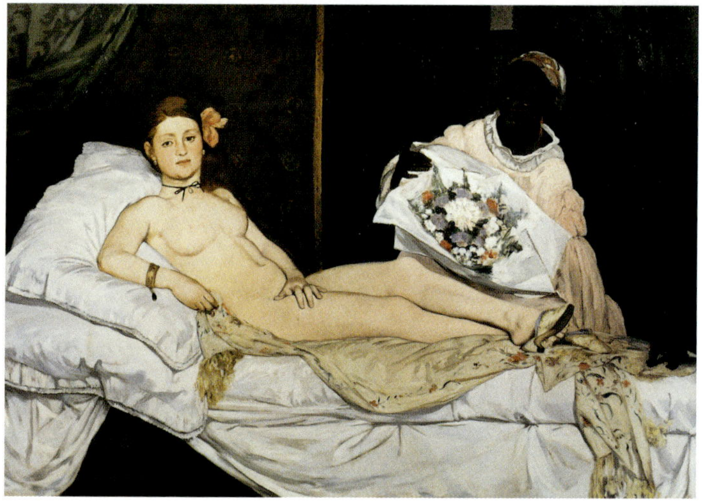

Edouard Manet
Die Eisenbahn, 1873
Washington, National Gallery of Art

In den Jahren seines engsten Kontakts zu den Impressionisten wird Manets Farbwahl heller; er wählt Themen aus dem Pariser Alltag, schafft aber keine »Impressionen«: Kompositorische Strenge und formale Kontrolle bleiben unverändert.

Edouard Manet
Im Boot, 1874
New York, The Metropolitan Museum of Art

Anders als Renoir und Monet interessiert sich Manet nicht für die Lichtreflexe auf dem Wasser; er konzentriert sich auf die Figuren, und zwar durchaus amüsiert: Das Mädchen mit dem kurzen Schleier wirkt ratlos angesichts des ungeübten Manövers des Sonntagsausflüglers mit Trikot und Strohhut.

Edouard Manet
Olympia, 1863
Paris, Musée d'Orsay

Das Skandalbild par excellence: Nie vorher war eine Prostituierte so unverhohlen und direkt dargestellt worden. Manet spricht sich hier deutlich für die Würde der Kunst aus: Figur oder Thema mögen anrüchig erscheinen, aber die Malerei ist absolut und unantastbar rein.

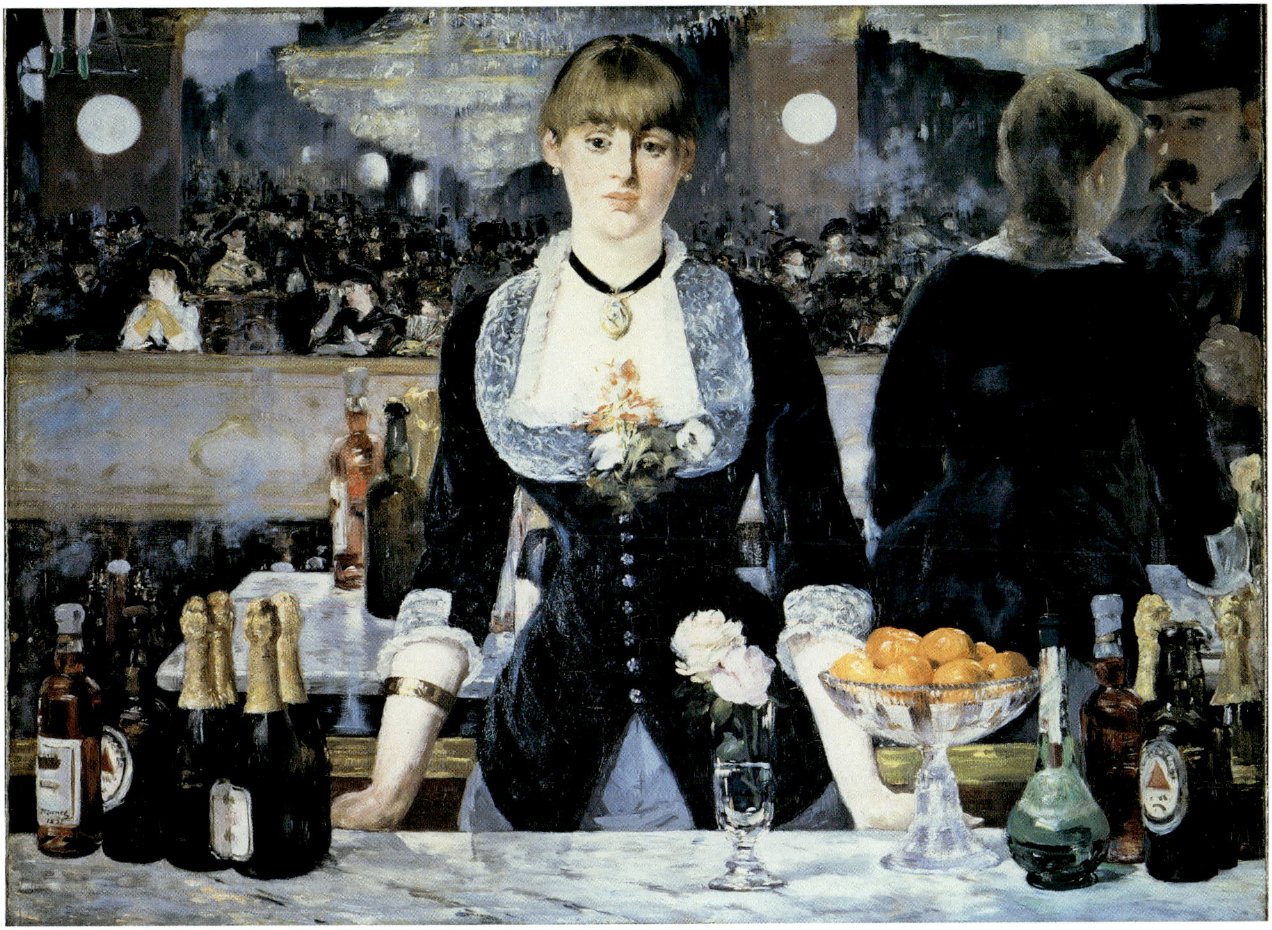

Edouard Manet
Bar in den »Folies-Bergère«, 1881
London, The Courtauld Institute of Art Gallery

Manets letztes Meisterwerk ist vielleicht eines der poetischsten Bilder des ganzen 19. Jahrhunderts. Die Szene spielt in einem typischen Pariser Nachtlokal: Man meint gleichsam das amüsierte Flüstern der Gäste, das Warten auf eine Darbietung, den würzigen Rauch der Zigarren und das leichte, fröhliche Perlen des Champagners zu spüren. Doch das Bild wird beherrscht von dem müden, erschöpften Gesicht der jungen Bardame, einem Mädchen aus dem Volk, das zwischen den glänzenden Flaschen, Gläsern, Marmorflächen und Lichtern im Schatten einer unvergesslichen inneren Einsamkeit und Melancholie lebt.

Manet, Magritte, ein Balkon 82 Jahre später

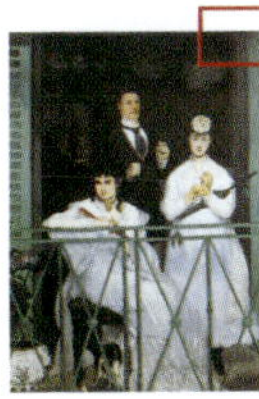

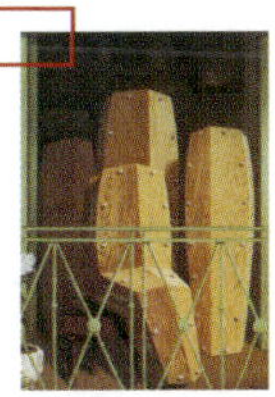

Zu einem von Manets berühmtesten Werken (1868, Paris, Musée d'Orsay) malt René Magritte 1950 eine makabre Parodie (Gent, Museum voor Schone Kunsten). Die verwirrende Umdeutung ist ein typisches Beispiel für die Haltung des belgischen Surrealisten zur Malereitradition: Anhand von Meisterwerken der Vergangenheit zeigt Magritte eine neue, hypothetische Realität, eine ganz neue Sicht der Welt und der Bilder, die sie darstellen. Er sagt selbst: »was mich Särge sehen ließ, wo Manet weiße Figuren sah, ist das von meinem Gemälde gezeigte Bild, in dem die Ausstattung des Balkons die Aufstellung von Särgen nahelegte. Der „Mechanismus", der hier eine Rolle gespielt hat, kann Gegenstand einer gelehrten Erklärung sein, zu der ich nicht fähig bin. Diese Erklärung könnte zutreffend, ja ganz gewiß sein – nichtsdestoweniger wäre sie ein Mysterium.« Allerdings hatte sich Manet wiederum von einem ähnlichen Bild Goyas inspirieren lassen, bei dem zwei Mädchen und ein Mann an einem Balkongeländer stehen: Die Kunstgeschichte schreitet auch durch diese Bezüge auf die Epochen, den Stil und die Phantasie der großen Meister voran.

Edouard Manet

1863

Le déjeuner sur l'herbe (Das Frühstück im Freien)

Dieses Bild im Pariser Musée d'Orsay ist eines der bekanntesten Werke des 19. Jahrhunderts an der Schwelle zum Impressionismus. Kompositorisch ist es von einem Gemälde Tizians im Louvre inspiriert, aber die Verehrung der alten Meister (wie sie häufig in den Werken des gebildeten Manet zu finden ist) drückt sich nicht in akademischen Formeln aus, sondern als ein Schritt zur Freiheit der Kunst. Die Szene zeigt den Ausflug einer Gruppe von Freunden in einen Park. Vorne sind die Lebensmittel des Picknicks dargestellt, die teilweise auf dem Kleid der nackten Frau in der Mitte liegen. Die erotischen Verflechtungen (die nackte junge Frau zwischen den beiden vollständig bekleideten Männern) werden abgemildert durch die Naturstimmung mit den kühlen Schatten und dem Sonnenlicht, das durch die Bäume dringt. Manet reichte das Bild 1863 beim »Salon« ein; es widersprach jedoch dem akademischen Geschmack und wurde von der strengen Jury abgelehnt (wie drei Fünftel der etwa 5000 eingereichten Werke). So wurde es bei der Gegenveranstaltung, dem »Salon des Refusés« gezeigt, wo es einen enormen, die Absichten des Malers weit übertreffenden Skandal hervorrief. Doch gerade dieser Aufruhr um das Bild treibt Manet dazu, auf dem Weg der realistischen Malerei weiterzugehen. Wenig später entsteht die noch unverblümtere *Olympia*.

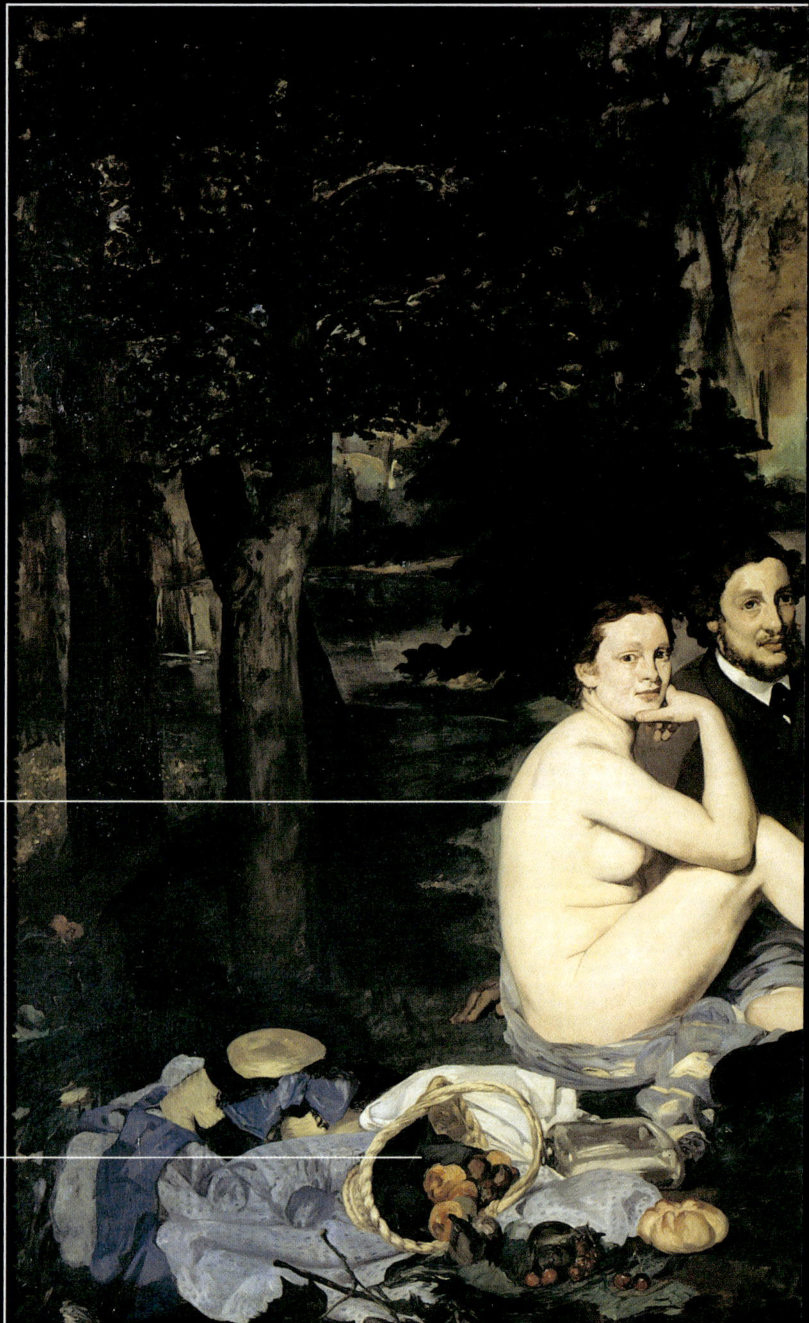

Die nackte junge Frau, die sich direkt und ein wenig herausfordernd dem Betrachter zuwendet, ist Victorine Meurant, eine drittklassige Kneipengitarristin, die Manet im Vorjahr entdeckt hatte und zum Modell für viele große Werke nahm. Victorine ist sicher keine klassische Schönheit, aber ihre Freizügigkeit und die unregelmäßigen Züge ziehen Manet an. Ihre zweifelhafte Herkunft ist ein weiterer Skandal; Manet zieht sich wütende Beschimpfungen von Seiten der konservativen Kritiker und des Bürgertums zu, aus dem er selbst stammte.

Der hervorragende Stilllebenmaler Manet zeigt im Vordergrund den umgestürzten Korb mit Brot und Obst für das Picknick: ein delikat gemaltes Bilddetail, an dem sich Manets Können deutlich zeigt, selbst wenn man seine Kunst nach akademischen Kriterien beurteilt. Das improvisierte Tischtuch ist Victorines Kleid.

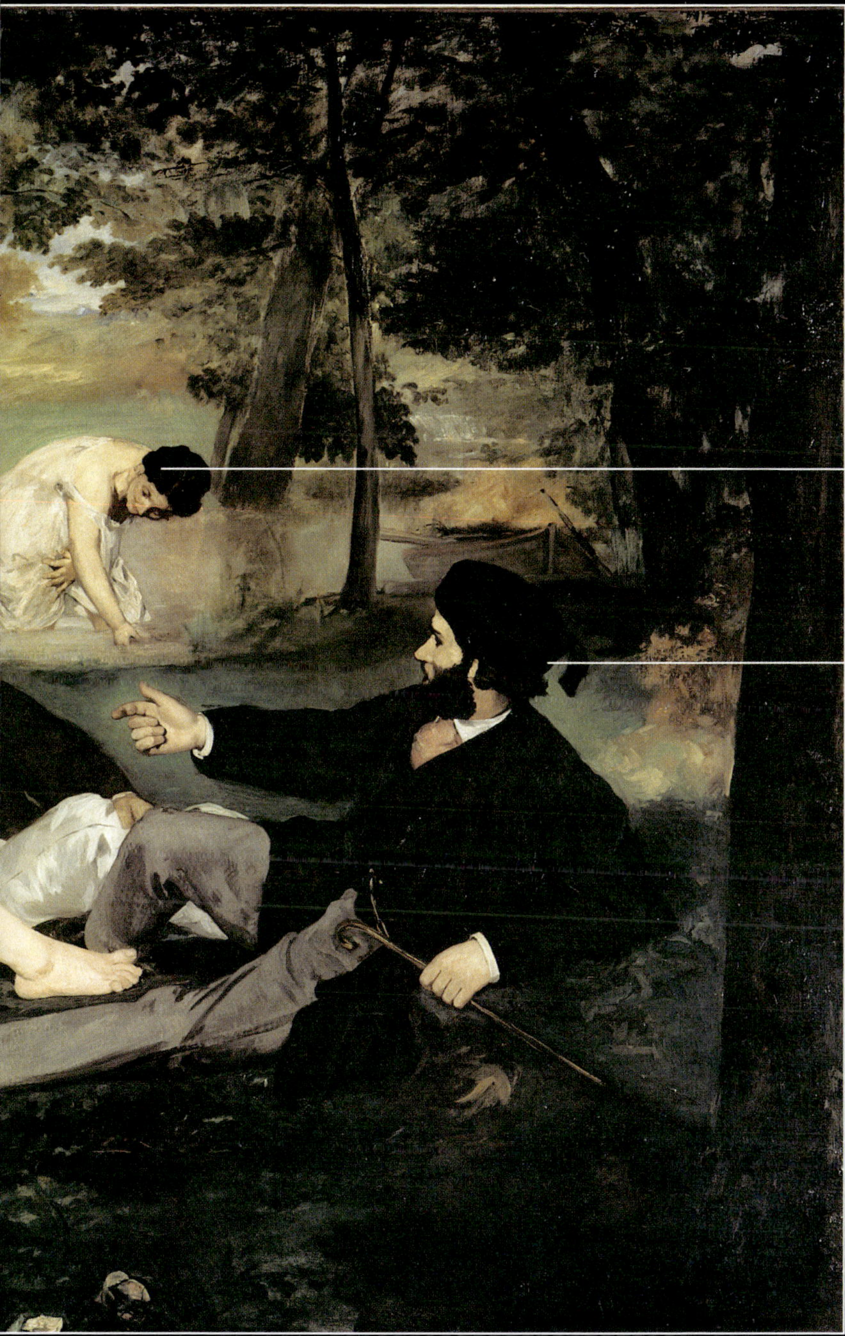

Die zweite, nur mit dem Untergewand bekleidete Frau, mit der eine gerade Personenzahl erreicht wird, vervollständigt den Bezug auf Tizians *Ländliches Konzert*. Für Manet ist sie auch ein wichtiger malerischer Kunstgriff, mit dem er den Bildraum vertieft und die Aufmerksamkeit des Betrachters zum hellen Hintergrund lenkt, wo sich zwischen den dunkelgrünen Kulissen der Bäume eine sonnenbeschienene Lichtung öffnet.

Für Publikum und Kritiker von 1863 (die übrigens bei den kühl-erotischen Akten Géromes und Cabanels ins Schwärmen gerieten) war der provozierendste und unmoralischste Aspekt des Bilds die Anwesenheit zweier Männer in zeitgenössischer bürgerlicher Kleidung neben der nackten jungen Frau. Der von vorn dargestellte junge Mann ist Eugène Manet, der Bruder des Künstlers. Wie häufig bei anderen Kunstwerken, etwa der Oper oder sogar dem Roman, fühlte sich das Publikum »beruhigt«, wenn eine historische Distanz zwischen ihm und der Szene bestand. Anstößige Themen konnte man eher akzeptieren, wenn sie in der Vergangenheit spielten; Werke mit Bezug auf das wirkliche Leben sah man hingegen noch äußerst ungern.

Paris, Giverny

1840–1926

Claude Monet

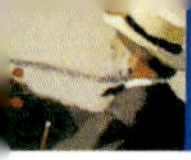

Der Vater des Impressionismus
Während die französische Literatur den historischen Roman aufgab und Geschichten mit realen Personen entstanden, fühlte eine Gruppe von Malern den Wunsch, sich von der Ausbildung der Akademie zu lösen und endlich die persönlichen Gefühle und »Eindrücke« zu artikulieren. In den 60er Jahren verlässt Monet zusammen mit Renoir und Sisley die geschlossenen Räume von Akademie und Museen, um »en plein air« (unter freiem Himmel) Licht, Farben und Atmosphäre der Landschaft einzufangen. Monet ist der eigentliche Begründer des Impressionismus; eines seiner Bilder gibt der Bewegung den Namen. Im Jahr 1874 initiiert er die bedeutende Gruppenausstellung im Atelier des Fotografen Nadar; seine Bilder zeigen Szenen aus dem Pariser Leben sowie Landschaften oder Seestücke. Als die Gruppe nach und nach zerfällt, geht Monet nach Giverny. Ab 1890 malt er Serien von Bildern mit dem gleichen Gegenstand bei verschiedenen Lichtverhältnissen (die Kathedrale von Rouen, die Heuhaufen, die Klippen der Bretagne, das Londoner Parlament). In seinen letzten Lebensjahren widmet er sich mit Begeisterung seinen poetischen Seerosen (*Nymphéas*).

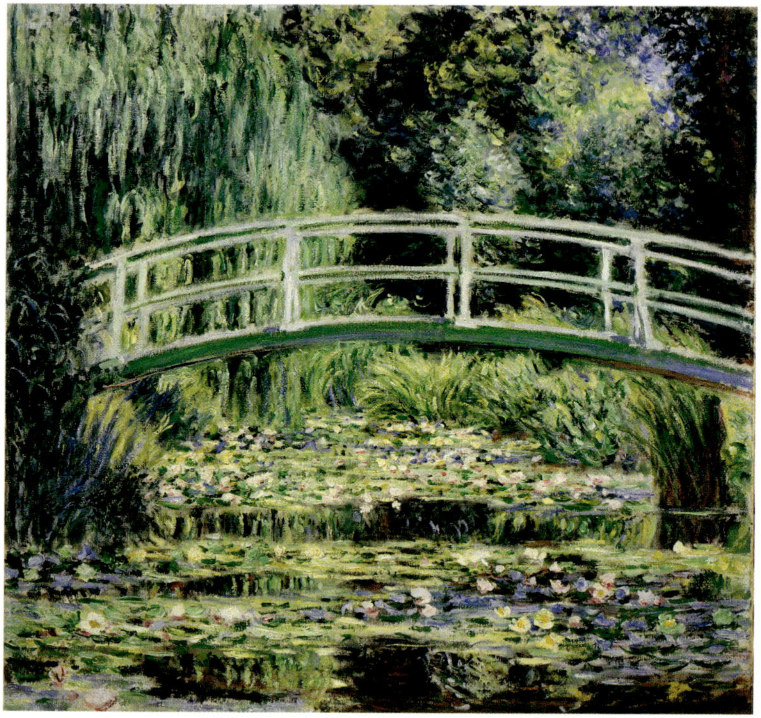

Claude Monet
Weiße Seerosen, 1899
Moskau, Staatliches Museum der bildenden Künste A. S. Puschkin

In dem bezaubernden, liebevoll gepflegten Garten von Giverny beginnt Monet Ende des 19. Jahrhunderts die Seerosen zu malen, die auf der Wasserfläche unter dem japanischen Steg schwimmen; eine lange Serie von Bildern, die bis an die Grenze der abstrakten Malerei reichen.

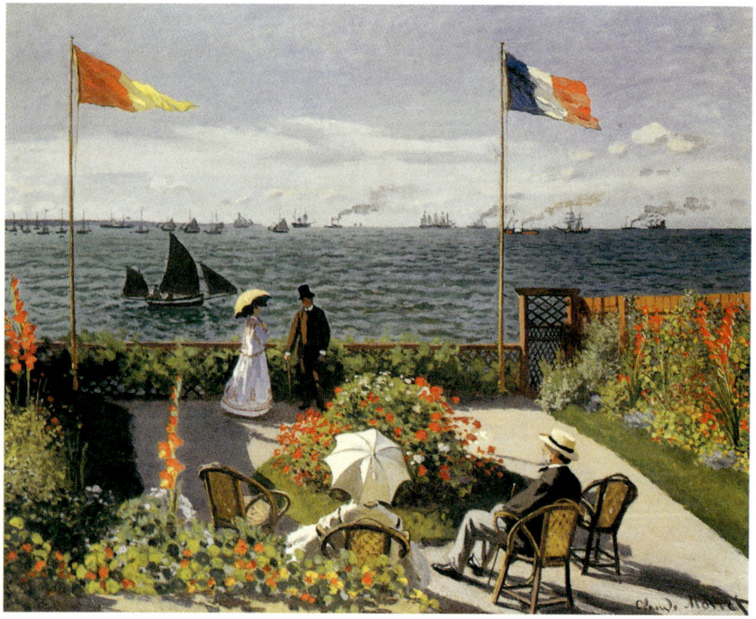

Claude Monet
Die Terrasse von Sainte-Adresse, 1866
New York, The Metropolitan Museum of Art

Monet führt uns zwischen die Blumen dieser wunderschönen Terrasse am Meer; am Horizont sind Segelboote zu sehen. Das frei und unmittelbar wirkende Bild ist sehr bewusst konzipiert: Es basiert auf den Farbakkorden (gelb-rot, blau-weiß-rot) der beiden flatternden Fahnen.

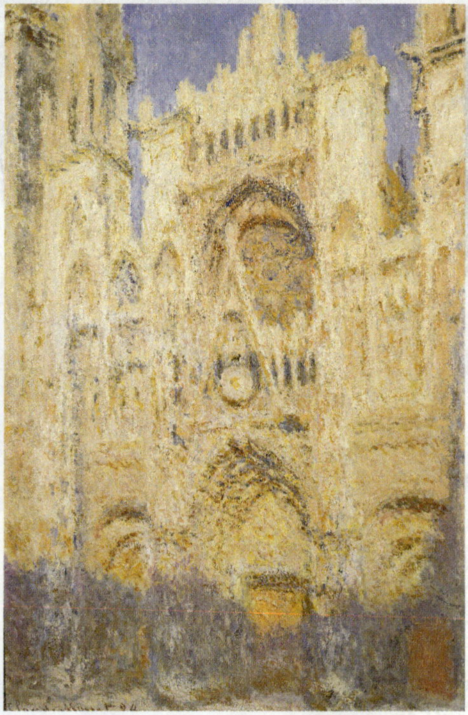

Claude Monet
Die Kathedrale von Rouen bei Sonnenuntergang, 1894
Moskau, Staatliches Museum der bildenden Künste A. S. Puschkin

Was die Impressionisten bis heute so beliebt macht, ist die frische, diffuse Helligkeit ihrer Bilder; errungen wird sie gleichzeitig mit der Entwicklung der Fotografie (dort entsteht das Bild als »Eindruck« des Lichts auf der Platte) und mit wissenschaftlichen Forschungen vor allem zu den physikalischen Gesetzen der Ausbreitung des Lichts.

Hintergrund:
Claude Monet
Frau mit Sonnenschirm (Madame Monet und ihr Sohn), 1875
Washington, National Gallery of Art

Claude Monet
Frühstück im Freien, Studie, 1866
Moskau, Staatliches Museum der bildenden Künste A. S. Puschkin

Von dem gleichnamigen Bild Manets (1863) angeregt, schafft auch Monet ein *Frühstück im Freien (Le déjeuner sur l'herbe)*. Bevor er endgültig mit der Arbeit an dem großen Gemälde beginnt (das später zerstückelt wird), malt er diesen weiträumigen Entwurf; an ihm zeigt sich die anrührende Schönheit des Werks, mit dem der eigentliche Impressionismus einsetzt.

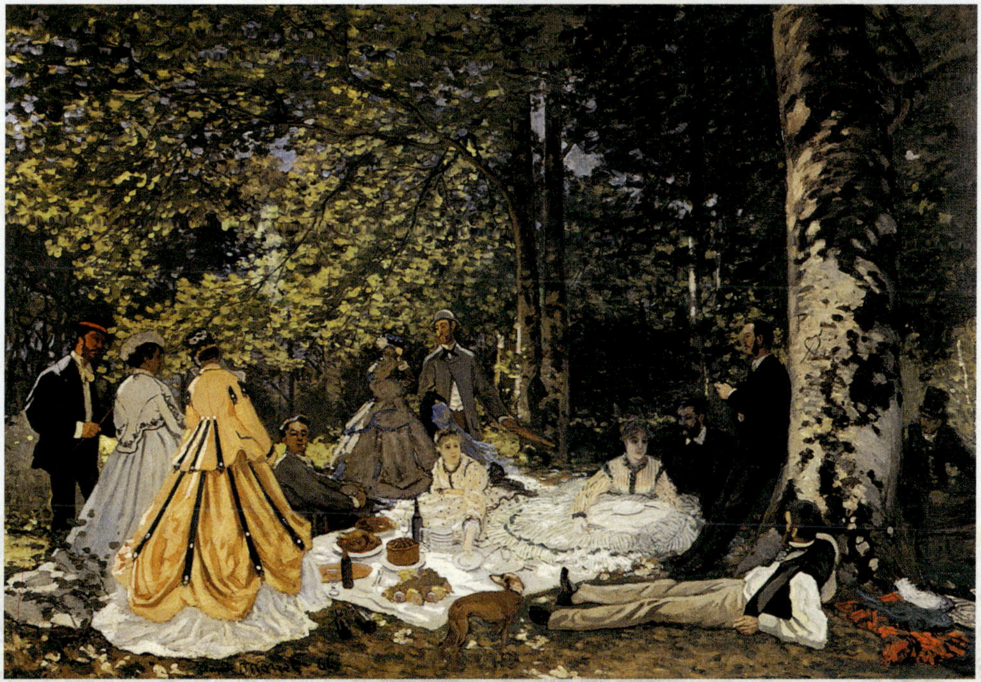

Claude Monet

1873

Impression – Soleil levant

Dieses eher kleinformatige Bild, Schmuckstück des Musée Marmottan in Paris, kann sich rühmen, dem Impressionismus seinen Namen gegeben zu haben. Ursprünglich wurde der Begriff Impressionismus von den Zeitgenossen und Kritikern als Spottname benützt, mit dem sie die Unmittelbarkeit und Individualität kritisierten, die sich den traditionellen formalen Regeln der akademischen Malerei entgegensetzte. Als Monets Bild 1874 zusammen mit anderen impressionistischen Werken bei einer historischen Ausstellung im Pariser Atelier des Fotografen Nadar gezeigt wurde, rief es bei Publikum und Kritikern heftige, fast durchgehend negative Reaktionen hervor. Wie der Titel besagt, handelt es sich nicht um die »Beschreibung« einer Landschaft, sondern um den »Eindruck« des Malers zu einer bestimmten Tageszeit. Monet malt den Sonnenaufgang über einem Flusshafen, den man jedoch nicht genau identifizieren kann; Himmel und Wasser verschmelzen in einem einzigen blauen Farbakkord, der von der rötlichen Sonne beherrscht wird.

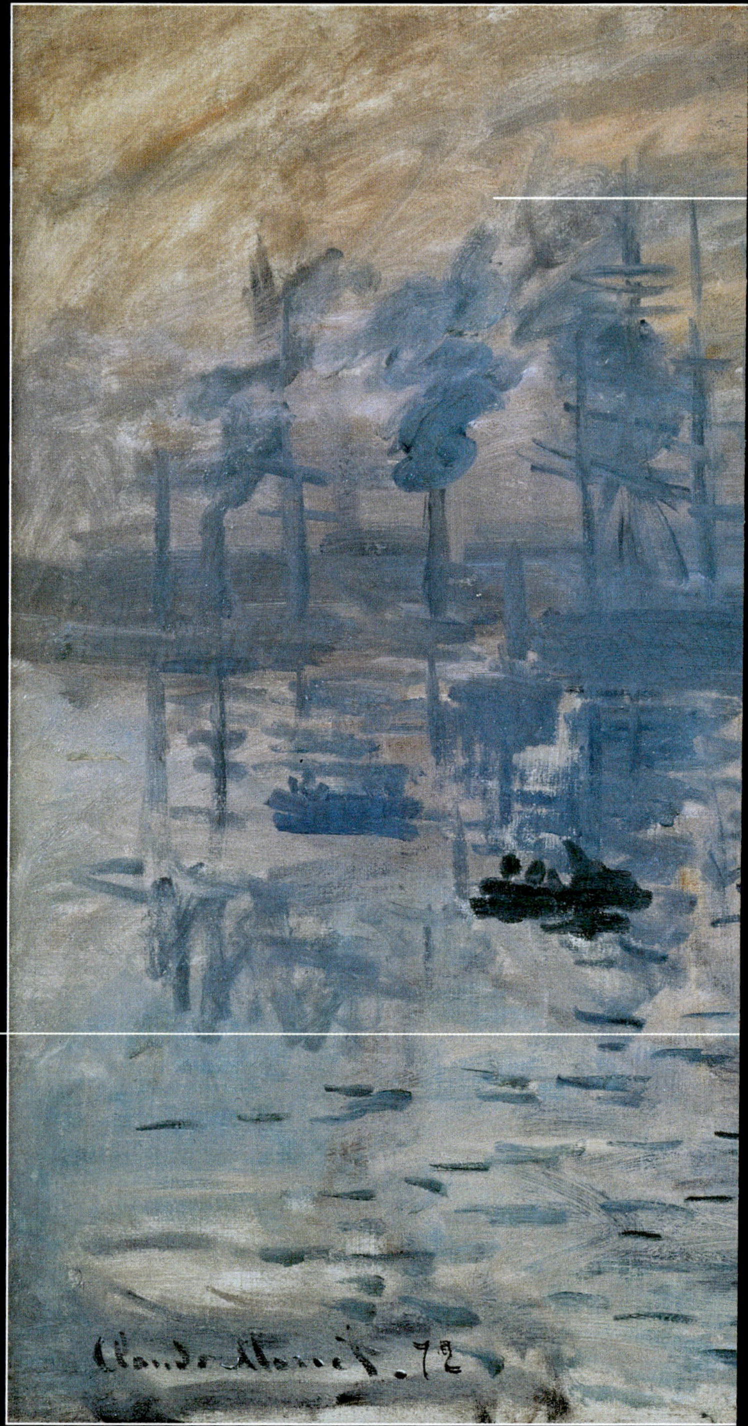

Im Mittelpunkt der Szene erkennt man als dunklen Fleck die zerfließende Silhouette eines kleinen Boots mit zwei Personen an Bord. Das Bild steht deutlich außerhalb der akademischen Tradition: Monets Wunsch, intensive Licht- und Farbempfindungen hervorzurufen, wie sie direkt im Freien erlebt werden, führt dazu, dass er auf geduldig ausgeführte Zeichnung und korrekt angewandte klassische Kompositionsregeln verzichtet. In dieser Hinsicht ist die impressionistische Malerei mit der französischen Literatur des ausgehenden 19. Jahrhunderts vergleichbar, welche die Bedeutung der Empfindungen und der »unwillkürlichen Erinnerung« entdeckt.

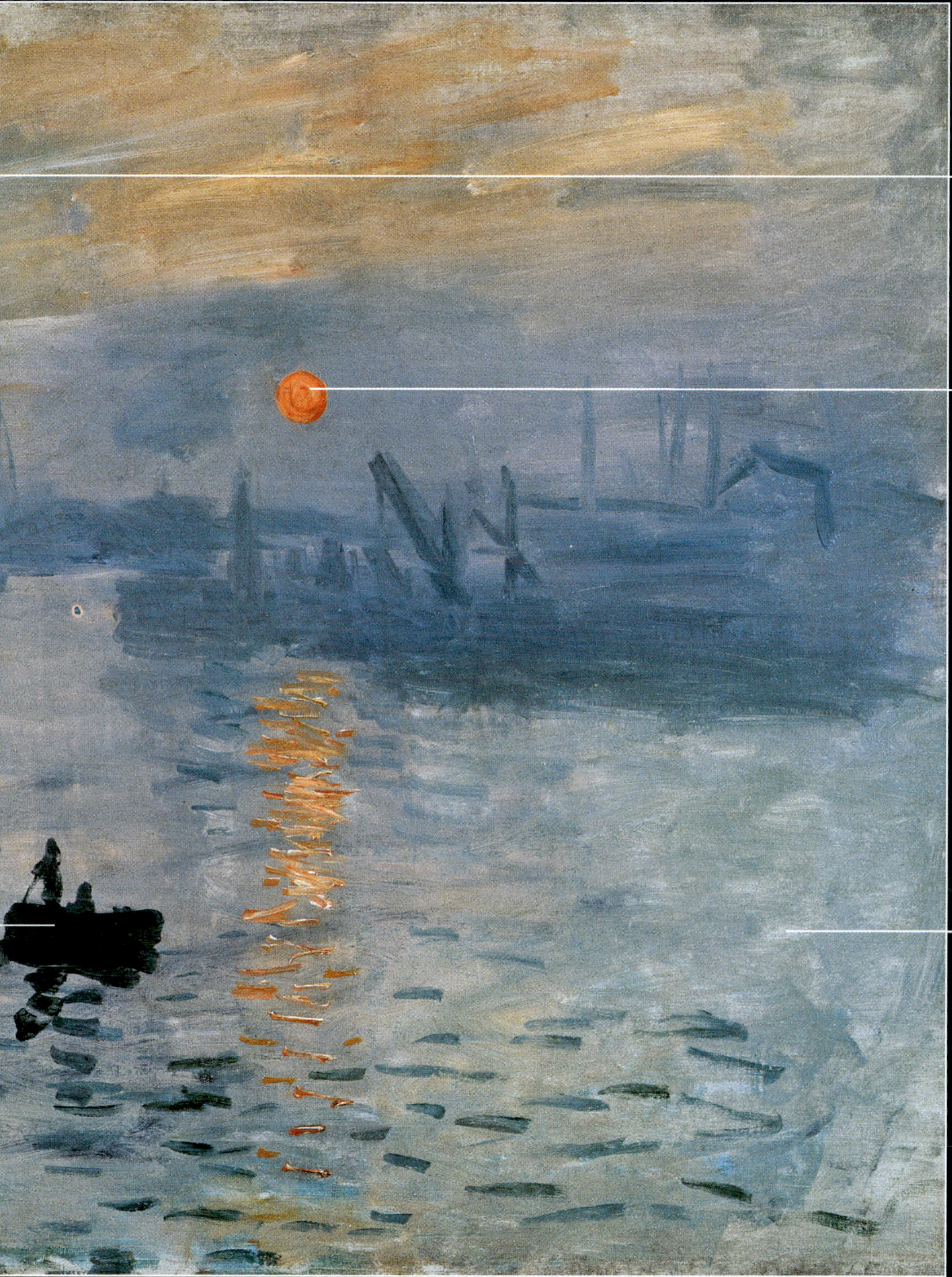

Im Hintergrund der Szene nimmt man im Dunst undeutlich die Silhouetten von Schiffen, Kränen und anderen Vorrichtungen wahr. Rauch und Nebel vermischen sich in einem seltsam vibrierenden Kolorit.

Farblich wird das Bild von dem roten Sonnenball beherrscht. Mit außergewöhnlichem Sinn für Farbeffekte lässt Monet die warme Farbe in den umgebenden kühlen blaugrauen Tönen aufleuchten, sowohl in dem Widerschein der Sonne auf dem Wasser als auch in den leichten Rosatönen der Wolken.

Wasser ist eines der liebsten Sujets von Monet, das er auf vielfältige Weise interpretiert: die hellen Ufer der Seine an Sommersonntagen, das wilde Schäumen der Wellen an den Klippen der bretonischen Küste, der weite Horizont der Badeorte an der Atlantikküste oder am Ligurischen Meer, die alten Kanäle Venedigs, die Themse vor dem Parlament in London und schließlich der Seerosenteich im Garten von Giverny.

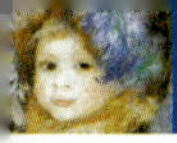

Paris, Côte d'Azur

1841–1919

Pierre-Auguste Renoir

Das Lächeln des Impressionismus

Renoir entstammt einer Künstlerfamilie aus Limoges (also nicht aus dem höheren Bürgertum wie Manet, Cézanne und Degas); in die Gruppe der Impressionisten bringt er eine frische, unmittelbare Lebensfreude ein, die sich in den Themen des sonntäglichen Volksvergnügens äußert, den Bällen im Freien, den Bootsfahrten auf der Seine und den Sommerspaziergängen im Schatten der Parks. Ab 1862 studiert er an der École des Beaux-Arts in der gleichen Klasse wie Monet und Sisley; die akademischen Regeln bedrücken ihn und er beschließt, mit den Freunden ins Freie zu gehen und die Malerei mit der Sonne, dem Licht und den Farben der Natur zu füllen, zunächst in Landschaftsbildern. Der Impressionismus entsteht und bald stößt Renoir auf die Themen, die ihm am meisten liegen; den Landschaften Sisleys und Monets zieht er das Pariser Leben, die Personen, Situationen und Lebendigkeit der Stadt vor. Überdies erweist er sich schnell als hervorragender Porträtist mit ganz besonderer Sensibilität für junge Frauen und Kinder. Nachdem er zum Mitbegründer des Impressionismus geworden ist, macht er 1881 eine lange Italienreise; jetzt verändert sein Stil sich stark. An die Stelle der spontanen, fröhlichen Bilder treten vor allem nach seinem Umzug an die Côte d'Azur weite, flächige Kompositionen mit großen, fast rubensähnlichen weiblichen Akten. Obwohl ein fortschreitendes Rheuma ihn an den Rollstuhl fesselt, malt er mit an die Finger gebundenem Pinsel bis zu seinem Tode weiter und preist die Jugend und Schönheit im gleißenden Licht der Riviera.

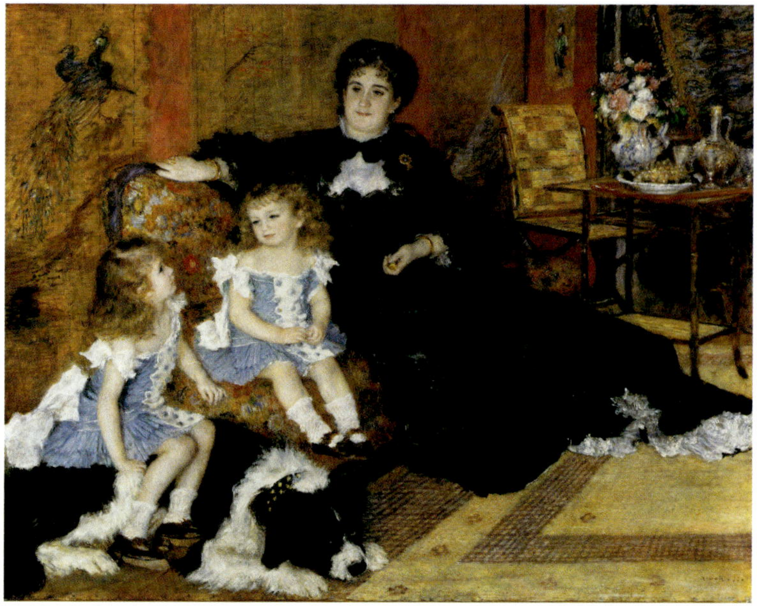

Pierre-Auguste Renoir
Madame Charpentier und ihre Kinder, 1878
New York, The Metropolitan Museum of Art

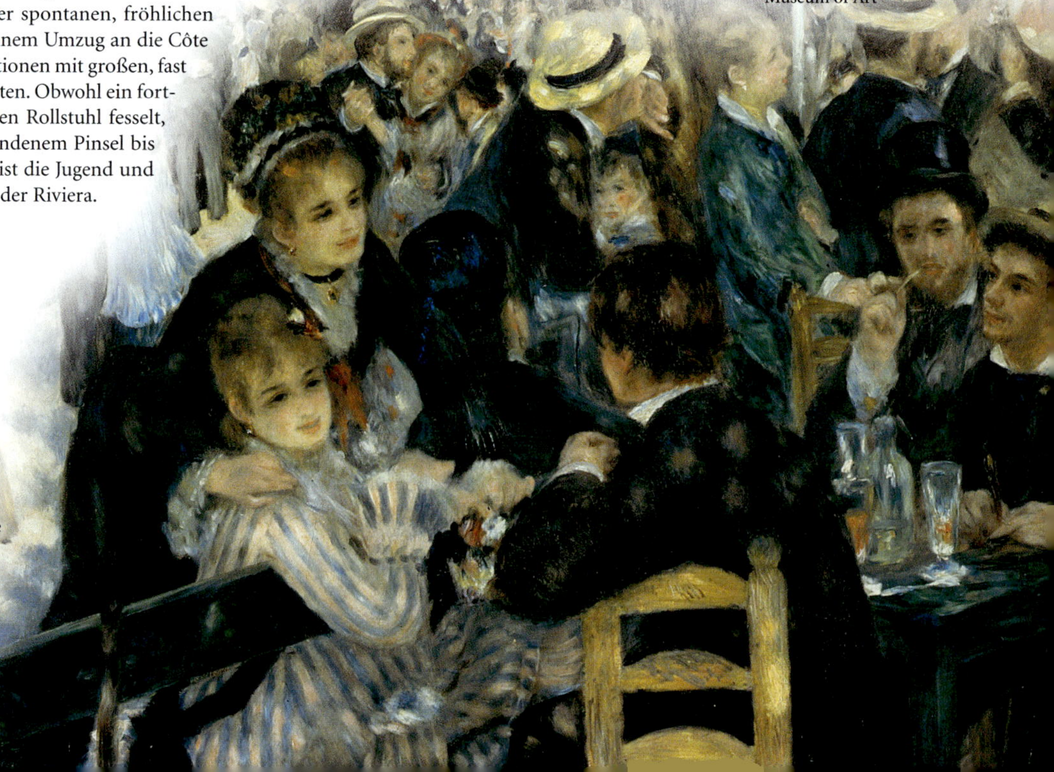

Pierre-Auguste Renoir
Ball im Moulin de la Galette, 1876
Paris, Musée d'Orsay

Renoir stellt sich gerne Sonntagsausflüge, Bälle im Freien, lachende Menschen und klirrende Gläser vor. Dieses Werk, sicherlich eines der bekanntesten des Impressionismus, ensteht am wichtigsten Punkt seiner Laufbahn: Aus den Bestrebungen, die er mit anderen Malern der Gruppe teilt (Themen aus dem täglichen Leben, farbige Schatten, Pleinair-Malerei), entwickelt sich ein eigenständiger, unverwechselbarer Stil mit farbvollem Pinselstrich.

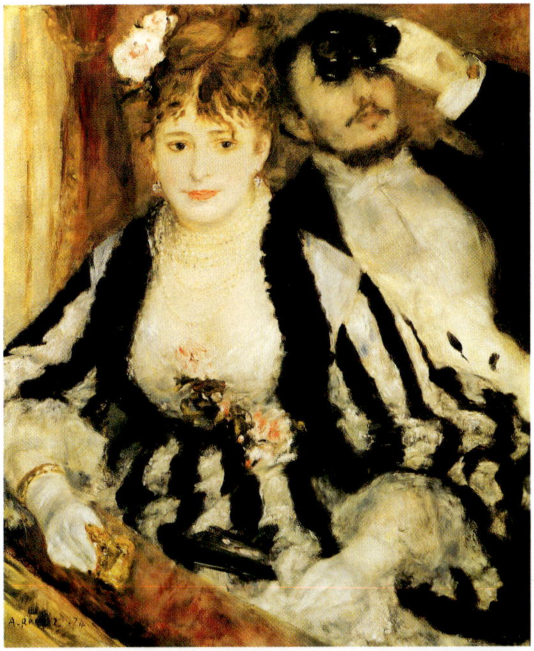

Pierre-Auguste Renoir
Die Loge, 1874
London, The Courtauld Institute of Art Gallery

Der Mann, der mit dem Opernglas die Leute in den Logen der Oper betrachtet, ist Edmond, Renoirs Bruder. Seine Begleiterin ist die bekannte Nini, ein helles, frisches Modell. Wie immer bei seinen Frauenporträts konzentriert Renoir sich auf Augen und Lippen und lässt das übrige Gesicht fast neutral. Ein überaus sensibel gemaltes Detail ist die Blume im Ausschnitt des gestreiften Kleids.

Pierre-Auguste Renoir
Die Regenschirme, um 1885
London, The National Gallery

Mit seinem gewohnten Sinn für Farbharmonie baut Renoir das ganze Bild auf den graublauen Tönen der aufgespannten Schirme und der Herbstkleider auf. Der dominierende Farbton wird aufgehellt durch die Gesichter der jungen Frauen, die sich über das Nachlassen des Regens freuen. Ein entzückendes Detail sind die beiden Mädchen rechts, auf die sich die eigentliche Aufmerksamkeit des Malers richtet.

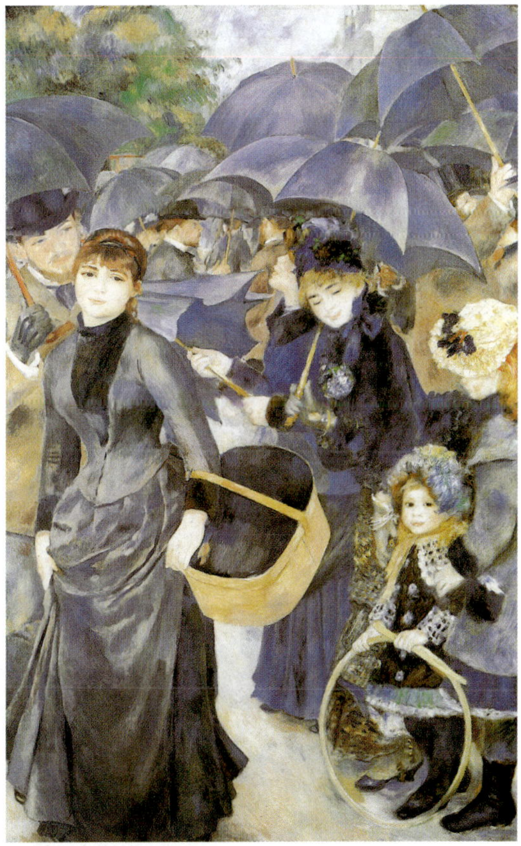

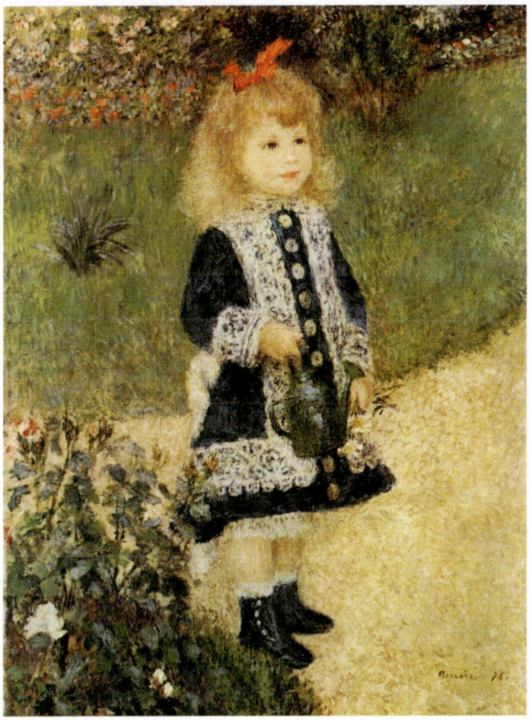

Pierre-Auguste Renoir
Mädchen mit Gießkanne, 1876
Washington, National Gallery of Art

In der Kunstgeschichte gelingt es nur wenigen Künstlern, so wie Renoir die Zartheit, das Lächeln und die Naivität der Kinder festzuhalten. Nie zwingt er die Kinder in die tristen, angestrengten Posen und Festkleider der »offiziellen« Kinderporträts, sondern lässt sie spielen, sprechen und umherlaufen. In diesem Bild gelingt dem Maler eine bezaubernde Übereinstimmung zwischen dem Licht des blühenden Gartens und dem blonden kleinen Mädchen, das stolz eine winzige grüne Gießkanne hält und glücklich lächelt, als seien die wundervoll blühenden Beete allein sein Verdienst.

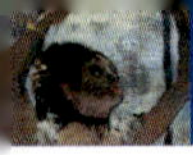

Eleganz der Zeichnung, Freude am Leben

Edgar Degas, der Sohn eines adligen Bankiers, wählt einen anderen Weg als die Impressionisten: Er interessiert sich weniger für die Natur, mehr für Gesichtsausdruck, Gesten und Gefühle der menschlichen Figuren, vor allem der weiblichen. In den 60er Jahren gehört er zum Kern der Pariser Kunstszene und schließt Freundschaft mit Manet, mit dem ihn humanistische Erziehung und hohe Bildung verbinden. Angezogen fühlt er sich überdies von den Neuigkeiten wie der raffinierten japanischen Grafik, die nach Paris gelangt ist, oder der Fotografie. Anfang der 70er Jahre konzentriert er sich auf zwei Hauptthemen: die Pariser Oper (Musiker, Sänger und vor allem Tänzerinnen) und das Hippodrom von Longchamp. Nach einer Reise nach New Orleans (1873) lässt er sich vom schmucklosen Alltagsleben der Wäscherinnen, Zimmermädchen und Schneiderinnen in einfachen Räumen inspirieren. So entdeckt er die Bewegungen der Büglerinnen und der Frauen, die sich kämmen oder waschen. Teils wegen einer fortschreitenden Augenkrankheit, die schließlich zur Blindheit führt, wird sein Pinselstrich schnell, fast flüchtig; am Ende modelliert er aus Ton und Bronze.

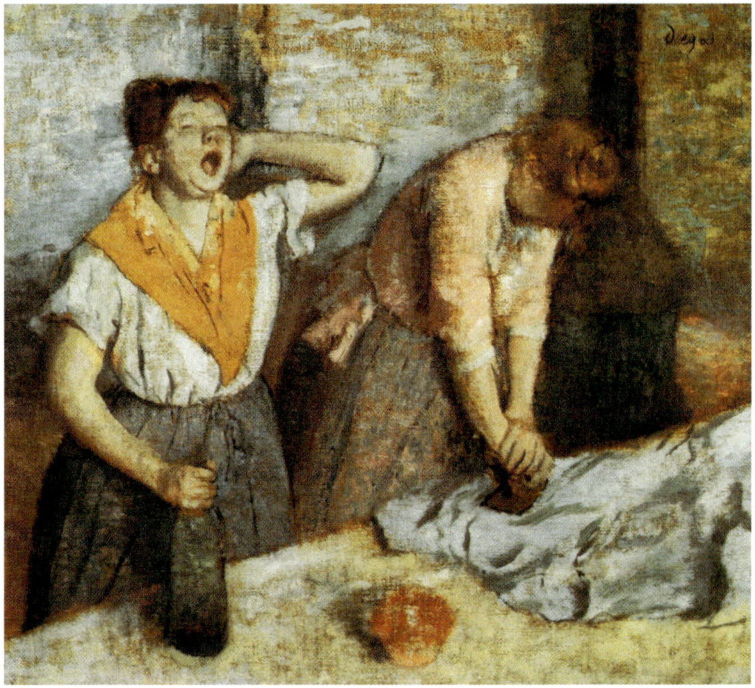

Edgar Degas
Die Büglerinnen, 1884–1886
Paris, Musée d'Orsay

Mit den Jahren geht Degas immer mehr von den raffinierten, eleganten Szenerien ab und widmet sich der Welt der Armen. Die beiden Büglerinnen, von denen die eine auf das Eisen drückt, die andere gähnt, wirken alltäglich; und doch zeigt uns der adlige Degas ein Bild voller menschlicher Anteilnahme und Wahrhaftigkeit.

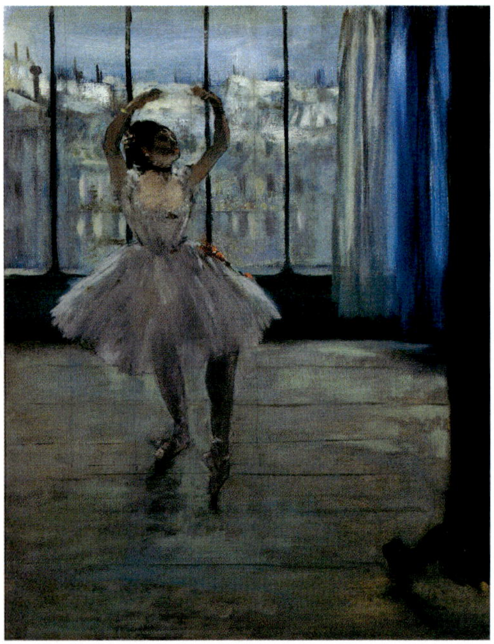

Edgar Degas
Die Tänzerin beim Fotografen, 1875
Moskau, Staatliches Museum der bildenden Künste A. S. Puschkin

Als äußerst geschickter Zeichner zeigt Degas weniger Interesse an Farbe und Licht als die Impressionisten: Ihn fasziniert vielmehr der feine Schnittpunkt zwischen Bewegung und Gleichgewicht einer Spitzentänzerin, während die kurz zuvor entwickelte Fotografie ihn zu neuen, unerwarteten Bildausschnitten anregt. Die Aussicht auf die Dächer von Paris hinter den Scheiben ist unvergesslich: Das große Atelierfenster, die Schornsteine und der graue Himmel erinnern unwillkürlich an das erste Bild von Puccinis Oper *La Bohème*.

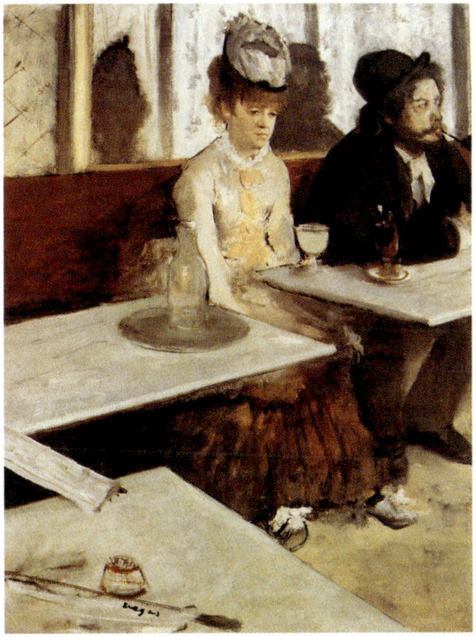

Edgar Degas
Der Absinth, 1875–1876
Paris, Musée d'Orsay

Die denkwürdige Ausstellung von 1874 im Atelier Nadars ist der Höhepunkt des Impressionismus, aber zugleich das Ende der kreativsten Zeit einiger Meister. Für Degas beginnt nach diesem Jahr eine neue Epoche. In der Schäbigkeit einer Bar spiegelt sich die fehlende menschliche Perspektive einer jungen, verlorenen Frau wider; sie ist in Einsamkeit und Leere befangen, die sich um sie herum zu verbreiten scheinen.

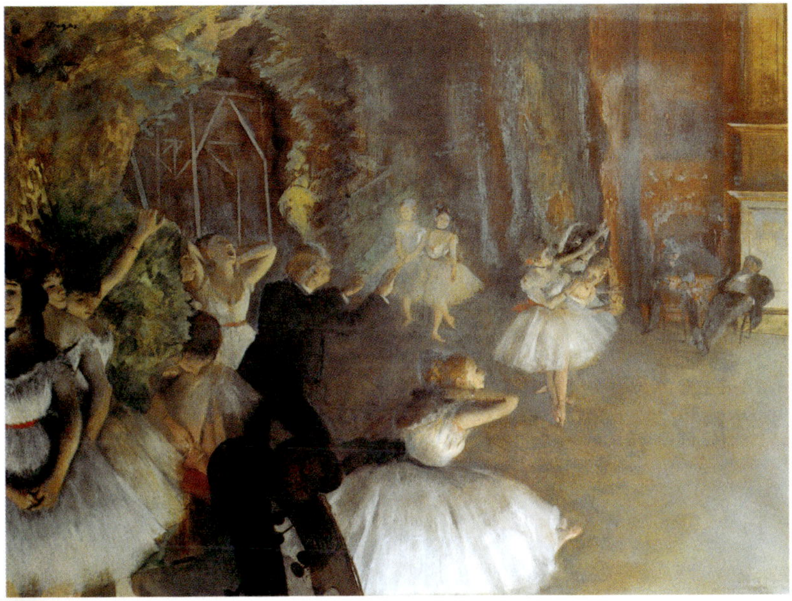

Edgar Degas
Ballettprobe auf der Bühne, 1874
New York, The Metropolitan Museum of Art

Degas besucht häufig die Oper; hier führt er uns hinter die Kulissen zu den zahlreichen Personen des Theaters und lässt uns die hektische Erregung vor einer Premiere spüren.

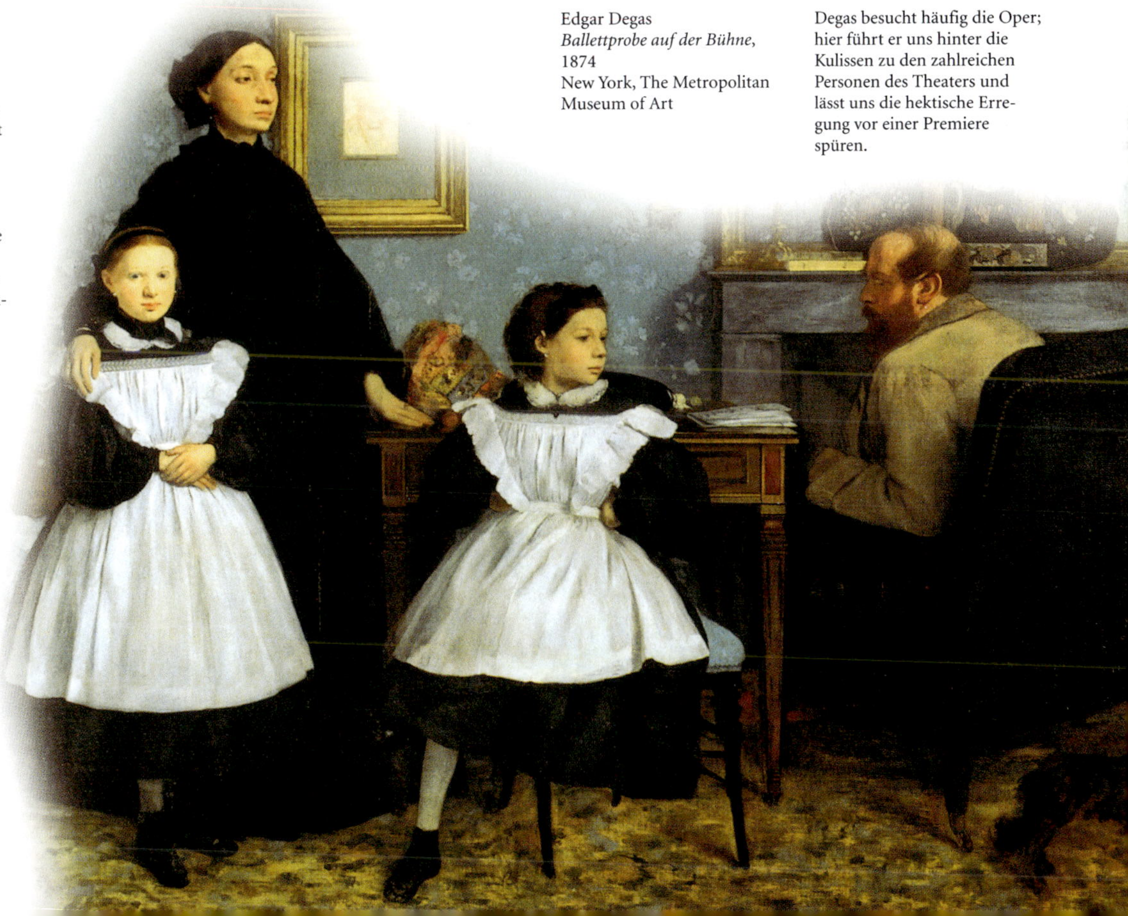

Edgar Degas
Die Familie Bellelli, 1858
Paris, Musée d'Orsay

Bei dem ruhigen, gesetzten Porträt seiner italienischen Verwandten orientiert sich Degas am Stil der Renaissancemalerei. Die sehr geschickte Mischung aus Spontaneität und Vorsätzlichkeit trägt zum Zauber dieser Komposition bei, die gleichzeitig streng und frei wirkt.

Paris

1841–1895 1845–1926

Berthe Morisot und Mary Cassatt

Die Frauen des Impressionismus

In der lebhaftesten Zeit des Impressionismus erreichen in Paris zwei Frauen den Höhepunkt ihres malerischen Könnens, ein Phänomen, das in der französischen Literatur und Musik jener Jahre ohne Vergleich ist.

Berthe Morisot, Schülerin Corots und Schwägerin Manets, setzt als Impressionistin der ersten Stunde gegen die fröhliche, bewegte Kunst Renoirs und Degas' Momente der Zärtlichkeit und Stille in familiären Interieurs; immer wieder bildet sie ihre Schwester und andere Verwandte ab. Mit ihrer raffinierten Technik und den subtil-intimen Szenen nimmt sie schon die Kunst Vuillards und Bonnards vorweg. Obwohl sie den ungewöhnlichen Künstlerberuf wählt, ist Berthe Morisot das Gegenstück des »peintre maudit«: In ihren Bildern spiegelt sich das ruhige, wohlhabende Ambiente, zu dem sie gehört.

Mary Cassatt, Tochter eines Bankiers aus Pittsburgh, kommt in den 70er Jahren nach Paris, um ihre akademische Bildung zu vervollständigen. Degas bemerkt sie und macht sie mit den Impressionisten bekannt, woraufhin sie in Frankreich bleibt. An ihrem Stil, der auf einer klaren, sicheren Zeichnung beruht, zeigt sich ihre Beschäftigung mit japanischer Kunst.

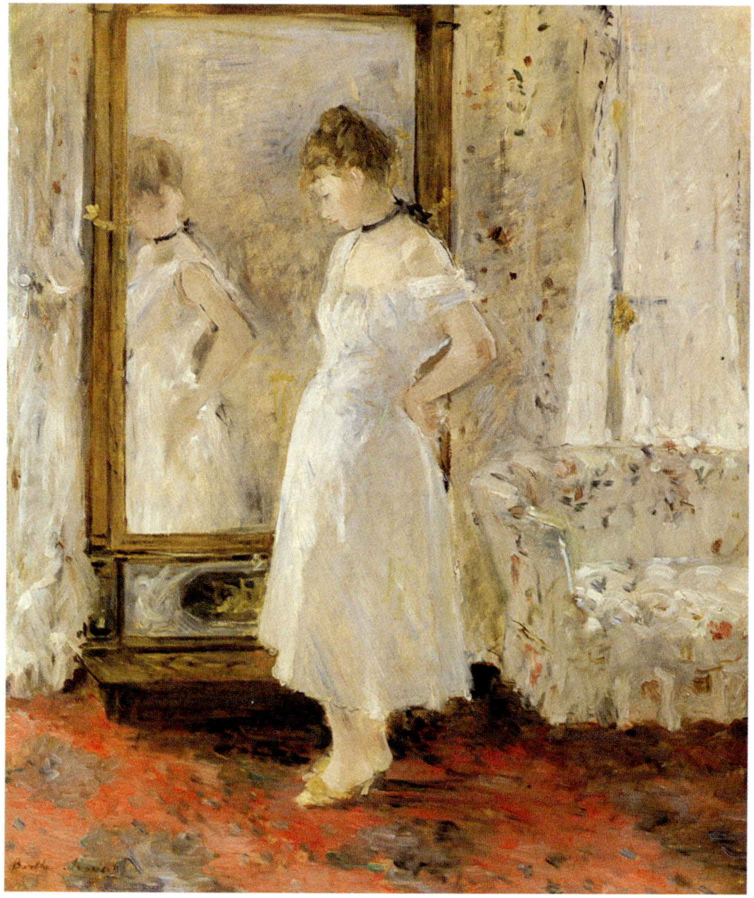

Berthe Morisot
Der Ankleidespiegel, 1876
Madrid, Museo Thyssen-Bornemisza

Berthe Morisots feiner Pinselstrich bringt ein Stück Leichtigkeit und Eleganz in die Gruppe der Impressionisten, zu der sie von Anfang an gehört. Die hellen Farbtöne verleihen diesem Interieur eine diffuse Lichtheit und lassen ein Geflecht von psychologischen Beziehungen erahnen.

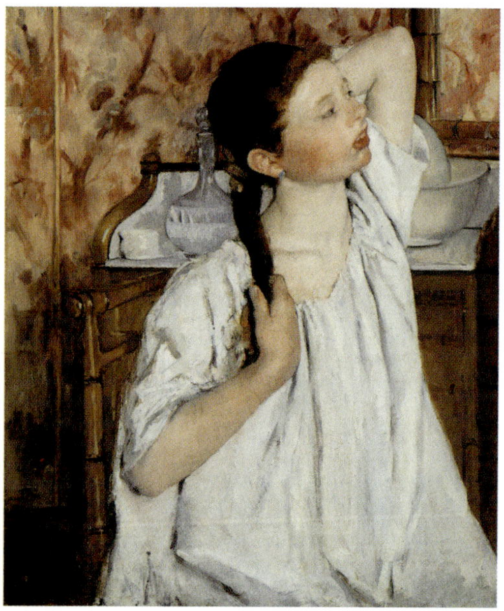

Mary Cassatt
Bei der Toilette (Girl Arranging Her Hair), 1886
Washington, National Gallery of Art

Obwohl sie fast ihr ganzes Leben in Paris verbringt, ist Mary Cassatt in ihrer Heimat sehr bekannt und trägt durch Verbindungen ihres Vaters (Industrielle und Bankiers) zur Verbreitung der französischen Malerei in den USA bei.

Mary Cassatt
Spielende Kinder am Strand, 1884
Washington, National Gallery of Art

Bei Mary Cassatt findet sich stets eine Aufmerksamkeit für das Gefühl, eine feine, weibliche Psychologie. Bei der Darstellung des ruhigen Spiels zweier Mädchen am Strand nimmt sich die Malerin feinfühlig zurück, wie um die Kinder nicht zu stören, und beobachtet sie mit Zärtlichkeit.

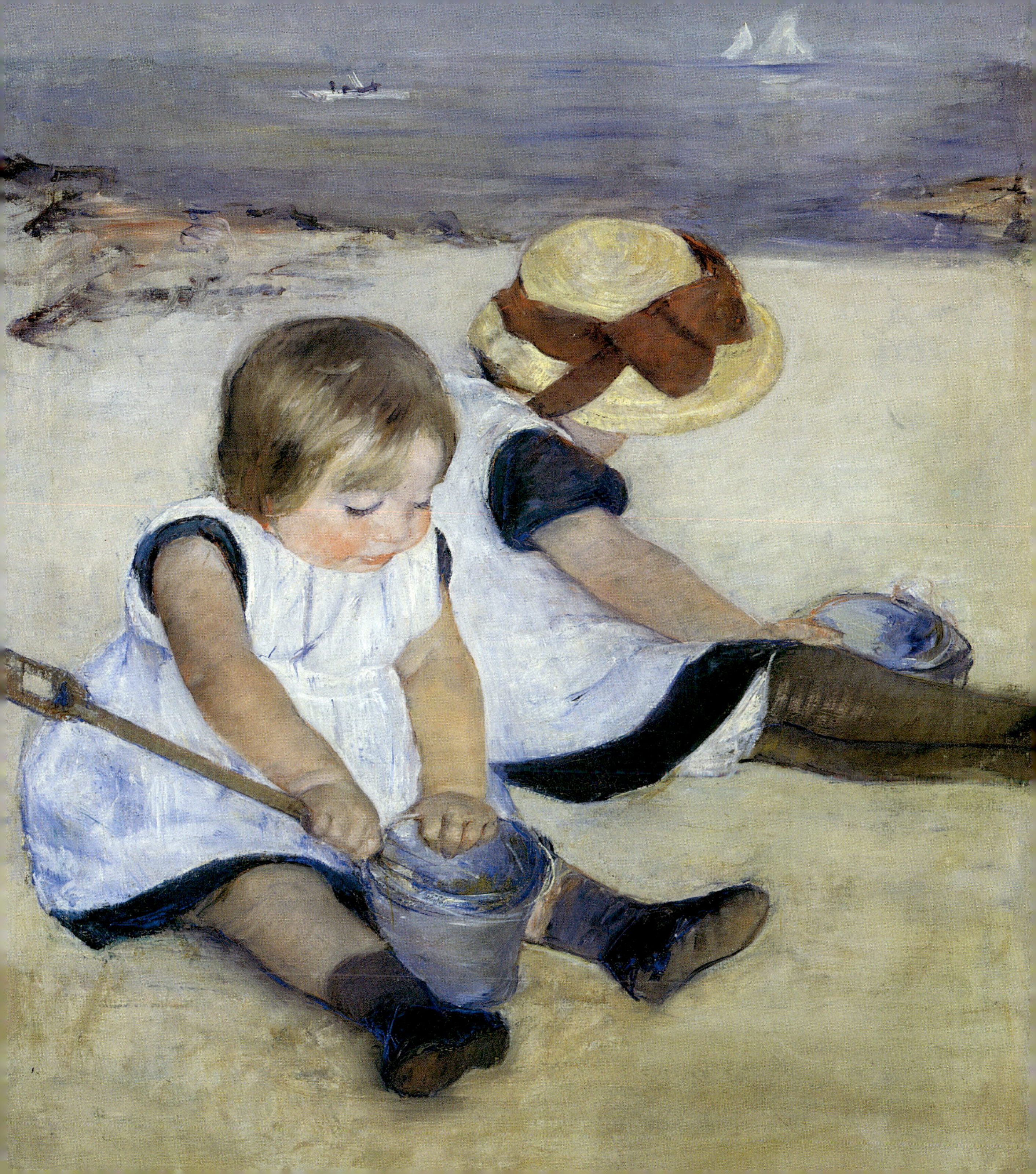

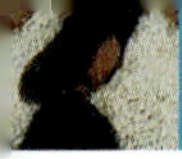

Florenz, Livorno, Maremma

1860–1890

Die Macchiaioli

Gefühl für die Realität zwischen Geschichte und Alltag
Zunächst ist die italienische Kunst des 19. Jahrhunderts noch in die Gewänder der Vergangenheit gekleidet: In den Figuren, Szenerien und Episoden der Geschichte sucht man nach Motiven, um Volkszugehörigkeit und Nationalstolz auszudrücken und zu stärken. Historische Themen in der Kunst (Musik, Literatur, Malerei) spielen keine geringe Rolle für das Bewusstsein der Italiener auf dem Weg zum Nationalstaat. Erst nach den Aufständen von 1848 zeigt sich das Publikum bereit, die Darstellung der Wirklichkeit zu akzeptieren; vor allem durch toskanische und lombardische Künstler, die aktiv an den Unabhängigkeitskriegen oder sogar an Garibaldis »Zug der Tausend« teilnehmen, dringt die Gegenwart in die Kunst ein. Im Zeichen des Zeitgeschehens steht auch die Malerei der Macchiaioli, die zwischen Florenz und der Maremma tätig werden. Hauptvertreter ist Giovanni Fattori: In seinen militärischen Szenen illustriert er kein heldenhaftes Geschehen, sondern Verwirrung und Erschöpfung der namenlosen Soldaten, der Nachhut; später lässt er sich von der einsamen, endlosen tyrrhenischen Landschaft inspirieren und schildert deutlich und Anteil nehmend die Arbeit der Bauern. Hier kann Fattori zum Sozialrealismus in Beziehung gesetzt werden, der die Probleme Italiens nach der nationalen Vereinigung 1870 aufzeigt und für eine Reform der staatlichen Strukturen sowie für ein Vorantreiben der industriellen Entwicklung plädiert.

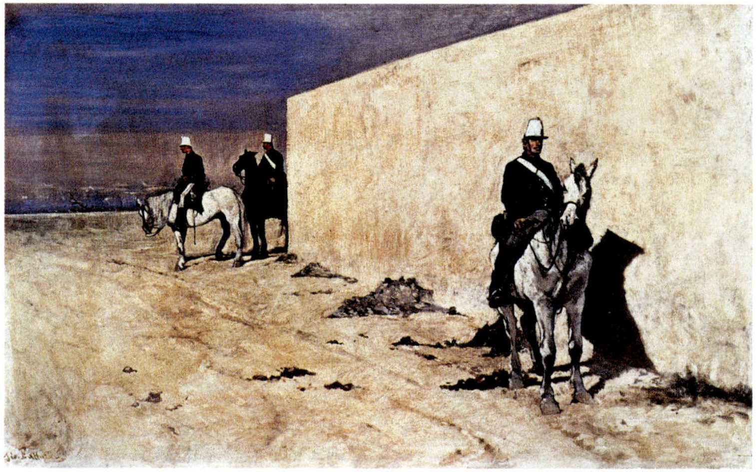

Giovanni Fattori
Auf Posten (In vedetta), 1872
Rom, Privatsammlung

Fattori ist ein hervorragender Militärmaler, aber sein Lieblingsthema sind die Wachposten in der Helligkeit und Einsamkeit sommerlicher Landschaften, versprengt oder verlassen wirkende Reiter, die einer nutzlos scheinenden Aufgabe nachgehen.

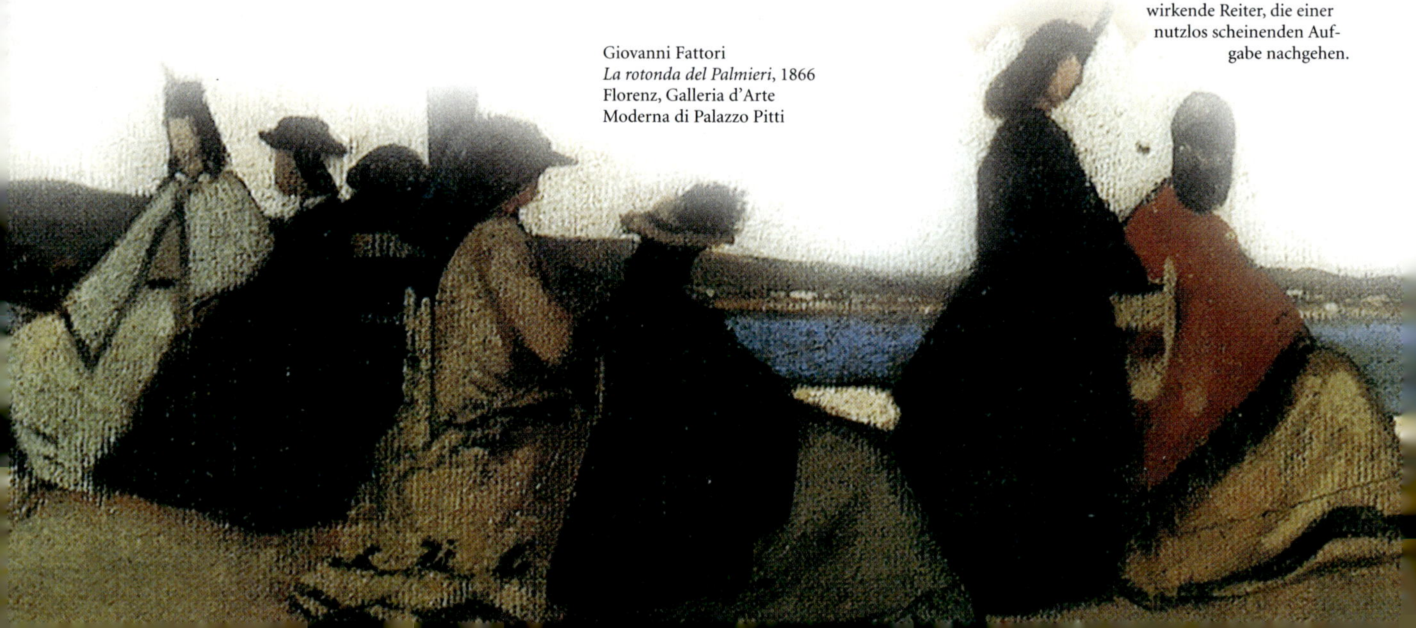

Giovanni Fattori
La rotonda del Palmieri, 1866
Florenz, Galleria d'Arte Moderna di Palazzo Pitti

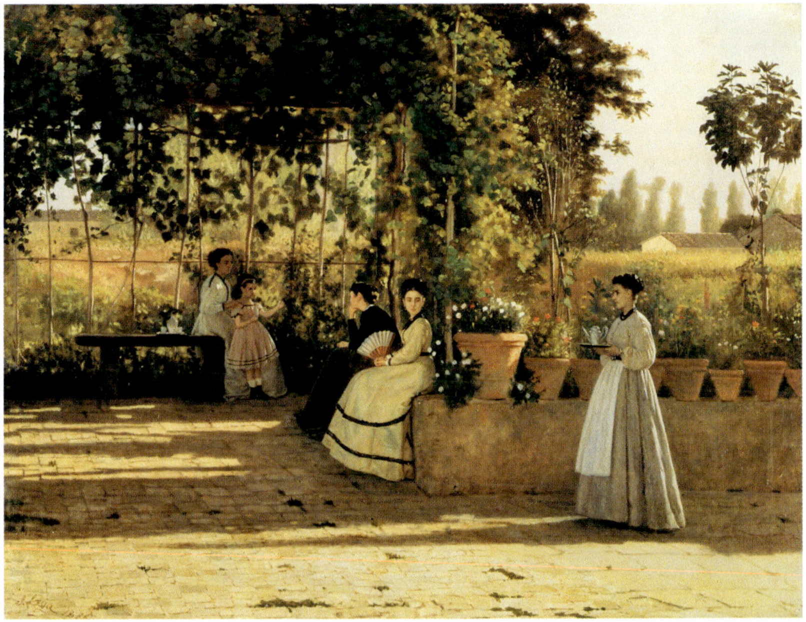

Silvestro Lega
Die Laube, 1868
Mailand, Pinacoteca di Brera

Das Konzept des Licht- oder Farbflecks (italienisch *macchia*), auf dem die Malerei der Macchiaioli basiert, ist in diesem bezaubernden Gemälde deutlich erkennbar. Eine dicht bewachsene Laube schützt einige Frauen vor der Hitze und Schwüle eines dunstigen Sommernachmittags. Durch seine meisterhafte farbliche Abstimmung kann das Bild direkt mit dem Impressionismus in Verbindung gebracht werden, der zur gleichen Zeit in Frankreich entsteht.

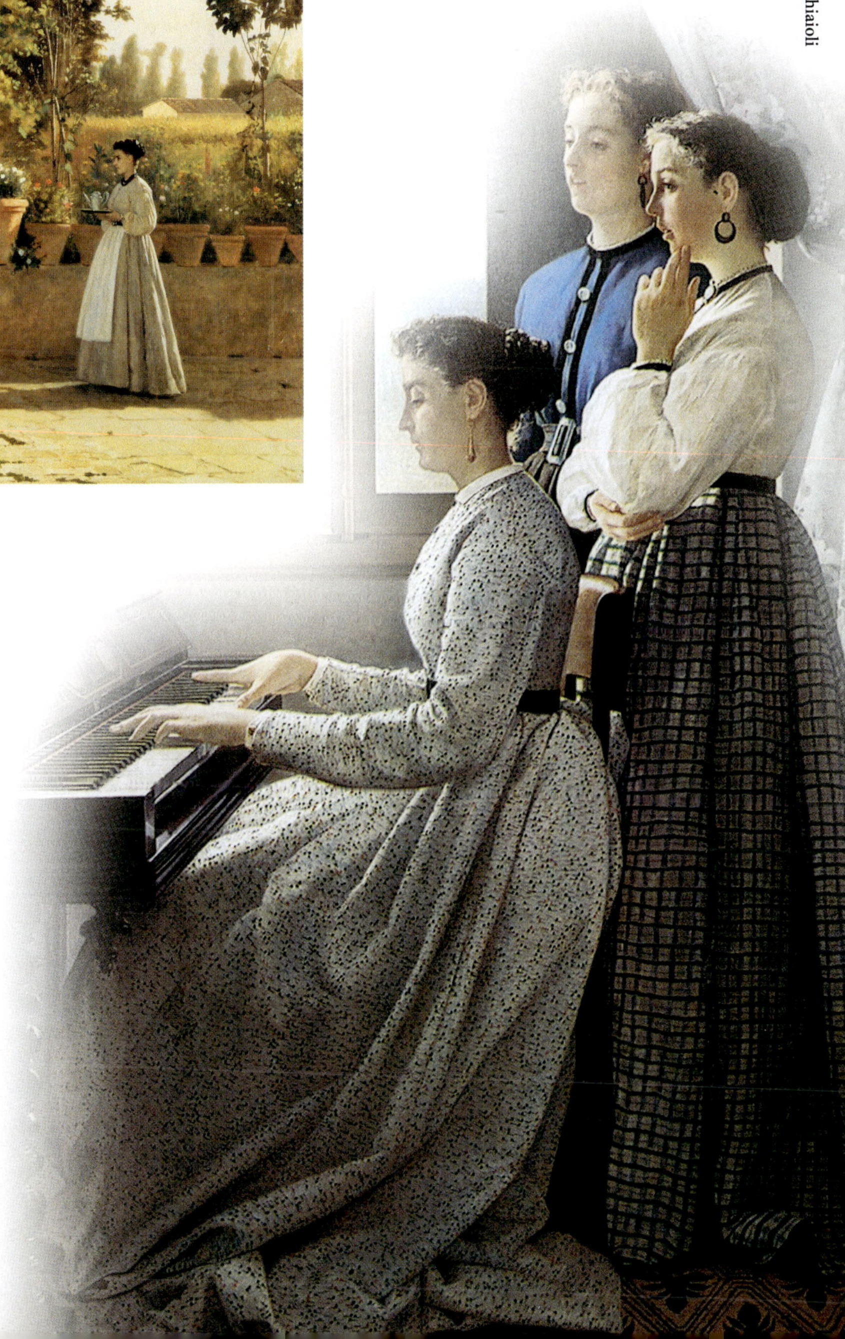

Silvestro Lega
Gesang des Stornello (Il canto dello stornello), 1867
Florenz, Galleria d'Arte Moderna di Palazzo Pitti

Dieses feinsinnige Bild zeigt die liebenswerte lyrische Intimität Silvestro Legas (1826–1895), der im ruhigen, alltäglichen Leben kurze anrührende Momente wahrnimmt.

Niederlande, Paris, Provence

1853–1890

Vincent van Gogh

»Ich habe versucht, mit Rot und Grün die schrecklichen menschlichen Leidenschaften auszudrücken«

Als Sohn eines protestantischen Pastors beginnt der junge Vincent Theologie zu studieren. Nach gescheiterten Versuchen, in Den Haag, London und Paris im Kunsthandel Fuß zu fassen, verschlimmert sich sein seelischer Zustand; er beschließt, ins belgische Grubengebiet Borinage zu reisen, wo er wieder als Prediger tätig wird. Unter den Bergleuten erkennt er immer deutlicher, dass er zum Maler berufen ist. Er belegt Kurse an den Akademien in Brüssel und Antwerpen, aber sein Wunsch bleibt es, frei von den traditionellen perspektivischen und technischen Regeln zu malen. Sein Frühwerk mit stark sozialkritischem Inhalt ist deutlich von Daumiers Realismus beeinflusst.

Im Jahr 1886 geht er auf Einladung seines Bruders Theo wieder nach Paris. 1888 lässt er sich in Arles nieder; Gauguin schließt sich ihm an und es entsteht eine ungewöhnliche Künstlergemeinschaft, aus der zahlreiche Werke hervorgehen, die jedoch nur wenige bewegte Monate andauert. Van Gogh beginnt unter Panikattacken und Gewaltausbrüchen zu leiden und hält sich mehrmals in Heilanstalten auf, wo er unbeirrt weitermalt; jedoch verschlechtert sich sein Zustand unaufhaltsam und schließlich begeht er mit einem Pistolenschuss in die Brust Selbstmord.

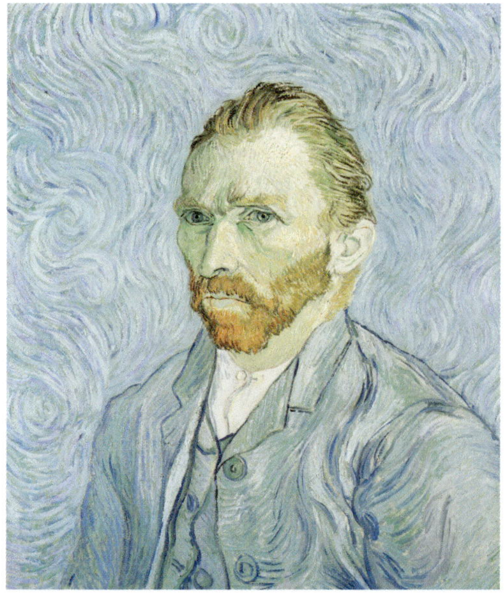

Vincent van Gogh
Selbstbildnis, 1889
Paris, Musée d'Orsay

Van Goghs tragisches kurzes Leben spiegelt sich in seinen Selbstporträts wider; dazu kommen die zahlreichen Briefe an seinen Bruder Theo, die fast tagebuchartigen Charakter haben. Während der fieberhaften Aktivität seiner kurzen Jahre in Frankreich vor dem Selbstmord am Rand eines leuchtenden Kornfelds überschreitet van Gogh die lieblichen Stimmungen der impressionistischen Malerei; jeder Pinselstrich ist jetzt voller existentieller Inhalte.

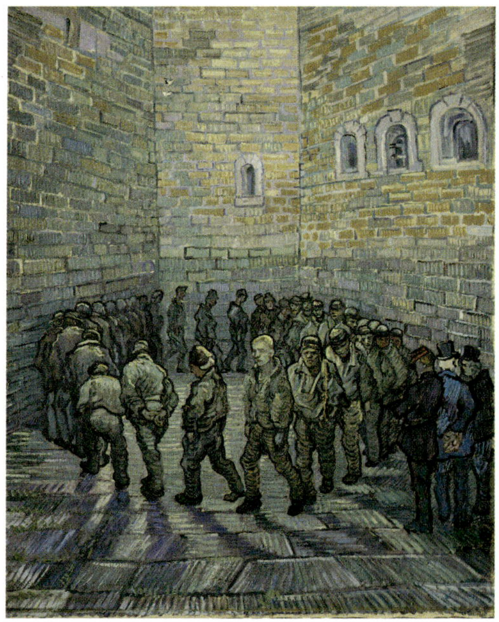

Vincent van Gogh
Rundgang im Gefängnishof, 1890
Moskau, Staatliches Museum der bildenden Künste A. S. Puschkin

Mit seinem Verlangen nach Wahrheit fordert van Gogh in tragischer Weise die Realität heraus, bis hin zu Wahnsinn und Selbstmord.

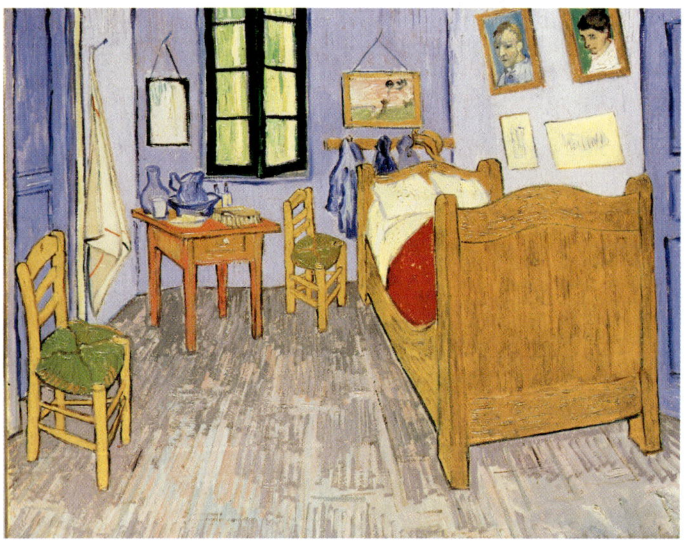

Vincent van Gogh
Van Goghs Zimmer in Arles, 1889
Paris, Musée d'Orsay

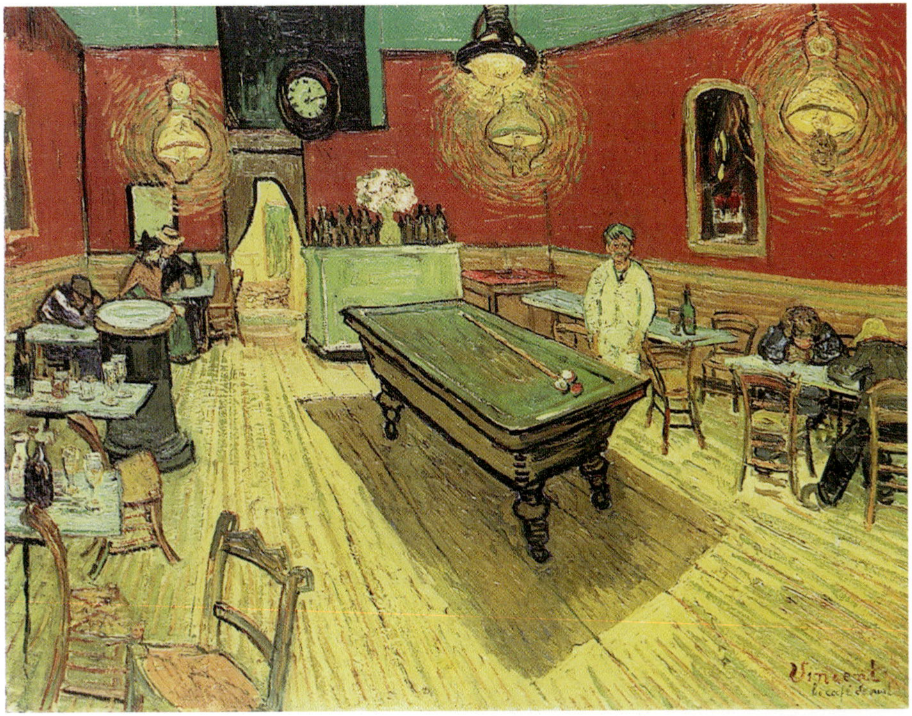

Vincent van Gogh
Das Nachtcafé an der Place Lamartine, 1888
New Haven, Yale University Art Gallery

Das Lokal als Treffpunkt von Nachtmenschen, Umherstreifenden und Künstlern auf der Suche nach Nähe wird beherrscht von dem riesigen schräg stehenden Billardtisch. Der Kaffeehauswirt mit seiner weißen Jacke erscheint wie eine optische Zäsur zwischen den lebhaften, durch das künstliche Licht stechend wirkenden Farbtönen. An Werken wie diesem lässt sich van Goghs entscheidende Bedeutung für die Entstehung des Expressionismus erfassen.

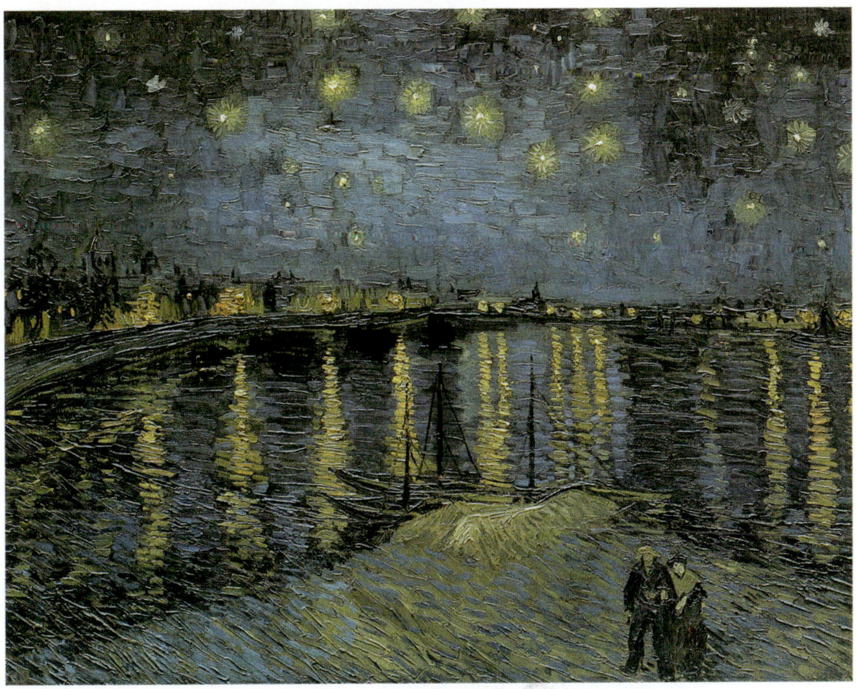

Vincent van Gogh
Sternennacht über der Rhône, 1888
Paris, Musée d'Orsay

Der Anblick der im Wasser gespiegelten Sterne dieser klaren südfranzösischen Nacht wird zu einem kosmischen Schauspiel voll ungeheurer Energie, in der sich eine zunehmend unerträgliche innere Spannung zeigt.

Kornfeld mit Raben

Dieses Bild im Amsterdamer Van Gogh Museum ist vielleicht das letzte und dramatischste Werk des Malers, der wenig später am Rain eben dieses Felds mit einem Revolverschuss Selbstmord begeht. Auf dem Höhepunkt seiner Krankheit stürzt sich van Gogh in ein fieberhaftes Schaffen, das aber, statt seine Ängste zu beruhigen, die innere Spannung noch verstärkt. Natur und Landschaft wirken deformiert, erregt und voller Vorzeichen wie den düster erscheinenden Raben über dem Feld, die mit sehr wenigen Pinselstrichen hingeworfen sind. Van Gogh mischt die Farben nicht auf der Palette: Jeder Pinselstrich ist ein entschiedenes, deutlich erkennbares Zeichen und hinterlässt eine stark abgegrenzte Farbspur. Das starke Gelb des Getreides kontrastiert mit dem Braun des Erdbodens und dem dunklen Blau des Himmels, als bekämpfte jedes der Elemente das andere. Dieser Eindruck wird verschärft durch die unzusammenhängend-gewaltsamen Schraffuren und das völlige Fehlen einer »klassischen« Harmonie und der feinen Farbabstufungen der Impressionisten. Van Gogh malt seine Landschaften fast immer ohne Zeichnung oder Entwurf: Was der Maler mit den Augen sieht, wird durch seinen Geisteszustand völlig verwandelt; es entsteht ein inneres Bild, das die äußere Realität nur zum Aufhänger nimmt.

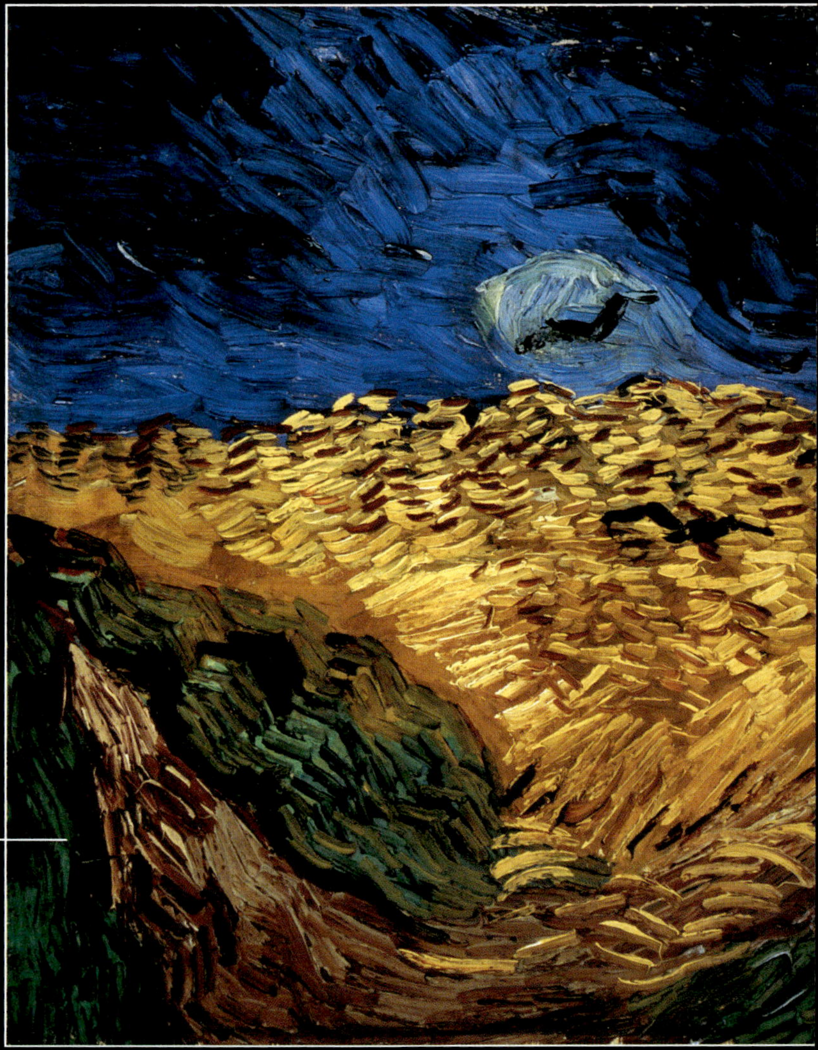

Vor allem zum Rand hin scheinen die Pinselstriche verzweifelt-gewaltsam wie Messerstiche in die Leinwand eingehauen. Mit seinem Verlangen nach unbedingter Wahrheit fordert van Gogh in tragischer Weise die Realität heraus, bis hin zur seelischen Zerrüttung.

Anders als bei Bildern mit ähnlichem Thema vermittelt das Kornfeld nicht das Gefühl von Helligkeit. Die dramatischen, dunklen Töne werden vom düsteren Flug der Raben und von den ekstatischen, pastosen Pinselstrichen noch verstärkt. Am Himmel bilden sich Strudel, die an die visionären Nachtszenen erinnern.

Die Raben werden mit ganz wenigen schnellen schwarzen Strichen wiedergegeben. Zwar bleiben die Vögel klar erkennbar, scheinen aber mit zunehmender Entfernung zum Hintergrund hin mit den dunkleren Stellen des Himmels zu verschmelzen; sie werden so zum unheilvollen Symbol eines unentrinnbaren Schicksals.

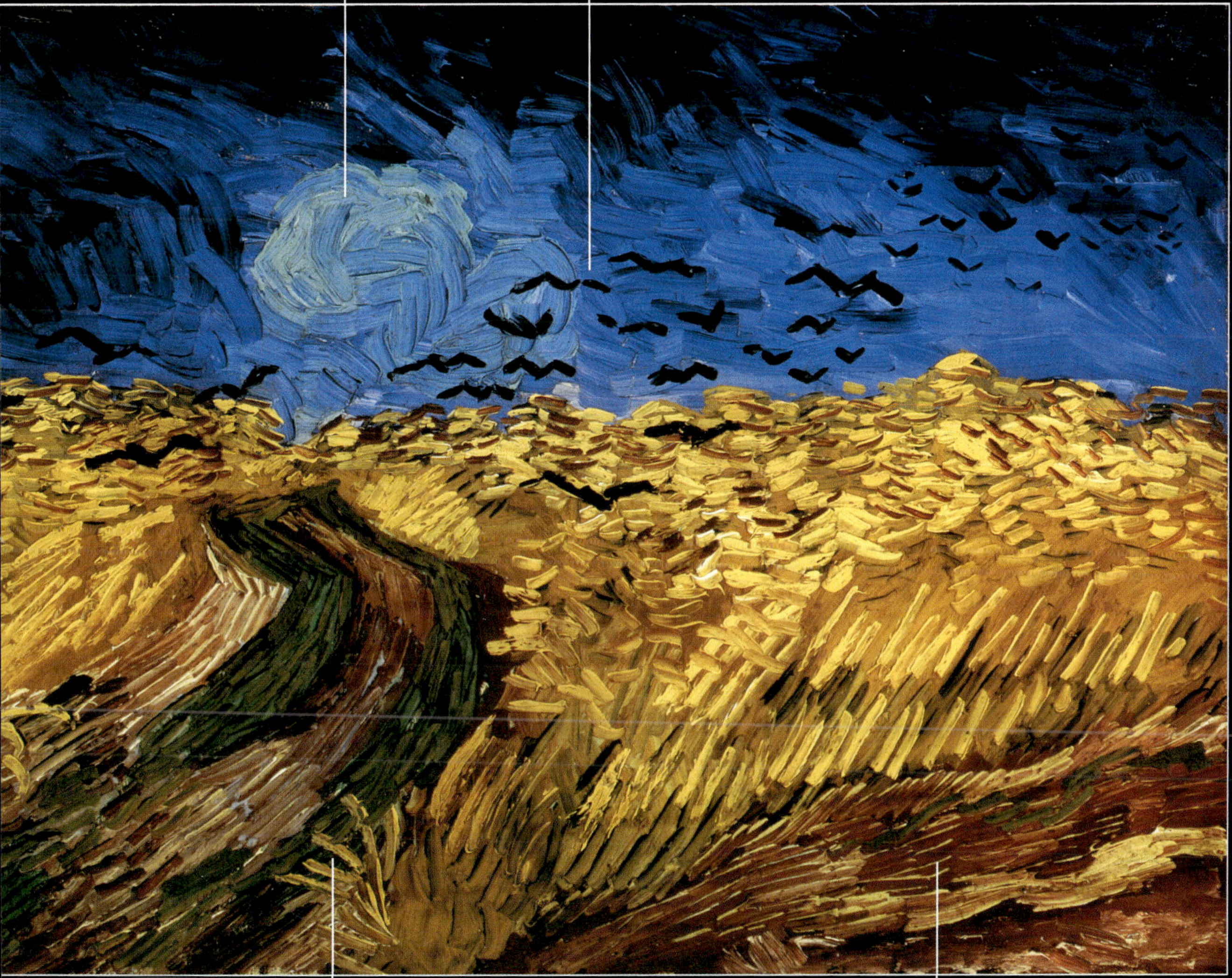

Van Gogh hat nie seine mangelhafte technische Ausbildung verhehlt. Würde man seine Bilder nach akademischen Kriterien beurteilen, so wären zahlreiche schwere Fehler festzustellen. Ein deutliches Beispiel ist die Perspektive des steilen Wegs durch die Felder: Van Gogh wendet nicht einmal die einfachsten Regeln der räumlichen Darstellung an, sondern konzentriert sich ausschließlich auf die Ausdrucksintensität.

Die Pinselstriche kann man einzeln zählen und somit die »Spuren«, die der Künstler hinterlassen hat, genau verfolgen. Dieser Stil findet in der Malerei des 20. Jahrhunderts viele Nachfolger, vor allem im Expressionismus.

Bretagne, Tahiti

1848–1903

Paul Gauguin

Auf der Suche nach Reinheit ans Ende der Welt
Gauguin liebt das Abenteuer, die Reinheit; er sieht Paris daher mit ganz anderen Augen als die Impressionisten. Für ihn ist die Ville Lumière ein erstickendes Gefängnis, dem man entfliehen muss. In der »wilden« Bretagne malt er ab 1885 seine ersten bedeutenden Werke mit sehr einfachen Formen und lebhaften Farben. Es geht ihm erklärterweise »mehr um Andeutung als um Beschreibung«; auf die anziehende Farbe und Helligkeit der Impressionisten verzichtet er. 1888 wird er in Arles van Goghs Gast; die kurze, bedeutsame Freundschaft der beiden großen »peintres maudits« des Postimpressionismus endet jedoch in der Katastrophe. Gauguin kehrt nach Pont-Aven in der Bretagne zurück, sein eigentliches Ziel liegt jedoch viel ferner: Er schifft sich nach Tahiti ein, um in einer wahren, unmittelbaren »primitiven Kultur« zu leben, und entfernt sich von der modernen Gesellschaft, die keinen Raum für die Phantasie mehr bietet. Als die Elektrizität nach Tahiti gelangt, flieht er auf die Marquesas-Inseln; dort stehen ihm in seiner Todesstunde ein Medizinmann und ein Missionar bei.

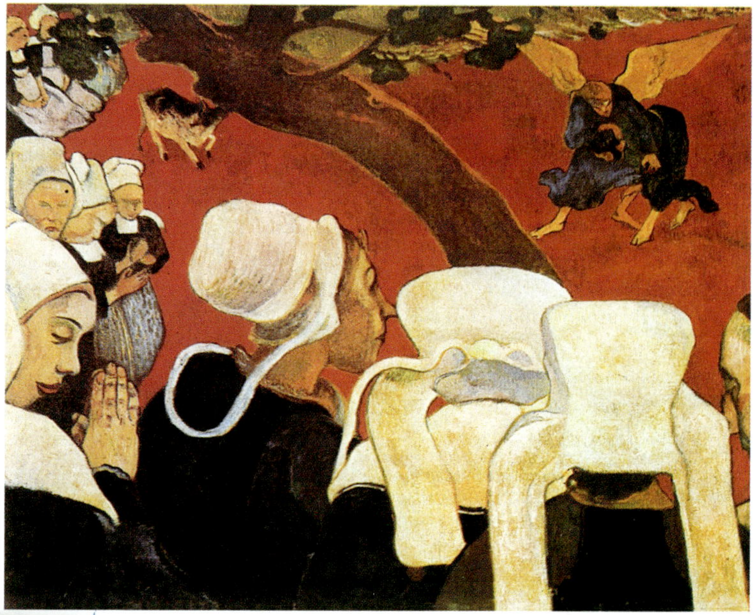

Paul Gauguin
Vision nach der Predigt oder *Jakobs Kampf mit dem Engel*, 1888
Edinburgh, National Gallery of Scotland

Als Schlüsselwerk von Gauguins Zeit in der Bretagne und des so genannten Synthetismus verbindet dieses Bild die Wirklichkeitsebene, nämlich die Frauen in bretonischen Trachten im Vordergrund, mit der Vision des biblischen Kampfes zwischen Jakob und dem Engel.

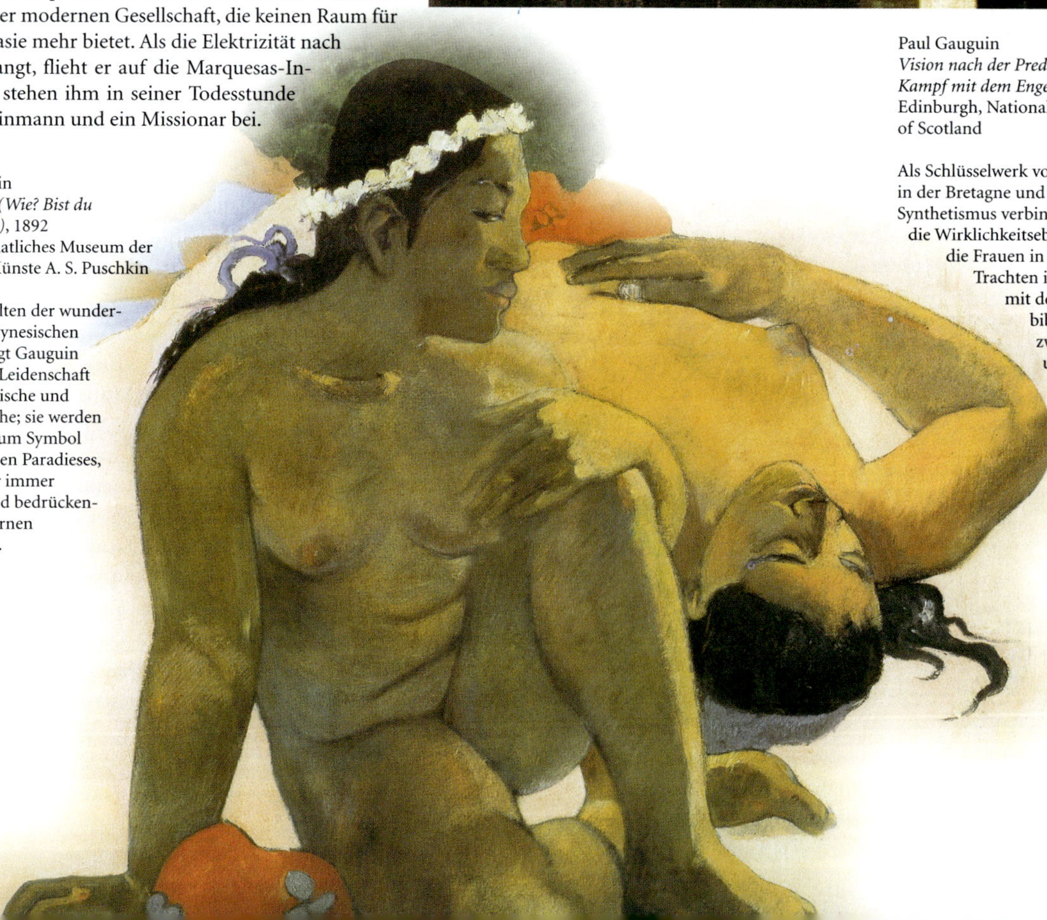

Paul Gauguin
Aha oe feii? (Wie? Bist du eifersüchtig?), 1892
Moskau, Staatliches Museum der bildenden Künste A. S. Puschkin

In die Gestalten der wunderschönen polynesischen Mädchen legt Gauguin seine ganze Leidenschaft für das Exotische und Ursprüngliche; sie werden sozusagen zum Symbol des verlorenen Paradieses, fern von der immer graueren und bedrückenderen modernen Gesellschaft.

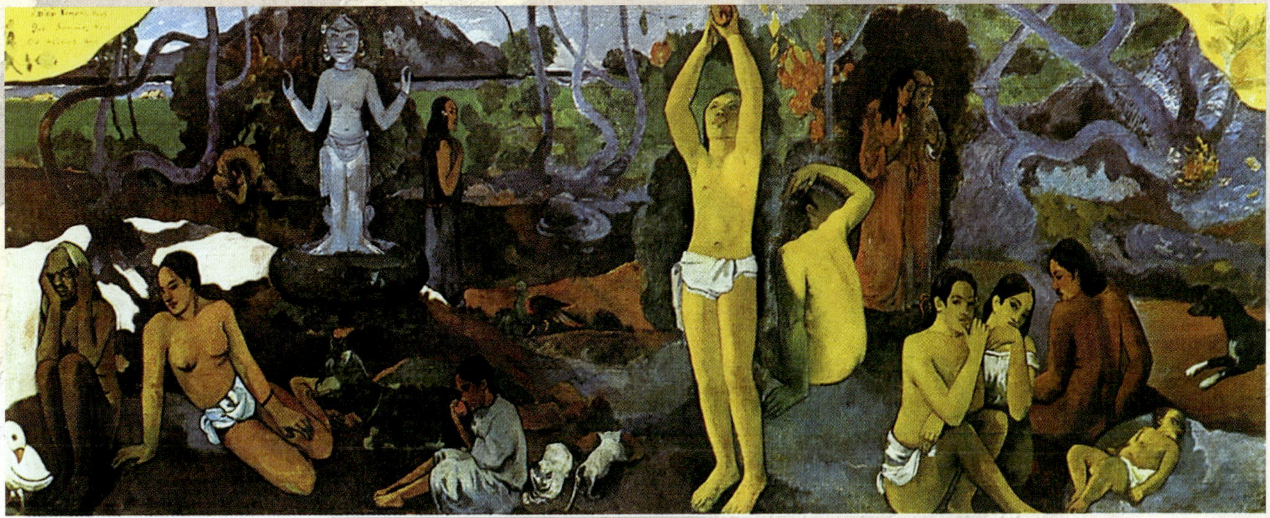

Paul Gauguin
Woher kommen wir? Wer sind wir? Wohin gehen wir?, 1897–1898
Boston, Museum of Fine Arts

Die vereinfachten Formen, die geometrisierten, synthetischen Konturen und starken Hell-Dunkel-Kontraste symbolisieren eine geheimnisvoll einfache Welt ohne jeden Konformismus.

Hintergrund
Paul Gauguin
Selbstbildnis mit gelbem Christus, 1889
Paris, Musée d'Orsay

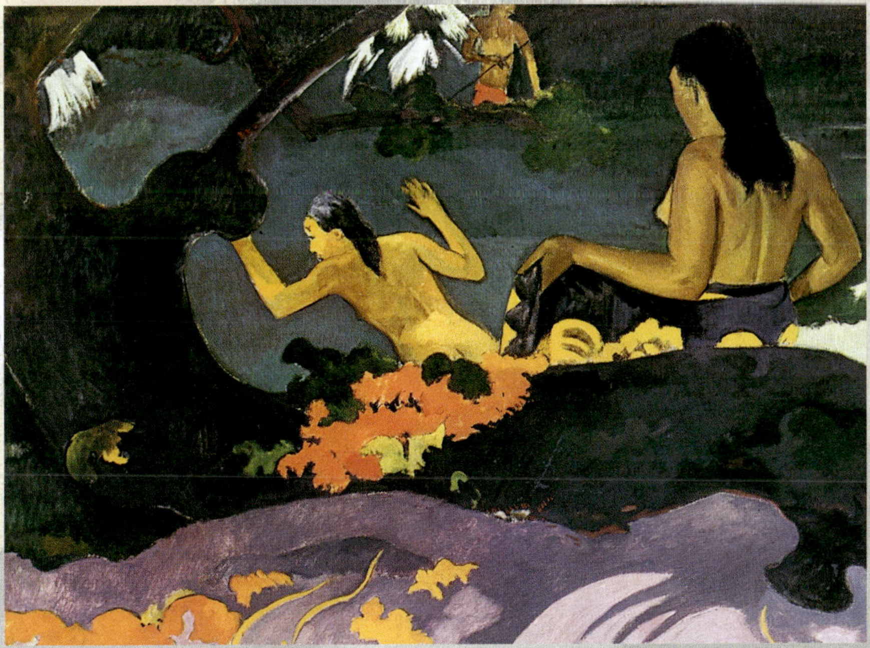

Paul Gauguin
Fatata te miti (Am Meer), 1892
Washington, National Gallery of Art

Die während der langen Jahre im Pazifik entstandenen Gemälde sind einerseits Bilder einer fernen Welt, andererseits symbolischer Ausdruck einer natürlichen und moralischen Reinheit. Dieses Seestück verbindet Beschreibung und Andeutung: Die starken, ungewöhnlichen Farben der Natur, die nackten, braunen Körper der Eingeborenen und die Üppigkeit der Vegetation illustrieren eine für den Europäer ungewohnte Szenerie.

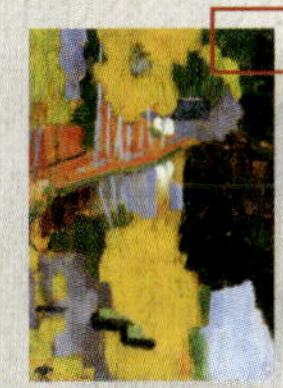

Der Talisman der Nabis

In den 80er Jahren wird die Pension der Madame Gloanec in dem bretonischen Dorf Pont-Aven als eines der fortschrittlichsten »Kunstzentren« betrachtet. Um den überschwänglichen Gauguin sammelt sich eine Gruppe junger Schwärmer, darunter der Dichter Émile Bernard und die Maler Maurice Denis und Paul Sérusier. Die Gruppe gibt sich den Namen »nabis« (hebräisch für »Prophet«); insgesamt kann sie als eine der ersten symbolistischen Strömungen betrachtet werden. Ein Landschaftsbild Sérusiers ohne große Ansprüche wird zu ihrem »Talisman«. Die Farben sind in großen Flächen aufgetragen und klar voneinander getrennt, ohne Vermischungen, Tiefendimension oder Licht und Schatten. Das Gemälde verdeutlicht das Motto der Nabis: »Ein Bild ist eine mit Farbe bedeckte Fläche«, dem auch Gauguin folgt.

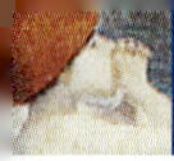

Paris, Saint-Tropez

1880–1900

Seurat und der Pointillismus

Wie Silberkörner auf dem fotografischen Film
Um 1880 geht der Impressionismus seinem Ende zu. Zwar fahren viele Künstler der Bewegung fort zu malen; einige von ihnen, etwa Pissarro, bleiben den Prinzipien der Licht- und Farb-Impression unbedingt treu; andere, etwa Monet, sondern sich ab und suchen auf sehr persönliche Weise nach neuen Wegen, bis an die Grenze der Abstraktion. In der europäischen Malerei ist der Einfluss des Impressionismus bis ins erste Jahrzehnt des 20. Jahrhunderts spürbar, jedoch überdeckt von neuen, faszinierenden Anregungen und Entdeckungen, die durchsetzungsfähiger und dauerhafter sind als die komplizierten Ideen der Nabis und Symbolisten. Soweit sie das Verhältnis zwischen Malweise und wirklichem Licht betreffen, finden die impressionistischen Prinzipien eine sehr interessante Fortsetzung in der Technik des Pointillismus, dessen Hauptvertreter Georges Seurat (1859–1891) auch ein geschickter Fotograf ist. Seine Szenen sind genau studiert, die Figuren absolut statisch; vor allem die Art des Farbauftrags ist neuartig. Den Gesetzen der Optik entsprechend wird jede Farbe in Form von zahlreichen, kleinen Pünktchen aufgebracht; aus der Ferne scheinen sie zu verschmelzen und auf raffinierte Weise die Übergänge von Licht und Schatten und der Farbtöne wiederzugeben. Dem Stil Seurats folgen verschiedene Künstler, darunter Paul Signac (1863–1935), den vor allem das Seestück und die Farben der Mittelmeerküste anziehen; andere Künstler rufen in ganz Europa Bewegungen mit ähnlichen Techniken ins Leben.

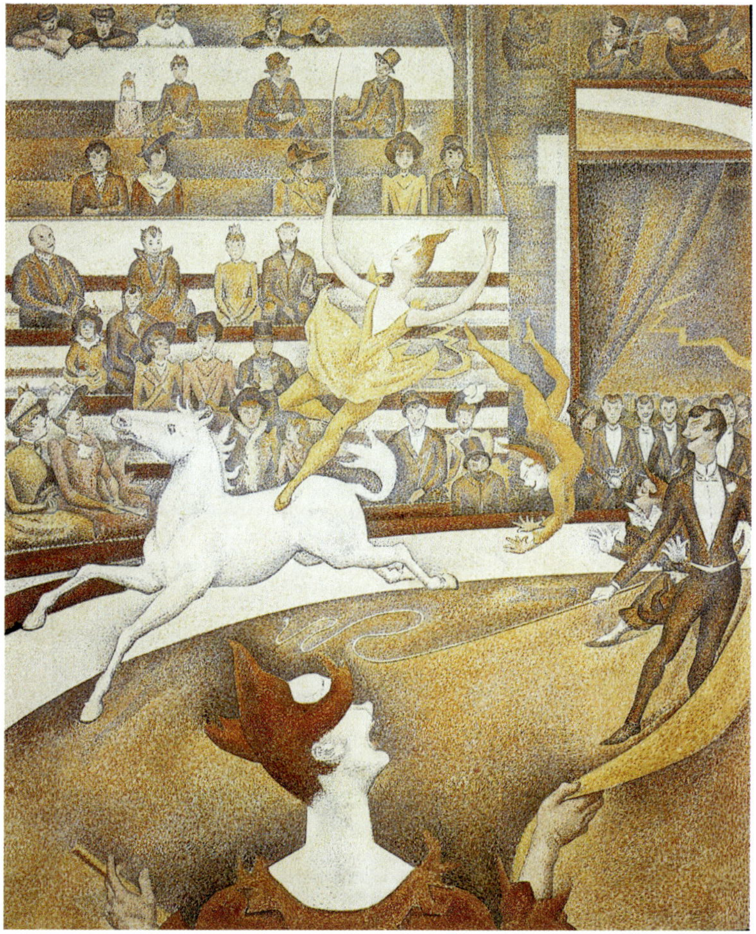

Georges Seurat
Der Zirkus, 1891
Paris, Musée d'Orsay

Von den Schwingungen des Nachmittagslichts geht Seurat zur nervösen, unnatürlichen Lebendigkeit der Farben des Zirkus über, wo Gesten, Gesichter und Bewegungen angestrengt wirken. Das Bild blieb durch den frühen Tod des Malers unvollendet.

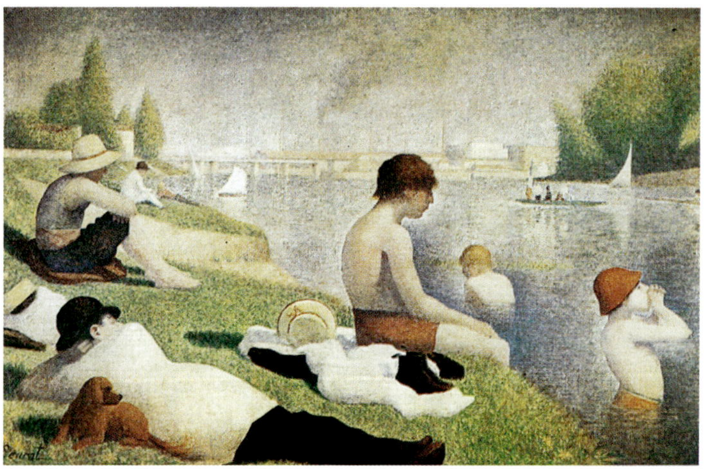

Georges Seurat
Badeplatz in Asnières, 1884
London, The National Gallery

In diesem großformatigen, aufwändig gemalten Bild setzen sich Poesie und Stil der *Grande Jatte* fort; die Starrheit der Gesten erscheint hier fast metaphysisch.

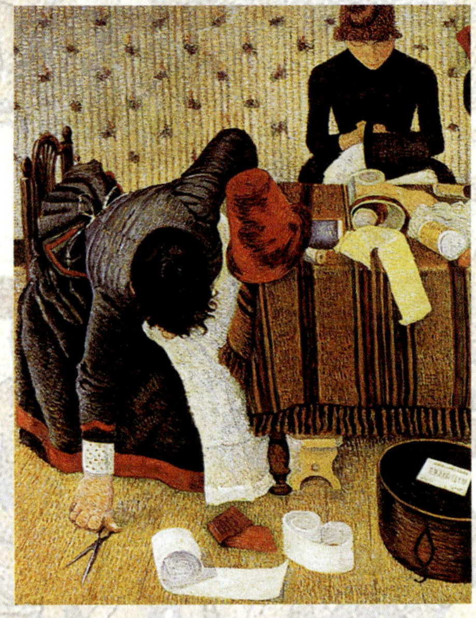

Paul Signac
Die Modistinnen, 1885
Zürich, Stiftung Sammlung E. G. Bührle

Im Jahr 1884 lud man Signac zum Salon der »Société des Artistes Indépendants« ein; bald wurde er zu einer herausragenden Persönlichkeit der neuen Generation.
Ab 1886 übernimmt er Seurats Pointillismus und beginnt in theoretischen Schriften die Zerlegung der Farben zu erforschen. Diese Analyse übersetzt sich in einer Malweise, bei der Seurats »Punkt« in einen kleinen Fleck oder kurzen Pinselstrich verwandelt wird. Nach der Begegnung mit van Gogh und dem frühen Tod Seurats 1891 entwickelt Signac einen eigenständigen Stil, den so genannten Neoimpressionismus, eine Mitte zwischen dem kalkulierten Rhythmus der Kompositionen Seurats und dem hellen Licht und der Farbe der impressionistischen Tradition.

Paul Signac
Les Andelys – La Berge, 1886
Paris, Musée d'Orsay

Als Architekturstudent beginnt Signac seine Laufbahn wie unzählige Amateure mit dem Malen am Seineufer; auch als er bereits ein bekannter Künstler ist, schätzt er das Motiv noch.

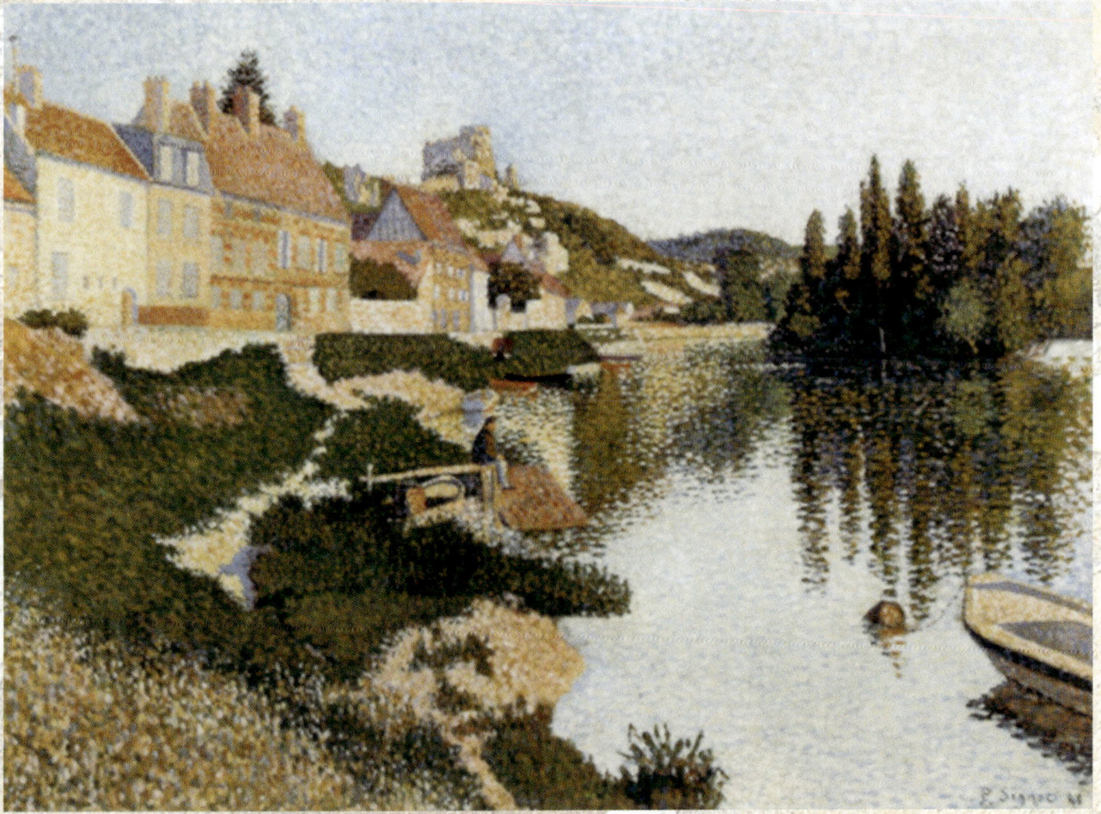

Georges Seurat

1884–1886

Ein Sonntagnachmittag auf der Insel Grande Jatte

Erst nach einer langen Reihe von Zeichnungen, Skizzen, Entwürfen und Studien vollendet Seurat sein berühmtestes Bild, ein zentrales Werk der Kunstgeschichte. Es befindet sich im Art Institute in Chicago und ist über zwei Meter hoch und drei Meter breit.
Die Grande Jatte ist eine kleine Insel in einem Park an der Seine; hier gehen die Pariser im Sommer spazieren. Seurat stellt einen sonnigen Nachmittag dar, aber die Stimmung ist keineswegs festlich: In ihrer stillen Reglosigkeit wirken die Figuren melancholisch einsam und voneinander isoliert, deutlich anders als in Renoirs lebensfrohen Ausflugsbildern. Zwar erinnern das Thema und die diffuse Helligkeit an den Impressionismus, aber Seurats Gefühlswelt, seine Maltechnik und der sehr kalkulierte Rhythmus der Komposition stehen in radikalem Gegensatz zu den Stimmungsbildern Monets und seiner Gefährten. Seurat legt eine feierliche, durchdachte Szene an, deren Rhythmus der reglosen Monumentalität der Personen folgt. Die unwirklich-schwebenden Gesten führten zu dem inzwischen gängigen Vergleich mit den Bildern Piero della Francescas aus dem 15. Jahrhundert, vor allem den Fresken in Arezzo. Und schließlich ist das Bild das technische Manifest der von Seurat angestoßenen postimpressionistischen Strömung des Pointillismus: Die Farbe wird in Form von zahlreichen kleinen Einzelpunkten auf die Leinwand aufgetragen, die fast unmerklich die Übergänge zwischen Schatten und Licht wiedergeben.

Seurats äußerst exakter und langsamer Farbauftrag basiert auf einem genauen Studium der Optik und nimmt bewusst den physikalisch-chemischen Prozess zum Ausgangspunkt, bei dem das Licht die Silberkörner auf der fotografischen Platte »anregt« und so das Bild fixiert. Seurat selbst gehörte zu den Pionieren der Fotografie als Kunstwerk.

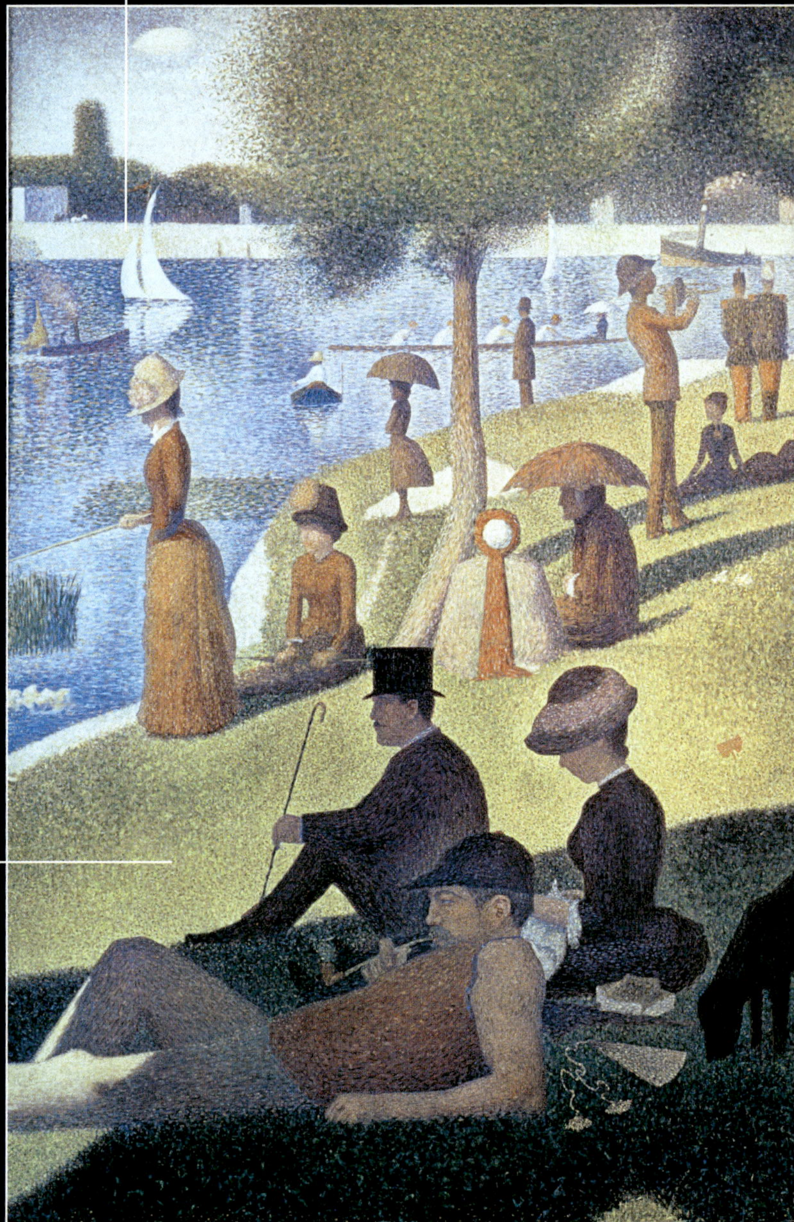

Deutlich wird der Unterschied zu den Impressionisten bei der Darstellung des Wassers. Monet, Sisley und Renoir setzten sich mehrmals mit Flüssen, Meeren und Seen auseinander und erfassten vor allem den Aspekt des »panta rei«, des ewigen Fließens; Seurat zeigt hingegen eine fast unbewegte Fläche, die von den farbigen Spiegelbildern der Boote, Segel und Ufer sehr genau charakterisiert wird. Er ist sich des Ergebnisses sehr bewusst; in seiner Feierlichkeit und Kalkuliertheit nimmt es die abstrakte Kunst vorweg.

Eine Tiefendimension wird durch die regelmäßige Abfolge dunkler Schatten und sehr hellen Lichts erreicht. Zum Hintergrund hin nimmt dieser Wechsel die Regelmäßigkeit eines Schachbretts an, auf dem die Figuren wie Spielsteine angeordnet sind. Das Bild, das eine eher banale Realität zum Ausgangspunkt hat, bekommt einen schwebenden, fast surrealen Ton: Seine Bedeutung für Künstler wie Delvaux, Balthus und Magritte ist offensichtlich.

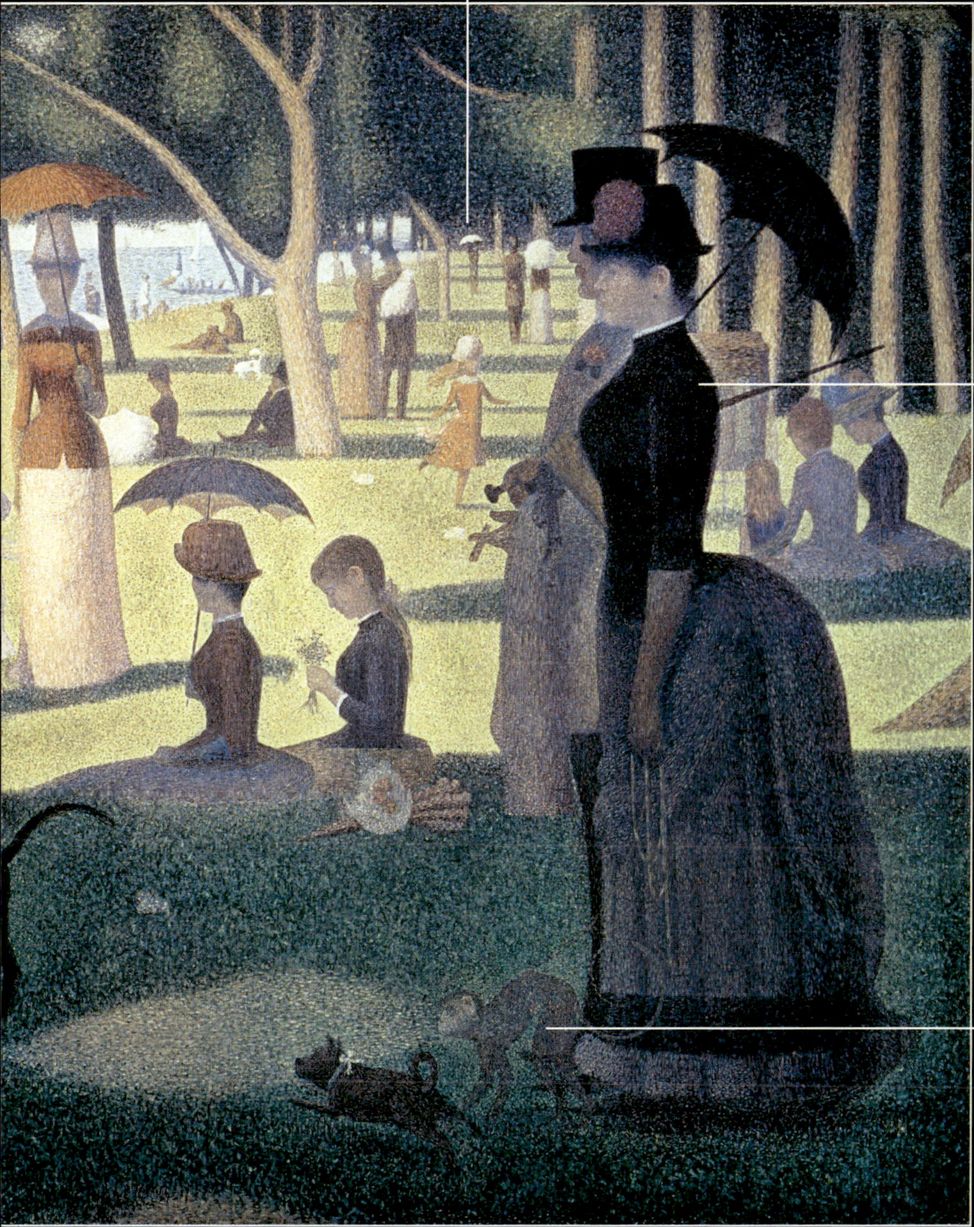

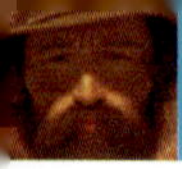

Süditalien

1880–1910

Der Divisionismus

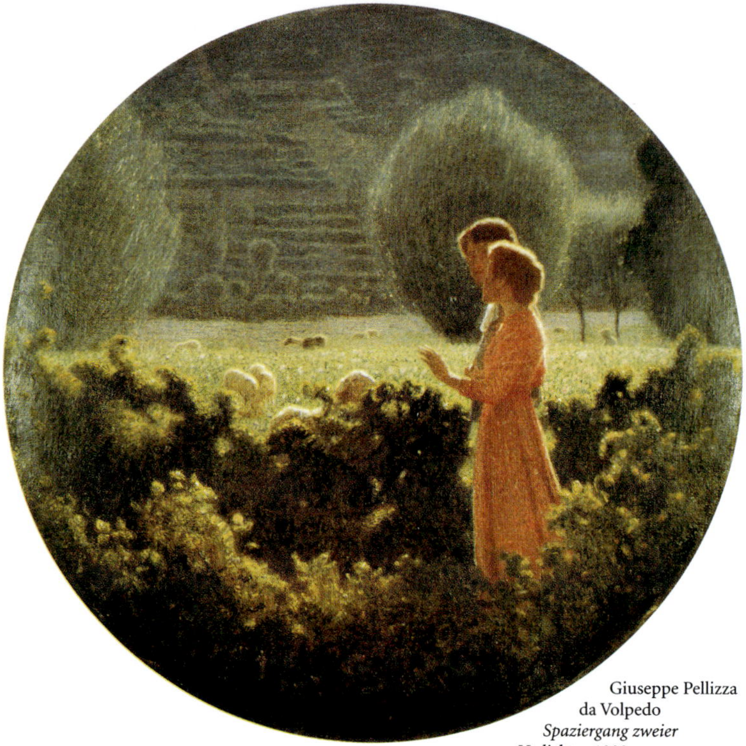

Giuseppe Pellizza da Volpedo
Spaziergang zweier Verliebter, 1902
Ascoli Piceno, Pinacoteca Civica

»Zerlegte« Farbe für das »vereinte« Italien
Die interessanteste Strömung der italienischen Malerei der Jahrhunderwende ist der Divisionismus, eine sehr originelle Weiterentwicklung des französischen Pointillismus. Die Maltechnik ist ähnlich: ein sehr dichtes Netz kleiner, voneinander getrennter Farbflecken (beim Divisionismus handelt es sich nicht um Punkte, sondern um kurze Striche), die aus der Nähe sehr gut unterscheidbar sind, aus größerer Entfernung betrachtet aber Formen, Figuren und Farbflächen bilden. Ein sprechendes Beispiel hierfür sind die Gemälde Segantinis; sie schildern feine Gebirgsstimmungen, in denen eine alpenländische Naturmystik und die Suche nach Reinheit im Licht und in der Seele zu fühlen sind. Noch bedeutsamer wird die Technik des Divisionismus für große Szenen mit sozialen Themen, welche die Schwierigkeiten einer seit kurzem vereinten und in mühevollen Veränderungen begriffenen Nation darlegen. An die Stelle der alten bäuerlichen Struktur treten zu jener Zeit vor allem im Norden die Entwicklung der Industrie und die Welt der wachsenden Städte mit großen Baustellen.

Giuseppe Pellizza da Volpedo
Der vierte Stand, 1898–1901
Mailand, Villa Reale – Galleria d'Arte Moderna

Dieses Bild, dem etwa ein Dutzend Entwürfe und Studien vorausgehen, ist ein Manifest der gesellschaftlichen Veränderungen; es zeigt in monumentaler Weise den Marsch einer neuen Arbeiterklasse vom Land zu den neuen städtischen Industriegebieten.

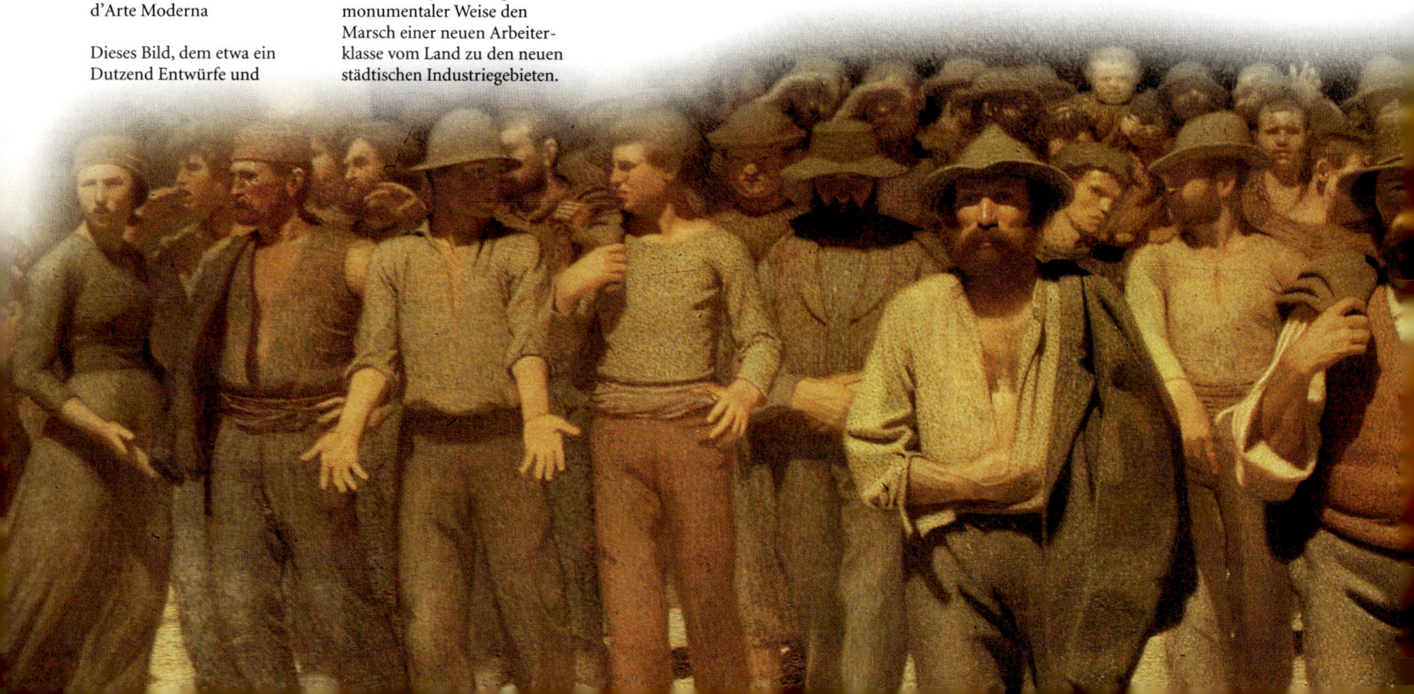

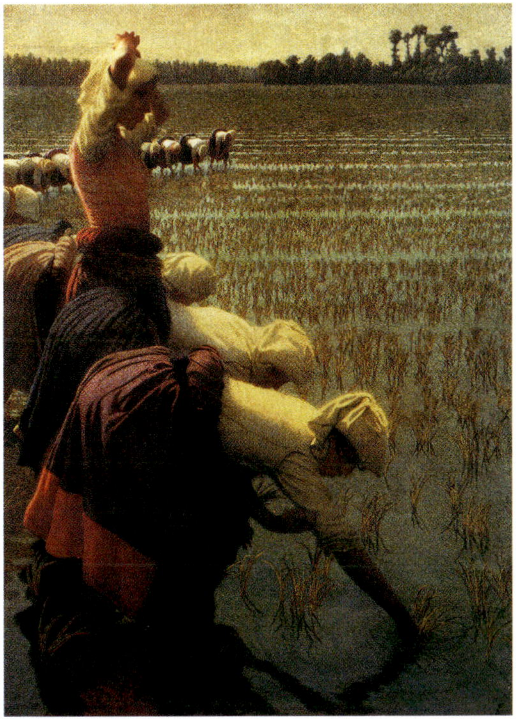

Angelo Morbelli
Im Reisfeld, 1898–1901
Privatsammlung

Ohne gelehrte Anspielungen oder Patriotismus interpretiert Morbelli (1853–1919) die menschlichen und sozialen Themen des jungen Nationalstaats Italien.

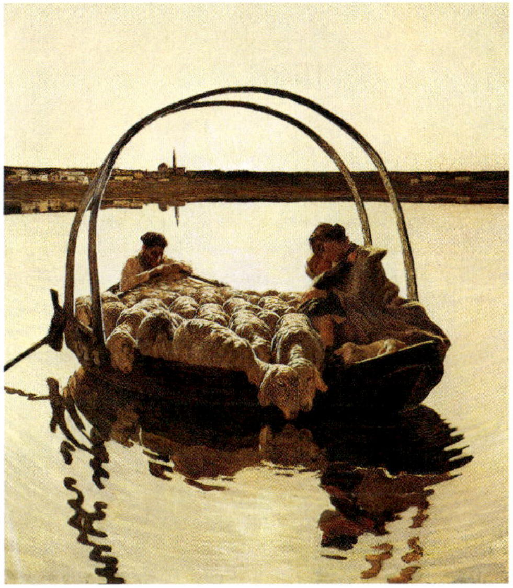

Giovanni Segantini
Ave Maria, 1886
Sankt Gallen,
Privatsammlung

Dieses Gemälde beinhaltet weit mehr als die Illustration eines idyllischen Moments: Die Herde auf dem Boot, das den ruhigen See überquert, symbolisiert das gemeinsame Schicksal der Menschheit, die sich für die Unwägbarkeiten des Lebens dem Guten Hirten anvertraut. Der aus dem Trentino stammende Segantini (1858–1899) liebt die Berge und die Natur; er schildert sehr bedeutungsvoll das ruhigheitere und zutiefst ethische bäuerliche Leben, das an die immerwährenden Rhythmen der Natur gebunden ist und nicht von der zunehmenden Industrialisierung der Städte berührt wird.

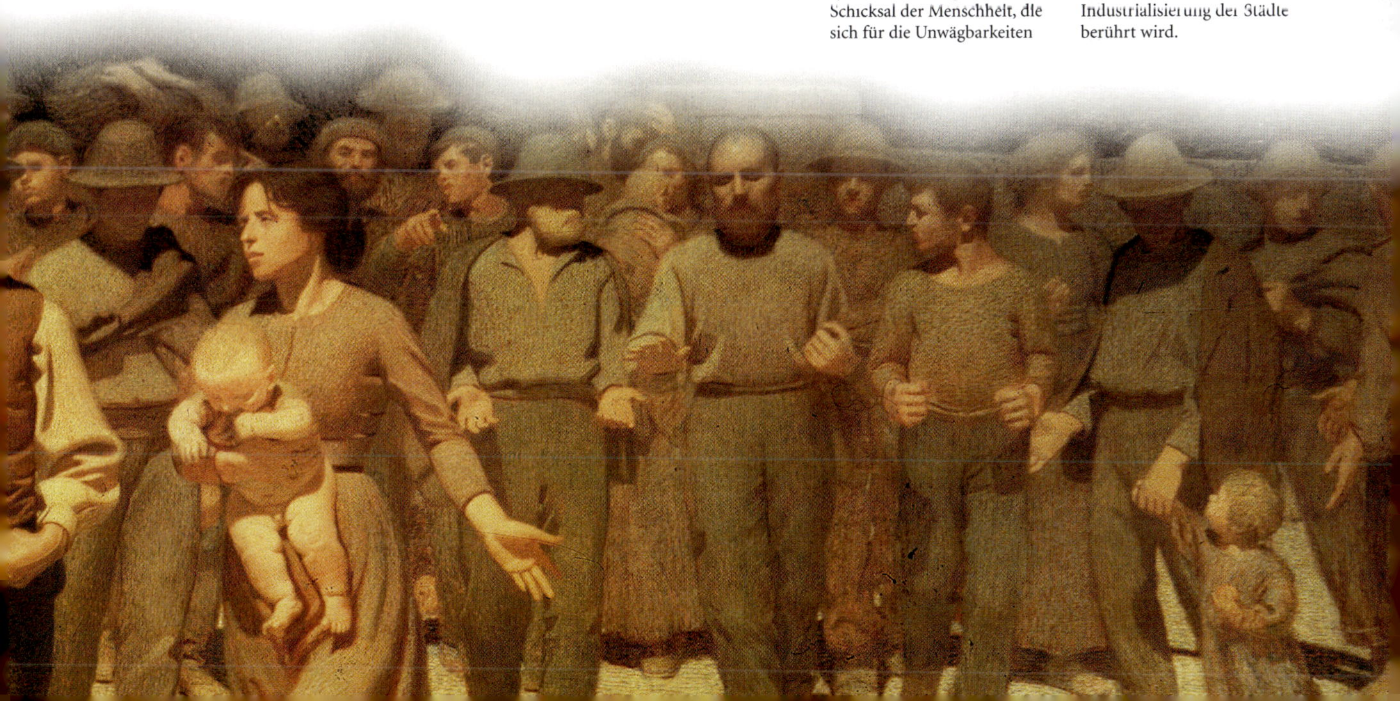

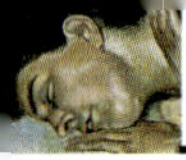

1886–1905

Der Symbolismus

Zwischen Literatur und Ästhetik der Dekadenz

Das Jahr 1886 wird als Beginn des Symbolismus aufgefasst: In der Zeitung »Le Figaro« veröffentlicht der Dichter Jean Moréas das Manifest des Symbolismus. Sicher ist es kein Zufall, dass im gleichen Jahr die letzte gemeinsame Ausstellung der Impressionisten stattfindet: Der Symbolismus entsteht als Gegenbewegung zu den lebendigen, wahren, konkreten Bildern der Impressionisten. Die Symbolisten wollen die einfache und materielle Wirklichkeit überschreiten, wollen neue Horizonte erforschen, den wahren Grund des Seins entdecken und offenbar machen. Der Name der Bewegung kommt von dem griechischen Wort für »zusammenwerfen«; er steht für Bedeutungsverweise und -vernetzungen zwischen wenig zusammenhängenden Vorstellungsbildern. Diese neue Richtung verbreitet sich über ganz Europa, mit recht unterschiedlichen Ergebnissen, die dem Einfluss von Schriftstellern wie Oscar Wilde, Maeterlinck, Huysmans und D'Annunzio sowie von Philosophen wie Schopenhauer, Freud und Bergson in den jeweiligen Ländern zuzuschreiben sind. Andererseits ist ein starker, teilweise neurotischer Individualismus ein Kennzeichen der Bewegung. Anfang des 20. Jahrhunderts entwickelt sich aus dem Symbolismus eine neue Strömung mit ähnlichen Merkmalen, aber verschiedenen Namen: In Deutschland nennt man sie Jugendstil, in Frankreich Art Nouveau, in Spanien Modernismo und in Italien und England Liberty. Hier handelt es sich um einen eleganten, dekorativen Stil, der mehr in der angewandten Kunst als in der Malerei auftritt, seine Motive aus der Natur bezieht und bewegte, geschwungene Linien bevorzugt.

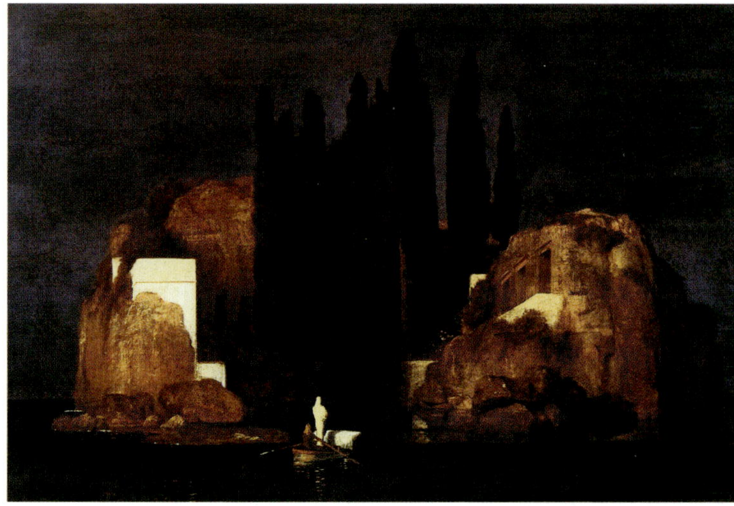

Arnold Böcklin
Die Toteninsel, 1880
Basel, Kunstmuseum

In zahlreichen Fassungen beschreibt der Schweizer Böcklin (1827–1901) die Reise der in einen weißen Mantel gehüllten Gestalt der Seele durch überirdische Welten. Eine kleine Schaluppe gleitet über ein ruhiges, endloses Meer und nähert sich still und langsam einer geheimnisvollen Insel mit hohen, felsigen Ufern. Die großen, dunklen Zypressen sind das traditionelle Symbol für Friedhöfe und auch die undeutlich erkennbaren Gebäude erinnern an Grabbauten. Der in Italien tätige und humanistisch hoch gebildete Maler beschreibt präzise einen imaginären Ort, in dem sich Symbole mit Elementen realer Landschaften mischen.

Fernand Khnopff
Die Kunst (oder *Die Sphinx* oder *Les caresses*), 1896
Brüssel, Musées Royaux des Beaux-Arts

Die Vielfalt der Interpretationsmöglichkeiten ist ein Kennzeichen des Symbolismus; Khnopff (1858–1921) ist ein bedeutender Vertreter dieser Kunstrichtung.

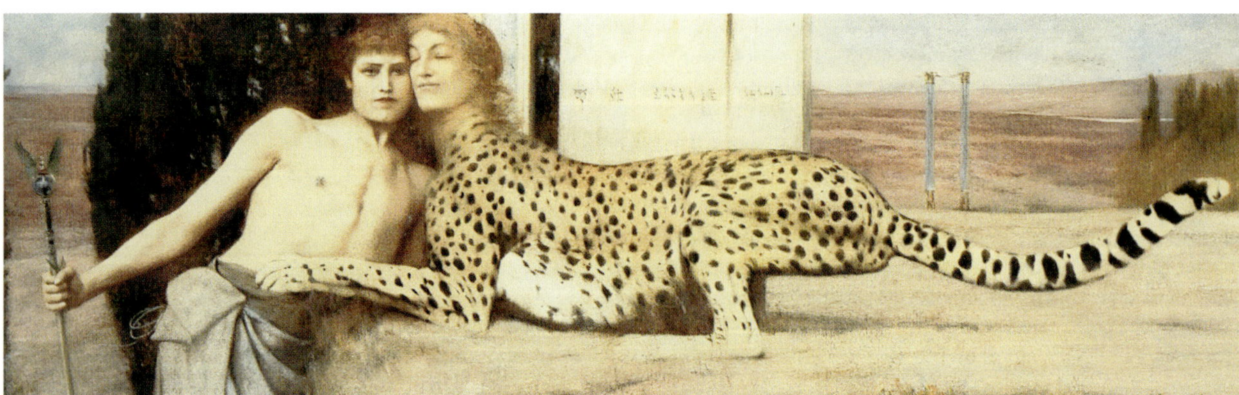

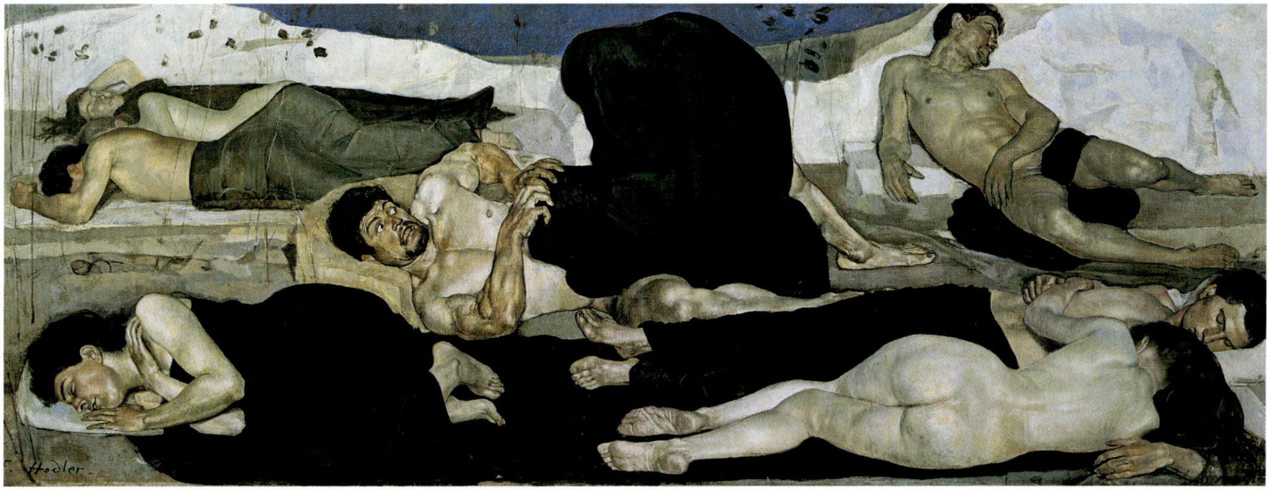

Gustave Moreau
Die Erscheinung (L'apparition), 1876
Paris, Musée Gustave Moreau

Eine Vielzahl exotischer Elemente und die Vermischung von Mystik und Eros sind charakteristisch für die Kunst des Pariser Malers (1826–1898), der in engem Kontakt zu den Schriftstellern der Jahrhundertwende stand.

Gaetano Previati
Der Tag weckt die Nacht, 1905
Triest, Museo Revoltella

Mit der Technik des Divisionismus erzielt Previati (1852–1920) virtuose Lichteffekte und unmerkliche Farbübergänge in Szenen von hoher Symbolkraft.

Ferdinand Hodler
Die Nacht, 1890
Bern, Kunstmuseum

Inspiriert vom gleißenden Licht des Hochgebirges malt der Schweizer (1853–1918) meist unbewegte Figuren mit gemeißelt scharfen Gesichtszügen und Konturen; der Inhalt seiner großen Kompositionen ist traumhaft und mystisch. Die albtraumhaften Erscheinungen sind mit der nervösen Unruhe des Fin de Siècle in Verbindung zu bringen, die wie ein Stromstoß durch die europäische Malerei fährt, von Österreich bis hinauf nach Norwegen.

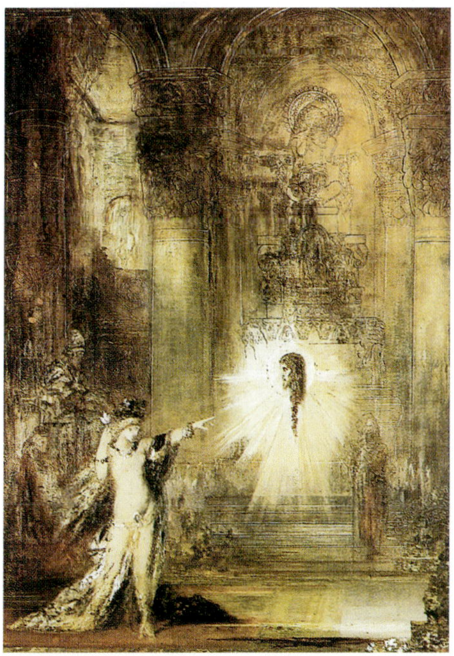

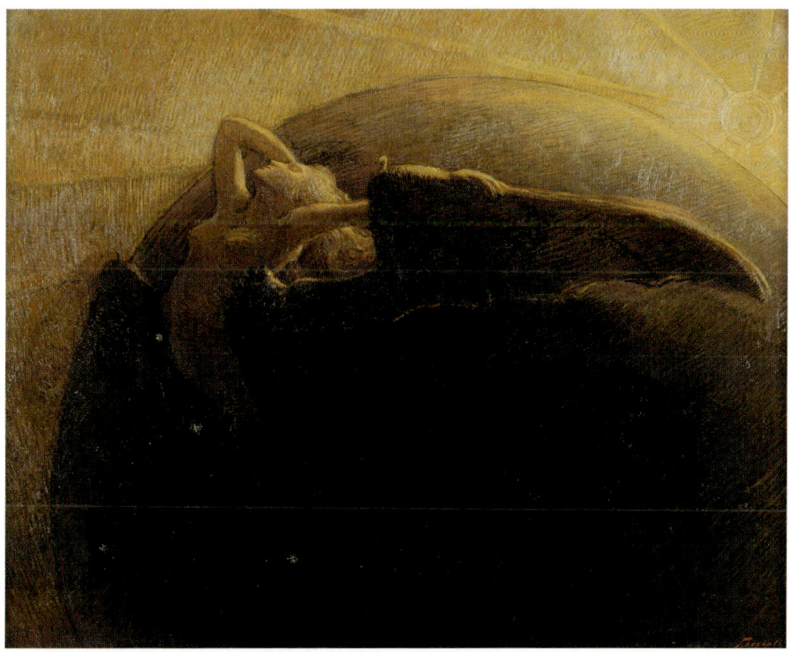

1839–1906

Paul Cézanne

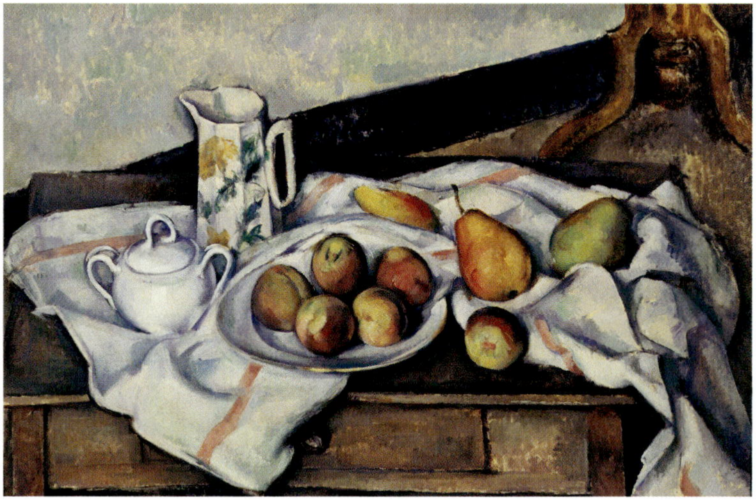

Paul Cézanne
Stillleben mit Pfirsichen und Birnen, 1890–1894
Moskau, Staatliches Museum der bildenden Künste A. S. Puschkin

Cézanne verzichtet auf die mimetische, fühlbare Wiedergabe der Oberflächen (glasierte Keramikgefäße, Stoffe, unbehandeltes Holz, Schalen der Früchte) und auf die Regeln der Linearperspektive; er schafft das Obst und die Gegenstände mit den Linien regelmäßiger geometrischer Körper neu, die schon auf den Kubismus vorausweisen.

»Faire du Poussin sur nature«

Cézanne stammt aus einer wohlhabenden provenzalischen Bürgerfamilie; ursprünglich soll er Bankier werden, setzt jedoch seinen Willen durch und wird Künstler. 1861 geht er nach Paris, bleibt aber in einem ambivalenten Verhältnis zu den Impressionisten. Cézanne verspürt wenig Neigung, sich auf die bloße Freude an Licht und Farbe zu konzentrieren, fühlt hingegen großen Respekt für die Malerei der Vergangenheit. Sein anfangs kraftvoller Stil mit breiten, dunklen Pinselstrichen wird stetig kontrollierter und feiner. Er beschränkt sich auf wenige Themen: Porträts von sich selbst und seiner Familie, Stillleben mit Äpfeln und anderen Gegenständen sowie besondere Orte wie die Montagne Sainte-Victoire in der Provence.

An den offenen, weiten Landschaftsbildern der Reifezeit wird Cézannes Programm deutlich: »Faire du Poussin sur nature« (wie Poussin malen, als ob er nach der Natur malte). Diese beiden Grundprinzipien (die alten Meister als formaler Maßstab und das natürliche Licht) ergänzen Cézannes außergewöhnliche Fähigkeit zur Synthese von Volumen und Farbe. Von den Kollegen wird er sehr geschätzt, ist aber in der Öffentlichkeit wenig bekannt; erst nach seinem Tod erfasst man seine Bedeutung als wichtiger Vorläufer der Kunst des 20. Jahrhunderts.

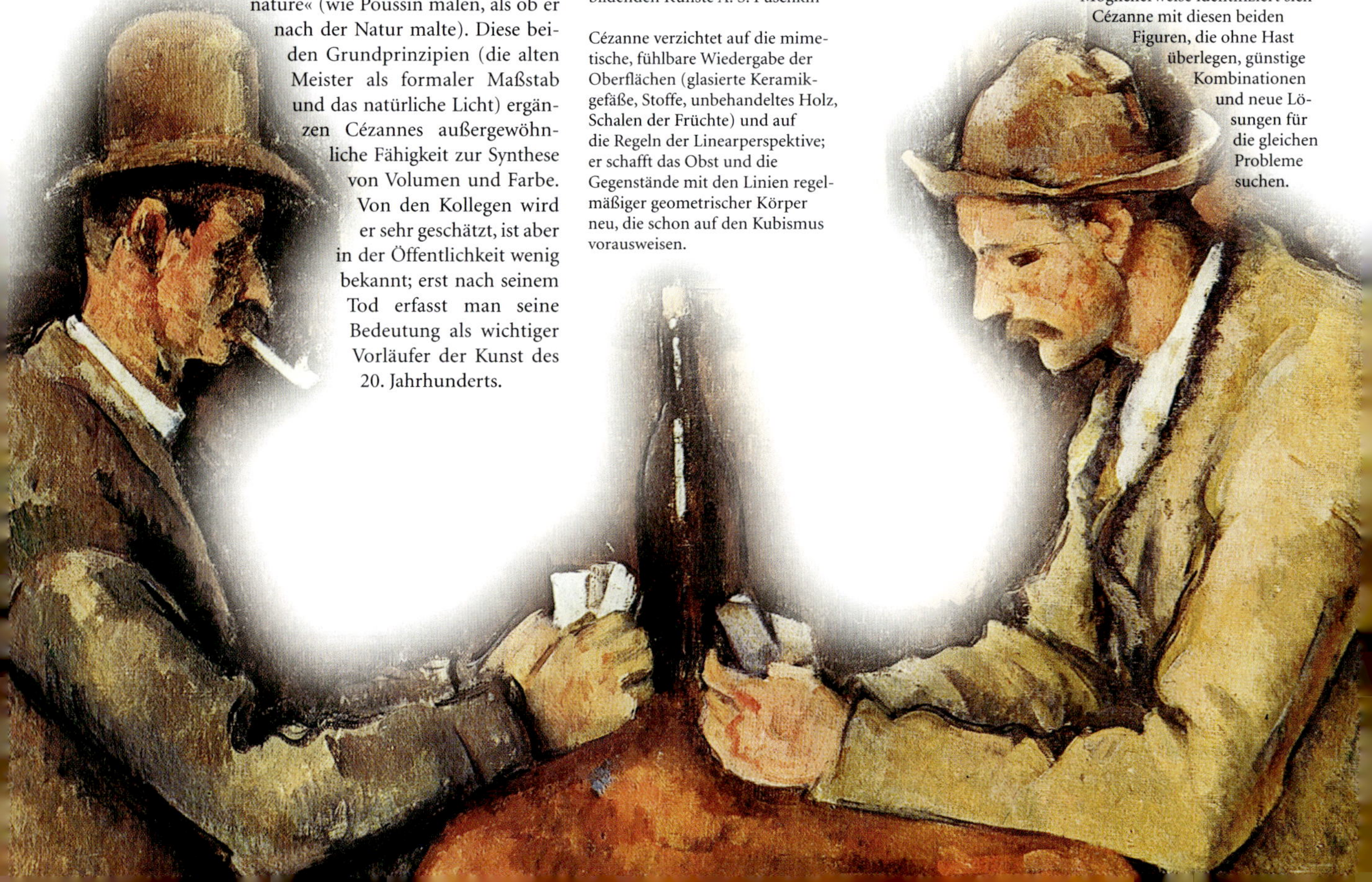

Paul Cézanne
Die Kartenspieler, 1890–1892
Paris, Musée d'Orsay

Möglicherweise identifiziert sich Cézanne mit diesen beiden Figuren, die ohne Hast überlegen, günstige Kombinationen und neue Lösungen für die gleichen Probleme suchen.

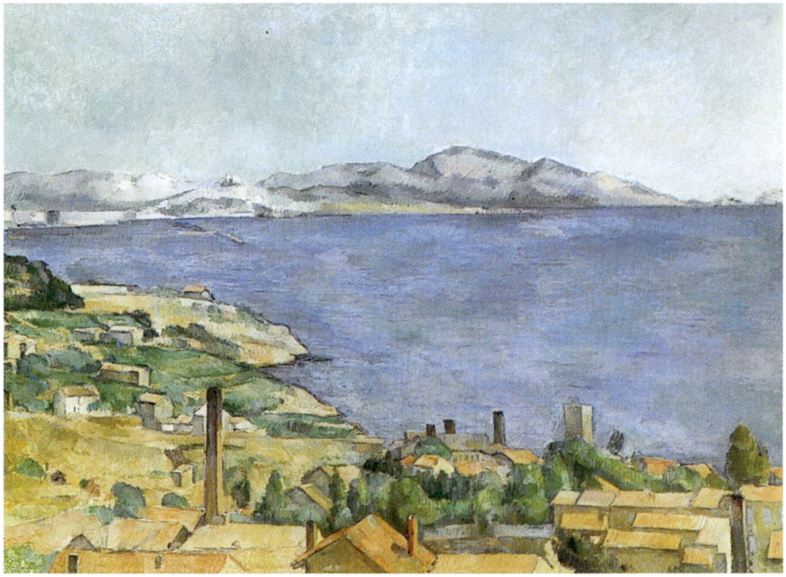

Paul Cézanne
L'Estaque, Blick auf den Golf von Marseille, 1883–1885
New York, The Metropolitan Museum of Art

An diesem Landschaftsbild zeigt sich endgültig die Kluft zwischen Cézanne und den Impressionisten. Schwerlich ist eine weniger verführerische Ansicht der Côte d'Azur vorstellbar: ein namenloses Dorf, über dem ein einsamer Schornstein aufragt, vor einem glatten, kompakten, reglosen Meer. Auch wenn Licht und Farben zum Repertoire der Impressionisten gehören, hat Cézanne jetzt einen anderen Weg eingeschlagen.

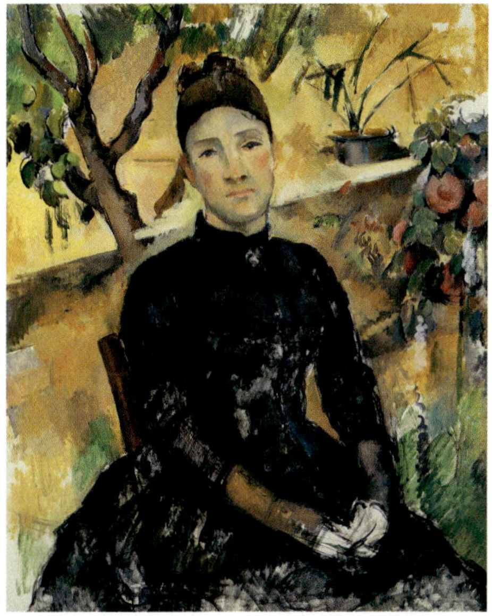

Paul Cézanne
Madame Cézanne im Gewächshaus, 1891
New York, The Metropolitan Museum of Art

Bei diesem unvergesslichen Bild von Cézannes Frau entsteht durch das diffuse Licht, das Grün der Pflanzen und Blumen und die diagonale Anordnung eine sehr faszinierende, tiefgründige Szene.

Paul Cézanne
Die Großen Badenden (Les Grandes Baigneuses), 1900–1906
London, The National Gallery

Die monumentalen weiblichen Akte zwischen den durch das Laub der Bäume dringenden und vom Wasser eines Teichs reflektierten Lichtstrahlen sind von einer langen Reihe von Vorläufern inspiriert; sie beginnt mit den mythologischen Renaissancebildern zum Bad der Diana und zieht sich in Frankreich über Ingres und Manet durch einen Großteil des 19. Jahrhunderts. Cézanne erweist sich auch hier als Eckstein in der Geschichte der modernen Malerei, indem er die Volumenvereinfachung des Kubismus, aber auch die starken Konturen der expressionistischen Zeichnung vorwegnimmt.

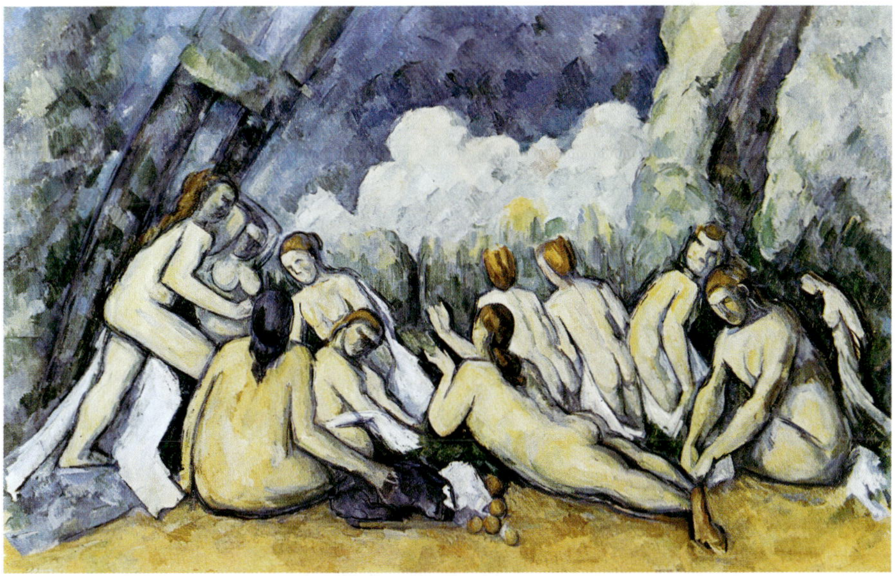

Paul Cézanne

1885–1904

La Montagne Sainte-Victoire

Die ersten, um 1885 entstandenen Versionen machen das Programm deutlich, das Cézanne sich gegeben hatte: »Faire du Poussin sur nature«. Der Rückgriff auf die großen Meister des 17. Jahrhunderts zeigt sich in dem entfernten Standpunkt, von wo aus sich eine lichtdurchflutete Landschaft mit einem Wechsel von Gebäuden und bewaldeten Flecken erstreckt. Licht und Farbe erinnern an den Impressionismus.

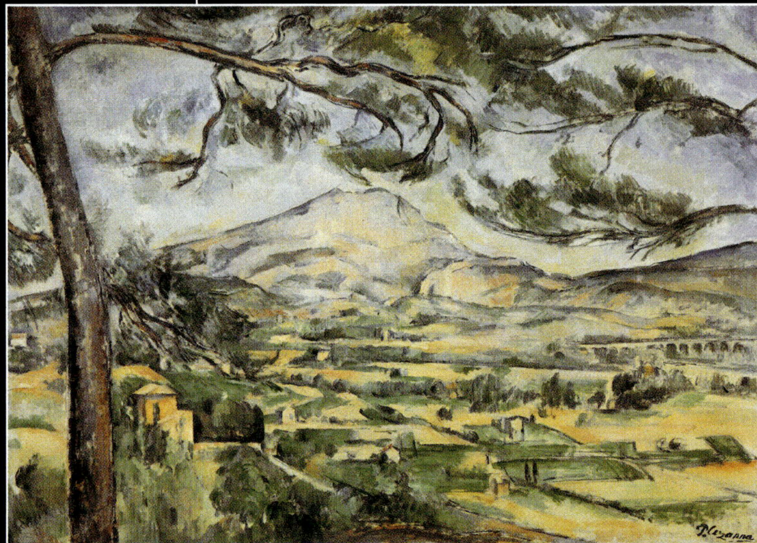

Von den 80er Jahren an wählt Cézanne seine Themen sorgfältig aus und konzentriert sich auf einige wenige Sujets, die er wiederholt bearbeitet, wie es Turner mit dem Rigi und Monet mit der Fassade der Kathedrale von Rouen, den Klippen der Normandie und den Heuhaufen getan hatte. Die gedrungene, massige Form des Bergs, den Cézanne vom Fenster seines Ateliers aus sehen konnte, zieht sich durch das ganze Werk der Reife- und Spätzeit; der Maler wird nicht müde, sie in immer anderen Variationen abzubilden. Ein deutlicher Beleg für Cézannes Fähigkeit, sich auf ein Thema zu konzentrieren, es analytisch anzugehen und mit der Geduld und Genauigkeit eines Schachspielers nach immer besseren Lösungen zu suchen.
Anhand der Bilderfolge zur *Montagne Sainte-Victoire* lässt sich verfolgen, wie Cézanne nach und nach Impressionismus und Wirklichkeitstreue hinter sich lässt und zu einer kalkulierten Auflösung des Gegenstandes übergeht, bis die Landschaft nur noch Anlass für kompositorische Studien ist. Die Bilder strömen ein Gefühl der Unruhe und des Suchens aus; die lichtvollen Sicherheiten der Impressionisten zerbröckeln. Die Formen vereinfachen sich immer mehr zu geometrischen Mustern, während die Freude am stimmungsvollen Licht klar und lebendig bleibt.
Die vier Gemälde auf dieser Doppelseite befinden sich im Londoner Courtauld Institute, im Amsterdamer Stedelijk Museum, im Museum of Art in Baltimore und im Kunsthaus Zürich.

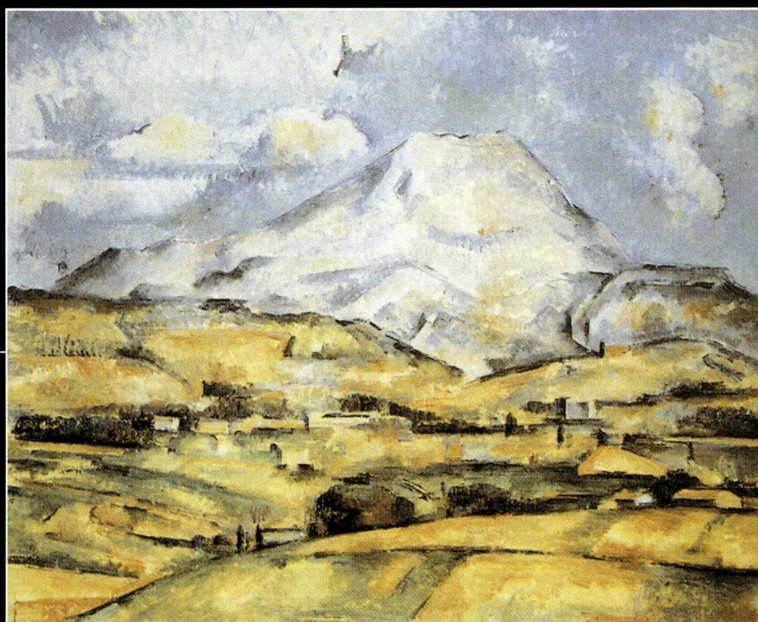

In der Amsterdamer Fassung (um 1887) beginnt die Form des Bergs an Kompaktheit zu verlieren. Der Standpunkt des Malers liegt näher am Berg, die große Pinie, die im Londoner Bild als Kulisse dient und zur traditionellen Staffage der Landschaftsmalerei gehört, fällt weg. Auf diese Weise verliert das Bild das »Pittoreske« und Deskriptive.

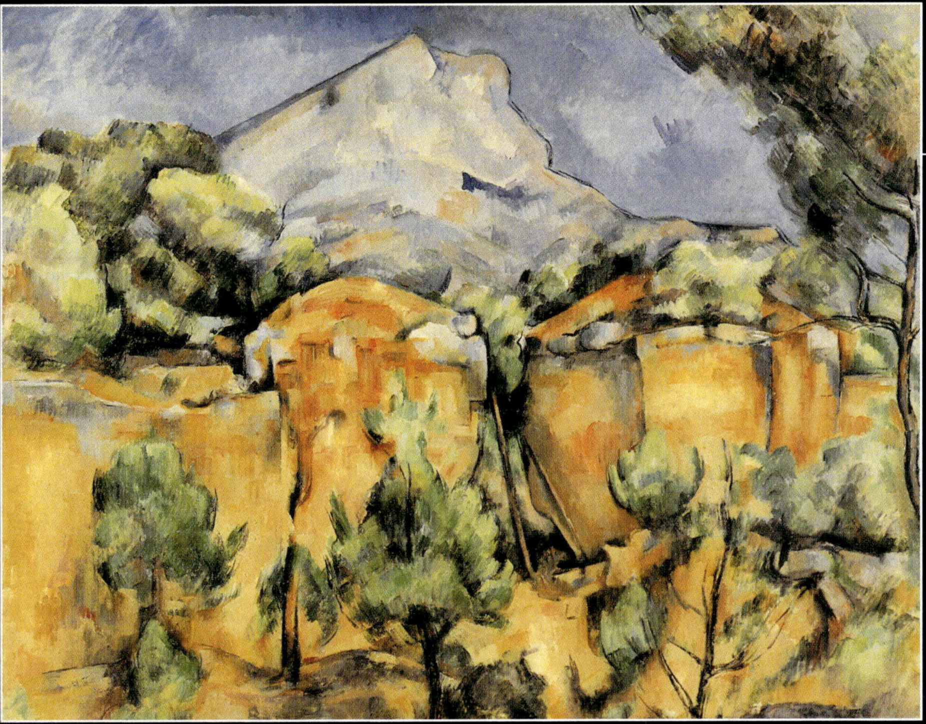

Ein Jahrzehnt später (um 1897) erfährt das Sujet eine weitere Vereinfachung. Baumstämme und Linien der Landschaft sind jetzt schon fast nach einem regelmäßigen Raster angeordnet. Die Natur wird durch den Filter einer strengen inneren Geometrie betrachtet, ohne dass der Künstler jedoch die Freude am stimmungsvollen Licht verliert.

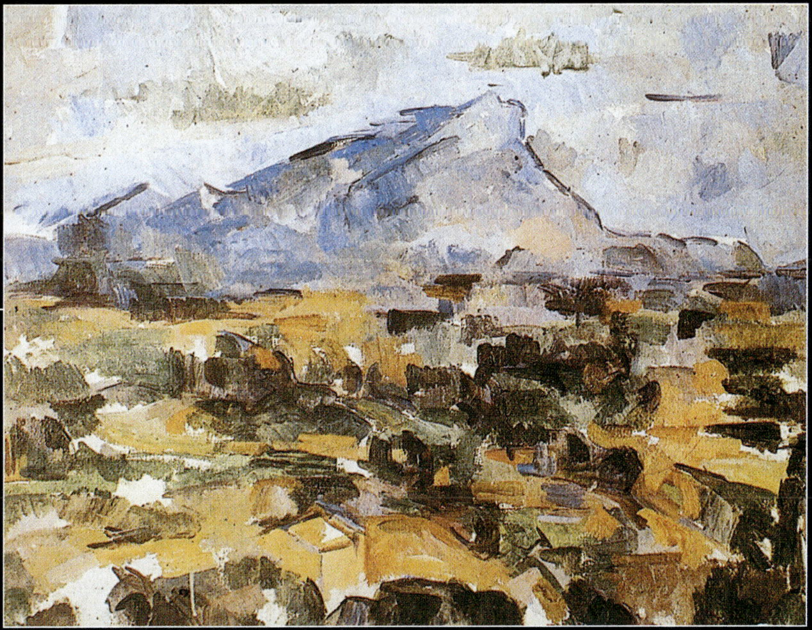

Das um 1904 datierbare Gemälde in Zürich zeigt eine der letzten Variationen über das Thema dieser Landschaft. Gegenüber den anderen Werken wählt Cézanne hier eine eher dunkle Farbpalette. Die geologische Kompaktheit des Gebirges und der darunter liegenden Landschaft löst sich zu großen, regelmäßigen Farbflächen; an einigen Stellen scheint sogar die rohe, unbemalte Leinwand durch.

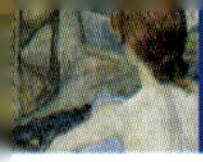

Albi, Paris

1864–1901

Henri de Toulouse-Lautrec

Varietésternchen und Kokotten des Pariser Nachtlebens
Als Nachkomme einer der ältesten Adelsfamilien leidet Toulouse-Lautrec seit seiner Kindheit an mehreren Krankheiten; das durch einen Sturz vom Pferd verschlimmerte körperliche Leiden bestimmt seine Jugend und sein ganzes Leben. Toulouse-Lautrec verlässt die Provinz und geht nach Paris, wo er Malkurse an der Akademie belegt; von den Impressionisten fühlt er sich angezogen und teilt ihre Freude an der Realität und den japanischen Farbholzschnitten. Er schließt sich vor allem Degas an, der sich auf Tänzerinnen und Wäscherinnen konzentriert und sie mit Anteilnahme und ohne karikaturhafte Verzerrungen malt. Gleichzeitig mit van Gogh findet auch Toulouse-Lautrec seinen Weg zur Überwindung des Impressionismus; er analysiert und verstärkt die Linie, die Zeichnung und die Vereinfachung des Ausdrucks. Der adlige Spross der Familie Lautrec lässt sich vom niedrigen, ja zwielichtigen Milieu der Tanzcafés, Freudenhäuser, schäbigen Spielsäle und Vorstadtzirkusse inspirieren. Toulouse-Lautrec malt, zeichnet und schafft Lithographien und Werbeplakate: Verschiedene Ausdrucksmittel, die sich jedoch oft gegenseitig bereichern, verbinden sich zu einer sehr freien Kunst, die nicht vor derben Sujets und unerhörter Aggressivität zurückschreckt. In seinem kurzen Leben legt Toulouse-Lautrec das Fundament für wichtige Entwicklungen in der Kunst: Indem er sich einerseits klar vom Impressionismus lossagt, wird er zur Inspirationsquelle des Expressionismus; andererseits begründet er durch die wirksame Synthese von Bild, Wort und Farbe in seinem umfangreichen Plakat- und Illustrationsschaffen ein neues Genre, die Werbe- und Gebrauchsgrafik.

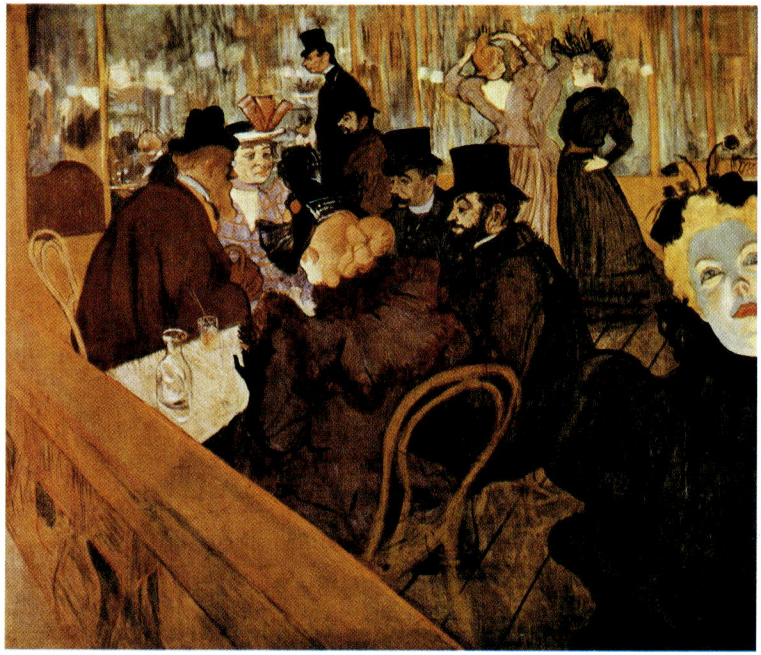

Henri de Toulouse-Lautrec
Im Moulin Rouge, 1892
Chicago, The Art Institute of Chicago

Nur wenige Jahre zuvor schilderte Renoir die gut besuchten Tanzveranstaltungen im Moulin de la Galette und an anderen Treffpunkten des Pariser Kleinbürgertums; Toulouse-Lautrec interpretiert sie ganz anders. Bei ihm findet sich nicht mehr die fröhliche Lebensfreude des Impressionismus, sondern etwas Gezwungenes, Gefährdetes, Unausgedrücktes; die blassen Gesichter im künstlichen Licht bestätigen dies. Der Rückgriff auf die Grafik Daumiers und Degas' und die aristokratische Melancholie des späten Manet verbinden sich mit einer eigenständigen Ausdruckskraft.

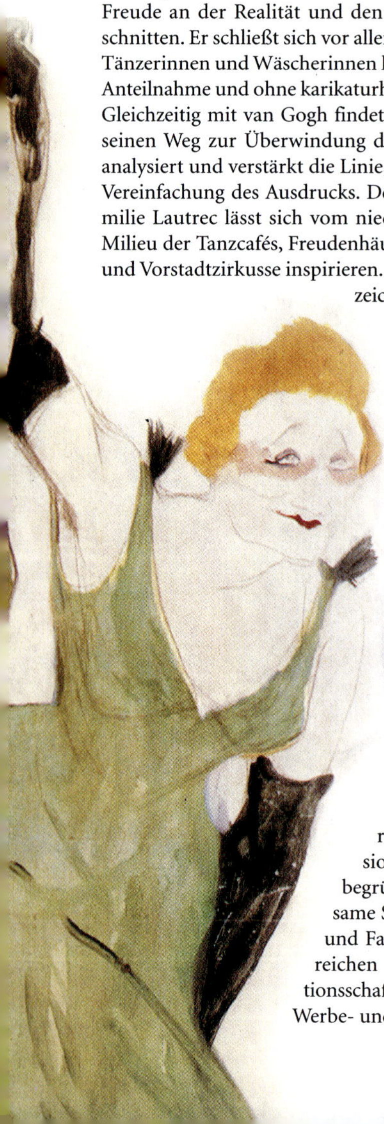

Henri de Toulouse-Lautrec
Yvette Guilbert grüßt das Publikum, 1894
Albi, Musée Toulouse-Lautrec

Toulouse-Lautrec illustriert das Leben des Pariser Fin de Siècle: Bälle, Schauspiele, Abendvergnügungen, Lichter und Lachen; Applaus für Kabarettisten, Tänzerinnen und Chansonniers. Oft fertigt er die Skizzen für seine Bilder und Farblithografien nach der Wirklichkeit an.

Henri de Toulouse-Lautrec
Der Salon in der Rue des Moulins, 1894
Albi, Musée Toulouse-Lautrec

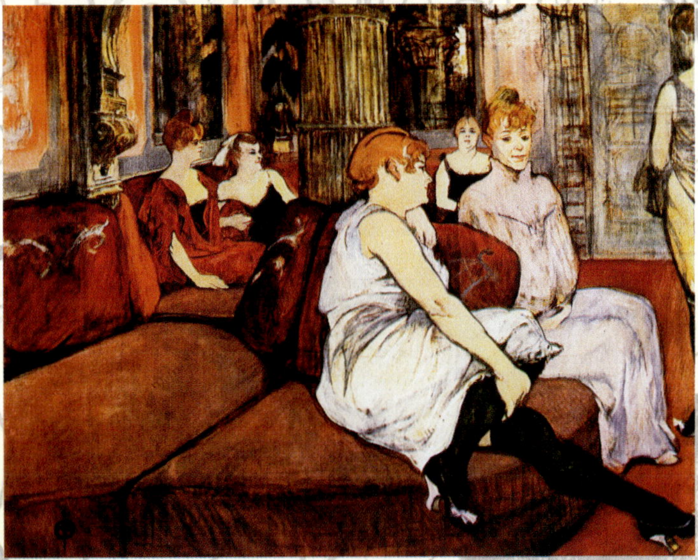

Durch Toulouse-Lautrec wird das rote Sofa des Freudenhauses in der Rue des Moulins zu einem der prägnantesten Orte in der Malerei des späten 19. Jahrhunderts; hier könnten die Romane und Erzählungen Maupassants spielen. In dem hell erleuchteten und mit demonstrativem, etwas kitschigem Luxus eingerichteten Saal warten mehrere Prostituierte auf Kunden. Ohne im geringsten überzeichnen zu wollen, zeigt Toulouse-Lautrec eine Gruppe wirklicher, lebendiger Frauen. Die Lebensläufe kreuzen sich, leuchten kurz auf und verschwinden. Nur schwach deutet der Maler die Haltungen an, die von Scham zu Gleichgültigkeit, von Langeweile bis hin zu Ermüdung reichen und in den Körpern der Frauen, ihrer Kleidung, Haltung und Gestik sichtbar werden.

Hintergrund:
Henri de Toulouse-Lautrec
Jane Avril,
Plakat, 1893

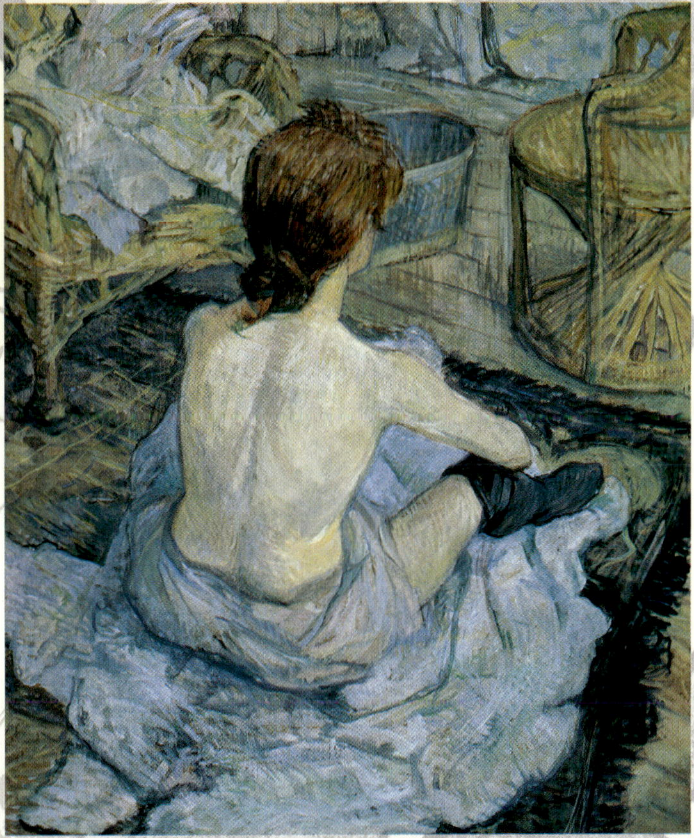

Henri de Toulouse-Lautrec
Die Toilette, 1896
Paris, Musée d'Orsay

Eine starke und zugleich beiläufige Ausdruckskraft seiner Zeichnung charakterisiert auf unverwechselbare Weise die Malerei Toulouse-Lautrecs, der mit dieser Begabung unvergessliche Frauenbildnisse schuf. Hier gelingt es ihm, einer sitzenden, von hinten gesehenen Figur einen ganz individuellen Charakter und Körperbau zu verleihen. Das Motiv gehört zu der Serie *Elles* (»Sie«), welche zehn gefühl- und respektvolle Porträts von Prostituierten umfasst.

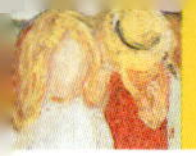

Norwegen

1863–1944

Edvard Munch

»Da sank die Sonne. Auf einmal ward der Himmel rot wie Blut [...] Mir war, als ging ein mächtiges, unendliches Geschrei durch die Natur«
Der Künstler, der dem Angstschrei menschlicher Einsamkeit eine Stimme gibt und das Illusorische am positivistischen Optimismus enthüllt, bildet sich in der Osloer Zeichenschule aus. Seine ersten Werke sind noch vom akademischen Naturalismus des 19. Jahrhunderts geprägt, jedoch schon von dem Wunsch durchdrungen, das Innerste des Menschen und der Seele zu erforschen. Munch vervollständigt seine Ausbildung durch verschiedene Reisen, etwa nach Paris (1885), Frankreich, Deutschland und Italien. Obschon er in Norwegen lebt und arbeitet, ist er als Künstler daher keineswegs isoliert, sondern unterhält Verbindungen zu den aktivsten Malern seiner Zeit; überdies interessiert er sich lebhaft für die Entwicklung der Psychoanalyse. Unter anderem inspiriert von den Dramen seines Landsmannes Ibsen, wählt er im letzten Jahrzehnt des 19. Jahrhunderts einen Weg gespannter Intensität, dringt in die Dramatik der Seele ein und projiziert seine übergroße, schmerzliche Sensibilität in die Malerei. Viele Bilder Munchs können als Ausdruck seiner inneren Qualen verstanden werden; Gegenwart und Vergangenheit vermischen sich in einer sehnsüchtig-schwermütigen Stimmung, wie sie später in skandinavischen Theaterstücken und Filmen zum Ausdruck kommt, etwa in Ingmar Bergmans *Wilde Erdbeeren*.
Sofort nach dem berühmten *Schrei*, einem der meistreproduzierten und bekanntesten Werke der ganzen Kunstgeschichte, beginnt Munch mit dem anspruchsvollen *Lebensfries*, einer Serie von Gemälden, die eine große Allegorie bilden sollte, eine Art volkstümliche Ballade von der Geburt bis zum Tod. Das Projekt blieb unvollendet, aber die vorhandenen Bilder (heute in Oslo) besitzen einen eigenständigen Wert. Munchs Malerei verbindet gekonnt eine geschlossene, kontinuierliche, wogende Zeichnung und eine irreale, lebhafte, übersteigerte Farbgebung. Die Bedeutung dieser Werke für die Entstehung des nordeuropäischen Expressionismus ist offensichtlich. Zu den Bildern gesellt sich eine Fülle von Zeichnungen, teilweise Illustrationen zeitgenössischer Gedichte. Ab 1905 leidet Munch an einer schweren psychischen Krankheit, von der er sich nur mühsam erholt. Erst drei Jahre später beginnt er wieder zu arbeiten; die volle Ausdruckskraft seiner früheren Phasen gewinnt er jedoch nicht mehr zurück.

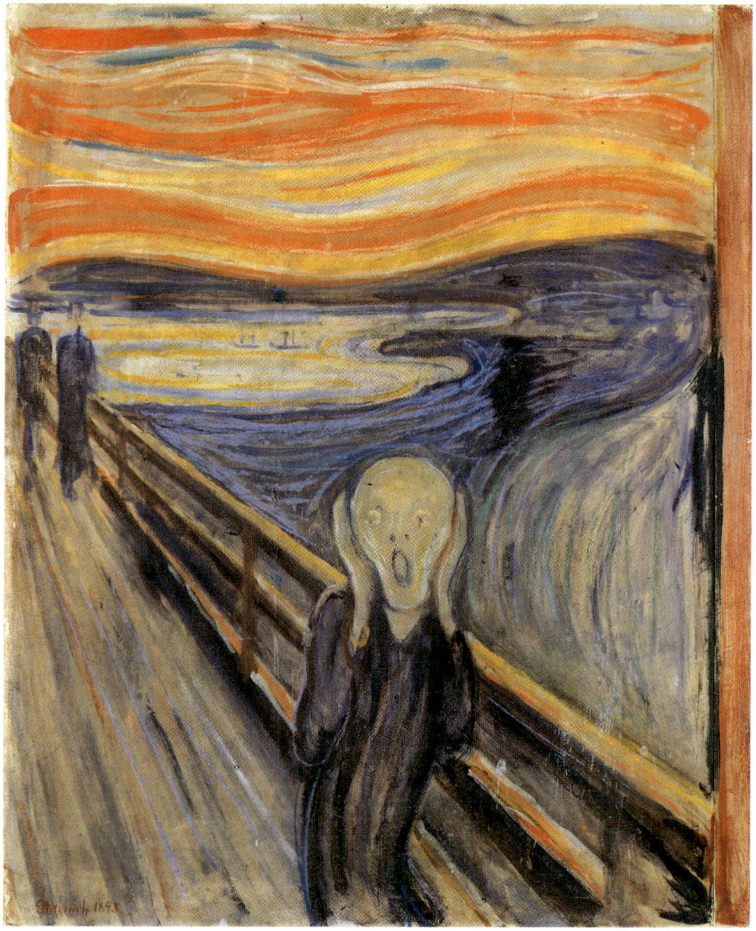

Edvard Munch
Der Schrei, 1893
Oslo, Nasjonalgalleriet

Dieses hoch berühmte Symbolbild für den Übergang vom 19. ins 20. Jahrhundert und die Entdeckung der seelischen Abgründe ist von so überragender Ausdruckskraft, dass man schwerlich entsprechende Vorläufer nennen kann; eine Rolle spielen vielleicht die Symbolisten und van Gogh. Munch verwendet eine kontinuierliche, wogende Linie, welche die Dinge umhüllt wie eine erstickende, unentrinnbare Umarmung. Die Szene findet auf einer Brücke statt; ein unvergleichlicher Sonnenuntergang verändert die natürlichen Farben und lässt sie aufleuchten.
Die Stimmung ist dramatisch, beängstigend, ja fast betäubend unter den gewaltsam peitschenden Farben. Die Figur des Menschen, der sich die Ohren zuhält und schreit, wird auf die Maske, die äußerst vereinfachte Andeutung eines Körpers und menschlicher Gesichtszüge reduziert. Eine gespannte, bis an die Grenzen getriebene Malerei, die sehr deutlich den synthetischen, herben deutschen Expressionismus vorwegnimmt.

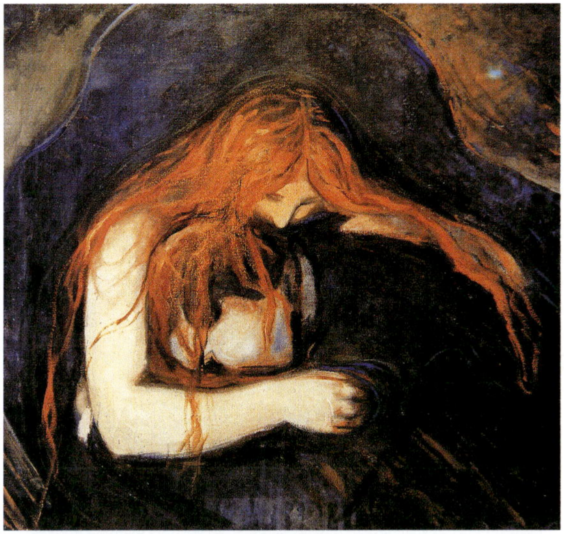

Edvard Munch
Vampir, 1893–1894
Oslo, Munch-museet

Munch, der vorrübergehend an einer psychischen Erkrankung litt, schuf hier ein beunruhigendes Bild (das mit den ebenso starken Werken Schieles nur wenig später vergleichbar ist) mit einer provozierenden Sicht auf das Verhältnis der Geschlechter.

Edvard Munch
Vier Mädchen auf der Brücke, 1905
Köln, Wallraf-Richartz-Museum

Auch wenn Munchs bekanntestes und meistreproduziertes Werk der strenge, einsame, verzweifelte Schrei ist, sind die ruhiger und offener wirkenden Szenen nicht weniger interessant. Die kurzen Sommer des Nordens, ihr klares Licht, ihre leuchtenden Farben werden mit einem Gefühl für das Prekäre geschildert: stille Momente der Betrachtung von Sonne, Schönheit, Jugend und Lebensfülle, die jedoch schnell vorübergehen.

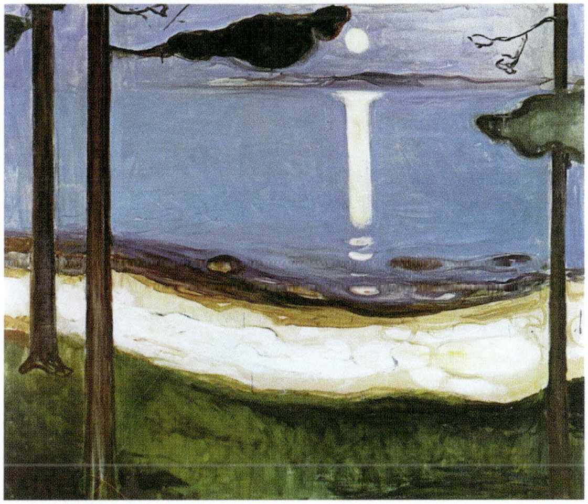

Edvard Munch
Mondschein, 1895
Oslo, Nasjonalgalleriet

Eine zwar poetische, aber bewusst antiromantische Interpretation eines beliebten Themas. Der Mond über dem eiskalten norwegischen Meer beleuchtet eine unbewegte Szene, die wie die Bühne eines Theaters zwischen den schlanken schwarzen Baumstämmen eingefasst ist. Entschieden ungewöhnlich ist der materiell konsistente Widerschein des Monds auf dem reglosen Wasser.

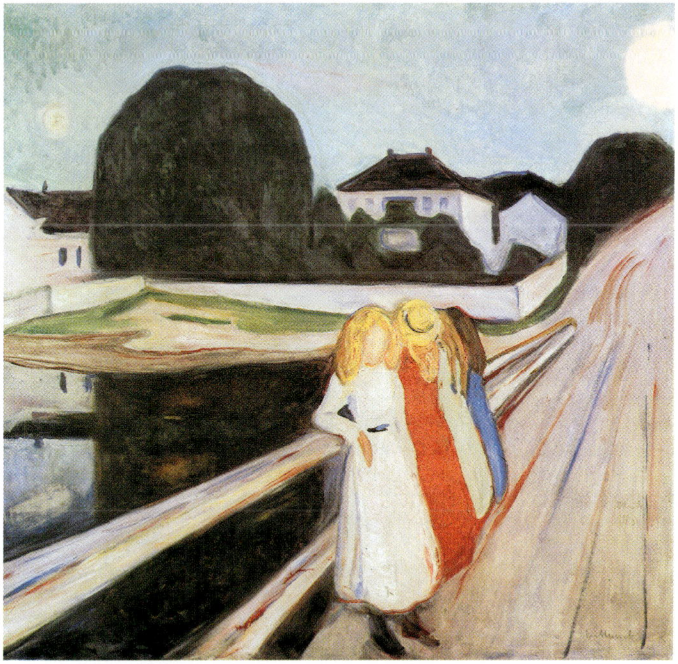

Wien

1862–1918 1890–1918

Gustav Klimt und Egon Schiele

»Der Zeit ihre Kunst – der Kunst ihre Freiheit«
So steht es in großen goldenen Lettern über dem Portal des Wiener Sezessionsgebäudes, das 1898 von Otto Wagner erbaut und später von Klimt mit dem *Beethovenfries* dekoriert wurde (im Hintergrund ein Ausschnitt). Die Wiener Sezession ist die berühmteste unter den Ende des 19. Jahrhunderts in Mitteleuropa entstehenden freien Künstlervereinigungen, die sich den akademischen Organisationen entgegenstellen. Die »offizielle« Kunst mit ihrer beruhigenden Bilderwelt, die dem bürgerlichen Selbstverständnis in Mitteleuropa entspricht, stürzt nun endgültig in eine Krise. Zwar scheint sich der Mythos des Habsburgerreiches in dem langlebigen Franz Josef fortzusetzen, aber Wien mit seinen prunkvollen Palästen am Ring und seinem Wiener Walzer ist auch die Stadt Mahlers und Freuds, der literarischen Experimente, einer erneuernden Architektur und des entstehenden Industriedesigns. Die Kunstlandschaft hat sich verändert: Neben Paris, das Kern und Motor der Avantgarde-Bewegungen bleibt, wird Wien zu einem sehr lebhaften Zentrum, in dem auf verschiedenen Gebieten der Kunst Neues erprobt wird. Klimt erntet den Glanz und die Schatten des untergehenden Reichs. Nachdem er die übliche akademische Ausbildung durchlaufen und eine interessante erste Tätigkeit als Maler offizieller Dekorationen ausgeübt hat, ist er im letzten Jahrzehnt des 19. Jahrhunderts zusammen mit den Architekten Wagner und Olbrich eine zentrale Persönlichkeit der Sezession (ein aus der Politik entlehnter Begriff für das Auseinanderstreben des unter der Herrschaft des Doppeladlers zusammengehaltenen Vielvölkerstaats). Seine Malerei ist leuchtend und hoch dekorativ, durchzogen von Gold, Rückgriffen auf die klassische und byzantinische Kunst, Bezügen auf die japanische Grafik, »moderner« Betonung des Linearen und einer Symbolik, die den weiblichen Figuren einen geheimnisvollen Reiz verleiht. Klimts gelehrte und verwirrende Kunst ist in besonderer Weise Teil des Fin de Siècle, der Abenddämmerung einer Epoche; doch werden die Künstler und Schriftsteller der Sezession zu immer angstvolleren Zeugen der Auflösung der Habsburgermonarchie zum Klang des Radetzky-Marsches, die sich mit dem Blutbad des 1914 ausbrechenden Krieges erfüllt. Egon Schieles verzweifelte, verschlingende Erotik, sein fast krankhafter Wille, sich ans Leben zu klammern, kennzeichnet eine der dramatischsten Episoden der europäischen Kunst im beginnenden 20. Jahrhundert. Anfangs ist seine Kunst mit Klimt verbunden, wendet sich jedoch bald gegen den Farbenglanz und die ästhetisierende Eleganz des Präsidenten der Sezession. Beeinflusst von der Freundschaft zu Kokoschka und der Verbindung zu den Kreisen des internationalen Expressionismus greift Schiele auf Themen und Stil der gotischen Kunst zurück und konzentriert sich auf eine gespannte, strichelnde Zeichnung. In die Wirren der Kriegsjahre fällt seine Heirat mit der über die Maßen geliebten Edith Harms: Sie wird zu einem fast obsessiv wiederkehrenden Thema seiner erotischen Gemälde, Zeichnungen und Aquarelle. Im Jahr 1918 bricht durch die Erkrankung der jungen Ehefrau an der Spanischen Grippe in Schieles Kunst die Kluft zwischen Leben und Tod wieder auf: Während der Krieg dem Ende zugeht, stirbt Schiele drei Tage nach dem Tod seiner Frau.

Gustav Klimt
Danae, 1907–1908
Wien, Privatsammlung

An der entrückten Haltung der mythischen Jungfrau, auf die der Goldregen fällt (doch handelt es sich einfach um ein zusammengekauertes Mädchen), zeigen sich überdeutlich Klimts formale Fähigkeiten.

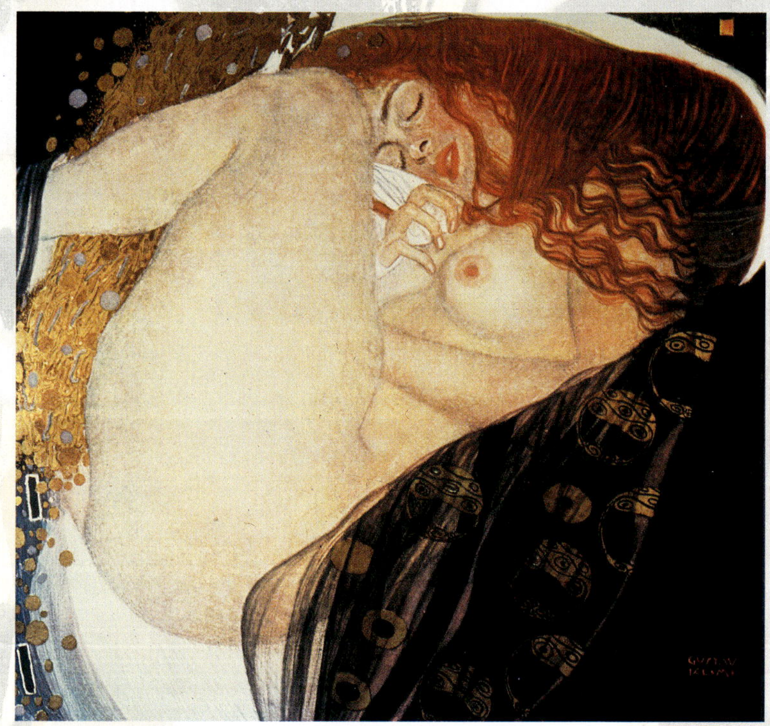

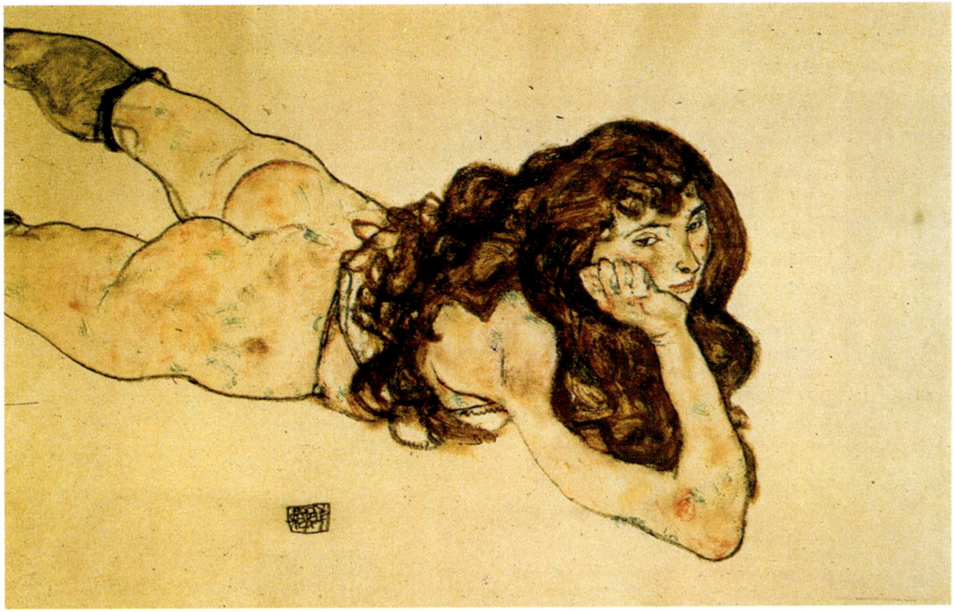

Egon Schiele
Weiblicher Akt mit offenem roten Haar, 1917
Wien, Graphische Sammlung Albertina

Bei Schiele drückt sich der Eros in unvergesslichen weiblichen Figuren aus, die stets von durchdringender, manchmal entschieden obszöner Sinnlichkeit sind. Dieses Werk, eines der berühmtesten seines Genres, entsteht während der einzigen ruhigen Zeit in dem kurzen, zerrissenen Leben des Malers. Während des letzten Kriegsjahres gehört Schiele in Wien zu den Vertretern einer breiten, interdisziplinären Bewegung zur Erneuerung der Kunst.

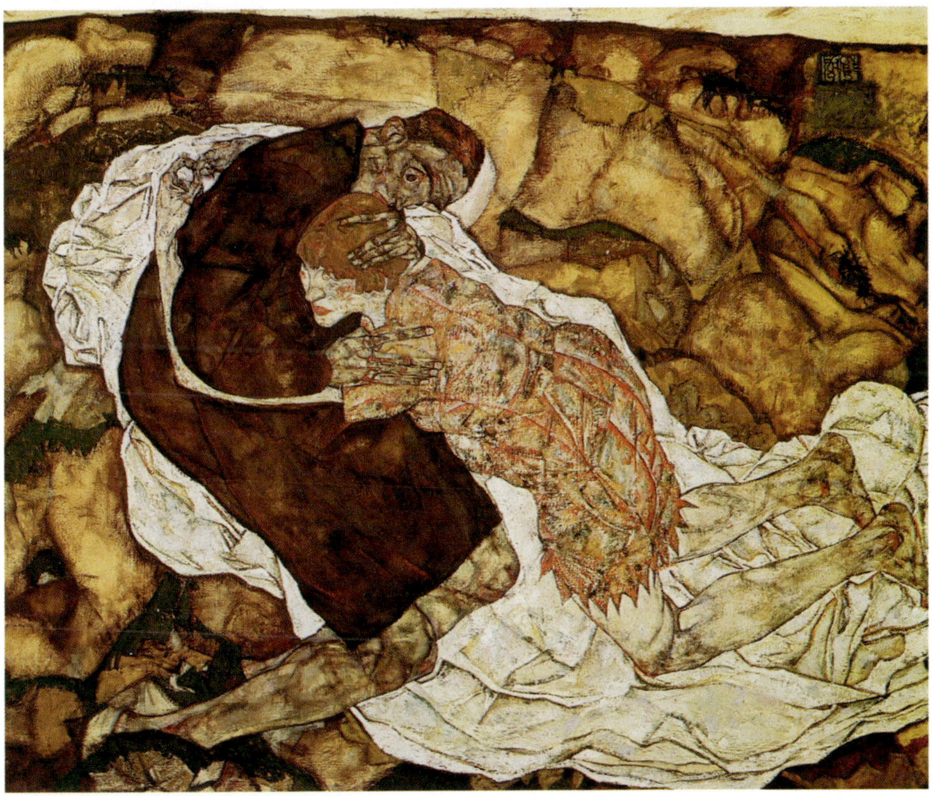

Egon Schiele
Tod und Mädchen, 1915
Wien, Österreichische Galerie Belvedere

Liebe und Tod verflechten sich dramatisch in Schieles gesamtem Werk, aber während des Ersten Weltkrieges wird dieser Gegensatz auf schreckliche Weise konkret und persönlich greifbar: In Eile heiratet der Maler seine geliebte Edith Harms, bevor er zum kaiserlichen Heer einberufen wird, wo er jedoch nur der Nachhut zugeteilt ist.

Gustav Klimt

1908

Der Kuss

Das Gemälde in der Österreichischen Galerie des Oberen Belvedere ist eines der faszinierendsten des frühen 20. Jahrhunderts. Klimt bringt seine kostbare und sehr persönliche Suche nach dem Verhältnis zwischen Figuren und Hintergrund zur Vollendung und schafft eine unwiederholbare Atmosphäre völliger Hingabe. Die Umarmung der beiden Liebenden ist in ein leuchtendes Tuch verwoben; hier triumphiert Klimts kleinflächig ornamentaler Stil, der den Mosaiken von Ravenna nahe steht. Das Paar ist wie in einem goldenen Kokon verschlossen; nur Köpfe und Hände sind sichtbar. Mit einer unvergleichlichen Vorliebe für das farbige und goldene Ornament (parallel zur Entwicklung des Jugendstils) schafft Klimt eine Arbeit, in dem Symbolismus und Sezession zusammenfinden. Sehr wenige Kunstwerke haben wie der *Kuss* durch die Jahrtausende und in den verschiedenen Kontinenten ihren Wert behalten; seine Kraft wird noch verstärkt von Reichtum und Vielfalt der Symbolbedeutungen und Gefühlsinhalte. Klimt zeigt eine tief »romantische« Version eines Kusses, zeitlos und voller Verzückung. In eine ganz gegensätzliche Richtung gehen die gleichzeitig entstehenden Bilder von Malern wie Munch, Schiele und teilweise auch Toulouse-Lautrec. Nach Jahrhunderten voller Schamgefühl und Feinsinnigkeit zeigen diese Künstler auch die andere Seite der Liebe, die blutsaugende, besitzgierige und brutale; eine Gewalt, die nicht zwischen den Geschlechtern unterscheidet und bei der einer der beiden Partner über den anderen dominiert, bis er ihn in Besitz nimmt und körperlich wie seelisch unterwirft. Wie Chagall und Matisse verleiht Klimt dem Kuss wieder Poesie und Zartheit. Zwischen dem Todeskuss der Femme fatale und der Liebesumarmung gibt es nur eine Gemeinsamkeit: Ein wirklicher Kuss verändert den Menschen.

Die streng zweidimensionalen Kleider der beiden Liebenden werden von Klimt als freie dekorative Elemente voller Symbolwert aufgefasst. Bei dem Mantel des Mannes wechseln auf der Außenseite schwarzweiße Rechtecke auf Goldgrund, während das auf der anderen Seite der Frau erkennbare Futter mit Spiralmotiven verziert ist, welche der Kreisbewegung der Umarmung folgen und sie erheben.

Da Klimt künstlerisch sehr gebildet war, sind in dem Bild zahlreiche Anspielungen erkennbar: Die blühende Wiese ist sicherlich eine Reverenz an die byzantinischen Mosaiken der Basilika Sant'Apollinare in Classe bei Ravenna, erinnert jedoch auch an die humanistische Allegorie des *Frühlings* von Botticelli. Klimt verbildlicht eine Jahreszeit, aber auch eine Seelenzeit.

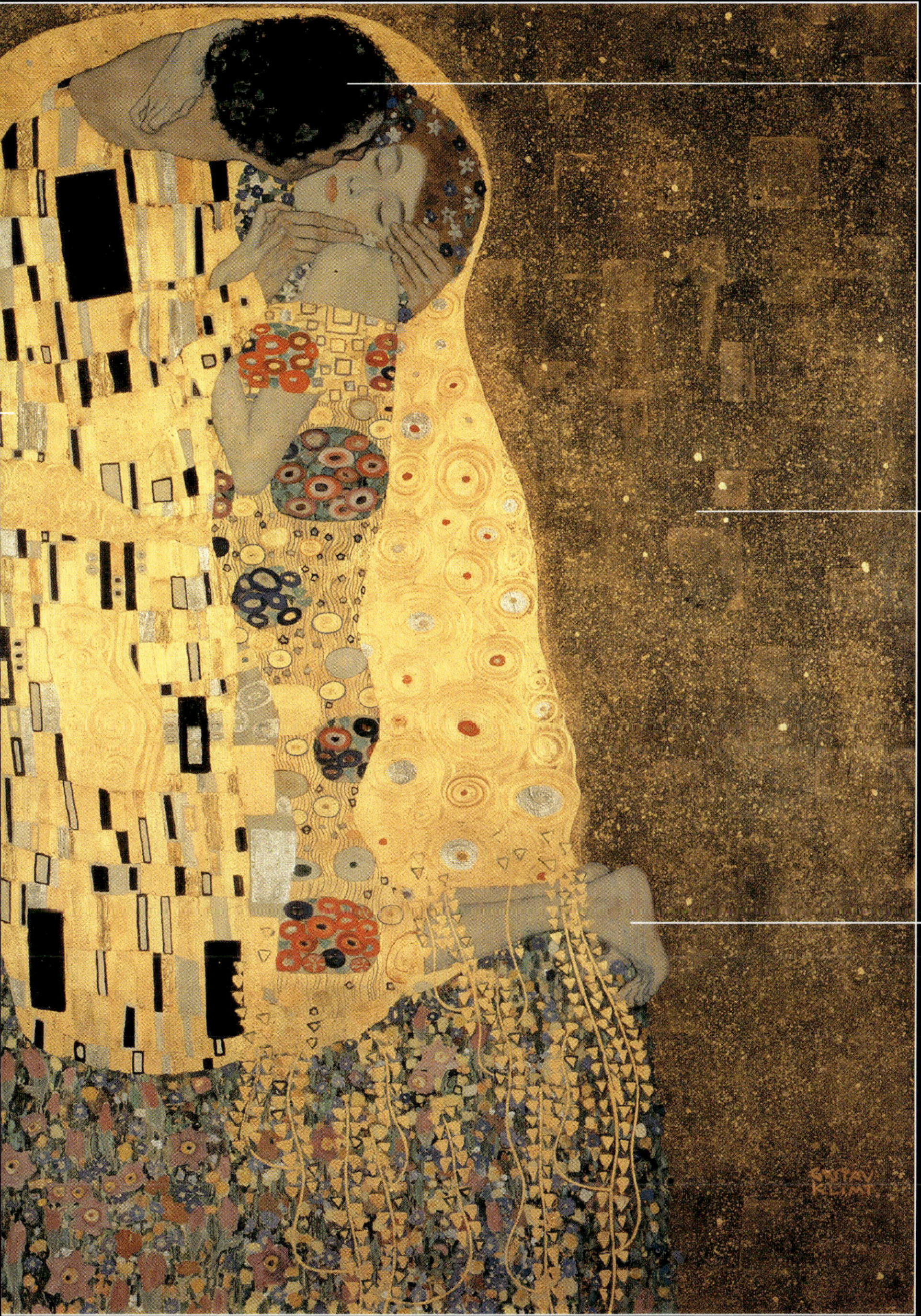

Die Gesichter der beiden Liebenden treten aus dem goldenen Kokon der Kleider hervor. Klimt verwendet hier eine ganz andere Maltechnik als im übrigen Bild, um den Gefühlsausdruck zu betonen. Als symbolistische Figuren tragen die beiden Personen Blumen- und Blättergirlanden auf den Köpfen.

Der *Kuss* entsteht auf dem Höhepunkt von Klimts so genannter »goldener Periode«. Das feine Gewebe des Hintergrunds erinnert an ein Mosaik aus vergoldeten Steinen mit prunkvollem Licht- und Ornamenteffekt. Klimt experimentiert mit dieser Art von Dekoration bei den Wandfriesen des Palais Stoclet in Brüssel; das Gebäude ist eine Summa des europäischen Jugendstils.

Auch hier fehlt die symbolische Deutung nicht: Die blumenbedeckte Wiese bricht plötzlich ab und die Füße des Mädchens stützen sich auf den äußersten Rand des Erdbodens, während der Goldgrund daneben sich wie eine Kluft auftut; die Signatur des Künstlers schwimmt im Leeren. Die beiden Liebenden befinden sich also in einer gefährdeten Situation. Klimt bringt auf diese Weise das klassische Thema von der Vergänglichkeit der Jugend und der vorübereilenden »Jahreszeit der Liebe« ein.

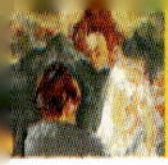

Dresden, Berlin

1905–1913

Die Brücke

Angstvolles Vorzeichen der deutschen Tragödie
Seit Beginn des 20. Jahrhunderts nehmen in Deutschland Ängste, Spannungen und Neurosen zu. Der in den kulturellen Zentren aufkommende Expressionismus wird als Ausdruck der Angst und Frustration des modernen Menschen bald für ganz Europa bedeutsam: Verschiedene Strömungen in Literatur, Theater, Film und bildenden Künsten entstehen gleichzeitig in mehreren Städten. Um 1905 begründet Ernst Ludwig Kirchner in Dresden die erste Expressionistengruppe, »Die Brücke«. Kennzeichen dieser Bewegung sind die starke grafische Komponente, die eckige, verzerrte Linie, mit der die Bildgegenstände fast bis zur Karikatur deformiert werden, und die Vorliebe für leuchtende Farben und intensive Kontraste: All diese Eigenschaften beziehen sich auf die »klassische« deutsche Malerei, die als Alternative zum blutleeren bürgerlichen Akademismus propagiert wird. 1911 siedelt die »Brücke« von Dresden nach Berlin um, löst sich aber 1913 auf.

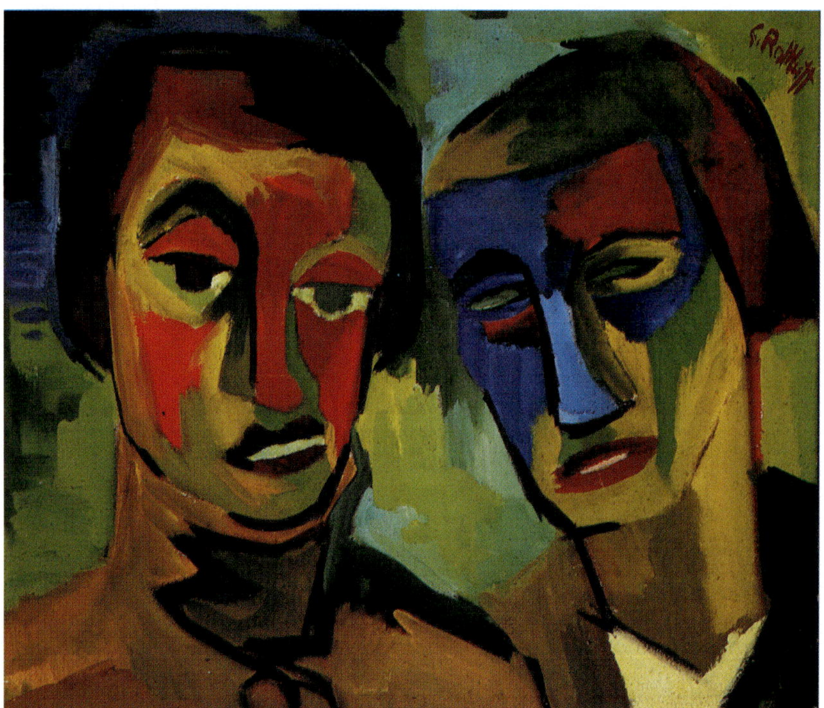

Karl Schmidt-Rottluff
Doppelbildnis S. und L., 1925
Dortmund, Museum am Ostwall

Jüngstes Mitglied der »Brücke« ist Karl Schmidt-Rottluff (1884–1976), der Schöpfer einer vehementen Malerei mit freiem Pinselstrich, stark gezeichneten grafischen Linien und großen Farbflächen.
In den stilisierten, gleichsam deformierten Zügen der Gesichter erkennt man den Einfluss der afrikanischen und polynesischen Bildhauerei.

Ernst Ludwig Kirchner
Berliner Straßenszene, 1913
Berlin, Brücke-Museum

Als zentrale Persönlichkeit der Gruppe benennt Ernst Ludwig Kirchner (1880–1938) ganz offen Munch, van Gogh und Gauguin sowie die primitive Kunst als seine Vorbilder. Dazu kommt jedoch eine fast jugendstilartige Freude an rhythmisierten Linien.

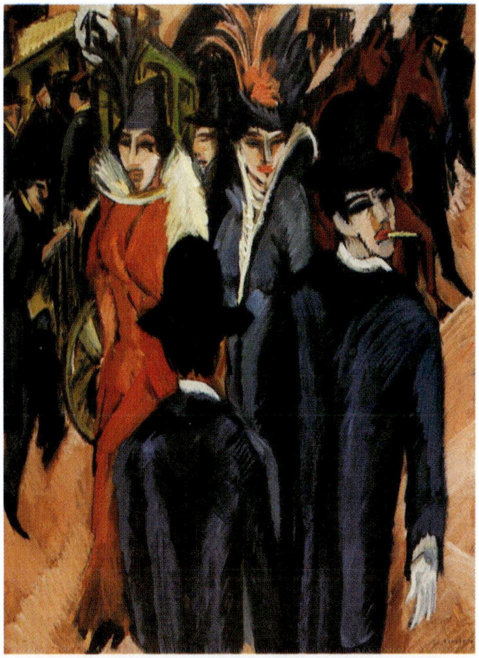

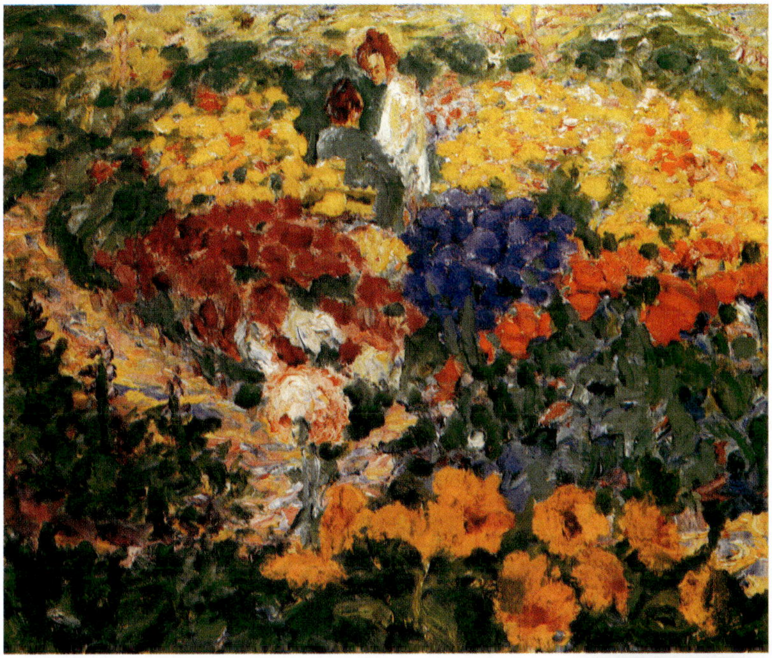

Emil Nolde
Blumengarten. Zwei Frauen, 1908
Krefeld, Lange Trust, als Leihgabe in der Staatsgalerie moderner Kunst, München

Kurzzeitiges Mitglied der »Brücke« ist auch Emil Nolde (1867–1956), eine einsame Künstlerfigur, die eine mystische, traumhafte Malerei entwickelt. In seinem Atelier in dem kleinen Dorf Seebüll an der Ostseeküste konstruiert Nolde eine fast magische Naturanschauung mit den typisch expressionistischen leuchtenden, bebenden Farben.

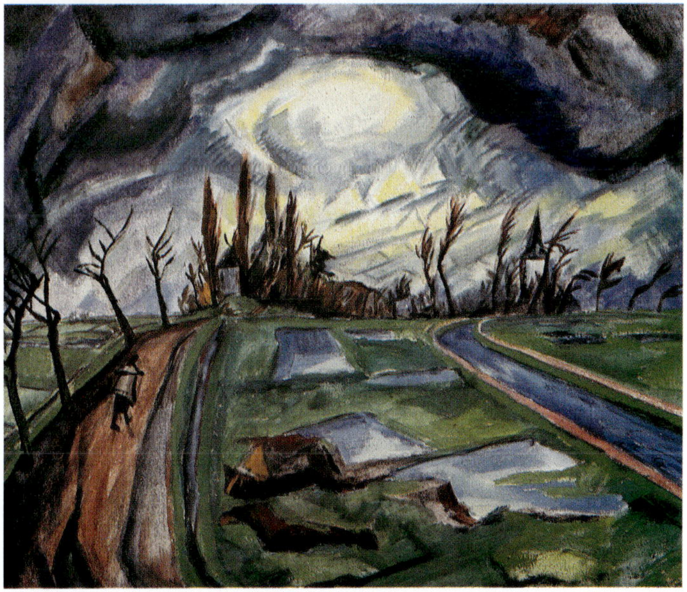

Erich Heckel
Frühling in Flandern, 1916
Hagen, Karl Ernst Osthaus-Museum

Wie andere Mitglieder der »Brücke« hat auch Heckel ein Technik- und Architekturstudium absolviert. In seinen Landschaften erkennt man deutlich den Bezug auf van Gogh, der von den Expressionisten oft als bedeutender Vorläufer genannt wird.

Moskau, München, Weimar

1866–1944

Wassily Kandinsky

Die überwältigende Kraft des abstrakten Expressionismus

Das Leben eines der revolutionärsten Künstler des 20. Jahrhunderts birgt einiges an Überraschungen: Als brillanter Moskauer Jurist und Liebhaber russischer Volkskultur scheint der junge Kandinsky für die Universitätslaufbahn bestimmt; mit dreißig Jahren beschließt er jedoch unerwartet, nach München zu gehen und Malerei zu studieren. Dort trifft er mit dem dreizehn Jahre jüngeren Paul Klee zusammen; es beginnt eine langjährige Freundschaft. Kandinskys Anfänge als Maler liegen im Bereich der märchenhaften und poetischen Illustration russischer Volkserzählungen. 1908 kündigt sich die entscheidende Wende an. Kandinsky verlässt München und zieht aufs Land, in das kleine Alpendorf Murnau; hier beginnt er die Landschaft zu malen. Schon bald löst sich die naturalistische Darstellung auf und an ihre Stelle treten stark kontrastierende Farbflecken, deren Bezug zu realen Orten und Objekten immer schwächer wird. Der Schritt zur abstrakten Malerei vollzieht sich 1910: Nun malt Kandinsky in absoluter Freiheit von Gestus und Farbgebung Flecken und Streifen. 1911 begründet er zusammen mit Marc und Macke den »Blauen Reiter«; durch ihn und den gleichnamigen Almanach wird der abstrakte Expressionismus zu einer der interessantesten Bewegungen Europas. Bei Ausbruch des Ersten Weltkriegs (in dem Marc und Macke als Soldaten fallen) kehrt Kandinsky nach Russland zurück und nimmt mit Begeisterung an der Revolution von 1917 teil. Er wird in Moskau zum Professor an den Künstlerischen Werkstätten ernannt und entwickelt mit Tatlin und Rodtschenko den Konstruktivismus; im Vergleich zu den Jahren in Murnau und München verändert sein Stil sich stark. 1922 lädt Klee ihn zur Teilnahme an den Forschungen im Bauhaus ein, zunächst in Weimar, danach in Dessau. Kandinskys Malerei ist nun geometrisierend und kontrolliert, jedoch immer noch für Farbexperimente offen. Die Beziehung zum Bauhaus bricht 1926 ab; nach Veröffentlichung seiner bedeutenden theoretisch-philosophischen Schrift *Punkt und Linie zu Fläche* geht Kandinsky nach Neuilly-sur-Seine bei Paris, wo er 1944 stirbt.

Wassily Kandinsky
Murnau – Aussicht mit Eisenbahn und Schloss, 1909
München, Städtische Galerie im Lenbachhaus

Die Eisenbahn als Thema fasziniert die europäischen Künstler von Turner bis Manet, von Monet bis Boccioni. Bei Kandinsky entsteht durch Dynamik, Rauch und Technik ein Kräftefeld, das auf die Landschaft ausstrahlt.

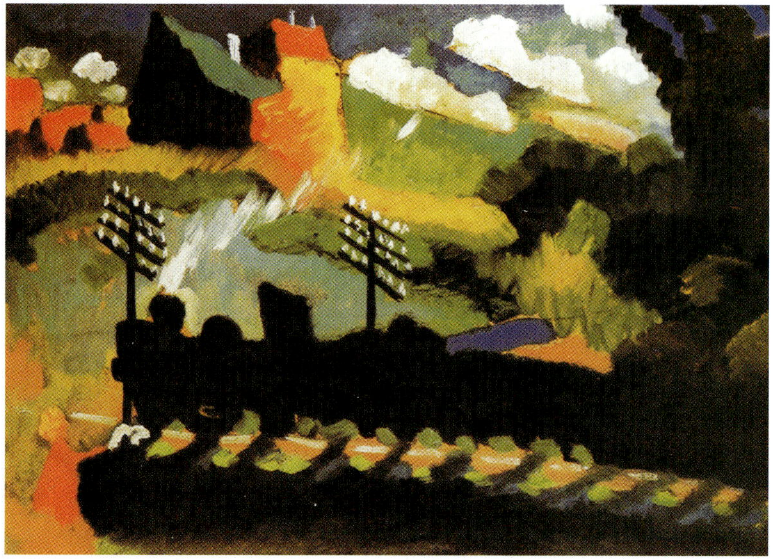

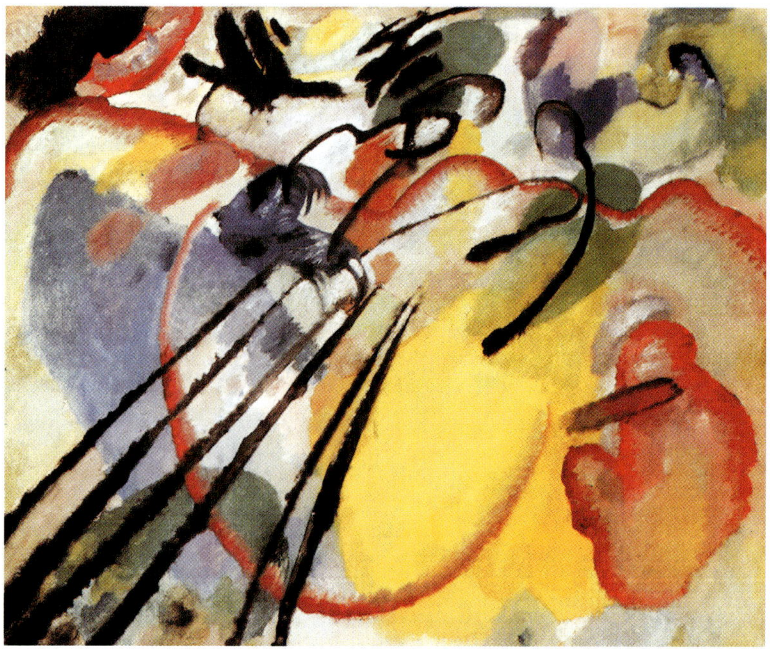

Wassily Kandinsky
Improvisation 26 (Ruder), 1912
München, Städtische Galerie im Lenbachhaus

Das Thema Improvisation ist von der Begegnung mit Arnold Schönberg angeregt. Komponist und Maler erzielen ähnliche Ergebnisse: hier die Zwölftonmusik, dort die abstrakte Kunst.

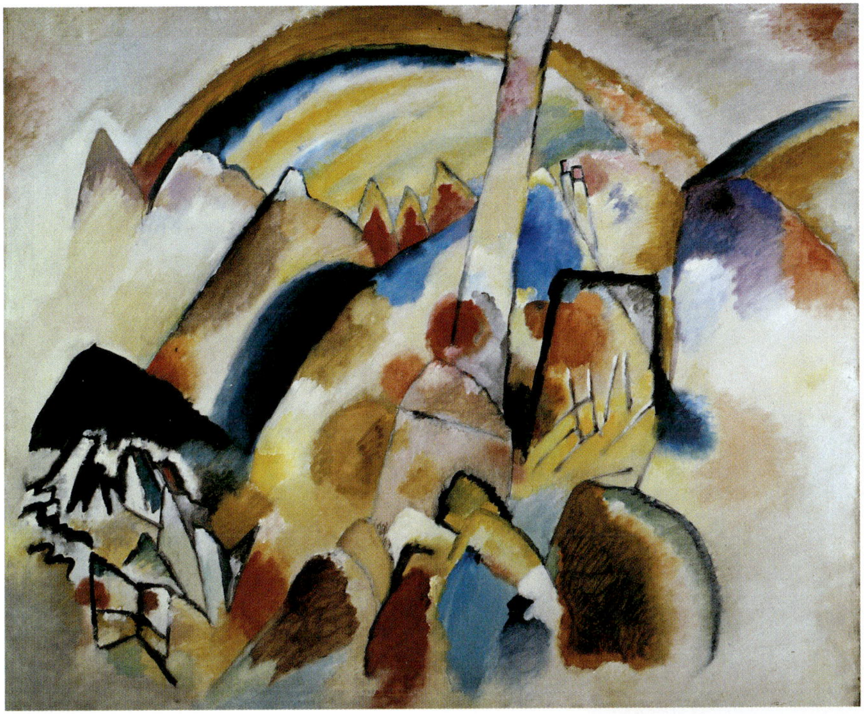

Wassily Kandinsky
Landschaft mit roten Flecken, Nr. 2, 1913
New York, Salomon R. Guggenheim Museum

Die Alpengipfel um Murnau sind ein noch erkennbares bildliches Element. Kandinsky zerlegt die Landschaft nicht wie Cézanne und die Kubisten nach geometrischen Linien, sondern verlässt sich auf ein ungestümes Gefühl für die Farbe.

Wassily Kandinsky
Einige Kreise, 1926
New York, Salomon R. Guggenheim Museum

Die Jahre im Bauhaus sind der Höhepunkt von Kandinskys geometrischen Experimenten. Zusammen mit Klee, Jawlensky und Feininger begründet er die Gruppe »Die Blaue Vier«, in der Bilder wie auch theoretische Schriften entstehen.

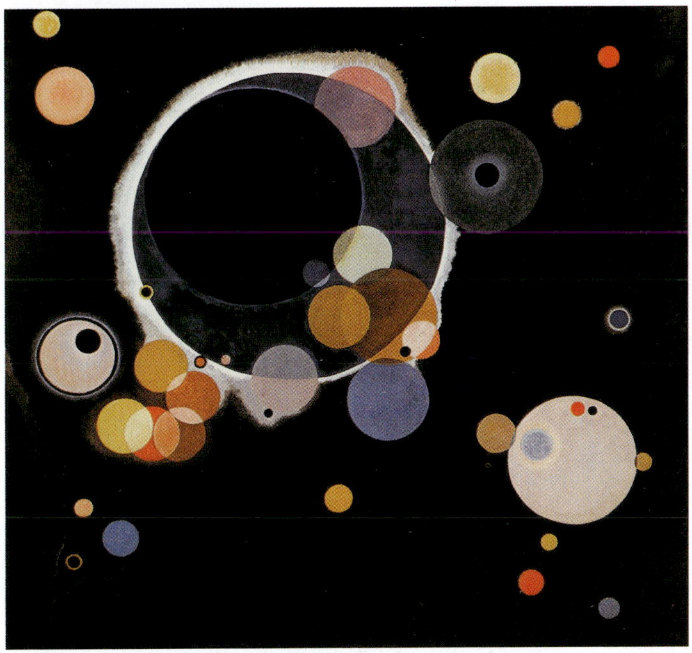

Wassily Kandinsky

1914

Bild mit rotem Fleck

Dieses zu Recht hoch berühmte Werk im Pariser Centre Georges Pompidou ist ein charakteristisches Beispiel für die scheinbare »Zufälligkeit« dieser Bilder und ihre tatsächlich sehr durchdachte und gekonnte kompositorische Struktur. Ab 1913 verändert Kandinsky die Titel seiner Bilder und nennt sie nun nicht mehr »Improvisation«, sondern »Komposition«. Der Bezug zur zeitgenössischen Musik wird immer deutlicher, sogar bei der Wahl der Termini. In der produktivsten und intensivsten Phase des abstrakten Expressionismus, der sich von der Gruppe des »Blauen Reiters« gelöst hat, begleitet Kandinsky sein malerisches Schaffen oftmals mit interessanten theoretischen Schriften. Einige Abschnitte aus einem Artikel von 1912 *Über die Formfrage* kann man als Kommentar zu diesem Bild (das er am 25. Februar 1914 vollendet) verstehen. Kandinsky behauptet, dass die Form für sich existieren könne, während der Farbe Grenzen gegeben werden müssten. Form und Farbe würden sich gegenseitig verstärken: »Der Wert einer bestimmten Farbe wird von einer bestimmten Form betont und von einer anderen Form abgeschwächt. Die Eigenschaften ›greller‹ Farben finden einen besseren Resonanzraum in einer spitzen Form – Gelb beispielsweise in einem Dreieck – und Farben, die man ›tief‹ nennen kann, werden verstärkt und in ihrer Handlung intensiviert von runderen Formen. Blau zum Beispiel in einem Kreis.«

Im oberen Teil des Bilds, neben dem ovalen, großen roten Fleck, findet sich das von einer doppelten Linie begrenzte Spitzbogenmotiv; dieses graphische Zeichen benützt Kandinsky zu jener Zeit auch in anderen Gemälden. Es erinnert an Formen aus der gegenständlichen Phase (ein Hausdach, einen Berggipfel, eine Turmspitze, einen Baumwipfel, ein Segel), ist nun aber zu einem Referenzmotiv geworden, um das sich eine reichhaltige, harmonisch abgestimmte Farbenserie gruppiert.

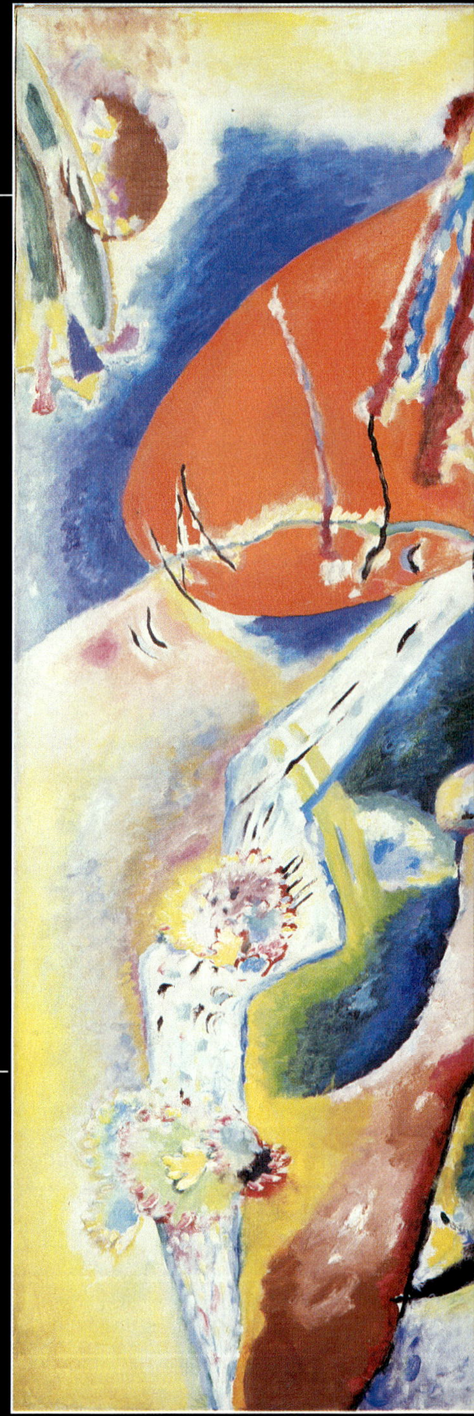

Der Bildtitel spricht von nur einem roten Fleck, jedoch wird diese Farbe an verschiedenen Stellen des Werks benützt, und zwar mit kontinuierlichen Veränderungen von Zeichen und Intensität.

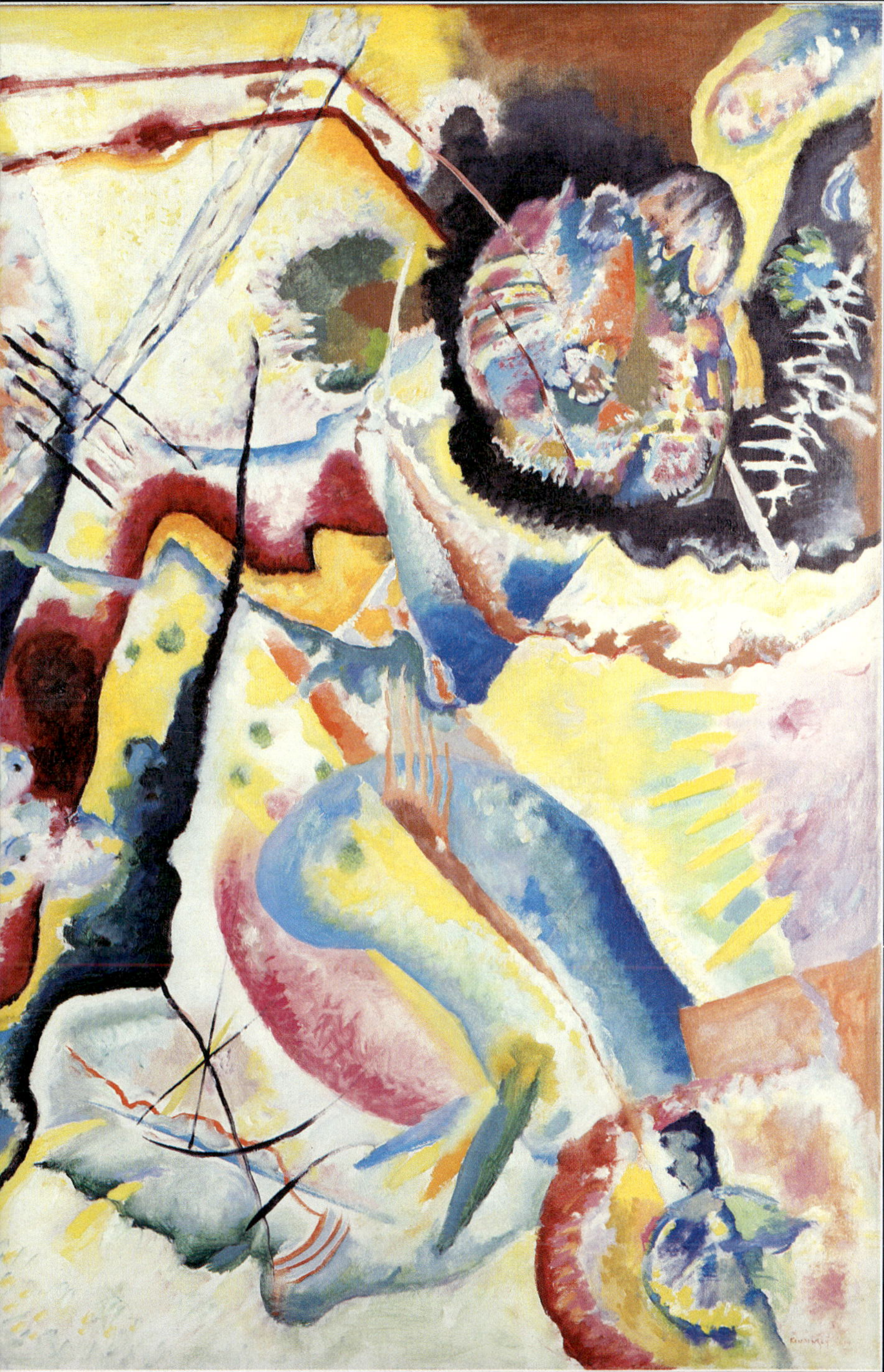

Fruchtbar und anregend wirkt die Freundschaft mit Arnold Schönberg, einem der größten Komponisten des 20. Jahrhunderts und ebenfalls sehr talentierten Maler. Die Beziehung zur Musik spielt eine entscheidende Rolle bei der Entstehung der abstrakten Malerei, vor allem für Kandinsky: Die Musik wird als Vorbild für jede Kunst aufgefasst, die zunächst auf das Material hin orientiert ist, auf seine Eigenschaften und Kombinationsmöglichkeiten. Der Musiker lernt zuallererst, Töne zu kombinieren, nicht etwas darzustellen: Diese Erfahrung wird als Leitbild aufgefasst, dem der Maler in Bezug auf die Farben, Linien, Figuren und anderen konkreten Elemente seines Tuns folgen soll.

Kandinsky benützt vor allem die drei Primärfarben (Gelb, Rot und Blau), als wolle er wiederholt die farblichen Grundlagen offen legen, auf denen die ganze Welt von Farbe und Licht beruht.

München

1910–1916

Der Blaue Reiter

Der Zauber der Farbe, die Poesie des Zeichens
Innerhalb der Strömungen des deutschen Expressionismus stellt die Münchner Gruppe »Der Blaue Reiter« eine faszinierende Alternative zur grafischen Schärfe Kirchners und der Vertreter der Berliner Avantgarde dar. Die von Kandinsky gegründete Gruppe ist vor allem auf die Farbe konzentriert; aus diesem Grund bestehen enge Kontakte zu den parallelen Experimenten von Matisse, den Fauves, dem Ehepaar Delaunay und Paul Klee. Neben Kandinsky, der sich der abstrakten Malerei zugewandt hat, gruppiert sich die Bewegung um Franz Marc (1880–1916) und August Macke (1887–1914), die beide an der französischen Front fallen; Jawlensky (1864–1941) gehört dagegen nur äußerlich zu der Gruppe. Marc hegt eine große Liebe zu Tieren und möchte die Bewegung nach dem Blauen Pferdchen benennen, doch Kandinsky zieht den Reiter vor. Einig sind sich die beiden jedoch in der Wahl der Farbe Blau als bevorzugtem Ton. August Mackes Schicksal vollzieht sich 1914 innerhalb von wenigen Monaten: Das Jahr beginnt mit einer begeisternden Tunisreise zusammen mit Klee und endet mit dem Tod auf dem Schlachtfeld. Auch an der Front suchen die Maler des »Blauen Reiter« in ihren bevorzugten Themen ein Moment der Befreiung von der Angst des Schützengrabens; während Marc Tiere malt, schafft Macke Figuren im Gespräch mit der Natur.

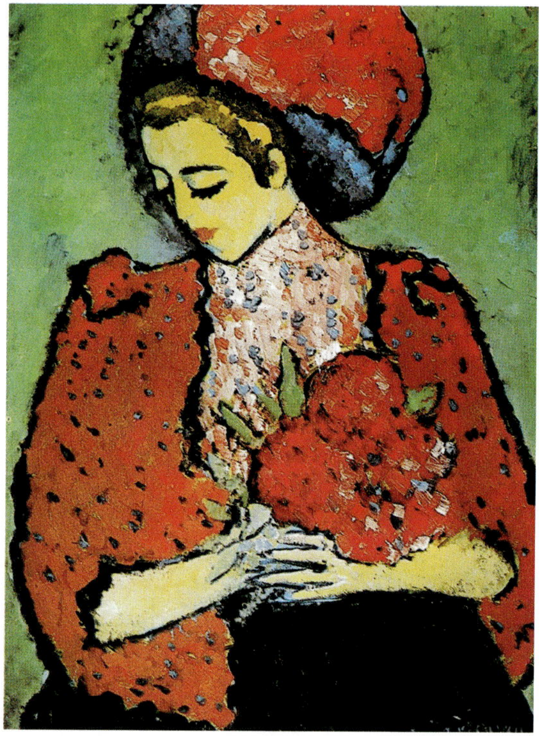

Alexej von Jawlensky
Mädchen mit Pfingstrosen, 1909
Wuppertal, Von der Heydt-Museum

Als Freund Kandinskys, mit dem ihn die russische Abstammung verbindet, nimmt Jawlensky nur einmal an einer Ausstellung des »Blauen Reiters« teil; er kann als Sympathisant der Bewegung angesehen werden.

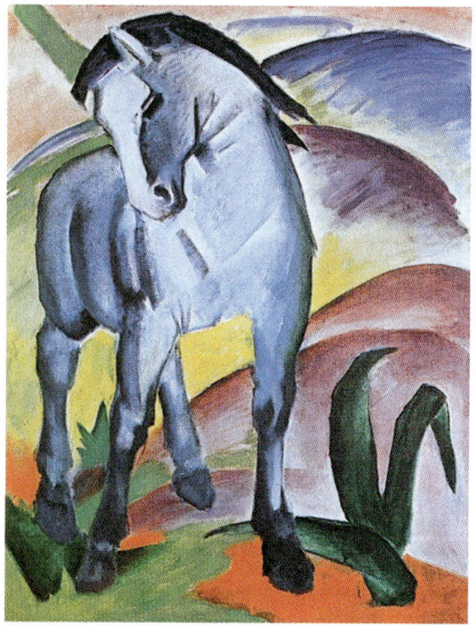

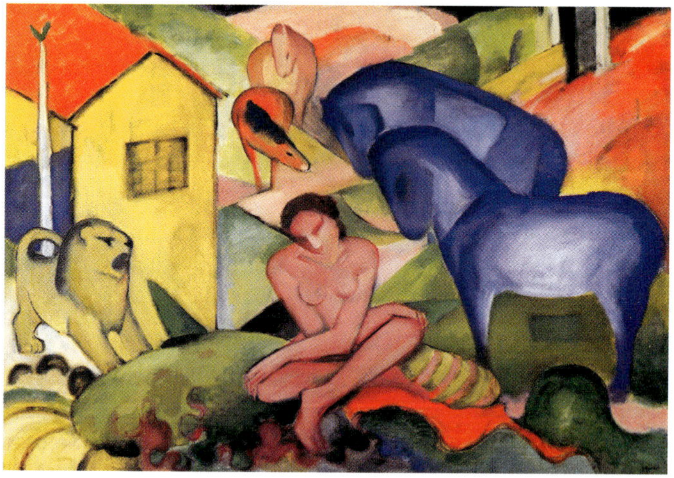

Franz Marc
Blaues Pferd I, 1911
München, Städtische Galerie im Lenbachhaus

Franz Marc
Der Traum, 1912
Madrid, Museo Thyssen-Bornemisza

Franz Marc gelingt es, sehr deutlich die Bewegungen und Haltungen der Tiere wiederzugeben, manchmal sogar mit dem anatomischen und ethnologischen Realismus eines begeisterten Tierforschers; doch ist er zugleich bestrebt, alle Bildelemente auf der Fläche anzuordnen wie in einem alten, leuchtenden Glasfenster.

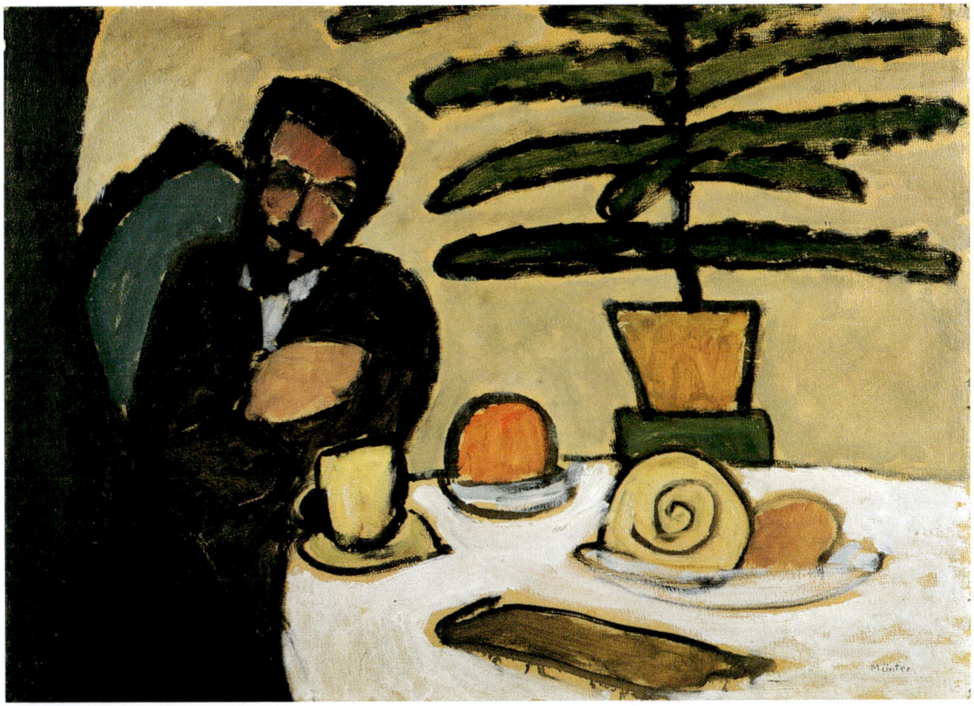

Gabriele Münter
Mann am Tisch (Kandinsky),
1911
München, Städtische Galerie
im Lenbachhaus

Gabriele Münter wird 1877 in Berlin geboren; ab 1904 lebt sie mit Kandinsky zusammen und nimmt an seinem bewegten schöpferischen Wachstum teil. Innerhalb des »Blauen Reiters« zeichnen sich Gabriele Münters Bilder durch einen Hauch von Spiritualität aus, der offenbar dem Einfluss der Malerei von Matisse zu verdanken ist. Die Beziehung zu Kandinsky bricht 1916 endgültig ab, als der Maler nach Russland zurückkehrt. Marcs Tod in Verdun im gleichen Jahr besiegelt das Ende dieser Künstlervereinigung.

August Macke
Großer Zoologischer Garten,
1912
Dortmund, Museum am
Ostwall

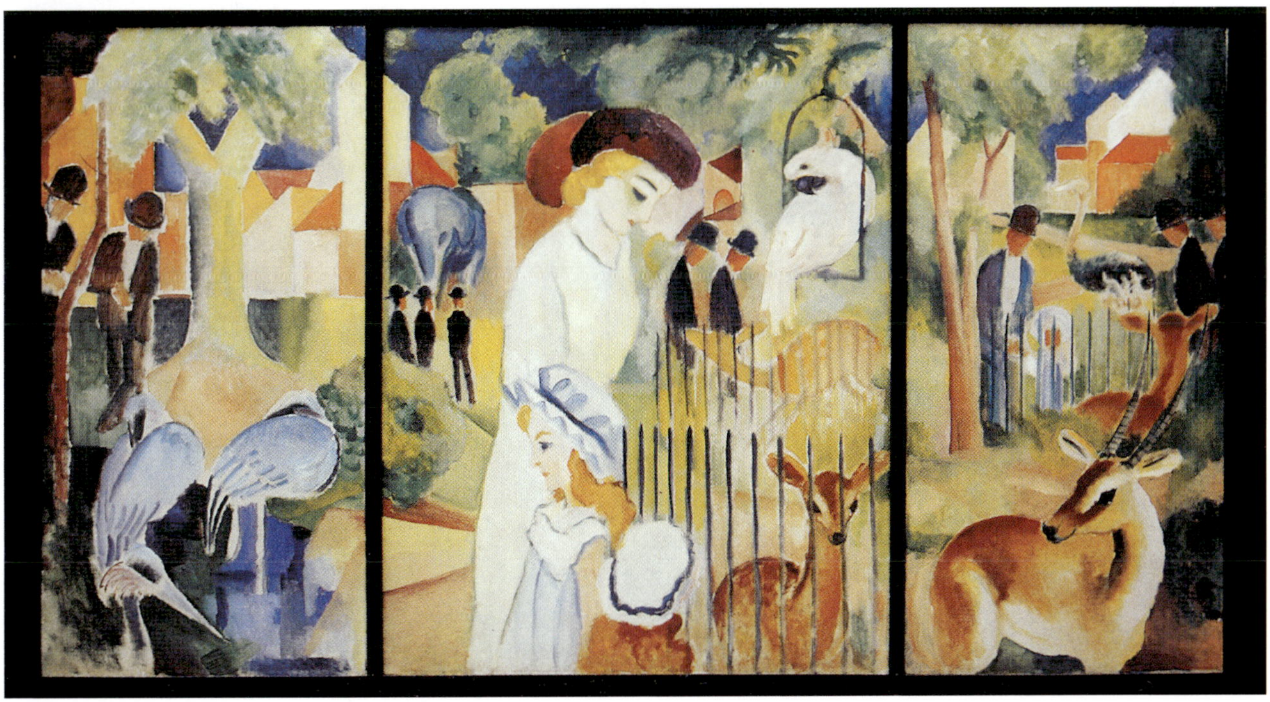

Mailand

1909–1916

Der Futurismus

»Ein aufheulendes Auto ist schöner als die Nike von Samothrake«
Der Futurismus ist die bedeutendste Bewegung in der italienischen Kunst des 20. Jahrhunderts: Begründer und wichtigster Vertreter ist Umberto Boccioni (1882–1916). Vor dem Ersten Weltkrieg (an dem Boccioni als Freiwilliger teilnimmt und durch einen Sturz vom Pferd stirbt) ist die futuristische Maler-, Schriftsteller- und Musikergruppe eine der interessantesten Avantgarde-Strömungen in Europa. Protagonisten sind Boccioni und der Schriftsteller Filippo Tommaso Marinetti und es vereint sie die Ablehnung aller Traditionen, Vorliebe für Bewegung, Handlung, Lärm und Dynamik, aber auch die Verherrlichung von Kampf, Gefahr und Krieg. Boccioni verfasst die Grundlagenwerke der futuristischen Malerei. Während sich gleichzeitig der Kubismus entwickelt, sucht Boccioni in Malerei und Bildhauerei nach einer »simultanen« Darstellung der Figuren und Gegenstände: Die lebhaften Farben, die unruhige Pinselführung und auch die Themen drücken eine Haltung der Offenheit für die neuesten Erfindungen von Technik, Sport und Fortschritt aus.

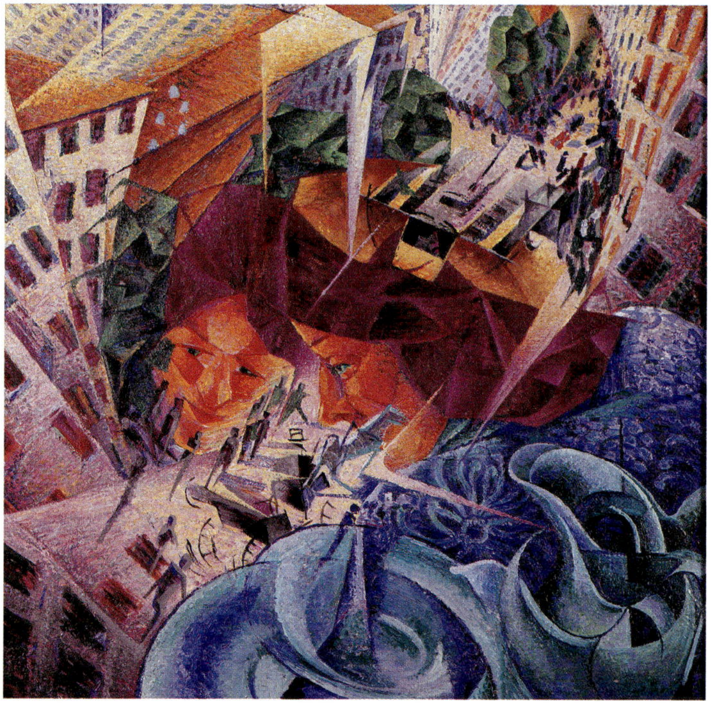

Umberto Boccioni
Simultanvisionen, 1912
Wuppertal, Von der Heydt-Museum

Das Bild fasst die grundlegenden Merkmale des Futurismus zusammen: die Aufmerksamkeit für die Stadt, die Zerlegung der Gegenstände in Bewegungsabläufe, die Beziehung zwischen Gebäuden und Figuren. Die simultan gezeigten Gegenstände, Figuren und Hintergründe versetzt ein Strudel in eine Kreisbewegung.

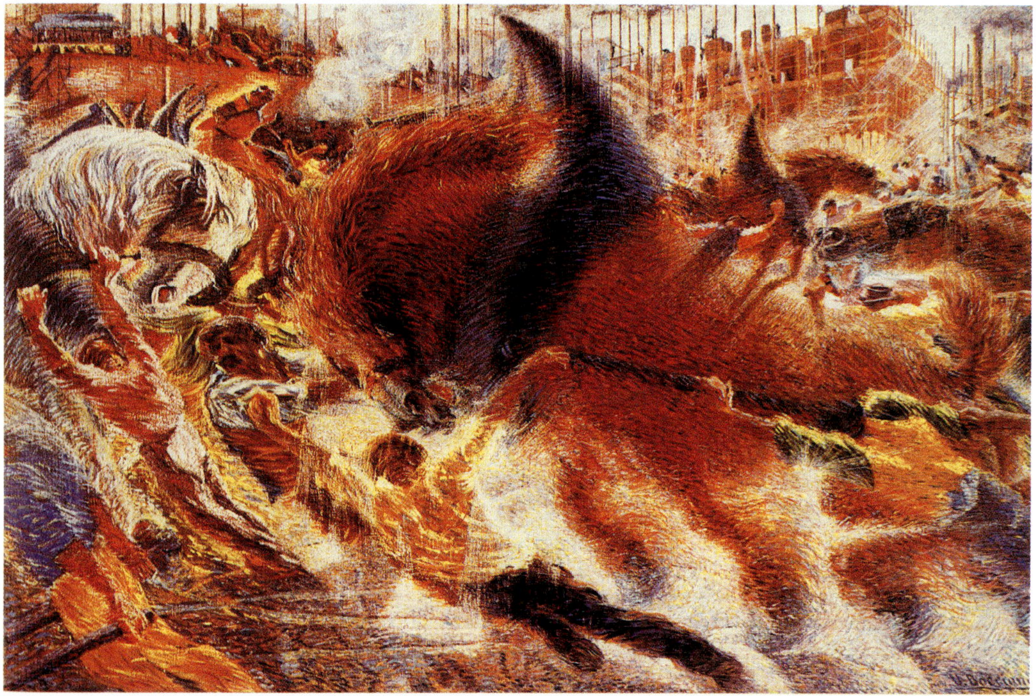

Umberto Boccioni
Die Stadt steigt auf (La città che sale), 1910–1911
New York, The Museum of Modern Art

Der in Kalabrien geborene, ab 1907 in Mailand lebende Boccioni beobachtet mit Enthusiasmus das Anwachsen der neuen Arbeiterviertel in den Industriegebieten.

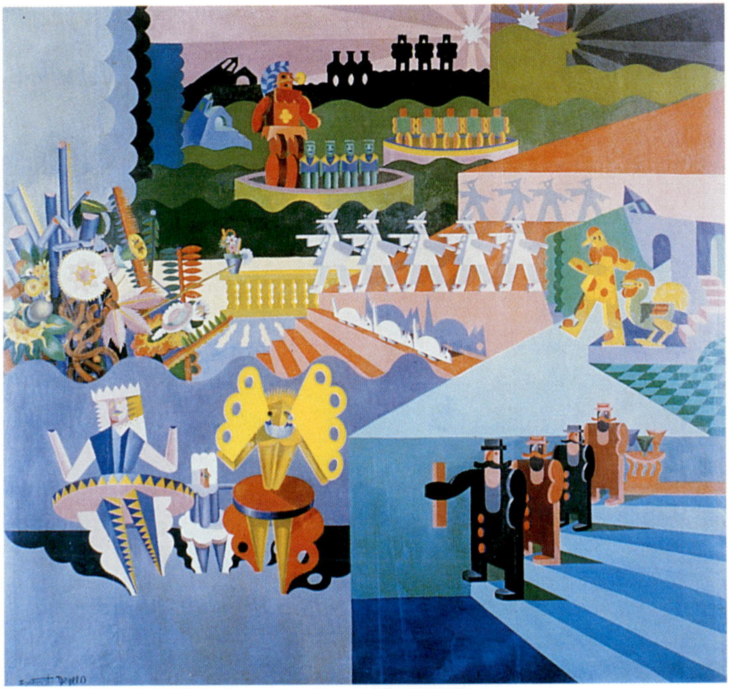

Fortunato Depero
Meine »Plastischen Ballette«
(I miei »Balli plastici«), 1921
Privatsammlung

In diesem amüsanten Gemälde erinnert Depero an die theatralischen Inszenierungen der Puppen- und Marionettentheater. Nach dem Niedergang der ersten Phase des Futurismus, über den der Erste Weltkrieg hinwegfegt, pflegt Fortunato Depero (1892–1960) aus Trient die fröhliche Utopie einer »futuristischen Neuschöpfung der Welt« in Form von tanzenden Marionetten. Hier zeigt sich sein hervorragendes Können auf dem Gebiet der angewandten Kunst.

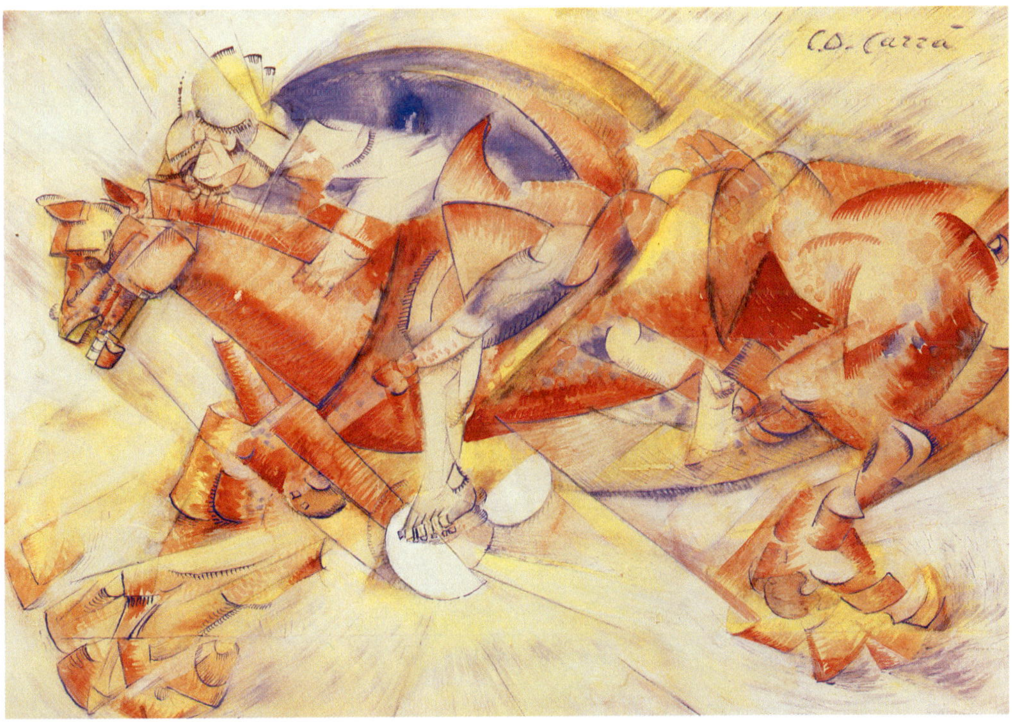

Carlo Carrà
Der rote Reiter, 1913
Mailand, Civico Museo d'Arte Contemporanea, Sammlung Jucker

Die bewegte Figur wird wie in einer Folge von Filmaufnahmen in Bewegungsabläufe zerlegt. Carlo Carrà (1881–1966) ist zunächst Mitglied der futuristischen Strömung und gehört später zu den Begründern der Pittura metafisica.

Paris, Côte d’Azur

1869–1954

Henri Matisse

»Die Farbe muss gedacht, geträumt, imaginiert werden«
Matisse ist während seines langen Lebens der große Meister der Farbe, der gerundeten Linie und des herrlich dekorativen Stils. Matisses Ausbildung am Ende des 19. Jahrhunderts steht noch ganz im Zeichen der reinen Farben van Goghs und Gauguins und der Lehre des Symbolisten Gustave Moreau; Matisse studiert aufmerksam die japanischen Holzschnitte, die persische Keramik sowie das Licht, die Stoffe und die verführerische Kraft der arabischen Welt. Nachdem er sich an der kurzlebigen, aber wirkkräftigen Gruppe der Fauves beteiligt hat, tritt er ab 1907 in Kontakt zu Picasso und dem Kubismus und schreitet nun selbst zu einer bedeutenden Reduktion der Konturen, zerlegt die menschlichen Figuren nach geometrischen Linien, behält aber seine Freude an der Leuchtkraft der Farben, an der Darstellung eines Ambientes und am dekorativen Zweck des Bilds bei, der ihn in den folgenden Jahren ans Mittelmeer, nach Spanien und Marokko führt, wo er sich von der Atmosphäre inspirieren lässt. 1911 bringt er seine Bilder in russischen Sammlungen unter und trägt zur Entwicklung der Avantgarde bei. Weitere Reisen folgen; seine Kreativität wächst unaufhörlich, er schafft Bildteppiche, Keramiken, die Wandmalereien der Chapelle du Rosaire in Vence und schließlich die beeindruckenden farbigen Scherenschnitte.

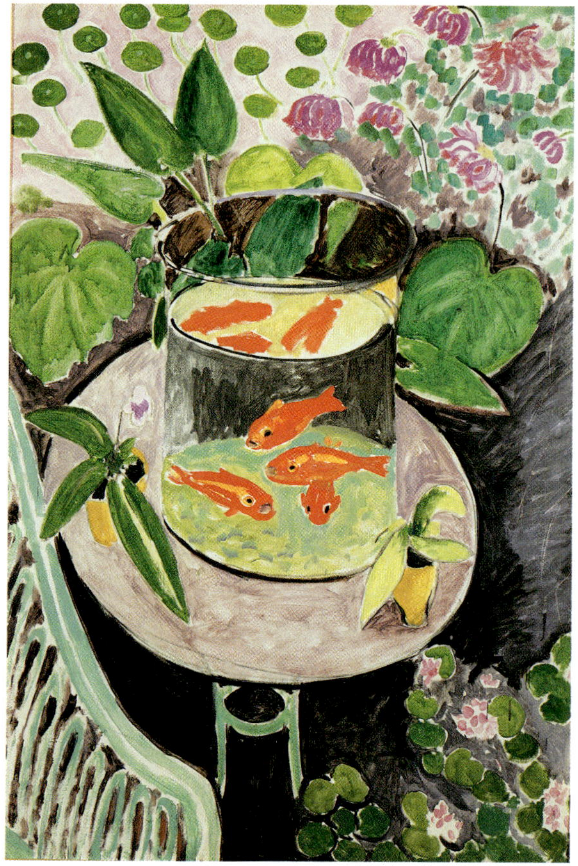

Henri Matisse
Stillleben mit Goldfischen, 1912
Moskau, Staatliches Museum der bildenden Künste A. S. Puschkin

Das Goldfischglas als Thema kehrt im Werk Matisses mehrmals wieder: Inspiriert wird er dazu während seiner Marokkoreise, auf die auch das üppige Pflanzen- und Blumenwachstum hindeutet.

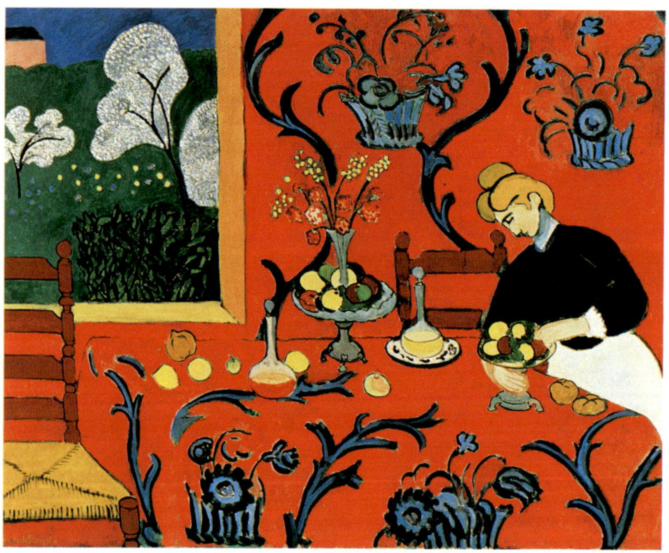

Henri Matisse
Das rote Zimmer, 1908–1909
Sankt Petersburg, Staatliche Eremitage

Matisse nannte dieses große, faszinierende Bild *Harmonie in Rot*; in einer ersten Fassung hatte er das Zimmer jedoch überwiegend in grünblauen Tönen gehalten, es aber später verändert, denn (wie der Künstler selbst in einem Brief an den russischen Sammler Sergej Schtschukin schreibt): »Es begann, mir nicht mehr dekorativ genug zu erscheinen.«

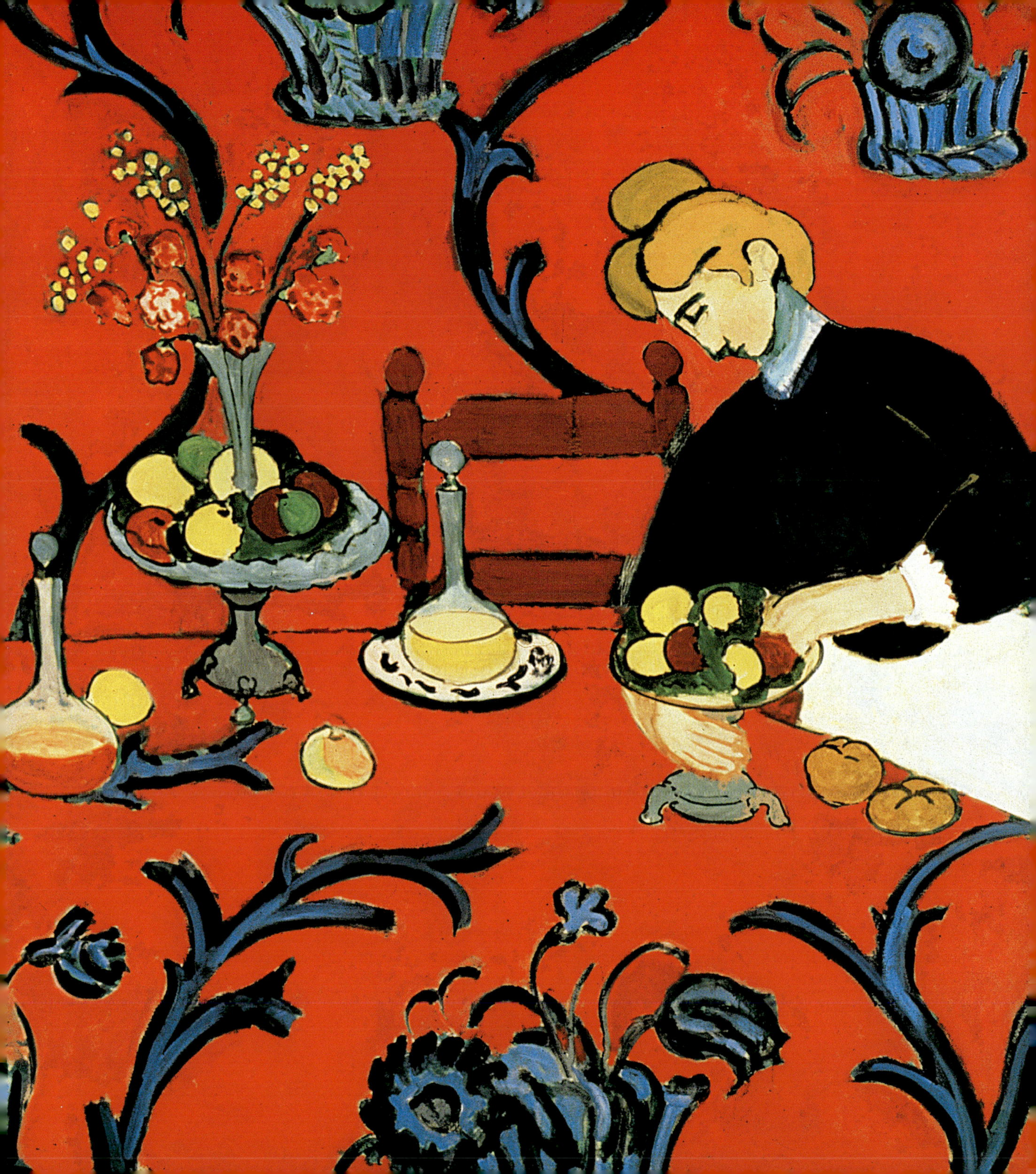

Henri Matisse

1910

Der Tanz

Das Werk *La Danse* wurde von dem berühmten Moskauer Sammler Sergej Schtschukin in Auftrag gegeben, der nicht davor zurückschreckte, im eigenen Haus ein großes Bild mit »skandalösen« nackten Frauen auszustellen. Er schreibt an Matisse, während dieser noch an dem Werk arbeitet: »Das Gemälde mit dem Tanz ist für mich von solchem Adel, dass ich beschlossen habe, die bürgerliche Meinung herauszufordern und über meiner Treppe ein Aktbildnis aufzuhängen.«

Dieses Gemälde in der Sankt Petersburger Eremitage ist eines der Programmbilder der modernen Kunst. Matisse selbst, der sich seiner Bedeutung bewusst war, hat in anderen Werken Hinweise auf dieses Bild eingebracht. Er vereinfacht die Konturen der Figuren und reduziert die Farbpalette, kommt jedoch im Gegensatz zur Strenge Picassos zu einem lyrisch-heiteren Ergebnis. Der Tanz der gesichts- und zeitlosen Mädchen bezieht den Betrachter in einen einfachen, natürlichen Kreisrhythmus ein, der endlos erscheint. Matisse beschreibt die Entstehung so: »Ich liebe den Tanz sehr. Der Tanz ist etwas Außerordentliches: Leben und Rhythmus. Es fällt mir leicht, mit dem Tanz zu leben. Als ich den Auftrag hatte, einen Tanz für Moskau zu komponieren, ging ich einfach am Sonntagnachmittag ins Moulin de la Galette. Und ich habe zugeschaut, wie sie tanzten [...]. Die Tänzerinnen halten einander bei der Hand, rennen durch den Saal, schlängeln sich durch die Leute, die wenig abseits stehen [...]. Nach Hause zurückgekehrt komponierte ich meinen Tanz auf einer Fläche von vier Metern und summte dabei genau das Motiv, das ich im Moulin de la Galette gehört hatte, damit die ganze Komposition, alle Tänzerinnen sich im gleichen Rhythmus bewegten.«

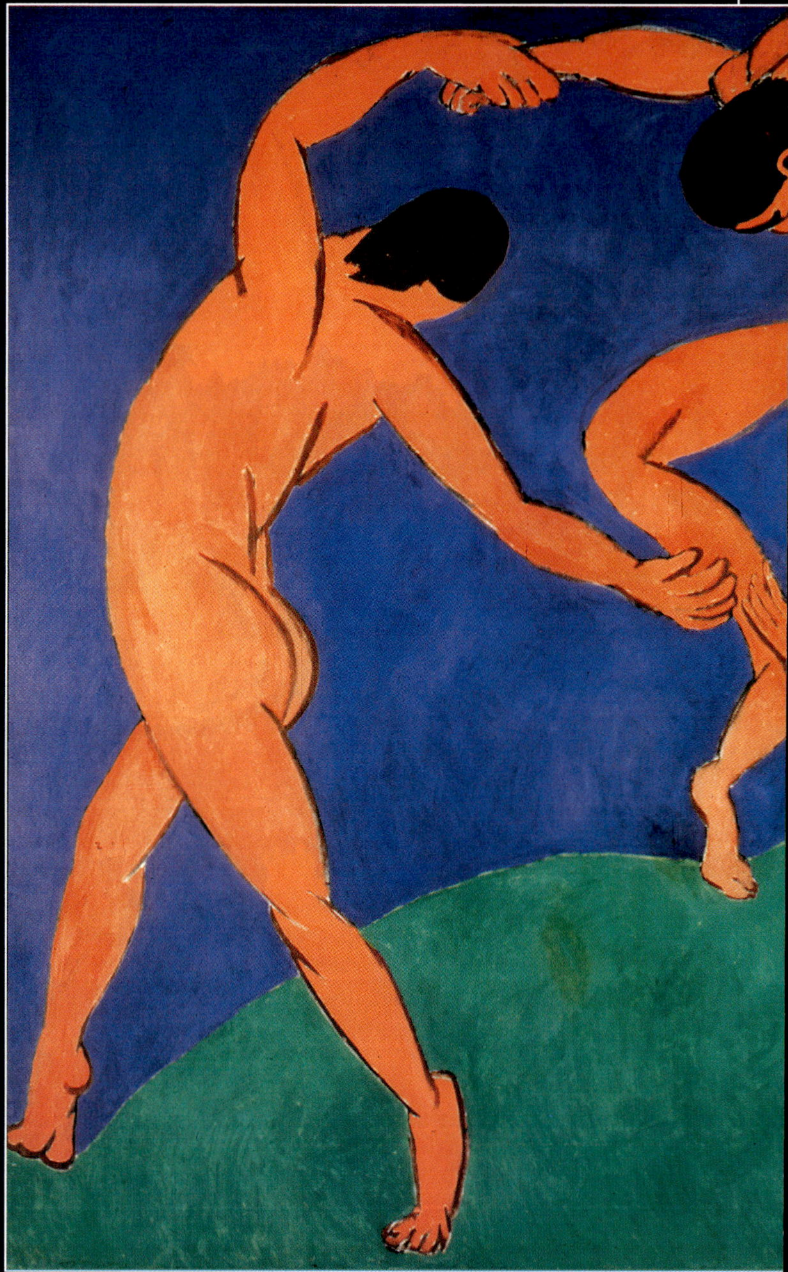

Der Kernpunkt der ganzen Komposition ist die Lücke zwischen den Händen der Tänzerin ganz links und ihrer Gefährtin zur Rechten. Aus dem Versuch der beiden Figuren, sich zu erreichen, ohne aus dem Kreisrhythmus des Tanzes zu fallen, entstehen die entgegengesetzten Diagonalen, die elastischen, wie Bögen gespannten Kurven, das gegenseitige Zueinanderstreben, aus dem die unaufhörliche, fast obsessive Vorwärtsbewegung kommt, die bald schneller, bald stärker, bald beinahe sanft durch das ganze Bild läuft.

Als Matisse das Bild einige Jahre später wiedersah, stellte er fest: »Als ich die Dekoration in Moskau sah, war ich sehr darüber erstaunt, daß ich beim Auftragen meiner Farben spielerisch mit dem Pinsel die Schichtstärke variiert hatte, so daß das Weiß der Leinwand mehr oder weniger durchschien und einen ganz köstlichen seidigen Moirierungseffekt ergab.«

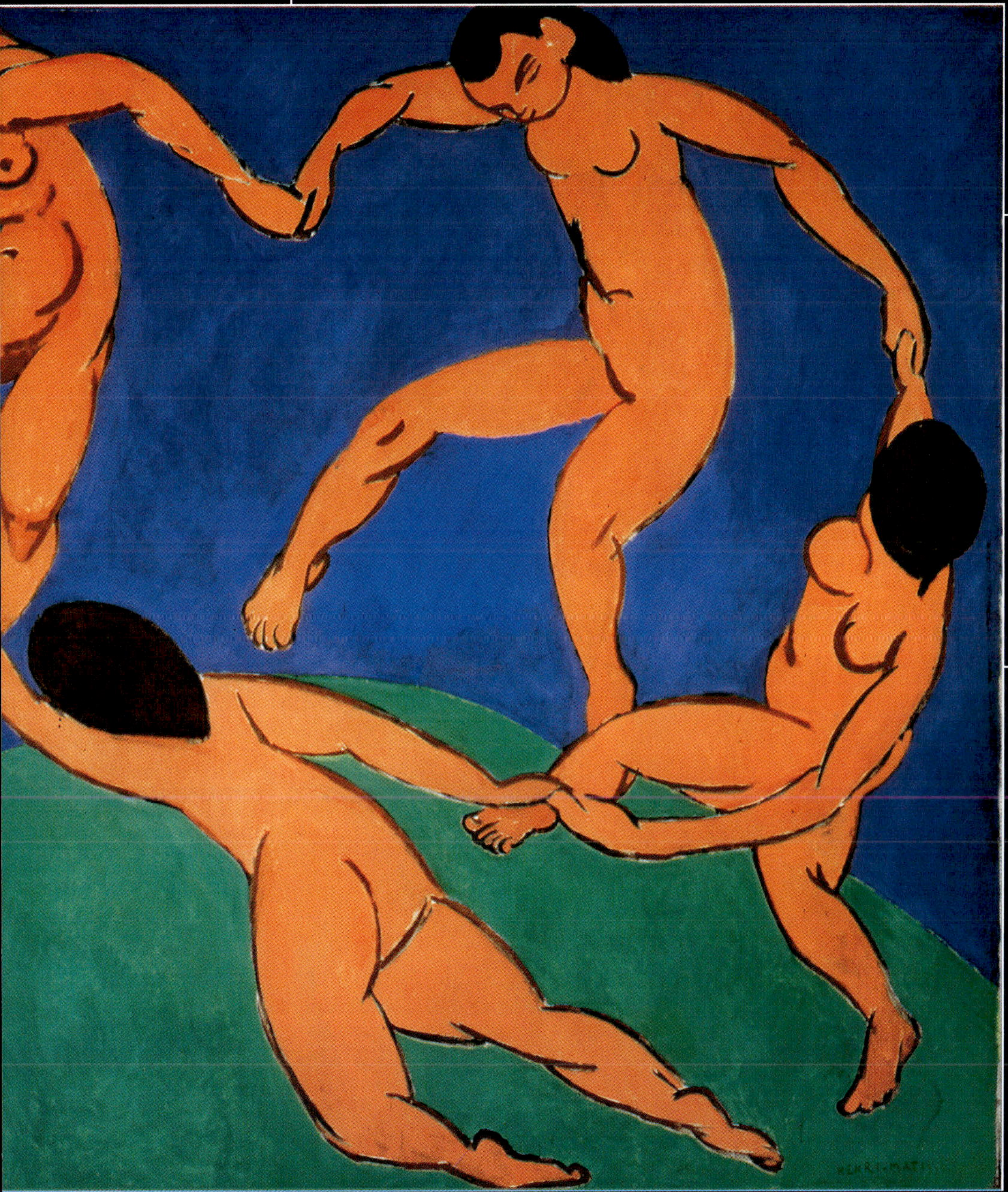

Ein treffender Kommentar zu Matisses Bild sind die Worte von Walter Otto zum Thema Tanz: »Er lehrt nichts, er diskutiert nichts – er schreitet majestätisch daher und mit diesem majestätischen Schreiten bringt er das Fundament aller Dinge ans Licht – nicht Willen und Macht, nicht Angst und Pein, nicht all das, was sich auf das Leben legen will, sondern das, was ewig Herr über sich und göttlich ist. Der Tanz ist die Wahrheit dessen, was ist, aber in unmittelbarster Weise die Wahrheit dessen, was lebt.«

Die unbändige Energie des Bilds wird verstärkt von der absoluten Einfachheit der Elemente (Erde, Himmel, menschliche Figur), die durch den Gebrauch der Farben Grün, Blau und Rot genau bestimmt und rhythmisiert werden. Nach Giulio Carlo Argan hat das Bild »eine mythisch-kosmische Bedeutung: Der Boden ist der Horizont der Welt, die Krümmung der Erde; der Himmel hat die türkisblaue Tiefe des interstellaren Raums; die Figuren tanzen riesenhaft zwischen Erde und Firmament.«

Paris

1907–1914

Die Entstehung des Kubismus

Eine neue Sicht

Nachdem er die spektakuläre Cézanne-Retrospektive gesehen hat, legt der seit langem in Paris lebende Andalusier Pablo Picasso (1881–1973) das Fundament für die revolutionäre Kunstströmung des 20. Jahrhunderts, den Kubismus. Picasso sucht nach einer inneren Geometrie von Dingen und menschlichen Figuren: Er beginnt schroffe Bilder zu schaffen, in denen die Zerlegung der Gegenstände zu geometrischen Linien und Konturen bis zum Konsistenzverlust der Materie und vor die Tore der abstrakten Kunst reicht. Um 1909 ersetzt er die Farbe durch eine Palette von Grau- und Brauntönen; zudem werden durch Collagetechnik Papierfetzen, Zahlen und Buchstaben in die Bilder integriert. Es handelt sich um die Phase des »analytischen« Kubismus, welchen Picasso zusammen mit dem gleichaltrigen Freund Georges Braque (1882–1963) ins Leben ruft, mit dem er das Atelier auf dem Montmartre teilt. Es folgt die Zeit des »synthetischen« Kubismus (1912–1914) mit einer Rückkehr zur Erkennbarkeit der Gegenstände, wiederum durch die Einfügung von Zahlen, Buchstaben und verschiedenen Materialien nach der neuen Collage-Technik. Auch durch den Wagemut großer Galeristen und Intellektueller und die finanzielle Förderung modernen Sammlertums setzt sich der Kubismus erfolgreich durch.

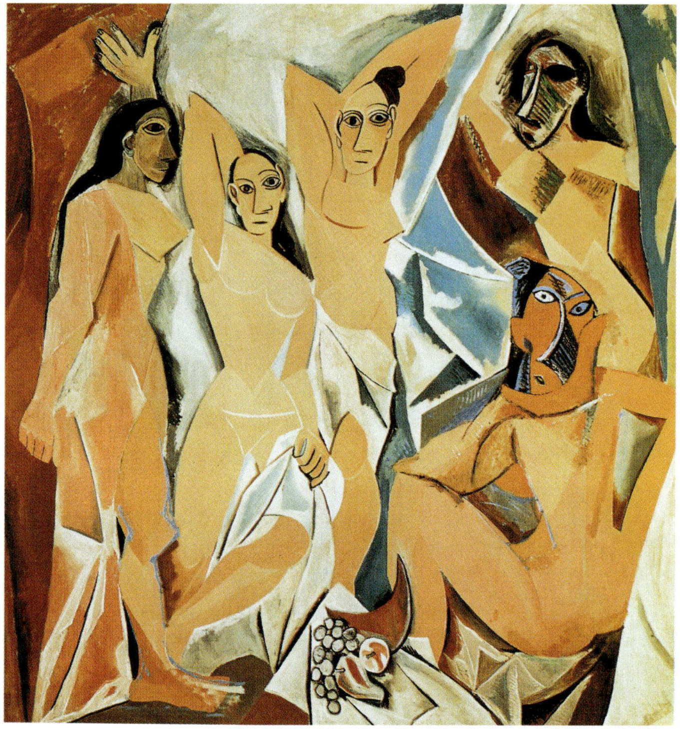

Pablo Picasso
Les Demoiselles d'Avignon, 1907
New York, Museum of Modern Art

Dieses Bild, ein epochales Werk in der Kunst des frühen 20. Jahrhunderts, entsteht im erregten Klima nach der posthumen Cézanne-Ausstellung. Picasso zerstört damit endgültig die Grundlagen der akademischen »schönen« Malerei: Außer der Farbe erlaubt er sich nichts Gefälliges mehr. Aus Cézannes *Großen Badenden* werden weibliche Figuren, die mit einer von der afrikanischen Kunst übernommenen Geradheit und Schroffheit dargestellt sind. Das Bild wird auf einer glatten Fläche ohne Tiefendimension und von aggressiver Präsenz entfaltet.

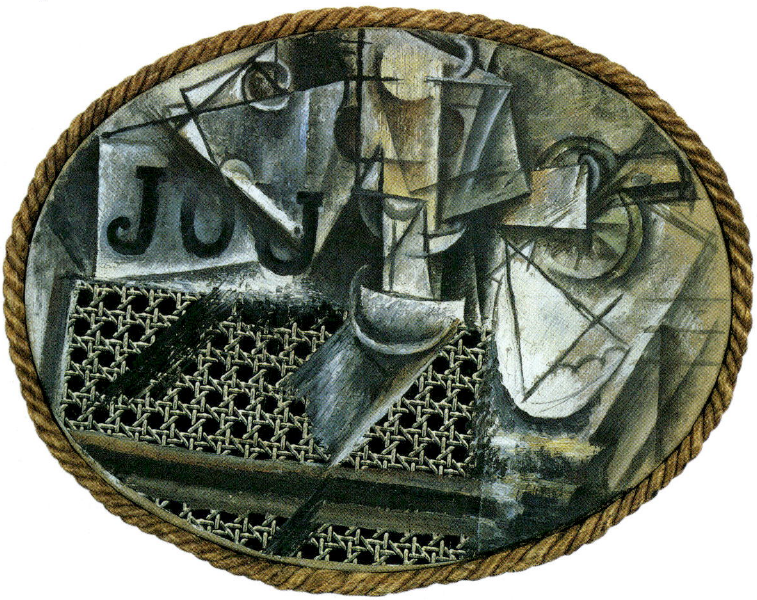

Pablo Picasso
Stillleben mit Rohrstuhl (Nature morte à la chaise cannée), um 1912
Paris, Musée National Picasso

Picasso bringt wichtige neue Elemente ins Spiel, etwa das Thema des Objet trouvé, beispielsweise ein auf der Müllhalde gefundenes Stück Rohrstuhlgeflecht oder Papierfetzen mit Buchstaben und Wörtern.

Georges Braque
Häuser in L'Estaque, 1908
Bern, Kunstmuseum

Wie Monet, Renoir und Sisley ihre Ateliers verließen, um gemeinsam ihre Landschaftsbilder direkt im Freien zu malen, so gehen Picasso und Braque, die im Winter im legendären Bateau-Lavoir auf dem Montmartre arbeiten, im Sommer nach L'Estaque aufs Land, um sonnige südfranzösische Landschaften abzubilden. In dieser Phase enger Symbiose übertragen die beiden Künstler die stilistischen und technisch-wissenschaftlichen Ergebnisse des Kubismus nicht nur auf die unbelebten, im Atelier angeordneten Gegenstände, sondern auch auf Bäume, Häuser und Landschaften. Mehr noch als in den Stilllebenkompositionen ist jetzt der Einfluss Cézannes bestimmend, der sich mit dem magischen Naturgefühl des Malers Henri Rousseau verbindet. In Braques Gemälde ist die Bemühung um schlichte Vereinfachung der Farben und geometrischen Blöcke deutlich.

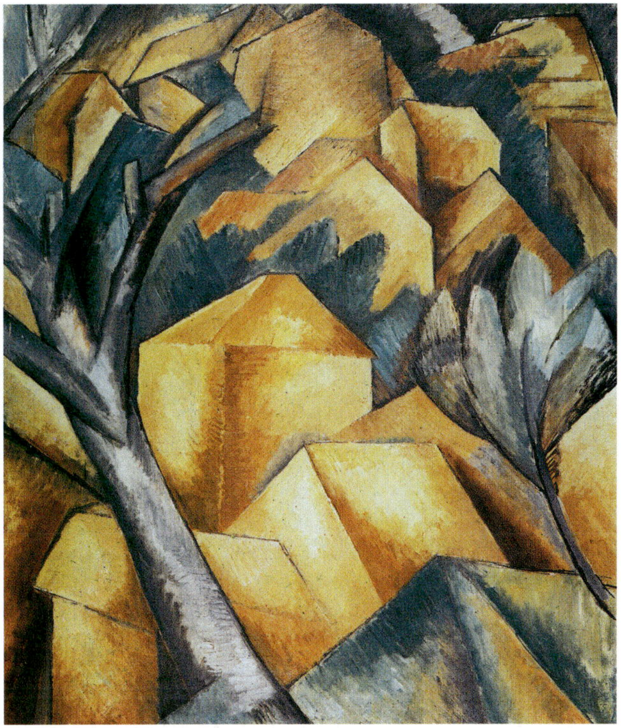

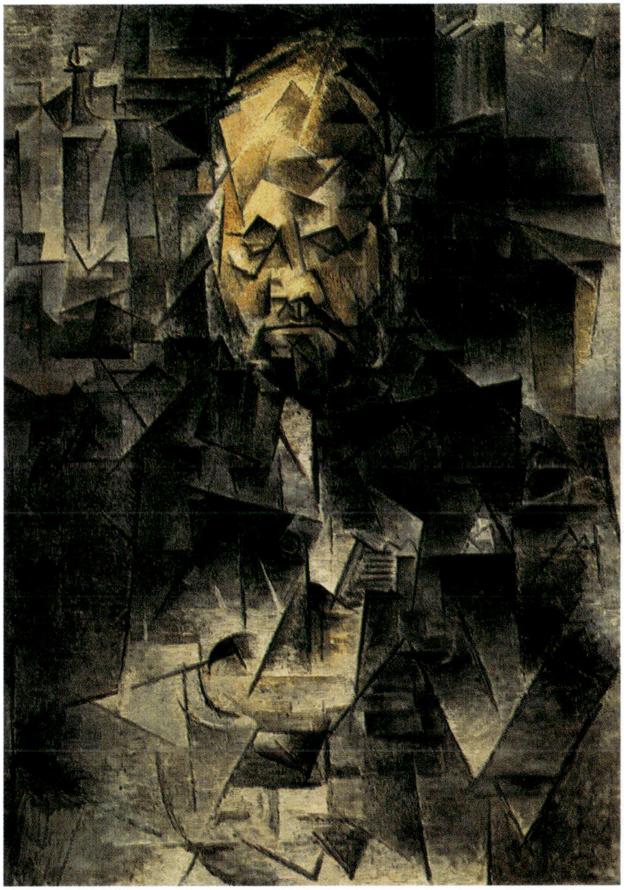

Pablo Picasso
Bildnis Ambroise Vollard,
1909–1910
Moskau, Staatliches Museum der bildenden Künste A. S. Puschkin

Das in verschiedene Ebenen und Abschnitte zerteilte Gesicht des berühmten Kunsthändlers und -kritikers ist ein außergewöhnlicher Beweis für die Möglichkeiten des analytischen Kubismus auch auf dem Gebiet der Porträtkunst.

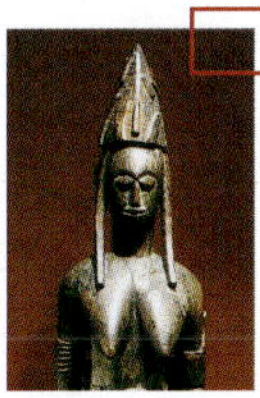

Die suggestive afrikanische Kunst

Wie die japanischen Farbholzschnitte für den Impressionismus, so spielen die afrikanischen und polynesischen Skulpturen eine entscheidende Rolle für die Pariser Kubisten und die deutschen Expressionisten. Ab Ende des 19. Jahrhunderts wird Europa im Zuge der Kolonialisierung mit Kunstwerken von ungeahnter Kraft konfrontiert, die sich stark von der Kunst der Akademien und der Jahrhundertwende unterscheiden. Mit ihren streng vereinfachten Volumina und dem gefestigten Ausdruck bedeuten sie eine unverzichtbare Lehre für Bildaufbau und Wirkkraft.

Moskau

1910–1924

Die russischen Avantgarden

Aufbrüche und Vorlieben der Revolutionszeit
Die bedeutenden Moskauer Privatsammlungen postimpressionistischer Werke wecken die Neugier der jungen russischen Künstler; sie wenden sich ab vom Realismus und blicken nach Paris. Michail Larionow (1881–1964) und seine Frau Natalija Gontscharowa (1881–1962) begründen den Rayonismus, die erste russische Avantgardebewegung. Er wird zum Ausgangspunkt für das Schaffen von Kasimir Malewitsch (1878–1935), der 1913 vom Kubismus ausgehend als Ausdruck der reinen Empfindung von Energie den Suprematismus begründet. Die Ereignisse der bolschewistischen Revolution bringen eine neue gesellschaftliche Rolle des Künstlers mit sich: Der Konstruktivismus Tatlins und Rodtschenkos macht es sich zum Ziel, eine bessere Welt zu schaffen und die Lebensbedingungen der Massen zu verbessern. Die edlen, utopischen Ideen der Künstler stoßen jedoch im Land auf eine schwierige Realität und werden kaum verwirklicht. Mit Lenins Tod (1924) und Stalins Machtergreifung triumphiert eine banale offizielle Stilrichtung, der sozialistische Realismus, welcher anderen Formen der Staatskunst nicht unähnlich ist.

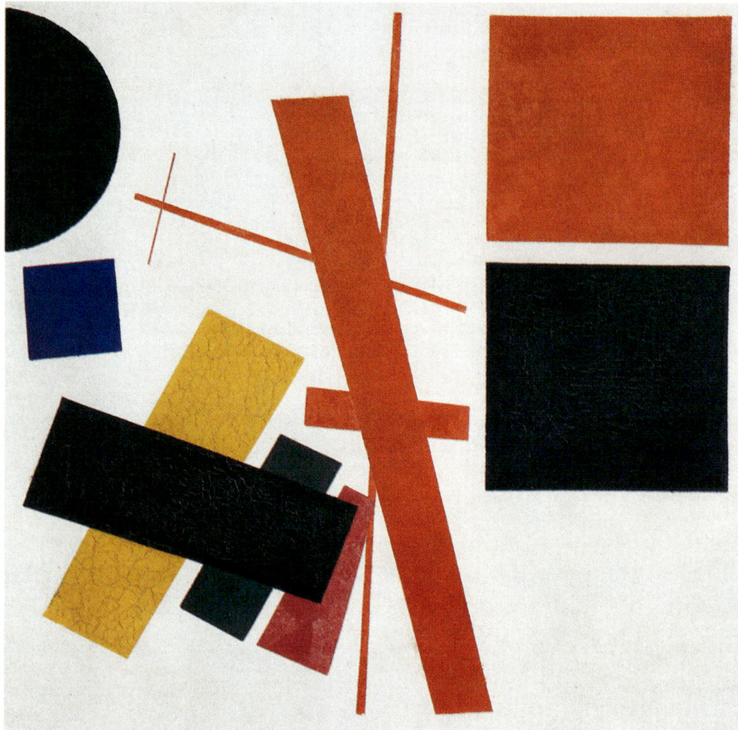

Kasimir Malewitsch
Suprematismus – Abstrakte Komposition, 1915
Ekaterinburg, Ekaterinburg Museum der Bildenden Künste

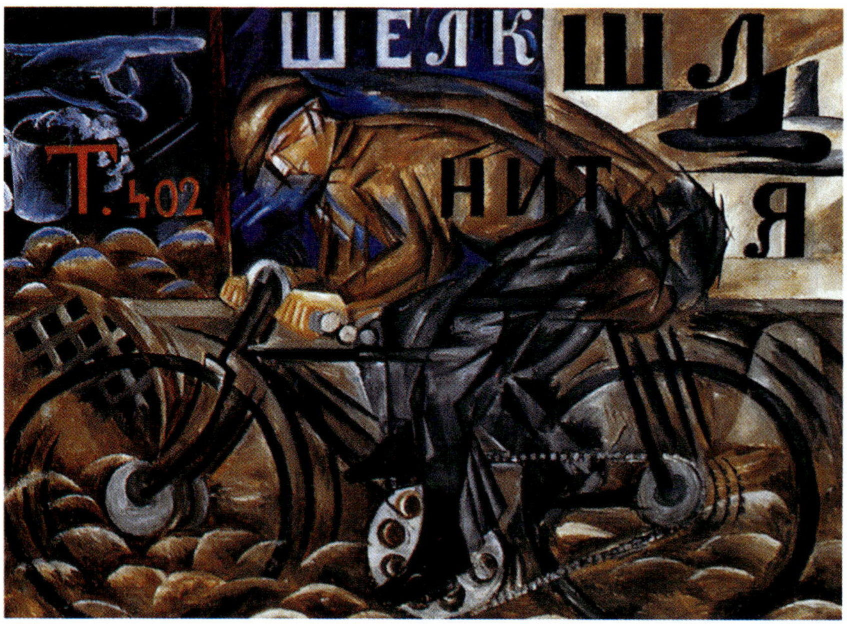

Natalija Gontscharowa
Der Radfahrer, 1913
Sankt Petersburg, Staatliches Russisches Museum

Wie dieses berühmte Bild zeigt, entsteht im avantgardistischen Rayonismus eine originelle Synthese aus Kubismus, Futurismus und Orphismus. 1914 verlässt die Malerin Russland und geht nach Paris, wo sie in direktem Kontakt mit den französischen Avantgarden weiterarbeitet. Ein Teil ihres Pariser Schaffens besteht aus Bühnenbildern und Kostümen für die russische Ballettkompagnie des Sergej Diaghilew.

Natalija Gontscharowa
Frühling in der Stadt, 1911
Moskau, Sammlung
A. Cudnovskij

Noch vor der Begründung von Rayonismus und Suprematismus zerbricht die aus dem 19. Jahrhundert stammende realistische Tradition der russischen »Wandermaler« zu einer dynamischen, offenen Malerei, die mit dem gleichzeitig entstehenden Expressionismus vergleichbar ist, jedoch feiner in der Darstellung atmosphärischer Empfindungen und subtiler Verknüpfungen der Figuren. Die Synthese der Volumina und die Beobachtung der zeitgenössischen Stadt stellen die große russische Malerin auf eine Ebene mit den Kubisten und Futuristen.

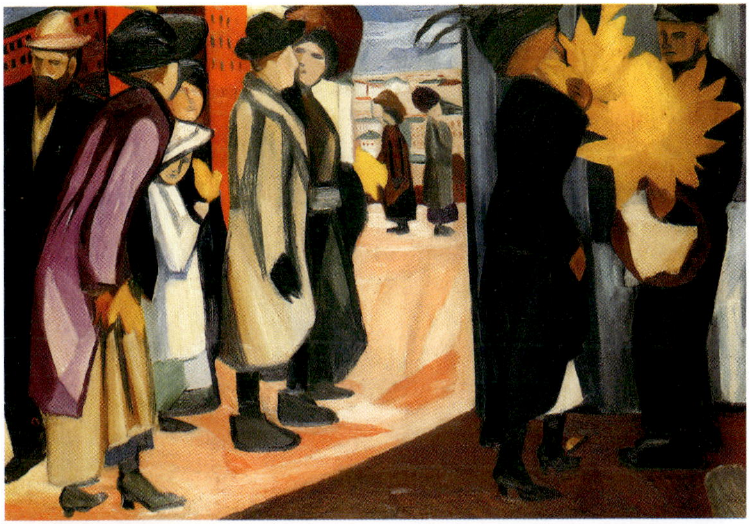

Kasimir Malewitsch
Schwarzes Quadrat auf weißem Grund, um 1929
Sankt Petersburg, Staatliches
Russisches Museum

Malewitsch bemüht sich um eine »Vorherrschaft« der Form und gibt die gegenständliche Malerei zugunsten der reinen Elemente der Geometrie auf: Die Einfachheit dieses Bildes wird nur noch von der absoluten Klarheit des nachfolgenden *Weißen Quadrats auf weißem Grund* übertroffen.

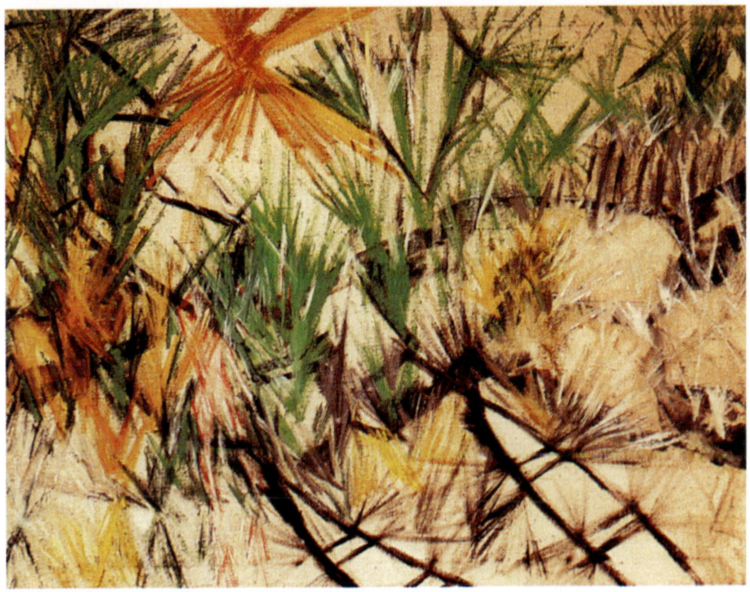

Michail Larionow
Rayonistische Landschaft, 1912
Sankt Petersburg, Staatliches
Russisches Museum

1913 wird der Rayonismus im gleichnamigen Manifest der Bewegung als eine Synthese von Kubismus, Futurismus und Orphismus beschrieben; er ist nach einem Netz von sich überschneidenden starkfarbigen »Strahlen« benannt, aus denen dynamische, ausdrucksstarke Kompositionen entstehen, eine pulsierende Sicht der modernen Welt.

Ferrara, Rom

1917–1930

Pittura metafisica und de Chirico

Das Rätsel der Stille
Das Gemälde auf dieser Seite ist das Programmbild einer besonderen Epoche der italienischen Kunst: der Pittura metafisica, deren erster und charakteristischster Vertreter Giorgio de Chirico ist (1888–1978). Der Begriff stammt aus dem Altgriechischen (de Chirico wurde in Griechenland geboren und ließ sich von der klassischen Kultur inspirieren) und bedeutet »Malerei jenseits der realen Dinge«: So zeigen de Chiricos Bilder, obwohl jedes Detail an sich verständlich ist, irreale, bedeutungsvolle Situationen, in denen Gegenstände, Landschaften, Lichteinfall und Perspektive in einer unwahrscheinlichen, symbolhaften, vieldeutigen Weise zusammentreffen.
Die Pittura metafisica entsteht während des Ersten Weltkriegs durch einen Zufall, als sich Giorgio de Chirico, sein Bruder Alberto Savinio, Carlo Carrà und Filippo de Pisis im Militärkrankenhaus von Ferrara begegnen. Aus dem Treffen wird eine Kunst- und Denkrichtung, die sich entschieden gegen den dynamischen, manchmal strukturlosen Aktivismus der Futuristen wendet und sich stattdessen um statische, reflexive Situationen bemüht. Die Protagonistinnen in den *Beunruhigenden Musen* sind zwei Gliederpuppen; neben anderen farbigen Gegenständen stehen sie in der völligen Einsamkeit eines leeren Platzes, dessen Boden perspektivisch ansteigt wie eine Theaterbühne. Die klar umrissenen Schatten scheinen mit der Genauigkeit einer Sonnenuhr die Richtung des Lichteinfalls zu zeigen, doch eine Tages- oder Jahreszeit ist nicht feststellbar: Im Hintergrund schließt sich der undurchdringliche, schwere Himmel. Das große turmbewehrte Gebäude ist das Castello Estense in Ferrara, einer Stadt, die von dem symbolistischen Dichter Gabriele D'Annunzio als »Stadt der Stille« besungen wird; de Chirico macht es zur Bühne einer völlig unbewegten Komposition, in der die Formen mit klaren Konturen und glänzenden Farben wie Spielsteine auf einem riesigen Schachbrett angeordnet sind. Später entwickelt de Chirico das Thema in der Serie *Piazze d'Italia* mit ihren stillen, teils an die Malerei des 15. Jahrhunderts erinnernden Stadtlandschaften weiter.

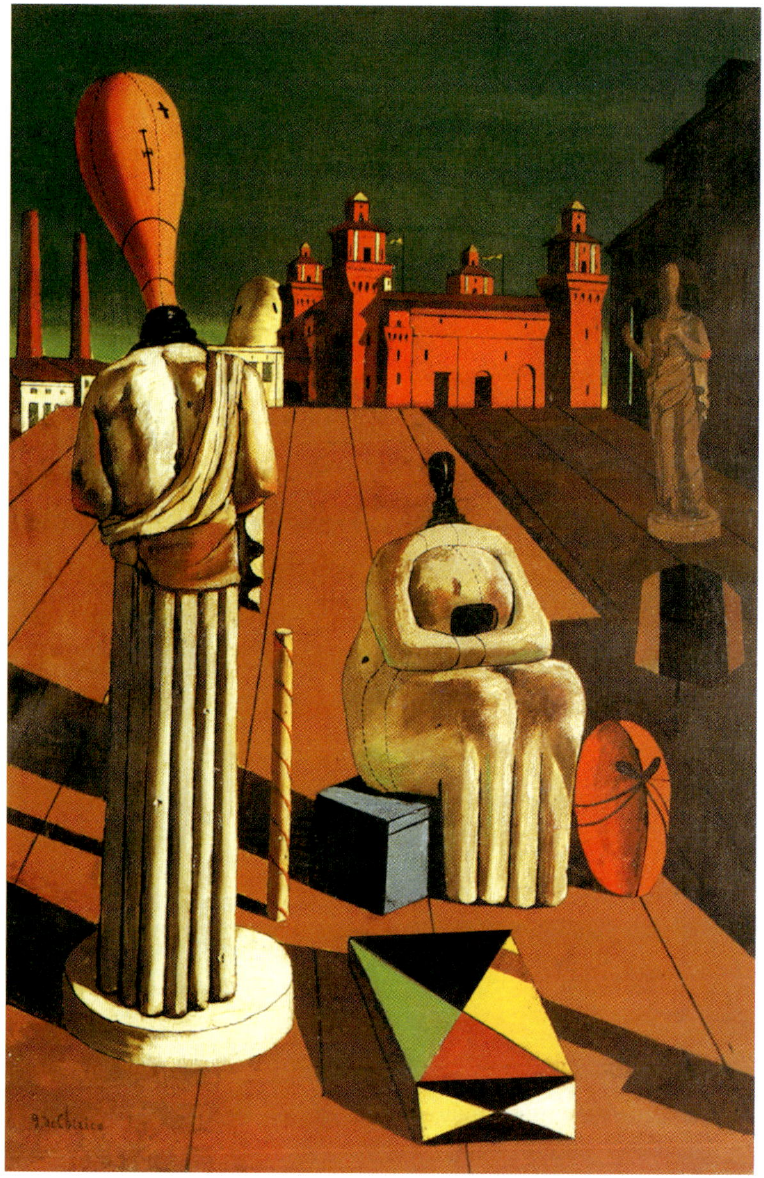

Giorgio de Chirico
Die beunruhigenden Musen, 1918
Mailand, Privatsammlung

Giorgio Morandi
Stillleben mit Puppe (Natura morta con manichino), 1918
Sankt Petersburg, Staatliche Eremitage

Bevor er sich verschließt und einsam einer poetischen Malerei widmet, nimmt für kurze Zeit auch der Bologneser Morandi (1890–1964) an der Pittura metafisica teil.

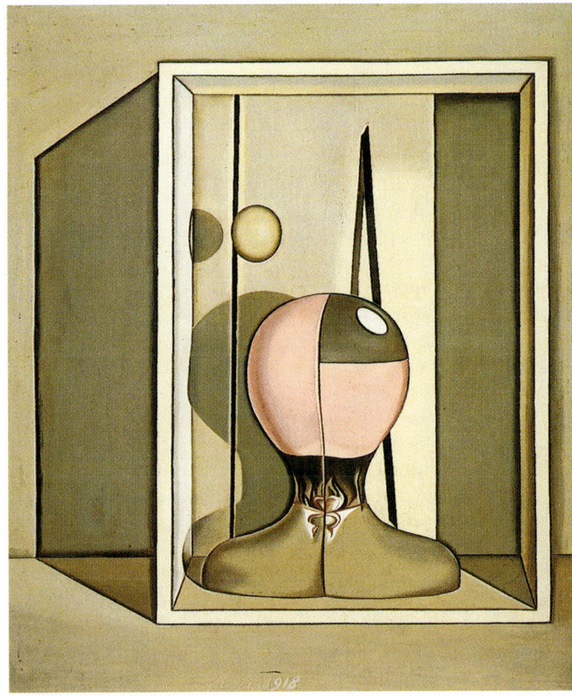

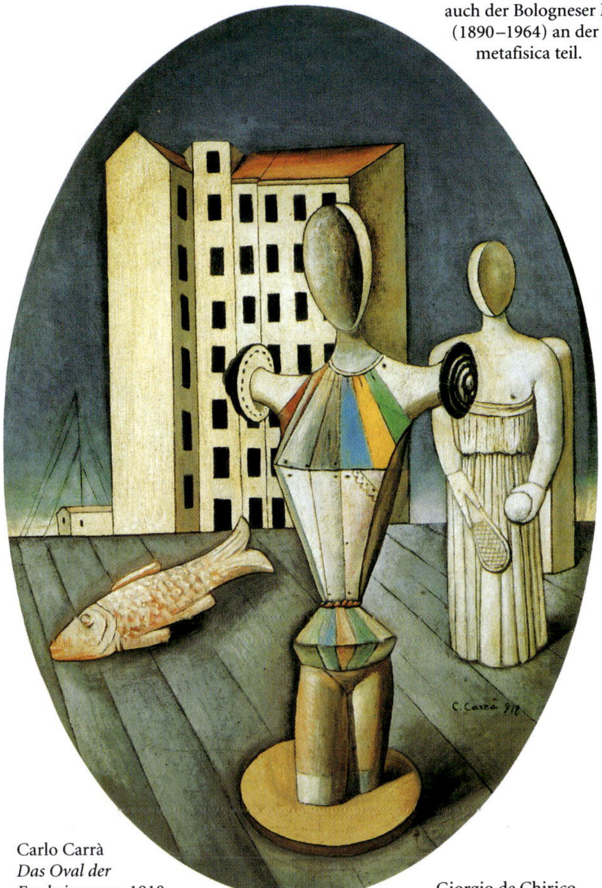

Carlo Carrà
Das Oval der Erscheinungen, 1918
Rom, Galleria Nazionale d'Arte Moderna

Die Gliederpuppe (italienisch *manichino*) ist ein wiederkehrendes Element der Pittura metafisica und der surrealistischen Literatur; sie deutet auf eine menschliche Gegenwart hin, jedoch in nur versatzstückhafter, mechanischer Form ohne Bewegung.

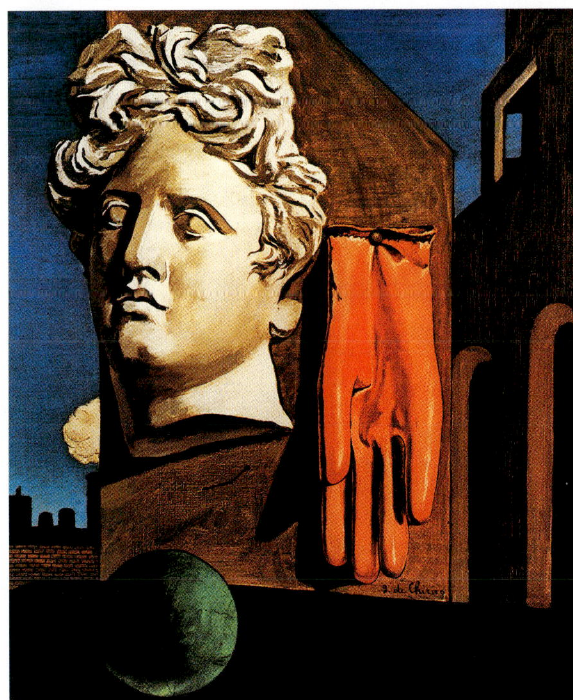

Giorgio de Chirico
Le chant d'amour, 1914
New York, The Museum of Modern Art

In diesem frühen Bild nach einem Gedicht von Guillaume Apollinaire zeigt de Chirico seine Freude an der absurden Zusammenstellung verschiedener Gegenstände wie dem Kopf des *Apoll von Belvedere* und einem Gummihandschuh. Der Zug im Hintergrund ist eine Reverenz des Malers an seinen Vater, der als Eisenbahningenieur tätig war.

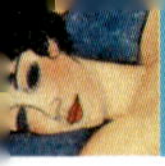

Toskana, Paris

1884–1920

Amedeo Modigliani

Der melancholische Adel des großen »Modì«
Modigliani wird 1884 in Livorno geboren und in der Tradition der toskanischen Macchiaioli ausgebildet. In Venedig lernt er die Werke von Munch, Toulouse-Lautrec und Klimt kennen, die auf der Biennale ausgestellt sind. Im Frühling 1906 zieht es ihn nach Paris. Modigliani bleibt in der Kunstszene ein Einzelgänger. Freundschaftlich verbunden ist er mit den Künstlern aus Osteuropa, die wie er selbst Juden sind: Soutine, Kisling, Brancusi, Chagall. Trotz der Bemühungen von Galeristen wie Paul Guillaume und Leopold Zborowski bleibt Modigliani hoffnungslos isoliert; er ertränkt seinen Schmerz in Alkohol, besitzt aber genügend Festigkeit, um seinen Stil nicht zu verändern, und bearbeitet weiterhin praktisch nur zwei Themen, nämlich weibliche Akte und Porträts. 1917 bringt die Liebe zu der neunzehnjährigen Jeanne Hébuterne, einer Künstlerin von viel versprechendem Talent, Licht in sein Leben. Als die beiden nach einem Aufenthalt an der Côte d'Azur nach Paris zurückkehren, verschlechtert sich Modiglianis Gesundheitszustand jedoch; er stirbt am 20. Januar 1920 an tuberkulöser Hirnhautentzündung. Wenige Stunden später begeht Jeanne Hébuterne durch einen Sprung aus dem Fenster Selbstmord. Auf dem Pariser Friedhof Père Lachaise liegen die beiden verstörten, verzweifelten Liebenden Seite an Seite. Die Pariser Künstler kommen zur Beerdigung und erkennen zu spät die Größe und poetische Begabung des jungen toskanischen Malers, der fünfzehn Jahre vorher in die Ville Lumière kam.

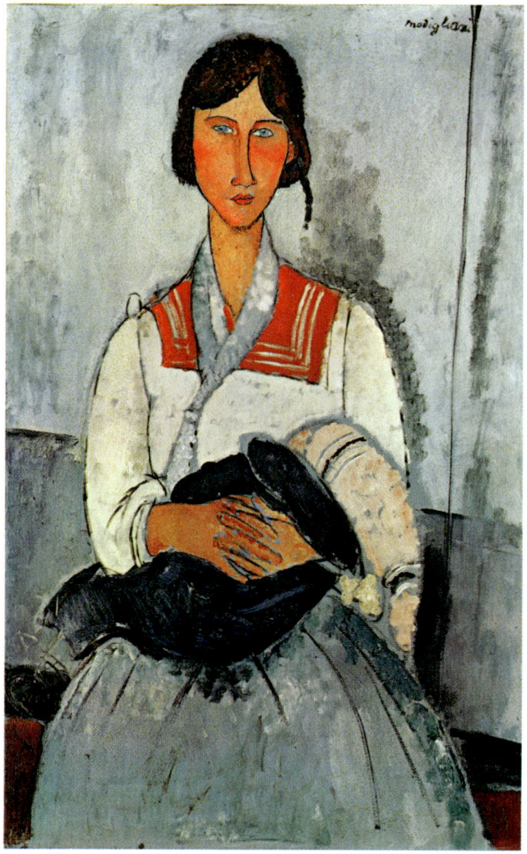

Amedeo Modigliani
Zigeunerfrau mit Kind, 1918
Washington, National Gallery of Art

Anfang 1918 organisiert Zborowski als Flucht aus dem vom Ersten Weltkrieg bedrohten und entleerten Paris eine Reise nach Nizza, nicht nur für Modigliani und Jeanne, sondern auch für andere Maler wie Soutine und Foujita. Die Côte d'Azur war ein angenehmer Zufluchtsort für viele Maler geworden, vom »Patriarchen« Renoir bis zu Picasso und Matisse. Doch selbst im mittelmeerischen Licht seiner Kindheit zeigt sich Modigliani völlig gleichgültig gegenüber der Landschaft; dagegen entstehen zahlreiche Porträts, etwa die unvergesslichen Szenen mit Kindern und Menschen aus dem Volk.

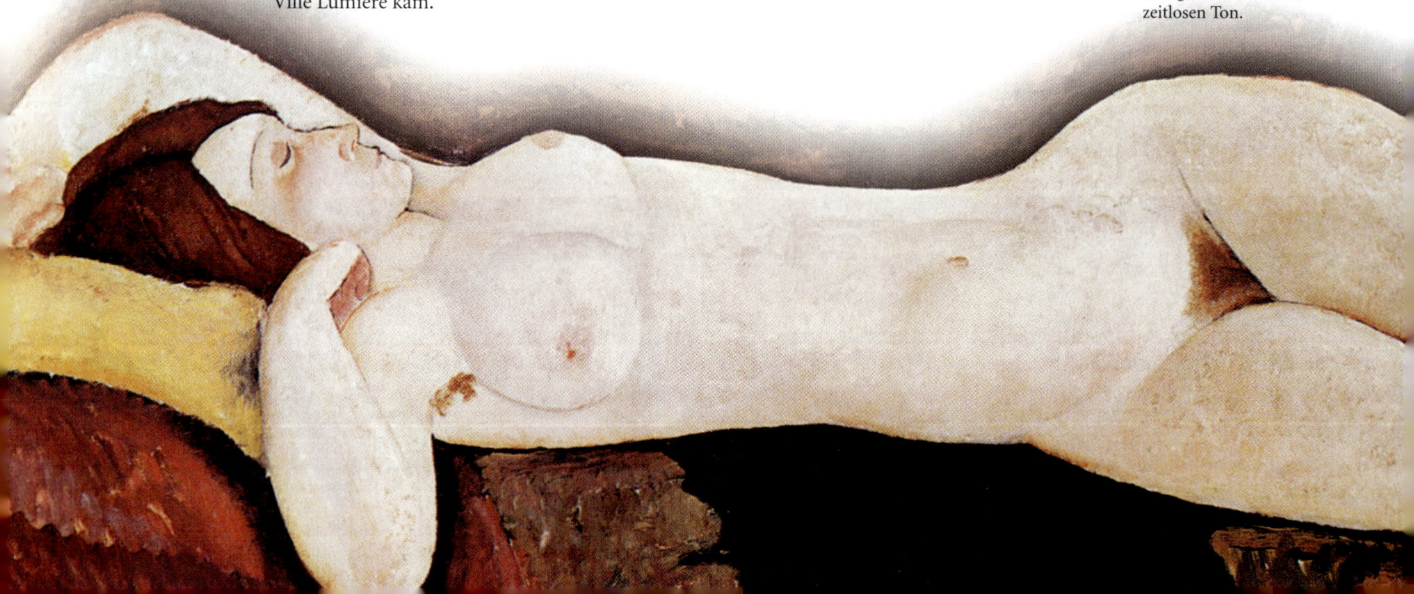

Amedeo Modigliani
Großer liegender Akt (Le grand nu), 1919
New York, The Museum of Modern Art

Der Rückgriff auf die alte toskanische Malerei verleiht Modiglianis Stil einen unsagbar klassischen, zeitlosen Ton.

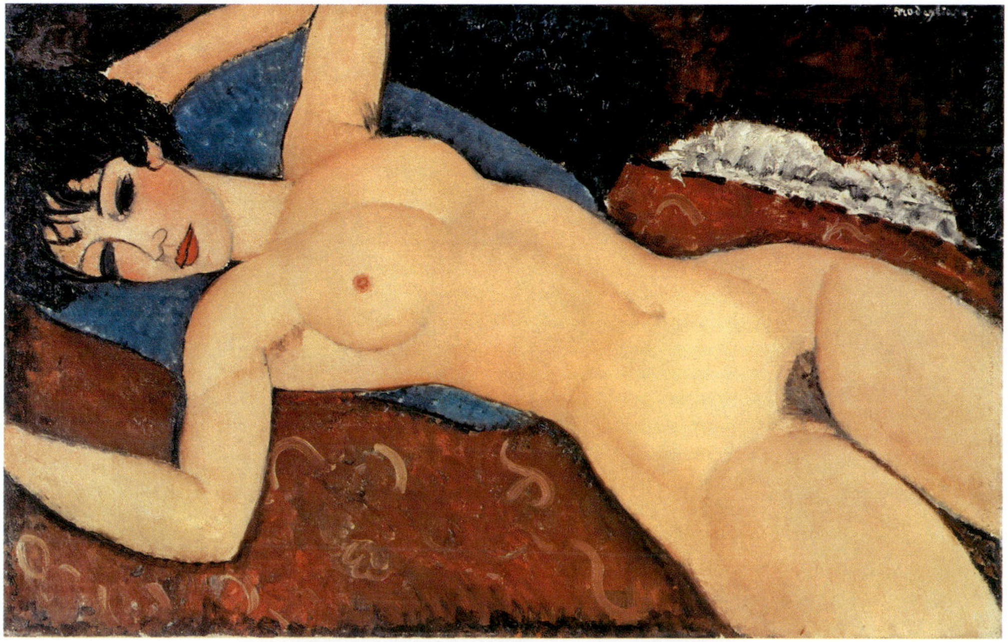

Amedeo Modigliani
Schlafender Akt mit ausgebreiteten Armen (Il Nudo rosso), 1917
Mailand, Privatsammlung

Modiglianis erste Einzelausstellung in Paris, die 1910 in der Galerie von Berthe Weill stattfindet, wird nach wenigen Tagen wegen Erregung öffentlichen Ärgernisses durch einige ausgestellte weibliche Akte geschlossen.

Amedeo Modigliani
Selbstbildnis, 1919
Saõ Paulo, Museu de Arte Contemporanea da Universidade de Saõ Paulo

Rippenfellentzündung, Typhus, Lungentuberkulose. Seit seiner Kindheit leidet Modigliani wiederholt an schweren Krankheiten, die seinen Körper unheilbar schädigen, jedoch seinem Gesicht und seiner anziehend schönen Haltung nichts von ihrem Reiz nehmen.

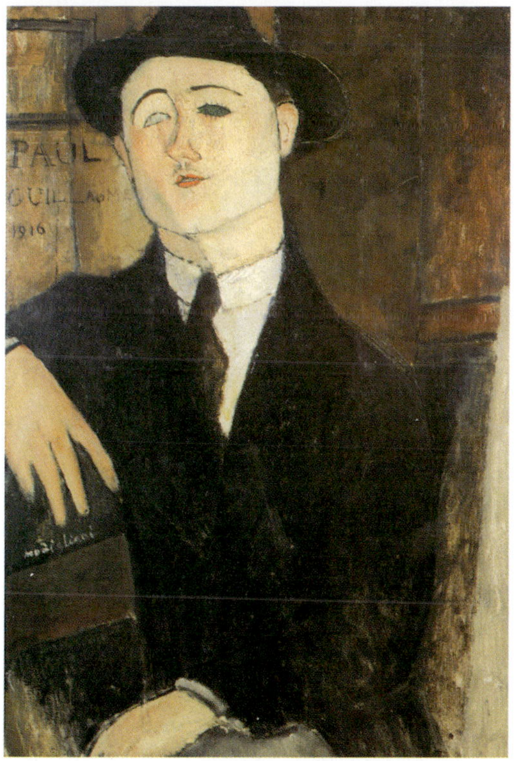

Amedeo Modigliani
Bildnis des Kunsthändlers Paul Guillaume, 1916
Mailand, Civico Museo d'Arte Contemporanea

Wie Jean Cocteau schreibt, sind Modiglianis Porträts ein Spiegelbild »seiner inneren Linie, seiner edlen, strengen, beweglichen, gefährlichen Grazie, die dem Horn des Einhorns gleicht«. In jedem Bild fühlt man das »Pochen der Seele«, das der Künstler mit eindringlicher Sensibilität hervorhebt. Paul Guillaume, einer der aufgeschlossensten Pariser Galeristen, gehörte zu den wenigen echten Freunden des Künstlers während seiner stürmischen Jahre im »Bienenstock« (französisch *ruche*), einem Gebäude im Pariser Stadtteil Montparnasse mit mehr als hundert Kleinstwohnungen, in dem viele bedeutende Künstler lebten und arbeiteten.

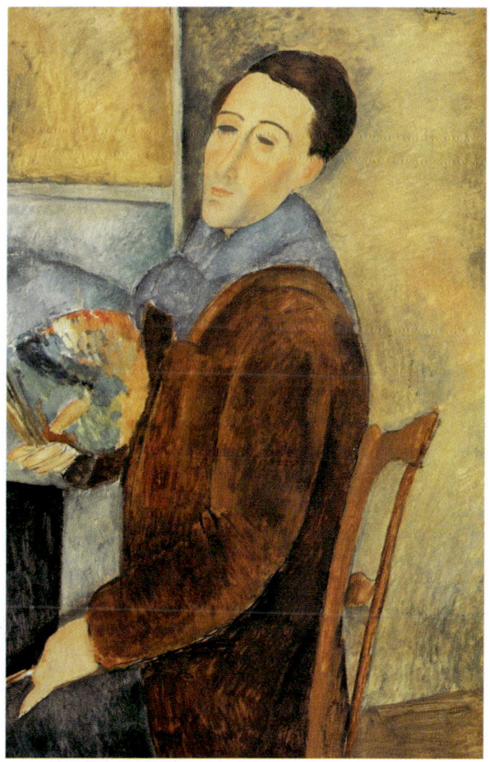

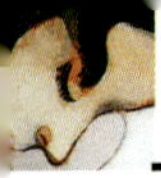

Witebsk, Paris, Moskau

1887–1985

Marc Chagall

Der Zauber des Märchens im Zentrum der modernen Kunst

In Chagalls Werken klingt die poetische Erinnerung an das fromme, bäuerliche Russland an; Religiöses und Weltliches, Reales und Wunderhaftes vermischen sich in anmutiger Weise. Andererseits handelt es sich um einen völlig konsequent durchgehaltenen Stil außerhalb der wechselnden Avantgarde- und Kunstströmungen. Nach einer Ausbildung in Witebsk und Sankt Petersburg geht Chagall 1910 nach Paris. Er bereichert die Künstlergruppe vom Montparnasse mit der magischen Welt der russischen Erde, den jüdischen Riten und der Feldarbeit. Zur Oktoberrevolution kehrt er nach Russland zurück, wo er bis 1923 bleibt und große Arbeiten anfertigt, etwa die Dekoration des Jüdischen Kammertheaters in Moskau. Wieder in Paris schafft er im Wechsel Gemälde und Radierungen, darunter die berühmte Serie zur Bibel. 1940 zieht er in die Provence und arbeitet an großen Werken wie den Glasfenstern in Metz und Mainz und den Theaterdekorationen für die Opernhäuser von Paris und New York.

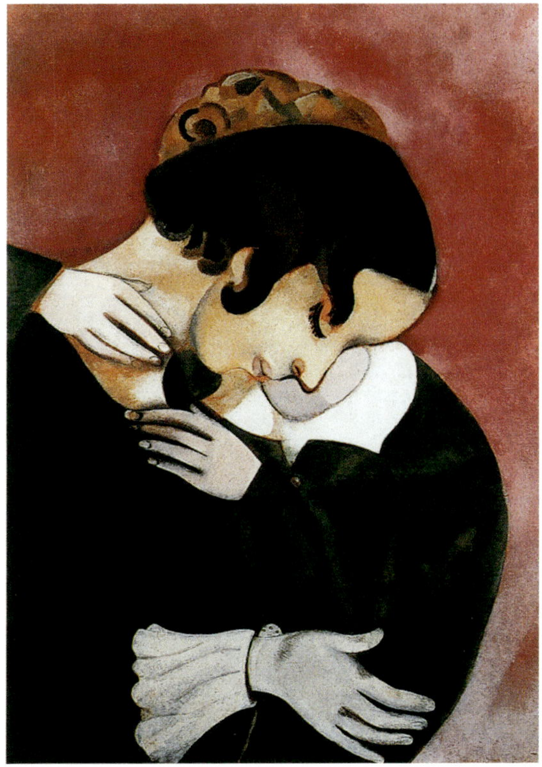

Marc Chagall
Die Liebenden in Rosa, 1916
Sankt Petersburg, Privatsammlung

Mit einiger Anstrengung erkennt man Einflüsse der Pariser Avantgarde, etwa die Farben des Orphismus oder eine gewisse geometrische Zerlegung der Formen wie im Kubismus; doch bleibt Chagalls Stil unverwechselbar persönlich.

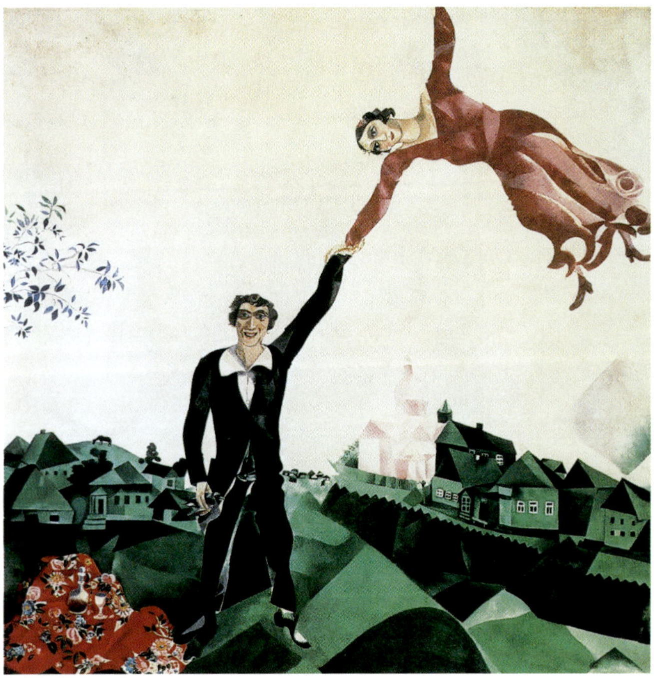

Marc Chagall
Der Spaziergang, 1917–1918
Sankt Petersburg, Staatliches Russisches Museum

Die übergroße Liebe zu seiner Frau Bella inspiriert Chagall zu Bildern voll mitreißender Freude. Hier hält Chagall die wie ein Drachen durch die Luft fliegende Bella an der Hand; die Landschaft im Hintergrund erinnert an seine Heimat in der Nähe von Witebsk.

Marc Chagall
Fenster mit Ausblick auf den Garten, 1917
Sankt Petersburg, Museum Brodsky

Chagall bleibt einer unverhüllt gegenständlichen Malerei treu und liebt warme Farben und weiche Lichteffekte; er schreckt auch nicht vor großformatigen Kompositionen zurück.

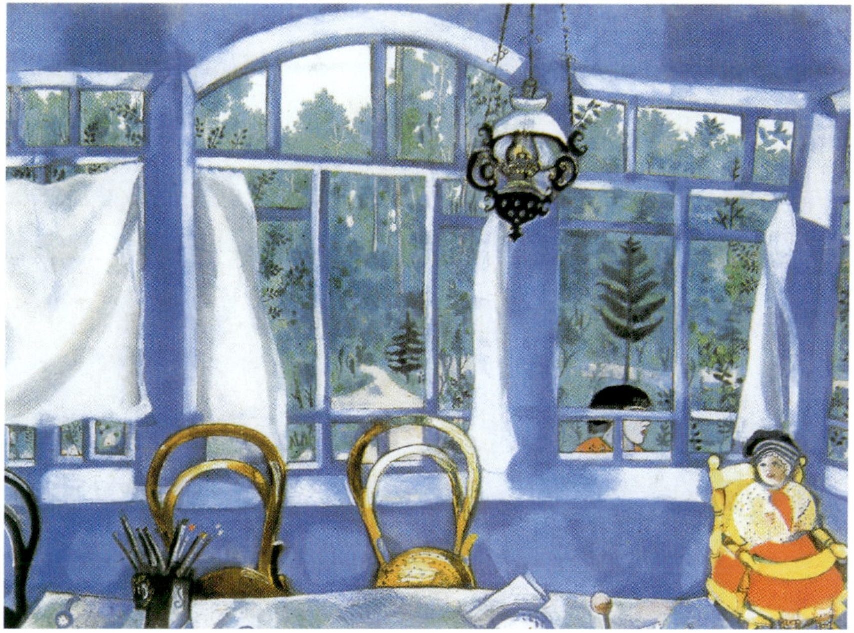

Marc Chagall
Paris durch das Fenster, 1913
New York, Salomon R. Guggenheim Museum

Die janusköpfige Figur vor dem Fenster betont das Verhältnis zwischen Innen und Außen. Chagall hatte sich im Pariser Stadtteil Montparnasse eingemietet, in dem so genannten »Bienenstock«, wo es von Künstlern aus verschiedenen Ländern wimmelte.

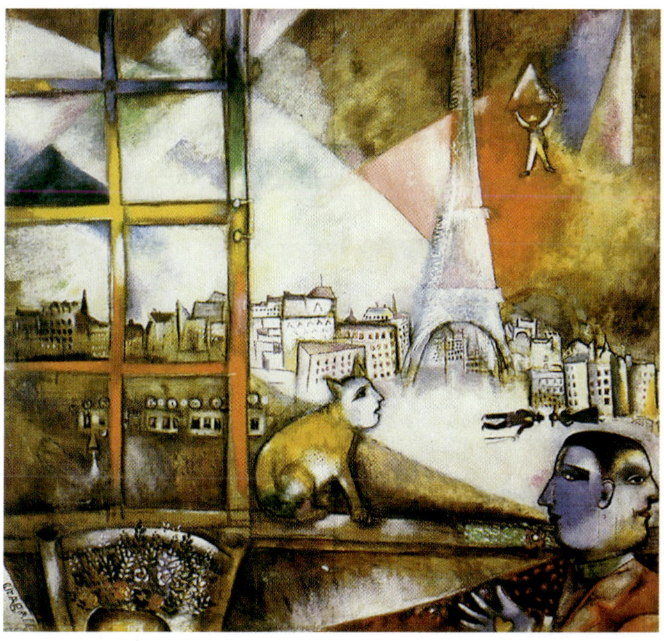

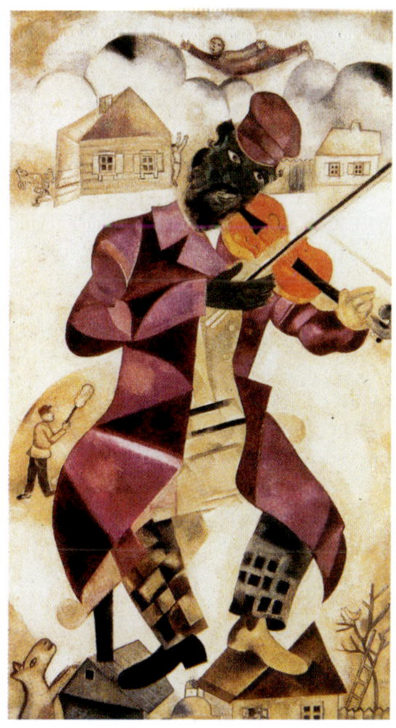

Marc Chagall
Grüner Geiger, 1923
New York, Salomon R. Guggenheim Museum

Die fröhliche Figur des wandernden Spielmanns gehört zu der Serie von Personen und Erzählsituationen, die Chagall als Dekoration für das Jüdische Kammertheater in Moskau schuf.

Holland

1872–1944

Piet Mondrian

»Ich habe den Ozean als eine Serie von + und – gesehen«
Von Anfang an lassen sich in der abstrakten Kunst drei Strömungen unterscheiden: Malewitschs und Mondrians von geometrischen Linien bestimmte reine Flächenmalerei, die Erforschung der Lichtausbreitung in den Bildern der beiden Delaunays und von Paul Klee und schließlich Kandinskys völlige Freiheit von Gestus, Zeichen und Farbe. Mondrian studiert zuerst in Amsterdam an der Akademie. Parisreisen machen ihn mit den Primärfarben der Fauves und den kompositorischen Experimenten der Kubisten bekannt. Während des Ersten Weltkriegs zerlegt er seine Landschaften endgültig zu Serien mathematischer Zeichen ohne Tiefendimension. 1917 begründet er mit Theo van Doesburg die Gruppe »De Stijl« und malt die ersten Bilder aus blauen, gelben und roten Rechtecken auf weißem Grund. Nun steht Mondrian im Zentrum der internationalen Aufmerksamkeit. Kurzzeitig nähert er sich dem Konstruktivismus und dem Bauhaus, zieht jedoch insgesamt einen eigenen Weg vor. Bei Ausbruch des Zweiten Weltkriegs geht er nach New York und stirbt dort 1944 an Lungenentzündung.

Piet Mondrian
Der graue Baum, 1912
Den Haag, Gemeentemuseum

Man kann genau den Weg verfolgen, auf dem Mondrian sich von der Wirklichkeit entfernt und der Abstraktion nähert; er studiert wiederholt wenige Themen aus der Landschaftsmalerei, etwa Leuchttürme und Bäume, die nach und nach auf ein Liniennetz reduziert werden.

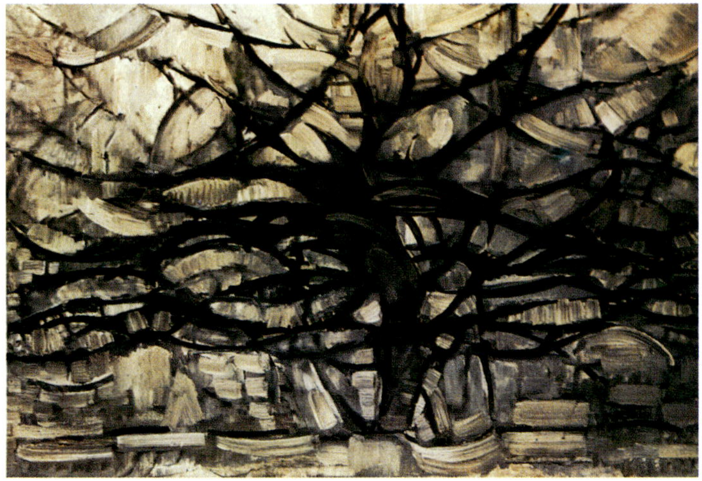

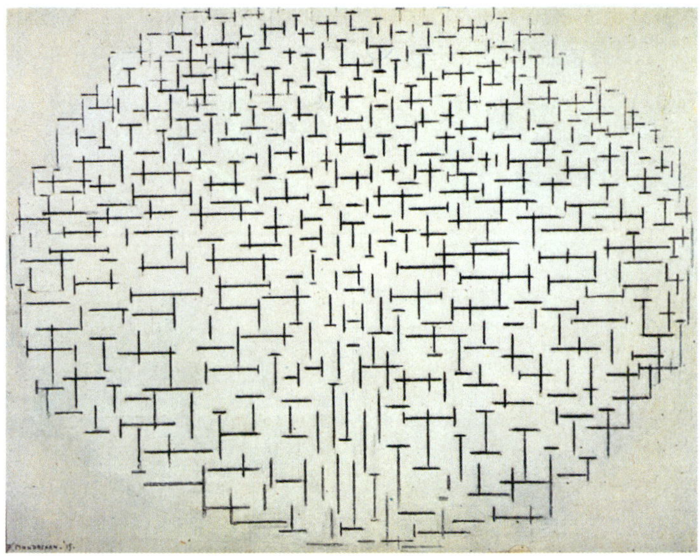

Piet Mondrian
Pier und Ozean (Komposition Nr. 10), 1915
Otterlo, Kröller-Müller Museum

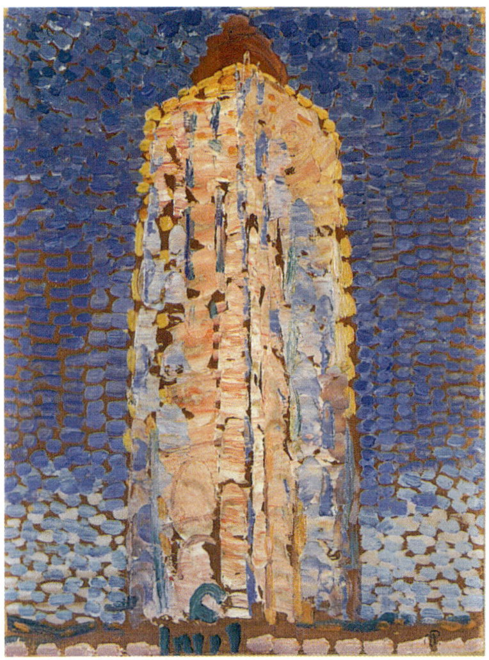

Piet Mondrian
Leuchtturm in Westkapelle, 1910
Mailand, Civico Museo d'Arte Contemporanea, Sammlung Jucker

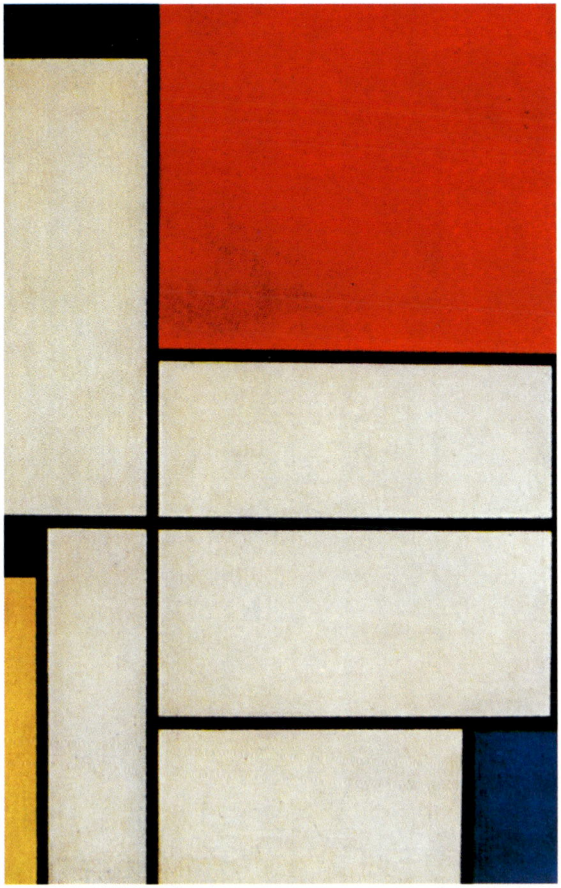

Piet Mondrian
Tableau Nr. 1, 1921
Basel, Privatsammlung

Über zwanzig Jahre lang befasst sich Mondrian mit dem Konzept seiner abstrakten Kunst. Verschiedene internationale Kontakte (unter anderem zum Bauhaus) beeinflussen seine künstlerische Auffassung, die aber stets auf absoluter, reinster mathematischer Strenge beruht. Breite schwarze Streifen durchkreuzen das Weiß der Leinwand: In die so entstehenden Bilder bringt Mondrian die Primärfarben Blau, Gelb und Rot ein, welche ohne Abstufungen gleichmäßig und kompakt aufgetragen werden.

Piet Mondrian
Raute (Komposition mit Rot, Schwarz, Blau und Gelb), 1925
Privatsammlung

Das Rautenformat ist die wichtigste Neuerung, auf die Mondrian in den 20er Jahren stößt. Einfachheit und Reinheit sind seine Vorlieben in allem, was manchmal zu seltsamen Auswüchsen führt: Ursprünglich lautete sein Nachname Mondriaan, doch bei seinen ersten Parisaufenthalten beschloss er selbst, die holländische Schreibweise zu vereinfachen und das eine a zu »eliminieren«.

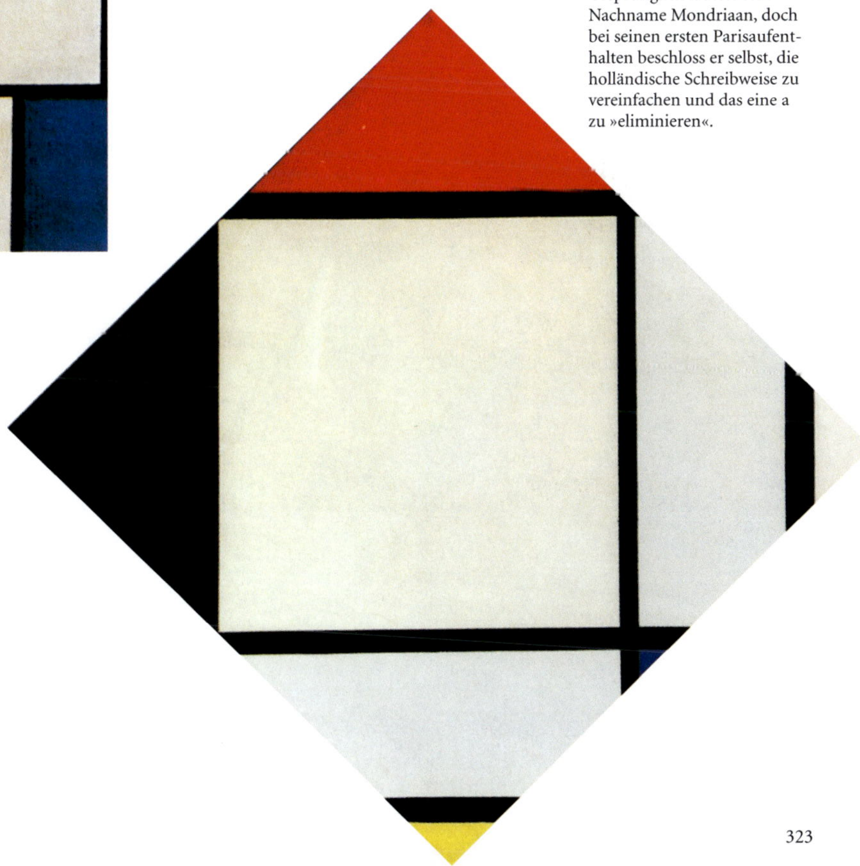

Piet Mondrian
1942–1944
Victory Boogie Woogie
Broadway Boogie Woogie

Mondrian, der schon 1914 wegen des Krieges seinen Stil radikal verändert hatte, verfolgt angstvoll den Vormarsch der Nazis. 1939 gelingt ihm die Flucht von Paris nach London, aber in der englischen Hauptstadt erlebt er den Albtraum der Bombardierungen. So beschließt er, den Ozean zu überqueren und nach New York zu gehen. Hierher haben sich seit einigen Jahren viele der größten Künstler Europas geflüchtet: die deutschen Maler »entarteter Kunst«, Kriegsvertriebene, politische Flüchtlinge und von den Rassengesetzen Verfolgte. Das Zentrum der Kunstdebatte hat sich endgültig von den Ufern der Seine, der Themse, der Donau und der Spree an den Hudson verlagert. Mondrian ist siebzig Jahre alt, seine Gesundheit ist angegriffen, doch gelingt ihm zum Schluss ein unerwarteter Paukenschlag. Angeregt von der Vitalität New Yorks ersetzt er seine schwarzen Linien durch eine Folge kleiner farbiger Quadrate. Auch durch die immer konkreteren Hoffnungen auf ein siegreiches Ende des Kriegs nehmen Mondrians Gemälde in Amerika einen vorwärts drängenden, chnellen, freudigen Rhythmus an.

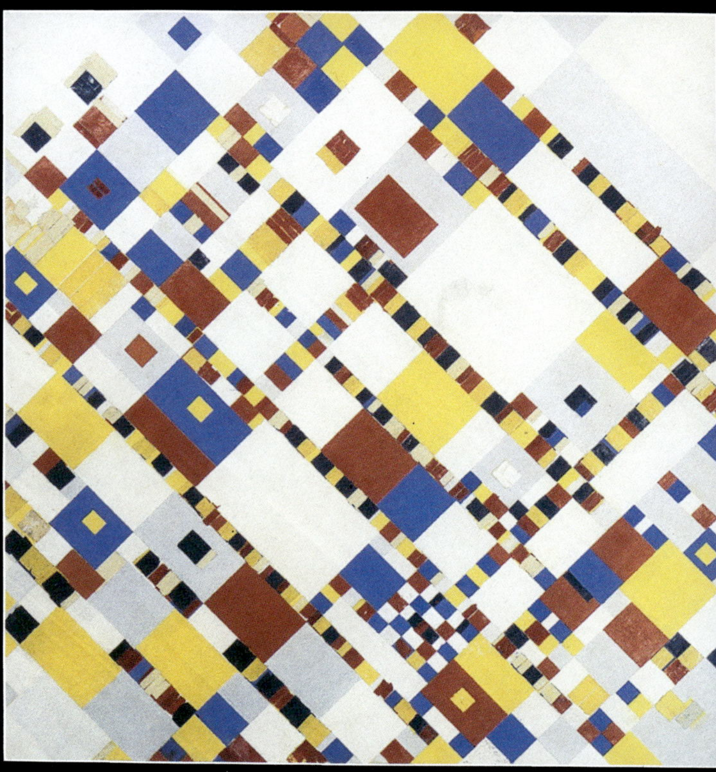

Für das letzte Bild seines Lebens, den Victory Boogie Woogie (Den Haag, Gemeentemuseum), vor dessen Vollendung Mondrian Anfang 1944 an Lungenentzündung stirbt, wählt er das bevorzugte Rautenformat. Erfreut über die positiven Nachrichten von der Front scheint Mondrian einen Sieg feiern zu wollen, den er nicht mehr erleben wird. Die rasche Abfolge der Farbflächen erinnert an die Fähnchen eines Festzugs oder den »Großen Flaggenschmuck« der Seefahrt, den die Schiffe bei festlichen Anlässen setzen.

Der im New Yorker Museum of Modern Art aufbewahrte *Broadway Boogie Woogie* kennzeichnet die endgültige Wende in Mondrians Kunst: Der Maler gibt nicht nur das schwarze Raster aus Linien auf, sondern bringt auf die große quadratische Leinwand unzählige gelbe Kästchen und ungewöhnlicherweise auch einige graue Felder auf. Mit dem Titel erweist der Maler der Schwindel erregenden Vertikalität der Hochhäuser von Manhattan und dem Rhythmus der Musik von George Gershwin die Ehre. Erhalten bleibt jedoch der Sinn für das still Meditative, für Geometrie und geistige Konstruktion, der Mondrians ganze Laufbahn bestimmt. Dieser Kompositionstyp unterscheidet sich grundlegend vom Action Painting eines Jackson Pollock und der Maler der New York School; umgekehrt übt es einen großen Einfluss auf die wissenschaftlichen Forschungen von Künstlern europäischer Abstammung wie Albers und Rothko über die Farbe aus.

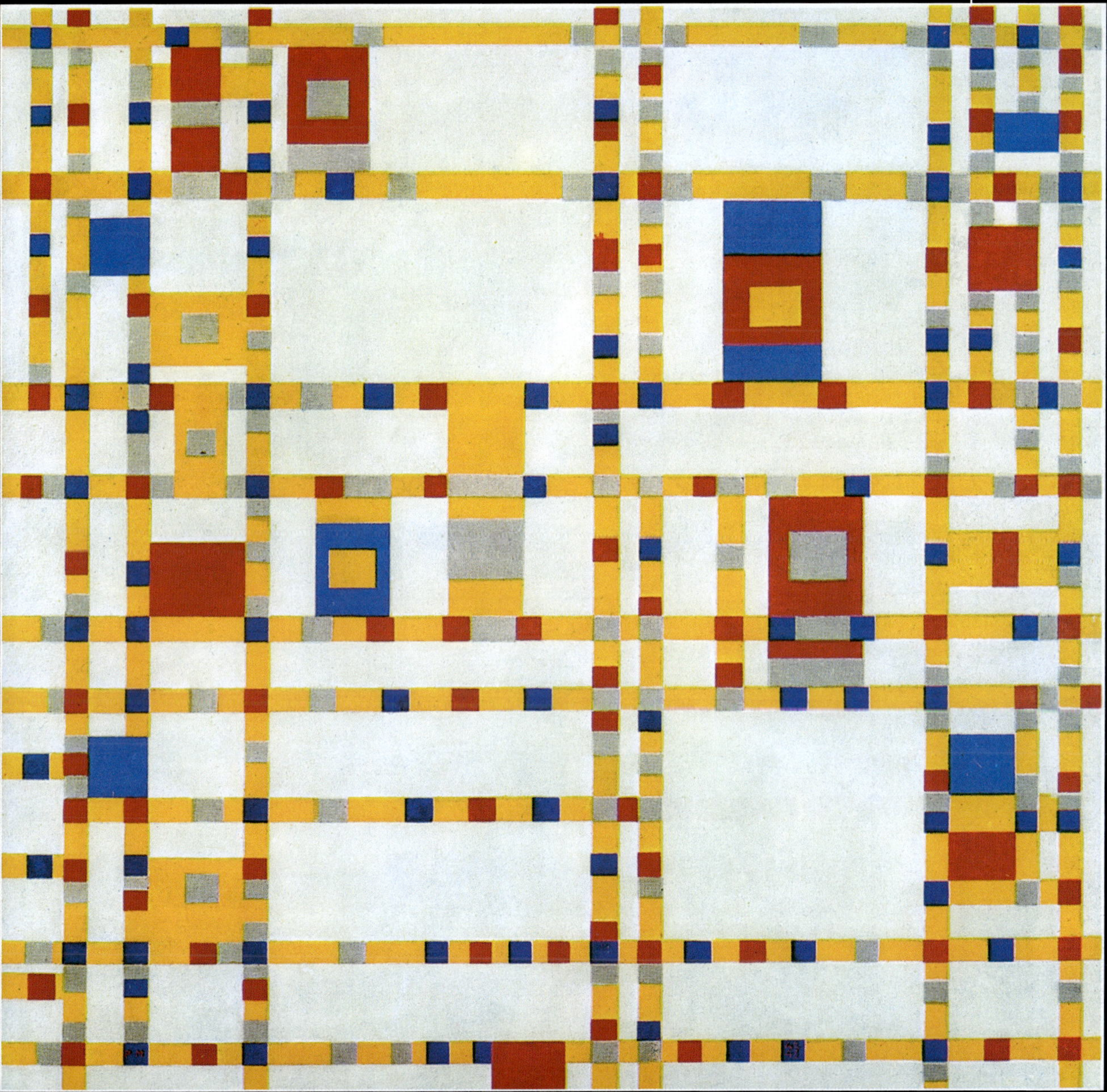

Bern, München, Weimar

1879–1940

Paul Klee

»Ich und die Farbe sind eins: Ich bin Maler!«
Klee ist der erstaunlichste Fall einer frühen Malerbegabung: Es sind Kinderzeichnungen und -aquarelle von ihm erhalten, die schon deutlich voller Originalität und Charakter sind. Nach seiner Ausbildung in Bern und München verbringt Klee das erste Jahrzehnt des 20. Jahrhunderts fast durchgehend auf Reisen, um die alten Meister kennen zu lernen und sich über die verschiedensten aktuellen Strömungen zu informieren. Er tritt in Kontakt zu den Malern des »Blauen Reiter« und macht 1914 mit August Macke eine Tunesienreise, die ihm neue Licht- und Farbhorizonte eröffnet. Eine geduldige, feinsinnige Erforschung der Helligkeitsabstufungen im Gleichgewicht mit poetischer Intuition und wissenschaftlicher Methodik kennzeichnet die mittlere Phase seines Schaffens. 1920 wird er ans Bauhaus berufen und gründet 1924 mit Kandinsky, Jawlensky und Feiniger die Gruppe »Die Blaue Vier«. Die kleinformatigen Bilder der 20er Jahre sind zarte Idyllen, in denen die Farbe regelmäßig und geometrisch verteilt ist, während die grafischen Zeichen teilweise an Gegenstände und Figuren aus der Wirklichkeit erinnern. Von den Nazis als »entartet« verfemt, kehrt Klee in die Schweiz zurück; schwer krank malt er in den letzten Jahren bittere Bilder mit breiten dunklen Strichen.

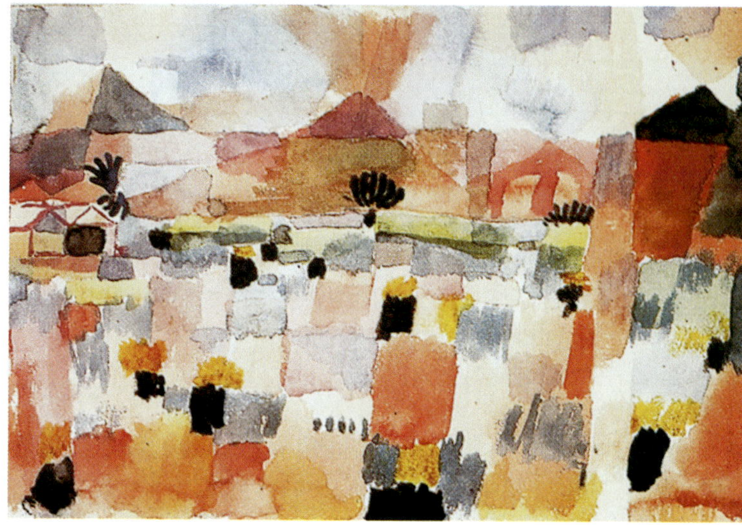

Paul Klee
Saint Germain bei Tunis (landeinwärts), 1914
Paris, Musée National d'Art Moderne, Centre Georges Pompidou

Dieses wundervolle Aquarell dokumentiert die Gefühle, die Klee 1914 bei seiner Tunesienreise mit August Macke empfand. Für Klee bedeutet der Aufenthalt in Nordafrika die Entdeckung des Lichts, das er vor Ort festhält und in zarten, feinsinnigen Bildern wiedergibt.

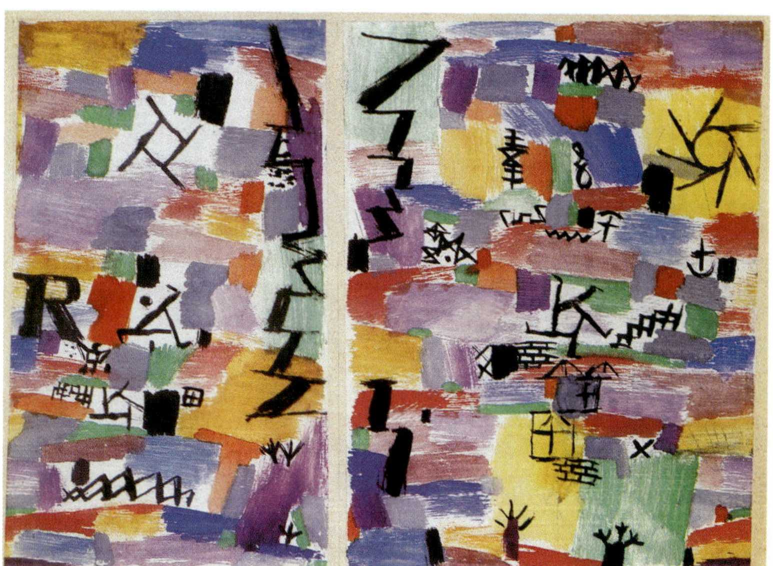

Paul Klee
Farbig gebaut mit schwarz-graphischem Gegenständlichem, 1919
Schweiz, Privatbesitz

Nach dem Krieg beginnt Klee mit seiner Bemühung um Ordnung und Rationalisierung des Bilds. Dieses Gemälde entsteht in einer experimentellen Phase; der Maler fügt die verschiedenen Elemente ein, darunter auch Buchstaben und unregelmäßige Formen, um ihre Wirkung auf den entstehenden Farbauftrag zu prüfen.

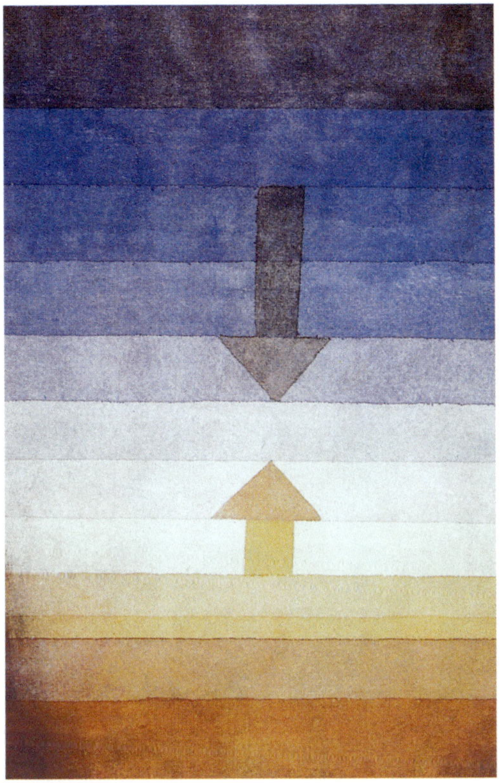

Paul Klee
Scheidung abends, 1922
Bern, Klee-Museum,
Schenkung LK

An diesem zu Recht berühmt gewordenen Bild zeigt sich beispielhaft Klees Vorgehensweise. Die beiden Pfeile in dem völlig regelmäßigen, perfekten Farbauftrag aus übereinander liegenden Streifen vermitteln auf magische Weise eine Empfindung, das Gefühl eines gedämpften Abendlichts.

Paul Klee
Das Licht und Etliches, 1931
München, Bayerische Staatsgemäldesammlungen,
Pinakothek der Moderne

Ein herausragender Beweis für Klees geduldige Analyse jedes kompositorischen Elements. Der Schweizer Maler folgt einem geheimen Verlauf von Linien, Punkten, Licht und Farbe; zunächst scheint es sich um ein mathematisches Experiment zu handeln, doch bei genauerem Hinsehen erkennt man Anmut, Poesie und tiefe Schönheit dieser von Klee enthüllten Welt.

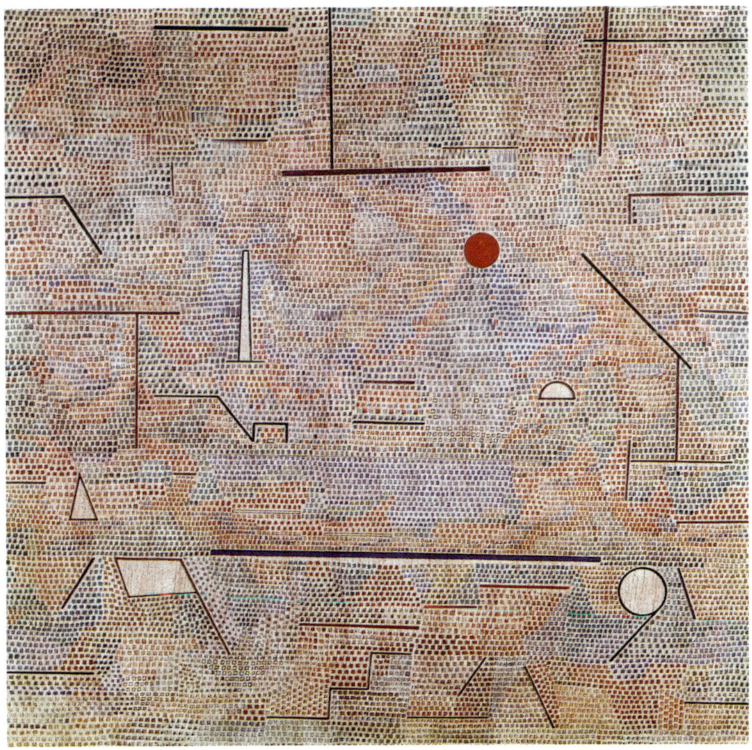

1919–1933

Form und Rationalismus

Der Wunsch nach Ordnung und der ewige Ruf des Klassischen

Die Jahre der Avantgarde sind vorüber, der Erste Weltkrieg blutig zu Ende gegangen; für die europäische Kunst beginnt eine Phase der Reflexion und Rückbesinnung auf traditionelle Themen und Formen. Picasso, der in seinem ganzen langen Leben nie die Fähigkeit verlor, den eigenen Stil radikal zu verändern, gibt nach einer Italienreise den Kubismus völlig auf und tritt in eine deutlich »klassische« Periode mit klar abgegrenzten Figuren ein. Zur gleichen Zeit widmet sich Matisse den »Odalisken« und findet mit seinen exotischen, verführenden weiblichen Figuren zur Freude am Dekorativen, am Licht, an der Darstellung eines ganzen Ambientes.

In Deutschland, das sich von der Niederlage zu erholen versucht, findet am Bauhaus eine Weiterentwicklung von Struktur, Geometrie und funktionaler Einfachheit der Linie statt; das Kunstinstitut wurde 1919 in Weimar von dem Architekten Walter Gropius (1883–1969) gegründet. Als künstlerisches und kulturelles Projekt zielt es auf ständige Zusammenarbeit und Erfahrungsaustausch zwischen Bildhauern, Malern, Architekten und Designern ab; die entstehenden Produkte sollen gleichzeitig funktional und von hohem ästhetischen Wert sein. Die Künstler werden dazu angeregt, sich mit den Elementen der Bildsprache, den verschiedenen Techniken und Materialien zu beschäftigen; das Konzept sieht eine »ganzheitliche« Ausbildung vor, die nicht zwischen »freien« und »angewandten Künsten« unterscheidet. Das Zusammentreffen von Kandinsky, Klee, Feininger und Jawlensky in den 20er Jahren führt zur Gründung der Gruppe »Die Blaue Vier«. 1925 zieht das Bauhaus nach Dessau um und wird 1933 von den Nazis geschlossen; die Professoren emigrieren in verschiedene europäische Länder und in die Vereinigten Staaten, wodurch die Vorstellungen des Konstruktivismus in der ganzen westlichen Welt verbreitet werden.

Lyonel Feininger
Beleuchtete Häuser – Zeile I, 1929
Dresden, Gemäldegalerie Neue Meister

Als amerikanischer Künstler deutscher Abstammung widmet sich Feininger (1871–1956) am Bauhaus regelmäßigen, geometrischen Konstruktionen, welche jedoch durch die variierende Lichtintensität unterschiedlich und bewegt erscheinen.

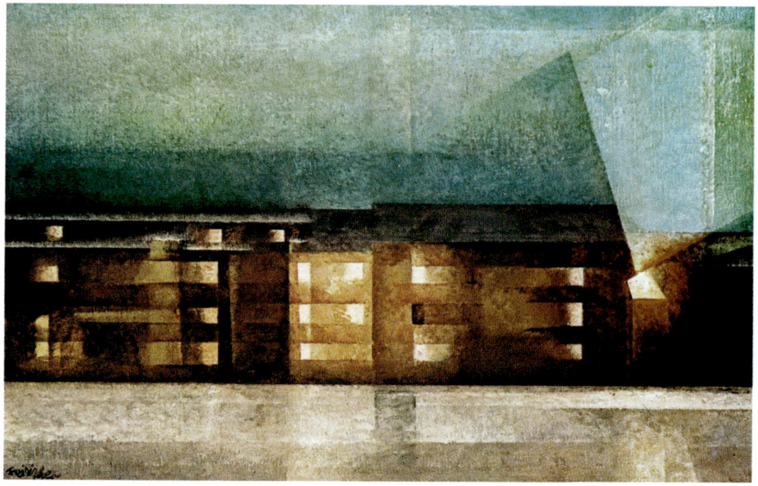

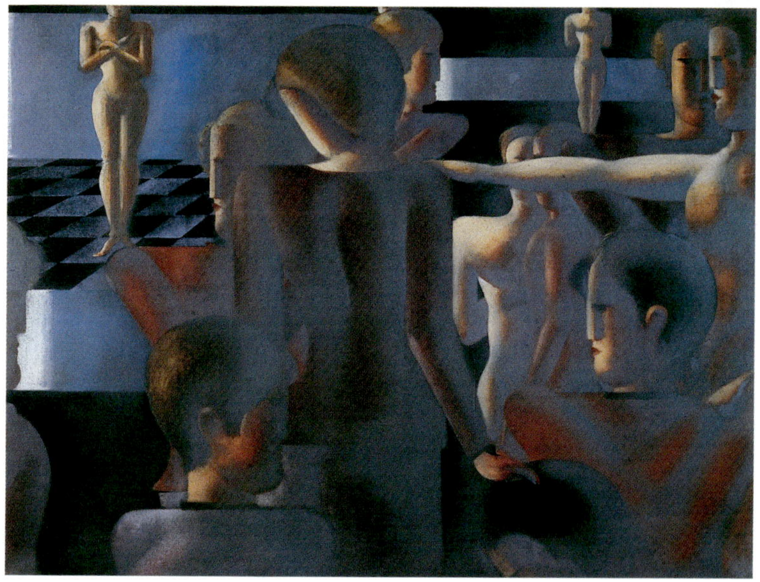

Oskar Schlemmer
Vierzehnergruppe in imaginärer Architektur, 1930
Köln, Wallraf-Richartz-Museum

Das Wesen der menschlichen Figur steht im Zentrum des Werks von Oskar Schlemmer (1888–1943); er ist als Maler, Bühnenbildner tätig und leitet die Bühnenwerkstatt am Bauhaus in Dessau.

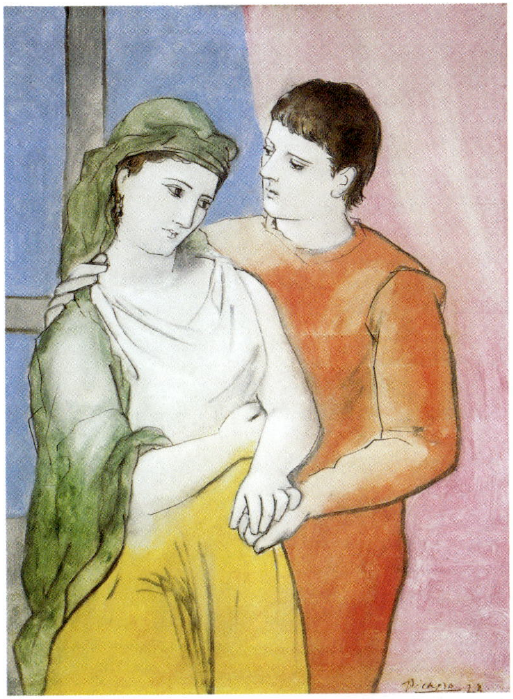

Pablo Picasso
Die Liebenden, 1923
Washington, National Gallery of Art

Die Figuren der beiden jungen Leute sind klar umgrenzt von einer weichen Zeichnung ohne Härten oder Experimente. In den Gesten und Gesichtern nimmt man das Liebesspiel wahr, die Verflechtung von Begehren und Zurückhaltung und den Austausch von Blicken voller Bedeutung. Obwohl Picasso sich auf die Umrisslinien beschränkt, verleiht er den Personen durch die Komposition von deutlich klassischem Anklang Volumen, Raumdimension und feine Beweglichkeit. Allerdings füllt die Farbe die Figuren nicht aus, sondern wird mit großer Freiheit in Flecken aufgetragen, ohne Übereinstimmung mit der Realität: Die Farbflächen sind ganz auf helle Töne zwischen Gelb und Blau abgestimmt und drücken ebenfalls eine zart-atmosphärische Stimmung aus.

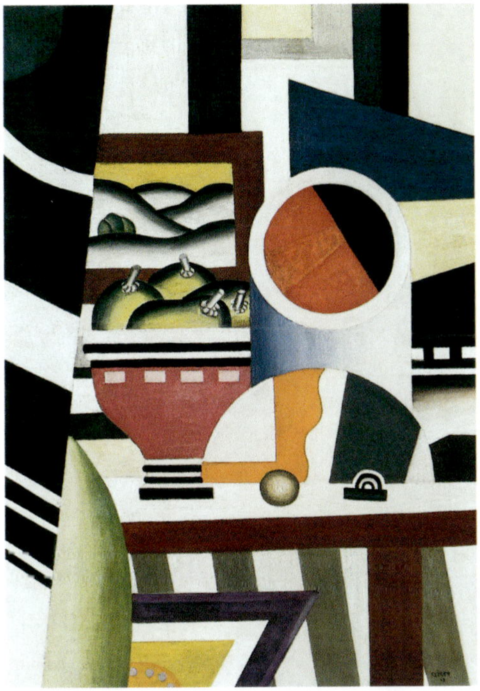

Fernand Léger
Stillleben (Nature morte), 1923
New York, The Museum of Modern Art

In diesem Bild zeigt sich der Konflikt zwischen Darstellung und Abstraktion. Die deutlich erkennbare Fruchtschale wirkt wie »umzingelt« von rein geometrischen Formen, welche drastisch den Raum für die Abbildung des Tischs, der Fruchtschale und selbst des zum Hintergrund geöffneten Fensters einschränken. Dieser ständige Wechsel auch innerhalb ein und derselben Komposition ist vielleicht das interessanteste Kennzeichen der Kunst Légers.

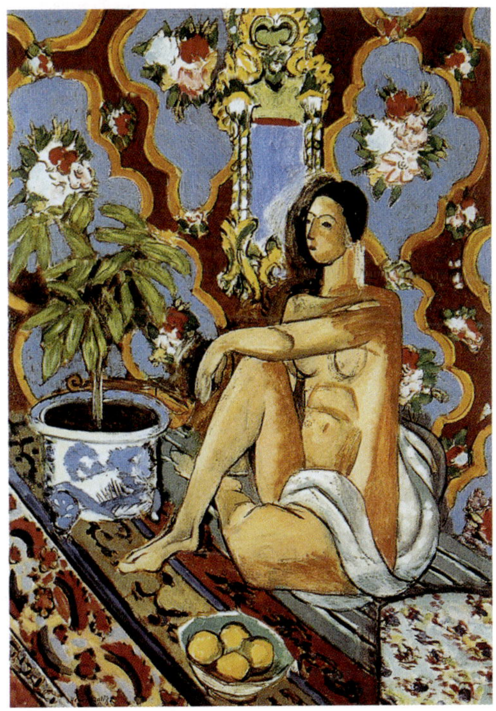

Henri Matisse
Sitzende Figur vor ornamentalem Grund, 1925–1926
Paris, Musée National d'Art Moderne, Centre Georges Pompidou

In den 20er Jahren sind Matisses Werke von den farblichen und dekorativen Elementen des Orients bestimmt.

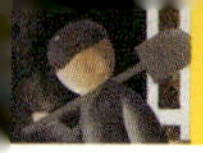

Berlin

1918–1933

Deutschland zwischen den Kriegen

Beißende Kritik einer Welt im Niedergang

Im Unterschied zu anderen Kunstrichtungen wird die Entwicklung des deutschen Expressionismus durch den Ersten Weltkrieg nicht unterbrochen; im Gegenteil, er verschärft die expressionistische Anklage der Gesellschaft. In Berlin entsteht die Schule der Neuen Sachlichkeit. Geniale Künstler wie Grosz und Dix zeigen unverhüllt die menschliche, materielle und moralische Katastrophe des Kriegs auf und provozieren damit die Nachkriegsgesellschaft; in ihren Bildern ergießt sich ein Strom von armen Kriegsheimkehrern und -versehrten in Straßen voller Schwarzmarkthändler, Dirnen, fetter Industrieller, die sich mit Kriegslieferungen bereichert haben, und kriecherischer Staatsbeamter. Die 20er Jahre des Berliner Kabaretts und des expressionistischen Films finden auch in der Malerei bedeutende Interpreten, welche den Fortgang der Politik prophezeien: Nach Hitlers Machtergreifung wird Dix inhaftiert; andere emigrieren in die Vereinigten Staaten.

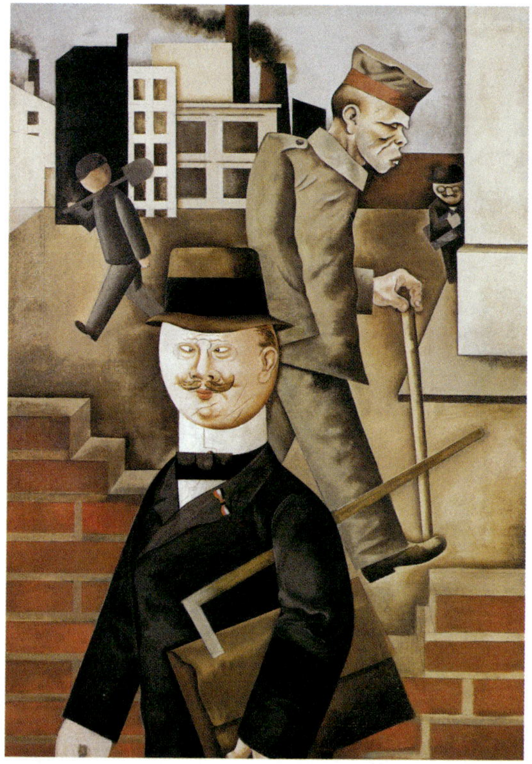

Georg Grosz
Grauer Tag, 1921
Berlin, Staatliche Museen zu Berlin – Preußischer Kulturbesitz, Nationalgalerie

Als Symbol für die Tristesse der Nachkriegszeit zeigt dieses Bild einen Vormittag in einem Berliner Vorort. Die Hauptfigur im Vordergrund ist ein Staatsbeamter für Kriegsversehrtenrenten. Mit seiner sorgfältigen Kleidung (am Kragen trägt er ein Ehrenzeichen) und dem Kneifer vor den schielenden Augen ist er das Abbild der uneffektiven, pedantischen Wohlfahrtsbehörde, deren Akten er unter dem Arm trägt. Eine Mauer aus Ziegelsteinen und Gleichgültigkeit trennt den Bürokraten symbolisch von dem Kriegsheimkehrer, welchem die Unterstützung zusteht. An der Ecke zeigt sich als heimlicher Herr über die schäbige Szene ein Schwarzmarkthändler, während ein Arbeiter ins Werk geht.

Otto Dix
Großstadt (Triptychon), 1927–1928
Stuttgart, Galerie der Stadt

Das Triptychon ist eines der beeindruckendsten Zeugnisse des gesellschaftlichen Klimas in Deutschland. In der Mitteltafel spielt eine Combo aus befrackten Musikern, während elegante Paare in einer irrealen Atmosphäre tanzen; die dicke Schminke und die modernen Kleider der Frauen verbergen nicht die unterschwellige Spannung. Ganz anders die Szenen auf den Seitentafeln: Links humpelt ein Kriegsversehrter mit Krücken über das glatte Kopfsteinpflaster; rechts warten Prostituierte in einer beeindruckenden Überlagerung von sinnlichen Anspielungen und animalischer Abgestumpftheit auf Kunden.

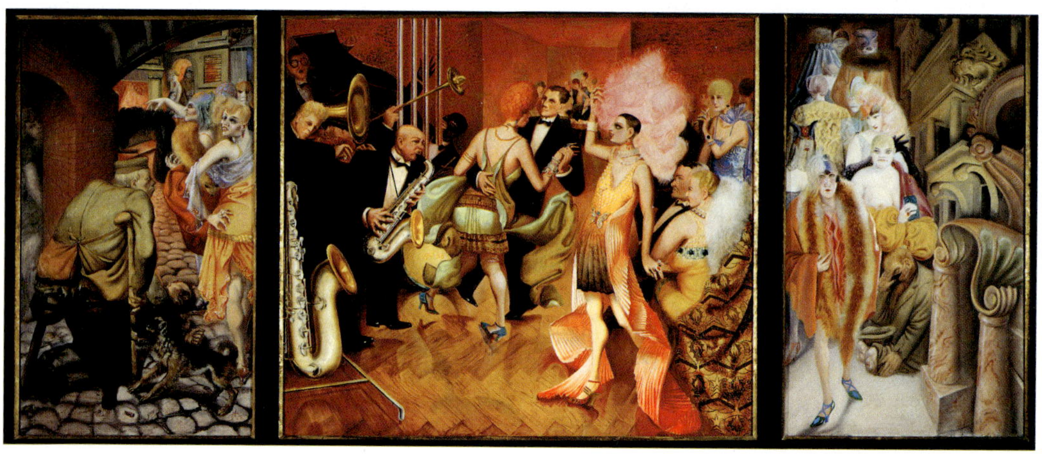

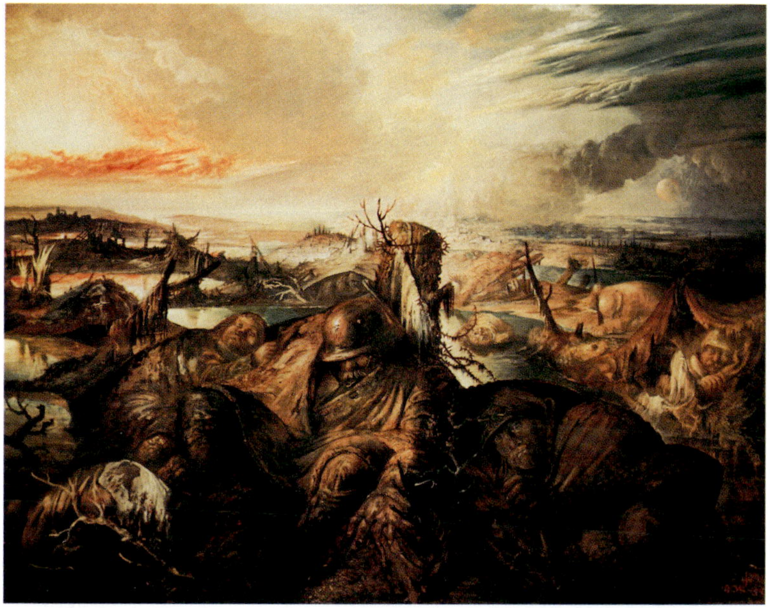

Otto Dix
Flandern, 1936
Berlin, Staatliche Museen zu Berlin – Preußischer Kulturbesitz, Nationalgalerie

Der 1891 geborene Otto Dix hatte als Freiwilliger am Ersten Weltkrieg teilgenommen; das grauenvolle Geschehen prägte sein Leben. Das bleigraue, gedämpfte Licht wird von dem aufsteigenden Rauch getrübt: zerfetzte Unterstände, zerstörte Landschaft und makabre menschliche Überreste sind nach der blinden Wut der Schlacht geblieben. Gemälde wie dieses, die offenbar von antimilitaristischen Gefühlen und einer Anprangerung der Gewalt geprägt waren, konnten der Zensur des Naziregimes nicht entgehen. 1933 wurden etwa 250 Bilder von Dix verbrannt; der Maler musste die Berliner Akademie verlassen, wurde als Verschwörer festgenommen und in Dresden inhaftiert. Nach seiner Freilassung gelang ihm 1935 die Flucht in die Schweiz.

Max Beckmann
Selbstbildnis im Smoking, 1927
Cambridge (Mass.), Harvard University Art Museums, Busch-Reisinger-Museum

Durch die harten Gesichtszüge der Figur, das durch das Schwarz-Weiß genau bestimmte Volumen und die grafisch umrissene Silhouette gehört Max Beckmann eindeutig zu den deutschen Expressionisten; doch durch die Wahl der Kleidung stellt er sich als feinsinniger, ironischer, in die Berliner Gesellschaft integrierter Künstler dar.

Christian Schad
Operation, 1929
München, Städtische Galerie im Lenbachhaus

Neben dem für die Vertreter der Neuen Sachlichkeit typischen grausamen, hier echt »chirurgischen« Realismus zeigt Schad seine genaue Kenntnis der italienischen Malerei des 15. Jahrhunderts: Von 1920 bis 1925 lebte der Maler in Rom.

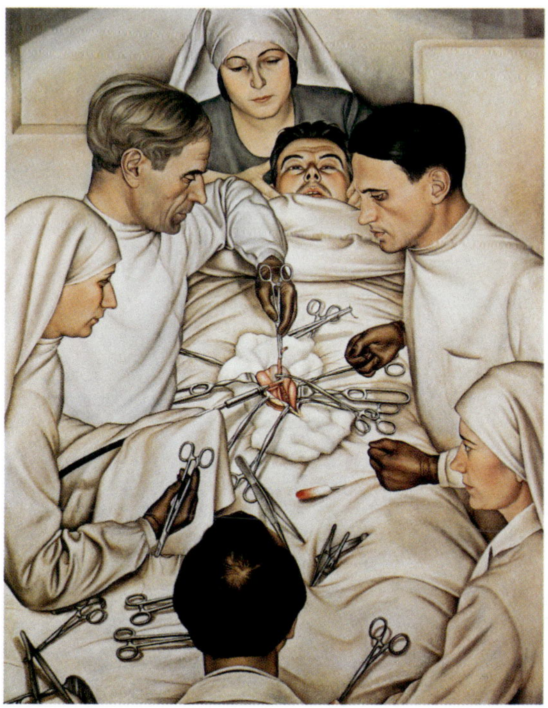

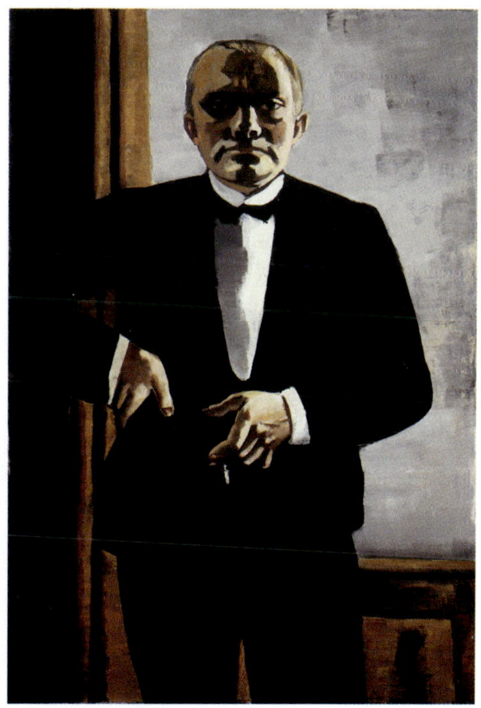

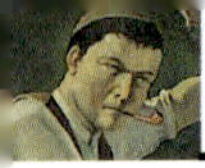

1916–1940

Vom Dada zum Surrealismus

Eine weltweite Bewegung zur Befreiung der Phantasie
Die Dada-Bewegung entsteht 1916 in Zürich, das während des Krieges zur Zuflucht von Künstlern und Intellektuellen geworden war. Im Zeichen ungezügelter kreativer Freiheit nach dem Beispiel der Ready-mades von Marcel Duchamp lehnt sie provokativ alle Werte und Vorbilder ab. Um 1922 ist der Dadaismus von Paris bis Berlin in ganz Europa sowie in den Vereinigten Staaten verbreitet; sein Niedergang beginnt. Viele seiner Vertreter wenden sich dem Surrealismus zu, der letzten Avantgardeströmung. Die Grundlage dieser neuen Bewegung, die in Paris entsteht und 1924 von André Breton theoretisch begründet wird, bildet die Entdeckung der verborgensten Winkel der Seele: Der Maler muss seine Hand frei über die Leinwand gleiten lassen und seine innersten Beweggründe nach der von Freud formulierten Auffassung des Unbewussten ans Licht kommen lassen. Beispielhaft für die so genannte Écriture automatique sind die Werke von Joan Miró und André Masson. Zu einer gegenständlicheren Richtung gehören Balthus, Dalí und Delvaux, die unter dem Einfluss der Pittura metafisica aus alltäglichen Gegenständen absurde Wirklichkeiten erschaffen.

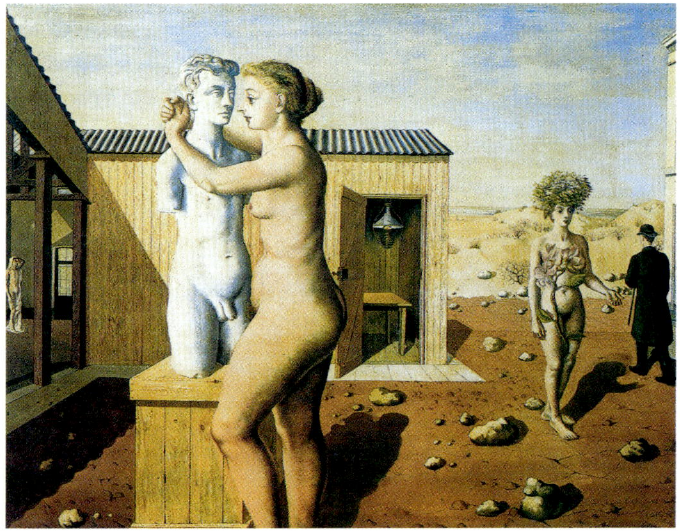

Paul Delvaux
Pygmalion, 1939
Brüssel, Musées Royaux des Beaux-Arts

Der belgische Maler Delvaux (1897–1994) kehrt die Situation des Mythos um: Hier versucht eine Frau, mit einem Kuss einer männlichen Statue Leben einzuhauchen.

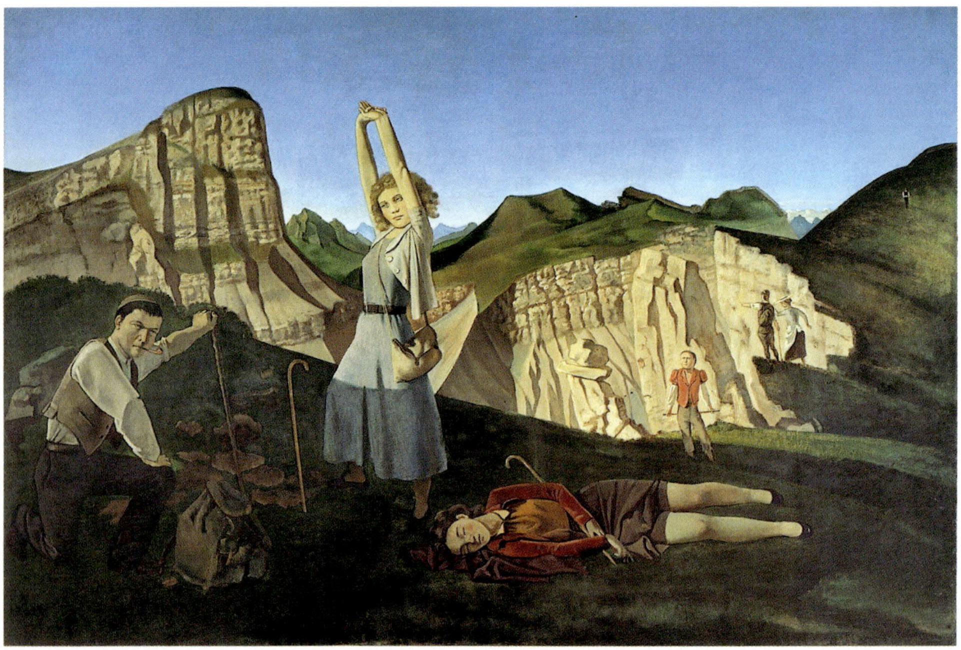

Balthus
Der Berg, 1937
New York, The Metropolitan Museum of Art

Der in Paris geborene Maler polnischer Abstammung (eigentlich Balthasar Klossowski de Rola, 1908–2001) gehört zu den rätselhaften Künstlern des 20. Jahrhunderts. Auf die Kritik wegen der jungen Mädchen in zweideutigen Situationen antwortete er: »Meine Gemälde, ob sie Jugendliche behandeln oder Landschaftsbilder sind, werden von einer gleichen Idee beherrscht: dem Leben, oder genauer dem wieder erwachenden Leben.«

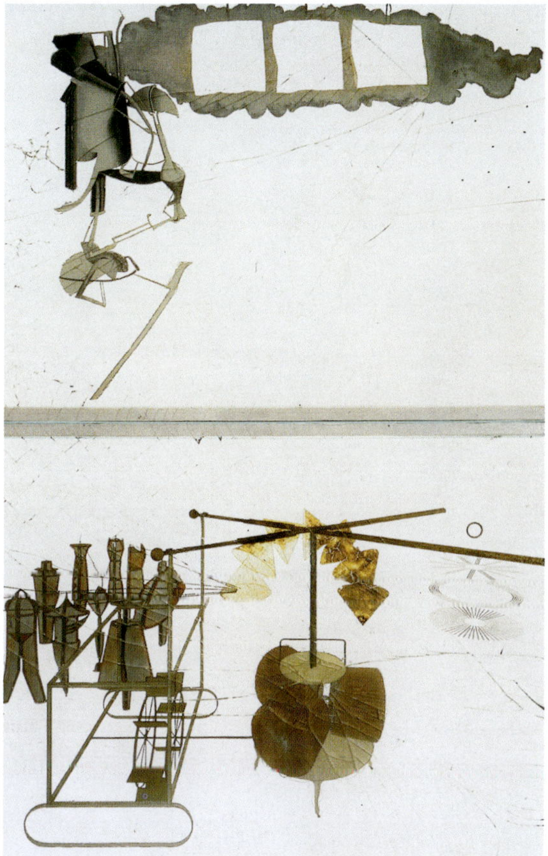

Marcel Duchamp
Die Braut von ihren Junggesellen nackt entblößt sogar (Großes Glas), 1915–1923
Philadelphia, Philadelphia Museum of Art

Dieses große und komplexe Werk, das nach sehr langer Arbeit fertig gestellt und nach dem Zerbrechen des Glases in Abschnitten restauriert wurde, ist eine Synthese der Kunst Duchamps (1887–1968), der danach eigentlich zu malen aufhörte. Mit der Logik und geistigen Symbolik des beliebten Schachspiels bewegt er die »Spielsteine« auf der freien Fläche eines durchsichtigen Glases und fordert Kritiker und Besucher dazu heraus, ihre eigene Erklärung für die seltsamen Mechanismen, Linien, Formen und Konstellationen von Gegenständen und Bezügen zu finden. Der komplizierte Titel spielt auf die beiden Teile des Bilds an: Unten erhalten die Getriebe und Instrumente aus Metall größere Bedeutung; oben, in dem Bereich der »Braut«, tritt die Malerei zurück, wird dünn und flüchtig.

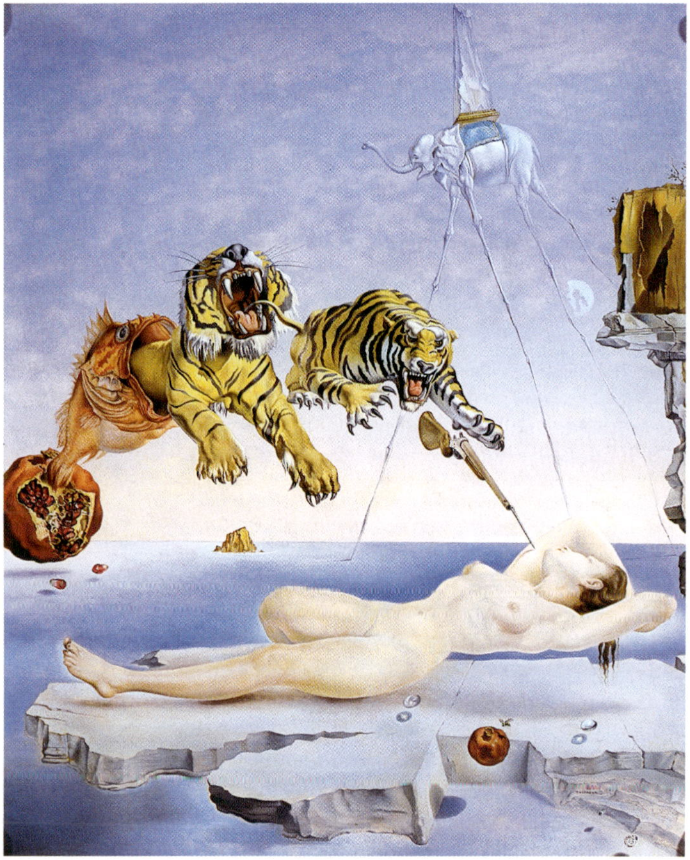

Salvador Dalí
Traum, verursacht durch den Flug einer Biene um einen Granatapfel eine Sekunde vor dem Erwachen, 1944
Madrid, Museo Thyssen-Bornemisza

Das Werk Dalís (1904–1989) ist geprägt von literarischen Anspielungen, die zu ostentativ sind, um wirklich auf Erfahrungen zurückzugehen, und obsessiven sexuellen Symbolen; es entsteht eine Malweise, die der Künstler selbst als »paranoid-kritisch« bezeichnet, und die auf die Enthüllung der irrationalen Alltagswelt hinzielt.

Brüssel

1898–1967

René Magritte

Paradoxien, Widersprüche und Bilderspiele
Noch heute ist sich die Wissenschaft uneins: Ist Magritte »nur« ein außergewöhnlicher, aber gefühlskalter Bildschöpfer oder ist er einer der wichtigen Meister des 20. Jahrhunderts? Das Publikum hat keine Zweifel: Die Ausdruckskraft seiner ganz einfach zu erkennenden, aber unmöglich zu verstehenden Figuren macht Magritte zu einem der meistreproduzierten und bekanntesten Maler. Nach einer anfänglichen Tätigkeit als Werbezeichner (die sein ganzes Schaffen prägt) lernt Magritte 1923 die Pittura metafisica von Giorgio de Chirico kennen. Von diesem Zeitpunkt an zeigen seine Werke »unmögliche« Kombinationen von Gegenständen, Landschaften und Personen in einer klaren, akademisch geprägten Malweise. Er geht nach Paris und schließt sich den Surrealisten an, vor allem Dalí; zudem verfasst er Aufsätze und Artikel. Daneben beschäftigt sich Magritte auch ausführlich mit den Meistern der Vergangenheit, etwa Seurat oder den noch älteren italienischen Malern des 15. Jahrhunderts. 1930 kehrt er endgültig nach Brüssel zurück. Sein Stil, der auf Gegensätzen und rätselhaften Elementen beruht, hat sich inzwischen gefestigt, mit Ausnahme einer kurzen Zeit, in der er auf Renoirs Impressionismus zurückgreift.

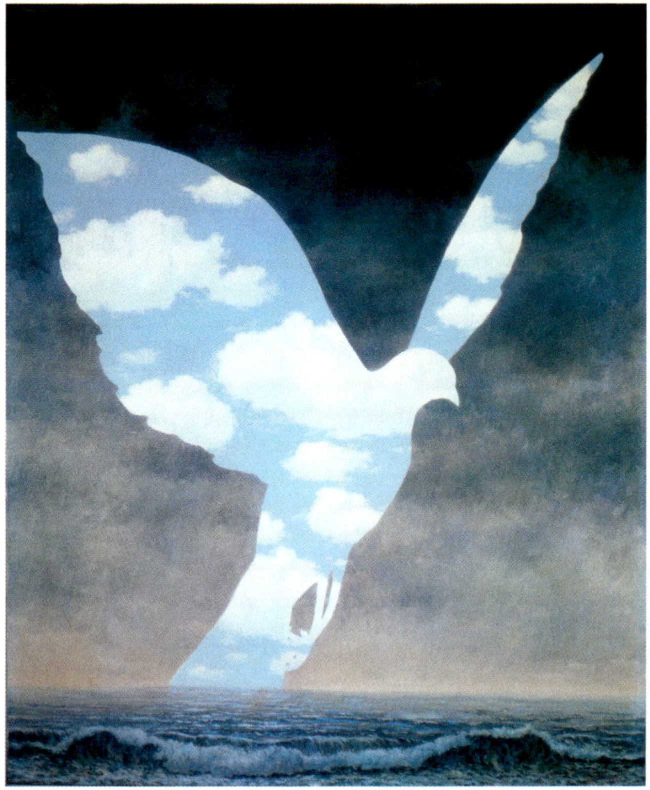

René Magritte
Die große Familie, 1963
Privatsammlung

Magrittes Werk erscheint beinahe »zeitlos«: Nach Jahren greift der Maler auf Bilder, Motive, Formen, Personen und Gegenstände zurück, mit denen er sich bereits früher beschäftigt hat, und erzielt dabei neue, verfremdende Wirkungen. Die Bildtitel sind dabei wie immer irreführend und beschreiben nie das eigentliche Thema.

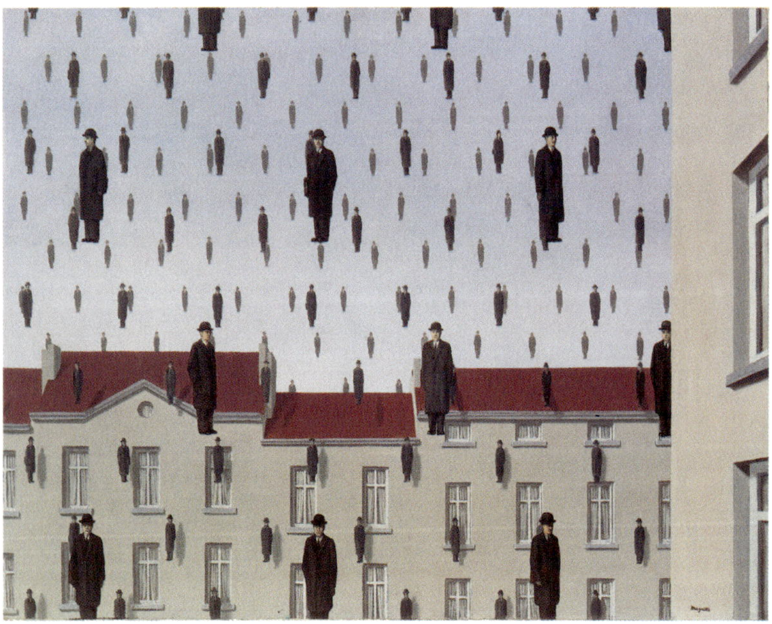

René Magritte
Golconda, 1953
Houston, The Menil Collection

Der durch unzählige Reproduktionen berühmt gewordene, fast zu oft wiederholte Regen von kleinen Männern mit Melone und grauem Anzug ist zur Metapher für die »condition humaine« im 20. Jahrhundert geworden, die von Identitätsverlust und banaler Alltagsmonotonie gekennzeichnet ist.

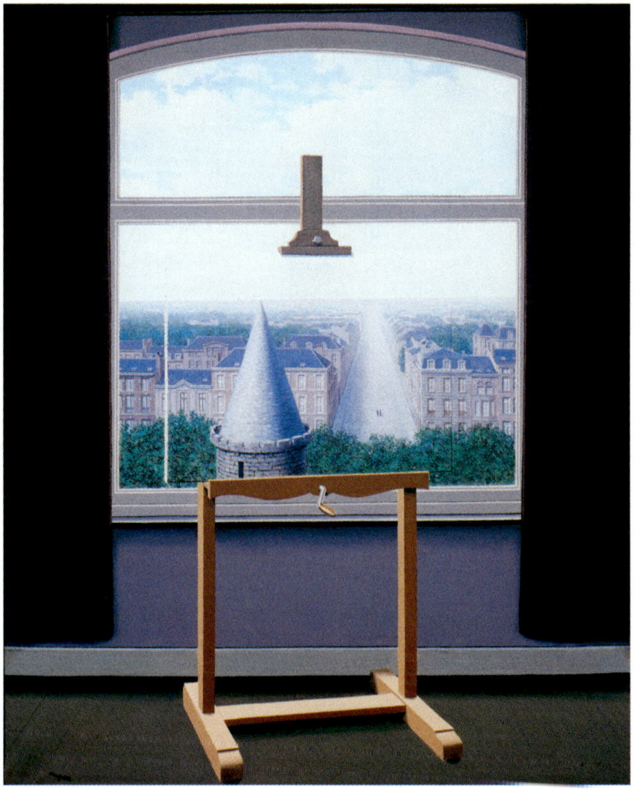

René Magritte
Die Promenaden des Euklid, 1955
Minneapolis, The Minneapolis Institute of Art

Ein wiederkehrendes Thema ist die Überlagerung von Innen und Außen: Dass auf der Staffelei ein Gemälde steht, welches sich genau mit der realen Landschaft hinter dem Fenster deckt, ist ein eindeutiges Symbol für das Illusorische und Zweideutige an der Malerei.

René Magritte
Der Verrat der Bilder, 1929
Los Angeles, Los Angeles County Museum of Art

Das Schlüsselwerk Magrittes surrealistischer Kunst zeigt eine Pfeife. Darunter steht in pädagogisch vorbildlicher Schrift: »Dies ist keine Pfeife«. Magritte ironisiert die Fixierung auf das Gegenständliche, denn die Kunst ist eine eigene Welt, in der nichts ist, was es scheint.

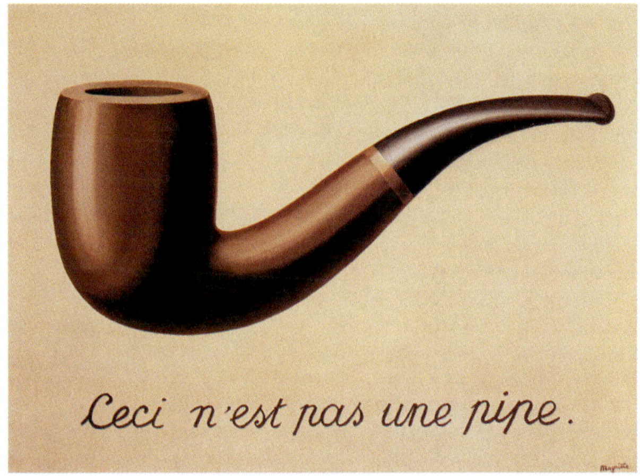

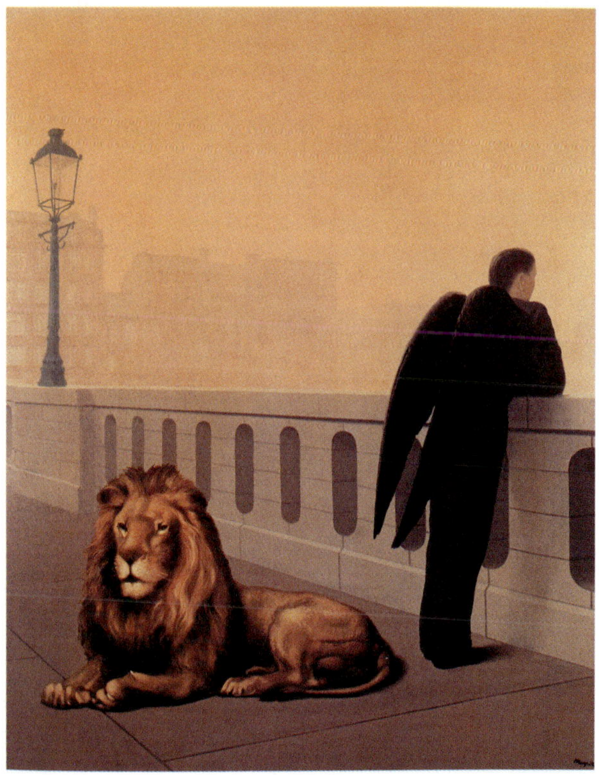

René Magritte
Le mal du pays, 1940
Privatsammlung

Dieses Bild entstand mitten im Krieg, während Belgien und Frankreich (die Länder, die Magritte am meisten am Herzen lagen) von Hitlers Truppen überrannt wurden; Magritte malte es in Carcassonne, der Stadt mit römischen Ursprüngen und einem mittelalterlichen Stadtkern. Zu der charakteristischen Unbewegtheit und Stille kommt hier ein Gefühl der Abgeschiedenheit und der Isolation. Magritte identifiziert sich gerne mit dem schwarz gekleideten Mann, der immer wieder in seinen Werken auftaucht; hier hat er Flügel, was Vorstellungen an die Figur eines Engels evoziert.

Barcelona, Paris, Palma de Mallorca

1893–1983

Joan Miró

»Dieser Zug hält nicht«
So steht es auf einem alten, verrosteten Eisenbahnschild, das Miró auf einer Müllhalde fand und als eine Art »Programm« in seinem Atelier an die Wand hängte. Leben und Schaffen des katalanischen Künstlers stehen im Zeichen einer unermüdlichen Kreativität, einer erstaunlichen Leichtigkeit im Erfinden bunter, lebhafter Bilder: Obwohl Miró zu verschiedenen avantgardistischen Kunstströmungen in Kontakt tritt (vor allem zum Surrealismus), bleibt er als Künstler isoliert.
Nachdem er Katalonien verlassen hat, hält er sich ab 1919 lange in Paris auf: Er trifft mit den Vertretern der Avantgarde zusammen, vor allem aber mit seinem Landsmann Picasso, dem Dadaisten Tristan Tzara und ab 1921 mit der Gruppe der Surrealisten. Seine Werke aus dieser Zeit sind noch gegenständlich (Porträts, ländliche Sujets und Szenen), aber Miró nähert sich bereits der abstrakten Kunst beziehungsweise einer originellen Kombination aus teils beunruhigenden, teils fröhlichen Bruchstücken, die in Gedächtnis und Unterbewusstsein eindringen. Die Tragödien der Kriege (des Spanischen Bürgerkriegs und des Zweiten Weltkriegs) zwingen Miró zu häufigen Ortswechseln und zum Gebrauch unüblicher Materialien (Collagen oder französisch *papiers collés*): Seine Malerei geht durch eine bewegte Phase und öffnet sich dann in der faszinierenden und sehr lyrischen Serie *Constellations*. Er wird in die Vereinigten Staaten eingeladen und hat dort großen Erfolg. Sein freier, kreativer Gestus hinterlässt bei den Malern der New York School einen tiefen Eindruck, vor allem bei Pollock. In den 50er Jahren interessiert er sich besonders für Bildhauerei, Städtebau und Gebäudedekoration; zur Malerei kehrt er mit der Serie *Bleu* zurück (Paris, Centre Georges Pompidou). 1976 wird in Barcelona die Fundació Miró eingeweiht, eine umfassende Sammlung des überströmenden, vielseitigen Werks eines der größten Künstler des 20. Jahrhunderts.

Joan Miró
Karneval des Harlekins, 1924–1925
Buffalo, Albright-Knox Art Gallery

In einem phantastischen Spiel füllen seltsame Figuren den verfremdeten Raum des Malerateliers; der Harlekin, die Figur mit der Spiralfeder in der Bildmitte, spielt mit der Gitarre in der Hand zu einem mechanischen Ballett voller Farben und Fröhlichkeit auf. Dieses Werk aus Mirós surrealistischer Periode kennzeichnet den Übergang von der Gegenständlichkeit zur Abstraktion.

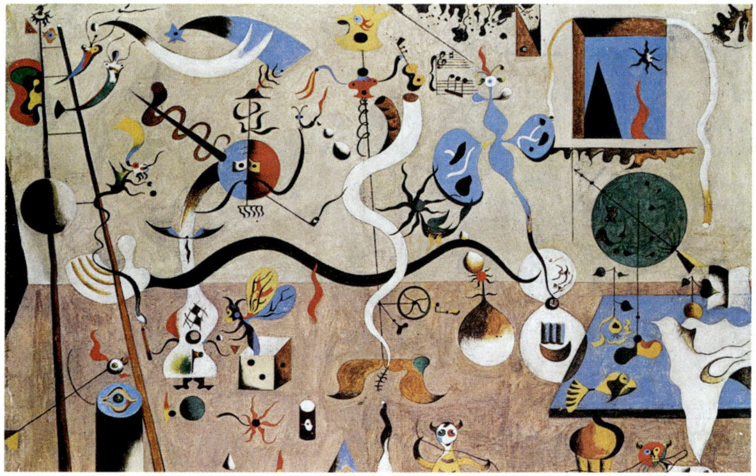

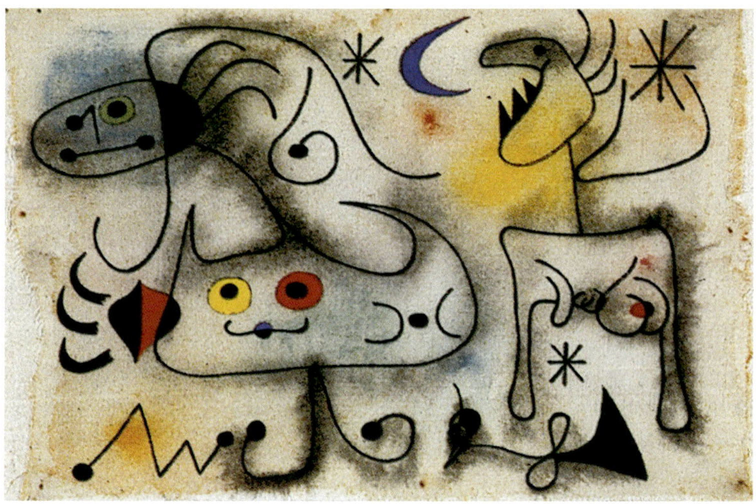

Joan Miró
Figur und Vogel vor dem Mond, 1944
New York, Perls Galleries

Während der Kriegsjahre verwendet Miró häufig Phallussymbole, vielleicht um auf den Geschlechtsakt als Ursprung eines neuen Menschen anzuspielen, der in der Farbe wiedererstehen kann.

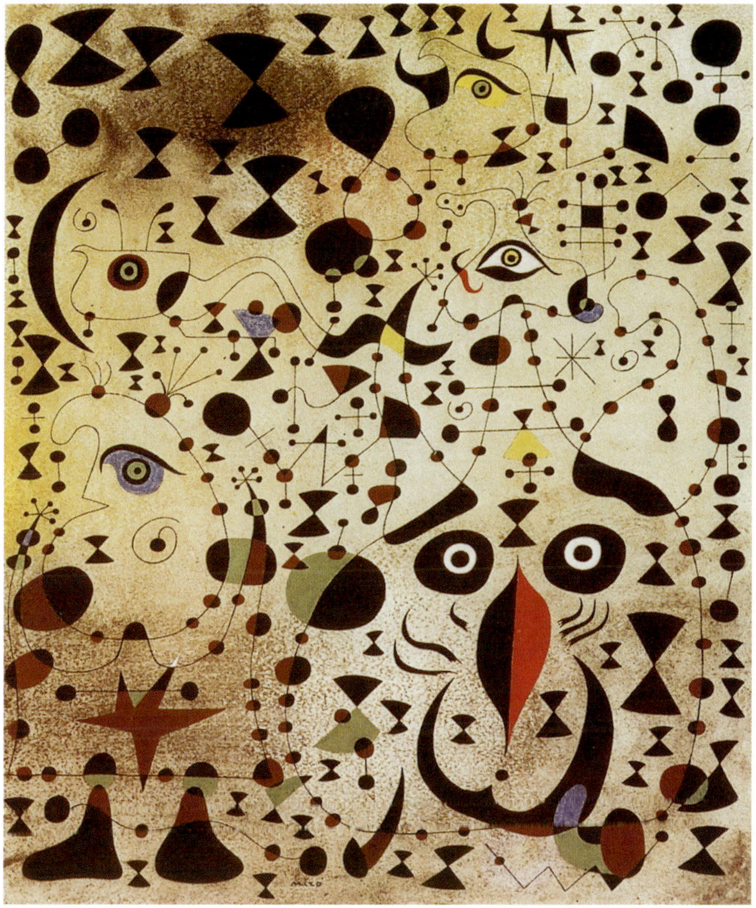

Joan Miró
Der schöne Vogel entziffert den Liebenden das Geheimnis der Morgenröte, 1941
New York, The Museum of Modern Art

In den Jahren des Zweiten Weltkriegs entwirft Miró eine Bilderfolge mit dem Namen *Constellations*, die durch ein Gewebe von Zeichen und kleinen Bildern auf hellem Grund charakterisiert ist. Ein poetisches Werk und zugleich ein Beleg für die Liebe des Künstlers zur Schönheit, der sich untergründig, aber in zutiefst menschlicher Weise gegen die Gräuel des Krieges wendet.

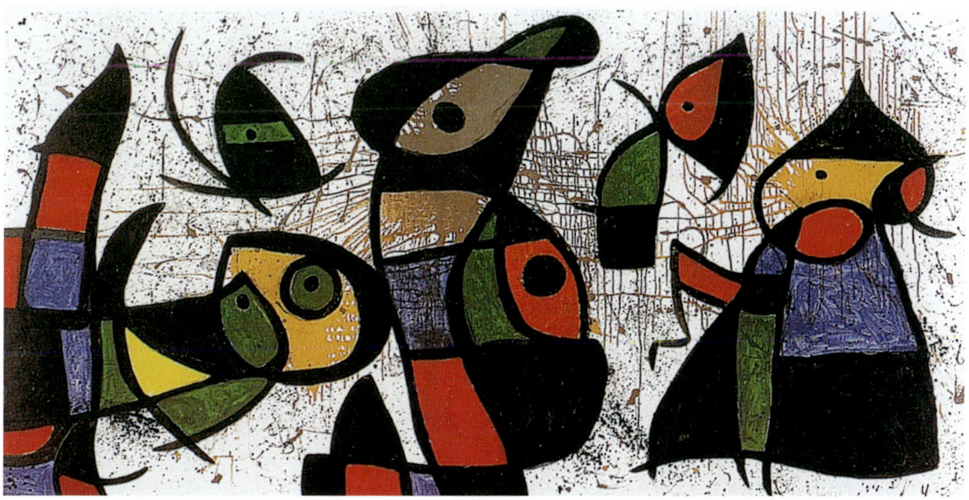

Joan Miró
Personnages oiseaux (Vogelfiguren), Entwurf, 1974–1976
Privatsammlung

Miró schuf dieses große Bild (162 x 316 cm) als Entwurf für eine riesige Mosaikdekoration (etwa 9 x 17 m) auf der Fassade des Edwin A. Ulrich Museums der Wichita State University. So wird die Verwendung von breiten schwarzen Rändern und großen Farbflächen verständlich. Wie es für das Spätwerk des katalanischen Künstlers charakteristisch ist, wirkt die Szene fröhlich und heiter, phantasievoll und lyrisch.

1933–1956

Kunst, Regime und Ideologie

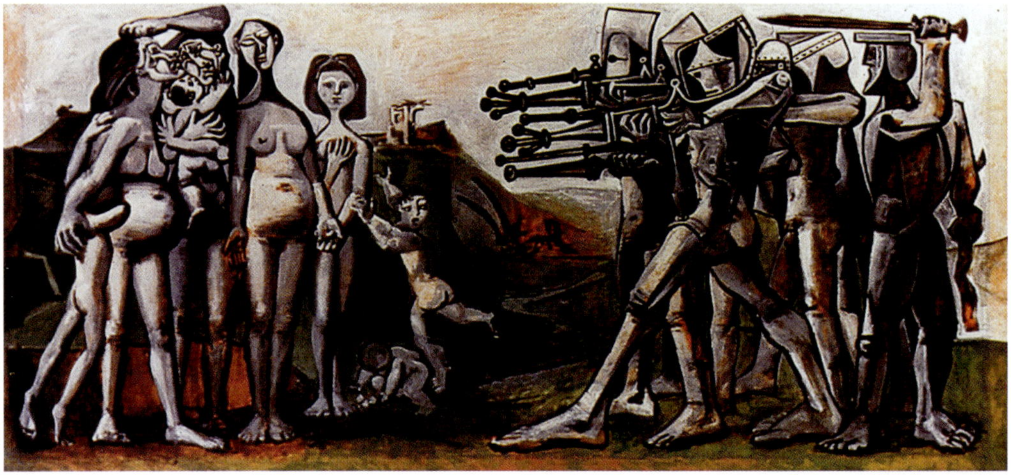

Pablo Picasso
Massaker in Korea, 1951
Paris, Musée National Picasso

Picasso selbst nimmt in seinen gesellschaftlich engagierten Bildern den Stil seines Werks *Guernica* wieder auf; dazu kommt als Zeichen für die Wiederkehr der brutalen Gewalt in der Geschichte der dramatische Bezug auf die Erschießungen, die Goya fast eineinhalb Jahrhunderte früher malte.

Zwischen Anklage und Propaganda

Die abstrakte Kunst eignet sich nicht für politische Diktaturen, weil sie Symbole meidet und keine Helden feiert. In den 30er Jahren setzen sich aber die offiziellen Staatskünste mit Comic und Film auseinander und passen ihre Sprache diesen Propagandamitteln an. Dass solche Vorbilder auch über Europa hinaus verbreitet sind, zeigt sich an den postrevolutionären Wandmalereien (spanisch *murales*) in den öffentlichen Gebäuden Mexikos. In Europa ist in den 30er Jahren eine parallele Entwicklung zu beobachten: Deutschland, Italien und Russland (die Avantgardebewegungen wie den Expressionismus, den Futurismus und den Suprematismus hervorgebracht haben) stehen für eine »offizielle« Kunst mit der realistischen und Gewalt verherrlichenden Darstellung von Situationen und Personen, wozu sich häufig eine lautstarke Propaganda gesellt. Freiere, Unruhe verheißende Ausdrucksweisen werden von der Zensur ausgesondert. Andererseits wird das Begehren, politische Botschaften zu übermitteln, vom internationalen Neokubismus geteilt; an dessen Beginn stehen Programmbilder wie Picassos *Guernica* (1937), das wegen seiner universal gültigen Bildsprache und Ausdruckskraft für die vom Kommunismus beeinflussten Kunstrichtungen zum Vorbild wird. Der »politische« Bezug auf Picasso führt dazu, dass sich während des Zweiten Weltkriegs eine ideologische Kluft zwischen dem sozialkommunistischen Realismus und den Bewegungen der abstrakten Kunst auftut; letztere gelten als »reaktionär«.

Fernand Léger
Les Constructeurs sur fond bleu, um 1951
Biot, Musée Fernand Léger

Von echtem gesellschaftspolitischem Engagement bewegt gibt Léger (1881–1955) vor allem in den großen Wandbildern die halb abstrakten Kompositionen seiner Jugend auf und kehrt zur menschlichen Figur zurück. In feierlichen postkubistischen Bildern, die auf den drei Primärfarben Blau, Gelb und Rot basieren, schildert er Handwerker, Konstrukteure und Arbeiter; die Personen werden durch breite, exakte Konturen definiert.

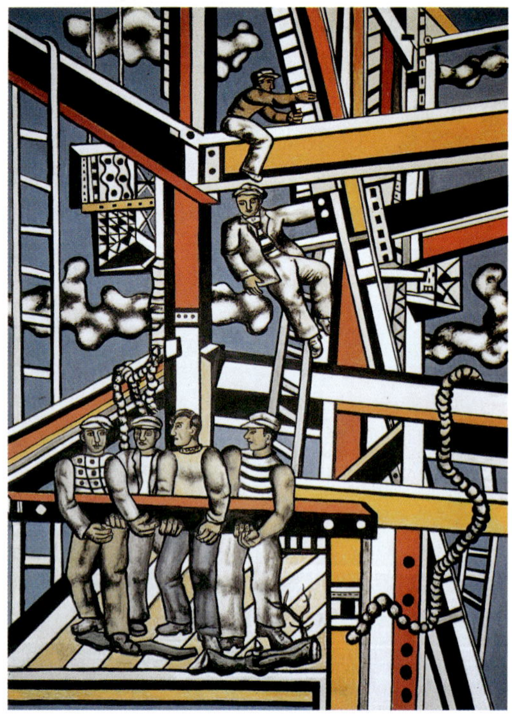

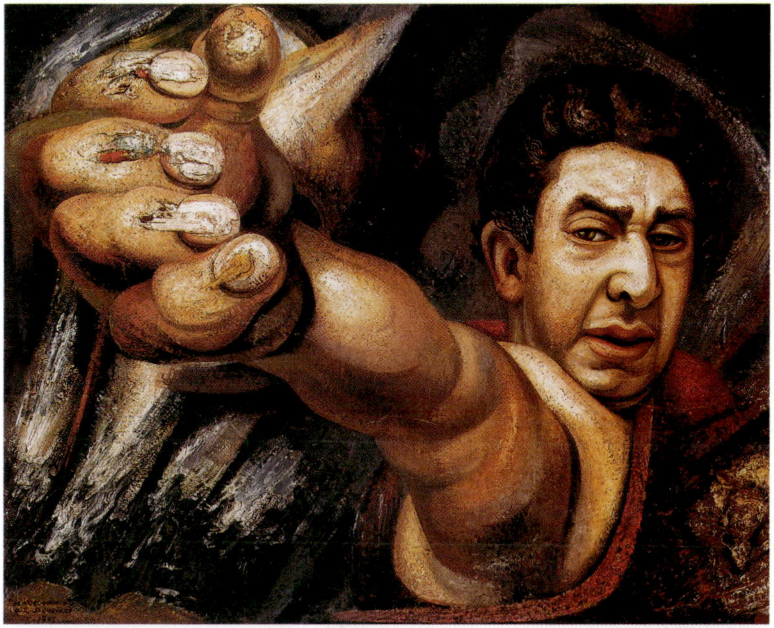

David Alfaro Siqueiros
El Coronelazo (Selbstbildnis), 1945
Mexico, Museo Nacional de Arte

Hauptthema der Arbeit von Siqueiros (1896–1974) ist die gesellschaftliche Rolle des Menschen, dessen Aufgabe es ist, für seine Freiheit zu kämpfen: Mitten in der mexikanischen Revolution stellt sich der Maler hier als Demiurg des Wiederaufbaus dar. Mit den Einflüssen der klassischen Tradition und der italienischen Renaissance, die er in Europa studiert hat, verbindet er in seiner Ausdrucksweise expressionistische und surrealistische Elemente; so entstehen dramatische und sehr massenwirksame Werke.

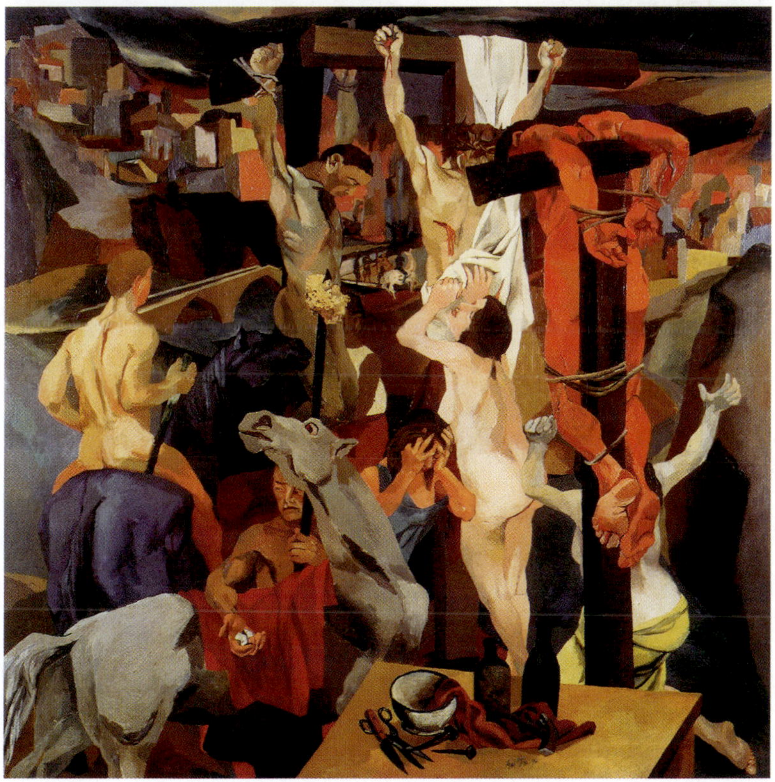

Renato Guttuso
Kreuzigung, 1940–1941
Rom, Galleria Nazionale d'Arte Moderna

Mit diesem Bild bezieht der Sizilianer Guttuso (1912–1987) entschieden Stellung gegen das faschistische Regime und setzt sich an die Spitze der Kunstbewegung des Widerstands, des »Fronte Nuovo delle Arti«. Der Bezug auf *Guernica* ist nicht zuletzt an dem Pferd in der Bildmitte zu erkennen.

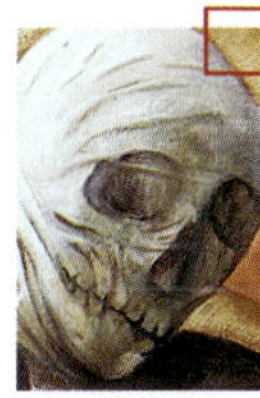

Diktatur und Satire

In einigen Werken von Grosz und Dix tauchen schon sehr früh scharfe Hitler-Karikaturen auf. So ist es nicht verwunderlich, dass die Kunst der Neuen Sachlichkeit ebenso wie die des ganzen Expressionismus vom Nazi-Regime als »entartet« betrachtet und geächtet wird: Hunderte von Bildern werden öffentlich verbrannt. Das große Gemälde von Otto Dix mit den Sieben Todsünden *(links ein Detail) ist glücklicherweise erhalten: Es entstand 1933, im Jahr von Hitlers Machtergreifung.*

Pablo Picasso

1937

Guernica

Dieses Bild, vielleicht das berühmteste Kunstwerk des Jahrhunderts überhaupt, ist der Mittelpunkt des Centro de Arte Reina Sofía in Madrid. Das großformatige Gemälde (3,45 x 7,70 m) nimmt ein schreckliches Ereignis der Militärgeschichte zum Ausgangspunkt: den Luftangriff auf die baskische Kleinstadt Guernica während des Spanischen Bürgerkriegs. Es zeugt von der beeindruckenden Kreativität Picassos. Begonnen wurde es am 1. Mai 1937 als Dekoration für den Pavillon der Republik Spanien bei der Pariser Weltausstellung; Picasso vollendete es am 4. Juni, wenige Wochen später. Eine Fotoserie von Dora Maar, seiner damaligen Lebensgefährtin, dokumentiert genau die kurze Planungs- und Ausarbeitungsphase. Picasso nimmt einige Elemente des synthetischen Kubismus wieder auf, passt sie jedoch der neuen historischen und künstlerischen Situation an und schafft daraus eine große Allegorie. Anders als der von den Diktaturen geforderte propagandistische Realismus bindet Picasso das Bild nicht an die genaue Schilderung des historischen Ereignisses, sondern macht es zu einer allgemeinen Anklage gegen Brutalität und Gewalt. Nach seiner eigenen politischen Haltung gefragt, antwortet er: »Ich stehe auf der Seite des Lebens gegen den Tod, auf der Seite des Friedens gegen den Krieg.«

Groß, feierlich und offenbar weniger in das Geschehen involviert als alle anderen Figuren, steht in der linken oberen Ecke ein Stier. Als mythisches Tier, das Picasso in den 30er Jahren wiederholt abbildet, symbolisiert der Stier möglicherweise die Kraft und den Adel des spanischen Volks; es ist verstört, aber nicht besiegt.

Im oberen Bildteil erscheinen nah beieinander zwei Lichtquellen: eine Laterne in der Hand der Frau, die sich aus dem Fenster beugt, und eine brennende elektrische Lampe. Gedeutet wurden sie als das Licht der Wahrheit, das die Grausamkeiten enthüllt.

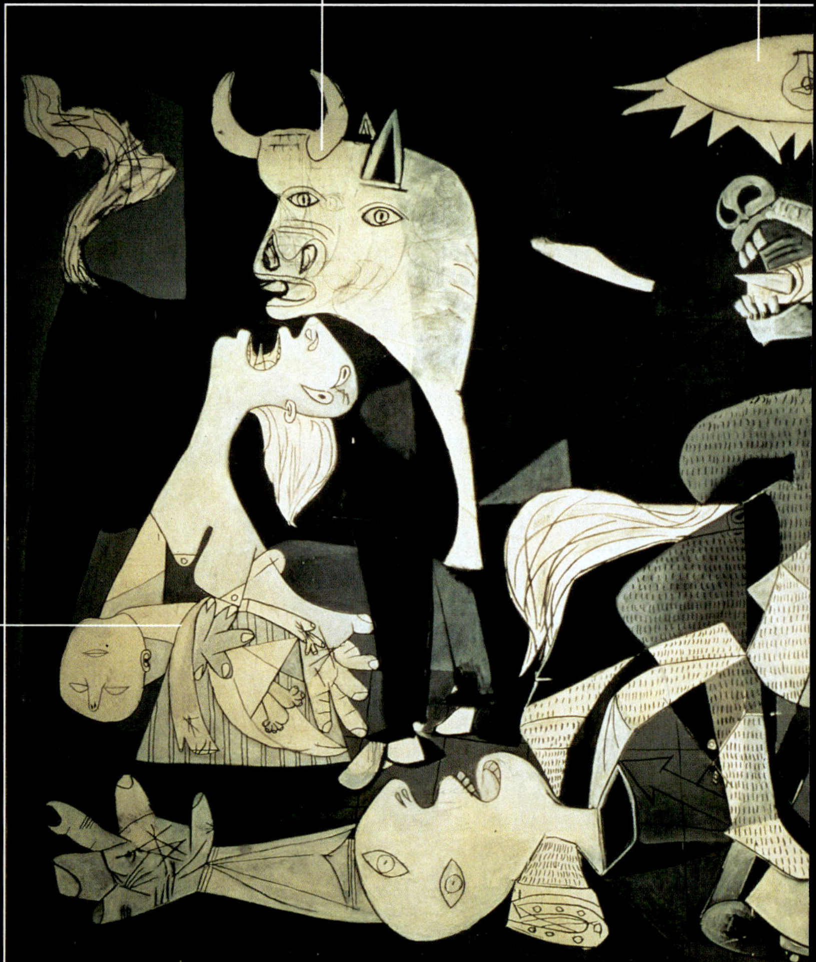

Die Darstellung der schreienden Mutter mit dem toten Sohn im Arm ist die moderne Übertragung eines klassischen Themas der Kunstgeschichte und ein Abbild schrecklichsten Schmerzes. Picasso lässt neben der deutlichen ikonographischen Anspielung auf den *Bethlehemitischen Kindermord* eine Art weltlicher *Pietà* entstehen.

Deutungen geliefert. Das große Pferd im Mittelpunkt der Szene erinnert an ein schreckliches Bild, das Picasso bereits vier Jahre vorher gemalt hatte: Im *Tod des Toreros* nimmt der Stier ein Pferd auf die Hörner. Mehr noch als die menschlichen Figuren ist dieses Pferd zum Symbol einer willkürlichen, unbegreiflichen Barbarei geworden.

und Schwarz und eine Palette von Grautönen. Er erzielt damit ein sehr streng und endgültig wirkendes Resultat. Möglicherweise ist hierin ein Einfluss von Film oder Fotografie zu sehen; beeindruckend sind beispielsweise die ebenfalls während des Spanischen Bürgerkriegs entstandenen Aufnahmen Robert Capas.

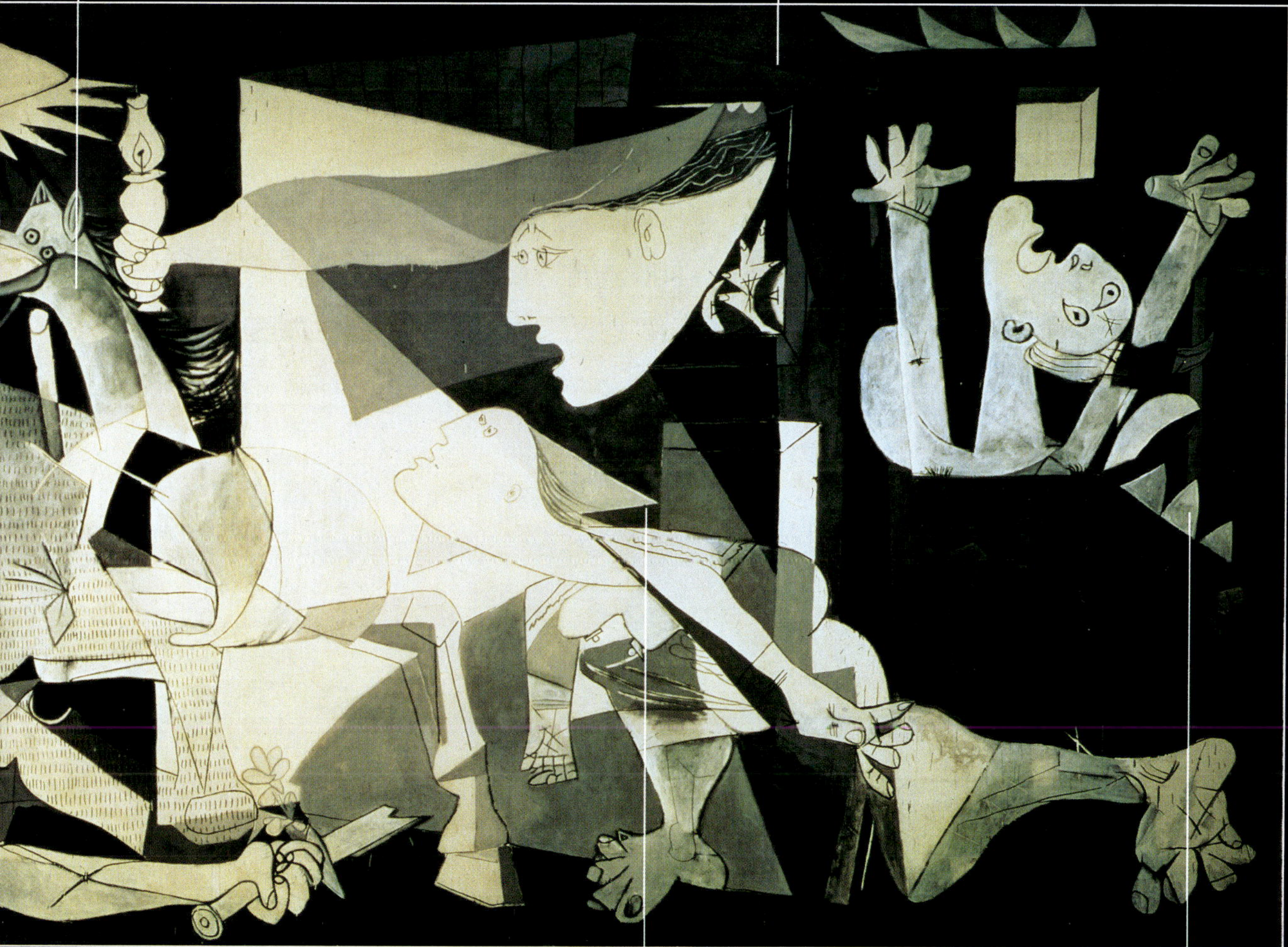

Der gefallene Krieger ballt die Faust um eine sehr ungewöhnliche Waffe: ein zerbrochenes Schwert. Hier spielt Picasso auf die antiken Helden Homers an und betont damit noch einmal, dass die Grausamkeit des Krieges dem Menschen durch die Jahrtausende folgt. Neben der Hand, die sich um den Schwertgriff schließt, scheint eine Blume zu wachsen: In einer ersten Fassung des sehr schnell gemalten Bilds war dieses Detail die Hand des Kriegers, wurde dann von Picasso aber in ein neues Symbol verwandelt.

Aus allen Figuren der *Guernica* entsteht eine eindrucksvolle »Totenklage«, die an die Trauerriten des Mittelmeerraums erinnert. Ganz rechts neben und über der Frau mit den erhobenen Armen erkennt man die Flammen der brennenden Häuser.

USA

1913–1940

Die Wirklichkeit Amerikas

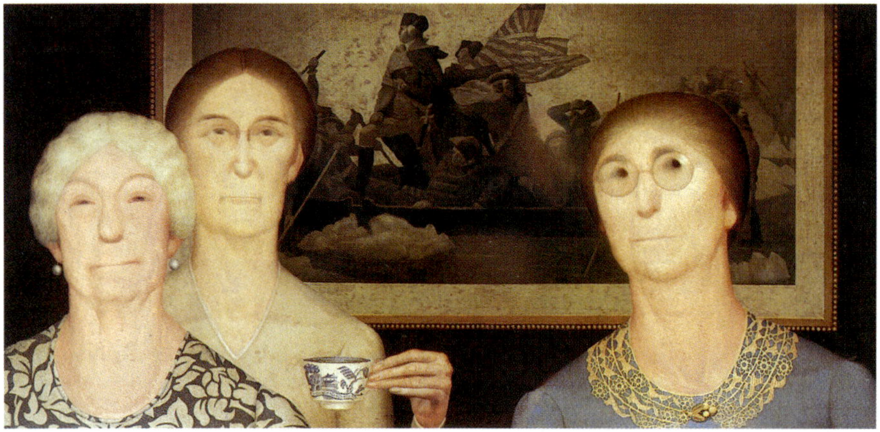

Grant Wood
Daughters of Revolution, 1932
Cincinnati, Cincinnati Art Museum

Mit belustigter Ironie postiert Wood die drei Frauen vor dem Gemälde Leutzes (siehe Seite 248).

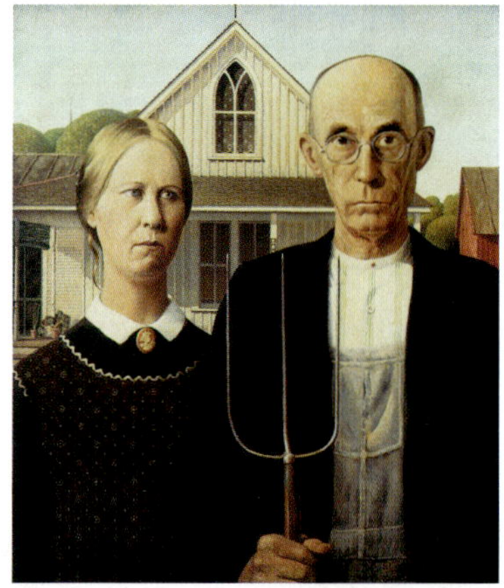

Grant Wood
Amerikanische Gotik, 1930
Chicago, The Art Institute of Chicago

Wood thematisiert das hinterwäldlerische, ländliche Amerika aus der Provinz.

Von der Armory Show zum New Deal
Der 17. Februar 1913 ist ein denkwürdiger Tag in der Geschichte der amerikanischen Malerei: In New York wird im Arsenal des 69. Infanterieregiments eine große Ausstellung zeitgenössischer europäischer und amerikanischer Kunst, aber auch der Malerei des 19. Jahrhunderts, mit etwa 1100 Werken eröffnet. Die Armory Show beweist, dass sich in der amerikanischen Kunstbewegung ein eigenständiges Bewusstsein gefestigt hat: New York wird nun endgültig als kultureller Mittelpunkt der Vereinigten Staaten und der internationalen Kunstzentren anerkannt. Zahlreiche Stile und Bewegungen entstehen: »The Eight«, »Urban Realism«, »Precisionism« versuchen die amerikanische Wirklichkeit zu dokumentieren und bestimmte Orte und Personen als »Ikonen« für das problematische Verhältnis zwischen Stadt und Land festzuhalten. Verstärkt findet sich eine Freude am Detail, an Großstadtansichten, Industriekomplexen, Maschinen und Technik. Die Wirtschafts- und Gesellschaftskrise von 1929 beschleunigt die Entwicklung. Jetzt braucht der Staat eine Kunst, die seine Wiederbelebungsbemühungen unterstützt; programmatisch werden Werke in Auftrag gegeben und Künstler für die Dekoration von Postämtern, Banken, Schulen, Bahnhöfen und staatlichen Gebäuden honoriert. In den Jahren des New Deal tritt die amerikanische Malerei in Kontakt mit der mexikanischen Monumentalmalerei des Muralismo. Mit den 30er Jahren wird der Dialog mit Europa wiedereröffnet, da viele Künstler als Flüchtlinge und Verfolgte in den Schmelztiegel New York kommen, wo sich einige europäische Maler bereits seit Jahren aufhalten: Grosz, Feininger, Duchamp, Ernst, Miró und Mondrian.

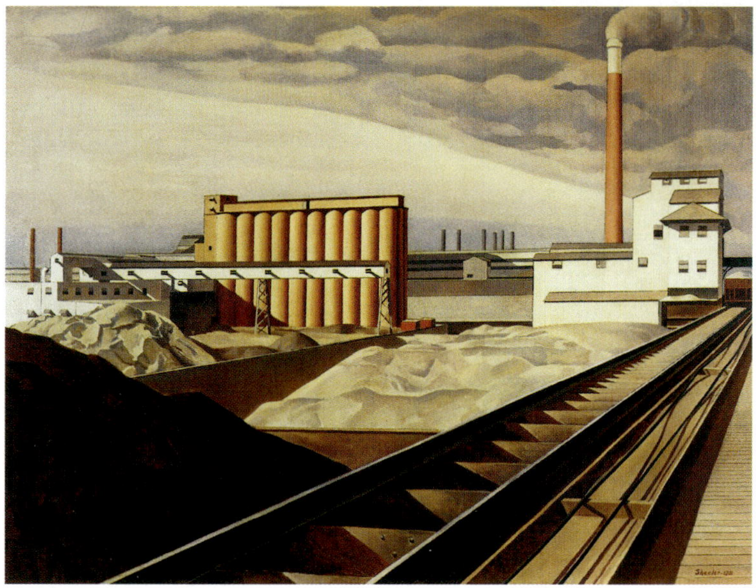

Charles Sheeler
Klassische Landschaft, 1931
Washington, National Gallery of Art

Das Selbstbewusstsein einer von den europäischen Vorbildern befreiten amerikanischen Kunst spiegelt sich auch in den Bildtiteln: Bewusst provokativ bezeichnet Sheeler ein Industriegebiet mit Schornsteinen und Eisenbahnschienen als klassische Landschaft. Die Traditionen des alten Kontinents sollen durch neue Ideale ersetzt werden, wobei die bildnerischen Mittel ähnlich bleiben: Komposition, Klarheit der Zeichnung, Gleichgewicht der Volumina und der Farben.

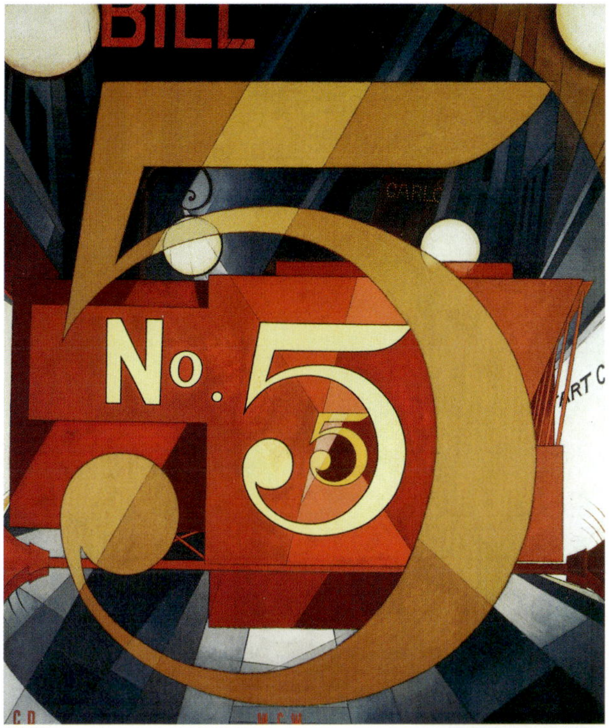

Charles Demuth
Ich sah die Zahl 5 in Gold
(I saw the Figure 5 in Gold),
1928
New York, The Metropolitan
Museum of Art

Dieses ungewöhnliche Gemälde, das vom Futurismus beeinflusst scheint, gehört zu einem Bilderzyklus, den Demuth als künstlerische Reverenz an Zeitgenossen malt. Es ist von einem Gedicht von William Carlos Williams inspiriert; ein rotes Feuerwehrauto mit einer auffälligen Fünf rast bei strömendem Regen mit Sirenengeheul durch die Stadt. Es ist ein Bild von zeichenhaftem Charakter entstanden: leuchtende Farben, Buchstaben, Zahlen und Worte in einer perfekten Komposition.

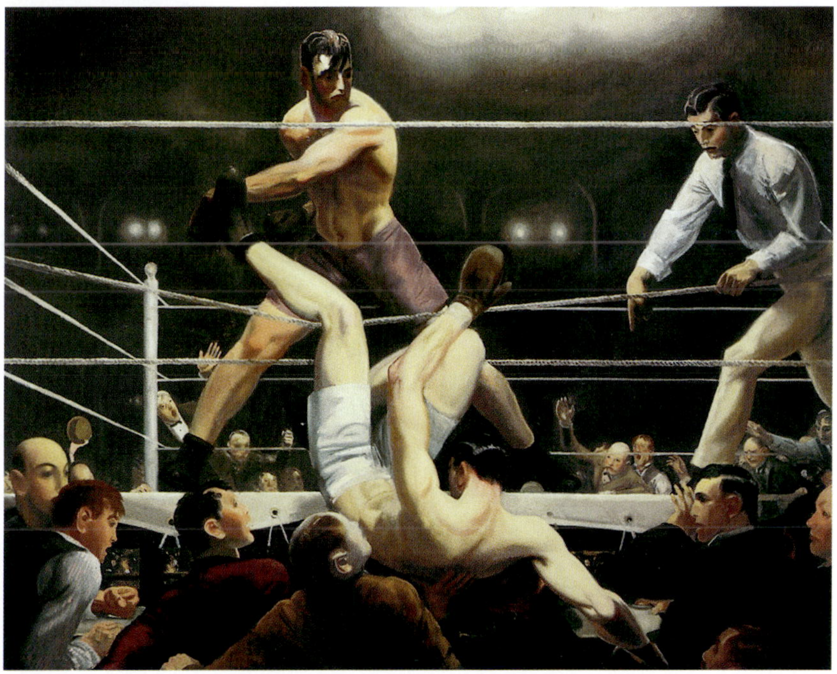

George Bellows
Dempsey and Firpo, 1924
New York, Whitney Museum
of American Art

Bellows greift hier auf eine Kunstrichtung zurück, die Anfang des 19. Jahrhunderts in den USA entstand: Er malt Sportereignisse, die er fast wie Episoden eines modernen Epos interpretiert. Boxkämpfe sind eines seiner Lieblingsthemen, auch wegen des Kontrasts zwischen Müdigkeit und Anspannung bei den Boxern und dem entfesselten Ausdruck der Zuschauer.

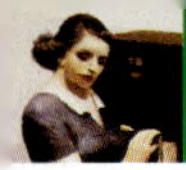

USA

1882–1967

Edward Hopper

Der Meister des amerikanischen Realismus
Hopper scheint in seinen Bildern die Ernüchterung, die Einsamkeit, die ungeheure Weite, die Stille und das Licht der Provinz aus dem amerikanischen Film vorwegzunehmen.
Nach seiner Ausbildung in New York verbringt Hopper die Jahre von 1905 bis 1910 in Europa und vervollständigt dabei seine künstlerischen Fertigkeiten, schließt sich jedoch nicht den Avantgardebewegungen an. Im Gegenteil: Zurück in New York widmet er sich mit Geduld der Radierung und beginnt erst zwischen 1924 und 1927, Aquarelle und Ölbilder zu malen. Damit hat er sofort Erfolg: Hopper wird zum bedeutendsten Interpreten Amerikas zwischen Großer Depression und New Deal. Die einfachen Büros und Hotelzimmer, die nächtliche Unwirtlichkeit der Großstädte sind geprägt von einem besonderen Gespür für die Wirkung des Lichts und die Geometrie der Szenen, deren Leere um und zwischen den Figuren genau kalkuliert ist. Mit jedem dieser Elemente vermittelt sich ein tiefes, poetisches Gefühl.

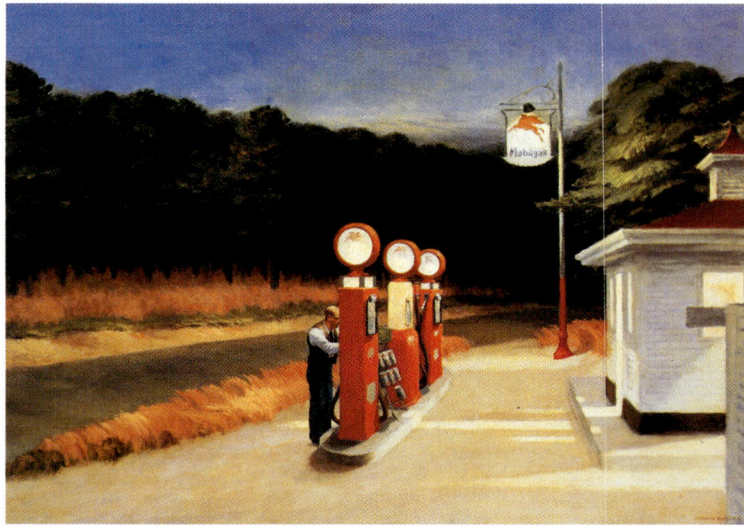

Edward Hopper
Gas, 1940
New York, The Museum of Modern Art

In seinen Landschaftsbildern drückt Hopper ein Gefühl der Einsamkeit und Isoliertheit aus. Zum großen Teil handelt es sich um neutrale Ansichten, die keinem genauen geografischen Ort entsprechen.

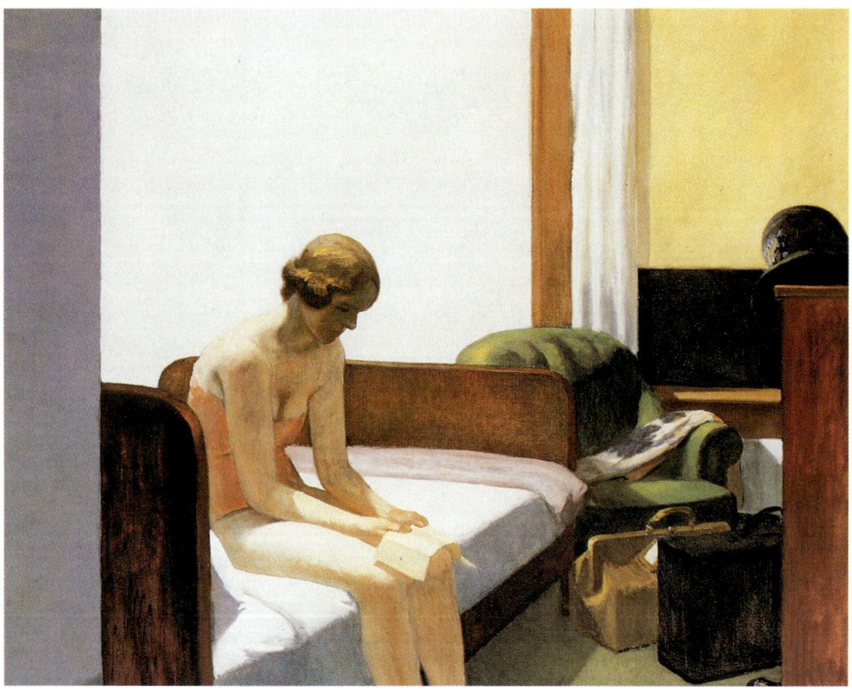

Edward Hopper
Hotelzimmer, 1931
Madrid, Museo Thyssen-Bornemisza

Hopper fühlt sich angezogen von Hotelzimmern, in denen die Gesichter, Personen und Gefühle täglich wechseln. Deutlich ist der Kontrast zwischen der funktionalen, eintönigen, vereinfachten, gänzlich unpersönlichen Einrichtung und der Frau, die den Raum vorübergehend belebt. Hopper stellt der »namenlosen« Umgebung die noch geschlossenen Koffer gegenüber, an denen das Namensschild der Besitzerin hängt.

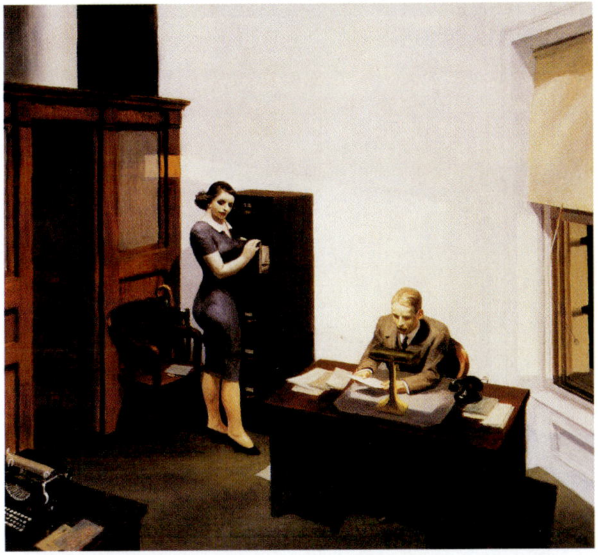

Edward Hopper
Büro bei Nacht, 1940
Minneapolis, Walker Art Center

Edward Hopper
Der Leuchtturm in Two Lights, 1929
New York, The Metropolitan Museum of Art

Hier erkennt man einige Einflüsse der europäischen Malerei (der stillen, reglosen Pittura metafisica, des deutschen Realismus), auf denen Hoppers eigene Interpretation der Welt beruht.

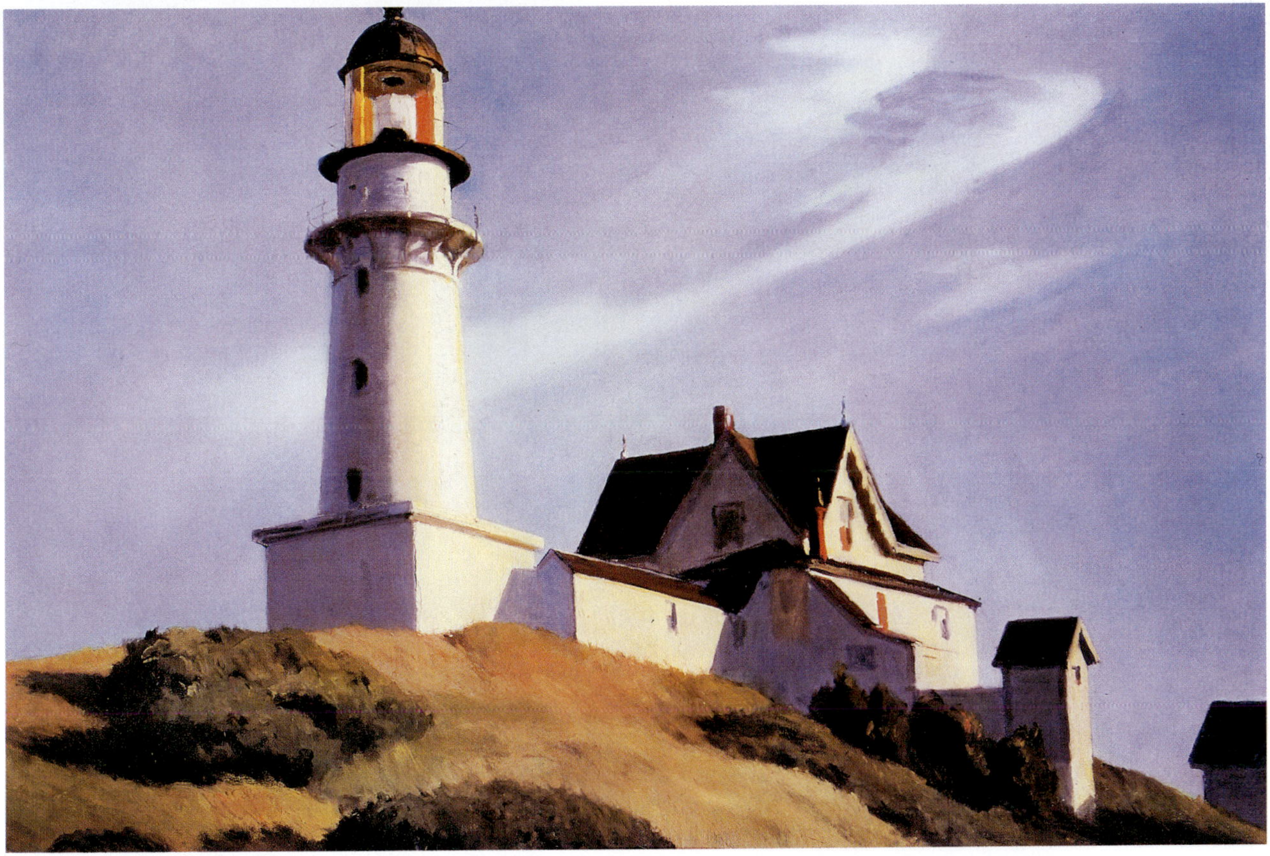

Edward Hopper
1942
Nachtschwärmer

Der Titel *Nighthawks* – der »Nachtschwärmer« oder »Nachtfalken« heißt – scheint dem Gemälde eine besondere Bedeutung zu verleihen; es ist möglicherweise das berühmteste unter den Bildern, die Hopper der Einsamkeit der Großstädte gewidmet hat, und wird im Art Institute von Chicago aufbewahrt. Der Maler selbst schreibt über die Entstehung des Werks: »Es kam mir beim Anblick eines Restaurants in der Greenwich Avenue in den Sinn, an einer Straßenecke. Ich habe die Szene stark vereinfacht und das Lokal vergrößert. Möglicherweise hat mein Unterbewusstsein darin die Einsamkeit einer großen Stadt gesehen.«
Bei der Lichtgebung und dem raffiniert gewählten Bildausschnitt lässt Hopper sich offenbar vom Film inspirieren; die Situation erinnert an Hemingways Geschichten, doch erzählt der Maler kein Ereignis und keinen tieferen Sinn, sondern fixiert eine einzelne Szene wie einen Schnappschuss und überlässt es dem Betrachter, die Geschichte fortzudenken.

Zwischen den dunklen Schaufenstern und erloschenen Lichtern eines ganz neutral erscheinenden Geschäfts (unmöglich festzustellen, was hier verkauft wird) erkennt man eine Registrierkasse: ein wortloser, aber deutlicher Hinweis auf die wachsende Macht des Geldes und gleichzeitig seine Unverzichtbarkeit.

Die dunklen Fenster kontrastieren mit dem grellen künstlichen Licht des Lokals und verstärken so das Gefühl von Distanz und Isolation. Hopper greift hier auf Motive der Pittura metafisica zurück.

Ein wenig auffälliges Detail sind die runden Hocker in dem Lokal, die auf andere nächtliche Abenteurer, andere Geschichten und andere Geheimnisse warten – oder auch nicht. Dies ist vielleicht der bitterste Aspekt von Hoppers Großstadtszenen: die Zufälligkeit der Begegnungen, die Flüchtigkeit der Kontakte, die Bedeutungslosigkeit der Geschichte des Einzelnen in einem anonymen, austauschbaren, seelenlosen Umfeld.

Durch den breiten, verlassenen Gehsteig verlagert sich der Schwerpunkt der Komposition: Alle Personen sind nach rechts verschoben, in den ungemütlichen

Die geheimnisvolle, von hinten gezeigte Person mit dem Hut auf dem Kopf scheint gedankenvoll das Glas in der Hand zu wiegen: Sie wirkt wie einer jener typischen »Fremden« aus den Filmen Hollywoods.

Das Nachtschwärmer-Paar hinter dem Tresen erinnert ebenfalls unwillkürlich an den amerikanischen Film dieser Zeit: Die Frau betrachtet ihre lackierten Nägel, der Mann hält eine Zigarette zwischen den Fingern und blickt in Richtung des Mannes hinter der Bar. Die Hände der beiden liegen eng nebeneinander, unklar bleibt, ob die Berührung gewollt oder ganz zufällig ist.

Der Barkeeper zeigt als einzige Person ein Minimum an Bewegung, jedoch entspringt dies allem Anschein nach einer eher professionellen Freundlichkeit als einem wirklichen Bedürfnis nach menschlichem Kontakt.

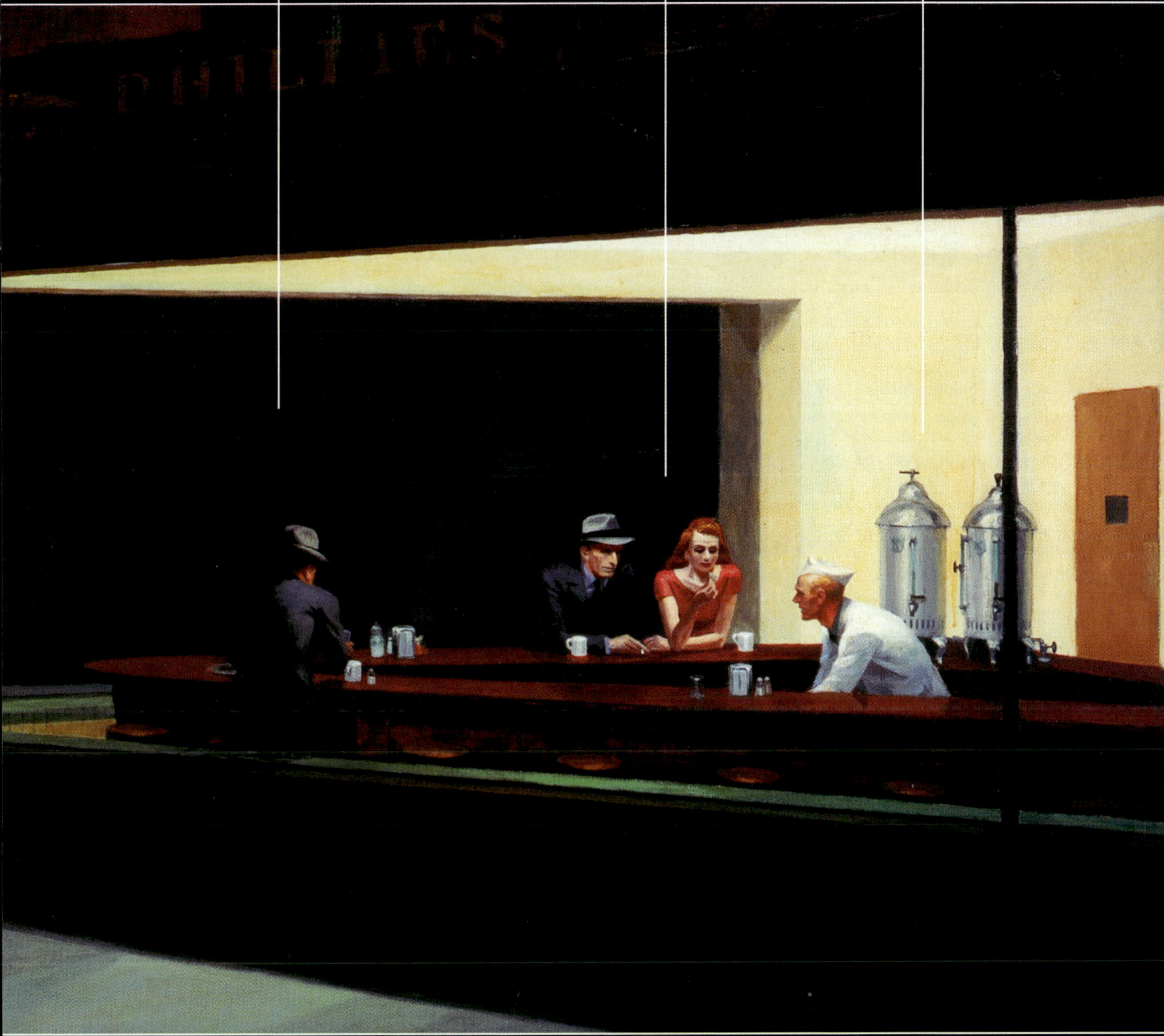

New York

1912–1956

Jackson Pollock

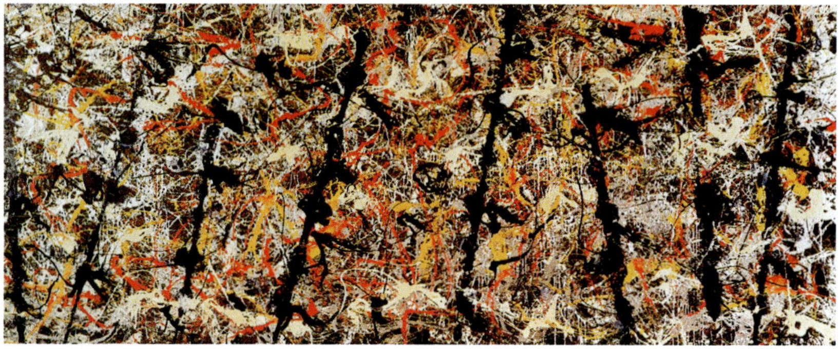

Jackson Pollock
Blue Poles: Number II, 1952
Canberra, National Gallery of Australia

Gegliedert wird diese Komposition von den schrägen »Pfählen«, die die Bildfläche unterteilen und einen Rhythmus festlegen, der auch den scheinbar absichtslosen und improvisierenden Gestus dieser Malerei bestimmt.

Mit der ganzen Energie der Neuen Welt
Gewöhnlich schreitet die Kunstgeschichte ganz allmählich voran; doch geschieht es auch, dass die Kreativität einzelner Meister »aus dem Rhythmus fällt« und zu unerwarteten Entwicklungen führt. Einer dieser »revolutionären« Maler ist zweifellos der in einem kleinen Ort in Wyoming geborene Pollock. In seinen oft großformatigen Bildern erkennt man stellenweise von anderen Meistern des 20. Jahrhunderts übernommene Elemente, jedoch besteht kein Zweifel, dass Pollocks Auftritt in der internationalen Kunstszene zu einem endgültigen Bruch mit einer historischen Tradition geführt hat. Besonderen Wert legt Pollock auf Zufälligkeit: Mit dem Verfahren des Drip Painting lässt er ganze Farbdosen auf die am Boden liegende, nicht mehr auf der Staffelei stehende Leinwand fließen oder tröpfeln. Pollocks Leben hat romanhafte Züge, etwa seine bei den Navajo-Indianern verbrachte Kindheit (das rituelle Zeichnen in den Sand prägt sich ihm dauerhaft ein). Als er 1929, im Jahr der Wirtschaftskrise, nach New York kommt, tritt er in Kontakt zur europäischen Kunst: Er bewundert vor allem Mirós Ausdrucksfreiheit und wendet sich der abstrakten Kunst zu. Seine direkte Kenntnis der Stammeskunst führt ihn dazu, dem Malakt selbst eine Symbolbedeutung zu verleihen. Seine Arbeitsweise, die eine stark körperliche und gestische Komponente besitzt, nennt man Action Painting; die Malerei entsteht aus einer fast »automatischen« Bewegung des Künstlers über der am Boden liegenden Leinwand und wird so zu einer Choreografie. Als ein Begründer des Informel nimmt Pollock bereits das Konzept der Performance vorweg. Wie später für andere Maler der New York School gehört für ihn die körperliche Bewegung des Künstlers beim Auftragen der Farbe zum Malakt: Gestus und Handlung werden zu entscheidenden Elementen des Kunstschaffens.

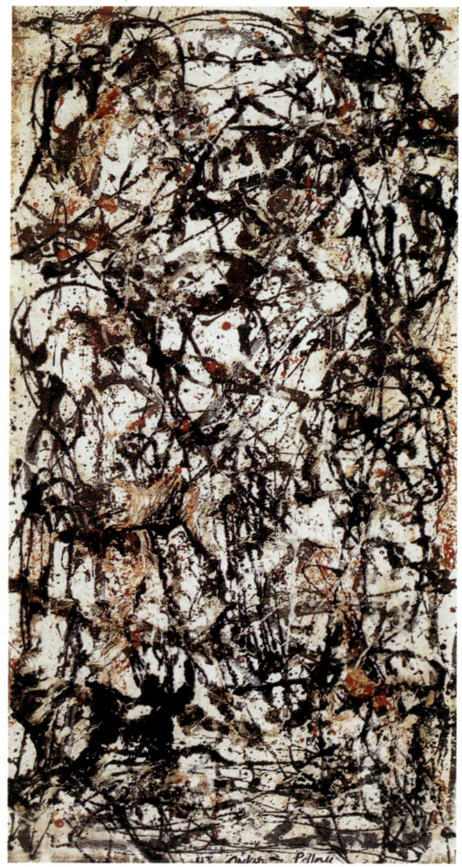

Jackson Pollock
Enchanted Forest, 1947
Venedig, Collezione Peggy Guggenheim

Pollocks Gemälde in der venezianischen Repräsentanz der Guggenheim-Sammlung, die sich im Palazzo Venier dei Leoni am Canale Grande befindet, wurden direkt von der großen Sammlerin Peggy Guggenheim in Auftrag gegeben, der Entdeckerin und Förderin von Pollocks herausragendem Talent.

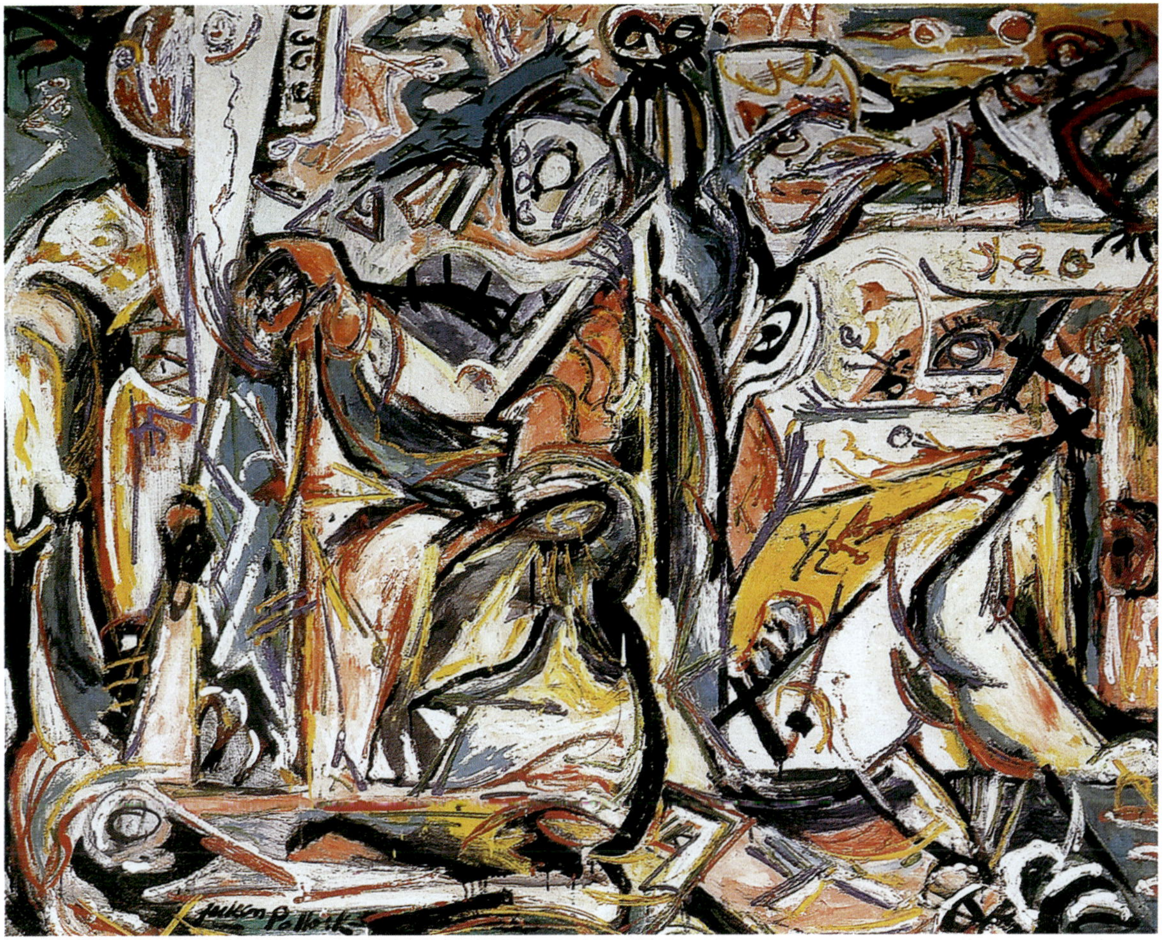

Jackson Pollock
Circumcision (Beschneidung), 1946
Venedig, Collezione Peggy Guggenheim

Vor allem durch seine Gemälde mit eher expressiver Wirkung macht Pollocks Beispiel Schule: Andere Maler des Informel lassen sich vom Konzept des Action Painting inspirieren, etwa Willem de Kooning, Sam Francis und Franz Kline.

1948–1962

Das Informel

Zeichen, Gestus und Material

Der Begriff »Informel« umfasst eine Reihe von Stilrichtungen in Europa und den Vereinigten Staaten zwischen dem Zweiten Weltkrieg und den 60er Jahren. Sie entstehen in einem irrationalen Klima, das sich in der Malerei als Tendenz zur »offenen« Form ausdrückt, bis hin zu gewaltsamen Handlungen gegen die Bildfläche (Zerschneiden, Zerreißen, Verbrennen). Die traditionellen Ausdrucksmittel verlieren ihre Bedeutung und der Künstler erprobt neue Möglichkeiten und Materialien. Das Informel entwickelt sich parallel in Europa und in den Vereinigten Staaten, jedoch mit bedeutenden Unterschieden. In der New York School herrscht mit Künstlern wie Jackson Pollock, Willem de Kooning, Sam Francis und Franz Kline die gestische Aktionsmalerei vor (Action Painting), während Rothko und Albers Forschungen über die Farbe anstellen. Das europäische Informel ist weniger revolutionär und radikal geprägt und kann mit Bewegungen aus den vorhergehenden Jahrzehnten in Verbindung gebracht werden, etwa mit dem surrealistischen Automatismus, bei dem das gegenständliche Element zugunsten einer Betonung von Farbe und Gestus wegfällt, oder mit der Farbenkraft des Expressionismus. Einen bedeutenden Platz nimmt die Beschäftigung mit formelhaft-figurativen Zeichen (Tàpies, Fautrier, Dubuffet) und mit dem Material (Klein, Burri) ein.

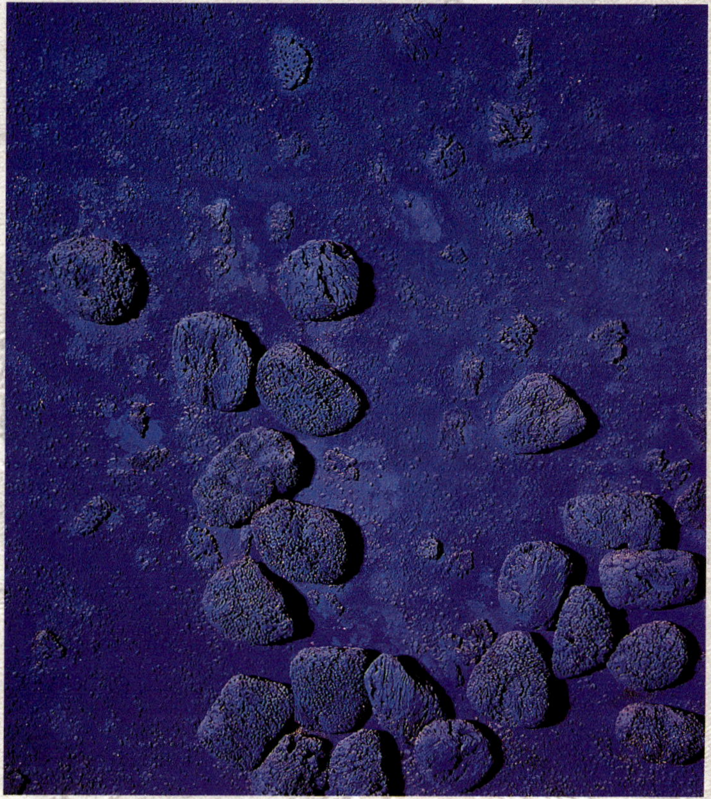

Yves Klein
Blaues Schwammrelief (RE 19), 1958
Köln, Museum Ludwig

Als Maler, Bildhauer, Musiker und Theoretiker verwendet Yves Klein (1928–1962) ab 1955 seine unverwechselbaren, gleichmäßig mit blauer Farbe getränkten Schwämme und formt daraus Gebilde, die er selbst als »Freiheitslandschaften« bezeichnet.

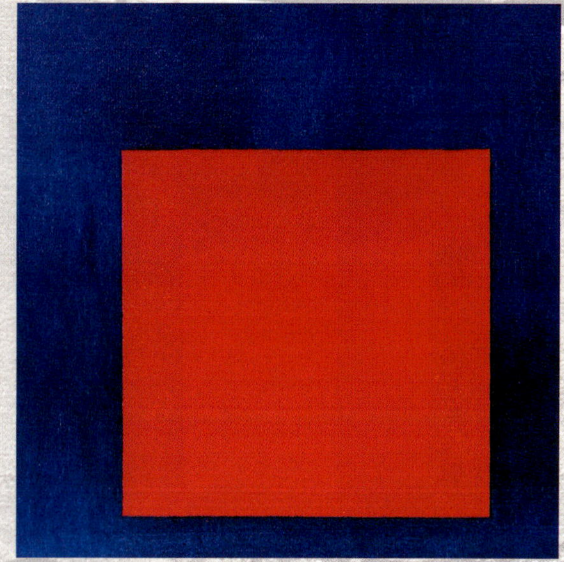

Josef Albers
Homage to the Square, 1958
New York, Sidney Janis Gallery

Als deutschstämmiger Maler bildet sich Albers (1888–1976) am Bauhaus aus und geht 1932 nach Amerika; er untersucht künstlerisch wie theoretisch in seiner Schrift *Interaction of Color* (1963) die Farben, ihre Wahrnehmung und wechselseitige Wirkung, und demonstriert ihre Subtilität und Wandlungsfähigkeit in seinen Serien.

Mark Rothko
Number 19, 1960
Privatsammlung

Rothko (1903–1970), ein Künstler lettischer Abstammung (ursprünglich Rothkowitz), der zehnjährig in die USA kam, bedeckt große Leinwände mit kompakten Farbfeldern, die streng geometrisch angeordnet, jedoch von besonderer Ausdruckskraft sind: Die von ihm initiierte Kunstströmung, das so genannte Colour Field Painting, steht in diametralem Gegensatz zu Pollocks Action Painting.

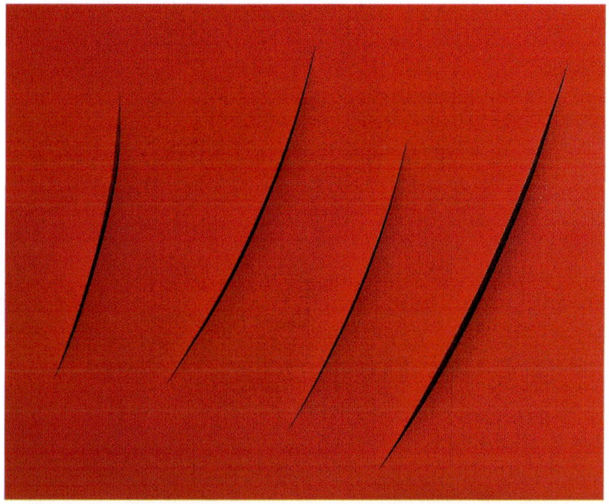

Lucio Fontana
Concetto spaziale. Attese, 1962
Privatsammlung

Die Messerschnitte Fontanas (1899–1968) in der einfarbigen Leinwand sind eine der auffallendsten und gewaltsamsten »Gesten« des europäischen Informel.

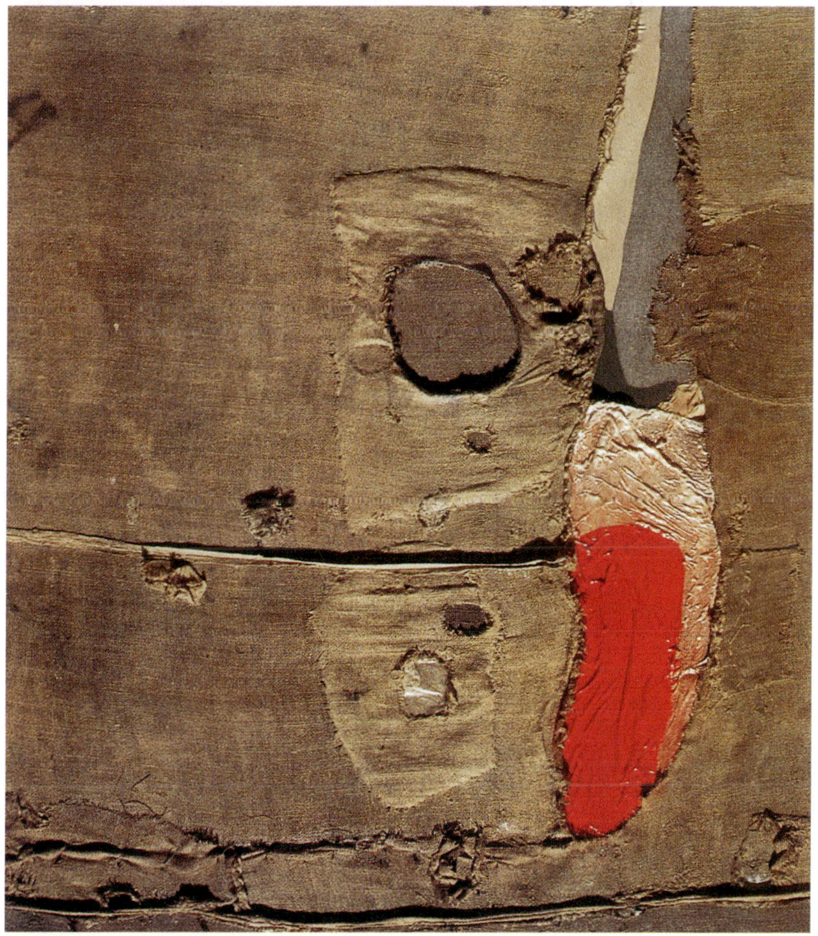

Alberto Burri
Sacco 5 P, 1953
Città di Castello (Perugia), Fondazione Palazzo Albizzini

Burri (1915–1995) benützt gestopfte, löchrige alte Jutesäcke, die er mit Brandflecken, Nähten und Farben versieht (ein Detail auch im Hintergrund der vorigen Seite).

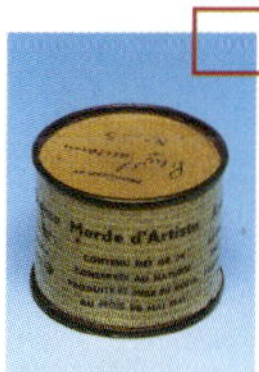

Manzoni und die »Künstlerscheiße«

Als provozierender, sich amüsiert und ironisch gebender Künstler verkörpert Piero Manzoni einen Moment krasser Selbstreflexion in der Kunst. Schon sehr jung kommt er zu Ruhm (er stirbt 1963 mit nur 29 Jahren). Mit scharfer Kritik an der Unverbindlichkeit der Kunstkritik und der Kunst der 50er Jahre, untergründig aber mit tiefer Melancholie beweist Manzoni, dass alles, was der Künstler produziert, als »Kunst« bezeichnet und auf den Markt gebracht werden kann, wo sein Wert ins Unermessliche steigt. So bringt er bei einigen Performances seine Unterschrift auf dem Arm der Besucher an, kennzeichnet Eier mit seinem Fingerabdruck, füllt seinen »Künstleratem« in Luftballons ab und geht schließlich so weit, kleine Dosen mit »Künstlerscheiße« zu füllen, die – mit einem Echtheitszertifikat versehen – teuer wie Gold verkauft werden sollten.

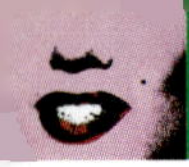

USA

1956–1968

Die Pop Art

Gegen die langweilige Banalität des Alltags

Der Begriff Pop Art ist die Abkürzung für englisch *popular art*, das hier im Sinne von weit verbreiteter Kunst zu verstehen ist. Die Pop Art verbreitet sich zu Beginn der 60er Jahre und ist von der Welt der Massenmedien inspiriert. Die Werbesprache bleibt nicht mehr auf Fernsehen, Plakate und Comics beschränkt, sondern bekommt einen eigenen inneren Ausdruckswert. Gebrauchsgegenstände des Alltags wie Colabüchsen, Suppendosen oder Bilder berühmter Persönlichkeiten, die zum Mythos geworden sind, werden in Serien produziert und Teil einer neuen Kunstsprache, die nicht ohne leichte Ironie die entpersönlichte Welt der zeitgenössischen Gesellschaft abbildet, welche von Waren und Dingen beherrscht wird. Emotionslos, kühl und beinahe obsessiv heben die Künstler Aspekte des täglichen Lebens hervor: Die Bilder selbst verlieren ihre Bedeutung und stehen nur noch für die Welt des Konsums, die den Menschen umgibt.

Die Pop Art entsteht in England mit Künstlern wie Richard Hamilton (1922) und Allen Jones (1937), wird jedoch vor allem in den Vereinigten Staaten durch Andy Warhol (1928–1987), Roy Lichtenstein (1923–1997) und Claes Oldenburg (1929) weiterentwickelt. Als radikalster und exzentrischster Künstler der Gruppe manipuliert und deformiert Warhol die von den Massenmedien gezeigten Bilder, bringt sie auf farbige Untergründe auf, um sie »abzukühlen«, und entleert sie jeder emotionalen Bedeutung. Lichtenstein überträgt die Technik des Comics auf die Leinwand; seine Bilder sind gemalt, aber in einer Weise, dass sie wie stark vergrößerte Fotografien wirken. Oldenburg wiederum stellt gängige Gegenstände aus unüblichen Materialien her und erzeugt so einen ironischen Hintersinn. Die Pop Art kündigt die kulturelle Wende von 1968 an, wird dann aber von der Entwicklung überholt.

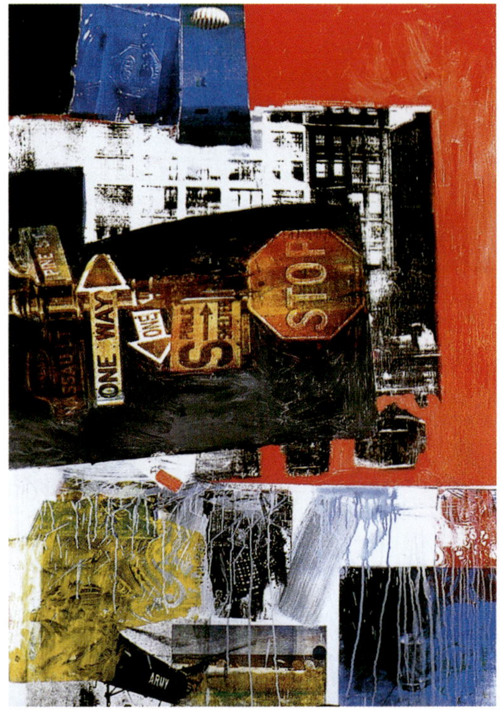

Robert Rauschenberg
Spot (Fleck), 1963
Stuttgart, Staatsgalerie Stuttgart

Rauschenberg gehört nur teilweise zur Pop Art (vor allem durch die Verwendung banaler Bildausschnitte, die aus dem Kontext gerissen und auf ungewöhnliche Weise auf die Leinwand aufgebracht werden); er nimmt verschiedene Tendenzen der amerikanischen Kunst der zweiten Jahrhunderthälfte auf und führt sie eigenständig fort. Geboren wird er 1925 in Texas; in den 50er Jahren entwickelt er die Combine Paintings, eine freie Verbindung aus abstraktem Expressionismus, Drip Painting und der Collage verschiedenartiger Gegenstände und Materialien.

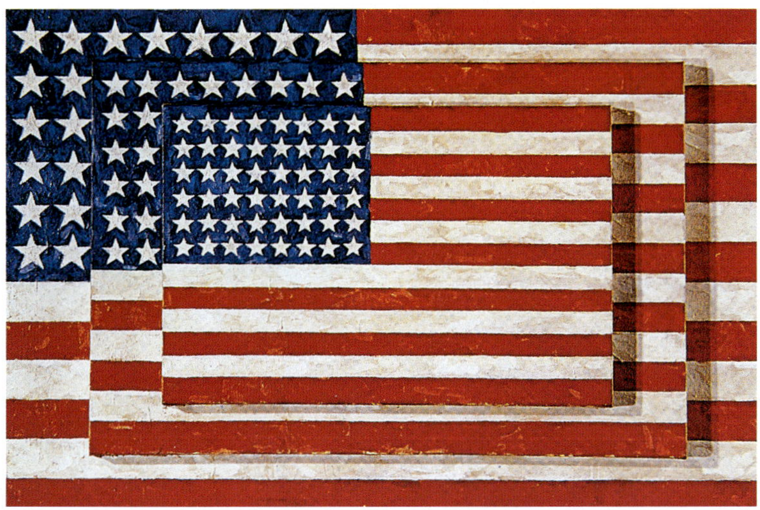

Jasper Johns
Drei Flaggen (Three Flags), 1958
New York, Whitney Museum of American Art

Der 1930 geborene Johns begründet zusammen mit Rauschenberg die Bewegung des Neo-Dada (1954), die als direkter Vorläufer der Pop Art gilt. Die Fahne und das amerikanische Territorium sind beständig wiederkehrende Themen in seinem Werk.

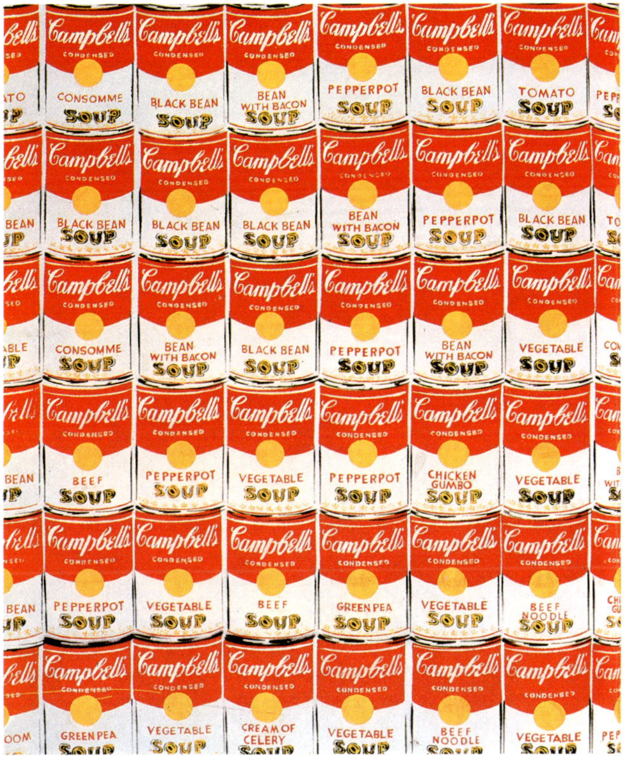

Andy Warhol
200 Campbell's Suppendosen, Detail, 1962
Colorado, The John and Kikimo Powers Collection

1962 fand in der Ferus Gallery in Los Angeles Warhols erste Einzelausstellung statt. Damals gab es Campbell's beliebte Dosensuppe in den bestausgestatteten Supermärkten in dreißig verschiedenen Sorten. Ausgehend von dieser Zahl malt Warhol eine Suppendose in vielfacher Ausführung als Symbol für das ständige Wiederauftauchen dieses Produkts und seine Zur-Schau-Stellung in der Konsumgesellschaft. Warhol war sich seiner Vorgehensweise allerdings nicht nur bewusst, er macht auch sein eigenes Werk zum Serienprodukt: 1965 malt er eine Reihe von Bildern, in denen das Thema Suppendose wieder aufgenommen und in verschiedenen Farben variiert wird.

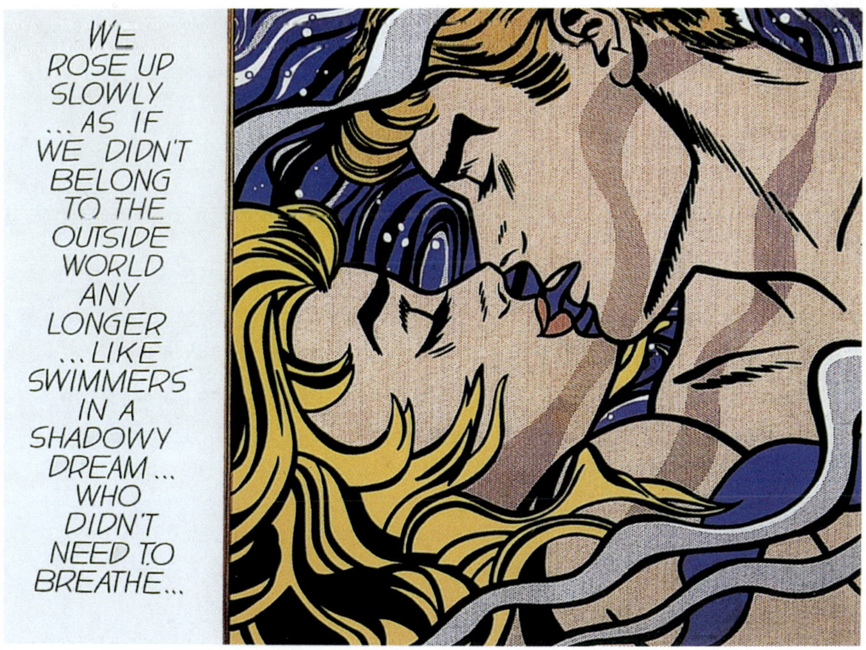

Roy Lichtenstein
We Rose Up Slowly, 1964
Frankfurt am Main, Museum für Moderne Kunst

Der Vergleich zwischen diesem Werk und Warhols *Campbell's Suppendosen* zeigt die technische und expressive Vielseitigkeit der Pop-Art-Künstler: Durch die Vervielfältigung des Gegenstandes erreicht Warhol den Bedeutungsverlust des Motivs; Lichtenstein erzielt das gleiche Ergebnis mit einer Vergrößerung von Comicbildern als ironischem Kommentar zum Leben der Zeit. Seine Werke sind keine echten fotografischen Vergrößerungen von Comics, sondern die Farben werden durch ein Gitter aufgetragen, wodurch Rasterpunkte entstehen und das Bild wie eine gedruckte Reproduktion wirkt.

Kurz nach dem Selbstmord des Hollywoodstars im August 1962 begann Warhol mit seiner Marilyn-Serie; sie gehört zu den Kultbildern der letzten Jahrzehnte. Für Warhol ist Marilyn Monroe das perfekte Symbol für die stereotype Verehrung eines Stars und gleichzeitig für die tragische Zerrüttung einer berühmten Persönlichkeit: Als angebetete Schauspielerin und verängstigte Frau wird Marilyn von dem Künstler mit einem standardisierten, gewollt plakat- oder filmhaften Ausdruck festgehalten; die menschliche Dimension verschwindet unter der schematischen Vereinfachung, wie es die Werbung erfordert, für die Marilyn immer verführerisch und strahlend wirken »muss«.

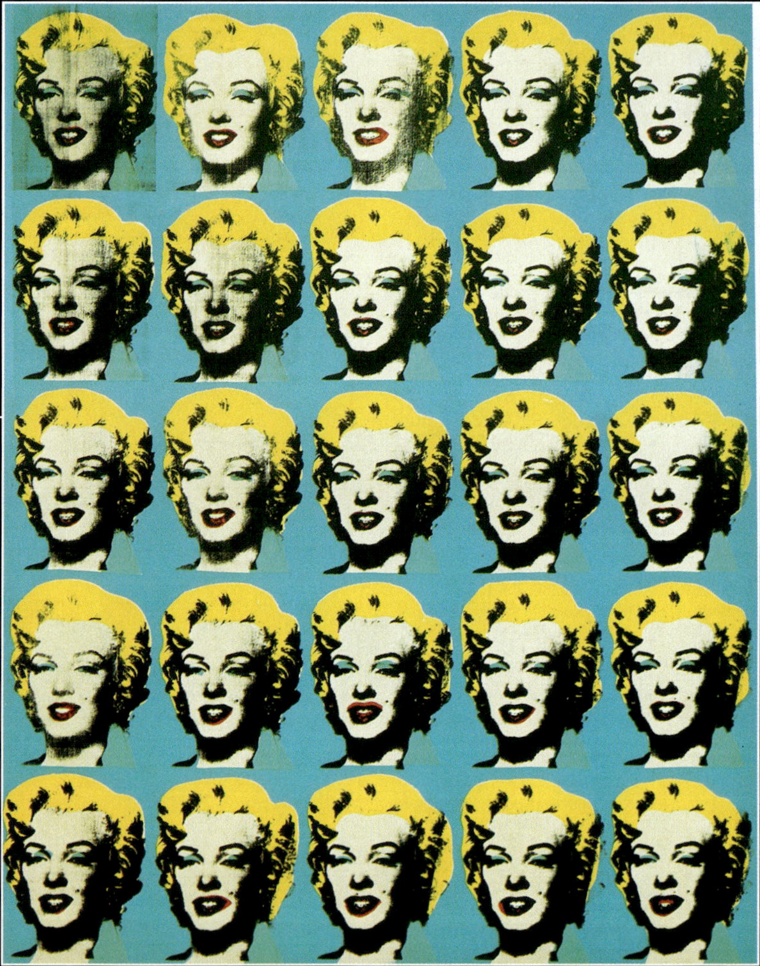

Dieses Bild mit *Fünfundzwanzig bunten Marilyns* im Modern Art Museum of Fort Worth in Texas ist eines der ersten Gemälde, die Warhol der Monroe widmet. Die obsessive Vervielfachung eines Gegenstands (die Coca-Cola-Büchsen, die Suppendosen oder die Wiederholung der Mona Lisa mit dem spöttischen Titel *Dreißig sind besser als eine*) ist ein typisches Ausdrucksmittel von Warhols Kunst. Der Effekt ist ähnlich wie bei der mechanischen Wiederholung eines immer gleichen Worts: Nach und nach geht der Inhalt verloren und es bleibt nur die leere Hülle. Indem Warhol ein Werbefoto der Schauspielerin auf die Leinwand überträgt, vergrößert und durch

Auch in den folgenden Jahren arbeitet Warhol mit dem Bild der Marilyn Monroe, wie dieses Werk von 1967 zeigt. Daneben benützt er Porträts anderer berühmter Persönlichkeiten wie Elvis Presley, Liz Taylor, Jacqueline Kennedy und Mao von Fotos oder Werbeplakaten. Warhols Freude an Farbveränderungen und an der Überlagerung mehrerer Druckfilme stammt aus seiner ersten Tätigkeit als Werbegrafiker in New York. Er ist sich dessen bewusst, dass der Erfolg der Pop Art im Grunde kommerziell anrüchig ist. Während der Künstler ein Symbol für den Massenkonsum ausfindig macht und hervorhebt, schafft er selbst wieder einen Mythos und unterstützt so den Konsumgeist, den er ursprünglich anprangern wollte. Als in späteren Jahren die Produktion von Bildern und kreativen Performances immer mehr zunimmt, stellt Warhol eine Gruppe von Mitarbeitern mit dem Namen »The Factory« (Die Fabrik) zusammen. Die Arbeit in diesem gemeinsamen Atelier wurde für die Ausbildung vieler Künstler der jüngsten Generation bedeutsam.

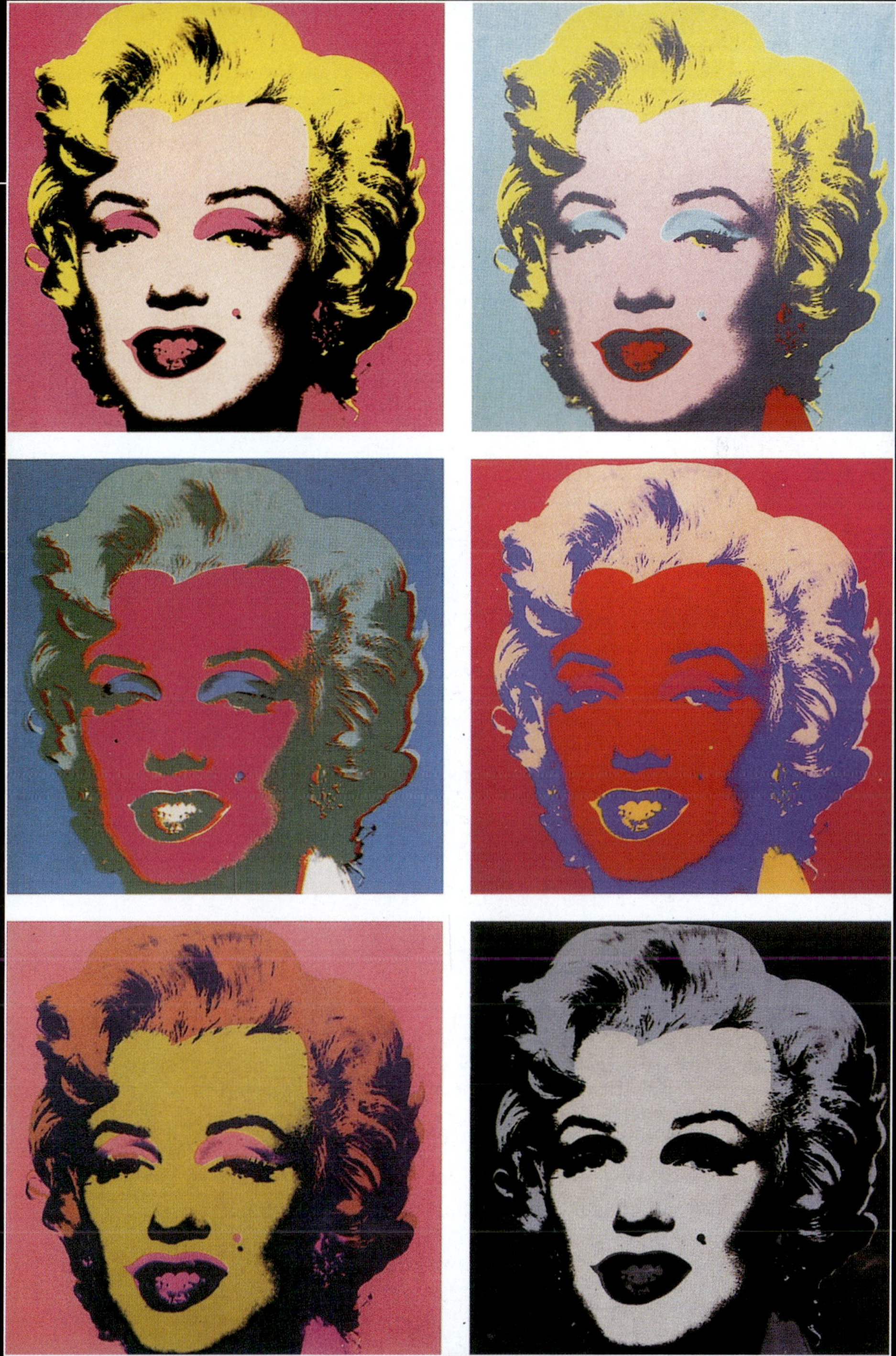

Andy Warhol Twenty-Five Colored Marilyns, 1962 Marilyn, 1967

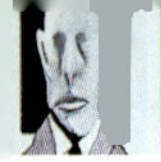

London

1909–1992

Francis Bacon

»Es ist keine Spannung in einem Bild, wenn kein Kampf mit dem Objekt da ist«

Obwohl er in Dublin geboren wurde und in Madrid starb, ist Bacon der bedeutendste englische Maler des 20. Jahrhunderts: Seine herbe, dramatische, unruhige Kunst mit stark autobiografischer Komponente gehört zu den internationalen Bezugspunkten der zweiten Jahrhunderthälfte und ist die treibende Kraft des »neuen Realismus«, der parallel zur Bildhauerei Henry Moores als Alternative zu Informel und abstrakter Kunst entsteht.

Bacons Laufbahn beginnt erst spät, während der Kriegsjahre: Seine früheren Werke hat der Künstler selbst fast vollständig vernichtet. Mit dem eindrucksvollen Triptychon *Drei Studien zu Figuren am Fuße einer Kreuzigung* (1944, London, Tate Gallery) stellt er mit unerbittlicher Klarheit sein Programm vor: Fast ausschließlich auf das Porträt und die menschliche Figur konzentriert nimmt er Themen und Modelle der »klassischen« Malerei auf, verarbeitet sie jedoch im Licht der Tragödien und Schrecken des 20. Jahrhunderts. Einerseits findet Bacon zu einer eigenen, tiefen, durchdachten Bildkultur: Mit einem sehr persönlichen Verständnis der Kunstgeschichte studiert er Grünewald, Tizian, Velázquez, van Gogh, Picasso und die Meister des Expressionismus, aber auch die Torsi und Ruinen der klassischen Antike. Andererseits schöpft er aus ganz ungewöhnlichen Bildquellen: dem »expressionistischen«, surrealistischen Film von Eisenstein, Strohheim und Buñuel, den fotografischen Experimenten von Muybridge, aus Röntgenaufnahmen, medizinischen Befunden und Büchern über Krankheiten und Verstümmelungen. Über allem liegt ein ungeklärtes Verhältnis zum Körper, zur Sexualität und zum menschlichen Akt. Insgesamt zeigt Bacons Kunst eine durchlittene, angstvolle Sicht des heutigen Menschen, der zerfetzt und entbeint erscheint, wehrlos angesichts der Zerstörung, die ihn umzingelt, überwältigt und entstellt. Bacons Themen (darunter vor allem die zahlreichen Studien zu seinem Modell und Geliebten George Dyer) wurden zum Symbol der Angst des modernen Menschen als Opfer einer Gesellschaft, die ihn verbraucht, zerstört und schließlich wegwirft. Dieses Gefühl wird häufig vom klaustrophobischen Ambiente der Bilder, von gebogenen Wänden, Spiegeln oder Bildern mit entstellten Gesichtern verstärkt, während die Figur wie in der Manege einer Pferderennbahn exponiert und gefangen ist. Bacons Kunst mit seiner tragischen persönlichen Beteiligung kann auch als extreme Übertragung der Romantik betrachtet werden, als beunruhigende, gequälte Kontemplation des Absoluten, des Schmerzes und Todes.

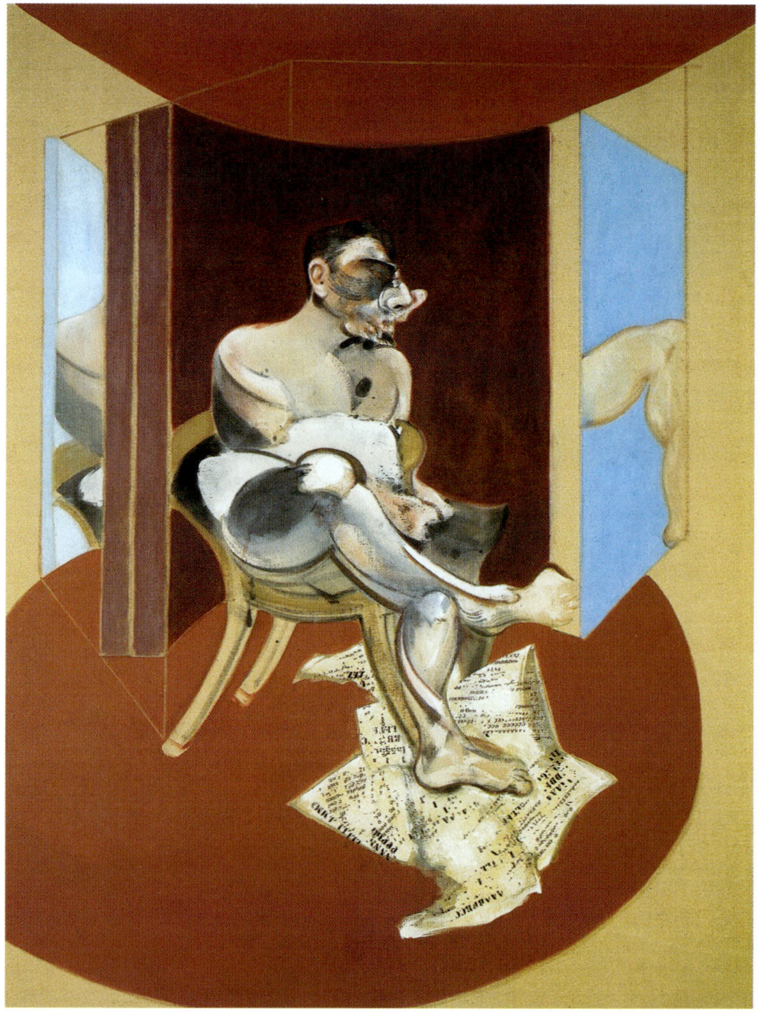

Francis Bacon
Diptychon-Studie George Dyer und Bildelemente nach Muybridge, 1971
Privatsammlung

Im Mittelpunkt von Bacons Schaffen steht sein Modell und Geliebter. Hier erscheint er zwischen zwei schmalen Spiegeln, die ihn teilweise reflektieren. Der Spiegel als technischer Kunstgriff wurde seit der Renaissance-Malerei angewandt, um die Figur aus verschiedenen Blickwinkeln sichtbar zu machen. Für Bacon ist er eine Möglichkeit, ein »anderes Gesicht« zu zeigen, das noch zerbrochener und zerlegter ist. Das Ambiente ist bewusst karg und neutral gehalten: Ein Lichtkreis beleuchtet die Figur wie ein Theaterscheinwerfer und isoliert sie gleichzeitig.

Francis Bacon
Triptychon Mai-Juni, Mittelteil, 1974
Privatsammlung

Bacon verwendet häufig das Triptychon und nützt die dreigeteilte Szene, um die dramatische Entwicklung des Bilds deutlicher zu artikulieren. Die Figur in der Mitte ist das Zitat einer antiken Skulptur, der *Torso von Belvedere*.

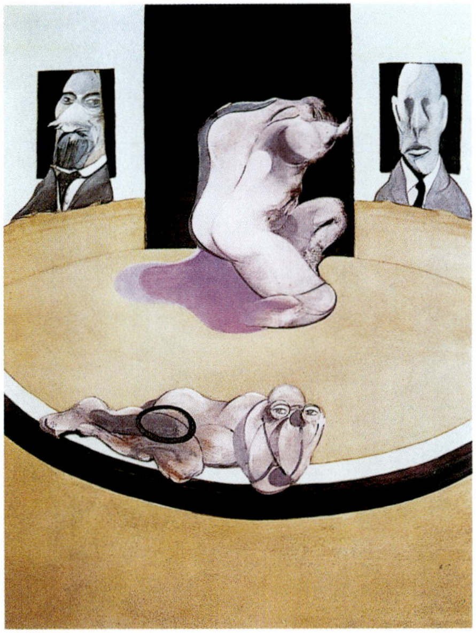

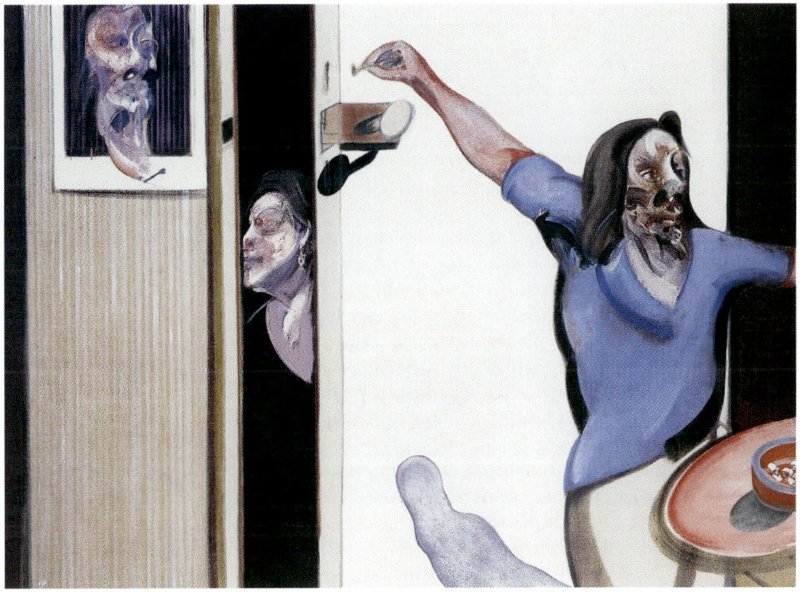

Francis Bacon
Drei Studien der Isabel Rawsthorne, 1967
Berlin, Staatliche Museen zu Berlin – Preußischer Kulturbesitz, Nationalgalerie

Im Porträt der Künstlerin Isabel Rawsthorne (1912–1992), mit der Bacon eine tiefe Freundschaft verband, erkennt man das Vorbild Picasso.

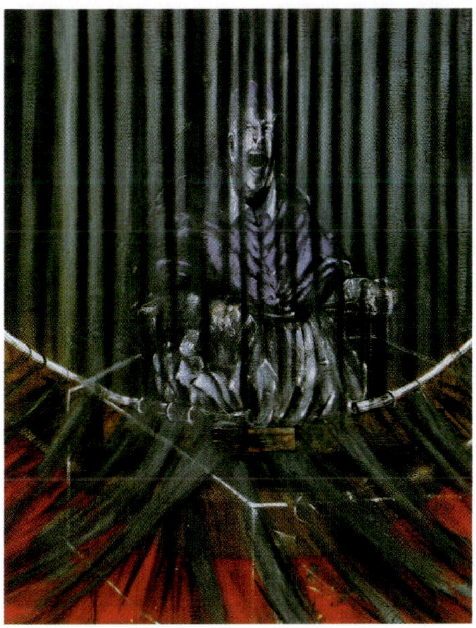

Francis Bacon
Papst Innozenz X. (Studie nach Velázquez), 1950
New York, Gallery Tony Shafrazi

Schon 1933 mit Grünewalds *Kreuzigung* nimmt Bacon Meisterwerke alter Maler auf und bearbeitet sie. Die 1953 entstandene Serie von acht Bildern zu Velázquez' Papstbildnis (auf das er später noch mehrmals zurückgreift) zeigt eine schrittweise Deformierung des Originals. Der Stuhl wird zu einem Käfig, in dem die Person gefangen ist, die Hände krampfen sich um die Armlehnen, das Gesicht verzerrt sich zu einer Maske des Schmerzes und der Mund stößt einen Schrei aus, der Munchs würdig wäre.

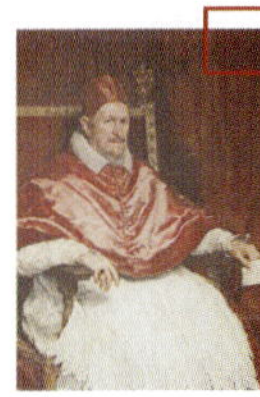

Velázquez durch die Jahrhunderte

Wenige Künstler sind posthum zu so großem »Ruhm« gekommen wie Velázquez: Maler des 19. und 20. Jahrhunderts (von Goya bis Manet, von Picasso bis Bacon) greifen ausdrücklich auf seine Werke zurück und analysieren die Originale mit großer Genauigkeit, etwa Picasso bei seinen zahlreichen Variationen von Las Meniñas. *Bacon ist hier jedoch eine Ausnahme: Seine Variationen über das Porträt von Innozenz X. haben nur eine Fotografie als Ausgangspunkt; nie wollte der Maler das in der Galleria Doria Pamphilj in Rom aufbewahrte Original betrachten.*

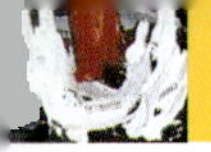

Deutschland

1970–2000

Die Rückkehr des Expressionismus

Spannungen und Provokationen zwischen historischer Tradition, Berliner Mauer und Ausdruckskraft
Als umstrittene Persönlichkeit übt Joseph Beuys (1921–1986) von den 60er Jahren an großen Einfluss auf die deutsche Kunstszene aus. Beuys ist als Künstler schwer einzuordnen; er greift das ganze System der Künste von Grund auf an, zeigt sich wiederholt in berühmt gewordenen Happenings und steht in der Kunst für eine Art »Stunde Null«, einen Neuanfang. Durch ihn gewinnt Deutschland wieder eine klare künstlerische Identität, allerdings gezeichnet von der Berliner Mauer, die bis zu ihrem Fall 1989 auch die Malerei im Osten und Westen trennt. Nach der traumatischen Erfahrung des Zweiten Weltkriegs versucht die deutsche Malerei, an die Zeit vor dem »Dritten Reich« wieder anzuknüpfen, und kehrt zur Kunst des Expressionismus zurück, den sie jedoch aktualisiert und noch stärker dramatisiert. Im internationalen Vergleich verleiht die deutsche Malerei der Farbe wieder große Ausdruckskraft, und zwar mit einer Aggressivität und Bestimmtheit, die nicht nur in den Avantgarden des frühen 20. Jahrhunderts wurzelt, sondern allgemeiner in der vielleicht typisch deutschen Tradition, die Bilder mit stark emotional wirkenden Elementen auszustatten.

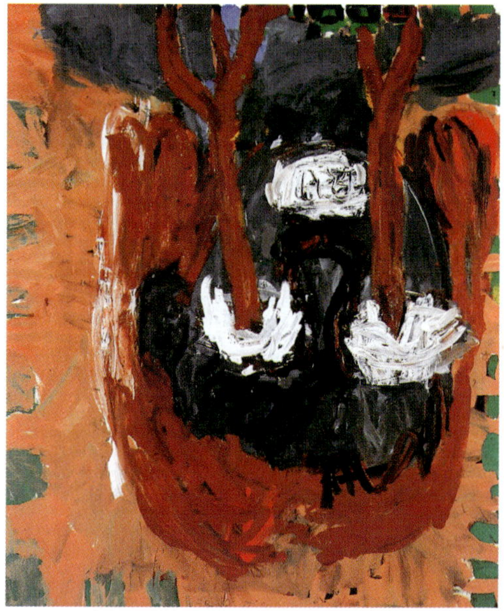

Georg Baselitz
Tränenkopf, 1986
Privatsammlung

Baselitz wurde 1938 in einer sächsischen Kleinstadt geboren, nach der er sich nennt (ursprünglich Georg Kern); schon in den Anfängen zeigt er eine deutlich neoexpressionistische Tendenz und ruft sowohl mit gewaltsamen programmatischen Manifesten als auch mit Werken, die als pornografisch empfunden werden, Skandale hervor; mit dem Vorwurf der Obszönität geht man sogar gerichtlich gegen ihn vor. 1969 tritt Baselitz in eine ruhigere Phase ein und malt das erste auf dem Kopf stehende Bild. Von nun an führt er all seine Werke verkehrt herum aus, eine Methode, mit der sowohl für den Betrachter wie auch den Maler selbst die Erfahrung der Bildautonomie deutlich wird.

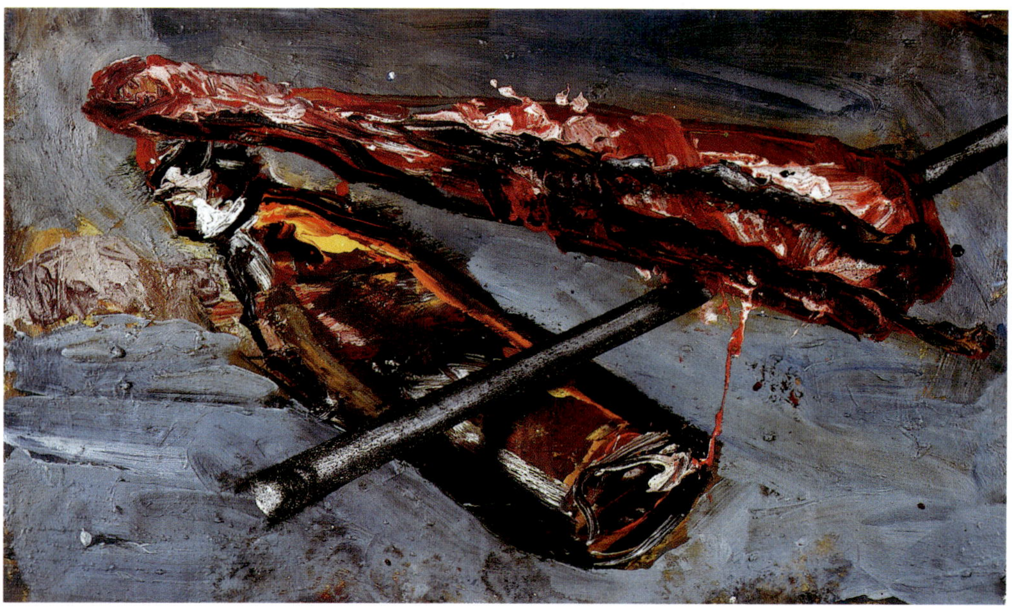

Dieter Krieg
Ohne Titel, 1984
Frankfurt am Main, Museum für Moderne Kunst

Krieg ist einer der Hauptvertreter der Gruppe der »Neuen Wilden«, die 1977 in Berlin entsteht. Anders als seine Kollegen, die mehr an individuellen Performances interessiert sind, knüpft er an die Tradition des abstrakten Expressionismus an.

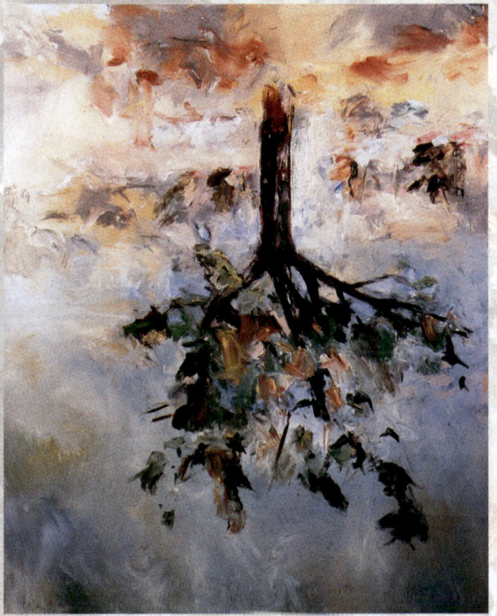

Georg Baselitz
Fingermalerei – Apfelbaum, 1971–1973
Aachen, Sammlung Jung

»Die Wahrheit ist das Bild, aber sicherlich steht sie nicht im Bild.« Mit diesen Worten hebt Baselitz die Zweideutigkeit seiner umgekehrten Bilder hervor, die als Gegenstand an sich real und konkret sind, nicht aber durch das, was sie darstellen. Doch fehlt es seinem Werk nicht an poetischen Momenten: Die Farbenfrische der Natur, wenn auch in einer unrealistischen Situation mit Ästen, die nach unten wachsen, wird durch den bewussten Farbauftrag und die Wahl des Farbmaterials in magischer Weise sichtbar gemacht.

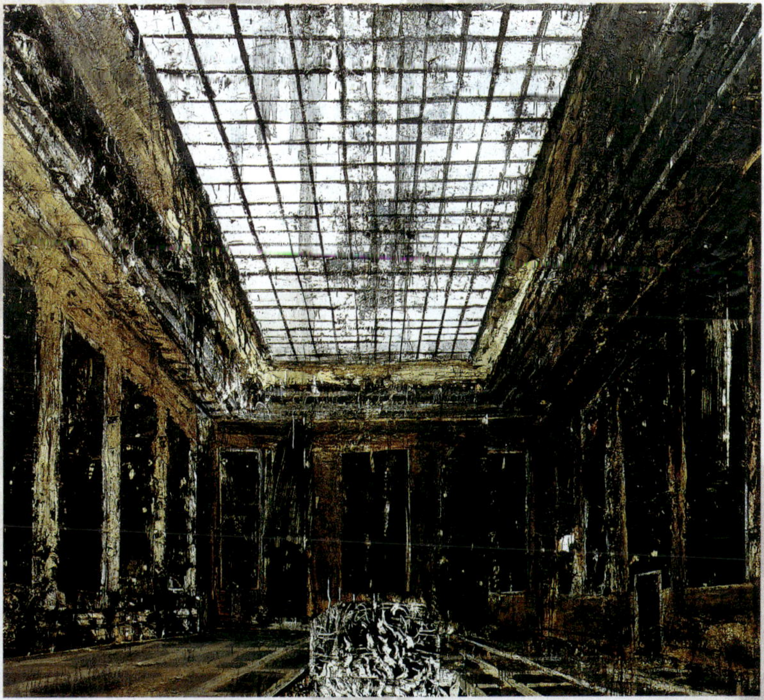

Anselm Kiefer
Innenraum, 1981
Amsterdam, Stedelijk Museum

Kiefer studiert bei Beuys in Düsseldorf; er benützt konventionelle Techniken oder kombinierte Collagen aus verschiedenen Materialien. Lange und gründlich erforscht er die Traditionen, Mythen und die Geschichte Deutschlands; sein Ausdrucksmittel ist und bleibt der Expressionismus. In diesem Bild öffnet sich das Innere von Albert Speers Neuer Reichskanzlei für Adolf Hitler drohend und bedrängend vor dem Betrachter.

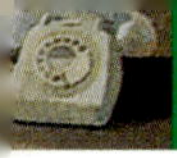

London

geb. 1922 und 1937

Lucian Freud und David Hockney

Entwicklungen des Gegenständlichen in England
Die englische Malerei des 20. Jahrhunderts löst sich von der Dynamik der Avantgarde auf dem Kontinent und bringt sehr originelle Werke hervor, darunter die Werke von Ben Nicholson oder Graham Sutherland. Von den 50er Jahren an hegt die englische Malerei durch den Einfluss Bacons großes Interesse an gegenständlicher Darstellung. In jüngster Zeit stehen sich auf diesem Gebiet zwei herausragende Persönlichkeiten gegenüber: Der in Berlin geborene Lucian Freud, ein Enkel des Erfinders der Psychoanalyse, kam mit 13 Jahren auf der Flucht vor den Rassengesetzen der Nationalsozialisten nach England; er vertritt einen schneidend klaren, einsamen und genauen Expressionismus. David Hockney hingegen geht von der abstrakten Malerei aus und setzt sich ab 1961 intensiv mit der amerikanischen Kunst auseinander, vor allem mit der Pop Art.

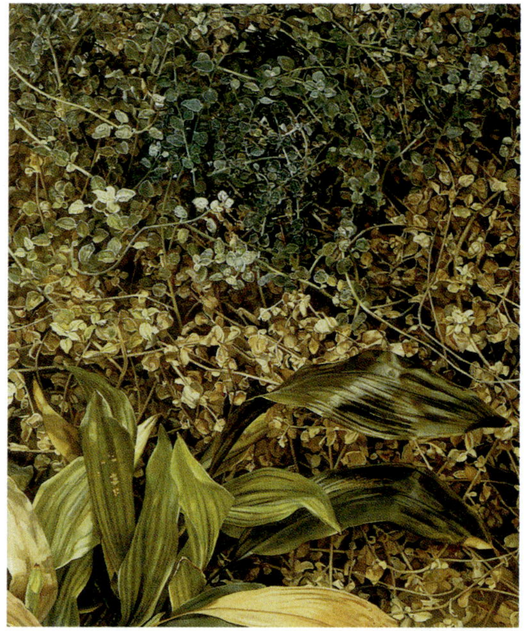

Lucian Freud
Two Plants, 1977–1980
London, Tate Gallery

Freud bevorzugt als Thema die menschliche Figur, aber an seinen doch recht zahlreichen »Genrebildern« (Häuserbilder, Stillleben) zeigt sich, dass er die malerischen Mittel meisterhaft beherrscht. Durch äußerste Präzision erzielt er beunruhigende Wirkungen.

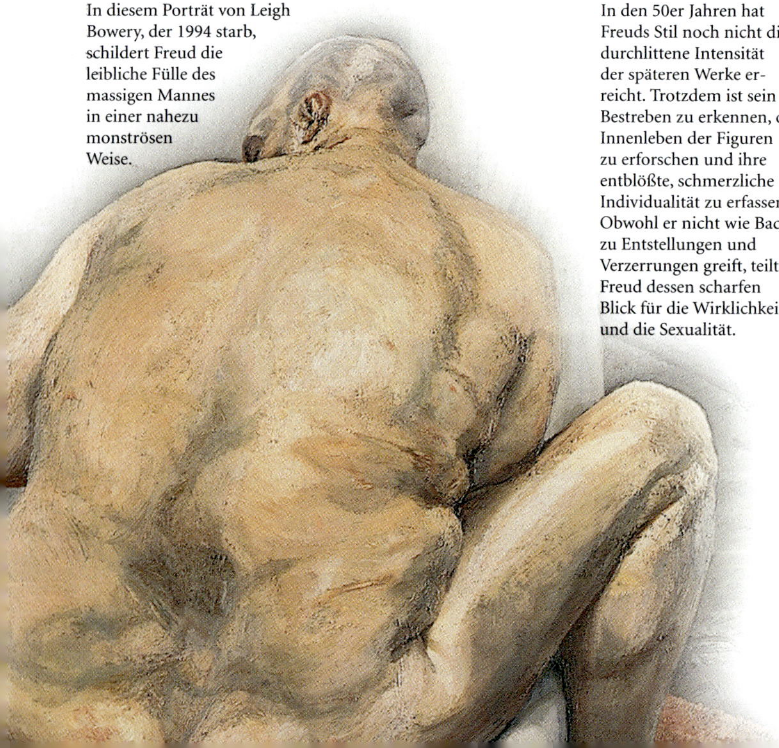

Lucian Freud
Naked Man, Back View (Leigh Bowery), 1991–1992
New York, The Metropolitan Museum of Art

In diesem Porträt von Leigh Bowery, der 1994 starb, schildert Freud die leibliche Fülle des massigen Mannes in einer nahezu monströsen Weise.

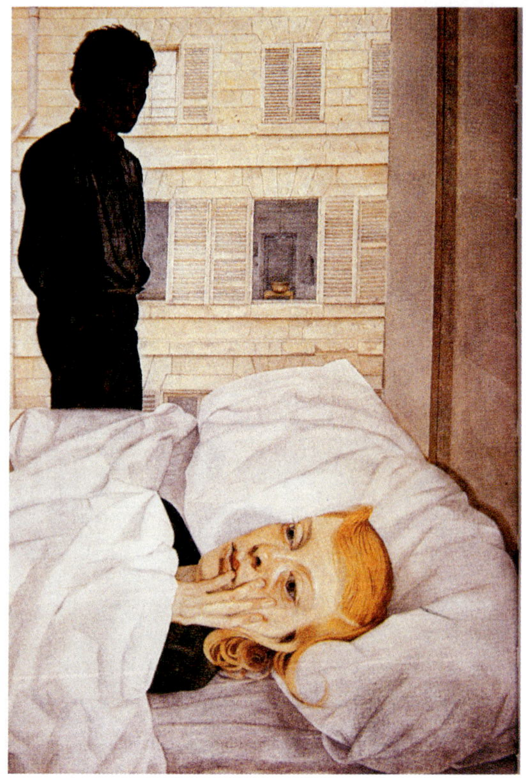

Lucian Freud
Hotel Bedroom, 1954
Fredericton (New Brunswick), The Beaverbrook Art Gallery

In den 50er Jahren hat Freuds Stil noch nicht die durchlittene Intensität der späteren Werke erreicht. Trotzdem ist sein Bestreben zu erkennen, das Innenleben der Figuren zu erforschen und ihre entblößte, schmerzliche Individualität zu erfassen: Obwohl er nicht wie Bacon zu Entstellungen und Verzerrungen greift, teilt Freud dessen scharfen Blick für die Wirklichkeit und die Sexualität.

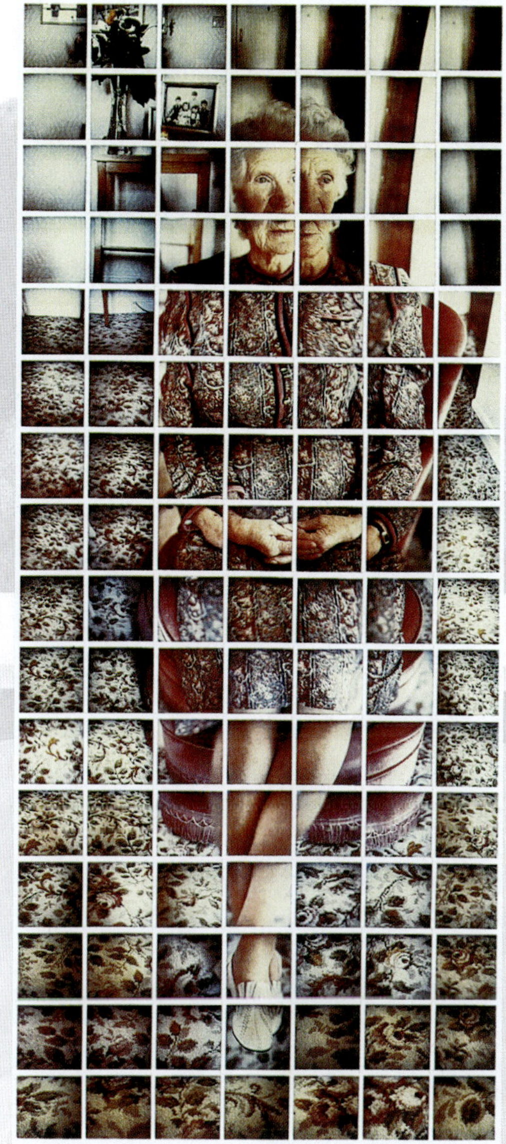

David Hockney
Meine Mutter in Bradford, Yorkshire, am 4. Mai 1982, 1982
Sammlung des Künstlers

Wie für viele andere zeitgenössische Maler in Amerika und Europa spielt die Fotografie eine entscheidende Rolle in Hockneys Kunst, da sie es ermöglicht, den Gegenstand zu zerlegen, zu verändern und tiefer zu erfassen. Selbst der Titel des Werks gibt Ort und Datum genau an, wie es bei Albumfotos üblich ist.

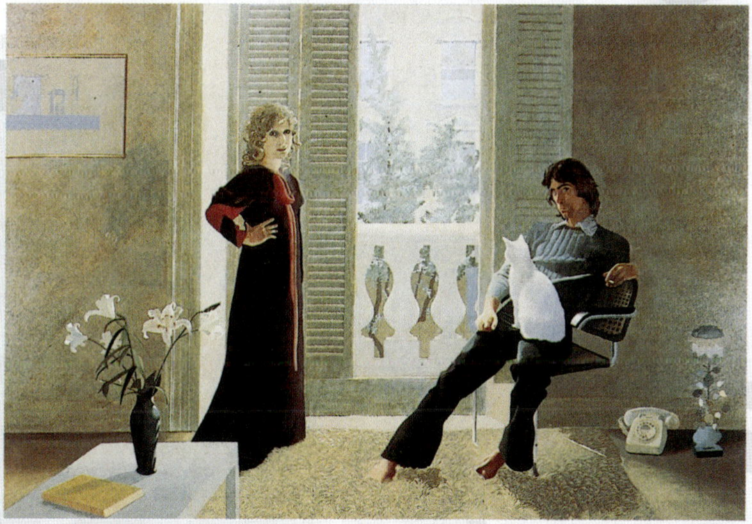

David Hockney
Mr. and Mrs. Clark and Percy, 1970–1971
London, Tate Gallery

Eine Kalifornienreise 1964 stellt eine bedeutsame Wende in Hockneys Laufbahn und Stil dar: Der Maler beginnt mit Acrylfarben zu arbeiten, die einigen seiner Werke einen charakteristischen Glanz verleihen, und ist außerdem von den zahlreichen Schwimmbädern in den Städten so beeindruckt, dass er sie zu einem seiner Lieblingsthemen macht (im Hintergrund *Portrait of an Artist*, 1971, Privatsammlung). Das Porträt von Ossie Clark und Celia Birtwell, bekannten Persönlichkeiten der Modewelt, ist ein charakteristisches Beispiel für eine treffsichere Erfassung der Realität mit Effekten, die an den amerikanischen Hyperrealismus erinnern; eben wegen dieser extremen Präzision wirkt es künstlich.

Deutschland, Italien

1970–2000

Rückkehr zum Gegenständlichen

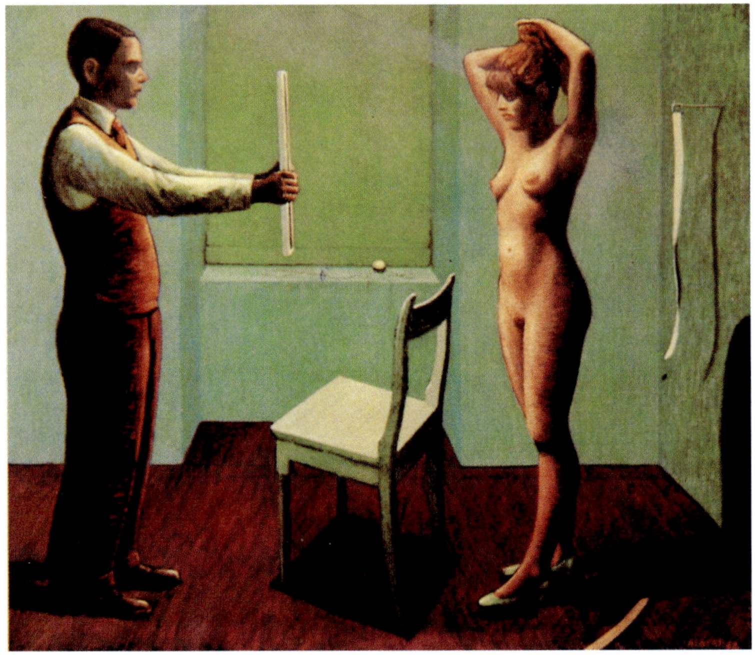

Transavantgarde, fotografisches Experiment und Bilderspiel zwischen Vergangenheit und Gegenwart
Die beiden wichtigsten Ausstellungen zeitgenössischer Kunst in Europa, die Biennale in Venedig und die documenta in Kassel, zeugen von den gegensätzlichen Tendenzen der internationalen Malerei der letzten Jahrzehnte: abstrakt oder gegenständlich, traditionelle oder neue Materialien. Bei der Biennale von 1980 hob der Kritiker Achille Bonito Oliva eine Gruppe gegenständlicher italienischer Maler hervor (Chia, Clemente, Cucchi, Paladino, de Maria), die hauptsächlich den konventionellen Maltechniken verbunden sind, und bezeichnete sie als »Transavantgarde«. Diese Bewegung zeigt ein erneuertes Interesse an gegenständlicher Malerei, die nach der Krise der 60er und 70er Jahre jetzt in zeitgenössischem Stil wieder aufgegriffen und weiterentwickelt wird, auch in Großbritannien und Deutschland. Wichtigster »historischer« Bezugspunkt als unerschöpfliche Quelle von Symbolen, Figuren und Situationen bleibt der Surrealismus.

Hermann Albert
Der Mann mit dem Spiegel, 1982
Privatsammlung

Die neueren gegenständlichen Strömungen greifen häufig auf traditionelle Gegenstände und Symbole zurück: Der Spiegel gilt als magisches Instrument, als Grenze zwischen Wirklichkeit und Bild.

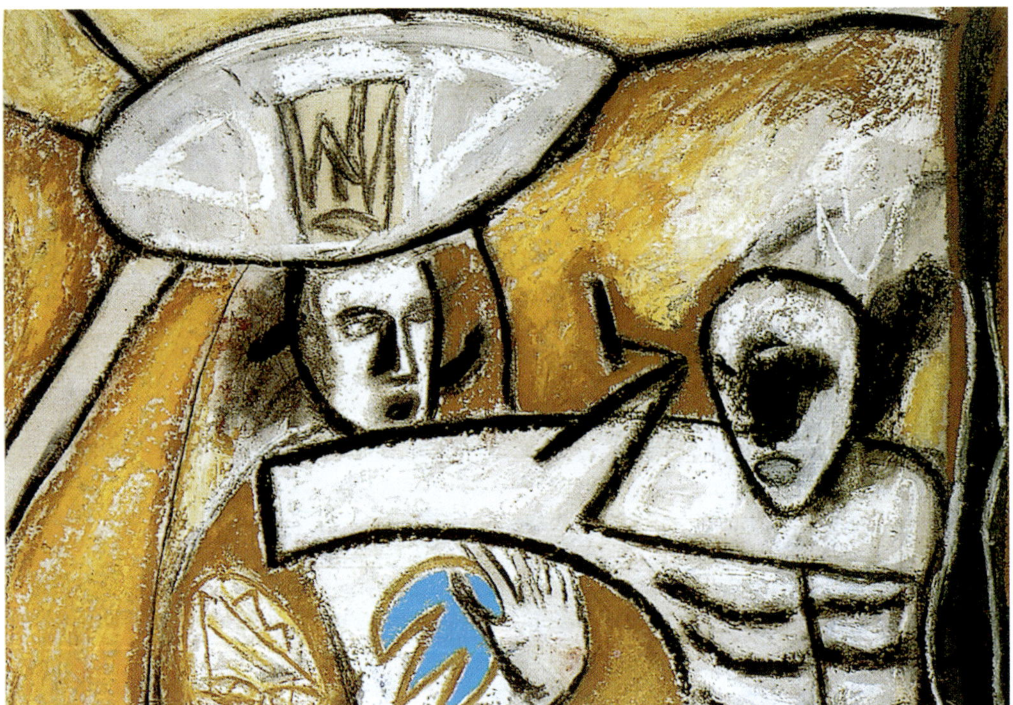

Mimmo Paladino
Der König, 1980
Privatsammlung

Nach einer ersten Tätigkeit als Fotograf beginnt der 1948 geborene Paladino in den 70er Jahren abstrakte Bilder zu malen. Seine »Bekehrung« zum Gegenständlichen findet 1976 statt und wird 1980 bei der Biennale in Venedig offiziell: Paladino wird der Transavantgarde zugerechnet und konzentriert sich auch in großformatigen Gemälden auf die menschliche Figur.

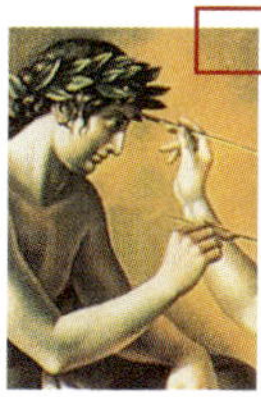

Eine doppelsinnige Zitierfreude

Zu den neofigurativen Richtungen zählt auch der stilistische Rückgriff auf eine bewusst gelehrte Malerei von tadelloser formaler Präzision und voller Anspielungen auf die klassische Kunst. Es handelt sich um eine ausdrückliche, teils auch polemische Antwort auf den »Tod der Kunst«, wie ihn Kritiker und Publikum nach dem Ende des Informel zu erkennen glaubten, vielleicht auch um eine ironische Replik der akademischen Künstler auf den lästigen Satz »Das hätte ich auch gekonnt«, den man nur allzu oft von Besuchern zeitgenössischer Kunstausstellungen hört. Carlo Maria Mariani gehört zu den Hauptvertretern dieser Strömung, in der Einflüsse der grafischen Spiele Eschers, des amerikanischen Präzisionismus der 30er Jahre, des traumhaften, gegenständlichen Surrealismus von Balthus, Magritte und Dalí, der Pittura metafisica von de Chirico und, noch weiter zurückliegend, des Neoklassizismus und anderer Stile erkennbar sind. Doch gerade die gewollte Vielfalt der Rückgriffe auf die ältere Kunst vermittelt nicht das Gefühl traditioneller Ruhe und Heiterkeit, sondern erzielt einen beunruhigenden Effekt, indem sie die Malerei außerhalb der Zeit setzt und ihre eigentliche Bedeutung schwer einsehbar macht: Ist sie Traum? Albtraum? Bloße Darstellung malerischen Könnens? Der Titel dieses Bilds von 1983, Die Hand gehorcht dem Intellekt, *nimmt eine Stelle aus einem Gedicht von Michelangelo auf, in dem die Hand des Künstlers nur ein Instrument des Geistes ist. Marianis Bild zeigt zwei identische Figuren, die sich gegenseitig malen, ohne dass man zwischen Subjekt und Objekt der Kunst unterscheiden könnte.*

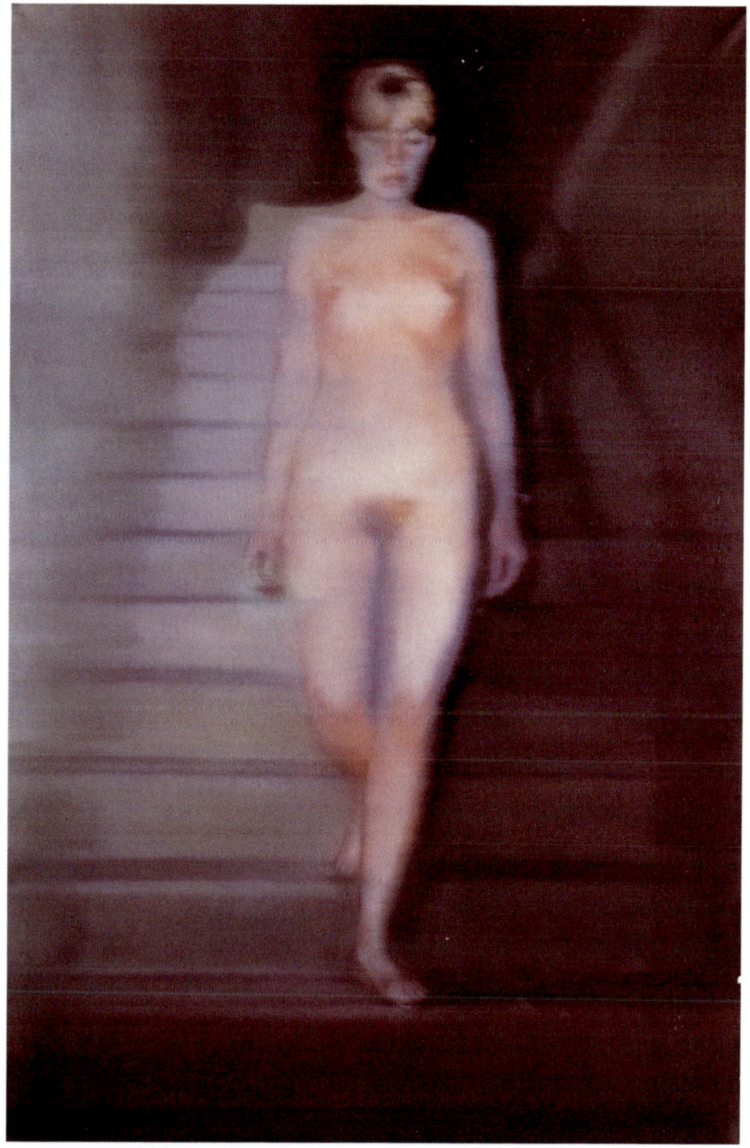

Gerhard Richter
Erna (Akt) auf einer Treppe, 1966
Köln, Museum Ludwig

Eine wichtige und vielseitige Persönlichkeit in der Kunst der letzten Jahrzehnte ist der 1932 in Dresden geborene und ausgebildete Richter, der von 1971 bis 1994 an der Düsseldorfer Akademie lehrte; seine künstlerische Laufbahn ist starken inneren Schwankungen unterworfen und voll überraschender Stilveränderungen; 1964 bezeichnet er sich selbst als deutschen Vertreter der Pop Art. Richter sammelt in einem persönlichen Archiv Tausende von Zeitungsbildern und Amateurfotos zu verschiedensten Themen. Von Eindrücken und Erinnerungen ausgehend schafft er so genannte »Fotobilder« als eine europäische Antwort auf Warhols Siebdrucke von den »Mythenbildern« berühmter Persönlichkeiten der zeitgenössischen Gesellschaft.

1958–1990 1960–1988

Keith Haring und Jean-Michel Basquiat

Graffiti in den Städten: von der Provokation ins Museum

Den beiden berühmtesten Graffiti-Malern, die das Schicksal des »peintre maudit« teilen (Haring stirbt vierunddreißigjährig an Aids, Basquiat erst achtundzwanzigjährig an einer Überdosis Rauschgift), gelingt die Verwandlung einer aggressiven Geste des Stadtlebens in ein neues Kunstgenre. Haring ist der bewusstere von beiden: Er bildet sich an der New Yorker School of Visual Art aus und ist ein erstaunlicher Schöpfer von Figuren, etwa dem berühmten strahlenden Kind, in einem meist fröhlichen Bildergewimmel, das der Welt des Comics nahe steht. Mit seiner auch im Bereich der Werbegrafik bemerkenswerten Kreativität beschäftigt er sich mit verschiedensten Materialien und versucht, im täglichen Bilderkarussell mit dem Fernsehen zu konkurrieren. Sehr viel dunkler und Ausdruck des Unbehagens in den multiethnischen Vierteln von Großstädten wie New York ist die Malerei Basquiats, der als Sohn eines Haitianers und einer Puertoricanerin auch unter dem Logo »SAMO« bekannt ist, das er bei seinen Sprühgraffitis in den New Yorker Metrostationen verwendet. »Entdeckt« wurde er von Andy Warhol; mit einem unverhüllt aggressiven Stil, unter dem sich wachsende Verzweiflung verbirgt, greift er einfachste Motive auf.

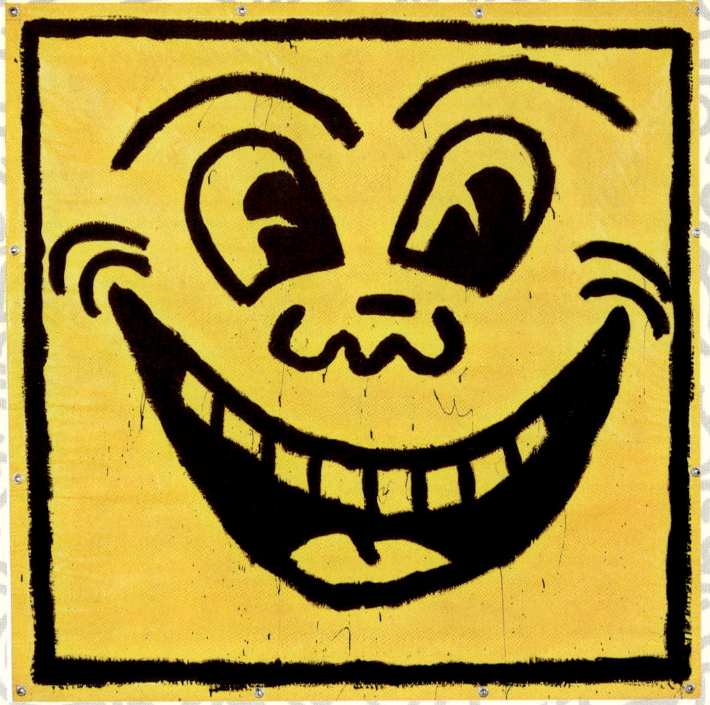

Keith Haring
Untitled, 1981
New York, Besitz des Künstlers

Als Erbe der Pop Art, die er aus der Sicht einer neuen Generation aufgreift und aktualisiert, ist Haring heute einer der bekanntesten Künstler; der Wert seiner Bilder auf dem Kunstmarkt steigt. Zu berücksichtigen ist jedoch, dass seine ersten Performances Anklagen waren, gegen die Ausstellungen und die Sammlungen der Kunstgalerien gerichtete Provokationen: Berühmt, wenn auch kurzlebig sind seine großen Figuren, die er in New York auf Werbeplakate malte. Wie es wiederholt in der Kunstgeschichte geschehen ist, wird hier ein oppositioneller Stil schnell vom Markt absorbiert.

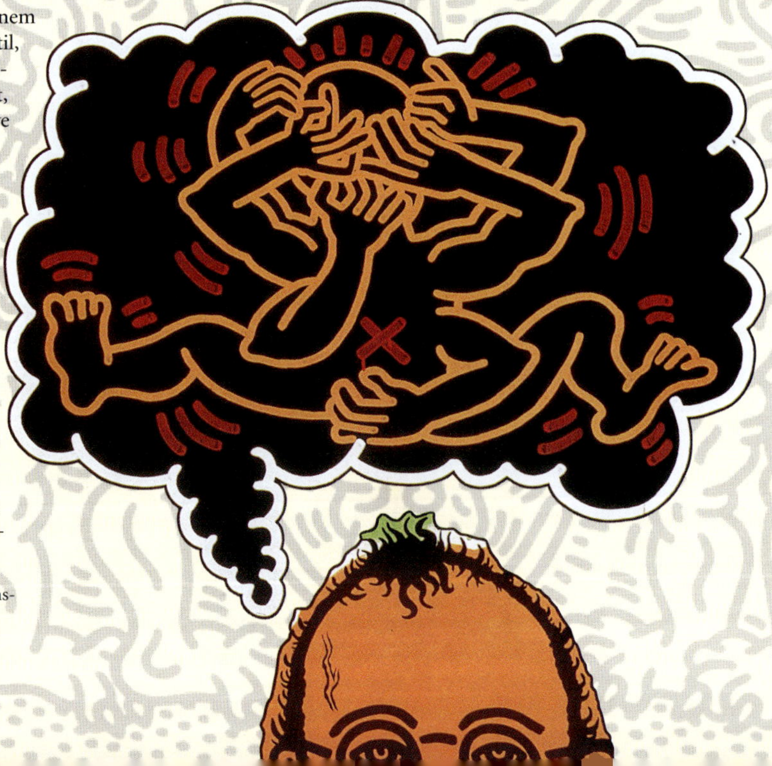

Keith Haring
Selbstbildnis, 7. November 1985, 1985
Mailand, Privatsammlung

Mit großer Selbsterkenntnis stellt sich Haring als unermüdlicher Schöpfer von Bildern dar, die unverkennbar charakterisiert sind durch ihre klaren Konturen, das Fehlen der Raumdimension und die Dynamik, die sich durch die typischen Zeichen des Comics ausdrückt. Nachdem er an Aids erkrankt ist, widmet er sich in seinen letzten Lebens- und Schaffensjahren der Sensibilisierung junger Menschen für die Ansteckungsgefahr.

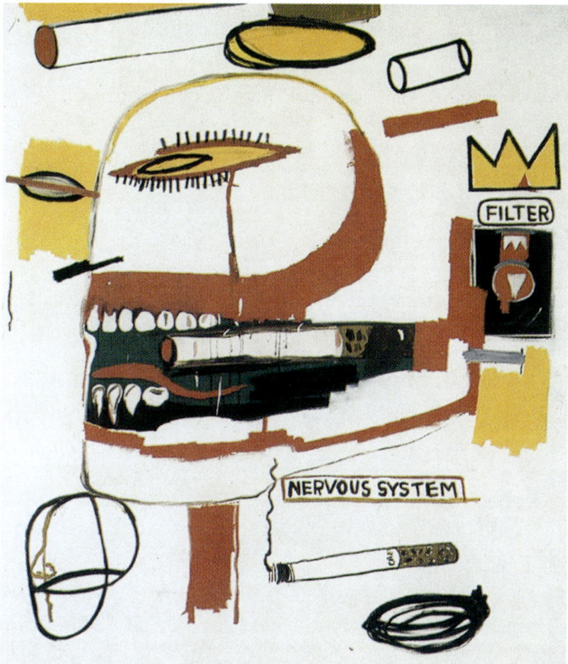

Jean-Michel Basquiat
Tabac, 1984
Zürich, Galerie Bruno Bischofberger

Basquiats Arbeiten bilden eine Verbindung aus Bild- und Schriftzeichen, Totem- und Comic-Figuren, Kinderzeichnungen, Kritzeleien und Piktogrammen. Abbreviaturen von Markenzeichen und Bilder aus der Werbung verbinden sich hier zu einer Maske des Todes.

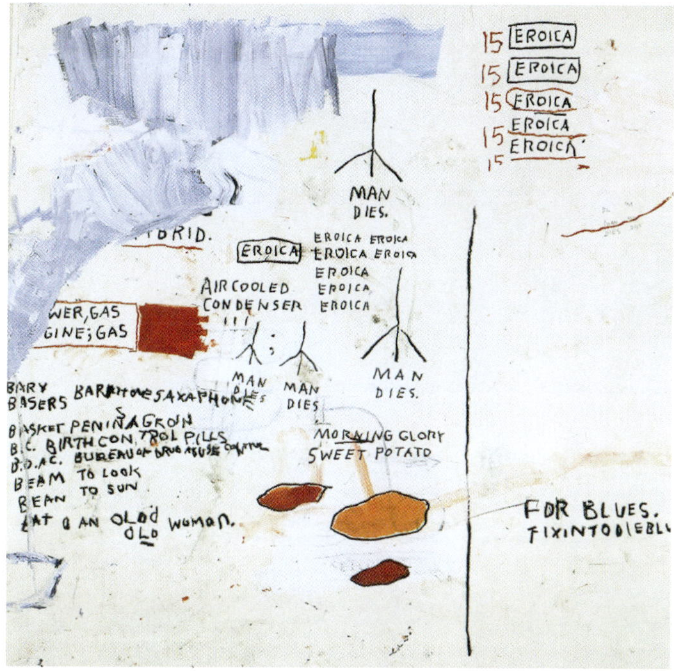

Jean-Michel Basquiat
Eroica I, 1988
Privatsammlung

Ein hoch dramatisches Werk, das im Jahr von Basquiats Drogentod entstand. Wie in einem verwirrenden, angstvollen geistigen Testament setzt Basquiat Schrift und Malerei nebeneinander. Banale Wortfolgen kontrastieren mit dem sich wiederholenden zeichenhaften Ereignis: *man dies* – ein Mensch stirbt, was so wenig Wirkung hinterlässt wie die Spuren eines Vogels im Schnee.

Jean-Michel Basquiat
Selbstbildnis, 1982
Privatsammlung

In diesem großformatigen Bild, das in einer Mischtechnik aus Spritzlack und Ölfarben hergestellt wurde, zeigt sich Basquiat als Stammeskämpfer mit einer Waffe – zugleich entsteht in einer gleichsam kindlichen Zeichnung eine schwarze, bedrohliche Gestalt, deren Identität nicht recht auszumachen ist. Der Hintergrund zeigt, dass der Maler einige »Klassiker« der amerikanischen Kunst des 20. Jahrhunderts wie Pollock, Rauschenberg und Twombly kannte.

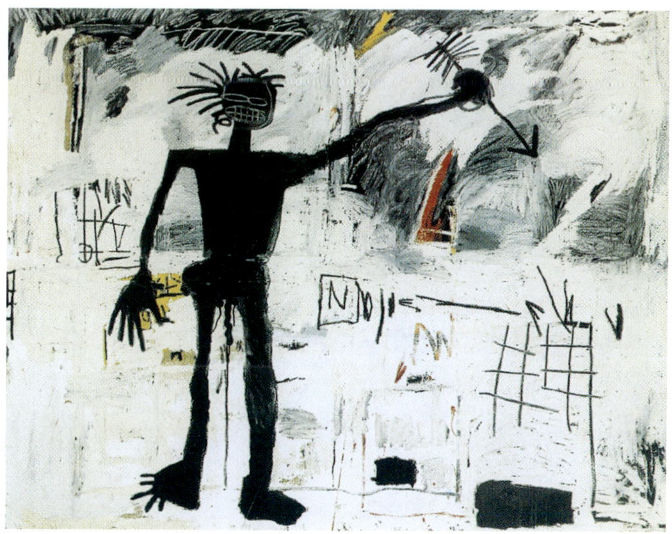

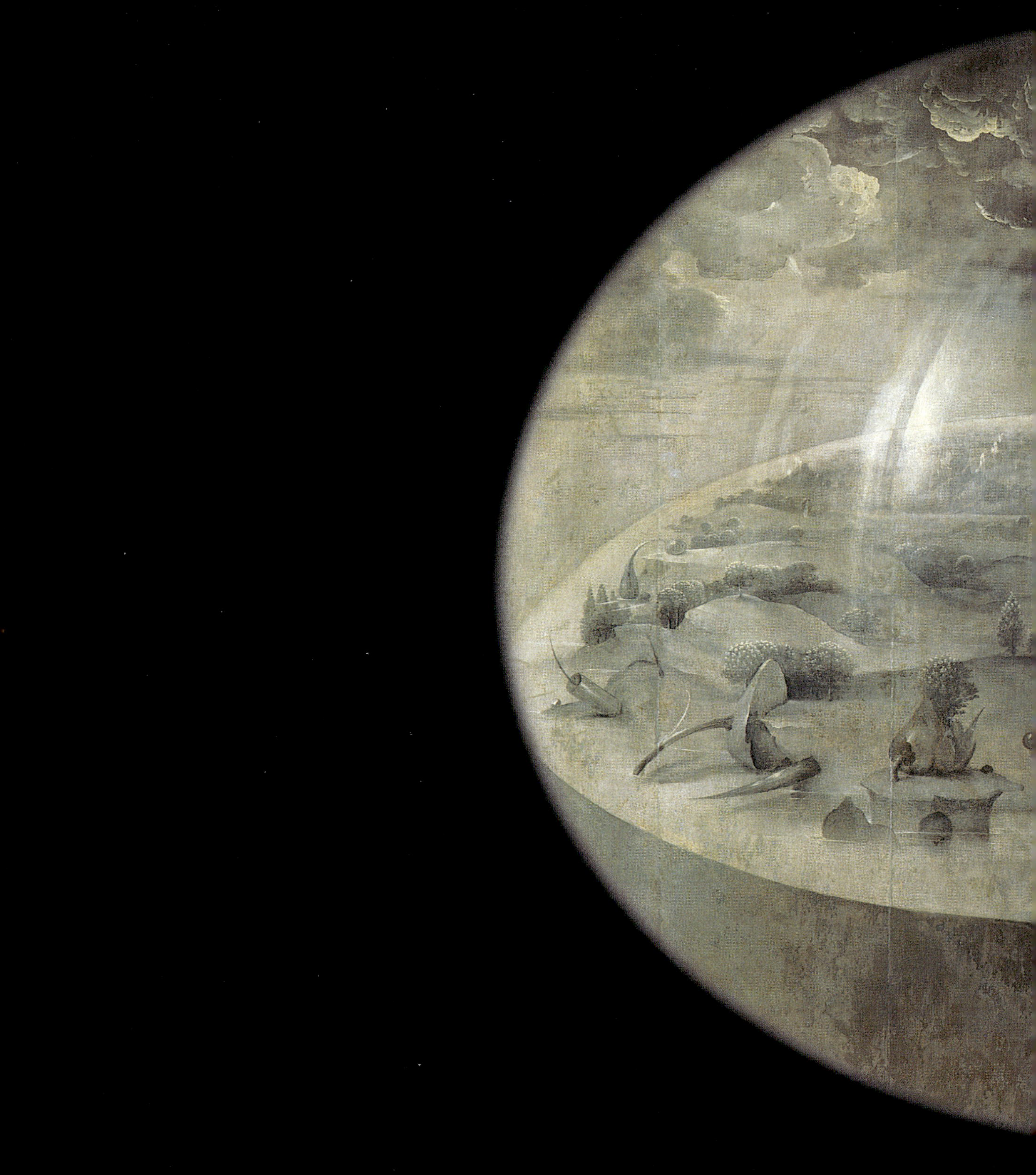

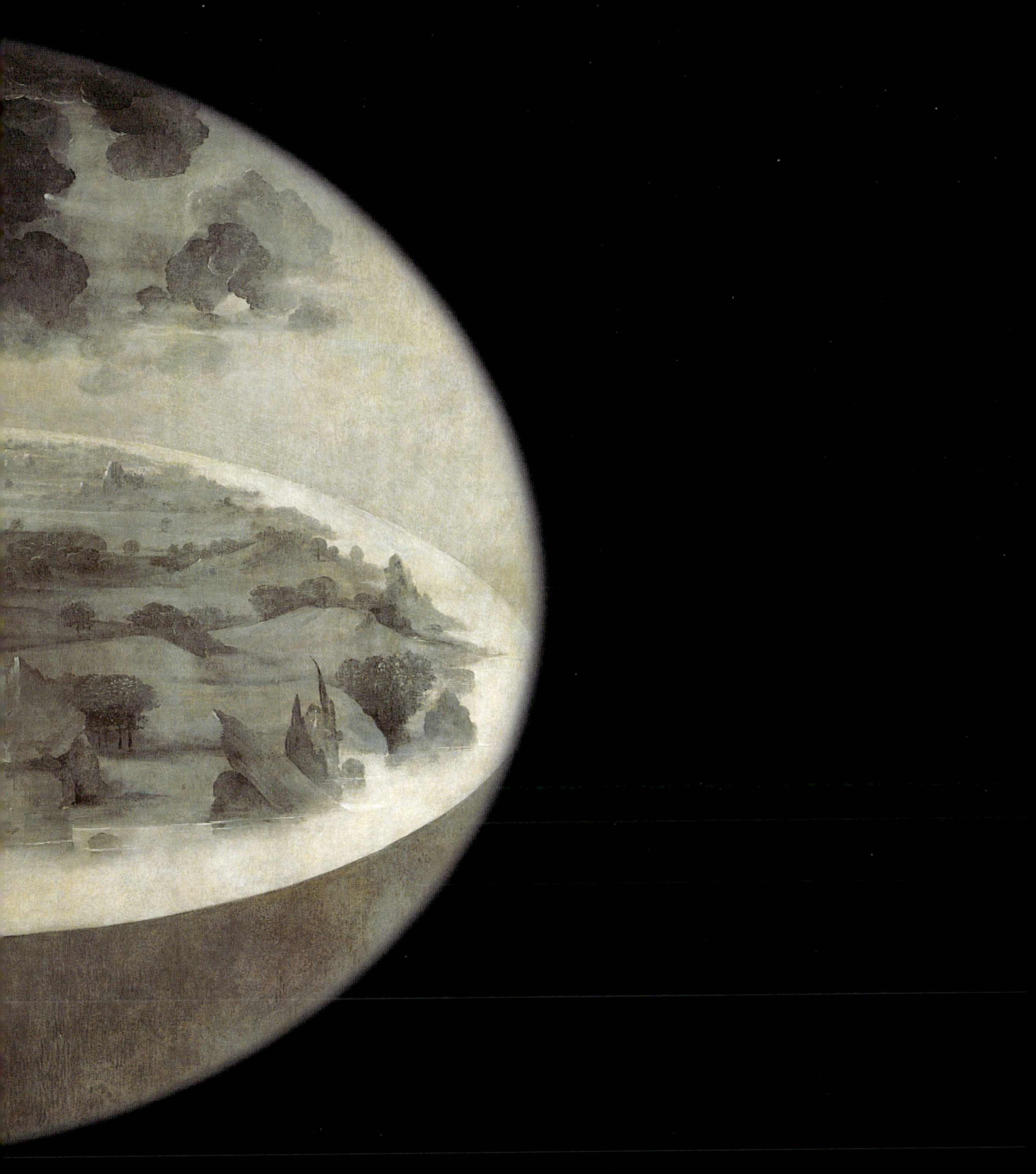

Chronologische Tafeln: 1410–1475

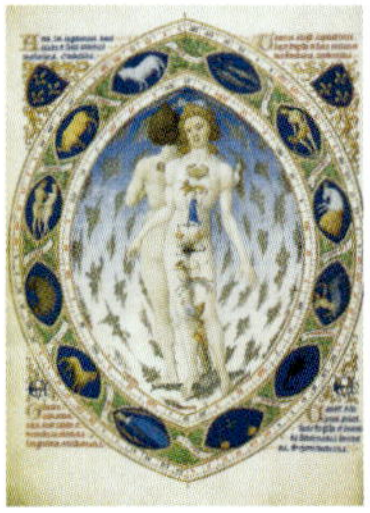

Brüder von Limburg
Astrologisches Bild aus dem Stundenbuch *Les Très Riches Heures du Duc de Berry*, 1410–1416
Chantilly, Musée Condé

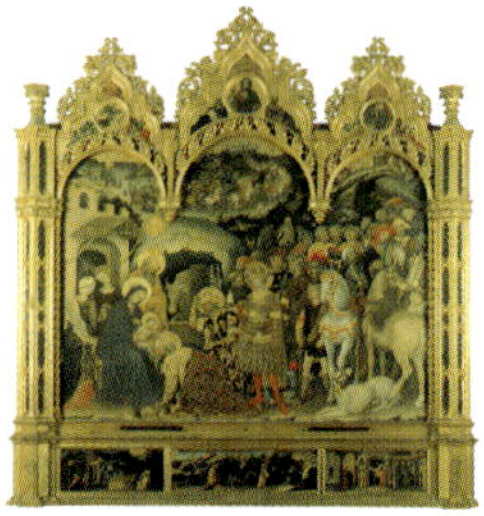

Gentile da Fabriano
Anbetung der Könige, 1423
Florenz, Galleria degli Uffizi

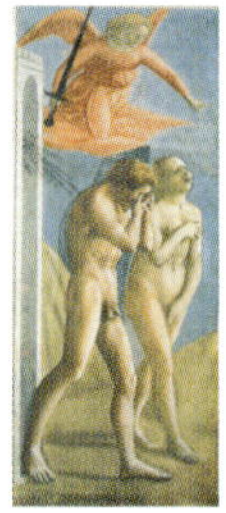

Masaccio
Vertreibung aus dem Paradies, 1424–1425
Florenz, Santa Maria del Carmine, Brancacci-Kapelle

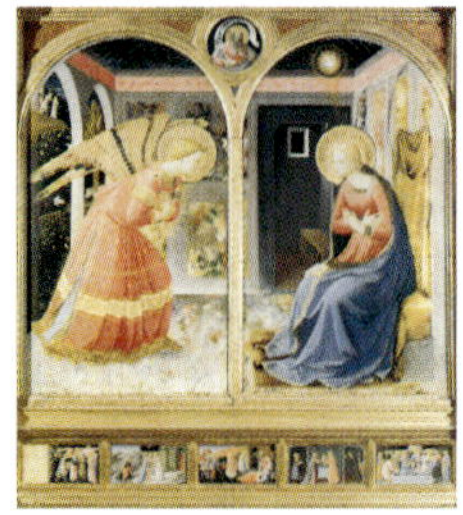

Fra Angelico
Verkündigung, um 1430
San Giovanni Valdarno (Arezzo), Santa Maria delle Grazie

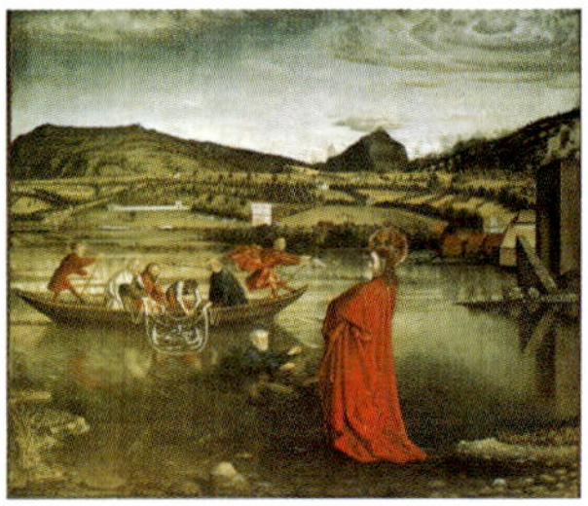

Konrad Witz
Fischzug Petri, Tafel des *Petrusaltars* für die Kathedrale von Genf, 1444
Genf, Musée d'Art et d'Histoire

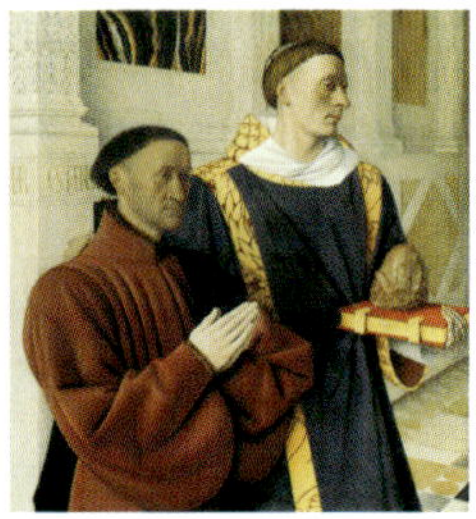

Jean Fouquet
Étienne Chevalier und der heilige Stephanus, Flügel des *Diptychons von Melun*, um 1450
Berlin, Staatliche Museen zu Berlin – Preußischer Kulturbesitz, Gemäldegalerie

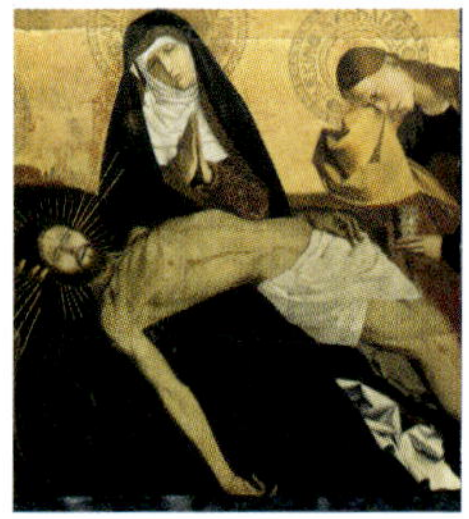

Enguerrand Quarton
Pietà, um 1453
Paris, Musée du Louvre

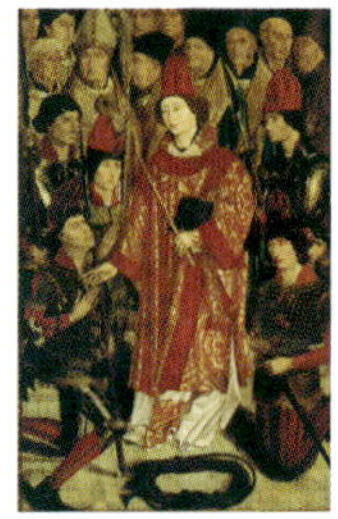

Nuño Gonçalves
Doppeltriptychon des heiligen Vinzenz, um 1460
Lissabon, Museu Nacional de Arte Antiga

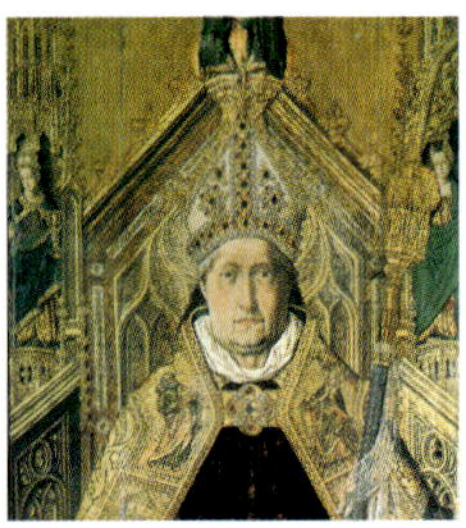

Bartolomé Bermejo
Heiliger Dominikus als Abt, Mitteltafel des *Retablo de Santo Domingo*, Detail, 1477
Madrid, Museo del Prado

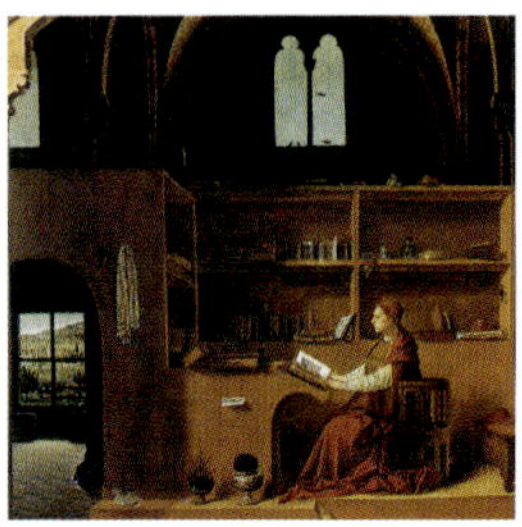

Antonello da Messina
Der heilige Hieronymus im Gehäuse, Detail, um 1474–1475
London, The National Gallery

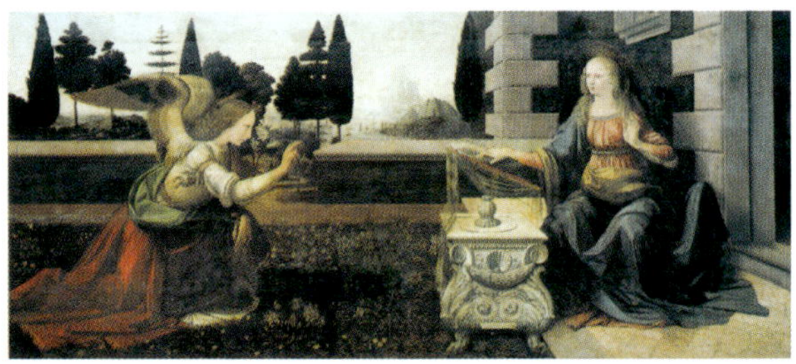

Leonardo da Vinci
Verkündigung, um 1474
Florenz, Galleria degli Uffizi

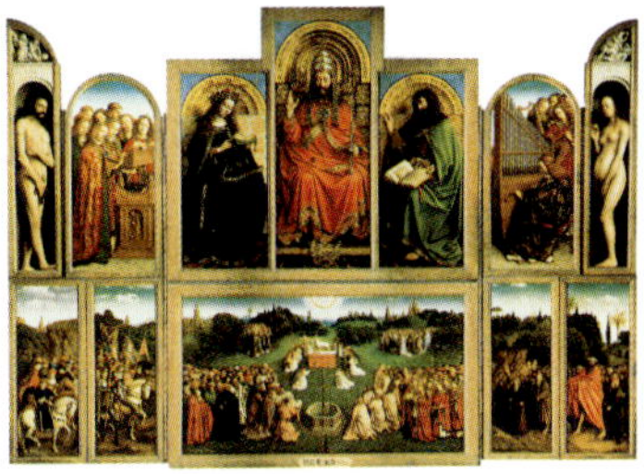

Hubert und Jan van Eyck
Genter Altar, 1425–1432
Gent, St. Bavo

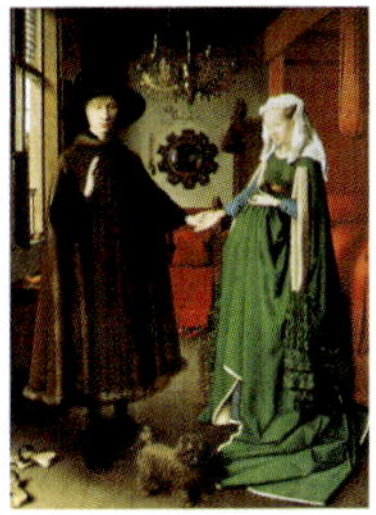

Jan van Eyck
Die Hochzeit des Giovanni Arnolfini, 1434
London, The National Gallery

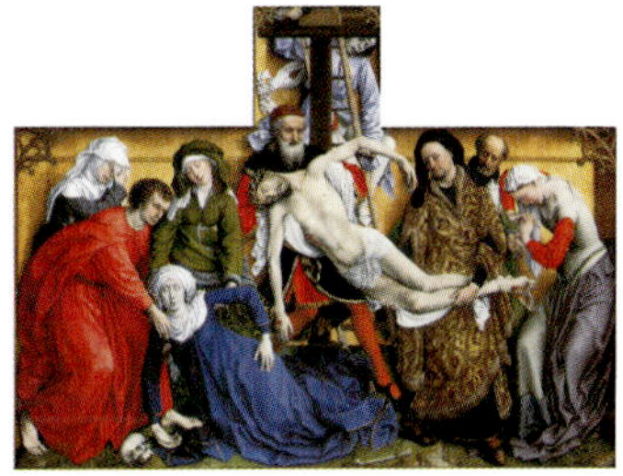

Rogier van der Weyden
Kreuzabnahme, 1430–1435
Madrid, Museo del Prado

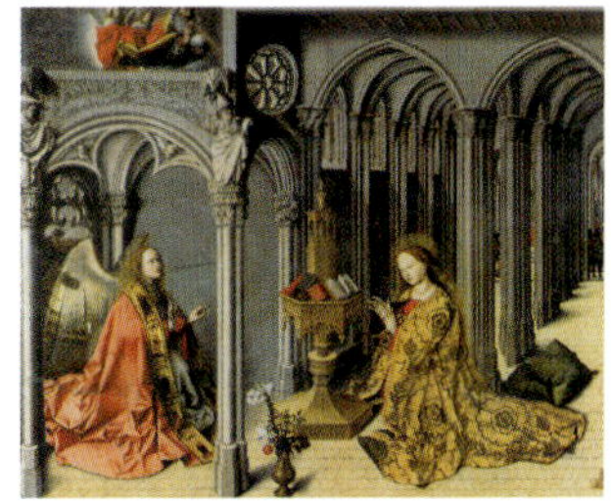

Barthélemy d'Eyck
Verkündigung, 1443–1445
Aix-en-Provence, Ste-Marie-Madeleine

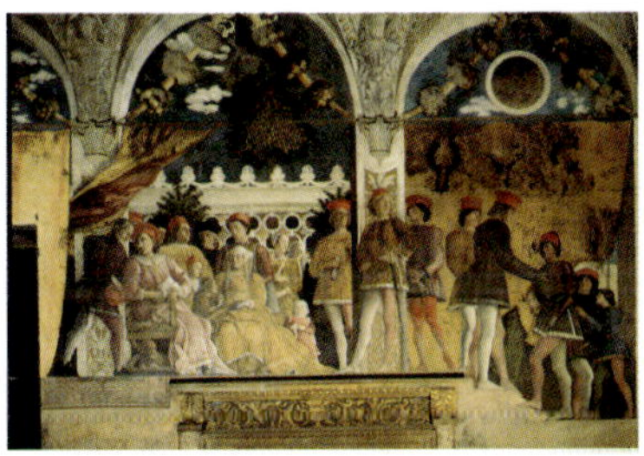

Andrea Mantegna
Familie und Hofstaat von Ludovico III. Gonzaga, 1465–1474
Mantua, Palazzo Ducale, Camera degli Sposi

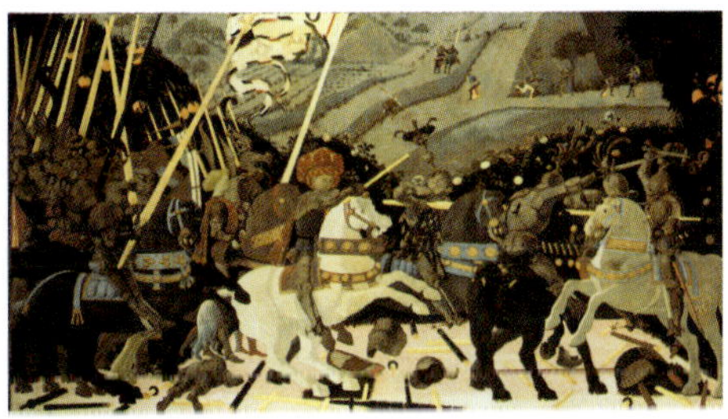

Paolo Uccello
Die Schlacht von San Romano, um 1456
London, The National Gallery

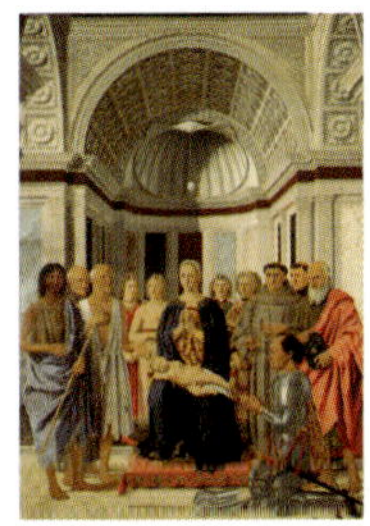

Piero della Francesca
Pala Montefeltro, 1472–1474
Mailand, Pinacoteca di Brera

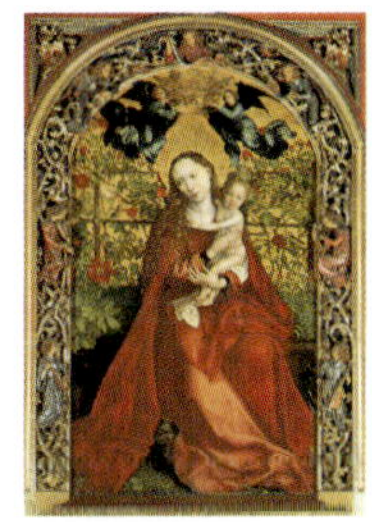

Martin Schongauer
Madonna im Rosenhag, 1473
Colmar, St-Martin

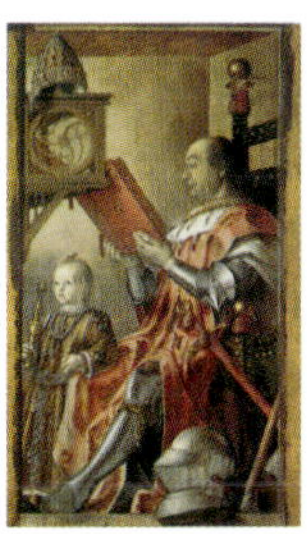

Pedro Berruguete
Federico da Montefeltro mit seinem Sohn Guidobaldo, 1474–1477
Urbino, Galleria Nazionale delle Marche

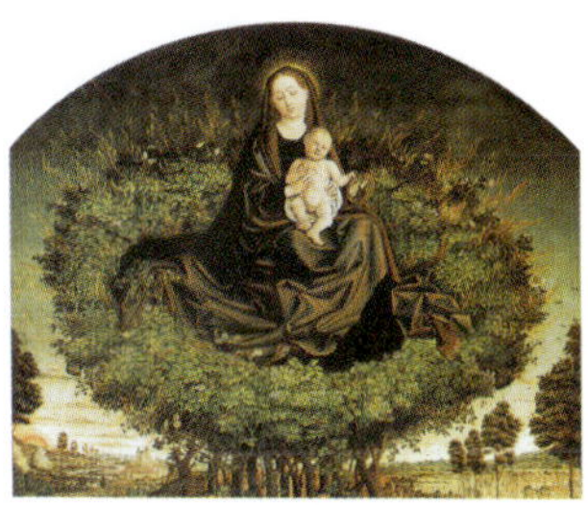

Nicolas Froment
Maria im brennenden Dornbusch, Detail aus der Mitteltafel des Triptychons *Der brennende Dornbusch*, 1475–1476
Aix-en-Provence, St-Sauveur

Chronologische Tafeln: 1475–1515

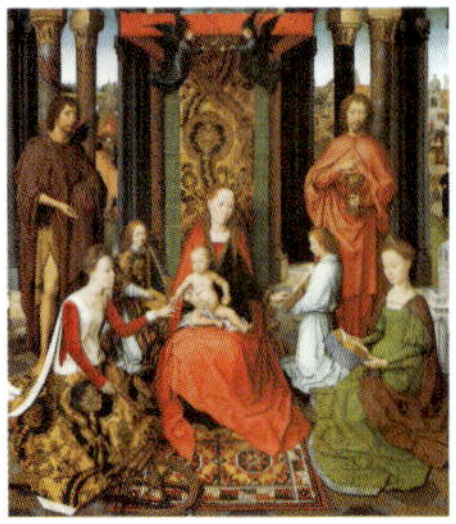

Hans Memling
Mystische Vermählung der heiligen Katharina, Mitteltafel des *Maria-und-Johannes-Altars*, 1474–1479
Brügge, Memlingmuseum – Sint Janshospitaal

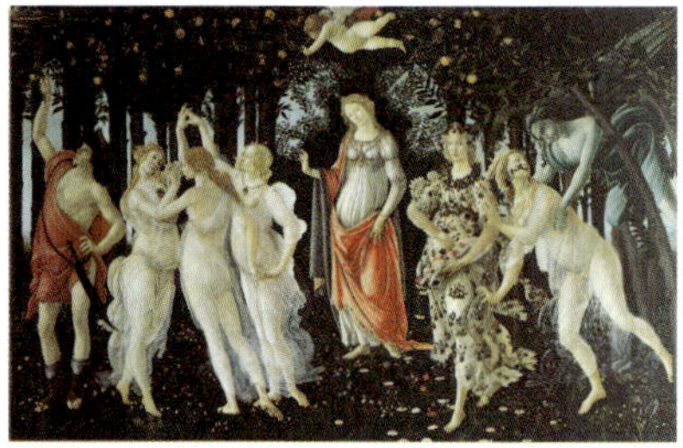

Sandro Botticelli
Frühling, um 1482
Florenz, Galleria degli Uffizi

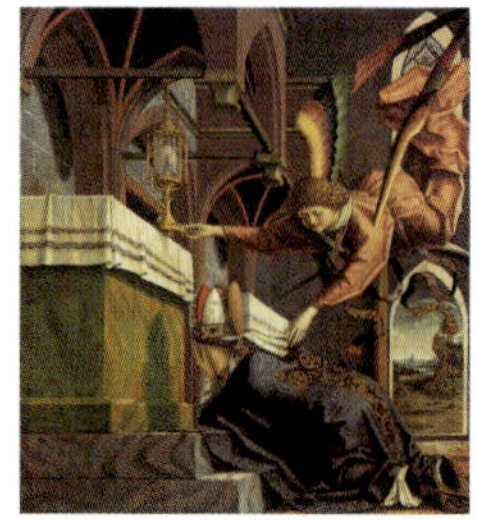

Michael Pacher
St. Wolfgang im Gebet, Außenflügel des *Kirchenväteraltars*, um 1482
München, Bayerische Staatsgemäldesammlungen, Alte Pinakothek

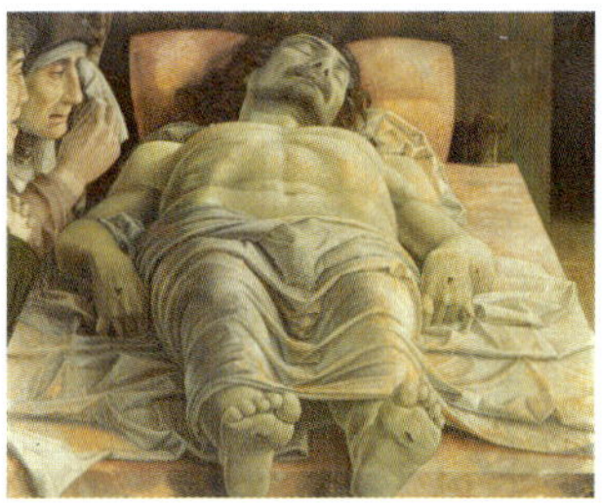

Andrea Mantegna
Toter Christus, um 1500
Mailand, Pinacoteca di Brera

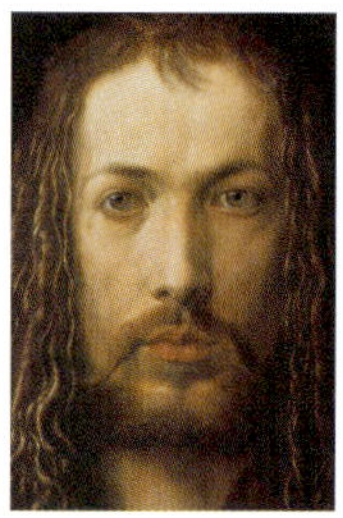

Albrecht Dürer
Selbstbildnis, 1500
München, Bayerische Staatsgemäldesammlungen, Alte Pinakothek

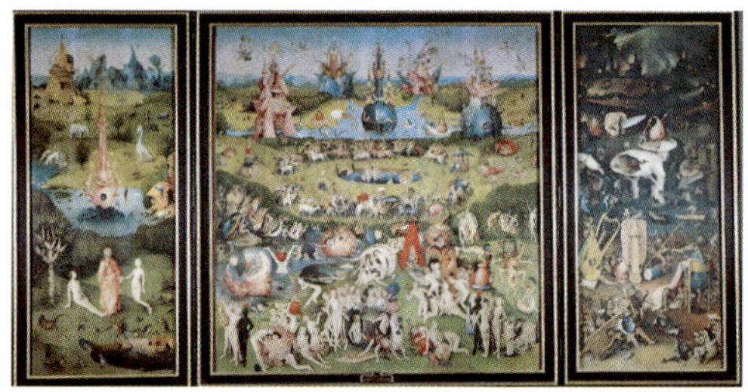

Hieronymus Bosch
Garten der Lüste, 1503–1504
Madrid, Museo del Prado

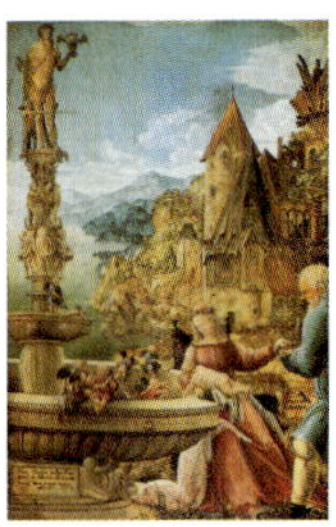

Albrecht Altdorfer
Ruhe auf der Flucht, Detail, 1510
Berlin, Staatliche Museen zu Berlin – Preußischer Kulturbesitz, Gemäldegalerie

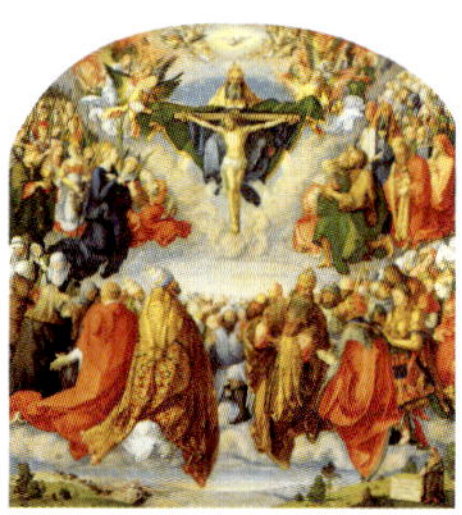

Albrecht Dürer
Allerheiligenbild (Anbetung der Dreifaltigkeit), 1511
Wien, Kunsthistorisches Museum

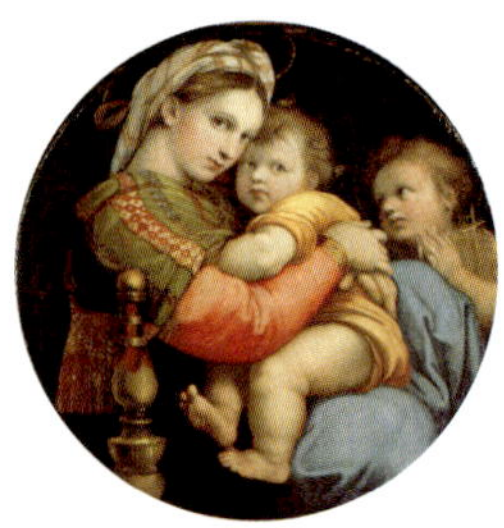

Raffael
Madonna della Seggiola, 1513
Florenz, Palazzo Pitti, Galleria Palatina

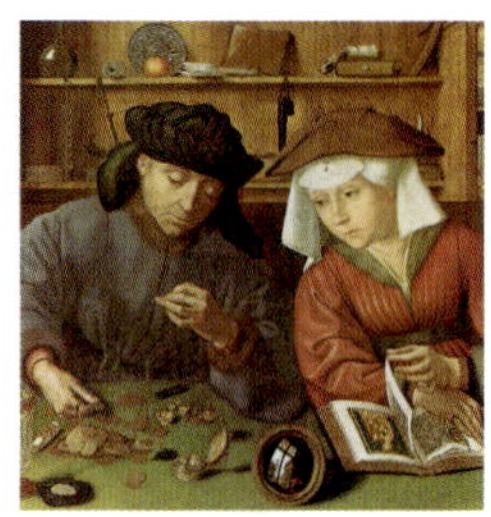

Quentin Massys
Der Geldwechsler und seine Frau, 1514
Paris, Musée du Louvre

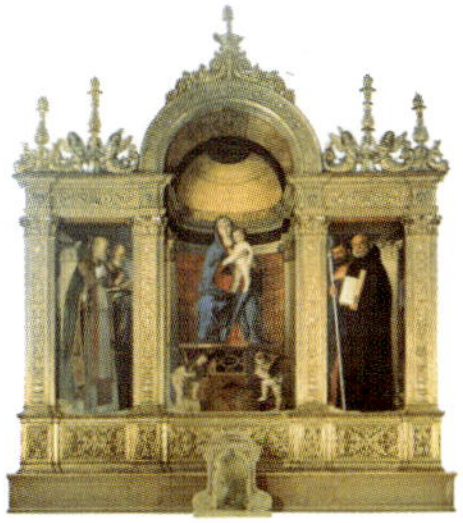

Giovanni Bellini
Pala di Pesaro (Pesaro-Altar), 1488
Venedig, Santa Maria Gloriosa dei Frari, Sakristei

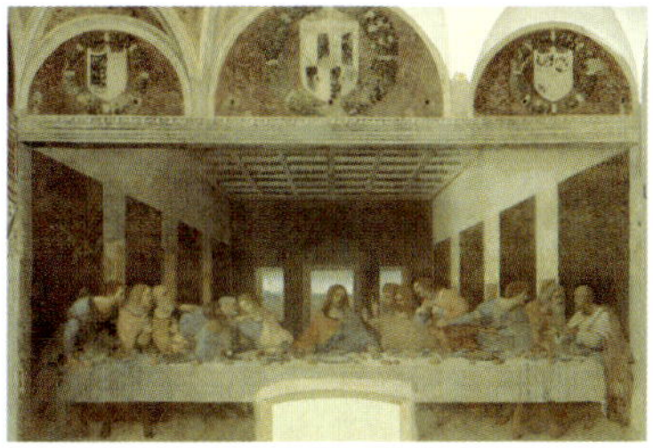

Leonardo da Vinci
Abendmahl, 1494–1497
Mailand, Santa Maria delle Grazie, Refektorium

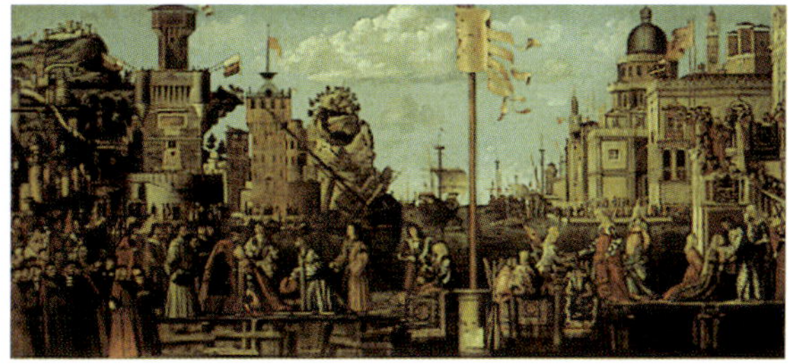

Vittore Carpaccio
Legende der heiligen Ursula, 1495
Venedig, Gallerie dell'Accademia

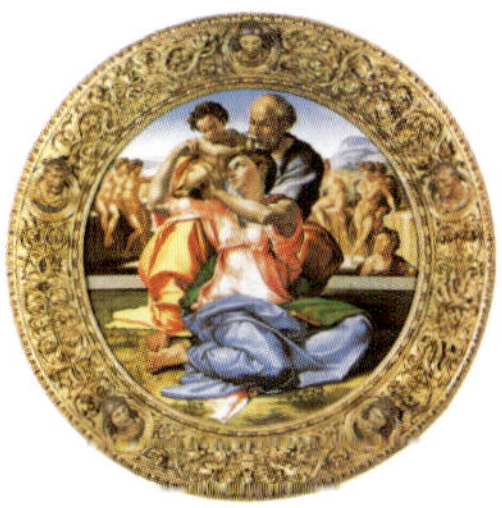

Michelangelo
Heilige Familie mit dem Johannesknaben (Tondo Doni), um 1504
Florenz, Galleria degli Uffizi

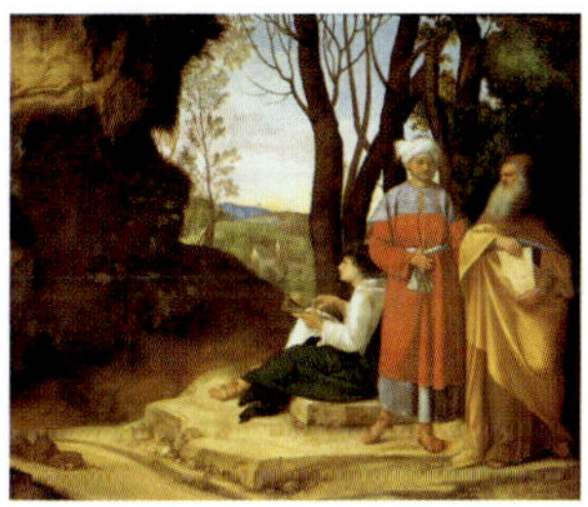

Giorgione
Die drei Philosophen, um 1505
Wien, Kunsthistorisches Museum

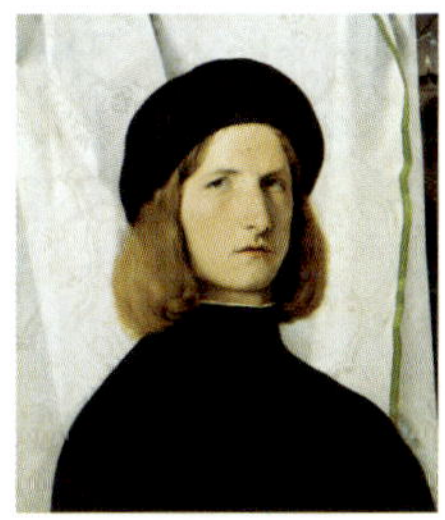

Lorenzo Lotto
Bildnis eines Jünglings vor weißem Vorhang, 1505
Wien, Kunsthistorisches Museum

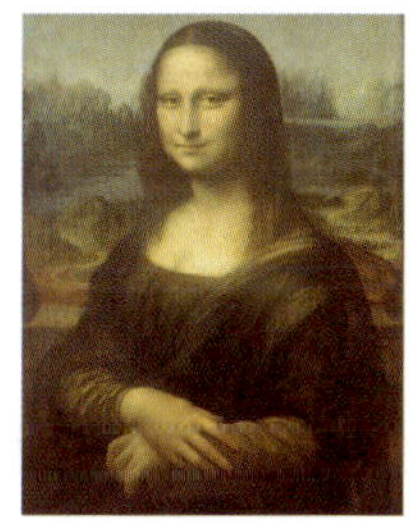

Leonardo da Vinci
Mona Lisa (La Gioconda), 1503/06–1513
Paris, Musée du Louvre

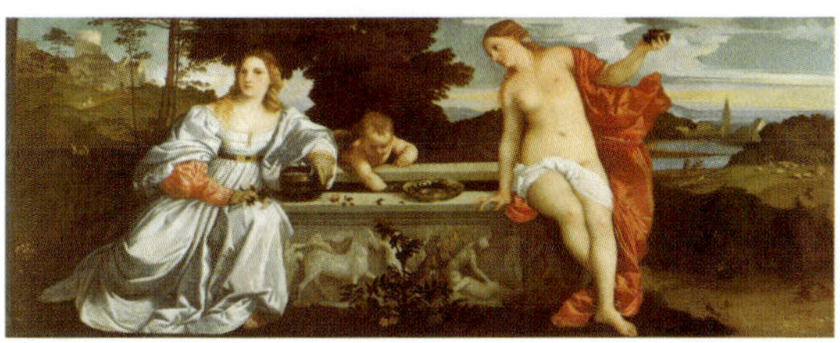

Tizian
Himmlische und irdische Liebe, 1514
Rom, Galleria Borghese

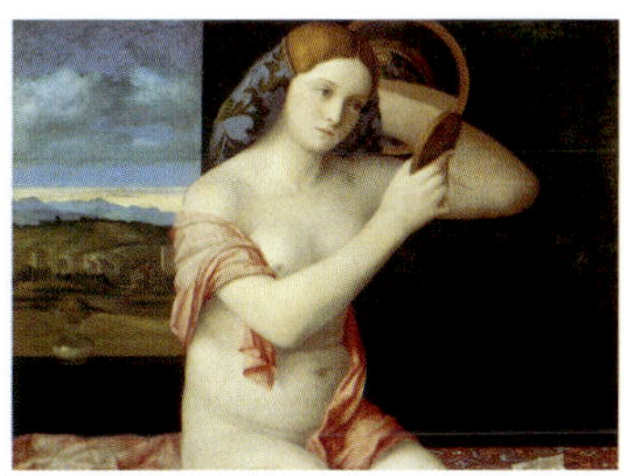

Giovanni Bellini
Junge Frau bei der Toilette, 1515
Wien, Kunsthistorisches Museum

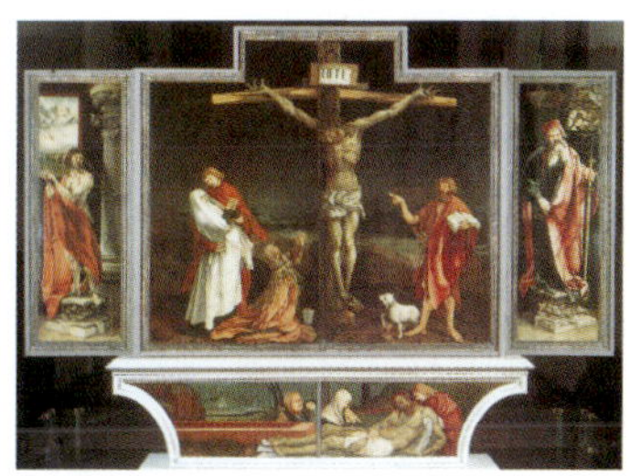

Matthias Grünewald
Isenheimer Altar, 1512–1516
Colmar, Musée d'Unterlinden

Chronologische Tafeln: 1515–1548

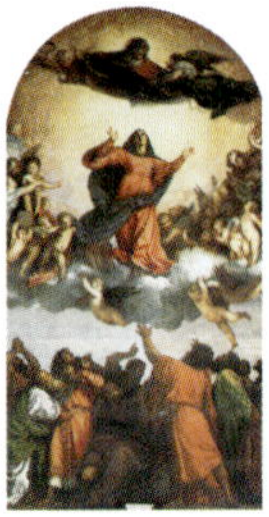

Tizian
Himmelfahrt Mariä (Assunta), 1516–1518
Venedig, Santa Maria Gloriosa dei Frari

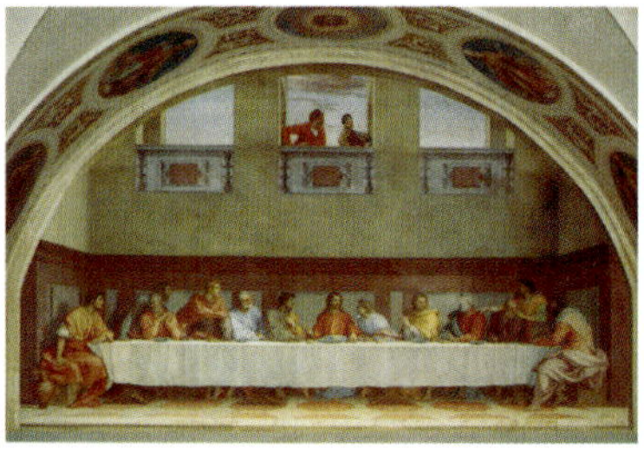

Andrea del Sarto
Abendmahl, 1519
Florenz, San Salvi, Museo del Cenacolo di Andrea del Sarto

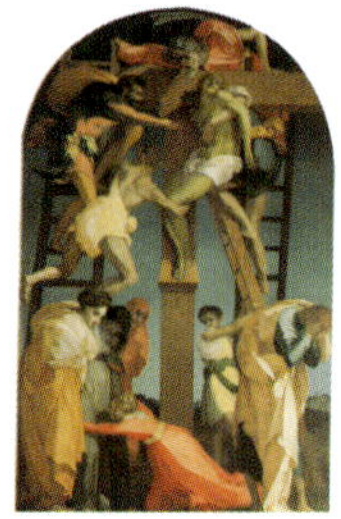

Rosso Fiorentino
Kreuzabnahme, 1521
Volterra, Pinacoteca e Museo Civico

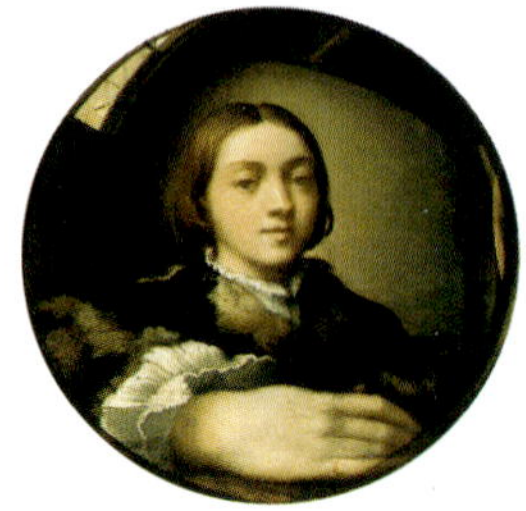

Parmigianino
Selbstbildnis im Konvexspiegel, um 1524
Wien, Kunsthistorisches Museum

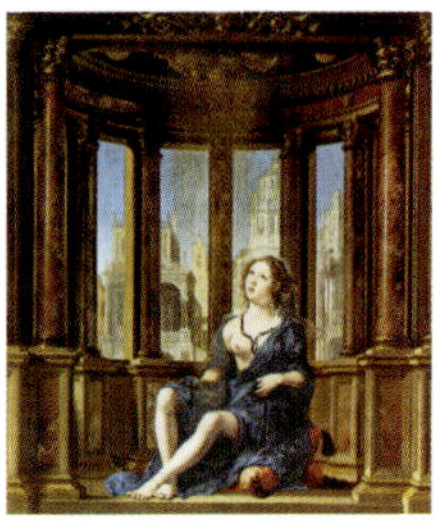

Jan Gossaert, gen. Mabuse
Danae, 1527
München, Bayerische Staatsgemäldesammlungen, Alte Pinakothek

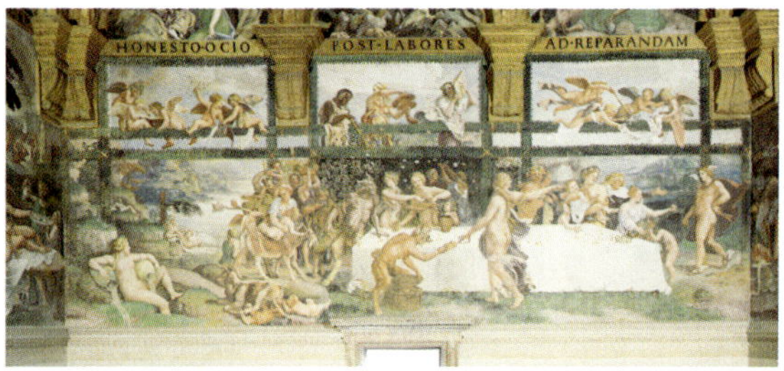

Giulio Romano
Il banchetto rustico, 1526–1528
Mantua, Palazzo del Tè, Sala di Psiche

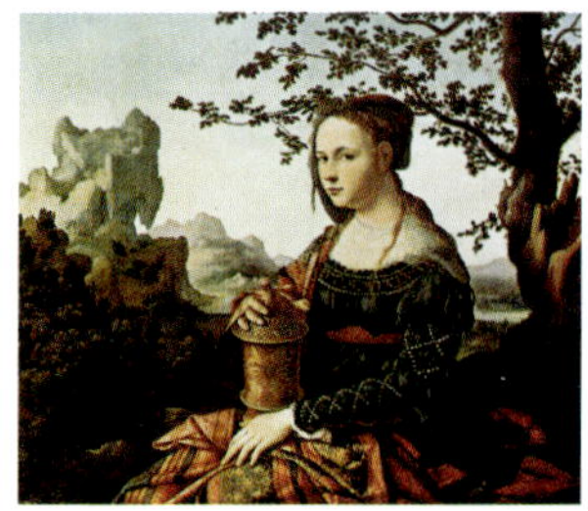

Jan van Scorel
Maria Magdalena, um 1528
Amsterdam, Rijksmuseum

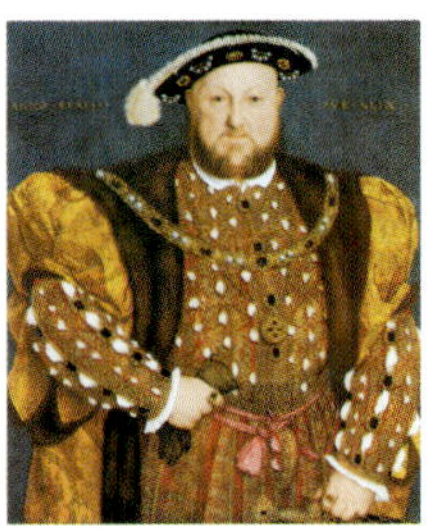

Hans Holbein der Jüngere
Porträt Heinrichs VIII., 1539–1540
Rom, Galleria Nazionale d'Arte Antica

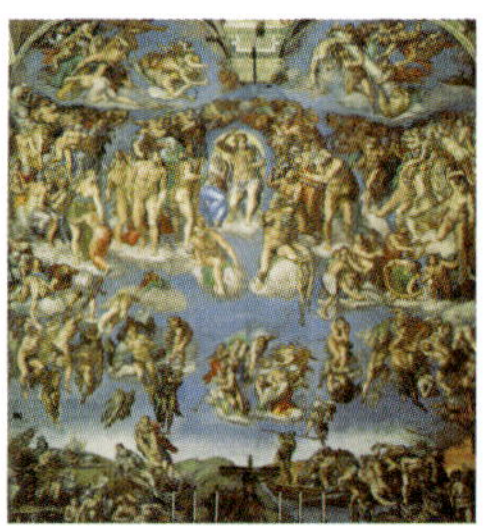

Michelangelo
Jüngstes Gericht, 1537–1541
Vatikan, Vatikanische Museen, Sixtinische Kapelle, Altarwand

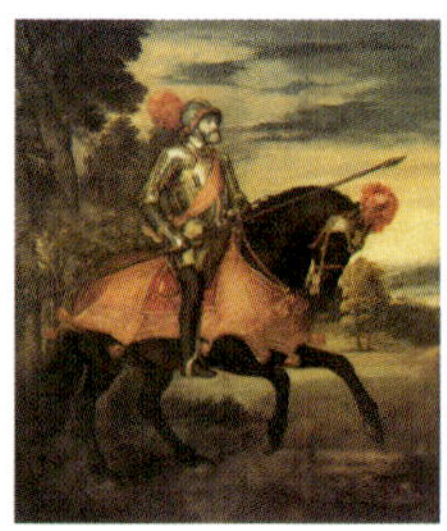

Tizian
Kaiser Karl V. bei Mühlberg, 1548
Madrid, Museo del Prado

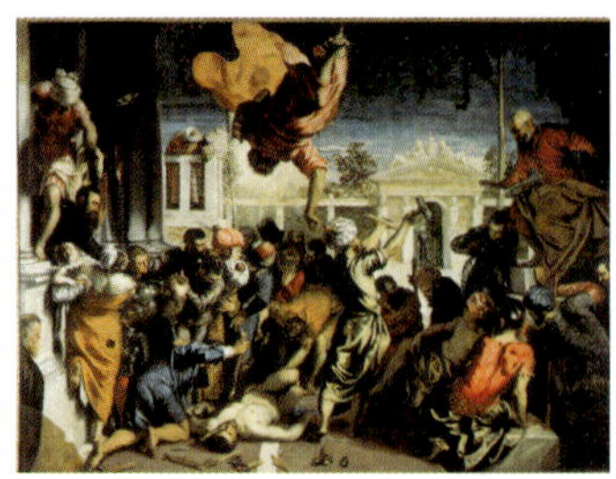

Jacopo Tintoretto
Der heilige Markus befreit einen Sklaven, 1548
Venedig, Gallerie dell'Accademia

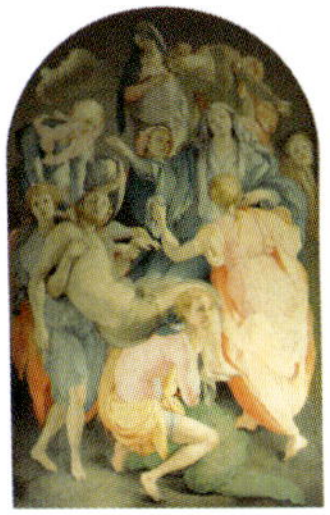

Pontormo
Grablegung, um 1525
Florenz, Santa Felicità,
Cappella Barbadori-Capponi

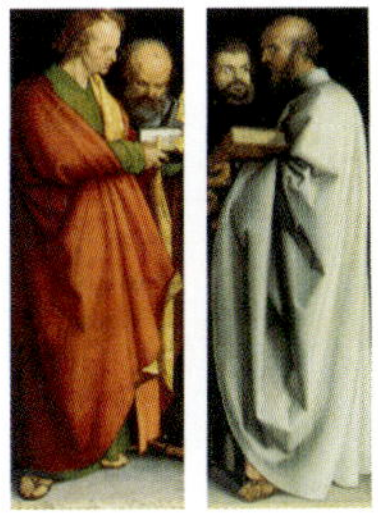

Albrecht Dürer
Die vier Apostel, 1526
München, Bayerische
Staatsgemäldesammlungen,
Alte Pinakothek

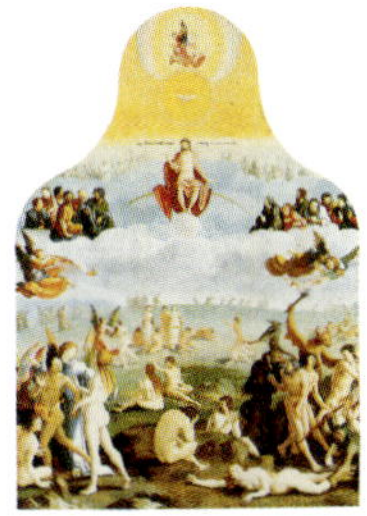

Lucas van Leyden
Triptychon mit dem Jüngsten Gericht, Mitteltafel, 1526
Leiden, Stedelijk Museum
De Lakenhal

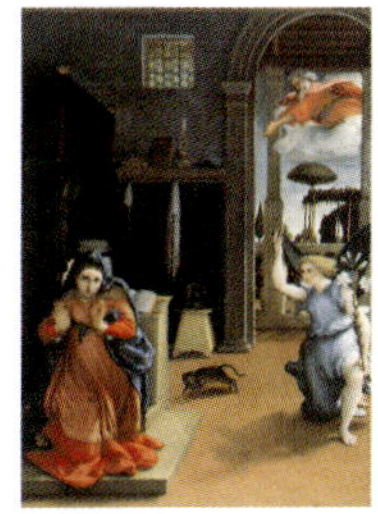

Lorenzo Lotto
Verkündigung, 1527
Recanati, Pinacoteca
Comunale

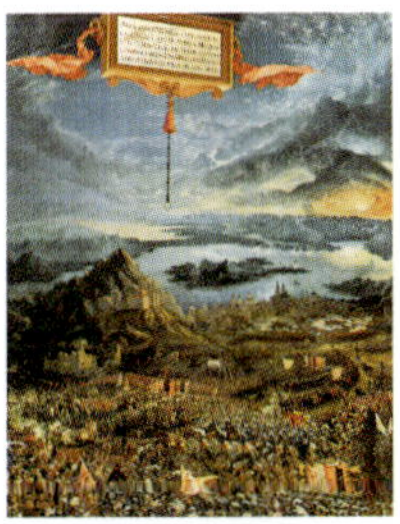

Albrecht Altdorfer
Alexanderschlacht (Schlacht bei Issos), 1529
München, Bayerische
Staatsgemäldesammlungen,
Alte Pinakothek

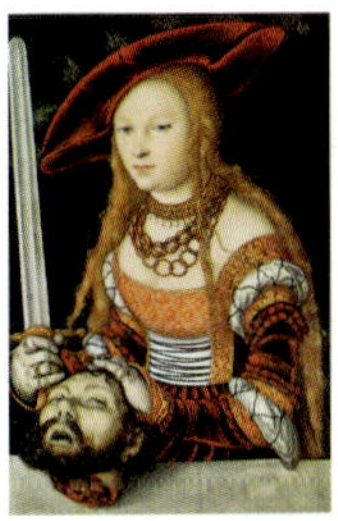

Lucas Cranach der Ältere
Judith mit dem Haupt des Holofernes, um 1530
Wien, Kunsthistorisches
Museum

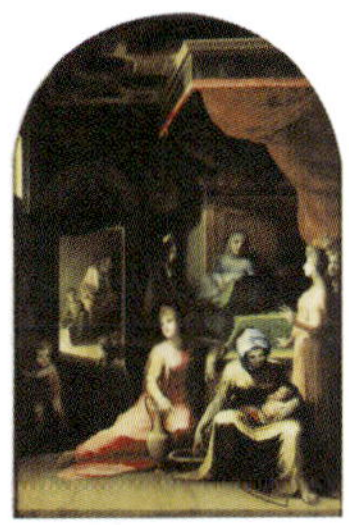

Domenico Beccafumi
Mariä Geburt, 1530
Siena, Pinacoteca
Nazionale

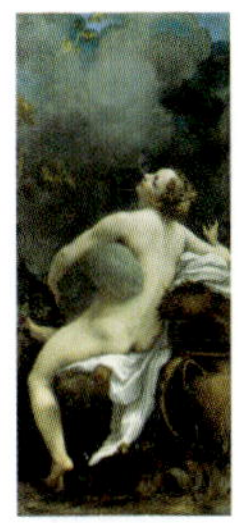

Correggio
Jupiter und Io,
um 1531
Wien,
Kunsthistorisches
Museum

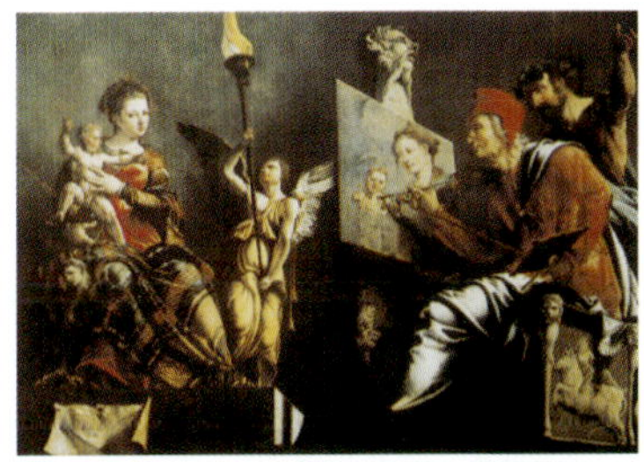

Maarten van Heemskerck
Der heilige Lukas porträtiert die Madonna, 1532
Haarlem, Frans Hals Museum

Chronologische Tafeln: 1548–1610

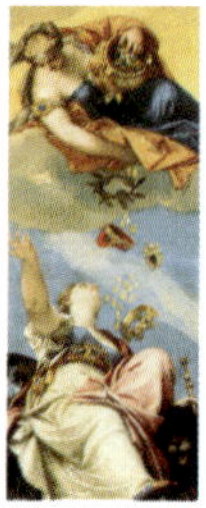

Veronese
Juno streut Gaben über Venetia aus, 1553–1554
Venedig, Dogenpalast, Sala del Consiglio dei Dieci

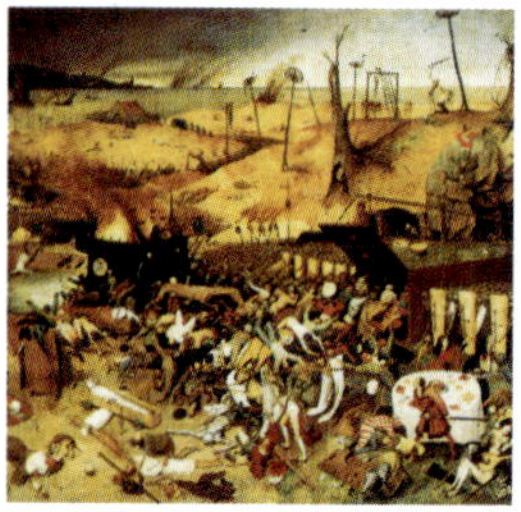

Pieter Bruegel der Ältere
Triumph des Todes, um 1562
Madrid, Museo del Prado

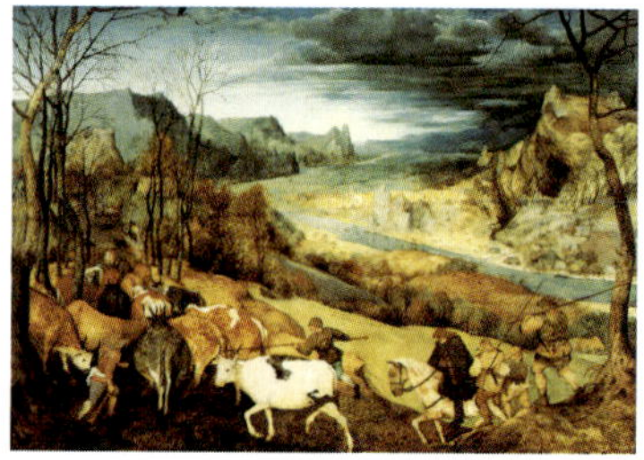

Pieter Bruegel der Ältere
Heimkehr der Herde (Herbst) aus dem Zyklus *Jahreszeiten*, 1565
Wien, Kunsthistorisches Museum

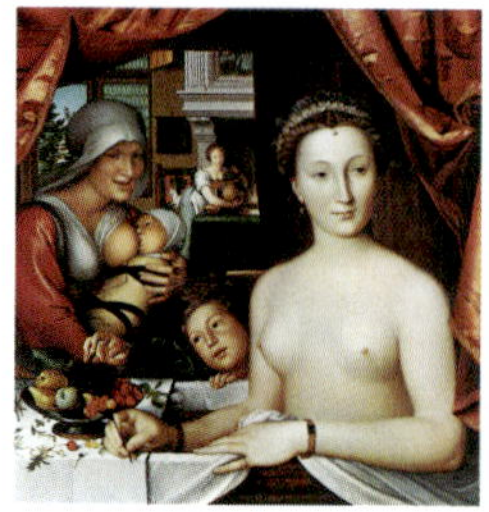

François Clouet
Dame im Bade (Diane de Poitiers?), um 1570
Washington, National Gallery of Art

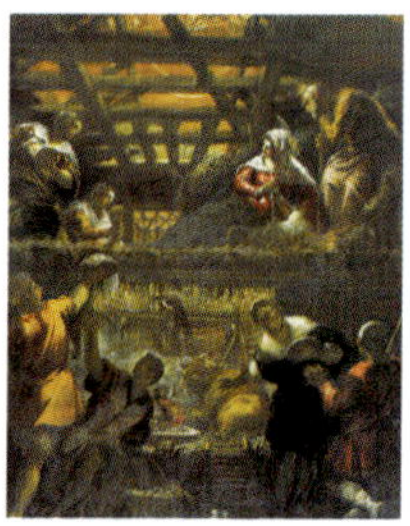

Jacopo Tintoretto
Geburt Christi, 1577–1578
Venedig, Scuola Grande di San Rocco, Obergeschoss, Großer Versammlungssaal

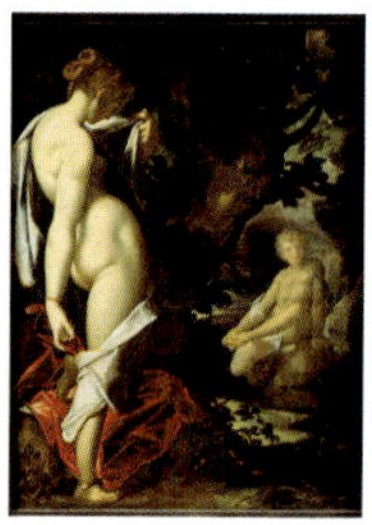

Bartholomäus Spranger
Hermaphrodit und Salmakis, um 1582
Wien, Kunsthistorisches Museum

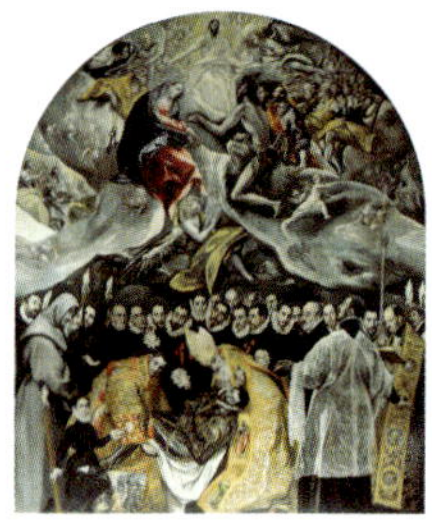

El Greco
Begräbnis des Grafen Orgaz, 1586–1588
Toledo, Santo Tomé

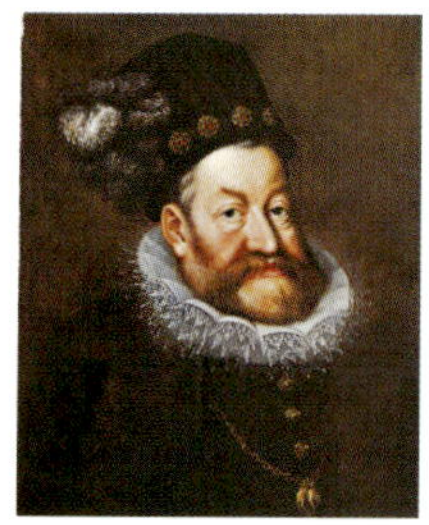

Hans von Aachen
Porträt Rudolfs II., 1591
Wien, Kunsthistorisches Museum

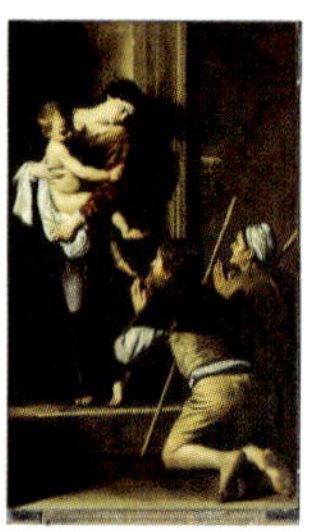

Caravaggio
Madonna dei Pellegrini, 1603–1605
Rom, Sant'Agostino

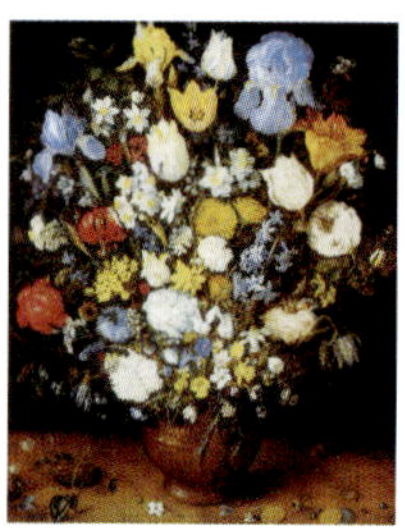

Jan Bruegel der Ältere
Kleiner Blumenstrauß in einem Tongefäß, um 1607
Wien, Kunsthistorisches Museum

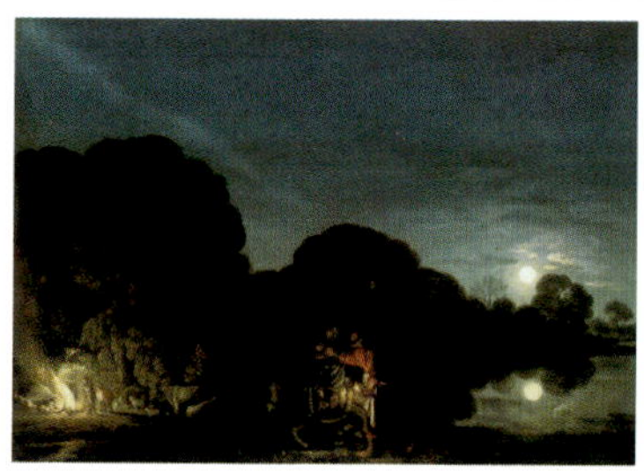

Adam Elsheimer
Flucht nach Ägypten, 1609
München, Bayerische Staatsgemäldesammlungen, Alte Pinakothek

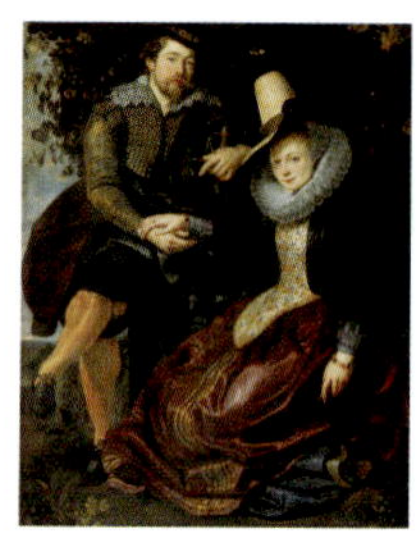

Peter Paul Rubens
Selbstbildnis mit Isabella Brant in der Geißblattlaube, 1609–1610
München, Bayerische Staatsgemäldesammlungen, Alte Pinakothek

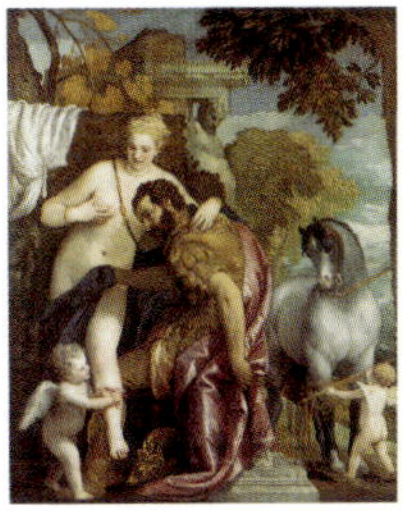

Veronese
Venus und Mars durch Amor verbunden, um 1580
New York, The Metropolitan Museum of Art

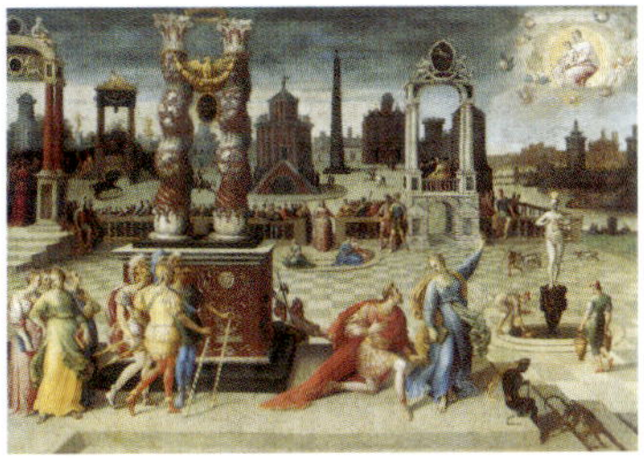

Antoine Caron
Kaiser Augustus und die Sibylle von Tibur, um 1571
Paris, Musée du Louvre

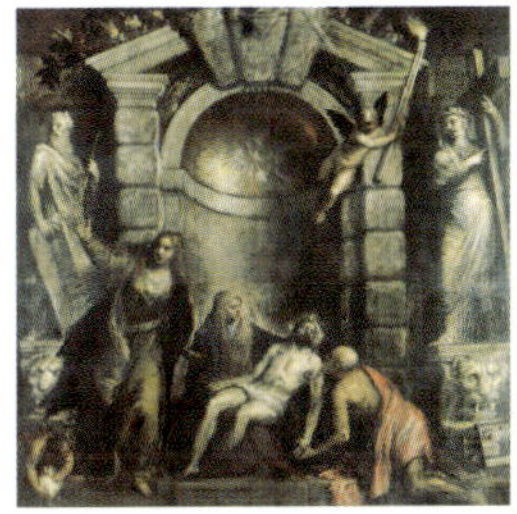

Tizian
Pietà, 1576
Venedig, Gallerie dell'Accademia

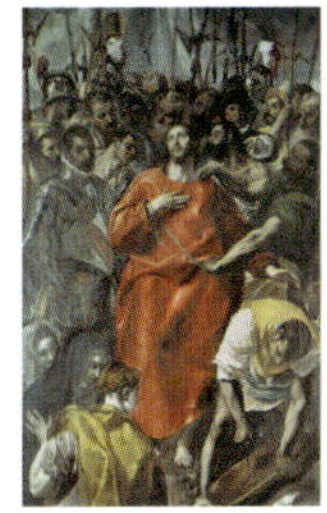

El Greco
Entkleidung Christi (El Espolio), 1577–1579
Toledo, Sacristía de la catedral

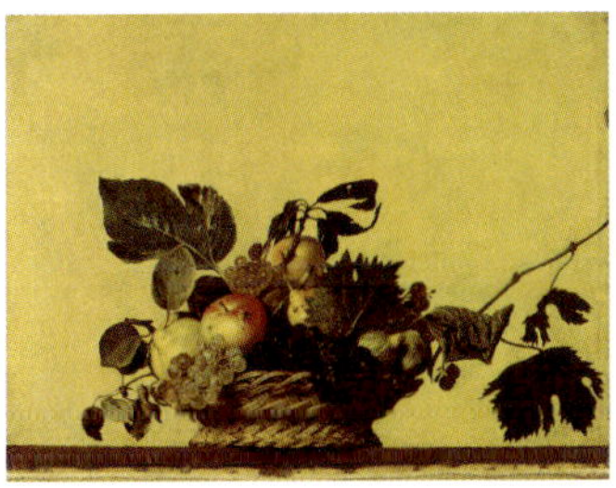

Caravaggio
Fruchtkorb, 1596
Mailand, Pinacoteca Ambrosiana

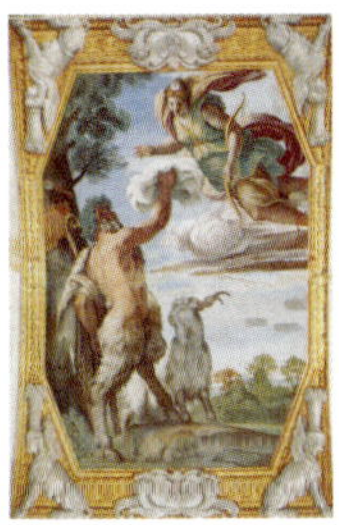

Annibale Carracci
Pan und Diana, Detail der Fresken der Galleria Farnese, 1597–1602
Rom, Palazzo Farnese

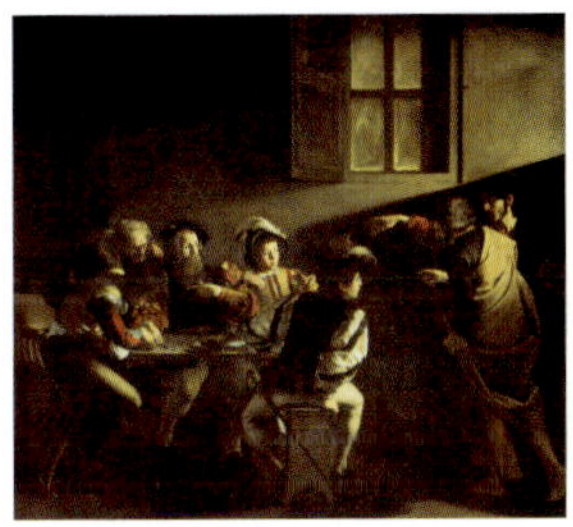

Caravaggio
Die Berufung des hl. Matthäus, 1599–1600
Rom, San Luigi di Francesi

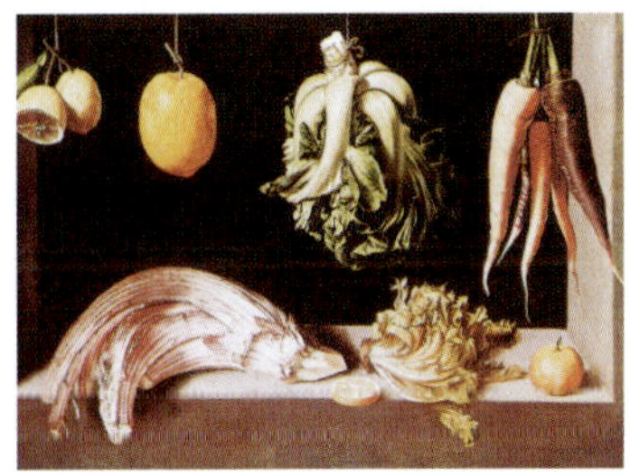

Juan Sánchez Cotán
Stillleben, 1602–1603
Madrid, Sammlung José Luis Várez Fisa

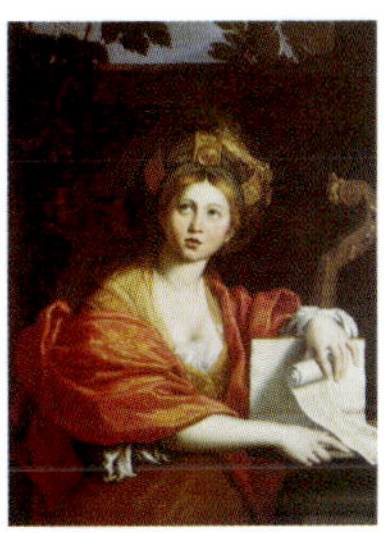

Domenichino
Die Cumäische Sibylle, um 1610
Rom, Pinacoteca Capitolina

Chronologische Tafeln: 1610–1650

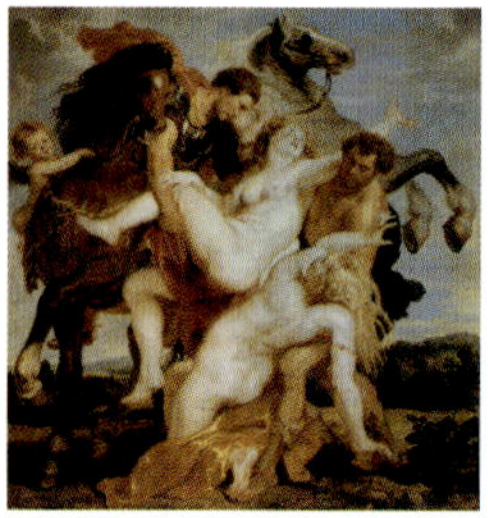

Peter Paul Rubens
Raub der Töchter des Leukippos, um 1618
München, Bayerische Staatsgemäldesammlungen, Alte Pinakothek

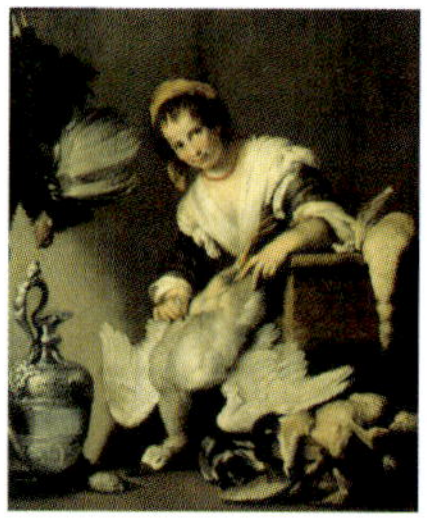

Bernardo Strozzi
Die Köchin, um 1620
Genua, Galleria di Palazzo Rosso

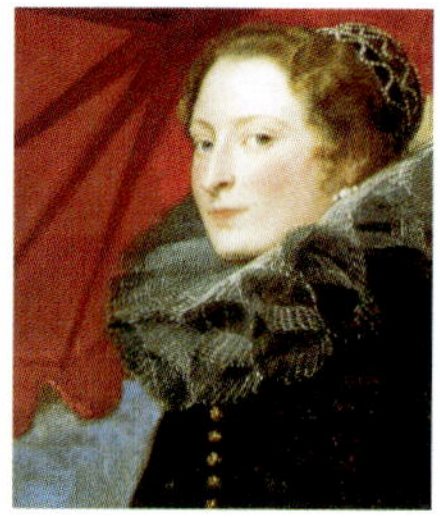

Anthonis van Dyck
Marchesa Elena Grimaldi, Gattin des Marchese Nicola Cattaneo, 1623
Washington, National Gallery of Art

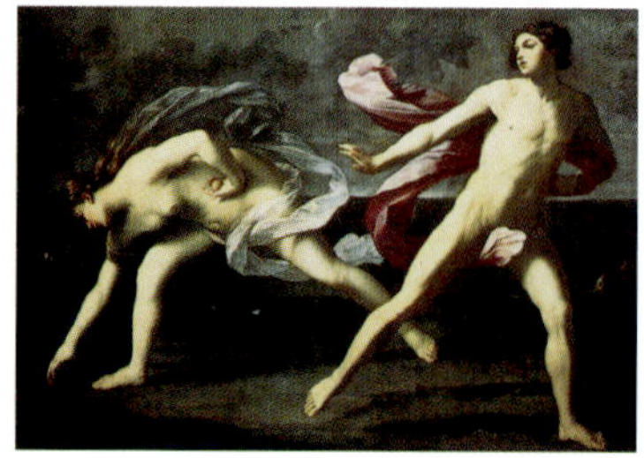

Guido Reni
Atalante und Hippomenes, 1622–1625
Neapel, Museo Nazionale di Capodimonte

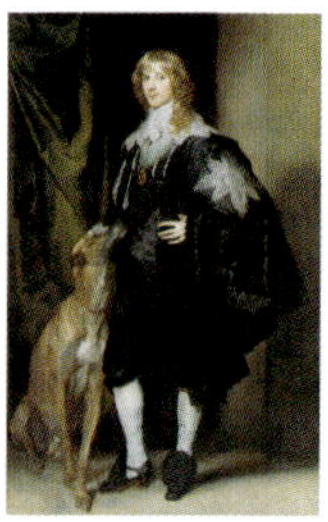

Anthonis van Dyck
James Stuart, Herzog von Lennox und Richmond, um 1634
New York, The Metropolitan Museum of Art

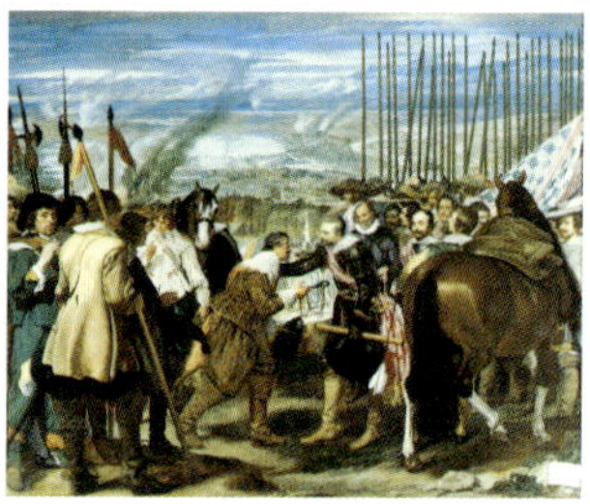

Diego Velázquez
Die Übergabe von Breda (Las Lanzas), 1633–1635
Madrid, Museo del Prado

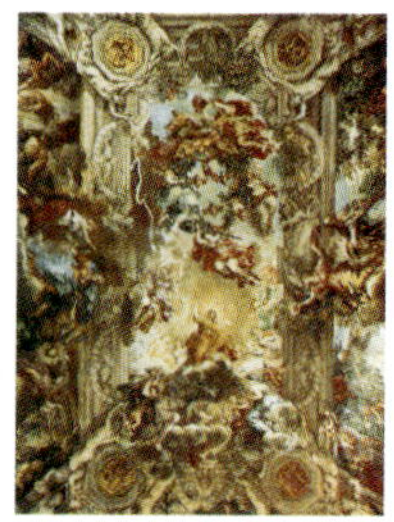

Pietro da Cortona
Allegorie auf das Pontifikat Urbans VIII., 1633–1639
Rom, Palazzo Barberini

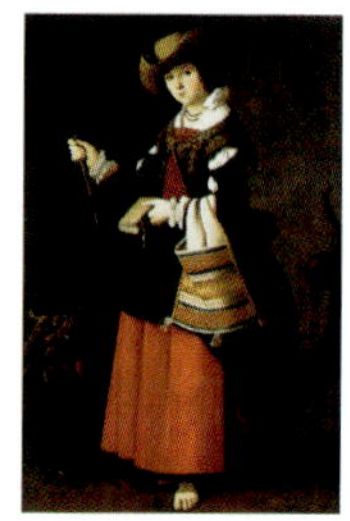

Francisco de Zurbarán
Heilige Margarete von Antiochien, 1635–1640
London, The National Gallery

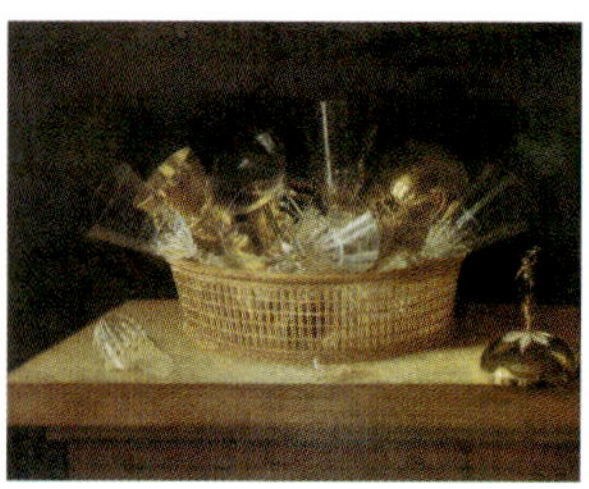

Sebastian Stoskopff
Korb mit Gläsern, 1644
Straßburg, Musée des Beaux-Arts

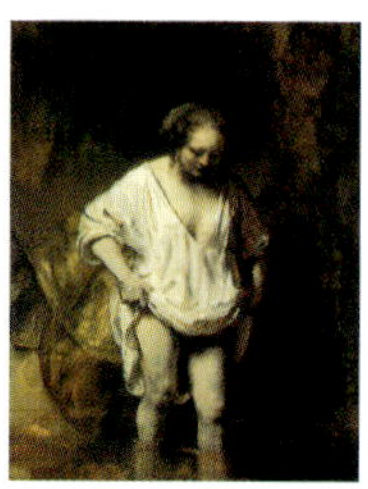

Rembrandt Harmensz. van Rijn
Badende Frau, 1654
London, The National Gallery

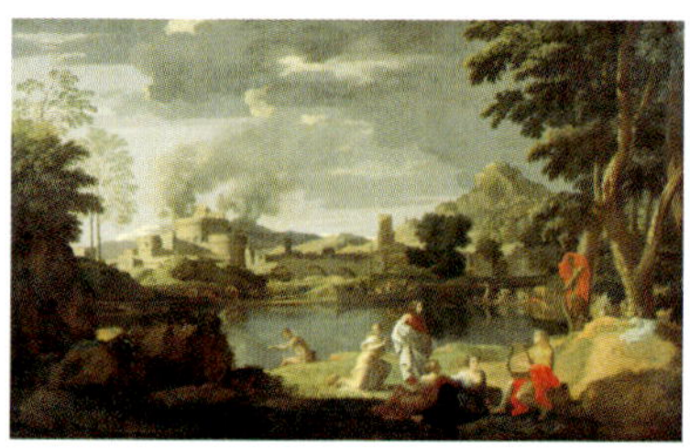

Nicolas Poussin
Landschaft mit Orpheus und Eurydike, 1648
Paris, Musée du Louvre

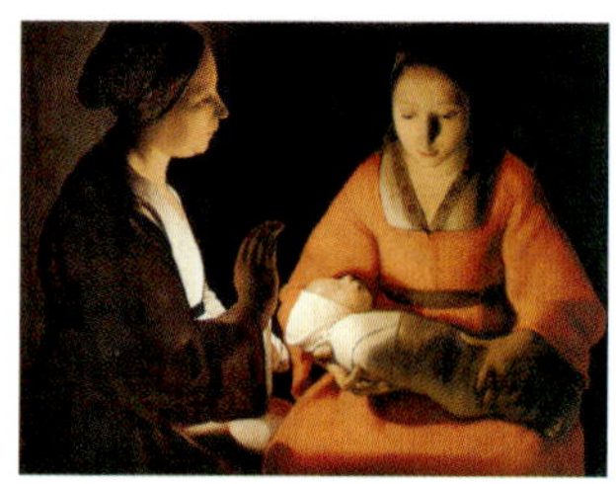

Georges de La Tour
Das Neugeborene, um 1648
Rennes, Musée des Beaux-Arts

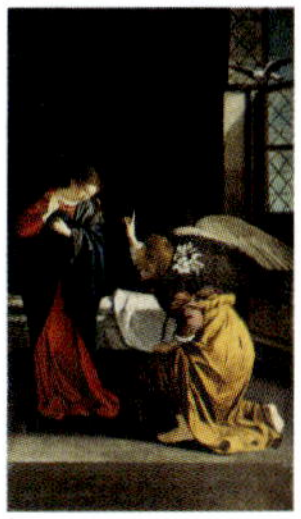

Orazio Gentileschi
Verkündigung, 1623
Turin, Galleria Sabauda

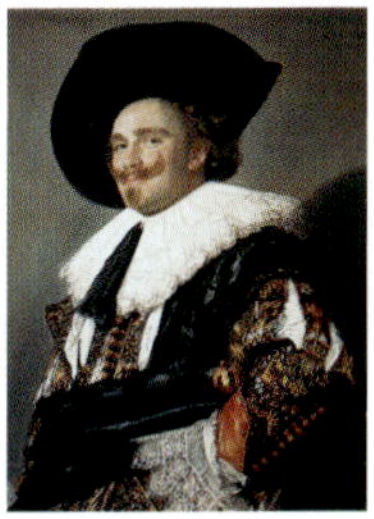

Frans Hals
Der lachende Kavalier, 1624
London, The Wallace Collection

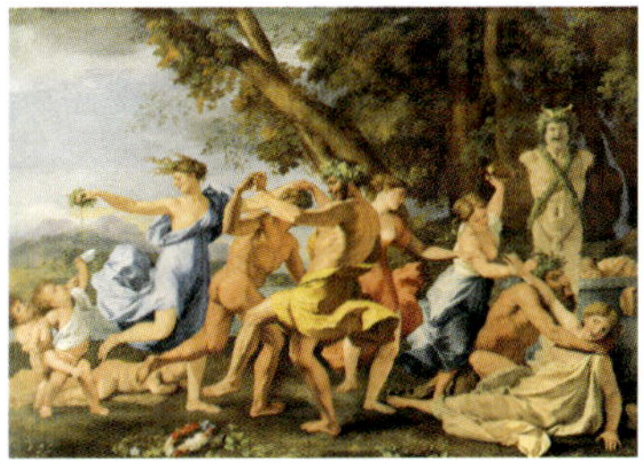

Nicolas Poussin
Bacchanal, 1631–1633
London, The National Gallery

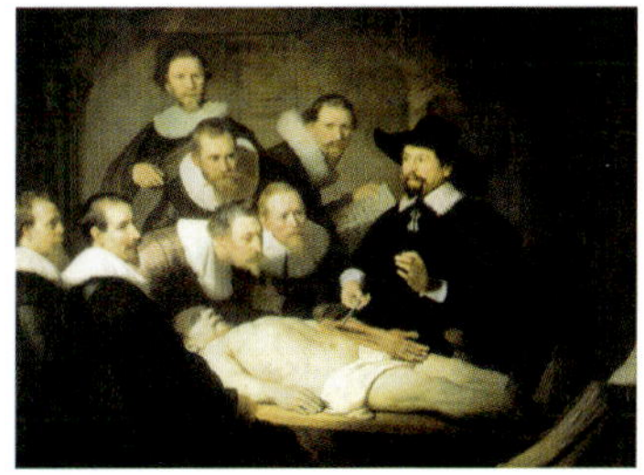

Rembrandt Harmensz. van Rijn
Die Anatomiestunde des Dr. Nicolaes Tulp, 1632
Den Haag, Mauritshuis

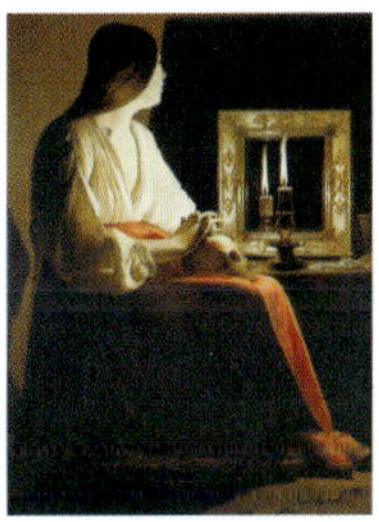

Georges de La Tour
Die büßende Magdalena, 1638–1643
New York, The Metropolitan Museum of Art

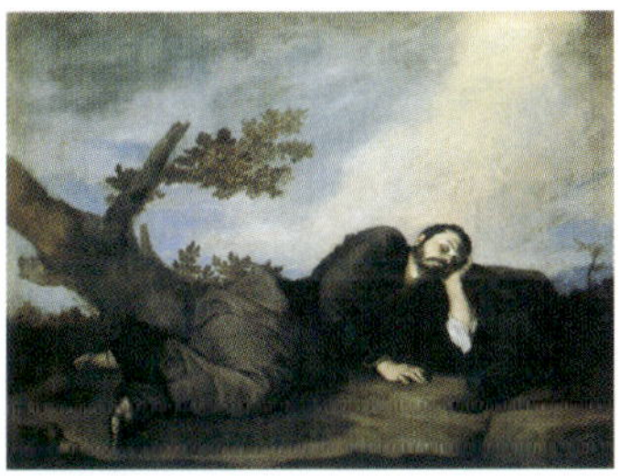

Jusepe de Ribera
Jakobs Traum, 1639
Madrid, Museo del Prado

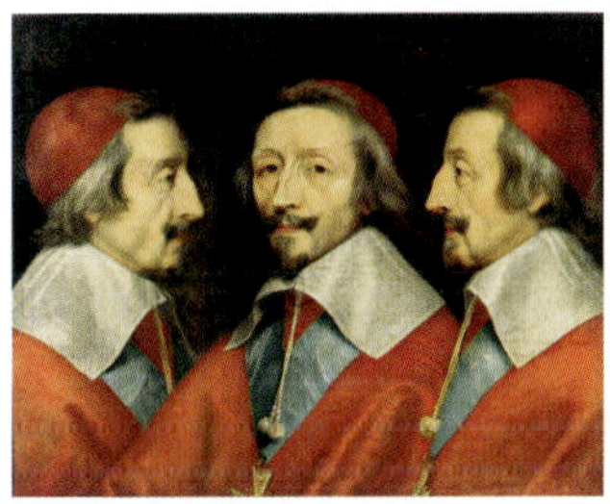

Philippe de Champaigne
Dreifachbrustbild des Kardinals Richelieu, 1642
London, The National Gallery

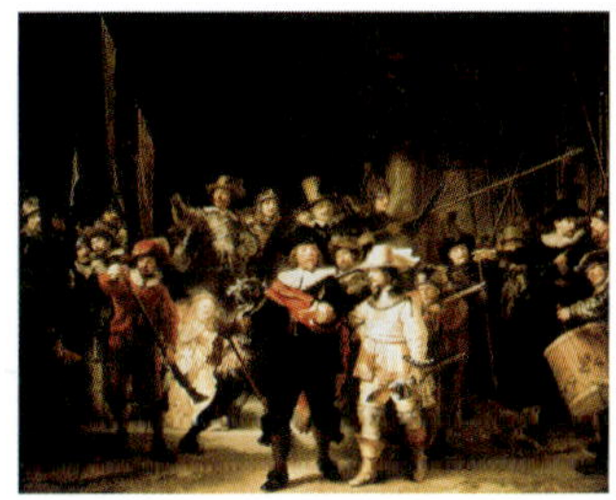

Rembrandt Harmensz. van Rijn
Die Nachtwache, 1642
Amsterdam, Rijksmuseum

Chronologische Tafeln: 1650–1730

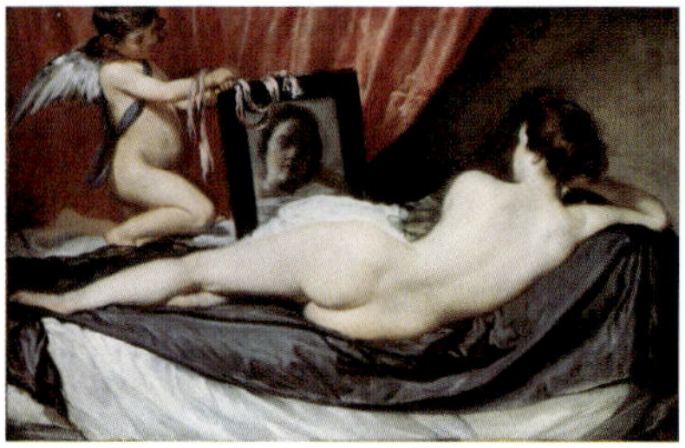

Diego Velázquez
Venus mit dem Spiegel (The Rokeby Venus), 1650
London, The National Gallery

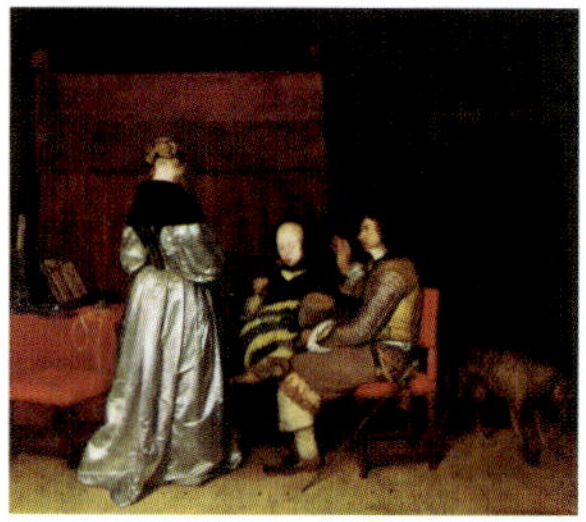

Gerard Terborch
Interieur mit Figuren (Die väterliche Ermahnung), um 1650
Amsterdam, Rijksmuseum

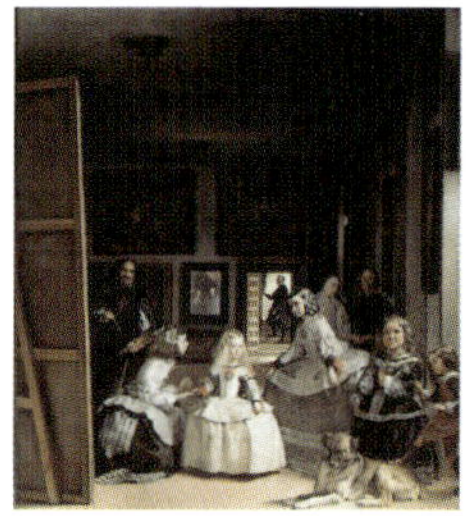

Diego Velázquez
Las Meniñas (Die Familie Philipps IV), 1656
Madrid, Museo del Prado

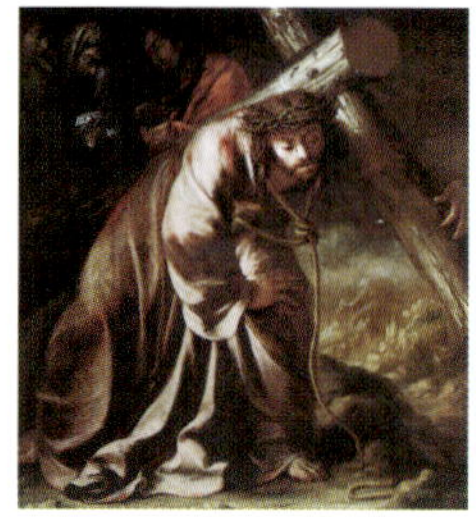

Juan de Valdés Leal
Kreuztragung, 1657–1660
Madrid, Museo del Prado

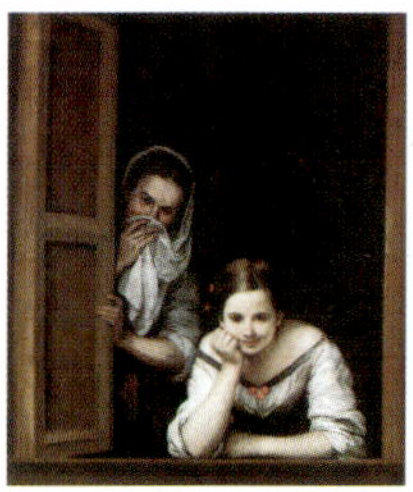

Bartolomé Esteban Murillo
Mädchen am Fenster, um 1670
Washington, National Gallery of Art

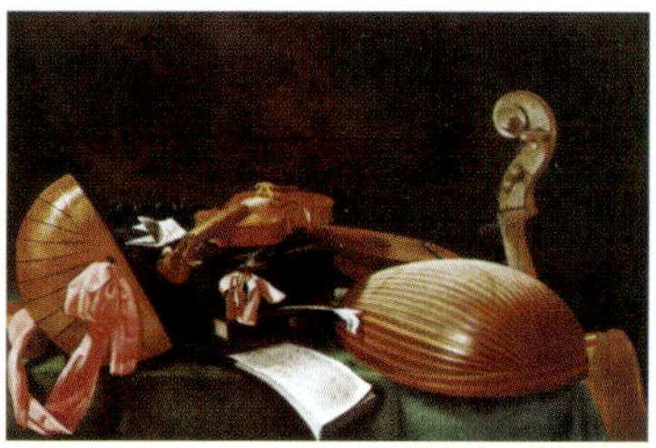

Evaristo Baschenis
Stillleben mit Saiteninstrumenten, 1660–1670
Bergamo, Accademia Carrara

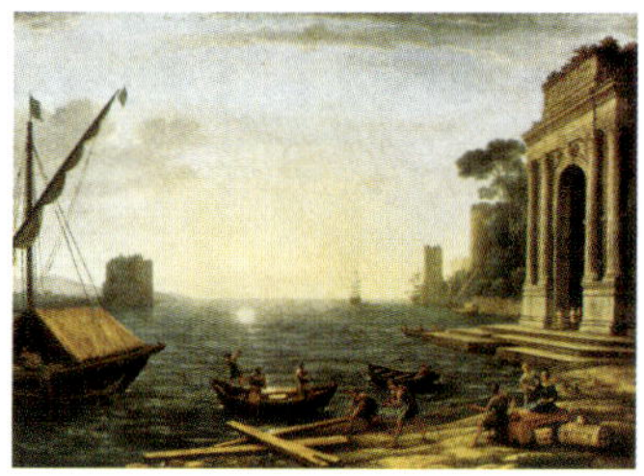

Claude Lorrain
Seehafen bei Sonnenaufgang, 1674
München, Bayerische Staatsgemäldesammlungen, Alte Pinakothek

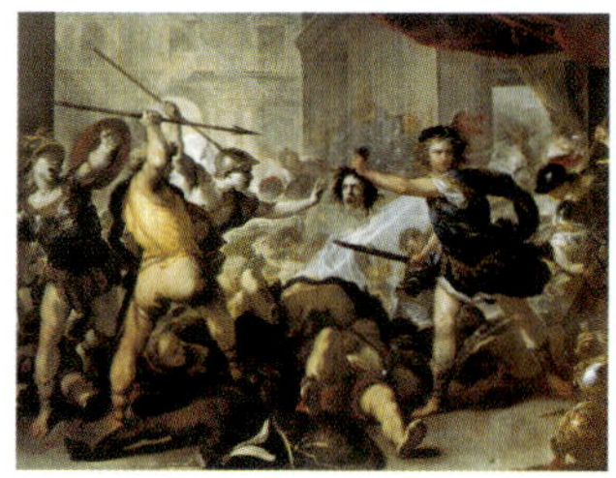

Luca Giordano
Perseus verwandelt Phineas und seine Gefährten zu Stein, 1680
London, The National Gallery

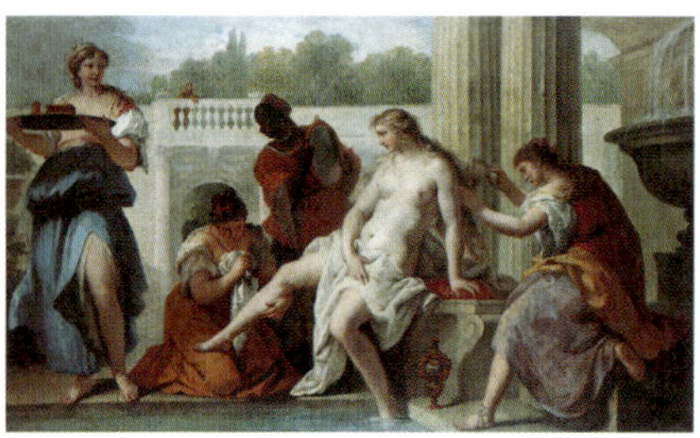

Sebastiano Ricci
Bathseba im Bade, 1720
Budapest, Szépművészeti Múzeum

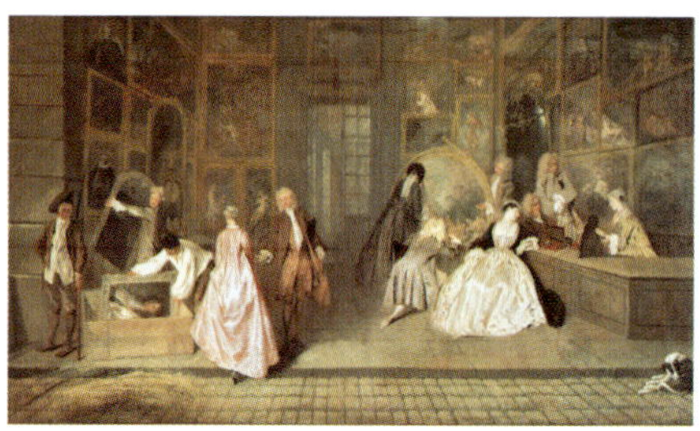

Antoine Watteau
Das Firmenschild des Kunsthändlers Gersaint, 1721
Berlin, Schloss Charlottenburg

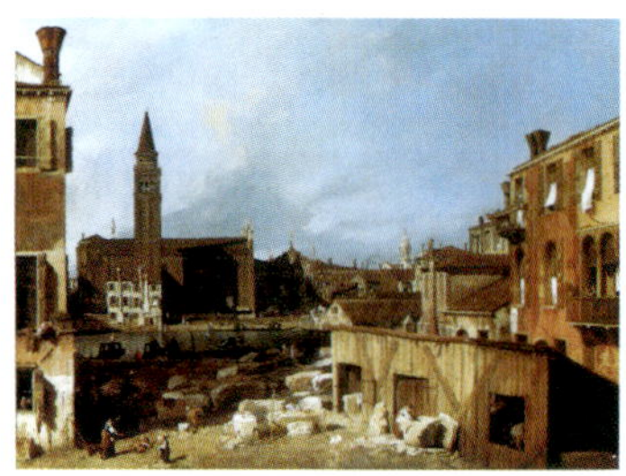

Giovanni Antonio Canal, gen. Canaletto
Campo San Vitale und Santa Maria della Carità in Venedig (Das Quartier der Steinmetzen), um 1727
London, The National Gallery

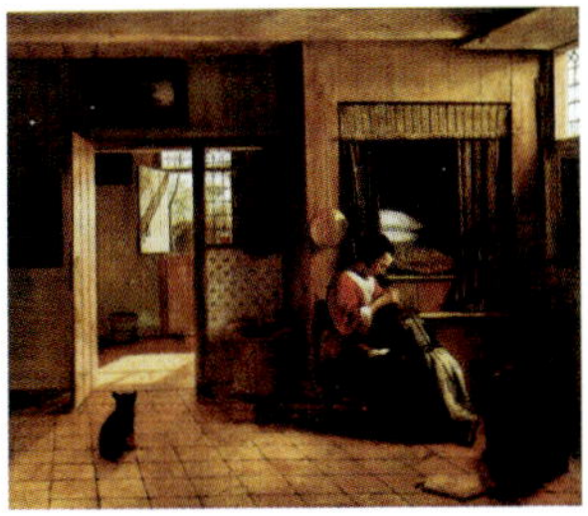

Pieter de Hooch
Die Mutter, um 1660
Amsterdam, Rijksmuseum

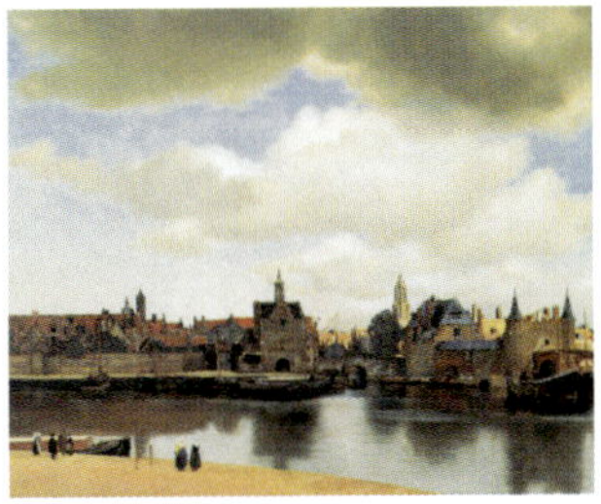

Jan Vermeer van Delft
Ansicht von Delft,
um 1660–1661
Den Haag, Mauritshuis

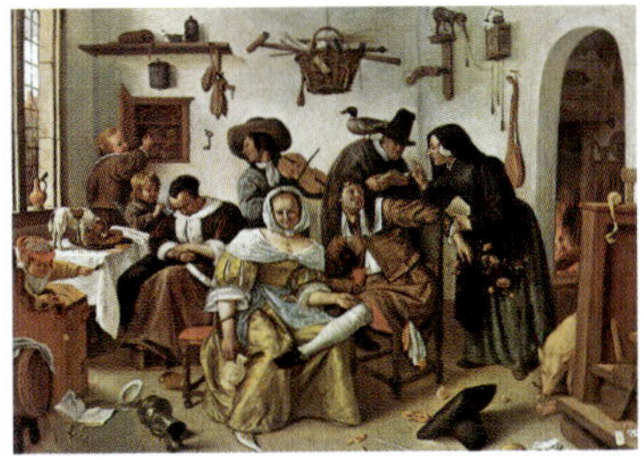

Jan Steen
Die verkehrte Welt, um 1665
Wien, Kunsthistorisches Museum

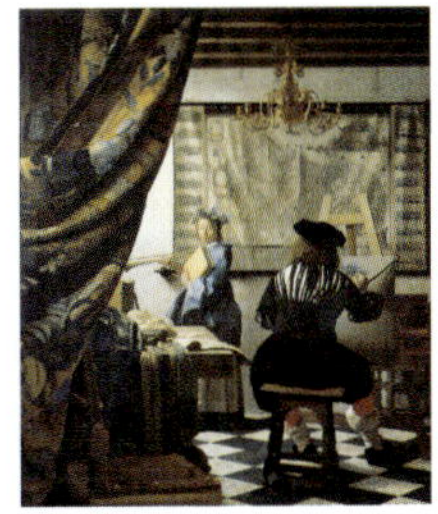

Jan Vermeer van Delft
Die Malkunst (Der Maler in seinem Atelier),
um 1670
Wien, Kunsthistorisches Museum

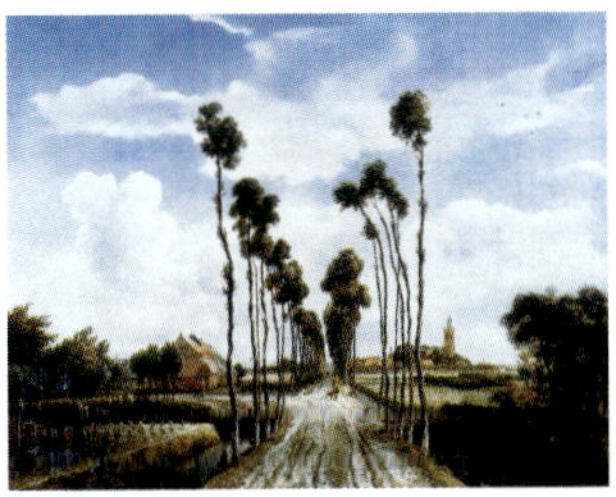

Meindert Hobbema
Die Allee von Middelharnis, 1689
London, The National Gallery

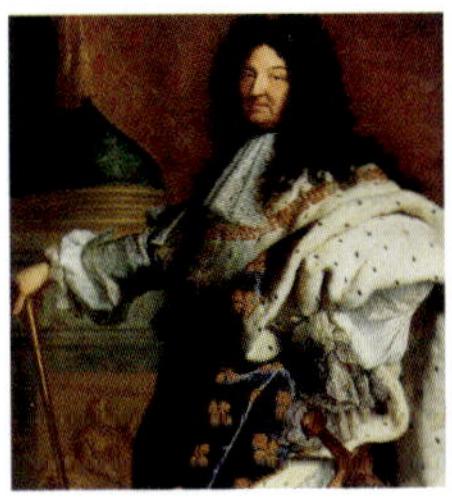

Hyacinthe Rigaud
Ludwig XIV., König von Frankreich, 1701
Paris, Musée du Louvre

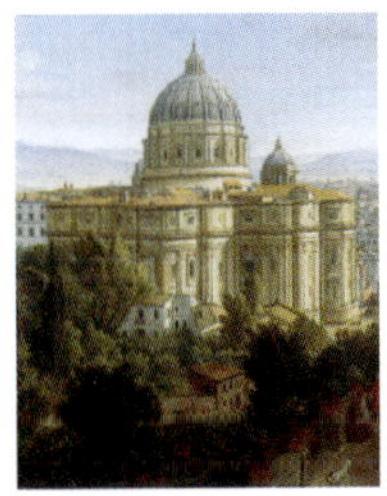

Gaspar van Wittel
Die Apsis von St. Peter,
um 1711
London, Sammlung Richard Green

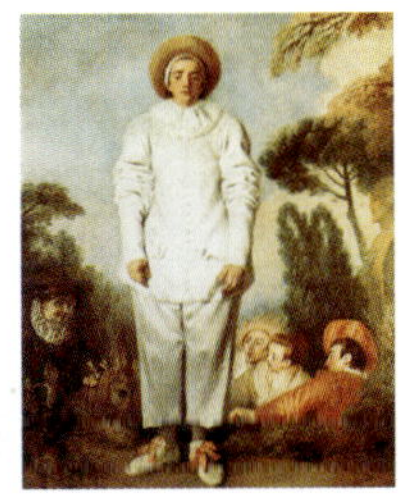

Antoine Watteau
Pierrot, genannt Gilles,
um 1718
Paris, Musée du Louvre

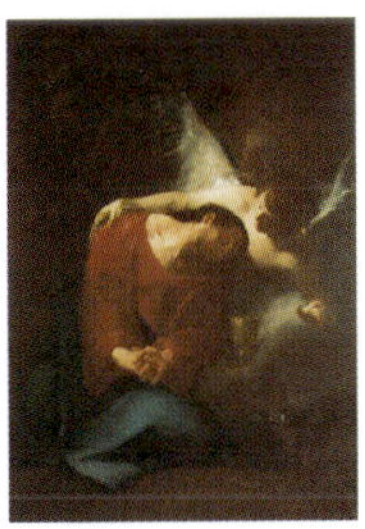

Paul Troger
Christus am Ölberg, um 1730
Brixen, Diözesanmuseum
Hofburg Brixen

Chronologische Tafeln: 1730–1780

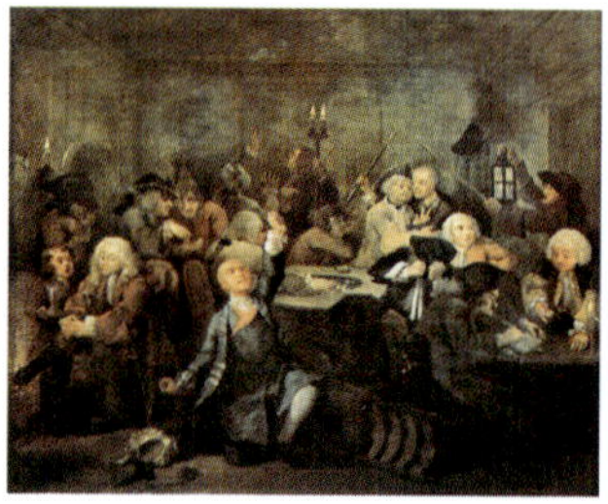

William Hogarth
Der Spielsaal aus dem Zyklus
Das Leben eines Liederlichen,
1733–1735
London, Sir John Soane's Museum

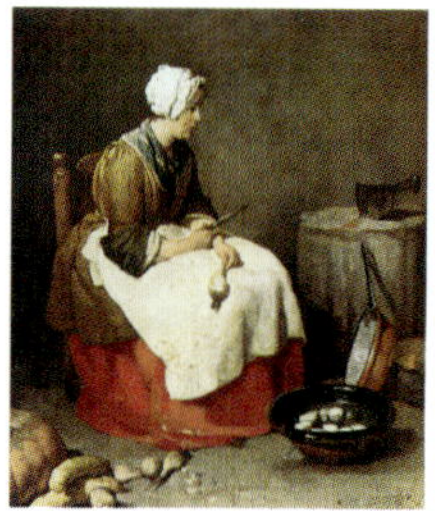

Jean-Siméon Chardin
Die Rübenputzerin, 1738
München, Bayerische
Staatsgemäldesammlungen,
Alte Pinakothek

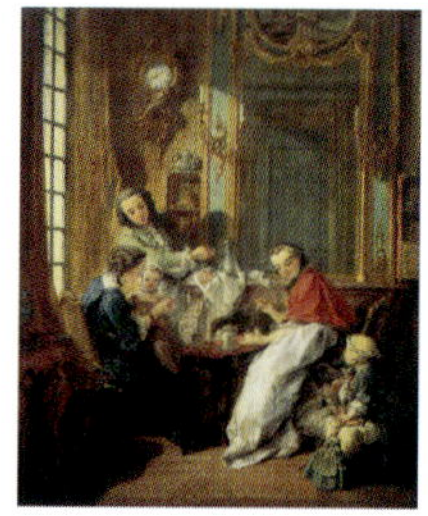

François Boucher
Das Frühstück, 1739
Paris, Musée du Louvre

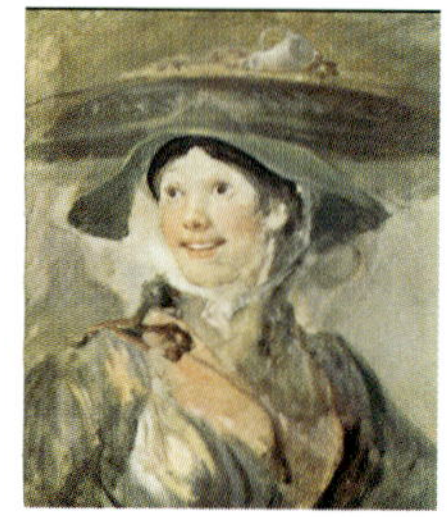

William Hogarth
Das Krabbenmädchen,
um 1740
London, The National
Gallery

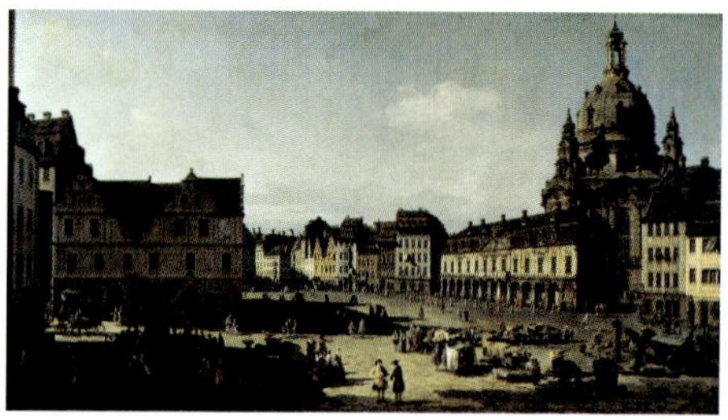

Bernardo Bellotto, gen. Canaletto
Der Neumarkt in Dresden von
der Moritzstraße aus, 1751
Dresden, Gemäldegalerie
Alte Meister

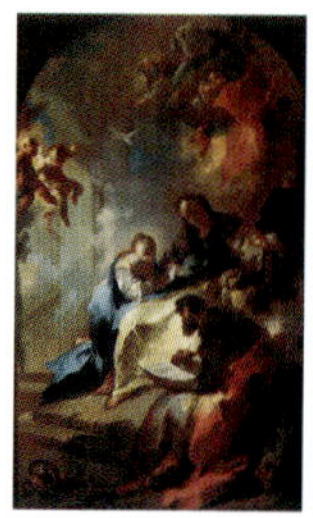

Franz Anton Maulbertsch
Unterweisung Mariä,
um 1755
Karlsruhe, Staatliche
Kunsthalle

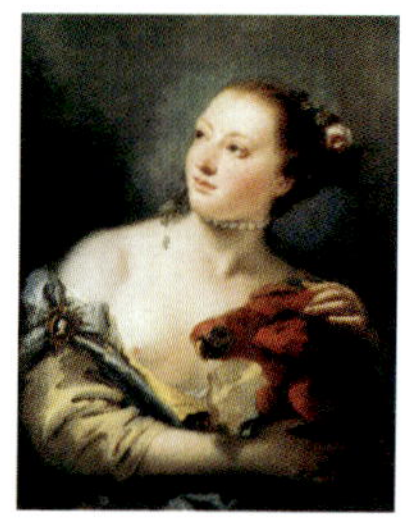

Giovanni Battista Tiepolo
Junge Frau mit Papagei,
1761
Oxford, Ashmolean
Museum

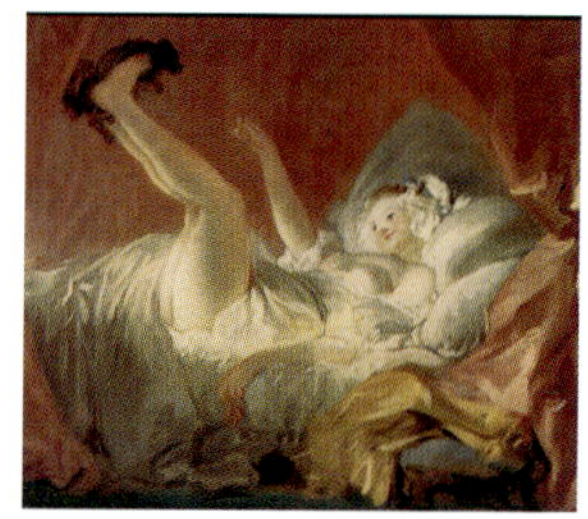

Jean-Honoré Fragonard
La Gimblette (Mädchen
mit Hund), um 1770
Paris, Fondation Cailleux

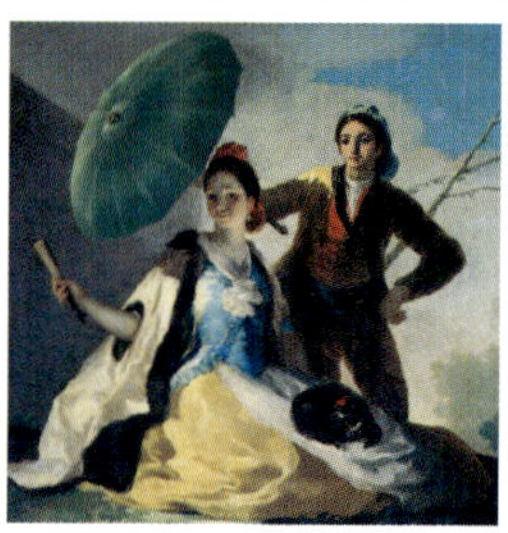

Francisco de Goya y Lucientes
Der Sonnenschirm, 1777
Madrid, Museo del Prado

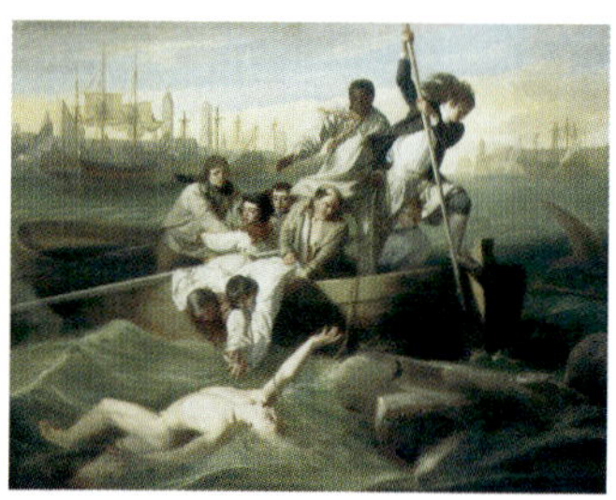

John Singleton Copley
Brook Watson und der Hai, 1778
Washington, National Gallery
of Art

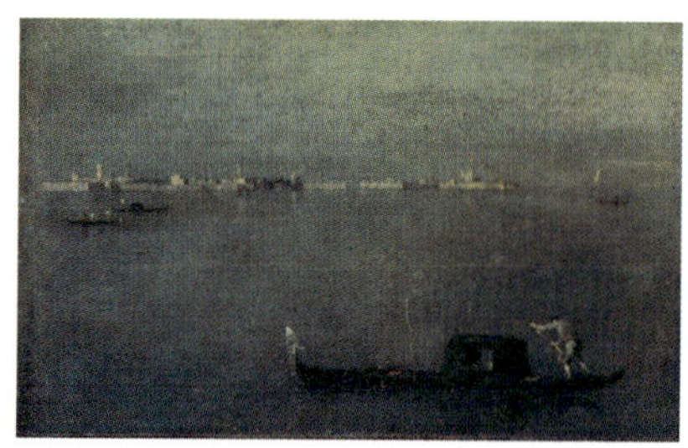

Francesco Guardi
Die Graue Lagune, um 1770
Mailand, Museo Poldi-Pezzoli

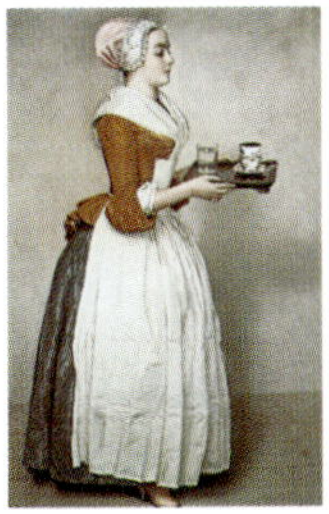

Jean-Étienne Liotard
Das Schokoladenmädchen,
1744–1745
Dresden, Gemäldegalerie
Alte Meister

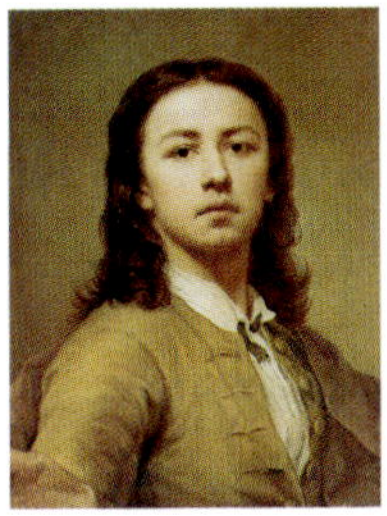

Anton Raphael Mengs
*Selbstbildnis mit rotem
Mantel*, 1744
Dresden, Gemäldegalerie
Alte Meister

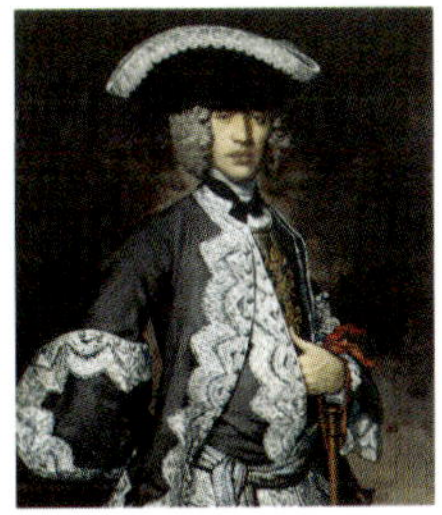

Vittore Ghislandi,
gen. Fra Galgario
*Porträt eines Ritters des Sacro
Militare Ordine Costantiniano
di San Giorgio (Edelmann
mit Dreispitz)*, um 1730
Mailand, Museo Poldi-Pezzoli

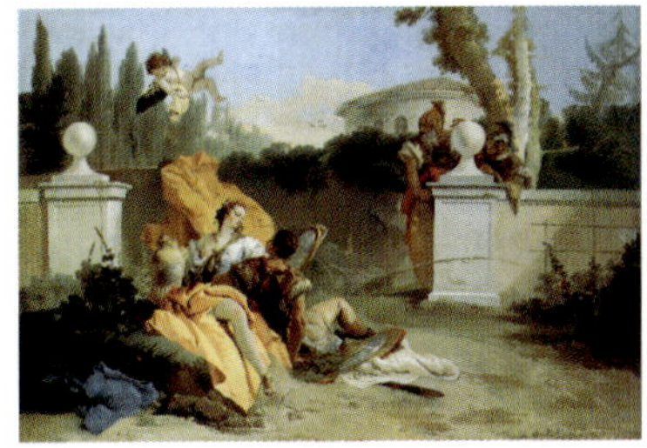

Giovanni Battista Tiepolo
*Rinaldo und Armida werden
von Ubaldo und Carlo überrascht*,
um 1745
Chicago, The Art Institute
of Chicago

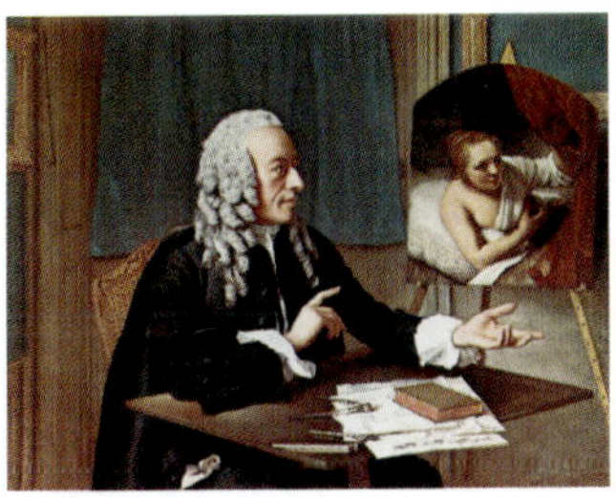

Jean-Étienne Liotard
Bildnis des François Tronchin, 1757
Cleveland, The Cleveland
Museum of Art

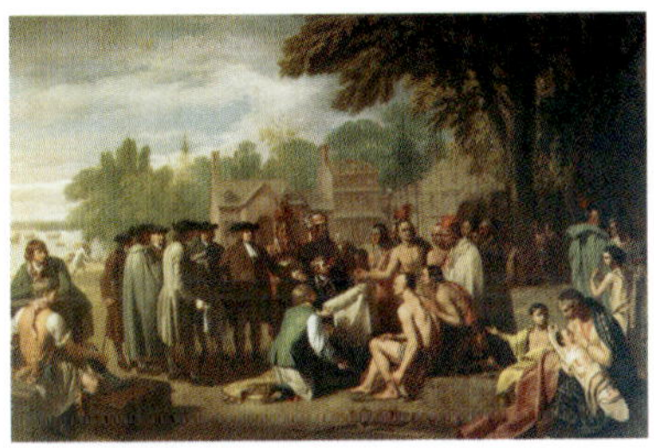

Benjamin West
*William Penns Vertrag mit den
Indianern*, 1771–1772
Philadelphia, The Pennsylvania
Academy of Fine Arts

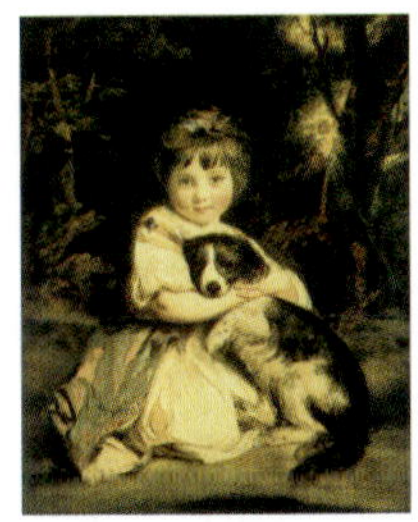

Joshua Reynolds
*Bildnis der Miss Bowles
mit ihrem Hund*, 1775
London, The Wallace
Collection

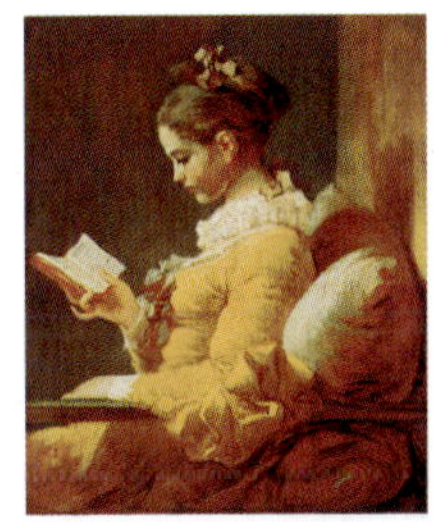

Jean-Honoré Fragonard
Lesende Frau, um 1776
Washington, National
Gallery of Art

Chronologische Tafeln: 1780–1840

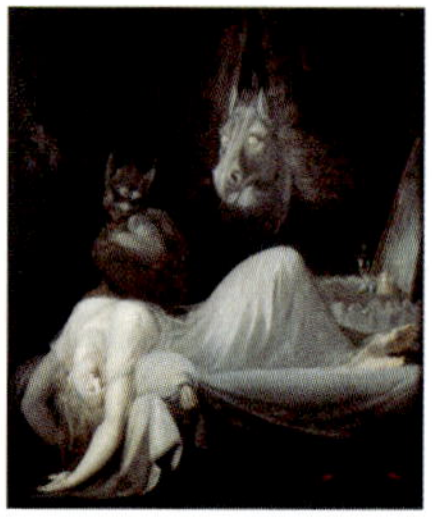

Johann Heinrich Füssli
Der Nachtmahr, 1790–1791
Frankfurt am Main, Freies Deutsches Hochstift/Frankfurter Goethe-Museum

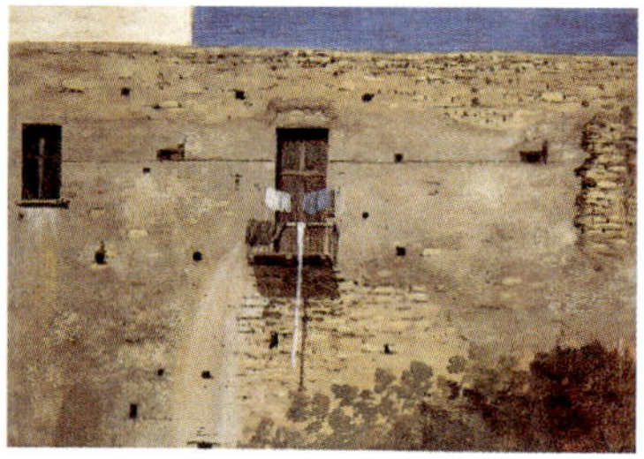

Thomas Jones
Mauer in Neapel, 1782
London, The National Gallery

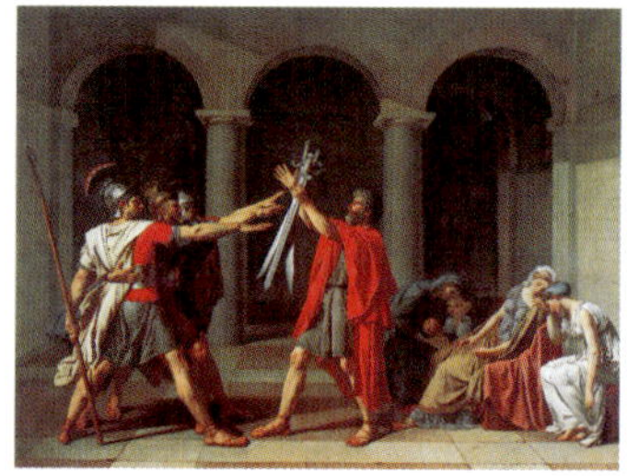

Jacques-Louis David
Der Schwur der Horatier, 1784–1785
Paris, Musée du Louvre

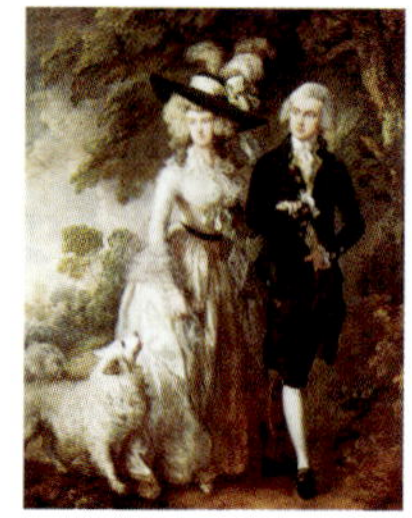

Thomas Gainsborough
Der Morgenspaziergang, 1785
London, The National Gallery

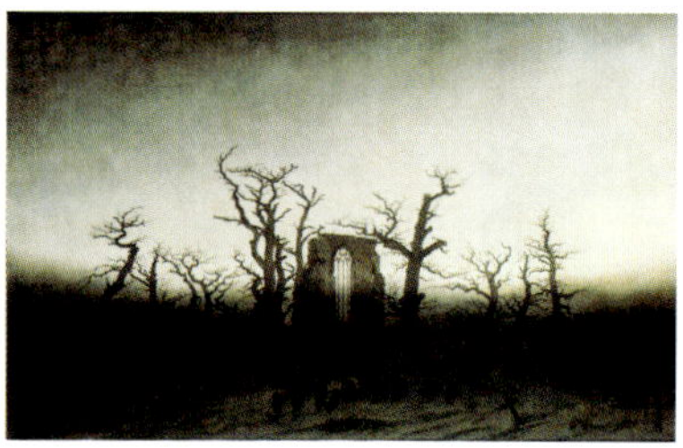

Caspar David Friedrich
Abtei im Eichwald, 1809
Berlin, Staatliche Museen zu Berlin – Preußischer Kulturbesitz, Nationalgalerie

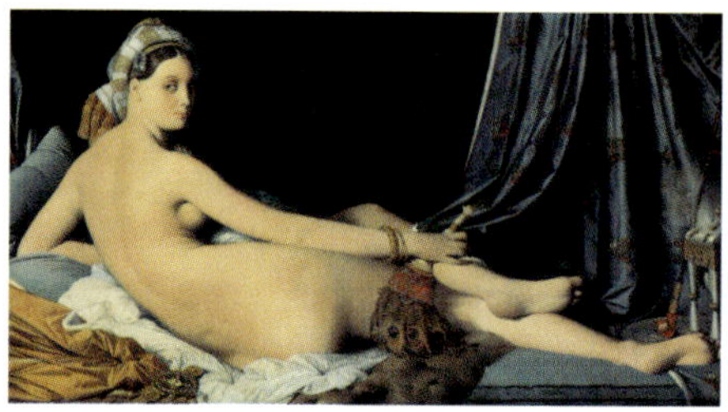

Jean-Auguste-Dominique Ingres
Die große Odaliske, 1814
Paris, Musée du Louvre

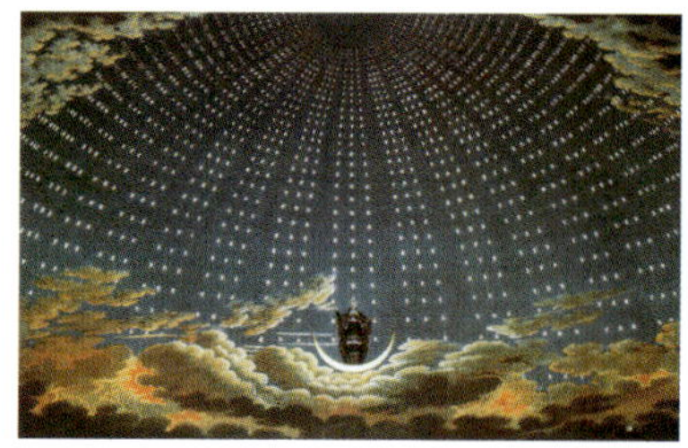

Karl Friedrich Schinkel
Eingang zum Palast der Königin, Entwurf für das Bühnenbild zu Mozarts *Zauberflöte*, 1815
Berlin, Universität der Künste, Bibliothek

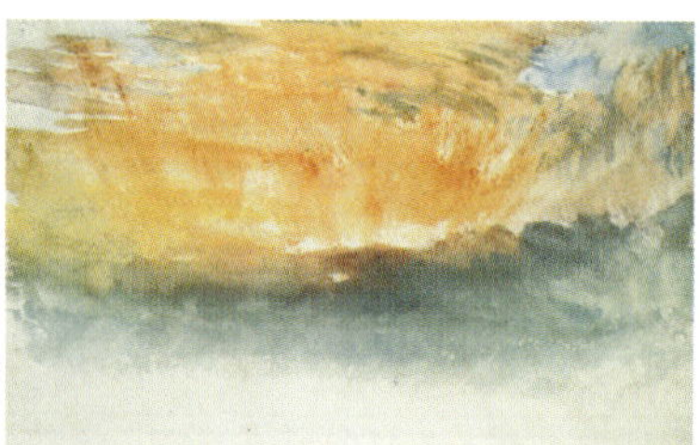

Joseph Mallord William Turner
Glühender Sonnenuntergang, 1825–1827
London, Tate Gallery

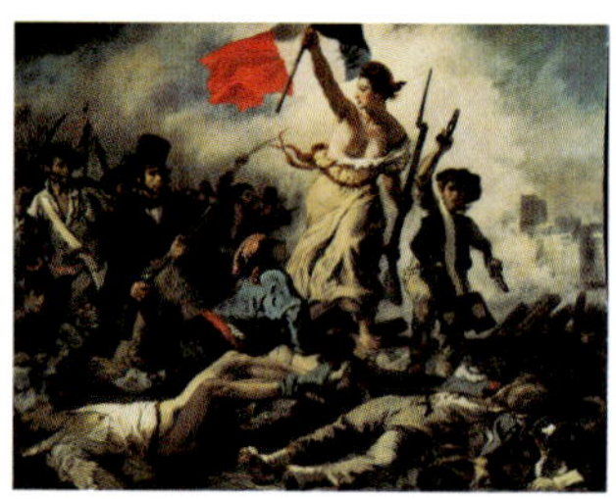

Eugène Delacroix
Die Freiheit auf den Barrikaden (Der 28. Juli 1830), 1830
Paris, Musée du Louvre

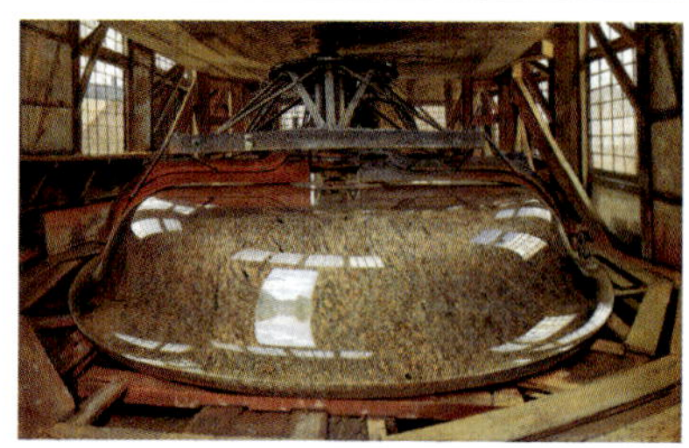

Johann Erdmann Hummel
Das Schleifen der Granitschale, 1831
Berlin, Staatliche Museen zu Berlin – Preußischer Kulturbesitz, Nationalgalerie

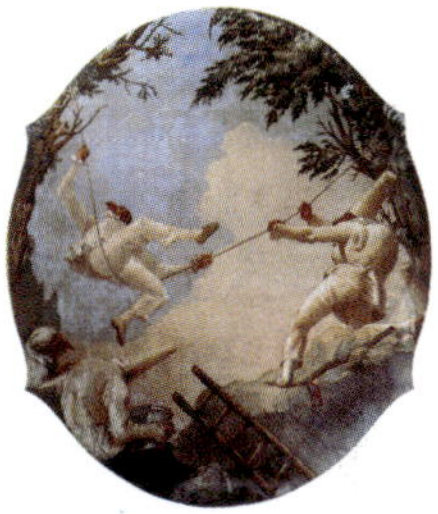

Giovanni Domenico Tiepolo
Pulcinellen auf dem Drahtseil, 1793
Venedig, Museo del Settecento Veneziano Ca' Rezzonico

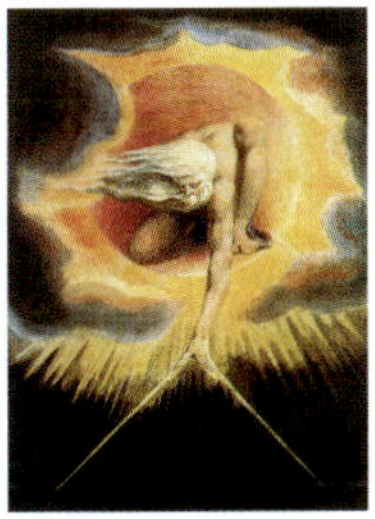

William Blake
Der Alte der Tage misst die Zeit, Illustration zu *Europe: A Prophecy*, 1794
London, The British Museum

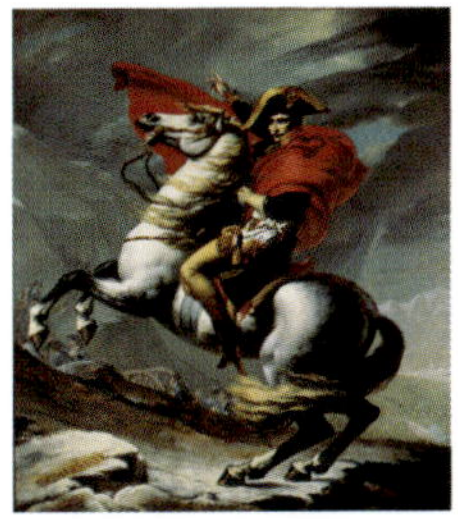

Jacques-Louis David
Bonaparte, die Alpen überschreitend, 1800
Paris, Musée National du Château de Malmaison

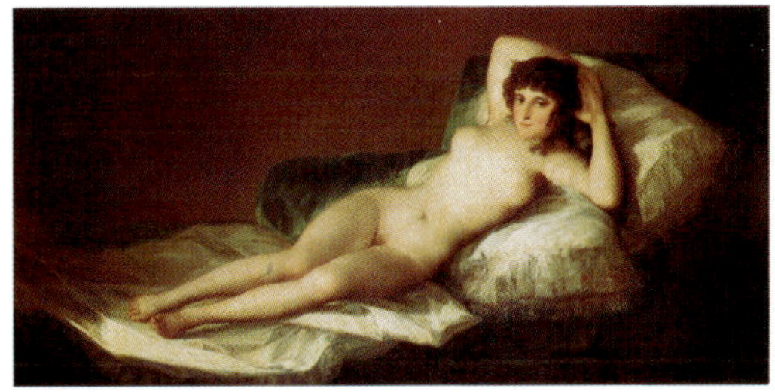

Francisco de Goya y Lucientes
Die nackte Maja, um 1803
Madrid, Museo del Prado

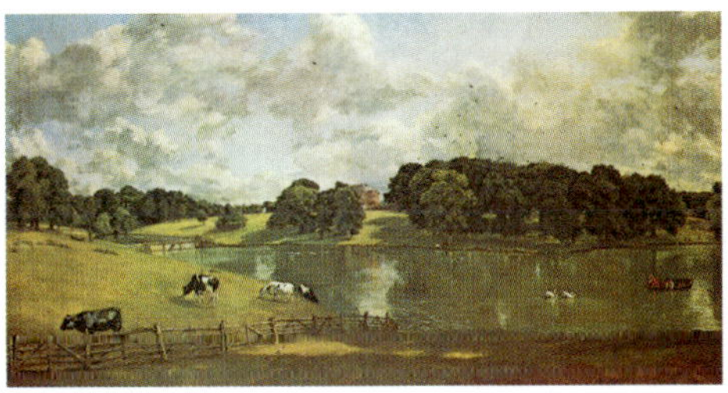

John Constable
Wivenhoe Park, 1816
Washington, National Gallery of Art

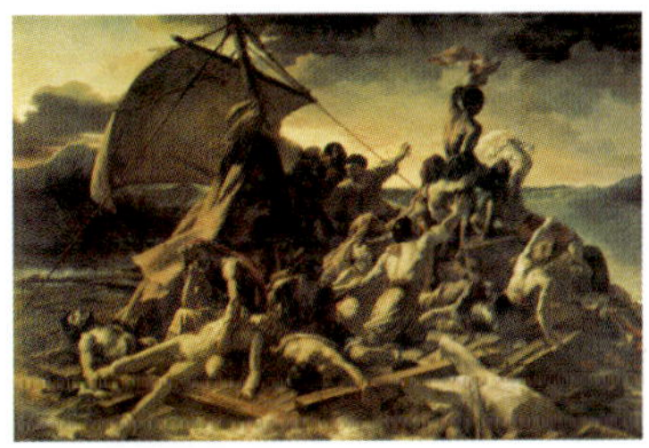

Théodore Géricault
Das Floß der Medusa, 1818–1819
Paris, Musée du Louvre

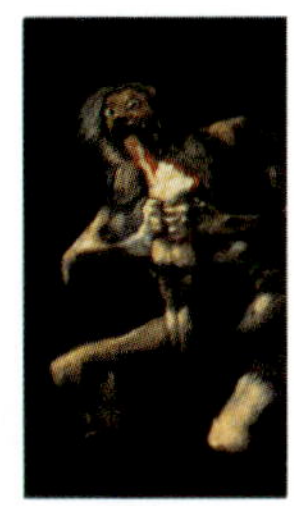

Francisco de Goya y Lucientes
Chronos, 1820–1823
Madrid, Museo del Prado

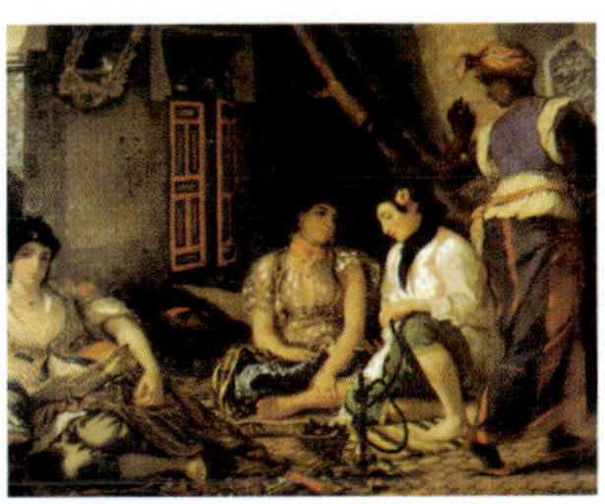

Eugène Delacroix
Algerische Frauen in ihrem Gemach, 1834
Paris, Musée du Louvre

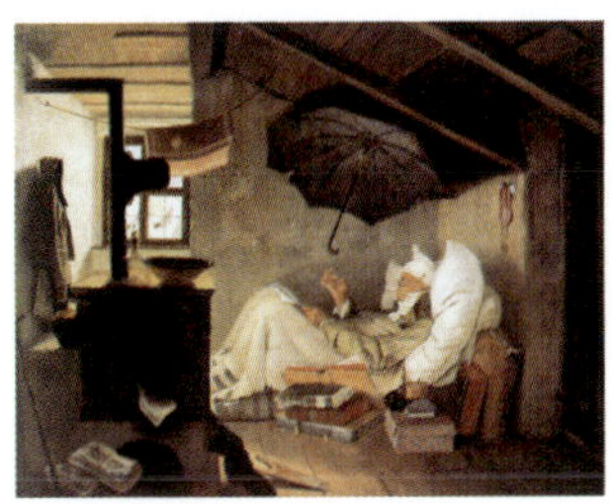

Carl Spitzweg
Der arme Poet, 1837
München, Bayerische Staatsgemäldesammlungen, Neue Pinakothek

Chronologische Tafeln: 1840–1880

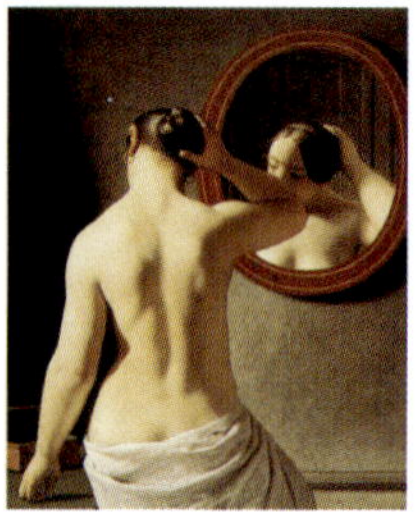

Christoffer Wilhelm Eckersberg
Rückenakt (Die Morgentoilette), 1841
Kopenhagen, Den Hirschsprungske Samling

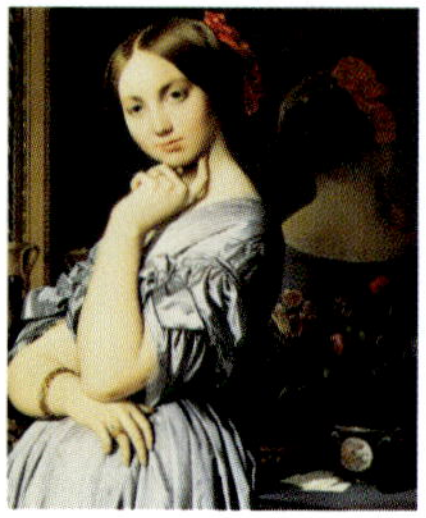

Jean-Auguste-Dominique Ingres
Bildnis Vicomtesse Louise-Albertine d'Haussonville, 1845
New York, The Frick Collection

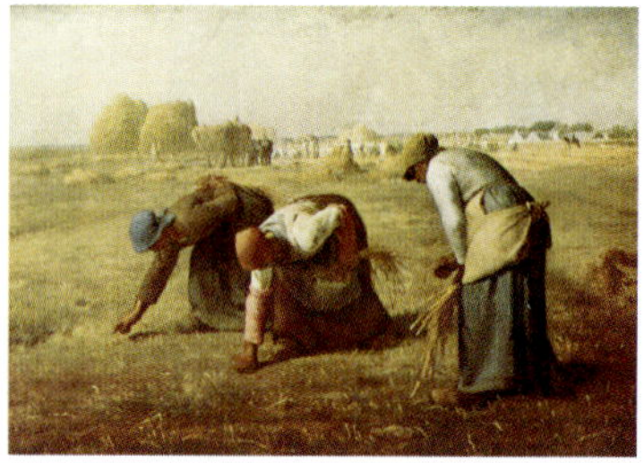

Jean-François Millet
Die Ährenleserinnen, 1857
Paris, Musée du Louvre

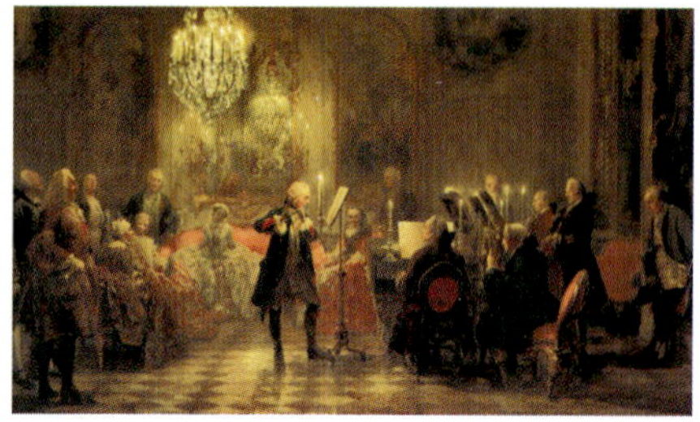

Adolf von Menzel
Das Flötenkonzert, 1852
Berlin, Staatliche Museen zu Berlin – Preußischer Kulturbesitz, Nationalgalerie

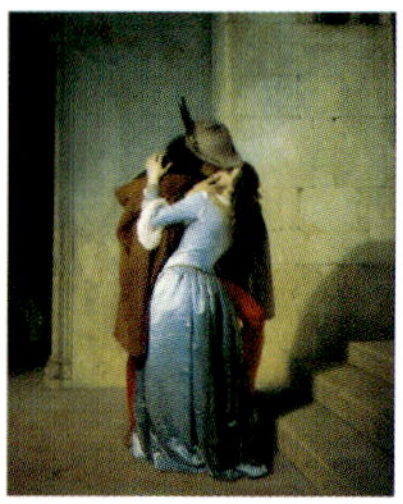

Francesco Hayez
Der Kuss, 1859
Mailand, Pinacoteca di Brera

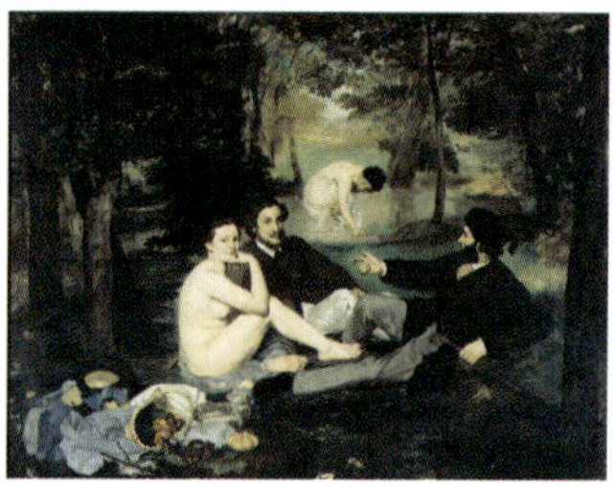

Edouard Manet
Le déjeuner sur l'herbe (Das Frühstück im Freien), 1863
Paris, Musée d'Orsay

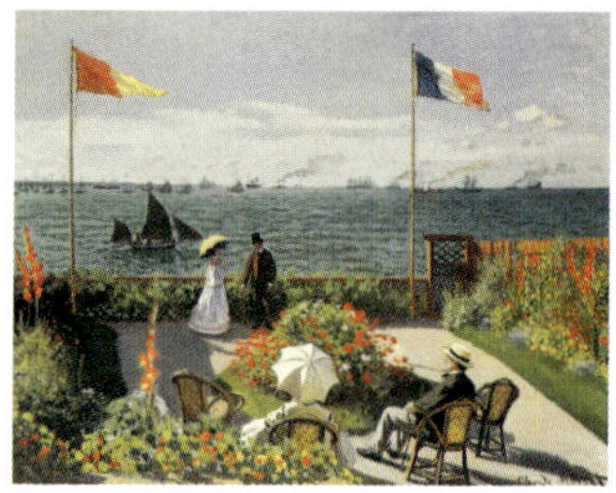

Claude Monet
Die Terrasse von Sainte-Adresse, 1866
New York, The Metropolitan Museum of Art

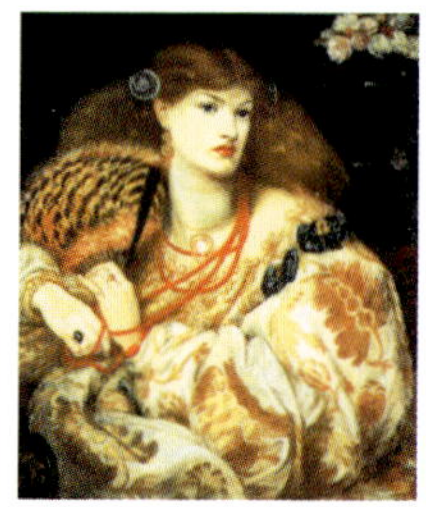

Dante Gabriel Rossetti
Monna Vanna, 1866
London, Tate Gallery

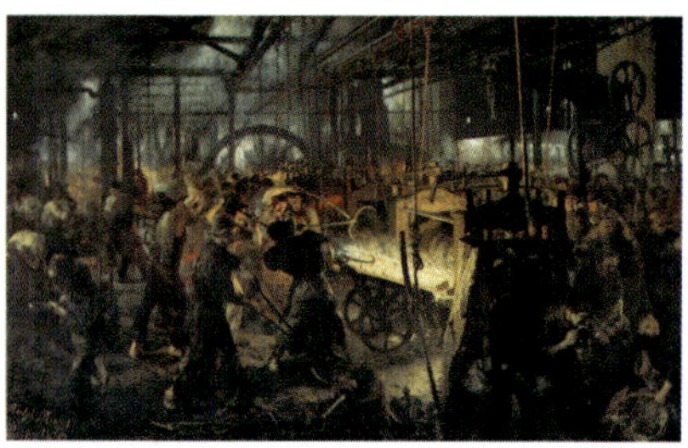

Adolf von Menzel
Das Eisenwalzwerk, 1875
Berlin, Staatliche Museen zu Berlin – Preußischer Kulturbesitz, Nationalgalerie

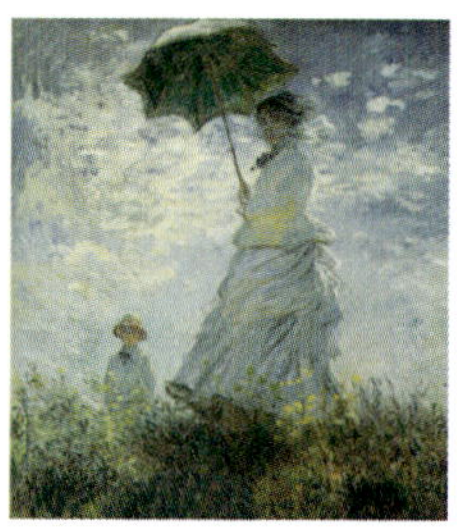

Claude Monet
Frau mit Sonnenschirm (Madame Monet und ihr Sohn), 1875
Washington, National Gallery of Art

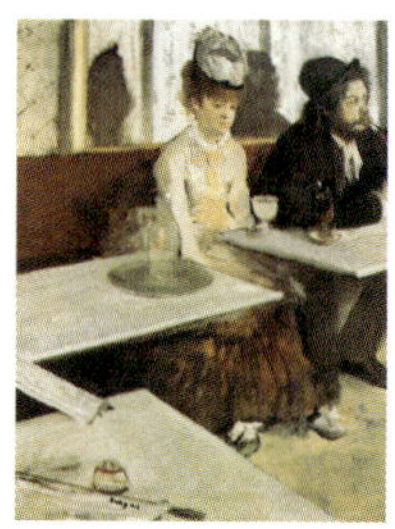

Edgar Degas
Der Absinth, 1875–1876
Paris, Musée d'Orsay

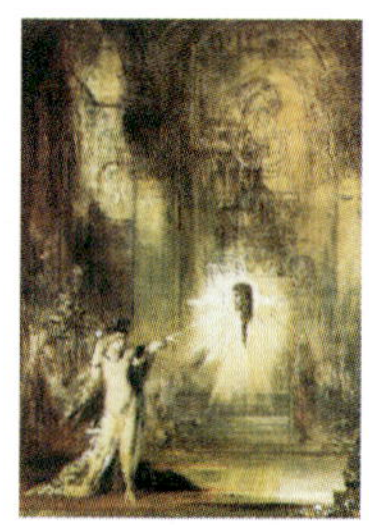

Gustave Moreau
Die Erscheinung (L'apparition), 1876
Paris, Musée Gustave Moreau

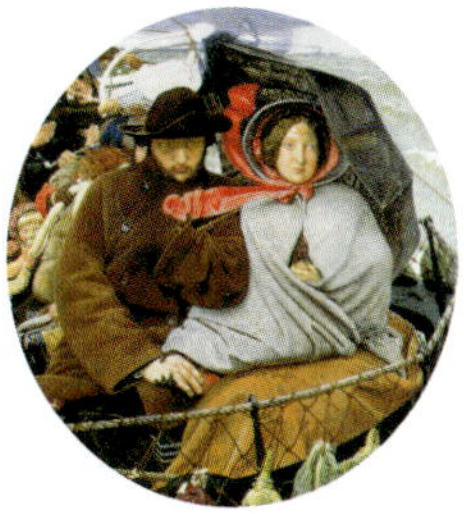

Ford Madox Brown
Letzter Blick auf England, 1855
Birmingham, Birmingham Museum and Art Gallery

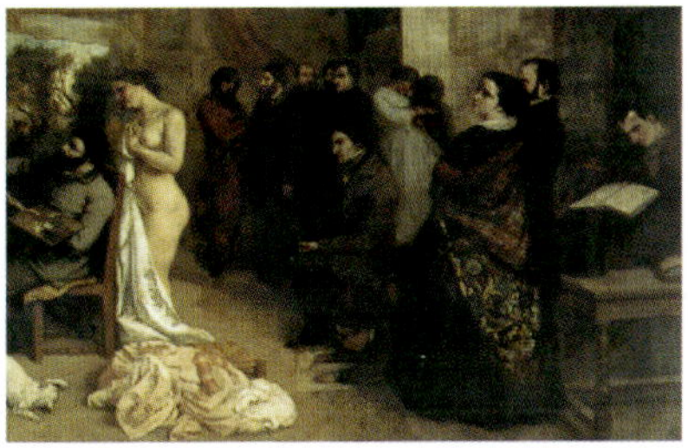

Gustave Courbet
Das Atelier des Malers, 1854–1855
Paris, Musée d'Orsay

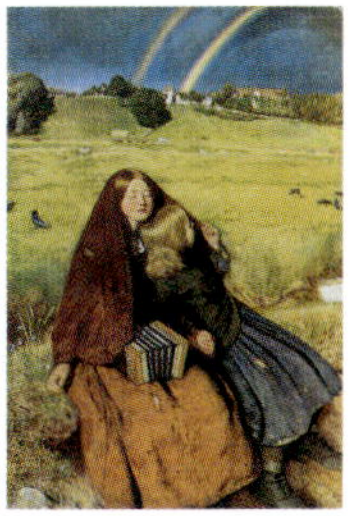

John Everett Millais
Das blinde Mädchen, 1854–1856
Birmingham, Birmingham Museum and Art Gallery

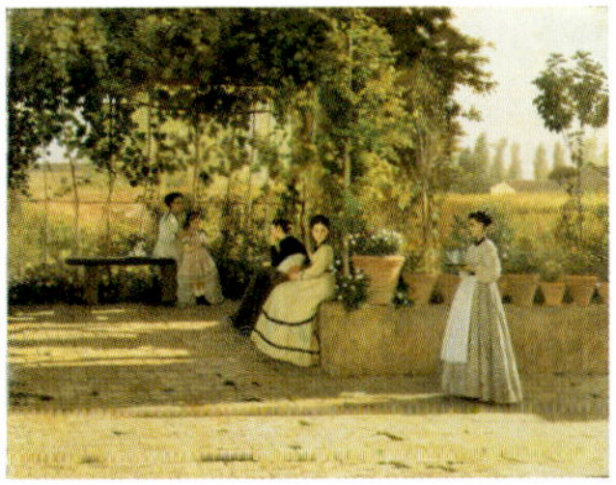

Silvestro Lega
Die Laube, 1868
Mailand, Pinacoteca di Brera

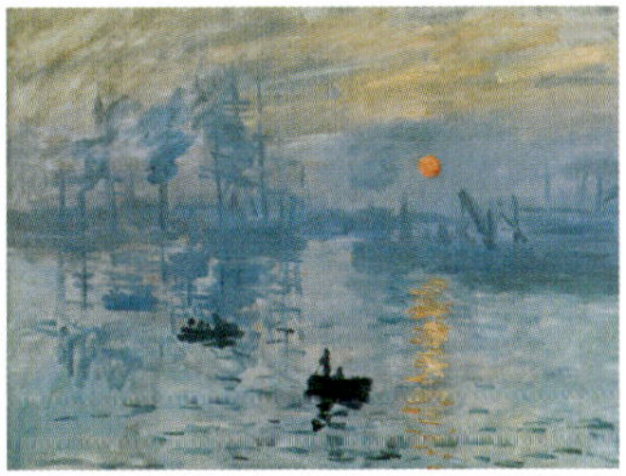

Claude Monet
Impression – Soleil levant, 1873
Paris, Musée Marmottan

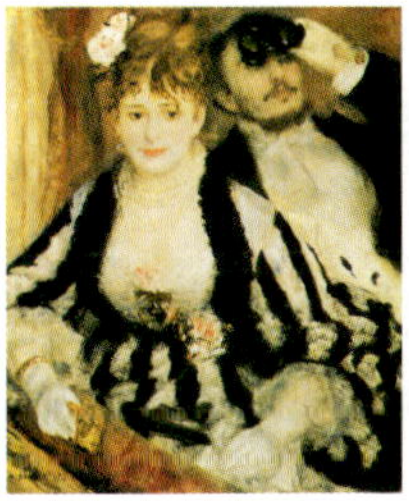

Pierre-Auguste Renoir
Die Loge, 1874
London, The Courtauld Institute of Art Gallery

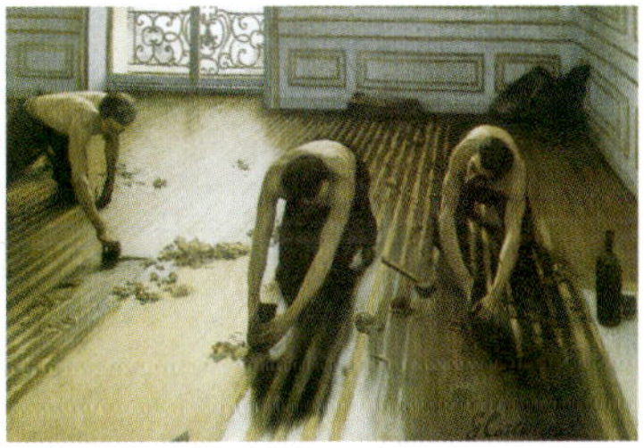

Gustave Caillebotte
Die Parkettschleifer, 1875
Paris, Musée d'Orsay

Chronologische Tafeln: 1880–1900

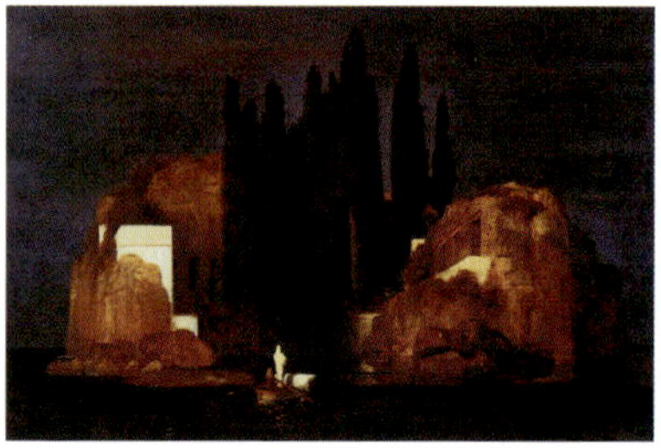

Arnold Böcklin
Die Toteninsel, 1880
Basel, Kunstmuseum

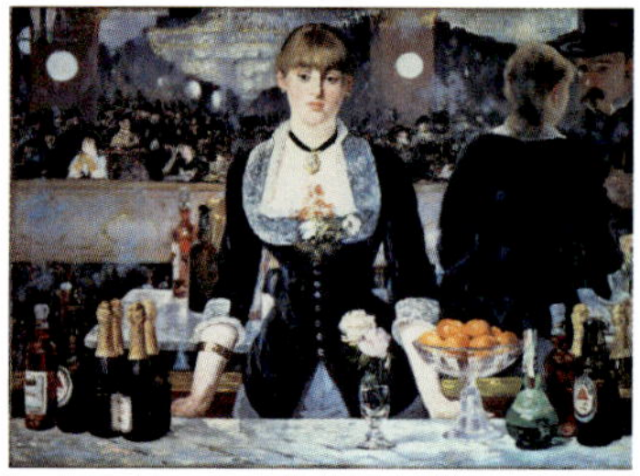

Edouard Manet
Bar in den »Folies-Bergère«, 1881
London, The Courtauld Institute of Art Gallery

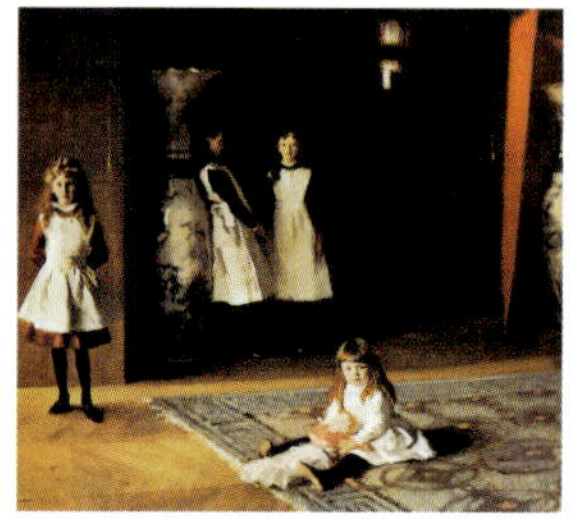

John Singer Sargent
Die Töchter von Edward Darley Boit, 1882
Boston, Museum of Fine Arts

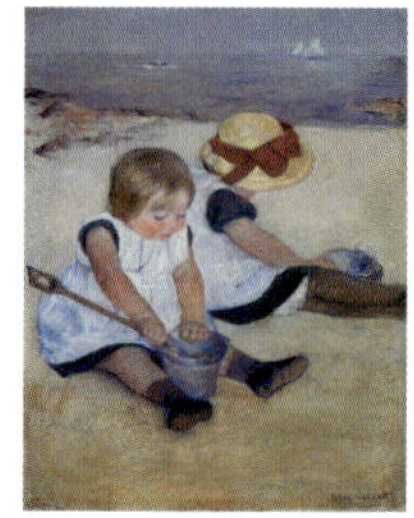

Mary Cassatt
Spielende Kinder am Strand, 1884
Washington, National Gallery of Art

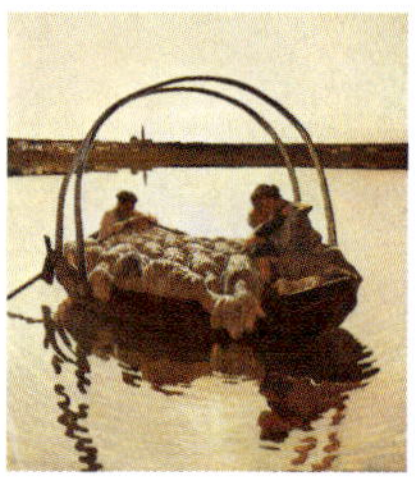

Giovanni Segantini
Ave Maria, 1886
Sankt Gallen, Privatsammlung

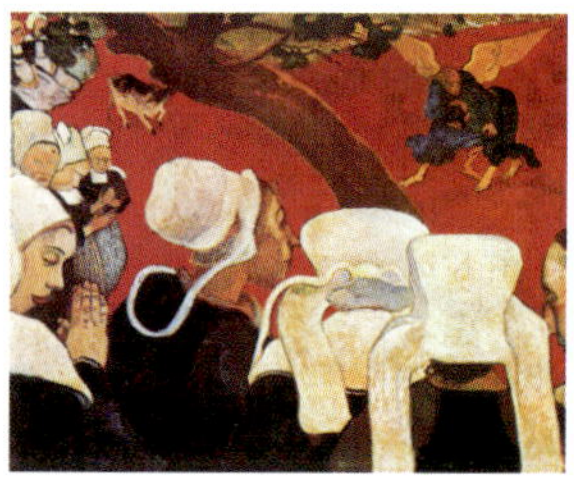

Paul Gauguin
Vision nach der Predigt oder *Jakobs Kampf mit dem Engel*, 1888
Edinburgh, National Gallery of Scotland

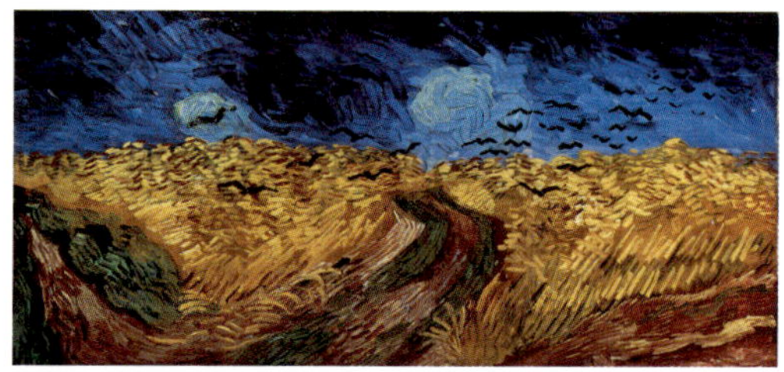

Vincent van Gogh
Kornfeld mit Raben, 1890
Amsterdam, Van Gogh Museum

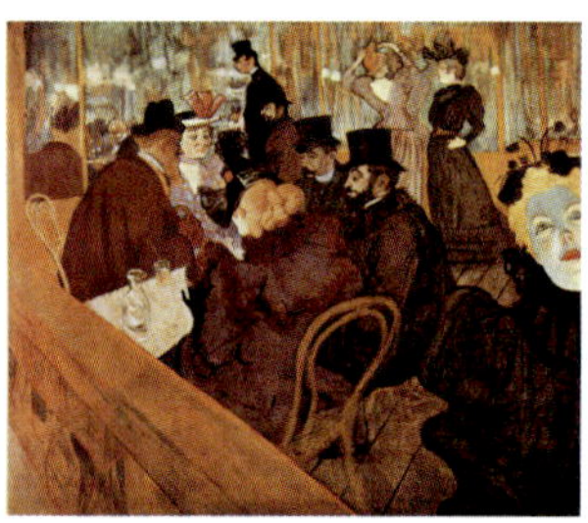

Henri de Toulouse-Lautrec
Im Moulin Rouge, 1892
Chicago, The Art Institute of Chicago

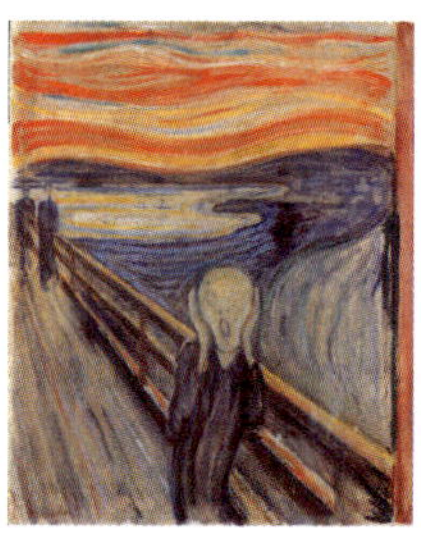

Edvard Munch
Der Schrei, 1893
Oslo, Nasjonalgalleriet

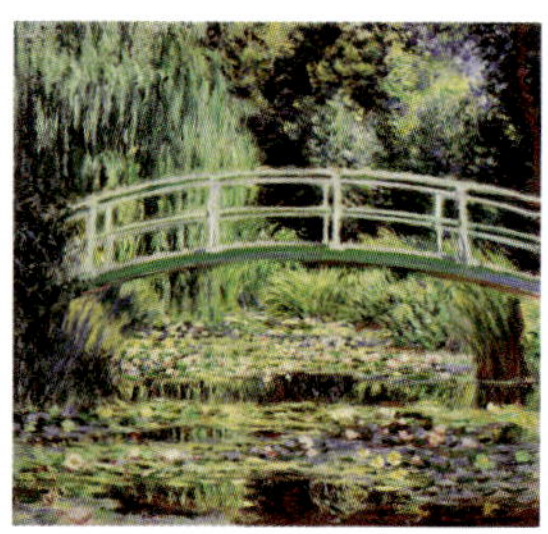

Claude Monet
Weiße Seerosen, 1899
Moskau, Staatliches Museum der bildenden Künste A. S. Puschkin

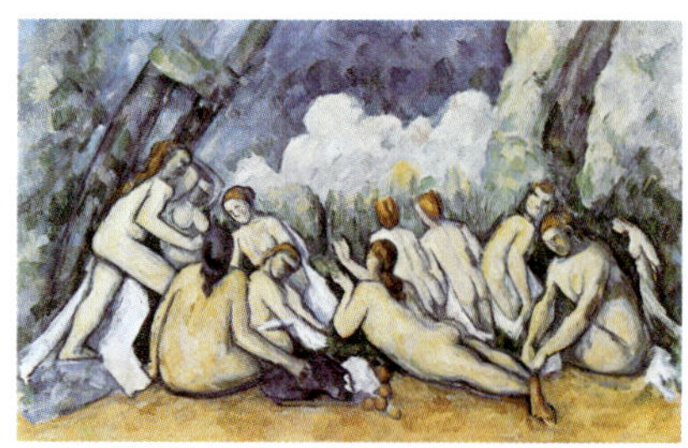

Paul Cézanne
Die Großen Badenden (Les Grandes Baigneuses), 1900–1906
London, The National Gallery

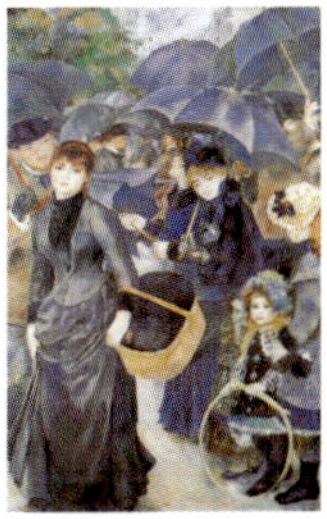

Pierre-Auguste Renoir
Die Regenschirme,
um 1885
London, The National
Gallery

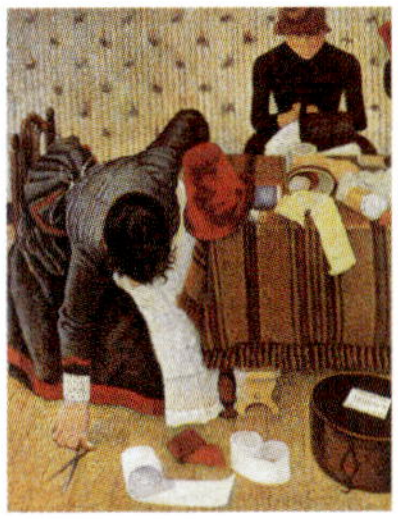

Paul Signac
Die Modistinnen, 1885
Zürich, Stiftung
Sammlung
E. G. Bührle

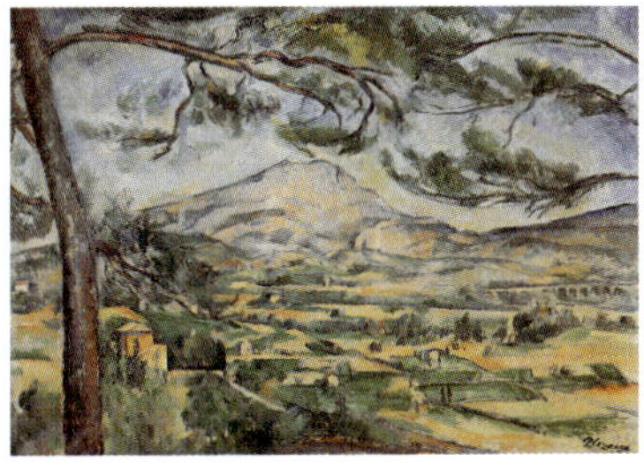

Paul Cézanne
Mont Sainte-Victoire,
1885–1887
London, The Courtauld Institute
of Art Gallery

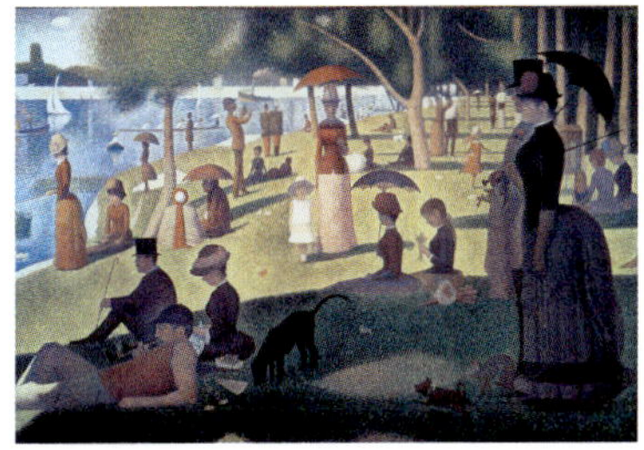

Georges Seurat
Ein Sonntagnachmittag auf der Insel
Grande Jatte, 1884–1886
Chicago, The Art Institute of Chicago

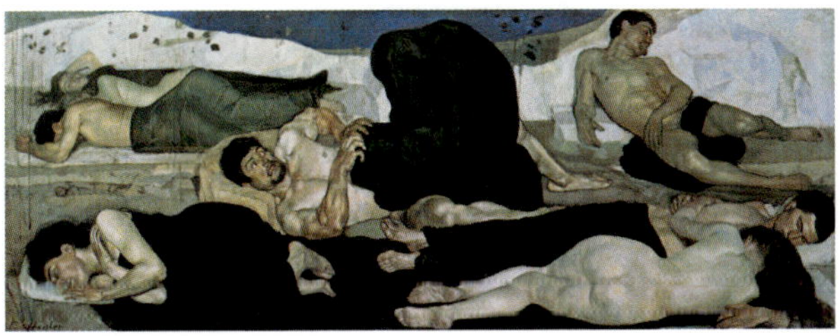

Ferdinand Hodler
Die Nacht, 1890
Bern, Kunstmuseum

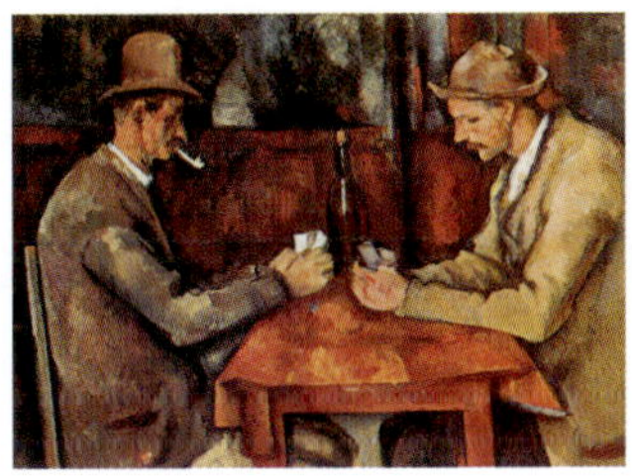

Paul Cézanne
Die Kartenspieler, 1890–1892
Paris, Musée d'Orsay

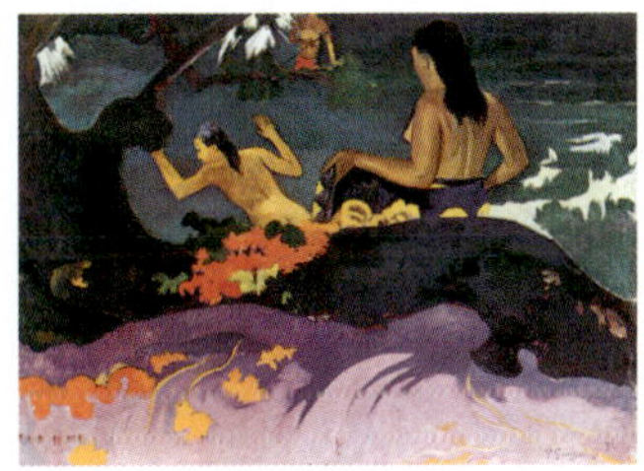

Paul Gauguin
Fatata te miti (Am Meer), 1892
Washington, National Gallery of Art

Chronologische Tafeln: 1900–1915

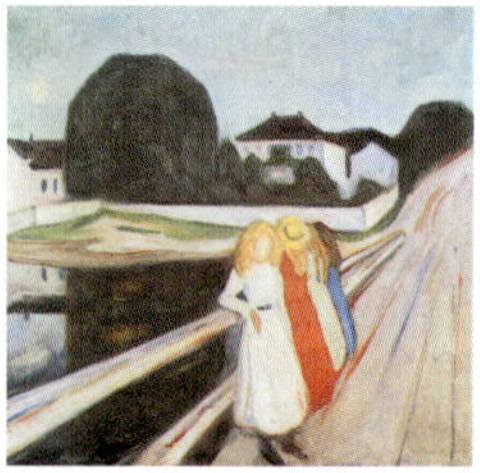

Edvard Munch
Vier Mädchen auf der Brücke,
1905
Köln, Wallraf-Richartz-Museum

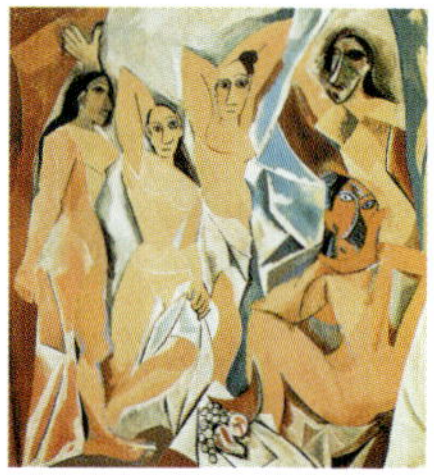

Pablo Picasso
Les Demoiselles d'Avignon,
1907
New York, Museum of
Modern Art

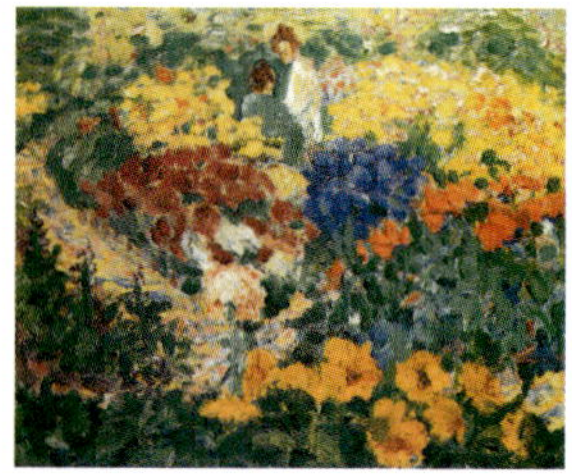

Emil Nolde
Blumengarten. Zwei Frauen,
1908
Krefeld, Lange Trust, als Leihgabe
in der Staatsgalerie moderner
Kunst, München

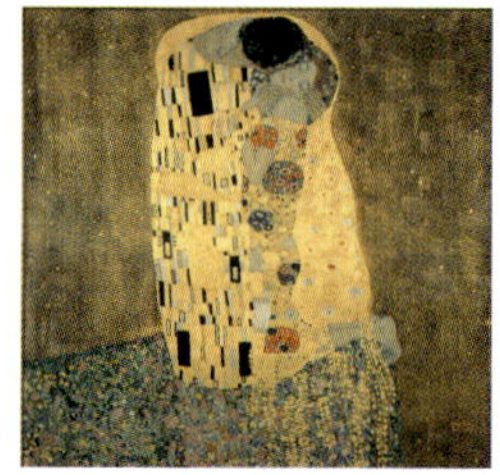

Gustav Klimt
Der Kuss, 1908
Wien, Österreichische Galerie
Belvedere

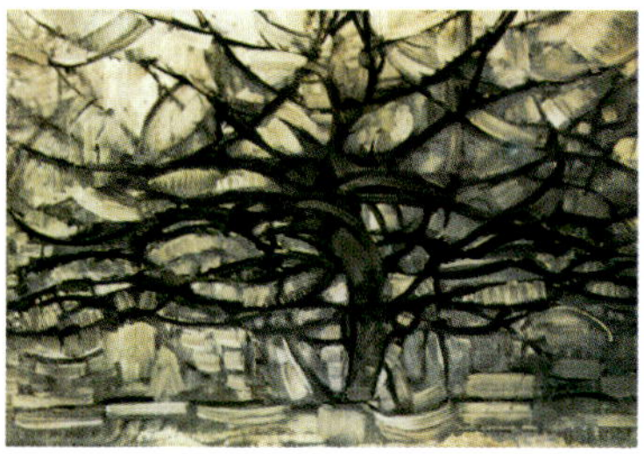

Piet Mondrian
Der graue Baum, 1912
Den Haag, Gemeentemuseum

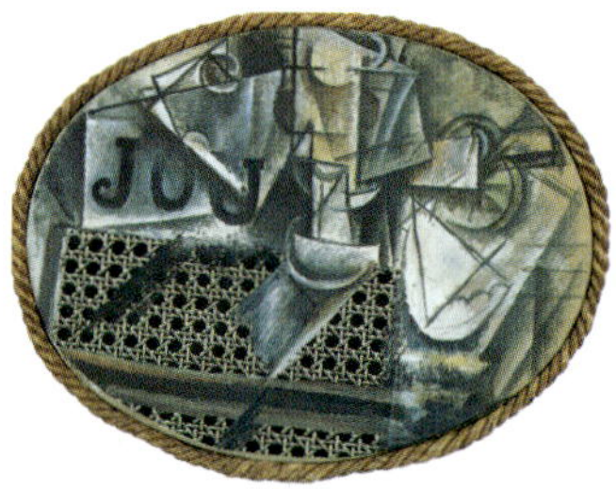

Pablo Picasso
*Stillleben mit Rohrstuhl (Nature morte
à la chaise cannée)*, um 1912
Paris, Musée National Picasso

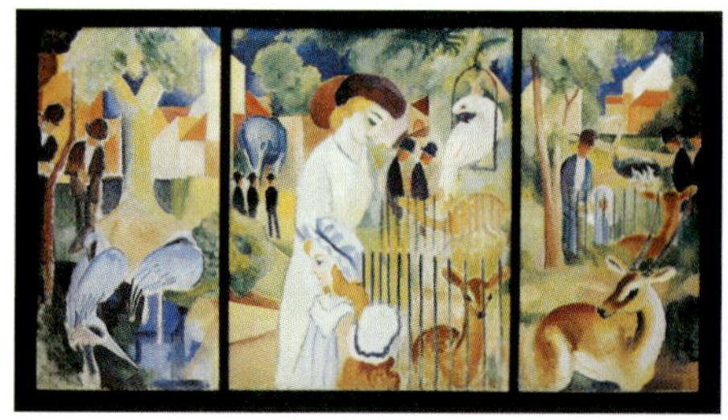

August Macke
Großer Zoologischer Garten, 1912
Dortmund, Museum am Ostwall

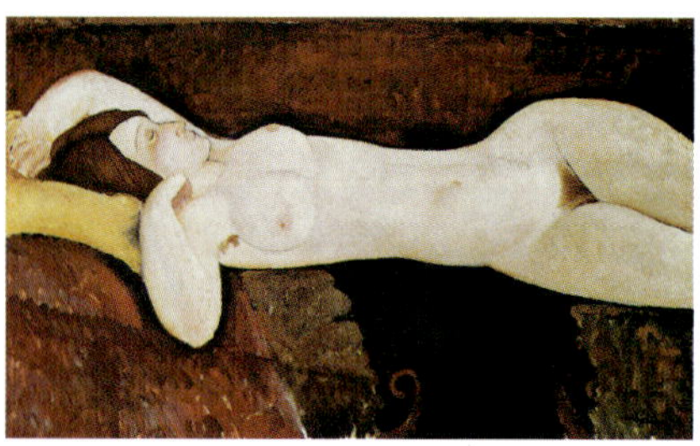

Amedeo Modigliani
Großer liegender Akt (Le grand nu),
1919
New York, The Museum of
Modern Art

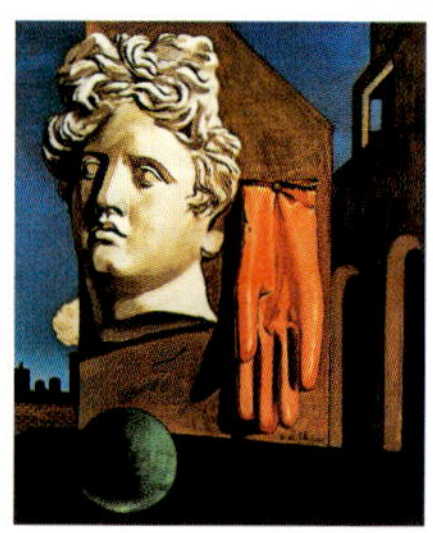

Giorgio de Chirico
Le chant d'amour, 1914
New York, The Museum of
Modern Art

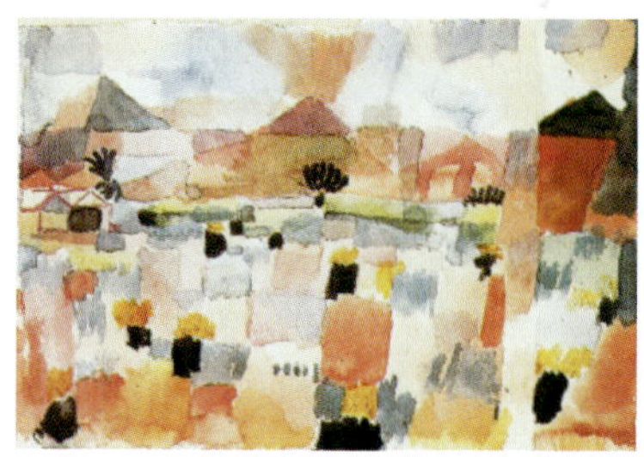

Paul Klee
Saint Germain bei Tunis (landeinwärts),
1914
Paris, Musée National d'Art Moderne,
Centre Georges Pompidou

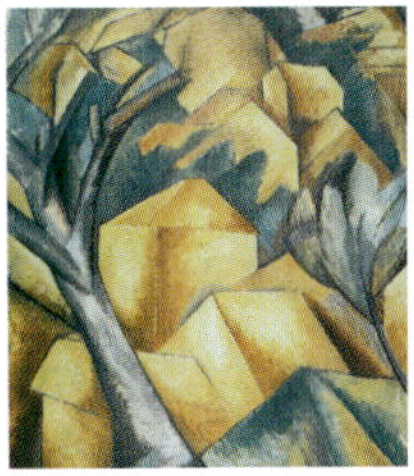

Georges Braque
Häuser in L'Estaque, 1908
Bern, Kunstmuseum

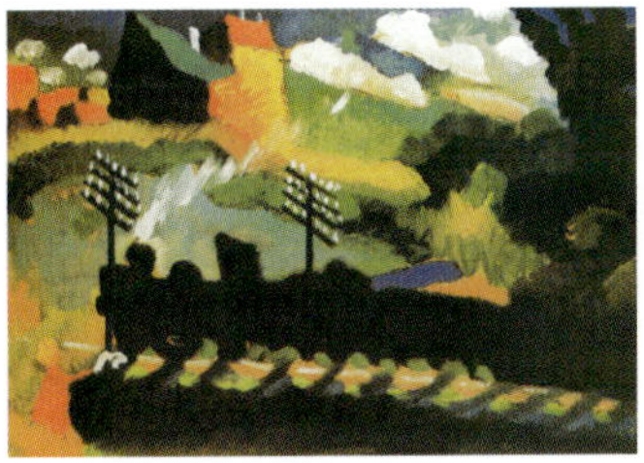

Wassily Kandinsky
Murnau – Aussicht mit Eisenbahn und Schloss, 1909
München, Städtische Galerie im Lenbachhaus

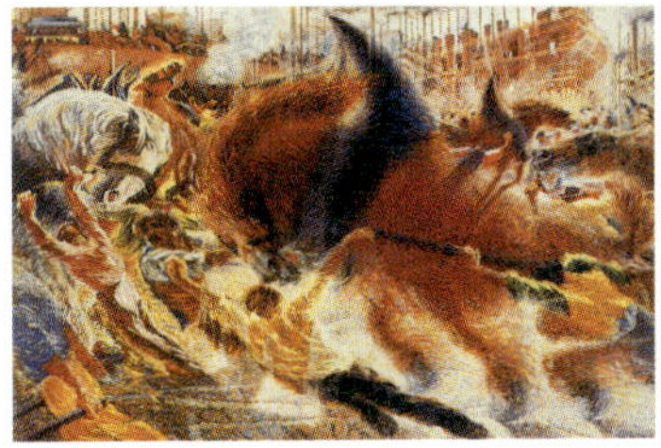

Umberto Boccioni
Die Stadt steigt auf (La città che sale), 1910–1911
New York, The Museum of Modern Art

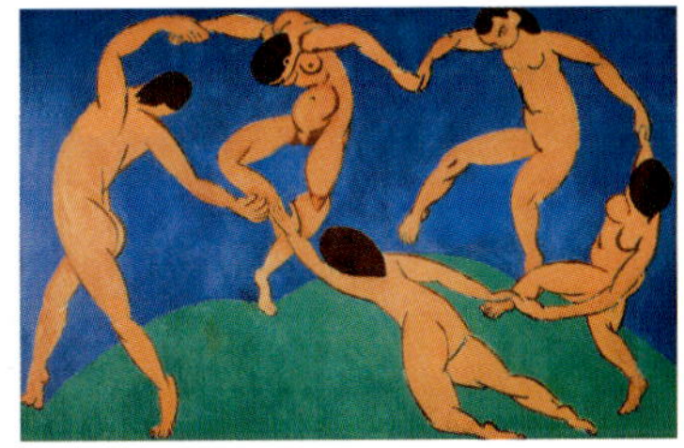

Henri Matisse
Der Tanz, 1910
Sankt Petersburg, Staatliche Eremitage

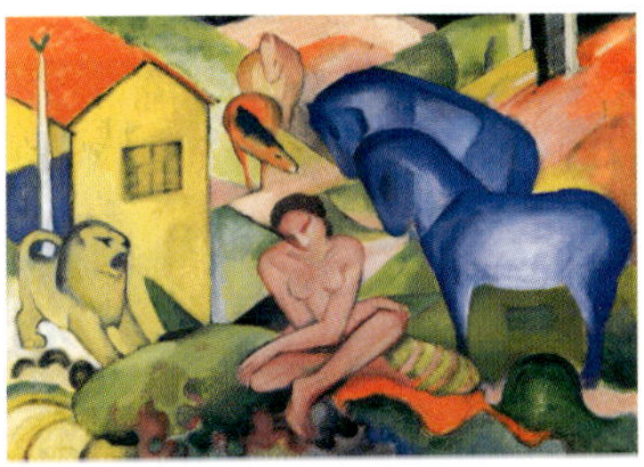

Franz Marc
Der Traum, 1912
Madrid, Museo Thyssen-Bornemisza

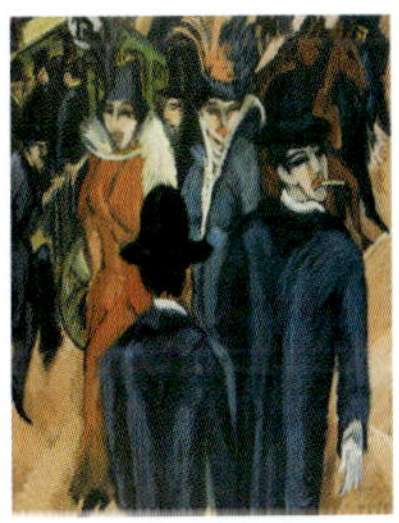

Ernst Ludwig Kirchner
Berliner Straßenszene, 1913
Berlin, Brücke-Museum

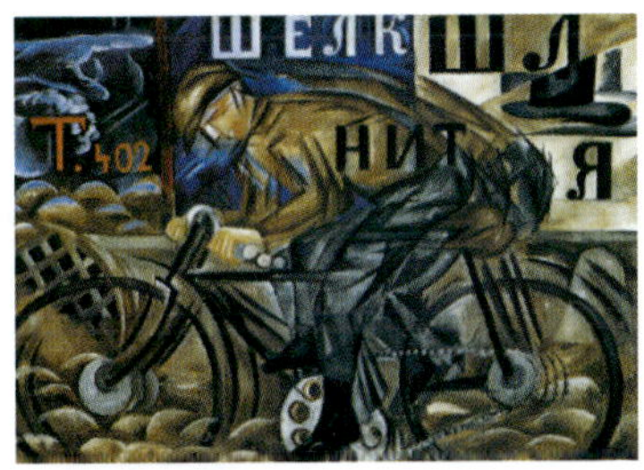

Natalija Gontscharowa
Der Radfahrer, 1913
Sankt Petersburg, Staatliches Russisches Museum

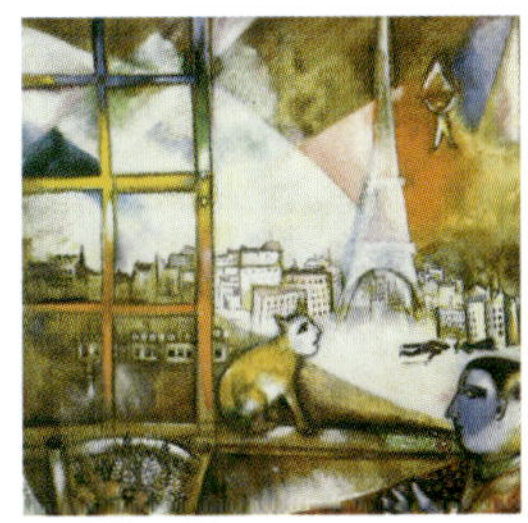

Marc Chagall
Paris durch das Fenster, 1913
New York, Salomon R. Guggenheim Museum

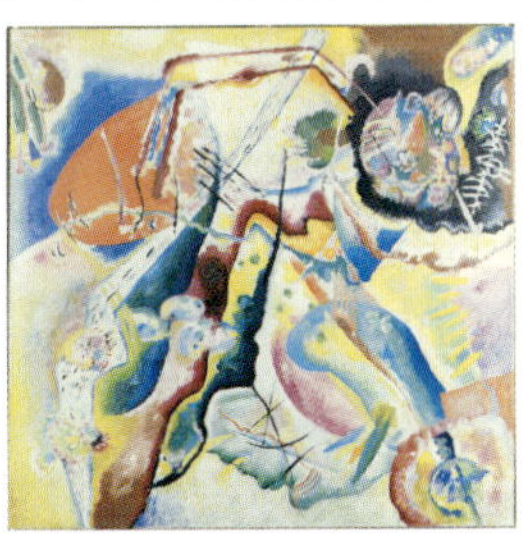

Wassily Kandinsky
Bild mit rotem Fleck, 1914
Paris, Musée National d'Art Moderne, Centre Georges Pompidou

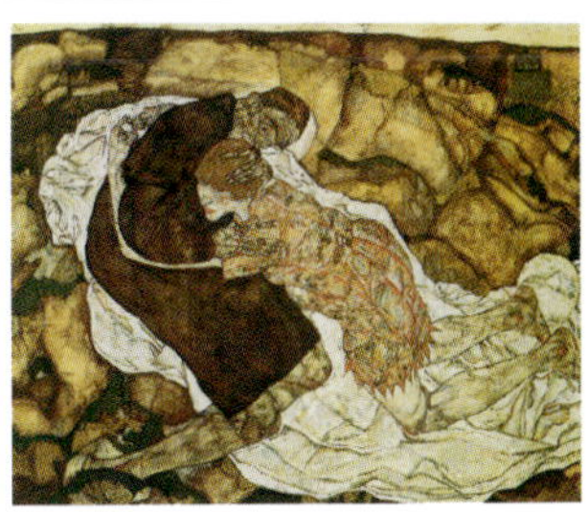

Egon Schiele
Tod und Mädchen, 1915
Wien, Österreichische Galerie Belvedere

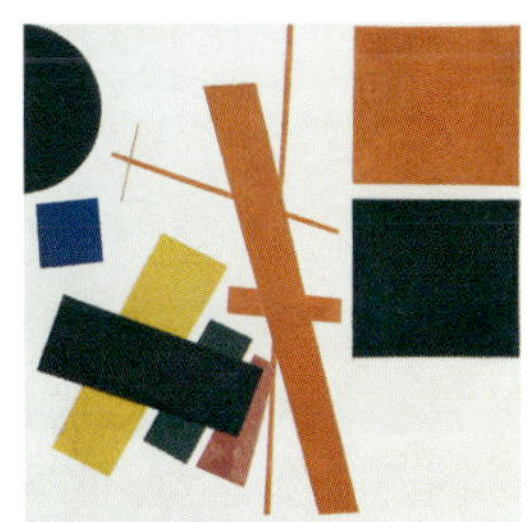

Kasimir Malewitsch
Suprematismus – Abstrakte Komposition, 1915
Ekaterinburg, Ekaterinburg Museum der Bildenden Künste

Chronologische Tafeln: 1915–1936

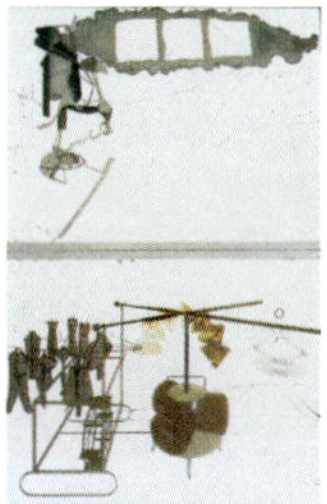

Marcel Duchamp
Die Braut von ihren Junggesellen nackt entblößt sogar (Großes Glas), 1915–1923
Philadelphia, Philadelphia Museum of Art

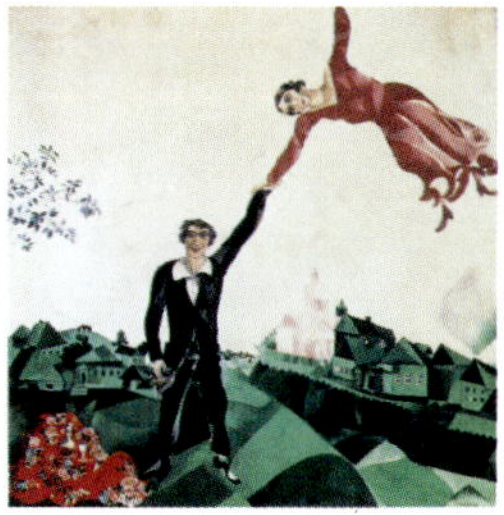

Marc Chagall
Der Spaziergang, 1917–1918
Sankt Petersburg, Staatliches Russisches Museum

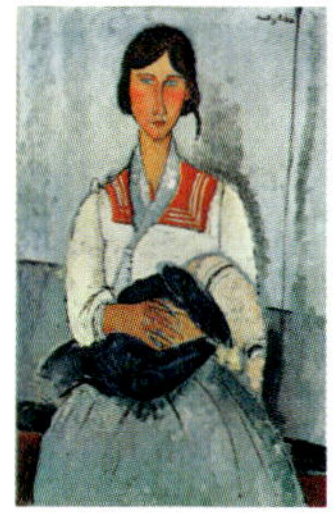

Amedeo Modigliani
Zigeunerfrau mit Kind, 1918
Washington, National Gallery of Art

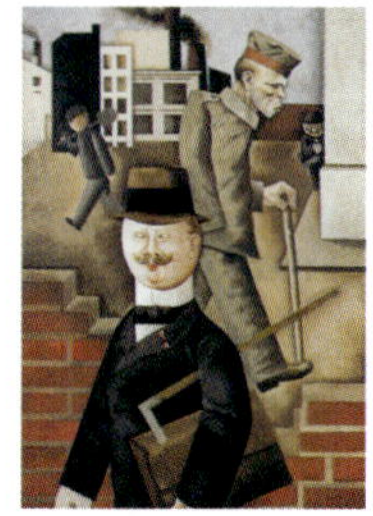

Georg Grosz
Grauer Tag, 1921
Berlin, Staatliche Museen zu Berlin – Preußischer Kulturbesitz, Nationalgalerie

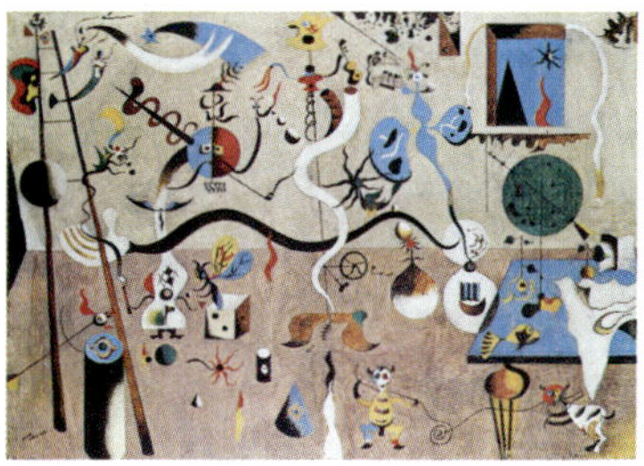

Joan Miró
Karneval des Harlekins, 1924–1925
Buffalo, Albright-Knox Art Gallery

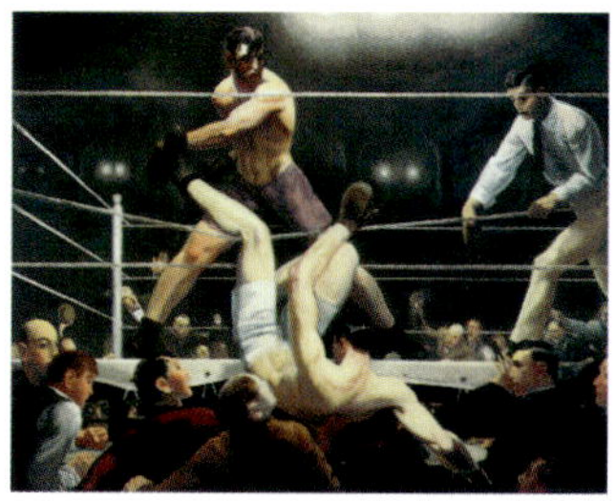

George Bellows
Dempsey and Firpo, 1924
New York, Whitney Museum of American Art

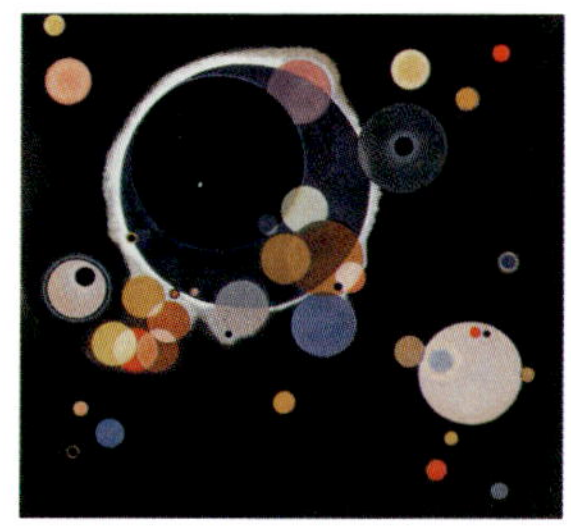

Wassily Kandinsky
Einige Kreise, 1926
New York, Salomon R. Guggenheim Museum

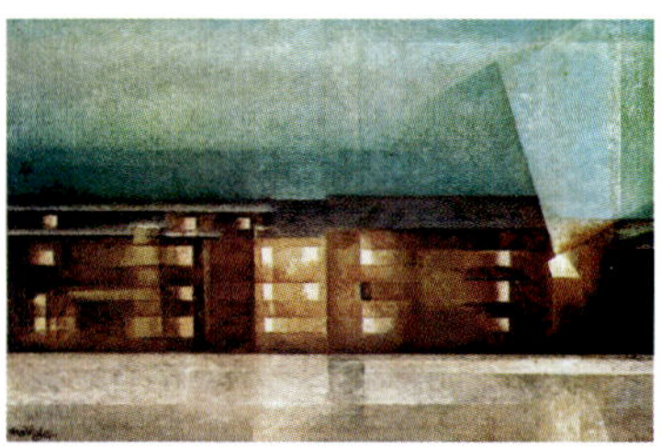

Lyonel Feininger
Beleuchtete Häuser – Zeile I, 1929
Dresden, Gemäldegalerie Neue Meister

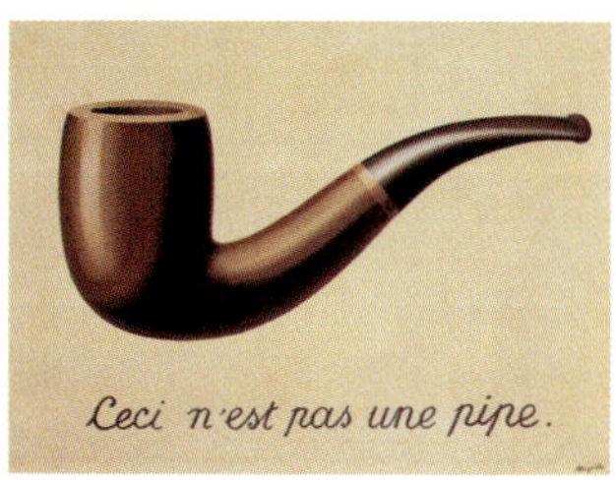

René Magritte
Der Verrat der Bilder, 1929
Los Angeles, Los Angeles County Museum of Art

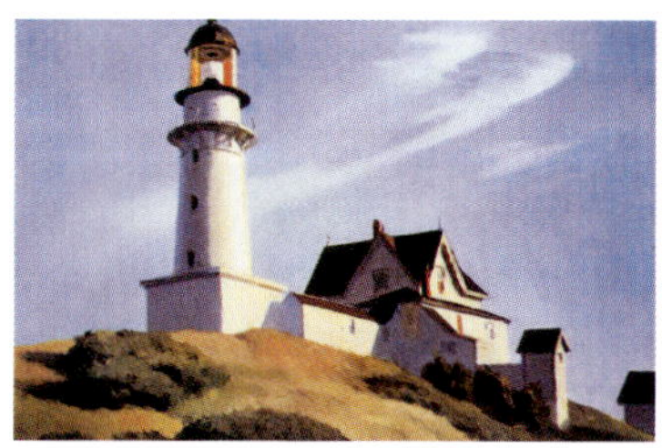

Edward Hopper
Der Leuchtturm in Two Lights, 1929
New York, The Metropolitan Museum of Art

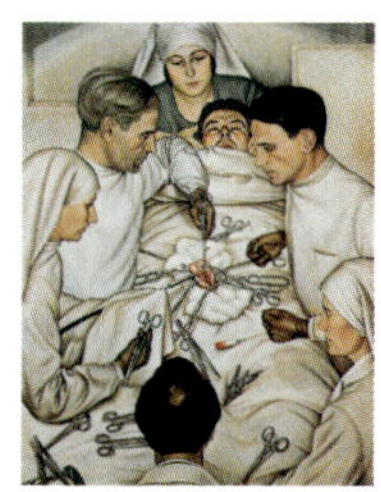

Christian Schad
Operation, 1929
München, Städtische Galerie im Lenbachhaus

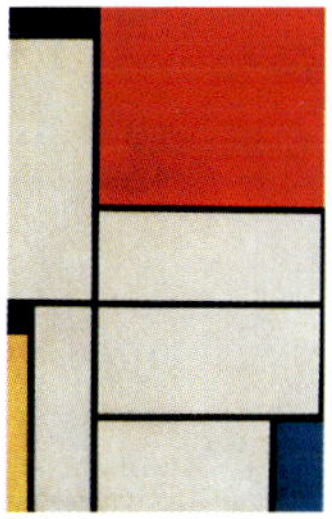

Piet Mondrian
Tableau Nr. 1, 1921
Basel, Privatsammlung

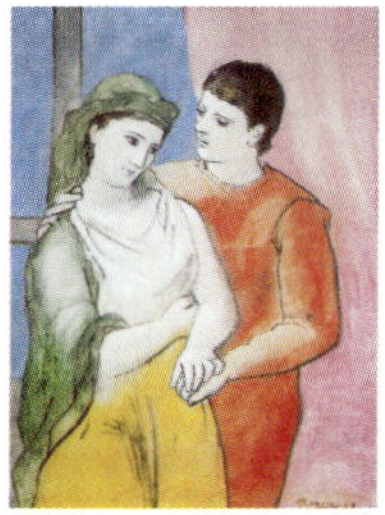

Pablo Picasso
Die Liebenden, 1923
Washington, National Gallery of Art

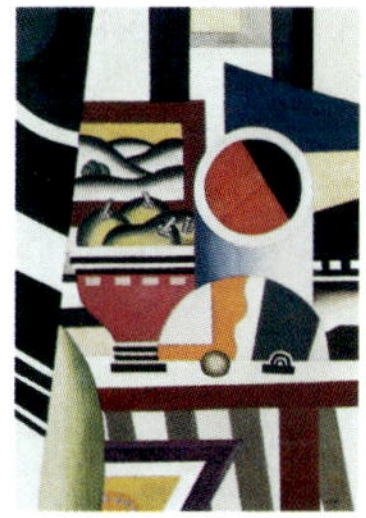

Fernand Léger
Stillleben (Nature morte), 1923
New York, The Museum of Modern Art

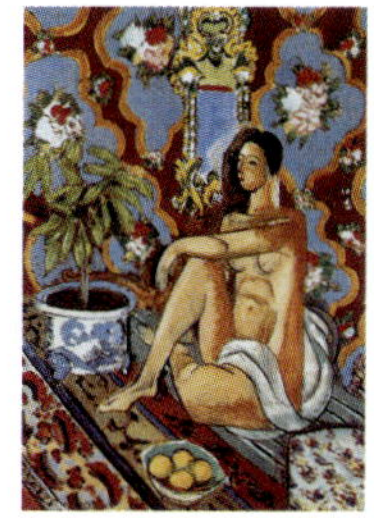

Henri Matisse
Sitzende Figur vor ornamentalem Grund, 1925–1926
Paris, Musée National d'Art Moderne, Centre Georges Pompidou

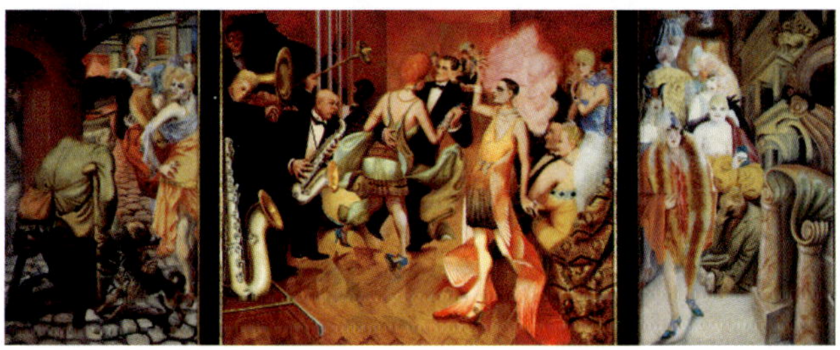

Otto Dix
Großstadt (Triptychon), 1927–1928
Stuttgart, Galerie der Stadt

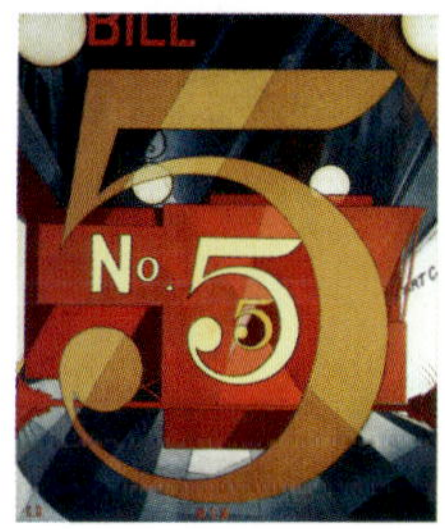

Charles Demuth
Ich sah die Zahl 5 in Gold (I saw the Figure 5 in Gold), 1928
New York, The Metropolitan Museum of Art

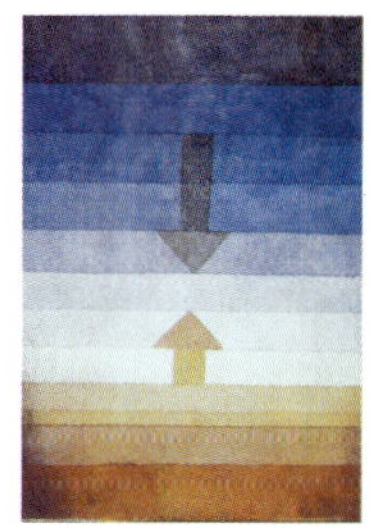

Paul Klee
Scheidung abends, 1922
Bern, Klee-Museum, Schenkung LK

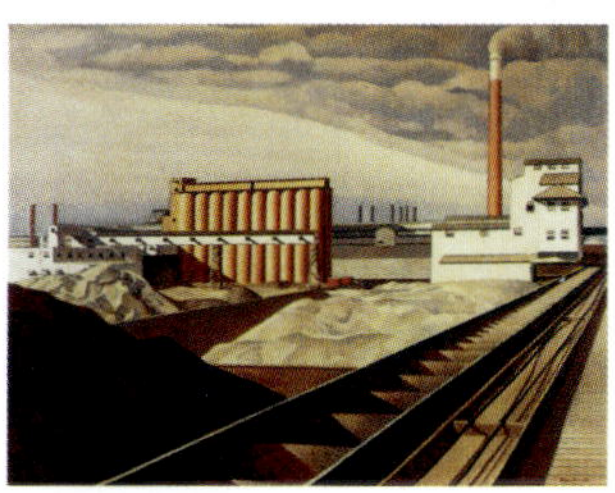

Charles Sheeler
Klassische Landschaft, 1931
Washington, National Gallery of Art

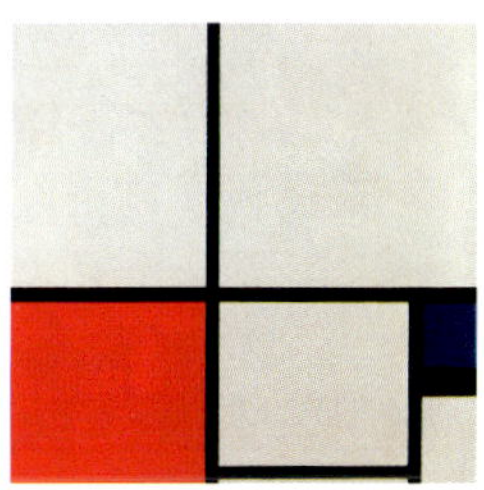

Piet Mondrian
Composition No. I, with Red and Blue, 1931
Madrid, Museo Thyssen-Bornemisza

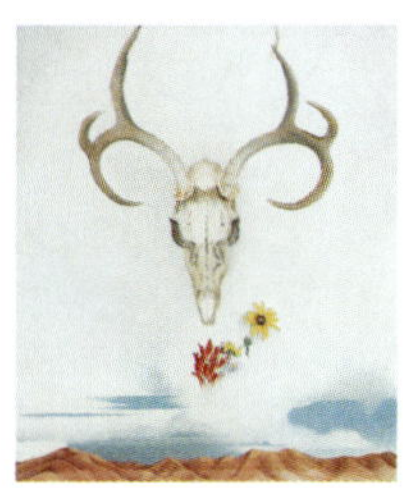

Georgia O'Keeffe
Sommertage, 1936
New York, Whitney Museum of American Art

Chronologische Tafeln: 1937–1960

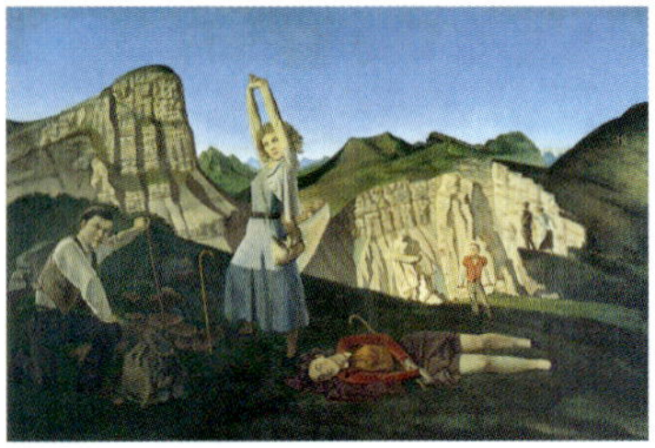

Balthus
Der Berg, 1937
New York, The Metropolitan Museum of Art

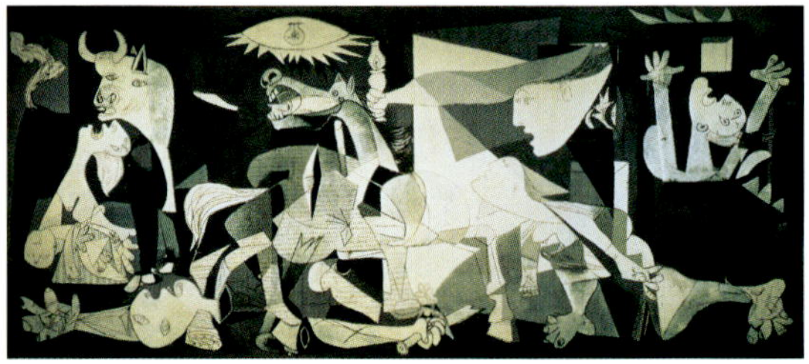

Pablo Picasso
Guernica, 1937
Madrid, Centro de Arte Reina Sofía

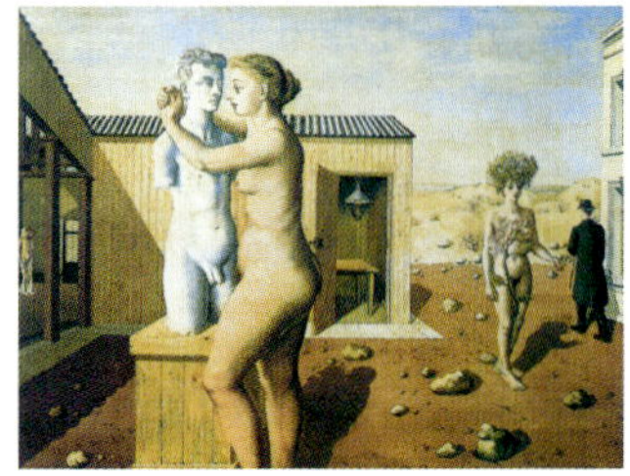

Paul Delvaux
Pygmalion, 1939
Brüssel, Musées Royaux des Beaux-Arts

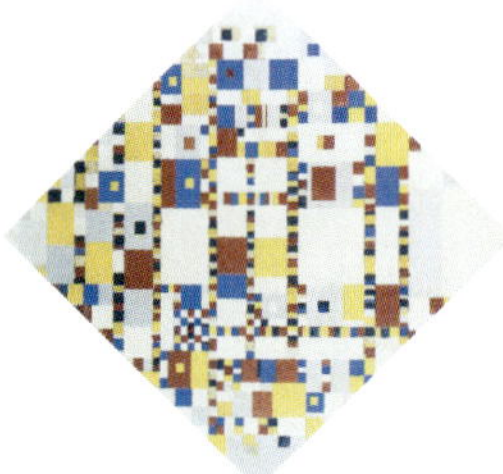

Piet Mondrian
Victory Boogie Woogie, 1942–1944
Den Haag, Gemeentemuseum

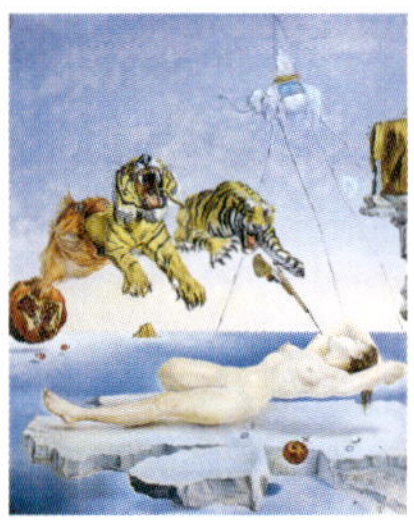

Salvador Dalí
Traum, verursacht durch den Flug einer Biene um einen Granatapfel eine Sekunde vor dem Erwachen, 1944
Madrid, Museo Thyssen-Bornemisza

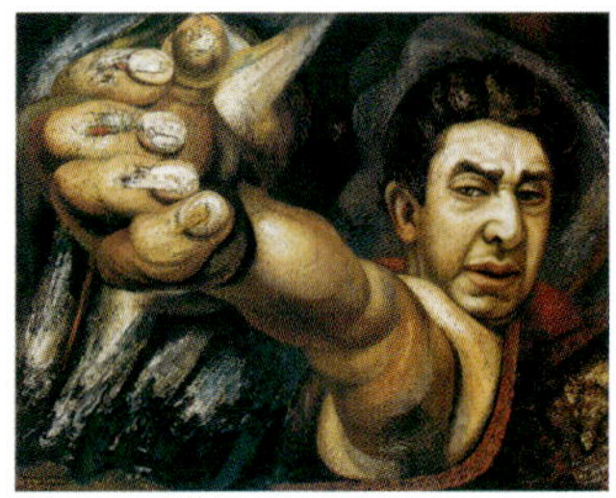

David Alfaro Siqueiros
El Coronelazo (Selbstbildnis), 1945
Mexico, Museo Nacional de Arte

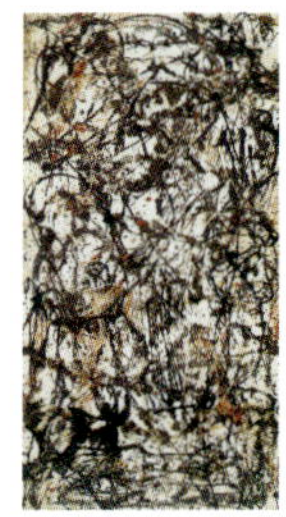

Jackson Pollock
Enchanted Forest, 1947
Venedig, Collezione Peggy Guggenheim

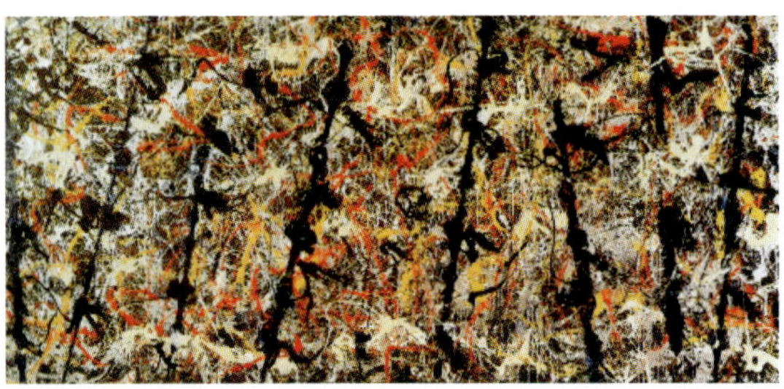

Jackson Pollock
Blue Poles: Number II, 1952
Canberra, National Gallery of Australia

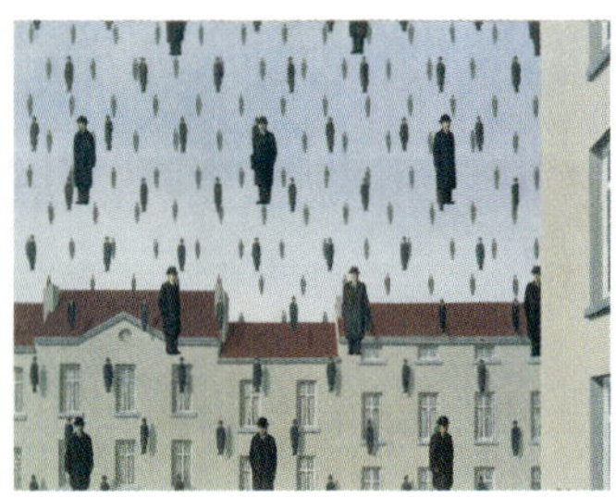

René Magritte
Golconda, 1953
Houston, The Menil Collection

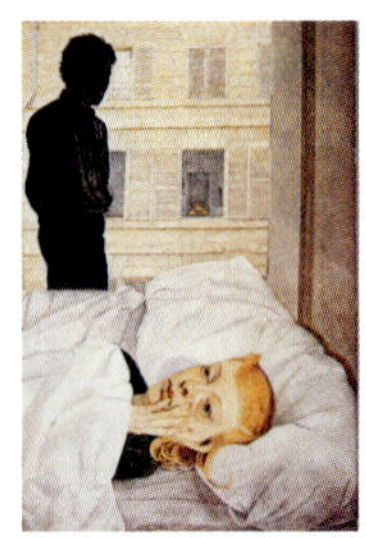

Lucian Freud
Hotel Bedroom, 1954
Fredericton (New Brunswick), The Beaverbrook Art Gallery

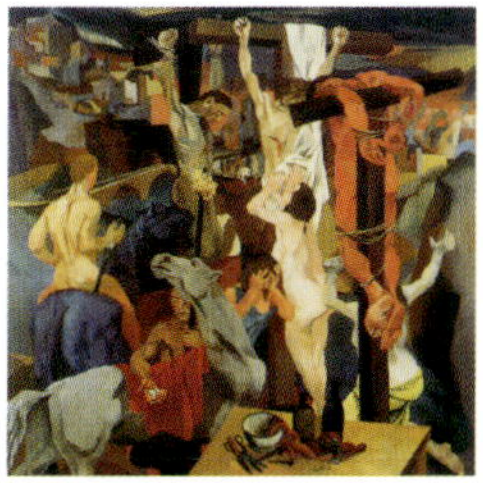

Renato Guttuso
Kreuzigung, 1940–1941
Rom, Galleria Nazionale
d'Arte Moderna

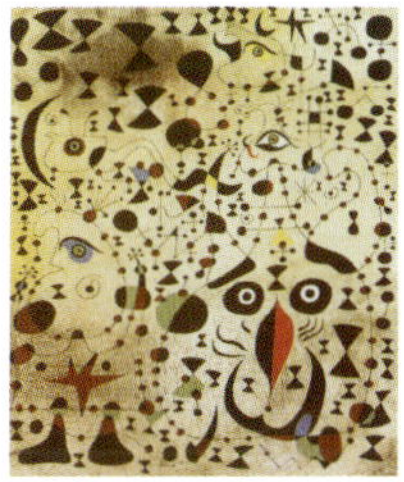

Joan Miró
Der schöne Vogel entziffert den Liebenden das Geheimnis der Morgenröte, 1941
New York, The Museum of
Modern Art

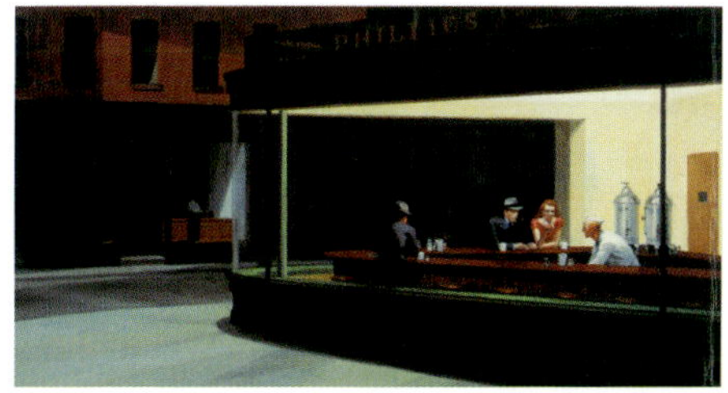

Edward Hopper
Nighthawks (Nachtschwärmer oder *Nachtfalken)*, 1942
Chicago, The Art Institute of Chicago

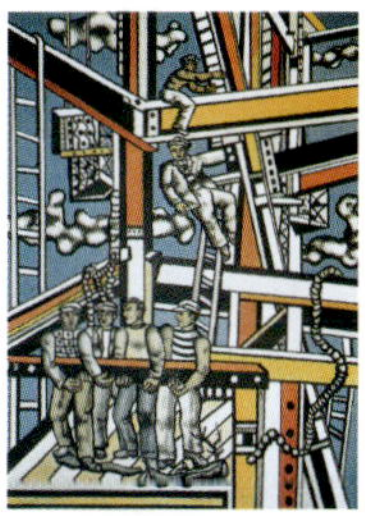

Fernand Léger
Les Constructeurs sur fond bleu,
um 1951
Biot, Musée Fernand Léger

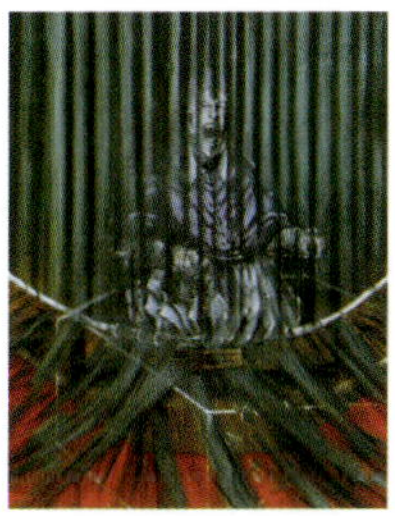

Francis Bacon
Papst Innozenz X. (Studie nach Velázquez),
1950
New York, Gallery
Tony Shafrazi

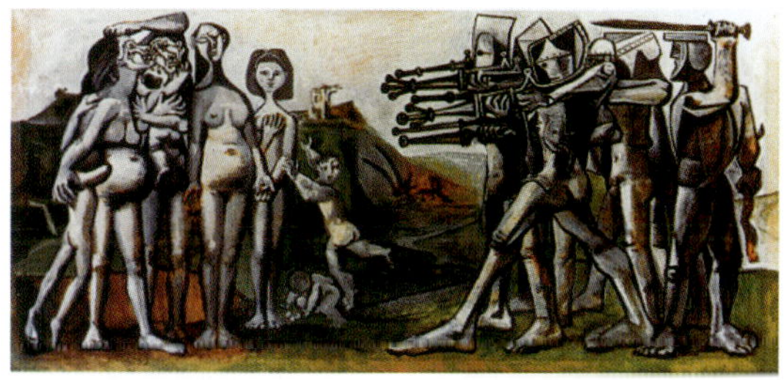

Pablo Picasso
Massaker in Korea, 1951
Paris, Musée National Picasso

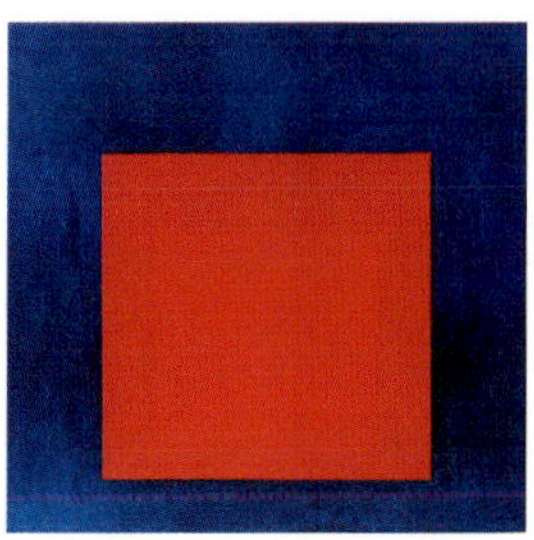

Josef Albers
Homage to the Square, 1958
New York, Sidney Janis Gallery

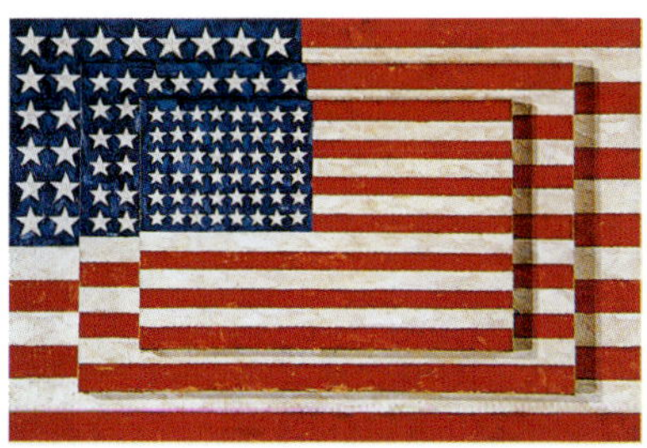

Jasper Johns
Drei Flaggen (Three Flags),
1958
New York, Whitney Museum
of American Art

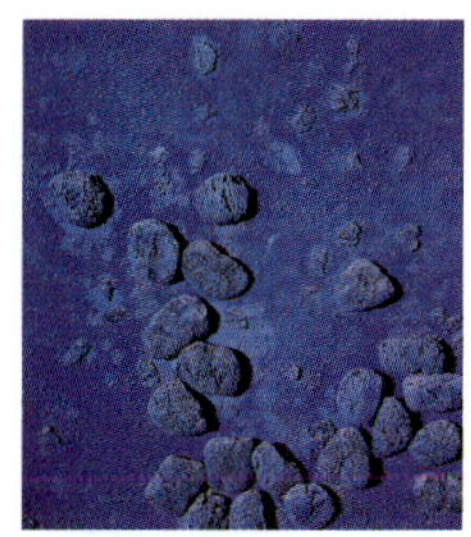

Yves Klein
Blaues Schwammrelief (RE 19), 1958
Köln, Museum Ludwig

Chronologische Tafeln: ab 1960

Mark Rothko
Number 19, 1960
Privatsammlung

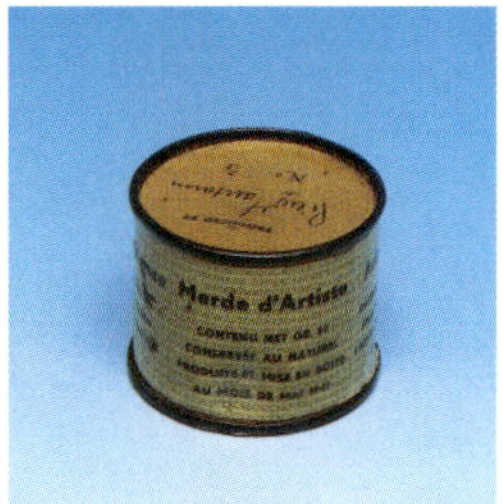

Piero Manzoni
Künstlerscheiße Nr. 025,
um 1961
Privatsammlung

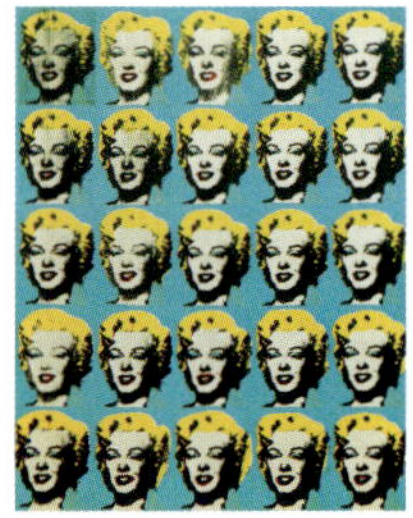

Andy Warhol
Twenty-Five Colored Marilyns, 1962
Fort Worth (Texas), Modern Art Museum of Fort Worth

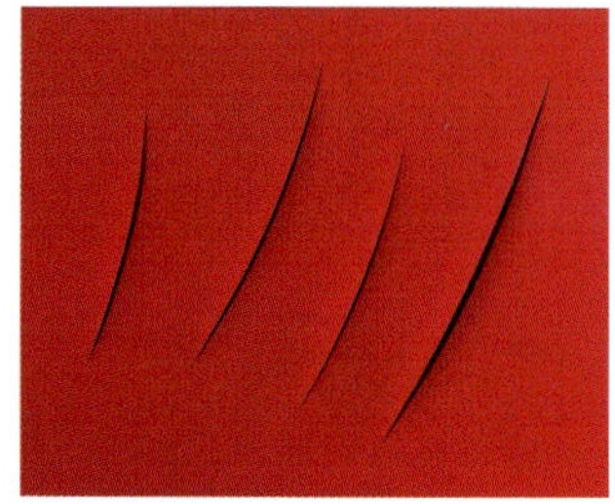

Lucio Fontana
Concetto spaziale. Attese, 1962
Privatsammlung

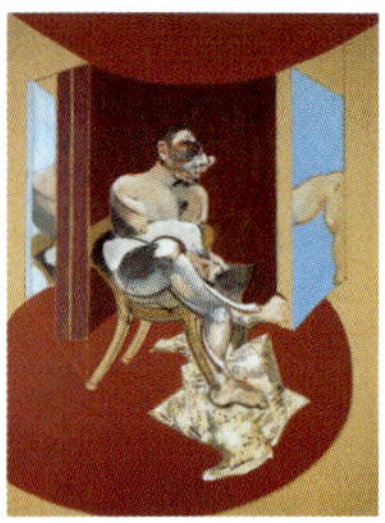

Francis Bacon
Diptychon – Studie George Dyer und Bildelemente nach Muybridge, 1971
Privatsammlung

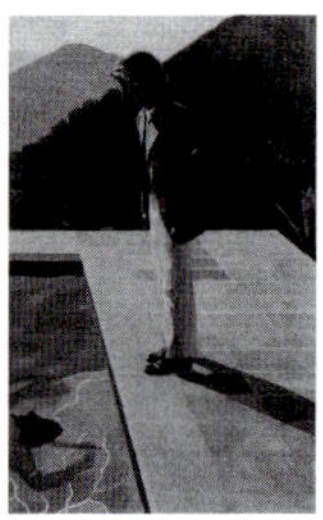

David Hockney
Portrait of an Artist,
1971
Privatsammlung

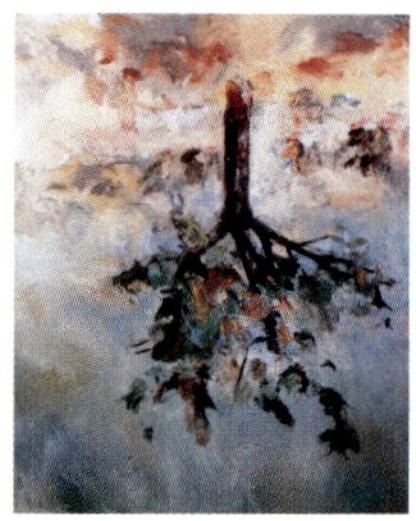

Georg Baselitz
Fingermalerei – Apfelbaum,
1971–1973
Aachen, Sammlung Jung

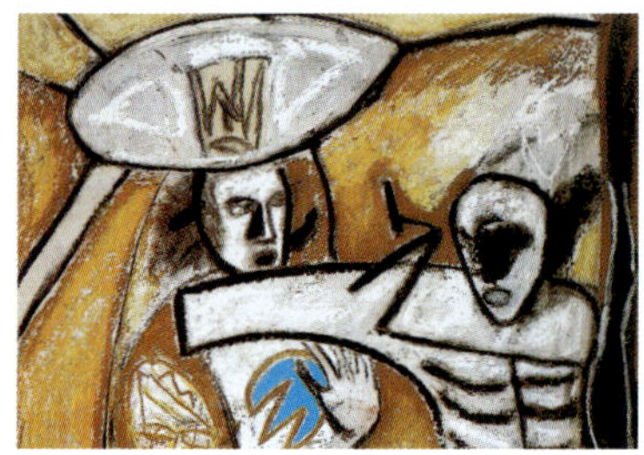

Mimmo Paladino
Der König, 1980
Privatsammlung

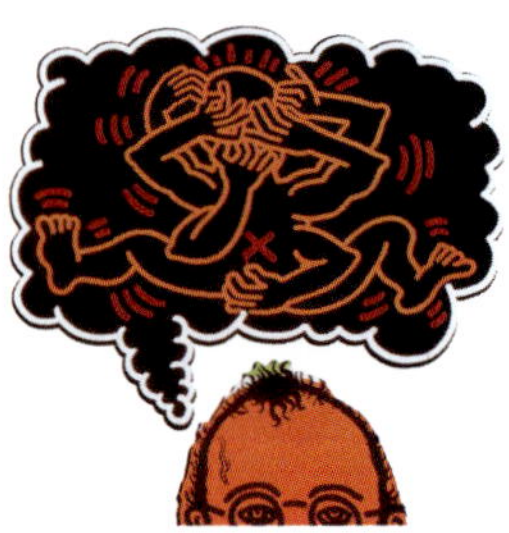

Keith Haring
Selbstbildnis, 7. November 1985, 1985
Mailand, Privatsammlung

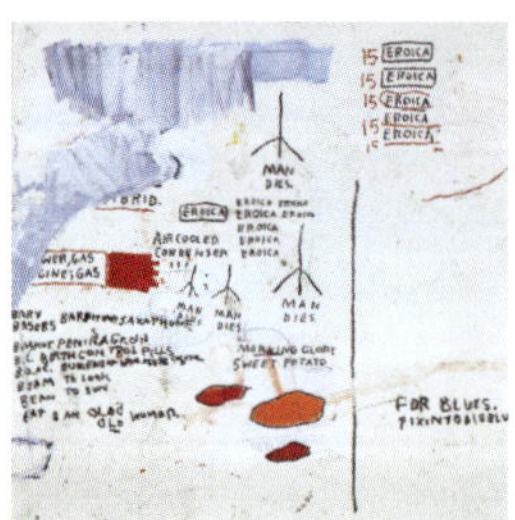

Jean-Michel Basquiat
Eroica I, 1988
Privatsammlung

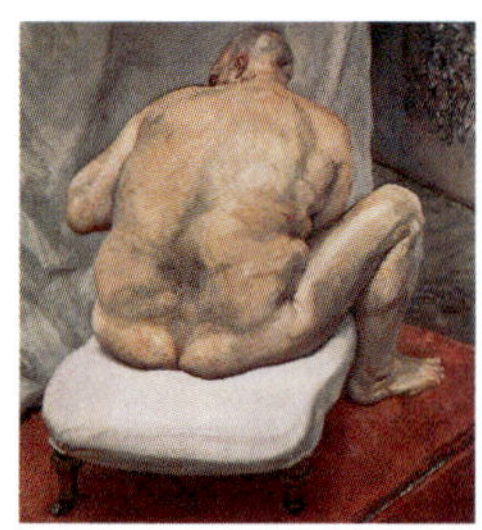

Lucian Freud
Naked Man, Back View (Leigh Bowery), 1991–1992
New York, The Metropolitan Museum of Art

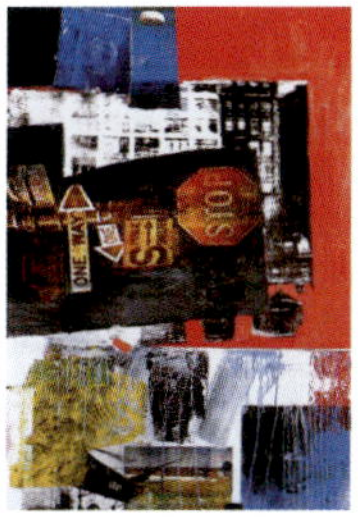

Robert Rauschenberg
Spot (Fleck), 1963
Stuttgart, Staatsgalerie Stuttgart

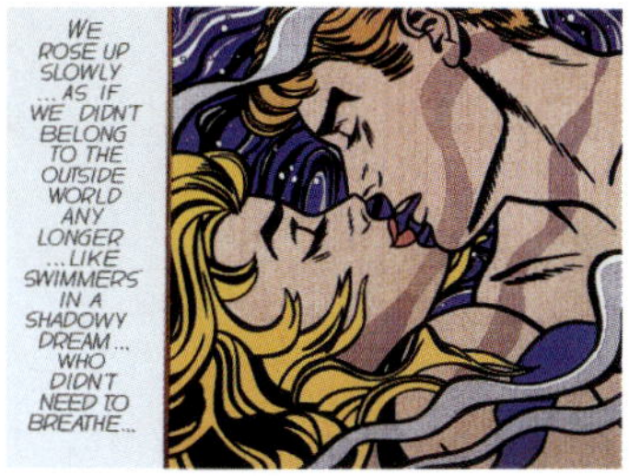

Roy Lichtenstein
We Rose Up Slowly, 1964
Frankfurt am Main, Museum für Moderne Kunst

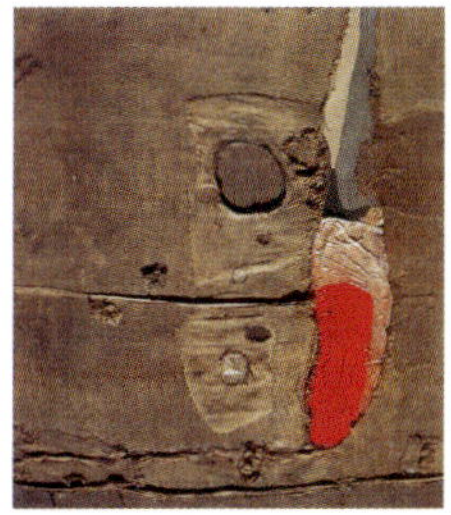

Alberto Burri
Sacco 5 P, 1953
Città di Castello (Perugia), Fondazione Palazzo Albizzini

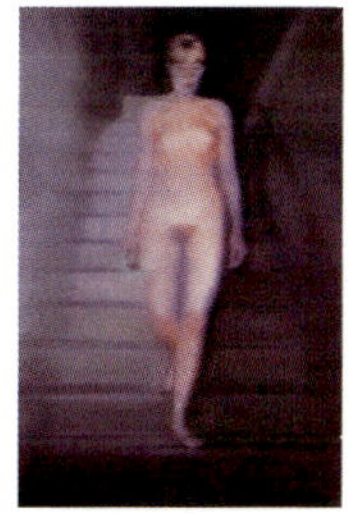

Gerhard Richter
Erna (Akt) auf einer Treppe, 1966
Köln, Museum Ludwig

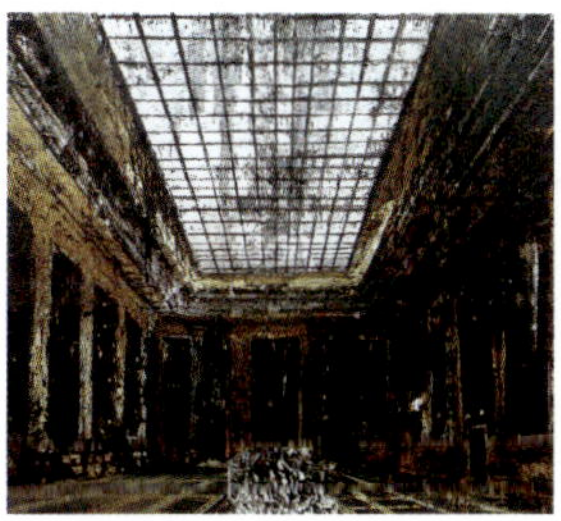

Anselm Kiefer
Innenraum, 1981
Amsterdam, Stedelijk Museum

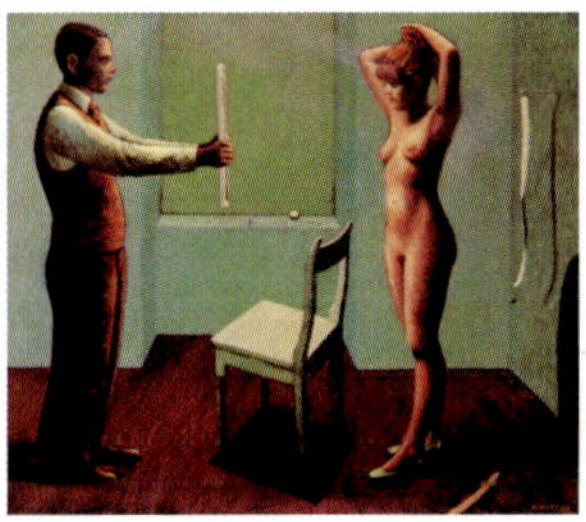

Hermann Albert
Der Mann mit dem Spiegel, 1982
Privatsammlung

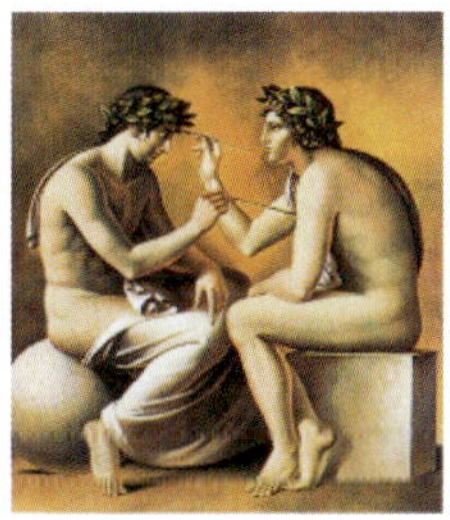

Carlo Maria Mariani
Die Hand gehorcht dem Intellekt, 1983
Privatsammlung

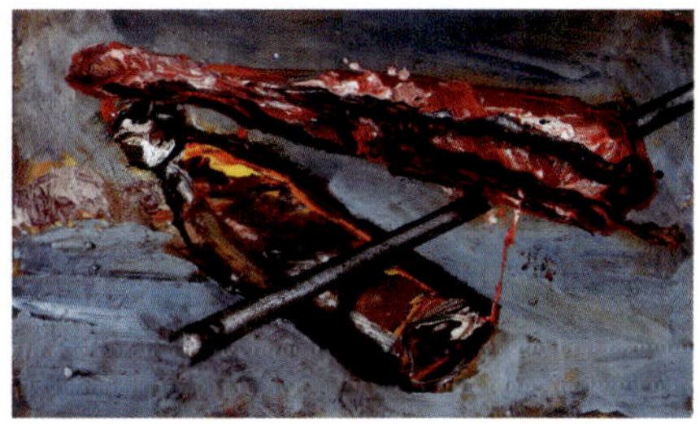

Dieter Krieg
Ohne Titel, 1984
Frankfurt am Main, Museum für Moderne Kunst

Geografische Tafeln: Venedig und Norditalien

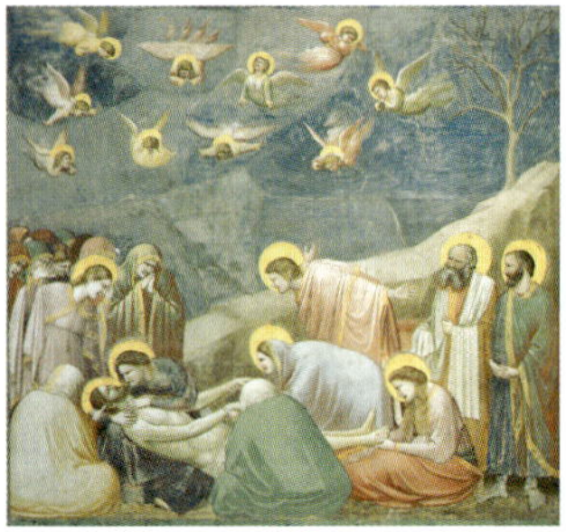

Giotto di Bondone
Die Beweinung Christi, 1304
Padua, Capella degli Scrovegni

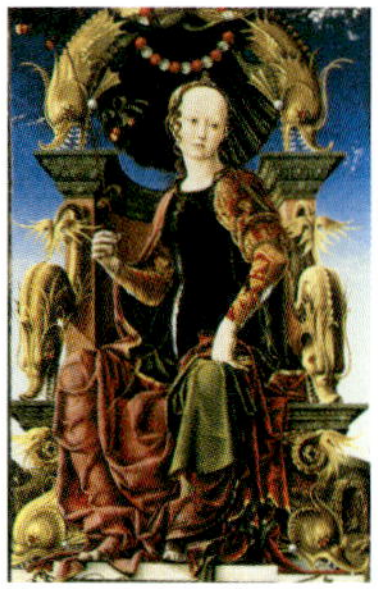

Cosmè Tura
Allegorie des Frühlings (Die Muse Erato), um 1460
London, The National Gallery

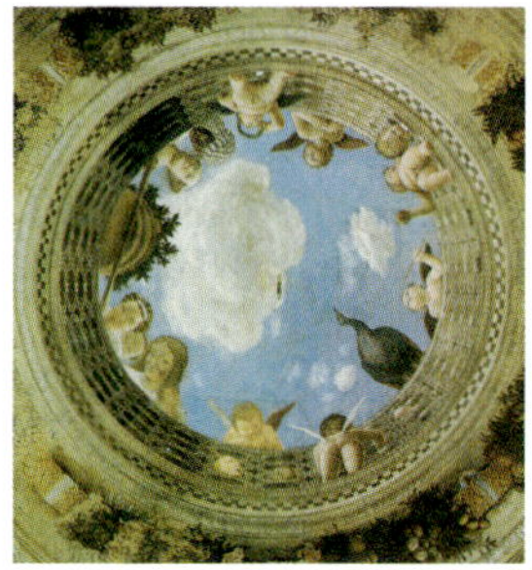

Andrea Mantegna
Decke der *Camera degli Sposi*, 1465–1474
Mantua, Palazzo Ducale

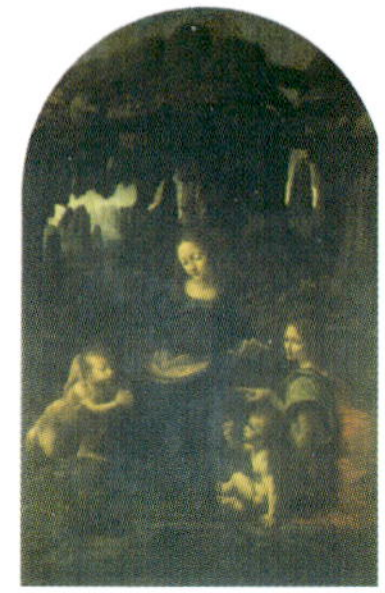

Leonardo da Vinci
Madonna in der Felsengrotte, 1483–1486
Paris, Musée du Louvre

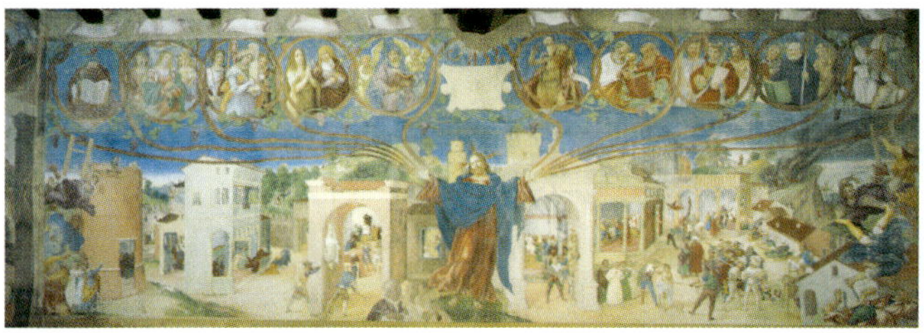

Lorenzo Lotto
Szenen aus dem Leben der heiligen Barbara, 1524
Trescore Balneario (Bergamo),
Sante Barbara e Brigida, Cappella Suardi

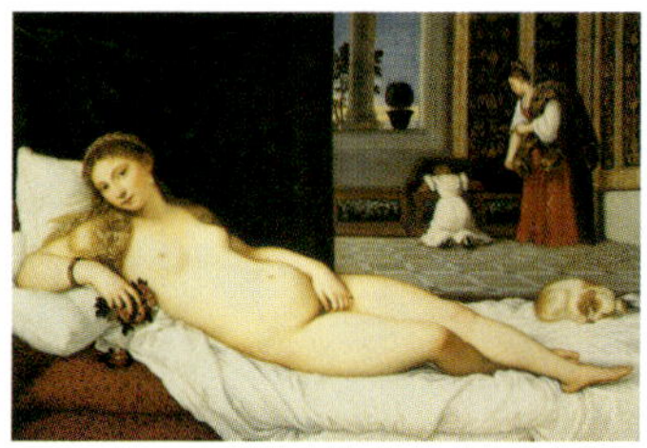

Tizian
Venus von Urbino, 1538
Florenz, Galleria degli Uffizi

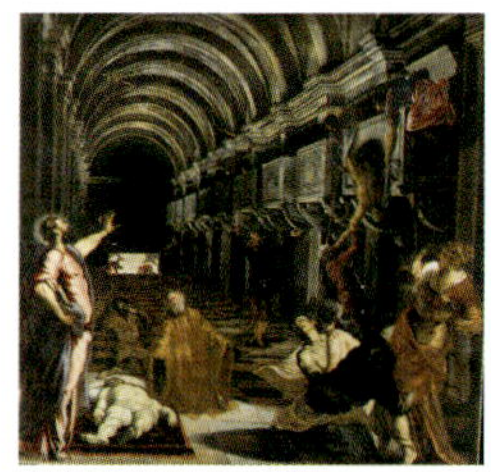

Jacopo Tintoretto
Auffindung des Leichnams des heiligen Markus, 1562–1566
Mailand, Pinacoteca di Brera

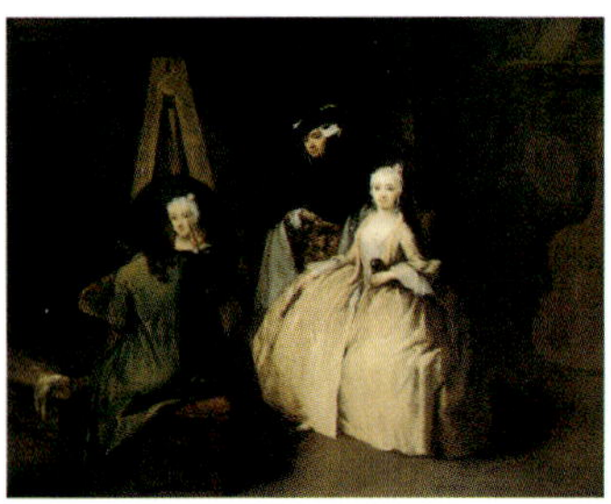

Pietro Longhi
Der Maler in seinem Atelier, um 1740
Venedig, Museo del Settecento Veneziano Ca' Rezzonico

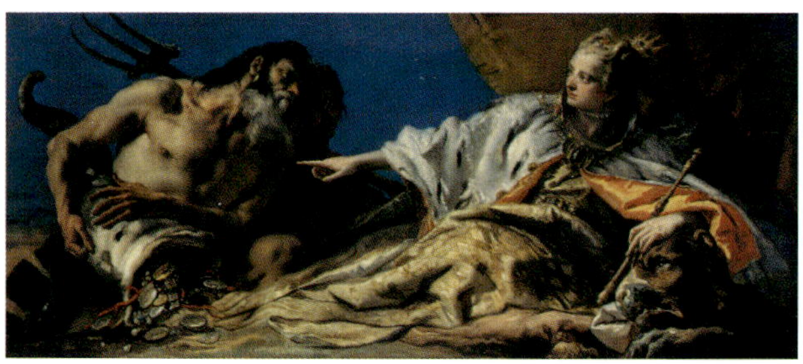

Giovanni Battista Tiepolo
Neptun überreicht Venetia seine Gaben, 1748–1750
Venedig, Dogenpalast,
Sala del Consiglio dei Dieci

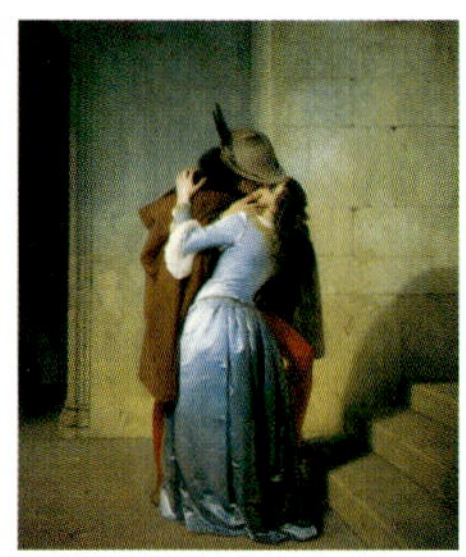

Francesco Hayez
Der Kuss, 1859
Mailand, Pinacoteca di Brera

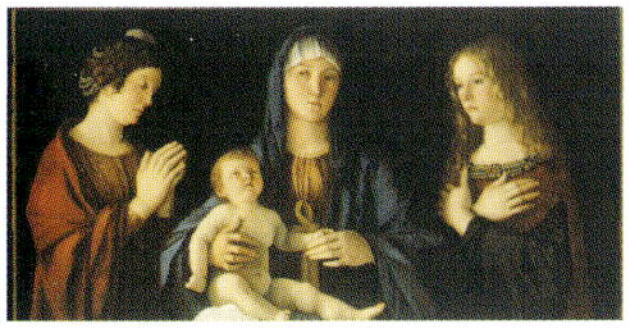

Giovanni Bellini
Madonna mit Kind und den heiligen Katharina und Maria Magdalena, um 1500
Venedig, Gallerie dell'Accademia

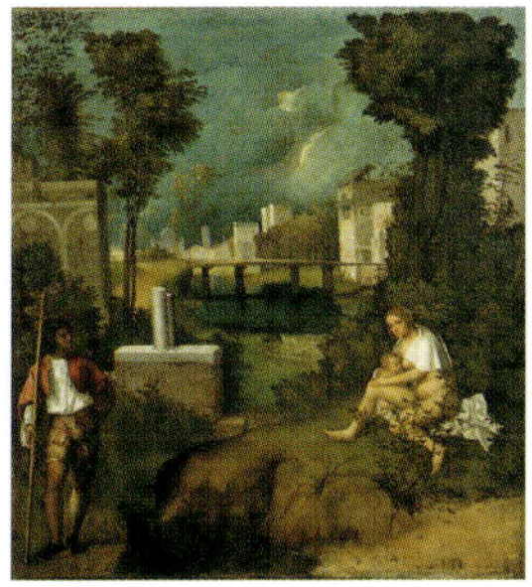

Giorgione
Das Gewitter, um 1506
Venedig, Gallerie dell'Accademia

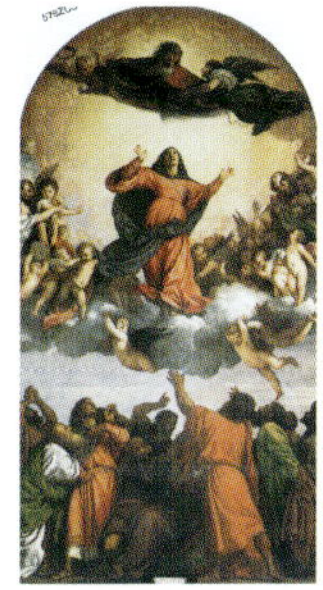

Tizian
Himmelfahrt Mariä (Assunta), 1516–1518
Venedig, Santa Maria Gloriosa dei Frari

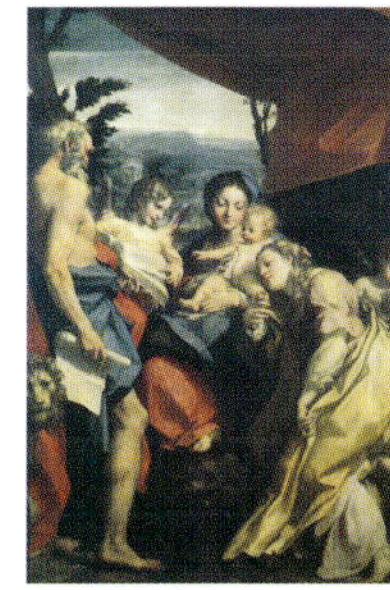

Correggio
Madonna mit Kind und Heiligen (Madonna di San Gerolamo), 1523
Parma, Galleria Nazionale

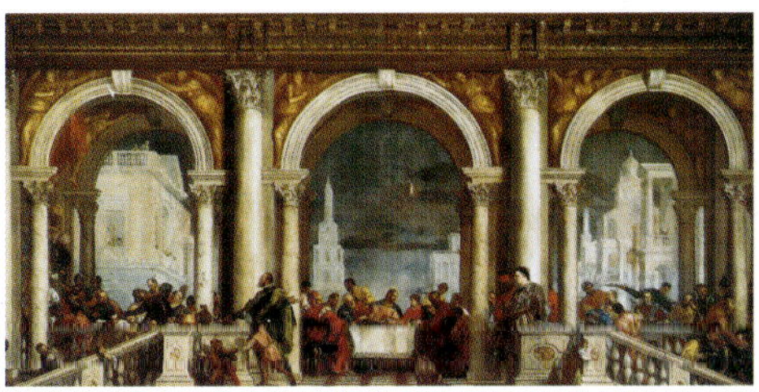

Veronese
Gastmahl im Hause des Levi, 1573
Venedig, Gallerie dell'Accademia

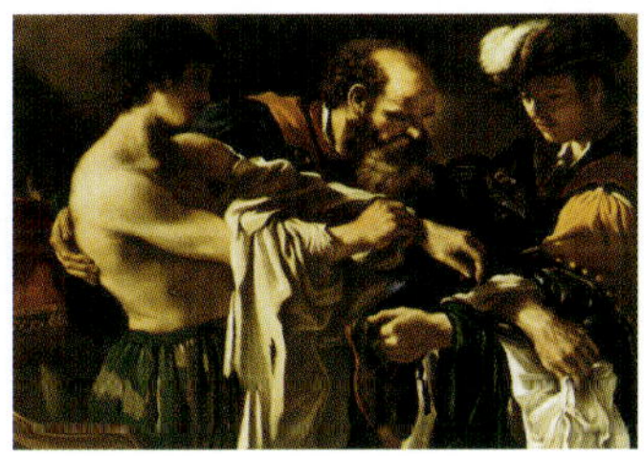

Guercino
Heimkehr des verlorenen Sohnes, 1619
Wien, Kunsthistorisches Museum

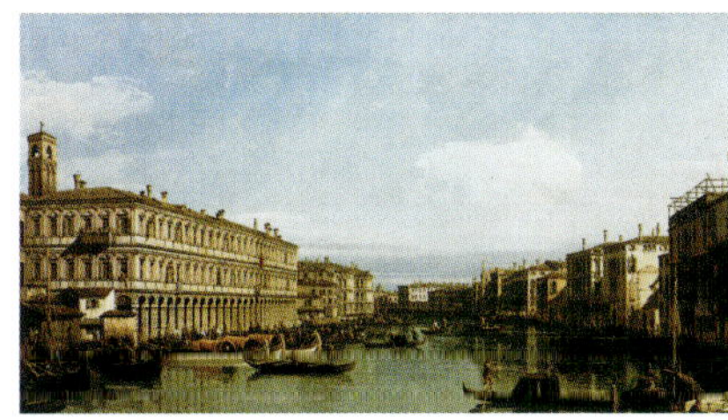

Giovanni Antonio Canal, gen. Canaletto
Canal Grande, 1730–1735
Köln, Wallraf-Richartz-Museum

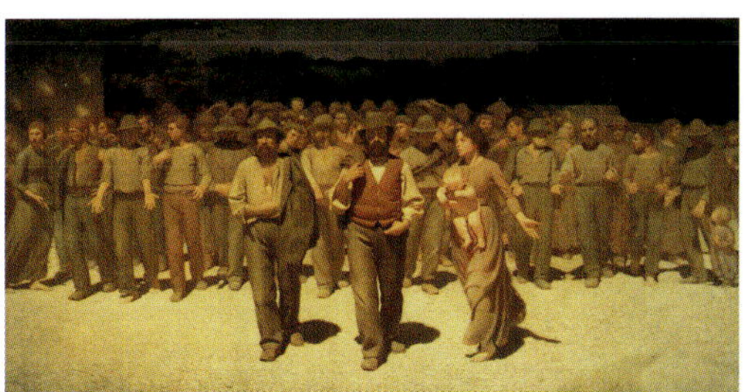

Giuseppe Pellizza da Volpedo
Der vierte Stand, 1898–1901
Mailand, Villa Reale – Galleria d'Arte Moderna

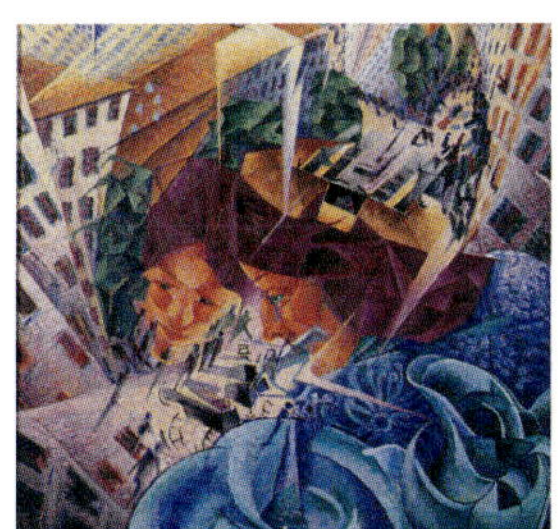

Umberto Boccioni
Simultanvisionen, 1912
Wuppertal, Von der Heydt-Museum

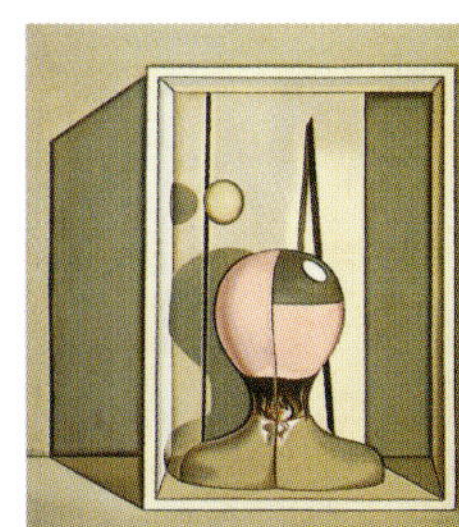

Giorgio Morandi
Stillleben mit Puppe (Natura morta con manichino), 1918
Sankt Petersburg, Staatliche Eremitage

Geografische Tafeln: Florenz

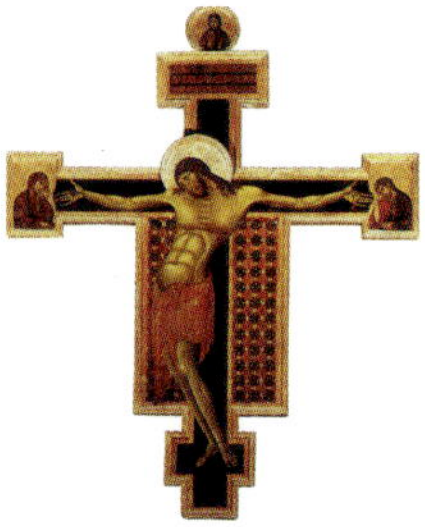

Cimabue
Kruzifix, um 1260–1270
Arezzo, San Domenico

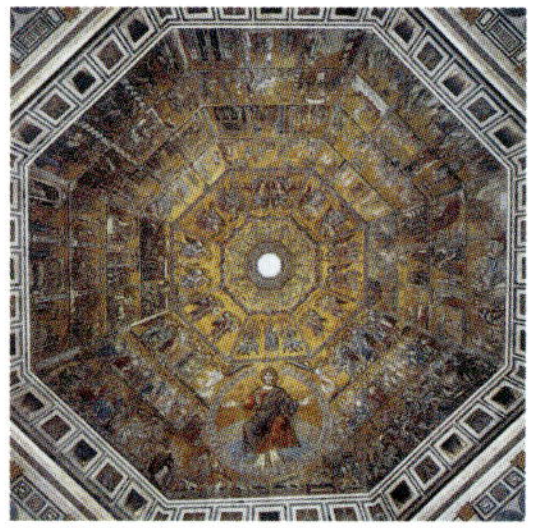

Toskanische Meister, darunter Coppo di Marcovaldo und Cimabue
Mosaiken mit Jüngstem Gericht und Szenen aus dem Alten und Neuen Testament, zweite Hälfte des 13. Jahrhunderts
Florenz, Baptisterium San Giovanni

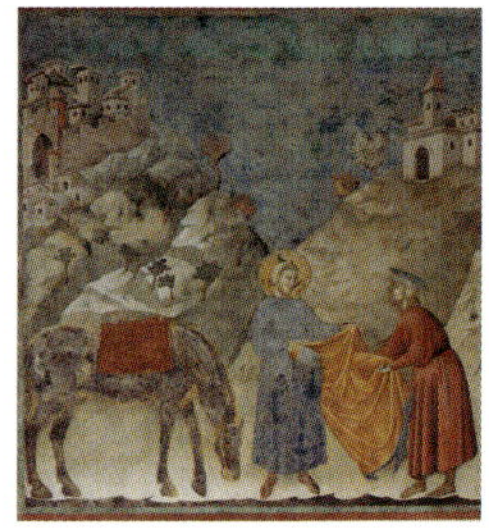

Giotto di Bondone
Die Mantelgabe des heiligen Franz von Assisi, 1297–1299
Assisi, Oberkirche San Francesco

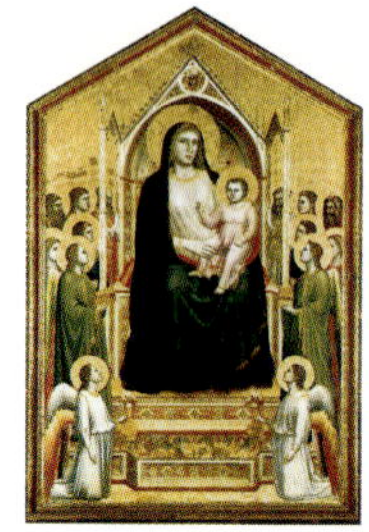

Giotto di Bondone
Thronende Madonna (Pala d'Ognissanti), 1306–1310
Florenz, Galleria degli Uffizi

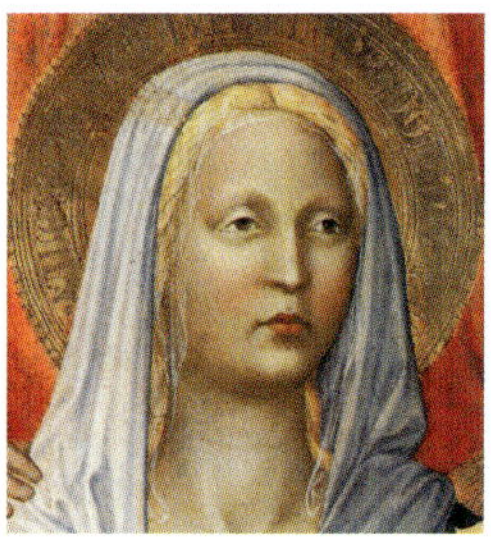

Masolino und Masaccio
Anna Selbdritt, Detail, 1424–1425
Florenz, Galleria degli Uffizi

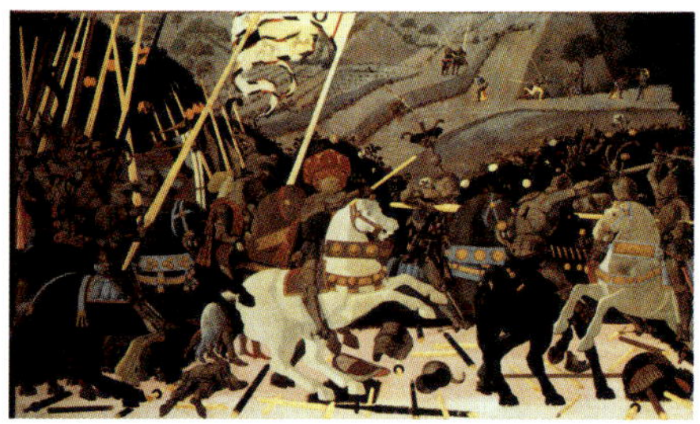

Paolo Uccello
Die Schlacht von San Romano, um 1456
London, The National Gallery

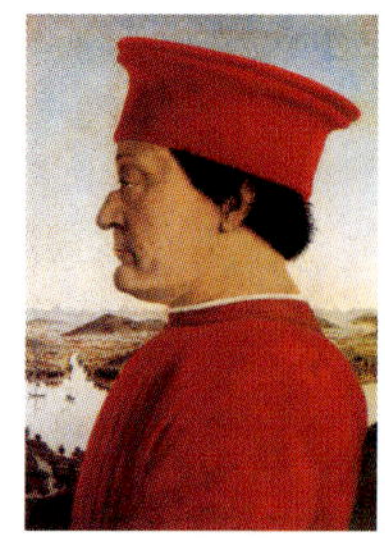

Piero della Francesca
Porträt Federico da Montefeltro, rechte Tafel des *Diptychons von Urbino*, 1465–1470
Florenz, Galleria degli Uffizi

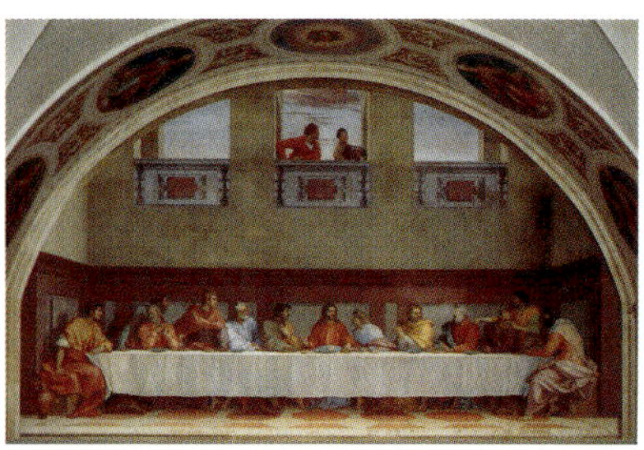

Andrea del Sarto
Abendmahl, 1519
Florenz, San Salvi, Museo del Cenacolo di Andrea del Sarto

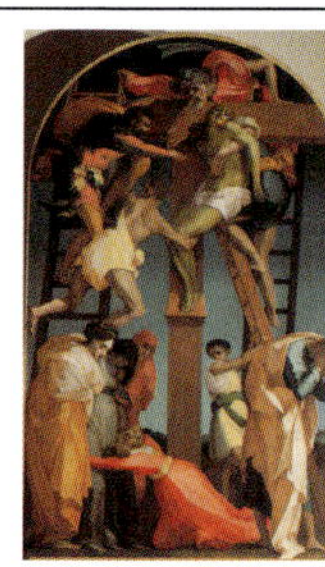

Rosso Fiorentino
Kreuzabnahme, 1521
Volterra, Pinacoteca e Museo Civico

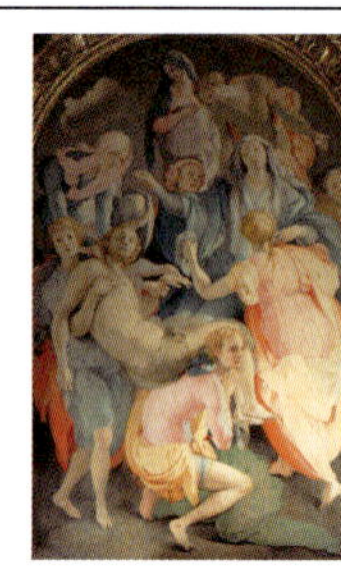

Pontormo
Grablegung, um 1525
Florenz, Santa Felicità, Cappella Barbadori-Capponi

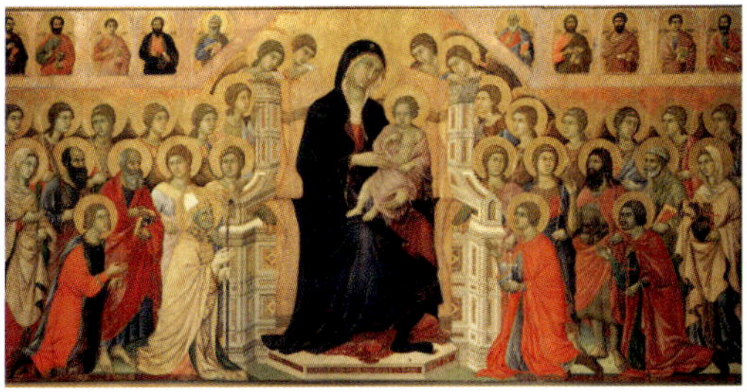

Duccio di Buoninsegna
Maestà, 1308–1311
Siena, Museo dell'Opera del Duomo

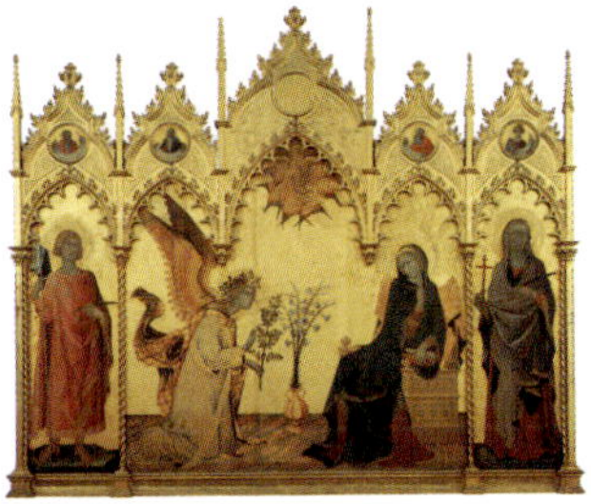

Simone Martini
Verkündigung, 1333
Florenz, Galleria degli Uffizi

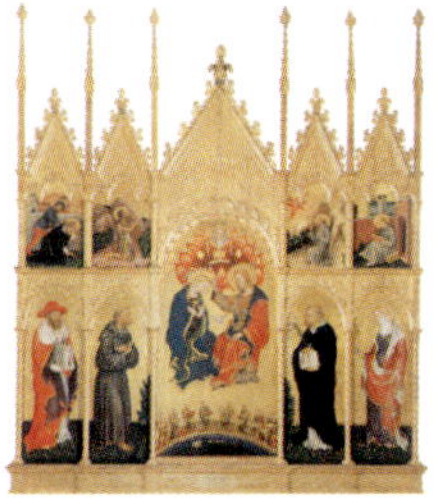

Gentile da Fabriano
Marienkrönung mit Heiligen (Polittico di Valle Romita), 1400–1410
Mailand, Pinacoteca di Brera

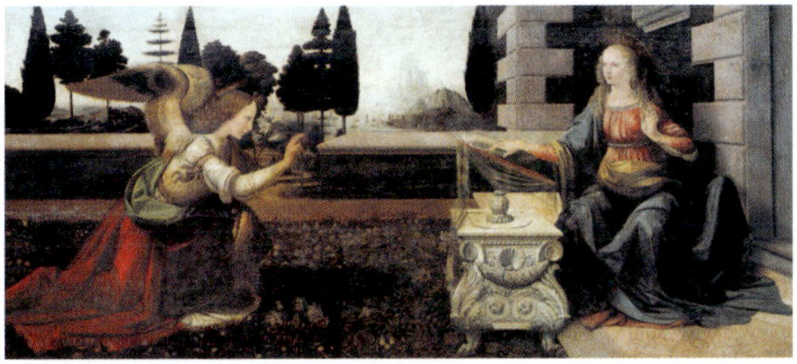

Leonardo da Vinci
Verkündigung, um 1474
Florenz, Galleria degli Uffizi

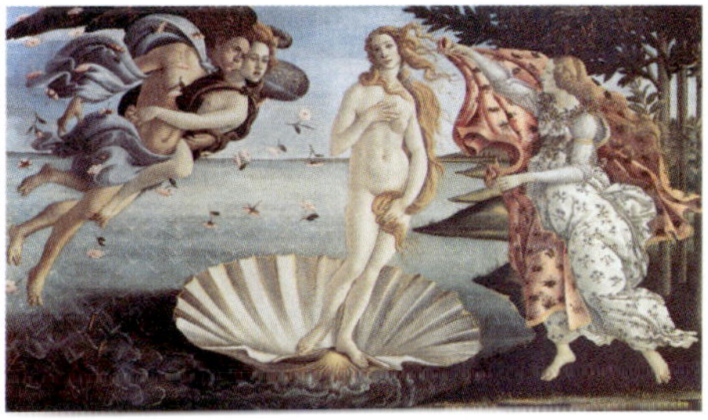

Sandro Botticelli
Geburt der Venus, 1484–1486
Florenz, Galleria degli Uffizi

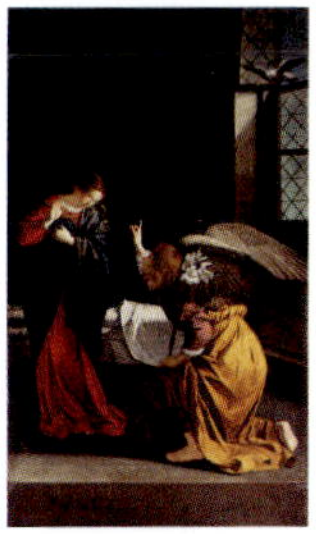

Orazio Gentileschi
Verkündigung, 1623
Turin, Galleria Sabauda

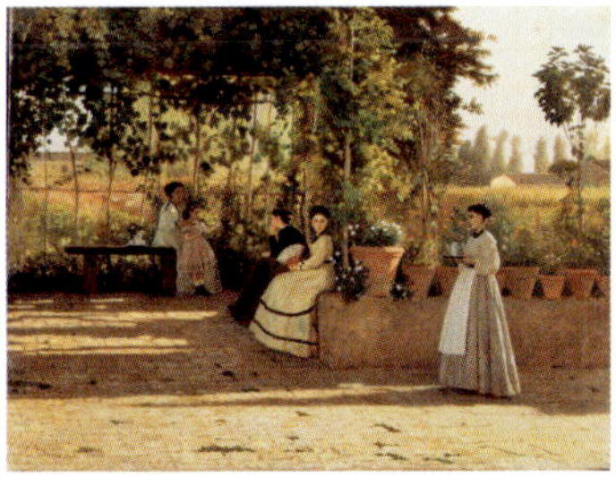

Silvestro Lega
Die Laube, 1868
Mailand, Pinacoteca di Brera

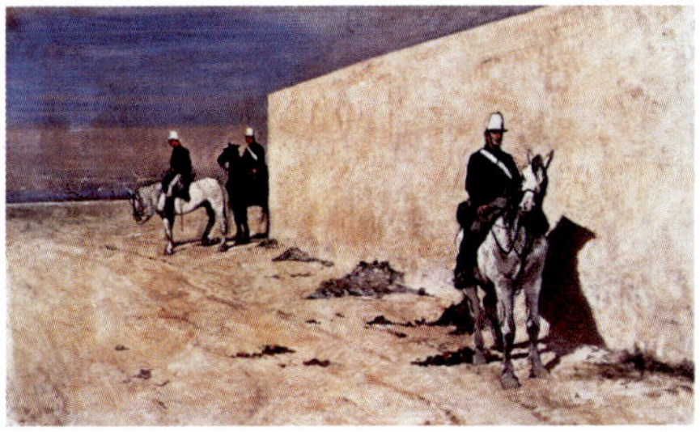

Giovanni Fattori
Auf Posten (In vendetta), 1872
Rom, Privatsammlung

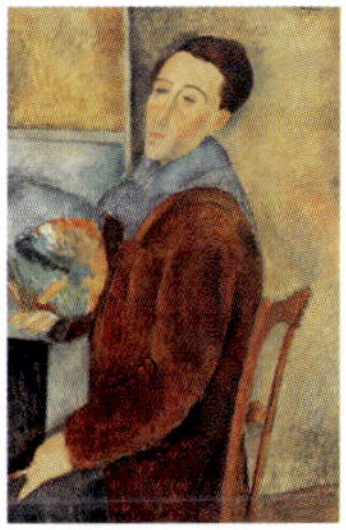

Amedeo Modigliani
Selbstbildnis, 1919
São Paulo, Museu de Arte Contemporánea da Universidade de São Paulo

Geografische Tafeln: Rom und Süditalien

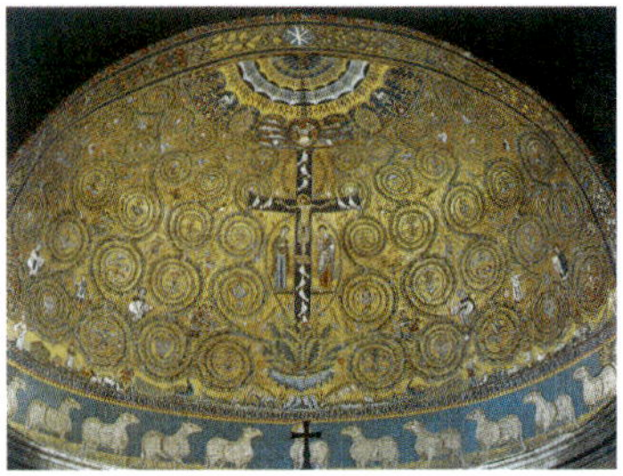

Triumph des Kreuzes,
Mosaik in der Apsiskuppel, 1128
Rom, San Clemente

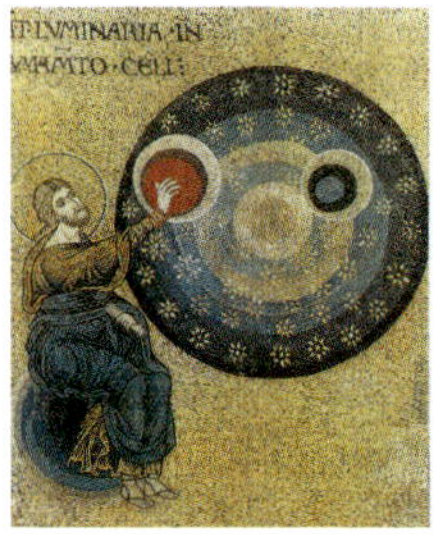

Erschaffung des Firmaments,
1172–1176
Monreale, Kathedrale

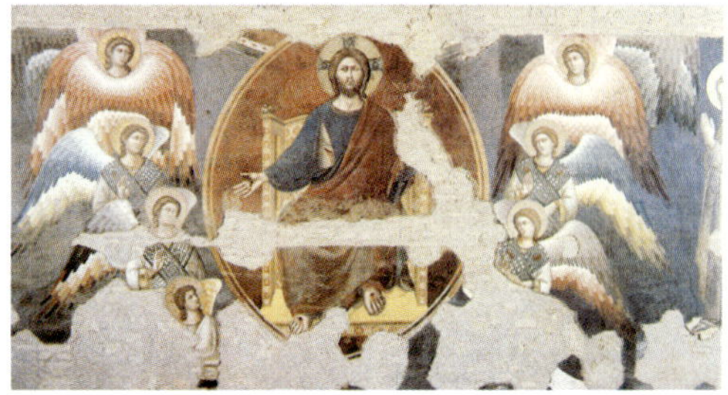

Pietro Cavallini
Jüngstes Gericht, um 1293
Rom, Santa Cecilia in Trastevere

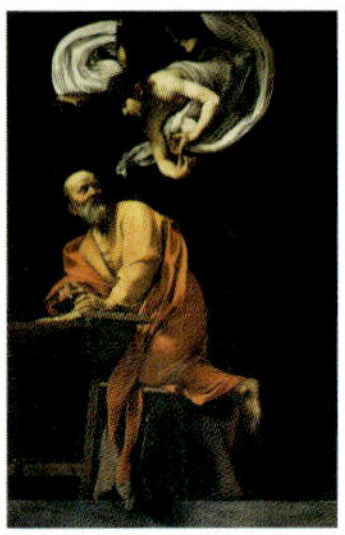

Caravaggio
Matthäus mit dem Engel,
1602
Rom, San Luigi dei Francesi

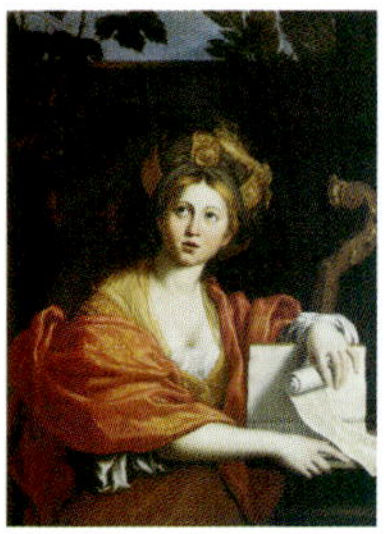

Domenichino
Die Cumäische Sibylle,
um 1610
Rom, Pinacoteca Capitolina

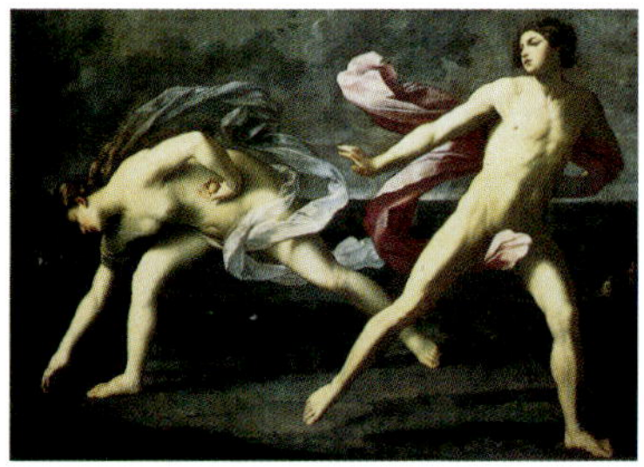

Guido Reni
Atalante und Hippomenes,
1622–1625
Neapel, Museo Nazionale
di Capodimonte

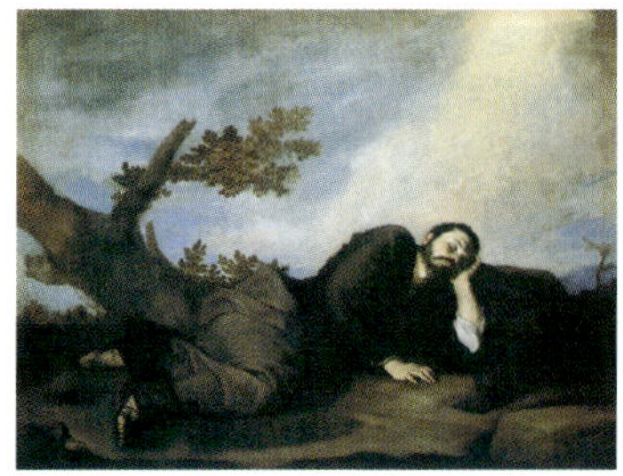

Jusepe de Ribera
Jakobs Traum, 1639
Madrid, Museo del Prado

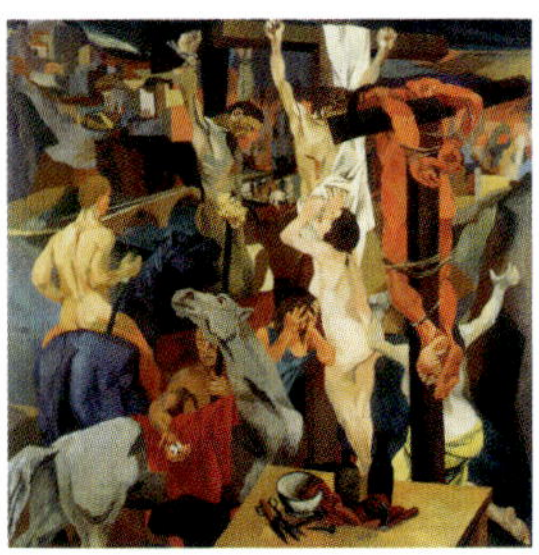

Renato Guttuso
Kreuzigung, 1940–1941
Rom, Galleria Nazionale
d'Arte Moderna

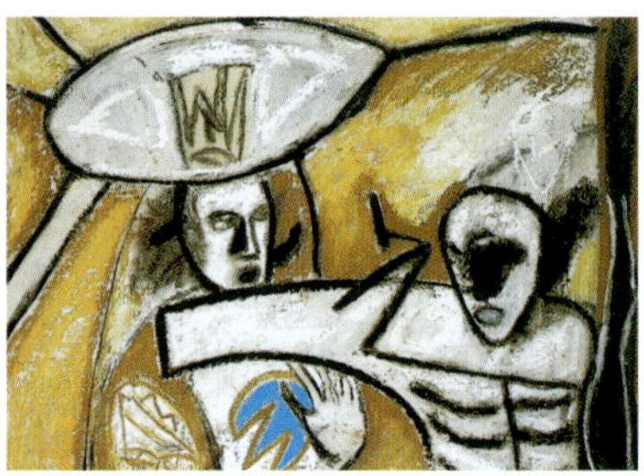

Mimmo Paladino
Der König, 1980
Privatsammlung

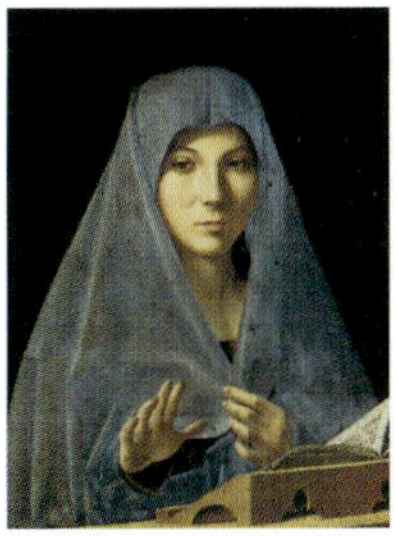

Antonello da Messina
Maria der Verkündigung, um 1477
Palermo, Galleria Regionale della Sicilia

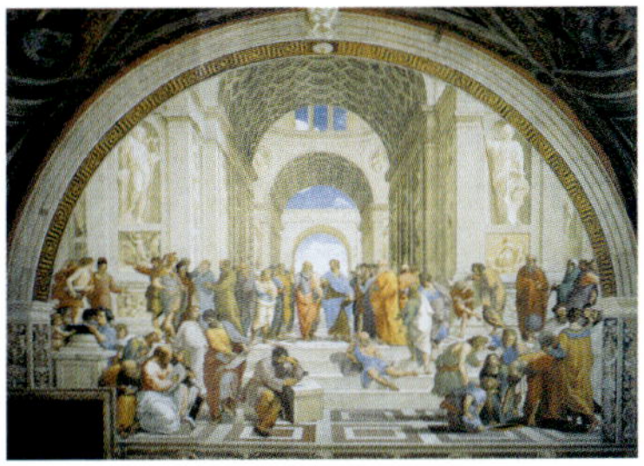

Raffael
Die Schule von Athen, 1510
Vatikan, Vatikanische Museen, Stanza della Segnatura

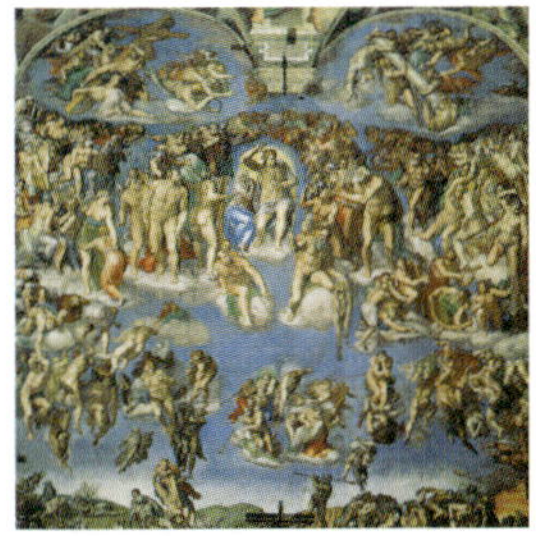

Michelangelo
Jüngstes Gericht, 1537–1541
Vatikan, Vatikanische Museen, Sixtinische Kapelle, Altarwand

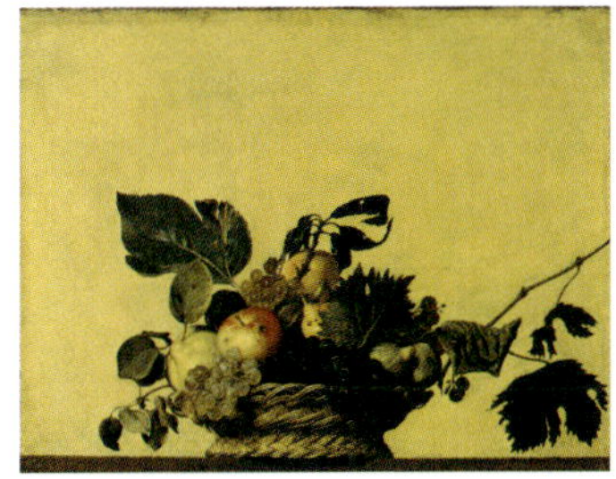

Caravaggio
Fruchtkorb, 1596
Mailand, Pinacoteca Ambrosiana

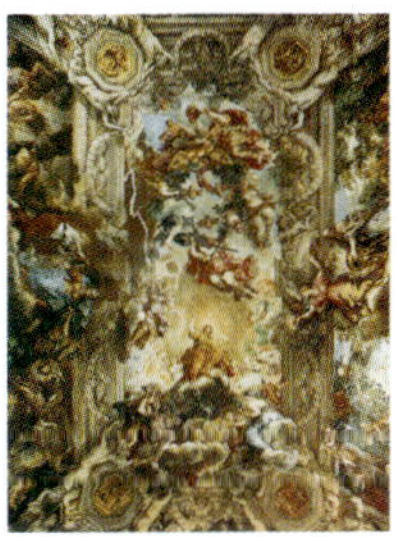

Pietro da Cortona
Allegorie auf das Pontifikat Urbans VIII., 1633–1639
Rom, Palazzo Barberini

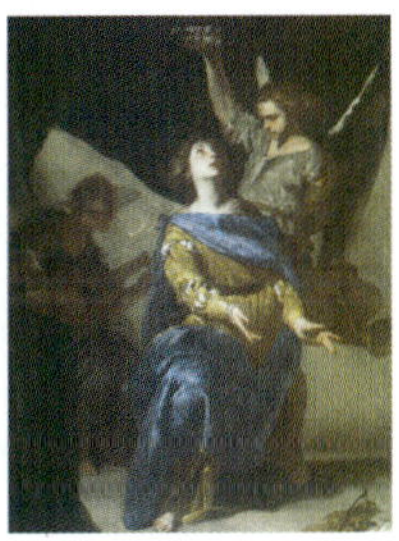

Bernardo Cavallino
Heilige Cäcilie, 1645
Neapel, Museo Nazionale di Capodimonte

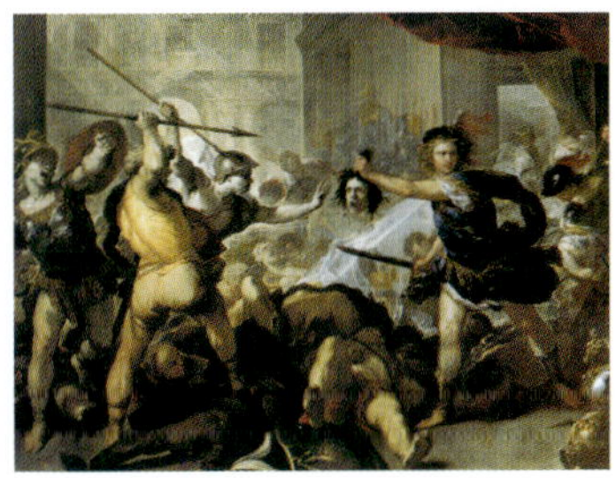

Luca Giordano
Perseus verwandelt Phineas und seine Gefährten zu Stein, 1680
London, The National Gallery

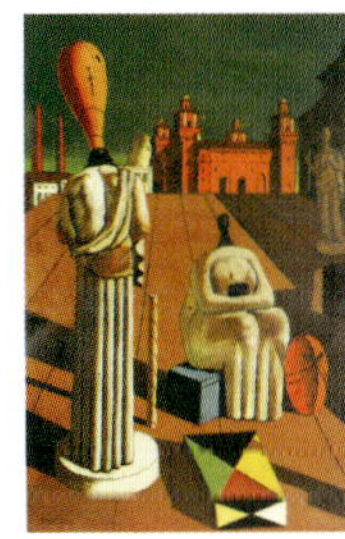

Giorgio de Chirico
Die beunruhigenden Musen, 1918
Mailand, Privatsammlung

Geografische Tafeln: Paris

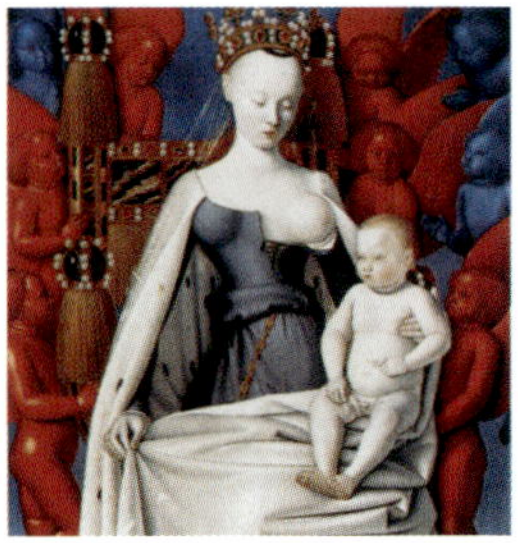

Jean Fouquet
Madonna mit Kind, Flügel des *Diptychons von Melun*, um 1450
Antwerpen, Koninklijk Museum voor Schone Kunsten

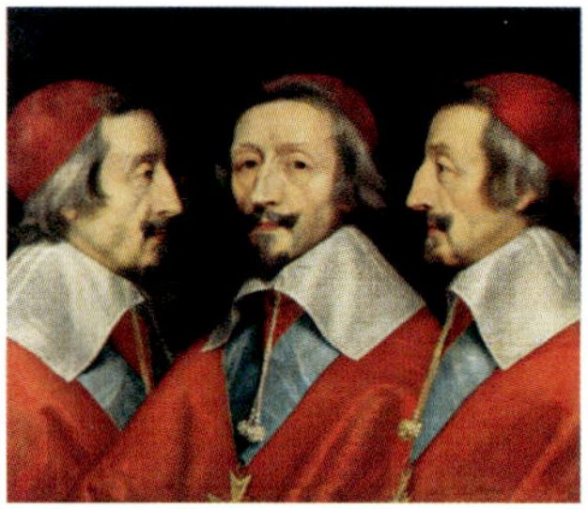

Philippe de Champaigne
Dreifachbrustbild des Kardinals Richelieu, 1642
London, The National Gallery

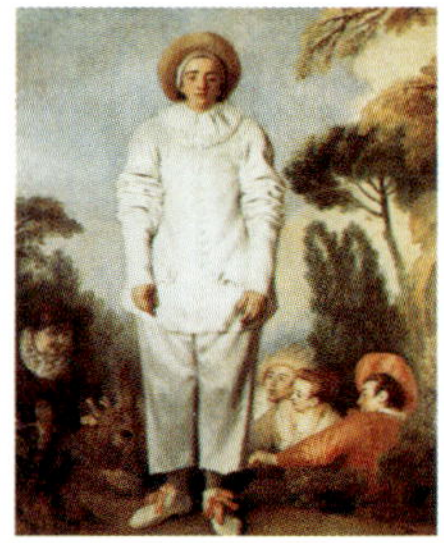

Antoine Watteau
Pierrot, genannt Gilles, um 1718
Paris, Musée du Louvre

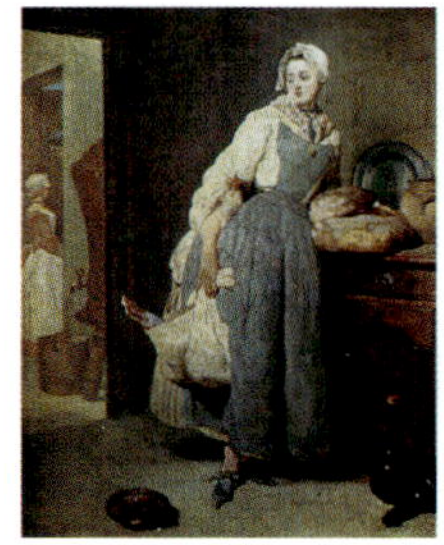

Jean-Siméon Chardin
Die Küchenmagd, 1739
Paris, Musée du Louvre

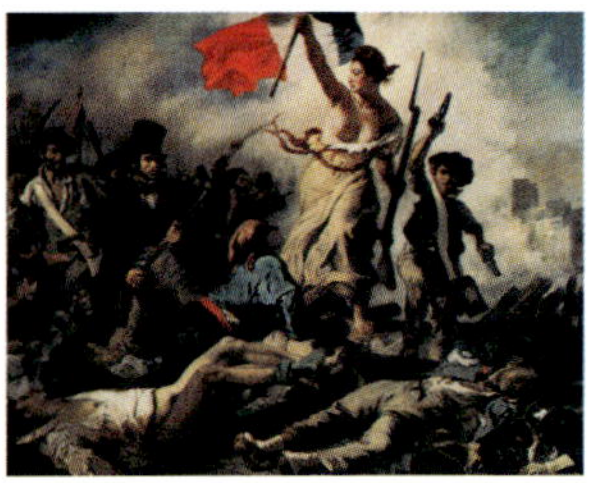

Eugène Delacroix
Die Freiheit auf den Barrikaden (Der 28. Juli 1830), 1830
Paris, Musée du Louvre

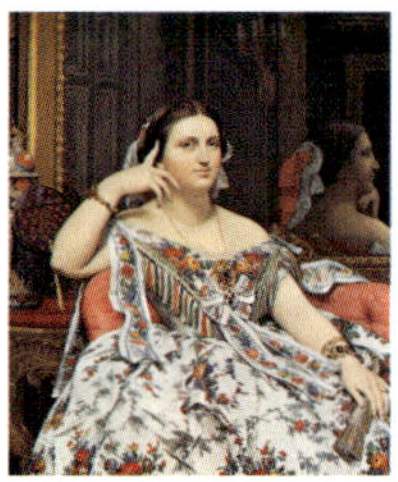

Jean-Auguste-Dominique Ingres
Bildnis Inès Moitessier, 1856
London, The National Gallery

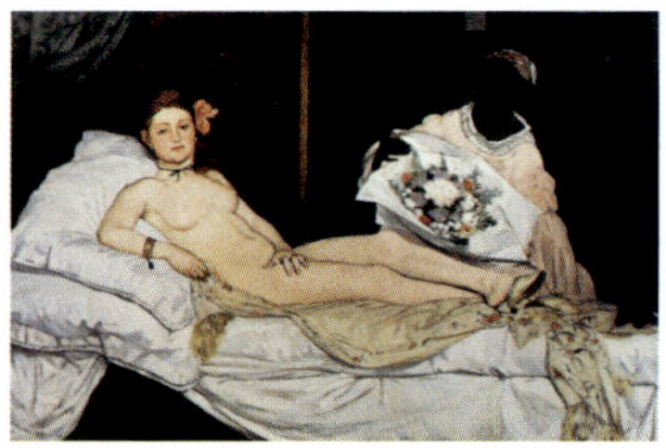

Edouard Manet
Olympia, 1863
Paris, Musée d'Orsay

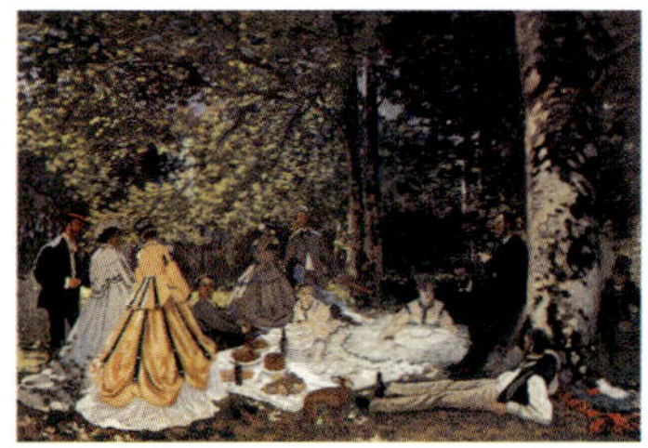

Claude Monet
Frühstück im Freien, Studie, 1866
Moskau, Staatliches Museum der bildenden Künste A. S. Puschkin

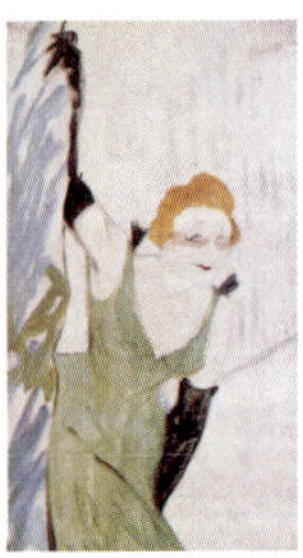

Henri de Toulouse-Lautrec
Yvette Guilbert grüßt das Publikum, 1894
Albi, Musée Toulouse-Lautrec

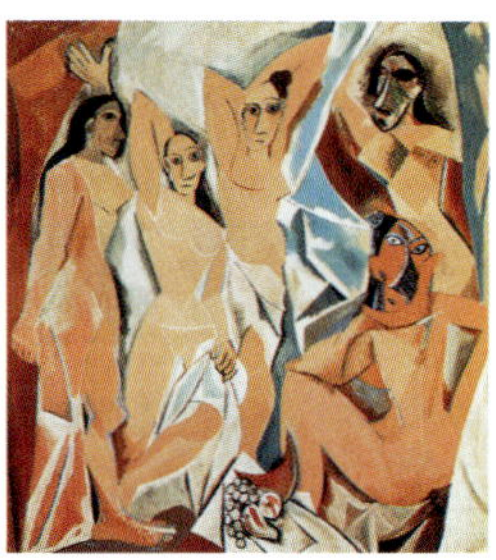

Pablo Picasso
Les Demoiselles d'Avignon, 1907
New York, Museum of Modern Art

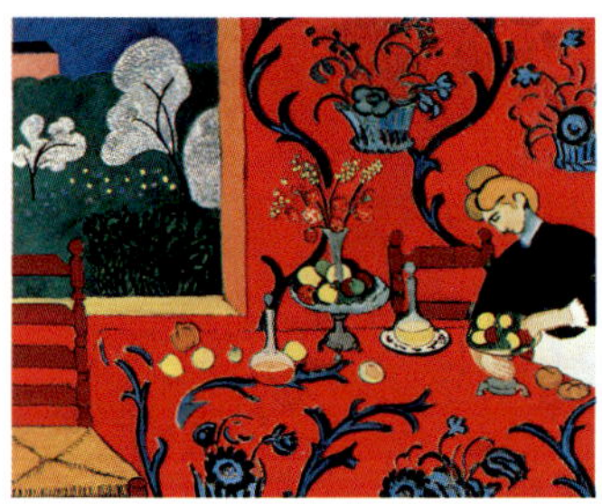

Henri Matisse
Das rote Zimmer, 1908–1909
Sankt Petersburg, Staatliche Eremitage

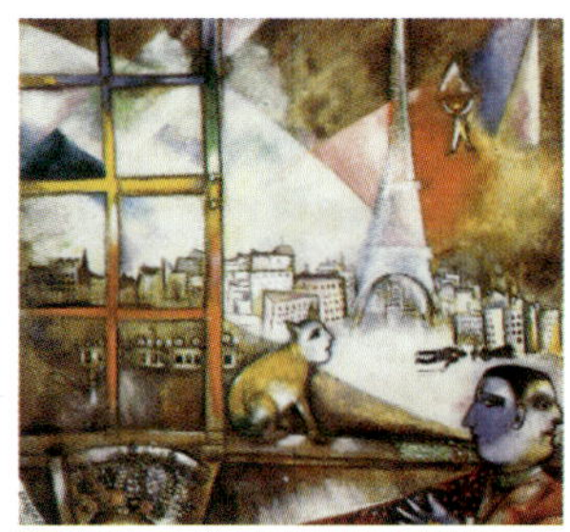

Marc Chagall
Paris durch das Fenster, 1913
New York, Salomon R. Guggenheim Museum

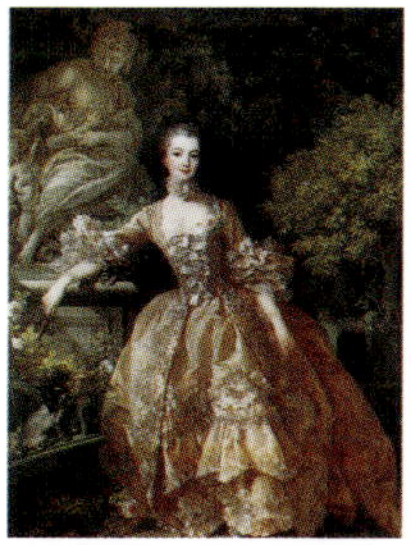

François Boucher
Madame de Pompadour,
1759
London, The Wallace Collection

Jean-Honoré Fragonard
Lesende Frau, um 1776
Washington, National Gallery of Art

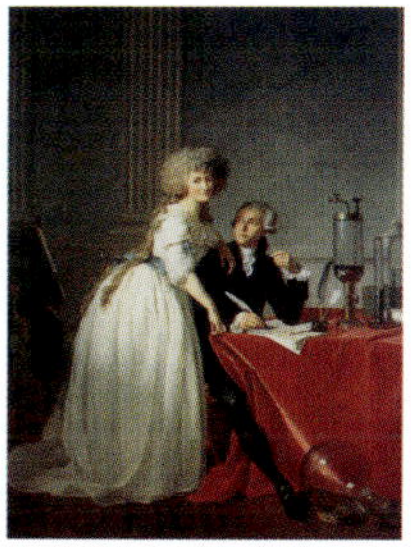

Jacques-Louis David
Monsieur de Lavoisier und seine Frau, 1788
New York, The Metropolitan Museum of Art

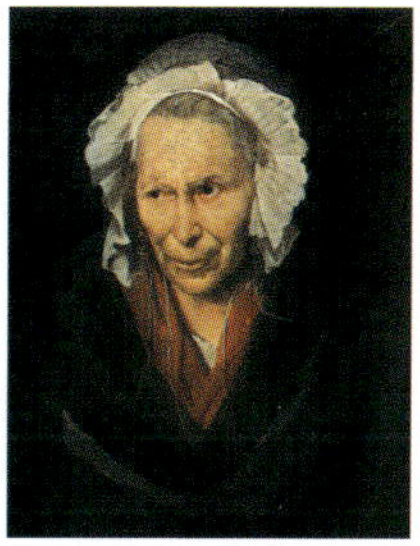

Théodore Géricault
Die Irre mit der Schmetterlingshaube (Monomanie de l'envie),
1820–1824
Lyon, Musée des Beaux-Arts

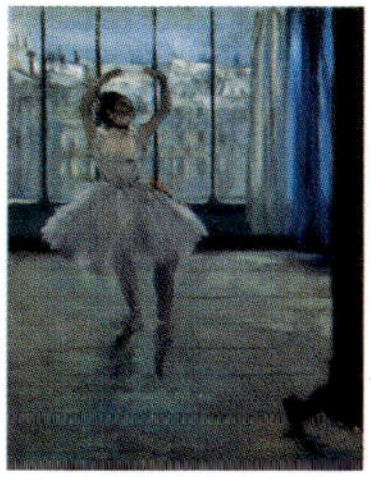

Edgar Degas
Die Tänzerin beim Fotografen,
1875
Moskau, Staatliches Museum der bildenden Künste A. S. Puschkin

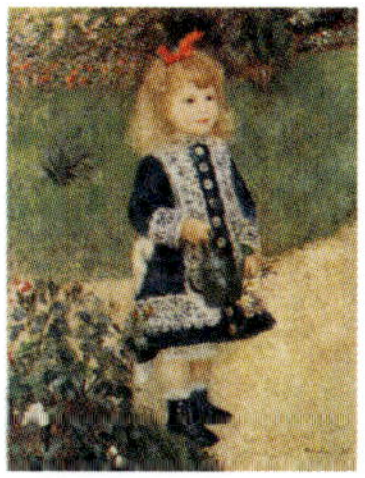

Pierre-Auguste Renoir
Mädchen mit Gießkanne, 1876
Washington, National Gallery of Art

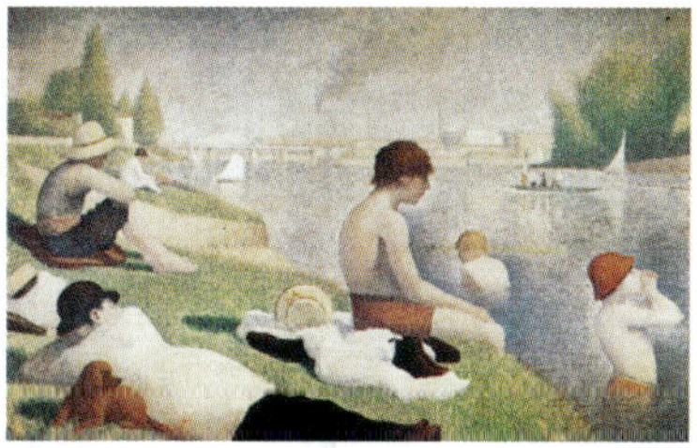

Georges Seurat
Badeplatz in Asnières, 1884
London, The National Gallery

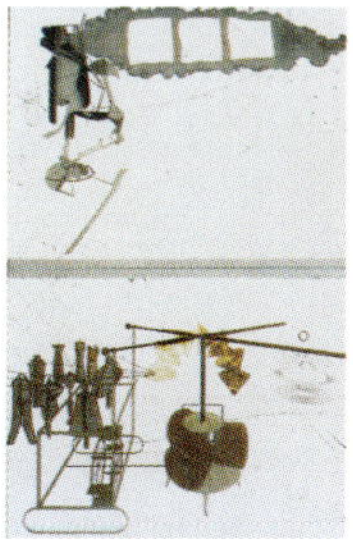

Marcel Duchamp
Die Braut von ihren Junggesellen nackt entblößt sogar (Großes Glas),
1915–1923
Philadelphia, Philadelphia Museum of Art

Geografische Tafeln: Frankreich

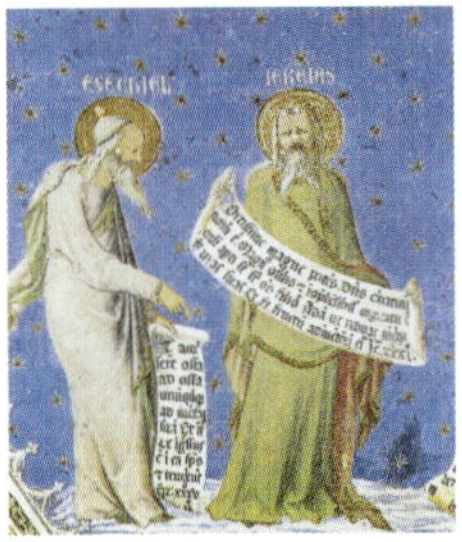

Matteo Giovannetti
Die Propheten Ezechiel und Jeremias, 1352
Avignon, Papstpalast, Salle d'Audience

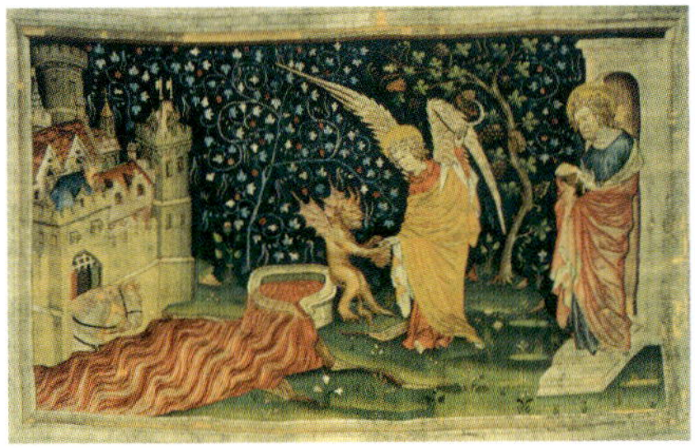

Hennequin de Bruges
Der Engel mit der Sichel und die Kelter des Zorns, Tapisserie aus der *Apokalypse von Angers*, 1374–1381
Angers, Musée du Château

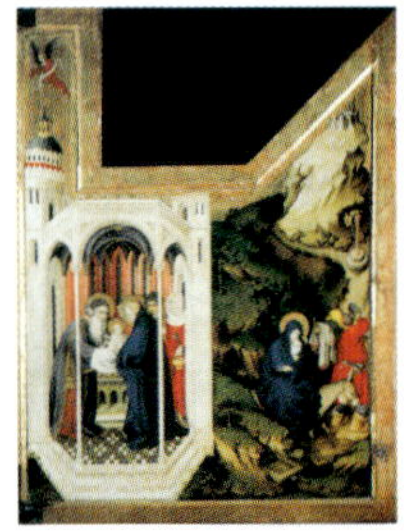

Melchior Broederlam
Darbringung im Tempel und *Flucht nach Ägypten*, Seitenflügel des Altars von Champmol, 1392–1399
Dijon, Musée des Beaux-Arts

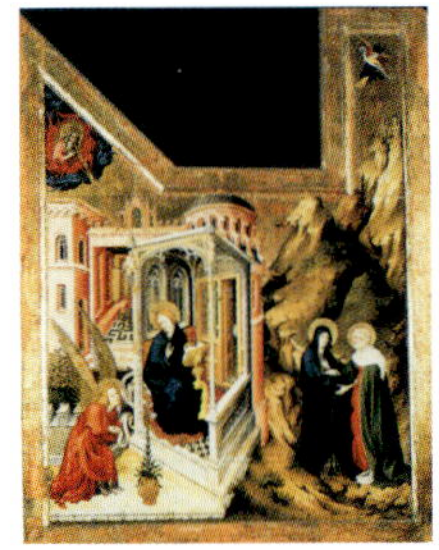

Melchior Broederlam
Verkündigung und *Heimsuchung*, Seitenflügel des Altars von Champmol, 1392–1399
Dijon, Musée des Beaux-Arts

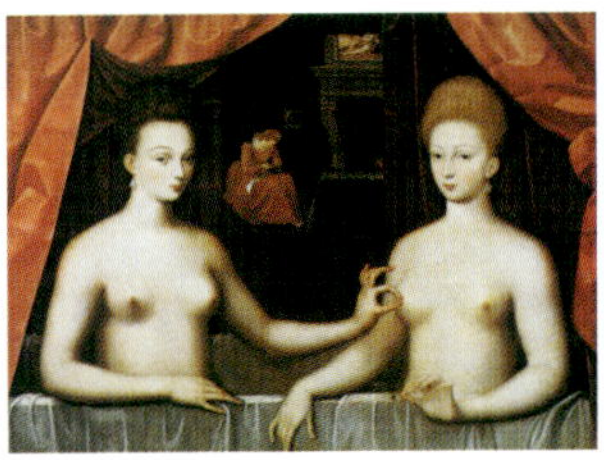

Unbekannter französischer Maler
Gabrielle d'Estrées und eine ihrer Schwestern im Bad, um 1594
Paris, Musée du Louvre

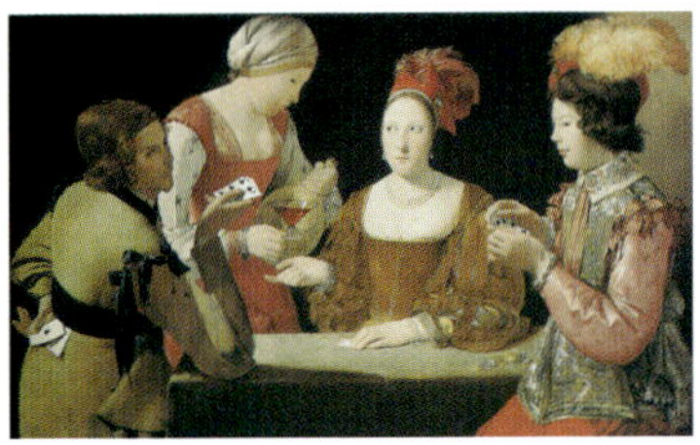

Georges de La Tour
Der Falschspieler mit Kreuz-As, um 1632
Fort Worth, Kimbell Art Museum

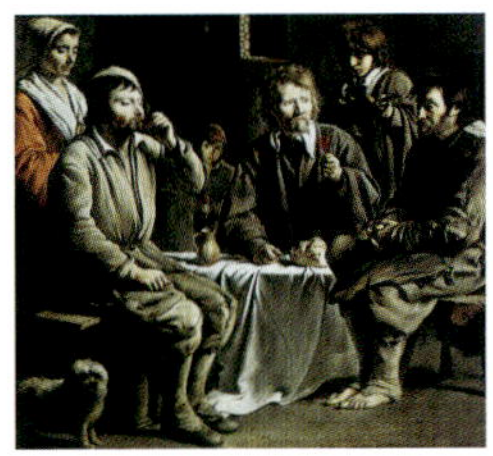

Louis Le Nain
Bauernmahlzeit, 1642
Paris, Musée du Louvre

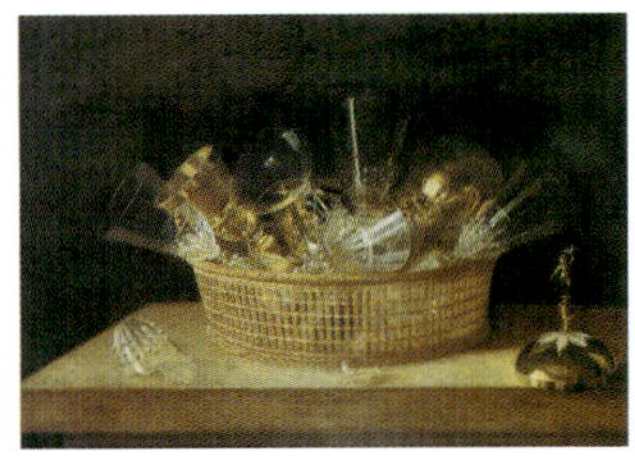

Sebastian Stoskopff
Korb mit Gläsern, 1644
Straßburg, Musée des Beaux-Arts

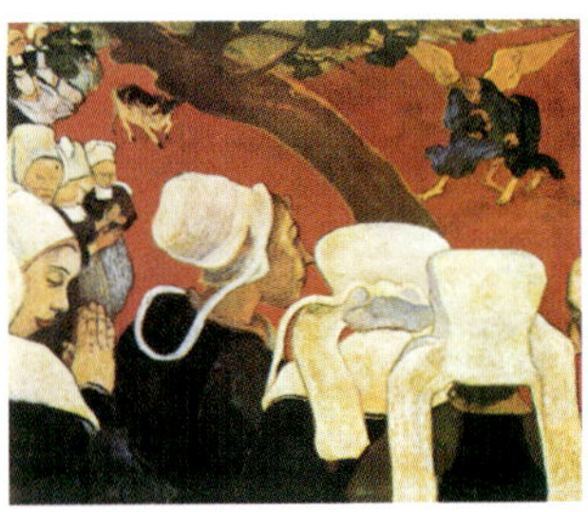

Paul Gauguin
Vision nach der Predigt oder *Jakobs Kampf mit dem Engel*, 1888
Edinburgh, National Gallery of Scotland

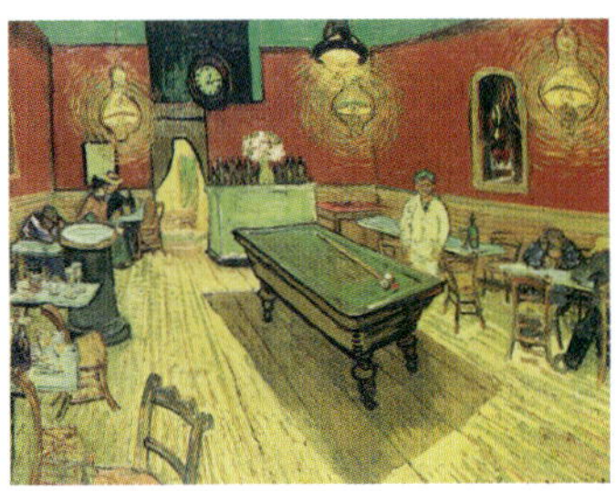

Vincent van Gogh
Das Nachtcafé an der Place Lamartine, 1888
New Haven, Yale University Art Gallery

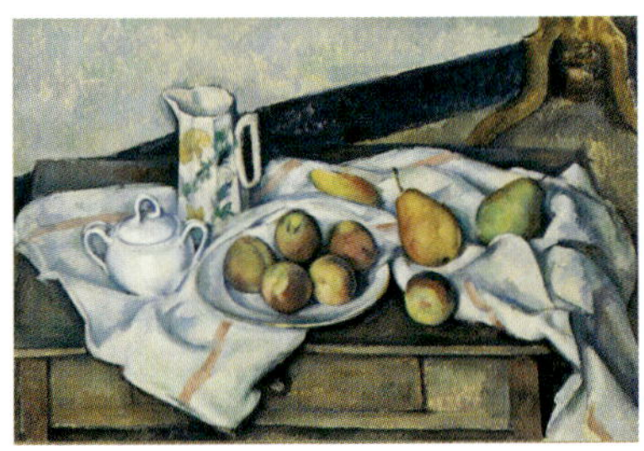

Paul Cézanne
Stillleben mit Pfirsichen und Birnen, 1890–1894
Moskau, Staatliches Museum der bildenden Künste A. S. Puschkin

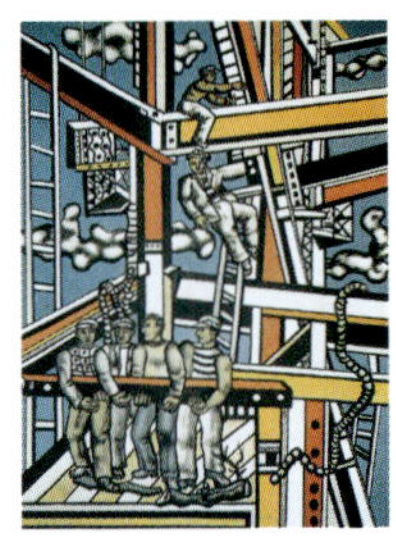

Fernand Léger
Les Constructeurs sur fond bleu, um 1951
Biot, Musée Fernand Léger

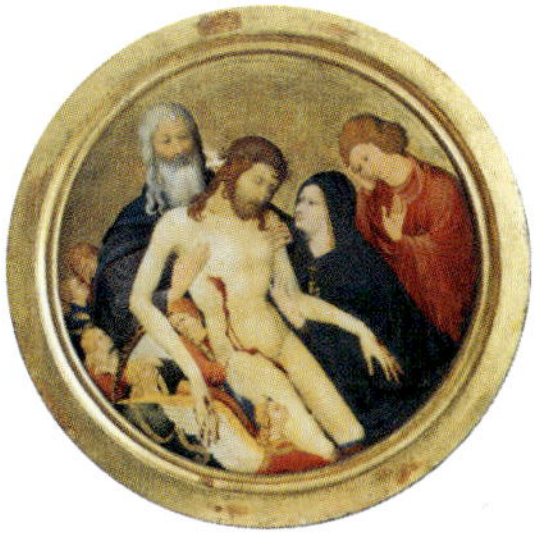

Jean Malouel
Beweinung Christi mit Heiliger Dreifaltigkeit (La Grande Pieta Ronde), 1400–1410
Paris, Musée du Louvre

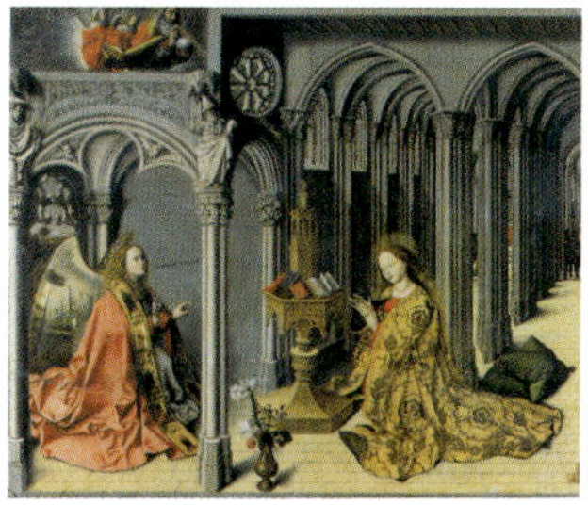

Barthélemy d'Eyck
Verkündigung, 1443–1445
Aix-en-Provence, Ste-Marie-Madeleine

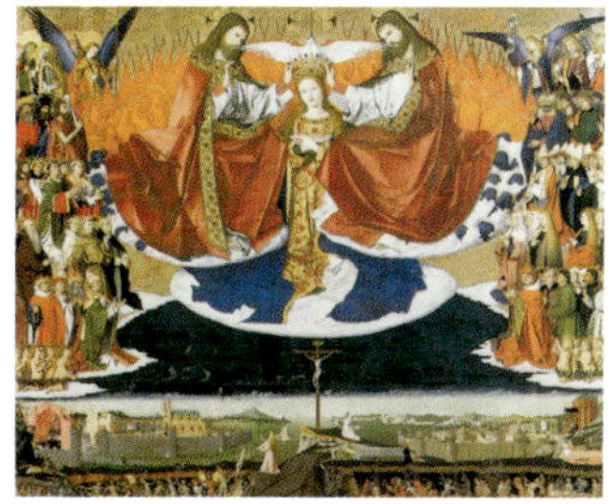

Enguerrand Quarton
Marienkrönung, 1453–1454
Villeneuve-lès-Avignon, Musée Pierre de Luxembourg

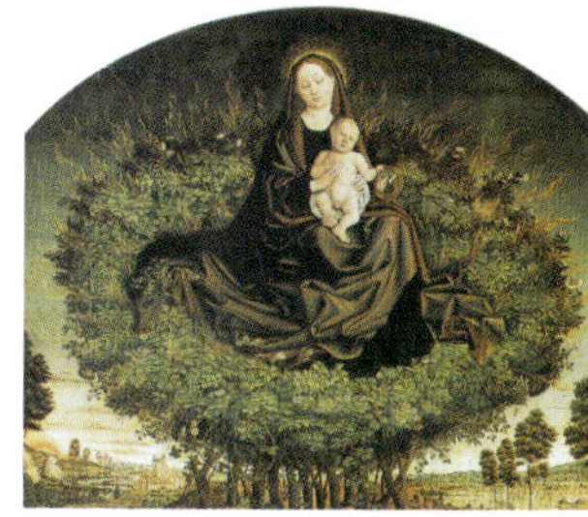

Nicolas Froment
Maria im brennenden Dornbusch, Detail aus der Mitteltafel des Triptychons *Der brennende Dornbusch*, 1475–1476
Aix-en-Provence, St-Sauveur

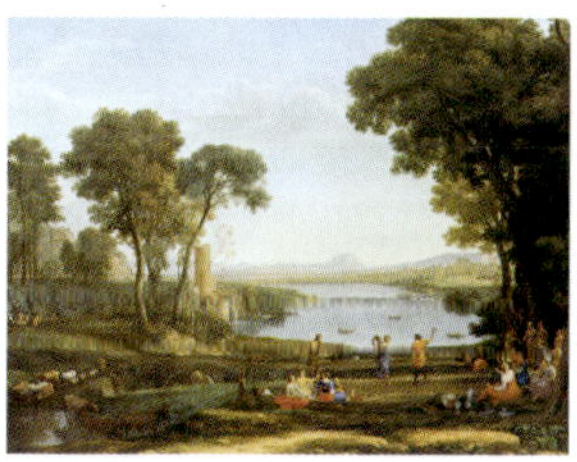

Claude Lorrain
Landschaft mit tanzenden Figuren (Vermählung von Isaak und Rebekka), 1648
London, The National Gallery

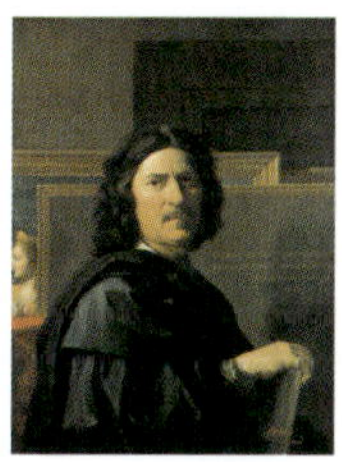

Nicolas Poussin
Selbstbildnis, 1650
Paris, Musée du Louvre

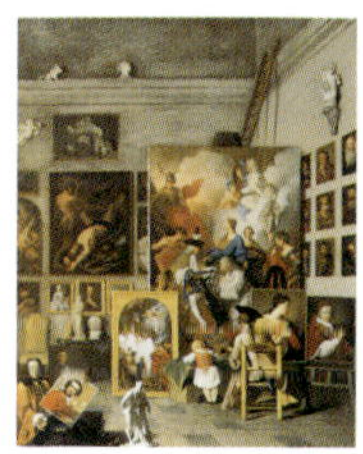

Pierre Subleyras
Das Atelier des Künstlers, nach 1740
Wien, Gemäldegalerie der Akademie der bildenden Künste

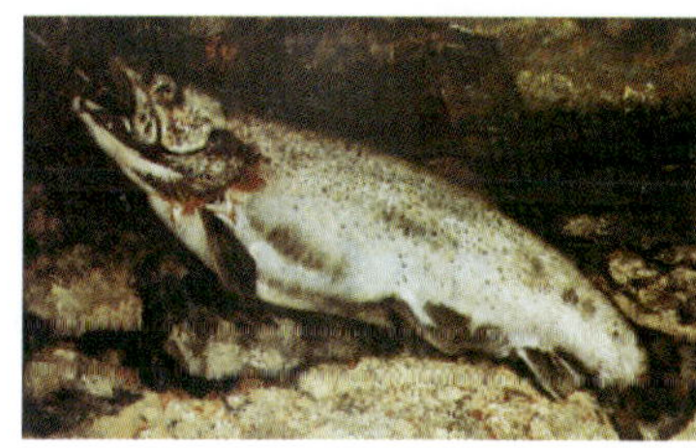

Gustave Courbet
Die Forelle (La truite), 1872
Zürich, Kunsthaus

Geografische Tafeln: Spanien

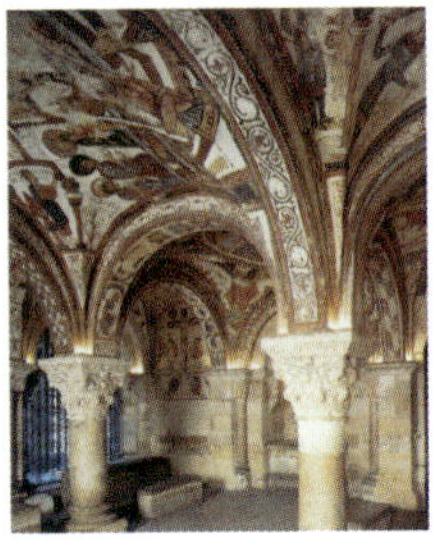

Innenansicht des Panteón
de los Reyes, um 1063–1100
León, San Isidoro

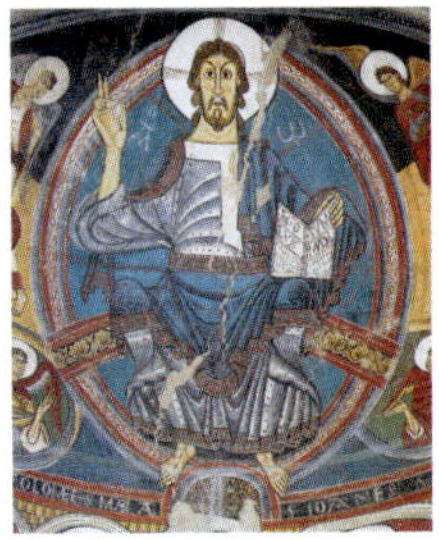

Maiestas Domini, Fresko aus
Sant Climent in Taüll, um 1120
Barcelona, Museu Nacional
d'Art de Catalunya

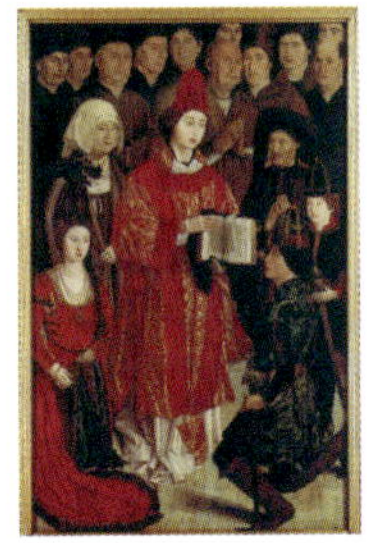

Nuño Gonçalves
*Doppeltriptychon des heiligen
Vinzenz*, um 1460
Lissabon, Museu Nacional
de Arte Antiga

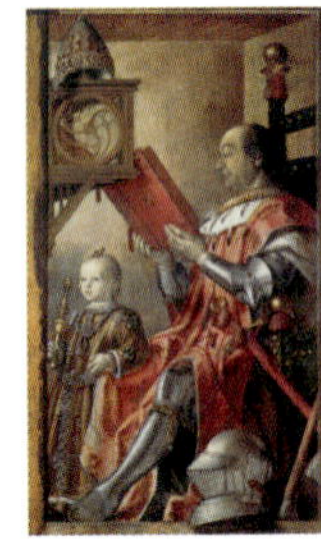

Pedro Berruguete
*Federico da
Montefeltro mit seinem
Sohn Guidobaldo*,
1474–1477
Urbino, Galleria
Nazionale delle Marche

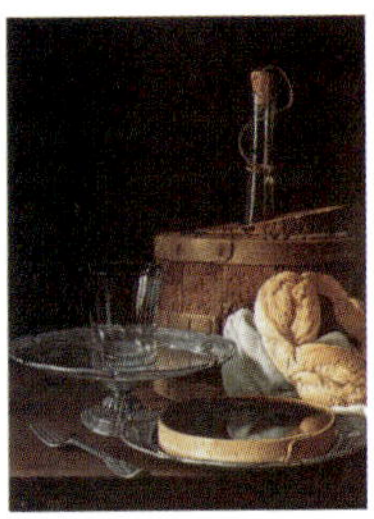

Luis Eugenio Meléndez
*Stillleben mit Konfektschachtel,
Brotlaib und anderen Gegenständen*,
1770
Madrid, Museo del Prado

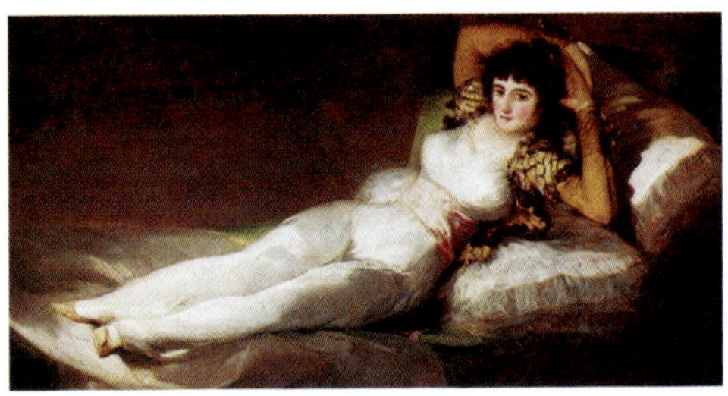

Francisco de Goya y Lucientes
Die bekleidete Maja, um 1803
Madrid, Museo del Prado

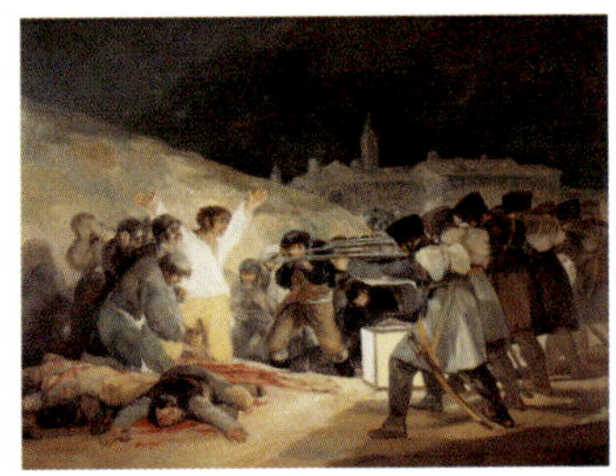

Francisco de Goya y Lucientes
*Die Erschießung der Aufständischen
am 3. Mai 1808*, 1814
Madrid, Museo del Prado

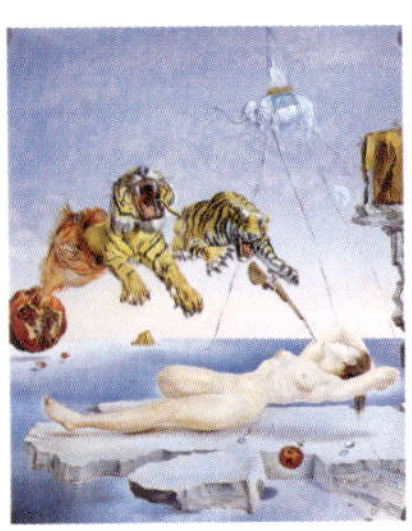

Salvador Dalí
*Traum, verursacht durch den Flug
einer Biene um einen Granatapfel eine
Sekunde vor dem Erwachen*, 1944
Madrid, Museo Thyssen-Bornemisza

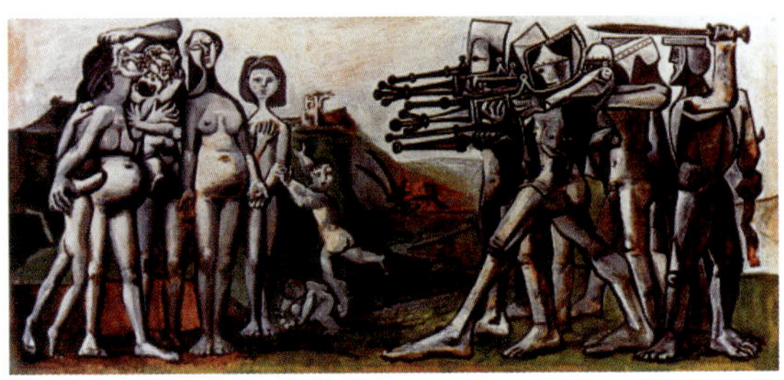

Pablo Picasso
Massaker in Korea, 1951
Paris, Musée National Picasso

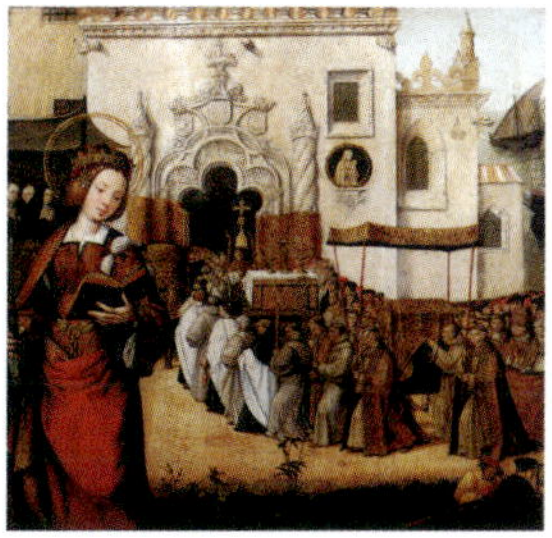

Eduardo o Português
(Zuschreibung)
Ankunft der Reliquien der heiligen Auta im Konvent Madre de Deus in Lissabon, um 1522
Lissabon, Museu Nacional de Arte Antiga

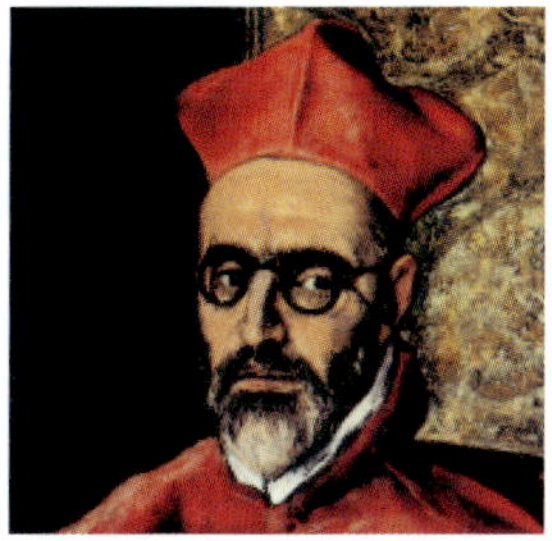

El Greco
Porträt des Kardinalinquisitors Don Fernando Niño de Guevara, 1596
New York, The Metropolitan Museum of Art

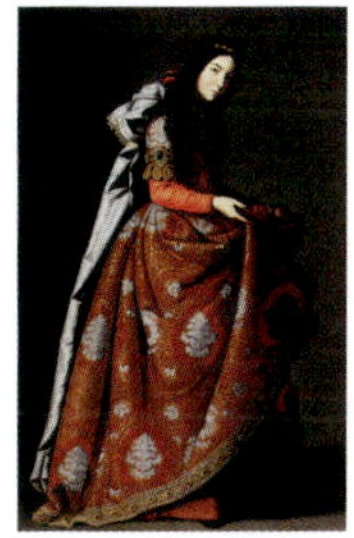

Francisco de Zurbarán
Heilige Casilda von Toledo, 1630–1635
Madrid, Museo Thyssen-Bornemisza

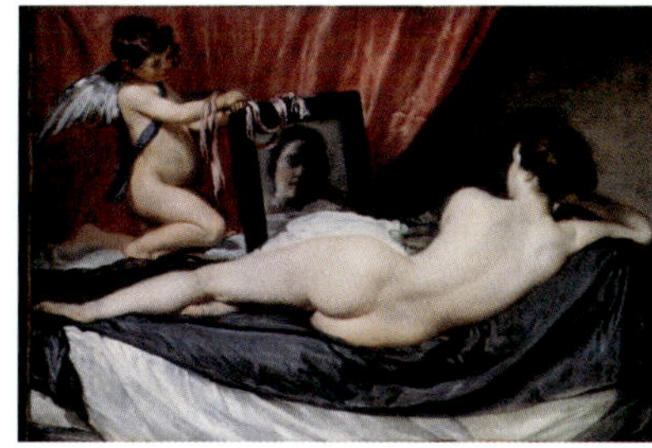

Diego Velázquez
Venus mit dem Spiegel (The Rokeby Venus), 1650
London, The National Gallery

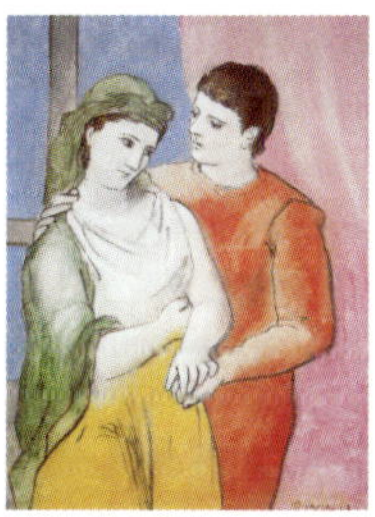

Pablo Picasso
Die Liebenden, 1923
Washington, National Gallery of Art

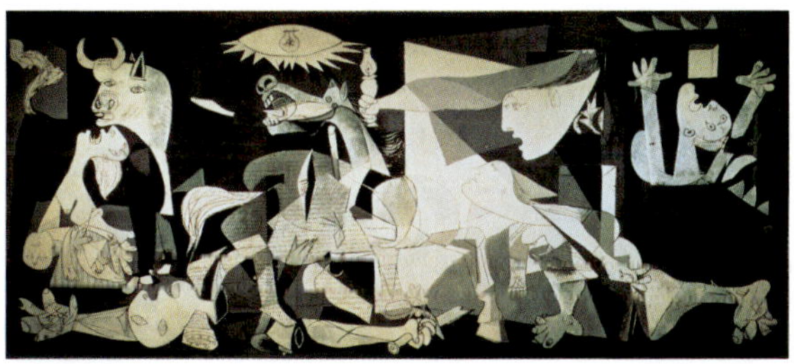

Pablo Picasso
Guernica, 1937
Madrid, Centro de Arte Reina Sofía

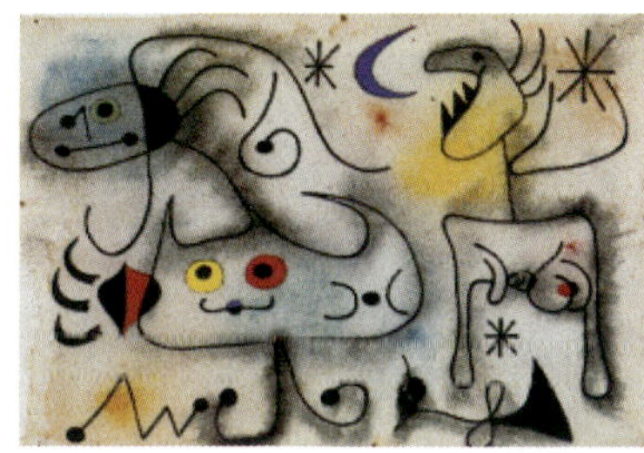

Joan Miró
Figur und Vogel vor dem Mond, 1944
New York, Perls Galleries

Geografische Tafeln: Deutschland

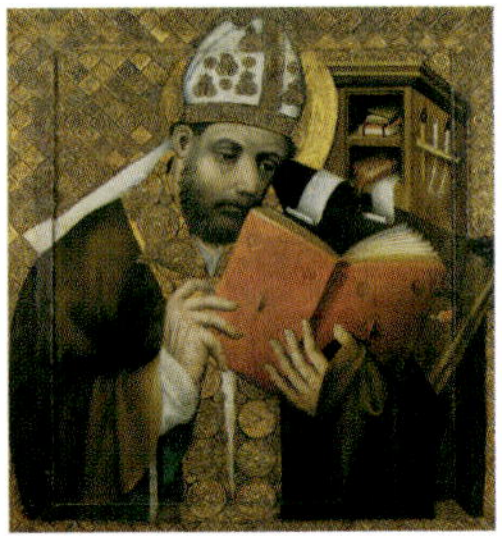

Meister Theoderich
Heiliger Ambrosius,
1357–1367
Prag, Národní Galerie,
St.-Agnes-Kloster

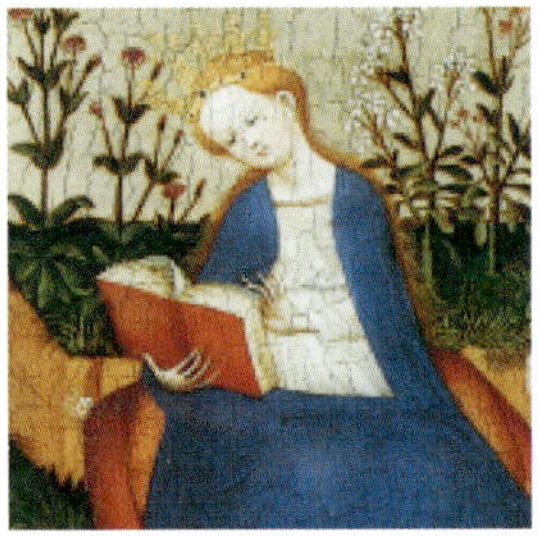

Meister des Frankfurter
Paradiesgärtleins
Das Paradiesgärtlein, um 1410
Frankfurt am Main,
Städelsches Kunstinstitut

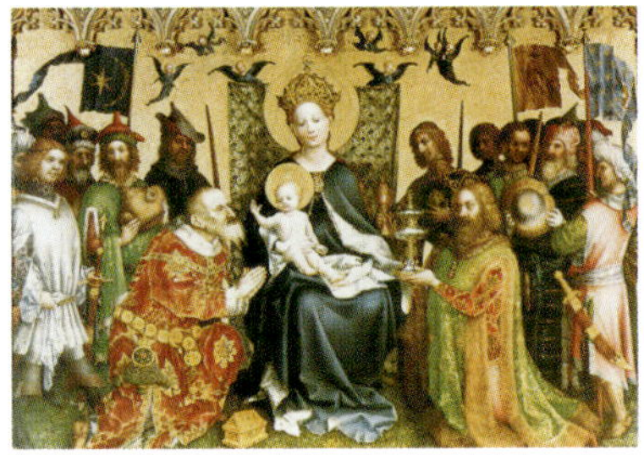

Stefan Lochner
Anbetung der Könige, Mitteltafel
des *Dreikönigsaltars*, 1435–1440
Köln, Dom

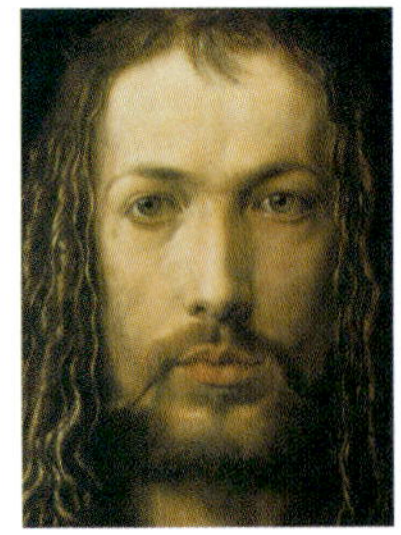

Albrecht Dürer
Selbstbildnis, 1500
München, Bayerische
Staatsgemäldesammlungen,
Alte Pinakothek

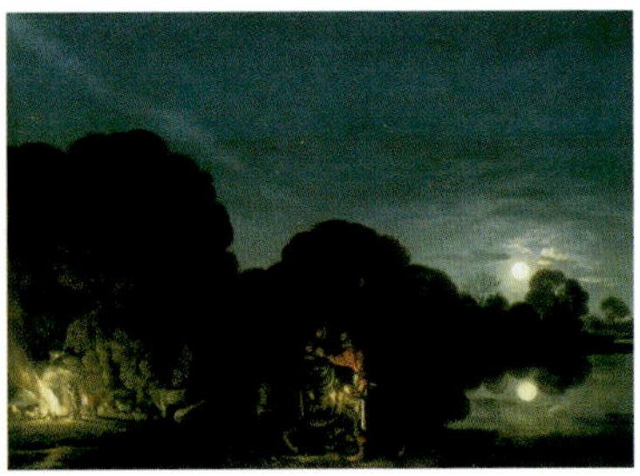

Adam Elsheimer
Flucht nach Ägypten, 1609
München, Bayerische
Staatsgemäldesammlungen,
Alte Pinakothek

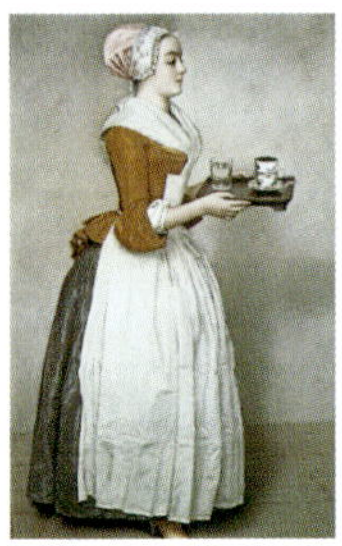

Jean-Étienne Liotard
Das Schokoladenmädchen,
1744–1745
Dresden, Gemäldegalerie
Alte Meister

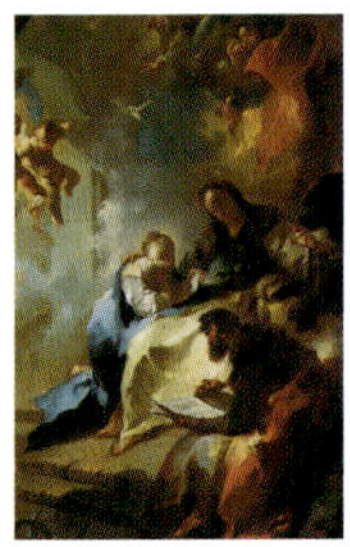

Franz Anton Maulbertsch
Unterweisung Mariä,
um 1755
Karlsruhe, Staatliche
Kunsthalle

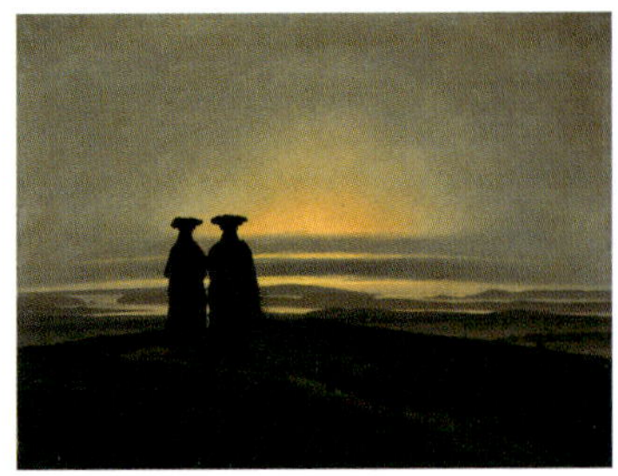

Caspar David Friedrich
Der Sonnenuntergang (Brüder),
1830–1835
Sankt Petersburg, Staatliche
Eremitage

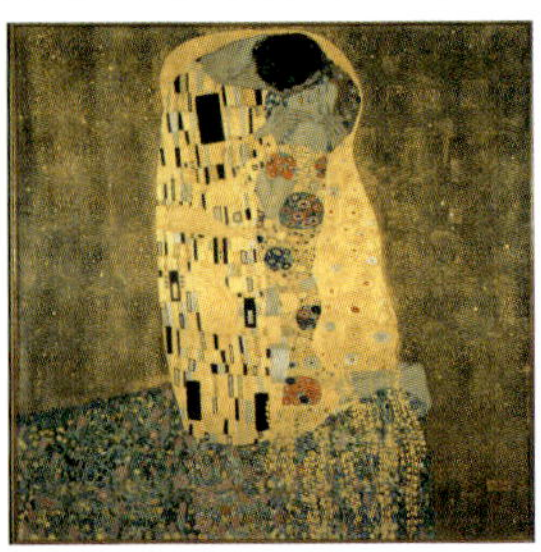

Gustav Klimt
Der Kuss, 1908
Wien, Österreichische
Galerie Belvedere

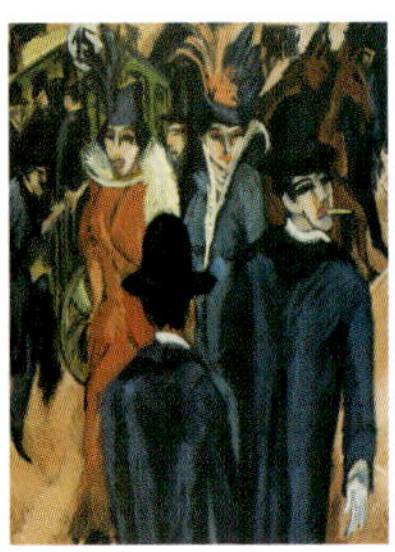

Ernst Ludwig Kirchner
Berliner Straßenszene, 1913
Berlin, Brücke-Museum

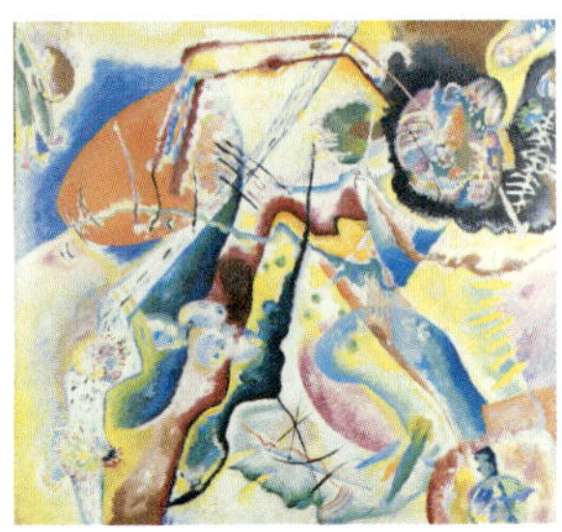

Wassily Kandinsky
Bild mit rotem Fleck, 1914
Paris, Musée National d'Art Moderne,
Centre Georges Pompidou

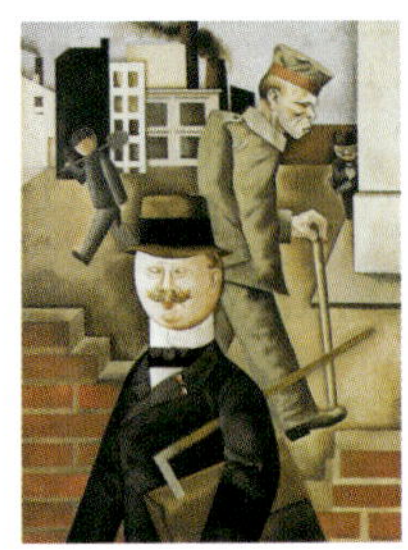

Georg Grosz
Grauer Tag, 1921
Berlin, Staatliche Museen zu
Berlin – Preußischer
Kulturbesitz, Nationalgalerie

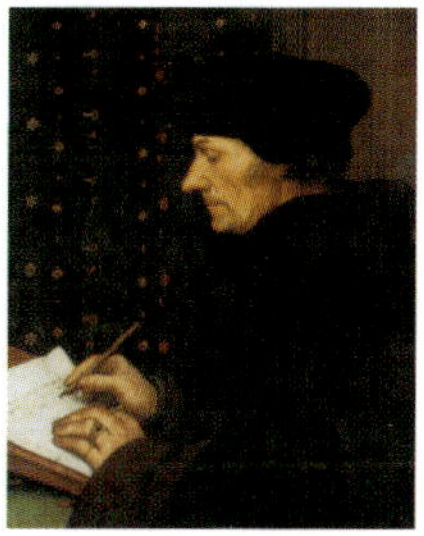

Hans Holbein der Jüngere
Erasmus von Rotterdam, 1523
Paris, Musée du Louvre

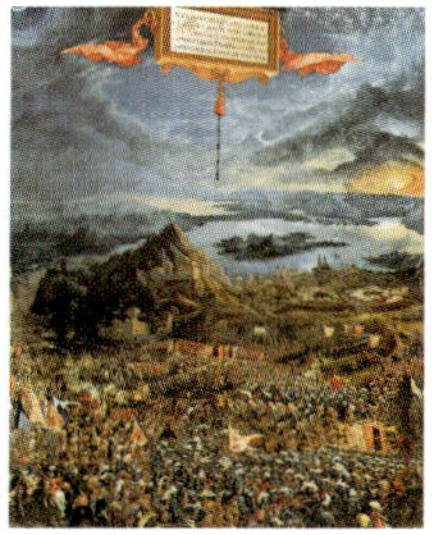

Albrecht Altdorfer
Alexanderschlacht (Schlacht bei Issos), 1529
München, Bayerische Staatsgemäldesammlungen, Alte Pinakothek

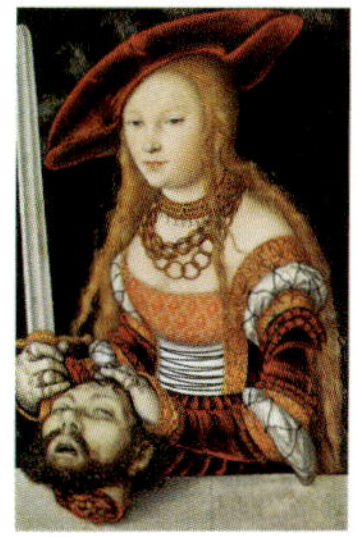

Lucas Cranach der Ältere
Judith mit dem Haupt des Holofernes, um 1530
Wien, Kunsthistorisches Museum

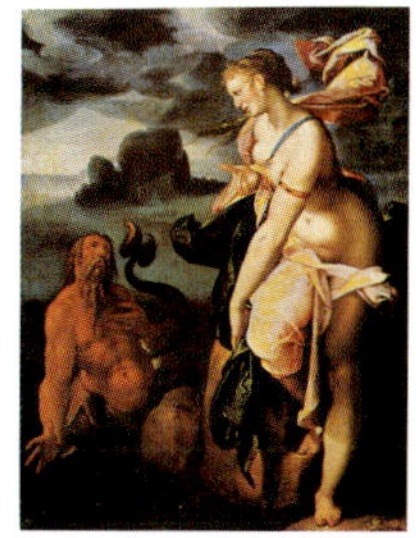

Bartholomäus Spranger
Glaucus und Skylla, um 1582
Wien, Kunsthistorisches Museum

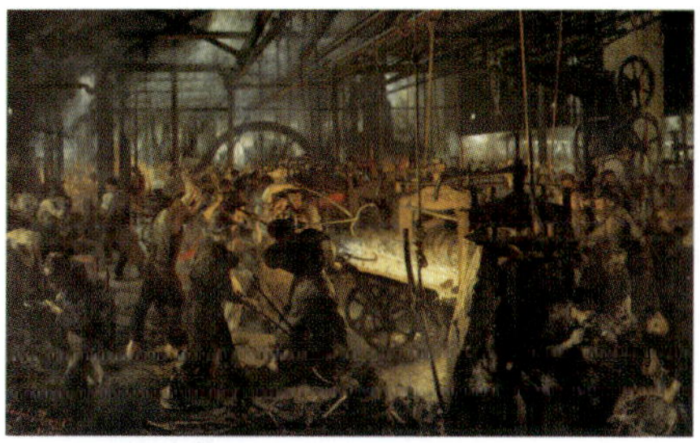

Adolf von Menzel
Das Eisenwalzwerk, 1875
Berlin, Staatliche Museen zu Berlin – Preußischer Kulturbesitz, Nationalgalerie

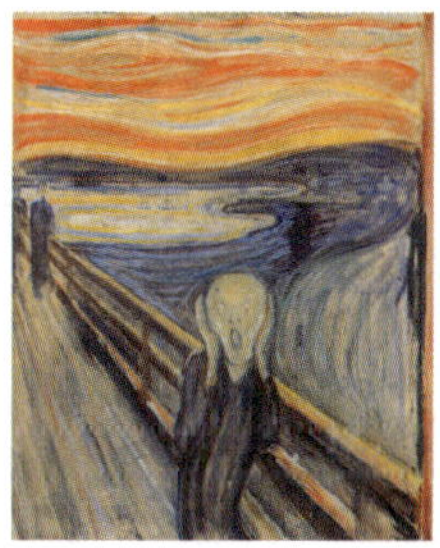

Edvard Munch
Der Schrei, 1893
Oslo, Nasjonalgalleriet

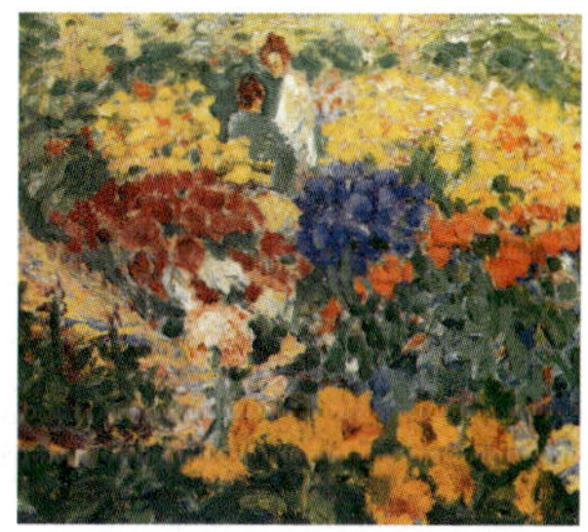

Emil Nolde
Blumengarten. Zwei Frauen, 1908
Krefeld, Lange Trust, als Leihgabe in der Staatsgalerie moderner Kunst, München

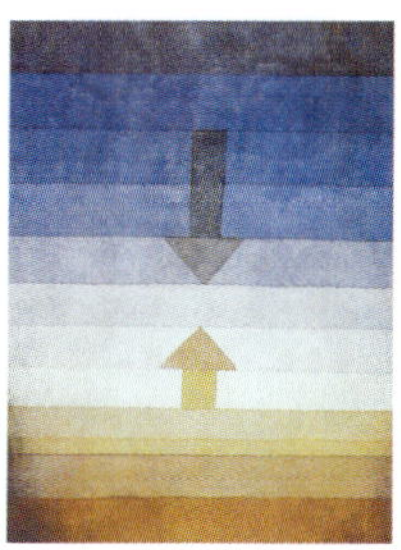

Paul Klee
Scheidung abends, 1922
Bern, Klee-Museum, Schenkung LK

Geografische Tafeln: Belgien

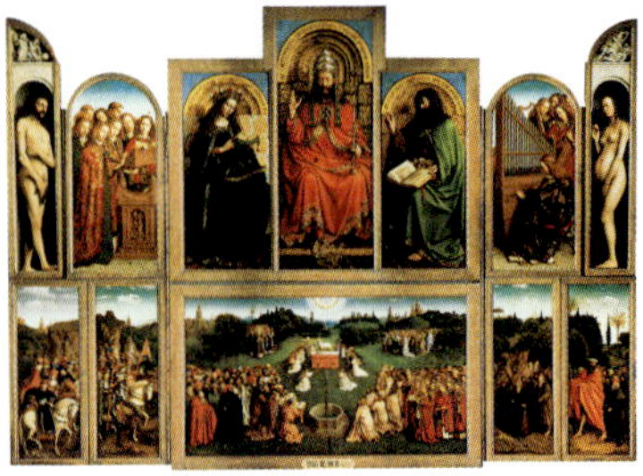

Hubert und Jan van Eyck
Genter Altar, 1425–1432
Gent, St. Bavo

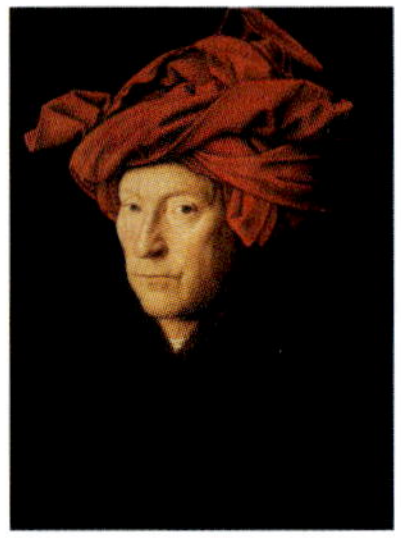

Jan van Eyck
Mann mit rotem Turban, 1433
London, The National Gallery

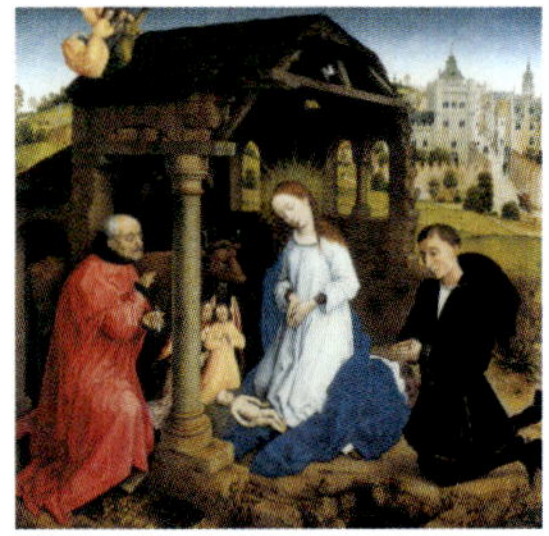

Rogier van der Weyden
Geburt Christi, Mitteltafel des *Bladelin-Altars (Middelburger Altar)*, 1450–1455
Berlin, Staatliche Museen zu Berlin – Preußischer Kulturbesitz, Gemäldegalerie

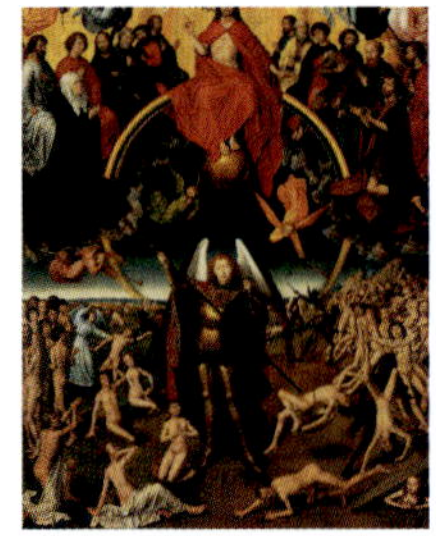

Hans Memling
Christus als Weltenrichter und heiliger Michael als Seelenwäger, Mitteltafel des *Weltgerichtsaltars*, 1466–1473
Danzig, Muzeum Narodowe

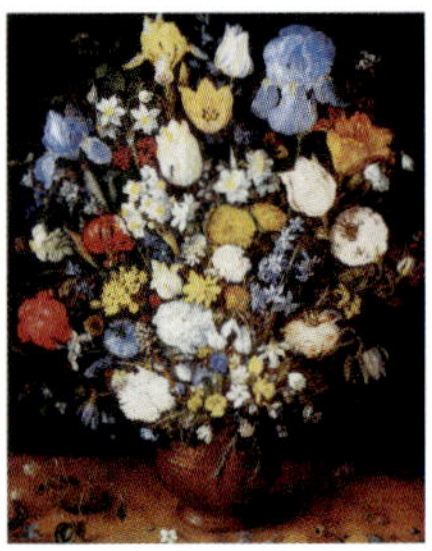

Jan Bruegel der Ältere
Kleiner Blumenstrauß in einem Tongefäß, um 1607
Wien, Kunsthistorisches Museum

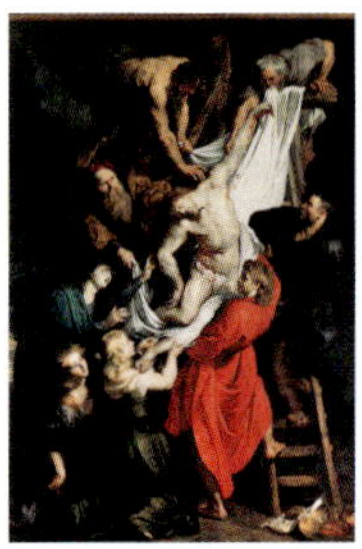

Peter Paul Rubens
Kreuzabnahme, Mitteltafel, 1612
Antwerpen, Onze-Lieve-Vrouwekathedraal

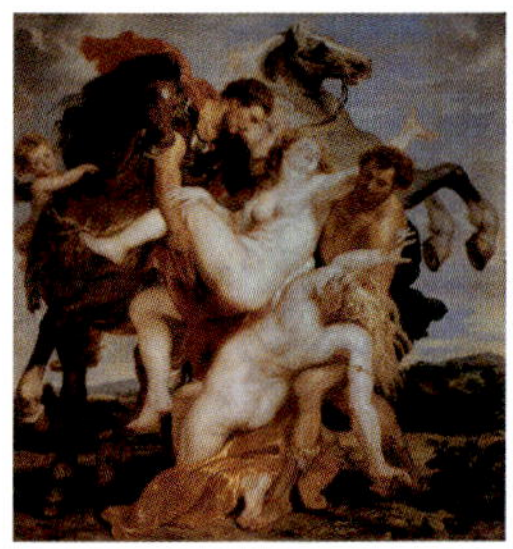

Peter Paul Rubens
Raub der Töchter des Leukippos, um 1618
München, Bayerische Staatsgemäldesammlungen, Alte Pinakothek

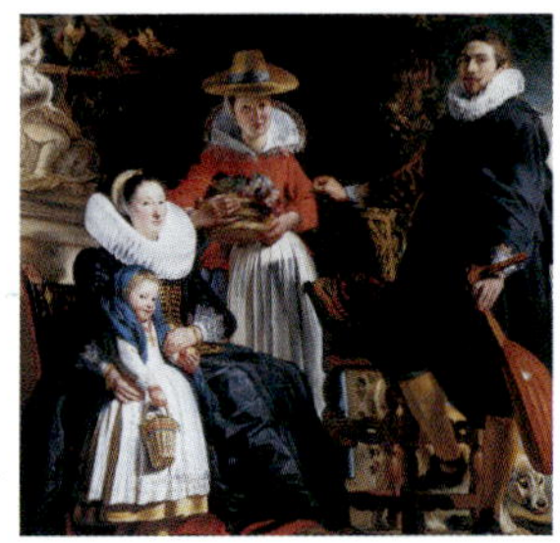

Jacob Jordaens
Die Familie Jordaens in einem Garten, 1621–1622
Madrid, Museo del Prado

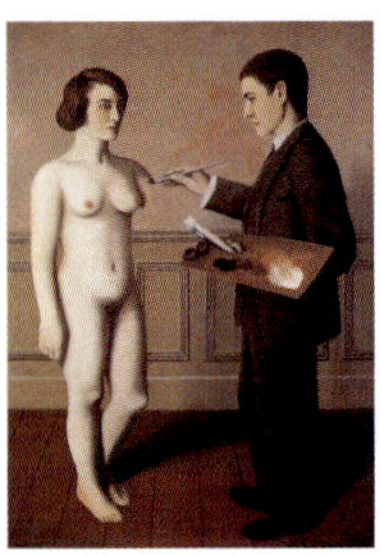

René Magritte
Der Versuch des Unmöglichen, 1928
Courtesy Galerie Isy Brachot, Brüssel-Paris

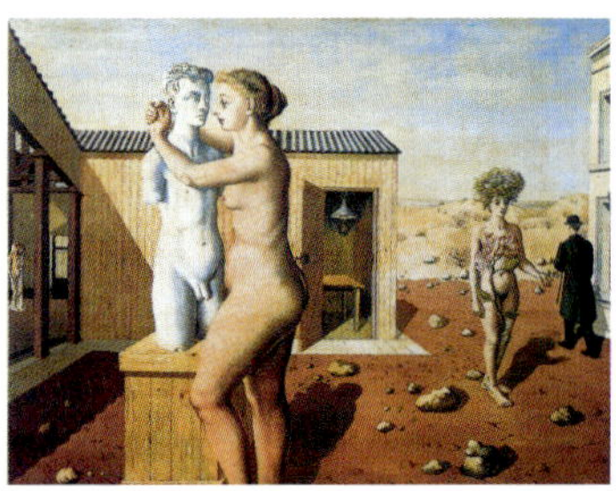

Paul Delvaux
Pygmalion, 1939
Brüssel, Musées Royaux des Beaux-Arts

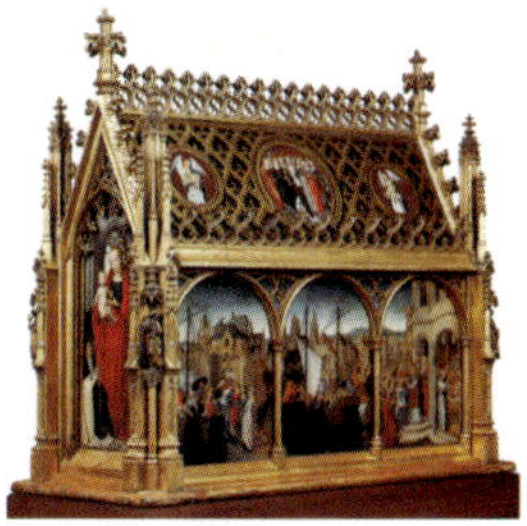

Hans Memling
Der Schrein der heiligen Ursula, um 1489
Brügge, Memlingmuseum – Sint Janshospitaal

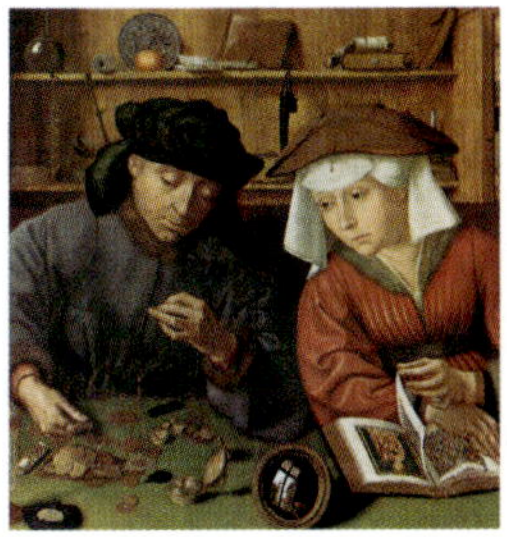

Quentin Massys
Der Geldwechsler und seine Frau, 1514
Paris, Musée du Louvre

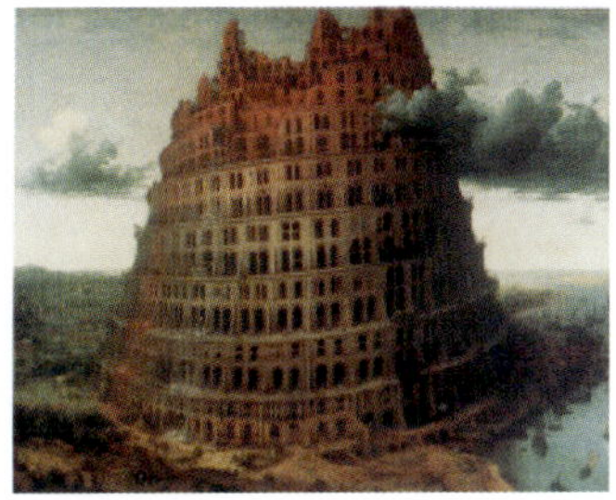

Pieter Bruegel der Ältere
Turmbau zu Babel, um 1563
Rotterdam, Museum Boymans-van Beuningen

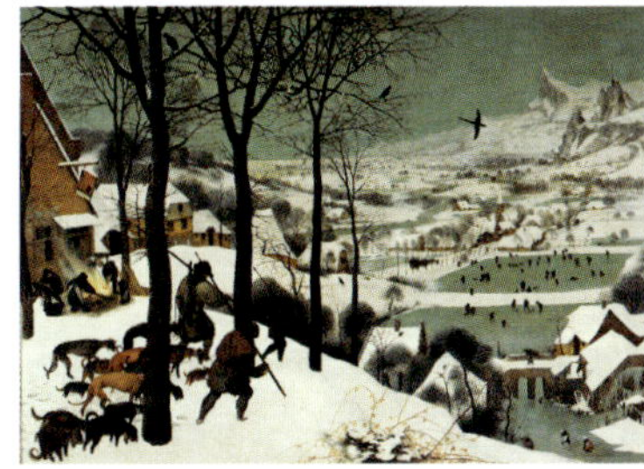

Pieter Bruegel der Ältere
Jäger im Schnee (Winter) aus dem Zyklus *Jahreszeiten*, 1565
Wien, Kunsthistorisches Museum

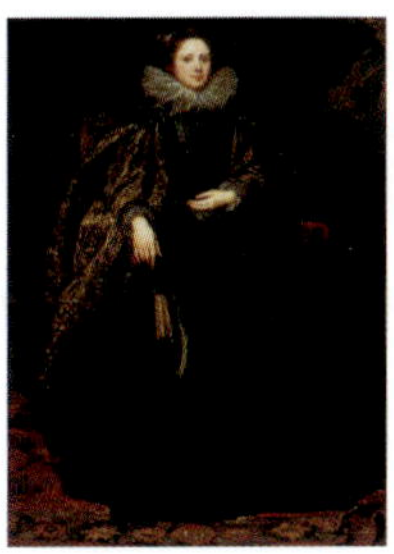

Anthonis van Dyck
Bildnis der Marchesa Balbi, 1622–1623
Washington, National Gallery of Art

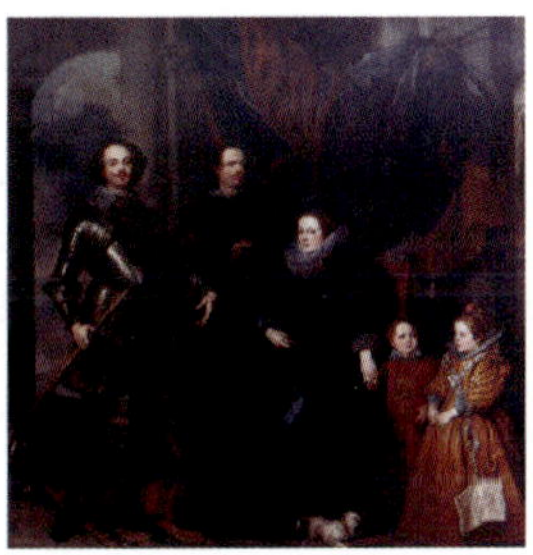

Anthonis van Dyck
Bildnis der Familie Lomellini, 1625
Edinburgh, National Gallery of Scotland

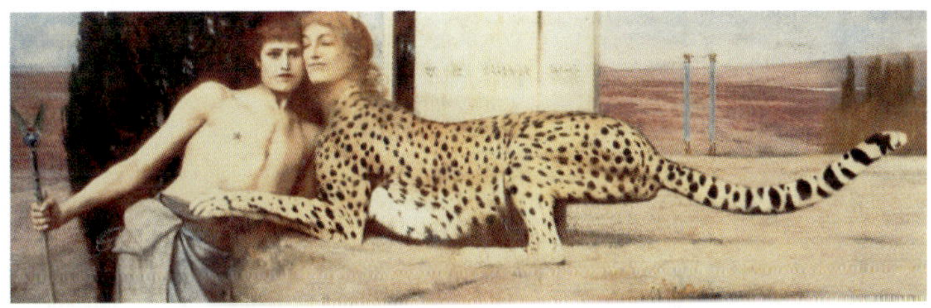

Fernand Khnopff
Die Kunst (oder *Die Sphinx* oder *Les caresses*), 1896
Brüssel, Musées Royaux des Beaux-Arts

Geografische Tafeln: Holland

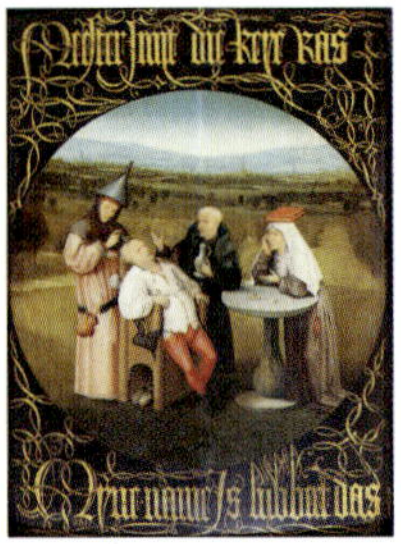

Hieronymus Bosch
Das Steinschneiden, 1475–1480
Madrid, Museo del Prado

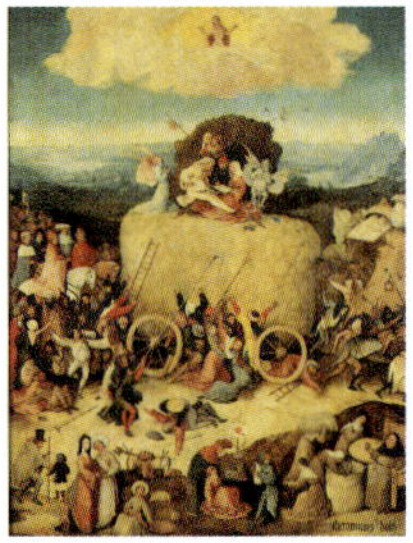

Hieronymus Bosch
Heuwagen-Triptychon,
Mitteltafel, 1500–1502
Madrid, Museo del Prado

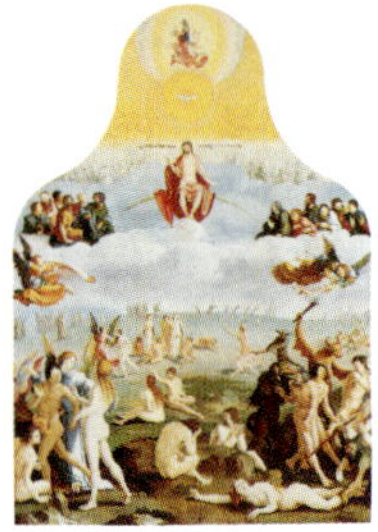

Lucas van Leyden
Triptychon mit dem Jüngsten Gericht, Mitteltafel, 1526
Leiden, Stedelijk Museum De Lakenhal

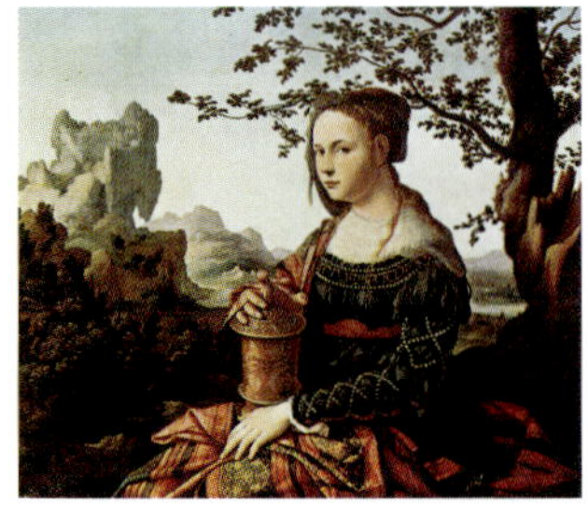

Jan van Scorel
Maria Magdalena, um 1528
Amsterdam, Rijksmuseum

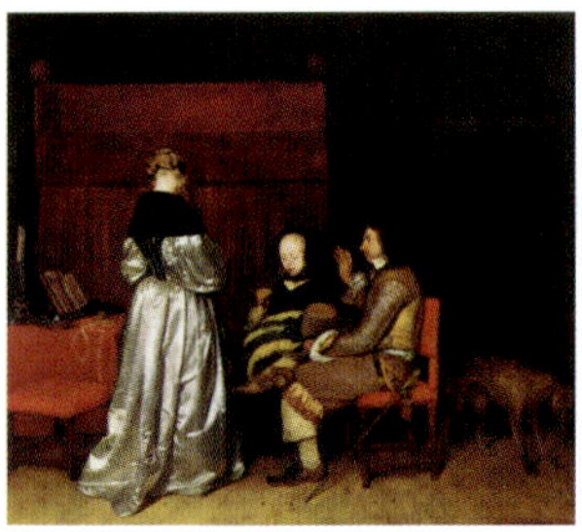

Gerard Terborch
Interieur mit Figuren (Die väterliche Ermahnung), um 1650
Amsterdam, Rijksmuseum

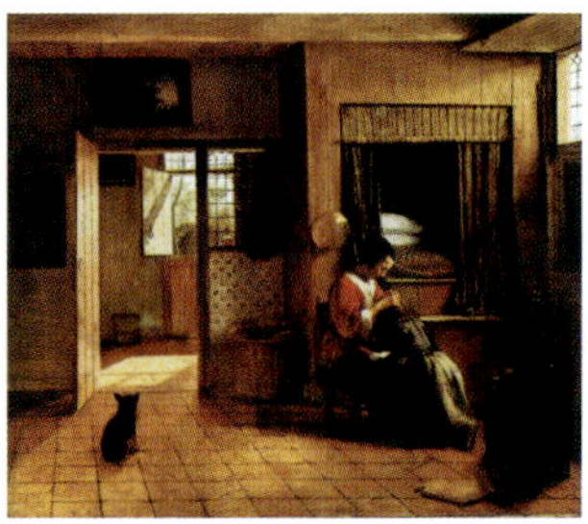

Pieter de Hooch
Die Mutter, um 1660
Amsterdam, Rijksmuseum

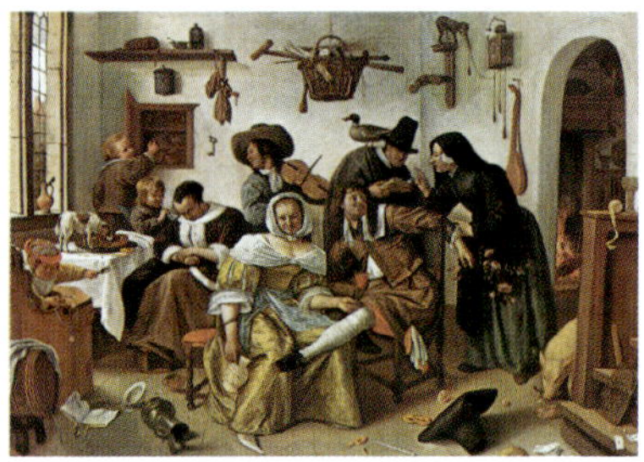

Jan Steen
Die verkehrte Welt, um 1665
Wien, Kunsthistorisches Museum

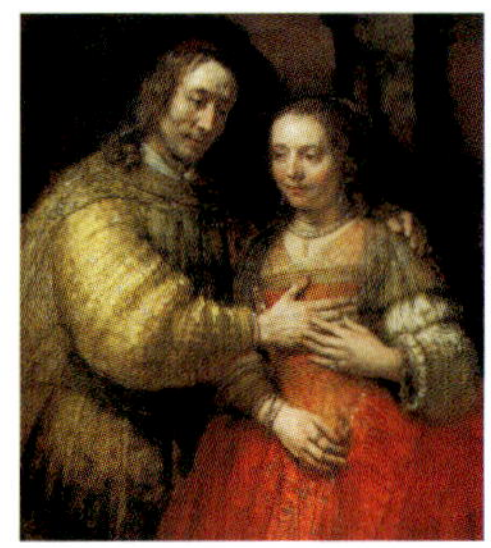

Rembrandt Harmensz. van Rijn
Die jüdische Braut, Detail, 1666
Amsterdam, Rijksmuseum

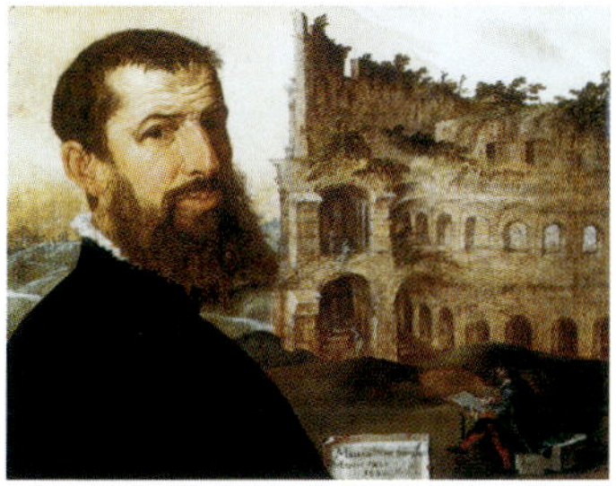

Maarten van Heemskerck
Selbstbildnis mit Kolosseum, 1553
Cambridge, Fitzwilliam Museum

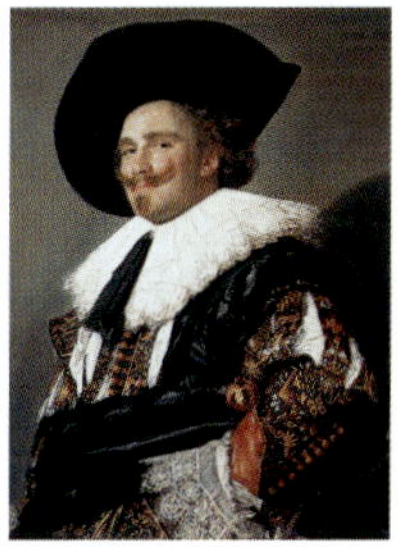

Frans Hals
Der lachende Kavalier, 1624
London, The Wallace Collection

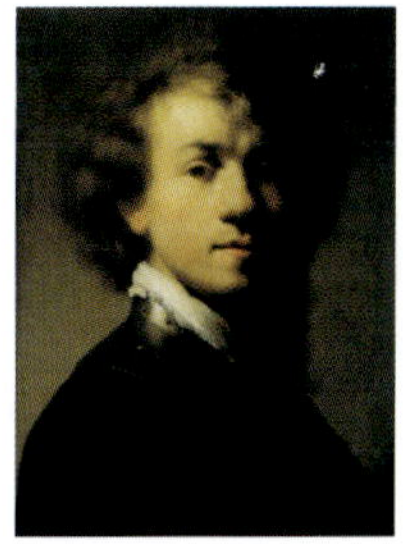

Rembrandt Harmensz. van Rijn
Selbstbildnis mit der Halsberge, 1629
Den Haag, Mauritshuis

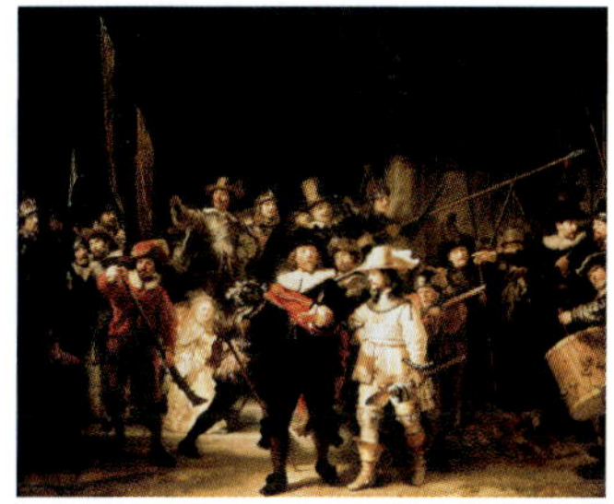

Rembrandt Harmensz. van Rijn
Die Nachtwache, 1642
Amsterdam, Rijksmuseum

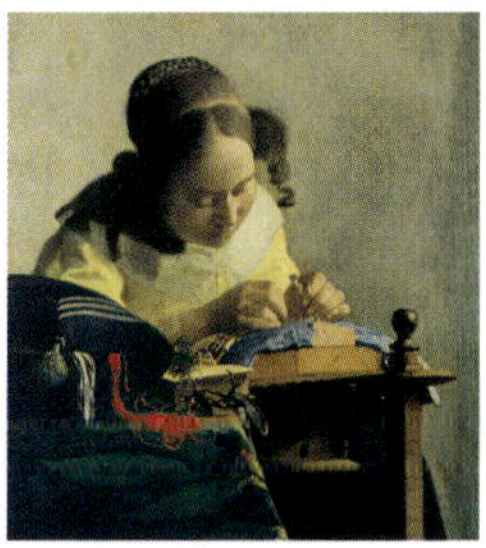

Jan Vermeer van Delft
Die Spitzenklöpplerin, um 1670
Paris, Musée du Louvre

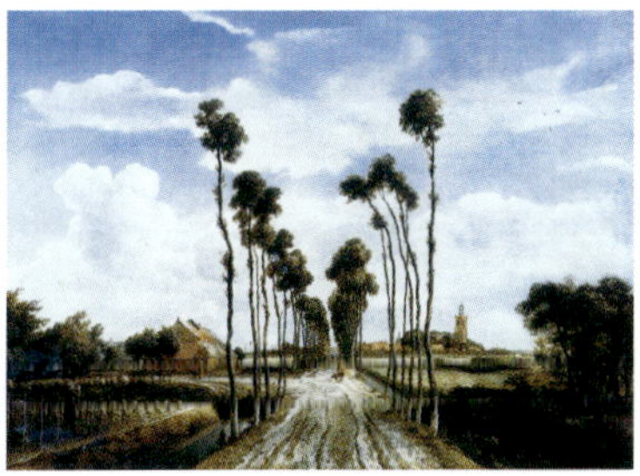

Meindert Hobbema
Die Allee von Middelharnis, 1689
London, The National Gallery

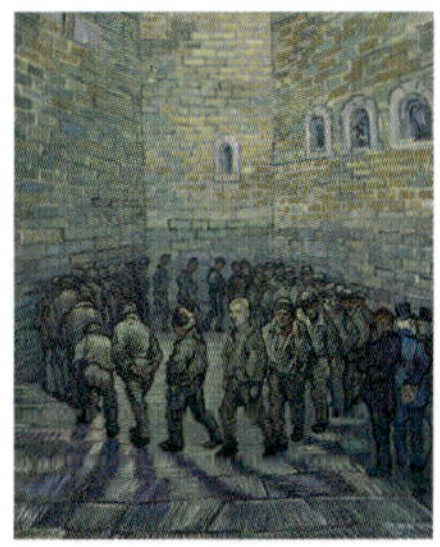

Vincent van Gogh
Rundgang im Gefängnishof, 1890
Moskau, Staatliches Museum der bildenden Künste A. S. Puschkin

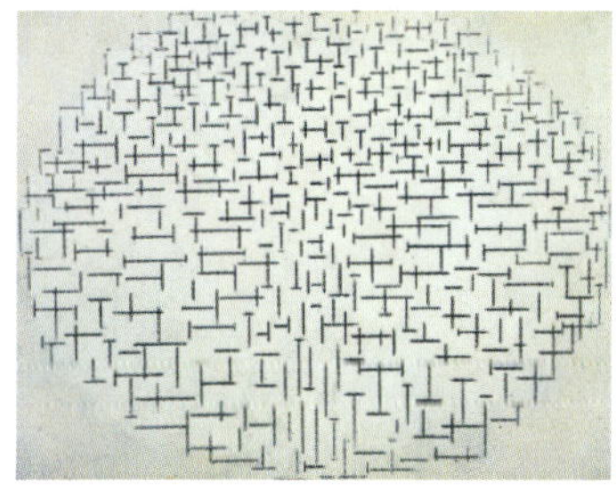

Piet Mondrian
Pier und Ozean (Komposition Nr. 10), 1915
Otterlo, Kröller-Müller Museum

Geografische Tafeln: England

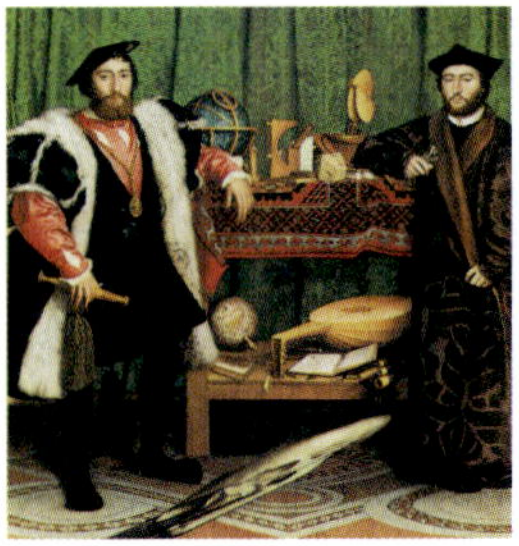

Hans Holbein der Jüngere
Doppelporträt von Jean de Dinteville und Georges de Selve (Die Gesandten), 1533
London, The National Gallery

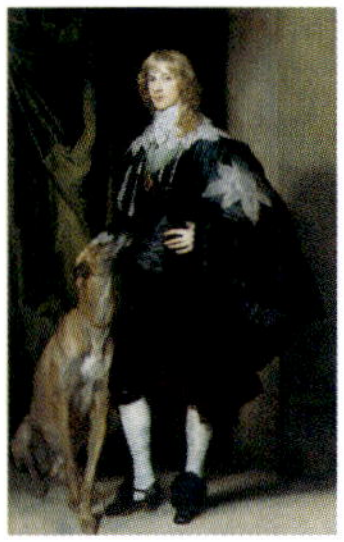

Anthonis van Dyck
James Stuart, Herzog von Lennox und Richmond, um 1634
New York, The Metropolitan Museum of Art

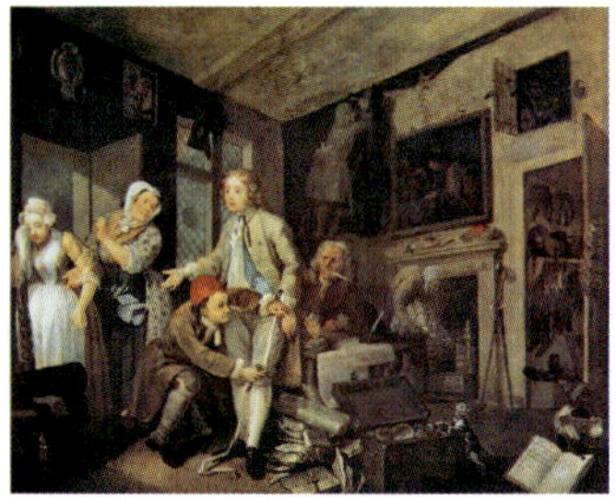

William Hogarth
Die Erbschaft aus dem Zyklus *Das Leben eines Liederlichen*, 1733
London, Sir John Soane's Museum

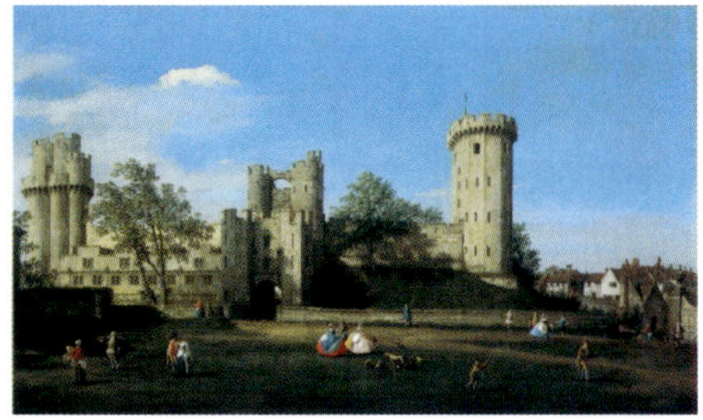

Giovanni Antonio Canal, gen. Canaletto
Ostfassade von Warwick Castle, um 1751
Birmingham, Birmingham Museum and Art Gallery

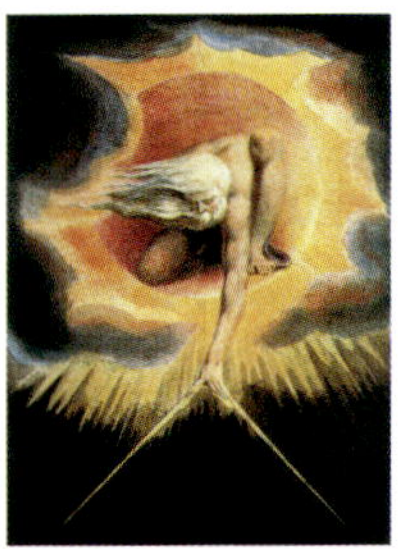

William Blake
Der Alte der Tage misst die Zeit, Illustration zu *Europe: A Prophecy*, 1794
London, The British Museum

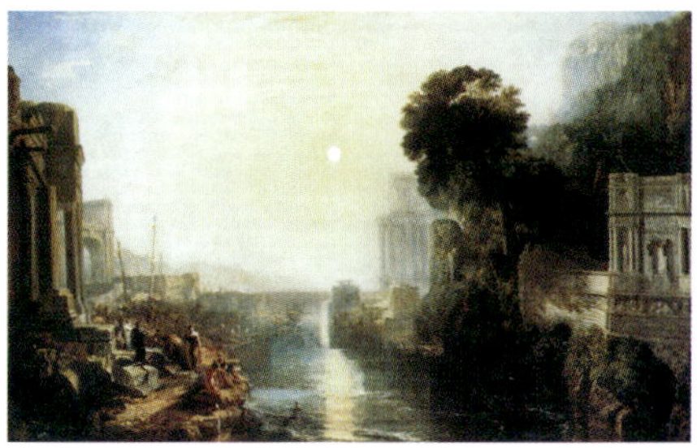

Joseph Mallord William Turner
Dido erbaut Karthago, 1815
London, The National Gallery

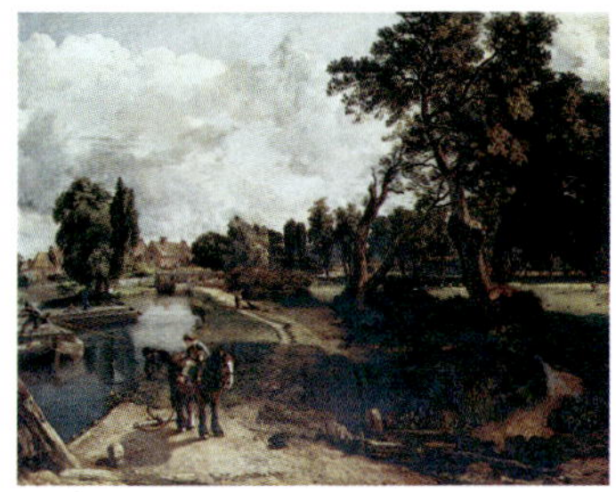

John Constable
Flatford Mill, 1817
London, Tate Gallery

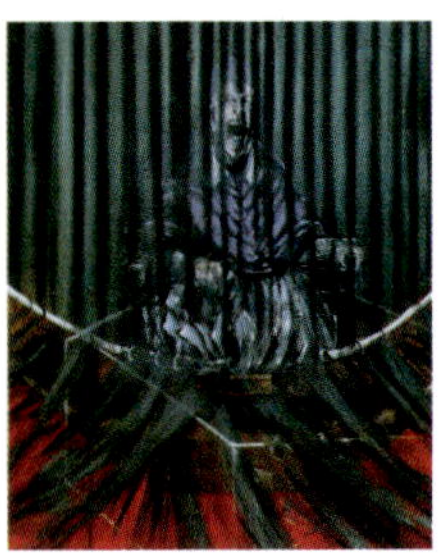

Francis Bacon
Papst Innozenz X. (Studie nach Velázquez), 1950
New York, Gallery Tony Shafrazi

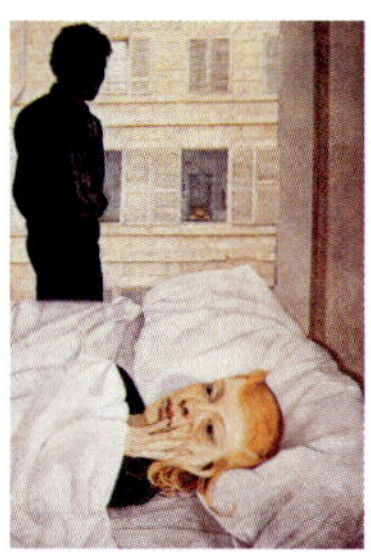

Lucian Freud
Hotel Bedroom, 1954
Fredericton (New Brunswick), The Beaverbrook Art Gallery

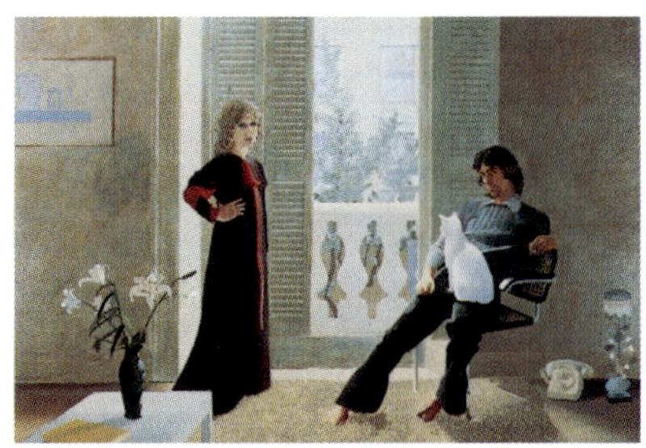

David Hockney
Mr. and Mrs. Clark and Percy, 1970–1971
London, Tate Gallery

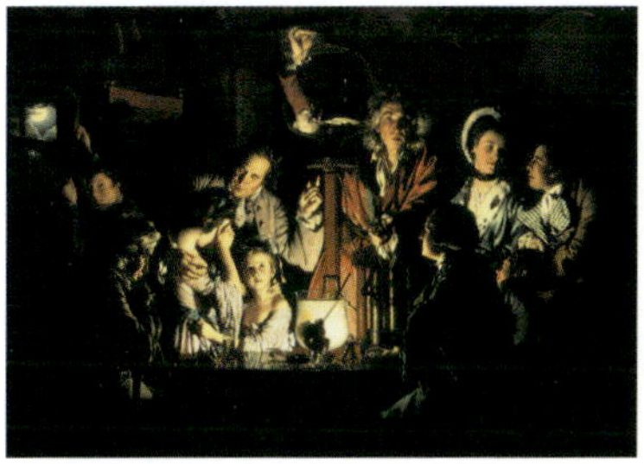

Joseph Wright of Derby
Das Experiment mit der Luftpumpe, 1768
London, The National Gallery

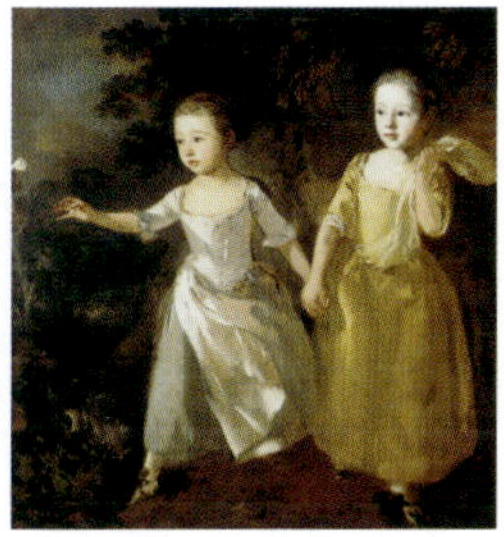

Thomas Gainsborough
Die Töchter des Künstlers fangen einen Schmetterling, 1755–1756
London, The National Gallery

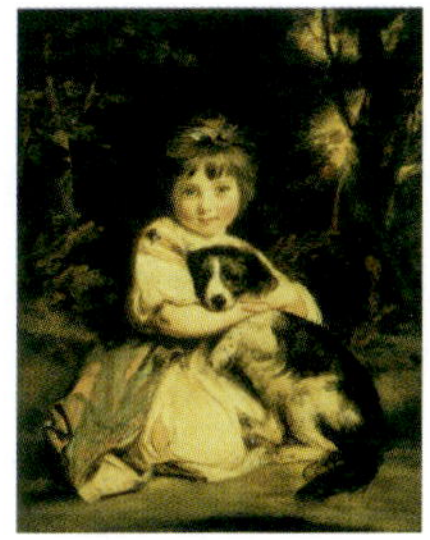

Joshua Reynolds
Bildnis der Miss Bowles mit ihrem Hund, 1775
London, The Wallace Collection

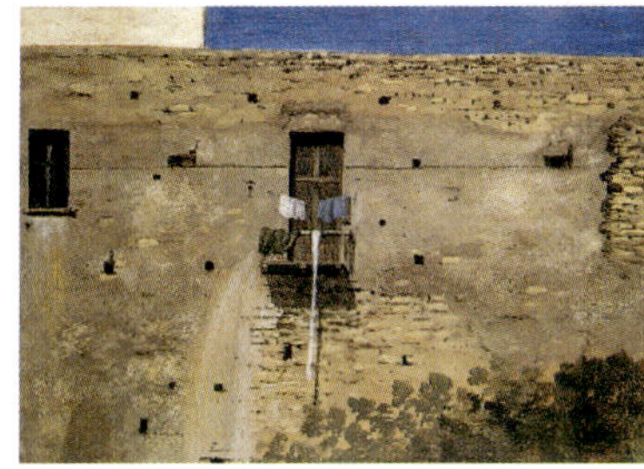

Thomas Jones
Mauer in Neapel, 1782
London, The National Gallery

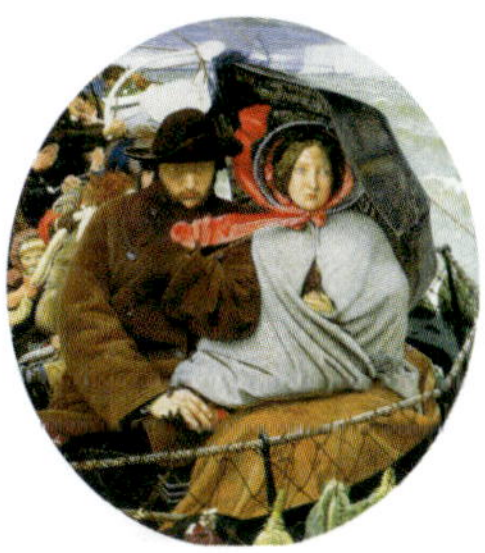

Ford Madox Brown
Letzter Blick auf England, 1855
Birmingham, Birmingham Museum and Art Gallery

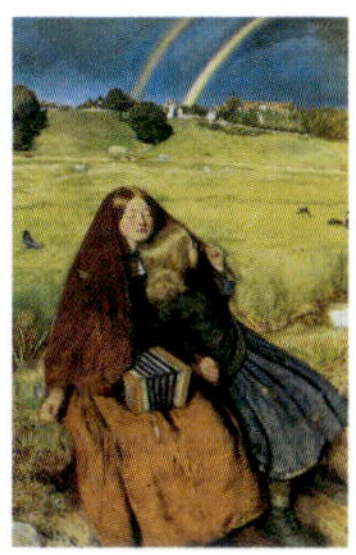

John Everett Millais
Das blinde Mädchen, 1854–1856
Birmingham, Birmingham Museum and Art Gallery

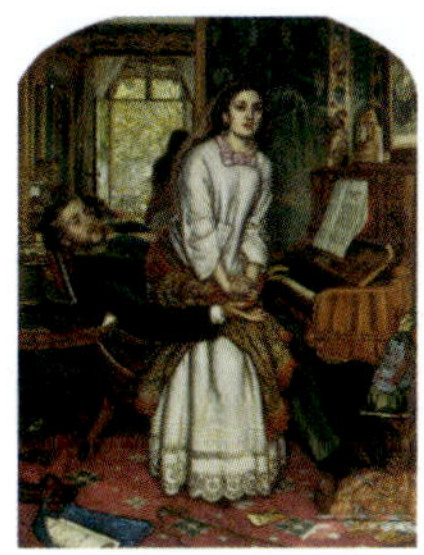

William Holman Hunt
Das erwachte Gewissen, 1853–1854
London, Tate Gallery

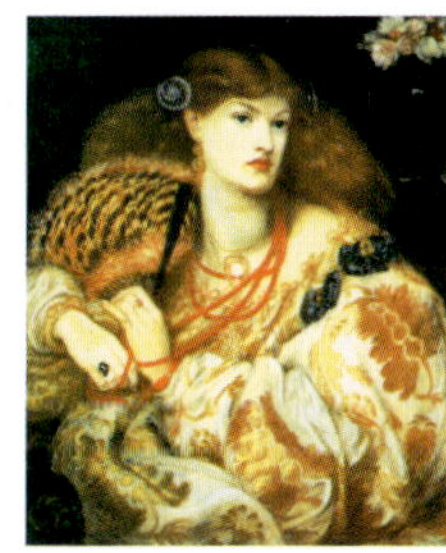

Dante Gabriel Rossetti
Monna Vanna, 1866
London, Tate Gallery

Geografische Tafeln: USA

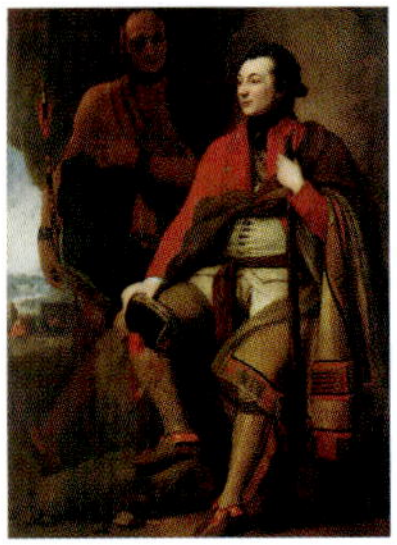

Benjamin West
Bildnis des Colonel Guy Johnson, um 1776
Washington, National Gallery of Art

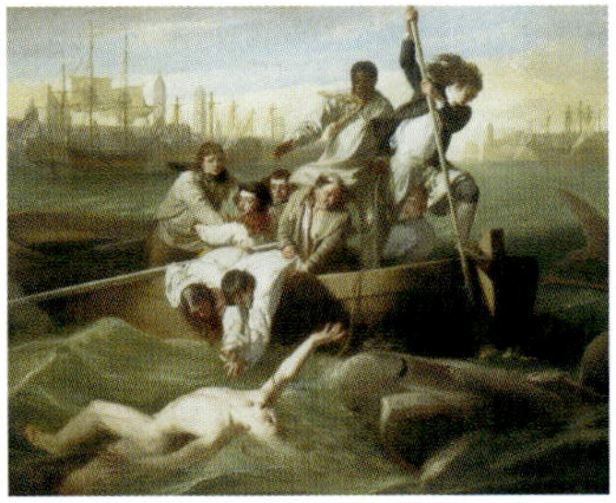

John Singleton Copley
Brook Watson und der Hai, 1778
Washington, National Gallery of Art

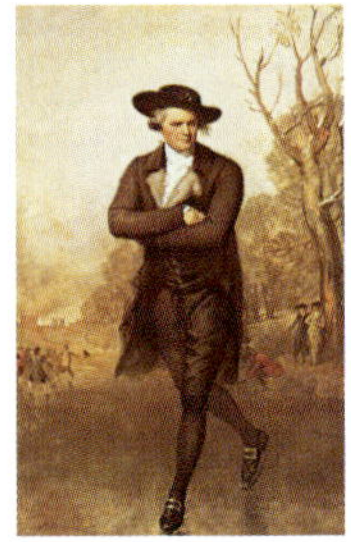

Gilbert Stuart
Der Schlittschuhläufer, 1782
Washington, National Gallery of Art

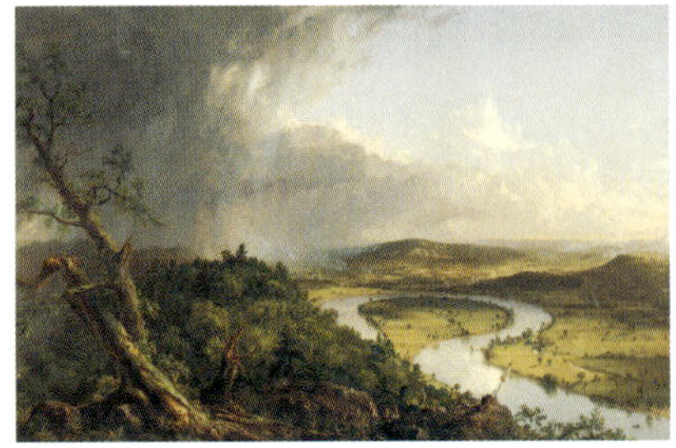

Thomas Cole
Blick vom Mount Holyoke, Northampton, Massachusetts, nach einem Gewitter (The Oxbow), 1846
New York, The Metropolitan Museum of Art

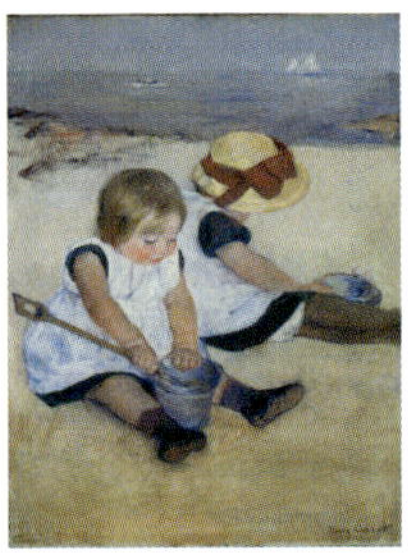

Mary Cassatt
Spielende Kinder am Strand, 1884
Washington, National Gallery of Art

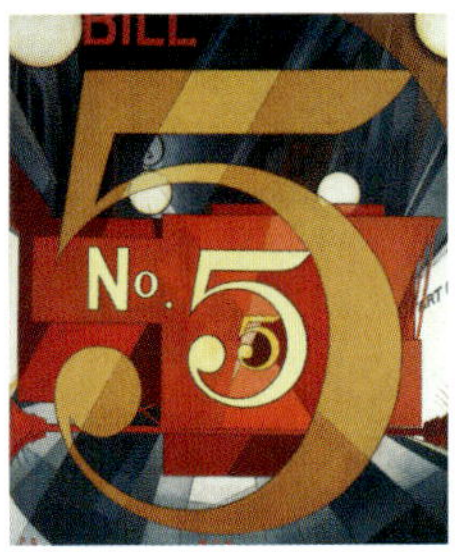

Charles Demuth
Ich sah die Zahl 5 in Gold (I saw the Figure 5 in Gold), 1928
New York, The Metropolitan Museum of Art

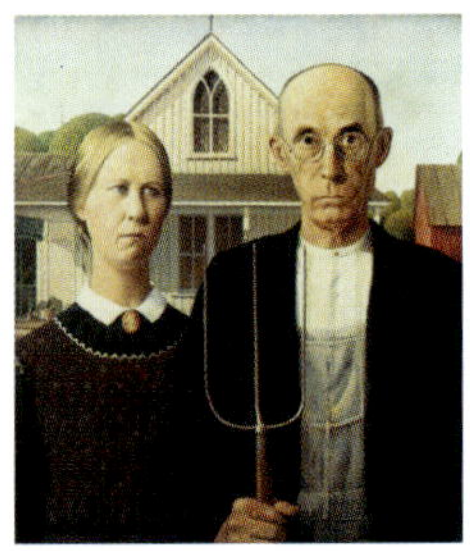

Grant Wood
Amerikanische Gotik, 1930
Chicago, The Art Institute of Chicago

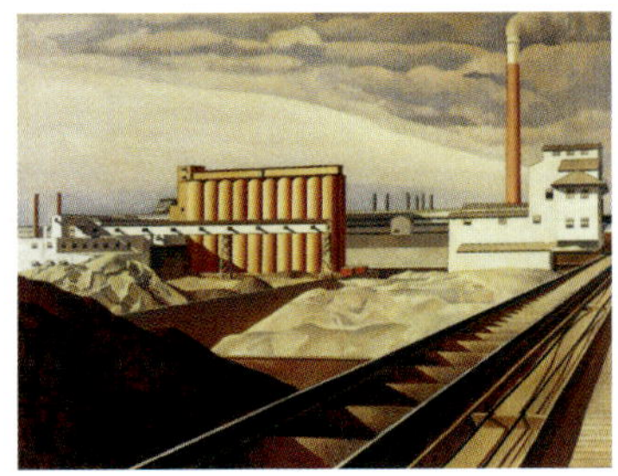

Charles Sheeler
Klassische Landschaft, 1931
Washington, National Gallery of Art

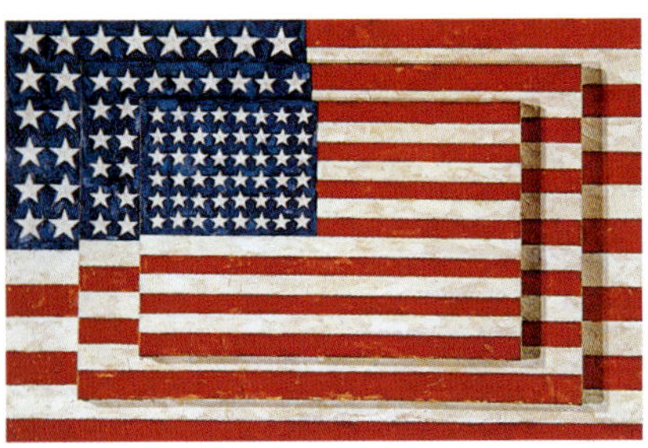

Jasper Johns
Drei Flaggen (Three Flags), 1958
New York, Whitney Museum of American Art

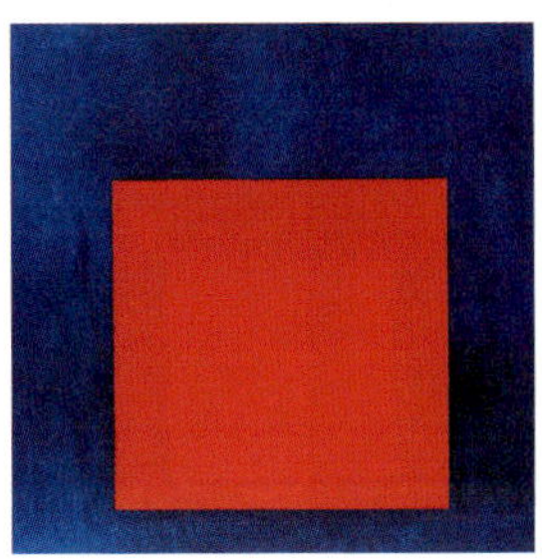

Josef Albers
Homage to the Square, 1958
New York, Sidney Janis Gallery

Mark Rothko
Number 19, 1960
Privatsammlung

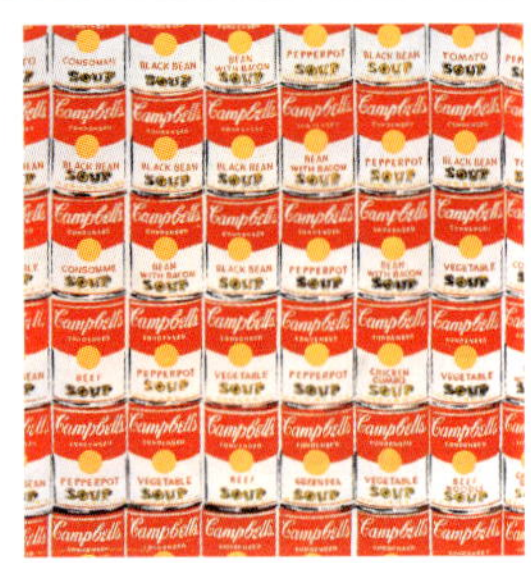

Andy Warhol
200 Campbell's Suppendosen, Detail, 1962
Colorado, The John and Kikimo Powers Collection

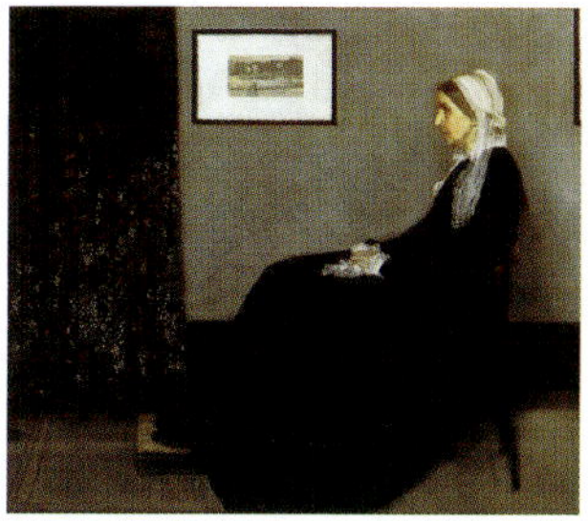

James Abbott McNeill Whistler
Arrangement in Grau und Schwarz Nr. 1 (Die Mutter des Künstlers), 1871
Paris, Musée d'Orsay

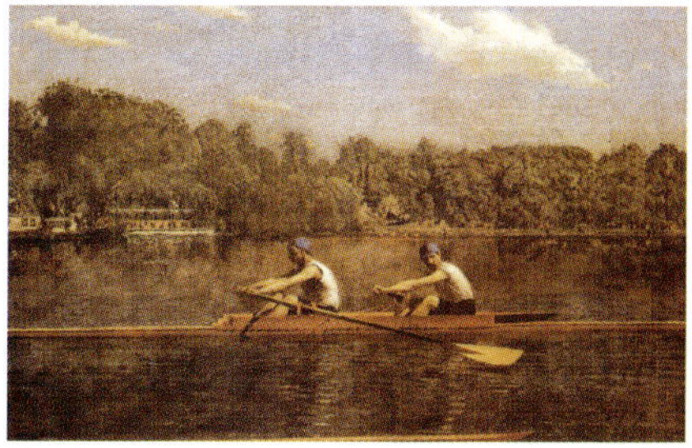

Thomas Eakins
The Biglin Brothers Racing, 1872
Washington, National Gallery of Art

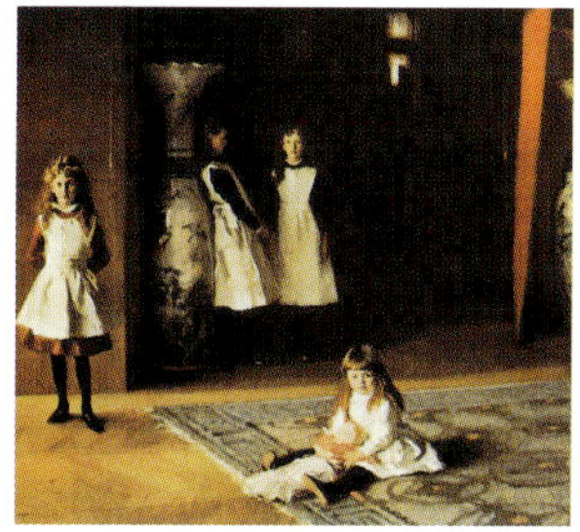

John Singer Sargent
Die Töchter von Edward Darley Boit, 1882
Boston, Museum of Fine Arts

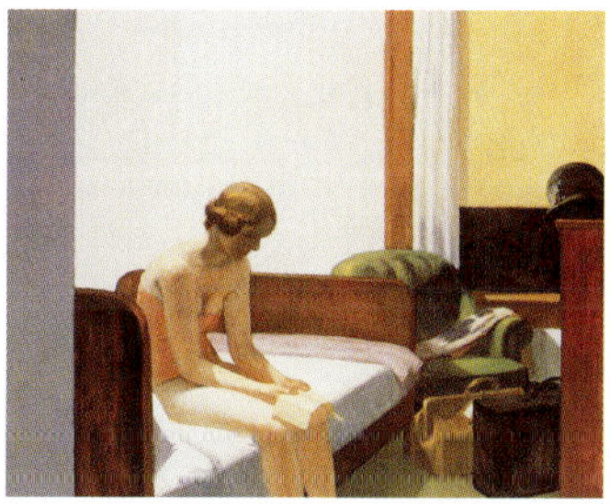

Edward Hopper
Hotelzimmer, 1931
Madrid, Museo Thyssen-Bornemisza

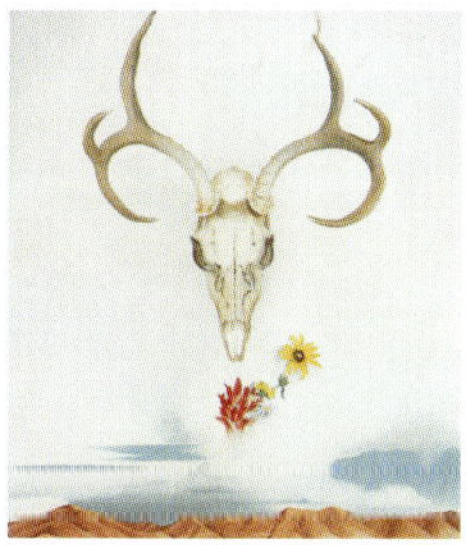

Georgia O'Keeffe
Sommertage, 1936
New York, Whitney Museum of American Art

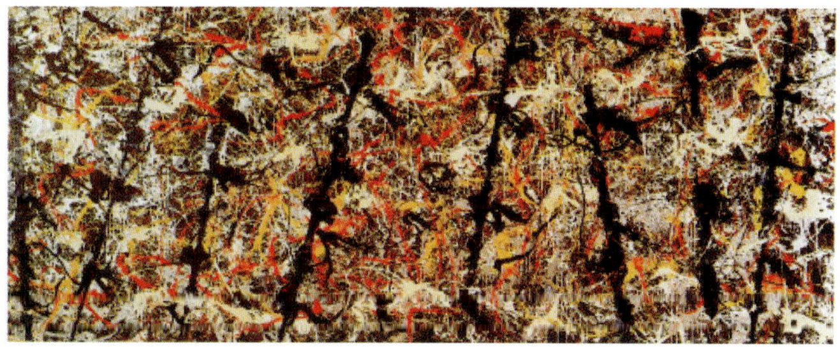

Jackson Pollock
Blue Poles: Number II, 1952
Canberra, National Gallery of Australia

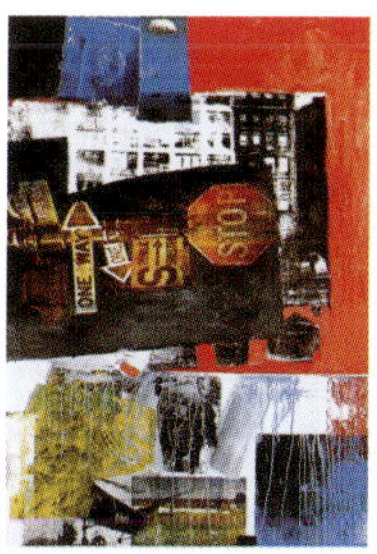

Robert Rauschenberg
Spot (Fleck), 1963
Stuttgart, Staatsgalerie Stuttgart

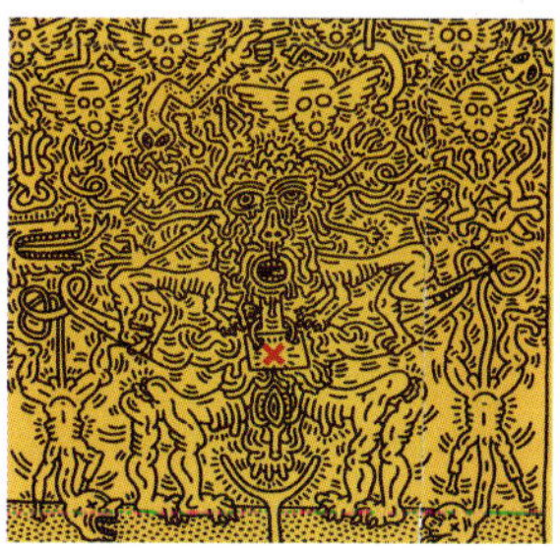

Keith Haring
Untitled, 1981
New York, Besitz des Künstlers

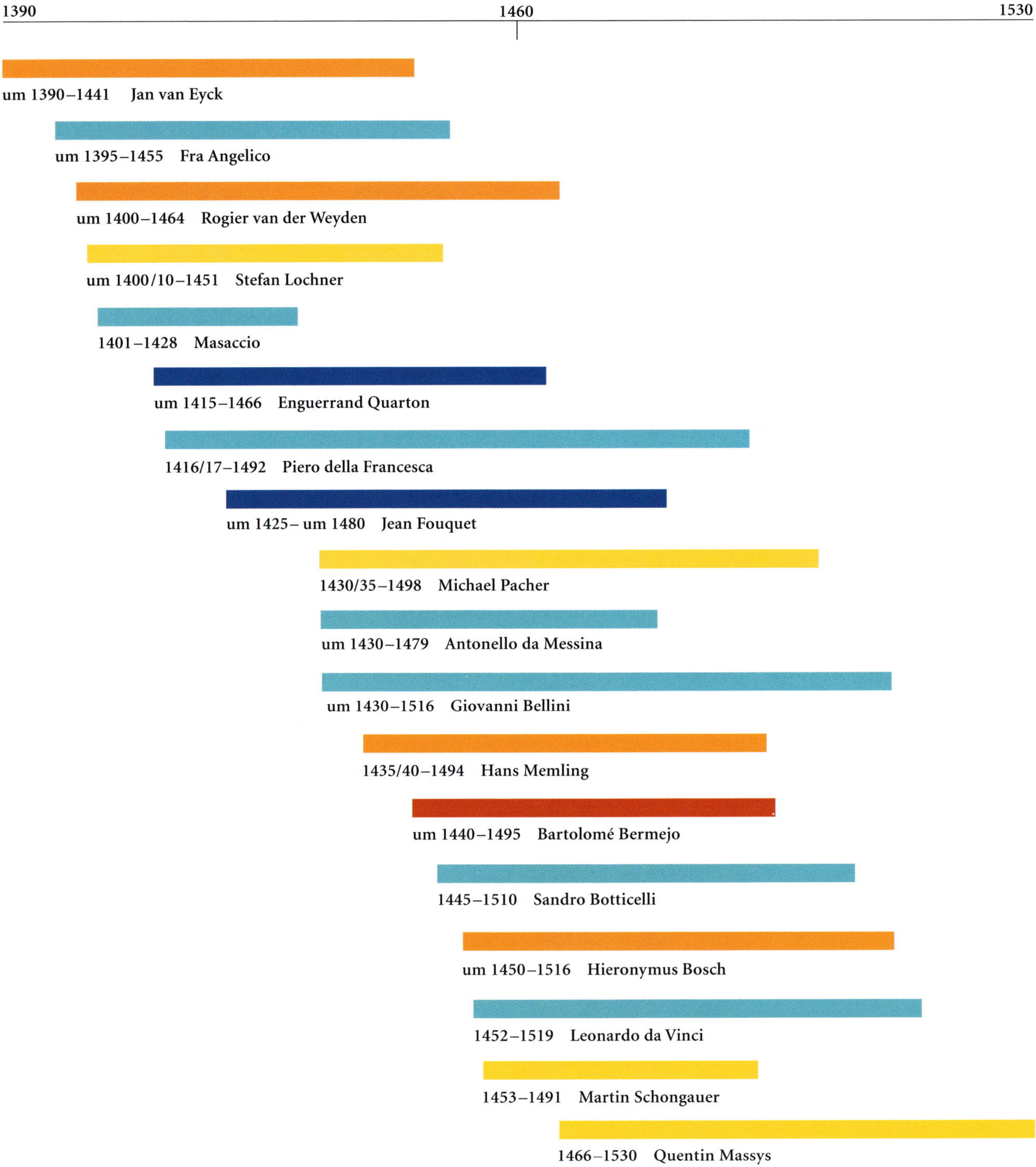
1390
1460
1530
um 1390–1441 Jan van Eyck
um 1395–1455 Fra Angelico
um 1400–1464 Rogier van der Weyden
um 1400/10–1451 Stefan Lochner
1401–1428 Masaccio
um 1415–1466 Enguerrand Quarton
1416/17–1492 Piero della Francesca
um 1425– um 1480 Jean Fouquet
1430/35–1498 Michael Pacher
um 1430–1479 Antonello da Messina
um 1430–1516 Giovanni Bellini
1435/40–1494 Hans Memling
um 1440–1495 Bartolomé Bermejo
1445–1510 Sandro Botticelli
um 1450–1516 Hieronymus Bosch
1452–1519 Leonardo da Vinci
1453–1491 Martin Schongauer
1466–1530 Quentin Massys

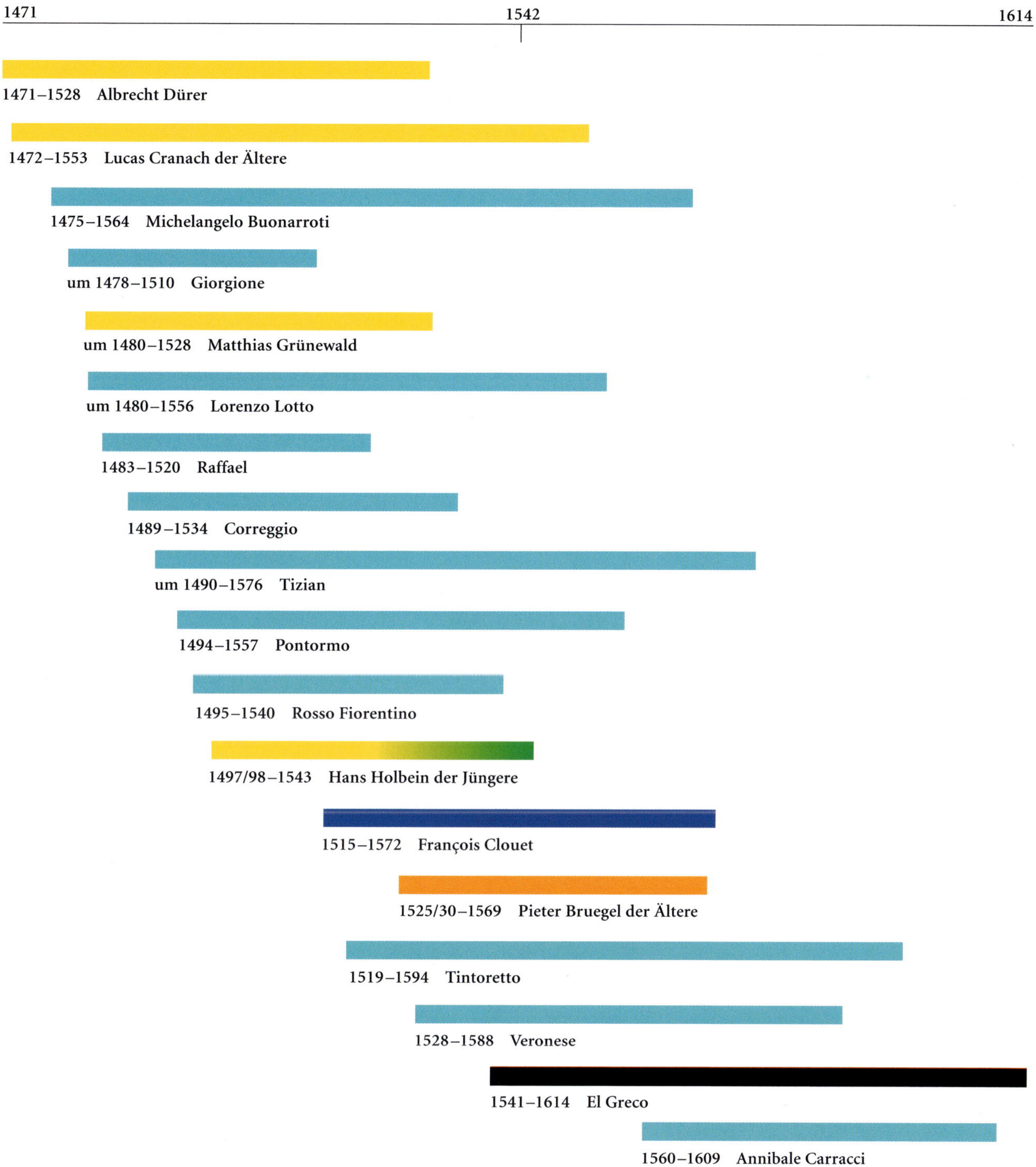
1471
1542
1614
1471–1528 Albrecht Dürer
1472–1553 Lucas Cranach der Ältere
1475–1564 Michelangelo Buonarroti
um 1478–1510 Giorgione
um 1480–1528 Matthias Grünewald
um 1480–1556 Lorenzo Lotto
1483–1520 Raffael
1489–1534 Correggio
um 1490–1576 Tizian
1494–1557 Pontormo
1495–1540 Rosso Fiorentino
1497/98–1543 Hans Holbein der Jüngere
1515–1572 François Clouet
1525/30–1569 Pieter Bruegel der Ältere
1519–1594 Tintoretto
1528–1588 Veronese
1541–1614 El Greco
1560–1609 Annibale Carracci

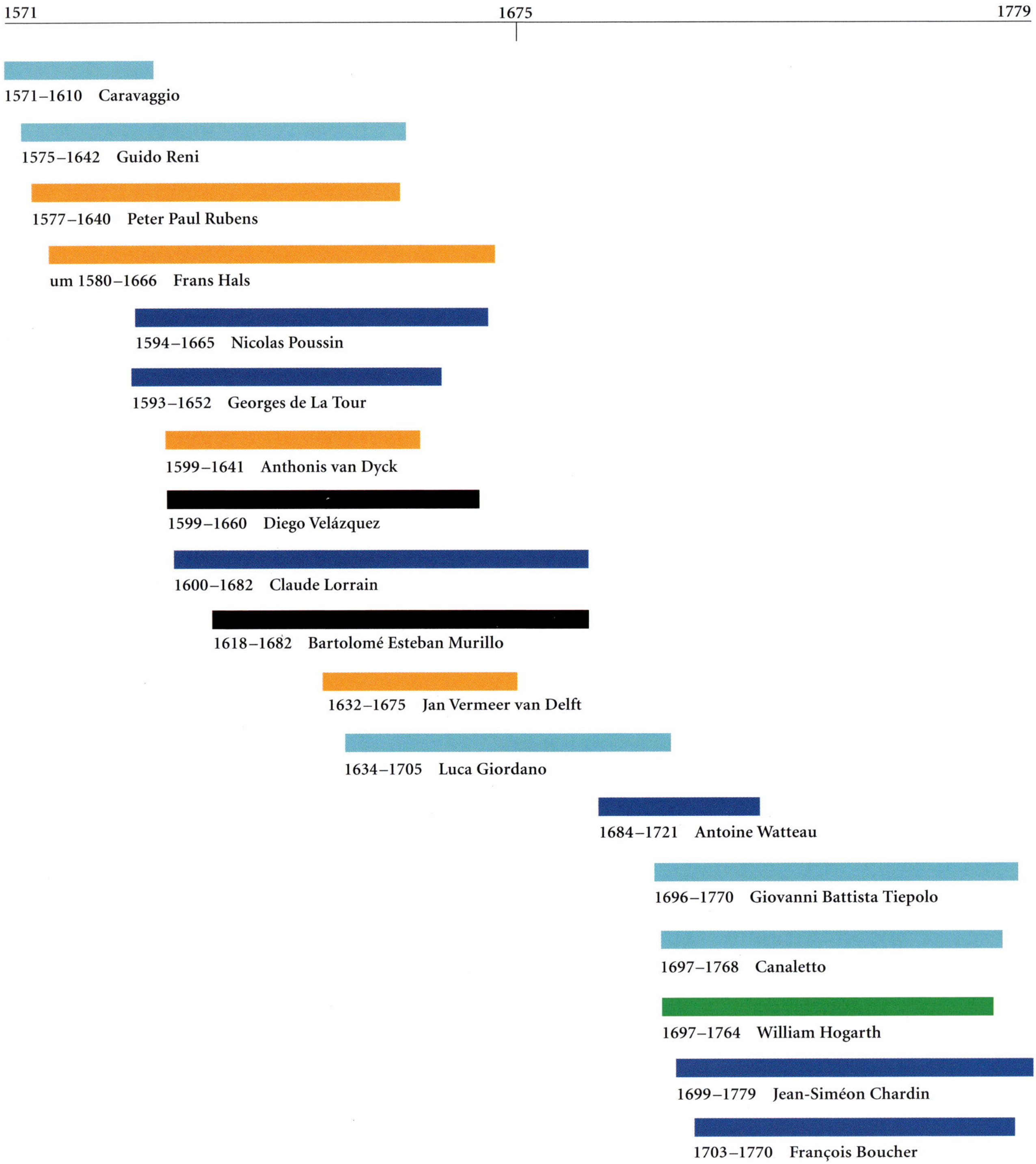
1571
1675
1779
1571–1610 Caravaggio
1575–1642 Guido Reni
1577–1640 Peter Paul Rubens
um 1580–1666 Frans Hals
1594–1665 Nicolas Poussin
1593–1652 Georges de La Tour
1599–1641 Anthonis van Dyck
1599–1660 Diego Velázquez
1600–1682 Claude Lorrain
1618–1682 Bartolomé Esteban Murillo
1632–1675 Jan Vermeer van Delft
1634–1705 Luca Giordano
1684–1721 Antoine Watteau
1696–1770 Giovanni Battista Tiepolo
1697–1768 Canaletto
1697–1764 William Hogarth
1699–1779 Jean-Siméon Chardin
1703–1770 François Boucher

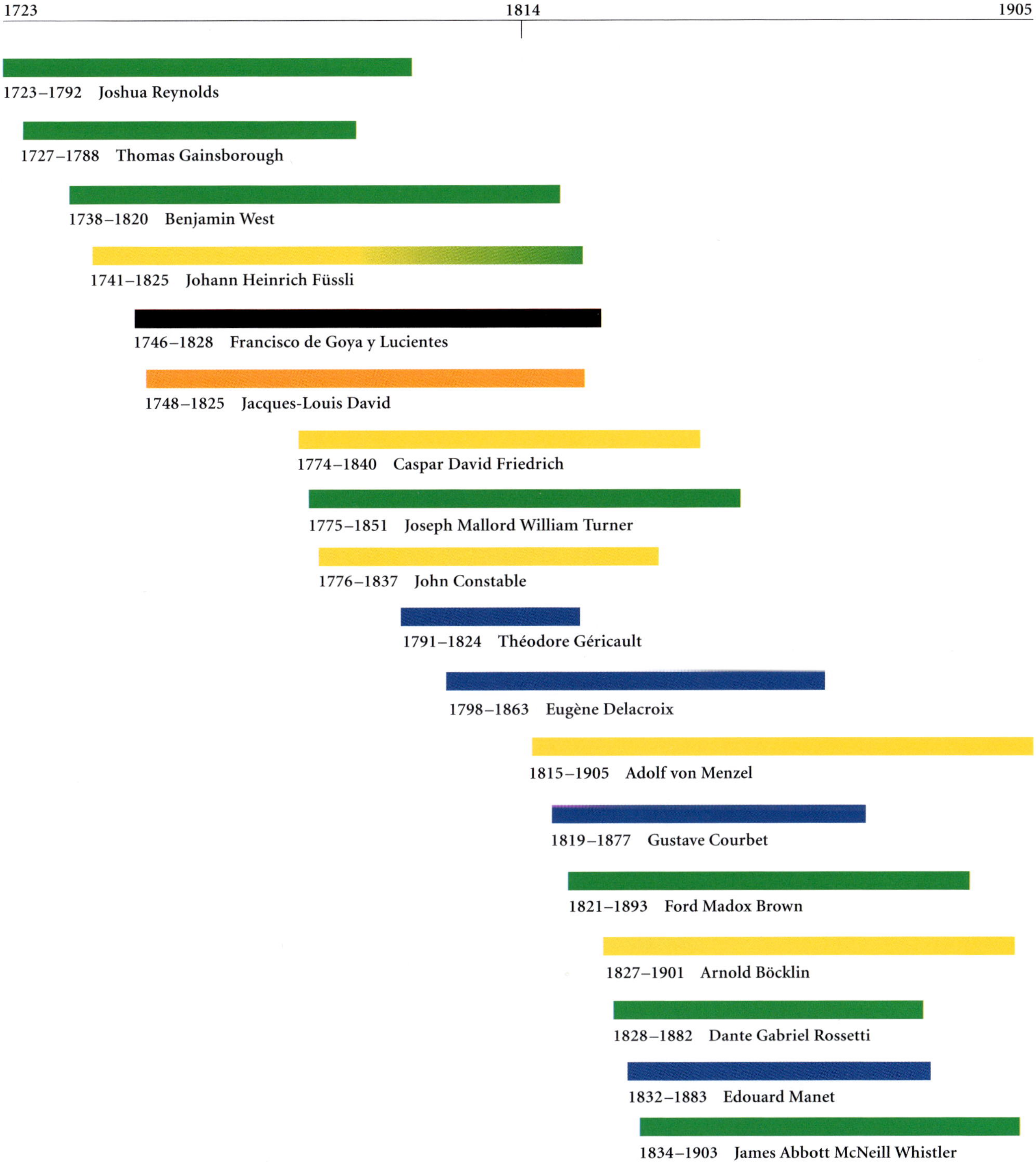
1723
1814
1905
1723–1792 Joshua Reynolds
1727–1788 Thomas Gainsborough
1738–1820 Benjamin West
1741–1825 Johann Heinrich Füssli
1746–1828 Francisco de Goya y Lucientes
1748–1825 Jacques-Louis David
1774–1840 Caspar David Friedrich
1775–1851 Joseph Mallord William Turner
1776–1837 John Constable
1791–1824 Théodore Géricault
1798–1863 Eugène Delacroix
1815–1905 Adolf von Menzel
1819–1877 Gustave Courbet
1821–1893 Ford Madox Brown
1827–1901 Arnold Böcklin
1828–1882 Dante Gabriel Rossetti
1832–1883 Edouard Manet
1834–1903 James Abbott McNeill Whistler

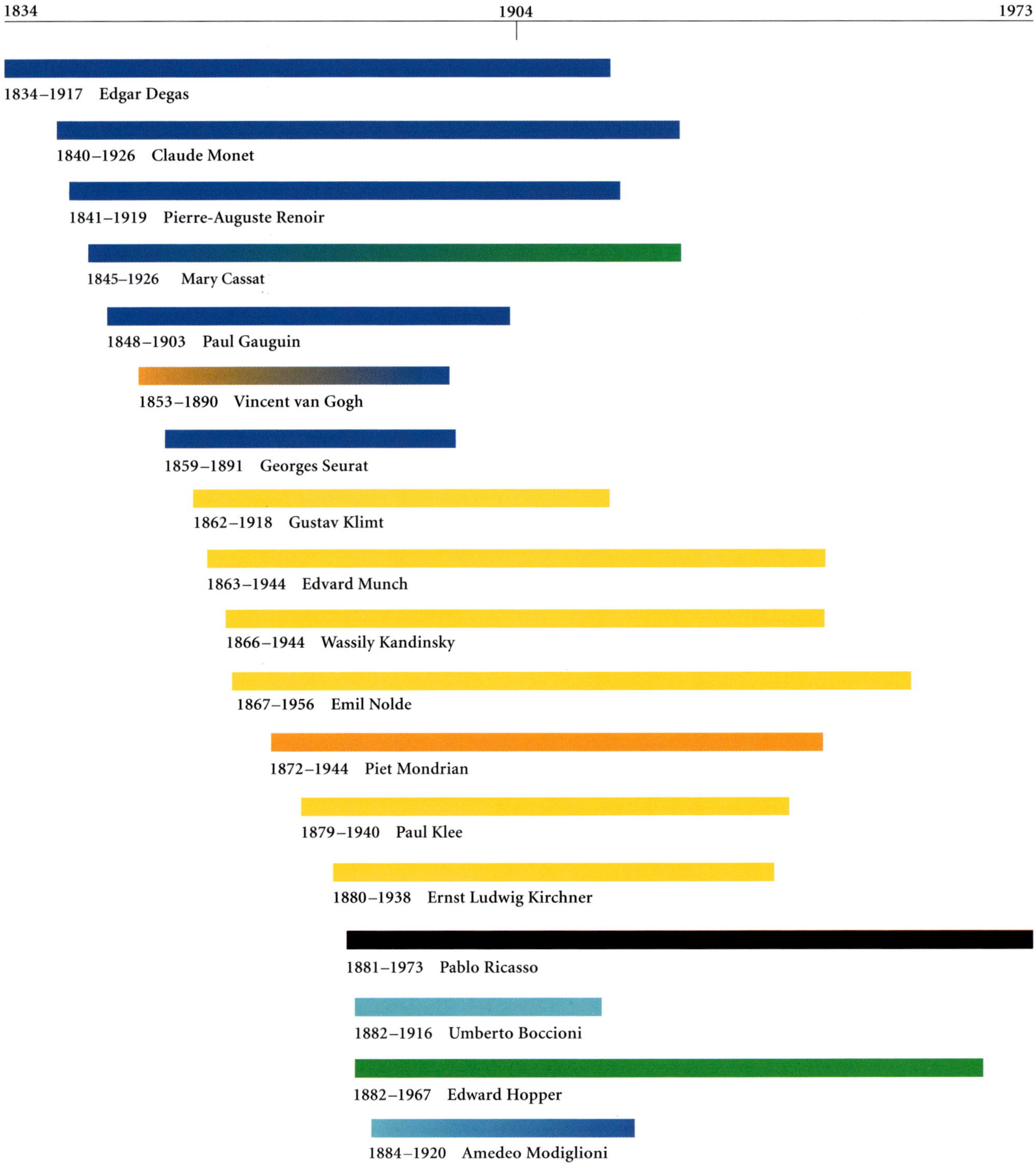
1834
1904
1973
1834–1917 Edgar Degas
1840–1926 Claude Monet
1841–1919 Pierre-Auguste Renoir
1845–1926 Mary Cassat
1848–1903 Paul Gauguin
1853–1890 Vincent van Gogh
1859–1891 Georges Seurat
1862–1918 Gustav Klimt
1863–1944 Edvard Munch
1866–1944 Wassily Kandinsky
1867–1956 Emil Nolde
1872–1944 Piet Mondrian
1879–1940 Paul Klee
1880–1938 Ernst Ludwig Kirchner
1881–1973 Pablo Ricasso
1882–1916 Umberto Boccioni
1882–1967 Edward Hopper
1884–1920 Amedeo Modiglioni

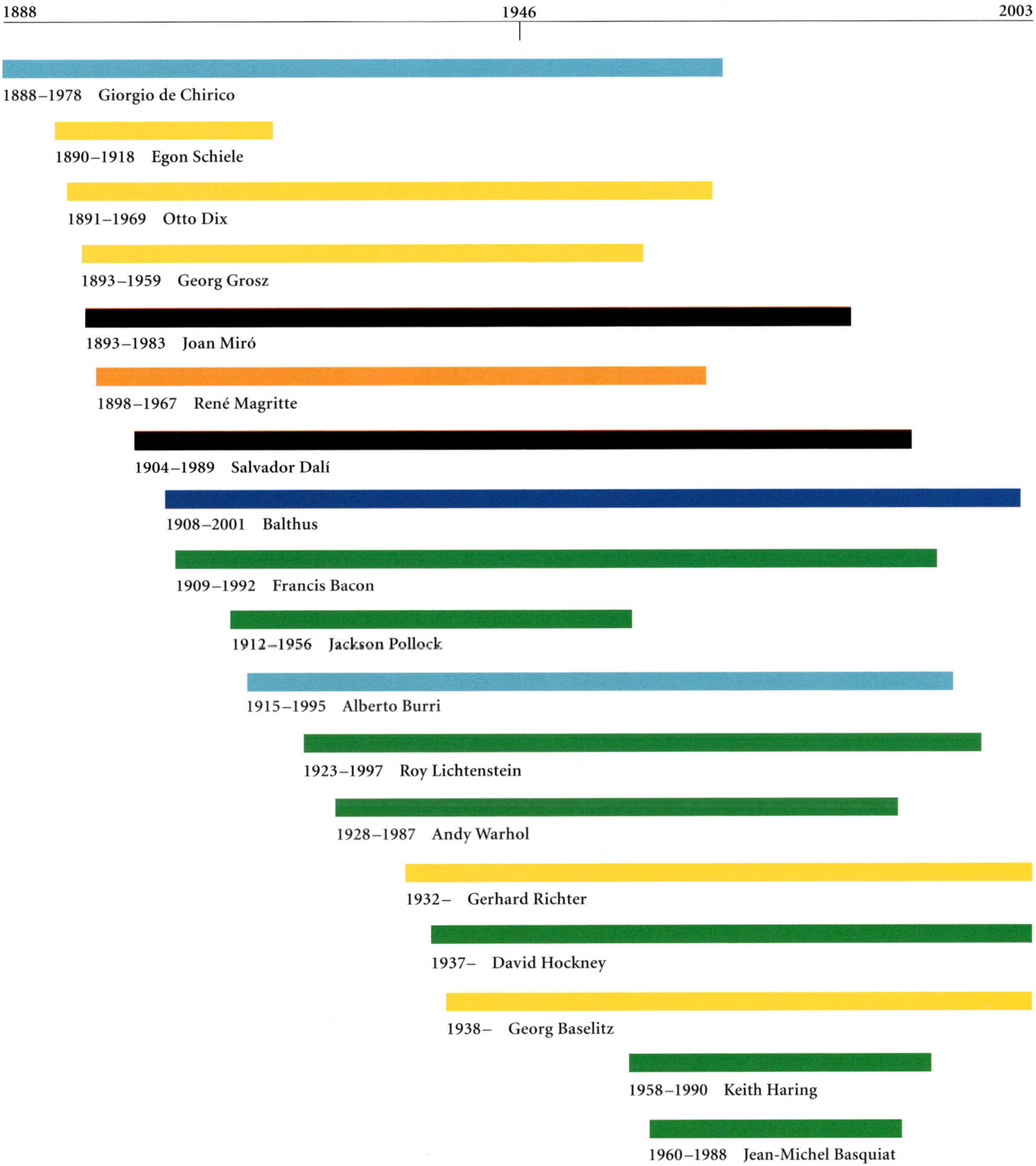
1888
1946
2003
1888–1978 Giorgio de Chirico
1890–1918 Egon Schiele
1891–1969 Otto Dix
1893–1959 Georg Grosz
1893–1983 Joan Miró
1898–1967 René Magritte
1904–1989 Salvador Dalí
1908–2001 Balthus
1909–1992 Francis Bacon
1912–1956 Jackson Pollock
1915–1995 Alberto Burri
1923–1997 Roy Lichtenstein
1928–1987 Andy Warhol
1932– Gerhard Richter
1937– David Hockney
1938– Georg Baselitz
1958–1990 Keith Haring
1960–1988 Jean-Michel Basquiat

Künstlerbiografien

Francis Bacon, englischer Maler, 1909–1992; begann 1929 als Autodidakt zu malen. Das entscheidende Werk setzt 1944 mit *Drei Studien zu Figuren am Fuße einer Kreuzigung* ein. Seit 1962 entstanden auch großformatige Triptychen. Spontaneität, aber auch Malen nach Fotos und in Serien kennzeichneten sein Schaffen. Figuren, Gegenstände, Räume entstanden aus der Agglomeration von Farbflecken; man nennt das Resultat »nicht-illustrative Form«. Schmerz und Schrei sind Motive seiner Darstellung der Existenz und Bedrohtheit des leidenden kreatürlichen Seins, die sich zum Teil unter surrealistischen Einflüssen bildete.

Balthus (Balthasar Klossowski de Rola), französischer Maler, 1908–2001; trat mit seiner zum Teil neusachlichen Malerei zuerst in den 30er Jahren hervor und wurde besonders durch die Surrealisten gewürdigt. Seine Figuren stehen, sitzen oder bewegen sich in real wirkenden Räumen, sind aber oft ohne Beziehung untereinander und seltsam erstarrt. Anregungen für diese Bildauffassung hat Balthus aus der Malerei des italienischen Quattrocento, dem Manierismus, aber auch aus der Kunst des 19. Jahrhunderts (Corot, Courbet) erhalten.

Georg Baselitz (Hans Georg Kern), deutscher Maler, geb. 1938; prägte mit seinem Neoexpressionismus die moderne Kunst in Deutschland. Die Kontroverse um Arbeiten wie *Die große Nacht im Eimer* (1962/63) rückten ihn in den Fokus des Kulturgeschehens. 1966 entstanden die *Frakturbilder*; 1969 schuf er *Der Wald auf dem Kopf*. Es folgten weitere Bilder mit gestürzten Motiven, die sein Werk unverwechselbar machen; ab Mitte der 70er Jahre Werke von hoher Intensität: die *Fingermalereien*, *Orangenesser* und *Motiv-Bilder* sowie Arbeiten in Auseinandersetzung mit Caspar David Friedrich im Berliner Reichstag.

Giovanni Bellini, italienischer Maler, um 1430–1516; bedeutendster Meister der venezianischen Malerei an der Wende von der Früh- zur Hochrenaissance; arbeitete zunächst in Familienwerkstatt; gelangte Mitte der 70er Jahre zu einer musikalischen, harmonischen Malweise, nicht zuletzt durch die Begegnung mit der Kunst Piero della Francescas und Antonello da Messinas. Begründer der von der Farbe lebenden venezianischen Malerschule; befasste sich auch mit der Porträtmalerei und arbeitete von 1474 bis in die 90er Jahre an einem Auftrag von Historienbildern für den großen Ratsaal des Dogenpalastes.

Umberto Boccioni, italienischer Maler, Grafiker, Bildhauer, Kunsttheoretiker, 1882–1916; begann als Journalist; 1909 Treffen mit Filippo Marinetti und Anschluss an den Futurismus, zu dessen wichtigsten Vertretern und Theoretikern er später zählte. 1911 kommt er in Paris mit dem Kubismus in Berührung. Eines seiner Hauptwerke ist *Simultanvisionen* (1912). Boccioni stellte neue Beziehungen zwischen Raum und Objekten in der futuristischen Skulptur her; veröffentlichte 1912 das *Technische Manifest der futuristischen Bildhauerei*.

Arnold Böcklin, Schweizer Maler, 1827–1901; bereits als Vierzehnjähriger Zeichenunterricht; ab 1845 Studium an der Düsseldorfer Akademie; begann als Landschaftsmaler; um 1860 fand er zu seinem eigenen künstlerischen Stil. *Die Toteninsel* (1880) wurde durch unzählige Reproduktionen bekanntestes Werk; zahlreiche Selbstdarstellungen. Im Spätwerk nehmen Bilder mit symbolischer Bedeutung einen breiteren Raum ein; zählt zu den wichtigen Repräsentanten der deutschen Kunst des 19. Jahrhunderts und vermittelte zwischen Spätromantik und Symbolismus.

Hieronymus Bosch, niederländischer Maler, um 1450–1516; entstammte einer Malerfamilie; verband die mittelalterliche Phantastik mit dem Realismus der Niederländer, wandelte aber die nordniederländischen Quellen um: Nicht die Erkennbarkeit von Wirklichkeit wird dargestellt, sondern deren Undurchschaubarkeit, Entfremdung und Ambivalenz. In seinem Werk finden die Bedrohung, die Ängste und Zweifel der Menschen ihren Ausdruck, die sich in der prächtigen und harmonisierenden Bilderwelt der niederländischen Maler sonst kaum widerspiegeln. Hauptwerk: *Garten der Lüste* (um 1503/04).

Sandro Botticelli, italienischer Maler, 1445–1510; zunächst Lehre bei einem Goldschmied, ab 1464 bei Fra Filippo Lippi; zählte von Anfang an zu den vom florentinischen Großbürgertum bevorzugten Malern. Seine Kunst stand unter dem prägenden Einfluss der Kultur und Vorstellungswelt der Medici. Viele seiner sakral-mythologischen Themen führen auf diese Kontakte zurück. 1473/74 entstand der *Heilige Sebastian*, 1475 die *Anbetung der Könige*, später entstanden zahlreiche Bildnisse zeitgenössischer Persönlichkeiten, um 1482 die poetische Allegorie *Frühling*.

François Boucher, französischer Maler, 1703–1770; Kupferstecher und Dekorationskünstler; einer der Hauptmeister des Rokoko; fertigte zunächst unter Anleitung des Vaters Stiche nach Bildern von Antoine Watteau. 1765 wurde er zum Direktor der Akademie und »Ersten Maler des Königs« ernannt; prägte mit seiner gefällig-graziösen Kunst, die dem Geschmack der spätabsolutistischen Hofgesellschaft entsprach, wesentlich den Stil der Zeit unter Ludwig XV. 1759 Porträt der *Madame de Pompadour*; malte auch Interieurdarstellungen, die von der Kenntnis niederländischer Genrebilder zeugen.

Pieter Bruegel der Ältere, niederländischer Maler, 1525/30–1569; schuf Grafiken und Zeichnungen, umfangreiches malerisches Werk ab 1562, auch Landschaftsmaler. Seine Bildsprache zeigt Kenntnis und persönliche Verarbeitung der Erfahrungen der niederländischen und italienischen Kunst des 15./16. Jahrhunderts; knüpft an Hieronymus Bosch an, ist aber eigenständig in seiner Bildsprache. Das frühe grafische Werk nimmt die Höllendarstellungen von Bosch auf bis hin zur *Laster*-Folge (1557), an die das *Jüngste Gericht* (1558), die *Tugenden*-Folge (um 1559) und die der *Niederländischen Sprichwörter* (1595) anschließen.

Canaletto (Giovanni Antonio Canal), italienischer Architektur- und Landschaftsmaler, Radierer, 1697–1768; Sohn und Schüler des Theaterdekorationsmalers Bernardo Canal. In der Theaterdekoration geübt und beeinflusst von Luca Carlevarijs, verhalf er der venezianischen Vedutenmalerei zu voller Blüte; erst 1763 Mitglied der venezianischen Accademia di Pittura e Scultura. Zu den Hauptwerken gehören neben den Ansichten von Venedig die Werkgruppe der Stadtfeste Venedigs; die bedeutendste eigene Radierfolge entstand für den englischen Konsul Josef Smith.

Caravaggio (Michelangelo Merisi da Caravaggio), italienischer Maler, 1571–1610; erhielt 1597 den Auftrag zur Ausmalung der Kapelle des Kardinals Mathieu Cointrel in San Luigi dei Francesi. Er war einer der bedeutendsten Gestalter natürlicher Lichtphänomene und bot mit den Gemälden der Contarellikapelle (Heiliger Matthäus mit Engel, Berufung und Martyrium des Matthäus, 1599–1602) eine neue Konzeption des monumentalen Altarbildes. Aufgrund seiner krassen Wirklichkeitsnähe wurde er einer der Wegbereiter der Kunst des 17. Jahrhunderts, war einer der größten Realisten, dem viele Maler wie Velázquez, Rubens, Rembrandt wesentliche Anregungen verdanken.

Annibale Carracci, italienischer Maler, 1560–1609; seit 1595 einer der Begründer des Klassizismus als einer der Hauptströmungen des europäischen Barock. Unter seiner Leitung wurden Bologneser Paläste mit Fresken geschmückt. Die Ausgestaltung der Galleria Farnese (1597–1602) gilt als die bedeutendste Leistung der Freskomalerei in Rom seit der Hochrenaissance; unter den Altarbildern ist das vielfigurige Werk *Der heilige Rochus, dem Pestkranken Almosen spendend* (um 1594/95) das monumentalste seiner Bologneser Periode; schuf auch Porträts und Genrebilder.

Mary Cassatt, amerikanische Malerin, 1845–1926; besuchte die Pennsylvania Academy und widmete sich seit 1866 dem Studium alter Meister in Europa. Unter dem Einfluss Edgar Degas' stellte sie 1877–1886 gemeinsam mit den Impressionisten aus und übernahm deren Hellfarbigkeit und Kompositionsweise. So sind eindrucksvolle strenge Bildnisse entstanden. Ihr Verdienst ist es, in Amerika bei Mäzenen Verständnis für den Impressionismus geweckt zu haben. 1892/93 malte sie das nicht erhaltene Fresko *Moderne Frauen* für einen Pavillon der Weltausstellung in Chicago.

Paul Cézanne, französischer Maler, 1839–1906; Sohn eines Handwerkers und Bankiers; entwickelte sich als Autodidakt ab 1861/62 in Paris im Kreis der künftigen Impressionisten, mit denen er 1874 und 1877 ausstellte. Im Lauf der Jahre entfernt er sich jedoch immer mehr von ihnen; malte fast ausschließlich Landschaften, Stillleben, Bildnisse von Freunden, Darstellungen ruhig sitzender Menschen und Akte im Freien. In *Die Großen Badenden* (1900–1906) entwarf er Utopien vom harmonischen Einklang mit der Natur und nahm Elemente des Kubismus und Expressionismus vorweg.

Jean-Siméon Chardin, französischer Maler, 1699–1779; Sohn eines Kunsttischlers; wurde 1745 auf einer Liste der Akademie als einer der besten Maler für »Tiere, dinghafte Gegenstände, kleine naive Sujets« bezeichnet; hat das Alltagsleben des französischen Bürgers und dessen betonte Sittsamkeit zum Hauptgegenstand seiner Kunst gemacht; schuf Interieurs mit Küchenszenen, wie *Die Rübenputzerin* (1738) und Familienszenen wie *Das Tischgebet* (1739/40). Er galt er als einer »der ersten Koloristen der Malerei« und bereitete die bürgerliche Malkunst des 19. Jahrhunderts vor.

Giorgio de Chirico, italienischer Maler, Grafiker, 1888–1978; besuchte die Malklasse des Polytechnikums in Athen; wichtige Impulse von Arnold Böcklin, den Philosophen Arthur Schopenhauer und Friedrich Nietzsche; schuf Idealarchitekturen, Türme, Arkaden, Eisenbahnen – kalte Schlagschatten werfend, zwischen denen schemenhafte Menschen wandeln. 1916/17 begegnete er Carlo Carrà, mit dem er die Pittura metafisica gründete. Er ist eine Schlüsselfigur der Kunst des 20. Jahrhunderts: Sein Werk der Jahre 1910–1920 beeinflusste in starkem Maße den Surrealismus, die Neue Sachlichkeit und den magischen Realismus.

Correggio (Antonio Allegri), italienischer Maler, um 1489/94–1534; tätig in Parma und Correggio; leistete einen eigenständigen Beitrag sowohl in der Wand- als auch der Tafelmalerei, wobei er künstlerische Probleme löste, die für die Spätrenaissance und mehr noch für den Barock wichtig wurden; mythologische und religiöse Darstellungen kultivierter Sinnlichkeit wie in *Jupiter und Antiope* (1528); als Hauptwerk gelten die 1524–1530 ausgeführten Fresken der Kuppel des Doms zu Parma.

Gustave Courbet, französischer Maler, 1819–1877; Sohn eines Großbauern; von seinem republikanischen und antiklerikal gesinnten Großvater stark beeinflusst; bildete sich vorwiegend autodidaktisch durch Naturstudien und Werke von Diego Velázquez, Rembrandt, Frans Hals, Caravaggio und Jusepe de Ribera. Seine bedeutenden Werke *Die Steinklopfer* (1849) und *Begräbnis in Ornans* (1850) führten zu Auseinandersetzungen. Courbet stellte dem klassizistischen und romantischen Idealismus das Ideal der »vraie vérité«, der unbedingten Wahrheit, entgegen.

Lucas Cranach der Ältere, deutscher Maler, Grafiker, 1472–1553; Sohn eines Malers. In Wittenberg seit 1505 als vielseitiger Hofmaler des sächsischen Kurfürsten Friedrich des Weisen und seiner beiden Nachfolger tätig. Das Frühwerk ist charakterisiert durch einen um starken Ausdruck und Erhöhung des Wirklichkeitscharakters ringenden Stil. Kennzeichen vieler späterer Werke ist eine bisher kaum bekannte Landschaftsdarstellung, in deren dramatischer oder märchenhafter Stimmung die Bildhandlung mitgelebt wird (*Ölberg*-Holzschnitt, um 1500; *Büßender Hieronymus*, 1502; *Ruhe auf der Flucht*, 1504).

Salvador Dalí, spanischer Maler, 1904–1989; studierte ab 1921 an der Akademie in Madrid, wurde 1926 von der Schule verwiesen. Das Bild *Honig ist süßer als Blut* von 1927 kündigt seine Entwicklung als surrealistischem Maler an. 1965 entstand *Der Bahnhof von Perpignan*, laut Dalí das Schlüsselbild seiner Kunst. Die Ikonographie seiner Bilder ist untrennbar verbunden mit der Psychoanalyse Sigmund Freuds und der von Dalí betriebenen Selbsterforschung sowie seiner persönlichen Kosmogonie. Hauptwerk der 30er Jahre: *Vorahnung des Spanischen Bürgerkrieges* (1936).

Jacques-Louis David, französischer Maler, 1748–1825; bedeutendster Meister des Klassizismus; beeinflusst von Johann Joachim Winkelmann. Davids Werke zeugen von reflektierender Auseinandersetzung mit der Antike, die ihn zu von der römischen Bildsprache geprägten nüchternen, klaren Formen führte und ihm den gesellschaftlichen Anspruch der Kunst verdeutlichte. 1784 entstand der *Der Schwur der Horatier* (1784–1785), Gründungsmanifest des entstehenden Klassizismus. Seine im Dienst der Französischen Revolution deklamatorisch gesteigerte Ausdrucksweise fand ihren Höhepunkt in dem Werk *Der ermordete Marat* (1793).

Edgar Degas, französischer Maler, Grafiker, Plastiker, 1834–1917; bildete sich an der École des Beaux-Arts bei Lamothe; bewunderte Ingres. In Paris kam er in den Kreis der künftigen Impressionisten, freundete sich mit Edouard Manet an; malte bis 1865 Historienbilder und Porträts, griff ab 1861 Gegenwartsthemen auf. Er konzentrierte in den 80er Jahren seine Thematik auf die Alltagswelt von Tänzerinnen, Wäscherinnen, Zimmermädchen. Degas war einer der genialsten Zeichner der Moderne und zugleich ein Kolorist, der die Effekte neuer Arten künstlicher Beleuchtung (Gaslicht) für die Malerei entdeckte.

Eugène Delacroix, französischer Maler, Grafiker, 1798–1863; ab 1816 Studium an der École des Beaux-Arts in Paris; studierte die Werke von Rubens und Veronese, Zeichnungen von Goya. Zu seinem wohl revolutionärsten Werk *Die Freiheit auf den Barrikaden* (1830) fertigte er über 100 Vorstudien an. Delacroix gilt auch als ein bedeutender Kunsttheoretiker. Sein Tagebuch, Aufsätze, farbtheoretische Untersuchungen (Entdeckung des Komplementärfarbensystems) und Notizen für ein geplantes Kunstwörterbuch zeugen von seinem unkonventionellen Kunstgeschichtsbild.

Otto Dix, deutscher Maler, Zeichner, Grafiker, 1891–1969. Als Malerlehrling 1905–1909 in Gera und Dekorationsmaler in Pößneck erwarb er handwerkliche Kenntnisse; 1909–1914 Studium an der Kunstgewerbeschule in Dresden. Dix schuf mehr als 150 Selbstbildnisse, Porträts von Arbeitern und Darstellungen sozialer Not. Der Erste Weltkrieg hinterließ tiefe Spuren im Werk der 20er Jahre; 1923 Vollendung des 1920 in Dresden begonnenen Antikriegsbilds *Der Schützengraben*; 1923/24 entstanden die 50 Radierungen der Folge *Der Krieg* – sein grafisches Hauptwerk; 1927/28 das Triptychon *Großstadt*.

Albrecht Dürer, deutscher Maler, Grafiker, 1471–1528; Sohn des gleichnamigen Goldschmiedes, bei dem er wohl auch seine Lehre begann. Dürers Leben fällt in die revolutionäre Zeit der deutschen Reformation und der Bauernkriege, viele Werke sind durch diesen Zusammenhang geprägt. Vornehmlich für die Grafik schuf er in allen Techniken wesentliche Neuerungen. Seine berühmten Holzschnitte zur Apokalypse entstanden 1498, *Ritter, Tod und Teufel* 1513/14; entwarf auch Kunsthandwerk, Architektur und verfasste kunsttheoretischen Studien.

Anthonis van Dyck, flämischer Maler, 1599–1641; arbeitete in Antwerpen; 1617–1620 Mitarbeiter in der Werkstatt von Peter Paul Rubens; gilt als bedeutendster flämischer Barockmaler. Wenig älter als fünfzehn erhielt er einen Auftrag für die Antwerpener Dominikanerkirche; malte einige monumentale Altartafeln und wurde 1628 Hofmaler der Erzherzogin Isabel Clara Eugenia, Statthalterin der Niederlande; 1632 Hofmaler König Karls I. in England; fertigte hunderte von Porträts zum Beispiel *James Stuart, Herzog von Lennox und Richmond* (um 1634).

El Greco (Domenikos Theotokópoulos), griechisch-spanischer Maler, um 1541–1614; arbeitete im Atelier Tizians und stand unter Einwirkung von Jacopo Bassano, Tintoretto und Veronese. Meister des spanischen Manierismus; Hauptwerke: die Ausschmückung der Kirchen von Toledo, die *Verherrlichung des Namens Jesu* (1579), das *Martyrium des heiligen Mauritius* (1583), die *Entkleidung Christi* (1579), das *Begräbnis des Grafen Orgaz* (1586). Seine Gestalten sind in ekstatischer Erregung und gelängten Proportionen Ausdruck der Vergeistigung, werden durch Farbe zu fast fluoreszierenden Erscheinungen.

Jan van Eyck, niederländischer Maler, um 1390–1441. Zwischen 1425 und 1432 entstand das erste datierte und signierte Gemälde, der *Genter Altar*; gilt als der Begründer der altniederländischen Tafelmalerei und ihres spezifischen Realismus, seine Detailgenauigkeit äußert sich in der *Madonna des Kanzlers Rolin* (um 1435) mit dem überraschenden Fernblick, dem vermutlichen Selbstbildnis *Mann mit rotem Turban* (1433) und der Spiegelszene auf dem mit Passionssymbolik verbundenen Gemälde *Die Hochzeit des Giovanni Arnolfini* (1434). Allen Arbeiten gemeinsam ist eine faszinierend genaue Erzählweise und Exaktheit der Darstellung.

Fra Angelico, italienischer Maler, um 1395–1455; Ausbildung unter dem Einfluss von Meistern der späten Gotik; zwischen 1418–1420 Eintritt in das Dominikaner-Kloster in Fiesole. 1436 wurde den Mönchen das Kloster San Marco in Florenz zugewiesen, für das er umfangreiche Arbeiten ausführte. Höhepunkte seines Schaffens: *Kreuzabnahme* (um 1430), *Verkündigung* (um 1430), der Altar von San Marco (1438–1440); leistete einen wichtigen Beitrag zur Ausbildung der »Sacra Conversazione« und zur Darstellung des Erhabenen.

Caspar David Friedrich, deutscher Maler, Zeichner, Grafiker, 1774–1840; Sohn eines Seifensieders; nach Studium in Kopenhagen Wohnsitz in Dresden; malte ausschließlich vor der Natur, schulte sich an Landschaften des 17. Jahrhunderts in der Dresdener Galerie; im Frühjahr 1801 erste Begegnung mit Philipp Otto Runge. Seine Hauptmotive entdeckte er auf Rügen: Meeres- und Küstenlandschaften, die gotische Baukunst. 1808 entstand das rasch bekannt gewordene *Kreuz im Gebirge* (*Tetschener Altar*); 1818/19 *Kreidefelsen auf Rügen*; leistete Bedeutendes für die deutsche Romantik.

Johann Heinrich Füssli (Henry Fusely), schweizerisch-englischer Maler, Zeichner, Illustrator, Schriftsteller, 1741–1825; Sohn eines Malers und Kunstschriftstellers; hat seit jungen Jahren intensiv gezeichnet, wandte sich aber 1768 der Malerei zu; 1790/91 erster Erfolg mit *Der Nachtmahr*; vielseitige literarische Interessen; neigte zur Hervorhebung der Leidenschaften, des Unheimlichen, Gewalttätigen in Stoff und Gestaltung. Jede Form wurde gesteigert, die Bewegung der überlängten Figuren intensiviert, das Dramatische, auch unter dem Eindruck von William Hogarth, bis zum Karikaturhaften getrieben.

Thomas Gainsborough, englischer Maler, Zeichner, 1727–1788; Sohn eines Tuchmachers; lernte Malerei an der Kunstakademie St. Martin Lane; entwickelte sich vom Landschaftsmaler zu einem der bevorzugten Porträtisten des englischen Adels, malte Schauspieler und Musiker; 1780 offizieller Porträtmaler der königlichen Familie, schuf repräsentative Porträts und eine Reihe von Genrebildern oder Landschaftsphantasien, meist lebensgroße Porträts von Hirten, Bauern, Holzfällern und Zigeunern in der Natur sowie Genreszenen aus dem Landleben; charakteristisch für seine Kunst ist *Der Morgenspaziergang* von 1785.

Paul Gauguin, französischer Maler, Grafiker, Bildhauer, Keramiker, 1848–1903; 1874 Besuch der Akademie Colarossi; häufig Gast von Pissarro. Sein Frühwerk steht in enger Beziehung zu dessen Malerei; orientierte sich auch an Cézanne und dem japanischen Farbholzschnitt; löste sich jedoch vom Impressionismus und schuf klar konturierte Farbflächen; 1890 Tropenreise: Es entstanden Werke wie *Am Meer* (1892) und Holzschnitte; sein Buch *Noa-Noa* beschreibt diese Zeit. Er verließ Paris 1895 und lebte bis 1901 in Tahiti, wo 1897/98 sein wie ein Fries komponiertes Meisterwerk *Woher kommen wir? Wer sind wir? Wohin gehen wir?* entstand.

Théodore Géricault, französischer Maler, Zeichner, Lithograf, Bildhauer, 1791–1824; lernte 1808–1810 bei dem Pferdemaler Carle Vernet. Gemeinsam mit Eugène Delacroix, dem ersten Géricault-Sammler, betrieb er in Paris ständige Tierstudien; entwickelte sich zu einem Meister des Pferdebildes (*Löwe greift ein Pferd an*, um 1820–1822). Großes politisches Aufsehen erregte sein dramatisches Werk *Das Floß der Medusa* (1818/19); um 1822 schuf er Bildnisse von psychisch Kranken.

Luca Giordano, italienischer Maler, Radierer, 1634–1705; Schüler seines Vaters (eines Kopisten); beeinflusst von Giuseppe Ribera, Caravaggio und Pietro da Cortona, der für die Ausbildung des reifen Stils bedeutsam war; von 1692–1702 Hofmaler Karls II. in Madrid; Hauptwerke: die Fresken im Palazzo Riccardi in Florenz (1684–1686), im Escorial und in der Schatzkapelle von San Martino in Neapel (1704). Die neapolitanische Malerei nach 1650 stand, besonders nach dem Meisterwerk der Kuppel von Santa Brigida in Neapel (1682), unter seinem Einfluss; markantester italienischer Barockmaler.

Giorgione (Barbarelli Zorzo Giorgione), italienischer Maler, um 1478–1510; überragende Bedeutung für die venezianische und europäische Kunst. Mit seinem zwischen 1500–1510 entstandenen Werk führte er die venezianische Malerei von der Frührenaissance, wie sie sein Lehrer Giovanni Bellini vertrat, zur Hochrenaissance. Seine Ausbildung dürfte sich weniger im üblichen Werkstattbetrieb vollzogen haben als vielmehr in einer umfassenden Auseinandersetzung mit der Kunst seiner Zeit. Er kann auch als der Schöpfer einer arkadischen Landschaftsmalerei gelten. Zu den späten Gemälden gehört die *Schlafende Venus* (1510), ein nach seinem Tod von Tizian vollendetes Werk.

Giotto (Giotto di Bondone), italienischer Maler, 1267–1337; nach 1292 erstmals anzutreffen in Assisi, Hauptleistung dieser Zeit war die Ausgestaltung der Oberkirche von San Francesco; bedeutendstes Werk ist der Freskenzyklus der Cappella degli Scrovegni in Padua (um 1304) und in Santa Croce in Florenz. Er durchbrach die byzantinische Tradition und ging zu einer natürlichen, erzählerischen Darstellungsweise über. In seiner letzten Spätphase war er als Baumeister tätig und beginnt den Campanile des Florentiner Doms.

Vincent van Gogh, holländischer Maler, 1853–1890; bildete sich größtenteils autodidaktisch; kam 1886 nach Paris, entdeckte die Sonne und hellen Farben, studierte die Impressionisten, Pointillisten und frühen Symbolisten, malte Großstadtbilder, Landschaften und Porträts. In der Provence entstanden bis 1889 die Werke, die ihn berühmt machten. Einige der Landschaftsbilder schienen als Serie für geplante Dekorationen gedacht zu sein (Sonnenblumen, Gartenbilder). Gemälde wie das *Kornfeld mit Raben* (1890) sind im Ausdruck zerissener, aber auch sehnsuchtsvoller als die früheren Werke.

Francisco de Goya y Lucientes, spanischer Maler, Grafiker, 1746–1828; Sohn eines Vergolders und einer verarmten Landadligen; befasste sich seit 1778 mit Diego Velázquez. Höhepunkt seiner Bildniskunst: das 1800 entstandene Gruppenporträt der königlichen Familie. In der ersten großen Radierfolge *Los Caprichos*, 1799 veröffentlicht, griff er Formen von Hieronymus Bosch auf. 1814 entstand sein bekanntes Gemälde *Erschießung der Madrider Aufständischen am 3. Mai 1808*; mit den *Schwarzen Bildern* von 1820–1821 erreichte sein Schaffen einen beklemmenden Höhepunkt.

Georg Grosz, deutscher Grafiker, Maler, Bühnenbildner, 1893–1959; studierte 1909–1911 an der Akademie Dresden, 1912 an der Kunstgewerbeschule Berlin; Mitbegründer der Dada-Gruppe Berlin (1918), der Roten Gruppe (1924) und der ARBKD (1928); zeigte in seinen Werken die Übel der Gesellschaft und die Leiden der Opfer durch enthüllende Motivwahl; neue Bildfindungen mit durchsichtigen Überblendungen und Vielräumigkeit des Bildes, eine kaleidoskopartige Verschränkung und Montage, abgeleitet aus dem Simultanstil des Futurismus. Seit 1915, oft gemeinsam mit John Heartfield, erste Klebebilder; 1916 Vorstufen der Fotomontage als neue künstlerische Gattung.

Matthias Grünewald, deutscher Maler, Werkmeister, Wasserkunstingenieur, um 1480–1528; als Hofkünstler tätig; war mit dem Schaffen Albrecht Dürers seit 1505 vertraut; entwickelte eine ausgeprägte Symbolsprache; ging mit italienischen Renaissanceformen frei und bedeutungsträchtig um. Seine künstlerische Auffassung wird im ersten gesicherten Werk, der *Kreuzigung Christi* (um 1501) deutlich; 1512–1516 entstand sein Hauptwerk, die Tafeln des riesigen Hauptaltars des einflussreichen Antoniterkonvents Isenheim/Elsass.

David Hockney, englischer Maler, Grafiker, Zeichner, Fotograf, geb. 1937; trug 1961 dazu bei, die englische Pop Art in der Ausstellung »Young Contemporaries« durchzusetzen. Seine künstlerischen Darstellungsmittel wurden aus Quellen der Kunst, Fotografie und Reklame gespeist; verfügte über jedes gefundene Material; ab 1964 begann er auch mit Acrylfarben zu arbeiten; entwarf Bühnenbilder und verfasste autobiografische Schriften. In 20 Jahren entstanden rund 30 000 Fotografien, die er zum Gegenstand seiner Untersuchungen machte.

William Hogarth, englischer Maler, Kupferstecher, Radierer, Kunsttheoretiker, 1697–1764; 1712–1720 Lehre bei einem Silberschmied; danach als Kupferstecher selbstständig. Unter Anlehnung an Antoine Watteaus Arbeiten schuf er *Die Bettleroper* in fünf Versionen (um 1729); malte zeitgenössische Moralstücke, die ein Sittenbild der damaligen Zeit darstellen und ihn berühmt machten; 1735 vollendete er *Das Leben eines Liederlichen*, acht Bilder der Serie *The Rake's Progress*; zwischen 1738 und 1745 entstanden zahlreiche Porträts.

Hans Holbein der Jüngere, deutscher Maler, Zeichner, Grafiker, 1497/98–1543. In Basel erhielt der junge Holbein bedeutende Aufträge und genoss hohes Ansehen bei den reichen Handelsherren, für die er Altargemälde, Bildnisse, Fassadenmalereien schuf; seit 1531 in London, wo er Hofmaler des englischen Königs Heinrich VIII. wurde. Neben Porträts gestaltete er umfangreiche, grafische Arbeiten und eine Fülle von Entwürfen für den Buchschmuck (Titeleinfassungen und Zieralphabete), Bilderzyklen, Bibel-Illustrationen wie den *Totentanz* (um 1525); eines seiner bekannten Gemälde ist *Das Porträt des Kaufmanns Georg Gisze* (1532).

Edward Hopper, amerikanischer Maler, 1882–1967; Studium an der New York School of Art; 1905–1910 Reise nach Europa; 1908–1919 Arbeit für eine Reklamefirma. Eine Ausstellung von 1919 im Whitney Club machte ihn bekannt. Seine Kunst kennt keine schroffen Stilwandlungen und bis an sein Lebensende hielt er an einem bestimmten Motivkreis fest, der das öde Milieu und die Traurigkeit amerikanischer Provinzstädte ohne Beschönigung schildert; einer der bedeutendsten Vertreter des Realismus in der amerikanischen Malerei; bekanntestes Werk: *Nachtschwärmer* (1942).

Wassily Kandinsky, russischer Maler, Grafiker, Kunsttheoretiker, 1866–1944; in Moskau 1886 Studium der Nationalökonomie und der Rechtswissenschaften; 1895 in einer Moskauer Druckerei als künstlerischer Leiter; 1901 Mitinitiator der Gruppe »Phalanx«. 1911 gründete er mit Franz Marc und August Macke die Redaktion des »Blauen Reiter«; publizierte die Schrift *Über das Geistige in der Kunst*; 1922–1933 Lehrer am Bauhaus. Als Maler, Pädagoge und Publizist förderte er die bildnerische Emanzipation von Formen und Farben als eigenwertige Ausdruckselemente; gilt als Hauptvertreter gegenstandsloser Malerei.

Ernst Ludwig Kirchner, deutscher Maler, Zeichner, Grafiker, Bildhauer, 1880–1938; 1901 Architekturstudium in Dresden; 1904 erster Holzschnitt, gedruckt auf einer Postkarte an Fritz Bleyl. 1905 gründet er mit Bleyl, Erich Heckel und Karl Schmidt-Rottluff die Künstlergruppe »Brücke«; 1910 große »Brücke«-Ausstellung in Dresden. Ende 1913 Beginn der Reihe großformatiger *Berliner Straßenszenen*. Prägend wurde zunehmend der von Kubismus und Futurismus angeregte Figurenstil, erkennbar in den dissonanten Großstadtbildern mit ihren scharfen Formkontrasten.

Paul Klee, deutscher Maler, Zeichner, Grafiker, Kunsttheoretiker, 1879–1940; ab 1900 Studium an der Münchner Akademie. In der Münchner Sezession wurden 1906 erste Radierungen ausgestellt, 1914 Tunisreise mit August Macke und Louis Moilliet; Gründungsmitglied der Neuen Münchner Sezession; 1920 Berufung an das Weimarer Bauhaus; 1924 Bildung der Gruppe »Die blaue Vier« mit Kandinsky, Feininger und Jawlensky. Werke der 20er Jahre enthalten zarte Farben, symbolische Zeichen; mit *Der Goldfisch* (1925) oder *Die Zwitschermaschine* (1922/23) schuf er seinen Stil einer »neuen Natürlichkeit«.

Gustav Klimt, österreichischer Maler, Grafiker, 1862–1918; Sohn eines Graveurs und Goldschmiedes; 1876–1883 Studium an der Wiener Kunstgewerbeschule; stand unter dem Einfluss Ferdinand Laufbergers und begann in Anlehnung an Hans Makart seinen Stil herauszubilden. Unter dem Einfluss des Jugendstils verstärkte sich Ende der 90er Jahre sein Gegensatz zur akademischen Tradition; 1897–1905 Präsident der Wiener Sezession. 1901 entstand über dem Portal des Wiener Sezessionsgebäudes der *Beethovenfries*, 1908 das ornamentale, mit farbigen Formen und mosaikartigen Goldflächen gestaltete Werk *Der Kuss*.

Leonardo da Vinci, italienischer Maler, Bildhauer, Baumeister, Schriftsteller, Kunsttheoretiker, Naturforscher, Techniker, 1452–1519; trat 1469 in Florenz die Lehre als Maler und Plastiker bei Andrea del Verrocchio an; 1472 Aufnahme in die Malergilde; arbeitete ab 1478 als selbstständiger Florentiner Maler. Sein Leben war erfüllt vom humanistischen Menschenbild und universellen Erkenntnis- und Betätigungsdrang, der für die Renaissance charakteristisch war. Zu seinen Hauptwerken gehören das Porträt der *Mona Lisa* (1503/06–1513), die *Heilige Anna Selbdritt* (um 1510–1513) und *Das Abendmahl* (1494–1597).

Roy Lichtenstein, amerikanischer Maler, Grafiker, Plastiker, 1923–1997; Studium 1939 an der Arts Students League New York; 1940–1943 am Ohio State College. Seine Malereien, Lithografien und Siebdrucke sind Ausdruck einer klassizistischen Tendenz der Pop Art, sie greifen in den Motiven die Welt des amerikanischen Massenkonsums auf; die Gestaltungsprinzipien wurden folgerichtige von der Sprache der Reklame und der Comics inspiriert (*Das Auto*, 1963). In den 60er Jahren Experimente mit Plastik und Email; seit 1967 auch Landschaften im Hard-Edge-Stil, 1968 folgte eine Auseinandersetzung mit Fernand Léger.

Stefan Lochner, deutscher Maler, um 1410–1451; begann sein Werk um 1435 mit dem großformatigen *Weltgericht*. Der *Dreikönigsaltar* (um 1435–1440) und die *Madonna im Rosenhag* (um 1450) gelten als seine berühmtesten Werke. Er verband als Hauptmeister der Kölner Malerschule im 15. Jahrhundert die von der oberrheinischen wie auch niederländischen Malerei übernommene räumlich-plastische Gestaltung und Betonung naturgetreuer Details mit Zügen lyrischer Empfindsamkeit. Sein Einfluss reicht über die Kölner Tafelmalerei bis in die Buchmalerei der Zeit.

Ambrogio Lorenzetti, italienischer Maler, um 1308–1348; mit seinem Bruder Pietro, Duccio di Buoninsegna und Simone Martini einer der bedeutendsten Maler des Trecento in Siena; die Brüder übernahmen auf unterschiedliche Art und Weise Giottos Prinzipien der Malerei und konstituierten damit eine Alternative zu dem verfeinerten Stil Martinis in der Sieneser Kunst. Nachdem Ambrogio bereits 1337 Fresken für die Fassade des Palazzo Pubblico in Siena ausgeführt hatte (wohl bereits 1356 verbrannt), schuf er 1338–1340 für den dortigen Ratssaal der Neun die berühmten *Allegorien der Guten und der Schlechten Regierung*.

Claude Lorrain, französischer Maler, 1600–1682; studierte die Wirkungen des Lichts und entfaltete nach 1627 den ihm eigenen lyrisch-romantischen Stil idealer, klassizistischer Landschaftsmalerei. Meisterleistungen seiner Lichtpoesie sind die Werke aus der Zeit von 1640 bis 1660: *Einschiffung der Königin von Saba* (1648), *Seehafen bei Sonnenaufgang* (um 1649), *Landschaft mit tanzenden Figuren* (1648). Aus der Spätzeit stammen *Der Morgen, mit Jacob und Rahel* (1666), *Der Abend, mit Tobias und dem Engel* (1663), *Die Nacht, mit Jacob und dem Engel* (1672).

René Magritte, belgischer Maler, Zeichner, Bildhauer, 1898–1967. 1916–1918 studierte er an der Academie des Beaux-Arts in Brüssel; verdiente seinen Lebensunterhalt hauptsächlich mit Entwürfen für Plakate und Werbematerialien. 1925 entstand das erste surrealistische Bild *Der verirrte Jockey*. In Paris knüpfte er Verbindungen zu André Breton, Paul Eluard; gehört zu den Hauptvertretern des Surrealismus; ging ab 1927 zu einer »kombinatorischen Bildmethodik« über, indem er Wirklichkeitsfragmente alogisch kombinierte wie in *Die Promenaden des Euklid* (1955) oder *Die große Familie* (1963).

Edouard Manet, französischer Maler, Grafiker, 1832–1883; bildete sich 1850–1856 an der École des Beaux-Arts und kopierte alte Meister im Louvre; 1863 Ablehnung des *Frühstück im Freien* durch die Jury des Pariser Salon. Zur Weltausstellung 1867 eröffnete er eine Sonderschau mit 50 Gemälden. *Der Balkon* und *Frühstück im Atelier* zählen zu den Hauptwerken von 1868/69. Seine künstlerische Aufmerksamkeit für das Leben Pariser Kleinbürger gipfelte 1881 in der wohl unbewussten Darstellung der Entfremdung des Menschen in dem Bild *Bar in den Folies-Bergère*.

Masaccio (Tommaso di ser Giovanni), italienischer Maler, 1401–1428; war mit Donatello und Brunelleschi befreundet und wurde von ihnen inspiriert; gilt als der Begründer der Frührenaissance-Malerei in Florenz. 1422 trat er in die Zunft der Ärzte und Apotheker ein. Hauptwerke sind die Fresken der Brancacci-Kapelle: darunter die *Vertreibung aus dem Paradies* (1424–1425) und die Hauptszene des Zyklus' *Der Zinsgroschen* (1425). Durch das Zusammenwirken von Masolino und Masaccio entstand 1424/25 *Anna Selbdritt*.

Henri Matisse, französischer Maler, Grafiker, Bildhauer, 1869–1954; gegen 1900 entdeckte er die Intensität und Leuchtkraft der Farben, ihren selbstständigen Gestaltungswert, der sich fortan mit seinem Streben nach Einfachheit verband. Die Arbeiten der ersten Jahre sind lebhaft und rhythmisiert (*Tanz*, 1910); 1905 Beteiligung an der Künstlergruppe »Fauves«; 1912/13 in Marokko, intensive Begegnung mit orientalischer Kultur. Sein Gesamtkunstwerk der Chapelle du Rosaire in Vence ist eine der bedeutendsten Erneuerungen monumental-dekorativer Malerei im 20. Jahrhundert.

Hans Memling, niederländischer Maler deutscher Herkunft, 1435/40–1494. Sein Werk besteht hauptsächlich aus großformatigen Altar- und Andachtsbildern sowie Porträts. In den Frühwerken bis 1470 wurden Anregungen von Rogier van der Weyden verarbeitet. Das Triptychon der *Weltgerichtsaltar*, geschaffen von 1466 bis 1473, und der Reliquienschrein der heiligen Ursula von 1489 gelten als Hauptwerke. Neben Altären schuf er einzelne Heiligenbilder und stellte vornehmlich Maria mit Kind dar. Im letzten Viertel des 15. Jahrhunderts avancierte er zum führenden Porträtist der Brügger Gesellschaft.

Adolf von Menzel, deutscher Maler, Grafiker, 1815–1905; bildete sich als Autodidakt. Erste bedeutende Leistung waren 398 Illustrationen zu Franz Kuglers *Geschichte Friedrichs des Großen* (1839–1842). Er malte Porträts und Interieurs, Historienbilder, Gesellschafts- und Industriedarstellungen wie das *Eisenwalzwerk* von 1875. Das *Balkonzimmer* (1845) fing Licht, Atmosphäre und Farbe künstlerisch ein und nahm den Impressionismus vorweg; gilt als einer der bedeutendsten deutschen Realisten des 19. Jahrhunderts.

Michelangelo Buonarroti, italienischer Bildhauer, Maler, Architekt, Dichter, 1475–1564; stilgeschichtlich wird Michelangelo sowohl für die »Klassik« der Hochrenaissance in Anspruch genommen als auch als »Vater« des Manierismus wie des Barock bezeichnet. Zu seinen Hauptwerken zählen der *Tondo Doni* von 1504, die zwischen 1508 und 1512 ausgeführten Deckenfresken der Sixtinischen Kapelle und das *Jüngste Gericht* (1537–1541). Seit Mitte der 40er Jahre lag der Schwerpunkt seiner Arbeit auf der Architektur; 1535 Oberster Baumeister des Apostolischen Palastes.

Joan Miró, spanischer Maler, Zeichner, Bildhauer, Bühnenbildner, Objektkünstler, Keramiker, Grafiker, 1893–1983. 1921/22 entstand der *Bauernhof*, ein Programmwerk, das den Übergang von der realistischen Sehweise zu bildnerischen Traumvisionen ankündigte; 1924 Beginn der Freundschaft mit Louis Aragon, Paul Éluard, André Breton. Er unterzeichnete das Manifest der Surrealisten, stellte gemeinsam mit ihnen aus und prägte seinen »irrationalphantastischen Stil« (*Karneval des Harlekins*, 1924/25); schuf Lithografien, Ballettkostüme, Wandbilder und Skulpturen; 1940/41 die Bilderfolge *Constellations*.

Piet Mondrian, holländischer Maler, 1872–1944; 1892 Schüler der Amsterdamer Akademie. Nach 1900 malte er Landschaften aus der Umgebung von Amsterdam; veränderte 1907 mit *Wald in Oele* seinen traditionellen Stil und näherte sich dem Jugendstil und Frühexpressionismus an. Unter Theo van Doesburgs Leitung entstand 1917 die Gruppe »De Stijl«; schuf Gemälde, in denen Rechtecke in primären Farben auf weißem Grund stehen. 1918 wurden diese durch ein Gerüst von schwarzen Linien verbunden. Vor der Vollendung seines rein farbigen Werkes *Victory Boogie Woogie* starb er 1944.

Claude Monet, französischer Maler, 1840–1926; begann 1863/64 mit Freilichtmalerei und fing Lichtwirkungen und Atmosphäre künstlerisch ein. Seit 1866 entwickelte er mit Auguste Renoir den Impressionismus, wurde dessen maßgeblicher Vertreter. Sein berühmtes Gemälde *Impression – Soleil levant* (1872) verlieh der Kunstrichtung ihren Namen. Er entdeckte visuelle Aspekte des Großstadtlebens, der Vergnügungen im Freien, der Industriearbeit, schuf Serien von Ansichten des gleichen Motivs (18 *Heuhaufen*, 1890/91; 20 *Kathedralen von Rouen*, 1892–1894). Zuletzt bildeten sein Garten und der Seerosenteich in Giverny die Hauptthemen.

Edvard Munch, norwegischer Maler, Grafiker, 1863–1944; beeinflusste besonders die Entwicklung des Expressionismus. Die erste Munch-Ausstellung von 1892 erregte großes Aufsehen und gab den Anstoß zur Bildung der Berliner Sezession; arbeitete seit 1893 an Radierungen, Lithografien und farbigen Holzschnitten, die die seelischen Zustände des Menschen zum Ausdruck brachten (*Der Schrei*, 1893).

Bartolomé Esteban Murillo, spanischer Maler, 1618–1682. Nach 1650 entwickelte sich mit Arbeiten wie der *Vision des heiligen Antonius* (1655) und *Die heiligen Isidor und Leander* (1655) seine charakteristische Malweise, ab 1660 erreichte er mit verschwimmenden Konturen, weichen Modellierungen, dem goldenen oder silbrigen, diffusen Licht seines »estilo vaporoso« (duftigen Stils) den Hochbarock; wurde durch Genreszenen wie *Mädchen am Fenster* (um 1670) bekannt.

Emil Nolde, deutscher Maler, Bildhauer, 1867–1956; wurde 1906 kurzzeitig Mitglied der Künstlergemeinschaft »Die Brücke«, trennte sich aber schon ein Jahr später. Es folgte 1913/14 eine Südsee-Expedition, in deren Folge Arbeiten wie das Gemälde die *Papuajünglinge* entstanden. Sein farbiges Gesamtwerk gehört inhaltlich und stilistisch zu den am meisten gefühlsgeladenen Ausprägungen des Expressionismus. 1911 Bekanntschaft mit James Ensor und dessen Maskenbildern; widmete sich seit 1909 religiösen Themen.

Pablo Picasso, spanischer Maler, Grafiker, Bildhauer, 1881–1973; verarbeitete Zirkus- und Harlekinthemen in der »Blauen Periode« (1901–1904) und »Rosa Periode«(1904–1906). Der Übergang zum analytischen Kubismus vollzieht sich 1909–1911/12; Verbindungen zu den Surrealisten zeichneten sich später ebenfalls ab. 1927 entstehen die Federzeichnungen *Metamorphosen*, 1928–1935 Radierungen zum Minotaurosthema. Durch die Zuspitzung der politischen Ereignisse in Spanien arbeitet er 1937 an der Radierungsfolge *Traum und Lüge Francos* und *Guernica*.

Piero della Francesca, italienischer Maler, 1416/17–1492; einer der bedeutendsten Maler der toskanischen Frührenaissance. Einige seiner Hauptwerke sind die 1452 begonnenen, fast zehn Jahre später fertig gestellten Fresken von San Francesco in Arezzo, darunter die Nachtszene mit dem Traum des Kaisers Konstantin, die Begegnung zwischen Salomo und der Königin von Saba und die Herakliusschlacht. Kennzeichnend für die Fresken ist ihr feierlich-epischer Stil, gegründet auf der statuarischen Ruhe der kraftvollen Gestalten.

Jackson Pollock, amerikanischer Maler, 1912–1956; gilt als der Wegbereiter der amerikanischen abstrakten Malerei und des Action Painting. In den 30er Jahren stand er zunächst unter dem Einfluss des mexikanischen Freskenmalers José Clemente Orozco und lernte im Zweiten Weltkrieg europäische Surrealisten kennen, darunter Max Ernst, der ihm die Tropf-Bild-Technik vermittelte. Seine meist großformatigen Bilder zeigen Farb-Netz-Strukturen als Ergebnis des Malvorganges.

Pontormo (Jacopo Carucci), italienischer Maler, 1494–1557; typischer Vertreter des toskanischen Manierismus. Erstes wichtiges Werk war das Fresko *Heimsuchung Mariä* (1514–1516); um 1525 die *Grablegung Christi*, eine bedeutende Altartafel im Stil des entstehenden Manierismus (Santa Felicità); damit vollzog er den Bruch mit der Idealität der Hochrenaissance. Sein Menschenbild ist fortan gebrochen, von tiefer Unruhe erfüllt und spiegelt die Krise der Zeit.

Nicolas Poussin, französischer Maler, 1594–1665. Sein Werk ist thematisch und in der Formensprache vielgestaltig; er bearbeitete mythologische und biblische Themen, Landschaften mit anthropomorphen und pantheistischen Zügen. Zu seinen bekannten Werken gehört *Bacchanal* (1631–1633). Sein Spätstil ist klassisch klar, ausgewogen und zeigt sich in meisterhaften Porträts wie dem *Selbstbildnis* von 1650. Als Abschluss seines Schaffens kann der Zyklus *Vier Jahreszeiten* gelten, der Grundfragen menschlichen Seins in das Landschaftsbild projiziert.

Raffael (Raffaello Santi), italienischer Maler, Zeichner, Architekt, Städteplaner, Archäologe, 1483–1520; Sohn eines Malers, Goldschmieds und Dichters; war 1504 bereits selbstständig. In der Nachfolge Bramantes übernahm er 1514 die Bauleitung am Petersdom, seitdem stärker als Architekt beschäftigt; schuf Altarkompositionen, Fresken und zahlreiche Madonnendarstellungen, wie die *Madonna della Seggiola* von 1513, die in der klaren Komposition der *Sixtinischen Madonna* (1515–1519) gipfeln; ebenso bedeutende Porträts, so beispielsweise von Julius II. und Leo X., welche souveräne Persönlichkeiten zeigen.

Rembrandt Harmensz. van Rijn, holländischer Maler, Grafiker, 1606–1669; hat fast alle in der holländischen Malerei des 17. Jahrhunderts vorkommenden Themenbereiche erfasst, lebenslang aber biblische Stoffe bevorzugt. Die Werke der Frühzeit sind kleinformatige Darstellungen biblischen Inhalts; etwa 1628 beginnt das Radierwerk. Ebenso wie Ehefrau Saskia, seinen Sohn Titus und seine spätere Lebensgefährtin hat er sich oft selbst porträtiert (nahezu 100 Selbstbildnisse erhalten). In seinem Spätstil findet er seit etwa 1654 bisher unbekannte bildnerische Möglichkeiten der Menschendarstellung (*Der Segen Jakobs*, 1656); Hauptwerk: *Die Nachtwache* (1642).

Pierre-Auguste Renoir, französischer Maler, Bildhauer, 1841–1919; begann als Porzellanmaler, studierte 1862 an der École des Beaux-Arts in Paris; war 1864 erstmals im Salon vertreten und widmete sich der Freilichtmalerei. 1866–1869 entwickelte er zusammen mit Claude Monet die Prinzipien des Impressionismus und führte sie zwischen 1872 und 1877 mit Werken wie *Die Loge* (1874) und *Ball im Moulin de la Galette* (1876) auf ihren Höhepunkt. Er stellte vorwiegend die glücklichen Augenblicke im Leben Pariser Bürger dar, seine realistische Wiedergabe des Alltagslebens (*Die Regenschirme*, um 1885) gab er in seinem Spätwerk ab 1888 jedoch wieder auf.

Gerhard Richter, deutscher Maler, geb. 1932; 1963 Aktion in Düsseldorf unter dem Titel »Leben mit Pop«. Seine Bilder beziehen sich auf Fotos, meist mit Motiven aus den Massenmedien (*Faltbarer Trockner*, 1962; *Schwimmerinnen*, 1965), auch Amateurfotos, umgesetzt in eine betonte Unschärfe der Darstellung. Figuren und Gegenstände wirken wie verschleiert, wie in *Emma (Akt) auf der Treppe* von 1966; die *Alpen- und Städtebilder* (1968/69) gehen von Luftaufnahmen aus. Seine Serien *Farbfelder* (1971–1974) und *Grau-Bilder* (1972–1975) thematisieren die Malerei selbst. 1976 setzte die Werkreihe der *Abstrakten Bilder* ein.

Rosso Fiorentino (Giovanni Battista di Jacopo), italienischer Maler, 1494–1540; ging 1530 als Hofmaler Franz' I. nach Frankreich; tätig vor allem für die Ausgestaltung von Schloss Fontainebleau (1532–1537). Bereits seine ersten datierten Werke, wie das Fresko *Himmelfahrt Mariä* (1517), zeigen seine Neigung zu unruhigem und bizarrem Bild- und Figurenaufbau. Dieser gipfelte in der *Kreuzabnahme* (1521), einem Hauptwerk des florentinischen Frühmanierismus, das durch grelle Farbigkeit, kantig gebrochene Formen, gelängte Gestalten und expressiven Bildaufbau gekennzeichnet ist.

Peter Paul Rubens, niederländischer Maler, 1577–1640; 1609 in Antwerpen; entfaltete als Hauptmeister des flämischen Barocks mithilfe seiner Werkstatt eine umfangreiche Tätigkeit. Seine Begeisterung für das Lebendige ließ ihn zum glanzvollen Historien-, Bild nis- und Altarmaler werden; schuf Landschaften und Tierstücke, ab 1615 zahlreiche Jagd- und Kampfszenen (*Amazonenschlacht*, um 1616–1618). Höchste Dramatik der Komposition zeigen Werke wie die *Kreuzabnahme* (1612) und der *Raub der Töchter des Leukippos* von 1618.

Egon Schiele, österreichischer Maler, Grafiker, 1890–1918; einer der bedeutendsten Vertreter der österreichischen Kunst; 1909 Gründungsmitglied der »Neukunstgruppe«; arbeitete für die Wiener Werkstätten. Selbstbildnisse, Porträts und Aktdarstellungen, auch Landschaften charakterisieren sein Werk. Er verband das Dekorative des Jugendstils mit expessiven Tendenzen, seine Gestalten zeigen die Spuren von Leiden, Einsamkeit und Schmerz. Charakteristisch ist auch die intensive Beschäftigung mit Themen aus dem Spannungsfeld von Eros und Tod (*Tod und Mädchen*, 1915).

Martin Schongauer, oberrheinischer Maler, Zeichner, Kupferstecher, 1453–1491; das fraglos bekannteste Werk Schongauers ist die *Madonna im Rosenhag* (1473). Doch seine weit reichende Bedeutung im späten 15. und frühen 16. Jahrhundert war in erster Linie den Kupferstichen zu verdanken. Die meisten der 115 bekannten Stiche wurden in hohen Auflagen gedruckt und waren in ganz Europa verbreitet. Die gestalterischen und technischen Fertigkeiten des Künstlers machten seine zwölfteilige Folge der *Passion Jesu* zum Höhepunkt der noch jungen Disziplin des Kupferstichs.

Georges Seurat, französischer Maler und Theoretiker des Neoimpressionismus, 1859–1891; schuf zunächst Zeichnungen mit Schatten durch kleine parallele Striche, die gegen 1880 in samtartige Schatten übergehen. Nachdem das erste Werk 1884 vom Salon zurückgewiesen wurde, entstand das zweite große Bild *Ein Sonntagnachmittag auf der Insel Grande Jatte* (1884–1886). Die Freundschaft mit Paul Signac wurde richtungsweisend für seine Malweise, reine Farben in Punktmanier auf die Leinwand zu bringen (*Der Zirkus*, 1891).

Giovanni Battista Tiepolo, italienischer Maler, Radierer, 1696–1770; der bedeutendste Dekorationskünstler des 18. Jahrhunderts; hat zahlreiche Altäre hinterlassen, seine Hauptleistung aber sind die Decken- und Wandmalereien in Palästen und Kirchen, deren lebhafte Szenen sich in weiten lichtdurchfluteten Architekturen oder Landschaften abspielen. Höhepunkt der 50er Jahre: die Fresken im Würzburger Schloss (um 1750).

Tintoretto (Jacopo Robusti), italienischer Maler, 1519–1594; neben Tizian und Veronese einer der Hauptmeister der venezianischen Malerei des 16. Jahrhunderts. Bereits sein Frühwerk unterscheidet sich von diesen durch eine ihm eigene skizzenhafte Malweise, düsteres Kolorit und die expressive Auffassung der religiösen Themen (*Die Ehebrecherin vor Christus*, um 1547). Ab 1564 entstanden seine zum Teil phantastisch expressiven Folgen für die Scuola di San Rocco; verantwortlich für die Dekoration des Dogenpalastes nach dem Brand von 1577.

Tizian (Tiziano Vecellio), italienischer Maler, um 1490–1576; lernte bei Giovanni Bellini; wurde im Frühwerk maßgeblich durch Giorgione beeinflusst. Er hat die sensualistische Malkultur der venezianischen Hochrenaissance zu einem unvergleichlichen Höhepunkt geführt. Zunehmend gelang es ihm, den Farben immer neue und tiefere Ausdruckswerte zu entlocken. Zu seinen Hauptwerken gehört die *Himmelfahrt Mariä* (1516– 1518); neben mythologischen Themen Darstellung bedeutender Zeitgenossen.

Joseph Mallord William Turner, englischer Maler, Grafiker, 1775–1851. In Turner fand die englische romantische Landschaftsmalerei ihren Höhepunkt. Er sammelte auf seinen Reisen Motive, die er im Aquarell zu vollkommener Bildwirkung brachte; war fasziniert von der Kraft der Naturgewalten, von Wasser und Licht; die Landschaften Großbritanniens wurden das Hauptthema seiner Gemälde.

Diego Velázquez, spanischer Maler, 1599–1660. 1623 Ruf an den Madrider Hof und erste Aufträge. Eines der Hauptwerke der Madrider Frühzeit ist das heitere Gemälde *Triumph des Bacchus* (1628); mit der Arbeit *Die Übergabe von Breda* (1633–1635) entstand das erste monumentale Ereignisbild der Kunstgeschichte; später folgten Darstellungen von Hofnarren und Zwergen; 1650 das berühmte Papstbildnis *Innozenz X.* und 1656 das ikonographisch vieldeutige Spätwerk Velázquez', das Gemälde *Las Meniñas*.

Jan Vermeer van Delft, holländischer Maler, 1632–1675; Meister der holländischen Genrekunst des 17. Jahrhunderts. Zu seinem Lebenswerk gehören weniger als 40 Bilder; bevorzugtes Thema ist eine junge Frau, ganz versunken in ihrer Tätigkeit wie *Das Milchmädchen* (um 1658–1660). *Bei der Kupplerin* von 1656 gilt als sein erstes datiertes Werk; etwa 1658–1661 entstanden die beiden einzigen Landschaftsdarstellungen, darunter die *Ansicht von Delft* (1660/61). Die *Allegorie des Glaubens* (um 1669/70) und *Die Malkunst* (um 1670) zählen zu seinen Hauptwerken.

Veronese (Paolo Caliari), italienischer Maler, 1528–1588; hatte eine Vorliebe für festlich heitere Kompositionen mythologischer und biblischer Themen, die er in kühl-lichte Szenerien setzte. Die Gestalten sind oft in architektonische Perspektiven eingefügt, auch illusionistische Täuschungen erweisen ihn als Zeitgenossen der manieristischen Dekorations- und Quadraturmalerei, die er mit seinem Bezug auf die venezianische Tradition und die klassisch-römische Hochrenaissance verband; Hauptwerke: das *Gastmahl im Hause des Levi* (1573) und die malerische Ausstattung der Villa Maser.

Andy Warhol, amerikanischer Maler, Designer, Filmemacher, 1928–1987; einer der führenden Vertreter der Pop Art; seit 1949 in New York als Werbegrafiker. Er wandte uneingeschränkt die Methoden der Werbung für seine Kunst an, versetzte banale Konsumartikel ins Bild, wie in *200 Cambell's Suppendosen* (1962) oder Fotos von Film- und Gesangsstars, so etwa Marilyn Monroe. Diese Siebdrucke wurden oft seriell, in gleichförmiger Addition mehrfach nebeneinander auf eine Leinwand übertragen (*Mona Lisa*, 1962); in den 60er Jahren widmete sich Warhol dem Film; danach folgten die *Oxidations*, *Eggs* und die *Garnbilder*.

Antoine Watteau, französischer Maler, 1684–1721; arbeitete etwa 1704–1708 bei Claude Gillot, dem damals bedeutendsten Meister der Malerei von Theaterszenen. Hier begegneten ihm die Gestalten der Commedia dell'arte, die später für ihn eine große Rolle spielten; 1717 Abgabe des Aufnahmebilds *Einschiffung nach Kythera* an der Akademie. Galante Abenteuer und Szenen aus dem Alltag standen im Mittelpunkt seines Interesses; zu den Hauptwerken zählen das *Firmenschild des Kunsthändlers Gersaint* (1721) und *Gesellige Unterhaltung im Freien* (um 1717/18).

Rogier van der Weyden, altniederländischer Maler, um 1400–1464. Seine Malerei machte auf die mitteleuropäischen Künstler starken Eindruck und beeinflusste seine niederländischen Zeitgenossen. Hauptwerk der Frühzeit: die *Kreuzabnahme* (1430–1435). Zu seinem Œuvre gehören Altäre, eine große Zahl Madonnenbilder und Bildnisse von Mitgliedern des Burgunder Hofes. Die Dargestellten zeigen eine gespannte und elegante Nervosität. Seine Bildkunst verkörpert in der Geschichte der altniederländischen Malerei nach der Jan van Eycks und Robert Campins eine Verstärkung des Symbolischen.

Künstlerregister

Bildnachweis

Reproduktionsrechte:

Bildgeber:

Archivio Alinari, Florenz
Archivio Electa, Mailand
Archivio Lessing/Contrasto, Mailand
Archivio Scala, Antella (Florenz)
Civici Musei und Gallerie d'Arte di Verona
Diego Motto, Mailand
Fondazione Palazzo Albizzini, Città di Castello (Perugia)
Musei Civici, Venedig
Palazzo Te, Mantua
Sergio Anelli/Electa, Mailand

Bildarchive der folgenden Soprintendenzen mit Erlaubnis des Ministero per i Beni e le Attività Culturali, Rom:
Soprintendenza per i Beni Ambientali, Architettonici, Artistici e Storici di Arezzo
Soprintendenza per i Beni Architettonici e per il paesaggio, Mailand
Soprintendenza per il Patrimonio Storico, Artistico e Demoetnoantropologico di Milano, Mailand
Soprintendenza per il Patrimonio Storico, Artistico e Demoetnoantropologico di Mantova, Mantua
Soprintendenza ai Beni Culturali, Rom
Soprintendenza Speciale alla Galleria d'Arte Moderna e Contemporanea, Rom
Soprintendenza per il Patrimonio Storico, Artistico e Demoetnoantropologico di Venezia, Venedig

Nicht in allen Fällen war es möglich, die Bildquellen ausfindig zu machen. Etwaige Ansprüche können bei Mondadori Electa Spa, Mailand, geltend gemacht werden. Darüber hinaus gilt unser Dank all jenen Bildarchiven, Museen, öffentlichen Institutionen und privaten Leihgebern, die uns freundlicherweise Bildvorlagen zur Verfügung gestellt haben.